2025

法律法规全书系列

中华人民共和国

教　育

法律法规全书

（含规章及法律解释）

中国法治出版社

CHINA LEGAL PUBLISHING HOUSE

出 版 说 明

随着中国特色社会主义法律体系的建成，中国的立法进入了"修法时代"。在这一时期，为了使法律体系进一步保持内部的科学、和谐、统一，会频繁出现对法律各层级文件的适时清理。目前，清理工作已经全面展开且取得了阶段性的成果，但这一清理过程在未来几年仍将持续。这对于读者如何了解最新法律修改信息、如何准确适用法律带来了使用上的不便。基于这一考虑，我们精心编辑出版了本书，一方面重在向读者展示我国立法的成果与现状，另一方面旨在帮助读者在法律文件修改频率较高的时代准确适用法律。

本书独具以下四重价值：

1. 文本权威，内容全面。本书涵盖教育领域相关的常用法律、行政法规、国务院文件、部门规章、规范性文件、司法解释，及最高人民法院公布的典型案例、示范文本，独家梳理和收录人大代表建议的重要答复；书中收录文件均为经过清理修改的现行有效标准文本，方便读者及时掌握最新法律文件。

2. 查找方便，附录实用。全书法律文件按照紧密程度排列，方便读者对某一类问题的集中查找；重点法律附加条旨，指引读者快速找到目标条文；附录相关典型案例、文书范本，其中案例具有指引"同案同判"的作用。同时，本书采用可平摊使用的独特开本，避免因书籍太厚难以摊开使用的弊端。

3. 免费增补，动态更新。为保持本书与新法的同步更新，避免读者因部分法律的修改而反复购买同类图书，我们为读者专门设置了以下服务：（1）扫码添加书后"法规编辑部"公众号→点击菜单栏→进入资料下载栏→选择法律法规全书资料项→点击网址或扫码下载，即可获取本书下次改版修订内容的电子版文件；（2）通过"法规编辑部"公众号，及时了解最新立法信息，并可线上留言，编辑团队会就图书相关疑问动态解答。

4. 目录赠送，配套使用。赠送本书目录的电子版，与纸书配套，立体化、电子化使用，便于检索、快速定位；同时实现将本书装进电脑，随时随地查。

修 订 说 明

　　《中华人民共和国教育法律法规全书》自出版以来，深受广大读者的欢迎和好评。本书在上一版本的基础之上，根据国家法律、行政法规、部门规章、司法解释等相关文件的制定和修改情况，进行了相应的增删和修订。修订情况如下：

　　一是根据近年来国家立法的变化，新增了相应的法律文件，如《中华人民共和国学位法》《中华人民共和国学前教育法》《幼儿园督导评估办法》《教育部直属师范大学本研衔接师范生公费教育实施办法》《小学管理规程》《普通高等学校教育评估暂行规定》《普通高等学校理事会规程（试行）》《高等学校实验室工作规程》《独立学院设置与管理办法》《特殊教育学校暂行规程》《普通话水平测试规程》《中国汉语水平考试（HSK）办法》《高等学校知识产权保护管理规定》《中华人民共和国教育部"中国语言文化友谊奖"设置规定》。

　　二是更新了上一版图书出版后新修订的法律文件，如《中华人民共和国国防教育法》《中华人民共和国未成年人保护法》《教学成果奖励条例》《中等职业教育国家奖学金评审办法》《国家智慧教育平台数字教育资源内容审核规范》。

　　三是删除了部分法律文件，如《实施教育行政许可若干规定》《教育行政处罚暂行实施办法》《高等学校校园秩序管理若干规定》《改善普通高中学校办学条件补助资金管理办法》《国家公派出国教师生活待遇管理规定》。

总 目 录

目　录*

一、综　合

---

* 编者按：本目录中的时间为法律文件的公布时间或最后一次修正、修订公布时间。

二、教育类型

三、学位管理

四、教育督导

五、教育经费与投入

六、学校思想政治教育、文体、卫生、安全、国防教育工作

七、教育国际合作与交流

八、教师队伍建设

九、语言文字、科技工作

十、人大代表建议答复

一、综 合

中华人民共和国宪法（节录）

· 1982 年 12 月 4 日第五届全国人民代表大会第五次会议通过
· 1982 年 12 月 4 日全国人民代表大会公告公布施行
· 根据 1988 年 4 月 12 日第七届全国人民代表大会第一次会议通过的《中华人民共和国宪法修正案》、1993 年 3 月 29 日第八届全国人民代表大会第一次会议通过的《中华人民共和国宪法修正案》、1999 年 3 月 15 日第九届全国人民代表大会第二次会议通过的《中华人民共和国宪法修正案》、2004 年 3 月 14 日第十届全国人民代表大会第二次会议通过的《中华人民共和国宪法修正案》和 2018 年 3 月 11 日第十三届全国人民代表大会第一次会议通过的《中华人民共和国宪法修正案》修正

第一章 总 纲

……

第十九条 【教育事业】* 国家发展社会主义的教育事业，提高全国人民的科学文化水平。

国家举办各种学校，普及初等义务教育，发展中等教育、职业教育和高等教育，并且发展学前教育。

国家发展各种教育设施，扫除文盲，对工人、农民、国家工作人员和其他劳动者进行政治、文化、科学、技术、业务的教育，鼓励自学成才。

国家鼓励集体经济组织、国家企业事业组织和其他社会力量依照法律规定举办各种教育事业。

国家推广全国通用的普通话。

第二十条 【科技事业】国家发展自然科学和社会科学事业，普及科学和技术知识，奖励科学研究成果和技术发明创造。

第二十一条 【医疗、卫生与体育事业】国家发展医疗卫生事业，发展现代医药和我国传统医药，鼓励和支持农村集体经济组织、国家企业事业组织和街道组织举办各种医疗卫生设施，开展群众性的卫生活动，保护人民健康。

国家发展体育事业，开展群众性的体育活动，增强人民体质。

第二十二条 【文化事业】国家发展为人民服务、为社会主义服务的文学艺术事业、新闻广播电视事业、出版发行事业、图书馆博物馆文化馆和其他文化事业，开展群众性的文化活动。

国家保护名胜古迹、珍贵文物和其他重要历史文化遗产。

第二十三条 【知识分子】国家培养为社会主义服务的各种专业人才，扩大知识分子的队伍，创造条件，充分发挥他们在社会主义现代化建设中的作用。

第二十四条 【精神文明建设】国家通过普及理想教育、道德教育、文化教育、纪律和法制教育，通过在城乡不同范围的群众中制定和执行各种守则、公约，加强社会主义精神文明的建设。

国家倡导社会主义核心价值观，提倡爱祖国、爱人民、爱劳动、爱科学、爱社会主义的公德，在人民中进行爱国主义、集体主义和国际主义、共产主义的教育，进行辩证唯物主义和历史唯物主义的教育，反对资本主义的、封建主义的和其他的腐朽思想。

……

第二章 公民的基本权利和义务

第三十三条 【公民权】凡具有中华人民共和国国籍的人都是中华人民共和国公民。

中华人民共和国公民在法律面前一律平等。

国家尊重和保障人权。

任何公民享有宪法和法律规定的权利，同时必须履行宪法和法律规定的义务。

第三十四条 【选举权和被选举权】中华人民共和国年满十八周岁的公民，不分民族、种族、性别、职业、家庭出身、宗教信仰、教育程度、财产状况、居住期限，都有选举权和被选举权；但是依照法律被剥夺政治权利的人除外。

第三十五条 【基本政治自由】中华人民共和国公

---

* 条文主旨为编者所加，下同。

民有言论、出版、集会、结社、游行、示威的自由。

第三十六条 【信仰自由】中华人民共和国公民有宗教信仰自由。

任何国家机关、社会团体和个人不得强制公民信仰宗教或者不信仰宗教，不得歧视信仰宗教的公民和不信仰宗教的公民。

国家保护正常的宗教活动。任何人不得利用宗教进行破坏社会秩序、损害公民身体健康、妨碍国家教育制度的活动。

宗教团体和宗教事务不受外国势力的支配。

第三十七条 【人身自由】中华人民共和国公民的人身自由不受侵犯。

任何公民，非经人民检察院批准或者决定或者人民法院决定，并由公安机关执行，不受逮捕。

禁止非法拘禁和以其他方法非法剥夺或者限制公民的人身自由，禁止非法搜查公民的身体。

第三十八条 【人格尊严及保护】中华人民共和国公民的人格尊严不受侵犯。禁止用任何方法对公民进行侮辱、诽谤和诬告陷害。

第三十九条 【住宅权】中华人民共和国公民的住宅不受侵犯。禁止非法搜查或者非法侵入公民的住宅。

第四十条 【通信自由和秘密权】中华人民共和国公民的通信自由和通信秘密受法律的保护。除因国家安全或者追查刑事犯罪的需要，由公安机关或者检察机关依照法律规定的程序对通信进行检查外，任何组织或者个人不得以任何理由侵犯公民的通信自由和通信秘密。

第四十一条 【公民的监督权】中华人民共和国公民对于任何国家机关和国家工作人员，有提出批评和建议的权利；对于任何国家机关和国家工作人员的违法失职行为，有向有关国家机关提出申诉、控告或者检举的权利，但是不得捏造或者歪曲事实进行诬告陷害。

对于公民的申诉、控告或者检举，有关国家机关必须查清事实，负责处理。任何人不得压制和打击报复。

由于国家机关和国家工作人员侵犯公民权利而受到损失的人，有依照法律规定取得赔偿的权利。

第四十二条 【劳动权利和义务】中华人民共和国公民有劳动的权利和义务。

国家通过各种途径，创造劳动就业条件，加强劳动保护，改善劳动条件，并在发展生产的基础上，提高劳动报酬和福利待遇。

劳动是一切有劳动能力的公民的光荣职责。国有企业和城乡集体经济组织的劳动者都应当以国家主人翁的态度对待自己的劳动。国家提倡社会主义劳动竞赛，奖励劳动模范和先进工作者。国家提倡公民从事义务劳动。

国家对就业前的公民进行必要的劳动就业训练。

第四十三条 【劳动者的休息权】中华人民共和国劳动者有休息的权利。

国家发展劳动者休息和休养的设施，规定职工的工作时间和休假制度。

第四十四条 【退休制度】国家依照法律规定实行企业事业组织的职工和国家机关工作人员的退休制度。退休人员的生活受到国家和社会的保障。

第四十五条 【获得救济的权利】中华人民共和国公民在年老、疾病或者丧失劳动能力的情况下，有从国家和社会获得物质帮助的权利。国家发展为公民享受这些权利所需要的社会保险、社会救济和医疗卫生事业。

国家和社会保障残废军人的生活，抚恤烈士家属，优待军人家属。

国家和社会帮助安排盲、聋、哑和其他有残疾的公民的劳动、生活和教育。

第四十六条 【受教育的权利和义务】中华人民共和国公民有受教育的权利和义务。

国家培养青年、少年、儿童在品德、智力、体质等方面全面发展。

第四十七条 【文化活动自由】中华人民共和国公民有进行科学研究、文学艺术创作和其他文化活动的自由。国家对于从事教育、科学、技术、文学、艺术和其他文化事业的公民的有益于人民的创造性工作，给以鼓励和帮助。

第四十八条 【男女平等】中华人民共和国妇女在政治的、经济的、文化的、社会的和家庭的生活等各方面享有同男子平等的权利。

国家保护妇女的权利和利益，实行男女同工同酬，培养和选拔妇女干部。

第四十九条 【婚姻家庭制度】婚姻、家庭、母亲和儿童受国家的保护。

夫妻双方有实行计划生育的义务。

父母有抚养教育未成年子女的义务，成年子女有赡养扶助父母的义务。

禁止破坏婚姻自由，禁止虐待老人、妇女和儿童。

第五十条 【华侨、归侨的权益保障】中华人民共和国保护华侨的正当的权利和利益，保护归侨和侨眷的合法的权利和利益。

第五十一条　【公民自由和权利的限度】中华人民共和国公民在行使自由和权利的时候，不得损害国家的、社会的、集体的利益和其他公民的合法的自由和权利。

第五十二条　【维护国家统一和民族团结的义务】中华人民共和国公民有维护国家统一和全国各民族团结的义务。

第五十三条　【遵纪守法的义务】中华人民共和国公民必须遵守宪法和法律，保守国家秘密，爱护公共财产，遵守劳动纪律，遵守公共秩序，尊重社会公德。

第五十四条　【维护祖国的安全、荣誉和利益的义务】中华人民共和国公民有维护祖国的安全、荣誉和利益的义务，不得有危害祖国的安全、荣誉和利益的行为。

第五十五条　【保卫国家和服兵役的义务】保卫祖国、抵抗侵略是中华人民共和国每一个公民的神圣职责。

依照法律服兵役和参加民兵组织是中华人民共和国公民的光荣义务。

第五十六条　【纳税的义务】中华人民共和国公民有依照法律纳税的义务。

……

中华人民共和国爱国主义教育法

· 2023 年 10 月 24 日第十四届全国人民代表大会常务委员会第六次会议通过
· 2023 年 10 月 24 日中华人民共和国主席令第 13 号公布
· 自 2024 年 1 月 1 日起施行

第一章　总　则

第一条　为了加强新时代爱国主义教育，传承和弘扬爱国主义精神，凝聚全面建设社会主义现代化国家、全面推进中华民族伟大复兴的磅礴力量，根据宪法，制定本法。

第二条　中国是世界上历史最悠久的国家之一，中国各族人民共同创造了光辉灿烂的文化、共同缔造了统一的多民族国家。国家在全体人民中开展爱国主义教育，培育和增进对中华民族和伟大祖国的情感，传承民族精神、增强国家观念，壮大和团结一切爱国力量，使爱国主义成为全体人民的坚定信念、精神力量和自觉行动。

第三条　爱国主义教育应当高举中国特色社会主义伟大旗帜，坚持以马克思列宁主义、毛泽东思想、邓小平理论、"三个代表"重要思想、科学发展观、习近平新时代中国特色社会主义思想为指导，坚持爱国和爱党、爱社会主义相统一，以维护国家统一和民族团结为着力点，把全面建成社会主义现代化强国、实现中华民族伟大复兴作为鲜明主题。

第四条　爱国主义教育坚持中国共产党的领导，健全统一领导、齐抓共管、各方参与、共同推进的工作格局。

第五条　爱国主义教育应当坚持思想引领、文化涵育，教育引导、实践养成，主题鲜明、融入日常，因地制宜、注重实效。

第六条　爱国主义教育的主要内容是：

（一）马克思列宁主义、毛泽东思想、邓小平理论、"三个代表"重要思想、科学发展观、习近平新时代中国特色社会主义思想；

（二）中国共产党史、新中国史、改革开放史、社会主义发展史、中华民族发展史；

（三）中国特色社会主义制度，中国共产党带领人民团结奋斗的重大成就、历史经验和生动实践；

（四）中华优秀传统文化、革命文化、社会主义先进文化；

（五）国旗、国歌、国徽等国家象征和标志；

（六）祖国的壮美河山和历史文化遗产；

（七）宪法和法律，国家统一和民族团结、国家安全和国防等方面的意识和观念；

（八）英雄烈士和先进模范人物的事迹及体现的民族精神、时代精神；

（九）其他富有爱国主义精神的内容。

第七条　国家开展铸牢中华民族共同体意识教育，促进各民族交往交流交融，增进对伟大祖国、中华民族、中华文化、中国共产党、中国特色社会主义的认同，构筑中华民族共有精神家园。

第八条　爱国主义教育应当坚持传承和发展中华优秀传统文化，弘扬社会主义核心价值观，推进中国特色社会主义文化建设，坚定文化自信，建设中华民族现代文明。

第九条　爱国主义教育应当把弘扬爱国主义精神与扩大对外开放结合起来，坚持理性、包容、开放，尊重各国历史特点和文化传统，借鉴吸收人类一切优秀文明成果。

第十条　在每年 10 月 1 日中华人民共和国国庆日，国家和社会各方面举行多种形式的庆祝活动，集中开展爱国主义教育。

第二章　职责任务

第十一条　中央爱国主义教育主管部门负责全国爱国主义教育工作的指导、监督和统筹协调。

中央和国家机关各部门在各自职责范围内,组织开展爱国主义教育工作。

第十二条　地方爱国主义教育主管部门负责本地区爱国主义教育工作的指导、监督和统筹协调。

县级以上地方人民政府教育行政部门应当加强对学校爱国主义教育的组织、协调、指导和监督。县级以上地方文化和旅游、新闻出版、广播电视、电影、网信、文物等部门和其他有关部门应当在各自职责范围内,开展爱国主义教育工作。

中国人民解放军、中国人民武装警察部队依照本法和中央军事委员会的有关规定开展爱国主义教育工作,并充分利用自身资源面向社会开展爱国主义教育。

第十三条　工会、共产主义青年团、妇女联合会、工商业联合会、文学艺术界联合会、作家协会、科学技术协会、归国华侨联合会、台湾同胞联谊会、残疾人联合会、青年联合会和其他群团组织,应当发挥各自优势,面向所联系的领域和群体开展爱国主义教育。

第十四条　国家采取多种形式开展法治宣传教育、国家安全和国防教育,增强公民的法治意识、国家安全和国防观念,引导公民自觉履行维护国家统一和民族团结,维护国家安全、荣誉和利益的义务。

第十五条　国家将爱国主义教育纳入国民教育体系。各级各类学校应当将爱国主义教育贯穿学校教育全过程,办好、讲好思想政治理论课,并将爱国主义教育内容融入各类学科和教材中。

各级各类学校和其他教育机构应当按照国家规定建立爱国主义教育相关课程联动机制,针对各年龄段学生特点,确定爱国主义教育的重点内容,采取丰富适宜的教学方式,增强爱国主义教育的针对性、系统性和亲和力、感染力。

第十六条　各级各类学校应当将课堂教学与课外实践和体验相结合,把爱国主义教育内容融入校园文化建设和学校各类主题活动,组织学生参观爱国主义教育基地等场馆设施,参加爱国主义教育校外实践活动。

第十七条　未成年人的父母或者其他监护人应当把热爱祖国融入家庭教育,支持、配合学校开展爱国主义教育教学活动,引导、鼓励未成年人参加爱国主义教育社会活动。

第十八条　国家机关应当加强对公职人员的爱国主义教育,发挥公职人员在忠于国家、为国奉献,维护国家统一、促进民族团结,维护国家安全、荣誉和利益方面的模范带头作用。

第十九条　企业事业单位应当将爱国主义教育列入本单位教育计划,大力弘扬劳模精神、劳动精神、工匠精神,结合经营管理、业务培训、文化体育等活动,开展爱国主义教育。

教育、科技、文化、卫生、体育等事业单位应当大力弘扬科学家精神和专业精神,宣传和培育知识分子、专业技术人员、运动员等胸怀祖国、服务人民、为国争光的爱国情感和爱国行为。

第二十条　基层人民政府和基层群众性自治组织应当把爱国主义教育融入社会主义精神文明建设活动,在市民公约、村规民约中体现爱国主义精神,鼓励和支持开展以爱国主义为主题的群众性文化、体育等活动。

第二十一条　行业协会商会等社会团体应当把爱国主义精神体现在团体章程、行业规范中,根据本团体本行业特点开展爱国主义教育,培育会员的爱国热情和社会担当,发挥会员中公众人物和有社会影响力人士的示范作用。

第二十二条　国家鼓励和支持宗教团体、宗教院校、宗教活动场所开展爱国主义教育,增强宗教教职人员和信教群众的国家意识、公民意识、法治意识和爱国情感,引导宗教与社会主义社会相适应。

第二十三条　国家采取措施开展历史文化教育和"一国两制"实践教育,增强香港特别行政区同胞、澳门特别行政区同胞的爱国精神,自觉维护国家主权、统一和领土完整。

国家加强对推进祖国统一方针政策的宣传教育,增强包括台湾同胞在内的全中国人民对完成祖国统一大业神圣职责的认识,依法保护台湾同胞的权利和利益,坚决反对"台独"分裂行径,维护中华民族的根本利益。

国家加强与海外侨胞的交流,做好权益保障和服务工作,增进海外侨胞爱国情怀,弘扬爱国传统。

第三章　实施措施

第二十四条　中央和省级爱国主义教育主管部门应当加强对爱国主义教育工作的统筹,指导推动有关部门和单位创新爱国主义教育方式,充分利用各类爱国主义教育资源和平台载体,推进爱国主义教育有效实施。

第二十五条　县级以上人民政府应当加强对红色资源的保护、管理和利用,发掘具有历史价值、纪念意义的红色资源,推动红色旅游融合发展示范区建设,发挥红色资源教育功能,传承爱国主义精神。

县级以上人民政府文化和旅游、住房城乡建设、文物等部门应当加强对文物古迹、传统村落、传统技艺等历史文化遗产的保护和利用,发掘所蕴含的爱国主义精神,推进文化和旅游深度融合发展,引导公民在游览观光中领略壮美河山,感受悠久历史和灿烂文化,激发爱国热情。

第二十六条　爱国主义教育基地应当加强内容建设,丰富展览展示方式,打造精品陈列,为国家机关、企业事业单位、社会组织、公民开展爱国主义教育活动和参观学习提供便利服务,发挥爱国主义教育功能。

各类博物馆、纪念馆、图书馆、科技馆、文化馆、美术馆、新时代文明实践中心等,应当充分利用自身资源和优势,通过宣传展示、体验实践等方式,开展爱国主义教育活动。

第二十七条　国家通过功勋荣誉表彰制度,褒奖在强国建设、民族复兴中做出突出贡献的人士,弘扬以爱国主义为核心的民族精神和以改革创新为核心的时代精神。

第二十八条　在中国人民抗日战争胜利纪念日、烈士纪念日、南京大屠杀死难者国家公祭日和其他重要纪念日,县级以上人民政府应当组织开展纪念活动,举行敬献花篮、瞻仰纪念设施、祭扫烈士墓、公祭等纪念仪式。

第二十九条　在春节、元宵节、清明节、端午节、中秋节和元旦、国际妇女节、国际劳动节、青年节、国际儿童节、中国农民丰收节及其他重要节日,组织开展各具特色的民俗文化活动、纪念庆祝活动,增进家国情怀。

第三十条　组织举办重大庆祝、纪念活动和大型文化体育活动、展览会,应当依法举行庄严、隆重的升挂国旗、奏唱国歌仪式。

依法公开举行宪法宣誓、军人和预备役人员服役宣誓等仪式时,应当在宣誓场所悬挂国旗、奏唱国歌,誓词应当体现爱国主义精神。

第三十一条　广播电台、电视台、报刊出版单位等应当创新宣传报道方式,通过制作、播放、刊登爱国主义题材的优秀作品,开设专题专栏,加强新闻报道,发布公益广告等方式,生动讲好爱国故事,弘扬爱国主义精神。

第三十二条　网络信息服务提供者应当加强网络爱国主义教育内容建设,制作、传播体现爱国主义精神的网络信息和作品,开发、运用新平台新技术新产品,生动开展网上爱国主义教育活动。

第四章　支持保障

第三十三条　国家鼓励和支持企业事业单位、社会组织和公民依法开展爱国主义教育活动。

国家支持开展爱国主义教育理论研究,加强多层次专业人才的教育和培训。

对在爱国主义教育工作中做出突出贡献的单位和个人,按照国家有关规定给予表彰和奖励。

第三十四条　中央爱国主义教育主管部门建立健全爱国主义教育基地的认定、保护、管理制度,制定爱国主义教育基地保护利用规划,加强对爱国主义教育基地保护、管理、利用的指导和监督。

各级人民政府应当加强对爱国主义教育基地的规划、建设和管理,完善免费开放制度和保障机制。

第三十五条　国家鼓励和支持创作爱国主义题材的文学、影视、音乐、舞蹈、戏剧、美术、书法等文艺作品,在优秀文艺作品评选、表彰、展览、展演时突出爱国主义导向。

第三十六条　国家鼓励和支持出版体现爱国主义精神的优秀课外读物,鼓励和支持开发体现爱国主义精神的面向青少年和儿童的动漫、音视频产品等。

第三十七条　任何公民和组织都应当弘扬爱国主义精神,自觉维护国家安全、荣誉和利益,不得有下列行为:

(一)侮辱国旗、国歌、国徽或者其他有损国旗、国歌、国徽尊严的行为;

(二)歪曲、丑化、亵渎、否定英雄烈士事迹和精神;

(三)宣扬、美化、否认侵略战争、侵略行为和屠杀惨案;

(四)侵占、破坏、污损爱国主义教育设施;

(五)法律、行政法规禁止的其他行为。

第三十八条　教育、文化和旅游、退役军人事务、新闻出版、广播电视、电影、网信、文物等部门应当按照法定职责,对违反本法第三十七条规定的行为及时予以制止,造成不良社会影响的,应当责令及时消除影响,并依照有关法律、行政法规的规定予以处罚。构成违反治安管理行为的,依法给予治安管理处罚;构成犯罪的,依法追究刑事责任。

第三十九条　负有爱国主义教育职责的部门、单位不依法履行爱国主义教育职责的,对负有责任的领导人员和直接责任人员,依法给予处分。

第五章　附　则

第四十条　本法自2024年1月1日起施行。

中华人民共和国预防未成年人犯罪法

· 1999 年 6 月 28 日第九届全国人民代表大会常务委员会第十次会议通过
· 根据 2012 年 10 月 26 日第十一届全国人民代表大会常务委员会第二十九次会议《关于修改〈中华人民共和国预防未成年人犯罪法〉的决定》修正
· 2020 年 12 月 26 日第十三届全国人民代表大会常务委员会第二十四次会议修订
· 2020 年 12 月 26 日中华人民共和国主席令第 64 号公布
· 自 2021 年 6 月 1 日起施行

第一章 总 则

第一条 为了保障未成年人身心健康,培养未成年人良好品行,有效预防未成年人违法犯罪,制定本法。

第二条 预防未成年人犯罪,立足于教育和保护未成年人相结合,坚持预防为主、提前干预,对未成年人的不良行为和严重不良行为及时进行分级预防、干预和矫治。

第三条 开展预防未成年人犯罪工作,应当尊重未成年人人格尊严,保护未成年人的名誉权、隐私权和个人信息等合法权益。

第四条 预防未成年人犯罪,在各级人民政府组织下,实行综合治理。

国家机关、人民团体、社会组织、企业事业单位、居民委员会、村民委员会、学校、家庭等各负其责、相互配合,共同做好预防未成年人犯罪工作,及时消除滋生未成年人违法犯罪行为的各种消极因素,为未成年人身心健康发展创造良好的社会环境。

第五条 各级人民政府在预防未成年人犯罪方面的工作职责是:

(一)制定预防未成年人犯罪工作规划;

(二)组织公安、教育、民政、文化和旅游、市场监督管理、网信、卫生健康、新闻出版、电影、广播电视、司法行政等有关部门开展预防未成年人犯罪工作;

(三)为预防未成年人犯罪工作提供政策支持和经费保障;

(四)对本法的实施情况和工作规划的执行情况进行检查;

(五)组织开展预防未成年人犯罪宣传教育;

(六)其他预防未成年人犯罪工作职责。

第六条 国家加强专门学校建设,对有严重不良行为的未成年人进行专门教育。专门教育是国民教育体系的组成部分,是对有严重不良行为的未成年人进行教育和矫治的重要保护处分措施。

省级人民政府应当将专门教育发展和专门学校建设纳入经济社会发展规划。县级以上地方人民政府成立专门教育指导委员会,根据需要合理设置专门学校。

专门教育指导委员会由教育、民政、财政、人力资源社会保障、公安、司法行政、人民检察院、人民法院、共产主义青年团、妇女联合会、关心下一代工作委员会、专门学校等单位,以及律师、社会工作者等人员组成,研究确定专门学校教学、管理等相关工作。

专门学校建设和专门教育具体办法,由国务院规定。

第七条 公安机关、人民检察院、人民法院、司法行政部门应当由专门机构或者经过专业培训、熟悉未成年人身心特点的专门人员负责预防未成年人犯罪工作。

第八条 共产主义青年团、妇女联合会、工会、残疾人联合会、关心下一代工作委员会、青年联合会、学生联合会、少年先锋队以及有关社会组织,应当协助各级人民政府及其有关部门、人民检察院和人民法院做好预防未成年人犯罪工作,为预防未成年人犯罪培育社会力量,提供支持服务。

第九条 国家鼓励、支持和指导社会工作服务机构等社会组织参与预防未成年人犯罪相关工作,并加强监督。

第十条 任何组织或者个人不得教唆、胁迫、引诱未成年人实施不良行为或者严重不良行为,以及为未成年人实施上述行为提供条件。

第十一条 未成年人应当遵守法律法规及社会公共道德规范,树立自尊、自律、自强意识,增强辨别是非和自我保护的能力,自觉抵制各种不良行为以及违法犯罪行为的引诱和侵害。

第十二条 预防未成年人犯罪,应当结合未成年人不同年龄的生理、心理特点,加强青春期教育、心理关爱、心理矫治和预防犯罪对策的研究。

第十三条 国家鼓励和支持预防未成年人犯罪相关学科建设、专业设置、人才培养及科学研究,开展国际交流与合作。

第十四条 国家对预防未成年人犯罪工作有显著成绩的组织和个人,给予表彰和奖励。

第二章 预防犯罪的教育

第十五条 国家、社会、学校和家庭应当对未成年人加强社会主义核心价值观教育,开展预防犯罪教育,增强未成年人的法治观念,使未成年人树立遵纪守法和防范违法犯罪的意识,提高自我管控能力。

第十六条 未成年人的父母或者其他监护人对未成年人的预防犯罪教育负有直接责任,应当依法履行监护职责,树立优良家风,培养未成年人良好品行;发现未成年人心理或者行为异常的,应当及时了解情况并进行教育、引导和劝诫,不得拒绝或者怠于履行监护职责。

第十七条　教育行政部门、学校应当将预防犯罪教育纳入学校教学计划,指导教职员工结合未成年人的特点,采取多种方式对未成年学生进行有针对性的预防犯罪教育。

第十八条　学校应当聘任从事法治教育的专职或者兼职教师,并可以从司法和执法机关、法学教育和法律服务机构等单位聘请法治副校长、校外法治辅导员。

第十九条　学校应当配备专职或者兼职的心理健康教育教师,开展心理健康教育。学校可以根据实际情况与专业心理健康机构合作,建立心理健康筛查和早期干预机制,预防和解决学生心理、行为异常问题。

学校应当与未成年学生的父母或者其他监护人加强沟通,共同做好未成年学生心理健康教育;发现未成年学生可能患有精神障碍的,应当立即告知其父母或者其他监护人送相关专业机构诊治。

第二十条　教育行政部门应当会同有关部门建立学生欺凌防控制度。学校应当加强日常安全管理,完善学生欺凌发现和处置的工作流程,严格排查并及时消除可能导致学生欺凌行为的各种隐患。

第二十一条　教育行政部门鼓励和支持学校聘请社会工作者长期或者定期进驻学校,协助开展道德教育、法治教育、生命教育和心理健康教育,参与预防和处理学生欺凌等行为。

第二十二条　教育行政部门、学校应当通过举办讲座、座谈、培训等活动,介绍科学合理的教育方法,指导教职员工、未成年学生的父母或者其他监护人有效预防未成年人犯罪。

学校应当将预防犯罪教育计划告知未成年学生的父母或者其他监护人。未成年学生的父母或者其他监护人应当配合学校对未成年学生进行有针对性的预防犯罪教育。

第二十三条　教育行政部门应当将预防犯罪教育的工作效果纳入学校年度考核内容。

第二十四条　各级人民政府及其有关部门、人民检察院、人民法院、共产主义青年团、少年先锋队、妇女联合会、残疾人联合会、关心下一代工作委员会等应当结合实际,组织、举办多种形式的预防未成年人犯罪宣传教育活动。有条件的地方可以建立青少年法治教育基地,对未成年人开展法治教育。

第二十五条　居民委员会、村民委员会应当积极开展有针对性的预防未成年人犯罪宣传活动,协助公安机关维护学校周围治安,及时掌握本辖区内未成年人的监护、就学和就业情况,组织、引导社区社会组织参与预防未成年人犯罪工作。

第二十六条　青少年宫、儿童活动中心等校外活动场所应当把预防犯罪教育作为一项重要的工作内容,开展多种形式的宣传教育活动。

第二十七条　职业培训机构、用人单位在对已满十六周岁准备就业的未成年人进行职业培训时,应当将预防犯罪教育纳入培训内容。

第三章　对不良行为的干预

第二十八条　本法所称不良行为,是指未成年人实施的不利于其健康成长的下列行为:

(一)吸烟、饮酒;

(二)多次旷课、逃学;

(三)无故夜不归宿、离家出走;

(四)沉迷网络;

(五)与社会上具有不良习性的人交往,组织或者参加实施不良行为的团伙;

(六)进入法律法规规定未成年人不宜进入的场所;

(七)参与赌博、变相赌博,或者参加封建迷信、邪教等活动;

(八)阅览、观看或者收听宣扬淫秽、色情、暴力、恐怖、极端等内容的读物、音像制品或者网络信息等;

(九)其他不利于未成年人身心健康成长的不良行为。

第二十九条　未成年人的父母或者其他监护人发现未成年人有不良行为的,应当及时制止并加强管教。

第三十条　公安机关、居民委员会、村民委员会发现本辖区内未成年人有不良行为的,应当及时制止,并督促其父母或者其他监护人依法履行监护职责。

第三十一条　学校对有不良行为的未成年学生,应当加强管理教育,不得歧视;对拒不改正或者情节严重的,学校可以根据情况予以处分或者采取以下管理教育措施:

(一)予以训导;

(二)要求遵守特定的行为规范;

(三)要求参加特定的专题教育;

(四)要求参加校内服务活动;

(五)要求接受社会工作者或者其他专业人员的心理辅导和行为干预;

(六)其他适当的管理教育措施。

第三十二条　学校和家庭应当加强沟通,建立家校合作机制。学校决定对未成年学生采取管理教育措施的,应当及时告知其父母或者其他监护人;未成年学生的父母或者其他监护人应当支持、配合学校进行管理教育。

第三十三条　未成年学生偷窃少量财物,或者有殴打、辱骂、恐吓、强行索要财物等学生欺凌行为,情节轻微的,可以由学校依照本法第三十一条规定采取相应的管理教育措施。

第三十四条　未成年学生旷课、逃学的,学校应当及时联系其父母或者其他监护人,了解有关情况;无正当理由的,学校和未成年学生的父母或者其他监护人应当督促其返校学习。

第三十五条　未成年人无故夜不归宿、离家出走的,父母或者其他监护人、所在的寄宿制学校应当及时查找,必要时向公安机关报告。

收留夜不归宿、离家出走未成年人的,应当及时联系其父母或者其他监护人、所在学校;无法取得联系的,应当及时向公安机关报告。

第三十六条　对夜不归宿、离家出走或者流落街头的未成年人,公安机关、公共场所管理机构等发现或者接到报告后,应当及时采取有效保护措施,并通知其父母或者其他监护人、所在的寄宿制学校,必要时应当护送其返回住所、学校;无法与其父母或者其他监护人、学校取得联系的,应当护送未成年人到救助保护机构接受救助。

第三十七条　未成年人的父母或者其他监护人、学校发现未成年人组织或者参加实施不良行为的团伙,应当及时制止;发现该团伙有违法犯罪嫌疑的,应当立即向公安机关报告。

第四章　对严重不良行为的矫治

第三十八条　本法所称严重不良行为,是指未成年人实施的有刑法规定、因不满法定刑事责任年龄不予刑事处罚的行为,以及严重危害社会的下列行为:

（一）结伙斗殴,追逐、拦截他人,强拿硬要或者任意损毁、占用公私财物等寻衅滋事行为;

（二）非法携带枪支、弹药或者弩、匕首等国家规定的管制器具;

（三）殴打、辱骂、恐吓,或者故意伤害他人身体;

（四）盗窃、哄抢、抢夺或者故意损毁公私财物;

（五）传播淫秽的读物、音像制品或者信息等;

（六）卖淫、嫖娼,或者进行淫秽表演;

（七）吸食、注射毒品,或者向他人提供毒品;

（八）参与赌博赌资较大;

（九）其他严重危害社会的行为。

第三十九条　未成年人的父母或者其他监护人、学校、居民委员会、村民委员会发现有人教唆、胁迫、引诱未成年人实施严重不良行为的,应当立即向公安机关报告。公安机关接到报告或者发现有上述情形的,应当及时依法查处;对人身安全受到威胁的未成年人,应当立即采取有效保护措施。

第四十条　公安机关接到举报或者发现未成年人有严重不良行为的,应当及时制止,依法调查处理,并可以责令其父母或者其他监护人消除或者减轻违法后果,采取措施严加管教。

第四十一条　对有严重不良行为的未成年人,公安机关可以根据具体情况,采取以下矫治教育措施:

（一）予以训诫;

（二）责令赔礼道歉、赔偿损失;

（三）责令具结悔过;

（四）责令定期报告活动情况;

（五）责令遵守特定的行为规范,不得实施特定行为、接触特定人员或者进入特定场所;

（六）责令接受心理辅导、行为矫治;

（七）责令参加社会服务活动;

（八）责令接受社会观护,由社会组织、有关机构在适当场所对未成年人进行教育、监督和管束;

（九）其他适当的矫治教育措施。

第四十二条　公安机关在对未成年人进行矫治教育时,可以根据需要邀请学校、居民委员会、村民委员会以及社会工作服务机构等社会组织参与。

未成年人的父母或者其他监护人应当积极配合矫治教育措施的实施,不得妨碍阻挠或者放任不管。

第四十三条　对有严重不良行为的未成年人,未成年人的父母或者其他监护人、所在学校无力管教或者管教无效的,可以向教育行政部门提出申请,经专门教育指导委员会评估同意后,由教育行政部门决定送入专门学校接受专门教育。

第四十四条　未成年人有下列情形之一的,经专门教育指导委员会评估同意,教育行政部门会同公安机关可以决定将其送入专门学校接受专门教育:

（一）实施严重危害社会的行为,情节恶劣或者造成严重后果;

（二）多次实施严重危害社会的行为;

（三）拒不接受或者配合本法第四十一条规定的矫治教育措施;

（四）法律、行政法规规定的其他情形。

第四一五条 未成年人实施刑法规定的行为、因不满法定刑事责任年龄不予刑事处罚的，经专门教育指导委员会评估同意，教育行政部门会同公安机关可以决定对其进行专门矫治教育。

省级人民政府应当结合本地的实际情况，至少确定一所专门学校按照分校区、分班级等方式设置专门场所，对前款规定的未成年人进行专门矫治教育。

前款规定的专门场所实行闭环管理，公安机关、司法行政部门负责未成年人的矫治工作，教育行政部门承担未成年人的教育工作。

第四十六条 专门学校应当在每个学期适时提请专门教育指导委员会对接受专门教育的未成年学生的情况进行评估。对经评估适合转回普通学校就读的，专门教育指导委员会应当向原决定机关提出书面建议，由原决定机关决定是否将未成年学生转回普通学校就读。

原决定机关决定将未成年学生转回普通学校的，其原所在学校不得拒绝接收；因特殊情况，不适宜转回原所在学校的，由教育行政部门安排转学。

第四十七条 专门学校应当对接受专门教育的未成年人分级分类进行教育和矫治，有针对性地开展道德教育、法治教育、心理健康教育，并根据实际情况进行职业教育；对没有完成义务教育的未成年人，应当保证其继续接受义务教育。

专门学校的未成年学生的学籍保留在原学校，符合毕业条件的，原学校应当颁发毕业证书。

第四十八条 专门学校应当与接受专门教育的未成年人的父母或者其他监护人加强联系，定期向其反馈未成年人的矫治和教育情况，为父母或者其他监护人、亲属等看望未成年人提供便利。

第四十九条 未成年人及其父母或者其他监护人对本章规定的行政决定不服，可以依法提起行政复议或者行政诉讼。

第五章 对重新犯罪的预防

第五十条 公安机关、人民检察院、人民法院办理未成年人刑事案件，应当根据未成年人的生理、心理特点和犯罪的情况，有针对性地进行法治教育。

对涉及刑事案件的未成年人进行教育，其法定代理人以外的成年亲属或者教师、辅导员等参与有利于感化、挽救未成年人的，公安机关、人民检察院、人民法院应当邀请其参加有关活动。

第五十一条 公安机关、人民检察院、人民法院办理未成年人刑事案件，可以自行或者委托有关社会组织、机构对未成年犯罪嫌疑人或者被告人的成长经历、犯罪原因、监护、教育等情况进行社会调查；根据实际需要并经未成年犯罪嫌疑人、被告人及其法定代理人同意，可以对未成年犯罪嫌疑人、被告人进行心理测评。

社会调查和心理测评的报告可以作为办理案件和教育未成年人的参考。

第五十二条 公安机关、人民检察院、人民法院对于无固定住所、无法提供保证人的未成年人适用取保候审的，应当指定合适成年人作为保证人，必要时可以安排取保候审的未成年人接受社会观护。

第五十三条 对被拘留、逮捕以及在未成年犯管教所执行刑罚的未成年人，应当与成年人分别关押、管理和教育。对未成年人的社区矫正，应当与成年人分别进行。

对有上述情形且没有完成义务教育的未成年人，公安机关、人民检察院、人民法院、司法行政部门应当与教育行政部门相互配合，保证其继续接受义务教育。

第五十四条 未成年犯管教所、社区矫正机构应当对未成年犯、未成年社区矫正对象加强法治教育，并根据实际情况对其进行职业教育。

第五十五条 社区矫正机构应当告知未成年社区矫正对象安置帮教的有关规定，并配合安置帮教工作部门落实或者解决未成年社区矫正对象的就学、就业等问题。

第五十六条 对刑满释放的未成年人，未成年犯管教所应当提前通知其父母或者其他监护人按时接回，并协助落实安置帮教措施。没有父母或者其他监护人、无法查明其父母或者其他监护人的，未成年犯管教所应当提前通知未成年人原户籍所在地或者居住地的司法行政部门安排人员按时接回，由民政部门或者居民委员会、村民委员会依法对其进行监护。

第五十七条 未成年人的父母或者其他监护人和学校、居民委员会、村民委员会对接受社区矫正、刑满释放的未成年人，应当采取有效的帮教措施，协助司法机关以及有关部门做好安置帮教工作。

居民委员会、村民委员会可以聘请思想品德优秀，作风正派，热心未成年人工作的离退休人员、志愿者或其他人员协助做好前款规定的安置帮教工作。

第五十八条 刑满释放和接受社区矫正的未成年人，在复学、升学、就业等方面依法享有与其他未成年人同等的权利，任何单位和个人不得歧视。

第五十九条 未成年人的犯罪记录依法被封存的，

公安机关、人民检察院、人民法院和司法行政部门不得向任何单位或者个人提供，但司法机关因办案需要或者有关单位根据国家有关规定进行查询的除外。依法进行查询的单位和个人应当对相关记录信息予以保密。

未成年人接受专门矫治教育、专门教育的记录，以及被行政处罚、采取刑事强制措施和不起诉的记录，适用前款规定。

第六十条　人民检察院通过依法行使检察权，对未成年人重新犯罪预防工作等进行监督。

第六章　法律责任

第六十一条　公安机关、人民检察院、人民法院在办理案件过程中发现实施严重不良行为的未成年人的父母或者其他监护人不依法履行监护职责的，应当予以训诫，并可以责令其接受家庭教育指导。

第六十二条　学校及其教职员工违反本法规定，不履行预防未成年人犯罪工作职责，或者虐待、歧视相关未成年人的，由教育行政等部门责令改正，通报批评；情节严重的，对直接负责的主管人员和其他直接责任人员依法给予处分。构成违反治安管理行为的，由公安机关依法予以治安管理处罚。

教职员工教唆、胁迫、引诱未成年人实施不良行为或者严重不良行为，以及品行不良、影响恶劣的，教育行政部门、学校应当依法予以解聘或者辞退。

第六十三条　违反本法规定，在复学、升学、就业等方面歧视相关未成年人的，由所在单位或者教育、人力资源社会保障等部门责令改正；拒不改正的，对直接负责的主管人员或者其他直接责任人员依法给予处分。

第六十四条　有关社会组织、机构及其工作人员虐待、歧视接受社会观护的未成年人，或者出具虚假社会调查、心理测评报告的，由民政、司法行政等部门对直接负责的主管人员或者其他直接责任人员依法给予处分，构成违反治安管理行为的，由公安机关予以治安管理处罚。

第六十五条　教唆、胁迫、引诱未成年人实施不良行为或者严重不良行为，构成违反治安管理行为的，由公安机关依法予以治安管理处罚。

第六十六条　国家机关及其工作人员在预防未成年人犯罪工作中滥用职权、玩忽职守、徇私舞弊的，对直接负责的主管人员和其他直接责任人员，依法给予处分。

第六十七条　违反本法规定，构成犯罪的，依法追究刑事责任。

第七章　附　则

第六十八条　本法自 2021 年 6 月 1 日起施行。

中华人民共和国行政复议法

- 1999 年 4 月 29 日第九届全国人民代表大会常务委员会第九次会议通过
- 根据 2009 年 8 月 27 日第十一届全国人民代表大会常务委员会第十次会议《关于修改部分法律的决定》第一次修正
- 根据 2017 年 9 月 1 日第十二届全国人民代表大会常务委员会第二十九次会议《关于修改〈中华人民共和国法官法〉等八部法律的决定》第二次修正
- 2023 年 9 月 1 日第十四届全国人民代表大会常务委员会第五次会议修订
- 2023 年 9 月 1 日中华人民共和国主席令第 9 号公布
- 自 2024 年 1 月 1 日起施行

第一章　总　则

第一条　为了防止和纠正违法的或者不当的行政行为，保护公民、法人和其他组织的合法权益，监督和保障行政机关依法行使职权，发挥行政复议化解行政争议的主渠道作用，推进法治政府建设，根据宪法，制定本法。

第二条　公民、法人或者其他组织认为行政机关的行政行为侵犯其合法权益，向行政复议机关提出行政复议申请，行政复议机关办理行政复议案件，适用本法。

前款所称行政行为，包括法律、法规、规章授权的组织的行政行为。

第三条　行政复议工作坚持中国共产党的领导。

行政复议机关履行行政复议职责，应当遵循合法、公正、公开、高效、便民、为民的原则，坚持有错必纠，保障法律、法规的正确实施。

第四条　县级以上各级人民政府以及其他依照本法履行行政复议职责的行政机关是行政复议机关。

行政复议机关办理行政复议事项的机构是行政复议机构。行政复议机构同时组织办理行政复议机关的行政应诉事项。

行政复议机关应当加强行政复议工作，支持和保障行政复议机构依法履行职责。上级行政复议机构对下级行政复议机构的行政复议工作进行指导、监督。

国务院行政复议机构可以发布行政复议指导性案例。

第五条　行政复议机关办理行政复议案件，可以进行调解。

调解应当遵循合法、自愿的原则，不得损害国家利益、社会公共利益和他人合法权益，不得违反法律、法规的强制性规定。

第六条　国家建立专业化、职业化行政复议人员队伍。

行政复议机构中初次从事行政复议工作的人员,应当通过国家统一法律职业资格考试取得法律职业资格,并参加统一职前培训。

国务院行政复议机构应当会同有关部门制定行政复议人员工作规范,加强对行政复议人员的业务考核和管理。

第七条　行政复议机关应当确保行政复议机构的人员配备与所承担的工作任务相适应,提高行政复议人员专业素质,根据工作需要保障办案场所、装备等设施。县级以上各级人民政府应当将行政复议工作经费列入本级预算。

第八条　行政复议机关应当加强信息化建设,运用现代信息技术,方便公民、法人或者其他组织申请、参加行政复议,提高工作质量和效率。

第九条　对在行政复议工作中做出显著成绩的单位和个人,按照国家有关规定给予表彰和奖励。

第十条　公民、法人或者其他组织对行政复议决定不服的,可以依照《中华人民共和国行政诉讼法》的规定向人民法院提起行政诉讼,但是法律规定行政复议决定为最终裁决的除外。

第二章　行政复议申请
第一节　行政复议范围

第十一条　有下列情形之一的,公民、法人或者其他组织可以依照本法申请行政复议:

(一)对行政机关作出的行政处罚决定不服;

(二)对行政机关作出的行政强制措施、行政强制执行决定不服;

(三)申请行政许可,行政机关拒绝或者在法定期限内不予答复,或者对行政机关作出的有关行政许可的其他决定不服;

(四)对行政机关作出的确认自然资源的所有权或者使用权的决定不服;

(五)对行政机关作出的征收征用决定及其补偿决定不服;

(六)对行政机关作出的赔偿决定或者不予赔偿决定不服;

(七)对行政机关作出的不予受理工伤认定申请的决定或者工伤认定结论不服;

(八)认为行政机关侵犯其经营自主权或者农村土地承包经营权、农村土地经营权;

(九)认为行政机关滥用行政权力排除或者限制竞争;

(十)认为行政机关违法集资、摊派费用或者违法要求履行其他义务;

(十一)申请行政机关履行保护人身权利、财产权利、受教育权利等合法权益的法定职责,行政机关拒绝履行、未依法履行或者不予答复;

(十二)申请行政机关依法给付抚恤金、社会保险待遇或者最低生活保障等社会保障,行政机关没有依法给付;

(十三)认为行政机关不依法订立、不依法履行、未按照约定履行或者违法变更、解除政府特许经营协议、土地房屋征收补偿协议等行政协议;

(十四)认为行政机关在政府信息公开工作中侵犯其合法权益;

(十五)认为行政机关的其他行政行为侵犯其合法权益。

第十二条　下列事项不属于行政复议范围:

(一)国防、外交等国家行为;

(二)行政法规、规章或者行政机关制定、发布的具有普遍约束力的决定、命令等规范性文件;

(三)行政机关对行政机关工作人员的奖惩、任免等决定;

(四)行政机关对民事纠纷作出的调解。

第十三条　公民、法人或者其他组织认为行政机关的行政行为所依据的下列规范性文件不合法,在对行政行为申请行政复议时,可以一并向行政复议机关提出对该规范性文件的附带审查申请:

(一)国务院部门的规范性文件;

(二)县级以上地方各级人民政府及其工作部门的规范性文件;

(三)乡、镇人民政府的规范性文件;

(四)法律、法规、规章授权的组织的规范性文件。

前款所列规范性文件不含规章。规章的审查依照法律、行政法规办理。

第二节　行政复议参加人

第十四条　依照本法申请行政复议的公民、法人或者其他组织是申请人。

有权申请行政复议的公民死亡的,其近亲属可以申请行政复议。有权申请行政复议的法人或者其他组织终止的，其权利义务承受人可以申请行政复议。

有权申请行政复议的公民为无民事行为能力人或者限制民事行为能力人的，其法定代理人可以代为申请行政复议。

第十五条　同一行政复议案件申请人人数众多的，可以由申请人推选代表人参加行政复议。

代表人参加行政复议的行为对其所代表的申请人发生效力，但是代表人变更行政复议请求、撤回行政复议申请、承认第三人请求的，应当经被代表的申请人同意。

第十六条　申请人以外的同被申请行政复议的行政行为或者行政复议案件处理结果有利害关系的公民、法人或者其他组织，可以作为第三人申请参加行政复议，或者由行政复议机构通知其作为第三人参加行政复议。

第三人不参加行政复议，不影响行政复议案件的审理。

第十七条　申请人、第三人可以委托一至二名律师、基层法律服务工作者或者其他代理人代为参加行政复议。

申请人、第三人委托代理人的，应当向行政复议机构提交授权委托书、委托人及被委托人的身份证明文件。授权委托书应当载明委托事项、权限和期限。申请人、第三人变更或者解除代理人权限的，应当书面告知行政复议机构。

第十八条　符合法律援助条件的行政复议申请人申请法律援助的，法律援助机构应当依法为其提供法律援助。

第十九条　公民、法人或者其他组织对行政行为不服申请行政复议的，作出行政行为的行政机关或者法律、法规、规章授权的组织是被申请人。

两个以上行政机关以共同的名义作出同一行政行为的，共同作出行政行为的行政机关是被申请人。

行政机关委托的组织作出行政行为的，委托的行政机关是被申请人。

作出行政行为的行政机关被撤销或者职权变更的，继续行使其职权的行政机关是被申请人。

第三节　申请的提出

第二十条　公民、法人或者其他组织认为行政行为侵犯其合法权益的，可以自知道或者应当知道该行政行为之日起六十日内提出行政复议申请；但是法律规定的申请期限超过六十日的除外。

因不可抗力或者其他正当理由耽误法定申请期限的，申请期限自障碍消除之日起继续计算。

行政机关作出行政行为时，未告知公民、法人或者其他组织申请行政复议的权利、行政复议机关和申请期限的，申请期限自公民、法人或者其他组织知道或者应当知道申请行政复议的权利、行政复议机关和申请期限之日起计算，但是自知道或者应当知道行政行为内容之日起最长不得超过一年。

第二十一条　因不动产提出的行政复议申请自行政行为作出之日起超过二十年，其他行政复议申请自行政行为作出之日起超过五年的，行政复议机关不予受理。

第二十二条　申请人申请行政复议，可以书面申请；书面申请有困难的，也可以口头申请。

书面申请的，可以通过邮寄或者行政复议机关指定的互联网渠道等方式提交行政复议申请书，也可以当面提交行政复议申请书。行政机关通过互联网渠道送达行政行为决定书的，应当同时提供提交行政复议申请书的互联网渠道。

口头申请的，行政复议机关应当当场记录申请人的基本情况、行政复议请求、申请行政复议的主要事实、理由和时间。

申请人对两个以上行政行为不服的，应当分别申请行政复议。

第二十三条　有下列情形之一的，申请人应当先向行政复议机关申请行政复议，对行政复议决定不服的，可以再依法向人民法院提起行政诉讼：

（一）对当场作出的行政处罚决定不服；

（二）对行政机关作出的侵犯其已经依法取得的自然资源的所有权或者使用权的决定不服；

（三）认为行政机关存在本法第十一条规定的未履行法定职责情形；

（四）申请政府信息公开，行政机关不予公开；

（五）法律、行政法规规定应当先向行政复议机关申请行政复议的其他情形。

对前款规定的情形，行政机关在作出行政行为时应当告知公民、法人或者其他组织先向行政复议机关申请行政复议。

第四节　行政复议管辖

第二十四条　县级以上地方各级人民政府管辖下列行政复议案件：

（一）对本级人民政府工作部门作出的行政行为不服的；

（二）对下一级人民政府作出的行政行为不服的；

（三）对本级人民政府依法设立的派出机关作出的

行政行为不服的;

（四）对本级人民政府或者其工作部门管理的法律、法规、规章授权的组织作出的行政行为不服的。

除前款规定外，省、自治区、直辖市人民政府同时管辖对本机关作出的行政行为不服的行政复议案件。

省、自治区人民政府依法设立的派出机关参照设区的市级人民政府的职责权限，管辖相关行政复议案件。

对县级以上地方各级人民政府工作部门依法设立的派出机构依照法律、法规、规章规定，以派出机构的名义作出的行政行为不服的行政复议案件，由本级人民政府管辖;其中，对直辖市、设区的市人民政府工作部门按照行政区划设立的派出机构作出的行政行为不服的，也可以由其所在地的人民政府管辖。

第二十五条　国务院部门管辖下列行政复议案件:

（一）对本部门作出的行政行为不服的;

（二）对本部门依法设立的派出机构依照法律、行政法规、部门规章规定，以派出机构的名义作出的行政行为不服的;

（三）对本部门管理的法律、行政法规、部门规章授权的组织作出的行政行为不服的。

第二十六条　对省、自治区、直辖市人民政府依照本法第二十四条第二款的规定、国务院部门依照本法第二十五条第一项的规定作出的行政复议决定不服的，可以向人民法院提起行政诉讼;也可以向国务院申请裁决，国务院依照本法的规定作出最终裁决。

第二十七条　对海关、金融、外汇管理等实行垂直领导的行政机关、税务和国家安全机关的行政行为不服的，向上一级主管部门申请行政复议。

第二十八条　对履行行政复议机构职责的地方人民政府司法行政部门的行政行为不服的，可以向本级人民政府申请行政复议，也可以向上一级司法行政部门申请行政复议。

第二十九条　公民、法人或者其他组织申请行政复议，行政复议机关已经依法受理的，在行政复议期间不得向人民法院提起行政诉讼。

公民、法人或者其他组织向人民法院提起行政诉讼，人民法院已经依法受理的，不得申请行政复议。

第三章　行政复议受理

第三十条　行政复议机关收到行政复议申请后，应当在五日内进行审查。对符合下列规定的，行政复议机关应当予以受理:

（一）有明确的申请人和符合本法规定的被申请人;

（二）申请人与被申请行政复议的行政行为有利害关系;

（三）有具体的行政复议请求和理由;

（四）在法定申请期限内提出;

（五）属于本法规定的行政复议范围;

（六）属于本机关的管辖范围;

（七）行政复议机关未受理过该申请人就同一行政行为提出的行政复议申请，并且人民法院未受理过该申请人就同一行政行为提起的行政诉讼。

对不符合前款规定的行政复议申请，行政复议机关应当在审查期限内决定不予受理并说明理由;不属于本机关管辖的，还应当在不予受理决定中告知申请人有管辖权的行政复议机关。

行政复议申请的审查期限届满，行政复议机关未作出不予受理决定的，审查期限届满之日起视为受理。

第三十一条　行政复议申请材料不齐全或者表述不清楚，无法判断行政复议申请是否符合本法第三十条第一款规定的，行政复议机关应当自收到申请之日起五日内书面通知申请人补正。补正通知应当一次性载明需要补正的事项。

申请人应当自收到补正通知之日起十日内提交补正材料。有正当理由不能按期补正的，行政复议机关可以延长合理的补正期限。无正当理由逾期不补正的，视为申请人放弃行政复议申请，并记录在案。

行政复议机关收到补正材料后，依照本法第三十条的规定处理。

第三十二条　对当场作出或者依据电子技术监控设备记录的违法事实作出的行政处罚决定不服申请行政复议的，可以通过作出行政处罚决定的行政机关提交行政复议申请。

行政机关收到行政复议申请后，应当及时处理;认为需要维持行政处罚决定的，应当自收到行政复议申请之日起五日内转送行政复议机关。

第三十三条　行政复议机关受理行政复议申请后，发现该行政复议申请不符合本法第三十条第一款规定的，应当决定驳回申请并说明理由。

第三十四条　法律、行政法规规定应当先向行政复议机关申请行政复议、对行政复议决定不服再向人民法院提起行政诉讼的，行政复议机关决定不予受理、驳回申请或者受理后超过行政复议期限不作答复的，公民、法人或者其他组织可以自收到决定书之日起或者行政复议期限届满之日起十五日内，依法向人民法院提起行政诉讼。

第三十五条 公民、法人或者其他组织依法提出行政复议申请,行政复议机关无正当理由不予受理、驳回申请或者受理后超过行政复议期限不作答复的,申请人有权向上级行政机关反映,上级行政机关应当责令其纠正;必要时,上级行政复议机关可以直接受理。

第四章　行政复议审理
第一节　一般规定

第三十六条 行政复议机关受理行政复议申请后,依照本法适用普通程序或者简易程序进行审理。行政复议机构应当指定行政复议人员负责办理行政复议案件。

行政复议人员对办理行政复议案件过程中知悉的国家秘密、商业秘密和个人隐私,应当予以保密。

第三十七条 行政复议机关依照法律、法规、规章审理行政复议案件。

行政复议机关审理民族自治地方的行政复议案件,同时依照该民族自治地方的自治条例和单行条例。

第三十八条 上级行政复议机关根据需要,可以审理下级行政复议机关管辖的行政复议案件。

下级行政复议机关对其管辖的行政复议案件,认为需要由上级行政复议机关审理的,可以报请上级行政复议机关决定。

第三十九条 行政复议期间有下列情形之一的,行政复议中止:

(一)作为申请人的公民死亡,其近亲属尚未确定是否参加行政复议;

(二)作为申请人的公民丧失参加行政复议的行为能力,尚未确定法定代理人参加行政复议;

(三)作为申请人的公民下落不明;

(四)作为申请人的法人或者其他组织终止,尚未确定权利义务承受人;

(五)申请人、被申请人因不可抗力或者其他正当理由,不能参加行政复议;

(六)依照本法规定进行调解、和解,申请人和被申请人同意中止;

(七)行政复议案件涉及的法律适用问题需要有权机关作出解释或者确认;

(八)行政复议案件审理需要以其他案件的审理结果为依据,而其他案件尚未审结;

(九)有本法第五十六条或者第五十七条规定的情形;

(十)需要中止行政复议的其他情形。

行政复议中止的原因消除后,应当及时恢复行政复议案件的审理。

行政复议机关中止、恢复行政复议案件的审理,应当书面告知当事人。

第四十条 行政复议期间,行政复议机关无正当理由中止行政复议的,上级行政机关应当责令其恢复审理。

第四十一条 行政复议期间有下列情形之一的,行政复议机关决定终止行政复议:

(一)申请人撤回行政复议申请,行政复议机构准予撤回;

(二)作为申请人的公民死亡,没有近亲属或者其近亲属放弃行政复议权利;

(三)作为申请人的法人或者其他组织终止,没有权利义务承受人或者其权利义务承受人放弃行政复议权利;

(四)申请人对行政拘留或者限制人身自由的行政强制措施不服申请行政复议后,因同一违法行为涉嫌犯罪,被采取刑事强制措施;

(五)依照本法第三十九条第一款第一项、第二项、第四项的规定中止行政复议满六十日,行政复议中止的原因仍未消除。

第四十二条 行政复议期间行政行为不停止执行;但是有下列情形之一的,应当停止执行:

(一)被申请人认为需要停止执行;

(二)行政复议机关认为需要停止执行;

(三)申请人、第三人申请停止执行,行政复议机关认为其要求合理,决定停止执行;

(四)法律、法规、规章规定停止执行的其他情形。

第二节　行政复议证据

第四十三条 行政复议证据包括:

(一)书证;

(二)物证;

(三)视听资料;

(四)电子数据;

(五)证人证言;

(六)当事人的陈述;

(七)鉴定意见;

(八)勘验笔录、现场笔录。

以上证据经行政复议机构审查属实,才能作为认定行政复议案件事实的根据。

第四十四条 被申请人对其作出的行政行为的合法性、适当性负有举证责任。

有下列情形之一的，申请人应当提供证据：

（一）认为被申请人不履行法定职责的，提供曾经要求被申请人履行法定职责的证据，但是被申请人应当依职权主动履行法定职责或者申请人因正当理由不能提供的除外；

（二）提出行政赔偿请求的，提供受行政行为侵害而造成损害的证据，但是因被申请人原因导致申请人无法举证的，由被申请人承担举证责任；

（三）法律、法规规定需要申请人提供证据的其他情形。

第四十五条　行政复议机关有权向有关单位和个人调查取证，查阅、复制、调取有关文件和资料，向有关人员进行询问。

调查取证时，行政复议人员不得少于两人，并应当出示行政复议工作证件。

被调查取证的单位和个人应当积极配合行政复议人员的工作，不得拒绝或者阻挠。

第四十六条　行政复议期间，被申请人不得自行向申请人和其他有关单位或者个人收集证据；自行收集的证据不作为认定行政行为合法性、适当性的依据。

行政复议期间，申请人或者第三人提出被申请行政复议的行政行为作出时没有提出的理由或者证据的，经行政复议机构同意，被申请人可以补充证据。

第四十七条　行政复议期间，申请人、第三人及其委托代理人可以按照规定查阅、复制被申请人提出的书面答复、作出行政行为的证据、依据和其他有关材料，除涉及国家秘密、商业秘密、个人隐私或者可能危及国家安全、公共安全、社会稳定的情形外，行政复议机构应当同意。

第三节　普通程序

第四十八条　行政复议机构应当自行政复议申请受理之日起七日内，将行政复议申请书副本或者行政复议申请笔录复印件发送被申请人。被申请人应当自收到行政复议申请书副本或者行政复议申请笔录复印件之日起十日内，提出书面答复，并提交作出行政行为的证据、依据和其他有关材料。

第四十九条　适用普通程序审理的行政复议案件，行政复议机构应当当面或者通过互联网、电话等方式听取当事人的意见，并将听取的意见记录在案。因当事人原因不能听取意见的，可以书面审理。

第五十条　审理重大、疑难、复杂的行政复议案件，行政复议机构应当组织听证。

行政复议机构认为有必要听证，或者申请人请求听证的，行政复议机构可以组织听证。

听证由一名行政复议人员任主持人，两名以上行政复议人员任听证员，一名记录员制作听证笔录。

第五十一条　行政复议机构组织听证的，应当于举行听证的五日前将听证的时间、地点和拟听证事项书面通知当事人。

申请人无正当理由拒不参加听证的，视为放弃听证权利。

被申请人的负责人应当参加听证。不能参加的，应当说明理由并委托相应的工作人员参加听证。

第五十二条　县级以上各级人民政府应当建立相关政府部门、专家、学者等参与的行政复议委员会，为办理行政复议案件提供咨询意见，并就行政复议工作中的重大事项和共性问题研究提出意见。行政复议委员会的组成和开展工作的具体办法，由国务院行政复议机构制定。

审理行政复议案件涉及下列情形之一的，行政复议机构应当提请行政复议委员会提出咨询意见：

（一）案情重大、疑难、复杂；

（二）专业性、技术性较强；

（三）本法第二十四条第二款规定的行政复议案件；

（四）行政复议机构认为有必要。

行政复议机构应当记录行政复议委员会的咨询意见。

第四节　简易程序

第五十三条　行政复议机关审理下列行政复议案件，认为事实清楚、权利义务关系明确、争议不大的，可以适用简易程序：

（一）被申请行政复议的行政行为是当场作出；

（二）被申请行政复议的行政行为是警告或者通报批评；

（三）案件涉及款额三千元以下；

（四）属于政府信息公开案件。

除前款规定以外的行政复议案件，当事人各方同意适用简易程序的，可以适用简易程序。

第五十四条　适用简易程序审理的行政复议案件，行政复议机构应当自受理行政复议申请之日起三日内，将行政复议申请书副本或者行政复议申请笔录复印件发送被申请人。被申请人应当自收到行政复议申请书副本或者行政复议申请笔录复印件之日起五日内，提出书面答复，并提交作出行政行为的证据、依据和其他有关材料。

适用简易程序审理的行政复议案件,可以书面审理。

第五十五条 适用简易程序审理的行政复议案件,行政复议机构认为不宜适用简易程序的,经行政复议机构的负责人批准,可以转为普通程序审理。

第五节　行政复议附带审查

第五十六条 申请人依照本法第十三条的规定提出对有关规范性文件的附带审查申请,行政复议机关有权处理的,应当在三十日内依法处理;无权处理的,应当在七日内转送有权处理的行政机关依法处理。

第五十七条 行政复议机关在对被申请人作出的行政行为进行审查时,认为其依据不合法,本机关有权处理的,应当在三十日内依法处理;无权处理的,应当在七日内转送有权处理的国家机关依法处理。

第五十八条 行政复议机关依照本法第五十六条、第五十七条的规定有权处理有关规范性文件或者依据的,行政复议机构应当自行政复议中止之日起三日内,书面通知规范性文件或者依据的制定机关就相关条款的合法性提出书面答复。制定机关应当自收到书面通知之日起十日内提交书面答复及相关材料。

行政复议机构认为必要时,可以要求规范性文件或者依据的制定机关当面说明理由,制定机关应当配合。

第五十九条 行政复议机关依照本法第五十六条、第五十七条的规定有权处理有关规范性文件或者依据,认为相关条款合法的,在行政复议决定书中一并告知;认为相关条款超越权限或者违反上位法的,决定停止该条款的执行,并责令制定机关予以纠正。

第六十条 依照本法第五十六条、第五十七条的规定接受转送的行政机关、国家机关应当自收到转送之日起六十日内,将处理意见回复转送的行政复议机关。

第五章　行政复议决定

第六十一条 行政复议机关依照本法审理行政复议案件,由行政复议机构对行政行为进行审查,提出意见,经行政复议机关的负责人同意或者集体讨论通过后,以行政复议机关的名义作出行政复议决定。

经过听证的行政复议案件,行政复议机关应当根据听证笔录、审查认定的事实和证据,依照本法作出行政复议决定。

提请行政复议委员会提出咨询意见的行政复议案件,行政复议机关应当将咨询意见作为作出行政复议决定的重要参考依据。

第六十二条 适用普通程序审理的行政复议案件,行政复议机关应当自受理申请之日起六十日内作出行政复议决定;但是法律规定的行政复议期限少于六十日的除外。情况复杂,不能在规定期限内作出行政复议决定的,经行政复议机构的负责人批准,可以适当延长,并书面告知当事人;但是延长期限最多不得超过三十日。

适用简易程序审理的行政复议案件,行政复议机关应当自受理申请之日起三十日内作出行政复议决定。

第六十三条 行政行为有下列情形之一的,行政复议机关决定变更该行政行为:

(一)事实清楚,证据确凿,适用依据正确,程序合法,但是内容不适当;

(二)事实清楚,证据确凿,程序合法,但是未正确适用依据;

(三)事实不清、证据不足,经行政复议机关查清事实和证据。

行政复议机关不得作出对申请人更为不利的变更决定,但是第三人提出相反请求的除外。

第六十四条 行政行为有下列情形之一的,行政复议机关决定撤销或者部分撤销该行政行为,并可以责令被申请人在一定期限内重新作出行政行为:

(一)主要事实不清、证据不足;

(二)违反法定程序;

(三)适用的依据不合法;

(四)超越职权或者滥用职权。

行政复议机关责令被申请人重新作出行政行为的,被申请人不得以同一事实和理由作出与被申请行政复议的行政行为相同或者基本相同的行政行为,但是行政复议机关以违反法定程序为由决定撤销或者部分撤销的除外。

第六十五条 行政行为有下列情形之一的,行政复议机关不撤销该行政行为,但是确认该行政行为违法:

(一)依法应予撤销,但是撤销会给国家利益、社会公共利益造成重大损害;

(二)程序轻微违法,但是对申请人权利不产生实际影响。

行政行为有下列情形之一,不需要撤销或者责令履行的,行政复议机关确认该行政行为违法:

(一)行政行为违法,但是不具有可撤销内容;

(二)被申请人改变原违法行政行为,申请人仍要求撤销或者确认该行政行为违法;

(三)被申请人不履行或者拖延履行法定职责,责令履行没有意义。

第六十六条　被申请人不履行法定职责的,行政复议机关决定被申请人在一定期限内履行。

第六十七条　行政行为有实施主体不具有行政主体资格或者没有依据等重大且明显违法情形,申请人申请确认行政行为无效的,行政复议机关确认该行政行为无效。

第六十八条　行政行为认定事实清楚,证据确凿,适用依据正确,程序合法,内容适当的,行政复议机关决定维持该行政行为。

第六十九条　行政复议机关受理申请人认为被申请人不履行法定职责的行政复议申请后,发现被申请人没有相应法定职责或者在受理前已经履行法定职责的,决定驳回申请人的行政复议请求。

第七十条　被申请人不按照本法第四十八条、第五十四条的规定提出书面答复、提交作出行政行为的证据、依据和其他有关材料的,视为该行政行为没有证据、依据,行政复议机关决定撤销、部分撤销该行政行为,确认该行政行为违法、无效或者决定被申请人在一定期限内履行,但是行政行为涉及第三人合法权益,第三人提供证据的除外。

第七十一条　被申请人不依法订立、不依法履行、未按照约定履行或者违法变更、解除行政协议的,行政复议机关决定被申请人承担依法订立、继续履行、采取补救措施或者赔偿损失等责任。

被申请人变更、解除行政协议合法,但是未依法给予补偿或者补偿不合理的,行政复议机关决定被申请人依法给予合理补偿。

第七十二条　申请人在申请行政复议时一并提出行政赔偿请求,行政复议机关对依照《中华人民共和国国家赔偿法》的有关规定应当予赔偿的,在作出行政复议决定时,应当同时决定驳回行政赔偿请求;对符合《中华人民共和国国家赔偿法》的有关规定应当给予赔偿的,在决定撤销或者部分撤销、变更行政行为或者确认行政行为违法、无效时,应当同时决定被申请人依法给予赔偿;确认行政行为违法的,还可以同时责令被申请人采取补救措施。

申请人在申请行政复议时没有提出行政赔偿请求的,行政复议机关在依法决定撤销或者部分撤销、变更罚款,撤销或者部分撤销违法集资、没收财物、征收征用、摊派费用以及对财产的查封、扣押、冻结等行政行为时,应当同时责令被申请人返还财产,解除对财产的查封、扣押、冻结措施,或者赔偿相应的价款。

第七十三条　当事人经调解达成协议的,行政复议机关应当制作行政复议调解书,经各方当事人签字或者签章,并加盖行政复议机关印章,即具有法律效力。

调解未达成协议或者调解书生效前一方反悔的,行政复议机关应当依法审查或者及时作出行政复议决定。

第七十四条　当事人在行政复议决定作出前可以自愿达成和解,和解内容不得损害国家利益、社会公共利益和他人合法权益,不得违反法律、法规的强制性规定。

当事人达成和解后,由申请人向行政复议机构撤回行政复议申请。行政复议机构准予撤回行政复议申请、行政复议机关决定终止行政复议的,申请人不得再以同一事实和理由提出行政复议申请。但是,申请人能够证明撤回行政复议申请违背其真实意愿的除外。

第七十五条　行政复议机关作出行政复议决定,应当制作行政复议决定书,并加盖行政复议机关印章。

行政复议决定书一经送达,即发生法律效力。

第七十六条　行政复议机关在办理行政复议案件过程中,发现被申请人或者其他下级行政机关的有关行政行为违法或者不当的,可以向其制发行政复议意见书。有关机关应当自收到行政复议意见书之日起六十日内,将纠正相关违法或者不当行政行为的情况报送行政复议机关。

第七十七条　被申请人应当履行行政复议决定书、调解书、意见书。

被申请人不履行或者无正当理由拖延履行行政复议决定书、调解书、意见书的,行政复议机关或者有关上级行政机关应当责令其限期履行,并可以约谈被申请人的有关负责人或者予以通报批评。

第七十八条　申请人、第三人逾期不起诉又不履行行政复议决定书、调解书的,或者不履行最终裁决的行政复议决定的,按照下列规定分别处理:

（一）维持行政行为的行政复议决定书,由作出行政行为的行政机关依法强制执行,或者申请人民法院强制执行;

（二）变更行政行为的行政复议决定书,由行政复议机关依法强制执行,或者申请人民法院强制执行;

（三）行政复议调解书,由行政复议机关依法强制执行,或者申请人民法院强制执行。

第七十九条　行政复议机关根据被申请行政复议的行政行为的公开情况,按照国家有关规定将行政复议决定书向社会公开。

县级以上地方各级人民政府办理以本级人民政府工

作部门为被申请人的行政复议案件,应当将发生法律效力的行政复议决定书、意见书同时抄告被申请人的上一级主管部门。

第六章　法律责任

第八十条　行政复议机关不依照本法规定履行行政复议职责,对负有责任的领导人员和直接责任人员依法给予警告、记过、记大过的处分;经有权监督的机关督促仍不改正或者造成严重后果的,依法给予降级、撤职、开除的处分。

第八十一条　行政复议机关工作人员在行政复议活动中,徇私舞弊或者有其他渎职、失职行为的,依法给予警告、记过、记大过的处分;情节严重的,依法给予降级、撤职、开除的处分;构成犯罪的,依法追究刑事责任。

第八十二条　被申请人违反本法规定,不提出书面答复或者不提交作出行政行为的证据、依据和其他有关材料,或者阻挠、变相阻挠公民、法人或者其他组织依法申请行政复议的,对负有责任的领导人员和直接责任人员依法给予警告、记过、记大过的处分;进行报复陷害的,依法给予降级、撤职、开除的处分;构成犯罪的,依法追究刑事责任。

第八十三条　被申请人不履行或者无正当理由拖延履行行政复议决定书、调解书、意见书的,对负有责任的领导人员和直接责任人员依法给予警告、记过、记大过的处分;经责令履行仍拒不履行的,依法给予降级、撤职、开除的处分。

第八十四条　拒绝、阻挠行政复议人员调查取证,故意扰乱行政复议工作秩序的,依法给予处分、治安管理处罚;构成犯罪的,依法追究刑事责任。

第八十五条　行政机关及其工作人员违反本法规定的,行政复议机关可以向监察机关或者公职人员任免机关、单位移送有关人员违法的事实材料,接受移送的监察机关或者公职人员任免机关、单位应当依法处理。

第八十六条　行政复议机关在办理行政复议案件过程中,发现公职人员涉嫌贪污贿赂、失职渎职等职务违法或者职务犯罪的问题线索,应当按照有关规定移送监察机关,由监察机关依法调查处置。

第七章　附　则

第八十七条　行政复议机关受理行政复议申请,不得向申请人收取任何费用。

第八十八条　行政复议期间的计算和行政复议文书的送达,本法没有规定的,依照《中华人民共和国民事诉讼法》关于期间、送达的规定执行。

本法关于行政复议期间有关"三日"、"五日"、"七日"、"十日"的规定是指工作日,不含法定休假日。

第八十九条　外国人、无国籍人、外国组织在中华人民共和国境内申请行政复议,适用本法。

第九十条　本法自2024年1月1日起施行。

中华人民共和国行政处罚法

· 1996年3月17日第八届全国人民代表大会第四次会议通过
· 根据2009年8月27日第十一届全国人民代表大会常务委员会第十次会议《关于修改部分法律的决定》第一次修正
· 根据2017年9月1日第十二届全国人民代表大会常务委员会第二十九次会议《关于修改〈中华人民共和国法官法〉等八部法律的决定》第二次修正
· 2021年1月22日第十三届全国人民代表大会常务委员会第二十五次会议修订
· 2021年1月22日中华人民共和国主席令第70号公布
· 自2021年7月15日起施行

第一章　总　则

第一条　为了规范行政处罚的设定和实施,保障和监督行政机关有效实施行政管理,维护公共利益和社会秩序,保护公民、法人或者其他组织的合法权益,根据宪法,制定本法。

第二条　行政处罚是指行政机关依法对违反行政管理秩序的公民、法人或者其他组织,以减损权益或者增加义务的方式予以惩戒的行为。

第三条　行政处罚的设定和实施,适用本法。

第四条　公民、法人或者其他组织违反行政管理秩序的行为,应当给予行政处罚的,依照本法由法律、法规、规章规定,并由行政机关依照本法规定的程序实施。

第五条　行政处罚遵循公正、公开的原则。

设定和实施行政处罚必须以事实为依据,与违法行为的事实、性质、情节以及社会危害程度相当。

对违法行为给予行政处罚的规定必须公布;未经公布的,不得作为行政处罚的依据。

第六条　实施行政处罚,纠正违法行为,应当坚持处罚与教育相结合,教育公民、法人或者其他组织自觉守法。

第七条　公民、法人或者其他组织对行政机关所给予的行政处罚,享有陈述权、申辩权;对行政处罚不服的,有权依法申请行政复议或者提起行政诉讼。

公民、法人或者其他组织因行政机关违法给予行政处罚受到损害的,有权依法提出赔偿要求。

第八条　公民、法人或者其他组织因违法行为受到行政处罚,其违法行为对他人造成损害的,应当依法承担民事责任。

违法行为构成犯罪,应当依法追究刑事责任的,不得以行政处罚代替刑事处罚。

第二章　行政处罚的种类和设定

第九条　行政处罚的种类:

(一)警告、通报批评;

(二)罚款、没收违法所得、没收非法财物;

(三)暂扣许可证件、降低资质等级、吊销许可证件;

(四)限制开展生产经营活动、责令停产停业、责令关闭、限制从业;

(五)行政拘留;

(六)法律、行政法规规定的其他行政处罚。

第十条　法律可以设定各种行政处罚。

限制人身自由的行政处罚,只能由法律设定。

第十一条　行政法规可以设定除限制人身自由以外的行政处罚。

法律对违法行为已经作出行政处罚规定,行政法规需要作出具体规定的,必须在法律规定的给予行政处罚的行为、种类和幅度的范围内规定。

法律对违法行为未作出行政处罚规定,行政法规为实施法律,可以补充设定行政处罚。拟补充设定行政处罚的,应当通过听证会、论证会等形式广泛听取意见,并向制定机关作出书面说明。行政法规报送备案时,应当说明补充设定行政处罚的情况。

第十二条　地方性法规可以设定除限制人身自由、吊销营业执照以外的行政处罚。

法律、行政法规对违法行为已经作出行政处罚规定,地方性法规需要作出具体规定的,必须在法律、行政法规规定的给予行政处罚的行为、种类和幅度的范围内规定。

法律、行政法规对违法行为未作出行政处罚规定,地方性法规为实施法律、行政法规,可以补充设定行政处罚。拟补充设定行政处罚的,应当通过听证会、论证会等形式广泛听取意见,并向制定机关作出书面说明。地方性法规报送备案时,应当说明补充设定行政处罚的情况。

第十三条　国务院部门规章可以在法律、行政法规规定的给予行政处罚的行为、种类和幅度的范围内作出具体规定。

尚未制定法律、行政法规的,国务院部门规章对违反行政管理秩序的行为,可以设定警告、通报批评或者一定数额罚款的行政处罚。罚款的限额由国务院规定。

第十四条　地方政府规章可以在法律、法规规定的给予行政处罚的行为、种类和幅度的范围内作出具体规定。

尚未制定法律、法规的,地方政府规章对违反行政管理秩序的行为,可以设定警告、通报批评或者一定数额罚款的行政处罚。罚款的限额由省、自治区、直辖市人民代表大会常务委员会规定。

第十五条　国务院部门和省、自治区、直辖市人民政府及其有关部门应当定期组织评估行政处罚的实施情况和必要性,对不适当的行政处罚事项及种类、罚款数额等,应当提出修改或者废止的建议。

第十六条　除法律、法规、规章外,其他规范性文件不得设定行政处罚。

第三章　行政处罚的实施机关

第十七条　行政处罚由具有行政处罚权的行政机关在法定职权范围内实施。

第十八条　国家在城市管理、市场监管、生态环境、文化市场、交通运输、应急管理、农业等领域推行建立综合行政执法制度,相对集中行政处罚权。

国务院或者省、自治区、直辖市人民政府可以决定一个行政机关行使有关行政机关的行政处罚权。

限制人身自由的行政处罚权只能由公安机关和法律规定的其他机关行使。

第十九条　法律、法规授权的具有管理公共事务职能的组织可以在法定授权范围内实施行政处罚。

第二十条　行政机关依照法律、法规、规章的规定,可以在其法定权限内书面委托符合本法第二十一条规定条件的组织实施行政处罚。行政机关不得委托其他组织或者个人实施行政处罚。

委托书应当载明委托的具体事项、权限、期限等内容。委托行政机关和受委托组织应当将委托书向社会公布。

委托行政机关对受委托组织实施行政处罚的行为应当负责监督,并对该行为的后果承担法律责任。

受委托组织在委托范围内,以委托行政机关名义实施行政处罚;不得再委托其他组织或者个人实施行政处罚。

第二十一条　受委托组织必须符合以下条件:

(一)依法成立并具有管理公共事务职能;

(二)有熟悉有关法律、法规、规章和业务并取得行政执法资格的工作人员;

(三)需要进行技术检查或者技术鉴定的,应当有条件组织进行相应的技术检查或者技术鉴定。

第四章　行政处罚的管辖和适用

第二十二条　行政处罚由违法行为发生地的行政机关管辖。法律、行政法规、部门规章另有规定的,从其规定。

第二十三条　行政处罚由县级以上地方人民政府具有行政处罚权的行政机关管辖。法律、行政法规另有规定的,从其规定。

第二十四条　省、自治区、直辖市根据当地实际情况,可以决定将基层管理迫切需要的县级人民政府部门的行政处罚权交由能够有效承接的乡镇人民政府、街道办事处行使,并定期组织评估。决定应当公布。

承接行政处罚权的乡镇人民政府、街道办事处应当加强执法能力建设,按照规定范围、依照法定程序实施行政处罚。

有关地方人民政府及其部门应当加强组织协调、业务指导、执法监督,建立健全行政处罚协调配合机制,完善评议、考核制度。

第二十五条　两个以上行政机关都有管辖权的,由最先立案的行政机关管辖。

对管辖发生争议的,应当协商解决,协商不成的,报请共同的上一级行政机关指定管辖;也可以直接由共同的上一级行政机关指定管辖。

第二十六条　行政机关因实施行政处罚的需要,可以向有关机关提出协助请求。协助事项属于被请求机关职权范围内的,应当依法予以协助。

第二十七条　违法行为涉嫌犯罪的,行政机关应当及时将案件移送司法机关,依法追究刑事责任。对依法不需要追究刑事责任或者免予刑事处罚,但应当给予行政处罚的,司法机关应当及时将案件移送有关行政机关。

行政处罚实施机关与司法机关之间应当加强协调配合,建立健全案件移送制度,加强证据材料移交、接收衔接,完善案件处理信息通报机制。

第二十八条　行政机关实施行政处罚时,应当责令当事人改正或者限期改正违法行为。

当事人有违法所得,除依法应当退赔的外,应当予以没收。违法所得是指实施违法行为所取得的款项。法律、行政法规、部门规章对违法所得的计算另有规定的,从其规定。

第二十九条　对当事人的同一个违法行为,不得给予两次以上罚款的行政处罚。同一个违法行为违反多个法律规范应当给予罚款处罚的,按照罚款数额高的规定处罚。

第三十条　不满十四周岁的未成年人有违法行为的,不予行政处罚,责令监护人加以管教;已满十四周岁不满十八周岁的未成年人有违法行为的,应当从轻或者减轻行政处罚。

第三十一条　精神病人、智力残疾人在不能辨认或者不能控制自己行为时有违法行为的,不予行政处罚,但应当责令其监护人严加看管和治疗。间歇性精神病人在精神正常时有违法行为的,应当给予行政处罚。尚未完全丧失辨认或者控制自己行为能力的精神病人、智力残疾人有违法行为的,可以从轻或者减轻行政处罚。

第三十二条　当事人有下列情形之一,应当从轻或者减轻行政处罚:

(一)主动消除或者减轻违法行为危害后果的;

(二)受他人胁迫或者诱骗实施违法行为的;

(三)主动供述行政机关尚未掌握的违法行为的;

(四)配合行政机关查处违法行为有立功表现的;

(五)法律、法规、规章规定其他应当从轻或者减轻行政处罚的。

第三十三条　违法行为轻微并及时改正,没有造成危害后果的,不予行政处罚。初次违法且危害后果轻微并及时改正的,可以不予行政处罚。

当事人有证据足以证明没有主观过错的,不予行政处罚。法律、行政法规另有规定的,从其规定。

对当事人的违法行为依法不予行政处罚的,行政机关应当对当事人进行教育。

第三十四条　行政机关可以依法制定行政处罚裁量基准,规范行使行政处罚裁量权。行政处罚裁量基准应当向社会公布。

第三十五条　违法行为构成犯罪,人民法院判处拘役或者有期徒刑时,行政机关已经给予当事人行政拘留的,应当依法折抵相应刑期。

违法行为构成犯罪,人民法院判处罚金时,行政机关已经给予当事人罚款的,应当折抵相应罚金;行政机关尚未给予当事人罚款的,不再给予罚款。

第三十六条　违法行为在二年内未被发现的,不再给予行政处罚;涉及公民生命健康安全、金融安全且有危害后果的,上述期限延长至五年。法律另有规定的除外。

前款规定的期限,从违法行为发生之日起计算;违法行为有连续或者继续状态的,从行为终了之日起计算。

第三十七条　实施行政处罚,适用违法行为发生时的法律、法规、规章的规定。但是,作出行政处罚决定时,法律、法规、规章已被修改或者废止,且新的规定处罚较轻或者不认为是违法的,适用新的规定。

第三十八条　行政处罚没有依据或者实施主体不具有行政主体资格的,行政处罚无效。

违反法定程序构成重大且明显违法的,行政处罚无效。

第五章　行政处罚的决定
第一节　一般规定

第三十九条　行政处罚的实施机关、立案依据、实施程序和救济渠道等信息应当公示。

第四十条　公民、法人或者其他组织违反行政管理秩序的行为,依法应当给予行政处罚的,行政机关必须查明事实;违法事实不清、证据不足的,不得给予行政处罚。

第四十一条　行政机关依照法律、行政法规规定利用电子技术监控设备收集、固定违法事实的,应当经过法制和技术审核,确保电子技术监控设备符合标准、设置合理、标志明显,设置地点应当向社会公布。

电子技术监控设备记录违法事实应当真实、清晰、完整、准确。行政机关应当审核记录内容是否符合要求;未经审核或者经审核不符合要求的,不得作为行政处罚的证据。

行政机关应当及时告知当事人违法事实,并采取信息化手段或者其他措施,为当事人查询、陈述和申辩提供便利。不得限制或者变相限制当事人享有的陈述权、申辩权。

第四十二条　行政处罚应当由具有行政执法资格的执法人员实施。执法人员不得少于两人,法律另有规定的除外。

执法人员应当文明执法,尊重和保护当事人合法权益。

第四十三条　执法人员与案件有直接利害关系或者有其他关系可能影响公正执法的,应当回避。

当事人认为执法人员与案件有直接利害关系或者有其他关系可能影响公正执法的,有权申请回避。

当事人提出回避申请的,行政机关应当依法审查,由行政机关负责人决定。决定作出之前,不停止调查。

第四十四条　行政机关在作出行政处罚决定之前,应当告知当事人拟作出的行政处罚内容及事实、理由、依据,并告知当事人依法享有的陈述、申辩、要求听证等权利。

第四十五条　当事人有权进行陈述和申辩。行政机关必须充分听取当事人的意见,对当事人提出的事实、理由和证据,应当进行复核;当事人提出的事实、理由或者证据成立的,行政机关应当采纳。

行政机关不得因当事人陈述、申辩而给予更重的处罚。

第四十六条　证据包括:

(一)书证;

(二)物证;

(三)视听资料;

(四)电子数据;

(五)证人证言;

(六)当事人的陈述;

(七)鉴定意见;

(八)勘验笔录、现场笔录。

证据必须经查证属实,方可作为认定案件事实的根据。

以非法手段取得的证据,不得作为认定案件事实的根据。

第四十七条　行政机关应当依法以文字、音像等形式,对行政处罚的启动、调查取证、审核、决定、送达、执行等进行全过程记录,归档保存。

第四十八条　具有一定社会影响的行政处罚决定应当依法公开。

公开的行政处罚决定被依法变更、撤销、确认违法或者确认无效的,行政机关应当在三日内撤回行政处罚决定信息并公开说明理由。

第四十九条　发生重大传染病疫情等突发事件,为了控制、减轻和消除突发事件引起的社会危害,行政机关对违反突发事件应对措施的行为,依法快速、从重处罚。

第五十条　行政机关及其工作人员对实施行政处罚过程中知悉的国家秘密、商业秘密或者个人隐私,应当依法予以保密。

第二节　简易程序

第五十一条　违法事实确凿并有法定依据,对公民处以二百元以下、对法人或者其他组织处以三千元以下罚款或者警告的行政处罚的,可以当场作出行政处罚决定。法律另有规定的,从其规定。

第五十二条　执法人员当场作出行政处罚决定的,应当向当事人出示执法证件,填写预定格式、编有号码的行政处罚决定书,并当场交付当事人。当事人拒绝签收的,应当在行政处罚决定书上注明。

前款规定的行政处罚决定书应当载明当事人的违法行为,行政处罚的种类和依据、罚款数额、时间、地点,申请行政复议、提起行政诉讼的途径和期限以及行政机关名称,并由执法人员签名或者盖章。

执法人员当场作出的行政处罚决定,应当报所属行政机关备案。

第五十三条　对当场作出的行政处罚决定,当事人应当依照本法第六十七条至第六十九条的规定履行。

第三节　普通程序

第五十四条　除本法第五十一条规定的可以当场作出的行政处罚外,行政机关发现公民、法人或者其他组织有依法应当给予行政处罚的行为的,必须全面、客观、公正地调查,收集有关证据;必要时,依照法律、法规的规定,可以进行检查。

符合立案标准的,行政机关应当及时立案。

第五十五条　执法人员在调查或者进行检查时,应当主动向当事人或者有关人员出示执法证件。当事人或者有关人员有权要求执法人员出示执法证件。执法人员不出示执法证件的,当事人或者有关人员有权拒绝接受调查或者检查。

当事人或者有关人员应当如实回答询问,并协助调查或者检查,不得拒绝或者阻挠。询问或者检查应当制作笔录。

第五十六条　行政机关在收集证据时,可以采取抽样取证的方法;在证据可能灭失或者以后难以取得的情况下,经行政机关负责人批准,可以先行登记保存,并应当在七日内及时作出处理决定,在此期间,当事人或者有关人员不得销毁或者转移证据。

第五十七条　调查终结,行政机关负责人应当对调查结果进行审查,根据不同情况,分别作出如下决定:

（一）确有应受行政处罚的违法行为的,根据情节轻重及具体情况,作出行政处罚决定;

（二）违法行为轻微,依法可以不予行政处罚的,不予行政处罚;

（三）违法事实不能成立的,不予行政处罚;

（四）违法行为涉嫌犯罪的,移送司法机关。

对情节复杂或者重大违法行为给予行政处罚,行政机关负责人应当集体讨论决定。

第五十八条　有下列情形之一,在行政机关负责人作出行政处罚的决定之前,应当由从事行政处罚决定法制审核的人员进行法制审核;未经法制审核或者审核未通过的,不得作出决定:

（一）涉及重大公共利益的;

（二）直接关系当事人或者第三人重大权益,经过听

证程序的;

（三）案件情况疑难复杂、涉及多个法律关系的;

（四）法律、法规规定应当进行法制审核的其他情形。

行政机关中初次从事行政处罚决定法制审核的人员,应当通过国家统一法律职业资格考试取得法律职业资格。

第五十九条　行政机关依照本法第五十七条的规定给予行政处罚,应当制作行政处罚决定书。行政处罚决定书应当载明下列事项:

（一）当事人的姓名或者名称、地址;

（二）违反法律、法规、规章的事实和证据;

（三）行政处罚的种类和依据;

（四）行政处罚的履行方式和期限;

（五）申请行政复议、提起行政诉讼的途径和期限;

（六）作出行政处罚决定的行政机关名称和作出决定的日期。

行政处罚决定书必须盖有作出行政处罚决定的行政机关的印章。

第六十条　行政机关应当自行政处罚案件立案之日起九十日内作出行政处罚决定。法律、法规、规章另有规定的,从其规定。

第六十一条　行政处罚决定书应当在宣告后当场交付当事人;当事人不在场的,行政机关应当在七日内依照《中华人民共和国民事诉讼法》的有关规定,将行政处罚决定书送达当事人。

当事人同意并签订确认书的,行政机关可以采用传真、电子邮件等方式,将行政处罚决定书等送达当事人。

第六十二条　行政机关及其执法人员在作出行政处罚决定之前,未依照本法第四十四条、第四十五条的规定向当事人告知拟作出的行政处罚内容及事实、理由、依据,或者拒绝听取当事人的陈述、申辩,不得作出行政处罚决定;当事人明确放弃陈述或者申辩权利的除外。

第四节　听证程序

第六十三条　行政机关拟作出下列行政处罚决定,应当告知当事人有要求听证的权利,当事人要求听证的,行政机关应当组织听证:

（一）较大数额罚款;

（二）没收较大数额违法所得、没收较大价值非法财物;

（三）降低资质等级、吊销许可证件;

（四）责令停产停业、责令关闭、限制从业;

（五）其他较重的行政处罚；

（六）法律、法规、规章规定的其他情形。

当事人不承担行政机关组织听证的费用。

第六十四条　听证应当依照以下程序组织：

（一）当事人要求听证的，应当在行政机关告知后五日内提出；

（二）行政机关应当在举行听证的七日前，通知当事人及有关人员听证的时间、地点；

（三）除涉及国家秘密、商业秘密或者个人隐私依法予以保密外，听证公开举行；

（四）听证由行政机关指定的非本案调查人员主持；当事人认为主持人与本案有直接利害关系的，有权申请回避；

（五）当事人可以亲自参加听证，也可以委托一至二人代理；

（六）当事人及其代理人无正当理由拒不出席听证或者未经许可中途退出听证的，视为放弃听证权利，行政机关终止听证；

（七）举行听证时，调查人员提出当事人违法的事实、证据和行政处罚建议，当事人进行申辩和质证；

（八）听证应当制作笔录。笔录应当交当事人或者其代理人核对无误后签字或者盖章。当事人或者其代理人拒绝签字或者盖章的，由听证主持人在笔录中注明。

第六十五条　听证结束后，行政机关应当根据听证笔录，依照本法第五十七条的规定，作出决定。

第六章　行政处罚的执行

第六十六条　行政处罚决定依法作出后，当事人应当在行政处罚决定书载明的期限内，予以履行。

当事人确有经济困难，需要延期或者分期缴纳罚款的，经当事人申请和行政机关批准，可以暂缓或者分期缴纳。

第六十七条　作出罚款决定的行政机关应当与收缴罚款的机构分离。

除依照本法第六十八条、第六十九条的规定当场收缴的罚款外，作出行政处罚决定的行政机关及其执法人员不得自行收缴罚款。

当事人应当自收到行政处罚决定书之日起十五日内，到指定的银行或者通过电子支付系统缴纳罚款。银行应当收受罚款，并将罚款直接上缴国库。

第六十八条　依照本法第五十一条的规定当场作出行政处罚决定，有下列情形之一，执法人员可以当场收缴罚款：

（一）依法给予一百元以下罚款的；

（二）不当场收缴事后难以执行的。

第六十九条　在边远、水上、交通不便地区，行政机关及其执法人员依照本法第五十一条、第五十七条的规定作出罚款决定后，当事人到指定的银行或者通过电子支付系统缴纳罚款确有困难，经当事人提出，行政机关及其执法人员可以当场收缴罚款。

第七十条　行政机关及其执法人员当场收缴罚款的，必须向当事人出具国务院财政部门或者省、自治区、直辖市人民政府财政部门统一制发的专用票据；不出具财政部门统一制发的专用票据的，当事人有权拒绝缴纳罚款。

第七十一条　执法人员当场收缴的罚款，应当自收缴罚款之日起二日内，交至行政机关；在水上当场收缴的罚款，应当自抵岸之日起二日内交至行政机关；行政机关应当在二日内将罚款缴付指定的银行。

第七十二条　当事人逾期不履行行政处罚决定的，作出行政处罚决定的行政机关可以采取下列措施：

（一）到期不缴纳罚款的，每日按罚款数额的百分之三加处罚款，加处罚款的数额不得超出罚款的数额；

（二）根据法律规定，将查封、扣押的财物拍卖、依法处理或者将冻结的存款、汇款划拨抵缴罚款；

（三）根据法律规定，采取其他行政强制执行方式；

（四）依照《中华人民共和国行政强制法》的规定申请人民法院强制执行。

行政机关批准延期、分期缴纳罚款的，申请人民法院强制执行的期限，自暂缓或者分期缴纳罚款期限结束之日起计算。

第七十三条　当事人对行政处罚决定不服，申请行政复议或者提起行政诉讼的，行政处罚不停止执行，法律另有规定的除外。

当事人对限制人身自由的行政处罚决定不服，申请行政复议或者提起行政诉讼的，可以向作出决定的机关提出暂缓执行申请。符合法律规定情形的，应当暂缓执行。

当事人申请行政复议或者提起行政诉讼的，加处罚款的数额在行政复议或者行政诉讼期间不予计算。

第七十四条　除依法应当予以销毁的物品外，依法没收的非法财物必须按国家规定公开拍卖或者按照国家有关规定处理。

罚款、没收的违法所得或者没收非法财物拍卖的款项，必须全部上缴国库，任何行政机关或者个人不得以任何形式截留、私分或者变相私分。

罚款、没收的违法所得或者没收非法财物拍卖的款项,不得同作出行政处罚决定的行政机关及其工作人员的考核、考评直接或者变相挂钩。除依法应当退还、退赔的外,财政部门不得以任何形式向作出行政处罚决定的行政机关返还罚款、没收的违法所得或者没收非法财物拍卖的款项。

第七十五条 行政机关应当建立健全对行政处罚的监督制度。县级以上人民政府应当定期组织开展行政执法评议、考核,加强对行政处罚的监督检查,规范和保障行政处罚的实施。

行政机关实施行政处罚应当接受社会监督。公民、法人或者其他组织对行政机关实施行政处罚的行为,有权申诉或者检举;行政机关应当认真审查,发现有错误的,应当主动改正。

第七章 法律责任

第七十六条 行政机关实施行政处罚,有下列情形之一,由上级行政机关或者有关机关责令改正,对直接负责的主管人员和其他直接责任人员依法给予处分:

(一)没有法定的行政处罚依据的;

(二)擅自改变行政处罚种类、幅度的;

(三)违反法定的行政处罚程序的;

(四)违反本法第二十条关于委托处罚的规定的;

(五)执法人员未取得执法证件的。

行政机关对符合立案标准的案件不及时立案的,依照前款规定予以处理。

第七十七条 行政机关对当事人进行处罚不使用罚款、没收财物单据或者使用非法定部门制发的罚款、没收财物单据的,当事人有权拒绝,并有权予以检举,由上级行政机关或者有关机关对使用的非法单据予以收缴销毁,对直接负责的主管人员和其他直接责任人员依法给予处分。

第七十八条 行政机关违反本法第六十七条的规定自行收缴罚款的,财政部门违反本法第七十四条的规定向行政机关返还罚款、没收的违法所得或者拍卖款项的,由上级行政机关或者有关机关责令改正,对直接负责的主管人员和其他直接责任人员依法给予处分。

第七十九条 行政机关截留、私分或者变相私分罚款、没收的违法所得或者财物的,由财政部门或者有关机关予以追缴,对直接负责的主管人员和其他直接责任人员依法给予处分;情节严重构成犯罪的,依法追究刑事责任。

执法人员利用职务上的便利,索取或者收受他人财物、将收缴罚款据为己有,构成犯罪的,依法追究刑事责任;情节轻微不构成犯罪的,依法给予处分。

第八十条 行政机关使用或者损毁查封、扣押的财物,对当事人造成损失的,应当依法予以赔偿,对直接负责的主管人员和其他直接责任人员依法给予处分。

第八十一条 行政机关违法实施检查措施或者执行措施,给公民人身或者财产造成损害、给法人或者其他组织造成损失的,应当依法予以赔偿,对直接负责的主管人员和其他直接责任人员依法给予处分;情节严重构成犯罪的,依法追究刑事责任。

第八十二条 行政机关对应当依法移交司法机关追究刑事责任的案件不移交,以行政处罚代替刑事处罚,由上级行政机关或者有关机关责令改正,对直接负责的主管人员和其他直接责任人员依法给予处分;情节严重构成犯罪的,依法追究刑事责任。

第八十三条 行政机关对应当予以制止和处罚的违法行为不予制止、处罚,致使公民、法人或者其他组织的合法权益、公共利益和社会秩序遭受损害的,对直接负责的主管人员和其他直接责任人员依法给予处分;情节严重构成犯罪的,依法追究刑事责任。

第八章 附 则

第八十四条 外国人、无国籍人、外国组织在中华人民共和国领域内有违法行为,应当给予行政处罚的,适用本法,法律另有规定的除外。

第八十五条 本法中"二日""三日""五日""七日"的规定是指工作日,不含法定节假日。

第八十六条 本法自2021年7月15日起施行。

中华人民共和国行政诉讼法

· 1989年4月4日第七届全国人民代表大会第二次会议通过

· 根据2014年11月1日第十二届全国人民代表大会常务委员会第十一次会议《关于修改〈中华人民共和国行政诉讼法〉的决定》第一次修正

· 根据2017年6月27日第十二届全国人民代表大会常务委员会第二十八次会议《关于修改〈中华人民共和国民事诉讼法〉和〈中华人民共和国行政诉讼法〉的决定》第二次修正

第一章 总 则

第一条 【立法目的】为保证人民法院公正、及时审理行政案件,解决行政争议,保护公民、法人和其他组织的合法权益,监督行政机关依法行使职权,根据宪法,制定本法。

第二条 【诉权】公民、法人或者其他组织认为行政机关和行政机关工作人员的行政行为侵犯其合法权益,有权依照本法向人民法院提起诉讼。

前款所称行政行为,包括法律、法规、规章授权的组织作出的行政行为。

第三条 【行政机关负责人出庭应诉】人民法院应当保障公民、法人和其他组织的起诉权利,对应当受理的行政案件依法受理。

行政机关及其工作人员不得干预、阻碍人民法院受理行政案件。

被诉行政机关负责人应当出庭应诉。不能出庭的,应当委托行政机关相应的工作人员出庭。

第四条 【独立行使审判权】人民法院依法对行政案件独立行使审判权,不受行政机关、社会团体和个人的干涉。

人民法院设行政审判庭,审理行政案件。

第五条 【以事实为根据,以法律为准绳原则】人民法院审理行政案件,以事实为根据,以法律为准绳。

第六条 【合法性审查原则】人民法院审理行政案件,对行政行为是否合法进行审查。

第七条 【合议、回避、公开审判和两审终审原则】人民法院审理行政案件,依法实行合议、回避、公开审判和两审终审制度。

第八条 【法律地位平等原则】当事人在行政诉讼中的法律地位平等。

第九条 【本民族语言文字原则】各民族公民都有用本民族语言、文字进行行政诉讼的权利。

在少数民族聚居或者多民族共同居住的地区,人民法院应当用当地民族通用的语言、文字进行审理和发布法律文书。

人民法院应当对不通晓当地民族通用的语言、文字的诉讼参与人提供翻译。

第十条 【辩论原则】当事人在行政诉讼中有权进行辩论。

第十一条 【法律监督原则】人民检察院有权对行政诉讼实行法律监督。

第二章　受案范围

第十二条 【行政诉讼受案范围】人民法院受理公民、法人或者其他组织提起的下列诉讼:

(一)对行政拘留、暂扣或者吊销许可证和执照、责令停产停业、没收违法所得、没收非法财物、罚款、警告等行政处罚不服的;

(二)对限制人身自由或者对财产的查封、扣押、冻结等行政强制措施和行政强制执行不服的;

(三)申请行政许可,行政机关拒绝或者在法定期限内不予答复,或者对行政机关作出的有关行政许可的其他决定不服的;

(四)对行政机关作出的关于确认土地、矿藏、水流、森林、山岭、草原、荒地、滩涂、海域等自然资源的所有权或者使用权的决定不服的;

(五)对征收、征用决定及其补偿决定不服的;

(六)申请行政机关履行保护人身权、财产权等合法权益的法定职责,行政机关拒绝履行或者不予答复的;

(七)认为行政机关侵犯其经营自主权或者农村土地承包经营权、农村土地经营权的;

(八)认为行政机关滥用行政权力排除或者限制竞争的;

(九)认为行政机关违法集资、摊派费用或者违法要求履行其他义务的;

(十)认为行政机关没有依法支付抚恤金、最低生活保障待遇或者社会保险待遇的;

(十一)认为行政机关不依法履行、未按照约定履行或者违法变更、解除政府特许经营协议、土地房屋征收补偿协议等协议的;

(十二)认为行政机关侵犯其他人身权、财产权等合法权益的。

除前款规定外,人民法院受理法律、法规规定可以提起诉讼的其他行政案件。

第十三条 【受案范围的排除】人民法院不受理公民、法人或者其他组织对下列事项提起的诉讼:

(一)国防、外交等国家行为;

(二)行政法规、规章或者行政机关制定、发布的具有普遍约束力的决定、命令;

(三)行政机关对行政机关工作人员的奖惩、任免等决定;

(四)法律规定由行政机关最终裁决的行政行为。

第三章　管　辖

第十四条 【基层人民法院管辖第一审行政案件】基层人民法院管辖第一审行政案件。

第十五条 【中级人民法院管辖的第一审行政案件】中级人民法院管辖下列第一审行政案件:

(一)对国务院部门或者县级以上地方人民政府所作的行政行为提起诉讼的案件;

（二）海关处理的案件；

（三）本辖区内重大、复杂的案件；

（四）其他法律规定由中级人民法院管辖的案件。

第十六条　【高级人民法院管辖的第一审行政案件】高级人民法院管辖本辖区内重大、复杂的第一审行政案件。

第十七条　【最高人民法院管辖的第一审行政案件】最高人民法院管辖全国范围内重大、复杂的第一审行政案件。

第十八条　【一般地域管辖和法院跨行政区域管辖】行政案件由最初作出行政行为的行政机关所在地人民法院管辖。经复议的案件，也可以由复议机关所在地人民法院管辖。

经最高人民法院批准，高级人民法院可以根据审判工作的实际情况，确定若干人民法院跨行政区域管辖行政案件。

第十九条　【限制人身自由行政案件的管辖】对限制人身自由的行政强制措施不服提起的诉讼，由被告所在地或者原告所在地人民法院管辖。

第二十条　【不动产行政案件的管辖】因不动产提起的行政诉讼，由不动产所在地人民法院管辖。

第二十一条　【选择管辖】两个以上人民法院都有管辖权的案件，原告可以选择其中一个人民法院提起诉讼。原告向两个以上有管辖权的人民法院提起诉讼的，由最先立案的人民法院管辖。

第二十二条　【移送管辖】人民法院发现受理的案件不属于本院管辖的，应当移送有管辖权的人民法院，受移送的人民法院应当受理。受移送的人民法院认为受移送的案件按照规定不属于本院管辖的，应当报请上级人民法院指定管辖，不得再自行移送。

第二十三条　【指定管辖】有管辖权的人民法院由于特殊原因不能行使管辖权的，由上级人民法院指定管辖。

人民法院对管辖权发生争议，由争议双方协商解决。协商不成的，报它们的共同上级人民法院指定管辖。

第二十四条　【管辖权转移】上级人民法院有权审理下级人民法院管辖的第一审行政案件。

下级人民法院对其管辖的第一审行政案件，认为需要由上级人民法院审理或者指定管辖的，可以报请上级人民法院决定。

第四章　诉讼参加人

第二十五条　【原告资格】行政行为的相对人以及其他与行政行为有利害关系的公民、法人或者其他组织，有权提起诉讼。

有权提起诉讼的公民死亡，其近亲属可以提起诉讼。

有权提起诉讼的法人或者其他组织终止，承受其权利的法人或者其他组织可以提起诉讼。

人民检察院在履行职责中发现生态环境和资源保护、食品药品安全、国有财产保护、国有土地使用权出让等领域负有监督管理职责的行政机关违法行使职权或者不作为，致使国家利益或者社会公共利益受到侵害的，应当向行政机关提出检察建议，督促其依法履行职责。行政机关不依法履行职责的，人民检察院依法向人民法院提起诉讼。

第二十六条　【被告资格】公民、法人或者其他组织直接向人民法院提起诉讼的，作出行政行为的行政机关是被告。

经复议的案件，复议机关决定维持原行政行为的，作出原行政行为的行政机关和复议机关是共同被告；复议机关改变原行政行为的，复议机关是被告。

复议机关在法定期限内未作出复议决定，公民、法人或者其他组织起诉原行政行为的，作出原行政行为的行政机关是被告；起诉复议机关不作为的，复议机关是被告。

两个以上行政机关作出同一行政行为的，共同作出行政行为的行政机关是共同被告。

行政机关委托的组织所作的行政行为，委托的行政机关是被告。

行政机关被撤销或者职权变更的，继续行使其职权的行政机关是被告。

第二十七条　【共同诉讼】当事人一方或者双方为二人以上，因同一行政行为发生的行政案件，或者因同类行政行为发生的行政案件、人民法院认为可以合并审理并经当事人同意的，为共同诉讼。

第二十八条　【代表人诉讼】当事人一方人数众多的共同诉讼，可以由当事人推选代表人进行诉讼。代表人的诉讼行为对其所代表的当事人发生效力，但代表人变更、放弃诉讼请求或者承认对方当事人的诉讼请求，应当经被代表的当事人同意。

第二十九条　【诉讼第三人】公民、法人或者其他组织同被诉行政行为有利害关系但没有提起诉讼，或者同案件处理结果有利害关系的，可以作为第三人申请参加诉讼，或者由人民法院通知参加诉讼。

人民法院判决第三人承担义务或者减损第三人权益

的，第三人有权依法提起上诉。

第三十条　【法定代理人】没有诉讼行为能力的公民，由其法定代理人代为诉讼。法定代理人互相推诿代理责任的，由人民法院指定其中一人代为诉讼。

第三十一条　【委托代理人】当事人、法定代理人，可以委托一至二人作为诉讼代理人。

下列人员可以被委托为诉讼代理人：

（一）律师、基层法律服务工作者；

（二）当事人的近亲属或者工作人员；

（三）当事人所在社区、单位以及有关社会团体推荐的公民。

第三十二条　【当事人及诉讼代理人权利】代理诉讼的律师，有权按照规定查阅、复制本案有关材料，有权向有关组织和公民调查，收集与本案有关的证据。对涉及国家秘密、商业秘密和个人隐私的材料，应当依照法律规定保密。

当事人和其他诉讼代理人有权按照规定查阅、复制本案庭审材料，但涉及国家秘密、商业秘密和个人隐私的内容除外。

第五章　证　据

第三十三条　【证据种类】证据包括：

（一）书证；

（二）物证；

（三）视听资料；

（四）电子数据；

（五）证人证言；

（六）当事人的陈述；

（七）鉴定意见；

（八）勘验笔录、现场笔录。

以上证据经法庭审查属实，才能作为认定案件事实的根据。

第三十四条　【被告举证责任】被告对作出的行政行为负有举证责任，应当提供作出该行政行为的证据和所依据的规范性文件。

被告不提供或者无正当理由逾期提供证据，视为没有相应证据。但是，被诉行政行为涉及第三人合法权益，第三人提供证据的除外。

第三十五条　【行政机关收集证据的限制】在诉讼过程中，被告及其诉讼代理人不得自行向原告、第三人和证人收集证据。

第三十六条　【被告延期提供证据和补充证据】被告在作出行政行为时已经收集了证据，但因不可抗力等

正当事由不能提供的，经人民法院准许，可以延期提供。

原告或者第三人提出了其在行政处理程序中没有提出的理由或者证据的，经人民法院准许，被告可以补充证据。

第三十七条　【原告可以提供证据】原告可以提供证明行政行为违法的证据。原告提供的证据不成立的，不免除被告的举证责任。

第三十八条　【原告举证责任】在起诉被告不履行法定职责的案件中，原告应当提供其向被告提出申请的证据。但有下列情形之一的除外：

（一）被告应当依职权主动履行法定职责的；

（二）原告因正当理由不能提供证据的。

在行政赔偿、补偿的案件中，原告应当对行政行为造成的损害提供证据。因被告的原因导致原告无法举证的，由被告承担举证责任。

第三十九条　【法院要求当事人提供或者补充证据】人民法院有权要求当事人提供或者补充证据。

第四十条　【法院调取证据】人民法院有权向有关行政机关以及其他组织、公民调取证据。但是，不得为证明行政行为的合法性调取被告作出行政行为时未收集的证据。

第四十一条　【申请法院调取证据】与本案有关的下列证据，原告或者第三人不能自行收集的，可以申请人民法院调取：

（一）由国家机关保存而须由人民法院调取的证据；

（二）涉及国家秘密、商业秘密和个人隐私的证据；

（三）确因客观原因不能自行收集的其他证据。

第四十二条　【证据保全】在证据可能灭失或者以后难以取得的情况下，诉讼参加人可以向人民法院申请保全证据，人民法院也可以主动采取保全措施。

第四十三条　【证据适用规则】证据应当在法庭上出示，并由当事人互相质证。对涉及国家秘密、商业秘密和个人隐私的证据，不得在公开开庭时出示。

人民法院应当按照法定程序，全面、客观地审查核实证据。对未采纳的证据应当在裁判文书中说明理由。

以非法手段取得的证据，不得作为认定案件事实的根据。

第六章　起诉和受理

第四十四条　【行政复议与行政诉讼的关系】对属于人民法院受案范围的行政案件，公民、法人或者其他组织可以先向行政机关申请复议，对复议决定不服的，再向人民法院提起诉讼；也可以直接向人民法院提起诉讼。

法律、法规规定应当先向行政机关申请复议，对复议决定不服再向人民法院提起诉讼的，依照法律、法规的规定。

第四十五条　【经行政复议的起诉期限】公民、法人或者其他组织不服复议决定的，可以在收到复议决定书之日起十五日内向人民法院提起诉讼。复议机关逾期不作决定的，申请人可以在复议期满之日起十五日内向人民法院提起诉讼。法律另有规定的除外。

第四十六条　【起诉期限】公民、法人或者其他组织直接向人民法院提起诉讼的，应当自知道或者应当知道作出行政行为之日起六个月内提出。法律另有规定的除外。

因不动产提起诉讼的案件自行政行为作出之日起超过二十年，其他案件自行政行为作出之日起超过五年提起诉讼的，人民法院不予受理。

第四十七条　【行政机关不履行法定职责的起诉期限】公民、法人或者其他组织申请行政机关履行保护其人身权、财产权等合法权益的法定职责，行政机关在接到申请之日起两个月内不履行的，公民、法人或者其他组织可以向人民法院提起诉讼。法律、法规对行政机关履行职责的期限另有规定的，从其规定。

公民、法人或者其他组织在紧急情况下请求行政机关履行保护其人身权、财产权等合法权益的法定职责，行政机关不履行的，提起诉讼不受前款规定期限的限制。

第四十八条　【起诉期限的扣除和延长】公民、法人或者其他组织因不可抗力或者其他不属于其自身的原因耽误起诉期限的，被耽误的时间不计算在起诉期限内。

公民、法人或者其他组织因前款规定以外的其他特殊情况耽误起诉期限的，在障碍消除后十日内，可以申请延长期限，是否准许由人民法院决定。

第四十九条　【起诉条件】提起诉讼应当符合下列条件：

（一）原告是符合本法第二十五条规定的公民、法人或者其他组织；

（二）有明确的被告；

（三）有具体的诉讼请求和事实根据；

（四）属于人民法院受案范围和受诉人民法院管辖。

第五十条　【起诉方式】起诉应当向人民法院递交起诉状，并按照被告人数提出副本。

书写起诉状确有困难的，可以口头起诉，由人民法院记入笔录，出具注明日期的书面凭证，并告知对方当事人。

第五十一条　【登记立案】人民法院在接到起诉状时对符合本法规定的起诉条件的，应当登记立案。

对当场不能判定是否符合本法规定的起诉条件的，应当接收起诉状，出具注明收到日期的书面凭证，并在七日内决定是否立案。不符合起诉条件的，作出不予立案的裁定。裁定书应当载明不予立案的理由。原告对裁定不服的，可以提起上诉。

起诉状内容欠缺或者有其他错误的，应当给予指导和释明，并一次性告知当事人需要补正的内容。不得未经指导和释明即以起诉不符合条件为由不接收起诉状。

对于不接收起诉状、接收起诉状后不出具书面凭证，以及不一次性告知当事人需要补正的起诉状内容的，当事人可以向上级人民法院投诉，上级人民法院应当责令改正，并对直接负责的主管人员和其他直接责任人员依法给予处分。

第五十二条　【法院不立案的救济】人民法院既不立案，又不作出不予立案裁定的，当事人可以向上一级人民法院起诉。上一级人民法院认为符合起诉条件的，应当立案、审理，也可以指定其他下级人民法院立案、审理。

第五十三条　【规范性文件的附带审查】公民、法人或者其他组织认为行政行为所依据的国务院部门和地方人民政府及其部门制定的规范性文件不合法，在对行政行为提起诉讼时，可以一并请求对该规范性文件进行审查。

前款规定的规范性文件不含规章。

第七章　审理和判决

第一节　一般规定

第五十四条　【公开审理原则】人民法院公开审理行政案件，但涉及国家秘密、个人隐私和法律另有规定的除外。

涉及商业秘密的案件，当事人申请不公开审理的，可以不公开审理。

第五十五条　【回避】当事人认为审判人员与本案有利害关系或者有其他关系可能影响公正审判，有权申请审判人员回避。

审判人员认为自己与本案有利害关系或者有其他关系，应当申请回避。

前两款规定，适用于书记员、翻译人员、鉴定人、勘验人。

院长担任审判长时的回避，由审判委员会决定；审判人员的回避，由院长决定；其他人员的回避，由审判长决定。当事人对决定不服的，可以申请复议一次。

第五十六条 　【诉讼不停止执行】诉讼期间,不停止行政行为的执行。但有下列情形之一的,裁定停止执行:

(一)被告认为需要停止执行的;

(二)原告或者利害关系人申请停止执行,人民法院认为该行政行为的执行会造成难以弥补的损失,并且停止执行不损害国家利益、社会公共利益的;

(三)人民法院认为该行政行为的执行会给国家利益、社会公共利益造成重大损害的;

(四)法律、法规规定停止执行的。

当事人对停止执行或者不停止执行的裁定不服的,可以申请复议一次。

第五十七条 　【先予执行】人民法院对起诉行政机关没有依法支付抚恤金、最低生活保障金和工伤、医疗社会保险金的案件,权利义务关系明确,不先予执行将严重影响原告生活的,可以根据原告的申请,裁定先予执行。

当事人对先予执行裁定不服的,可以申请复议一次。复议期间不停止裁定的执行。

第五十八条 　【拒不到庭或中途退庭的法律后果】经人民法院传票传唤,原告无正当理由拒不到庭,或者未经法庭许可中途退庭的,可以按照撤诉处理;被告无正当理由拒不到庭,或者未经法庭许可中途退庭的,可以缺席判决。

第五十九条 　【妨害行政诉讼强制措施】诉讼参与人或者其他人有下列行为之一的,人民法院可以根据情节轻重,予以训诫、责令具结悔过或者处一万元以下的罚款、十五日以下的拘留;构成犯罪的,依法追究刑事责任:

(一)有义务协助调查、执行的人,对人民法院的协助调查决定、协助执行通知书,无故推拖、拒绝或者妨碍调查、执行的;

(二)伪造、隐藏、毁灭证据或者提供虚假证明材料,妨碍人民法院审理案件的;

(三)指使、贿买、胁迫他人作伪证或者威胁、阻止证人作证的;

(四)隐藏、转移、变卖、毁损已被查封、扣押、冻结的财产的;

(五)以欺骗、胁迫等非法手段使原告撤诉的;

(六)以暴力、威胁或者其他方法阻碍人民法院工作人员执行职务,或者以哄闹、冲击法庭等方法扰乱人民法院工作秩序的;

(七)对人民法院审判人员或者其他工作人员、诉讼参与人、协助调查和执行的人员恐吓、侮辱、诽谤、诬陷、殴打、围攻或者打击报复的。

人民法院对有前款规定的行为之一的单位,可以对其主要负责人或者直接责任人员依照前款规定予以罚款、拘留;构成犯罪的,依法追究刑事责任。

罚款、拘留须经人民法院院长批准。当事人不服的,可以向上一级人民法院申请复议一次。复议期间不停止执行。

第六十条 　【调解】人民法院审理行政案件,不适用调解。但是,行政赔偿、补偿以及行政机关行使法律、法规规定的自由裁量权的案件可以调解。

调解应当遵循自愿、合法原则,不得损害国家利益、社会公共利益和他人合法权益。

第六十一条 　【民事争议和行政争议交叉】在涉及行政许可、登记、征收、征用和行政机关对民事争议所作的裁决的行政诉讼中,当事人申请一并解决相关民事争议的,人民法院可以一并审理。

在行政诉讼中,人民法院认为行政案件的审理需以民事诉讼的裁判为依据的,可以裁定中止行政诉讼。

第六十二条 　【撤诉】人民法院对行政案件宣告判决或者裁定前,原告申请撤诉的,或者被告改变其所作的行政行为,原告同意并申请撤诉的,是否准许,由人民法院裁定。

第六十三条 　【撤诉】人民法院审理行政案件,以法律和行政法规、地方性法规为依据。地方性法规适用于本行政区域内发生的行政案件。

人民法院审理民族自治地方的行政案件,并以该民族自治地方的自治条例和单行条例为依据。

人民法院审理行政案件,参照规章。

第六十四条 　【规范性文件审查和处理】人民法院在审理行政案件中,经审查认为本法第五十三条规定的规范性文件不合法的,不作为认定行政行为合法的依据,并向制定机关提出处理建议。

第六十五条 　【裁判文书公开】人民法院应当公开发生法律效力的判决书、裁定书,供公众查阅,但涉及国家秘密、商业秘密和个人隐私的内容除外。

第六十六条 　【有关行政机关工作人员和被告的处理】人民法院在审理行政案件中,认为行政机关的主管人员、直接责任人员违法违纪的,应当将有关材料移送监察机关、该行政机关或者其上一级行政机关;认为有犯罪行为的,应当将有关材料移送公安、检察机关。

人民法院对被告经传票传唤无正当理由拒不到庭,或者未经法庭许可中途退庭的,可以将被告拒不到庭或者中途退庭的情况予以公告,并可以向监察机关或者被告的上一级行政机关提出依法给予其主要负责人或者直接责任人员处分的司法建议。

第二节　第一审普通程序

第六十七条　【发送起诉状和提出答辩状】人民法院应当在立案之日起五日内,将起诉状副本发送被告。被告应当在收到起诉状副本之日起十五日内向人民法院提交作出行政行为的证据和所依据的规范性文件,并提出答辩状。人民法院应当在收到答辩状之日起五日内,将答辩状副本发送原告。

被告不提出答辩状的,不影响人民法院审理。

第六十八条　【审判组织形式】人民法院审理行政案件,由审判员组成合议庭,或者由审判员、陪审员组成合议庭。合议庭的成员,应当是三人以上的单数。

第六十九条　【驳回原告诉讼请求判决】行政行为证据确凿,适用法律、法规正确,符合法定程序的,或者原告申请被告履行法定职责或者给付义务理由不成立的,人民法院判决驳回原告的诉讼请求。

第七十条　【撤销判决和重作判决】行政行为有下列情形之一的,人民法院判决撤销或者部分撤销,并可以判决被告重新作出行政行为:

(一)主要证据不足的;

(二)适用法律、法规错误的;

(三)违反法定程序的;

(四)超越职权的;

(五)滥用职权的;

(六)明显不当的。

第七十一条　【重作判决对被告的限制】人民法院判决被告重新作出行政行为的,被告不得以同一的事实和理由作出与原行政行为基本相同的行政行为。

第七十二条　【履行判决】人民法院经过审理,查明被告不履行法定职责的,判决被告在一定期限内履行。

第七十三条　【给付判决】人民法院经过审理,查明被告依法负有给付义务的,判决被告履行给付义务。

第七十四条　【确认违法判决】行政行为有下列情形之一的,人民法院判决确认违法,但不撤销行政行为:

(一)行政行为依法应当撤销,但撤销会给国家利益、社会公共利益造成重大损害的;

(二)行政行为程序轻微违法,但对原告权利不产生实际影响的。

行政行为有下列情形之一,不需要撤销或者判决履行的,人民法院判决确认违法:

(一)行政行为违法,但不具有可撤销内容的;

(二)被告改变原违法行政行为,原告仍要求确认原行政行为违法的;

(三)被告不履行或者拖延履行法定职责,判决履行没有意义的。

第七十五条　【确认无效判决】行政行为有实施主体不具有行政主体资格或者没有依据等重大且明显违法情形,原告申请确认行政行为无效的,人民法院判决确认无效。

第七十六条　【确认违法和无效判决的补充规定】人民法院判决确认违法或者无效的,可以同时判决责令被告采取补救措施;给原告造成损失的,依法判决被告承担赔偿责任。

第七十七条　【变更判决】行政处罚明显不当,或者其他行政行为涉及对款额的确定、认定确有错误的,人民法院可以判决变更。

人民法院判决变更,不得加重原告的义务或者减损原告的权益。但利害关系人同为原告,且诉讼请求相反的除外。

第七十八条　【行政协议履行及补偿判决】被告不依法履行、未按照约定履行或者违法变更、解除本法第十二条第一款第十一项规定的协议的,人民法院判决被告承担继续履行、采取补救措施或者赔偿损失等责任。

被告变更、解除本法第十二条第一款第十一项规定的协议合法,但未依法给予补偿的,人民法院判决给予补偿。

第七十九条　【复议决定和原行政行为一并裁判】复议机关与作出原行政行为的行政机关为共同被告的案件,人民法院应当对复议决定和原行政行为一并作出裁判。

第八十条　【公开宣判】人民法院对公开审理和不公开审理的案件,一律公开宣告判决。

当庭宣判的,应当在十日内发送判决书;定期宣判的,宣判后立即发给判决书。

宣告判决时,必须告知当事人上诉权利、上诉期限和上诉的人民法院。

第八十一条　【第一审审限】人民法院应当在立案之日起六个月内作出第一审判决。有特殊情况需要延长的,由高级人民法院批准,高级人民法院审理第一审案件需要延长的,由最高人民法院批准。

第三节　简易程序

第八十二条　【简易程序适用情形】人民法院审理下列第一审行政案件,认为事实清楚、权利义务关系明确、争议不大的，可以适用简易程序：

（一）被诉行政行为是依法当场作出的；

（二）案件涉及款额二千元以下的；

（三）属于政府信息公开案件的。

除前款规定以外的第一审行政案件，当事人各方同意适用简易程序的，可以适用简易程序。

发回重审、按照审判监督程序再审的案件不适用简易程序。

第八十三条　【简易程序的审判组织形式和审限】适用简易程序审理的行政案件，由审判员一人独任审理，并应当在立案之日起四十五日内审结。

第八十四条　【简易程序与普通程序的转换】人民法院在审理过程中，发现案件不宜适用简易程序的，裁定转为普通程序。

第四节　第二审程序

第八十五条　【上诉】当事人不服人民法院第一审判决的，有权在判决书送达之日起十五日内向上一级人民法院提起上诉。当事人不服人民法院第一审裁定的，有权在裁定书送达之日起十日内向上一级人民法院提起上诉。逾期不提起上诉的，人民法院的第一审判决或者裁定发生法律效力。

第八十六条　【二审审理方式】人民法院对上诉案件，应当组成合议庭，开庭审理。经过阅卷、调查和询问当事人，对没有提出新的事实、证据或者理由，合议庭认为不需要开庭审理的，也可以不开庭审理。

第八十七条　【二审审查范围】人民法院审理上诉案件，应当对原审人民法院的判决、裁定和被诉行政行为进行全面审查。

第八十八条　【二审审限】人民法院审理上诉案件，应当在收到上诉状之日起三个月内作出终审判决。有特殊情况需要延长的，由高级人民法院批准，高级人民法院审理上诉案件需要延长的，由最高人民法院批准。

第八十九条　【二审裁判】人民法院审理上诉案件，按照下列情形，分别处理：

（一）原判决、裁定认定事实清楚，适用法律、法规正确的，判决或者裁定驳回上诉，维持原判决、裁定；

（二）原判决、裁定认定事实错误或者适用法律、法规错误的，依法改判、撤销或者变更；

（三）原判决认定基本事实不清、证据不足的，发回原审人民法院重审，或者查清事实后改判；

（四）原判决遗漏当事人或者违法缺席判决等严重违反法定程序的，裁定撤销原判决，发回原审人民法院重审。

原审人民法院对发回重审的案件作出判决后，当事人提起上诉的，第二审人民法院不得再次发回重审。

人民法院审理上诉案件，需要改变原审判决的，应当同时对被诉行政行为作出判决。

第五节　审判监督程序

第九十条　【当事人申请再审】当事人对已经发生法律效力的判决、裁定，认为确有错误的，可以向上一级人民法院申请再审，但判决、裁定不停止执行。

第九十一条　【再审事由】当事人的申请符合下列情形之一的，人民法院应当再审：

（一）不予立案或者驳回起诉确有错误的；

（二）有新的证据，足以推翻原判决、裁定的；

（三）原判决、裁定认定事实的主要证据不足、未经质证或者系伪造的；

（四）原判决、裁定适用法律、法规确有错误的；

（五）违反法律规定的诉讼程序，可能影响公正审判的；

（六）原判决、裁定遗漏诉讼请求的；

（七）据以作出原判决、裁定的法律文书被撤销或者变更的；

（八）审判人员在审理该案件时有贪污受贿、徇私舞弊、枉法裁判行为的。

第九十二条　【人民法院依职权再审】各级人民法院院长对本院已经发生法律效力的判决、裁定，发现有本法第九十一条规定情形之一，或者发现调解违反自愿原则或者调解书内容违法，认为需要再审的，应当提交审判委员会讨论决定。

最高人民法院对地方各级人民法院已经发生法律效力的判决、裁定，上级人民法院对下级人民法院已经发生法律效力的判决、裁定，发现有本法第九十一条规定情形之一，或者发现调解违反自愿原则或者调解书内容违法的，有权提审或者指令下级人民法院再审。

第九十三条　【抗诉和检察建议】最高人民检察院对各级人民法院已经发生法律效力的判决、裁定，上级人民检察院对下级人民法院已经发生法律效力的判决、裁定，发现有本法第九十一条规定情形之一，或者发现调解书损害国家利益、社会公共利益的，应当提出抗诉。

地方各级人民检察院对同级人民法院已经发生法律效力的判决、裁定，发现有本法第九十一条规定情形之一，或者发现调解书损害国家利益、社会公共利益的，可以向同级人民法院提出检察建议，并报上级人民检察院备案;也可以提请上级人民检察院向同级人民法院提出抗诉。

各级人民检察院对审判监督程序以外的其他审判程序中审判人员的违法行为,有权向同级人民法院提出检察建议。

第八章　执　行

第九十四条　【生效裁判和调解书的执行】当事人必须履行人民法院发生法律效力的判决、裁定、调解书。

第九十五条　【申请强制执行和执行管辖】公民、法人或者其他组织拒绝履行判决、裁定、调解书的,行政机关或者第三人可以向第一审人民法院申请强制执行,或者由行政机关依法强制执行。

第九十六条　【对行政机关拒绝履行的执行措施】行政机关拒绝履行判决、裁定、调解书的,第一审人民法院可以采取下列措施:

(一)对应当归还的罚款或者应当给付的款额,通知银行从该行政机关的账户内划拨;

(二)在规定期限内不履行的,从期满之日起,对该行政机关负责人按日处五十元至一百元的罚款;

(三)将行政机关拒绝履行的情况予以公告;

(四)向监察机关或者该行政机关的上一级行政机关提出司法建议。接受司法建议的机关,根据有关规定进行处理,并将处理情况告知人民法院;

(五)拒不履行判决、裁定、调解书,社会影响恶劣的,可以对该行政机关直接负责的主管人员和其他直接责任人员予以拘留;情节严重,构成犯罪的,依法追究刑事责任。

第九十七条　【非诉执行】公民、法人或者其他组织对行政行为在法定期限内不提起诉讼又不履行的,行政机关可以申请人民法院强制执行,或者依法强制执行。

第九章　涉外行政诉讼

第九十八条　【涉外行政诉讼的法律适用原则】外国人、无国籍人、外国组织在中华人民共和国进行行政诉讼,适用本法。法律另有规定的除外。

第九十九条　【同等与对等原则】外国人、无国籍人、外国组织在中华人民共和国进行行政诉讼,同中华人民共和国公民、组织有同等的诉讼权利和义务。

外国法院对中华人民共和国公民、组织的行政诉讼权利加以限制的,人民法院对该国公民、组织的行政诉讼权利,实行对等原则。

第一百条　【中国律师代理】外国人、无国籍人、外国组织在中华人民共和国进行行政诉讼,委托律师代理诉讼的,应当委托中华人民共和国律师机构的律师。

第十章　附　则

第一百零一条　【适用民事诉讼法规定】人民法院审理行政案件,关于期间、送达、财产保全、开庭审理、调解、中止诉讼、终结诉讼、简易程序、执行等,以及人民检察院对行政案件受理、审理、裁判、执行的监督,本法没有规定的,适用《中华人民共和国民事诉讼法》的相关规定。

第一百零二条　【诉讼费用】人民法院审理行政案件,应当收取诉讼费用。诉讼费用由败诉方承担,双方都有责任的由双方分担。收取诉讼费用的具体办法另行规定。

第一百零三条　【施行日期】本法自 1990 年 10 月 1 日起施行。

教育统计管理规定

·2018 年 6 月 25 日教育部令第 44 号公布
·自 2018 年 8 月 1 日起施行

第一章　总　则

第一条　为了加强教育统计工作,保障统计资料的真实性、准确性、完整性和及时性,发挥统计在教育管理、科学决策和服务社会发展中的重要作用,根据《中华人民共和国统计法》《中华人民共和国教育法》《中华人民共和国统计法实施条例》等法律法规,制定本规定。

第二条　国务院教育行政部门依法部署并组织县级以上地方人民政府教育行政部门、各级各类学校和其他有关机构实施的教育统计活动,适用本规定。

第三条　教育统计的基本任务是对教育发展情况进行统计调查、统计分析,提供统计资料和统计咨询意见,实行统计监督。

第四条　国务院教育行政部门在国家统计局的业务指导下,依法领导、管理和组织协调教育领域的部门统计调查项目。

县级以上地方人民政府教育行政部门应当加强对教育统计工作的组织领导,落实相关职责,为实施教育统计活动提供必要的保障。

第五条　教育行政部门应当根据需要,将教育统计工作所需经费列入本单位的年度预算,按时拨付到位,保障教育统计工作正常、有效开展。

对在教育统计工作中做出突出贡献、取得显著成绩的单位和个人,按照国家有关规定给予表彰和奖励。

第六条 教育行政部门应当加强教育统计科学研究,健全科学的教育统计指标体系,不断改进统计调查方法,提高教育统计的科学性;应当加强教育统计信息化建设,积极利用互联网、大数据、云计算等现代信息技术,推进教育统计信息搜集、处理、传输、共享、存储技术和统计数据库体系的现代化。

第七条 接受教育统计调查的教育行政部门、学校和其他有关机构以及个人等教育统计调查对象,应当遵守统计法律法规,真实、准确、完整、及时地提供统计调查资料。

第八条 教育统计调查中获得的能够识别或者推断单个统计调查对象身份的资料应当依法严格管理,除作为统计执法依据外,不得直接作为对统计调查对象实施行政许可、行政处罚等具体行政行为的依据,不得用于完成统计任务以外的目的。

第二章 教育统计机构和人员

第九条 教育行政部门、各级各类学校和其他有关机构中负有教育统计职责的机构为教育统计机构,直接负责教育统计的专兼职工作人员为教育统计人员。

教育统计机构和统计人员依法独立行使统计调查、统计报告、统计监督的职权,不受侵犯。

第十条 国务院教育行政部门成立综合统计机构,统筹组织和协调管理全国教育统计工作,组织制定教育统计工作的规划、规章制度等,统一组织、管理和协调本部门各项统计调查活动。

第十一条 国务院教育行政部门综合统计机构,具体负责实施以下工作:

(一)依法拟定教育统计调查项目,组织制定统计调查制度、计划和方案、标准并部署实施;

(二)组织协调各有关内设机构和直属事业单位的统计工作;

(三)归口管理和公布教育统计资料,统一对外提供和发布数据,提供统计咨询,组织开展统计分析;

(四)对教育统计工作进行监督、检查,组织开展数据质量核查与评估工作;

(五)加强教育统计队伍建设,组织教育统计人员的业务培训;

(六)其他法定职责和工作事项。

第十二条 省级人民政府教育行政部门应当明确主管统计工作的职能部门或者统计负责人,执行本单位的综合统计职能,主要包括:

(一)按照教育统计调查制度,制定本地区教育统计管理制度、统计调查方案并组织实施;

(二)对本地区教育发展情况进行统计分析,提供统计报告和统计咨询意见;

(三)组织实施和指导本地区教育统计人员的专业学习、技能培训和职业道德教育,配合有关部门进行统计人员专业技术职务评定;

(四)监督、检查本地区教育行政部门、各级各类学校和其他有关机构统计工作实施情况;

(五)其他法定职责和工作事项。

第十三条 设区的市及县级人民政府教育行政部门、高等学校和其他有关机构应当在相关职能部门明确负责统计工作的机构或岗位,配备统计人员,明确统计负责人,依法实施统计调查、分析、资料管理和公布等职责范围内的统计工作。

第十四条 高等学校以外的各级各类学校根据统计任务的需要,设置统计工作岗位,配备专兼职统计人员,依法管理、开展统计工作,实施统计调查。

第十五条 教育统计人员应当加强学习,具备与其从事的教育统计工作相适应的专业知识和业务能力;应当恪守职业道德,如实整理、报送统计资料,对其负责搜集、审核、录入的统计资料与统计调查对象报送的统计资料的一致性负责。

第十六条 教育统计机构应当加强对教育统计人员的专业培训和职业道德教育,按照国家规定加强统计人员资质和信用建设,提高教育统计人员的专业素质,保障统计人员的稳定性。

第十七条 教育统计机构和统计人员不得伪造、篡改统计资料,不得以任何方式要求任何单位和个人提供不真实的统计资料。

第三章 教育统计调查和分析

第十八条 国务院教育行政部门依照统计相关法律法规和规章规定,制定教育统计调查项目。调查对象属于教育行政部门管辖系统的,依法报国家统计局备案;调查对象超出教育行政部门管辖系统的,依法报国家统计局审批。

制定教育统计调查项目,应当就项目的必要性、可行性、科学性进行论证,征求有关地方、部门、统计调查对象和专家的意见,并按照会议制度集体讨论决定。

教育统计调查项目和统计调查制度,应当根据教育改革发展的实践需要适时予以调整,并按规定重新申请审批或者备案。

第十九条　国务院教育行政部门综合统计机构依法按照教育统计调查项目,制定教育统计调查制度,组织编制教育统计调查计划和统计调查方案。

县级以上地方人民政府教育行政部门增加或者减少补充性教育统计调查内容,应当依法报本级人民政府统计机构审批,并报上级教育行政部门备案。

第二十条　教育统计调查制度应当对调查目的、调查内容、调查方法、调查对象、调查组织方式、调查表式、统计资料的报送和公布等作出规定。

第二十一条　统计调查表必须标明表号、制定机关、批准或者备案文号、有效期限等标志。对未标明标志或者超过有效期限的统计调查表,教育统计调查对象有权拒绝填报。

第二十二条　教育统计机构和统计人员应当执行国家统计标准和补充性的部门统计标准,统计调查指标涵义、计算方法、分类目录、调查表式和统计编码等不得与国家统计标准相抵触。

第二十三条　搜集、整理教育统计资料,应当以周期性普查为基础,综合运用全面调查、重点调查、抽样调查等方法,并充分利用行政记录、电子注册信息等资料。

第二十四条　教育统计机构应当根据统计资料,对本地区或者本单位的教育事业发展进行统计分析和监测,提供咨询意见和决策建议。建立教育统计数据解读、预测预警机制,加强数据分析,增强教育统计分析的时效性、针对性和实用性。

第二十五条　教育统计机构和统计人员应当运用现代信息技术手段,深入挖掘数据资源,综合运用多种统计分析方法,提高统计分析和应用能力。

教育统计机构可委托专门机构承担教育统计任务,通过向社会购买服务组织实施统计调查和资料开发,可以引入第三方机构对教育统计工作进行评估。

第四章　教育统计资料的管理和公布

第二十六条　教育统计机构和统计人员应当按照教育统计调查制度,及时报送其组织实施统计调查取得的资料。

第二十七条　各级各类学校和其他有关机构等教育统计调查对象应当按照国家有关规定设置原始记录、统计台账,建立健全统计资料的审核、签署、交接、归档等管理制度。上报的统计资料必须由统计人员、审核人、本单位负责人签名,并加盖单位印章。

统计资料的审核、签署人对其审核、签署的统计资料的真实性、准确性和完整性负责。

第二十八条　教育行政部门制定政策规划、督查工作进展、评价发展水平等,凡涉及统计数据的,应当优先使用教育统计资料,并以教育统计机构提供的统计资料为准。

第二十九条　教育统计资料实行分级管理。

教育行政部门应当按照国家有关规定建立健全教育统计资料的保存、管理制度和教育统计信息共享机制。

第三十条　教育统计调查取得的统计资料,除依法应当保密的外,应当及时公开,便于查询利用。

国务院教育行政部门通过门户网站、统计公报、统计年鉴、统计信息平台等途径按照国家有关规定公布统计资料;依法公开数据生产的过程和结果,提升数据共享和公开水平。

地方各级人民政府教育行政部门应当按照国家有关规定公布教育统计资料,供社会公众查询。

第三十一条　教育统计机构和统计人员应当按照国家保密规定,建立健全教育统计保密制度,完善教育统计内控机制,做好有关统计资料的保密工作。

教育统计调查中获得的能够识别或者推断单个统计调查对象身份的资料,任何单位和个人不得对外提供、泄露。

第三十二条　教育行政部门、各级各类学校和其他有关机构及其负责人不得自行修改教育统计机构和统计人员依法搜集、整理的教育统计资料,不得以任何方式要求统计人员伪造、篡改教育统计资料,不得对依法履行职责或者拒绝、抵制统计违法行为的统计人员打击报复。

第五章　教育统计监管

第三十三条　教育统计应当接受社会公众的监督。教育统计资料应当真实、准确,任何单位和个人不得利用虚假教育统计资料骗取荣誉称号、物质利益或者职务晋升。

第三十四条　上级教育行政部门应当定期对下级教育行政部门及其所辖学校、其他有关机构进行统计工作检查。统计工作检查的内容主要包括:

(一)统计法律、法规、规章和有关文件的贯彻落实情况;

(二)统计规章制度的建设及其组织实施情况;

(三)单位内负责统计工作的机构和岗位的设置情况;

(四)统计经费和统计工作设备配置的保障情况;

(五)统计资料的管理情况;

(六)其他需要检查的内容。

第三十五条　国务院教育行政部门依法建立教育统计数据质量监控和评估制度,建立健全责任体系,对各省、自治区、直辖市重要教育统计数据进行监控和评估。

省级人民政府教育行政部门应当健全统计数据质量保障体系,建立专家参与的统计数据质量核查机制,通过自查、抽查、互查等方式,开展统计数据质量核查,保证统计数据质量。

县级以上教育行政部门可以建立教育统计数据抽查制度,制定抽查事项清单,合理确定抽查的比例和频次,随机对下级教育行政部门或其所辖学校、其他有关机构报送的教育统计数据进行核查。

第三十六条　教育行政部门、各级各类学校和其他有关机构的相关工作人员在教育统计工作中有统计违法行为的,移交县级以上人民政府统计机构依法查处;有违纪行为的,由上级教育行政部门依据有关规定,根据违法违纪行为的情节轻重,向有关责任人员的任免机关、纪检监察机关、组织(人事)部门提出处分处理建议。

第三十七条　教育行政部门、各级各类学校和其他有关机构的领导人员有下列行为之一的,按照有关规定,给予记过或者记大过处分;情节较重的,给予降级或者撤职处分;情节严重的,给予开除处分:

(一)自行修改教育统计资料、编造虚假数据的;

(二)强令、授意本部门、本单位统计机构、统计人员或者其他有关机构、人员拒报、虚报、瞒报或者篡改教育统计资料、编造虚假数据的;

(三)对拒绝、抵制篡改教育统计资料或者对拒绝、抵制编造虚假数据的人员进行打击报复的;

(四)对揭发、检举统计违法违纪行为的人员进行打击报复的。

有前款第(三)项、第(四)项规定行为的,应当从重处分。

第三十八条　教育统计机构及相关人员有下列行为之一的,应当按照《中华人民共和国统计法》等法律法规和相关规定,追究相应的法律或者行政等责任,并记入相关单位、相关责任人的诚信档案:

(一)未经批准擅自组织实施统计调查的;

(二)自行修改、篡改、伪造、编造统计资料的;

(三)不按时提供、拒绝提供或提供不真实、不完整的统计资料或者要求统计调查对象提供不真实统计资料的;

(四)违法公布统计资料的;

(五)泄漏统计资料导致单个统计调查对象身份被识别的;

(六)违反规定导致统计资料毁损、灭失的;

(七)其他统计违法行为。

第三十九条　违反统计法及其他相关规定,利用虚假统计资料骗取荣誉称号、物质利益或者职务晋升的,除对其编造虚假统计资料或者要求他人编造虚假统计资料的行为依法追究法律责任外,由作出有关决定的单位或者其上级单位、监察机关取消其荣誉称号,追缴获得的物质利益,撤销晋升的职务。

第六章　附　则

第四十条　省级人民政府教育行政部门可以根据本规定制定相应的实施细则,并报国务院教育行政部门备案。

第四十一条　本规定自2018年8月1日起施行。1986年国家教委发布的《教育统计工作暂行规定》(〔86〕教计字034号)同时废止。

教育系统内部审计工作规定

·2020年3月20日教育部令第47号公布
·自2020年5月1日起施行

第一章　总　则

第一条　为加强教育系统内部审计工作,提升内部审计工作质量,充分发挥内部审计作用,推动教育事业科学发展,根据《中华人民共和国教育法》《中华人民共和国审计法》《中华人民共和国审计法实施条例》《审计署关于内部审计工作的规定》及其他有关法律法规,制定本规定。

第二条　依法属于审计机关审计监督对象的各级教育行政部门、学校和其他教育事业单位、企业等(以下简称单位)内部审计工作适用本规定。

第三条　本规定所称内部审计,是指对本单位及所属单位财政财务收支、经济活动、内部控制、风险管理等实施独立、客观的监督、评价和建议,以促进单位完善治理、实现目标的活动。

第四条　单位应当依照有关法律法规、本规定和内部审计职业规范,结合本单位实际情况,建立健全内部审计制度,明确内部审计工作的领导体制、职责权限、工作机构、人员配备、经费保障、审计结果运用和责任追究等。

单位应当加强本单位党组织对内部审计工作的领导,健全党领导相关工作的体制机制。

第五条　教育系统内部审计工作应当接受国家审计机关的业务指导和监督。

第二章　内部审计机构和人员

第六条　单位应当根据国家编制管理相关规定和管理需要,设置独立的机构或明确相关内设机构作为内部审计机构,履行内部审计职责。

第七条　内部审计机构应当在本单位主要负责人的直接领导下开展内部审计工作,向其负责并报告工作。

第八条　单位可以根据工作需要成立审计委员会,加强党对审计工作的领导,负责部署内部审计工作,审议年度审计工作报告,研究制定内部审计改革方案、重大政策和发展战略,审议决策内部审计重大事项等。

第九条　单位可以根据工作需要建立总审计师制度。总审计师协助主要负责人管理内部审计工作。

第十条　单位应当保证内部审计工作所需人员编制,严格内部审计人员录用标准,合理配备具有审计、财务、经济、法律、管理、工程、信息技术等专业知识的内部审计人员。总审计师、内部审计机构负责人应当具备审计、财务、经济、法律、管理等专业背景或工作经历。

第十一条　单位应当根据内部审计工作特点,完善内部审计人员考核评价制度和专业技术岗位评聘制度,保障内部审计人员享有相应的晋升、交流、任职、薪酬及相关待遇。

第十二条　单位应当支持和保障内部审计人员通过参加业务培训、考取职业资格、以审代训等多种途径接受继续教育,提高专业胜任能力。

第十三条　内部审计机构的变动和总审计师、内部审计机构负责人的任免或调动,应当向上一级内部审计机构备案。

第十四条　内部审计机构和内部审计人员依法独立履行职责,任何单位和个人不得干涉和打击报复。

第十五条　内部审计机构履行内部审计职责所需经费,应当列入本单位预算。

第十六条　内部审计人员应当严格遵守有关法律法规和内部审计职业规范,独立、客观、公正地履行职责,保守工作秘密。

第十七条　内部审计机构和内部审计人员不得参与可能影响独立、客观履行审计职责的工作,不得参与被审计单位业务活动的决策和执行。

第十八条　在不违反国家保密规定的情况下,内部审计机构可以根据工作需要向社会中介机构购买审计服务。内部审计机构应当对中介机构开展的受托业务进行指导、监督、检查和评价,并对采用的审计结果负责。

第十九条　单位应当对认真履职、成绩显著的内部审计人员予以表彰。

第三章　内部审计职责权限

第二十条　内部审计机构应当按照国家有关规定和本单位的要求,对本单位及所属单位以下事项进行审计:

(一)贯彻落实国家重大政策措施情况;

(二)发展规划、战略决策、重大措施和年度业务计划执行情况;

(三)财政财务收支和预算管理情况;

(四)固定资产投资项目情况;

(五)内部控制及风险管理情况;

(六)资金、资产、资源的管理和效益情况;

(七)办学、科研、后勤保障等主要业务活动的管理和效益情况;

(八)本单位管理的领导人员履行经济责任情况;

(九)自然资源资产管理和生态环境保护责任的履行情况;

(十)境外机构、境外资产和境外经济活动情况;

(十一)国家有关规定和本单位要求办理的其他事项。

第二十一条　内部审计机构应当协助本单位主要负责人督促落实审计发现问题的整改工作。

第二十二条　教育部负责指导和监督全国教育系统内部审计工作。地方各级教育行政部门负责指导和监督本行政区域内教育系统内部审计工作。

教育行政部门指导和监督内部审计工作的主要职责是:

(一)制定内部审计规章制度;

(二)督促建立健全内部审计制度;

(三)指导开展内部审计工作,突出审计重点;

(四)监督内部审计职责履行情况,检查内部审计业务质量;

(五)开展业务培训、组织内部审计工作交流研讨;

(六)指导教育系统内部审计自律组织开展工作;

(七)维护内部审计机构和内部审计人员的合法权益;

(八)法律、法规规定的其他职责。

第二十三条　内部审计机构应当对所属单位内部审计工作进行管理、指导和监督。

第二十四条　内部审计机构具有下列权限:

(一)要求被审计单位按时报送审计所需的有关资料、相关电子数据,以及必要的计算机技术文档;

（二）参加或列席有关会议，召开与审计事项有关的会议；

（三）参与研究有关规章制度，提出制定内部审计规章制度的建议；

（四）检查有关财政财务收支、经济活动、内部控制、风险管理的资料、文件和现场勘察实物；

（五）检查有关计算机系统及其电子数据和资料；

（六）就审计事项中的有关问题，向有关单位和个人开展调查和询问，取得相关证明材料；

（七）对正在进行的严重违法违规、严重损失浪费行为及时向单位主要负责人报告，经同意作出临时制止决定；

（八）对可能被转移、隐匿、篡改、毁弃的会计凭证、会计账簿、会计报表以及与经济活动有关的资料，经本单位主要负责人批准，有权予以暂时封存；

（九）提出纠正、处理违法违规行为的意见和改进管理、提高绩效的建议；

（十）对违法违规和造成损失浪费的被审计单位和人员，给予通报批评或者提出追究责任的建议；

（十一）对严格遵守财经法规、管理规范有效、贡献突出的被审计单位和个人，可以向单位党组织、主要负责人提出表彰建议。

第四章　内部审计管理

第二十五条　单位主要负责人应当定期听取内部审计工作汇报，加强对内部审计发展战略、年度审计计划、审计质量控制、审计发现问题整改和审计队伍建设等重要事项的管理。总审计师、内部审计机构负责人应当及时向本单位主要负责人报告内部审计结果和重大事项。

第二十六条　内部审计机构应当依照审计法律法规、行业准则和实务指南等建立健全内部审计工作规范，并按规范实施审计。

第二十七条　内部审计机构应当根据单位发展目标、治理结构、管理体制、风险状况等，科学合理地确定内部审计发展战略、制定内部审计计划。

第二十八条　内部审计机构应当运用现代审计理念和方法，坚持风险和问题导向，优化审计业务组织方式，加强审计信息化建设，全面提高审计效率。

第二十九条　内部审计机构应当着眼于促进问题解决，立足于促进机制建设，对审计发现问题做到事实清楚、定性准确，并在分析根本原因的基础上提出审计建议，通过与相关单位合作促进单位事业发展。

第三十条　内部审计机构应当加强自身内部控制建设，合理设置审计岗位和职责分工、优化审计业务流程，完善审计全面质量控制。

第三十一条　内部审计机构应当建立健全本单位及所属单位内部审计工作评价制度，促进提升审计业务与审计管理的专业化水平。

第三十二条　内部审计机构实施领导人员经济责任审计时，应当参照执行国家有关经济责任审计的规定。

第五章　内部审计结果运用

第三十三条　单位应当建立健全审计发现问题整改机制，明确被审计单位主要负责人为整改第一责任人，完善审计整改结果报告制度、审计整改情况跟踪检查制度、审计整改约谈制度，推动审计发现问题的整改落实。

第三十四条　单位应当建立健全审计结果及整改情况在一定范围内公开制度。

第三十五条　单位应当对审计发现的典型性、普遍性问题，及时分析研究，制定和完善相关管理制度，建立健全内部控制措施；对审计发现的倾向性问题，开展审计调查，出具审计管理建议书，为科学决策提供建议。

第三十六条　单位应当加强内部审计机构、纪检监察、巡视巡察、组织人事等内部监督力量的协作配合，建立信息共享、结果共用、重要事项共同实施、整改问责共同落实等工作机制。

第三十七条　单位应当将内部审计结果及整改情况作为相关决策、预算安排、干部考核、人事任免和奖惩的重要依据。

第三十八条　单位在对所属单位开展审计时，应当有效利用所属单位内部审计力量和成果。对所属单位内部审计发现且已经纠正的问题不再在审计报告中反映。

第三十九条　对内部审计发现的重大违纪违法问题线索，在向本单位党组织、主要负责人报告的同时，应当及时向上一级内部审计机构报告，并按照管辖权限依法依规及时移送纪检监察机关、司法机关。

第六章　法律责任

第四十条　被审计单位有下列情形之一的，由单位党组织、主要负责人责令改正，并对直接负责的主管人员和其他直接责任人员进行处理：

（一）拒绝接受或者不配合内部审计工作的；

（二）拒绝、拖延提供与内部审计事项有关的资料，或者提供资料不真实、不完整的；

（三）拒不纠正审计发现问题的；

（四）整改不力、屡审屡犯的；

（五）违反国家规定或者本单位内部规定的其他情形。

第四十一条　内部审计机构和内部审计人员有下列情形之一的，由单位对直接负责的主管人员和其他直接责任人员进行处理；涉嫌犯罪的，依法追究刑事责任：

（一）玩忽职守、不认真履行审计职责造成严重后果的；

（二）隐瞒审计查出的问题或者提供虚假审计报告的；

（三）泄露国家秘密或者商业秘密的；

（四）利用职权谋取私利的；

（五）违反国家规定或者本单位内部规定的其他情形。

第四十二条　内部审计人员因履行职责受到打击、报复、陷害的，主要负责人应当及时采取保护措施，并对相关责任人员进行处理；涉嫌犯罪的，移送司法机关依法追究刑事责任。

第七章　附　则

第四十三条　单位可以根据本规定，制定本地方、本单位内部审计管理规定。民办学校可以根据实际情况参照本规定执行。

第四十四条　本规定所称企业是指教育行政部门、学校及其他教育事业单位管理的国有和国有资本占控股地位或主导地位的企业。

第四十五条　本规定由教育部负责解释。

第四十六条　本规定自 2020 年 5 月 1 日起施行。教育部于 2004 年 4 月 13 日发布的《教育系统内部审计工作规定》（教育部令第 17 号）同时废止。

教育部经济责任审计规定

· 2016 年 3 月 24 日
· 教财〔2016〕2 号

第一章　总　则

第一条　为健全完善教育部经济责任审计制度，加强对直属高校、直属单位主要领导干部和驻外教育机构参赞的管理监督，根据《中华人民共和国教育法》《党政主要领导干部和国有企业领导人员经济责任审计规定》及其实施细则以及其他有关法律法规和干部管理监督的有关规定，制定本规定。

第二条　本规定所称经济责任审计，是指教育部对有干部管理权限的直属高校、直属单位主要领导干部和驻外教育机构参赞经济责任履行情况进行监督、评价和鉴证的行为。

第三条　经济责任审计以促进领导干部推动本单位科学发展为目标，以领导干部任职期间本单位财务收支以及有关经济活动的真实、合法和绩效为基础，重点检查领导干部守法、守纪、守规、尽责情况，加强对领导干部行使权力的制约和监督，推进领导干部经济责任履行和党风廉政建设主体责任，推进教育治理体系和治理能力现代化。

第四条　经济责任审计坚持任中审计与离任审计相结合，对重点单位的领导干部任期内至少审计一次。对党委和行政主要领导干部可以同步组织实施，分别认定责任，分别出具审计报告和审计结果报告。

第二章　组织领导

第五条　教育部设立经济责任审计工作领导小组（以下简称领导小组），统一领导经济责任审计工作。组长由主管内部审计工作的部领导担任，人事组织部门、纪检部门、巡视部门和内部审计部门的负责人为小组成员。

第六条　领导小组的主要职责是贯彻落实中央经济责任审计工作政策和要求，领导和部署经济责任审计工作，审议、研究和制定经济责任审计规章制度，审定年度经济责任审计计划，听取和审议经济责任审计工作开展情况、审计结果运用情况和审计发现问题查处情况报告，专题研究经济责任审计工作中出现的重大问题并提出处理意见。

第七条　领导小组下设办公室，负责研究提出年度经济责任审计计划建议，督促落实领导小组决定事项，研究起草经济责任审计规章制度，向领导小组报告经济责任审计工作中出现的重大问题，提出建议方案等日常工作。

第八条　各成员单位应当按照领导小组工作制度规定，各负其责、协作配合，形成制度健全、管理规范、运转有序、工作高效的运行机制。

第三章　审计对象

第九条　经济责任审计对象包括教育部管理的直属高校、直属单位主要领导干部和驻外教育机构参赞。由中央组织部门管理的部分直属高校主要领导干部的经济责任审计按照有关规定执行。

第十条　教育部管理的直属高校主要领导干部，是指依据干部管理权限，由教育部负责任免的直属高校党委正职领导干部和行政正职领导干部，包括主持工作 1 年以上的副职领导干部。

第十一条　直属单位主要领导干部,包括:

(一)教育部管理的事业单位、社会团体秘书处党组织正职领导干部和行政正职领导干部,包括主持工作1年以上的副职领导干部。

(二)教育部管理的国有、国有资本占控股地位或者主导地位的企业法定代表人,以及虽不担任法定代表人但实际行使相应职权的董事长、总经理、党委书记等。

第十二条　驻外教育机构参赞,是指在经费独立核算的教育部驻外教育机构中担任参赞(常驻团代表)职务的负责人。

第四章　审计内容

第十三条　教育部管理的直属高校党委和直属事业单位、社会团体秘书处党组织主要领导干部经济责任审计的主要内容:

(一)贯彻执行党和国家、教育部门重大财经政策和决策部署,履行有关职责,推动单位科学发展情况;

(二)遵守有关法律法规和财经纪律情况;

(三)重大经济决策情况;

(四)单位预算安排和重大调整的研究决策情况;

(五)重要项目的研究决策情况;

(六)单位重大管理制度的审议、督查情况;

(七)机构设置、编制使用事项的决策情况;

(八)对党委有关工作部门管理和使用的重大专项资金的监管情况,以及厉行节约反对浪费情况;

(九)履行有关党风廉政建设第一责任人职责情况,以及本人遵守有关廉洁自律规定情况;

(十)对以往审计中发现问题的督促整改情况;

(十一)其他需要审计的内容。

第十四条　教育部管理的直属高校、直属事业单位和社会团体秘书处行政主要领导干部经济责任审计的主要内容:

(一)贯彻执行党和国家、教育部门重大财经政策和决策部署,履行有关职责,推动单位科学发展情况;

(二)遵守有关法律法规和财经纪律情况;

(三)有关目标责任制完成情况;

(四)重大经济决策情况;

(五)单位预算执行和财务收支的真实、合法和绩效情况;

(六)单位债务的举借、管理、使用、偿还和风险管控等情况;

(七)政府采购和国有资产管理情况;

(八)重要项目的投资、建设和管理及效益情况;

(九)单位管理制度的健全和完善,特别是内部控制制度的制定和执行情况,厉行节约反对浪费情况,以及依照教育部有关规定分管内部审计工作的情况;

(十)机构设置、编制使用以及有关规定的执行情况;

(十一)对下属单位有关经济活动的管理和监督情况;

(十二)履行有关党风廉政建设第一责任人职责情况,以及本人遵守有关廉洁从政规定情况;

(十三)对以往审计中发现问题的整改情况;

(十四)其他需要审计的内容。

第十五条　教育部管理的国有企业领导人员经济责任审计的主要内容:

(一)贯彻执行党和国家、教育部门重大财经政策和决策部署,履行有关职责,推动企业可持续发展情况;

(二)遵守有关法律法规和财经纪律情况;

(三)企业发展战略的制定和执行情况及其效果;

(四)有关目标责任制完成情况;

(五)重大经济决策情况;

(六)企业财务收支的真实、合法和效益情况,以及资产负债损益情况;

(七)国有资本保值增值和收益上缴情况;

(八)重要项目的投资、建设、管理及效益情况;

(九)企业法人治理结构的健全和运转情况,以及财务管理、业务管理、风险管理、内部审计等内部管理制度的制定和执行情况,厉行节约反对浪费和职务消费情况,对所属单位的监管情况;

(十)履行有关党风廉政建设第一责任人职责情况,以及本人遵守有关廉洁从业规定情况;

(十一)对以往审计中发现问题的整改情况;

(十二)其他需要审计的内容。

第十六条　驻外教育机构参赞经济责任审计的主要内容:

(一)贯彻执行党和国家、教育部门重大财经政策和决策部署,履行有关职责,推动本机构事业科学发展情况;

(二)遵守有关法律法规和财经纪律情况;

(三)有关目标责任制完成情况;

(四)本机构预算执行和财务收支的真实、合法和效益情况;

(五)政府采购和国有资产管理情况;

(六)有关财务管理、业务管理等内部管理制度的制定和执行情况,以及厉行节约反对浪费情况;

（七）履行有关党风廉政建设第一责任人职责情况，以及本人遵守有关廉洁从政规定情况；

（八）对以往审计中发现问题的整改情况；

（九）其他需要审计的内容。

第五章　审计实施

第十七条　教育部内部审计部门根据领导小组审定的年度经济责任审计计划，成立审计组，组织实施审计。

第十八条　审计组应当在实施审计 3 日前，向被审计领导干部及其所在或原任职单位（以下简称所在单位）送达审计通知书。

第十九条　审计组在实施审计时，应当召开由审计组主要成员、被审计领导干部及其所在单位有关人员参加的审计进点会，安排审计工作有关事项。领导小组成员单位根据工作需要可以派人参加。

实施审计时，应当进行审计公示。

第二十条　审计时，被审计领导干部及其所在单位以及其他有关单位应当提供被审计领导干部履行经济责任有关的下列资料：

（一）财务收支相关资料；

（二）内部制度、工作计划、工作总结、会议记录、会议纪要、经济合同、考核检查结果、业务档案等资料；

（三）被审计领导干部履行经济责任情况的述职报告；

（四）其他有关资料。

第二十一条　被审计领导干部及其所在单位应当对所提供资料的真实性、完整性负责，并作出书面承诺。

第二十二条　审计组履行经济责任审计职责时，可以通过教育部内部审计部门提请有关部门和单位予以协助，有关部门和单位应当予以配合。

第二十三条　在审计实施过程中，遇有被审计领导干部被有关部门依法依规采取强制措施、立案调查或者死亡等特殊情况，以及不宜再继续进行审计的其他情形的，经领导小组批准，可以中止或者终止审计项目。

第六章　审计评价

第二十四条　审计评价应当有充分的审计证据支持，应当与审计内容相统一。一般包括领导干部任职期间履行经济责任的业绩、主要问题以及应当承担的责任。

第二十五条　审计评价重点关注单位事业发展的质量、效益和可持续性，关注与领导干部履行经济责任有关的管理和决策的情况和效益，关注任期内财务管理、举借债务、资金资产（资源）管理等重要事项，关注领导干部应承担直接责任的问题。

第二十六条　审计评价的依据一般包括：

（一）法律、法规、规章和规范性文件，中国共产党党内法规和规范性文件；

（二）国家统一的财政财务管理制度；

（三）国家和教育行业的有关标准；

（四）国家有关部委发布或者认可的统计数据、考核结果和评价意见；

（五）学校章程、单位三重一大决策制度、发展规划、年度计划和责任制考核目标；

（六）单位的"三定"规定和有关领导的职责分工文件，有关会议记录、纪要、决议和决定，有关预算、决算和合同，有关内部管理制度和绩效目标；

（七）其他依据。

第二十七条　对领导干部履行经济责任过程中存在的问题，按照权责一致原则，根据领导干部的职责分工，充分考虑相关事项的历史背景、决策程序等要求和实际决策过程，以及是否签批文件、是否分管、是否参与特定事项的管理等情况，依法依规认定其应当承担的直接责任、主管责任和领导责任。

对领导干部应当承担责任的问题或者事项，可以提出责任追究建议。

第二十八条　被审计领导干部对审计发现的问题应当承担直接责任的，具体包括以下情形：

（一）本人或者与他人共同违反有关法律法规、国家有关规定、单位内部管理规定的；

（二）授意、指使、强令、纵容、包庇下属人员违反有关法律法规、国家有关规定和单位内部管理规定的；

（三）未经民主决策、相关会议讨论或者文件传签等规定的程序，直接决定、批准、组织实施重大经济事项，并造成重大经济损失、公共资金或国有资产（资源）严重浪费等后果的；

（四）主持相关会议讨论或者以文件传签等其他方式研究，在多数人不同意的情况下，直接决定、批准、组织实施重大经济事项，由于决策不当或者决策失误造成重大经济损失、公共资金或国有资产（资源）严重浪费等后果的；

（五）对有关法律法规和文件制度规定的被审计领导干部作为第一责任人（负总责）的事项、签订的有关目标责任事项或者应当履行的其他重要职责，由于授权（委托）其他领导干部决策且决策不当或者决策失误造成重大经济损失、公共资金或国有资产（资源）严重浪费等后果的；

（六）其他失职、渎职或者应当承担直接责任的。

第二十九条　被审计领导干部对审计发现的问题应当承担主管责任的，具体包括以下情形：

（一）除直接责任外，领导干部对其直接分管或者主管的工作，不履行或者不正确履行经济责任的；

（二）除直接责任外，主持相关会议讨论或者以文件传签等其他方式研究，并且在多数人同意的情况下，决定、批准、组织实施重大经济事项，由于决策不当或者决策失误造成重大经济损失、公共资金或国有资产（资源）严重浪费等后果的；

（三）疏于监管，致使分管单位和部门发生重大违纪违法问题或者造成重大损失浪费等后果的；

（四）其他应当承担主管责任的情形。

第三十条　领导责任，是指除直接责任和主管责任外，被审计领导干部对其职责范围内不履行或者不正确履行经济责任的其他行为应当承担的责任。

第三十一条　被审计领导干部以外的其他人员对有关问题应当承担的责任，可以以适当方式向部党组、领导小组等提供相关情况。

第七章　审计报告

第三十二条　教育部内部审计部门收到审计组的审计报告后，整理形成审计报告征求意见稿并书面征求被审计领导干部及其所在单位的意见。

被审计领导干部及其所在单位应当自接到审计报告征求意见稿之日起10日内提出书面意见；10日内未提出书面意见的，视同无异议。

审计报告中涉及的重大经济案件调查等特殊事项，经领导小组办公室批准，可以不征求被审计领导干部及其所在单位的意见。

第三十三条　审计组应当针对被审计领导干部及其所在单位提出的书面意见，进一步核实情况，对审计报告作出必要的修改，报送教育部内部审计部门。

第三十四条　教育部内部审计部门按照规定程序将审计报告报领导小组组长和有关部领导审定，经签发后，向被审计领导干部及其所在单位出具正式的经济责任审计报告。

第三十五条　经济责任审计报告的内容主要包括：

（一）基本情况，包括审计依据、实施审计的基本情况、被审计领导干部所任职学校、单位和机构的基本情况、被审计领导干部的任职及分工情况等；

（二）被审计领导干部履行经济责任的主要情况，其中包括以往审计决定执行情况和审计建议采纳情况等；

（三）审计发现的主要问题和责任认定，其中包括审计发现问题的事实、定性、被审计领导干部应当承担的责任以及有关依据，审计期间被审计领导干部、被审计单位对审计发现问题已经整改的，可以包括有关整改情况；

（四）审计处理意见和建议；

（五）其他必要的内容。

审计发现的有关重大事项，可以直接形成专题报告报送教育部党组或领导小组，不在审计报告中反映。

第三十六条　教育部内部审计部门应当将经济责任审计报告精简提炼，形成审计结果报告。审计结果报告重点反映被审计领导干部履行经济责任的主要情况、审计发现的主要问题和责任认定、审计处理意见和建议。

第三十七条　审计结果报告报送教育部主要负责同志，抄送领导小组有关成员单位，必要时，可以将涉及其他有关部门的情况抄送该部门。

第三十八条　被审计领导干部对经济责任审计报告有异议的，可以自收到审计报告之日起30日内向领导小组办公室申诉。

领导小组办公室应自收到申诉之日起30日内，作出复查决定。

第八章　审计结果运用

第三十九条　经济责任审计结果应当作为干部考核、任免和奖惩的重要依据。

第四十条　领导小组各成员单位应当依据领导小组工作制度，充分运用经济责任审计结果。包括在一定范围内通报审计结果，依纪依法依规受理问题线索、查处违纪违法行为，及时研究审计结果反映的典型性、普遍性、倾向性问题等。

第四十一条　被审计领导干部所在单位应当充分利用审计结果，根据审计意见和建议采取以下措施实施整改：

（一）明确单位主要负责人的整改第一责任人职责，在党政领导班子或者董事会通报审计结果和整改要求；

（二）及时制订整改方案，认真进行整改，及时将整改结果书面报告教育部内部审计部门；

（三）根据审计结果反映出的问题，追究有关责任人员的责任；

（四）根据审计建议，采取措施，健全制度，加强管理。

第九章　附　则

第四十二条　对本规定未涉及的审计人员、被审计领导干部及其所在单位,以及其他有关单位和个人在经济责任审计中的职责、权限、法律责任等,依照《中华人民共和国审计法》《中华人民共和国审计法实施条例》《党政主要领导干部和国有企业领导人员经济责任审计规定》及其实施细则和其他法律法规的有关规定执行。

第四十三条　直属高校和直属单位可以根据本规定,制定本学校和本单位内部管理的领导干部经济责任审计规定。

地方教育行政部门可以参照本规定,制定本部门内部管理的领导干部经济责任审计规定。

第四十四条　本规定由教育部经济责任审计工作领导小组负责解释。

第四十五条　本规定自印发之日起施行。

基本建设财务规则

·2016 年 4 月 26 日财政部令第 81 号公布
·根据 2017 年 12 月 4 日《财政部关于修改〈注册会计师注册办法〉等 6 部规章的决定》修订

第一章　总　则

第一条　为了规范基本建设财务行为,加强基本建设财务管理,提高财政资金使用效益,保障财政资金安全,制定本规则。

第二条　本规则适用于行政事业单位的基本建设财务行为,以及国有和国有控股企业使用财政资金的基本建设财务行为。

基本建设是指以新增工程效益或者扩大生产能力为主要目的的新建、续建、改扩建、迁建、大型维修改造工程及相关工作。

第三条　基本建设财务管理应当严格执行国家有关法律、行政法规和财务规章制度,坚持勤俭节约、量力而行、讲求实效,正确处理资金使用效益与资金供给的关系。

第四条　基本建设财务管理的主要任务是:

(一)依法筹集和使用基本建设项目(以下简称项目)建设资金,防范财务风险;

(二)合理编制项目资金预算,加强预算审核,严格预算执行;

(三)加强项目核算管理,规范和控制建设成本;

(四)及时准确编制项目竣工财务决算,全面反映基本建设财务状况;

(五)加强对基本建设活动的财务控制和监督,实施绩效评价。

第五条　财政部负责制定并指导实施基本建设财务管理制度。

各级财政部门负责对基本建设财务活动实施全过程管理和监督。

第六条　各级项目主管部门(含一级预算单位,下同)应当会同财政部门,加强本部门或者本行业基本建设财务管理和监督,指导和督促项目建设单位做好基本建设财务管理的基础工作。

第七条　项目建设单位应当做好以下基本建设财务管理的基础工作:

(一)建立、健全本单位基本建设财务管理制度和内部控制制度;

(二)按项目单独核算,按照规定将核算情况纳入单位账簿和财务报表;

(三)按照规定编制项目资金预算,根据批准的项目概(预)算做好核算管理,及时掌握建设进度,定期进行财产物资清查,做好核算资料档案管理;

(四)按照规定向财政部门、项目主管部门报送基本建设财务报表和资料;

(五)及时办理工程价款结算,编报项目竣工财务决算,办理资产交付使用手续;

(六)财政部门和项目主管部门要求的其他工作。

按照规定实行代理记账和项目代建制的,代理记账单位和代建单位应当配合项目建设单位做好项目财务管理的基础工作。

第二章　建设资金筹集与使用管理

第八条　建设资金是指为满足项目建设需要筹集和使用的资金,按照来源分为财政资金和自筹资金。其中,财政资金包括一般公共预算安排的基本建设投资资金和其他专项建设资金,政府性基金预算安排的建设资金,政府依法举债取得的建设资金,以及国有资本经营预算安排的基本建设项目资金。

第九条　财政资金管理应当遵循专款专用原则,严格按照批准的项目预算执行,不得挤占挪用。

财政部门应当会同项目主管部门加强项目财政资金的监督管理。

第十条　财政资金的支付,按照国库集中支付制度有关规定和合同约定,综合考虑项目财政资金预算、建设进度等因素执行。

第十一条　项目建设单位应当根据批准的项目概(预)算、年度投资计划和预算、建设进度等控制项目投资规模。

第十二条　项目建设单位在决策阶段应当明确建设资金来源,落实建设资金,合理控制筹资成本。非经营性项目建设资金按照国家有关规定筹集;经营性项目在防范风险的前提下,可以多渠道筹集。

具体项目的经营性和非经营性性质划分,由项目主管部门会同财政部门根据项目建设目的、运营模式和盈利能力等因素核定。

第十三条　核定为经营性项目的,项目建设单位应当按照国家有关固定资产投资项目资本管理的规定,筹集一定比例的非债务性资金作为项目资本。

在项目建设期间,项目资本的投资者除依法转让、依法终止外,不得以任何方式抽走出资。

经营性项目的投资者以实物、知识产权、土地使用权等非货币财产作价出资的,应当委托具有专业能力的资产评估机构依法评估作价。

第十四条　项目建设单位取得的财政资金,区分以下情况处理:

经营性项目具备企业法人资格的,按照国家有关企业财务规定处理。不具备企业法人资格的,属于国家直接投资的,作为项目国家资本管理;属于投资补助,国家拨款时对权属有规定的,按照规定执行,没有规定的,由项目投资者享有;属于有偿性资助的,作为项目负债管理。

经营性项目取得的财政贴息,项目建设期间收到的,冲减项目建设成本;项目竣工后收到的,按照国家财务、会计制度的有关规定处理。

非经营性项目取得的财政资金,按照国家行政、事业单位财务、会计制度的有关规定处理。

第十五条　项目收到的社会捐赠,有捐赠协议或者捐赠者有指定要求的,按照协议或者要求处理;无协议和要求的,按照国家财务、会计制度的有关规定处理。

第三章　预算管理

第十六条　项目建设单位编制项目预算应当以批准的概算为基础,按照项目实际建设资金需求编制,并控制在批准的概算总投资规模、范围和标准以内。

项目建设单位应当细化项目预算,分解项目各年度预算和财政资金预算需求。涉及政府采购的,应当按照规定编制政府采购预算。

项目资金预算应当纳入项目主管部门的部门预算或者国有资本经营预算统一管理。列入部门预算的项目,一般应当从项目库中产生。

第十七条　项目建设单位应当根据项目概算、建设工期、年度投资和自筹资金计划、以前年度项目各类资金结转情况等,提出项目财政资金预算建议数,按照规定程序经项目主管部门审核汇总报财政部门。

项目建设单位根据财政部门下达的预算控制数编制预算,由项目主管部门审核汇总报财政部门,经法定程序审核批复后执行。

第十八条　项目建设单位应当严格执行项目财政资金预算。对发生停建、缓建、迁移、合并、分立、重大设计变更等变动事项和其他特殊情况确需调整的项目,项目建设单位应当按照规定程序报项目主管部门审核后,向财政部门申请调整项目财政资金预算。

第十九条　财政部门应当加强财政资金预算审核和执行管理,严格预算约束。

财政资金预算安排应当以项目以前年度财政资金预算执行情况、项目预算评审意见和绩效评价结果作为重要依据。项目财政资金未按预算要求执行的,按照有关规定调减或者收回。

第二十条　项目主管部门应当按照预算管理规定,督促和指导项目建设单位做好项目财政资金预算编制、执行和调整,严格审核项目财政资金预算、细化预算和预算调整的申请,及时掌握项目预算执行动态,跟踪分析项目进度,按照要求向财政部门报送执行情况。

第四章　建设成本管理

第二十一条　建设成本是指按照批准的建设内容由项目建设资金安排的各项支出,包括建筑安装工程投资支出、设备投资支出、待摊投资支出和其他投资支出。

建筑安装工程投资支出是指项目建设单位按照批准的建设内容发生的建筑工程和安装工程的实际成本。

设备投资支出是指项目建设单位按照批准的建设内容发生的各种设备的实际成本。

待摊投资支出是指项目建设单位按照批准的建设内容发生的,应当分摊计入相关资产价值的各项费用和税金支出。

其他投资支出是指项目建设单位按照批准的建设内容发生的房屋购置支出,基本畜禽、林木等的购置、饲养、培育支出,办公生活用家具、器具购置支出,软件研发和不能计入设备投资的软件购置等支出。

第二十二条　项目建设单位应当严格控制建设成本的范围、标准和支出责任,以下支出不得列入项目建设成本:

(一)超过批准建设内容发生的支出;

(二)不符合合同协议的支出;

（三）非法收费和摊派；

（四）无发票或者发票项目不全、无审批手续、无责任人员签字的支出；

（五）因设计单位、施工单位、供货单位等原因造成的工程报废等损失，以及未按照规定报经批准的损失；

（六）项目符合规定的验收条件之日起 3 个月后发生的支出；

（七）其他不属于本项目应当负担的支出。

第二十三条 财政资金用于项目前期工作经费部分，在项目批准建设后，列入项目建设成本。

没有被批准或者批准后又被取消的项目，财政资金如有结余，全部缴回国库。

第五章 基建收入管理

第二十四条 基建收入是指在基本建设过程中形成的各项工程建设副产品变价收入、负荷试车和试运行收入以及其他收入。

工程建设副产品变价收入包括矿山建设中的矿产品收入，油气、油田钻井建设中的原油气收入，林业工程建设中的路影材收入，以及其他项目建设过程中产生或者伴生的副产品、试验产品的变价收入。

负荷试车和试运行收入包括水利、电力建设移交生产前的供水、供电、供热收入，原材料、机电轻纺、农林建设移交生产前的产品收入，交通临时运营收入等。

其他收入包括项目总体建设尚未完成或者移交生产，但其中部分工程简易投产而发生的经营性收入等。

符合验收条件而未按照规定及时办理竣工验收的经营性项目所实现的收入，不得作为项目基建收入管理。

第二十五条 项目所取得的基建收入扣除相关费用并依法纳税后，其净收入按照国家财务、会计制度的有关规定处理。

第二十六条 项目发生的各项索赔、违约金等收入，首先用于弥补工程损失，结余部分按照国家财务、会计制度的有关规定处理。

第六章 工程价款结算管理

第二十七条 工程价款结算是指依据基本建设工程发承包合同等进行工程预付款、进度款、竣工价款结算的活动。

第二十八条 项目建设单位应当严格按照合同约定和工程价款结算程序支付工程款。竣工价款结算一般应当在项目竣工验收后 2 个月内完成，大型项目一般不得超过 3 个月。

第二十九条 项目建设单位可以与施工单位在合同中约定按照不超过工程价款结算总额的 3% 预留工程质量保证金，待工程交付使用缺陷责任期满后清算。资信好的施工单位可以用银行保函替代工程质量保证金。

第三十条 项目主管部门应当会同财政部门加强工程价款结算的监督，重点审查工程招投标文件、工程量及各项费用的计取、合同协议、施工变更签证、人工和材料价差、工程索赔等。

第七章 竣工财务决算管理

第三十一条 项目竣工财务决算是正确核定项目资产价值、反映竣工项目建设成果的文件，是办理资产移交和产权登记的依据，包括竣工财务决算报表、竣工财务决算说明书以及相关材料。

项目竣工财务决算应当数字准确、内容完整。竣工财务决算的编制要求另行规定。

第三十二条 项目年度资金使用情况应当按照要求编入部门决算或者国有资本经营决算。

第三十三条 项目建设单位在项目竣工后，应当及时编制项目竣工财务决算，并按照规定报送项目主管部门。

项目设计、施工、监理等单位应当配合项目建设单位做好相关工作。

建设周期长、建设内容多的大型项目，单项工程竣工具备交付使用条件的，可以编报单项工程竣工财务决算，项目全部竣工后应当编报竣工财务总决算。

第三十四条 在编制项目竣工财务决算前，项目建设单位应当认真做好各项清理工作，包括账目核对及账务调整、财产物资核实处理、债权实现和债务清偿、档案资料归集整理等。

第三十五条 在编制项目竣工财务决算时，项目建设单位应当按照规定将待摊投资支出按合理比例分摊计入交付使用资产价值、转出投资价值和待核销基建支出。

第三十六条 项目竣工财务决算审核、批复管理职责和程序要求由同级财政部门确定。

第三十七条 财政部门和项目主管部门对项目竣工财务决算实行先审核、后批复的办法，可以委托预算评审机构或者有专业能力的社会中介机构进行审核。对符合条件的，应当在 6 个月内批复。

第三十八条 项目一般不得预留尾工工程，确需预留尾工工程的，尾工工程投资不得超过批准的项目概（预）算总投资的 5%。

项目主管部门应当督促项目建设单位抓紧实施项目

尾工工程,加强对尾工工程资金使用的监督管理。

第三十九条　已具备竣工验收条件的项目,应当及时组织验收,移交生产和使用。

第四十条　项目隶属关系发生变化时,应当按照规定及时办理财务关系划转,主要包括各项资金来源、已交付使用资产、在建工程、结余资金、各项债权及债务等的清理交接。

第八章　资产交付管理

第四十一条　资产交付是指项目竣工验收合格后,将形成的资产交付或者转交生产使用单位的行为。

交付使用的资产包括固定资产、流动资产、无形资产等。

第四十二条　项目竣工验收合格后应当及时办理资产交付使用手续,并依据批复的项目竣工财务决算进行账务调整。

第四十三条　非经营性项目发生的江河清障疏浚、航道整治、飞播造林、退耕还林(草)、封山(沙)育林(草)、水土保持、城市绿化、毁损道路修复、护坡及清理等不能形成资产的支出,以及项目未被批准、项目取消和项目报废前已发生的支出,作为待核销基建支出处理;形成资产产权归属本单位的,计入交付使用资产价值;形成资产产权不归属本单位的,作为转出投资处理。

非经营性项目发生的农村沼气工程、农村安全饮水工程、农村危房改造工程、游牧民定居工程、渔民上岸工程等涉及家庭或者个人的支出,形成资产产权归属家庭或者个人的,作为待核销基建支出处理;形成资产产权归属本单位的,计入交付使用资产价值;形成资产产权归属其他单位的,作为转出投资处理。

第四十四条　非经营性项目为项目配套建设的专用设施,包括专用道路、专用通讯设施、专用电力设施、地下管道等,产权归属本单位的,计入交付使用资产价值;产权不归属本单位的,作为转出投资处理。

非经营性项目移民安置补偿中由项目建设单位负责建设并形成的实物资产,产权归属集体或者单位的,作为转出投资处理;产权归属移民的,作为待核销基建支出处理。

第四十五条　经营性项目发生的项目取消和报废等不能形成资产的支出,以及设备采购和系统集成(软件)中包含的交付使用后运行维护等费用,按照国家财务、会计制度的有关规定处理。

第四十六条　经营性项目为项目配套建设的专用设施,包括专用铁路线、专用道路、专用通讯设施、专用电力

设施、地下管道、专用码头等,项目建设单位应当与有关部门明确产权关系,并按照国家财务、会计制度的有关规定处理。

第九章　结余资金管理

第四十七条　结余资金是指项目竣工结余的建设资金,不包括工程抵扣的增值税进项税额资金。

第四十八条　经营性项目结余资金,转入单位的相关资产。

非经营性项目结余资金,首先用于归还项目贷款。如有结余,按照项目资金来源属于财政资金的部分,应当在项目竣工验收合格后 3 个月内,按照预算管理制度有关规定收回财政。

第四十九条　项目终止、报废或者未按照批准的建设内容建设形成的剩余建设资金中,按照项目实际资金来源比例确认的财政资金应当收回财政。

第十章　绩效评价

第五十条　项目绩效评价是指财政部门、项目主管部门根据设定的项目绩效目标,运用科学合理的评价方法和评价标准,对项目建设全过程中资金筹集、使用及核算的规范性、有效性,以及投入运营效果等进行评价的活动。

第五十一条　项目绩效评价应当坚持科学规范、公正公开、分级分类和绩效相关的原则,坚持经济效益、社会效益和生态效益相结合的原则。

第五十二条　项目绩效评价应当重点对项目建设成本、工程造价、投资控制、达产能力与设计能力差异、偿债能力、持续经营能力等实施绩效评价,根据管理需要和项目特点选用社会效益指标、财务效益指标、工程质量指标、建设工期指标、资金来源指标、资金使用指标、实际投资回收期指标、实际单位生产(营运)能力投资指标等评价指标。

第五十三条　财政部门负责制定项目绩效评价管理办法,对项目绩效评价工作进行指导和监督,选择部分项目开展重点绩效评价,依法公开绩效评价结果。绩效评价结果作为项目财政资金预算安排和资金拨付的重要依据。

第五十四条　项目主管部门会同财政部门按照有关规定,制定本部门或者本行业项目绩效评价具体实施办法,建立具体的绩效评价指标体系,确定项目绩效目标,具体组织实施本部门或者本行业绩效评价工作,并向财政部门报送绩效评价结果。

第十一章　监督管理

第五十五条　项目监督管理主要包括对项目资金筹

集与使用、预算编制与执行、建设成本控制、工程价款结算、竣工财务决算编报审核、资产交付等的监督管理。

第五十六条　项目建设单位应当建立、健全内部控制和项目财务信息报告制度,依法接受财政部门和项目主管部门等的财务监督管理。

第五十七条　财政部门和项目主管部门应当加强项目的监督管理,采取事前、事中、事后相结合,日常监督与专项监督相结合的方式,对项目财务行为实施全过程监督管理。

第五十八条　财政部门应当加强对基本建设财政资金形成的资产的管理,按照规定对项目资产开展登记、核算、评估、处置、统计、报告等资产管理基础工作。

第五十九条　各级财政部门、项目主管部门和项目建设单位及其工作人员在基本建设财务管理过程中,存在违反本规则规定的行为,以及其他滥用职权、玩忽职守、徇私舞弊等违法违纪行为的,依照《中华人民共和国预算法》《中华人民共和国公务员法》《中华人民共和国行政监察法》《财政违法行为处罚处分条例》等国家有关规定追究相应责任;涉嫌犯罪的,依法移送司法机关处理。

第十二章　附　则

第六十条　接受国家经常性资助的社会力量举办的公益服务性组织和社会团体的基本建设财务行为,以及非国有企业使用财政资金的基本建设财务行为,参照本规则执行。

使用外国政府及国际金融组织贷款的基本建设财务行为执行本规则。国家另有规定的,从其规定。

第六十一条　项目建设内容仅为设备购置的,不执行本规则;项目建设内容以设备购置、房屋及其他建筑物购置为主并附有部分建筑安装工程的,可以简化执行本规则。

经营性项目的项目资本中,财政资金所占比例未超过50%的,项目建设单位可以简化执行本规则,但应当按照要求向财政部门、项目主管部门报送相关财务资料.国家另有规定的,从其规定。

第六十二条　中央项目主管部门和各省、自治区、直辖市、计划单列市财政厅(局)可以根据本规则,结合本行业、本地区的项目情况,制定具体实施办法并报财政部备案。

第六十三条　本规则自2016年9月1日起施行。2002年9月27日财政部发布的《基本建设财务管理规定》(财建〔2002〕394号)及其解释同时废止。

本规则施行前财政部制定的有关规定与本规则不一致的,按照本规则执行。《企业财务通则》(财政部令第41号)、《金融企业财务规则》(财政部令第42号)、《事业单位财务规则》(财政部令第68号)和《行政单位财务规则》(财政部令第71号)另有规定的,从其规定。

教育部直属高校基本建设项目竣工财务决算管理办法

·2021年12月31日
·教发〔2021〕14号

第一章　总　则

第一条　为进一步规范教育部直属高校基本建设项目竣工财务决算管理工作,控制基本建设成本,提高资金使用效益,根据《行政事业性国有资产管理条例》(国务院令第738号)、《基本建设财务规则》(财政部令第81号)、《基本建设项目竣工财务决算管理暂行办法》(财建〔2016〕503号)等有关规定,结合教育部直属高校实际情况,制定本办法。

第二条　本办法适用于教育部直属高校基本建设项目(以下简称项目),包括新建、续建、改扩建等固定资产投资建设活动。

第三条　教育部是直属高校基本建设项目的主管部门,负责制定直属高校项目竣工财务决算管理制度,负责项目竣工财务决算批复工作。

第四条　各直属高校作为项目建设单位,是编报项目竣工财务决算的责任主体,对竣工财务决算的真实性、准确性以及完整性负责。应严格执行《教育部直属高校基本建设管理办法(2017年修订)》及本办法有关规定,重视前期决策,规范建设管理,严格预算管理,认真执行有关财务会计制度,严肃财经纪律,及时准确编制项目竣工财务决算。

第五条　实行代理记账、会计集中核算和项目代建制的,代理记账单位、会计集中核算单位和代建单位应配合直属高校做好竣工财务决算工作。

第六条　项目竣工财务决算未经审核前,财务主管人员、重大项目的相关工程技术主管人员、概(预)算主管人员一般不得调离。确需调离的,应当继续承担或协助做好竣工财务决算相关工作。

第二章　竣工财务决算编制

第七条　竣工财务决算是正确核定项目资产价值、反映竣工项目建设成果的文件,是办理资产移交和产权登记的依据。

第八条　项目建设内容以设备购置、房屋及其他建筑物购置为主且附有部分建筑安装工程的，可以简化项目竣工财务决算编报内容、报表格式和批复手续；设备购置、房屋及其他建筑物购置，不用单独编报项目竣工财务决算。

第九条　项目在竣工验收合格后应及时办理资产交付手续，并在规定期限内办理竣工财务决算，期限最长不得超过1年。

第十条　在编制竣工财务决算前，直属高校应完成以下工作：

（一）完成工程价款结算。在项目竣工验收合格后，直属高校应督促施工单位及时整理工程结算资料，严格按照合同约定和工程价款结算程序支付工程款，及时办理工程价款结算。

（二）确定各类成本费用。直属高校应完成建筑安装工程投资、设备投资、待摊投资、其他投资等各类支出结算，确保成本性支出全部完成，不再另行发生。

（三）严格控制项目总投资。严格按照批复总投资控制资金使用，严控超投资行为发生。项目投资调整的幅度应符合《教育部直属高校基本建设管理办法（2017年修订）》文件要求，据实调整项目总投资，完成投资计划调整工作。项目总投资调整幅度超过该文件规定的，应按规定完成项目重新审批后方可调整投资计划。

（四）清理账务和盘点财产物资。直属高校应完成各项账务处理及财产物资盘点核实工作，做到账账、账证、账实、账表相符。各种材料、设备、工具、器具等要逐项盘点核实，填列清单并妥善保管，应变价处理的库存设备、材料以及应处理的自用固定资产要公开变价处理，不得侵占、挪用。

第十一条　项目竣工财务决算的编制依据主要包括：国家有关法律法规；经批准的可行性研究报告、初步设计、概算及概算调整文件；招标文件及招标投标书；施工、代建、勘察设计、监理及设备采购等合同；政府采购审批文件、采购合同；历年下达的项目年度财政资金投资计划、预算；工程结算资料；有关的会计及财务管理资料；其他有关资料。

第十二条　项目竣工财务决算的内容主要包括：项目竣工财务决算报表（附件1）、竣工财务决算说明书、竣工财务决算审核情况及相关资料。

直属高校在编制竣工财务决算报表时，不得随意增减内容、改变格式，应做到数据准确、内容完整、勾稽关系正确；编制有关竣工财务决算说明书时要力求内容完整、简明扼要、表达清晰。

（一）竣工财务决算报表

主要有以下报表：

1. 封面；

2. 项目概况表；

3. 项目竣工财务决算表；

4. 资金情况明细表；

5. 交付使用资产总表；

6. 交付使用资产明细表；

7. 待摊投资明细表；

8. 待核销基建支出明细表；

9. 转出投资明细表。

（二）竣工财务决算说明书

主要包括以下内容：

1. 项目概况；

2. 会计账务处理、财产物资清理及债权债务的清偿情况；

3. 项目建设资金计划及到位情况，财政资金支出预算、投资计划及到位情况；

4. 项目建设资金使用、项目结余资金分配情况；

5. 项目概（预）算执行情况及分析，竣工实际完成投资与概算差异及原因分析；

6. 历次审计、检查、审核、稽察意见及整改落实情况；

7. 主要技术经济指标的分析、计算情况；

8. 项目管理经验、主要问题和建议；

9. 预备费动用情况；

10. 项目建设管理制度执行情况、政府采购情况、合同履行情况；

11. 征地拆迁补偿情况、移民安置情况；

12. 需说明的其他事项。

第十三条　已交付使用但尚未办理竣工财务决算手续的固定资产，按照估计价值入账，待办理竣工财务决算后再按照实际成本调整原来的暂估价值。

第三章　竣工财务决算审核与批复

第十四条　项目竣工财务决算按照"先审核后批复"的原则。直属高校完成竣工财务决算报表、竣工财务决算说明书编制工作后，委托有专业能力的社会中介机构进行评审，评审费用从项目投资中开支。根据评审结论，教育部审核后批复项目竣工财务决算。直属高校应于每年3月或10月集中将完整的竣工财务决算资料上报教育部。

第十五条　社会中介机构应按相关规定进行项目竣工财务决算评审，出具项目竣工财务决算审核报告、审核表（附件2）及其他相关材料。审核报告内容应详实、数据勾稽关系正确,主要包括:审核说明、审核依据、审核结果、意见、建议。

(一)项目竣工财务决算审核表

主要有以下报表:

1.封面;

2.项目竣工财务决算审核汇总表;

3.资金情况审核明细表;

4.待摊投资审核明细表;

5.交付使用资产审核明细表;

6.转出投资审核明细表;

7.待核销基建支出审核明细表。

(二)其他相关材料

1.竣工财务决算评审机构及从业人员的资质复印件;

2.项目批复或备案意见复印件、初步设计报告及概算、概算调整批复文件的复印件;

3.项目规划许可证、施工许可证复印件;

4.项目消防验收意见书、竣工验收备案复印件;

5.项目第一次投资计划、最后一次据实调整投资计划及财政资金预算下达文件的复印件;

6.审计、检查意见或文件的复印件;

7.其他与项目决算相关资料。

第十六条　直属高校申请审批项目竣工财务决算应提供以下资料:

(一)学校请示文件;

(二)项目竣工财务决算报表;

(三)项目竣工财务决算说明书;

(四)项目竣工财务决算审核报告及审核表;

(五)其他相关材料。

第十七条　教育部收到项目竣工财务决算申请后对竣工财务决算资料进行审核,发现下列情形的,予以退回:

(一)不属于本部门批复权限的项目;

(二)报审的项目名称与批复名称不一致;

(三)报审项目的总投资超过文件允许调整范围的;

(四)竣工财务决算报表不完整、数据或勾稽关系不正确的;

(五)社会中介机构出具的审核报告不准确、不完整的;

(六)竣工财务决算报表指标与审核报告、竣工财务决算审核表指标不一致的。

存在上述情况的,教育部通知其限期补充完善或修改,逾期未报或修改不到位的,将项目竣工财务决算报告资料退回。

第十八条　教育部受理项目竣工财务决算资料后,对上报资料齐全、符合项目管理和财务管理规定、修改意见落实到位、符合本办法要求的,原则上在一个月内批复竣工财务决算。

第十九条　教育部批复项目竣工财务决算时,重点审查以下内容:

(一)项目是否按照批准的概(预)算内容实施,有无超概(预)算建设现象,项目资金是否全部到位;

(二)项目形成资产是否全面反映,资产接受单位是否落实;

(三)项目在建设过程中历次检查和审计所提的重大问题是否已经整改落实;

(四)待核销基建支出和转出投资有无依据,是否合理;

(五)竣工财务决算报表所填列的数据是否完整,表间勾稽关系是否清晰、正确;

(六)项目建设是否履行基本建设程序,是否符合国家有关建设管理制度要求;

(七)决算的内容和格式是否符合国家有关规定;

(八)决算资料报送是否完整、决算数据是否存在错误;

(九)社会中介机构是否出具审核意见。

第二十条　项目竣工后直属高校应及时办理资金清算和资产交付手续,依据批复的项目竣工财务决算意见,按照国有资产管理有关规定办理产权登记手续和有关资产入账或调账。

第四章　附　则

第二十一条　教育部直属单位基本建设项目竣工财务决算管理参照本办法执行。

第二十二条　本办法自印发之日起施行。原《教育部直属高校及事业单位基本建设项目竣工财务决算管理办法》(教发〔2008〕28号)同时废止。

第二十三条　本办法由教育部发展规划司负责解释。

附件:1.基本建设项目竣工财务决算报表(略)

2.基本建设项目竣工财务决算审核表(略)

教育部委托投资咨询评估管理办法

·2008年11月21日

·教发〔2008〕27号

第一条　为提高投资咨询评估的质量和效率,建立健全投资决策制度,加强投资决策的科学性和民主性,根据《国务院关于投资体制改革的决定》(国发〔2004〕20号),参照《国家发展改革委委托投资咨询评估管理办法》(发改投资〔2004〕1973号),结合教育部直属单位的实际情况,制定本办法。

第二条　本办法适用于教育部直属高校和直属事业单位以下事项的咨询评估:

(一)教育部审批的政府投资项目的项目建议书、可行性研究报告、初步设计及概算、工程预决算、项目后评价;

(二)教育部委托的其他事项。

第三条　经教育部确认的咨询机构(以下简称入选咨询机构),可以承担本办法第二条规定事项的咨询评估任务。入选咨询机构应当符合以下条件:

(一)具有教育部委托投资咨询评估项目所属专业的甲级咨询资格,连续3年年检合格;

(二)近3年承担总投资5000万元以上项目的评估和可行性研究报告编制任务不少于10个;

(三)具有高级专业技术职称的专职人员不少于20名;

(四)注册资金不少于800万元。

第四条　教育部按照公正、公平、公开和竞争的原则,组织有关机构和专家,对符合本办法第三条规定条件,熟悉教育基本建设项目并提出申请的咨询机构进行审查,依照委托投资咨询评估的任务量,确定入选咨询机构,并公布结果。入选咨询机构原则上三年核定一次。

第五条　委托评估工作按照公正、公平、合理和就近委托的原则,并根据项目特点,结合入选咨询机构的专业优势、技术质量水平和已承担的任务量,确定委托咨询评估单位。

第六条　教育部向接受该项任务的咨询机构出具《投资咨询评估委托书》,明确咨询评估的内容、重点和完成时限等。

第七条　承担咨询评估任务的咨询机构应按照客观、公正、科学的原则和《投资咨询评估委托书》的要求,按时完成咨询评估报告报送教育部。

第八条　对特别重要项目或特殊事项的咨询评估任务,教育部可以通过招标或指定方式确定咨询机构;也可以同时委托多家入选咨询机构进行评估,或委托另一入选咨询机构对已经完成的咨询评估报告进行评价。

第九条　承担编制项目建议书、可行性研究报告、项目申请报告、初步设计及概预算等业务的入选咨询机构,不得承担同一项目或事项的咨询评估任务。

第十条　隶属教育部直属高校的入选咨询评估机构不得承担所在学校建设项目的咨询评估任务。

第十一条　咨询评估费用由教育部依据国家有关规定确定并拨付,按年度结算。

第十二条　入选咨询机构及其工作人员,不得收取教育部委托咨询评估项目的项目单位支付的任何费用,不得向项目单位摊支成本。

第十三条　教育部可以组织专家对完成的咨询评估报告的质量进行评价,对咨询评估的过程进行检查。

第十四条　教育部受理举报、投诉,并组织或委托有关机构进行检查核实,对查实的问题进行处理。

第十五条　入选咨询机构有下列情形之一的,教育部可以对其提出警告或暂停后续委托任务;情节严重的,取消其承担教育部委托咨询评估任务的资格,并建议有关部门给予其降低工程咨询资质等级等处罚:

(一)咨询评估报告有重大失误或质量低劣;

(二)咨询评估过程中有违反本办法规定的行为;

(三)一年内两次拒绝接受委托咨询评估任务;

(四)其他违反国家法律法规规定的行为。

第十六条　教育部相关部门及其工作人员履行本办法规定的有关行为,接受监察机关的监督。

咨询评估费用的使用和支付,接受财政和审计部门的监督和审计。

第十七条　本办法自发布之日起执行。

附录:1.教育部委托投资咨询评估入选咨询机构审查细则

2.教育部委托投资咨询评估项目评估细则

附录1:

教育部委托投资咨询评估入选咨询机构审查细则

根据《国家发展改革委委托投资咨询评估管理办法》(发改投资〔2004〕1973号)和《教育部委托投资咨询评估管理办法》的要求,为做好咨询机构的遴选工作,特制定本细则。

一、初选合格单位应提交以下申报材料

申报单位必须满足《国家发展改革委委托投资咨询评估管理办法》第三条中的四项要求,方可成为初选合格单位。初选合格单位应提交以下申报材料(一式三份,完整的工程咨询成果一份):

(一)企业法人营业执照复印件;

（二）工程咨询资格证书复印件；

（三）不少于20人的高级专业技术人员名单，身份证复印件、职称证书复印件及注册证书复印件，其专业组成为建筑、结构、水、暖、电、建筑经济等；

（四）提供本单位全部注册咨询工程师名单及注册人员资格证书复印件；

（五）提供近三年不少于10项建筑工程的工程咨询合同或咨询成果批复意见书的复印件，其中必须提供一套自认为最优秀和完整的工程咨询成果的原件或复印件（工程设计不属本范围）；

（六）工程设计咨询获奖证书复印件。

二、审查内容

（一）审查初选合格单位的咨询资质

1.是否有企业法人营业执照；

2.注册资金是否不少于800万元；

3.是否有工程咨询资格证书；

4.咨询资格证书专业范围是否为"建筑"；

5.咨询资格证书等级是否为"甲级"；

6.资格证书是否有效。

（二）审查初选合格单位的专业优势

1.高级专业技术职称的专职人员是否不少于20名；

2.具有高级职称人员的专业范围是否为咨询评估建筑工程所需专业人员；

3.专业人员是否齐全。

（三）审查初选合格单位近三年的咨询业绩

1.5000万元以上建筑咨询评估项目是否不少于10项；

2.所提交建筑咨询项目是否为近三年的项目。

（四）审查初选合格单位的质量水平

1.近三年建筑咨询评估项目的获奖情况；

2.对提供的一项最优建筑工程咨询项目水平的评定意见。

三、审查办法

（一）教育部发展规划司为审查主管单位；

（二）由中国勘察设计协会高等院校勘察设计分会负责协办；

（三）审查专家组由7人组成，组长由专家选举产生；

（四）专家组按本细则进行审查，每位专家需填写并署名审查意见书（见附），由组长汇总后交教育部发展规划司审查。

四、参加审查工作的专家条件

（一）为非初选合格单位人员；

（二）公平、公正、作风正派，具有良好的职业道德；

（三）具有高级职称；

（四）有较丰富的建筑工程投资咨询业务或管理工作经验。

五、入选机构最终确定原则

（一）教育部发展规划司根据专家审查结果，结合咨询评估业务量，最终确定入选咨询评估机构，并在教育网站上公示15天，无异议后结果以教育部文件形式公布。

（二）教育部委托投资咨询评估机构每三年核定一次。

附：教育部委托投资咨询入选咨询机构审查意见书（略）

附录2：

教育部委托投资咨询评估项目评估细则

为了进一步完善教育部委托投资咨询评估工作，提高咨询评估质量，根据《教育部委托投资咨询评估管理办法》，结合教育项目的实际情况，制定本评估细则。

一、评估主管部门

项目评估由教育部委托入选咨询机构实施。委托评估时，教育部下达《咨询评估委托书》，明确评估内容、评估重点和完成时限等要求；同时，提供项目建设单位报审文件（含项目建设学校决策校办公会会议纪要）、有资质单位编制的项目可行性研究报告（含项目招标方案）、建设项目用地预审意见、当地城市规划部门提供的建设项目规划意见、当地环保部门提供的建设项目环境影响评价意见等相关评估资料。

二、评估组织形式及专家要求

项目评估采用项目负责人制，由评估单位确定具有相应资格人员作为项目负责人，负责项目评估全过程的组织、协调及评估报告的编制。

项目负责人根据建设项目的性质和规模成立由技术专家和经济专家组成的项目评估小组承担评估工作。评估小组的人数应根据建设项目的规模和技术复杂程度确定，一般大型项目可行性研究报告评估应由7~9个人组成，中小型项目由5~7人组成，初步设计评估由5~11人组成。

评估小组应当由了解国家和行业发展的相关政策法规，熟悉本行业的技术经济发展情况，并具备丰富的项目咨询和设计经验的专家组成，一般包括建筑、结构、给排水、暖通空调、电气、管理、建筑经济等。评估专家须具有与可行性研究报告编制或项目设计专业人员同等或以上的专业职称或执业资格。如有必要,可聘请外单位专家参加评估小组。

入选咨询机构应按上述要求建立项目评估专家库,并报教育部发展规划司备案,咨询机构接受项目评估任务后原则上应在专家库中随机筛选专家组成项目评估小组。评估项目负责人及小组成员名单报教育部发展规划司审定后方可开展评估工作。

三、评估原则

1. 评估工作应本着实事求是的精神,坚持独立、客观、公正、科学、民主的原则。

2. 评估必须按照国家法律法规、行业规范、标准以及相关规则、程序要求进行。

3. 评估工作应遵守主管部门制定的纪律和守则。

4. 评估结论应当科学、合理、真实、可靠。

5. 评估人员应充分认识工作的重要性,从国家和学校事业发展的高度提出评估意见。

四、评估程序

1. 由教育部向评估单位下达《咨询评估委托书》,由项目建设单位向评估单位提供相关评估资料。

2. 评估单位依据项目特点确定项目评估负责人,组织相关专业人员成立项目评估小组,并报教育部发展规划司审定。

3. 由评估项目负责人组织评估小组成员对所提交资料进行初审,审查评估所提交资料是否齐全、文件编制内容和深度是否符合国家有关文件的要求。对不满足要求的子项或缺项,咨询或设计文件编制单位对项目文本或资料应进行补充完善。对不具备评估条件的项目,应及时告知建设单位准备相关资料,并同时反馈给教育部发展规划司。

4. 对符合评审条件的项目,由评估小组按照工作计划形成初步评估报告,并送下述评估会议与会人员会前审阅。

5. 召开项目评估会议

各专业评估工作基本完成后必须召开评估会议,评估会议地点在建设单位。会议由项目评估负责人主持,参加人员一般包括项目咨询评估小组全体成员、项目可行性研究报告或初步设计及概算编制单位各专业人员、建设单位主管基建工作校领导及基建管理部门成员、主管部门负责人等相关人员。评估会议程序如下:

①建设单位介绍项目情况。

②项目咨询或设计单位对项目内容进行全面汇报。

③评估小组成员根据评估意见质疑,编制单位答疑。

④由项目评估负责人组织总结汇总各专业专家意见,提交编制单位及建设单位。

6. 编制单位、建设单位两家协商,对专家提出的意见共同进行书面回复意见(均在意见上签章),并报送评估单位。

7. 项目评估负责人根据评估意见和回复意见,按照《建设项目可行性研究报告评估报告编制提纲》或《建设项目初步设计文件评审报告编制提纲》要求组织完成项目评估报告。评估报告必须由项目评估小组全体成员签字认可。

8. 评估报告经教育部发展规划司确认后,编制单位应根据评估报告意见修正委托评估的报告,作为项目批复及实施的最终版本。

附件: 1. 建设项目可行性研究报告评估报告编制提纲(略)

2. 建设项目初步设计文件评审报告编制提纲(略)

新时代爱国主义教育实施纲要

·2019 年 11 月

爱国主义是中华民族的民族心、民族魂,是中华民族最重要的精神财富,是中国人民和中华民族维护民族独立和民族尊严的强大精神动力。爱国主义精神深深植根于中华民族心中,维系着中华大地上各个民族的团结统一,激励着一代又一代中华儿女为祖国发展繁荣而自强不息、不懈奋斗。中国共产党是爱国主义精神最坚定的弘扬者和实践者,90 多年来,中国共产党团结带领全国各族人民进行的革命、建设、改革实践是爱国主义的伟大实践,写下了中华民族爱国主义精神的辉煌篇章。党的十八大以来,以习近平同志为核心的党中央高度重视爱国主义教育,固本培元、凝心铸魂,作出一系列重要部署,推动爱国主义教育取得显著成效。当前,中国特色社会主义进入新时代,中华民族伟大复兴正处于关键时期。新时代加强爱国主义教育,对于振奋民族精神、凝聚全民力量,决胜全面建成小康社会,夺取新时代中国特色社会主义伟大胜利,实现中华民族伟大复兴的中国梦,具有重大而深远的意义。

一、总体要求

1. 指导思想。坚持以马克思列宁主义、毛泽东思想、邓小平理论、"三个代表"重要思想、科学发展观、习近平新时代中国特色社会主义思想为指导,增强"四个意识"、坚定"四个自信"、做到"两个维护",着眼培养担当民族复兴大任的时代新人,始终高扬爱国主义旗帜,着力培养爱国之情、砥砺强国之志、实践报国之行,使爱国主义成为全体中国人民的坚定信念、精神力量和自觉行动。

2. 坚持把实现中华民族伟大复兴的中国梦作为鲜明主题。伟大事业需要伟大精神,伟大精神铸就伟大梦想。要把国家富强、民族振兴、人民幸福作为不懈追求,着力扎紧全国各族人民团结奋斗的精神纽带,厚植家国情怀,培育精神家园,引导人们坚持中国道路、弘扬中国精神、凝聚中国力量,为实现中华民族伟大复兴的中国梦提供强大精神动力。

3. 坚持爱党爱国爱社会主义相统一。新中国是中国共产党领导的社会主义国家,祖国的命运与党的命运、社会主义的命运密不可分。当代中国,爱国主义的本质就是坚持爱国和爱党、爱社会主义高度统一。要区分层次、区别对象,引导人们深刻认识党的领导是中国特色社会主义最本质特征和最大制度优势,坚持党的领导、坚持走中国特色社会主义道路是实现国家富强的根本保障和必由之路,以坚定的信念、真挚的情感把新时代中国特色社会主义一以贯之进行下去。

4. 坚持以维护祖国统一和民族团结为着力点。国家统一和民族团结是中华民族根本利益所在。要始终不渝坚持民族团结是各族人民的生命线,巩固和发展平等团结互助和谐的社会主义民族关系,引导全国各族人民像爱护自己的眼睛一样珍惜民族团结,维护全国各族人民大团结的政治局面,巩固和发展最广泛的爱国统一战线,不断增强对伟大祖国、中华民族、中华文化、中国共产党、中国特色社会主义的认同,坚决维护国家主权、安全、发展利益,旗帜鲜明反对分裂国家图谋、破坏民族团结的言行,筑牢国家统一、民族团结、社会稳定的铜墙铁壁。

5. 坚持以立为本、重在建设。爱国主义是中华儿女最自然、最朴素的情感。要坚持从娃娃抓起,着眼固本培元、凝心铸魂,突出思想内涵,强化思想引领,做到润物无声,把基本要求和具体实际结合起来,把全面覆盖和突出重点结合起来,遵循规律、创新发展,注重落细落小落实、日常经常平常,强化教育引导、实践养成、制度保障,推动爱国主义教育融入贯穿国民教育和精神文明建设全过程。

6. 坚持立足中国又面向世界。一个国家、一个民族,只有开放兼容,才能富强兴盛。要把弘扬爱国主义精神与扩大对外开放结合起来,尊重各国历史特点、文化传统,尊重各国人民选择的发展道路,善于从不同文明中寻求智慧、汲取营养,促进人类和平与发展的崇高事业,共同推动人类文明发展进步。

二、基本内容

7. 坚持用习近平新时代中国特色社会主义思想武装全党、教育人民。习近平新时代中国特色社会主义思想是马克思主义中国化最新成果,是党和人民实践经验和集体智慧的结晶,是中国特色社会主义理论体系的重要组成部分,是全党全国人民为实现中华民族伟大复兴而奋斗的行动指南,必须长期坚持并不断发展。要深刻理解习近平新时代中国特色社会主义思想的核心要义、精神实质、丰富内涵、实践要求,不断增强干部群众的政治意识、大局意识、核心意识、看齐意识,坚决维护习近平总书记党中央的核心、全党的核心地位,坚决维护党中央权威和集中统一领导。要紧密结合人们生产生活实际,推动习近平新时代中国特色社会主义思想进企业、进农村、进机关、进校园、进社区、进军营、进网络,真正使党的创新理论落地生根、开花结果。要在知行合一、学以致用上下功夫,引导干部群众坚持以习近平新时代中国特色社会主义思想为指导,展现新气象、激发新作为,把学习教育成果转化为爱国报国的实际行动。

8. 深入开展中国特色社会主义和中国梦教育。中国特色社会主义集中体现着国家、民族、人民根本利益。要高举中国特色社会主义伟大旗帜,广泛开展理想信念教育,用党领导人民进行伟大社会革命的成果说话,用改革开放以来社会主义现代化建设的伟大成就说话,用新时代坚持和发展中国特色社会主义的生动实践说话,用中国特色社会主义制度的优势说话,在历史与现实、国际与国内的对比中,引导人们深刻认识中国共产党为什么"能"、马克思主义为什么"行"、中国特色社会主义为什么"好",牢记红色政权是从哪里来的、新中国是怎么建立起来的,倍加珍惜我们党开创的中国特色社会主义,不断增强道路自信、理论自信、制度自信、文化自信。要深入开展中国梦教育,引导人们深刻认识中国梦是国家的梦、民族的梦,也是每个中国人的梦,深刻认识中华民族伟大复兴绝不是轻轻松松、敲锣打鼓就能实现的,要付出更为艰巨、更为艰苦的努力,争做新时代的奋斗者、追梦人。

9. 深入开展国情教育和形势政策教育。要深入开展国情教育,帮助人们了解我国发展新的历史方位、社会主要矛盾的变化,引导人们深刻认识到,我国仍处于并将长期处于社会主义初级阶段的基本国情没有变,我国是世界上最大发展中国家的国际地位没有变,始终准确把握基本国情,既不落后于时代,也不脱离实际、超越阶段。

要深入开展形势政策教育，帮助人们树立正确的历史观、大局观、角色观，了解世界正经历百年未有之大变局，我国仍处于发展的重要战略机遇期，引导人们清醒认识国际国内形势发展变化，做好我们自己的事情。要发扬斗争精神，增强斗争本领，引导人们充分认识伟大斗争的长期性、复杂性、艰巨性，敢于直面风险挑战，以坚忍不拔的意志和无私无畏的勇气战胜前进道路上的一切艰难险阻，在进行伟大斗争中更好弘扬爱国主义精神。

10. 大力弘扬民族精神和时代精神。以爱国主义为核心的民族精神和以改革创新为核心的时代精神，是凝心聚力的兴国之魂、强国之魂。要聚焦培养担当民族复兴大任的时代新人，培育和践行社会主义核心价值观，广泛开展爱国主义、集体主义、社会主义教育，提高人们的思想觉悟、道德水准和文明素养。要唱响人民赞歌、展现人民风貌，大力弘扬中国人民在长期奋斗中形成的伟大创造精神、伟大奋斗精神、伟大团结精神、伟大梦想精神，生动展示人民群众在新时代的新实践、新业绩、新作为。

11. 广泛开展党史、国史、改革开放史教育。历史是最好的教科书，也是最好的清醒剂。要结合中华民族从站起来、富起来到强起来的伟大飞跃，引导人们深刻认识历史和人民选择中国共产党、选择马克思主义、选择社会主义道路、选择改革开放的历史必然性，深刻认识我们国家和民族从哪里来、到哪里去，坚决反对历史虚无主义。要继承革命传统，弘扬革命精神，传承红色基因，结合新的时代特点赋予新的内涵，使之转化为激励人民群众进行伟大斗争的强大动力。要加强改革开放教育，引导人们深刻认识改革开放是党和人民大踏步赶上时代的重要法宝，是坚持和发展中国特色社会主义的必由之路，是决定当代中国命运的关键一招，也是决定实现"两个一百年"奋斗目标、实现中华民族伟大复兴的关键一招，凝聚起将改革开放进行到底的强大力量。

12. 传承和弘扬中华优秀传统文化。对祖国悠久历史、深厚文化的理解和接受，是爱国主义情感培育和发展的重要条件。要引导人们了解中华民族的悠久历史和灿烂文化，从历史中汲取营养和智慧，自觉延续文化基因，增强民族自尊心、自信心和自豪感。要坚持古为今用、推陈出新，不忘本来、辩证取舍，深入实施中华优秀传统文化传承发展工程，推动中华文化创造性转化、创新性发展。要坚守正道、弘扬大道，反对文化虚无主义，引导人们树立和坚持正确的历史观、民族观、国家观、文化观，不断增强中华民族的归属感、认同感、尊严感、荣誉感。

13. 强化祖国统一和民族团结进步教育。实现祖国统一、维护民族团结，是中华民族的不懈追求。要加强祖国统一教育，深刻揭示维护国家主权和领土完整、实现祖国完全统一是大势所趋、大义所在、民心所向，增进广大同胞心灵契合、互信认同，与分裂祖国的言行开展坚决斗争，引导全体中华儿女为实现民族伟大复兴、推进祖国和平统一而共同奋斗。深化民族团结进步教育，铸牢中华民族共同体意识，加强各民族交往交流交融，引导各族群众牢固树立"三个离不开"思想，不断增强"五个认同"，使各民族同呼吸、共命运、心连心的光荣传统代代相传。

14. 加强国家安全教育和国防教育。国家安全是安邦定国的重要基石。要加强国家安全教育，深入学习宣传总体国家安全观，增强全党全国人民国家安全意识，自觉维护政治安全、国土安全、经济安全、社会安全、网络安全和外部安全。要加强国防教育，增强全民国防观念，使关心国防、热爱国防、建设国防、保卫国防成为全社会的思想共识和自觉行动。要深入开展增强忧患意识、防范化解重大风险的宣传教育，引导广大干部群众强化风险意识，科学辨识风险、有效应对风险，做到居安思危、防患未然。

三、新时代爱国主义教育要面向全体人民、聚焦青少年

15. 充分发挥课堂教学的主渠道作用。培养社会主义建设者和接班人，首先要培养学生的爱国情怀。要把青少年作为爱国主义教育的重中之重，将爱国主义精神贯穿于学校教育全过程，推动爱国主义教育进课堂、进教材、进头脑。在普通中小学、中职学校，将爱国主义教育内容融入语文、道德与法治、历史等学科教材编写和教育教学中，在普通高校将爱国主义教育与哲学社会科学相关专业课程有机结合，加大爱国主义教育内容的比重。创新爱国主义教育的形式，丰富和优化课程资源，支持和鼓励多种形式开发微课、微视频等教育资源和在线课程，开发体现爱国主义教育要求的音乐、美术、书法、舞蹈、戏剧作品等，进一步增强吸引力感染力。

16. 办好学校思想政治理论课。思想政治理论课是爱国主义教育的主阵地。要紧紧抓住青少年阶段的"拔节孕穗期"，理直气壮开好思想政治理论课，引导学生把爱国情、强国志、报国行自觉融入坚持和发展中国特色社会主义事业、建设社会主义现代化强国、实现中华民族伟大复兴的奋斗之中。按照政治强、情怀深、思维新、视野广、自律严、人格正的要求，加强思想政治理论课教师队伍建设，让有信仰的人讲信仰，让有爱国情怀的人讲爱国。推动思想政治理论课改革创新，发挥学生主体作用，采取互动式、启发式、交流式教学，增强思想性理论性和亲和力针对性，在教育灌输和潜移默化中，引导学生树立国家意识、增进爱国情感。

17. 组织推出爱国主义精品出版物。针对不同年龄、不同成长阶段，坚持精品标准，加大创作力度，推出反映爱国主义内容的高质量儿童读物、教辅读物，让广大青少年自觉接受爱国主义熏陶。积极推荐爱国主义主题出版物，大力开展爱国主义教育读书活动。结合青少年兴趣点和接受习惯，大力开发并积极推介体现中华文化精髓、富有爱国主义气息的网络文学、动漫、有声读物、网络游戏、手机游戏、短视频等。

18. 广泛组织开展实践活动。大中小学的党组织、共青团、少先队、学生会、学生社团等，要把爱国主义内容融入党日团日、主题班会、班队会以及各类主题教育活动之中。广泛开展文明校园创建，强化校训校歌校史的爱国主义教育功能，组织开展丰富多彩的校园文化活动。组织大中小学生参观纪念馆、展览馆、博物馆、烈士纪念设施，参加军事训练、冬令营夏令营、文化科技卫生"三下乡"、学雷锋志愿服务、创新创业、公益活动等，更好地了解国情民情，强化责任担当。密切与城市社区、农村、企业、部队、社会机构等的联系，丰富拓展爱国主义教育校外实践领域。

19. 在广大知识分子中弘扬爱国奋斗精神。我国知识分子历来有浓厚的家国情怀和强烈的社会责任感。深入开展"弘扬爱国奋斗精神、建功立业新时代"活动，弘扬"两弹一星"精神、载人航天精神等，大力组织优秀知识分子学习宣传，引导新时代知识分子把自己的理想同祖国的前途、把自己的人生同民族的命运紧密联系在一起，立足本职、拼搏奋斗、创新创造，在新时代作出应有的贡献。广泛动员和组织知识分子深入改革开放前沿、经济发展一线和革命老区、民族地区、边疆地区、贫困地区，开展调研考察和咨询服务，深入了解国情，坚定爱国追求。

20. 激发社会各界人士的爱国热情。社会各界的代表性人士具有较强示范效应。要坚持信任尊重团结引导，增进和凝聚政治共识，夯实共同思想政治基础，不断扩大团结面，充分调动社会各界人士的爱国热情和社会担当。通过开展职业精神职业道德教育、建立健全相关制度规范、发挥行业和舆论监督作用等，引导社会各界人士增强道德自律、履行社会责任。坚持我国宗教的中国化方向，加强宗教界人士和信教群众的爱国主义教育，引导他们热爱祖国、拥护社会主义制度、拥护中国共产党的领导，遵守国家法律法规和方针政策。加强"一国两制"实践教育，引导人们包括香港特别行政区同胞、澳门特别

行政区同胞、台湾同胞和海外侨胞增强对国家的认同，自觉维护国家统一和民族团结。

四、丰富新时代爱国主义教育的实践载体

21. 建好用好爱国主义教育基地和国防教育基地。各级各类爱国主义教育基地，是激发爱国热情、凝聚人民力量、培育民族精神的重要场所。要加强内容建设，改进展陈方式，着力打造主题突出、导向鲜明、内涵丰富的精品陈列，强化爱国主义教育和红色教育功能，为社会各界群众参观学习提供更好服务。健全全国爱国主义教育示范基地动态管理机制，进一步完善落实免费开放政策和保障机制，根据实际情况，对爱国主义教育基地免费开放财政补助进行重新核定。依托军地资源，优化结构布局，提升质量水平，建设一批国防特色鲜明、功能设施配套、作用发挥明显的国防教育基地。

22. 注重运用仪式礼仪。认真贯彻执行国旗法、国徽法、国歌法，学习宣传基本知识和国旗升挂、国徽使用、国歌奏唱礼仪。在全社会广泛开展"同升国旗、同唱国歌"活动，让人们充分表达爱国情感。各级广播电台、电视台每天定时在主频率、主频道播放国歌。国庆期间，各级党政机关、人民团体、大型企事业单位、全国城乡社区和爱国主义教育基地等，要组织升国旗仪式并悬挂国旗。鼓励居民家庭在家门前适当位置悬挂国旗。认真组织宪法宣誓仪式、入党入团入队仪式等，通过公开宣誓、重温誓词等形式，强化国家意识和集体观念。

23. 组织重大纪念活动。充分挖掘重大纪念日、重大历史事件蕴含的爱国主义教育资源，组织开展系列庆祝或纪念活动和群众性主题教育。抓住国庆节这一重要时间节点，广泛开展"我和我的祖国"系列主题活动，通过主题宣讲、大合唱、共和国故事汇、快闪、灯光秀、游园活动等形式，引导人们歌唱祖国、致敬祖国、祝福祖国，使国庆黄金周成为爱国活动周。充分运用"七一"党的生日、"八一"建军节等时间节点，广泛深入组织各种纪念活动，唱响共产党好、人民军队好的主旋律。在中国人民抗日战争胜利纪念日、烈士纪念日、南京大屠杀死难者国家公祭日期间，精心组织公祭、瞻仰纪念碑、祭扫烈士墓等，引导人们牢记历史、不忘过去、缅怀先烈、面向未来，激发爱国热情、凝聚奋进力量。

24. 发挥传统和现代节日的涵育功能。大力实施中国传统节日振兴工程，深化"我们的节日"主题活动，利用春节、元宵、清明、端午、七夕、中秋、重阳等重要传统节日，开展丰富多彩、积极健康、富有价值内涵的民俗文化活动，引导人们感悟中华文化、增进家国情怀。结合元

且、"三八"国际妇女节、"五一"国际劳动节、"五四"青年节、"六一"国际儿童节和中国农民丰收节等，开展各具特色的庆祝活动，激发人们的爱国主义和集体主义精神。

25. 依托自然人文景观和重大工程开展教育。寓爱国主义教育于游览观光之中，通过宣传展示、体验感受等多种方式，引导人们领略壮美河山，投身美丽中国建设。系统梳理传统文化资源，加强考古发掘和整理研究，保护好文物古迹、传统村落、民族村寨、传统建筑、农业遗迹、灌溉工程遗产、工业遗迹，推动遗产资源合理利用，健全非物质文化遗产保护制度，推进国家文化公园建设。推动文化和旅游融合发展，提升旅游质量水平和文化内涵，深入挖掘旅游资源中蕴含的爱国主义内容，防止过度商业行为和破坏性开发。推动红色旅游内涵式发展，完善全国红色旅游经典景区体系，凸显教育功能，加强对讲解员、导游等从业人员的管理培训，加强对解说词、旅游项目等的规范，坚持正确的历史观和历史标准。依托国家重大建设工程、科学工程等，建设一批展现新时代风采的主题教育基地。

五、营造新时代爱国主义教育的浓厚氛围

26. 用好报刊广播影视等大众传媒。各级各类媒体要聚焦爱国主义主题，创新方法手段，适应分众化、差异化传播趋势，使爱国主义宣传报道接地气、有生气、聚人气，有情感、有深度、有温度。把爱国主义主题融入贯穿媒体融合发展，打通网上网下、版面页面，推出系列专题专栏、新闻报道、言论评论以及融媒体产品，加强县级融媒体中心建设，生动讲好爱国故事、大力传播主流价值观。制作刊播爱国主义优秀公益广告作品，在街头户外张贴悬挂展示标语口号、宣传挂图，生动形象做好宣传。坚持正确舆论导向，对虚无历史、消解主流价值的错误思想言论，及时进行批驳和辨析引导。

27. 发挥先进典型的引领作用。大力宣传为中华民族和中国人民作出贡献的英雄，宣传革命、建设、改革时期涌现出的英雄烈士和模范人物，宣传时代楷模、道德模范、最美人物和身边好人，宣传具有爱国情怀的地方先贤、知名人物，以榜样的力量激励人、鼓舞人。广泛开展向先进典型学习活动，引导人们把敬仰和感动转化为干事创业、精忠报国的实际行动。做好先进模范人物的关心帮扶工作，落实相关待遇和礼遇，在全社会大力营造崇尚英雄、学习英雄、捍卫英雄、关爱英雄的浓厚氛围。

28. 创作生产优秀文艺作品。把爱国主义作为常写常新的主题，加大现实题材创作力度，为时代画像、为时代立传、为时代明德，不断推出讴歌党、讴歌祖国、讴歌人民、讴歌劳动、讴歌英雄的精品力作。深入实施中国当代文学艺术创作工程、重大历史题材创作工程等，加大对爱国主义题材文学创作、影视创作、词曲创作等的支持力度，加强对经典爱国歌曲、爱国影片的深入挖掘和创新传播，唱响爱国主义正气歌。文艺创作和评论评奖要具有鲜明爱国主义导向，倡导讲品位、讲格调、讲责任，抵制低俗、庸俗、媚俗，坚决反对亵渎祖先、亵渎经典、亵渎英雄，始终保持社会主义文艺的爱国底色。

29. 唱响互联网爱国主义主旋律。加强爱国主义网络内容建设，广泛开展网上主题教育活动，制作推介体现爱国主义内容、适合网络传播的音频、短视频、网络文章、纪录片、微电影等，让爱国主义充盈网络空间。实施爱国主义数字建设工程，推动爱国主义教育基地、红色旅游与网络传播有机结合。创新传播载体手段，积极运用微博微信、社交媒体、视频网站、手机客户端等传播平台，运用虚拟现实、增强现实、混合现实等新技术新产品，生动活泼开展网上爱国主义教育。充分发挥"学习强国"学习平台在爱国主义宣传教育中的作用。加强网上舆论引导，依法依规进行综合治理，引导网民自觉抵制损害国家荣誉、否定中华优秀传统文化的错误言行，汇聚网上正能量。

30. 涵养积极进取开放包容理性平和的国民心态。加强宣传教育，引导人们正确把握中国与世界的发展大势，正确认识中国与世界的关系，既不妄自尊大也不妄自菲薄，做到自尊自信、理性平和。爱国主义是世界各国人民共有的情感，实现世界和平与发展是各国人民共同的愿望。一方面要弘扬爱国主义精神，另一方面要培养海纳百川、开放包容的胸襟，大力宣传坚持和平发展合作共赢、构建人类命运共同体、共建"一带一路"等重要理念和倡议，激励广大人民同各国人民一道共同创造美好未来。对每一个中国人来说，爱国是本分，也是职责，是心之所系、情之所归。倡导知行合一，推动爱国之情转化为实际行动，使人们理性表达爱国情感，反对极端行为。

31. 强化制度和法治保障。把爱国主义精神融入相关法律法规和政策制度，体现到市民公约、村规民约、学生守则、行业规范、团体章程等的制定完善中，发挥指引、约束和规范作用。在全社会深入学习宣传宪法、英雄烈士保护法、文物保护法等，广泛开展法治文化活动，使普法过程成为爱国主义教育过程。严格执法司法、推进依法治理，综合运用行政、法律等手段，对不尊重国歌国旗国徽等国家象征与标志，对侵害英雄烈士姓名、肖像、名誉、荣誉等行为，对破坏污损爱国主义教育场所设施，对宣扬、美化侵略战争和侵略行为等，依法依规进行严肃处

理。依法严惩暴力恐怖、民族分裂等危害国家安全和社会稳定的犯罪行为。

六、加强对新时代爱国主义教育的组织领导

32. 各级党委和政府要承担起主体责任。各级党委和政府要负起政治责任和领导责任，把爱国主义教育摆上重要日程，纳入意识形态工作责任制，加强阵地建设和管理，抓好各项任务落实。进一步健全党委统一领导、党政齐抓共管、宣传部门统筹协调、有关部门各负其责的工作格局，建立爱国主义教育联席会议制度，加强工作指导和沟通协调，及时研究解决工作中的重要事项和存在问题。广大党员干部要以身作则，牢记初心使命，勇于担当作为，发挥模范带头作用，做爱国主义的坚定弘扬者和实践者，同违背爱国主义的言行作坚决斗争。

33. 调动广大人民群众的积极性主动性。爱国主义教育是全民教育，必须突出教育的群众性。各级工会、共青团、妇联和文联、作协、科协、侨联、残联以及关工委等人民团体和群众组织，要发挥各自优势，面向所联系的领域和群体广泛开展爱国主义教育。组织动员老干部、老战士、老专家、老教师、老模范等到广大群众特别是青少年中讲述亲身经历，弘扬爱国传统。坚持热在基层、热在群众，结合人们生产生活，把爱国主义教育融入到新时代文明实践中心建设、学雷锋志愿服务、精神文明创建之中，体现到百姓宣讲、广场舞、文艺演出、邻居节等群众性活动之中，引导人们自我宣传、自我教育、自我提高。

34. 求真务实注重实效。爱国主义教育是思想的洗礼、精神的熏陶。要坚持目标导向、问题导向、效果导向，坚持虚功实做、久久为功，在深化、转化上下功夫，在具象化、细微处下功夫，更好地体现时代性、把握规律性、富于创造性。坚持从实际出发，务实求俭开展教育、组织活动，杜绝铺张浪费，不给基层和群众增加负担，坚决反对形式主义、官僚主义。

各地区各部门要根据本纲要制定贯彻落实的具体措施，确保爱国主义教育各项任务要求落到实处。

中国人民解放军和中国人民武装警察部队按照本纲要总的要求，结合部队实际制定具体规划、作出安排部署。

绿色低碳发展国民教育体系建设实施方案

·2022 年 10 月 26 日
·教发〔2022〕2 号

为深入贯彻落实习近平总书记关于碳达峰碳中和工作的重要讲话和指示批示精神，认真落实党中央、国务院决策部署，落实《中共中央 国务院关于完整准确全面贯彻新发展理念做好碳达峰碳中和工作的意见》、国务院《2030 年前碳达峰行动方案》要求，把绿色低碳发展理念全面融入国民教育体系各个层次和各个领域，培养践行绿色低碳理念、适应绿色低碳社会、引领绿色低碳发展的新一代青少年，发挥好教育系统人才培养、科学研究、社会服务、文化传承的功能，为实现碳达峰碳中和目标作出教育行业的特有贡献，制定本实施方案。

一、总体要求

（一）指导思想。

以习近平新时代中国特色社会主义思想为指导，全面贯彻党的二十大精神，深入贯彻习近平生态文明思想，立足新发展阶段，完整、准确、全面贯彻新发展理念，构建新发展格局，聚焦绿色低碳发展融入国民教育体系各个层次的切入点和关键环节，采取有针对性的举措，构建特色鲜明、上下衔接、内容丰富的绿色低碳发展国民教育体系，引导青少年牢固树立绿色低碳发展理念，为实现碳达峰碳中和目标奠定坚实思想和行动基础。

（二）工作原则。

——坚持全国统筹。强化总体设计和工作指导，发挥制度优势，压实各方责任。根据各地实际分类施策，鼓励主动作为，示范引领。以理念建构和习惯养成为重点，将绿色低碳导向融入国民教育体系各领域各环节，加快构建绿色低碳国民教育体系。

——坚持节约优先。把节约能源资源放在首位，积极建设绿色学校，持续降低大中小学能源资源消耗和碳排放，重视校园节能降耗技术改造和校园绿化工作，倡导简约适度、绿色低碳生活方式，从源头上减少碳排放。

——坚持全程育人。在注重绿色低碳纳入大中小学教育教学活动的同时，在教师培养培训环节增加生态文明建设的最新成果、碳达峰碳中和的目标任务要求等内容。既要注重学校节能技术改造、能源管理，也要注重校园软环境的创设，达到润物细无声的效果。

——坚持开放融合。绿色低碳理念和技术进步成果优先在学校传播，行业领军企业要免费向大中小学开设社会实践课堂。高等院校要加大对绿色低碳科学研究和技术的投入，为碳达峰碳中和贡献教育力量。

二、主要目标

到 2025 年，绿色低碳生活理念与绿色低碳发展规范在大中小学普及传播，绿色低碳理念进入大中小学教育体系；有关高校初步构建起碳达峰碳中和相关学科专业体系，科技创新能力和创新人才培养水平明显提升。

到2030年，实现学生绿色低碳生活方式及行为习惯的系统养成与发展，形成较为完善的多层次绿色低碳理念育人体系并贯通青少年成长全过程，形成一批具有国际影响力和权威性的碳达峰碳中和一流学科专业和研究机构。

三、将绿色低碳发展融入教育教学

（一）把绿色低碳要求融入国民教育各学段课程教材。将习近平生态文明思想、习近平总书记关于碳达峰碳中和重要论述精神充分融入国民教育中，开展形式多样的资源环境国情教育和碳达峰碳中和知识普及工作。针对不同年龄阶段青少年心理特点和接受能力，系统规划、科学设计教学内容，改进教育方式，鼓励开发地方和校本课程教材。学前教育阶段着重通过绘本、动画启蒙幼儿的生态保护意识和绿色低碳生活的习惯养成。基础教育阶段在政治、生物、地理、物理、化学等学科课程教材教学中普及碳达峰碳中和的基本理念和知识。高等教育阶段加强理学、工学、农学、经济学、管理学、法学等学科融合贯通，建立覆盖气候系统、能源转型、产业升级、城乡建设、国际政治经济、外交等领域的碳达峰碳中和核心知识体系，加快编制跨领域综合性知识图谱，编写一批碳达峰碳中和领域精品教材，形成优质资源库。职业教育阶段逐步设立碳排放统计核算、碳排放与碳汇计量监测等新兴专业或课程。

（二）加强教师绿色低碳发展教育培训。各级教育行政部门和师范院校、教师继续教育学院要结合实际在师范生课程体系、校长培训和教师培训课程体系中加入碳达峰碳中和最新知识、绿色低碳发展最新要求、教育领域职责与使命等内容，推动教师队伍率先树立绿色低碳理念，提升传播绿色低碳知识能力。

（三）把党中央关于碳达峰碳中和的决策部署纳入高等学校思政工作体系。发挥课堂主渠道作用，将绿色低碳发展有关内容有机融入高校思想政治理论课。通过高校形势与政策教育宣讲、专家报告会、专题座谈会等，引导大学生围绕绿色低碳发展进行学习研讨，提升大学生对实现碳达峰碳中和战略目标重要性的认识，推动绿色低碳发展理念进思政、进课堂、进头脑。统筹线上线下教育资源，充分发挥高校思政类公众号的示范引领作用，广泛开展碳达峰碳中和宣传教育。

（四）加强绿色低碳相关专业学科建设。根据国家碳达峰碳中和工作需要，鼓励有条件、有基础的高等学校、职业院校加强相关领域的学科、专业建设，创新人才培养模式，支持具备条件和实力的高等学校加快储能、氢能、碳捕集利用与封存、碳排放权交易、碳汇、绿色金融等学科专业建设。鼓励高校开设碳达峰碳中和导论课程。建设一批绿色低碳领域未来技术学院、现代产业学院和示范性能源学院，开展国际合作与交流，加大绿色低碳发展领域的高层次专业化人才培养力度。深化产教融合，鼓励校企联合开展产学合作协同育人项目，组建碳达峰碳中和产教融合发展联盟。引导职业院校增设相关专业，到2025年，全国绿色低碳领域相关专业布点数不少于600个，发布专业教学标准，支持职业院校根据需要在低碳建筑、光伏、水电、风电、环保、碳排放统计核算、计量监测等相关专业领域加大投入，充实师资力量，推动生态文明与职业规范相结合，职业资格与职业认证绿色标准相结合，完善课程体系和实践实训条件，规划建设100种左右有关课程教材，适度扩大技术技能人才培养规模。

（五）将践行绿色低碳作为教育活动重要内容。创新绿色低碳教育形式，充分利用智慧教育平台开发优质教育资源、普及有关知识，开展线上活动。以全国节能宣传周、全国城市节水宣传周、全国低碳日、世界环境日、世界地球日等主题宣传节点为契机，组织主题班会、专题讲座、知识竞赛、征文比赛等多种形式教育活动，持续开展节水、节电、节粮、垃圾分类、校园绿化等生活实践活动，引导中小学生从小树立人与自然和谐共生观念，自觉践行节约能源资源、保护生态环境各项要求。强化社会实践，组织大学生通过实地参观、社会调研、志愿服务、撰写调研报告等形式，走进厂矿企业、乡村社区了解碳达峰碳中和工作进展。

四、以绿色低碳发展引领提升教育服务贡献力

（六）支持高等学校开展碳达峰碳中和科研攻关。加强碳达峰碳中和相关领域全国重点实验室、国家技术创新中心、国家工程研究中心等国家级创新平台的培育，组建一批攻关团队，加快绿色低碳相关领域基础理论研究和关键共性技术新突破。优化高校相关领域创新平台布局，推进前沿科学中心、关键核心技术集成攻关大平台建设，构建从基础研究、技术创新到产业化的全链条攻关体系。支持高校联合科技企业建立技术研发中心、产业研究院、中试基地、协同创新中心等，构建碳达峰碳中和相关技术发展产学研全链条创新网络，围绕绿色低碳领域共性需求和难点问题，开展绿色低碳技术联合攻关，并促进科技成果转移转化，服务经济社会高质量发展。

（七）支持高等学校开展碳达峰碳中和领域政策研究和社会服务。引导高校发挥人才优势，组织专业力量，围绕碳达峰碳中和开展前沿理论和政策研究，为碳达峰碳中和工作提供政策咨询服务。协助有关行政管理部门做好重要政策调研、决策评估、政策解读相关工作，积极参与碳达峰碳中和有关各类规划和标准研制、项目评审论证等，支持和保障重点工作、重点项目推进实施。

五、将绿色低碳发展融入校园建设

（八）完善校园能源管理工作体系。鼓励各地各校开展校园能耗调研，建立校园能耗监测体系，对校园能耗数据进行实时跟踪和精准分析，针对校园能源消耗和师生学习工作需求，建立涵盖节约用电、用水、用气，以及倡导绿色出行等全方位的校园能源管理工作体系。加快推进移动互联网、云计算、物联网、大数据等现代信息技术在校园教学、科研、基建、后勤、社会服务等方面的应用，实现高校后勤领域能源管理的智能化与动态化，助推学校绿色发展提质增效、转型升级。

（九）在新校区建设和既有校区改造中优先采用节能减排新技术产品和服务。在校园建设与管理领域广泛运用先进的节能新能源技术产品和服务。有序逐步降低传统化石能源应用比例，提高绿色清洁能源的应用比例，从源头上减少碳排放。加快推进超低能耗、近零能耗、低碳建筑规模化发展，提升学校新建建筑节能水平。大力推进学校既有建筑、老旧供热管网等节能改造，全面推广节能门窗、绿色建材等节能产品，降低建筑本体用能需求。鼓励采用自然通风、自然采光等被动式技术；因地制宜采用高效制冷机房技术，智慧供热技术，智慧能源管控平台等新技术手段降低能源消耗。优化学校建筑用能结构。加快推动学校建筑用能电气化和低碳化，深入推进可再生能源在学校建设领域的规模化应用。在有条件的地区开展学校建筑屋顶光伏行动，推动光伏与建筑一体化发展。大力提高学校生活热水、炊事等电气化普及率。重视校园绿化工作，鼓励采用屋顶绿化、垂直绿化，增加自然景观水体等绿化手段，增加校园自然碳汇面积。

六、保障措施

（十）加强组织领导。各级教育行政部门要高度重视绿色低碳发展国民教育体系建设，以服务碳达峰碳中和重大战略决策为目标，统筹各类资源、加大探索力度，结合本地实际和绿色学校创建工作，制定工作方案。充分发挥教育系统人才智力优势，加快绿色低碳发展国民教育体系建设工作。

（十一）推动协同保障。加大绿色低碳发展国民教育体系建设工作领导，加大各部门协作力度，形成协同推进绿色低碳发展国民教育体系建设工作机制。对绿色低碳发展国民教育体系建设工作重大科技任务、重大课题、重点学科、重点实验室予以资金和政策保障，稳步推进绿色低碳进校园工作。

（十二）强化宣传引导。各地要多措并举、积极倡导绿色低碳发展理念，及时宣传绿色低碳发展国民教育体系建设工作进展，总结推广各级各类学校的经验做法，加强先进典型的正面宣传，发挥榜样示范作用，达到良好宣传实效，引导教育系统师生形成简约适度生活方式，营造绿色低碳良好社会氛围。

关于加强新时代高技能人才队伍建设的意见

· 2022 年 10 月

技能人才是支撑中国制造、中国创造的重要力量。加强高级工以上的高技能人才队伍建设，对巩固和发展工人阶级先进性，增强国家核心竞争力和科技创新能力，缓解就业结构性矛盾，推动高质量发展具有重要意义。为贯彻落实党中央、国务院决策部署，加强新时代高技能人才队伍建设，现提出如下意见。

一、总体要求

（一）指导思想。以习近平新时代中国特色社会主义思想为指导，深入贯彻党的十九大和十九届历次全会精神，全面贯彻习近平总书记关于做好新时代人才工作的重要思想，坚持党管人才，立足新发展阶段，贯彻新发展理念，服务构建新发展格局，推动高质量发展，深入实施新时代人才强国战略，以服务发展、稳定就业为导向，大力弘扬劳模精神、劳动精神、工匠精神，全面实施"技能中国行动"，健全技能人才培养、使用、评价、激励制度，构建党委领导、政府主导、政策支持、企业主体、社会参与的高技能人才工作体系，打造一支爱党报国、敬业奉献、技艺精湛、素质优良、规模宏大、结构合理的高技能人才队伍。

（二）目标任务。到"十四五"时期末，高技能人才制度政策更加健全、培养体系更加完善、岗位使用更加合理、评价机制更加科学、激励保障更加有力，尊重技能尊重劳动的社会氛围更加浓厚，技能人才规模不断壮大、素质稳步提升、结构持续优化、收入稳定增加，技能人才占就业人员的比例达到30%以上，高技能人才占技能人才的比例达到1/3，东部省份高技能人才占技能人才的比例达到35%。力争到2035年，技能人才规模持续壮大、素质大幅提高，高技能人才数量、结构与基本实现社会主义现代化的要求相适应。

二、加大高技能人才培养力度

（三）健全高技能人才培养体系。构建以行业企业为主体、职业学校(含技工院校,下同)为基础、政府推动与社会支持相结合的高技能人才培养体系。行业主管部门和行业组织要结合本行业生产、技术发展趋势,做好高技能人才供需预测和培养规划。鼓励各类企业结合实际把高技能人才培养纳入企业发展总体规划和年度计划,依托企业培训中心、产教融合实训基地、高技能人才培训基地、公共实训基地、技能大师工作室、劳模和工匠人才创新工作室、网络学习平台等,大力培养高技能人才。国有企业要结合实际将高技能人才培养规划的制定和实施情况纳入考核评价体系。鼓励各类企业事业组织、社会团体及其他社会组织以独资、合资、合作等方式依法参与举办职业教育培训机构,积极参与承接政府购买服务。对纳入产教融合型企业建设培育范围的企业兴办职业教育符合条件的投资,可依据有关规定按投资额的30%抵免当年应缴教育费附加和地方教育附加。

(四)创新高技能人才培养模式。探索中国特色学徒制。深化产教融合、校企合作,开展订单式培养、套餐制培训,创新校企双制、校中厂、厂中校等方式。对联合培养高技能人才成效显著的企业,各级政府按规定予以表扬和相应政策支持。完善项目制培养模式,针对不同类别不同群体高技能人才实施差异化培养项目。鼓励通过名师带徒、技能研修、岗位练兵、技能竞赛、技术交流等形式,开放式培训高技能人才。建立技能人才继续教育制度,推广求学圆梦行动,定期组织开展研修交流活动,促进技能人才知识更新与技术创新、工艺改造、产业优化升级要求相适应。

(五)加大急需紧缺高技能人才培养力度。围绕国家重大战略、重大工程、重大项目、重点产业对高技能人才的需求,实施高技能领军人才培育计划。支持制造业企业围绕转型升级和产业基础再造工程项目,实施制造业技能根基工程。围绕建设网络强国、数字中国,实施提升全民数字素养与技能行动,建立一批数字技能人才培养试验区,打造一批数字素养与技能提升培训基地,举办全民数字素养与技能提升活动,实施数字教育培训资源开放共享行动。围绕乡村振兴战略,实施乡村工匠培育计划,挖掘、保护和传承民间传统技艺,打造一批"工匠园区"。

(六)发挥职业学校培养高技能人才的基础性作用。优化职业教育类型、院校布局和专业设置。采取中等职业学校和普通高中同批次并行招生等措施,稳定中等职业学校招生规模。在技工院校中普遍推行工学一体化技能人才培养模式。允许职业学校开展有偿性社会培训、

技术服务或创办企业,所取得的收入可按一定比例作为办学经费自主安排使用;公办职业学校所取得的收入可按一定比例作为绩效工资来源,用于支付本校教师和其他培训教师的劳动报酬。合理保障职业学校师资受公派临时出国(境)参加培训访学、进修学习、技能交流等学术交流活动相关费用。切实保障职业学校学生在升学、就业、职业发展等方面与同层次普通学校学生享有平等机会。实施现代职业教育质量提升计划,支持职业学校改善办学条件。

(七)优化高技能人才培养资源和服务供给。实施国家乡村振兴重点帮扶地区职业技能提升工程,加大东西部协作和对口帮扶力度。健全公共职业技能培训体系,实施职业技能培训共建共享行动,开展县域职业技能培训共建共享试点。加快探索"互联网+职业技能培训",构建线上线下相结合的培训模式。依托"金保工程",加快推进职业技能培训实名制管理工作,建立以社会保障卡为载体的劳动者终身职业技能培训电子档案。

三、完善技能导向的使用制度

(八)健全高技能人才岗位使用机制。企业可设立技能津贴、班组长津贴、带徒津贴等,支持鼓励高技能人才在岗位上发挥技能、管理班组、带徒传技。鼓励企业根据需要,建立高技能领军人才"揭榜领题"以及参与重大生产决策、重大技术革新和技术攻关项目的制度。实行"技师+工程师"等团队合作模式,在科研和技术攻关中发挥高技能人才创新能力。鼓励支持高技能人才兼任职业学校实习实训指导教师。注重青年高技能人才选用。高技能人才配置状况应作为生产经营性企业及其他实体参加重大工程项目招投标、评优和资质评估的重要因素。

(九)完善技能要素参与分配制度。引导企业建立健全基于岗位价值、能力素质和业绩贡献的技能人才薪酬分配制度,实现多劳者多得、技高者多得,促进人力资源优化配置。国有企业在工资分配上要发挥向技能人才倾斜的示范作用。完善企业薪酬调查和信息发布制度,鼓励有条件的地区发布分职业(工种、岗位)、分技能等级的工资价位信息,为企业与技能人才协商确定工资水平提供信息参考。用人单位在聘的高技能人才在学习进修、岗位聘任、职务晋升、工资福利等方面,分别比照相应层级专业技术人员享受同等待遇。完善科技成果转化收益分享机制,对在技术革新或技术攻关中作出突出贡献的高技能人才给予奖励。高技能人才可实行年薪制、协议工资制,企业可对作出突出贡献的优秀高技能人才实行特岗特酬,鼓励符合条件的企业积极运用中长期激励

工具,加大对高技能人才的激励力度。畅通为高技能人才建立企业年金的机制,鼓励和引导企业为包括高技能人才在内的职工建立企业年金。完善高技能特殊人才特殊待遇政策。

(十)完善技能人才稳才留才引才机制。鼓励和引导企业关心关爱技能人才,依法保障技能人才合法权益,合理确定劳动报酬。健全人才服务体系,促进技能人才合理流动,提高技能人才配置效率。建立健全技能人才柔性流动机制,鼓励技能人才通过兼职、服务、技术攻关、项目合作等方式更好发挥作用。畅通高技能人才向专业技术岗位或管理岗位流动渠道。引导企业规范开展共享用工。支持各地结合产业发展需求实际,将急需紧缺技能人才纳入人才引进目录,引导技能人才向欠发达地区、基层一线流动。支持各地将高技能人才纳入城市直接落户范围,高技能人才的配偶、子女按有关规定享受公共就业、教育、住房等保障服务。

四、建立技能人才职业技能等级制度和多元化评价机制

(十一)拓宽技能人才职业发展通道。建立健全技能人才职业技能等级制度。对设有高级技师的职业(工种),可在其上增设特级技师和首席技师技术职务(岗位),在初级工之下补设学徒工,形成由学徒工、初级工、中级工、高级工、技师、高级技师、特级技师、首席技师构成的"八级工"职业技能等级(岗位)序列。鼓励符合条件的专业技术人员按有关规定申请参加相应职业(工种)的职业技能评价。支持各地面向符合条件的技能人才招聘事业单位工作人员,重视从技能人才中培养选拔党政干部。建立职业资格、职业技能等级与相应职称、学历的双向比照认定制度,推进学历教育学习成果、非学历教育学习成果、职业技能等级学分转换互认,建立国家资历框架。

(十二)健全职业标准体系和评价制度。健全符合我国国情的现代职业分类体系,完善新职业信息发布制度。完善由国家职业标准、行业企业评价规范、专项职业能力考核规范等构成的多层次、相互衔接的职业标准体系。探索开展技能人员职业标准国际互通、证书国际互认工作,各地可建立境外技能人员职业资格认可清单制度。健全以职业资格评价、职业技能等级认定和专项职业能力考核等为主要内容的技能人才评价机制。完善以职业能力为导向、以工作业绩为重点,注重工匠精神培育和职业道德养成的技能人才评价体系,推动职业技能评价与终身职业技能培训制度相适应,与使用、待遇相衔

接。深化职业资格制度改革,完善职业资格目录,实行动态调整。围绕新业态、新技术和劳务品牌、地方特色产业、非物质文化遗产传承项目等,加大专项职业能力考核项目开发力度。

(十三)推行职业技能等级认定。支持符合条件的企业自主确定技能人才评价职业(工种)范围,自主设置岗位等级,自主开发制定岗位规范,自主运用评价方式开展技能人才职业技能等级评价;企业对新招录或未定级职工,可根据其日常表现、工作业绩,结合职业标准和企业岗位规范要求,直接认定相应的职业技能等级。打破学历、资历、年龄、比例等限制,对技能高超、业绩突出的一线职工,可直接认定高级工以上职业技能等级。对解决重大工艺技术难题和重大质量问题、技术创新成果获得省部级以上奖项、"师带徒"业绩突出的高技能人才,可破格晋升职业技能等级。推进"学历证书+若干职业技能证书"制度实施。强化技能人才评价规范管理,加大对社会培训评价组织的征集遴选力度,优化遴选条件,构建政府监管、机构自律、社会监督的质量监督体系,保障评价认定结果的科学性、公平性和权威性。

(十四)完善职业技能竞赛体系。广泛深入开展职业技能竞赛,完善以世界技能大赛为引领、全国职业技能大赛为龙头、全国行业和地方各级职业技能竞赛以及专项赛为主体、企业和院校职业技能比赛为基础的中国特色职业技能竞赛体系。依托现有资源,加强世界技能大赛综合训练中心、研究(研修)中心、集训基地等平台建设,推动世界技能大赛成果转化。定期举办全国职业技能大赛,推动省、市、县开展综合性竞赛活动。鼓励行业开展特色竞赛活动,举办乡村振兴职业技能大赛。举办世界职业院校技能大赛、全国职业院校技能大赛等职业学校技能竞赛。健全竞赛管理制度,推行"赛展演会"结合的办赛模式,建立政府、企业和社会多方参与的竞赛投入保障机制,加强竞赛专兼职队伍建设,提高竞赛科学化、规范化、专业化水平。完善并落实竞赛获奖选手表彰奖励、升学、职业技能等级晋升等政策。鼓励企业对竞赛获奖选手建立与岗位使用及薪酬待遇挂钩的长效激励机制。

五、建立高技能人才表彰激励机制

(十五)加大高技能人才表彰奖励力度。建立以国家表彰为引领、行业企业奖励为主体、社会奖励为补充的高技能人才表彰奖励体系。完善评选表彰中华技能大奖获得者和全国技术能手制度。国家级荣誉适当向高技能人才倾斜。加大高技能人才在全国劳动模范和先进工作者、国家科学技术奖等相关表彰中的评选力度,积极推荐

高技能人才享受政府特殊津贴,对符合条件的高技能人才按规定授予五一劳动奖章、青年五四奖章、青年岗位能手、三八红旗手、巾帼建功标兵等荣誉,提高全社会对技能人才的认可认同。

(十六)健全高技能人才激励机制。加强对技能人才的政治引领和政治吸纳,注重做好党委(党组)联系服务高技能人才工作。将高技能人才纳入各地人才分类目录。注重依法依章程推荐高技能人才为人民代表大会代表候选人、政治协商会议委员人选、群团组织代表大会代表或委员会委员候选人。进一步提高高技能人才在职工代表大会中的比例,支持高技能人才参与企业管理。按照有关规定,选拔推荐优秀高技能人才到工会、共青团、妇联等群团组织挂职或兼职。建立高技能人才休假疗养制度,鼓励支持分级开展高技能人才休假疗养、研修交流和节日慰问等活动。

六、保障措施

(十七)强化组织领导。坚持党对高技能人才队伍建设的全面领导,确保正确政治方向。各级党委和政府要将高技能人才工作纳入本地区经济社会发展、人才队伍建设总体部署和考核范围。在本级人才工作领导小组统筹协调下,建立组织部门牵头抓总、人力资源社会保障部门组织实施、有关部门各司其职、行业企业和社会各方广泛参与的高技能人才工作机制。各地区各部门要大力宣传技能人才在经济社会发展中的作用和贡献,进一步营造重视、关心、尊重高技能人才的社会氛围,形成劳动光荣、技能宝贵、创造伟大的时代风尚。

(十八)加强政策支持。各级政府要统筹利用现有资金渠道,按规定支持高技能人才工作。企业要按规定足额提取和使用职工教育经费,60%以上用于一线职工教育和培训。落实企业职工教育经费税前扣除政策,有条件的地方可探索建立省级统一的企业职工教育经费使用管理制度。各地要按规定发挥好有关教育经费等各类资金作用,支持职业教育发展。

(十九)加强技能人才基础工作。充分利用大数据、云计算等新一代信息技术,加强技能人才工作信息化建设。建立健全高技能人才库。加强高技能人才理论研究和成果转化。大力推进符合高技能人才培养需求的精品课程、教材和师资建设,开发高技能人才培养标准和一体化课程。加强国际交流合作,推动实施技能领域"走出去"、"引进来"合作项目,支持青年学生、毕业生参与青年国际实习交流计划,推进与各国在技能领域的交流互鉴。

关于建立中小学校党组织领导的校长负责制的意见(试行)

·2022年1月

为全面贯彻新时代党的组织路线和党的教育方针,坚持和加强党对中小学校的全面领导,根据党章和有关党内法规、国家法律,现就建立中小学校党组织领导的校长负责制提出如下意见。

一、发挥中小学校党组织领导作用

(一)中小学校党组织全面领导学校工作,履行把方向、管大局、作决策、抓班子、带队伍、保落实的领导职责。

1.坚持以习近平新时代中国特色社会主义思想为指导,增强"四个意识"、坚定"四个自信"、做到"两个维护",贯彻党的基本理论、基本路线、基本方略,坚持为党育人、为国育才,确保党的教育方针和党中央决策部署在中小学校得到切实贯彻落实。

2.坚持把政治标准和政治要求贯穿办学治校、教书育人全过程各方面,坚持社会主义办学方向,落实立德树人根本任务,团结带领全校教职工推动学校改革发展,培养德智体美劳全面发展的社会主义建设者和接班人。

3.讨论决定事关学校改革发展稳定及教育教学、行政管理中的"三重一大"事项和学校章程等基本管理制度,支持和保证校长依法依规行使职权。

4.坚持党管干部原则,按照有关规定和干部管理权限,负责干部的教育、培训、选拔、考核和监督。讨论决定学校内部组织机构的设置及其负责人的人选,协助上级党组织做好学校领导人员的教育管理监督等工作。

5.坚持党管人才原则,按照有关规定做好教师等人才的培养、招聘、使用、管理、服务和职称评审、奖惩等相关工作。

6.开展社会主义核心价值观教育,抓好学生德育工作,做好教职工思想政治工作和学校意识形态工作,加强师德师风建设和学校精神文明建设,推动形成良好校风教风学风。

7.加强学校各级党组织建设和党员队伍建设工作,严格执行"三会一课"等党的组织生活制度,发挥基层党组织战斗堡垒作用和党员先锋模范作用。

8.坚持全面从严治党,领导学校的纪律检查工作,落实党风廉政建设主体责任。

9.领导工会、共青团、妇女组织、少先队等群团组织和教职工大会(教职工代表大会),强化党建带团建、队建,加强学生会和学生社团管理,做好统一战线工作。

10.讨论决定学校其他重要事项。

（二）学校党组织实行集体领导和个人分工负责相结合的制度。凡属重大问题都要按照集体领导、民主集中、个别酝酿、会议决定的原则，由党组织会议集体讨论作出决定。党组织班子成员根据集体的决定和分工，切实履行职责。

（三）学校党组织书记主持党组织全面工作，负责组织党组织重要活动，督促检查党组织决议贯彻落实，督促党组织班子成员履行职责、发挥作用。

二、支持和保证校长行使职权

（四）校长在学校党组织领导下，依法依规行使职权，按照学校党组织有关决议，全面负责学校的教育教学和行政管理等工作。

1.研究拟订和执行学校发展规划、基本管理制度、内部教育教学管理组织机构设置方案。研究拟订和执行具体规章制度、年度工作计划。

2.组织开展教学活动和教育教学研究，加强教育教学管理，深化教育教学改革，负责招生、就业和学生学籍管理。

3.加强学生德育、体育、美育、劳动教育和心理健康教育，提高学校思政课教学质量。组织开展学校文化活动和科学普及活动，建设文明校园。

4.研究拟订和执行学校重大建设项目、重要资产处置、重要办学资源配置方案，管理和保护学校资产。

5.研究拟订和执行学校年度预算、大额度支出，加强财务管理和审计监督。

6.加强教师等各类人才日常教育管理服务工作，依据有关规定与教师以及内部其他工作人员订立、解除或终止聘用合同。

7.做好学校安全稳定和后勤保障工作。

8.组织开展学校对外交流与合作，加强学校与社会、家庭的联系，形成育人合力。

9.向学校党组织报告重大决议执行情况，向教职工大会（教职工代表大会）报告工作，支持群团组织开展工作，依法保障师生员工合法权益。

10.履行法律法规和学校章程规定的其他职权。

三、建立健全议事决策制度

（五）学校党组织会议讨论决定学校重大问题。党组织会议由党组织书记召集并主持，不是党组织班子成员的行政班子成员根据工作需要可列席会议。会议议题由学校领导班子成员提出，党组织书记确定。会议应当有半数以上党组织班子成员到会方能召开；讨论决定干部任免等重要事项时，必须有三分之二以上党组织班子成员到会。

（六）校长办公会议（校务会议）是学校行政议事决策机构，研究提出拟由学校党组织讨论决定的重要事项方案，具体部署落实党组织决议的有关措施，研究处理教育教学、行政管理等工作。会议由校长召集并主持。会议成员一般为学校行政班子成员，不是行政班子成员的党组织班子成员可参加会议。会议议题由学校领导班子成员提出，校长确定。会议应当有半数以上行政班子成员到会方能召开。校长应当在广泛听取与会人员意见基础上，对讨论研究的事项作出决定。

（七）学校党组织会议和校长办公会议（校务会议）要坚持科学决策、民主决策、依法决策。讨论决定学校重大问题，应当在调查研究基础上提出建议方案，经学校领导班子成员特别是党组织书记与校长充分沟通且无重大分歧后提交会议讨论决定。对涉及干部工作的方案，在提交党组织会议讨论决定前，应当在一定范围内进行充分酝酿。对事关师生员工切身利益的重要事项，应当通过教职工大会（教职工代表大会）或其他方式，广泛听取师生员工的意见和建议。对专业性、技术性较强的重要事项，应当经过专家评估及技术、政策、法律咨询。会议决定的事项如需变更、调整，应当按照决策程序进行复议。

中小学校要结合实际，制定学校党组织会议、校长办公会议（校务会议）的会议制度和议事规则，并按管理权限报教育主管部门审查和备案。

四、完善协调运行机制

（八）实行中小学校党组织领导的校长负责制，必须发挥党组织领导作用，保证校长依法依规行使职权，建立健全党组织统一领导、党政分工合作、协调运行的工作机制。合理确定学校领导班子成员分工，明确工作职责。学校领导班子成员要认真执行集体决定，按照分工积极主动开展工作。

（九）建立学校党组织书记和校长定期沟通制度。党组织书记和校长要及时交流思想、工作情况，带头维护班子团结。学校党组织会议、校长办公会议（校务会议）的重要议题，党组织书记、校长应当在会前听取对方意见，意见不一致的议题暂缓上会，待进一步交换意见、取得共识后再提交会议讨论。集体决定重大问题前，党组织书记、校长和有关领导班子成员要个别酝酿、充分沟通。

（十）学校领导班子成员应当经常沟通情况、协调工作。学校党组织书记、校长要发扬民主，充分听取和尊重班子成员的意见，支持他们的工作。学校领导班子成员要相互理解、相互支持，对职责分工交叉的工作，注意协调配合，努力营造团结共事的和谐氛围。

（十一）发挥教职工大会（教职工代表大会）和群团组织作用，健全师生员工参与民主管理和监督的工作机制。按照规定实行党务公开和校务公开，及时向师生员工、群团组织等通报学校工作情况。

五、加强组织领导

（十二）选好配强学校领导班子特别是党组织书记和校长。上级党组织要认真履行领导和把关作用，按照有关规定，严格标准条件和程序，精准科学选人用人，注重选拔党性强、懂教育、会管理、有威信、善于做思想政治工作的优秀党员干部担任学校党组织书记，着力培养政治过硬、品德高尚、业务精湛、治校有方的校长队伍。党组织设置为党委、党总支的中小学校，党组织书记、校长一般应当分设，党组织书记一般不兼任行政领导职务，校长是中共党员的应当同时担任党组织副书记；党组织设置为党支部的中小学校，党组织书记、校长一般由一人担任，同时应当设 1 名专职副书记；学校行政班子副职中的党员一般应当进入党组织班子。加强学校领导班子思想政治建设，完善培养选拔、教育培训、考核评价、激励保障机制，加强任期考核，推动学校领导人员履职尽责、潜心育人、清正廉洁。

（十三）加强学校基层党组织和党员队伍建设。以提升组织力为重点，突出政治功能，优化基层党组织设置、创新活动方式，严格党员教育管理、严肃党的组织生活，推动党建工作与教育教学、德育和思想政治工作深度融合。加强对优秀教师的政治引领和政治吸纳，健全"双培养"机制。开展党组织书记抓基层党建工作述职评议考核。建立与中小学校党组织领导的校长负责制相适应的保障机制，健全党务工作机构，充实党务工作力量，落实党务工作队伍激励保障措施。集团化办学等类型的中小学校党组织要按照党组织隶属关系和办学实际，加强对成员学校、分支机构党建工作的领导和指导。

（十四）建立和落实中小学校党组织领导的校长负责制执行情况报告制度，学校党组织要结合年度考核向上级党组织报告执行情况，学校领导班子成员要在民主生活会、述职评议、年度工作总结中报告个人执行情况。上级党组织和有关部门要将学校贯彻执行党组织领导的校长负责制情况作为巡察监督、教育督导的重要内容和对学校领导班子、领导人员考核评价的重要参考，对违反民主集中制原则，不执行学校党组织决议，或因班子内部不团结而严重影响工作的，按照有关规定追究相关人员责任，必要时对班子进行调整。

（十五）地方各级党委要认真履行主体责任，党委组织、教育工作等部门要各司其职、密切配合，坚持分类指导、分步实施，稳慎推进建立中小学校党组织领导的校长负责制。针对不同类型、不同规模的学校，统筹领导班子调整、制度机制配套和学校章程修订等相关工作，在做好思想准备、组织准备、工作准备的前提下，成熟一个调整一个。通过教育培训、经验交流等方式，加强对中小学校贯彻执行党组织领导的校长负责制的工作指导，及时研究解决工作中出现的问题。

本意见适用于具有独立法人资格且设立党的基层委员会、总支部委员会、支部委员会的公办中小学校（含中等职业学校），公办幼儿园参照执行，民办中小学校党的工作按照有关规定执行。不具有独立法人资格或未单独设立党的支部委员会的中小学校，党组织发挥战斗堡垒作用，履行党章和有关规定明确的职责任务。

关于印发《"十四五"时期教育强国推进工程实施方案》的通知

· 2021 年 5 月 10 日
· 发改社会〔2021〕671 号

中央和国家机关有关部门，各省、自治区、直辖市及计划单列市、新疆生产建设兵团发展改革委、教育厅（教委、教育局）、人力资源社会保障厅（局）：

为贯彻党的十九大和十九届二中、三中、四中、五中全会精神，落实《中华人民共和国国民经济和社会发展第十四个五年规划和 2035 远景目标纲要》《中国教育现代化 2035》，巩固基础教育脱贫攻坚成果，深化职业教育产教融合，促进高等教育内涵发展，增强教育改革发展活力，加快建设教育强国，"十四五"期间，国家发展改革委、教育部、人力资源社会保障部决定实施教育强国推进工程。现将《"十四五"时期教育强国推进工程实施方案》印发给你们，请结合《教育强国推进工程中央预算内投资专项管理办法》（发改社会规〔2021〕525 号），一并认真遵照执行。

各地和有关部门要切实承担起教育强国推进工程的项目实施主体责任，建立工作机制，落实建设方案，统筹资金渠道，组织编制年度投资计划并及时分解转发落实，有序推进实施，确保工程建设质量和效益。

"十四五"时期教育强国推进工程实施方案

为贯彻党的十九大和十九届二中、三中、四中、五中全会精神,落实《中华人民共和国国民经济和社会发展第十四个五年规划和2035远景目标纲要》《中国教育现代化2035》,巩固基础教育脱贫攻坚成果,深化职业教育产教融合,促进高等教育内涵发展,增强教育改革发展活力,加快建设教育强国,国家发展改革委、教育部、人力资源社会保障部共同编制本实施方案。

一、重要意义

党中央、国务院高度重视教育工作。党的十八大以来,我国教育改革发展取得了重大成就,学前教育至高等教育等各级各类教育普及水平实现大幅度、跨越式提升,教育体系不断完善,教育公平有力促进,教育改革全面推开,教育质量显著提升,为经济社会发展提供了坚强的人才保障和智力支持。

同时,区域、城乡之间教育发展还存在明显差距,基本公共教育服务均等化水平有待提升,人才培养结构与社会需求契合度不够,产教融合、科教融合的体制机制尚不健全,高校办学特色仍不够鲜明,同质化发展倾向突出,创新活力尚未充分释放。党的十九大、十九届五中全会和全国教育大会明确,建设高质量教育体系,加快建设教育强国,办好人民满意的教育。

实施教育强国推进工程,促进各级各类教育协调发展,是促进教育公平、提升教育质量的重要途径,是完善现代教育体系、加快教育现代化的内在要求,是深化人力资源供给侧结构性改革、提升教育服务经济社会发展能力的迫切需求,是立足新发展阶段、贯彻新发展理念、构建新发展格局的务实举措,对落实教育优先发展战略部署、全面建设社会主义现代化国家具有重大意义。

二、指导思想

全面贯彻党的十九大和十九届二中、三中、四中、五中全会精神,以习近平新时代中国特色社会主义思想为指导,坚持中国特色社会主义教育发展道路,坚持社会主义办学方向,立足基本国情,遵循教育规律,坚持改革创新,以凝聚人心、完善人格、开发人力、培育人才、造福人民为工作目标,完善现代化教育体系。坚持以人民为中心的发展思想,促进公平、提高质量、服务发展,进一步聚焦关键、突出重点,基础教育补短板、职业教育树精品、高等教育创一流,发挥投资精准支撑和撬动作用,全面提升教育体系内在质量水平,全面提升人民群众教育获得感,全面提升教育服务引领经济社会发展能力。

三、基本原则

(一)服务大局,落实重大战略。对标对表中央领导重要批示指示精神和党中央、国务院重大决策部署,服务科教兴国、人才强国重大战略,落实《中华人民共和国国民经济和社会发展第十四个五年规划和2035远景目标纲要》《中国教育现代化2035》等重大规划要求,提升大局意识,强化工作手段,进一步发挥中央投资推动落实中央决策部署的重要作用。

(二)突出重点,聚焦关键领域。紧紧围绕基础教育、职业教育、高等教育三大板块,聚焦关键领域关键任务,推动带动性好、示范性强、受益面广、影响力大的项目建设,不撒胡椒面,把投资用在"刀刃上"。

(三)投资引领,带动制度建设。进一步发挥好中央投资"四两拨千斤"作用,注重以投资换机制,促进有关领域、有关区域形成整体性制度设计和解决方案。激发社会力量积极性,带动地方投资和社会投资,市场成熟后及时退出。

(四)一钱多用,统筹多方需求。中央投资既要加强教育基础设施建设,又要对接乡村振兴、新型城镇化、重大区域发展战略等,并服务重大科技攻关、先进制造业、战略性新兴产业发展,做到一钱两用、多用,满足多方需求。

四、建设任务

教育强国推进工程主要包括巩固基础教育脱贫成果、职业教育产教融合、高等教育内涵发展等三部分建设内容。

(一)巩固基础教育脱贫成果。

1. 建设目标。支持欠发达地区特别是"三区三州"等原深度贫困地区巩固教育脱贫攻坚成果,积极扩大基础教育学位供给,提高学前教育入学率和义务教育巩固率,保障群众受教育权利,加快缩小与其他地区教育差距,阻断贫困代际传递。

2. 建设任务。(1)义务教育学校建设。按照经各省级人民政府审定的义务教育学校基本办学标准要求,改善学校教学及辅助用房、学生宿舍、供暖取暖设施、无障碍设施、食堂(伙房)、厕所、锅炉房、浴室、卫生保健室、足球场等体育美育劳动教育场所、"互联网+教育"设施等教学和生活设施,以及急需必要的边远艰苦地区农村学校教师周转宿舍(每套建筑面积不超过35平方米),逐步实现未达标城乡义务教育学校的校舍、场所达到规定标准。(2)公办幼儿园建设。支持新建和改扩建公办园、集体办园。主要加强幼儿园活动、生活场地等设施土建;

支持利用闲置办公用房、商业用房、厂房仓库、闲置校舍、居民小区配套用房等场所装修改建幼儿园园舍；支持购置必备的玩教具、室内外活动器材和生活设施设备。

3. 实施范围。集中支持14个原集中连片特困地区的片区县、片区外国家扶贫开发工作重点县，共832个县。

4. 项目遴选。(1)坚持以义务教育学校为重点，统筹学前教育建设。按照"建设一所，达标一所"的原则，在项目县(市、区)独立设置的公办义务教育学校范围内遴选。幼儿园范围为，政府及其有关部门举办，或者军队、国有企业、人民团体、高等学校等事业单位、街道和村集体等集体经济组织等利用财政经费或者国有资产、集体资产举办的幼儿园。(2)坚持城乡统筹、合理规划布局，既补齐农村地区短板，也要积极顺应趋势推进县城新型城镇化，消除"大班额""大校额"，切实将投资用在"刀刃上"，坚决避免资源低效利用甚至闲置浪费。(3)按照经各省级人民政府审定的义务教育学校基本办学标准，以及《幼儿园建设标准(建标175-2016)》《农村普通中小学校建设标准(建标109-2008)》《城市普通中小学校建设标准(建标102-2002)》等进行测算，教学、学生生活设施存在较大缺口，且难以通过调整房舍用途解决的学校，优先予以支持。(4)以下项目原则上不纳入支持范围：因打造"重点校"而形成的超大规模学校，已由其它渠道投资基本建成、对扩大培养能力作用有限的学校，已达到标准化建设要求的学校等。(5)各省(区、市)应建立基础教育项目储备库，并依法依规按程序向社会公开，自觉接受社会监督。

(二)职业教育产教融合。

1. 建设目标。深入实施创新驱动发展战略，增强产业转型升级的技术技能人才支撑，深化产教融合、校企合作，发挥企业重要办学主体作用，推动职业院校(含技工院校，下同)、应用型本科高校面向经济社会发展需求，加强产教融合实训基地建设，创新培养模式，优化培养结构，提升学生创新精神、实践水平和就业创业能力，打造一批精品职业院校，带动职业教育、高等教育质量整体提升，更好服务实体经济发展。

2. 建设任务。集中支持一批优质职业院校、应用型本科高校建设一批高水平、专业化产教融合实训基地。具体包括，支持职业院校加强基本教学型技能实训设施建设，依托职业院校建设区域性、行业性、开放性产教融合实训基地，突出模块化实训特色；保障职业院校教学设施建设，持续加强基础能力建设；支持地方普通本科高校向应用型转变，同步推进学校实习实验实训环境、平台和

基地建设与转型发展。

3. 实施范围。全国各省、自治区、直辖市、计划单列市和新疆生产建设兵团。中等职业院校优先支持中西部欠发达地区。纳入支持范围的职业院校和应用型本科高校名单需经省级人民政府同意，"十四五"期间原则上不再调整。"十四五"期间地方职业院校和应用型本科高校分省限额另行研究确定。

4. 遴选标准。(1)学校办学定位、学科专业设置与国家和区域发展需求、地方产业结构特点高度契合，有效服务地方传统产业升级、新兴产业培育、区域产业转移和保障改善民生。重点储备纳入一批具有较强示范带动作用的家政、养老服务类产教融合实训基地项目。(2)优先考虑国家产教融合试点城市的院校，优先考虑纳入"双高计划"的高等职业院校和专业，学校应具备良好的办学基础能力、人才培养质量和社会认可度。应用型本科高校编制并发布学校转型改革方案，具备较强的服务职业教育产教融合、应用研究和技术转移应用创新能力。学校整体办学实力位于本区域、领域和行业同类院校前列，发挥辐射带动作用，能够面向企业开展技术服务和职工培训。(3)建立健全校企合作机制。高等职业院校校企合作专业覆盖面超过80%，积极开展职业教育集团化办学模式实践；应用型本科高校校企合作基本覆盖主干专业，探索构建行业企业参与学校治理、专业建设、课程设置、人才培养和绩效评价制度。(4)创新人才培养模式。职业院校大力推行现代学徒制和企业新型学徒制，教师队伍中"双师型"教师达到相当比例；应用型本科高校"双师双能"型教师占专任教师达到一定比例，实训实习课时占专业总课时达到一定比例。(5)原则上不安排县级(隶属于建制县管理的)职业学校。

(三)高等教育内涵发展。

1. 建设目标。加快"双一流"建设，大力加强急需领域学科专业建设，显著提升人才培养能力，加快破解"卡脖子"关键核心技术。服务疫情防控、健康中国和教育强国建设需要，加快培养国家急需的医学和教师人才。促进高等教育资源布局优化调整，有效提升高等教育对区域经济社会发展的支撑引领能力。

2. 建设任务。(1)中央高校"双一流"建设。重点加强主干基础学科、优势特色学科、新兴交叉学科等学科基础设施和大型仪器设备建设，建设一流学科综合实验研究项目；在集成电路、储能技术等关键领域，布局建设一批国家产教融合创新平台；建设产教融合研究生联合培养基地。(2)在京高校疏解及南疆高校建设。支持一批

在京中央高校疏解转移到雄安新区,支持一批南疆高校建设。(3)中西部高校(含部省合建高校)建设。支持一批中西部地方本科高校加强优势学科专业建设和人才培养,重点支持建设一批高水平教学实验平台、校企联合实验室、先进技术研究院和现代产业学院,统筹加强其他教学和生活设施建设。(4)优质医学和师范院校建设。支持一批本科医学院校(含综合类院校中的医学院)教学科研设施建设,统筹支持国家及区域院校医学教育发展基地、医药基础研究创新基地等建设,重点支持建设一批高水平公共卫生学院;支持一批本科师范院校(含综合类院校中的师范学院)加强教学科研设施建设,重点支持建设一批国家师范教育基地。

3. 实施范围。全国各省、自治区、直辖市。纳入支持范围的"双一流"建设中央高校,原则上应为《三部门关于公布世界一流大学和一流学科建设高校及建设学科名单的通知》(教研函〔2017〕2号)名单中的中央高校,后续根据"双一流"整体工作进展适时调整。纳入支持范围的在京高校疏解转移雄安项目,按照党中央、国务院有关规定执行;南疆高校建设,按照有关规定执行。纳入支持范围的地方中西部高校(应将教育部部省合建高校全部纳入)、医学院校、师范院校名单需经省级人民政府同意,"十四五"期间原则上不再调整,"十四五"期间地方高校分省限额另行研究确定。

4. 遴选标准。(1)面向世界科技前沿、面向经济主战场、面向国家重大需求、面向人民生命健康,聚焦国家战略需要,瞄准关键核心技术特别是"卡脖子"问题,深入推进学科专业调整和科技创新,加快培养国家急需高层次人才的相关高校。(2)学科专业设置与区域发展需求、地方产业结构特点高度契合,对地方经济社会发展具有重要支撑作用的综合性大学,或学科优势特色突出,在专业领域具有较大影响的其他类型高校。学校债务在可承受的合理范围内。(3)在具体项目谋划和安排上,按照关于加强经济社会发展重点领域急需学科专业建设和人才培养的有关文件精神,优先考虑、重点支持集成电路、人工智能、储能技术、量子科技、高端装备、智能制造、生物技术、医学攻关、数字经济(含区块链)、生物育种等相关学科专业教学和科研设施建设。(4)产教融合创新平台聚焦关键领域核心技术攻关,符合条件的实施"揭榜挂帅",具体办法另行制定。(5)在京高校建设项目应符合党中央、国务院关于有序疏解北京非首都功能,推动京津冀协同发展的精神,严格落实《京津冀协同发展规划纲要》以及疏解北京非首都功能控增量、疏存量相关政策意见要求,并与《北京城市总体规划(2016年—2035年)》做好衔接。在京五环内的中央高校,原则上仅支持已安排中央预算内投资的续建项目或不增加建设规模的内涵建设项目。

五、资金安排

(一)资金来源。

实施教育强国推进工程所需建设投资由中央预算内投资、地方财政性资金和中高等学校自有资金等相关渠道共同筹措解决。

国家发展改革委从2021年起统筹安排中央预算内投资支持相关内容建设。各地方对中央预算内投资支持的地方项目负主体责任。各地方要根据中央支持标准和地方建设资金落实情况,合理申报投资计划,地方建设资金不落实的不得申报。对切块打捆项目,各地方要按照地方财政承受能力合理分解安排项目,避免项目分散加重地方筹资压力。各地申报投资计划必须符合地方财政承受能力和政府投资能力,严格防范增加地方政府债务风险。各地上报的投资计划建议方案文件中需注明:"经认真审核,所报投资计划符合我省(区、市)财政承受能力和政府投资能力,不会造成地方政府隐性债务"。

鼓励有条件的项目学校利用自有资金,或在合理控制债务负担的前提下加大自身投入。积极拓宽投资渠道,深化产教融合改革,支持行业企业通过资金投入、横向课题、联合攻关、人员交流、师资互派、委托培养培训等多种方式参与职业教育、高等教育项目建设运行。

(二)中央预算内投资安排方式。

国家发展改革委支持中央高校的投资,原则上使用直接投资的资金安排方式。国家发展改革委支持地方的投资,省级发展改革部门要根据《国家发展改革委关于规范中央预算内投资资金安排方式及项目管理的通知》,在安排到具体项目时进一步明确投资安排方式。对于安排非经营性地方政府投资项目的,应采取直接投资方式。

巩固基础教育脱贫成果项目原则上切块下达中央预算内投资计划,职业教育产教融合和高等教育内涵发展项目原则上按项目下达中央预算内投资计划。

(三)中央预算内投资支持标准。

国家发展改革委综合考虑中央和地方事权划分原则、区域发展支持政策等,实行差别化支持政策。对地方项目,依据国家发展改革委中央预算内投资相关管理办法执行,实行投资比例并投资限额管理;对中央高校项目,依据国家发展改革委中央预算内投资相关管理办法执行,实行投资限额管理。

1. 投资比例管理要求

中央预算内投资对地方项目原则上按照东、中、西部地区(含根据国家相关政策享受中、西部政策的地区)分别不超过总投资(不含土地费用、市政费用,仅为工程建设投资,下同)的 30%、60% 和 80% 的比例进行支持,西藏自治区、南疆四地州、四省涉藏州县最高在投资限额内全额支持。同时,基础教育项目,中部地区脱贫县按照不超过项目总投资 80% 的比例进行支持,新疆维吾尔自治区、新疆生产建设兵团最高在投资限额内全额支持。职业教育项目,位于东部地区国家产教融合建设试点城市的职业教育项目按照不超过项目总投资的 50% 的比例进行支持。享受特殊区域发展政策地区按照具体政策要求执行。

2. 投资限额管理要求

(1)巩固基础教育脱贫成果项目,中央预算内投资对每所义务教育学校、幼儿园支持分别不超过 1000 万元、500 万元。对易地扶贫搬迁集中安置点新建项目,可适当上浮中央预算内投资支持额度,支持额度最高不超过上述投资限额的 200%。"十四五"期间,每县支持额度不超过 4000 万元。

(2)职业教育产教融合项目,中央预算内投资对每所高等职业院校和应用型本科高校支持不超过 8000 万元,每所中等职业院校支持不超过 3000 万元。

(3)高等教育内涵发展项目,中央预算内投资对"双一流"建设中央高校支持额度逐校测算确定。国家产教融合创新平台项目中央预算内投资单列,原则上不计入高校支持额度。在京高校疏解及南疆高校建设,按照党中央、国务院决策部署,以及委内关于疏解北京非首都功能中央预算内投资支持政策等规定执行。每所部省合建高校支持额度不超过 1.5 亿元,每所中西部高校(非部省合建)、优质医学和师范院校支持额度不超过 1 亿元。

六、保障措施

(一)加强组织领导,建立协调机制。

教育强国推进工程由国家和省级发展改革部门、教育行政部门、人力资源社会保障部门共同负责实施,建立国家和省级层面工作协调机制,统筹负责工程实施和协调管理工作,研究制定管理办法,指导各项目单位推进工程实施。

(二)规范项目管理,确保建设质量。

各地、各部门按《教育强国推进工程中央预算内投资专项管理办法》(发改社会规〔2021〕525 号)等相关法规要求做好项目管理工作,严格把握建设内容和建设标准,落实项目建设方案,成熟一个、启动实施一个。要建立项目储备库,及时将前期工作符合条件的项目纳入投资项目在线审批监管平台(重大建设项目库模块)和三年滚动投资计划,实行动态管理。未列入国家重大建设项目库和三年滚动投资计划的项目,未落实地方资金投入的项目,同一实施周期内此前获得过中央预算内投资的同一项目(不含按计划分年度下达投资计划的续建项目),不得申请安排中央预算内投资。项目单位被列入联合惩戒合作备忘录黑名单的,国家发展改革委不予受理其资金申请报告。要严格执行项目法人责任制、招标投标制、工程监理制和合同管理制等建设法规,建设项目在校园规划、建设用地、师资队伍、运行保障等诸方面应均具备条件。如有选址搬迁等复杂情况和不定因素,在相关问题未解决之前不得列入年度方案。要加强中央资金使用管理,切实保障中央资金专款专用,杜绝挤占、挪用和截留现象的发生。对擅自改变资金用途的,要严肃处理。

(三)加强监督检查,落实相关责任。

国家发展改革委、教育部和人力资源社会保障部将在工程实施过程中适时进行督导检查。健全项目监督检查的长效机制,定期进行督导,及时纠正和解决建设过程中出现的问题,确保工程质量。项目单位主管部门要对建设项目进展、工程建设质量、设备采购招标、资金到位和使用情况等,进行经常性检查,将项目进度、投资完成情况、同步推进改革情况以及检查落实情况等定期进行总结,做到对项目的动态管理,并要加强建设效益分析,做好项目绩效评估。

(四)完善奖惩机制,及时评估反馈。

强化投资计划执行严肃性,需跨年度安排中央预算内投资的项目,第二批次投资下达前尚未开工的,暂不继续安排。对因未能及时开工等原因造成调整投资计划的项目学校,三年内不再安排教育强国推进工程中央预算内投资。对申请调整特别是跨专项调整投资计划的省份,下一年度在正常测算额度基础上根据情节轻重扣减中央预算内投资。对当年实施进度明显滞后,以及被有关方面发现资金项目管理不规范的省份或部门,在下一资金年度正常测算额度基础上酌情扣减直至暂停中央预算内投资。

教育强国推进工程由国家发展改革委、教育部、人力资源社会保障部按本方案组织实施。党中央、国务院做出重大决策部署以及中央领导同志要求国家发展改革委落实的教育重大工程和重大项目,现有建设任务暂未覆盖的,纳入教育强国推进工程统筹实施。

最高人民法院、最高人民检察院、教育部关于落实从业禁止制度的意见

· 2022 年 11 月 10 日
· 法发〔2022〕32 号

为贯彻落实学校、幼儿园等教育机构、校外培训机构教职员工违法犯罪记录查询制度，严格执行犯罪人员从业禁止制度，净化校园环境，切实保护未成年人，根据《中华人民共和国刑法》（以下简称《刑法》）、《中华人民共和国未成年人保护法》（以下简称《未成年人保护法》）、《中华人民共和国教师法》（以下简称《教师法》）等法律规定，提出如下意见：

一、依照《刑法》第三十七条之一的规定，教职员工利用职业便利实施犯罪，或者实施违背职业要求的特定义务的犯罪被判处刑罚的，人民法院可以根据犯罪情况和预防再犯罪的需要，禁止其在一定期限内从事相关职业。其他法律、行政法规对其从事相关职业另有禁止或者限制性规定的，从其规定。

《未成年人保护法》、《教师法》属于前款规定的法律，《教师资格条例》属于前款规定的行政法规。

二、依照《未成年人保护法》第六一二条的规定，实施性侵害、虐待、拐卖、暴力伤害等违法犯罪的人员，禁止从事密切接触未成年人的工作。

依照《教师法》第十四条、《教师资格条例》第十八条规定，受到剥夺政治权利或者故意犯罪受到有期徒刑以上刑罚的，不能取得教师资格；已经取得教师资格的，丧失教师资格，且不能重新取得教师资格。

三、教职员工实施性侵害、虐待、拐卖、暴力伤害等犯罪的，人民法院应当依照《未成年人保护法》第六十二条的规定，判决禁止其从事密切接触未成年人的工作。

教职员工实施前款规定以外的其他犯罪，人民法院可以根据犯罪情况和预防再犯罪的需要，依照《刑法》第三十七条之一第一款的规定，判决禁止其自刑罚执行完毕之日或者假释之日起从事相关职业，期限为三年至五年；或者依照《刑法》第三十八条第二款、第七十二条第二款的规定，对其适用禁止令。

四、对有必要禁止教职员工从事相关职业或者适用禁止令的，人民检察院在提起公诉时，应当提出相应建议。

五、教职员工犯罪的刑事案件，判决生效后，人民法院应当在三十日内将裁判文书送达被告人单位所在地的教育行政部门；必要时，教育行政部门应当将裁判文书转送有关主管部门。

因涉及未成年人隐私等原因，不宜送达裁判文书的，可以送达载明被告人的自然情况、罪名及刑期的相关证明材料。

六、教职员工犯罪，人民法院作出的判决生效后，所在单位、教育行政部门或者有关主管部门可以依照《未成年人保护法》、《教师法》、《教师资格条例》等法律法规给予相应处理、处分和处罚。

符合丧失教师资格或者撤销教师资格情形的，教育行政部门应当及时收缴其教师资格证书。

七、人民检察院应当对从业禁止和禁止令执行落实情况进行监督。

八、人民法院、人民检察院发现有关单位未履行犯罪记录查询制度、从业禁止制度的，应当向该单位提出建议。

九、本意见所称教职员工，是指在学校、幼儿园等教育机构工作的教师、教育教学辅助人员、行政人员、勤杂人员、安保人员，以及校外培训机构的相关工作人员。

学校、幼儿园等教育机构、校外培训机构的举办者、实际控制人犯罪，参照本意见执行。

十、本意见自 2022 年 11 月 15 日起施行。

国家智慧教育公共服务平台接入管理规范（试行）

· 2022 年 7 月 25 日
· 教科信厅函〔2022〕33 号

第一章　总　则

第一条　按照国家教育数字化战略行动的统一部署，为加快推进教育数字化转型，促进教育高质量发展，加强对接入国家智慧教育公共服务平台（以下简称国家智慧教育门户）的各级平台的管理，形成以国家智慧教育门户为核心的国家智慧教育平台体系，制定本规范。

第二条　国家智慧教育平台体系包括国家、省、市、县、学校五级的智慧教育平台。本规范适用于各级教育行政部门及所属单位、各级各类学校组织建设的，接入国家智慧教育门户的平台。

第三条　教育部网络安全和信息化领导小组办公室（以下简称教育部网信办）统筹国家智慧教育门户接入工作，负责教育部直属机关和部属高校的平台接入。省级教育行政部门负责统筹本地区智慧教育平台接入工作。教育部相关业务司局根据国家智慧教育门户版块分工，制定业务审核办法，具体承担对接入平台的业务审核工作。教育部教育技术与资源发展中心（中央电化教育馆）（以下简称教育部资源中心）和教育部教育管理信息

中心(以下简称教育部信息中心)分别为平台接入和运行监测工作提供技术支撑。

第二章　接入要求

第四条　接入国家智慧教育门户的平台应落实"统一命名域名、统一用户认证、统一运行监测"的要求,切实保障好网络安全。

第五条　接入国家智慧教育门户的平台应按照《智慧教育平台命名和域名管理规范(试行)》的要求,使用规范名称和 smartedu.cn 域名。

第六条　接入国家智慧教育门户的平台应统一平台要素,以面向师生的资源服务和政务服务作为主要内容,在设计风格上与国家智慧教育门户相协调,在平台的显著位置发布国家智慧教育门户的链接,实现双向互通访问。

第七条　接入国家智慧教育门户的平台如具有用户登录功能的,应接入国家智慧教育门户的统一身份认证体系,实现注册用户"单点登录、全网漫游"。

第八条　接入国家智慧教育门户的平台应纳入教育部统一运行监测的范围,统一部署运行监测手段,通过对接方式自动获取用户访问、资源目录、使用评价、网络安全等方面的数据,建立基于大数据的平台评价机制。

第九条　接入国家智慧教育门户的平台应建立完善的信息审核发布机制,确保发布信息真实合规。资源类平台应落实《国家智慧教育平台数字教育资源内容审核规范(试行)》的要求,建立数字教育资源内容审核责任体系,保障内容安全。

第十条　接入国家智慧教育门户的平台应严格按照国家网络安全法律法规要求,落实网络安全等级保护制度、网络安全监测预警通报制度和个人信息保护制度,提升防病毒、防攻击、防篡改、防瘫痪能力,保障网络安全。

第三章　接入流程

第十一条　各级平台接入遵循"试点先行、质量规范、分批推进"原则,由教育部网信办分批确定接入范围,并组织相关单位做好平台接入工作。

第十二条　各单位可填写《国家智慧教育公共服务平台接入申请表》(见附件),提交接入申请和信息系统安全等级测评报告,明确平台服务对象和内容等情况,提出命名和域名考虑。教育部直属机关、部属高校直接向教育部网信办提交接入申请。各省级教育行政部门统筹好本地区平台接入工作,分批向教育部网信办提交接入申请。

第十三条　教育部网信办收到接入申请后,开展形式审查,明确是否属于接入范围、是否符合命名和域名规范,会同有关业务司局研究提出审核意见,报教育部网信领导小组审定后,反馈申请单位。

第十四条　审核通过的单位,教育部资源中心和教育部信息中心根据接入内容特点和接入工作需求分别与平台主管单位联系,开展技术核验,确保可接入统一身份认证和统一运行监测。平台主管单位根据要求对平台进行适应性改造,完成平台对接。经测试通过后,由教育部资源中心和教育部信息中心反馈教育部网信办。

第十五条　完成对接后,由平台主管单位组织安全评估,通过渗透测试和源代码审计相结合的方式,系统排查安全隐患,并将安全评估报告报教育部网信办备案。

第十六条　教育部网信办确认平台对接和安全评估完成后,组织做好平台域名管理和解析工作。平台主管单位负责做好域名注册工作。如平台已有域名的,须将以 smartedu.cn 为后缀的域名作为主域名使用。

第十七条　域名注册完成后,教育部资源中心将根据统一安排在国家智慧教育门户发布相关平台的链接。

第四章　运行管理

第十八条　教育部网信办建立平台运行监测机制,获取平台运行的动态数据,对接入平台的访问情况、使用情况、用户情况等进行分析,定期通报各平台的应用情况,并向平台主管单位开放运行监测的数据,为平台完善功能、优化体验提供参考。

第十九条　教育部网信办建立平台网络安全监测预警通报机制,及时发现平台的网络安全隐患,并指导平台主管单位进行修复。定期组织智慧教育平台开展攻防演习,提升网络安全保障水平。平台主管单位应密切关注平台安全状况,发现平台运行故障、页面篡改等网络安全事件应及时按照《教育系统网络安全事件应急预案》进行报告,并采取有力措施及时处置,将影响降到最低。

第二十条　已接入国家智慧教育门户的各级平台如因业务和技术原因下线的,应报教育部网信办审核同意。教育部网信办将按照《智慧教育平台命名和域名管理规范(试行)》规定,中止或注销其以 smartedu.cn 为后缀的域名,并相应调整国家智慧教育门户。

第五章　附　则

第二十一条　省级教育行政部门可根据本规范制定本地区平台接入的实施细则。

第二十二条　本规范自印发之日起施行。

附件:国家智慧教育公共服务平台接入申请表(略)

国家智慧教育平台数字教育资源内容审核规范

· 2024 年 6 月 6 日
· 教科信厅〔2024〕1 号

第一章　总　则

第一条　为保证国家智慧教育平台数字教育资源内容安全,保护公民、法人和其他组织的合法权益,维护国家安全和公共利益,根据《中华人民共和国网络安全法》《互联网信息服务管理办法》《网络信息内容生态治理规定》《网络音视频信息服务管理规定》等法律法规,制定本规范。

第二条　国家智慧教育平台的主管单位和服务提供单位及其资源提供者开展资源制作、提供资源服务等活动,应遵循本规范。

本规范所称国家智慧教育平台(以下简称平台),是指国家智慧教育公共服务平台及其接入的平台、专题板块。

本规范所称的数字教育资源(以下简称资源),是通过平台面向师生和社会公众提供的网络课程、数字教材、数字图书、教学课件、教学案例、虚拟实验实训、在线教研视频、教学应用与工具等类型的教学和学习资源。

本规范所称的资源提供者是指资源的提供单位或者个人。

第三条　资源内容审核应坚持提供必审、上线必审、更新必审、审必到位原则。

第二章　工作职责

第四条　教育部负责统筹协调平台资源内容审核的监督管理工作,地方教育行政部门依据职责负责所辖平台资源内容审核的监督管理工作(以下简称平台监管部门)。具体工作由各级教育行政部门网络安全和信息化领导小组办公室负责。

第五条　平台主管单位按照"谁主管谁负责、谁提供谁负责、谁上线谁负责"的原则,建立由平台服务提供单位和资源提供者具体实施的资源内容审核责任制度。各单位的主要负责人是内容审核的第一责任人,分管负责人是内容审核的直接责任人。

第六条　平台服务提供单位在平台主管单位的指导下,制定内容审核工作细则,配备与服务规模相适应的专业人员,建立健全资源内容安全管理、应急处置、审核人员资质审查与教育培训、问责等制度,建立内容审核技术体系,开展资源入库审核和内容更新审核,提高审核质量和效率。

第七条　资源提供者在平台主管单位的指导下,对提供的资源进行内容自审,确保资源内容符合要求。

第三章　内容审核要求

第八条　资源内容审核重点围绕政治性、导向性、科学性、适用性、规范性、时效性和公益性,采用机器审核、人工审核等方式,保障内容安全。

第九条　政治性审核应保证资源内容遵守宪法、法律和行政法规,宣传贯彻习近平新时代中国特色社会主义思想,宣传党的理论路线方针政策和中央重大决策部署,弘扬社会主义核心价值观和中华优秀传统文化,坚持正确的政治方向、舆论导向和价值取向。

第十条　导向性审核应保证资源内容全面贯彻党的教育方针,落实立德树人根本任务,符合教育发展规律,充分体现教育改革发展方向和先进教育理念,引导树立正确的世界观、人生观和价值观,不出现违反师德师风的主讲人,服务培养德智体美劳全面发展的社会主义建设者和接班人。

第十一条　科学性审核应保证资源内容真实、准确地反映客观事实,符合科学和事物发展的客观规律。不得出现学术谬论、常识性错误或与事实不符的内容。

第十二条　适用性审核应保证资源内容符合学生身心发展规律和认知能力,不存在惰化学生思维能力的内容,可兼容学校配置的主流设备和技术标准。面向中小学生提供的国家规定课程资源内容,应与学生所处年级相匹配,不得超出相应的国家课程方案和课程标准。

第十三条　规范性审核应保证资源内容符合语言、文字、符号、格式、样式、体例,设计与制作,知识产权,元数据标注、音像制品、电子出版物重大选题备案,广告、隐私、地图等规范性要求。

第十四条　时效性审核应保证资源内容符合时事政治、现行政策要求,与现行课程标准、教材内容要求和导向相一致。

第十五条　公益性审核应保证资源内容不得出现商业广告宣传等内容,不得利用平台资源进行商业牟利。

第四章　内容审核流程

第十六条　资源提供者应在逐一对资源进行内容自审后,就交付的资源内容安全作出书面承诺。资源提供者应建立内容自审队伍或者委托具有内容审核能力的单位开展内容审核。

第十七条　资源提供者在向平台主管单位交付资源时,应提供资源自审记录和资源内容安全承诺书。

第十八条　平台主管单位应认真核查资源提供者提交的材料，委托平台服务提供单位对资源开展入库内容审核，明确审核要求和时间期限。平台主管单位应建立审核委员会，制定资源负面清单，针对重要资源进行把关。

第十九条　平台服务提供单位应会同资源提供者对发现的问题及时进行协商和整改。建立内容审核台账，如实记录资源名称、资源提供者、审核类型、审核时间、发现的问题、整改情况、审核人、校核人、审批人等内容，编写内容审核报告，并提出资源入库建议。

第二十条　平台主管单位指导平台服务提供单位将入库的资源内容审核台账报平台监管部门备案。

第二十一条　资源每次更新时，资源提供者、平台服务提供单位都应对资源内容进行重新审核，审核通过的方可重新上线。更新后的内容审核台账重新报平台监管部门备案。

第五章　监督保障

第二十二条　各级平台监管部门建立资源内容安全监测通报机制，可通过自建或购买具有专业内容审核能力的第三方服务对资源内容安全开展常态化监测，及时发现和通报资源问题。

第二十三条　各级平台监管部门提升内容审核监管的信息化水平，实现内容审核备案、问题通报处置的便捷服务功能。

第二十四条　各级平台监管部门建立资源内容审核问责机制，对未落实内容审核工作职责、造成不良影响的单位和人员，视情况予以约谈、通报。对造成严重影响的，应依法依规严肃追究相关单位和人员的责任。

第六章　附　则

第二十五条　本规范由教育部网络安全和信息化领导小组办公室负责解释。

第二十六条　本规范自印发之日起施行。

国家智慧教育平台数字教育资源入库出库管理规范

· 2024 年 5 月 29 日
· 教科信厅〔2024〕2 号

第一章　总　则

第一条　为丰富国家智慧教育平台数字教育资源供给，提升资源质量，实现对资源的动态更新调整，满足师生和社会公众对优质数字教育资源的需求，根据《中华人民共和国网络安全法》《中华人民共和国著作权法》《互联网信息服务管理办法》《网络音视频信息服务管理规定》《信息网络传播权保护条例》等法律法规，制定本规范。

第二条　国家智慧教育平台的主管单位和服务提供单位及其资源提供者在开展数字教育资源的入库出库工作时，应遵循本办法。

本规范所称国家智慧教育平台（以下简称平台），是指国家智慧教育公共服务平台及其接入的平台、专题板块。

本规范所称数字教育资源（以下简称资源），是指通过平台面向师生和社会公众提供的网络课程、数字教材、数字图书、教学课件、教学案例、虚拟实验实训、在线教研视频、教学应用与工具等类型的教学和学习资源。

本规范所称资源提供者是指资源的提供单位或者个人。

第三条　本规范所称的入库，是指资源通过择优遴选、汇聚加工和内容审核等，在平台上线并提供服务的过程。

第四条　本规范所称的出库，是指平台的资源出现不宜继续在平台提供服务要求的情形时，从平台下线的过程。

第五条　平台资源的入库出库应坚持"择优入库、常态监测、定期评估、动态调整、公益服务、安全可靠"的原则。

第二章　工作职责

第六条　教育部负责统筹协调平台资源入库出库监督管理工作，地方教育行政部门依据职责负责本地区平台资源入库出库监督管理工作（以下简称平台监管部门）。具体工作由各级教育行政部门网络安全和信息化领导小组办公室（以下简称网信办）负责。

第七条　平台资源入库出库应建立以平台主管单位为主导，平台服务提供单位、资源提供者具体实施的工作机制，并按职责落实资源内容安全管理主体责任。

第八条　平台主管单位应当编制平台资源建设规划，制定入库出库工作细则，建立择优遴选、内容审核、应用监测、评估反馈、问题处置和动态调整等制度，指导平台服务提供单位、资源提供者开展入库出库工作。

第九条　平台服务提供单位应按照平台主管单位的要求，做好资源入库出库的技术支持、内容审核等工作，对资源应用情况开展监测评估。

第十条　资源提供者应遵守法律法规，遵循公序良俗，不得损害国家利益、公共利益和他人合法权益。资源提供者应全部责任到人,所交付的资源应具有自主知识产权,不存在权属争议,内容制作符合技术规范、内容审核等要求,无违法违规和不良信息。配合平台服务提供单位做好资源入库出库工作。

第三章　入库管理

第十一条　资源提供者可采取自主开发资源、组织优势单位开发资源、从地方或学校遴选在用且效果好的资源、与拥有特色资源的单位共享资源等多种方式择优汇聚资源。

第十二条　资源提供者应具有资源著作权或与权利人签订再授权协议,获得资源的信息网络传播权,确保权属清晰无争议。

第十三条　按照《国家智慧教育平台数字教育资源内容审核规范》,资源提供者应在交付资源前进行内容自审、平台服务提供单位应在资源入库前进行内容审核,确保资源内容安全。

第十四条　按照《数字教育资源基础分类代码》《数字教育资源元数据》等相关标准,平台服务提供单位应指导资源提供者对交付的资源完成元数据标注,确保资源分类、搜索、推荐、应用数据分析等功能实现。

第十五条　按照《智慧教育平台 数字教育资源技术要求》,平台服务提供单位对资源提供者交付的资源进行技术审核,确保符合平台入库技术要求。

第十六条　平台服务提供单位与资源提供者在资源入库时应签订资源服务协议,获得信息网络传播权。原则上交付的资源应部署在平台上。对于外链资源,平台服务提供单位应与资源提供者签订数据共享协议,获取资源使用数据。平台服务提供单位原则上不得通过外链平台的方式进行资源入库。

第十七条　平台服务提供单位对入库的资源应开展常态化应用监测和内容巡检,真实、客观记录资源管理和应用数据。设置便捷的投诉举报入口,公布投诉、举报方式等信息,及时受理并处理投诉举报。

第十八条　平台主管单位指导平台服务提供单位建立资源动态评价机制和报告制度,定期开展资源评价,向平台主管单位报送平台资源应用监测评价报告,向资源提供者反馈交付的资源应用情况,提出资源更新建议。

第十九条　平台服务提供单位应当遵守相关法律法规和国家标准规范,采取技术措施和其他必要措施,保障平台和资源安全,依法留存网络日志。

第四章　出库管理

第二十条　平台服务提供单位如发现资源内容存在违法违规内容等问题时,应当立即停止传输该资源,采取出库处置措施,防止资源扩散,保存有关记录,并向平台主管单位和监管部门的网信办报告,向资源提供单位通报。造成严重影响的,应按程序报上级监管部门的网信办和属地网信部门、公安机关。

第二十一条　平台服务提供者如发现资源内容存在违反政治性、导向性、科学性等问题时,应当立即停止传输该资源,采取出库处置措施,防止资源扩散,保存有关记录,并向平台主管单位和监管部门的网信办报告,向资源提供者通报。造成严重影响的,应按程序报上级监管部门的网信办。资源提供者对问题进行整改后,可重新履行入库程序。

第二十二条　平台服务提供单位如发现资源存在适用性、规范性、时效性等问题时,应当立即停止传输该资源,采取出库处置措施,防止资源扩散,保存有关记录,并向平台主管单位报告,向资源提供者通报。资源提供者对问题进行修复后,可重新履行入库程序。

第二十三条　平台服务提供单位在平台主管单位的指导下,依据资源应用监测评价报告,对存在浏览量较小、应用情况较差、用户评分较低、受到投诉举报较多等情形的资源,及时对资源提供者进行提醒,对长期应用不好的资源采取出库处置措施。平台每年的资源更新率原则上不低于10%。

第二十四条　平台服务提供单位如发现平台主管单位明确的其他出库情形,在向平台主管单位报告后,按要求对资源采取出库处置措施,并向资源提供者通报。

第五章　监督评价

第二十五条　各级平台监管部门建立平台运行监测机制,对平台运行、资源目录及动态调整、资源应用等情况进行实时监测,掌握平台及资源的服务情况。

第二十六条　各级平台监管部门通过日常检查和定期检查相结合的方式,指导督促平台主管单位、平台服务提供单位以及资源提供者依据法律法规和服务协议规范资源服务行为。

第二十七条　平台主管单位每年年底前向平台监管部门提交资源建设与应用工作报告。各级平台监管部门建立考核评价制度,对平台主管单位、平台服务提供单位及资源提供者履行主体责任、资源建设与应用成效等开展评价,评价结果作为对各单位年度考核、经费预算的参考依据。

第六章　附　则

第二十八条　本规范由教育部网络安全和信息化领

导小组办公室负责解释。

第二十九条　本规范自印发之日起执行。

未成年人文身治理工作办法

· 2022 年 6 月 6 日
· 国未保办发〔2022〕6 号

第一条　为深入贯彻落实《中华人民共和国民法典》和《中华人民共和国未成年人保护法》，坚持最有利于未成年人的原则，全面加强未成年人文身治理，保护未成年人合法权益，促进未成年人健康成长，制定本办法。

第二条　国家、社会、学校和家庭应当教育和帮助未成年人树立和践行社会主义核心价值观，充分认识文身可能产生的危害，增强自我保护的意识和能力，理性拒绝文身。

第三条　未成年人的父母或者其他监护人应当依法履行监护职责，教育引导未成年人进行有益身心健康的活动，对未成年人产生文身动机和行为的，应当及时劝阻，不得放任未成年人文身。

第四条　任何企业、组织和个人不得向未成年人提供文身服务，不得胁迫、引诱、教唆未成年人文身。

第五条　文身服务提供者应当在显著位置标明不向未成年人提供文身服务。对难以判明是否是未成年人的，应当要求其出示身份证件。

本办法所称文身服务提供者，主要是指专业文身机构、提供文身服务的医疗卫生机构（含医疗美容机构）和美容美发机构等各类主体，也包括提供文身服务的社会组织。

第六条　各相关部门应当按照"谁审批、谁监管，谁主管、谁监管"的原则，健全工作机制，强化源头管控。

卫生健康部门不得审批同意医疗卫生机构（含医疗美容机构）开展未成年人文身服务项目。加大指导监管力度，指导医疗卫生机构（含医疗美容机构）不向未成年人开展文身服务，并对有意愿"去除文身"的未成年人提供规范医疗美容服务。

市场监管部门在办理市场主体登记注册时，对于经营范围中包含文身服务活动的市场主体，应当在其营业执照相关经营范围后明确标注"除面向未成年人"，并指导其自觉依规经营。

商务部门应当配合相关部门，指导行业协会督促美容经营者不得向未成年人提供文身服务。

民政部门应当加强社会组织登记管理，不得审批同意社会组织开展未成年人文身服务，指导从事文身服务的社会组织不向未成年人提供文身服务。

第七条　各相关部门应当履行部门职责，发挥部门优势，加强对未成年人文身治理的支持和配合，形成整体合力。

人民法院对向未成年人提供文身服务或者胁迫、引诱、教唆未成年人文身，侵害未成年人合法权益的案件，应当依法审理。

人民检察院对因文身导致未成年人合法权益受到侵犯，相关组织和个人未代为提起诉讼的，可以督促、支持其提起诉讼；涉及公共利益的，有权提起公益诉讼。

教育部门应当将未成年人文身危害相关知识纳入学校教育内容，组织开展警示教育，加强文明礼仪教育，提高在校学生对文身危害性的认识。

公安机关应当依法调查处理因胁迫、引诱、教唆未成年人文身引发的违反治安管理行为或者涉嫌犯罪案件。

司法行政部门应当加强未成年人文身法治宣传教育，支持和指导有关部门开展行政执法，完善有关投诉举报制度。

共青团组织应当加强青少年思想道德引领，组织针对性的教育引导和心理辅导，让未成年人认识到文身可能造成的伤害和不良影响。

妇联组织应当将未成年人文身危害纳入家庭教育重要内容，指导和支持未成年人父母或者其他监护人切实履行责任。

宣传、网信、广播电视主管部门应当加强未成年人文身危害宣传和舆论监督。

各级未成年人保护工作领导小组（委员会）应当做好统筹、协调、督促和指导工作。

第八条　任何企业、组织和个人出版、发布、传播的图书、报刊、电影、广播电视节目、舞台艺术作品、音像制品、电子出版物或者网络信息，不得含有诱导未成年人文身的内容。

第九条　任何企业、组织和个人不得刊登、播放、张贴或者散发含有诱导未成年人文身、危害未成年人身心健康内容的广告；不得在学校、幼儿园播放、张贴或者散发文身商业广告。

第十条　任何企业、组织和个人发现向未成年人提供文身服务的，可以向民政、商务、卫生健康、市场监管等部门报告，接到报告的有关部门应当及时受理、处置。

第十一条　各地各相关部门要加强监督检查，加大查处力度。文身服务提供者违反规定向未成年人提供文身服务的,有关部门依照有关规定予以处理。其他市场主体未依法取得营业执照向未成年人提供文身服务的,依照《无证无照经营查处办法》等规定进行查处。个人违反规定擅自向未成年人提供文身服务的,依法追究其法律责任。

第十二条　各地各相关部门可依据本办法,结合工作实际制定具体措施。

第十三条　本办法自印发之日起施行。

二、教育类型

（一）综　合

中华人民共和国教育法

· 1995 年 3 月 18 日第八届全国人民代表大会第三次会议通过

· 根据 2009 年 8 月 27 日第十一届全国人民代表大会常务委员会第十次会议《关于修改部分法律的决定》第一次修正

· 根据 2015 年 12 月 27 日第十二届全国人民代表大会常务委员会第十八次会议《关于修改〈中华人民共和国教育法〉的决定》第二次修正

· 根据 2021 年 4 月 29 日第十三届全国人民代表大会常务委员会第二十八次会议《关于修改〈中华人民共和国教育法〉的决定》第三次修正

第一章　总　则

第一条　为了发展教育事业，提高全民族的素质，促进社会主义物质文明和精神文明建设，根据宪法，制定本法。

第二条　在中华人民共和国境内的各级各类教育，适用本法。

第三条　国家坚持中国共产党的领导，坚持以马克思列宁主义、毛泽东思想、邓小平理论、"三个代表"重要思想、科学发展观、习近平新时代中国特色社会主义思想为指导，遵循宪法确定的基本原则，发展社会主义的教育事业。

第四条　教育是社会主义现代化建设的基础，对提高人民综合素质、促进人的全面发展、增强中华民族创新创造活力、实现中华民族伟大复兴具有决定性意义，国家保障教育事业优先发展。

全社会应当关心和支持教育事业的发展。

全社会应当尊重教师。

第五条　教育必须为社会主义现代化建设服务、为人民服务，必须与生产劳动和社会实践相结合，培养德智体美劳全面发展的社会主义建设者和接班人。

第六条　教育应当坚持立德树人，对受教育者加强社会主义核心价值观教育，增强受教育者的社会责任感、创新精神和实践能力。

国家在受教育者中进行爱国主义、集体主义、中国特色社会主义的教育，进行理想、道德、纪律、法治、国防和民族团结的教育。

第七条　教育应当继承和弘扬中华优秀传统文化、革命文化、社会主义先进文化，吸收人类文明发展的一切优秀成果。

第八条　教育活动必须符合国家和社会公共利益。

国家实行教育与宗教相分离。任何组织和个人不得利用宗教进行妨碍国家教育制度的活动。

第九条　中华人民共和国公民有受教育的权利和义务。

公民不分民族、种族、性别、职业、财产状况、宗教信仰等，依法享有平等的受教育机会。

第十条　国家根据各少数民族的特点和需要，帮助各少数民族地区发展教育事业。

国家扶持边远贫困地区发展教育事业。

国家扶持和发展残疾人教育事业。

第十一条　国家适应社会主义市场经济发展和社会进步的需要，推进教育改革，推动各级各类教育协调发展、衔接融通，完善现代国民教育体系，健全终身教育体系，提高教育现代化水平。

国家采取措施促进教育公平，推动教育均衡发展。

国家支持、鼓励和组织教育科学研究，推广教育科学研究成果，促进教育质量提高。

第十二条　国家通用语言文字为学校及其他教育机构的基本教育教学语言文字，学校及其他教育机构应当使用国家通用语言文字进行教育教学。

民族自治地方以少数民族学生为主的学校及其他教育机构，从实际出发，使用国家通用语言文字和本民族或者当地民族通用的语言文字实施双语教育。

国家采取措施，为少数民族学生为主的学校及其他教育机构实施双语教育提供条件和支持。

第十三条　国家对发展教育事业做出突出贡献的组织和个人，给予奖励。

第十四条　国务院和地方各级人民政府根据分级管理、分工负责的原则，领导和管理教育工作。

中等及中等以下教育在国务院领导下,由地方人民政府管理。

高等教育由国务院和省、自治区、直辖市人民政府管理。

第十五条　国务院教育行政部门主管全国教育工作,统筹规划、协调管理全国的教育事业。

县级以上地方各级人民政府教育行政部门主管本行政区域内的教育工作。

县级以上各级人民政府其他有关部门在各自的职责范围内,负责有关的教育工作。

第十六条　国务院和县级以上地方各级人民政府应当向本级人民代表大会或者其常务委员会报告教育工作和教育经费预算、决算情况,接受监督。

第二章　教育基本制度

第十七条　国家实行学前教育、初等教育、中等教育、高等教育的学校教育制度。

国家建立科学的学制系统。学制系统内的学校和其他教育机构的设置、教育形式、修业年限、招生对象、培养目标等,由国务院或者由国务院授权教育行政部门规定。

第十八条　国家制定学前教育标准,加快普及学前教育,构建覆盖城乡,特别是农村的学前教育公共服务体系。

各级人民政府应当采取措施,为适龄儿童接受学前教育提供条件和支持。

第十九条　国家实行九年制义务教育制度。

各级人民政府采取各种措施保障适龄儿童、少年就学。

适龄儿童、少年的父母或者其他监护人以及有关社会组织和个人有义务使适龄儿童、少年接受并完成规定年限的义务教育。

第二十条　国家实行职业教育制度和继续教育制度。

各级人民政府、有关行政部门和行业组织以及企业事业组织应当采取措施,发展并保障公民接受职业学校教育或者各种形式的职业培训。

国家鼓励发展多种形式的继续教育,使公民接受适当形式的政治、经济、文化、科学、技术、业务等方面的教育,促进不同类型学习成果的互认和衔接,推动全民终身学习。

第二十一条　国家实行国家教育考试制度。

国家教育考试由国务院教育行政部门确定种类,并由国家批准的实施教育考试的机构承办。

第二十二条　国家实行学业证书制度。

经国家批准设立或者认可的学校及其他教育机构按照国家有关规定,颁发学历证书或者其他学业证书。

第二十三条　国家实行学位制度。

学位授予单位依法对达到一定学术水平或者专业技术水平的人员授予相应的学位,颁发学位证书。

第二十四条　各级人民政府、基层群众性自治组织和企业事业组织应当采取各种措施,开展扫除文盲的教育工作。

按照国家规定具有接受扫除文盲教育能力的公民,应当接受扫除文盲的教育。

第二十五条　国家实行教育督导制度和学校及其他教育机构教育评估制度。

第三章　学校及其他教育机构

第二十六条　国家制定教育发展规划,并举办学校及其他教育机构。

国家鼓励企业事业组织、社会团体、其他社会组织及公民个人依法举办学校及其他教育机构。

国家举办学校及其他教育机构,应当坚持勤俭节约的原则。

以财政性经费、捐赠资产举办或者参与举办的学校及其他教育机构不得设立为营利性组织。

第二十七条　设立学校及其他教育机构,必须具备下列基本条件:

(一)有组织机构和章程;

(二)有合格的教师;

(三)有符合规定标准的教学场所及设施、设备等;

(四)有必备的办学资金和稳定的经费来源。

第二十八条　学校及其他教育机构的设立、变更和终止,应当按照国家有关规定办理审核、批准、注册或者备案手续。

第二十九条　学校及其他教育机构行使下列权利:

(一)按照章程自主管理;

(二)组织实施教育教学活动;

(三)招收学生或者其他受教育者;

(四)对受教育者进行学籍管理,实施奖励或者处分;

(五)对受教育者颁发相应的学业证书;

(六)聘任教师及其他职工,实施奖励或者处分;

(七)管理、使用本单位的设施和经费;

(八)拒绝任何组织和个人对教育教学活动的非法干涉;

（九）法律、法规规定的其他权利。

国家保护学校及其他教育机构的合法权益不受侵犯。

第三十条　学校及其他教育机构应当履行下列义务：

（一）遵守法律、法规；

（二）贯彻国家的教育方针，执行国家教育教学标准，保证教育教学质量；

（三）维护受教育者、教师及其他职工的合法权益；

（四）以适当方式为受教育者及其监护人了解受教育者的学业成绩及其他有关情况提供便利；

（五）遵照国家有关规定收取费用并公开收费项目；

（六）依法接受监督。

第三十一条　学校及其他教育机构的举办者按照国家有关规定，确定其所举办的学校或者其他教育机构的管理体制。

学校及其他教育机构的校长或者主要行政负责人必须由具有中华人民共和国国籍、在中国境内定居、并具备国家规定任职条件的公民担任，其任免按照国家有关规定办理。学校的教学及其他行政管理，由校长负责。

学校及其他教育机构应当按照国家有关规定，通过以教师为主体的教职工代表大会等组织形式，保障教职工参与民主管理和监督。

第三十二条　学校及其他教育机构具备法人条件的，自批准设立或者登记注册之日起取得法人资格。

学校及其他教育机构在民事活动中依法享有民事权利，承担民事责任。

学校及其他教育机构中的国有资产属于国家所有。

学校及其他教育机构兴办的校办产业独立承担民事责任。

第四章　教师和其他教育工作者

第三十三条　教师享有法律规定的权利，履行法律规定的义务，忠诚于人民的教育事业。

第三十四条　国家保护教师的合法权益，改善教师的工作条件和生活条件，提高教师的社会地位。

教师的工资报酬、福利待遇，依照法律、法规的规定办理。

第三十五条　国家实行教师资格、职务、聘任制度，通过考核、奖励、培养和培训，提高教师素质，加强教师队伍建设。

第三十六条　学校及其他教育机构中的管理人员，实行教育职员制度。

学校及其他教育机构中的教学辅助人员和其他专业技术人员，实行专业技术职务聘任制度。

第五章　受教育者

第三十七条　受教育者在入学、升学、就业等方面依法享有平等权利。

学校和有关行政部门应当按照国家有关规定，保障女子在入学、升学、就业、授予学位、派出留学等方面享有同男子平等的权利。

第三十八条　国家、社会对符合入学条件、家庭经济困难的儿童、少年、青年，提供各种形式的资助。

第三十九条　国家、社会、学校及其他教育机构应当根据残疾人身心特性和需要实施教育，并为其提供帮助和便利。

第四十条　国家、社会、家庭、学校及其他教育机构应当为有违法犯罪行为的未成年人接受教育创造条件。

第四十一条　从业人员有依法接受职业培训和继续教育的权利和义务。

国家机关、企业事业组织和其他社会组织，应当为本单位职工的学习和培训提供条件和便利。

第四十二条　国家鼓励学校及其他教育机构、社会组织采取措施，为公民接受终身教育创造条件。

第四十三条　受教育者享有下列权利：

（一）参加教育教学计划安排的各种活动，使用教育教学设施、设备、图书资料；

（二）按照国家有关规定获得奖学金、贷学金、助学金；

（三）在学业成绩和品行上获得公正评价，完成规定的学业后获得相应的学业证书、学位证书；

（四）对学校给予的处分不服向有关部门提出申诉，对学校、教师侵犯其人身权、财产权等合法权益，提出申诉或者依法提起诉讼；

（五）法律、法规规定的其他权利。

第四十四条　受教育者应当履行下列义务：

（一）遵守法律、法规；

（二）遵守学生行为规范，尊敬师长，养成良好的思想品德和行为习惯；

（三）努力学习，完成规定的学习任务；

（四）遵守所在学校或者其他教育机构的管理制度。

第四十五条　教育、体育、卫生行政部门和学校及其他教育机构应当完善体育、卫生保健设施，保护学生的身心健康。

第六章　教育与社会

第四十六条　国家机关、军队、企业事业组织、社会团体及其他社会组织和个人，应当依法为儿童、少年、青年学生的身心健康成长创造良好的社会环境。

第四十七条　国家鼓励企业事业组织、社会团体及其他社会组织同高等学校、中等职业学校在教学、科研、技术开发和推广等方面进行多种形式的合作。

企业事业组织、社会团体及其他社会组织和个人，可以通过适当形式，支持学校的建设，参与学校管理。

第四十八条　国家机关、军队、企业事业组织及其他社会组织应当为学校组织的学生实习、社会实践活动提供帮助和便利。

第四十九条　学校及其他教育机构在不影响正常教育教学活动的前提下，应当积极参加当地的社会公益活动。

第五十条　未成年人的父母或者其他监护人应当为其未成年子女或者其他被监护人受教育提供必要条件。

未成年人的父母或者其他监护人应当配合学校及其他教育机构，对其未成年子女或者其他被监护人进行教育。

学校、教师可以对学生家长提供家庭教育指导。

第五十一条　图书馆、博物馆、科技馆、文化馆、美术馆、体育馆(场)等社会公共文化体育设施，以及历史文化古迹和革命纪念馆(地)，应当对教师、学生实行优待，为受教育者接受教育提供便利。

广播、电视台(站)应当开设教育节目，促进受教育者思想品德、文化和科学技术素质的提高。

第五十二条　国家、社会建立和发展对未成年人进行校外教育的设施。

学校及其他教育机构应当同基层群众性自治组织、企业事业组织、社会团体相互配合，加强对未成年人的校外教育工作。

第五十三条　国家鼓励社会团体、社会文化机构及其他社会组织和个人开展有益于受教育者身心健康的社会文化教育活动。

第七章　教育投入与条件保障

第五十四条　国家建立以财政拨款为主、其他多种渠道筹措教育经费为辅的体制，逐步增加对教育的投入，保证国家举办的学校教育经费的稳定来源。

企业事业组织、社会团体及其他社会组织和个人依法举办的学校及其他教育机构，办学经费由举办者负责筹措，各级人民政府可以给予适当支持。

第五十五条　国家财政性教育经费支出占国民生产总值的比例应当随着国民经济的发展和财政收入的增长逐步提高。具体比例和实施步骤由国务院规定。

全国各级财政支出总额中教育经费所占比例应当随着国民经济的发展逐步提高。

第五十六条　各级人民政府的教育经费支出，按照事权和财权相统一的原则，在财政预算中单独列项。

各级人民政府教育财政拨款的增长应当高于财政经常性收入的增长，并使按在校学生人数平均的教育费用逐步增长，保证教师工资和学生人均公用经费逐步增长。

第五十七条　国务院及县级以上地方各级人民政府应当设立教育专项资金，重点扶持边远贫困地区、少数民族地区实施义务教育。

第五十八条　税务机关依法足额征收教育费附加，由教育行政部门统筹管理，主要用于实施义务教育。

省、自治区、直辖市人民政府根据国务院的有关规定，可以决定开征用于教育的地方附加费，专款专用。

第五十九条　国家采取优惠措施，鼓励和扶持学校在不影响正常教育教学的前提下开展勤工俭学和社会服务，兴办校办产业。

第六十条　国家鼓励境内、境外社会组织和个人捐资助学。

第六十一条　国家财政性教育经费、社会组织和个人对教育的捐赠，必须用于教育，不得挪用、克扣。

第六十二条　国家鼓励运用金融、信贷手段，支持教育事业的发展。

第六十三条　各级人民政府及其教育行政部门应当加强对学校及其他教育机构教育经费的监督管理，提高教育投资效益。

第六十四条　地方各级人民政府及其有关行政部门必须把学校的基本建设纳入城乡建设规划，统筹安排学校的基本建设用地及所需物资，按照国家有关规定实行优先、优惠政策。

第六十五条　各级人民政府对教科书及教学用图书资料的出版发行，对教学仪器、设备的生产和供应，对用于学校教育教学和科学研究的图书资料、教学仪器、设备的进口，按照国家有关规定实行优先、优惠政策。

第六十六条　国家推进教育信息化，加快教育信息基础设施建设，利用信息技术促进优质教育资源普及共享，提高教育教学水平和教育管理水平。

县级以上人民政府及其有关部门应当发展教育信息

技术和其他现代化教学方式,有关行政部门应当优先安排,给予扶持。

国家鼓励学校及其他教育机构推广运用现代化教学方式。

第八章　教育对外交流与合作

第六十七条　国家鼓励开展教育对外交流与合作,支持学校及其他教育机构引进优质教育资源,依法开展中外合作办学,发展国际教育服务,培养国际化人才。

教育对外交流与合作坚持独立自主、平等互利、相互尊重的原则,不得违反中国法律,不得损害国家主权、安全和社会公共利益。

第六十八条　中国境内公民出国留学、研究、进行学术交流或者任教,依照国家有关规定办理。

第六十九条　中国境外个人符合国家规定的条件并办理有关手续后,可以进入中国境内学校及其他教育机构学习、研究、进行学术交流或者任教,其合法权益受国家保护。

第七十条　中国对境外教育机构颁发的学位证书、学历证书及其他学业证书的承认,依照中华人民共和国缔结或者加入的国际条约办理,或者按照国家有关规定办理。

第九章　法律责任

第七十一条　违反国家有关规定,不按照预算核拨教育经费的,由同级人民政府限期核拨;情节严重的,对直接负责的主管人员和其他直接责任人员,依法给予处分。

违反国家财政制度、财务制度,挪用、克扣教育经费的,由上级机关责令限期归还被挪用、克扣的经费,并对直接负责的主管人员和其他直接责任人员,依法给予处分;构成犯罪的,依法追究刑事责任。

第七十二条　结伙斗殴、寻衅滋事,扰乱学校及其他教育机构教育教学秩序或者破坏校舍、场地及其他财产的,由公安机关给予治安管理处罚;构成犯罪的,依法追究刑事责任。

侵占学校及其他教育机构的校舍、场地及其他财产的,依法承担民事责任。

第七十三条　明知校舍或者教育教学设施有危险,而不采取措施,造成人员伤亡或者重大财产损失的,对直接负责的主管人员和其他直接责任人员,依法追究刑事责任。

第七十四条　违反国家有关规定,向学校或者其他教育机构收取费用的,由政府责令退还所收费用;对直接负责的主管人员和其他直接责任人员,依法给予处分。

第七十五条　违反国家有关规定,举办学校或者其他教育机构的,由教育行政部门或者其他有关行政部门予以撤销;有违法所得的,没收违法所得;对直接负责的主管人员和其他直接责任人员,依法给予处分。

第七十六条　学校或者其他教育机构违反国家有关规定招收学生的,由教育行政部门或者其他有关行政部门责令退回招收的学生,退还所收费用;对学校、其他教育机构给予警告,可以处违法所得五倍以下罚款;情节严重的,责令停止相关招生资格一年以上三年以下,直至撤销招生资格、吊销办学许可证;对直接负责的主管人员和其他直接责任人员,依法给予处分;构成犯罪的,依法追究刑事责任。

第七十七条　在招收学生工作中滥用职权、玩忽职守、徇私舞弊的,由教育行政部门或者其他有关行政部门责令退回招收的不符合入学条件的人员;对直接负责的主管人员和其他直接责任人员,依法给予处分;构成犯罪的,依法追究刑事责任。

盗用、冒用他人身份,顶替他人取得的入学资格的,由教育行政部门或者其他有关行政部门责令撤销入学资格,并责令停止参加相关国家教育考试二年以上五年以下;已经取得学位证书、学历证书或者其他学业证书的,由颁发机构撤销相关证书;已经成为公职人员的,依法给予开除处分;构成违反治安管理行为的,由公安机关依法给予治安管理处罚;构成犯罪的,依法追究刑事责任。

与他人串通,允许他人冒用本人身份,顶替本人取得的入学资格的,由教育行政部门或者其他有关行政部门责令停止参加相关国家教育考试一年以上三年以下;有违法所得的,没收违法所得;已经成为公职人员的,依法给予处分;构成违反治安管理行为的,由公安机关依法给予治安管理处罚;构成犯罪的,依法追究刑事责任。

组织、指使盗用或者冒用他人身份,顶替他人取得的入学资格的,有违法所得的,没收违法所得;属于公职人员的,依法给予处分;构成违反治安管理行为的,由公安机关依法给予治安管理处罚;构成犯罪的,依法追究刑事责任。

入学资格被顶替权利受到侵害的,可以请求恢复其入学资格。

第七十八条　学校及其他教育机构违反国家有关规定向受教育者收取费用的,由教育行政部门或者其他有关行政部门责令退还所收费用;对直接负责的主管人员和其他直接责任人员,依法给予处分。

第七十九条　考生在国家教育考试中有下列行为之一的,由组织考试的教育考试机构工作人员在考试现场采取必要措施予以制止并终止其继续参加考试;组织考试的教育考试机构可以取消其相关考试资格或者考试成绩;情节严重的,由教育行政部门责令停止参加相关国家教育考试一年以上三年以下;构成违反治安管理行为的,由公安机关依法给予治安管理处罚;构成犯罪的,依法追究刑事责任:

(一)非法获取考试试题或者答案的;

(二)携带或者使用考试作弊器材、资料的;

(三)抄袭他人答案的;

(四)让他人代替自己参加考试的;

(五)其他以不正当手段获得考试成绩的作弊行为。

第八十条　任何组织或者个人在国家教育考试中有下列行为之一,有违法所得的,由公安机关没收违法所得,并处违法所得一倍以上五倍以下罚款;情节严重的,处五日以上十五日以下拘留;构成犯罪的,依法追究刑事责任;属于国家机关工作人员的,还应当依法给予处分:

(一)组织作弊的;

(二)通过提供考试作弊器材等方式为作弊提供帮助或者便利的;

(三)代替他人参加考试的;

(四)在考试结束前泄露、传播考试试题或者答案的;

(五)其他扰乱考试秩序的行为。

第八十一条　举办国家教育考试,教育行政部门、教育考试机构疏于管理,造成考场秩序混乱、作弊情况严重的,对直接负责的主管人员和其他直接责任人员,依法给予处分;构成犯罪的,依法追究刑事责任。

第八十二条　学校或者其他教育机构违反本法规定,颁发学位证书、学历证书或者其他学业证书的,由教育行政部门或者其他有关行政部门宣布证书无效,责令收回或者予以没收;有违法所得的,没收违法所得;情节严重的,责令停止相关招生资格一年以上三年以下,直至撤销招生资格、颁发证书资格;对直接负责的主管人员和其他直接责任人员,依法给予处分。

前款规定以外的任何组织或者个人制造、销售、颁发假冒学位证书、学历证书或者其他学业证书,构成违反治安管理行为的,由公安机关依法给予治安管理处罚;构成犯罪的,依法追究刑事责任。

以作弊、剽窃、抄袭等欺诈行为或者以其他不正当手段获得学位证书、学历证书或者其他学业证书的,由颁发机构撤销相关证书。购买、使用假冒学位证书、学历证书或者其他学业证书,构成违反治安管理行为的,由公安机关依法给予治安管理处罚。

第八十三条　违反本法规定,侵犯教师、受教育者、学校或者其他教育机构的合法权益,造成损失、损害的,应当依法承担民事责任。

第十章　附　则

第八十四条　军事学校教育由中央军事委员会根据本法的原则规定。

宗教学校教育由国务院另行规定。

第八十五条　境外的组织和个人在中国境内办学和合作办学的办法,由国务院规定。

第八十六条　本法自1995年9月1日起施行。

中华人民共和国家庭教育促进法

· 2021年10月23日第十三届全国人民代表大会常务委员会第三十一次会议通过

· 2021年10月23日中华人民共和国主席令第98号公布

· 自2022年1月1日起施行

第一章　总　则

第一条　为了发扬中华民族重视家庭教育的优良传统,引导全社会注重家庭、家教、家风,增进家庭幸福与社会和谐,培养德智体美劳全面发展的社会主义建设者和接班人,制定本法。

第二条　本法所称家庭教育,是指父母或者其他监护人为促进未成年人全面健康成长,对其实施的道德品质、身体素质、生活技能、文化修养、行为习惯等方面的培育、引导和影响。

第三条　家庭教育以立德树人为根本任务,培育和践行社会主义核心价值观,弘扬中华民族优秀传统文化、革命文化、社会主义先进文化,促进未成年人健康成长。

第四条　未成年人的父母或者其他监护人负责实施家庭教育。

国家和社会为家庭教育提供指导、支持和服务。

国家工作人员应当带头树立良好家风,履行家庭教育责任。

第五条　家庭教育应当符合以下要求:

(一)尊重未成年人身心发展规律和个体差异;

(二)尊重未成年人人格尊严,保护未成年人隐私权和个人信息,保障未成年人合法权益;

(三)遵循家庭教育特点,贯彻科学的家庭教育理念

和方法;

(四)家庭教育、学校教育、社会教育紧密结合、协调一致;

(五)结合实际情况采取灵活多样的措施。

第六条　各级人民政府指导家庭教育工作,建立健全家庭学校社会协同育人机制。县级以上人民政府负责妇女儿童工作的机构,组织、协调、指导、督促有关部门做好家庭教育工作。

教育行政部门、妇女联合会统筹协调社会资源,协同推进覆盖城乡的家庭教育指导服务体系建设,并按照职责分工承担家庭教育工作的日常事务。

县级以上精神文明建设部门和县级以上人民政府公安、民政、司法行政、人力资源和社会保障、文化和旅游、卫生健康、市场监督管理、广播电视、体育、新闻出版、网信等有关部门在各自的职责范围内做好家庭教育工作。

第七条　县级以上人民政府应当制定家庭教育工作专项规划,将家庭教育指导服务纳入城乡公共服务体系和政府购买服务目录,将相关经费列入财政预算,鼓励和支持以政府购买服务的方式提供家庭教育指导。

第八条　人民法院、人民检察院发挥职能作用,配合同级人民政府及其有关部门建立家庭教育工作联动机制,共同做好家庭教育工作。

第九条　工会、共产主义青年团、残疾人联合会、科学技术协会、关心下一代工作委员会以及居民委员会、村民委员会等应当结合自身工作,积极开展家庭教育工作,为家庭教育提供社会支持。

第十条　国家鼓励和支持企业事业单位、社会组织及个人依法开展公益性家庭教育服务活动。

第十一条　国家鼓励开展家庭教育研究,鼓励高等学校开设家庭教育专业课程,支持师范院校和有条件的高等学校加强家庭教育学科建设,培养家庭教育服务专业人才,开展家庭教育服务人员培训。

第十二条　国家鼓励和支持自然人、法人和非法人组织为家庭教育事业进行捐赠或者提供志愿服务,对符合条件的,依法给予税收优惠。

国家对在家庭教育工作中做出突出贡献的组织和个人,按照有关规定给予表彰、奖励。

第十三条　每年 5 月 15 日国际家庭日所在周为全国家庭教育宣传周。

第二章　家庭责任

第十四条　父母或者其他监护人应当树立家庭是第一个课堂、家长是第一任老师的责任意识,承担对未成年人实施家庭教育的主体责任,用正确思想、方法和行为教育未成年人养成良好思想、品行和习惯。

共同生活的具有完全民事行为能力的其他家庭成员应当协助和配合未成年人的父母或者其他监护人实施家庭教育。

第十五条　未成年人的父母或者其他监护人及其他家庭成员应当注重家庭建设,培育积极健康的家庭文化,树立和传承优良家风,弘扬中华民族家庭美德,共同构建文明、和睦的家庭关系,为未成年人健康成长营造良好的家庭环境。

第十六条　未成年人的父母或者其他监护人应当针对不同年龄段未成年人的身心发展特点,以下列内容为指引,开展家庭教育:

(一)教育未成年人爱党、爱国、爱人民、爱集体、爱社会主义,树立维护国家统一的观念,铸牢中华民族共同体意识,培养家国情怀;

(二)教育未成年人崇德向善、尊老爱幼、热爱家庭、勤俭节约、团结互助、诚信友爱、遵纪守法,培养其良好社会公德、家庭美德、个人品德意识和法治意识;

(三)帮助未成年人树立正确的成才观,引导其培养广泛兴趣爱好、健康审美追求和良好学习习惯,增强科学探索精神、创新意识和能力;

(四)保证未成年人营养均衡、科学运动、睡眠充足、身心愉悦,引导其养成良好生活习惯和行为习惯,促进其身心健康发展;

(五)关注未成年人心理健康,教导其珍爱生命,对其进行交通出行、健康上网和防欺凌、防溺水、防诈骗、防拐卖、防性侵等方面的安全知识教育,帮助其掌握安全知识和技能,增强其自我保护的意识和能力;

(六)帮助未成年人树立正确的劳动观念,参加力所能及的劳动,提高生活自理能力和独立生活能力,养成吃苦耐劳的优秀品格和热爱劳动的良好习惯。

第十七条　未成年人的父母或者其他监护人实施家庭教育,应当关注未成年人的生理、心理、智力发展状况,尊重其参与相关家庭事务和发表意见的权利,合理运用以下方式方法:

(一)亲自养育,加强亲子陪伴;

(二)共同参与,发挥父母双方的作用;

(三)相机而教,寓教于日常生活之中;

(四)潜移默化,言传与身教相结合;

(五)严慈相济,关心爱护与严格要求并重;

(六)尊重差异,根据年龄和个性特点进行科学引导;

（七）平等交流，予以尊重、理解和鼓励；

（八）相互促进，父母与子女共同成长；

（九）其他有益于未成年人全面发展、健康成长的方式方法。

第十八条　未成年人的父母或者其他监护人应当树立正确的家庭教育理念，自觉学习家庭教育知识，在孕期和未成年人进入婴幼儿照护服务机构、幼儿园、中小学校等重要时段进行有针对性的学习，掌握科学的家庭教育方法，提高家庭教育的能力。

第十九条　未成年人的父母或者其他监护人应当与中小学校、幼儿园、婴幼儿照护服务机构、社区密切配合，积极参加其提供的公益性家庭教育指导和实践活动，共同促进未成年人健康成长。

第二十条　未成年人的父母分居或者离异的，应当相互配合履行家庭教育责任，任何一方不得拒绝或者怠于履行；除法律另有规定外，不得阻碍另一方实施家庭教育。

第二十一条　未成年人的父母或者其他监护人依法委托他人代为照护未成年人的，应当与被委托人、未成年人保持联系，定期了解未成年人学习、生活情况和心理状况，与被委托人共同履行家庭教育责任。

第二十二条　未成年人的父母或者其他监护人应当合理安排未成年人学习、休息、娱乐和体育锻炼的时间，避免加重未成年人学习负担，预防未成年人沉迷网络。

第二十三条　未成年人的父母或者其他监护人不得因性别、身体状况、智力等歧视未成年人，不得实施家庭暴力，不得胁迫、引诱、教唆、纵容、利用未成年人从事违反法律法规和社会公德的活动。

第三章　国家支持

第二十四条　国务院应当组织有关部门制定、修订并及时颁布全国家庭教育指导大纲。

省级人民政府或者有条件的设区的市级人民政府应当组织有关部门编写或者采用适合当地实际的家庭教育指导读本，制定相应的家庭教育指导服务工作规范和评估规范。

第二十五条　省级以上人民政府应当组织有关部门统筹建设家庭教育信息化共享服务平台，开设公益性网上家长学校和网络课程，开通服务热线，提供线上家庭教育指导服务。

第二十六条　县级以上地方人民政府应当加强监督管理，减轻义务教育阶段学生作业负担和校外培训负担，畅通学校家庭沟通渠道，推进学校教育和家庭教育相互配合。

第二十七条　县级以上地方人民政府及有关部门组织建立家庭教育指导服务专业队伍，加强对专业人员的培养，鼓励社会工作者、志愿者参与家庭教育指导服务工作。

第二十八条　县级以上地方人民政府可以结合当地实际情况和需要，通过多种途径和方式确定家庭教育指导机构。

家庭教育指导机构对辖区内社区家长学校、学校家长学校及其他家庭教育指导服务站点进行指导，同时开展家庭教育研究、服务人员队伍建设和培训、公共服务产品研发。

第二十九条　家庭教育指导机构应当及时向有需求的家庭提供服务。

对于父母或者其他监护人履行家庭教育责任存在一定困难的家庭，家庭教育指导机构应当根据具体情况，与相关部门协作配合，提供有针对性的服务。

第三十条　设区的市、县、乡级人民政府应当结合当地实际采取措施，对留守未成年人和困境未成年人家庭建档立卡，提供生活帮扶、创业就业支持等关爱服务，为留守未成年人和困境未成年人的父母或者其他监护人实施家庭教育创造条件。

教育行政部门、妇女联合会应当采取有针对性的措施，为留守未成年人和困境未成年人的父母或者其他监护人实施家庭教育提供服务，引导其积极关注未成年人身心健康状况、加强亲情关爱。

第三十一条　家庭教育指导机构开展家庭教育指导服务活动，不得组织或者变相组织营利性教育培训。

第三十二条　婚姻登记机构和收养登记机构应当通过现场咨询辅导、播放宣传教育片等形式，向办理婚姻登记、收养登记的当事人宣传家庭教育知识，提供家庭教育指导。

第三十三条　儿童福利机构、未成年人救助保护机构应当对本机构安排的寄养家庭、接受救助保护的未成年人的父母或者其他监护人提供家庭教育指导。

第三十四条　人民法院在审理离婚案件时，应当对有未成年子女的夫妻双方提供家庭教育指导。

第三十五条　妇女联合会发挥妇女在弘扬中华民族家庭美德、树立良好家风等方面的独特作用，宣传普及家庭教育知识，通过家庭教育指导机构、社区家长学校、文明家庭建设等多种渠道组织开展家庭教育实践活动，提供家庭教育指导服务。

第三十六条　自然人、法人和非法人组织可以依法设立非营利性家庭教育服务机构。

县级以上地方人民政府及有关部门可以采取政府补贴、奖励激励、购买服务等扶持措施，培育家庭教育服务机构。

教育、民政、卫生健康、市场监督管理等有关部门应当在各自职责范围内，依法对家庭教育服务机构及从业人员进行指导和监督。

第三十七条　国家机关、企业事业单位、群团组织、社会组织应当将家风建设纳入单位文化建设，支持职工参加相关的家庭教育服务活动。

文明城市、文明村镇、文明单位、文明社区、文明校园和文明家庭等创建活动，应当将家庭教育情况作为重要内容。

第四章　社会协同

第三十八条　居民委员会、村民委员会可以依托城乡社区公共服务设施，设立社区家长学校等家庭教育指导服务站点，配合家庭教育指导机构组织面向居民、村民的家庭教育知识宣传，为未成年人的父母或者其他监护人提供家庭教育指导服务。

第三十九条　中小学校、幼儿园应当将家庭教育指导服务纳入工作计划，作为教师业务培训的内容。

第四十条　中小学校、幼儿园可以采取建立家长学校等方式，针对不同年龄段未成年人的特点，定期组织公益性家庭教育指导服务和实践活动，并及时联系、督促未成年人的父母或者其他监护人参加。

第四十一条　中小学校、幼儿园应当根据家长的需求，邀请有关人员传授家庭教育理念、知识和方法，组织开展家庭教育指导服务和实践活动，促进家庭与学校共同教育。

第四十二条　具备条件的中小学校、幼儿园应当在教育行政部门的指导下，为家庭教育指导服务站点开展公益性家庭教育指导服务活动提供支持。

第四十三条　中小学校发现未成年学生严重违反校规校纪的，应当及时制止、管教，告知其父母或者其他监护人，并为其父母或者其他监护人提供有针对性的家庭教育指导服务；发现未成年学生有不良行为或者严重不良行为的，按照有关法律规定处理。

第四十四条　婴幼儿照护服务机构、早期教育服务机构应当为未成年人的父母或者其他监护人提供科学养育指导等家庭教育指导服务。

第四十五条　医疗保健机构在开展婚前保健、孕产期保健、儿童保健、预防接种等服务时，应当对有关成年人、未成年人的父母或者其他监护人开展科学养育知识和婴幼儿早期发展的宣传和指导。

第四十六条　图书馆、博物馆、文化馆、纪念馆、美术馆、科技馆、体育场馆、青少年宫、儿童活动中心等公共文化服务机构和爱国主义教育基地每年应当定期开展公益性家庭教育宣传、家庭教育指导服务和实践活动，开发家庭教育类公共文化服务产品。

广播、电视、报刊、互联网等新闻媒体应当宣传正确的家庭教育知识，传播科学的家庭教育理念和方法，营造重视家庭教育的良好社会氛围。

第四十七条　家庭教育服务机构应当加强自律管理，制定家庭教育服务规范，组织从业人员培训，提高从业人员的业务素质和能力。

第五章　法律责任

第四十八条　未成年人住所地的居民委员会、村民委员会、妇女联合会，未成年人的父母或者其他监护人所在单位，以及中小学校、幼儿园等有关密切接触未成年人的单位，发现父母或者其他监护人拒绝、怠于履行家庭教育责任，或者非法阻碍其他监护人实施家庭教育的，应当予以批评教育、劝诫制止，必要时督促其接受家庭教育指导。

未成年人的父母或者其他监护人依法委托他人代为照护未成年人，有关单位发现被委托人不依法履行家庭教育责任的，适用前款规定。

第四十九条　公安机关、人民检察院、人民法院在办理案件过程中，发现未成年人存在严重不良行为或者实施犯罪行为，或者未成年人的父母或者其他监护人不正确实施家庭教育侵害未成年人合法权益的，根据情况对父母或者其他监护人予以训诫，并可以责令其接受家庭教育指导。

第五十条　负有家庭教育工作职责的政府部门、机构有下列情形之一的，由其上级机关或者主管单位责令限期改正；情节严重的，对直接负责的主管人员和其他直接责任人员依法予以处分：

（一）不履行家庭教育工作职责；

（二）截留、挤占、挪用或者虚报、冒领家庭教育工作经费；

（三）其他滥用职权、玩忽职守或者徇私舞弊的情形。

第五十一条　家庭教育指导机构、中小学校、幼儿园、婴幼儿照护服务机构、早期教育服务机构违反本法规定,不履行或者不正确履行家庭教育指导服务职责的,由主管部门责令限期改正;情节严重的,对直接负责的主管人员和其他直接责任人员依法予以处分。

第五十二条　家庭教育服务机构有下列情形之一的,由主管部门责令限期改正;拒不改正或者情节严重的,由主管部门责令停业整顿、吊销营业执照或者撤销登记:

（一）未依法办理设立手续;

（二）从事超出许可业务范围的行为或作虚假、引人误解宣传,产生不良后果;

（三）侵犯未成年人及其父母或者其他监护人合法权益。

第五十三条　未成年人的父母或者其他监护人在家庭教育过程中对未成年人实施家庭暴力的,依照《中华人民共和国未成年人保护法》《中华人民共和国反家庭暴力法》等法律的规定追究法律责任。

第五十四条　违反本法规定,构成违反治安管理行为的,由公安机关依法予以治安管理处罚;构成犯罪的,依法追究刑事责任。

第六章　附　则

第五十五条　本法自 2022 年 1 月 1 日起施行。

全国中小学勤工俭学暂行工作条例

· 1983 年 2 月 20 日
· 国发〔1983〕25 号

第一章　总　则

第一条　开展勤工俭学活动,实行教育与生产劳动相结合,是坚持马克思主义教育思想,全面贯彻党的教育方针,培养德、智、体全面发展的有社会主义觉悟的有文化的劳动者的有效途径之一;是学校教育工作的组成部分。勤工俭学的开展,对提高教育质量,发展我国社会主义教育事业具有一定的作用。

第二条　勤工俭学的主要任务是:

1. 通过劳动实践对学生进行思想政治教育,培养学生热爱劳动、热爱劳动人民、热爱科学、爱护公共财物、有理想、讲文明、懂礼貌、守纪律、艰苦奋斗的道德品质。

2. 理论联系实际,结合教学开展一些科学实验、科学种田活动,培养学生运用理论知识解决实际问题的能力,并使学生学到一定的生产知识和劳动技能。

3. 搞好生产,创造物质财富,为改善办学条件和师生福利提供一定的条件。

第三条　要从实际出发,因地制宜地积极开展多种形式的勤工俭学活动,要坚持社会主义方向和自力更生、艰苦创业的精神,根据当地的自然条件和学校的可能,宜工则工、宜农则农(含林、牧、副、渔),为教学和科研服务,为生产服务,为人民生活服务,有条件的也要为外贸出口服务。

第四条　各级人民政府要加强对勤工俭学工作的领导。各级政府的计划、经济、财政及其他有关部门,要把校办工业、农业作为经济工作的一个组成部分,积极予以扶持和指导,把勤工俭学的事业筹划好、安排好。县以上教育行政部门要切实加强管理。

第五条　校办工厂、农场实行经济核算,独立经营,自负盈亏。要加强经营管理,有计划地组织生产,建立健全各项管理制度,积极提高经济效益。

各级教育部门和财政部门,要根据教育部、财政部1982 年 7 月 3 日发布的《全国中小学勤工俭学财务管理暂行办法》,加强对勤工俭学财务工作的领导和监督。

第二章　生产劳动

第六条　要按照中、小学教学计划的规定,组织学生参加生产劳动或公益劳动。要正确处理教育与生产劳动的关系,使生产劳动与政治思想教育、生产劳动与教学结合起来。不得随意增减教学和劳动时间,防止学生不参加劳动或参加劳动过多的偏向。

第七条　组织学生参加生产劳动,必须注意学生的年龄、性别、健康状况和知识水平。要加强领导和管理,做好防护工作,保证学生安全。要教育学生严格遵守劳动纪律,服从指导,按操作规程进行操作。严禁组织学生参加有毒、有害和危险的生产作业,以及过重的劳动。

第三章　校办工业

第八条　学校举办工厂,一般规模不宜过大,以便于经营管理。根据需要和可能,可一个学校单独办厂和几个学校联合办厂。校办工厂应利用当地有利条件,生产有原料来源,适销对路的各种产品。有条件的学校可以承接外贸部门同意的外商来料加工、来件装配任务。教育战线所需的产品,尽量安排在校办工厂生产。严格禁止生产迷信产品和易燃易爆等危险品。

学校开展勤工俭学,不要搞纯商业经营。商业性的职业班和职业学校,可结合专业试办商业、饮食业、服务业和各项修理等行业,为国家培养劳动技术后备力量提供生产实习场地。

第九条　校办工业的生产,产品属国家、部门或地区管理的,其产、供、销计划,由校办工厂的主管部门汇总,报送有关部门。各有关部门要按照不同情况,采取不同形式,列入本系统计划,由计划部门进行综合平衡。对纳入计划的产品,要按计划执行。原有协作关系,不要轻易中断。不属于国家、部门或地区管理的小商品,由生产单位在国家政策法令许可的范围内,自行组织生产和销售。对于需要调整、转产的,有关部门要及时通报情况,帮助转产适合社会需要的产品。

第十条　校办工厂生产所需的原材料、设备、燃料等国家统配物资,有关地方和部门要统筹供应。属于有关单位带料加工的,材料仍由有关单位供应。

校办工厂的产品,凡不属国家统一调拨又为市场需要的,商业、外贸部门应按国家规定的价格收购或按有关规定自销,或举办联合展销门市部。对适合学校组织的出口项目和有出口价值的产品,外贸部门要积极扶持、指导。

第十一条　校办工厂的固定资产及一切财物属学校所有,由学校隶属部门归口管理,其他部门不得借口"调整""归口"或其他理由平调、收缴和占用,已经发生上述现象的,要在当地政府领导下,妥善解决。

学校内部不准私分或变相私分勤工俭学的财物。

第十二条　有关部门要积极支持校办工厂开展新产品的研制,并在技术、设备、材料、科研费等方面给予帮助和支持,对研究成果要给予奖励,其他单位采用时要给予适当代价。

各地区各部门在工业调整、产品归口、规划定点时,对校办工厂要给予扶植和支持。召开有关订货会、展销会、经营管理经验交流会以及有关方针、政策的传达等,都应通知同级教育行政部门参加。

第十三条　学校为开展勤工俭学举办工厂或经营其他项目,要按国家有关规定办理,报经教育行政部门批准,按规定向当地工商行政管理部门申请登记,核发营业执照。有关部门要积极予以支持和指导。

第四章　校办农业

第十四条　农村学校开展勤工俭学,应根据本地的自然条件和特点发展多种经营,积极开展种植业、养殖业、畜牧业、农副产品加工和采、拣、编织、修理等多种类型的勤工俭学活动。

第十五条　地方政府要根据当地的实际情况,就近划给一定数量的土地(包括山林、水塘、牧场等,下同),作为学校勤工俭学的生产劳动基地。并允许学校师生按国家规定开荒、拣种撂荒地。凡已经拨给学校的土地,或由学校师生开垦或垦复的土地,拣种的撂荒地,以及征购的土地均归学校使用,有关部门应发给土地、林权执照,保证学校的使用权。任何人、任何部门不得随意占用或串换,已经占用的应尽量退还给学校;需要串换的,要经双方同意,并报县级人民政府批准。

第十六条　校办农场(含林、牧、副、渔)要结合教学开展科学实验和科学种田,采用先进技术,搞好实验园地,培育优良品种,改进耕作方法,培养学生掌握初步的农业(包括林、牧、副、渔)知识和技能。

校办农场要为发展当地农业生产、普及农业科学技术知识、提高农民的农业生产技术服务。

第十七条　校办农场要有计划地安排生产。需要的物资、设备等生产资料,要详加核算,各地计划、农林、物资、供销等有关部门,要积极支持,协助解决。

农村商业部门收购学校的农、林、牧、副、渔产品时,应评等计价。

适于出口的农副土特产品,除外贸、商业部门要积极收购外,教育部门还可组织生产加工,并与外贸部门签订合同,直接交付出口。

第五章　劳动工资

第十八条　校办工厂、农场,要按照精简的原则,配备一定数量的政治思想好、有一定文化、技术水平、懂教学的管理干部、技术人员和必需的固定工人,以加强生产的组织领导,保证生产的有效进行和指导学生的生产劳动。各级劳动人事部门和教育行政部门,在核定学校编制时,要给校办工厂、农场适当的编制。新增人员要首先从现有教职工中调配。

校办工厂、农场根据需要可按有关规定聘请少量政治思想好、生产技术水平高、能坚持正常工作的退休职工,以指导学生的生产劳动和产品质量的把关。

第十九条　校办工厂、农场的劳动工资和职工调配由教育行政部门按国家规定管理。

校办工厂、农场中的职工,原属全民所有制的,按当地全民所有制劳动工资管理体制管理;原属集体所有制的,按集体所有制劳动工资管理体制管理;今后需新增加的人员,以集体所有制职工为主;农村校办厂(场)的职工参照社队企业劳动工资管理体制管理。

第二十条　校办工厂、农场的职工,其工资、劳保福利待遇及粮食标准等,根据厂(场)生产经营情况并参照当地同行业、同工种的标准执行。所需劳保用品和粮食补助,按当地规定,由有关部门供应。

第二十一条　学校派到校办工厂、农场的教职工,仍属学校事业编制。长期从事校办厂(场)工作,具有一定技术专长的教职工,可按技术人员评定职称标准,按规定经过考核,授予技术职称。

第二十二条　学校要加强厂(场)的职工队伍建设,加强政治思想工作。各地教育部门应根据所属地区校办厂(场)的情况,按照中共中央、国务院1981年的《关于加强职工教育工作的决定》,利用本地区的学校条件,举办各种形式的学习班,分期分批地有计划地培训工人、技术人员、财会人员和管理人员,各级计划、经济、财政部门要尽力帮助与支持。要建立考核制度,奖惩制度,充分调动职工的积极性,建设一支又红又专的职工队伍。

第六章　组织领导

第二十三条　各级教育行政部门可根据本地区的实际情况,建立健全勤工俭学的管理机构。根据需要还可设立专业公司。

农村中心校应有专人负责勤工俭学的管理工作。

第二十四条　各级教育行政部门的勤工俭学管理机构,是校办工厂、农场的主管部门,其主要职责是:

(1)贯彻执行党的教育方针和国家的有关政策,拟定有关的规章、制度和实施细则,组织、指导勤工俭学工作的开展。

(2)制定和实施勤工俭学的长远规划和年度计划,组织和指导学校的勤工俭学管理工作,安排学生的生产劳动,进行财务监督检查,汇总统计报表和处理日常工作。

(3)代表所属校办工厂、农场与当地有关部门进行业务联系,参加同级部门召开的有关会议,疏通或解决校办工厂、农场的供、产、销渠道及其他有关问题。

(4)按照有关部门的政策规定,组织开设校办工厂、农场产品的展销门市部,帮助学校推销产品。

(5)组织研制新产品,掌握经济技术情报,引进新技术,开展技术革新活动,组织学校之间、地区或部门之间的经济技术合作和产品交流。

(6)管理所属校办工厂、农场的职工,组织职工的培训。

(7)调查研究,总结、交流经验,推动勤工俭学的不断巩固和发展。

第二十五条　学校要切实抓好勤工俭学工作,及时研究解决有关问题。

校办工厂、农场在校长领导下进行工作,根据其规模和实际情况,配备专职或兼职厂(场)长和必要的管理干部。全面负责校办厂(场)的日常生产和行政业务工作。

第七章　附　则

第二十六条　本条例适用于所有中学、小学、职业中学、农业中学、中等师范学校、职业学校。

各省、自治区、直辖市人民政府和有关部委可根据本条例结合当地或本系统的实际情况,制订具体实施办法。

第二十七条　本条例自发布之日起施行。

国家教育考试违规处理办法

· 2004年5月19日教育部令第18号发布
· 根据2012年1月5日《教育部关于修改〈国家教育考试违规处理办法〉的决定》修正

第一章　总　则

第一条　为规范对国家教育考试违规行为的认定与处理,维护国家教育考试的公平、公正,保障参加国家教育考试的人员(以下简称考生)、从事和参与国家教育考试工作的人员(以下简称考试工作人员)的合法权益,根据《中华人民共和国教育法》及相关法律、行政法规,制定本办法。

第二条　本办法所称国家教育考试是指普通和成人高等学校招生考试、全国硕士研究生招生考试、高等教育自学考试等,由国务院教育行政部门确定实施,由经批准的实施教育考试的机构承办,面向社会公开、统一举行,其结果作为招收学历教育学生或者取得国家承认学历、学位证书依据的测试活动。

第三条　对参加国家教育考试的考生以及考试工作人员、其他相关人员,违反考试管理规定和考场纪律,影响考试公平、公正行为的认定与处理,适用本办法。

对国家教育考试违规行为的认定与处理应当公开公平、合法适当。

第四条　国务院教育行政部门及地方各级人民政府教育行政部门负责全国或者本地区国家教育考试组织工作的管理与监督。

承办国家教育考试的各级教育考试机构负责有关考试的具体实施,依据本办法,负责对考试违规行为的认定与处理。

第二章　违规行为的认定与处理

第五条　考生不遵守考场纪律,不服从考试工作人员的安排与要求,有下列行为之一的,应当认定为考试违纪:

（一）携带规定以外的物品进入考场或者未放在指定位置的；

（二）未在规定的座位参加考试的；

（三）考试开始信号发出前答题或者考试结束信号发出后继续答题的；

（四）在考试过程中旁窥、交头接耳、互打暗号或者手势的；

（五）在考场或者教育考试机构禁止的范围内，喧哗、吸烟或者实施其他影响考场秩序的行为的；

（六）未经考试工作人员同意在考试过程中擅自离开考场的；

（七）将试卷、答卷（含答题卡、答题纸等，下同）、草稿纸等考试用纸带出考场的；

（八）用规定以外的笔或者纸答题或者在试卷规定以外的地方书写姓名、考号或者以其他方式在答卷上标记信息的；

（九）其他违反考场规则但尚未构成作弊的行为。

第六条　考生违背考试公平、公正原则，在考试过程中有下列行为之一的，应当认定为考试作弊：

（一）携带与考试内容相关的材料或者存储有与考试内容相关资料的电子设备参加考试的；

（二）抄袭或者协助他人抄袭试题答案或者与考试内容相关的资料的；

（三）抢夺、窃取他人试卷、答卷或者胁迫他人为自己抄袭提供方便的；

（四）携带具有发送或者接收信息功能的设备的；

（五）由他人冒名代替参加考试的；

（六）故意销毁试卷、答卷或者考试材料的；

（七）在答卷上填写与本人身份不符的姓名、考号等信息的；

（八）传、接物品或者交换试卷、答卷、草稿纸的；

（九）其他以不正当手段获得或者试图获得试题答案、考试成绩的行为。

第七条　教育考试机构、考试工作人员在考试过程中或者在考试结束后发现下列行为之一的，应当认定相关的考生实施了考试作弊行为：

（一）通过伪造证件、证明、档案及其他材料获得考试资格、加分资格和考试成绩的；

（二）评卷过程中被认定为答案雷同的；

（三）考场纪律混乱、考试秩序失控，出现大面积考试作弊现象的；

（四）考试工作人员协助实施作弊行为，事后查实的；

（五）其他应认定为作弊的行为。

第八条　考生及其他人员应当自觉维护考试秩序，服从考试工作人员的管理，不得有下列扰乱考试秩序的行为：

（一）故意扰乱考点、考场、评卷场所等考试工作场所秩序；

（二）拒绝、妨碍考试工作人员履行管理职责；

（三）威胁、侮辱、诽谤、诬陷或者以其他方式侵害考试工作人员、其他考生合法权益的行为；

（四）故意损坏考场设施设备；

（五）其他扰乱考试管理秩序的行为。

第九条　考生有第五条所列考试违纪行为之一的，取消该科目的考试成绩。

考生有第六条、第七条所列考试作弊行为之一的，其所报名参加考试的各阶段、各科成绩无效；参加高等教育自学考试的，当次考试各科成绩无效。

有下列情形之一的，可以视情节轻重，同时给予暂停参加该项考试1至3年的处理；情节特别严重的，可以同时给予暂停参加各种国家教育考试1至3年的处理：

（一）组织团伙作弊的；

（二）向考场外发送、传递试题信息的；

（三）使用相关设备接收信息实施作弊的；

（四）伪造、变造身份证、准考证及其他证明材料，由他人代替或者代替考生参加考试的。

参加高等教育自学考试的考生有前款严重作弊行为的，也可以给予延迟毕业时间1至3年的处理，延迟期间考试成绩无效。

第十条　考生有第八条所列行为之一的，应当终止其继续参加本科目考试，其当次报名参加考试的各科成绩无效；考生及其他人员的行为违反《中华人民共和国治安管理处罚法》的，由公安机关进行处理；构成犯罪的，由司法机关依法追究刑事责任。

第十一条　考生以作弊行为获得的考试成绩并由此取得相应的学位证书、学历证书及其他学业证书、资格资质证书或者入学资格的，由证书颁发机关宣布证书无效，责令收回证书或者予以没收；已经被录取或者入学的，由录取学校取消录取资格或者其学籍。

第十二条　在校学生、在职教师有下列情形之一的，教育考试机构应当通报其所在学校，由学校根据有关规定严肃处理，直至开除学籍或者予以解聘：

（一）代替考生或者由他人代替参加考试的；

（二）组织团伙作弊的；

（三）为作弊组织者提供试题信息、答案及相应设备等参与团伙作弊行为的。

第十三条　考试工作人员应当认真履行工作职责，在考试管理、组织及评卷等工作过程中，有下列行为之一的，应当停止其参加当年及下一年度的国家教育考试工作，并由教育考试机构或者建议其所在单位视情节轻重分别给予相应的行政处分：

（一）应回避考试工作却隐瞒不报的；

（二）擅自变更考试时间、地点或者考试安排的；

（三）提示或暗示考生答题的；

（四）擅自将试题、答卷或有关内容带出考场或者传递给他人的；

（五）未认真履行职责，造成所负责考场出现秩序混乱、作弊严重或者视频录像资料损毁、视频系统不能正常工作的；

（六）在评卷、统分中严重失职，造成明显的错评、漏评或者积分差错的；

（七）在评卷中擅自更改评分细则或者不按评分细则进行评卷的；

（八）因未认真履行职责，造成所负责考场出现雷同卷的；

（九）擅自泄露评卷、统分等应予保密的情况的；

（十）其他违反监考、评卷等管理规定的行为。

第十四条　考试工作人员有下列作弊行为之一的，应当停止其参加国家教育考试工作，由教育考试机构或者其所在单位视情节轻重分别给予相应的行政处分，并调离考试工作岗位；情节严重，构成犯罪的，由司法机关依法追究刑事责任：

（一）为不具备参加国家教育考试条件的人员提供假证明、证件、档案，使其取得考试资格或者考试工作人员资格的；

（二）因玩忽职守，致使考生未能如期参加考试的或者使考试工作遭受重大损失的；

（三）利用监考或者从事考试工作之便，为考生作弊提供条件的；

（四）伪造、变造考生档案（含电子档案）的；

（五）在场外组织答卷，为考生提供答案的；

（六）指使、纵容或者伙同他人作弊的；

（七）偷换、涂改考生答卷、考试成绩或者考场原始记录材料的；

（八）擅自更改或者编造、虚报考试数据、信息的；

（九）利用考试工作便利，索贿、受贿、以权徇私的；

（十）诬陷、打击报复考生的。

第十五条　因教育考试机构管理混乱、考试工作人员玩忽职守，造成考点或者考场纪律混乱，作弊现象严重；或者同一考点同一时间的考试有 1/5 以上考场存在雷同卷的，由教育行政部门取消该考点当年及下一年度承办国家教育考试的资格；高等教育自学考试考区内一个或者一个以上专业考试纪律混乱，作弊现象严重，由高等教育自学考试管理机构给予该考区警告或者停考该考区相应专业 1 至 3 年的处理。

对出现大规模作弊情况的考场、考点的相关责任人、负责人及所属考区的负责人，有关部门应当分别给予相应的行政处分；情节严重，构成犯罪的，由司法机关依法追究刑事责任。

第十六条　违反保密规定，造成国家教育考试的试题、答案及评分参考（包括副题及其答案及评分参考，下同）丢失、损毁、泄密，或者使考生答卷在保密期限内发生重大事故的，由有关部门视情节轻重，分别给予责任人和有关负责人行政处分；构成犯罪的，由司法机关依法追究刑事责任。

盗窃、损毁、传播在保密期限内的国家教育考试试题、答案及评分参考、考生答卷、考试成绩的，由有关部门依法追究有关人员的责任；构成犯罪的，由司法机关依法追究刑事责任。

第十七条　有下列行为之一的，由教育考试机构建议行为人所在单位给予行政处分；违反《中华人民共和国治安管理处罚法》的，由公安机关依法处理；构成犯罪的，由司法机关依法追究刑事责任：

（一）指使、纵容、授意考试工作人员放松考试纪律，致使考场秩序混乱、作弊严重的；

（二）代替考生或者由他人代替参加国家教育考试的；

（三）组织或者参与团伙作弊的；

（四）利用职权，包庇、掩盖作弊行为或者胁迫他人作弊的；

（五）以打击、报复、诬陷、威胁等手段侵犯考试工作人员、考生人身权利的；

（六）向考试工作人员行贿的；

（七）故意损坏考试设施的；

（八）扰乱、妨害考场、评卷点及有关考试工作场所秩序后果严重的。

国家工作人员有前款行为的，教育考试机构应当建议有关纪检、监察部门，根据有关规定从重处理。

第三章　违规行为认定与处理程序

第十八条　考试工作人员在考试过程中发现考生实施本办法第五条、第六条所列考试违纪、作弊行为的,应当及时予以纠正并如实记录;对考生用于作弊的材料、工具等,应予暂扣。

考生违规记录作为认定考生违规事实的依据,应当由2名以上监考员或者考场巡视员、督考员签字确认。

考试工作人员应当向违纪考生告知违规记录的内容,对暂扣的考生物品应填写收据。

第十九条　教育考试机构发现本办法第七条、第八条所列行为的,应当由2名以上工作人员进行事实调查,收集、保存相应的证据材料,并在调查事实和证据的基础上,对所涉及考生的违规行为进行认定。

考试工作人员通过视频发现考生有违纪、作弊行为的,应当立即通知在现场的考试工作人员,并应当将视频录像作为证据保存。教育考试机构可以通过视频录像回放,对所涉及考生违规行为进行认定。

第二十条　考点汇总考生违规记录,汇总情况经考点主考签字认定后,报送上级教育考试机构依据本办法的规定进行处理。

第二十一条　考生在普通和成人高等学校招生考试、高等教育自学考试中,出现第五条所列考试违纪行为的,由省级教育考试机构或者市级教育考试机构做出处理决定,由市级教育考试机构做出的处理决定应报省级教育考试机构备案;出现第六条、第七条所列考试作弊行为的,由市级教育考试机构签署意见,报省级教育考试机构处理,省级教育考试机构也可以要求市级教育考试机构报送材料及证据,直接进行处理;出现本办法第八条所列扰乱考试秩序行为的,由市级教育考试机构签署意见,报省级教育考试机构按照前款规定处理,对考生及其他人员违反治安管理法律法规的行为,由当地公安部门处理;评卷过程中发现考生有本办法第七条所列考试作弊行为的,由省级教育考试机构做出处理决定,并通知市级教育考试机构。

考生在参加全国硕士研究生招生考试中的违规行为,由组织考试的机构认定,由相关省级教育考试机构或者受其委托的组织考试的机构做出处理决定。

在国家教育考试考场视频录像回放审查中认定的违规行为,由省级教育考试机构认定并做出处理决定。

参加其他国家教育考试考生违规行为的处理由承办有关国家教育考试的考试机构参照前款规定具体确定。

第二十二条　教育行政部门和其他有关部门在考点、考场出现大面积作弊情况或者需要对教育考试机构实施监督的情况下,应当直接介入调查和处理。

发生第十四、十五、十六条所列案件,情节严重的,由省级教育行政部门会同有关部门共同处理,并及时报告国务院教育行政部门;必要时,国务院教育行政部门参与或者直接进行处理。

第二十三条　考试工作人员在考场、考点及评卷过程中有违反本办法的行为的,考点主考、评卷点负责人应当暂停其工作,并报相应的教育考试机构处理。

第二十四条　在其他与考试相关的场所违反有关规定的考生,由市级教育考试机构或者省级教育考试机构做出处理决定;市级教育考试机构做出的处理决定应报省级教育考试机构备案。

在其他与考试相关的场所违反有关规定的考试工作人员,由所在单位根据市级教育考试机构或者省级教育考试机构提出的处理意见,进行处理,处理结果应当向提出处理的教育考试机构通报。

第二十五条　教育考试机构在对考试违规的个人或者单位做出处理决定前,应当复核违规事实和相关证据,告知被处理人或者单位做出处理决定的理由和依据;被处理人或者单位对所认定的违规事实认定存在异议的,应当给予其陈述和申辩的机会。

给予考生停考处理的,经考生申请,省级教育考试机构应当举行听证,对作弊的事实、情节等进行审查、核实。

第二十六条　教育考试机构做出处理决定应当制作考试违规处理决定书,载明被处理人的姓名或者单位名称、处理事实根据和法律依据、处理决定的内容、救济途径以及做出处理决定的机构名称和做出处理决定的时间。

考试违规处理决定书应当及时送达被处理人。

第二十七条　考生或者考试工作人员对教育考试机构做出的违规处理决定不服的,可以在收到处理决定之日起15日内,向其上一级教育考试机构提出复核申请;对省级教育考试机构或者承办国家教育考试的机构做出的处理决定不服的,也可以向省级教育行政部门或者授权承担国家教育考试的主管部门提出复核申请。

第二十八条　受理复核申请的教育考试机构、教育行政部门应对处理决定所认定的违规事实和适用的依据等进行审查,并在受理后30日内,按照下列规定作出复核决定:

(一)处理决定认定事实清楚、证据确凿,适用依据正确,程序合法,内容适当的,决定维持;

（二）处理决定有下列情况之一的，决定撤销或者变更：

1. 违规事实认定不清、证据不足的；

2. 适用依据错误的；

3. 违反本办法规定的处理程序的。

做出决定的教育考试机构对因错误的处理决定给考生造成的损失，应当予以补救。

第二十九条 申请人对复核决定或者处理决定不服的，可以依法申请行政复议或者提起行政诉讼。

第三十条 教育考试机构应当建立国家教育考试考生诚信档案，记录、保留在国家教育考试中作弊人员的相关信息。国家教育考试考生诚信档案中记录的信息未经法定程序，任何组织、个人不得删除、变更。

国家教育考试考生诚信档案可以依申请接受社会有关方面的查询，并应当及时向招生学校或单位提供相关信息，作为招生参考条件。

第三十一条 省级教育考试机构应当及时汇总本地区违反规定的考生及考试工作人员的处理情况，并向国家教育考试机构报告。

第四章 附 则

第三十二条 本办法所称考场是指实施考试的封闭空间；所称考点是指设置若干考场独立进行考务活动的特定场所；所称考区是指由省级教育考试机构设置，由若干考点组成，进行国家教育考试实施工作的特定地区。

第三十三条 非全日制攻读硕士学位全国考试、中国人民解放军高等教育自学考试及其他各级各类教育考试的违规处理可以参照本办法执行。

第三十四条 本办法自发布之日起施行。此前教育部颁布的各有关国家教育考试的违规处理规定同时废止。

教育部关于印发《中小学教材管理办法》《职业院校教材管理办法》和《普通高等学校教材管理办法》的通知

·2019 年 12 月 16 日

·教材〔2019〕3 号

各省、自治区、直辖市教育厅（教委），新疆生产建设兵团教育局，有关部门（单位）教育司（局），部属各高等学校、部省合建各高等学校：

为贯彻党中央、国务院关于加强和改进新形势下中小学教材建设的意见，建立健全大中小学教材管理制度，切实提高教材建设水平，我部牵头制定了《中小学教材管理办法》《职业院校教材管理办法》和《普通高等学校教材管理办法》，经国家教材委员会全体会议审议通过，报中央教育工作领导小组同意，现将三个教材管理办法印发给你们，请认真贯彻执行。

中小学教材管理办法

第一章 总 则

第一条 为贯彻党中央、国务院关于加强和改进新形势下大中小学教材建设的意见，全面加强党的领导，落实国家事权，加强中小学教材管理，打造精品教材，切实提高教材建设水平，根据《中华人民共和国教育法》《中华人民共和国义务教育法》等法律法规，制定本办法。

第二条 本办法所称中小学教材是指根据国家课程方案编写的、供义务教育学校和普通高中学校使用的教学用书，以及作为教材内容组成部分的教学材料（主要包括教材配套的音视频、图册和活动手册等）。

第三条 中小学教材必须体现党和国家意志。坚持马克思主义指导地位，体现马克思主义中国化要求，体现中国和中华民族风格，体现党和国家对教育的基本要求，体现国家和民族基本价值观，体现人类文化知识积累和创新成果。

全面贯彻党的教育方针，落实立德树人根本任务，扎根中国大地，站稳中国立场，充分体现社会主义核心价值观，加强爱国主义、集体主义、社会主义教育，引导学生坚定道路自信、理论自信、制度自信、文化自信，成为担当中华民族复兴大任的时代新人。

第四条 国务院和省级教育行政部门根据国家课程方案合理规划教材，重视教材质量，突出教材特色。思想政治（道德与法治）、语文、历史课程教材，以及其他意识形态属性较强的教材和涉及国家主权、安全、民族、宗教等内容的教材，实行国家统一编写、统一审核、统一使用。

第五条 国家实行中小学教材审定制度，未经审定的教材，不得出版、选用。

第二章 管理职责

第六条 在国家教材委员会指导和统筹下，中小学教材实行国家、地方和学校分级管理。

第七条 国务院教育行政部门牵头负责全国中小学教材建设的整体规划和统筹管理，制定基本制度规范，组织制定国家课程方案和课程标准，组织开展国家课程教材的编写指导和审核，组织编写国家统编教材，指导监督各省(区、市)教材管理工作。

第八条　省级教育行政部门牵头负责本地区中小学教材管理,指导监督市、县和学校课程教材工作。组织好国家课程教材的选用、使用工作,确保全面有效实施。负责地方课程教材规划、开发、审核和管理。组织开展教学指导、骨干培训、监测反馈等工作,加强教材编写、审核、出版、管理、研究队伍建设,并建立相应的工作机制。

学校要严格执行国家和地方关于教材管理的政策规定,健全内部管理制度,选好用好教材。校本课程由学校开发,要立足学校特色教学资源,以多种呈现方式服务学生个性化学习需求,原则上不编写出版教材,确需编写出版的应报主管部门备案,按照国家和地方有关规定进行严格审核。

第三章　编写修订

第九条　国家课程教材依据国家课程教材建设规划、中小学课程方案和课程标准编写修订。地方课程教材要依据相应的课程教材建设规划或编写方案,立足区域人才培养需要,充分利用好地方特有经济社会资源编写修订。教材编写修订应符合以下要求:

(一)以马克思列宁主义、毛泽东思想、邓小平理论、“三个代表”重要思想、科学发展观、习近平新时代中国特色社会主义思想为指导,有机融入中华优秀传统文化、革命传统、法治意识和国家安全、民族团结以及生态文明教育,努力构建中国特色、融通中外的概念范畴、理论范式和话语体系,防范错误政治观点和思潮的影响,引导学生树立正确的世界观、人生观和价值观,努力成为德智体美劳全面发展的社会主义建设者和接班人。

(二)体现科学性和先进性,既相对稳定,又与时俱进,准确阐述本学科基本概念、基本知识和基本方法,内容选择科学适当,符合课程标准规定的知识类别、覆盖广度、难易程度等,及时反映经济社会发展新变化、科学技术进步新成果。

(三)着眼于学生全面发展,围绕核心素养,遵循学生成长规律,适应不同年龄阶段学生的认知特征,紧密联系学生思想、学习、生活实际,将知识、能力、情感、价值观的培养有机结合,充分体现教育教学改革的先进理念。

(四)注重教材的系统性,结构设计合理,不同学段内容衔接贯通,各学科内容协调配合。选文篇目内容积极向上、导向正确,选文作者历史评价正面,有良好的社会形象。语言文字规范,插图质量高,图文配合得当,可读性强。

(五)符合知识产权保护等国家法律、行政法规,不

得有民族、地域、性别、职业、年龄歧视等内容,不得有商业广告或变相商业广告。

第十条　国家统编教材由国务院教育行政部门组织编写。其他教材须由具备相应条件和资质的单位组织编写。编写单位负责组建编写团队,审核编写人员条件并进行社会公示,对教材编写修订工作给予协调和保障。编写单位应当具备以下条件:

(一)在中华人民共和国境内登记注册、具有独立法人资格、与教育相关的单位或组织。单位法定代表人须具有中华人民共和国国籍。

(二)有熟悉相关学科教材编写工作的专业团队。国家课程教材编写单位应具有中小学教材编写经验。

(三)有课程、教材、教学等方面的研究基础,原则上应承担、组织或参与过国家级或省部级教育科学研究课题,研究成果有较大社会影响。

(四)有对教材持续进行使用培训、指导、回访等跟踪服务和研究的专业团队,有常态化质量监控机制,能够为修订完善教材提供持续、有力支持。

(五)有保证正常编写工作的经费及其他保障条件。

第十一条　教材编写人员应经所在单位党组织审核同意,并由编写单位集中向社会公示。编写人员应符合以下条件:

(一)政治立场坚定,拥护中国共产党的领导,认同中国特色社会主义,坚定“四个自信”,自觉践行社会主义核心价值观,具有正确的世界观、人生观、价值观,坚持正确的国家观、民族观、历史观、文化观、宗教观,没有违背党的理论和路线方针政策的言行。

(二)准确理解和把握课程方案、学科课程标准,熟悉中小学教育教学规律和学生身心发展特点,对本学科有比较深入的研究,熟悉教材编写的一般规律和编写业务,文字表达能力强。有丰富的教学或教科研经验。一般应具有高级专业技术职务。

(三)遵纪守法,有良好的思想品德、社会形象和师德师风。

(四)有足够时间和精力从事教材编写修订工作。

编写人员不能同时参与同一学科不同版本教材编写。

第十二条　教材编写实行主编负责制。一套教材原则上设一位主编,特殊情况可设两位主编。主编主要负责组织编制教材编写大纲、统稿和定稿,对教材编写质量负总责。主编须符合本办法第十一条规定外,还需符合以下条件:

（一）坚持正确的学术导向，政治敏锐性强，能够辨别并抵制各种错误政治观点和思潮，自觉运用中国特色话语体系。

（二）具有高级专业技术职务，在本学科领域有深入研究、较高造诣和学术威望，或是全国知名专家、学术领军人物，在课程教材或相关学科教学方面取得有影响的研究成果，有丰富的教材编写经验。

审定后的教材原则上不更换主编，如有特殊情况，须报负责组织教材审核的教育行政部门批准。

第十三条　教材编写团队由本学科和相关学科专家、教研人员、中小学一线教师等组成，各类编写人员应保持合理结构和相对稳定，每册核心编写人员原则上不超过8人。

意识形态属性较强的教材编写团队中，应有在马克思主义理论、中华优秀传统文化、革命文化、社会主义先进文化等方面有较高造诣的专家。

鼓励国内高校和科研机构的知名专家、学术领军人物与中小学优秀教师共同编写教材。

第十四条　教材实行周期修订制度，一般按学制周期修订。出现以下情形，应及时修订。

（一）课程标准发生变化。

（二）中央明确提出重要思想理论、重大战略部署进教材的要求。

（三）经济、社会、科技等领域发生重大变化、取得重要成果，经国家权威部门认可的、改变现有认知的重要学术成果发布。

（四）发现教材内容有错误、不适宜或出现较大争议。

鼓励编写单位在教材使用过程中不断完善教材。修订后的教材须按相应程序送审。未按有关要求修订和送审的，不得使用。

第四章　教材审核

第十五条　教材完成编写修订后，须按规定提交相应机构进行审核。

国家教材委员会专家委员会负责审核国家课程教材和其他按规定纳入审核范围的教材，其中意识形态属性较强的教材还须报国家教材委员会审核。

各省（区、市）成立省级教材审核机构，负责审核地方课程教材，其中意识形态属性较强的教材还应送省级党委宣传部门牵头进行政治把关。

教材出版部门成立专门政治把关机构，建强工作队伍和专家队伍，在所编修教材正式送审前，以外聘专家为主，进行专题自查，把好政治关。

第十六条　教材审核机构应由相关学科专家、课程专家、教研专家、一线教师等组成。审核人员须符合本办法第十一条（一）（二）（三），第十二条（一）规定的条件，具有较高的政策理论水平，客观公正，作风严谨，并经所在单位党组织审核同意。

实行教材编审分离制度，遵循回避原则。

第十七条　教育行政部门应根据教材建设规划等，有计划地部署教材送审工作。

国家课程教材送审工作采取集中受理的方式进行，具体受理时间和要求，由国务院教育行政部门按照国家教材委员会的要求和实际教育教学需要确定并发布公告，教材编写单位根据公告送审教材。

地方单位组织编写的国家课程教材送审前，由省级党委宣传部门进行初步审核把关。

对编写单位和人员不符合本办法规定条件或存在其他不符合送审要求情形的教材，不予受理。

第十八条　教材审核应依据教材规划、课程方案和课程标准，对照本办法第三条、第九条的具体要求进行全面审核，严把政治关、科学关、适宜关。

实行政治审核，重点审核教材的政治方向和价值导向，政治立场、政治方向、政治标准要有机融入教材内容，不能简单化、"两张皮"；政治上有错误的教材不能通过。选文篇目内容消极、导向不正确的，选文作者历史评价或社会形象负面的、有重大争议的，必须更换。实行专业审核，重点审核教材的学科知识内容及其对学生的适宜度。实行综合审核，重点审核教材的内部结构、跨学段衔接和相关学科横向配合。实行专题审核，由党委和政府相关职能部门按照职责审核教材涉及的专门领域的内容。实行对比审核，审核修订教材的新增和删减内容。

严格执行重大选题备案制度。

除统编教材外，教材审核实行盲审制度。

第十九条　新编教材和根据课程标准变化修订的教材，审核一般分初审和复审两个阶段。每个阶段均按照个人审读、集体审核的方式开展。初审重点审核全套教材的编写思路、框架结构及章节内容。复审重点审核教材根据初审意见、试教试用以及一线教师审读反馈意见进行修改的情况。

第二十条　新编教材和根据课程标准变化修订的教材，在初审通过后，须进行试教试用，并选聘一线优秀教师进行审读，在教学环节对教材进行全面检验。试教试用的范围、方式等要求由负责组织教材审核的教育行政部门具体规定，原则上应覆盖不同教育发展水平的地区和学校。编写单位应根据试教试用情况和一线教师审读意见对教材进行修改完善。

第二十一条　对新编教材和根据课程标准变化修订教材的审核，应在个人认真审读的基础上，召开审核会议，集体充分讨论形成审核意见。审核结论分"通过""重新送审"和"不予通过"三种。

具体审核程序和形式由负责组织审核的机构制定。

第二十二条　审核通过的国家课程教材，由国务院教育行政部门履行行政审定程序。审定通过的教材列入全国中小学教学用书目录。审核通过的地方课程教材，由省级教育行政部门审定后列入本省（区、市）中小学教学用书目录。审定后的教材不得擅自修改。

第五章　出版发行

第二十三条　教材经审定后方可出版、发行。教材出版、发行单位必须取得国家出版主管部门批准的教材出版、发行资质。教材出版单位要严格按照审定通过的出版稿印刷，并向相关教育行政部门备案。

第二十四条　教材出版单位要严格规范编辑、审稿、校对制度，保证教材编校质量。教材出版和印制应执行国家标准，实施"绿色印刷"，确保印制质量。教材定价应严格遵守"保本微利"原则。教材发行应确保"课前到书、人手一册"。

第二十五条　教材出版发行不得夹带任何商业广告或变相商业广告，不得搭售教辅材料或其他商品。

第六章　选用使用

第二十六条　省级教育行政部门负责本地区中小学教材选用使用工作的统筹管理，领导和监督中小学教材选用工作。教材选用应遵循公开、公平、公正的原则，保证选用过程规范、有序，确保选出适合本地区中小学使用的优质教材。

第二十七条　中小学教材选用单位由省级教育行政部门根据当地实际情况确定。教材选用单位应当组建由多方代表参与的教材选用委员会，具体负责教材的选用工作。

教材出版、发行人员以及与所选教材有利益关系的教材编写人员，不得担任教材选用委员会成员。

第二十八条　教材选用委员会分学科组提出初选意见，提交选用委员会进行充分讨论，决定选用结果，会议讨论情况和选用结果要记录在案。

国家课程教材必须在国务院教育行政部门公布的中小学教学用书目录中选用，地方课程教材必须在省级教育行政部门公布的中小学教学用书目录中选用。教材选用结果须在本级教育行政部门网站上公示。省级教育行政部门应在选用工作完成后30个工作日内，将本地区教材选用结果报国务院教育行政部门备案。

选用的教材必须是经教育行政部门审定的版本，擅自更改内容的教材不得选用。

教材使用应严格遵照选用结果。不得以地方课程教材、校本课程教材等替代国家课程教材。义务教育学校不得使用境外教材。普通高中选用境外教材，按照国家有关政策执行。

第二十九条　教材一经选用应当保持相对稳定。如需更换教材版本，应由教材选用单位委托专业机构征求使用地区学校教师、学生及家长意见，形成评估报告，并向省级教育行政部门提出书面申请。省级教育行政部门同意后，教材选用单位组织教材选用委员会按程序选用其他版本教材。原则上从起始年级开始更换使用新版本教材。

教材选用（包括重新选用）不得影响教学秩序，应确保课前到书。

第三十条　教育行政部门应建立教材选用、使用监测机制，对教材选用使用进行跟踪调查，定期对教材的使用情况进行评价并通报结果。

教材编写、出版单位须建立教材使用跟踪机制，通过多种途径和方式收集教材使用意见，形成教材使用跟踪报告，在教材进行修订审核时作为必备的送审材料。

教材编写、出版单位应加大教材使用培训力度。

第三十一条　加强各类专题教育教材和读本进校园的管理。中央明确部署单独编写教材或读本的，由国务院教育行政部门统一组织安排落实，按教材选用使用政策执行。其他部门或地方提出的专题教育，以融入国家、地方课程教材为主，原则上不另设课程，不统一组织编写和选用专题教育教材或读本。确需编写和选用，面向本省部分地区的，由省级教育行政部门审核备案；面向全省的，由省级教育行政部门组织审核，报教育部备案。审核备案通过后列入本省中小学教学用书目录。

严格控制地方课程教材、校本课程教材和各级各类读本数量，对数量过多、质量不高的及时进行清理。原则上地方课程教材不得跨省使用、校本课程教材不得跨校使用。

第七章　保障机制

第三十二条　统筹利用现有政策和资金渠道支持教材编写、审核、选用使用及跟踪评价等工作。对特殊教育教材、少数民族文字教材等薄弱领域加大政策和财政经费支持力度。教材编写、出版单位应加大投入,提升教材质量,打造精品教材。鼓励社会资金支持教材建设。

第三十三条　承担国家统编教材编写修订任务,主编和核心编者视同承担国家级科研课题;承担国家课程非统编教材编写修订任务,主编和核心编者视同承担省部级科研课题,享受相应政策待遇。审核专家根据工作实际贡献和发挥的作用参照以上标准执行。编审人员所在单位应充分保证其工作时间,将编审任务纳入工作量计算,作为业绩考核、职务评聘的依据。落实国家和省级教材奖励制度,加大对优秀教材的支持。

第三十四条　教育行政部门应加强教材管理信息化建设,建立教材信息管理平台和数据库,提高教材管理和服务效率。

第八章　检查监督

第三十五条　在教材审核、选用过程中,相关单位和个人应履职尽责,严格执行相关规定。任何单位和个人不得违反规定干预教材审核和选用。

第三十六条　教材管理工作接受相关部门、教师、学生、家长及社会监督。国务院教育行政部门对各地教材管理工作进行检查和督导。各级教育行政管理部门对本区域内的教材使用进行检查和监督。

第三十七条　存在下列情形之一的,教材应退出使用,不再列入教学用书目录。

(一)教材内容的政治方向和价值导向存在问题。

(二)教材内容出现严重的科学性错误。

(三)教材内容植入商业广告或变相商业广告。

(四)用不正当手段影响教材审核、选用等工作。

(五)发生教材应退出使用的其他情况。

第三十八条　违反本办法,出现以下行为之一的,视情节轻重和所造成的影响,由上级或同级教育行政部门给予通报批评、责令停止违规行为,并由主管部门或所在单位按规定对相关责任人给予相应处分。对情节严重的单位和个人列入负面清单;涉嫌犯罪的,依法追究刑事责任。

(一)存在第三十七条情形。

(二)使用未经审定通过的教材。

(三)违反教材编写修订有关规定,擅自改动审定后的教材内容。不按要求聘请主编、组建编写队伍,存在挂名主编、不符合条件人员参与教材编写等现象。

(四)编写单位违反教材审核有关规定,不按要求、程序和标准送审。

(五)用地方课程教材或其他教材代替国家课程教材,以及其他严重影响教学秩序的情形。

(六)违规编写使用专题教育教材、读本。

(七)侵犯知识产权。

(八)其他违法违规行为。

违反本办法第十一条、第十二条有关规定的教材编写人员,取消编写资格。

第九章　附　则

第三十九条　省级教育行政部门应根据本办法制定实施细则。数字教材、教参可参照本办法管理。

少数民族文字教材管理,由国务院教育行政部门根据有关法律法规和本办法另行规定。

第四十条　本办法自印发之日起施行。其他现行中小学教材管理制度,凡与本办法有关规定不一致的,以本办法为准。与本办法规定不一致且难以立刻终止的,应在本办法印发之日起6个月内纠正。

本办法由国务院教育行政部门负责解释。

职业院校教材管理办法

第一章　总　则

第一条　为贯彻党中央、国务院关于加强和改进新形势下大中小学教材建设的意见,全面加强党的领导,落实国家事权,规范和加强职业院校教材管理,打造精品教材,切实提高教材建设水平,根据《中华人民共和国教育法》《中华人民共和国职业教育法》《中华人民共和国高等教育法》等法律法规,制定本办法。

第二条　本办法所称职业院校教材是指供中等职业学校和高等职业学校课堂和实习实训使用的教学用书,以及作为教材内容组成部分的教学材料(如教材的配套音视频资源、图册等)。

第三条　职业院校教材必须体现党和国家意志。坚持马克思主义指导地位,体现马克思主义中国化要求,体现中国和中华民族风格,体现党和国家对教育的基本要求,体现国家和民族基本价值观,体现人类文化知识积累和创新成果。

全面贯彻党的教育方针,落实立德树人根本任务,扎根中国大地,站稳中国立场,充分体现社会主义核心价值观,加强爱国主义、集体主义、社会主义教育,引导学生坚定道路自信、理论自信、制度自信、文化自信,成为担当中华民族复兴大任的时代新人。

第四条　中等职业学校思想政治、语文、历史课程教材和高等职业学校思想政治理论课教材,以及其他意识形态属性较强的教材和涉及国家主权、安全、民族、宗教等内容的教材,实行国家统一编写、统一审核、统一使用。专业课程教材在政府规划和引导下,注重发挥行业企业、教科研机构和学校的作用,更好地对接产业发展。

第二章　管理职责

第五条　在国家教材委员会指导和统筹下,职业院校教材实行分级管理,教育行政部门牵头负责,有关部门、行业、学校和企业等多方参与。

第六条　国务院教育行政部门负责全国职业院校教材建设的统筹规划、宏观管理、综合协调、检查督导,制定基本制度规范,组织制定中等职业学校公共基础课程方案和课程标准、职业院校专业教学标准等国家教学标准,组织编写国家统编教材,宏观指导教材编写、选用,组织国家规划教材建设,督促检查政策落实。出版管理、市场监督管理等有关部门依据各自职责分工,做好教材管理有关工作,加强对教材出版资质的管理,依法严厉打击教材盗版盗印,规范职业院校教材定价和发行工作。

有关部门、行业组织和行业职业教育教学指导机构,在国务院教育行政部门统筹下,参与教材规划、编写指导和审核、评价等方面工作,协调本行业领域的资源和专业人才支持教材建设。

第七条　省级教育行政部门负责落实国家关于职业院校教材建设的相关政策,负责本地区职业院校教材的规划、管理和协调,牵头制定本地区教材管理制度,指导监督市、县和职业院校课程教材工作。

第八条　职业院校要严格执行国家和地方关于教材管理的政策规定,健全内部管理制度,选好用好教材。在国家和省级规划教材不能满足需要的情况下,职业院校可根据本校人才培养和教学实际需要,补充编写反映自身专业特色的教材。学校党委(党组织)对本校教材工作负总责。

第三章　教材规划

第九条　职业院校教材实行国家、省(区、市)两级规划制度。国务院教育行政部门重点组织规划职业院校公共基础必修课程和专业核心课程教材,根据需要组织规划服务国家战略的教材和紧缺、薄弱领域的教材。省级教育行政部门重点组织规划体现区域特色的公共选修课程和国家规划教材以外的专业课程教材。

第十条　教材规划要坚持正确导向,面向需求、各有侧重、有机衔接,处理好落实共性要求与促进特色发展的

关系,适应新时代技术技能人才培养的新要求,服务经济社会发展、产业转型升级、技术技能积累和文化传承创新。

第十一条　国家教材建设规划由国务院教育行政部门统一组织。在联合有关部门、行业组织、行业职业教育教学指导机构进行深入论证,听取职业院校等方面意见的基础上,国务院教育行政部门明确国家规划教材的种类、编写要求等,并根据人才培养实际需要及时补充调整。

省级教材建设规划程序由省级教育行政部门确定,规划完成后报国务院教育行政部门批准。

第四章　教材编写

第十二条　教材编写依据职业院校教材规划以及国家教学标准和职业标准(规范)等,服务学生成长成才和就业创业。教材编写应符合以下要求:

(一)以马克思列宁主义、毛泽东思想、邓小平理论、"三个代表"重要思想、科学发展观、习近平新时代中国特色社会主义思想为指导,有机融入中华优秀传统文化、革命传统、法治意识和国家安全、民族团结以及生态文明教育,弘扬劳动光荣、技能宝贵、创造伟大的时代风尚,弘扬精益求精的专业精神、职业精神、工匠精神和劳模精神,努力构建中国特色、融通中外的概念范畴、理论范式和话语体系,防范错误政治观点和思潮的影响,引导学生树立正确的世界观、人生观和价值观,努力成为德智体美劳全面发展的社会主义建设者和接班人。

(二)内容科学先进、针对性强,选文篇目内容积极向上、导向正确,选文作者历史评价正面,有良好的社会形象。公共基础课程教材要体现学科特点,突出职业教育特色。专业课程教材要充分反映产业发展最新进展,对接科技发展趋势和市场需求,及时吸收比较成熟的新技术、新工艺、新规范等。

(三)符合技术技能人才成长规律和学生认知特点,对接国际先进职业教育理念,适应人才培养模式创新和优化课程体系的需要,专业课程教材突出理论和实践相统一,强调实践性。适应项目学习、案例学习、模块化学习等不同学习方式要求,注重以真实生产项目、典型工作任务、案例等为载体组织教学单元。

(四)编排科学合理、梯度明晰,图、文、表并茂,生动活泼,形式新颖。名称、名词、术语等符合国家有关技术质量标准和规范。倡导开发活页式、工作手册式新形态教材。

(五)符合知识产权保护等国家法律、行政法规,不

得有民族、地域、性别、职业、年龄歧视等内容,不得有商业广告或变相商业广告。

第十三条 职业院校教材实行单位编制。编写单位负责组织编写团队,审核编写人员条件,对教材编写修订工作给予协调和保障。

中等职业学校思想政治、语文、历史课程教材,高等职业学校思想政治理论课教材,由国务院教育行政部门统一组织编写。其他教材由具备以下条件的单位组织编写:

(一)在中华人民共和国境内登记注册、具有独立法人资格、在相关领域有代表性的学校、教科研机构、企业、出版机构等,单位法定代表人须具有中华人民共和国国籍。

(二)有熟悉相关学科专业教材编写工作的专业团队,能组织行业、企业和教育领域高水平专业人才参与教材编写。

(三)有对教材持续进行培训、指导、回访等跟踪服务和研究的专业团队,有常态化质量监控机制,能够为修订完善教材提供稳定支持。

(四)有相应的经费保障条件与其他硬件支持条件,能保证正常的编写工作。

(五)牵头承担国家规划教材编写任务的单位,原则上应为省级以上示范性(骨干、高水平)职业院校或重点职业院校、在国家级技能竞赛中成绩突出的职业院校、承担国家重点建设项目的职业院校和普通高校、行业领先企业、教科研机构、出版机构等。编写单位为出版机构的,原则上应为教育、科技类或行业出版机构,具备专业编辑力量和较强的选题组稿能力。

第十四条 教材编写人员应经所在单位党组织审核同意,并由编写单位集中向社会公示。编写人员应符合以下条件:

(一)政治立场坚定,拥护中国共产党的领导,认同中国特色社会主义,坚定"四个自信",自觉践行社会主义核心价值观,具有正确的世界观、人生观、价值观,坚持正确的国家观、民族观、历史观、文化观、宗教观,没有违背党的理论和路线方针政策的言行。

(二)熟悉职业教育教学规律和学生身心发展特点,对本学科专业有比较深入的研究,熟悉行业企业发展与用人要求。有丰富的教学、教科研或企业工作经验,一般应具有中级及以上专业技术职务(技术资格),新兴行业、行业紧缺技术人才、能工巧匠可适当放宽要求。

(三)遵纪守法,有良好的思想品德、社会形象和师德师风。

(四)有足够时间和精力从事教材编写修订工作。

编写人员不能同时作为同一课程不同版本教材主编。

第十五条 教材编写实行主编负责制。主编主要负责教材整体设计,把握教材编写进度,对教材编写质量负总责。主编须符合本办法第十四条规定外,还需符合以下条件:

(一)坚持正确的学术导向,政治敏锐性强,能够辨别并自觉抵制各种错误政治观点和思潮。

(二)在本学科专业有深入研究、较高的造诣,或是全国知名专家、学术领军人物,有在相关教材或教学方面取得有影响的研究成果,熟悉相关行业发展前沿知识与技术,有丰富的教材编写经验。一般应具有高级专业技术职务,新兴专业、行业紧缺技术人才、能工巧匠可适当放宽要求。

(三)有较高的文字水平,熟悉教材语言风格,能够熟练运用中国特色的话语体系。

审核通过后的教材原则上不更换主编,如有特殊情况,编写单位应报相应的主管部门批准。

第十六条 教材编写团队应具有合理的人员结构,包含相关学科专业领域专家、教科研人员、一线教师、行业企业技术人员和能工巧匠等。

第十七条 教材编写过程中应通过多种方式征求各方面特别是一线师生和企业意见。教材编写完成后,应送一线任课教师和行业企业专业人员进行审读、试用,根据审读意见和试用情况修改完善教材。

第十八条 职业院校教材投入使用后,应根据经济社会和产业升级新动态及时进行修订,一般按学制周期修订。国家统编教材修订由国务院教育行政部门统一组织实施,其他教材修订由编写单位按照有关要求进行。

第五章 教材审核

第十九条 职业院校教材实行分级分类审核,坚持凡编必审。

国家统编教材由国家教材委员会审核。

国家规划教材由国务院教育行政部门组建的国家职业院校教材审核机构负责审核;省级规划教材由省级教育行政部门组建的职业院校教材审核机构负责审核,其中意识形态属性较强的教材还应送省级党委宣传部门牵头进行政治把关。

其他教材由教材编写单位相关主管部门委托熟悉职业教育和产业人才培养需求的专业机构或专家团队进行审核认定。

教材出版部门成立专门政治把关机构，建强工作队伍和专家队伍，在所编修教材正式送审前，以外聘专家为主，进行专题自查，把好政治关。

第二十条　教材审核人员应包括相关学科专业领域专家、教科研专家、一线教师、行业企业专家等。审核专家应符合本办法第十四条（一）（二）（三），第十五条（一）（三）规定的条件，具有较高的政策理论水平，客观公正，作风严谨，并经所在单位党组织审核同意。

实行教材编审分离制度，遵循回避原则。

第二十一条　国家规划教材送审工作由国务院教育行政部门统一部署。省级规划教材审核安排由省级教育行政部门根据实际情况具体规定。

第二十二条　教材审核应依据职业院校教材规划以及课程标准、专业教学标准、顶岗实习标准等国家教学标准要求，对照本办法第三条、十二条的具体要求，对教材的思想性、科学性、适宜性进行全面把关。

政治立场、政治方向、政治标准要有机融入教材内容，不能简单化、"两张皮"；政治上有错误的教材不能通过；选文篇目内容消极、导向不正确的，选文作者历史评价或社会形象负面的、有重大争议的，必须更换；教材编写人员政治立场、价值观和品德作风有问题的必须更换。

严格执行重大选题备案制度。

除统编教材外，教材审核实行盲审制度。

第二十三条　公共基础必修课程教材审核一般按照专家个人审读、集体审核环节开展，重点审核全套教材的编写思路、框架结构及章节内容。应由集体充分讨论形成审核结论。审核结论分"通过""重新送审"和"不予通过"三种。具体审核程序由负责组织审核的机构制定。

其他规划教材审核程序由相应审核机构制定。

实用技能类教材可适当简化审核流程。

第二十四条　新编或修订幅度较大的公共基础必修课程教材应选聘一线任课教师进行审读和试用。审读意见和试用情况作为教材审核的重要依据。

第二十五条　国家和省级规划教材通过审核，经教育行政部门批准后，纳入相应规划教材目录，由国务院教育行政部门和省级教育行政部门定期公开发布。经审核通过的教材，未经相关教育行政部门同意，不得更改。

国家建立职业院校教材信息库。规划教材自动进入信息库。非规划教材按程序审核通过后，纳入信息库。

第六章　出版与发行

第二十六条　根据出版管理相关规定，教材出版实行资质准入制度，合理定价。国家出版管理部门对职业院校教材出版单位进行资质清单管理。

职业院校教材出版单位应符合以下条件：

（一）对应所出版的教材，有不少于3名具有相关学科专业背景和中级以上职业资格的在编专职编辑人员。

（二）具备教材使用培训、回访服务等可持续的专业服务能力。

（三）具有与教材出版相适应的资金和经营规模。

（四）最近5年内未受到出版主管部门的处罚，无其他违法违纪违规行为。

第二十七条　承担教材发行的机构应取得相应的资质，根据出版发行相关管理规定，最近5年内未受到出版主管部门处罚，无其他违法违纪违规行为。

各级出版管理部门、市场监督管理部门会同教育行政部门指导、监督教材发行机构，健全发行机制，确保课前到书。

第七章　选用与使用

第二十八条　国务院教育行政部门负责宏观指导职业院校教材选用使用工作。省级教育行政部门负责管理本地区职业院校教材选用使用工作，制定各类教材的具体选用办法。

第二十九条　教材选用须遵照以下原则：

（一）教材选用单位须组建教材选用委员会，具体负责教材的选用工作。教材选用委员会成员应包括专业教师、行业企业专家、教科研人员、教学管理人员等，成员应在本人所在单位进行公示。

（二）教材选用过程须公开、公平、公正，严格按照程序选用，并对选用结果进行公示。

第三十条　教材选用应结合区域和学校实际，切实服务人才培养。遵循以下要求：

（一）中等职业学校思想政治、语文、历史三科，必须使用国家统编教材。高等职业学校必须使用国家统编的思想政治理论课教材、马克思主义理论研究和建设工程重点教材。

（二）中等职业学校公共基础必修课程教材须在国务院教育行政部门发布的国家规划教材目录中选用。职业院校专业核心课程和高等职业学校公共基础课程教材原则上从国家和省级教育行政部门发布的规划教材目录中选用。

（三）国家和省级规划目录中没有的教材，可在职业院校教材信息库选用。

（四）不得以岗位培训教材取代专业课程教材。

（五）选用的教材必须是通过审核的版本，擅自更改内容的教材不得选用,未按照规定程序取得审核认定意见的教材不得选用。

(六)不得选用盗版、盗印教材。

职业院校应严格遵照选用结果使用教材。选用境外教材,按照国家有关政策执行。

第三十一条　教材选用实行备案制度。教材选用单位在确定教材选用结果后,应报主管教育行政部门备案。省级教育行政部门每学年将本地区职业院校教材选用情况报国务院教育行政部门备案。

第八章　服务与保障

第三十二条　统筹利用现有政策和资金渠道支持职业院校教材建设。国家重点支持统编教材、国家规划教材建设以及服务国家战略教材和紧缺、薄弱领域需求的教材建设。教材编写、出版单位应加大投入,提升教材质量,打造精品教材。鼓励社会资金支持教材建设。

第三十三条　承担国家统编教材编写修订任务,主编和核心编者视同承担国家级科研课题;承担国家规划公共基础必修课和专业核心课教材编写修订任务,主编和核心编者视同承担省部级科研课题,享受相应政策待遇。审核专家根据工作实际贡献和发挥的作用参照以上标准执行。对承担国家和省级规划教材编审任务的人员,所在单位应充分保证其工作时间,将编审任务纳入工作量计算,并在评优评先、职称评定、职务(岗位)晋升方面予以倾斜。落实国家和省级教材奖励制度,加大对优秀教材的支持。

第三十四条　国务院教育行政部门应牵头建立职业院校教材信息发布和服务平台,及时发布教材编写、出版、选用及评价信息。完善教材服务网络,定期开展教材展示,加强教材统计分析、社会调查、基础文献、案例集成等专题数据库的建设和应用。加强职业院校教材研究工作。

第九章　评价与监督

第三十五条　国务院和省级教育行政部门分别建立教材选用跟踪调查制度,组织专家对教材选用工作进行评价、对教材质量进行抽查。职业院校定期进行教材使用情况调查和分析,并形成教材使用情况报告报主管教育行政部门备案。

第三十六条　国务院和省级教育行政部门对职业院校教材管理工作进行监督检查,将教材工作纳入地方教育督导评估重要内容,纳入职业院校评估、项目遴选、重点专业建设和教学质量评估等考核指标体系。

第三十七条　国家教育、出版管理、市场监督管理等部门依据职责对教材编写、审核、出版、发行、选用等环节中存在违规行为的单位和人员实行负面清单制度,通报有关机构和学校。对存在违规情况的有关责任人,视情节严重程度和所造成的影响,依照有关规定给予相应处分。涉嫌犯罪的,依法追究刑事责任。编写者出现违法违纪情形的,必须及时更换。

第三十八条　存在下列情形之一的,相应教材停止使用,视情节轻重和所造成的影响,由上级或同级主管部门给予通报批评、责令停止违规行为,并由主管部门按规定对相关责任人给予相应处分。对情节严重的单位和个人列入负面清单;涉嫌犯罪的,依法追究刑事责任。

(一)教材内容政治方向、价值导向存在问题。

(二)教材内容出现严重的科学性错误。

(三)教材所含链接内容存在问题,产生严重后果。

(四)盗版盗印教材。

(五)违规编写出版国家统编教材及其他公共基础必修课程教材。

(六)用不正当手段严重影响教材审核、选用工作。

(七)未按规定程序选用,选用未经审核或审核未通过的教材。

(八)在教材中擅自使用国家规划教材标识,或使用可能误导职业院校教材选用的相似标识及表述,如标注主体或范围不明确的"规划教材""示范教材"等字样,或擅自标注"全国""国家"等字样。

(九)其他造成严重后果的违法违纪违规行为。

第十章　附　则

第三十九条　省级教育行政部门应根据本办法制定实施细则。有关部门可依据本办法制定所属职业院校教材管理的实施细则。作为教材使用的讲义、教案和教案以及数字教材参照本办法管理。

第四十条　本办法自印发之日起施行。其他职业院校教材管理制度,凡与本办法有关规定不一致的,以本办法为准。与本办法规定不一致且难以立刻终止的,应在本办法印发之日起6个月内纠正。

本办法由国务院教育行政部门负责解释。

普通高等学校教材管理办法

第一章　总　则

第一条　为贯彻党中央、国务院关于加强和改进新形势下大中小学教材建设的意见,全面加强党的领导,落实国家事权,加强普通高等学校(以下简称高校)教材管理,打造精品教材,切实提高教材建设水平,根据《中华人民共和国教育法》《中华人民共和国高等教育法》等法律法规,制定本办法。

第二条　本办法所称高校教材是指供普通高等学校使用的教学用书,以及作为教材内容组成部分的教学材料(如教材的配套音视频资源、图册等)。

第三条　高校教材必须体现党和国家意志。坚持马克思主义指导地位,体现马克思主义中国化要求,体现中国和中华民族风格,体现党和国家对教育的基本要求,体现国家和民族基本价值观,体现人类文化知识积累和创新成果。

全面贯彻党的教育方针,落实立德树人根本任务,扎根中国大地,站稳中国立场,充分体现社会主义核心价值观,加强爱国主义、集体主义、社会主义教育,引导学生坚定道路自信、理论自信、制度自信、文化自信,成为担当中华民族复兴大任的时代新人。

第四条　国务院教育行政部门、省级教育部门、高校科学规划教材建设,重视教材质量,突出教材特色。马克思主义理论研究和建设工程重点教材实行国家统一编写、统一审核、统一使用。

第二章　管理职责

第五条　在国家教材委员会指导和统筹下,高校教材实行国务院教育行政部门、省级教育部门和高校分级管理。

第六条　国务院教育行政部门牵头负责高校教材建设的整体规划和宏观管理,制定基本制度规范,负责组织或参与组织国家统编教材等意识形态属性较强教材的编写、审核和使用,指导、监督省级教育部门和高校教材工作。

其他中央有关部门指导、监督所属高校教材工作。

第七条　省级教育部门落实国家关于高校教材建设和管理的政策,指导和统筹本地区高校教材工作,明确教材管理的专门机构和人员,建立健全教材管理相应工作机制,加强对所属高校教材工作的检查监督。

第八条　高校落实国家教材建设相关政策,成立教材工作领导机构,明确专门工作部门,健全校内教材管理制度,负责教材规划、编写、审核、选用。高校党委对本校教材工作负总责。

第三章　教材规划

第九条　高校教材实行国家、省、学校三级规划制度。各级规划应有效衔接,各有侧重,适应不同层次、不同类型学校人才培养和教学需要。

第十条　国务院教育行政部门负责制定全国高等教育教材建设规划。继续推进规划教材建设,采取编选结合方式,重点组织编写和遴选公共基础课程教材、专业核心课程教材,以及适应国家发展战略需求的相关学科紧缺教材,组织建设信息技术与教育教学深度融合、多种介质综合运用、表现力丰富的新形态教材。

第十一条　省级教育部门可根据本地实际,组织制定体现区域学科优势与特色的教材规划。

第十二条　高校须根据人才培养目标和学科优势,制定本校教材建设规划。一般高校以选用教材为主,综合实力较强的高校要将编写教材作为规划的重要内容。

第四章　教材编写

第十三条　教材编写依据教材建设规划以及学科专业或课程教学标准,服务高等教育教学改革和人才培养。教材编写应符合以下要求:

(一)以马克思列宁主义、毛泽东思想、邓小平理论、"三个代表"重要思想、科学发展观、习近平新时代中国特色社会主义思想为指导,有机融入中华优秀传统文化、革命传统、法治意识和国家安全、民族团结以及生态文明教育,努力构建中国特色、融通中外的概念范畴、理论范式和话语体系,防范错误政治观点和思潮的影响,引导学生树立正确的世界观、人生观和价值观,努力成为德智体美劳全面发展的社会主义建设者和接班人。

(二)坚持理论联系实际,充分反映中国特色社会主义实践,反映相关学科教学和科研最新进展,反映经济社会和科技发展对人才培养提出的新要求,全面准确阐述学科专业的基本理论、基础知识、基本方法和学术体系。选文篇目内容积极向上、导向正确,选文作者历史评价正面,有良好的社会形象。

(三)遵循教育教学规律和人才培养规律,能够满足教学需要。结构严谨、逻辑性强、体系完备,能反映教学内容的内在联系、发展规律及学科专业特有的思维方式。体现创新性和学科特色,富有启发性,有利于激发学习兴趣及创新潜能。

(四)编排科学合理,符合学术规范。遵守知识产权保护等国家法律、行政法规,不得有民族、地域、性别、职业、年龄歧视等内容,不得有商业广告或变相商业广告。

第十四条　教材编写人员应经所在单位党组织审核同意,由所在单位公示。编写人员应符合以下条件:

(一)政治立场坚定,拥护中国共产党的领导,认同中国特色社会主义,坚定"四个自信",自觉践行社会主义核心价值观,具有正确的世界观、人生观、价值观,坚持正确的国家观、民族观、历史观、文化观、宗教观,没有违背党的理论和路线方针政策的言行。

(二)学术功底扎实,学术水平高,学风严谨,一般应具有高级专业技术职务。熟悉高等教育教学实际,了解人才培养规律。了解教材编写工作,文字表达能力强。有丰富的教学、科研经验,新兴学科、紧缺专业可适当放宽要求。

(三)遵纪守法,有良好的思想品德、社会形象和师德师风。

(四)有足够时间和精力从事教材编写修订工作。

第十五条　教材编写实行主编负责制。主编主持编写工作并负责统稿,对教材总体质量负责,参编人员对所编写内容负责。专家学者个人编写的教材,由编写者对教材质量负全责。主编须符合本办法第十四条规定外,还需符合以下条件:

(一)坚持正确的学术导向,政治敏锐性强,能够辨别并抵制各种错误政治观点和思潮,自觉运用中国特色话语体系。

(二)具有高级专业技术职务,在本学科有深入研究和较高造诣,或是全国知名专家、学术领军人物,在相关教材或学科教学方面取得有影响的研究成果,熟悉教材编写工作,有丰富的教材编写经验。

第十六条　高校教材须及时修订,根据党的理论创新成果、科学技术最新突破、学术研究最新进展等,充实新的内容。建立高校教材周期修订制度,原则上按学制周期修订。及时淘汰内容陈旧、缺乏特色或难以修订的教材。

第十七条　高校要加强教材编写队伍建设,注重培养优秀编写人才;支持全国知名专家、学术领军人物、学术水平高且教学经验丰富的学科带头人、教学名师、优秀教师参加教材编写工作。加强与出版机构的协作,参与优秀教材选题遴选。

"双一流"建设高校与高水平大学应发挥学科优势,组织编写教材,提升我国教材的原创性,打造精品教材。支持优秀教材走出去,扩大我国学术的国际影响力。

发挥高校学科专业教学指导委员会在跨校、跨区域联合编写教材中的作用。

第五章　教材审核

第十八条　高校教材实行分级分类审核,坚持凡编必审。

国家统编教材由国家教材委员会审核。

中央有关部门、省级教育部门审核本部门组织编写的教材。高校审核本校组织编写的教材。专家学者个人编写的教材由出版机构或所在单位组织专家审核。

教材出版部门成立专门政治把关机构,建强工作队伍和专家队伍,在所组修教材正式送审前,以外聘专家为主,进行专题自查,把好政治关。

第十九条　教材审核应对照本办法第三、十三条的具体要求进行全面审核,严把政治关、学术关,促进教材质量提升。政治把关要重点审核教材的政治方向和价值导向,学术把关要重点审核教材内容的科学性、先进性和适用性。

政治立场、政治方向、政治标准要有机融入教材内容,不能简单化、"两张皮";政治上有错误的教材不能通过;选文篇目内容消极、导向不正确的,选文作者历史评价或社会形象负面的、有重大争议的,必须更换;教材编写人员政治立场、价值观和品德作风有问题的,必须更换。

严格执行重大选题备案制度。

第二十条　教材审核人员应包括相关学科专业领域专家和一线教师等。高校组织教材审核时,应有一定比例的校外专家参加。

审核人员须符合本办法第十四条要求,具有较高的政策理论水平、较强的政治敏锐性和政治鉴别力,客观公正,作风严谨,经所在单位党组织审核同意。充分发挥高校学科专业教学指导委员会、专业学会、行业组织专家的作用。

实行教材编审分离制度,遵循回避原则。

第二十一条　教材审核采用个人审读与会议审核相结合的方式,经过集体充分讨论,形成书面审核意见,得出审核结论。审核结论分"通过""重新送审"和"不予通过"三种。

除统编教材外,教材审核实行盲审制度。具体审核程序由负责组织审核的机构制定。自然科学类教材可适当简化审核流程。

第六章　教材选用

第二十二条　高校是教材选用工作主体,学校教材工作领导机构负责本校教材选用工作,制定教材选用管理办法,明确各类教材选用标准和程序。

高校成立教材选用机构,具体承担教材选用工作,马克思主义理论和思想政治教育方面的专家须占有一定的比例。充分发挥学校有关职能部门和院(系)在教材选用使用中的重要作用。

第二十三条　教材选用遵循以下原则：

（一）凡选必审。选用教材必须经过审核。

（二）质量第一。优先选用国家和省级规划教材、精品教材及获得省部级以上奖励的优秀教材。

（三）适宜教学。符合本校人才培养方案、教学计划和教学大纲要求，符合教学规律和认知规律，便于课堂教学，有利于激发学生学习兴趣。

（四）公平公正。实事求是，客观公正，严肃选用纪律和程序，严禁违规操作。

政治立场和价值导向有问题的，内容陈旧、低水平重复、简单拼凑的教材，不得选用。

第二十四条　教材选用坚持集体决策。教材选用机构组织专家通读备选教材，提出审读意见。召开审核会议，集体讨论决定。

第二十五条　选用结果实行公示和备案制度。教材选用结果在本校进行公示，公示无异议后报学校教材工作领导机构审批并备案。高校党委重点对哲学社会科学教材的选用进行政治把关。

第七章　支持保障

第二十六条　统筹利用现有政策和资金渠道支持高校教材建设。国家重点支持马克思主义理论研究和建设重点教材、国家规划教材、服务国家战略需求的教材以及紧缺、薄弱领域的教材建设。高校和其他教材编写、出版单位应加大经费投入，保障教材编写、审核、选用、研究和队伍建设、信息化建设等工作。

第二十七条　把教材建设作为高校学科专业建设、教学质量、人才培养的重要内容，纳入"双一流"建设和考核的重要指标，纳入高校党建和思想政治工作考核评估体系。

第二十八条　建立优秀教材编写激励保障机制，着力打造精品教材。承担马克思主义理论研究和建设工程重点教材编写修订任务，主编和核心编者视同承担国家级科研课题；承担国家规划专业核心课程教材编写修订任务，主编和核心编者视同承担省部级科研课题，享受相应政策待遇，作为参评"长江学者奖励计划""万人计划"等国家重大人才工程的重要成果。审核专家根据工作实际贡献和发挥的作用参照以上标准执行。教材编审工作纳入所在单位工作量考核，作为职务评聘、评优评先、岗位晋升的重要指标。落实国家和省级教材奖励制度，加大对优秀教材的支持。

第八章　检查监督

第二十九条　国务院教育行政部门、省级教育部门负责对高校教材工作开展检查监督，相关工作纳入教育督导考评体系。

高校要完善教材质量监控和评价机制，加强对本校教材工作的检查监督。

第三十条　出现以下情形之一的，教材须停止使用，视情节轻重和所造成的影响，由上级或同级主管部门给予通报批评、责令停止违规行为，并由主管部门按规定对相关责任人给予相应处分。对情节严重的单位和个人列入负面清单；涉嫌犯罪的，依法追究刑事责任：

（一）教材内容的政治方向和价值导向存在问题。

（二）教材内容出现严重科学性错误。

（三）教材所含链接内容存在问题，产生严重后果。

（四）盗版盗印教材。

（五）违规编写出版国家统编教材及其他公共基础必修课程教材。

（六）用不正当手段严重影响教材审核、选用工作。

（七）未按规定程序选用，选用未经审核或审核未通过的教材。

（八）在教材中擅自使用国家规划教材标识，或使用可能误导高校教材选用的相似标识及表述，如标注主体或范围不明确的"规划教材""示范教材"等字样，或擅自标注"全国""国家"等字样。

（九）其他造成严重后果的违法违规行为。

第三十一条　国家出版管理部门负责教材出版、印刷、发行工作的监督管理，健全质量管理体系，加强检验检测，确保教材编印质量，指导教材定价。

第九章　附　则

第三十二条　省级教育部门和高校应根据本办法制定实施细则。作为教材使用的讲义、教案和教参以及数字教材参照本办法管理。

高校选用境外教材的管理，按照国家有关政策执行。高等职业学校教材的管理，按照《职业院校教材管理办法》执行。

第三十三条　本办法自印发之日起施行，此前的相关规章制度，与本办法有关规定不一致的，以本办法为准。已开始实施且难以立刻终止的，应在本办法印发之日起6个月内纠正。

本办法由国务院教育行政部门负责解释。

未成年人学校保护规定

· 2021 年 6 月 1 日教育部令第 50 号公布
· 自 2021 年 9 月 1 日起施行

第一章　总　则

第一条　为了落实学校保护职责，保障未成年人合法权益，促进未成年人德智体美劳全面发展、健康成长，根据《中华人民共和国教育法》《中华人民共和国未成年人保护法》等法律法规，制定本规定。

第二条　普通中小学、中等职业学校（以下简称学校）对本校未成年人（以下统称学生）在校学习、生活期间合法权益的保护，适用本规定。

第三条　学校应当全面贯彻国家教育方针，落实立德树人根本任务，弘扬社会主义核心价值观，依法办学、依法治校，履行学生权益保护法定职责，健全保护制度，完善保护机制。

第四条　学校学生保护工作应当坚持最有利于未成年人的原则，注重保护和教育相结合，适应学生身心健康发展的规律和特点；关心爱护每个学生，尊重学生权利，听取学生意见。

第五条　教育行政部门应当落实工作职责，会同有关部门健全学校学生保护的支持措施、服务体系，加强对学校学生保护工作的支持、指导、监督和评价。

第二章　一般保护

第六条　学校应当平等对待每个学生，不得因学生及其父母或者其他监护人（以下统称家长）的民族、种族、性别、户籍、职业、宗教信仰、教育程度、家庭状况、身心健康情况等歧视学生或者对学生进行区别对待。

第七条　学校应当落实安全管理职责，保护学生在校期间人身安全。学校不得组织、安排学生从事抢险救灾、参与危险性工作，不得安排学生参加商业性活动及其他不宜学生参加的活动。

学生在校内或者本校组织的校外活动中发生人身伤害事故的，学校应当依据有关规定妥善处理，及时通知学生家长；情形严重的，应当按规定向有关部门报告。

第八条　学校不得设置侵犯学生人身自由的管理措施，不得对学生在课间及其他非教学时间的正当交流、游戏、出教室活动等言行自由设置不必要的约束。

第九条　学校应当尊重和保护学生的人格尊严，尊重学生名誉，保护和培育学生的荣誉感、责任感，表彰、奖励学生做到公开、公平、公正；在教育、管理中不得使用任何贬损、侮辱学生及其家长或者所属特定群体的言行、方式。

第十条　学校采集学生个人信息，应当告知学生及其家长，并对所获得的学生及其家庭信息负有管理、保密义务，不得毁弃以及非法删除、泄露、公开、买卖。

学校在奖励、资助、申请贫困救助等工作中，不得泄露学生个人及其家庭隐私；学生的考试成绩、名次等学业信息，学校应当便利学生本人和家长知晓，但不得公开，不得宣传升学情况；除因法定事由，不得查阅学生的信件、日记、电子邮件或者其他网络通讯内容。

第十一条　学校应当尊重和保护学生的受教育权利，保障学生平等使用教育教学设施设备、参加教育教学计划安排的各种活动，并在学业成绩和品行上获得公正评价。

对身心有障碍的学生，应当提供合理便利，实施融合教育，给予特别支持；对学习困难、行为异常的学生，应当以适当方式教育、帮助，必要时，可以通过安排教师或者专业人员课后辅导等方式给予帮助或者支持。

学校应当建立留守学生、困境学生档案，配合政府有关部门做好关爱帮扶工作，避免学生因家庭因素失学、辍学。

第十二条　义务教育学校不得开除或者变相开除学生，不得以长期停课、劝退等方式，剥夺学生在校接受并完成义务教育的权利；对转入专门学校的学生，应当保留学籍，原决定机关决定转回的学生，不得拒绝接收。

义务教育学校应当落实学籍管理制度，健全辍学或者休学、长期请假学生的报告备案制度，对辍学学生应当及时进行劝返，劝返无效的，应当报告有关主管部门。

第十三条　学校应当按规定科学合理安排学生在校作息时间，保证学生有休息、参加文娱活动和体育锻炼的机会和时间，不得统一要求学生在规定的上课时间前到校参加课程教学活动。

义务教育学校不得占用国家法定节假日、休息日及寒暑假，组织学生集体补课；不得以集体补课等形式侵占学生休息时间。

第十四条　学校不得采用毁坏财物的方式对学生进行教育管理，对学生携带进入校园的违法违规物品，按规定予以暂扣的，应当统一管理，并依照有关规定予以处理。

学校不得违反规定向学生收费，不得强制要求或者设置条件要求学生及家长捐款捐物、购买商品或者服务，或者要求家长提供物质帮助、需支付费用的服务等。

第十五条　学校以发布、汇编、出版等方式使用学生作品，对外宣传或者公开使用学生个体肖像的，应当取得学生及其家长许可,并依法保护学生的权利。

第十六条　学校应当尊重学生的参与权和表达权,指导、支持学生参与学校章程、校规校纪、班级公约的制定,处理与学生权益相关的事务时,应当以适当方式听取学生意见。

第十七条　学校对学生实施教育惩戒或者处分学生的,应当依据有关规定,听取学生的陈述、申辩,遵循审慎、公平、公正的原则作出决定。

除开除学籍处分以外,处分学生应当设置期限,对受到处分的学生应当跟踪观察、有针对性地实施教育,确有改正的,到期应当予以解除。解除处分后,学生获得表彰、奖励及其他权益,不再受原处分影响。

第三章　专项保护

第十八条　学校应当落实法律规定建立学生欺凌防控和预防性侵害、性骚扰等专项制度,建立对学生欺凌、性侵害、性骚扰行为的零容忍处理机制和受伤害学生的关爱、帮扶机制。

第十九条　学校应当成立由校内相关人员、法治副校长、法律顾问、有关专家、家长代表、学生代表等参与的学生欺凌治理组织,负责学生欺凌行为的预防和宣传教育、组织认定、实施矫治、提供援助等。

学校应当定期针对全体学生开展防治欺凌专项调查,对学校是否存在欺凌等情形进行评估。

第二十条　学校应当教育、引导学生建立平等、友善、互助的同学关系,组织教职工学习预防、处理学生欺凌的相关政策、措施和方法,对学生开展相应的专题教育,并且应当根据情况给予相关学生家长必要的家庭教育指导。

第二十一条　教职工发现学生实施下列行为的,应当及时制止:

(一)殴打、脚踢、掌掴、抓咬、推撞、拉扯等侵犯他人身体或者恐吓威胁他人;

(二)以辱骂、讥讽、嘲弄、挖苦、起侮辱性绰号等方式侵犯他人人格尊严;

(三)抢夺、强拿硬要或者故意毁坏他人财物;

(四)恶意排斥、孤立他人,影响他人参加学校活动或者社会交往;

(五)通过网络或者其他信息传播方式捏造事实诽谤他人、散布谣言或者错误信息诋毁他人、恶意传播他人隐私。

学生之间,在年龄、身体或者人数等方面占优势的一方蓄意或者恶意对另一方实施前款行为,或者以其他方

式欺压、侮辱另一方,造成人身伤害、财产损失或者精神损害的,可以认定为构成欺凌。

第二十二条　教职工应当关注因身体条件、家庭背景或者学习成绩等可能处于弱势或者特殊地位的学生,发现学生存在被孤立、排挤等情形的,应当及时干预。

教职工发现学生有明显的情绪反常、身体损伤等情形,应当及时沟通了解情况,可能存在被欺凌情形的,应当及时向学校报告。

学校应当教育、支持学生主动、及时报告所发现的欺凌情形,保护自身和他人的合法权益。

第二十三条　学校接到关于学生欺凌报告的,应当立即开展调查,认为可能构成欺凌的,应当及时提交学生欺凌治理组织认定和处置,并通知相关学生的家长参与欺凌行为的认定和处理。认定构成欺凌的,应当对实施或者参与欺凌行为的学生作出教育惩戒或者纪律处分,并对其家长提出加强管教的要求,必要时,可以由法治副校长、辅导员对学生及其家长进行训导、教育。

对违反治安管理或者涉嫌犯罪等严重欺凌行为,学校不得隐瞒,应当及时向公安机关、教育行政部门报告,并配合相关部门依法处理。

不同学校学生之间发生的学生欺凌事件,应当在主管教育行政部门的指导下建立联合调查机制,进行认定和处理。

第二十四条　学校应当建立健全教职工与学生交往行为准则、学生宿舍安全管理规定、视频监控管理规定等制度,建立预防、报告、处置性侵害、性骚扰工作机制。

学校应当采取必要措施预防并制止教职工以及其他进入校园的人员实施以下行为:

(一)与学生发生恋爱关系、性关系;

(二)抚摸、故意触碰学生身体特定部位等猥亵行为;

(三)对学生作出调戏、挑逗或者具有性暗示的言行;

(四)向学生展示传播包含色情、淫秽内容的信息、书刊、影片、音像、图片或者其他淫秽物品;

(五)持有包含淫秽、色情内容的视听、图文资料;

(六)其他构成性骚扰、性侵害的违法犯罪行为。

第四章　管理要求

第二十五条　学校应当制定规范教职工、学生行为的校规校纪。校规校纪应当内容合法、合理,制定程序完备,向学生及其家长公开,并按照要求报学校主管部门备案。

第二十六条　学校应当严格执行国家课程方案,按

照要求开齐开足课程、选用教材和教学辅助资料。学校开发的校本课程或者引进的课程应当经过科学论证,并报主管教育行政部门备案。

学校不得与校外培训机构合作向学生提供有偿的课程或者课程辅导。

第二十七条　学校应当加强作业管理,指导和监督教师按照规定科学适度布置家庭作业,不得超出规定增加作业量,加重学生学习负担。

第二十八条　学校应当按照规定设置图书馆、班级图书角,配备适合学生认知特点、内容积极向上的课外读物,营造良好阅读环境,培养学生阅读习惯,提升阅读质量。

学校应当加强读物和校园文化环境管理,禁止含有淫秽、色情、暴力、邪教、迷信、赌博、恐怖主义、分裂主义、极端主义等危害未成年人身心健康内容的读物、图片、视听作品等,以及商业广告、有悖于社会主义核心价值观的文化现象进入校园。

第二十九条　学校应当建立健全安全风险防控体系,按照有关规定完善安全、卫生、食品等管理制度,提供符合标准的教育教学设施、设备等,制定自然灾害、突发事件、极端天气和意外伤害应急预案,配备相应设施并定期组织必要的演练。

学生在校期间学校应当对校园实行封闭管理,禁止无关人员进入校园。

第三十条　学校应当以适当方式教育、提醒学生及家长,避免学生使用兴奋剂或者镇静催眠药、镇痛剂等成瘾性药物;发现学生使用的,应当予以制止、向主管部门或者公安机关报告,并应当及时通知家长,但学生因治疗需要并经执业医师诊断同意使用的除外。

第三十一条　学校应当建立学生体质监测制度,发现学生出现营养不良、近视、肥胖、龋齿等倾向或者有导致体质下降的不良行为习惯,应当进行必要的管理、干预,并通知家长,督促、指导家长实施矫治。

学校应当完善管理制度,保障学生在课间、课后使用学校的体育运动场地、设施开展体育锻炼;在周末和节假日期间,按规定向学生和周边未成年人免费或者优惠开放。

第三十二条　学校应当建立学生心理健康教育管理制度,建立学生心理健康问题的早期发现和及时干预机制,按照规定配备专职或者兼职心理健康教育教师、建设心理辅导室,或者通过购买专业社工服务等多种方式为学生提供专业化、个性化的指导和服务。

有条件的学校,可以定期组织教职工进行心理健康状况测评,指导、帮助教职工以积极、乐观的心态对待学生。

第三十三条　学校可以禁止学生携带手机等智能终端产品进入学校或者在校园内使用;对经允许带入的,应当统一管理,除教学需要外,禁止带入课堂。

第三十四条　学校应当将科学、文明、安全、合理使用网络纳入课程内容,对学生进行网络安全、网络文明和防止沉迷网络的教育,预防和干预学生过度使用网络。

学校为学生提供的上网设施,应当安装未成年人上网保护软件或者采取其他安全保护技术措施,避免学生接触不适宜未成年人接触的信息;发现网络产品、服务、信息有危害学生身心健康内容的,或者学生利用网络实施违法活动的,应当立即采取措施并向有关主管部门报告。

第三十五条　任何人不得在校园内吸烟、饮酒。学校应当设置明显的禁止吸烟、饮酒的标识,并不得以烟草制品、酒精饮料的品牌冠名学校、教学楼、设施设备及各类教学、竞赛活动。

第三十六条　学校应当严格执行入职报告和准入查询制度,不得聘用有下列情形的人员:

(一)受到剥夺政治权利或者因故意犯罪受到有期徒刑以上刑事处罚的;

(二)因卖淫、嫖娼、吸毒、赌博等违法行为受到治安管理处罚的;

(三)因虐待、性骚扰、体罚或者侮辱学生等情形被开除或者解聘的;

(四)实施其他被纳入教育领域从业禁止范围的行为的。

学校在聘用教职工或引入志愿者、社工等校外人员时,应当要求相关人员提交承诺书;对在聘人员应当按照规定定期开展核查,发现存在前款规定情形的人员应当及时解聘。

第三十七条　学校发现拟聘人员或者在职教职工存在下列情形的,应当对有关人员是否符合相应岗位要求进行评估,必要时可以安排有专业资质的第三方机构进行评估,并将相关结论作为是否聘用或者调整工作岗位、解聘的依据:

(一)有精神病史的;

(二)有严重酗酒、滥用精神类药物史的;

(三)有其他可能危害未成年人身心健康或者可能造成不良影响的身心疾病的。

第三十八条　学校应当加强对教职工的管理,预防和制止教职工实施法律、法规、规章以及师德规范禁止的行为。学校及教职工不得实施下列行为:

(一)利用管理学生的职务便利或者招生考试、评奖评优、推荐评价等机会,以任何形式向学生及其家长索取、收受财物或者接受宴请、其他利益;

(二)以牟取利益为目的,向学生推销或者要求、指定学生购买特定辅导书、练习册等教辅材料或者其他商品、服务;

(三)组织、要求学生参加校外有偿补课,或者与校外机构、个人合作向学生提供其他有偿服务;

(四)诱导、组织或者要求学生及其家长登录特定经营性网站,参与视频直播、网络购物、网络投票、刷票等活动;

(五)非法提供、泄露学生信息或者利用所掌握的学生信息牟取利益;

(六)其他利用管理学生的职权牟取不正当利益的行为。

第三十九条　学校根据《校车安全管理条例》配备、使用校车的,应当依法建立健全校车安全管理制度,向学生讲解校车安全乘坐知识,培养学生校车安全事故应急处理技能。

第四十条　学校应当定期巡查校园及周边环境,发现存在法律禁止在学校周边设立的营业场所、销售网点的,应当及时采取应对措施,并报告主管教育部门或者其他有关主管部门。

学校及其教职工不得安排或者诱导、组织学生进入营业性娱乐场所、互联网上网服务营业场所、电子游戏场所、酒吧等不适宜未成年人活动的场所;发现学生进入上述场所的,应当及时予以制止、教育,并向上述场所的主管部门反映。

第五章　保护机制

第四十一条　校长是学生学校保护的第一责任人。学校应当指定一名校领导直接负责学生保护工作,并明确具体的工作机构,有条件的,可以设立学生保护专员开展学生保护工作。学校应当为从事学生保护工作的人员接受相关法律、理论和技能的培训提供条件和支持,对教职工开展未成年人保护专项培训。

有条件的学校可以整合欺凌防治、纪律处分等组织、工作机制,组建学生保护委员会,统筹负责学生权益保护及相关制度建设。

第四十二条　学校要树立以生命关怀为核心的教育理念,利用安全教育、心理健康教育、环境保护教育、健康教育、禁毒和预防艾滋病教育等专题教育,引导学生热爱生命、尊重生命;要有针对性地开展青春期教育、性教育,使学生了解生理健康知识,提高防范性侵害、性骚扰的自我保护意识和能力。

第四十三条　学校应当结合相关课程要求,根据学生的身心特点和成长需求开展以宪法教育为核心、以权利与义务教育为重点的法治教育,培养学生树立正确的权利观念,并开展有针对性的预防犯罪教育。

第四十四条　学校可以根据实际组成由学校相关负责人、教师、法治副校长(辅导员)、司法和心理等方面专业人员参加的专业辅导工作机制,对有不良行为的学生进行矫治和帮扶;对有严重不良行为的学生,学校应当配合有关部门进行管教,无力管教或者管教无效的,可以依法向教育行政部门提出申请送专门学校接受专门教育。

第四十五条　学校在作出与学生权益有关的决定前,应当告知学生及其家长,听取意见并酌情采纳。

学校应当发挥学生会、少代会、共青团等学生组织的作用,指导、支持学生参与权益保护,对于情节轻微的学生纠纷或者其他侵害学生权益的情形,可以安排学生代表参与调解。

第四十六条　学校应当建立与家长有效联系机制,利用家访、家长课堂、家长会等多种方式与学生家长建立日常沟通。

学校应当建立学生重大生理、心理疾病报告制度,向家长及时告知学生身体及心理健康状况;学校发现学生身体状况或者情绪反应明显异常、突发疾病或者受到伤害的,应当及时通知学生家长。

第四十七条　学校和教职工发现学生遭受或疑似遭受家庭暴力、虐待、遗弃、长期无人照料、失踪等不法侵害以及面临不法侵害危险的,应当依照规定及时向公安、民政、教育等有关部门报告。学校应当积极参与、配合有关部门做好侵害学生权利案件的调查处理工作。

第四十八条　教职员工发现学生权益受到侵害,属于本职工作范围的,应当及时处理;不属于本职工作范围或者不能处理的,应当及时报告班主任或学校负责人;必要时可以直接向主管教育行政部门或者公安机关报告。

第四十九条　学生因遭受遗弃、虐待向学校请求保护的,学校不得拒绝、推诿,需要采取救助措施的,应当先行救助。

学校应当关心爱护学生,为身体或者心理受到伤害的学生提供相应的心理健康辅导、帮扶教育。对因欺凌造成身体或者心理伤害,无法在原班级就读的学生,学生家长提出调整班级请求,学校经评估认为有必要的,应当予以支持。

第六章　支持与监督

第五十条　教育行政部门应当积极探索与人民检察院、人民法院、公安、司法、民政、应急管理等部门以及从事未成年人保护工作的相关群团组织的协同机制,加强对学校学生保护工作的指导与监督。

第五十一条　教育行政部门应当会同有关部门健全教职工从业禁止人员名单和查询机制,指导、监督学校健全准入和定期查询制度。

第五十二条　教育行政部门可以通过政府购买服务的方式,组织具有相应资质的社会组织、专业机构及其他社会力量,为学校提供法律咨询、心理辅导、行为矫正等专业服务,为预防和处理学生权益受侵害的案件提供支持。

教育行政部门、学校在与有关部门、机构、社会组织及个人合作进行学生保护专业服务与支持过程中,应当与相关人员签订保密协议,保护学生个人及家庭隐私。

第五十三条　教育行政部门应当指定专门机构或者人员承担学生保护的监督职责,有条件的,可以设立学生保护专兼职监察员负责学生保护工作,处理或者指导处理学生欺凌、性侵害、性骚扰以及其他侵害学生权益的事件,会同有关部门落实学校安全区域制度,健全依法处理涉校纠纷的工作机制。

负责学生保护职责的人员应当接受专门业务培训,具备学生保护的必要知识与能力。

第五十四条　教育行政部门应当通过建立投诉举报电话、邮箱或其他途径,受理对学校或者教职工违反本规定或者其他法律法规、侵害学生权利的投诉、举报;处理过程中发现有关人员行为涉嫌违法犯罪的,应当及时向公安机关报案或者移送司法机关。

第五十五条　县级教育行政部门应当会同民政部门,推动设立未成年人保护社会组织,协助受理涉及学生权益的投诉举报、开展侵害学生权益案件的调查和处理,指导、支持学校、教职工、家长开展学生保护工作。

第五十六条　地方教育行政部门应当建立学生保护工作评估制度,定期组织或者委托第三方对管辖区域内学校履行保护学生法定职责情况进行评估,评估结果作为学校管理水平评价、校长考评考核的依据。

各级教育督导机构应当将学校学生保护工作情况纳入政府履行教育职责评价和学校督导评估的内容。

第七章　责任与处理

第五十七条　学校未履行未成年人保护法规定的职责,违反本规定侵犯学生合法权利的,主管教育行政部门应当责令改正,并视情节和后果,依照有关规定和权限分别对学校的主要负责人、直接责任人或者其他责任人员进行诫勉谈话、通报批评、给予处分或者责令学校给予处分;同时,可以给予学校1至3年不得参与相应评奖评优,不得获评各类示范、标兵单位等荣誉的处理。

第五十八条　学校未履行对教职工的管理、监督责任,致使发生教职工严重侵害学生身心健康的违法犯罪行为,或者有包庇、隐瞒不报,威胁、阻拦报案,妨碍调查、对学生打击报复等行为的,主管教育部门应当对主要负责人和直接责任人给予处分或者责令学校给予处分;情节严重的,应当移送有关部门查处,构成违法犯罪的,依法追究相应法律责任。因监管不力、造成严重后果而承担领导责任的校长,5年内不得再担任校长职务。

第五十九条　学校未按本规定建立学生权利保护机制,或者制定的校规违反法律法规和本规定,由主管教育部门责令限期改正、给予通报批评;情节严重、影响较大或者逾期不改正的,可以对学校主要负责人和直接负责人给予处分或者责令学校给予处分。

第六十条　教职工违反本规定的,由学校或者主管教育部门依照事业单位人员管理、中小学教师管理的规定予以处理。

教职工实施第二十四条第二款禁止行为的,应当依法予以开除或者解聘;有教师资格的,由主管教育行政部门撤销教师资格,纳入从业禁止人员名单;涉嫌犯罪的,移送有关部门依法追究责任。

教职工违反第三十八条规定牟取不当利益的,应当责令退还所收费用或者所获利益,给学生造成经济损失的,应当依法予以赔偿,并视情节给予处分,涉嫌违法犯罪的移送有关部门依法追究责任。

学校应当根据实际,建立健全校内其他工作人员聘用和管理制度,对其他人员违反本规定的,根据情节轻重予以校内纪律处分直至予以解聘,涉嫌违反治安管理或者犯罪的,移送有关部门依法追究责任。

第六十一条　教育行政部门未履行对学校的指导、监督职责,管辖区域内学校出现严重侵害学生权益情形的,由上级教育行政部门、教育督导机构责令改正、予以通报批评,情节严重的依法追究主要负责人或者直接责任人的责任。

第八章　附　则

第六十二条　幼儿园、特殊教育学校应当根据未成年人身心特点，依据本规定有针对性地加强在园、在校未成年人合法权益的保护，并参照本规定、结合实际建立保护制度。

幼儿园、特殊教育学校及其教职工违反保护职责，侵害在园、在校未成年人合法权益的，应当适用本规定从重处理。

第六十三条　本规定自2021年9月1日起施行。

学前、小学、中学等不同学段近视防控指引

· 2021年5月21日
· 教体艺厅函〔2021〕24号

一、学前阶段（0—6周岁）

关键词：呵护引导，快乐成长

幼儿刚出生时是远视眼状态。0—6周岁阶段，孩子视觉系统处于从"远视眼"向"正视眼"快速发展的关键阶段，呵护孩子视力健康应以让他们快乐成长为目标科学引导。

1. 户外活动很重要，沐浴阳光防近视

0—6周岁是早期近视防控的关键期。户外活动能有效预防和控制近视。幼儿园老师和家长应鼓励并带领孩子多参加以玩乐为主的户外活动或简单的体育运动，保证每日户外活动时间两小时以上。注意在户外活动中预防晒伤和其他意外伤害的发生。

2. 电子视屏要严控，过早使用眼损伤

在幼儿眼睛发育的关键期，过多接触电子屏幕会造成不可逆眼部损伤。建议0—3岁幼儿禁用手机、电脑等视屏类电子产品，3—6岁幼儿也应尽量避免接触和使用。托幼机构尽量避免使用电子屏教学。

3. 远离幼儿小学化，注重体验乐成长

学龄前幼儿不宜读写，避免过早施加学习压力。要主动远离幼儿园小学化倾向，让幼儿快乐成长，充分使用各种感官探索和体验。近距离注视场景下，距离应保持50厘米以上。对于学习钢琴等乐器的孩子，琴谱字体要尽量大，保证练习时环境光照亮度，每次连续练习时间不超过20分钟。

4. 睡眠确保十小时，膳食营养要多样

幼儿的营养水平和睡眠质量与成年后身体素质息息相关，应注意保持规律、健康的生活方式。每天应保证充足睡眠时间10小时以上。注意膳食营养均衡，多吃水果蔬菜，少吃甜食和油炸食品。

5. 密切关注眼健康，从小就要来建档

家长要时刻关注孩子的眼健康，在新生儿健康体检时就要主动进行视力筛查。及时为幼儿建立屈光发育档案，三岁后每3—6个月定期监测视力和屈光发育情况，发现异常应及时就诊。重视入园眼健康检查。家长在家可教会孩子通过视力表进行视力检测，做到早监测、早发现、早预警、早干预。

二、小学阶段（6—12周岁）

关键词：习惯养成，积极预防

小学低年级阶段，孩子需要适应环境和角色的转变，近视防控应以养成良好习惯为主，要定期密切关注视力与屈光发育情况，预防近视发生。小学高年级阶段，要注意用眼卫生，把近视防控与素质教育结合，科学防控近视发生发展。

1. 户外活动要保障，体育爱好宜广泛

学校和家长应共同营造良好的体育运动氛围，创造条件让孩子多参加户外活动，鼓励课间休息时间和体育课到室外活动。家长应多带孩子到户外活动，每日户外活动时间累计达到两小时以上。低年级小学生应注重锻炼习惯的养成，把体育运动作为兴趣爱好。高年级小学生可适当增加有氧体育运动。注意在户外活动中预防晒伤和其他意外伤害的发生。

2. 正确姿势不能忘，用眼环境要敞亮

学习时，阅读和书写的环境非常重要。环境的采光照明要科学，学习场所要保证充足的光照亮度。光线不足时，应通过台灯辅助进行双光源照明，台灯应摆放在写字手的对侧前方，避免眩光。桌椅高度要与孩子的身高和坐高匹配并及时调整。小学低年级阶段是培养阅读和书写姿势的关键时期，注意标准读写姿势与习惯，做到书本离眼睛一尺、胸口离桌一拳、握笔手指离笔尖一寸。学校和家长应严格姿势训练，及时纠正错误姿势。教导孩子不要躺在床上或沙发上看书，不要在摇晃的车厢内看书。

3. 视屏时间不要长，课外不要增负担

小学生应严格控制视屏类电子产品使用时长。学校应谨慎开展线上课程学习，尽量不布置线上作业。家长应配合学校切实减轻孩子作业负担，减少校外培训尤其是线上校外培训，切勿忽视孩子兴趣和视力健康盲目报班。

4. 阅读材料要优选，纸质读物不反光

阅读材料的图画和字体不宜过小，选择哑光纸质读

物。小学低年级段的阅读材料应以大字体图文为主,小学高年级段的阅读材料字体不宜过小。

5. 读写间隔多休息,劳逸结合眼舒适

小学生应控制持续阅读和书写的时间。低年级段小学生每次连续读写不超过 20 分钟,高年级段小学生每次连续读写不超过 30 分钟。休息时应走出教室进行户外活动或远眺。

6. 均衡膳食有营养,规律作息更健康

家长要督促孩子保持规律、健康的生活方式。每天保证充足睡眠时间 10 小时。注意营养均衡,强调食物多样性,多吃水果蔬菜,少吃甜食和油炸食品。

7. 积极定期查视力,及时干预降风险

小学生每年应进行 2—4 次视力检查。学校和家长应重视定期开展视力检查,及时查阅检查结果。学校若发现视力出现异常现象的学生,应及时提醒家长带孩子前往正规的医疗机构进一步检查确认。

8. 近视不可乱投医,正规机构去就诊

学生近视后,不可病急乱投医,不要迷信近视可治愈等虚假广告,应到正规的医疗机构就诊,并遵从医嘱进行科学干预和矫正。

三、中学阶段（12—18 周岁）

关键词:主动参与,科学防控

中学阶段,孩子进入青春期,有了独立自主意识,近视防控需要孩子主动参与和多方支持。初中阶段仍应以防为主,加强体育锻炼,防止近视发生与发展。高中阶段身体发育逐渐接近成年,学业压力增加,应在学习与生活上实现平衡,坚持防控近视,已经近视的要避免发展成为高度近视。已发展成为高度近视的学生要重视防控并发症。

1. 主动学好眼知识,科学把握眼健康

树立"每个人是自身健康的第一责任人"意识,主动学习掌握科学用眼护眼等健康知识,并向家长宣传。积极关注自身视力状况,自我感觉视力发生明显变化时,及时告知家长和教师,尽早到眼科医疗机构检查和治疗,做到早发现、早干预、早治疗。

2. 劳逸结合很关键,三个"20"多提倡

中学生学业压力递增,应注意劳逸结合,保持心情舒畅。在校期间,应把握好课间休息时间和体育课活动时间,多远眺或到户外活动。课余和周末尽量多参加户外活动,积极参加体育运动,及时调解压力。牢记"20—20—20"原则,近距离用眼 20 分钟,要注意看 20 英尺(6 米)外的远处物体 20 秒钟放松眼睛。

3. 采光照明莫大意,学习环境严把关

阅读书写时环境很重要,要保证充足的光照亮度。光线不足时,可通过台灯辅助照明,台灯要摆放在写字手的对侧前方。为保证正确的读写姿势,要选择高度合适的课桌椅。

4. 阅读书写有讲究,连续时间勿过长

中学生应控制持续阅读和书写的时间,每次连续读写尽量不超过 40 分钟。平常阅读时尽量选择字体大小合适的纸质读物,字体不宜过小,材质尽量不要有反光。

5. 电子产品控时长,视屏距离要保持

自觉控制视屏类电子产品使用时长,减少非学习目的的视屏类电子产品使用。使用视屏类电子产品时,尽量选择大尺寸的屏幕,保持 50 厘米以上的注视距离。

6. 饮食营养要均衡,充足睡眠需保障

中学生应养成规律、健康的生活方式。每天保证 8—9 小时睡眠时间。注意营养均衡,强调食物多样性,多吃水果蔬菜,少吃甜食和油炸食品。

7. 近视普查应重视,高度近视要防范

应重视学校开展的近视普查,及时查阅检查结果。发现视力异常或上课发现看黑板不清楚应尽早告知家长,及时前往医院进一步检查确认。初中生每年应进行 2—4 次视力筛查。高中生近视发生率明显增加,近视戴镜矫正后应定期复查,尽量每半年复查一次,控制近视发展,避免成为高度近视。

8. 矫正方法要科学,虚假广告莫相信

目前暂未出现证实有效的近视治疗药物或保健产品,一旦近视,应到正规的医疗机构就诊,进行科学矫正。不可病急乱投医,迷信近视可治愈等虚假广告。

关于进一步减轻义务教育阶段学生作业负担和校外培训负担的意见

·2021 年 7 月

为深入贯彻党的十九大和十九届五中全会精神,切实提升学校育人水平,持续规范校外培训(包括线上培训和线下培训),有效减轻义务教育阶段学生过重作业负担和校外培训负担(以下简称"双减"),现提出如下意见。

一、总体要求

1. 指导思想。坚持以习近平新时代中国特色社会主义思想为指导,全面贯彻党的教育方针,落实立德树人根本任务,着眼建设高质量教育体系,强化学校教育主阵地作用,深化校外培训机构治理,坚决防止侵害群众利益行

为，构建教育良好生态，有效缓解家长焦虑情绪，促进学生全面发展、健康成长。

2. 工作原则。坚持学生为本、回应关切，遵循教育规律，着眼学生身心健康成长，保障学生休息权利，整体提升学校教育教学质量，积极回应社会关切与期盼，减轻家长负担；坚持依法治理、标本兼治，严格执行义务教育法、未成年人保护法等法律规定，加强源头治理、系统治理、综合治理；坚持政府主导、多方联动，强化政府统筹，落实部门职责，发挥学校主体作用，健全保障政策，明确家校社协同责任；坚持统筹推进、稳步实施，全面落实国家关于减轻学生过重学业负担有关规定，对重点难点问题先行试点，积极推广典型经验，确保"双减"工作平稳有序。

3. 工作目标。学校教育教学质量和服务水平进一步提升，作业布置更加科学合理，学校课后服务基本满足学生需要，学生学习更好回归校园，校外培训机构培训行为全面规范。学生过重作业负担和校外培训负担、家庭教育支出和家长相应精力负担1年内有效减轻、3年内成效显著，人民群众教育满意度明显提升。

二、全面压减作业总量和时长，减轻学生过重作业负担

4. 健全作业管理机制。学校要完善作业管理办法，加强学科组、年级组作业统筹，合理调控作业结构，确保难度不超国家课标。建立作业校内公示制度，加强质量监督。严禁给家长布置或变相布置作业，严禁要求家长检查、批改作业。

5. 分类明确作业总量。学校要确保小学一、二年级不布置家庭书面作业，可在校内适当安排巩固练习；小学三至六年级书面作业平均完成时间不超过60分钟，初中书面作业平均完成时间不超过90分钟。

6. 提高作业设计质量。发挥作业诊断、巩固、学情分析等功能，将作业设计纳入教研体系，系统设计符合年龄特点和学习规律、体现素质教育导向的基础性作业。鼓励布置分层、弹性和个性化作业，坚决克服机械、无效作业，杜绝重复性、惩罚性作业。

7. 加强作业完成指导。教师要指导小学生在校内基本完成书面作业，初中生在校内完成大部分书面作业。教师要认真批改作业，及时做好反馈，加强面批讲解，认真分析学情，做好答疑辅导。不得要求学生自批自改作业。

8. 科学利用课余时间。学校和家长要引导学生放学回家后完成剩余书面作业，进行必要的课业学习，从事力所能及的家务劳动，开展适宜的体育锻炼，开展阅读和文艺活动。个别学生经努力仍完不成书面作业的，也应按时就寝。引导学生合理使用电子产品，控制使用时长，保护视力健康，防止网络沉迷。家长要积极与孩子沟通，关注孩子心理情绪，帮助其养成良好学习生活习惯。寄宿制学校要统筹安排好课余学习生活。

三、提升学校课后服务水平，满足学生多样化需求

9. 保证课后服务时间。学校要充分利用资源优势，有效实施各种课后育人活动，在校内满足学生多样化学习需求。引导学生自愿参加课后服务。课后服务结束时间原则上不早于当地正常下班时间；对有特殊需要的学生，学校应提供延时托管服务；初中学校工作日晚上可开设自习班。学校可统筹安排教师实行"弹性上下班制"。

10. 提高课后服务质量。学校要制定课后服务实施方案，增强课后服务的吸引力。充分用好课后服务时间，指导学生认真完成作业，对学习有困难的学生进行补习辅导与答疑，为学有余力的学生拓展学习空间，开展丰富多彩的科普、文体、艺术、劳动、阅读、兴趣小组及社团活动。不得利用课后服务时间讲新课。

11. 拓展课后服务渠道。课后服务一般由本校教师承担，也可聘请退休教师、具备资质的社会专业人员或志愿者提供。教育部门可组织区域内优秀教师到师资力量薄弱的学校开展课后服务。依法依规严肃查处教师校外有偿补课行为，直至撤销教师资格。充分利用社会资源，发挥好少年宫、青少年活动中心等校外活动场所在课后服务中的作用。

12. 做强做优免费线上学习服务。教育部门要征集、开发丰富优质的线上教育教学资源，利用国家和各地教育教学资源平台以及优质学校网络平台，免费向学生提供高质量专题教育资源和覆盖各年级各学科的学习资源，推动教育资源均衡发展，促进教育公平。各地要积极创造条件，组织优秀教师开展免费在线互动交流答疑。各地各校要加大宣传推广使用力度，引导学生用好免费线上优质教育资源。

四、坚持从严治理，全面规范校外培训行为

13. 坚持从严审批机构。各地不再审批新的面向义务教育阶段学生的学科类校外培训机构，现有学科类培训机构统一登记为非营利性机构。对原备案的线上学科类培训机构，改为审批制。各省（自治区、直辖市）要对已备案的线上学科类培训机构全面排查，并按标准重新办理审批手续。未通过审批的，取消原有备案登记和互联网信息服务业务经营许可证（ICP）。对非学科类培训机构，各地要区分体育、文化艺术、科技等类别，明确相应主管部门，分类制定标准、严格审批。依法依规严肃查处不具备相应资质条件、未经审批场址开展培训的校外培训机构。学科类培训机构一律不得上市融资，严禁资本化运作；上市公司不得通过股票市场融资投资学科类培训机构，不得通过发行股份或支付现金等方式购买学科类培训机构资产；外资不得通过兼并收购、受托经营、加盟连锁、利用可变利益实体等方式控股或参股学科类培训机构。已违规的，要进行清理整治。

14. 规范培训服务行为。建立培训内容备案与监督制度，制定出台校外培训机构培训材料管理办法。严禁超标超前培训，严禁非学科类培训机构从事学科类培训，严禁提供境外教育课程。依法依规坚决查处超范围培训、培训质量良莠不齐、内容低俗违法、盗版侵权等突出问题。严格执行未成年人保护法有关规定，校外培训机构不得占用国家法定节假日、休息日及寒暑假期组织学科类培训。培训机构不得高薪挖抢学校教师；从事学科类培训的人员必须具备相应教师资格，并将教师资格信息在培训机构场所及网站显著位置公布；不得泄露家长和学生个人信息。根据市场需求、培训成本等因素确定培训机构收费项目和标准，向社会公示、接受监督。全面使用《中小学生校外培训服务合同（示范文本）》。进一步健全常态化排查机制，及时掌握校外培训机构情况及信息，完善"黑白名单"制度。

15. 强化常态运营监管。严格控制资本过度涌入培训机构，培训机构融资及收费应主要用于培训业务经营，坚决禁止为推销业务以虚构原价、虚假折扣、虚假宣传等方式进行不正当竞争，依法依规坚决查处行业垄断行为。线上培训要注重保护学生视力，每课时不超过 30 分钟，课程间隔不少于 10 分钟，培训结束时间不晚于 21 点。积极探索利用人工智能技术合理控制学生连续线上培训时间。线上培训机构不得提供和传播"拍照搜题"等惰化学生思维能力、影响学生独立思考、违背教育教学规律的不良学习方法。聘请在境内的外籍人员要符合国家有关规定，严禁聘请在境外的外籍人员开展培训活动。

五、大力提升教育教学质量，确保学生在校内学足学好

16. 促进义务教育优质均衡发展。各地要巩固义务教育基本均衡成果，积极开展义务教育优质均衡创建工作，促进新优质学校成长，扩大优质教育资源。积极推进集团化办学、学区化治理和城乡学校共同体建设，充分激发办学活力，整体提升学校办学水平，加快缩小城乡、区域、学校间教育水平差距。

17. 提升课堂教学质量。教育部门要指导学校健全

教学管理规程，优化教学方式，强化教学管理，提升学生在校学习效率。学校要开齐开足开好国家规定课程，积极推进幼小科学衔接，帮助学生做好入学准备，严格按课程标准零起点教学，做到应教尽教，确保学生达到国家规定的学业质量标准。学校不得随意增减课时、提高难度、加快进度；降低考试压力，改进考试方法，不得有提前结课备考、违规统考、考题超标、考试排名等行为；考试成绩呈现实行等级制，坚决克服唯分数的倾向。

18. 深化高中招生改革。各地要积极完善基于初中学业水平考试成绩、结合综合素质评价的高中阶段学校招生录取模式，依据不同科目特点，完善考试方式和成绩呈现方式。坚持以学定考，进一步提升中考命题质量，防止偏题、怪题、超过课程标准的难题。逐步提高优质普通高中招生指标分配到区域内初中的比例，规范普通高中招生秩序，杜绝违规招生、恶性竞争。

19. 纳入质量评价体系。地方各级党委和政府要树立正确政绩观，严禁下达升学指标或片面以升学率评价学校和教师。认真落实义务教育质量评价指南，将"双减"工作成效纳入县域和学校义务教育质量评价，把学生参加课后服务、校外培训及培训费用支出减少等情况作为重要评价内容。

六、强化配套治理，提升支撑保障能力

20. 保障学校课后服务条件。各地要根据学生规模和中小学教职工编制标准，统筹核定编制，配足配齐教师。省级政府要制定学校课后服务经费保障办法，明确相关标准，采取财政补贴、服务性收费或代收费等方式，确保经费筹措到位。课后服务经费主要用于参与课后服务教师和相关人员的补助，有关部门在核定绩效工资总量时，应考虑教师参与课后服务的因素，把用于教师课后服务补助的经费额度，作为增量纳入绩效工资并设立相应项目，不作为次年正常核定绩效工资总量的基数；对聘请校外人员提供课后服务的，课后服务补助可按劳务费管理。教师参加课后服务的表现应作为职称评聘、表彰奖励和绩效工资分配的重要参考。

21. 完善家校社协同机制。进一步明晰家校育人责任，密切家校沟通，创新协同方式，推进协同育人共同体建设。教育部门要会同妇联等部门，办好家长学校或网上家庭教育指导平台，推动社区家庭教育指导中心、服务站点建设，引导家长树立科学育儿观念，理性确定孩子成长预期，努力形成减负共识。

22. 做好培训广告管控。中央有关部门、地方各级党委和政府要加强校外培训广告管理，确保主流媒体、新媒

体、公共场所、居民区各类广告牌和网络平台等不刊登、不播发校外培训广告。不得在中小学校、幼儿园内开展商业广告活动，不得利用中小学和幼儿园的教材、教辅材料、练习册、文具、教具、校服、校车等发布或变相发布广告。依法依规严肃查处各种夸大培训效果、误导公众教育观念、制造家长焦虑的校外培训违法违规广告行为。

七、扎实做好试点探索，确保治理工作稳妥推进

23. 明确试点工作要求。在全面开展治理工作的同时，确定北京市、上海市、沈阳市、广州市、成都市、郑州市、长治市、威海市、南通市为全国试点，其他省份至少选择1个地市开展试点，试点内容为第24、25、26条所列内容。

24. 坚决压减学科类校外培训。对现有学科类培训机构重新审核登记，逐步大大压减，解决过多过滥问题；依法依规严肃查处存在不符合资质、管理混乱、借机敛财、虚假宣传、与学校勾连牟利等严重问题的机构。

25. 合理利用校内外资源。鼓励有条件的学校在课余时间向学生提供兴趣类课后服务活动，供学生自主选择参加。课后服务不能满足部分学生发展兴趣特长等特殊需要的，可适当引进非学科类校外培训机构参与课后服务，由教育部门负责组织遴选，供学校选择使用，并建立评估退出机制，对出现服务水平低下、恶意在校招揽生源、不按规定提供服务、扰乱学校教育教学和招生秩序等问题的培训机构，坚决取消培训资质。

26. 强化培训收费监管。坚持校外培训公益属性，充分考虑其涉及重大民生的特点，将义务教育阶段学科类校外培训收费纳入政府指导价管理，科学合理确定计价办法，明确收费标准，坚决遏制过高收费和过度逐利行为。通过第三方托管、风险储备金等方式，对校外培训机构预收费进行风险管控，加强对培训领域贷款的监管，有效预防"退费难"、"卷钱跑路"等问题发生。

八、精心组织实施，务求取得实效

27. 全面系统做好部署。加强党对"双减"工作的领导，各省（自治区、直辖市）党委和政府要把"双减"工作作为重大民生工程，列入重要议事日程，纳入省（自治区、直辖市）党委教育工作领导小组重点任务，结合本地实际细化完善措施，确保"双减"工作落实落地。学校党组织要认真做好教师思想工作，充分调动广大教师积极性、创造性。校外培训机构要加强自身党建工作，发挥党组织战斗堡垒作用。

28. 明确部门工作责任。教育部门要抓好统筹协调，会同有关部门加强对校外培训机构日常监管，指导学校做好"双减"有关工作；宣传、网信部门要加强舆论宣

引导，网信部门要配合教育、工业和信息化部门做好线上校外培训监管工作；机构编制部门要及时为中小学校补齐补足教师编制；发展改革部门要会同财政、教育等部门制定学校课后服务性或代收费标准，会同教育等部门制定试点地区校外培训机构收费指导政策；财政部门要加强学校课后服务经费保障；人力资源社会保障部门要做好教师绩效工资核定有关工作；民政部门要做好学科类培训机构登记工作；市场监管部门要做好非学科类培训机构登记工作和校外培训机构收费、广告、反垄断等方面监管工作，加大执法检查力度，会同教育部门依法依规严肃查处违法违规培训行为；政法部门要做好相关维护和谐稳定工作；公安部门要依法加强治安管理，联动开展情报信息搜集研判和预警预防，做好相关涉稳事件应急处置工作；人民银行、银保监、证监部门负责指导银行等机构做好校外培训机构预收费风险管控工作，清理整顿培训机构融资、上市等行为；其他相关部门按照各自职责负起责任、抓好落实。

29. 联合开展专项治理行动。建立"双减"工作专门协调机制，集中组织开展专项治理行动。在教育部设立协调机制专门工作机构，做好统筹协调，加强对各地工作指导。各省（自治区、直辖市）要完善工作机制，建立专门工作机构，按照"双减"工作目标任务，明确专项治理行动的路线图、时间表和责任人。突出工作重点、关键环节、薄弱地区、重点对象等，开展全面排查整治。对违法违规行为要依法依规严惩重罚，形成警示震慑。

30. 强化督促检查和宣传引导。将落实"双减"工作情况及实际成效，作为督查督办、漠视群众利益专项整治和政府履行教育职责督导评价的重要内容。建立责任追究机制，对责任不落实、措施不到位的地方、部门、学校及相关责任人要依法依规严肃追究责任。各地要设立监管平台和专门举报电话，畅通群众监督举报途径。各省（自治区、直辖市）要及时总结"双减"工作中的好经验好做法，并做好宣传推广。新闻媒体要坚持正确舆论导向，营造良好社会氛围。

各地在做好义务教育阶段学生"双减"工作的同时，还要统筹做好面向3至6岁学龄前儿童和普通高中学生的校外培训治理工作，不得开展面向学龄前儿童的线上培训，严禁以学前班、幼小衔接班、思维训练班等名义面向学龄前儿童开展线下学科类（含外语）培训。不再审批新的面向学龄前儿童的校外培训机构和面向普通高中学生的学科类校外培训机构。对面向普通高中学生的学科类校外培训机构的管理，参照本意见有关规定执行。

中小学少数民族文字教材管理办法

· 2021 年 8 月 30 日

· 教材〔2021〕4 号

第一章 总 则

第一条 为全面贯彻党的教育方针，落实立德树人根本任务，深入贯彻党中央、国务院关于加强和改进新形势下大中小学教材建设的意见，进一步加强民族地区中小学少数民族文字教材管理，切实提高教材建设水平，确保教材坚持正确的政治方向，体现社会主义核心价值观，铸牢中华民族共同体意识，培养德智体美劳全面发展的社会主义建设者和接班人，根据《全国大中小学教材建设规划（2019—2022 年）》（以下简称《规划》）和《中小学教材管理办法》，结合实际制定本办法。

第二条 本办法所称中小学少数民族文字教材（以下简称民族文字教材）是指根据国家课程教材建设规划及有关管理规定要求编写修订、翻译（编译），供义务教育学校和普通高中学校使用的少数民族语言文字教学用书，以及作为教材内容组成部分的教学材料（配套视频、图册和活动手册等）。

第三条 民族文字教材必须体现党和国家意志，坚持马克思主义指导地位，体现马克思主义中国化时代化大众化要求，体现中国和中华民族风格，体现党和国家对教育的基本要求，体现国家和民族基本价值观，体现人类文化知识积累和创新成果。

第四条 民族文字教材应按照国家和地方教材管理规定审核，未经审定的教材不得出版、选用使用。

第二章 管理职责

第五条 在国家教材委员会指导和统筹下，民族文字教材实行国家、地方和学校分级管理。

第六条 国务院教育行政部门统筹、指导、管理、监督民族文字教材建设，负责统一规划民族文字教材建设，负责统一组织少数民族语文教材及其他学科翻译（编译）版教材的审核。

第七条 省级教育行政部门负责本地区民族文字教材管理，纳入本地区中小学教材管理体系，并建立相应的工作机制，进行严格管理。组织编写少数民族语文教材并进行初审。负责对国家课程教材民族文字翻译（编译）进行初审。

第八条 使用民族文字教材的学校要严格执行国家和地方关于教材管理的规定，健全内部管理制度，用好民族文字教材。

第三章 编写修订、翻译（编译）

第九条 民族文字教材依据《规划》和有关规定要求编写修订、翻译（编译）。民族文字教材编写修订、翻译（编译）应符合以下要求：

（一）坚持正确政治方向。坚持以马克思列宁主义、毛泽东思想、邓小平理论、"三个代表"重要思想、科学发展观、习近平新时代中国特色社会主义思想为指导，坚持爱国主义、集体主义、社会主义，有机融入中华优秀传统文化、革命文化、社会主义先进文化，加强国家主权、国家安全教育，注重培养国家意识、公民意识、法治意识，深化民族团结进步教育。

（二）铸牢中华民族共同体意识。全面贯彻党的教育方针和民族理论与政策，落实立德树人根本任务，坚持以社会主义核心价值观为引领，注重把铸牢中华民族共同体意识融入教材，挖掘体现中华民族共同历史的典型人物和鲜活故事，教育引导各族师生牢固树立正确的国家观、历史观、民族观、文化观、宗教观，不断增进对伟大祖国、中华民族、中华文化、中国共产党、中国特色社会主义的认同。

（三）充分体现时代精神。教材内容既要保持相对稳定，又要坚持与时俱进，聚焦培养担当民族复兴大任的时代新人，生动展示人民群众在新时代的新实践、新业绩、新作为，及时反映新时代思想道德建设、经济社会发展和科学技术进步的新变化新成果新趋势，大力弘扬以改革创新为核心的时代精神。

（四）遵循教育教学规律。着眼于学生全面发展，依据核心素养，遵循学生成长规律、认知规律和语言习得规律等，注重联系学生思想、学习、生活实际，将知识、能力、情感、价值观培养有机结合，体现中小学教育教学改革的先进理念和优秀成果，体现全员、全程、全方位育人要求。

（五）注重教材编写的系统性。要确保教材体系完整，逻辑完备，章节安排和结构设计科学，各学段内容衔接贯通，各学科之间协调配合；选文篇目内容要导向正确、积极向上，选文作者（译者）历史评价正面、有良好社会形象；语言文字规范，插图设计合理、数量适当，图文配合得当，可读性强。

第十条 民族文字教材编写单位除应符合《中小学教材管理办法》规定的条件和资质外，要有熟悉语言文字政策和民族文字教材编写工作的专业团队。

第十一条 省级教育行政部门负责遴选政治立场坚定、思想端正、作风正派、熟悉学科的专家、教研人员和一线优秀教师组建民族文字教材编写修订、翻译（编译）队伍，落实《中小学教材管理办法》中规定的意识形态属性较强的教材相关编写要求。教材编写修订、翻译（编译）队伍应保持结构合理和相对稳定，每册核心编写人员原则上不应超过 8 人。编写单位遴选的编写人员，须经人员所在单位党组织审核同意，并由编写单位集中向社会公示。

第十二条　省级教育行政部门依据国家语文课程标准和国家统编语文教材选篇的主题和方法，结合少数民族语言文字学习需要和习得规律，组织编写少数民族语文教材。少数民族语文教材要根据中央关于教育工作、关于民族工作的最新决策部署和统编语文教材修订周期及时进行修订。

第十三条　除少数民族语文外，其他学科确需使用少数民族语言文字教学的，由省级教育行政部门从国家课程教材目录中选择版本作为母版进行少数民族语言文字翻译（编译）。国家课程教材民族文字翻译（编译）要向国务院教育行政部门和教材母版编写、出版单位备案。母版编写、出版单位应对翻译（编译）版本教材内容进行监督，每次母版修订后，应及时修订相应翻译（编译）版教材。

第四章　教材审核

第十四条　少数民族语文教材编写修订完成后，由省级教育行政部门按照地方课程教材的程序进行初审，审核通过后报国务院教育行政部门，提交国家教材委员会终审。

其他学科民族文字翻译（编译）版教材完成后，由省级教育行政部门组织初审，审核通过后报国务院教育行政部门，提交国家教材委员会专家委员会审核。

少数民族语文教材提交终审时，应按要求提供全套送审材料，同时提供少数民族文字和国家通用语言文字版本。

第十五条　省级教材审核机构应建立民族文字教材审核工作机制，负责民族文字教材的审核工作。跨省（区）编写修订的民族文字教材，由牵头省（区）省级教材审核机构负责相关工作。

第十六条　民族文字教材审核队伍应由思政专家、学科专家、课程专家、教研专家、一线优秀教师等组成，其中部分专家应兼通国家通用语言文字和少数民族语言文字。审核中根据教材涉及的专门领域内容送宣传、统战、党史研究、公安、司法、安全、科技、教育、文化和旅游、民族、宗教等部门进行专题审核。教材审核人员应依据教材审核程序、方式、标准，公正客观地进行审核，遵守政治纪律、政治规矩和有关规定。

第十七条　省级教材审核机构严格根据《中小学教材管理办法》和本办法开展审核工作。民族文字教材审核实行编审分离制度，遵循回避原则，执行重大选题备案制度。应加强政治审核，重点审核教材的政治方向和价值导向，政治上有错误的教材不予通过。

第十八条　民族文字教材审核应建立完善教材审核档案制度，对审核记录、审核报告等做好存档，审核报告须报相应教育行政部门备案。

第十九条　经国家教材委员会审核通过的民族文字教材，由国务院教育行政部门通知有关省（区）将其列入地方中小学教学用书目录。

第五章　出版发行

第二十条　民族文字教材出版发行严格执行《中小学教材管理办法》有关规定。

第二十一条　民族文字教材出版、发行单位除具备国家出版主管部门批准的教材出版、发行资质外，还应具备国家关于少数民族文字出版物公开出版、发行管理有关规定的资质。

第六章　选用使用

第二十二条　民族文字教材选用严格执行《中小学教材管理办法》有关规定。

第二十三条　教育行政部门建立民族文字教材选用、使用监测机制，对教材选用使用进行跟踪调查，定期对教材的使用情况进行评价并通报结果。民族文字教材编写、出版单位须建立教材使用跟踪机制，通过多种途径和方式收集教材使用意见，形成教材使用跟踪报告，在教材修订审核时作为必备送审材料。

第二十四条　国务院教育行政部门定期开展少数民族语文教材编写人员培训工作，提升编写人员专业素质。省级教育行政部门要组织民族文字教材编写修订、翻译（编译）人员、有关专家对一线教师开展教材使用培训，增强教师理解和应用教材的能力。

第七章　检查监督

第二十五条　国务院教育行政部门依据《中小学教材管理办法》和本办法，负责对各地民族文字教材管理工作的检查和督导。省级教育行政部门应完善民族文字教材质量监控和评价机制，加强对本区域内使用的民族文字教材的检查和监督。

第二十六条　民族文字教材出现《中小学教材管理办法》规定的退出情形的，应立即停止使用，不再列入教学用书目录。

第八章　保障机制

第二十七条　省级教育行政部门要按照实现省域内国家通用语言文字教育教学全覆盖，确保少数民族初中毕业生基本掌握和使用国家通用语言文字、高中毕业生熟练掌握和使用国家通用语言文字的目标要求，切实履行本地区中小学教材管理职能。

第二十八条　有关省（区）教育行政部门根据本地区实际和国家关于教材建设的总体要求，安排民族文字教材相关经费，纳入省（区）年度财政预算，为民族文字教材建设提供经费保障。中央财政对有关民族文字教材建设工作予以支持。

第九章　附　则

第二十九条　其他事宜按照《中小学教材管理办法》执行。

第三十条　与本办法规定不一致且难以立刻终止的，应在本办法印发之日起6个月内纠正。

第三十一条　本办法自印发之日起施行。《中小学少数民族文字教材编写审定管理暂行办法》（教民厅〔2004〕5号）、《全日制民族中小学汉语课程标准（试行）》（教民〔2006〕5号）和《民族中小学汉语课程标准（义务教育）》（教民〔2013〕4号）废止。

中小学生课外读物进校园管理办法

· 2021年3月31日
· 教材〔2021〕2号

第一条　为丰富学生阅读内容，拓展阅读活动，规范课外读物进校园管理，防止问题读物进入校园（含幼儿园），充分发挥课外读物育人功能，制定本办法。

第二条　本办法所称的课外读物是指教材和教辅之外的、进入校园供中小学生阅读的正式出版物（含数字出版产品）。

第三条　国家教育行政部门负责制定全国中小学生课外读物进校园有关政策，明确推荐标准与要求。省级教育行政部门负责课外读物进校园工作的全面指导与管理。地市、县级教育行政部门要全面把握课外读物进校园情况，负责进校园课外读物的监督检查。中小学校根据实际需要做好课外读物推荐和管理工作。

第四条　中小学校课外读物推荐工作须遵守国家相关法律法规要求，坚持以下原则：

方向性。坚持以人为本，严把政治关，严格审视课外读物价值取向，助力学生成为有理想、有本领、有担当的时代新人。

全面性。坚持"五育"并举，着眼于学生全面发展，围绕核心素养，紧密联系学生思想、学习、生活实际，满足中小学生德育、智育、体育、美育和劳动教育等方面的阅读需要，全面发展素质教育。

适宜性。符合中小学生认知发展水平，满足不同学段学生学习需求和阅读兴趣。课外读物应使用绿色印刷，适应青少年儿童视力保护需求。

多样性。兼顾课外读物的学科、体裁、题材、国别、风格、表现形式，贯通古今中外。

适度性。中小学校和教师根据教育教学需要推荐的课外读物，要严格把关、控制数量。

第五条　进校园课外读物要符合以下基本标准：

主题鲜明。体现主旋律，引领新风尚，重点宣传习近平新时代中国特色社会主义思想，传承红色基因，弘扬民族精神、时代精神、科学精神，彰显家国情怀、社会关爱、人格修养，开拓国际视野，涵养法治意识。

内容积极。选材积极向上，反映经济社会发展新成就、科学技术新进展，以及人类文明优秀成果，具有较高人文、社会、科学、艺术等方面价值。选文作者历史评价正面，有良好的社会形象。

可读性强。文字优美，表达流畅，深入浅出，具有一定的启发性、趣味性。

启智增慧。能够激发学生的好奇心、想象力、创造力，增长知识见识，提升发现问题和解决问题能力，增强综合素质。

第六条　违反《出版管理条例》有关规定，或存在下列情形之一的，不得推荐或选用为中小学生课外读物：

（一）违背党的路线方针政策，污蔑、丑化党和国家领导人、英模人物，戏说党史、国史、军史的；

（二）损害国家荣誉和利益的，有反华、辱华、丑华内容的；

（三）泄露国家秘密、危害国家安全的；

（四）危害国家统一、主权和领土完整的；

（五）存在违反宗教政策的内容，宣扬宗教教理、教义和教规的；

（六）存在违反民族政策的内容，煽动民族仇恨、民族歧视，破坏民族团结，或者不尊重民族风俗、习惯的；

（七）宣扬个人主义、新自由主义、历史虚无主义等错误观点，存在崇洋媚外思想倾向的；

（八）存在低俗媚俗庸俗等不良倾向，格调低下、思想不健康，宣扬超自然力、神秘主义和鬼神迷信，存在淫秽、色情、暴力、邪教、赌博、毒品、引诱自杀、教唆犯罪等价值导向问题的；

（九）侮辱或者诽谤他人，侵害他人合法权益的；

（十）存在科学性错误的；

（十一）存在违规植入商业广告或变相商业广告及不当链接，违规使用"教育部推荐""新课标指定"等字样的；

（十二）其他有违公序良俗、道德标准、法律法规等，造成社会不良影响的。

第七条　学校是进校园课外读物推荐责任主体，负责组织本校课外读物的遴选、审核工作。

第八条　进校园课外读物原则上每学年推荐一次。推荐程序应包括初选、评议、确认、备案等环节。学校组织管理人员、任课教师和图书馆管理人员提出初选目录；学科组负责审读，对选自国家批准的推荐目录中的读物，重点评议适宜性，对其他读物要按推荐原则、标准、要求全面把关，提出评议意见；学校组织专门小组负责审核把关，统筹数量种类，确认推荐结果，公示并报教育行政主管部门备案。

欠发达地区规模较小的学校，可由上级教育行政部门负责推荐。

第九条　进校园课外读物推荐目录要向学生家长公开，坚持自愿购买原则，禁止强制或变相强制学生购买课外读物，学校不得组织统一购买。

对家长自主购买推荐目录之外的课外读物，学校要做好指导工作。

学校图书馆购买课外读物按照《中小学图书馆（室）规程》有关规定执行。

第十条　加强其他渠道进校园课外读物的管理。

任何单位和个人不得在校园内通过举办讲座、培训等活动销售课外读物。

学校要明确校园书店经营管理要求。校园书店要建立进校园读物的审核机制，严格落实本办法的原则、标准和要求。

学校要明确受捐赠课外读物来源，由学校或上级教育行政主管部门进行审核把关，明确价值取向和适宜性把关要求。

第十一条　中小学校要大力倡导学生爱读书、读好书、善读书，可设立读书节、读书角等，优化校园阅读环境，推动书香校园建设。注重开展形式多样的阅读活动，提高学生阅读兴趣，培养良好阅读习惯。发挥家长在学生课外阅读中的积极作用，营造家校协同育人的良好氛围。建立阅读激励机制，鼓励各地教育行政部门将书香校园建设表现突出的单位和个人纳入相关表彰奖励中，

学校要采用适当的形式表彰阅读活动表现突出的师生。

第十二条　建立监督检查机制。学校要加强对学生携带进入校园读物的管理，发现问题读物应及时予以有效处置，消除不良影响。县级教育行政部门建立进校园课外读物推荐报备制度，畅通社会和群众监督渠道。地市级教育行政部门定期对进校园课外读物的推荐情况开展抽查。省级教育行政部门要全面了解和把握课外读物进校园情况，根据需要开展专项督查。各级教育督导部门要将课外读物进校园有关情况纳入督导范围。

第十三条　存在下列情形之一的，由教育行政部门责令期限改正，视情节轻重依法依规予以处理；需要追究其他纪律或法律责任的，依纪依法移交相应主管部门处理。

（一）进校园课外读物未按规定程序组织推荐的；

（二）进校园课外读物不符合本办法原则、标准、要求的；

（三）强制或变相强制学生购买课外读物的；

（四）接受请托、牟取不正当利益的；

（五）有关行政部门及其工作人员违规干预课外读物推荐的。

国家教材建设重点研究基地管理办法

·2020 年 1 月 13 日
·教材〔2020〕1 号

第一章　总　则

第一条　国家教材建设重点研究基地，简称"国家教材基地"，是国家级教材研究专业机构，服务国家教育发展和教材建设重大战略，推动提高教材建设科学化水平，为教材建设、管理和政策制定提供理论支持智力支撑，发挥筑牢思想防线的重要作用。

第二条　国家教材基地建设以习近平新时代中国特色社会主义思想为指导，全面贯彻党的教育方针，落实立德树人根本任务，坚持正确政治方向，充分体现马克思主义中国化要求，充分体现中国和中华民族风格，充分体现党和国家对教育的基本要求，充分体现国家和民族基本价值观，充分体现人类文化知识积累和创新成果，为培养德智体美劳全面发展的社会主义建设者和接班人提供有力支撑。

第三条　国家教材基地建设坚持党的领导，立足国家重大需求，汇集优秀专业人才，建立灵活、开放、高效的运行机制，坚持基础理论研究与实践应用研究相结合，定性研究与定量研究相结合，以中国教材建设研究为主，兼顾国际比较研究，以现实问题研究为主，兼顾历史研究与前瞻研究。

第二章　管理体制

第四条　在国家教材委员会领导下,教育部负责国家教材基地统筹规划、遴选认定、建设管理等,国家教材委员会办公室(教育部教材局)负责组织实施。

第五条　受国家教材委员会办公室委托,教育部课程教材研究所承担相关具体工作。

第六条　国家教材基地所在单位要把基地建设纳入本单位发展规划,所在高等学校同时要纳入国家设立的有关高等学校建设项目或计划。国家教材基地所在单位负责研究项目与研究人员政治把关,选优配强工作力量,落实招生计划、办公场所、经费保障,组织开展绩效考核等。

第三章　机构设置

第七条　国家教材基地可依托所在单位有关机构专业力量设置,加强管理,不设分中心或分支机构。所在单位任命国家教材基地负责人并报国家教材委员会办公室备案。

第八条　国家教材基地应设立学术委员会,负责学术指导。学术委员会委员经所在单位审核批准后由国家教材基地聘任。

第九条　国家教材基地应配备一定数量的专门人员,其中二分之一以上应具有高级专业技术职称。根据需要,可以聘请本领域价值立场正确、学术造诣深、学风优良的专家学者作为兼职人员,应与兼职人员签订聘任协议。国家教材基地所在单位党组织要对所有成员进行综合审核,把好思想政治关。

第十条　国家教材基地须悬挂统一标识牌,规范使用名称、标识。国家教材基地英文全称为:The National Research Institute for Teaching Materials,缩写为:NRITM。

第四章　工作任务

第十一条　开展教材建设研究。围绕教材建设的基础理论、实践应用、发展战略等开展深入研究,探索教材建设规律,重点研究习近平新时代中国特色社会主义思想进课程教材、教材内容价值导向与知识教育有机融合、信息时代新形态教材等。

第十二条　提供咨询指导服务。根据国家、省级及校级教材工作部门部署,参与国家、地方及学校教材编写、审查、培训、评估等工作,提供专业咨询意见,发挥智库作用。开展教材建设相关人员培训,提升地方和学校教材建设队伍专业化水平。

第十三条　交流传播研究成果。加强课程教材专业期刊、专业网站、专业组织等建设,单独或联合组织学术交流活动。开展中外合作交流,共同研究教材建设规律和发展趋势,推介中国优秀教材及重要研究成果,遴选国外优秀教材,学习借鉴先进经验。

第十四条　建设教材研究队伍。发挥高端平台的聚集效应,团结一大批国内教材研究的中坚力量。明确队伍建设发展规划,完善激励机制,建设老中青相结合、理论研究专家与实践专家相结合、专职与兼职相结合的专家队伍。

第十五条　培养专业人才。有计划招收相关研究方向硕博士研究生、博士后研究人员、访问学者等,培养课程教材建设专业人才。

第十六条　汇集教材建设数据。收集整理本领域国内外教材建设政策文件、相关课程设置(课程方案)及课程标准(教学大纲)、相关教材及研究成果、教材编写选材和案例、教材使用情况等,了解教材编写人员、任课教师等相关情况,形成教材建设数据中心,为教材研究、开发和管理提供资源支撑。

第五章　运行机制

第十七条　教材研究设立规划项目和委托项目。项目级别分为教育部重点和教育部一般。规划项目由国家教材委员会办公室和国家教材基地提出,按程序组织专家对立项、定级和结项进行评审。委托项目一般由国家教材委员会办公室下达,根据实际需要,也可由教育部相关司局商国家教材委员会办公室下达,按程序组织专家对定级和结项进行评审。此外,国家教材基地也可确定自主研究项目。

第十八条　实行年度报告制度。国家教材基地应每年向国家教材委员会办公室提交规划项目、委托项目成果以及工作报告。成果包括咨询报告、学术论文与著作、教材样章样例及与教材研究相关的数字化材料等。提交的成果须与国家教材基地工作紧密相关,并注明"国家教材基地项目成果"或"作者系国家教材基地人员"。项目成果著作权归国家教材委员会所有,未经国家教材委员会办公室许可,不得擅自出版或公开发布。工作报告包括各项工作任务进展情况、资金使用情况、下一年度工作重点等。

第十九条　国家教材委员会办公室定期组织国家教材基地工作交流。鼓励国家教材基地之间开展多学科、多学段合作研究,实现优势互补。教育部课程教材研究所负责收集国家教材基地研究动态等相关信息供参考交流。

第二十条　国家教材基地所在单位应基于本单位实际,制定对国家教材基地主任及成员工作量的考核方案,将国家教材基地研究工作任务及成果纳入年度工作量及科研成果核算,计入单位绩效考核。

第六章 条件保障

第二十一条 国家教材基地经费由国家教材委员会办公室拨款、所在单位配套经费等构成。国家教材委员会办公室每年给予固定经费支持,保证规划项目研究,根据需要,另行拨付委托项目经费。国家教材基地所在单位应根据建设需要配套专项经费。国家教材基地应设立专门财务账号,经费使用符合国家有关财务规定,确保专款专用。

第二十二条 国家教材基地须具备独立的办公场所。国家教材基地所在单位应提供面积不少于 200 平米的办公场地及必要办公设备。

第七章 考核监督

第二十三条 国家教材委员会办公室以五年为一个周期,组织专家对国家教材基地进行全面考核评估。周期内实行年度考核,将国家教材基地年度工作报告和成果报告作为考核的主要依据,重点对工作任务完成情况和质量进行考核。考核结果分为合格、不合格。连续三年考核不合格的,撤销国家教材基地资格。

第二十四条 国家教材基地应对出现价值立场错误、学术不端、制造负面舆论、泄密、擅自公开发布或出版项目成果等情况的成员进行及时处理,取消其成员资格,依规追究相关责任。所在单位应责令国家教材基地限期整改,造成严重影响的,应追究国家教材基地负责人责任。对于因上述情况造成恶劣影响的,教育部依程序撤销国家教材基地资格,对于故意隐瞒事实不报的,追究国家教材基地所在单位负责人的责任。

本办法从印发之日起施行。国家教材基地所在单位应根据本办法制订实施细则,并报国家教材委员会办公室备案。国家教材委员会办公室对本办法具有最终解释权。

(二)学前教育

中华人民共和国学前教育法

· 2024 年 11 月 8 日第十四届全国人民代表大会常务委员会第十二次会议通过
· 2024 年 11 月 8 日中华人民共和国主席令第 34 号公布
· 自 2025 年 6 月 1 日起施行

第一章 总 则

第一条 为了保障适龄儿童接受学前教育,规范学前教育实施,促进学前教育普及普惠安全优质发展,提高全民族素质,根据宪法,制定本法。

第二条 在中华人民共和国境内实施学前教育,适用本法。

本法所称学前教育,是指由幼儿园等学前教育机构对三周岁到入小学前的儿童(以下称学前儿童)实施的保育和教育。

第三条 国家实行学前教育制度。

学前教育是国民教育体系的组成部分,是重要的社会公益事业。

第四条 学前教育应当坚持中国共产党的领导,坚持社会主义办学方向,贯彻国家的教育方针。

学前教育应当落实立德树人根本任务,培育社会主义核心价值观,继承和弘扬中华优秀传统文化、革命文化、社会主义先进文化,培育中华民族共同体意识,为培养德智体美劳全面发展的社会主义建设者和接班人奠定基础。

第五条 国家建立健全学前教育保障机制。

发展学前教育坚持政府主导,以政府举办为主,大力发展普惠性学前教育,鼓励、引导和规范社会力量参与。

第六条 国家推进普及学前教育,构建覆盖城乡、布局合理、公益普惠、安全优质的学前教育公共服务体系。

各级人民政府应当依法履行职责,合理配置资源,缩小城乡之间、区域之间学前教育发展差距,为适龄儿童接受学前教育提供条件和支持。

国家采取措施,倾斜支持农村地区、革命老区、民族地区、边疆地区和欠发达地区发展学前教育事业;保障适龄的家庭经济困难儿童、孤儿、残疾儿童和农村留守儿童等接受普惠性学前教育。

第七条 全社会应当为适龄儿童接受学前教育、健康快乐成长创造良好环境。

第八条 国务院领导全国学前教育工作。

省级人民政府和设区的市级人民政府统筹本行政区域内学前教育工作,健全投入机制,明确分担责任,制定政策并组织实施。

县级人民政府对本行政区域内学前教育发展负主体责任,负责制定本地学前教育发展规划,统筹幼儿园建设、运行,加强公办幼儿园教师配备补充和工资待遇保障,对幼儿园进行监督管理。

乡镇人民政府、街道办事处应当支持本辖区内学前教育发展。

第九条 县级以上人民政府教育行政部门负责学前教育管理和业务指导工作,配备相应的管理和教研人员。县级以上人民政府卫生健康行政部门、疾病预防控制部门按照职责分工负责监督指导幼儿园卫生保健工作。

县级以上人民政府其他有关部门在各自职责范围内负责学前教育管理工作,履行规划制定、资源配置、经费投入、人员配备、待遇保障、幼儿园登记等方面的责任,依法加强对幼儿园举办、教职工配备、收费行为、经费使用、财务管理、安全保卫、食品安全等方面的监管。

第十条　国家鼓励和支持学前教育、儿童发展、特殊教育方面的科学研究,推广研究成果,宣传、普及科学的教育理念和方法。

第十一条　国家鼓励创作、出版、制作和传播有利于学前儿童健康成长的图书、玩具、音乐作品、音像制品等。

第十二条　对在学前教育工作中做出突出贡献的单位和个人,按照国家有关规定给予表彰、奖励。

第二章　学前儿童

第十三条　学前儿童享有生命安全和身心健康、得到尊重和保护照料、依法平等接受学前教育等权利。

学前教育应当坚持最有利于学前儿童的原则,给予学前儿童特殊、优先保护。

第十四条　实施学前教育应当从学前儿童身心发展特点和利益出发,尊重学前儿童人格尊严,倾听、了解学前儿童的意见,平等对待每一个学前儿童,鼓励、引导学前儿童参与家庭、社会和文化生活,促进学前儿童获得全面发展。

第十五条　地方各级人民政府应当采取措施,推动适龄儿童在其父母或者其他监护人的工作或者居住的地区方便就近接受学前教育。

学前儿童入幼儿园接受学前教育,除必要的身体健康检查外,幼儿园不得对其组织任何形式的考试或者测试。

学前儿童因特异体质、特定疾病等有特殊需求的,父母或者其他监护人应当及时告知幼儿园,幼儿园应当予以特殊照顾。

第十六条　父母或者其他监护人应当依法履行抚养与教育儿童的义务,为适龄儿童接受学前教育提供必要条件。

父母或者其他监护人应当尊重学前儿童身心发展规律和年龄特点,创造良好家庭环境,促进学前儿童健康成长。

第十七条　普惠性幼儿园应当接收能够适应幼儿园生活的残疾儿童入园,并为其提供帮助和便利。

父母或者其他监护人与幼儿园就残疾儿童入园发生争议的,县级人民政府教育行政部门应当会同卫生健康行政部门等单位组织对残疾儿童的身体状况、接受教育和适应幼儿园生活能力等进行全面评估,并妥善解决。

第十八条　青少年宫、儿童活动中心、图书馆、博物馆、文化馆、美术馆、科技馆、纪念馆、体育场馆等公共文化服务机构和爱国主义教育基地应当提供适合学前儿童身心发展的公益性教育服务,并按照有关规定对学前儿童免费开放。

第十九条　任何单位和个人不得组织学前儿童参与违背学前儿童身心发展规律或者与年龄特点不符的商业性活动、竞赛类活动和其他活动。

第二十条　面向学前儿童的图书、玩具、音像制品、电子产品、网络教育产品和服务等,应当符合学前儿童身心发展规律和年龄特点。

家庭和幼儿园应当教育学前儿童正确合理使用网络和电子产品,控制其使用时间。

第二十一条　学前儿童的名誉、隐私和其他合法权益受法律保护,任何单位和个人不得侵犯。

幼儿园及其教职工等单位和个人收集、使用、提供、公开或者以其他方式处理学前儿童个人信息,应当取得其父母或者其他监护人的同意,遵守有关法律法规的规定。

涉及学前儿童的新闻报道应当客观、审慎和适度。

第三章　幼 儿 园

第二十二条　县级以上地方人民政府应当统筹当前和长远,根据人口变化和城镇化发展趋势,科学规划和配置学前教育资源,有效满足需求,避免浪费资源。

第二十三条　各级人民政府应当采取措施,扩大普惠性学前教育资源供给,提高学前教育质量。

公办幼儿园和普惠性民办幼儿园为普惠性幼儿园,应当按照有关规定提供普惠性学前教育服务。

第二十四条　各级人民政府应当利用财政性经费或者国有资产等举办或者支持举办公办幼儿园。

各级人民政府依法积极扶持和规范社会力量举办普惠性民办幼儿园。

普惠性民办幼儿园接受政府扶持,收费实行政府指导价管理。非营利性民办幼儿园可以向县级人民政府教育行政部门申请认定为普惠性民办幼儿园,认定标准由省级人民政府或者其授权的设区的市级人民政府制定。

第二十五条　县级以上地方人民政府应当以县级行政区划为单位制定幼儿园布局规划,将普惠性幼儿园建设纳入城乡公共管理和公共服务设施统一规划,并按照非营利性教育用地性质依法以划拨等方式供地,不得擅自改变用途。

县级以上地方人民政府应当按照国家有关规定,结合本地实际,在幼儿园布局规划中合理确定普惠性幼儿园覆盖率。

第二十六条　新建居住区等应当按照幼儿园布局规划等相关规划和标准配套建设幼儿园。配套幼儿园应当与首期建设的居住区同步规划、同步设计、同步建设、同步验收、同步交付使用。建设单位应当按照有关规定将配套幼儿园作为公共服务设施移交地方人民政府,用于举办普惠性幼儿园。

现有普惠性幼儿园不能满足本区域适龄儿童入园需求的,县级人民政府应当通过新建、扩建以及利用公共设施改建等方式统筹解决。

第二十七条　地方各级人民政府应当构建以公办幼儿园为主的农村学前教育公共服务体系,保障农村适龄儿童接受普惠性学前教育。

县级人民政府教育行政部门可以委托乡镇中心幼儿园对本乡镇其他幼儿园开展业务指导等工作。

第二十八条　县级以上地方人民政府应当根据本区域内残疾儿童的数量、分布状况和残疾类别,统筹实施多种形式的学前特殊教育,推进融合教育,推动特殊教育学校和有条件的儿童福利机构、残疾儿童康复机构增设学前部或者附设幼儿园。

第二十九条　设立幼儿园,应当具备下列基本条件:

(一)有组织机构和章程;

(二)有符合规定的幼儿园园长、教师、保育员、卫生保健人员、安全保卫人员和其他工作人员;

(三)符合规定的选址要求,设置在安全区域内;

(四)符合规定的规模和班额标准;

(五)有符合规定的园舍、卫生室或者保健室、安全设施设备及户外场地;

(六)有必备的办学资金和稳定的经费来源;

(七)卫生评价合格;

(八)法律法规规定的其他条件。

第三十条　设立幼儿园经县级人民政府教育行政部门依法审批、取得办学许可证后,依照有关法律、行政法规的规定进行相应法人登记。

第三十一条　幼儿园变更、终止的,应当按照有关规定提前向县级人民政府教育行政部门报告并向社会公告,依法办理相关手续,妥善安置在园儿童。

第三十二条　学前教育机构中的中国共产党基层组织,按照中国共产党章程开展党的活动,加强党的建设。

公办幼儿园的基层党组织统一领导幼儿园工作,支持园长依法行使职权。民办幼儿园的内部管理体制按照国家有关民办教育的规定确定。

第三十三条　幼儿园应当保障教职工依法参与民主管理和监督。

幼儿园应当设立家长委员会,家长委员会可以对幼儿园重大事项决策和关系学前儿童切身利益的事项提出意见和建议,对幼儿园保育教育工作和日常管理进行监督。

第三十四条　任何单位和个人不得利用财政性经费、国有资产、集体资产或者捐赠资产举办或者参与举办营利性民办幼儿园。

公办幼儿园不得转制为民办幼儿园。公办幼儿园不得举办或者参与举办营利性民办幼儿园和其他教育机构。

以中外合作方式设立幼儿园,应当符合外商投资和中外合作办学有关法律法规的规定。

第三十五条　社会资本不得通过兼并收购等方式控制公办幼儿园、非营利性民办幼儿园。

幼儿园不得直接或者间接作为企业资产在境内外上市。上市公司不得通过股票市场融资投资营利性民办幼儿园,不得通过发行股份或者支付现金等方式购买营利性民办幼儿园资产。

第四章　教职工

第三十六条　幼儿园教师应当爱护儿童,具备优良品德和专业能力,为人师表,忠诚于人民的教育事业。

全社会应当尊重幼儿园教师。

第三十七条　担任幼儿园教师应当取得幼儿园教师资格;已取得其他教师资格并经县级以上地方人民政府教育行政部门组织的学前教育专业培训合格的,可以在幼儿园任教。

第三十八条　幼儿园园长由其举办者或者决策机构依法任命或者聘任,并报县级人民政府教育行政部门备案。

幼儿园园长应当具有本法第三十七条规定的教师资格、大学专科以上学历、五年以上幼儿园教师或者幼儿园管理工作经历。

国家推行幼儿园园长职级制。幼儿园园长应当参加县级以上地方人民政府教育行政部门组织的园长岗位培训。

第三十九条　保育员应当具有国家规定的学历,并经过幼儿保育职业培训。

卫生保健人员包括医师、护士和保健员,医师、护士应当取得相应执业资格,保健员应当具有国家规定的学历,并经过卫生保健专业知识培训。

幼儿园其他工作人员的任职资格条件,按照有关规定执行。

第四十条　幼儿园教师职务(职称)分为初级、中级和高级。

幼儿园教师职务(职称)评审标准应当符合学前教育的专业特点和要求。

幼儿园卫生保健人员中的医师、护士纳入卫生专业技术人员职称系列,由人力资源社会保障、卫生健康行政部门组织评审。

第四十一条　国务院教育行政部门会同有关部门制定幼儿园教职工配备标准。地方各级人民政府及有关部门按照相关标准保障公办幼儿园及时补充教师,并应当优先满足农村地区、革命老区、民族地区、边疆地区和欠发达地区公办幼儿园的需要。幼儿园及其举办者应当按照相关标准配齐配足教师和其他工作人员。

第四十二条　幼儿园园长、教师、保育员、卫生保健人员、安全保卫人员和其他工作人员应当遵守法律法规和职业道德规范,尊重、爱护和平等对待学前儿童,不断提高专业素养。

第四十三条　幼儿园应当与教职工依法签订聘用合同或者劳动合同,并将合同信息报县级人民政府教育行政部门备案。

第四十四条　幼儿园聘任(聘用)园长、教师、保育员、卫生保健人员、安全保卫人员和其他工作人员时,应当向教育、公安等有关部门查询应聘者是否具有虐待、性侵害、性骚扰、拐卖、暴力伤害、吸毒、赌博等违法犯罪记录;发现其有前述行为记录,或者有酗酒、严重违反师德师风行为等其他可能危害儿童身心安全情形的,不得聘任(聘用)。

幼儿园发现在岗人员有前款规定可能危害儿童身心安全情形的,应当立即停止其工作,依法与其解除聘用合同或者劳动合同,并向县级人民政府教育行政部门进行报告;县级人民政府教育行政部门可以将其纳入从业禁止人员名单。

有本条第一款规定可能危害儿童身心安全情形的个人不得举办幼儿园;已经举办的,应当依法变更举办者。

第四十五条　幼儿园应当关注教职工的身体、心理状况。幼儿园园长、教师、保育员、卫生保健人员、安全保卫人员和其他工作人员,应当在入职前和入职后每年进行健康检查。

第四十六条　幼儿园及其举办者应当按照国家规定保障教师和其他工作人员的工资福利,依法缴纳社会保险费,改善工作和生活条件,实行同工同酬。

县级以上地方人民政府应当将公办幼儿园教师工资纳入财政保障范围,统筹工资收入政策和经费支出渠道,确保教师工资及时足额发放。民办幼儿园可以参考当地公办幼儿园同类教师工资收入水平合理确定教师薪酬标准,依法保障教师工资待遇。

第四十七条　幼儿园教师在职称评定、岗位聘任(聘用)等方面享有与中小学教师同等的待遇。

符合条件的幼儿园教师按照有关规定享受艰苦边远地区津贴、乡镇工作补贴等津贴、补贴。

承担特殊教育任务的幼儿园教师按照有关规定享受特殊教育津贴。

第四十八条　国务院教育行政部门应当制定高等学校学前教育专业设置标准、质量保证标准和课程教学标准体系,组织实施学前教育专业质量认证,建立培养质量保障机制。

省级人民政府应当根据普及学前教育的需要,制定学前教育师资培养规划,支持高等学校设立学前教育专业,合理确定培养规模,提高培养层次和培养质量。

制定公费师范生培养计划,应当根据学前教育发展需要专项安排学前教育专业培养计划。

第四十九条　县级以上人民政府教育、卫生健康等有关部门应当按照职责分工制定幼儿园园长、教师、保育员、卫生保健人员等工作人员培训规划,建立培训支持服务体系,开展多种形式的专业培训。

第五章　保育教育

第五十条　幼儿园应当坚持保育和教育相结合的原则,面向全体学前儿童,关注个体差异,注重良好习惯养成,创造适宜的生活和活动环境,有益于学前儿童身心健康发展。

第五十一条　幼儿园应当把保护学前儿童安全放在首位,对学前儿童在园期间的人身安全负有保护责任。

幼儿园应当落实安全责任制相关规定,建立健全安全管理制度和安全责任制度,完善安全措施和应急反应机制,按照标准配备安全保卫人员,及时排查和消除火灾等各类安全隐患。幼儿园使用校车的,应当符合校车安全管理相关规定,保护学前儿童安全。

幼儿园应当按照国家有关规定投保校方责任保险。

第五十二条　幼儿园发现学前儿童受到侵害、疑似受到侵害或者面临其他危险情形的,应当立即采取保护措施,并向公安、教育等有关部门报告。

幼儿园发生突发事件等紧急情况,应当优先保护学前儿童人身安全,立即采取紧急救助和避险措施,并及时向有关部门报告。

发生前两款情形的,幼儿园应当及时通知学前儿童父母或者其他监护人。

第五十三条　幼儿园应当建立科学合理的一日生活制度,保证户外活动时间,做好儿童营养膳食、体格锻炼、全日健康观察、食品安全、卫生与消毒、传染病预防与控制、常见病预防等卫生保健管理工作,加强健康教育。

第五十四条　招收残疾儿童的幼儿园应当配备必要的康复设施、设备和专业康复人员,或者与其他具有康复设施、设备和专业康复人员的特殊教育机构、康复机构合作,根据残疾儿童实际情况开展保育教育。

第五十五条　国务院教育行政部门制定幼儿园教育指导纲要和学前儿童学习与发展指南,地方各级人民政府教育行政部门依据职责组织实施,加强学前教育教学研究和业务指导。

幼儿园应当按照国家有关规定,科学实施符合学前儿童身心发展规律和年龄特点的保育和教育活动,不得组织学前儿童参与商业性活动。

第五十六条　幼儿园应当以学前儿童的生活为基础,以游戏为基本活动,发展素质教育,最大限度支持学前儿童通过亲近自然、实际操作、亲身体验等方式探索学习,促进学前儿童养成良好的品德、行为习惯、安全和劳动意识,健全人格、强健体魄,在健康、语言、社会、科学、艺术等各方面协调发展。

幼儿园应当以国家通用语言文字为基本保育教育语言文字,加强学前儿童普通话教育,提高学前儿童说普通话的能力。

第五十七条　幼儿园应当配备符合相关标准的玩教具和幼儿图书。

在幼儿园推行使用的课程教学类资源应当经依法审定,具体办法由国务院教育行政部门制定。

幼儿园应当充分利用家庭、社区的教育资源,拓展学前儿童生活和学习空间。

第五十八条　幼儿园应当主动与父母或者其他监护人交流学前儿童身心发展状况,指导家庭科学育儿。

父母或者其他监护人应当积极配合、支持幼儿园开展保育和教育活动。

第五十九条　幼儿园与小学应当互相衔接配合,共同帮助儿童做好入学准备和入学适应。

幼儿园不得采用小学化的教育方式,不得教授小学阶段的课程,防止保育和教育活动小学化。小学坚持按照课程标准零起点教学。

校外培训机构等其他任何机构不得对学前儿童开展半日制或者全日制培训,不得教授学前儿童小学阶段的课程。

第六章　投入保障

第六十条　学前教育实行政府投入为主、家庭合理负担保育教育成本、多渠道筹措经费的投入机制。

各级人民政府应当优化教育财政投入支出结构,加大学前教育财政投入,确保财政性学前教育经费在同级财政性教育经费中占合理比例,保障学前教育事业发展。

第六十一条　学前教育财政补助经费按照中央与地方财政事权和支出责任划分原则,分别列入中央和地方各级预算。中央财政通过转移支付对地方统筹给予支持。省级人民政府应当建立本行政区域内各级人民政府财政补助经费分担机制。

第六十二条　国务院和省级人民政府统筹安排学前教育资金,重点扶持农村地区、革命老区、民族地区、边疆地区和欠发达地区发展学前教育。

第六十三条　地方各级人民政府应当科学核定普惠性幼儿园办园成本,以提供普惠性学前教育服务为衡量标准,统筹制定财政补助和收费政策,合理确定分担比例。

省级人民政府制定并落实公办幼儿园生均财政拨款标准或者生均公用经费标准,以及普惠性民办幼儿园生均财政补助标准。其中,残疾学前儿童的相关标准应当考虑保育教育和康复需要适当提高。

有条件的地方逐步推进实施免费学前教育,降低家庭保育教育成本。

第六十四条　地方各级人民政府应当通过财政补助、购买服务、减免租金、培训教师、教研指导等多种方式,支持普惠性民办幼儿园发展。

第六十五条　国家建立学前教育资助制度,为家庭经济困难的适龄儿童等接受普惠性学前教育提供资助。

第六十六条　国家鼓励自然人、法人和非法人组织通过捐赠、志愿服务等方式支持学前教育事业。

第七章　监督管理

第六十七条　县级以上人民政府及其有关部门应当建立健全幼儿园安全风险防控体系,强化幼儿园周边治安管理和巡逻防控工作,加强对幼儿园安全保卫的监督指导,督促幼儿园加强安全防范建设,及时排查和消除安全隐患,依法保障学前儿童与幼儿园安全。

禁止在幼儿园内及周边区域建设或者设置有危险、有污染的建筑物和设施设备。

第六十八条　省级人民政府或者其授权的设区的市

级人民政府根据办园成本、经济发展水平和群众承受能力等因素,合理确定公办幼儿园和非营利性民办幼儿园的收费标准,并建立定期调整机制。

县级以上地方人民政府及有关部门应当加强对幼儿园收费的监管,必要时可以对收费实行市场调节价的营利性民办幼儿园开展成本调查,引导合理收费,遏制过高收费。

第六十九条 幼儿园收取的费用应当主要用于保育和教育活动、保障教职工待遇、促进教职工发展和改善办园条件。学前儿童伙食费应当专款专用。

幼儿园应当执行收费公示制度,收费项目和标准、服务内容、退费规则等应当向家长公示,接受社会监督。

幼儿园不得违反有关规定收取费用,不得向学前儿童及其家长组织征订教学材料,推销或者变相推销商品、服务等。

第七十条 幼儿园应当依法建立健全财务、会计及资产管理制度,严格经费管理,合理使用经费,提高经费使用效益。

幼儿园应当按照有关规定实行财务公开,接受社会监督。县级以上人民政府教育等有关部门应当加强对公办幼儿园的审计。民办幼儿园每年应当依法进行审计,并向县级人民政府教育行政部门提交经审计的财务会计报告。

第七十一条 县级以上人民政府及其有关部门应当建立健全学前教育经费预算管理和审计监督制度。

任何单位和个人不得侵占、挪用学前教育经费,不得向幼儿园非法收取或者摊派费用。

第七十二条 县级人民政府教育行政部门应当建立健全各类幼儿园基本信息备案及公示制度,利用互联网等方式定期向社会公布并更新政府学前教育财政投入、幼儿园规划举办等方面信息,以及各类幼儿园的教师和其他工作人员的资质和配备、招生、经费收支、收费标准、保育教育质量等方面信息。

第七十三条 县级以上人民政府教育督导机构对学前教育工作执行法律法规情况、保育教育工作等进行督导。督导报告应当定期向社会公开。

第七十四条 国务院教育行政部门制定幼儿园保育教育质量评估指南。省级人民政府教育行政部门应当完善幼儿园质量评估标准,健全幼儿园质量评估监测体系,将各类幼儿园纳入质量评估范畴,并向社会公布评估结果。

第八章　法律责任

第七十五条 地方各级人民政府及有关部门有下列情形之一的,由上级机关或者有关部门按照职责分工责令限期改正;情节严重的,对负有责任的领导人员和直接责任人员依法给予处分:

(一)未按照规定制定、调整幼儿园布局规划,或者未按照规定提供普惠性幼儿园建设用地;

(二)未按照规定规划居住区配套幼儿园,或者未将新建居住区配套幼儿园举办为普惠性幼儿园;

(三)利用财政性经费、国有资产、集体资产或者捐赠资产举办或者参与举办营利性民办幼儿园,或者改变、变相改变公办幼儿园性质;

(四)未按照规定制定并落实公办幼儿园生均财政拨款标准或者生均公用经费标准、普惠性民办幼儿园生均财政补助标准;

(五)其他未依法履行学前教育管理和保障职责的情形。

第七十六条 地方各级人民政府及教育等有关部门的工作人员违反本法规定,滥用职权、玩忽职守、徇私舞弊的,依法给予处分。

第七十七条 居住区建设单位未按照规定建设、移交配套幼儿园,或者改变配套幼儿园土地用途的,由县级以上地方人民政府自然资源、住房和城乡建设、教育等有关部门按照职责分工责令限期改正,依法给予处罚。

第七十八条 擅自举办幼儿园或者招收学前儿童实施半日制、全日制培训的,由县级人民政府教育等有关部门依照《中华人民共和国教育法》《中华人民共和国民办教育促进法》的规定予以处理;对非法举办幼儿园的单位和个人,根据情节轻重,五至十年内不受理其举办幼儿园或者其他教育机构的申请。

第七十九条 幼儿园有下列情形之一的,由县级以上地方人民政府教育等有关部门按照职责分工责令限期改正,并予以警告;有违法所得的,退还所收费用后没收违法所得;情节严重的,责令停止招生、吊销办学许可证:

(一)组织入园考试或者测试;

(二)因管理疏忽或者放任发生体罚或者变相体罚、歧视、侮辱、虐待、性侵害等危害学前儿童身心安全的行为;

(三)未依法加强安全防范建设、履行安全保障责任,或者未依法履行卫生保健责任;

(四)使用未经审定的课程教学类资源;

(五)采用小学化的教育方式或者教授小学阶段的课程;

(六)开展与学前儿童身心发展规律、年龄特点不符的活动,或者组织学前儿童参与商业性活动;

（七）未按照规定配备幼儿园教师或者其他工作人员；

（八）违反规定收取费用；

（九）克扣、挪用学前儿童伙食费。

依照前款规定被吊销办学许可证的幼儿园，应当妥善安置在园儿童。

第八十条　幼儿园教师或者其他工作人员有下列情形之一的，由所在幼儿园或者县级人民政府教育等有关部门根据情节轻重，依法给予当事人、幼儿园负责人处分，解除聘用合同或者劳动合同；由县级人民政府教育行政部门禁止其一定期限内直至终身从事学前教育工作或者举办幼儿园；情节严重的，吊销其资格证书：

（一）体罚或者变相体罚儿童；

（二）歧视、侮辱、虐待、性侵害儿童；

（三）违反职业道德规范或者危害儿童身心安全，造成不良后果。

第八十一条　在学前教育活动中违反本法规定的行为，本法未规定法律责任，《中华人民共和国教育法》、《中华人民共和国未成年人保护法》、《中华人民共和国劳动法》等法律、行政法规有规定的，依照其规定。

第八十二条　违反本法规定，侵害学前儿童、幼儿园、教职工合法权益，造成人身损害或者财产损失的，依法承担民事责任；构成违反治安管理行为的，依法给予治安管理处罚；构成犯罪的，依法追究刑事责任。

第九章　附　则

第八十三条　小学、特殊教育学校、儿童福利机构、残疾儿童康复机构等附设的幼儿班等学前教育机构适用本法有关规定。

军队幼儿园的管理，依照本法和军队有关规定执行。

第八十四条　鼓励有条件的幼儿园开设托班，提供托育服务。

幼儿园提供托育服务的，依照有关法律法规和国家有关规定执行。

第八十五条　本法自 2025 年 6 月 1 日起施行。

国务院关于当前发展学前教育的若干意见

- 2010 年 11 月 21 日
- 国发〔2010〕41 号

为贯彻落实党的十七届五中全会、全国教育工作会议精神和《国家中长期教育改革和发展规划纲要（2010—2020 年）》，积极发展学前教育，着力解决当前存在的"入园难"问题，满足适龄儿童入园需求，促进学前教育事业科学发展，现提出如下意见。

一、把发展学前教育摆在更加重要的位置。学前教育是终身学习的开端，是国民教育体系的重要组成部分，是重要的社会公益事业。改革开放特别是新世纪以来，我国学前教育取得长足发展，普及程度逐步提高。但总体上看，学前教育仍是各级各类教育中的薄弱环节，主要表现为教育资源短缺、投入不足，师资队伍不健全，体制机制不完善，城乡区域发展不平衡，一些地方"入园难"问题突出。办好学前教育，关系亿万儿童的健康成长，关系千家万户的切身利益，关系国家和民族的未来。

发展学前教育，必须坚持公益性和普惠性，努力构建覆盖城乡、布局合理的学前教育公共服务体系，保障适龄儿童接受基本的、有质量的学前教育；必须坚持政府主导，社会参与，公办民办并举，落实各级政府责任，充分调动各方面积极性；必须坚持改革创新，着力破除制约学前教育科学发展的体制机制障碍；必须坚持因地制宜，从实际出发，为幼儿和家长提供方便就近、灵活多样、多种层次的学前教育服务；必须坚持科学育儿，遵循幼儿身心发展规律，促进幼儿健康快乐成长。

各级政府要充分认识发展学前教育的重要性和紧迫性，将大力发展学前教育作为贯彻落实教育规划纲要的突破口，作为推动教育事业科学发展的重要任务，作为建设社会主义和谐社会的重大民生工程，纳入政府工作重要议事日程，切实抓紧抓好。

二、多种形式扩大学前教育资源。大力发展公办幼儿园，提供"广覆盖、保基本"的学前教育公共服务。加大政府投入，新建、改建、扩建一批安全、适用的幼儿园。不得用政府投入建设超标准、高收费的幼儿园。中小学布局调整后的富余教育资源和其他富余公共资源，优先改建成幼儿园。鼓励优质公办幼儿园举办分园或合作办园。制定优惠政策，支持街道、农村集体举办幼儿园。

鼓励社会力量以多种形式举办幼儿园。通过保证合理用地、减免税费等方式，支持社会力量办园。积极扶持民办幼儿园特别是面向大众、收费较低的普惠性民办幼儿园发展。采取政府购买服务、减免租金、以奖代补、派驻公办教师等方式，引导和支持民办幼儿园提供普惠性服务。民办幼儿园在审批登记、分类定级、评估指导、教师培训、职称评定、资格认定、表彰奖励等方面与公办幼儿园具有同等地位。

城镇小区没有配套幼儿园的，应根据居住区规划和居住人口规模，按照国家有关规定配套建设幼儿园。新建小区配套幼儿园要与小区同步规划、同步建设、同步交付使用。建设用地按国家有关规定予以保障。未按规定安排配套幼儿园建设的小区规划不予审批。城镇小区配套幼儿园作为公共教育资源由当地政府统筹安排,举办公办幼儿园或委托办成普惠性民办幼儿园。城镇幼儿园建设要充分考虑进城务工人员随迁子女接受学前教育的需求。

努力扩大农村学前教育资源。各地要把发展学前教育作为社会主义新农村建设的重要内容,将幼儿园作为新农村公共服务设施统一规划,优先建设,加快发展。各级政府要加大对农村学前教育的投入,从今年开始,国家实施推进农村学前教育项目,重点支持中西部地区;地方各级政府要安排专门资金,重点建设农村幼儿园。乡镇和大村独立建园,小村设分园或联合办园,人口分散地区举办流动幼儿园、季节班等,配备专职巡回指导教师,逐步完善县、乡、村学前教育网络。改善农村幼儿园保教条件,配备基本的保教设施、玩教具、幼儿读物等。创造更多条件,着力保障留守儿童入园。发展农村学前教育要充分考虑农村人口分布和流动趋势,合理布局,有效使用资源。

三、多种途径加强幼儿教师队伍建设。加快建设一支师德高尚、热爱儿童、业务精湛、结构合理的幼儿教师队伍。各地根据国家要求,结合本地实际,合理确定生师比,核定公办幼儿园教职工编制,逐步配齐幼儿园教职工。健全幼儿教师资格准入制度,严把入口关。2010年国家颁布幼儿教师专业标准。公开招聘具备条件的毕业生充实幼儿教师队伍。中小学富余教师经培训合格后可转入学前教育。

依法落实幼儿教师地位和待遇。切实维护幼儿教师权益,完善落实幼儿园教职工工资保障办法、专业技术职称(职务)评聘机制和社会保障政策。对长期在农村基层和艰苦边远地区工作的公办幼儿教师,按国家规定实行工资倾斜政策。对优秀幼儿园园长、教师进行表彰。

完善学前教育师资培养培训体系。办好中等幼儿师范学校。办好高等师范院校学前教育专业。建设一批幼儿师范专科学校。加大面向农村的幼儿教师培养力度,扩大免费师范生学前教育专业招生规模。积极探索初中毕业起点五年制学前教育专科学历教师培养模式。重视对幼儿特教师资的培养。建立幼儿园园长和教师培训体系,满足幼儿教师多样化的学习和发展需求。创新培训模式,为有志于从事学前教育的非师范专业毕业生提供培训。三年内对1万名幼儿园园长和骨干教师进行国家级培训。各地五年内对幼儿园园长和教师进行一轮全员专业培训。

四、多种渠道加大学前教育投入。各级政府要将学前教育经费列入财政预算。新增教育经费要向学前教育倾斜。财政性学前教育经费在同级财政性教育经费中要占合理比例,未来三年要有明显提高。各地根据实际研究制定公办幼儿园生均经费标准和生均财政拨款标准。制定优惠政策,鼓励社会力量办园和捐资助园。家庭合理分担学前教育成本。建立学前教育资助制度,资助家庭经济困难儿童、孤儿和残疾儿童接受普惠性学前教育。发展残疾儿童学前康复教育。中央财政设立专项经费,支持中西部农村地区、少数民族地区和边疆地区发展学前教育和学前双语教育。地方政府要加大投入,重点支持边远贫困地区和少数民族地区发展学前教育。规范学前教育经费的使用和管理。

五、加强幼儿园准入管理。完善法律法规,规范学前教育管理。严格执行幼儿园准入制度。各地根据国家基本标准和社会对幼儿保教的不同需求,制定各种类型幼儿园的办园标准,实行分类管理、分类指导。县级教育行政部门负责审批各类幼儿园,建立幼儿园信息管理系统,对幼儿园实行动态监管。完善和落实幼儿园年检制度。未取得办园许可证和未办理登记注册手续,任何单位和个人不得举办幼儿园。对社会各类幼儿培训机构和早期教育指导机构,审批主管部门要加强监督管理。

分类治理、妥善解决无证办园问题。各地要对目前存在的无证办园进行全面排查,加强指导,督促整改。整改期间,要保证幼儿正常接受学前教育。经整改达到相应标准的,颁发办园许可证。整改后仍未达到保障幼儿安全、健康等基本要求的,当地政府要依法予以取缔,妥善分流和安置幼儿。

六、强化幼儿园安全监管。各地要高度重视幼儿园安全保障工作,加强安全设施建设,配备保安人员,健全各项安全管理制度和安全责任制,落实各项措施,严防事故发生。相关部门按职能分工,建立全覆盖的幼儿园安全防护体系,切实加大工作力度,加强监督指导。幼儿园要提高安全防范意识,加强内部安全管理。幼儿园所在街道、社区和村民委员会要共同做好幼儿园安全管理工作。

七、规范幼儿园收费管理。国家有关部门2011年出台幼儿园收费管理办法。省级有关部门根据城乡经济社会发展水平、办园成本和群众承受能力,按照非义务教育阶段家庭合理分担教育成本的原则,制定公办幼儿园收费标准。加强民办幼儿园收费管理,完善备案程序,加强分类指导。幼儿园实行收费公示制度,接受社会监督。加强收费监管,坚决查处乱收费。

八、坚持科学保教,促进幼儿身心健康发展。加强对幼儿园保教工作的指导,2010年国家颁布幼儿学习与发展指南。遵循幼儿身心发展规律,面向全体幼儿,关注个体差异,坚持以游戏为基本活动,保教结合,寓教于乐,促进幼儿健康成长。加强对幼儿园玩教具、幼儿图书的配备与指导,为儿童创设丰富多彩的教育环境,防止和纠正幼儿园教育"小学化"倾向。研究制定幼儿园教师指导用书审定办法。建立幼儿园保教质量评估监管体系。健全学前教育教研指导网络。要把幼儿园教育和家庭教育紧密结合,共同为幼儿的健康成长创造良好环境。

九、完善工作机制,加强组织领导。 各级政府要加强对学前教育的统筹协调,健全教育部门主管、有关部门分工负责的工作机制,形成推动学前教育发展的合力。教育部门要完善政策,制定标准,充实管理、教研力量,加强学前教育的监督管理和科学指导。机构编制部门要结合实际合理确定公办幼儿园教职工编制。发展改革部门要把学前教育纳入当地经济社会发展规划,支持幼儿园建设发展。财政部门要加大投入,制定支持学前教育的优惠政策。城乡建设和国土资源部门要落实城镇小区和新农村配套幼儿园的规划、用地。人力资源和社会保障部门要制定幼儿园教职工的人事(劳动)、工资待遇、社会保障和技术职称(职务)评聘政策。价格、财政、教育部门要根据职责分工,加强幼儿园收费管理。综治、公安部门要加强对幼儿园安全保卫工作的监督指导,整治、净化周边环境。卫生部门要监督指导幼儿园卫生保健工作。民政、工商、质检、安全生产监管、食品药品监管等部门要根据职能分工,加强对幼儿园的指导和管理。妇联、残联等单位要积极开展对家庭教育、残疾儿童早期教育的宣传指导。充分发挥城市社区居委会和农村村民自治组织的作用,建立社区和家长参与幼儿园管理和监督的机制。

十、统筹规划,实施学前教育三年行动计划。 各省(区、市)政府要深入调查,准确掌握当地学前教育基本状况和存在的突出问题,结合本区域经济社会发展状况和适龄人口分布、变化趋势,科学测算入园需求和供需缺口,确定发展目标,分解年度任务,落实经费,以县为单位编制学前教育三年行动计划,有效缓解"入园难"。2011年3月底前,各省(区、市)行动计划报国家教育体制改革领导小组办公室备案。

地方政府是发展学前教育、解决"入园难"问题的责任主体。各省(区、市)要建立督促检查、考核奖惩和问责机制,确保大力发展学前教育的各项举措落到实处,取得实效。各级教育督导部门要把学前教育作为督导重点,加强对政府责任落实、教师队伍建设、经费投入、安全管理等方面的督导检查,并将结果向社会公示。教育部会同有关部门对各地学前教育三年行动计划进展情况进行专项督查,组织宣传和推广先进经验,对发展学前教育成绩突出的地区予以表彰奖励,营造全社会关心支持学前教育的良好氛围。

支持学前教育发展资金管理办法

· 2021年4月10日
· 财教〔2021〕73号

第一条 为规范和加强支持学前教育发展资金管理,提高资金使用效益,根据国家预算管理有关规定,制定本办法。

第二条 本办法所称支持学前教育发展资金,是指中央财政用于支持学前教育发展的转移支付资金。实施期限根据教育领域中央与地方财政事权和支出责任划分、学前教育改革发展政策等确定。

第三条 支持学前教育发展资金管理遵循"中央引导、省级统筹、突出重点、讲求绩效、规范透明、强化监督"的原则。

第四条 现阶段,支持学前教育发展资金主要用于以下方面:

(一)支持地方补足普惠性资源短板。坚持公益普惠基本方向,扩大普惠性资源供给,新建改扩建公办幼儿园,理顺机关、企事业单位、街道集体办幼儿园办园体制并向社会提供普惠性服务,扶持普惠性民办园发展等。

(二)支持地方健全普惠性学前教育经费投入机制。落实公办园生均财政拨款标准或生均公用经费标准、普惠性民办园补助标准,建立动态调整机制。

(三)支持地方巩固幼儿资助制度。资助普惠性幼儿园家庭经济困难幼儿、孤儿和残疾儿童接受学前教育。

(四)支持地方提高保教质量。改善普惠性幼儿园办园条件,配备适宜的玩教具和图画书。对能够辐射带动薄弱园开展科学保教的城市优质园和乡镇公办中心园给予支持。

第五条 支持学前教育发展资金由财政部会同教育部共同管理。教育部负责审核地方提出的区域绩效目标等相关材料和数据,提供资金测算需要的基础数据,并对提供的基础数据的准确性、及时性负责。财政部根据预算管理相关规定,会同教育部研究确定有关省份资金预算金额、资金的整体绩效目标。

省级财政、教育部门负责明确省级及省以下各级财政、教育部门在基础数据审核、资金安排、使用管理等方面的责任,切实加强资金管理。

第六条　支持学前教育发展资金采取因素法分配。首先按照中西部地区 90%、东部地区 10%(适当向困难省份倾斜)的区域因素确定分地区资金规模,在此基础上再按基础因素、投入因素分配到有关省份。其中:

基础因素(权重 80%)主要考虑学前教育普及普惠、公办园发展、教师队伍建设、巩固脱贫攻坚成果与乡村振兴有效衔接等因素。各因素数据通过相关统计资料获取。

投入因素(权重 20%)主要考虑地方财政努力程度、社会力量投入等因素。各因素数据通过相关统计资料获得。

财政部会同教育部综合考虑各地工作进展等情况,研究确定绩效调节系数,对资金分配情况进行适当调节。

计算公式为:

某省份支持学前教育发展资金 =(该省份基础因素 / ∑ 有关省份基础因素 × 权重 + 该省份投入因素 / ∑ 有关省份投入因素 × 权重)× 支持学前教育发展资金年度预算地区资金总额 × 绩效调节系数

财政部、教育部根据党中央、国务院有关决策部署和学前教育改革发展新形势等情况,适时调整完善相关分配因素、权重、计算公式等。

第七条　省级财政、教育部门应当于每年 2 月底前向财政部、教育部报送当年支持学前教育发展资金申报材料,并抄送财政部当地监管局。申报材料主要包括:

(一)上年度工作总结,包括上年度支持学前教育发展资金使用情况、年度绩效目标完成情况、绩效评价结果、地方财政投入情况、主要管理措施、问题分析及对策等。

(二)当年工作计划,主要包括当年全省工作目标和支持学前教育发展资金区域绩效目标、重点任务和资金安排计划,绩效指标要指向明确、细化量化、合理可行、相应匹配。

第八条　财政部于每年全国人民代表大会批准中央预算后三十日内,会同教育部正式下达预算,并抄送财政部当地监管局。每年 10 月 31 日前,提前下达下一年度资金预计数。省级财政在收到资金预算后,应当会同省级教育部门在三十日内按照预算级次合理分配、及时下达本行政区域县级以上各级政府部门,并抄送财政部当地监管局。

第九条　支持学前教育发展资金支付执行国库集中支付制度。涉及政府采购的,按照政府采购有关法律法规和有关制度执行。属于基本建设的项目,应当严格履行基本建设程序,执行相关建设标准和要求,确保工程质量。

第十条　省级财政、教育部门在分配支持学前教育发展资金时,应当结合本地区年度重点工作和省级财政安排相关资金,加大省级统筹力度,重点向农村地区、革命老区、边疆地区、民族地区和脱贫地区倾斜。要做好与发展改革部门安排基本建设项目等各渠道资金的统筹和对接,防止资金、项目安排重复交叉或缺位。

县(区)级财政、教育部门应当落实资金管理主体责任,加强区域内相关教育经费的统筹安排和使用,指导和督促本地区幼儿园健全财务、会计、资产管理制度。加强幼儿园预算管理,细化预算编制,硬化预算执行,强化预算监督;规范幼儿园财务管理,确保资金使用安全、规范和高效。

各级财政、教育部门要加强财政风险控制,强化流程控制、依法合规分配和使用资金,实行不相容岗位(职责)分离控制。

第十一条　支持学前教育发展资金原则上应在当年执行完毕,年度未支出的资金按财政部结转结余资金管理有关规定处理。

第十二条　各级财政、教育部门要按照全面实施预算绩效管理的要求,建立健全全过程预算绩效管理机制,按规定科学合理设定绩效目标,对照绩效目标做好绩效监控,认真组织开展绩效评价,强化评价结果应用,做好绩效信息公开,提高资金配置效率和使用效益。财政部、教育部根据工作需要适时组织开展重点绩效评价。

第十三条　财政部各地监管局应当按照工作职责和财政部要求,对资金实施监管。地方各级财政部门应当会同同级教育部门,按照各自职责加强项目审核申报、经费使用管理等工作,建立"谁使用、谁负责"的责任机制。严禁将资金用于平衡预算、偿还债务、支付利息、对外投资等支出,不得从资金中提取工作经费或管理经费。

第十四条　各级财政、教育部门及其工作人员、申报使用补助资金的部门、单位及个人存在违法违规行为的,依法责令改正;对负有责任的领导人员和直接责任人员依法给予处分;涉嫌犯罪的,依法移送有关机关处理。

第十五条　本办法由财政部、教育部负责解释。各省级财政、教育部门可以根据本办法,结合各地实际,制定具体管理办法,报财政部、教育部备案,并抄送财政部当地监管局。

第十六条　本办法自印发之日起施行。《财政部 教育部关于印发〈中央财政支持学前教育发展资金管理办法〉的通知》(财教〔2019〕256 号)同时废止。

幼儿园管理条例

· 1989 年 8 月 20 日国务院批准
· 1989 年 9 月 11 日国家教育委员会令第 4 号发布
· 自 1990 年 2 月 1 日起施行

第一章　总　则

第一条　为了加强幼儿园的管理,促进幼儿教育事业的发展,制定本条例。

第二条　本条例适用于招收 3 周岁以上学龄前幼儿,对其进行保育和教育的幼儿园。

第三条　幼儿园的保育和教育工作应当促进幼儿在体、智、德、美诸方面和谐发展。

第四条　地方各级人民政府应当根据本地区社会经济发展状况,制订幼儿园的发展规划。

幼儿园的设置应当与当地居民人口相适应。

乡、镇、市辖区和不设区的市的幼儿园的发展规划,应当包括幼儿园设置的布局方案。

第五条　地方各级人民政府可以依据本条例举办幼儿园,并鼓励和支持企业事业单位、社会团体、居民委员会、村民委员会和公民举办幼儿园或捐资助园。

第六条　幼儿园的管理实行地方负责、分级管理和各有关部门分工负责的原则。

国家教育委员会主管全国的幼儿园管理工作;地方各级人民政府的教育行政部门,主管本行政辖区内的幼儿园管理工作。

第二章　举办幼儿园的基本条件和审批程序

第七条　举办幼儿园必须将幼儿园设置在安全区域内。

严禁在污染区和危险区内设置幼儿园。

第八条　举办幼儿园必须具有与保育、教育的要求相适应的园舍和设施。

幼儿园的园舍和设施必须符合国家的卫生标准和安全标准。

第九条　举办幼儿园应当具有符合下列条件的保育、幼儿教育、医务和其他工作人员:

(一)幼儿园园长、教师应当具有幼儿师范学校(包括职业学校幼儿教育专业)毕业程度,或者经教育行政部门考核合格。

(二)医师应当具有医学院校毕业程度,医士和护士应当具有中等卫生学校毕业程度,或者取得卫生行政部门的资格认可。

(三)保健员应当具有高中毕业程度,并受过幼儿保健培训。

(四)保育员应当具有初中毕业程度,并受过幼儿保育职业培训。

慢性传染病、精神病患者,不得在幼儿园工作。

第十条　举办幼儿园的单位或者个人必须具有进行保育、教育以及维修或扩建、改建幼儿园的园舍与设施的经费来源。

第十一条　国家实行幼儿园登记注册制度,未经登记注册,任何单位和个人不得举办幼儿园。

第十二条　城市幼儿园的举办、停办、由所在区、不设区的市的人民政府教育行政部门登记注册。

农村幼儿园的举办、停办,由所在乡、镇人民政府登记注册,并报县人民政府教育行政部门备案。

第三章　幼儿园的保育和教育工作

第十三条　幼儿园应当贯彻保育与教育相结合的原则,创设与幼儿的教育和发展相适应的和谐环境,引导幼儿个性的健康发展。

幼儿园应当保障幼儿的身体健康,培养幼儿的良好生活、卫生习惯;促进幼儿的智力发展;培养幼儿热爱祖国的情感以及良好的品德行为。

第十四条　幼儿园的招生、编班应当符合教育行政部门的规定。

第十五条　幼儿园应当使用全国通用的普通话。招收少数民族为主的幼儿园,可以使用本民族通用的语言。

第十六条　幼儿园应当以游戏为基本活动形式。

幼儿园可以根据本园的实际,安排和选择教育内容与方法,但不得进行违背幼儿教育规律,有损于幼儿身心健康的活动。

第十七条　严禁体罚和变相体罚幼儿。

第十八条　幼儿园应当建立卫生保健制度,防止发生食物中毒和传染病的流行。

第十九条　幼儿园应当建立安全防护制度,严禁在幼儿园内设置威胁幼儿安全的危险建筑物和设施,严禁使用有毒、有害物质制作教具、玩具。

第二十条　幼儿园发生食物中毒、传染病流行时,举办幼儿园的单位或者个人应当立即采取紧急救护措施,并及时报告当地教育行政部门或卫生行政部门。

第二十一条　幼儿园的园舍和设施有可能发生危险时,举办幼儿园的单位或个人应当采取措施,排除险情,防止事故发生。

第四章　幼儿园的行政事务

第二十二条　各级教育行政部门应当负责监督、评估和指导幼儿园的保育、教育工作,组织培训幼儿园的师资,审定、考核幼儿园教师的资格,并协助卫生行政部门检查和指导幼儿园的卫生保健工作,会同建设行政部门制定幼儿园园舍、设施的标准。

第二十三条 幼儿园园长负责幼儿园的工作。

幼儿园园长由举办幼儿园的单位或个人聘任,并向幼儿园的登记注册机关备案。

幼儿园的教师、医师、保健员、保育员和其他工作人员,由幼儿园园长聘任,也可由举办幼儿园的单位或个人聘任。

第二十四条 幼儿园可以依据本省、自治区、直辖市人民政府制定的收费标准,向幼儿家长收取保育费、教育费。

幼儿园应当加强财务管理,合理使用各项经费,任何单位和个人不得克扣、挪用幼儿园经费。

第二十五条 任何单位和个人,不得侵占和破坏幼儿园园舍和设施,不得在幼儿园周围设置有危险、有污染或影响幼儿园采光的建筑和设施,不得干扰幼儿园正常的工作秩序。

第五章 奖励与处罚

第二十六条 凡具备下列条件之一的单位或者个人,由教育行政部门和有关部门予以奖励:

(一)改善幼儿园的办园条件成绩显著的;

(二)保育、教育工作成绩显著的;

(三)幼儿园管理工作成绩显著的。

第二十七条 违反本条例,具有下列情形之一的幼儿园,由教育行政部门视情节轻重,给予限期整顿、停止招生、停止办园的行政处罚:

(一)未经登记注册,擅自招收幼儿的;

(二)园舍、设施不符合国家卫生标准、安全标准,妨害幼儿身体健康或者威胁幼儿生命安全的;

(三)教育内容和方法违背幼儿教育规律,损害幼儿身心健康的。

第二十八条 违反本条例,具有下列情形之一的单位或者个人,由教育行政部门对直接责任人员给予警告、罚款的行政处罚,或者由教育行政部门建议有关部门对责任人员给予行政处分:

(一)体罚或变相体罚幼儿的;

(二)使用有毒、有害物质制作教具、玩具的;

(三)克扣、挪用幼儿园经费的;

(四)侵占、破坏幼儿园园舍、设备的;

(五)干扰幼儿园正常工作秩序的;

(六)在幼儿园周围设置有危险、有污染或者影响幼儿园采光的建筑和设施的。

前款所列情形,情节严重,构成犯罪的,由司法机关依法追究刑事责任。

第二十九条 当事人对行政处罚不服的,可以在接到处罚通知之日起 15 日内,向作出处罚决定的机关的上一级机关申请复议,对复议决定不服的,可在接到复议决定之日起 15 日内,向人民法院提起诉讼。当事人逾期不申请复议或者不向人民法院提起诉讼又不履行处罚决定的,由作出处罚决定的机关申请人民法院强制执行。

第六章 附 则

第三十条 省、自治区、直辖市人民政府可根据本条例制定实施办法。

第三十一条 本条例由国家教育委员会解释。

第三十二条 本条例自 1990 年 2 月 1 日起施行。

幼儿园工作规程

· 2016 年 1 月 5 日教育部令第 39 号公布
· 自 2016 年 3 月 1 日起施行

第一章 总 则

第一条 为了加强幼儿园的科学管理,规范办园行为,提高保育和教育质量,促进幼儿身心健康,依据《中华人民共和国教育法》等法律法规,制定本规程。

第二条 幼儿园是对 3 周岁以上学龄前幼儿实施保育和教育的机构。幼儿园教育是基础教育的重要组成部分,是学校教育制度的基础阶段。

第三条 幼儿园的任务是:贯彻国家的教育方针,按照保育与教育相结合的原则,遵循幼儿身心发展特点和规律,实施德、智、体、美等方面全面发展的教育,促进幼儿身心和谐发展。

幼儿园同时面向幼儿家长提供科学育儿指导。

第四条 幼儿园适龄幼儿一般为 3 周岁至 6 周岁。

幼儿园一般为三年制。

第五条 幼儿园保育和教育的主要目标是:

(一)促进幼儿身体正常发育和机能的协调发展,增强体质,促进心理健康,培养良好的生活习惯、卫生习惯和参加体育活动的兴趣。

(二)发展幼儿智力,培养正确运用感官和运用语言交往的基本能力,增进对环境的认识,培养有益的兴趣和求知欲望,培养初步的动手探究能力。

(三)萌发幼儿爱祖国、爱家乡、爱集体、爱劳动、爱科学的情感,培养诚实、自信、友爱、勇敢、勤学、好问、爱护公物、克服困难、讲礼貌、守纪律等良好的品德行为和习惯,以及活泼开朗的性格。

(四)培养幼儿初步感受美和表现美的情趣和能力。

第六条 幼儿园教职工应当尊重、爱护幼儿,严禁虐待、歧视、体罚和变相体罚、侮辱幼儿人格等损害幼儿身心健康的行为。

第七条 幼儿园可分为全日制、半日制、定时制、季节制和寄宿制等。上述形式可分别设置,也可混合设置。

第二章 幼儿入园和编班

第八条 幼儿园每年秋季招生。平时如有缺额,可随时补招。

幼儿园对烈士子女、家中无人照顾的残疾人子女、孤儿、家庭经济困难幼儿、具有接受普通教育能力的残疾儿童等入园,按照国家和地方的有关规定予以照顾。

第九条 企业、事业单位和机关、团体、部队设置的幼儿园,除招收本单位工作人员的子女外,应当积极创造条件向社会开放,招收附近居民子女入园。

第十条 幼儿入园前,应当按照卫生部门制定的卫生保健制度进行健康检查,合格者方可入园。

幼儿入园除进行健康检查外,禁止任何形式的考试或测查。

第十一条 幼儿园规模应当有利于幼儿身心健康,便于管理,一般不超过360人。

幼儿园每班幼儿人数一般为:小班(3周岁至4周岁)25人,中班(4周岁至5周岁)30人,大班(5周岁至6周岁)35人,混合班30人。寄宿制幼儿园每班幼儿人数酌减。

幼儿园可以按年龄分别编班,也可以混合编班。

第三章 幼儿园的安全

第十二条 幼儿园应当严格执行国家和地方幼儿园安全管理的相关规定,建立健全门卫、房屋、设备、消防、交通、食品、药物、幼儿接送交接、活动组织和幼儿就寝值守等安全防护和检查制度,建立安全责任制和应急预案。

第十三条 幼儿园的园舍应当符合国家和地方的建设标准,以及相关安全、卫生等方面的规范,定期检查维护,保障安全。幼儿园不得设置在污染区和危险区,不得使用危房。

幼儿园的设备设施、装修装饰材料、用品用具和玩教具材料等,应当符合国家相关的安全质量标准和环保要求。

入园幼儿应当由监护人或者其委托的成年人接送。

第十四条 幼儿园应当严格执行国家有关食品药品安全的法律法规,保障饮食饮水卫生安全。

第十五条 幼儿园教职工必须具有安全意识,掌握基本急救常识和防范、避险、逃生、自救的基本方法,在紧急情况下应当优先保护幼儿的人身安全。

幼儿园应当把安全教育融入一日生活,并定期组织开展多种形式的安全教育和事故预防演练。

幼儿园应当结合幼儿年龄特点和接受能力开展反家庭暴力教育,发现幼儿遭受或者疑似遭受家庭暴力的,应当依法及时向公安机关报案。

第十六条 幼儿园应当投保校方责任险。

第四章 幼儿园的卫生保健

第十七条 幼儿园必须切实做好幼儿生理和心理卫生保健工作。

幼儿园应当严格执行《托儿所幼儿园卫生保健管理办法》以及其他有关卫生保健的法规、规章和制度。

第十八条 幼儿园应当制定合理的幼儿一日生活作息制度。正餐间隔时间为3.5~4小时。在正常情况下,幼儿户外活动时间(包括户外体育活动时间)每天不得少于2小时,寄宿制幼儿园不得少于3小时;高寒、高温地区可酌情增减。

第十九条 幼儿园应当建立幼儿健康检查制度和幼儿健康卡或档案。每年体检一次,每半年测身高、视力一次,每季度量体重一次;注意幼儿口腔卫生,保护幼儿视力。

幼儿园对幼儿健康发展状况定期进行分析、评价,及时向家长反馈结果。

幼儿园应当关注幼儿心理健康,注重满足幼儿的发展需要,保持幼儿积极的情绪状态,让幼儿感受到尊重和接纳。

第二十条 幼儿园应当建立卫生消毒、晨检、午检制度和病儿隔离制度,配合卫生部门做好计划免疫工作。

幼儿园应当建立传染病预防和管理制度,制定突发传染病应急预案,认真做好疾病防控工作。

幼儿园应当建立患病幼儿用药的委托交接制度,未经监护人委托或者同意,幼儿园不得给幼儿用药。幼儿园应当妥善管理药品,保证幼儿用药安全。

幼儿园内禁止吸烟、饮酒。

第二十一条 供给膳食的幼儿园应当为幼儿提供安全卫生的食品,编制营养平衡的幼儿食谱,定期计算和分析幼儿的进食量和营养素摄取量,保证幼儿合理膳食。

幼儿园应当每周向家长公示幼儿食谱,并按照相关规定进行食品留样。

第二十二条　幼儿园应当配备必要的设备设施,及时为幼儿提供安全卫生的饮用水。

幼儿园应当培养幼儿良好的大小便习惯,不得限制幼儿便溺的次数、时间等。

第二十三条　幼儿园应当积极开展适合幼儿的体育活动,充分利用日光、空气、水等自然因素以及本地自然环境,有计划地锻炼幼儿肌体,增强身体的适应和抵抗能力。正常情况下,每日户外体育活动不得少于1小时。

幼儿园在开展体育活动时,应当对体弱或有残疾的幼儿予以特殊照顾。

第二十四条　幼儿园夏季要做好防暑降温工作,冬季要做好防寒保暖工作,防止中暑和冻伤。

第五章　幼儿园的教育

第二十五条　幼儿园教育应当贯彻以下原则和要求:

(一)德、智、体、美等方面的教育应当互相渗透,有机结合。

(二)遵循幼儿身心发展规律,符合幼儿年龄特点,注重个体差异,因人施教,引导幼儿个性健康发展。

(三)面向全体幼儿,热爱幼儿,坚持积极鼓励、启发引导的正面教育。

(四)综合组织健康、语言、社会、科学、艺术各领域的教育内容,渗透于幼儿一日生活的各项活动中,充分发挥各种教育手段的交互作用。

(五)以游戏为基本活动,寓教于各项活动之中。

(六)创设与教育相适应的良好环境,为幼儿提供活动和表现能力的机会与条件。

第二十六条　幼儿一日活动的组织应当动静交替,注重幼儿的直接感知、实际操作和亲身体验,保证幼儿愉快的、有益的自由活动。

第二十七条　幼儿园日常生活组织,应当从实际出发,建立必要、合理的常规,坚持一贯性和灵活性相结合,培养幼儿的良好习惯和初步的生活自理能力。

第二十八条　幼儿园应当为幼儿提供丰富多样的教育活动。

教育活动内容应当根据教育目标、幼儿的实际水平和兴趣确定,以循序渐进为原则,有计划地选择和组织。

教育活动的组织应当灵活地运用集体、小组和个别活动等形式,为每个幼儿提供充分参与的机会,满足幼儿多方面发展的需要,促进每个幼儿在不同水平上得到发展。

教育活动的过程应注重支持幼儿的主动探索、操作实践、合作交流和表达表现,不应片面追求活动结果。

第二十九条　幼儿园应当将游戏作为对幼儿进行全面发展教育的重要形式。

幼儿园应当因地制宜创设游戏条件,提供丰富、适宜的游戏材料,保证充足的游戏时间,开展多种游戏。

幼儿园应当根据幼儿的年龄特点指导游戏,鼓励和支持幼儿根据自身兴趣、需要和经验水平,自主选择游戏内容、游戏材料和伙伴,使幼儿在游戏过程中获得积极的情绪情感,促进幼儿能力和个性的全面发展。

第三十条　幼儿园应当将环境作为重要的教育资源,合理利用室内外环境,创设开放的、多样的区域活动空间,提供适合幼儿年龄特点的丰富的玩具、操作材料和幼儿读物,支持幼儿自主选择和主动学习,激发幼儿学习的兴趣与探究的愿望。

幼儿园应当营造尊重、接纳和关爱的氛围,建立良好的同伴和师生关系。

幼儿园应当充分利用家庭和社区的有利条件,丰富和拓展幼儿园的教育资源。

第三十一条　幼儿园的品德教育应当以情感教育和培养良好行为习惯为主,注重潜移默化的影响,并贯穿于幼儿生活以及各项活动之中。

第三十二条　幼儿园应当充分尊重幼儿的个体差异,根据幼儿不同的心理发展水平,研究有效的活动形式和方法,注重培养幼儿良好的个性心理品质。

幼儿园应当为在园残疾儿童提供更多的帮助和指导。

第三十三条　幼儿园和小学应当密切联系,互相配合,注意两个阶段教育的相互衔接。

幼儿园不得提前教授小学教育内容,不得开展任何违背幼儿身心发展规律的活动。

第六章　幼儿园的园舍、设备

第三十四条　幼儿园应当按照国家的相关规定设活动室、寝室、卫生间、保健室、综合活动室、厨房和办公用房等,并达到相应的建设标准。有条件的幼儿园应当优先扩大幼儿游戏和活动空间。

寄宿制幼儿园应当增设隔离室、浴室和教职工值班室等。

第三十五条　幼儿园应当有与其规模相适应的户外活动场地,配备必要的游戏和体育活动设施,创造条件开辟沙地、水池、种植园地等,并根据幼儿活动的需要绿化、美化园地。

第三十六条　幼儿园应当配备适合幼儿特点的桌椅、玩具架、盥洗卫生用具,以及必要的玩教具、图书和乐器等。

玩教具应当具有教育意义并符合安全、卫生要求。幼儿园应当因地制宜，就地取材，自制玩教具。

第三十七条　幼儿园的建筑规划面积、建筑设计和功能要求，以及设施设备、玩教具配备，按照国家和地方的相关规定执行。

第七章　幼儿园的教职工

第三十八条　幼儿园按照国家相关规定设园长、副园长、教师、保育员、卫生保健人员、炊事员和其他工作人员等岗位，配足配齐教职工。

第三十九条　幼儿园教职工应当贯彻国家教育方针，具有良好品德，热爱教育事业，尊重和爱护幼儿，具有专业知识和技能以及相应的文化和专业素养，为人师表，忠于职责，身心健康。

幼儿园教职工患传染病期间暂停在幼儿园的工作。有犯罪、吸毒记录和精神病史者不得在幼儿园工作。

第四十条　幼儿园园长应当符合本规程第三十九条规定，并应当具有《教师资格条例》规定的教师资格、具备大专以上学历、有三年以上幼儿园工作经历和一定的组织管理能力，并取得幼儿园园长岗位培训合格证书。

幼儿园园长由举办者任命或者聘任，并报当地主管的教育行政部门备案。

幼儿园园长负责幼儿园的全面工作，主要职责如下：

（一）贯彻执行国家的有关法律、法规、方针、政策和地方的相关规定，负责建立并组织执行幼儿园的各项规章制度；

（二）负责保育教育、卫生保健、安全保卫工作；

（三）负责按有关规定聘任、调配教职工，指导、检查和评估教师以及其他工作人员的工作，并给予奖惩；

（四）负责教职工的思想工作，组织业务学习，并为他们的学习、进修、教育研究创造必要的条件；

（五）关心教职工的身心健康，维护他们的合法权益，改善他们的工作条件；

（六）组织管理园舍、设备和经费；

（七）组织和指导家长工作；

（八）负责与社区的联系和合作。

第四十一条　幼儿园教师必须具有《教师资格条例》规定的幼儿园教师资格，并符合本规程第三十九条规定。

幼儿园教师实行聘任制。

幼儿园教师对本班工作全面负责，其主要职责如下：

（一）观察了解幼儿，依据国家有关规定，结合本班幼儿的发展水平和兴趣需要，制订和执行教育工作计划，合理安排幼儿一日生活；

（二）创设良好的教育环境，合理组织教育内容，提供丰富的玩具和游戏材料，开展适宜的教育活动；

（三）严格执行幼儿园安全、卫生保健制度，指导并配合保育员管理本班幼儿生活，做好卫生保健工作；

（四）与家长保持经常联系，了解幼儿家庭的教育环境，商讨符合幼儿特点的教育措施，相互配合共同完成教育任务；

（五）参加业务学习和保育教育研究活动；

（六）定期总结评估保教工作实效，接受园长的指导和检查。

第四十二条　幼儿园保育员应当符合本规程第三十九条规定，并应当具备高中毕业以上学历，受过幼儿保育职业培训。

幼儿园保育员的主要职责如下：

（一）负责本班房舍、设备、环境的清洁卫生和消毒工作；

（二）在教师指导下，科学照料和管理幼儿生活，并配合本班教师组织教育活动；

（三）在卫生保健人员和本班教师指导下，严格执行幼儿园安全、卫生保健制度；

（四）妥善保管幼儿衣物和本班的设备、用具。

第四十三条　幼儿园卫生保健人员除符合本规程第三十九条规定外，医师应当取得卫生行政部门颁发的《医师执业证书》；护士应当取得《护士执业证书》；保健员应当具有高中毕业以上学历，并经过当地妇幼保健机构组织的卫生保健专业知识培训。

幼儿园卫生保健人员对全园幼儿身体健康负责，其主要职责如下：

（一）协助园长组织实施有关卫生保健方面的法规、规章和制度，并监督执行；

（二）负责指导调配幼儿膳食，检查食品、饮水和环境卫生；

（三）负责晨检、午检和健康观察，做好幼儿营养、生长发育的监测和评价；定期组织幼儿健康体检，做好幼儿健康档案管理；

（四）密切与当地卫生保健机构的联系，协助做好疾病防控和计划免疫工作；

（五）向幼儿园教职工和家长进行卫生保健宣传和指导。

（六）妥善管理医疗器械、消毒用具和药品。

第四十四条　幼儿园其他工作人员的资格和职责，按照国家和地方的有关规定执行。

第四十五条　对认真履行职责、成绩优良的幼儿园教职工,应当按照有关规定给予奖励。

对不履行职责的幼儿园教职工,应当视情节轻重,依法依规给予相应处分。

第八章　幼儿园的经费

第四十六条　幼儿园的经费由举办者依法筹措,保障有必备的办园资金和稳定的经费来源。

按照国家和地方相关规定接受财政扶持的提供普惠性服务的国有企事业单位办园、集体办园和民办园等幼儿园,应当接受财务、审计等有关部门的监督检查。

第四十七条　幼儿园收费按照国家和地方的有关规定执行。

幼儿园实行收费公示制度,收费项目和标准向家长公示,接受社会监督,不得以任何名义收取与新生入园相挂钩的赞助费。

幼儿园不得以培养幼儿某种专项技能、组织或参与竞赛等为由,另外收取费用;不得以营利为目的组织幼儿表演、竞赛等活动。

第四十八条　幼儿园的经费应当按照规定的使用范围合理开支,坚持专款专用,不得挪作他用。

第四十九条　幼儿园举办者筹措的经费,应当保证保育和教育的需要,有一定比例用于改善办园条件和开展教职工培训。

第五十条　幼儿膳食费应当实行民主管理制度,保证全部用于幼儿膳食,每月向家长公布账目。

第五十一条　幼儿园应当建立经费预算和决算审核制度,经费预算和决算应当提交园务委员会审议,并接受财务和审计部门的监督检查。

幼儿园应当依法建立资产配置、使用、处置、产权登记、信息管理等管理制度,严格执行有关财务制度。

第九章　幼儿园、家庭和社区

第五十二条　幼儿园应当主动与幼儿家庭沟通合作,为家长提供科学育儿宣传指导,帮助家长创设良好的家庭教育环境,共同担负教育幼儿的任务。

第五十三条　幼儿园应当建立幼儿园与家长联系的制度。幼儿园可采取多种形式,指导家长正确了解幼儿园保育和教育的内容、方法,定期召开家长会议,并接待家长的来访和咨询。

幼儿园应当认真分析、吸收家长对幼儿园教育与管理工作的意见与建议。

幼儿园应当建立家长开放日制度。

第五十四条　幼儿园应当成立家长委员会。

家长委员会的主要任务是:对幼儿园重要决策和事关幼儿切身利益的事项提出意见和建议;发挥家长的专业和资源优势,支持幼儿园保育教育工作;帮助家长了解幼儿园工作计划和要求,协助幼儿园开展家庭教育指导和交流。

家长委员会在幼儿园园长指导下工作。

第五十五条　幼儿园应当加强与社区的联系与合作,面向社区宣传科学育儿知识,开展灵活多样的公益性早期教育服务,争取社区对幼儿园的多方面支持。

第十章　幼儿园的管理

第五十六条　幼儿园实行园长负责制。

幼儿园应当建立园务委员会。园务委员会由园长、副园长、党组织负责人和保教、卫生保健、财会等方面工作人员的代表以及幼儿家长代表组成。园长任园务委员会主任。

园长定期召开园务委员会会议,遇重大问题可临时召集,对规章制度的建立、修改、废除,全园工作计划,工作总结,人员奖惩,财务预算和决算方案,以及其他涉及全园工作的重要问题进行审议。

第五十七条　幼儿园应当加强党组织建设,充分发挥党组织政治核心作用、战斗堡垒作用。幼儿园应当为工会、共青团等其他组织开展工作创造有利条件,充分发挥其在幼儿园工作中的作用。

第五十八条　幼儿园应当建立教职工大会制度或者教职工代表大会制度,依法加强民主管理和监督。

第五十九条　幼儿园应当建立教研制度,研究解决保教工作中的实际问题。

第六十条　幼儿园应当制订年度工作计划,定期部署、总结和报告工作。每学年年末应当向教育等行政主管部门报告工作,必要时随时报告。

第六十一条　幼儿园应当接受上级教育、卫生、公安、消防等部门的检查、监督和指导,如实报告工作和反映情况。

幼儿园应当依法接受教育督导部门的督导。

第六十二条　幼儿园应当建立业务档案、财务管理、园务会议、人员奖惩、安全管理以及与家庭、小学联系等制度。

幼儿园应当建立信息管理制度,按照规定采集、更新、报送幼儿园管理信息系统的相关信息,每年向主管教育行政部门报送统计信息。

第六十三条　幼儿园教师依法享受寒暑假期的带薪

休假。幼儿园应当创造条件，在寒暑假期间，安排工作人员轮流休假。具体办法由举办者制定。

第十一章 附 则

第六十四条 本规程适用于城乡各类幼儿园。

第六十五条 省、自治区、直辖市教育行政部门可根据本规程，制订具体实施办法。

第六十六条 本规程自 2016 年 3 月 1 日起施行。1996 年 3 月 9 日由原国家教育委员会令第 25 号发布的《幼儿园工作规程》同时废止。

幼儿园保育教育质量评估指南

· 2022 年 2 月 10 日
· 教基〔2022〕1 号

为深入贯彻全国教育大会精神，加快建立健全教育评价制度，促进学前教育高质量发展，根据中共中央、国务院《关于学前教育深化改革规范发展的若干意见》和《深化新时代教育评价改革总体方案》精神，制定本指南。

一、总体要求

（一）指导思想

以习近平新时代中国特色社会主义思想为指导，全面贯彻党的教育方针，落实立德树人根本任务，遵循幼儿发展规律和教育规律，完善以促进幼儿身心健康发展为导向的学前教育质量评估体系，切实扭转不科学的评估导向，强化评估结果运用，推动树立科学保育教育理念，全面提高幼儿园保育教育水平，为培养德智体美劳全面发展的社会主义建设者和接班人奠定坚实基础。

（二）基本原则

1. 坚持正确方向。坚持社会主义办园方向，践行为党育人、为国育才使命，树立科学评价导向，推动构建科学保育教育体系，整体提升幼儿园办园水平和保育教育质量。

2. 坚持儿童为本。尊重幼儿年龄特点和成长规律，注重幼儿发展的整体性和连续性，坚持保教结合，以游戏为基本活动，有效促进幼儿身心健康发展。

3. 坚持科学评估。完善评估内容，突出评估重点，改进评估方式，切实扭转"重结果轻过程、重硬件轻内涵、重他评轻自评"等倾向。

4. 坚持以评促建。充分发挥评估的引导、诊断、改进和激励功能，注重过程性、发展性评估，引导办好每一所幼儿园，促进幼儿园安全优质发展。

二、评估内容

坚持以促进幼儿身心健康发展为导向，聚焦幼儿园保育教育过程质量，评估内容主要包括办园方向、保育与安全、教育过程、环境创设、教师队伍等 5 个方面，共 15 项关键指标和 48 个考查要点。

（一）办园方向。包括党建工作、品德启蒙和科学理念等 3 项关键指标，旨在促进幼儿园全面贯彻党的教育方针，落实立德树人根本任务，强化党组织战斗堡垒作用，树立科学保育教育理念，确保正确办园方向。

（二）保育与安全。包括卫生保健、生活照料、安全防护等 3 项关键指标，旨在促进幼儿园加强膳食营养、疾病预防、健康检查等工作，建立合理的生活常规，强化医护保健人员配备、安全保障和制度落实，确保幼儿生命安全和身心健康。

（三）教育过程。包括活动组织、师幼互动和家园共育等 3 项关键指标，旨在促进幼儿园坚持以游戏为基本活动，理解尊重幼儿并支持其有意义地学习，强化家园协同育人，不断提高保育教育质量。

（四）环境创设。包括空间设施、玩具材料等 2 项关键指标，旨在促进幼儿园积极创设丰富适宜、富有童趣、有利于支持幼儿学习探索的教育环境，配备数量充足、种类多样的玩教具和图画书，有效支持保育教育工作科学实施。

（五）教师队伍。包括师德师风、人员配备、专业发展和激励机制等 4 项关键指标，旨在促进幼儿园加强教师师德工作，注重教师专业能力建设，提高园长专业领导力，采取有效措施激励教师爱岗敬业、潜心育人。

三、评估方式

（一）注重过程评估。重点关注保育教育过程质量，关注幼儿园提升保教水平的努力程度和改进过程，严禁用直接测查幼儿能力和发展水平的方式评估幼儿园保育教育质量。

（二）强化自我评估。幼儿园应建立常态化的自我评估机制，促进教职工主动参与，通过集体诊断，反思自身教育行为，提出改进措施。同时，有效发挥外部评估的导向、激励作用，有针对性地引导幼儿园不断完善自我评估，改进保育教育工作。

（三）聚焦班级观察。通过不少于半日的连续自然观察，了解教师与幼儿互动情况，准确判断教师对促进幼儿学习与发展所做的努力与支持，全面、客观、真实地了解幼儿园保育教育过程和质量。外部评估的班级观察采取随机抽取的方式，覆盖面不少于各年龄班级总数的三分之一。

四、组织实施

（一）加强组织领导。各地要高度重视幼儿园保育教育质量评估工作，将其作为促进学前教育高质量发展、办好人民满意教育的重要举措，纳入本地深化教育评价改革重要内容，建立党委领导、政府教育督导部门牵头、部门协同、多方参与的组织实施机制。各省（区、市）要结合实际，完善本地质量评估具体标准，编制幼儿园保育教育质量自评指导手册，增强质量评估的操作性，确保评估工作有效实施。要逐步将幼儿园保育教育质量评估工作与已经开展的对地方政府履行教育职责评价、学前教育普及普惠督导评估、幼儿园办园行为督导评估等工作统筹实施，避免重复评估，切实减轻基层和幼儿园迎检负担。

（二）明确评估周期。幼儿园每学期开展一次自我评估，教育部门要加强对幼儿园保育教育工作和自评的指导。县级督导评估依据所辖园数和工作需要，原则上每3—5年为一个周期，确保每个周期内覆盖所有幼儿园。省、市结合实际适当开展抽查，具体抽查比例由各省（区、市）自行确定。

（三）强化评估保障。各地要为幼儿园保育教育质量评估提供必要的经费保障，支持开展评估研究。要切实加强评估队伍建设，建立一支尊重学前教育规律、熟悉幼儿园保育教育实践、事业心责任感强、相对稳定的专业化评估队伍，评估人员主要由督学、学前教育行政人员、教研人员、园长、骨干教师等组成，强化评估人员专业能力建设。加强对本指南的学习培训，推动幼儿园园长、教师自觉运用本指南自我反思改进，不断提高保育教育水平。

（四）注重激励引导。各地要将幼儿园保育教育质量评估结果作为对幼儿园表彰奖励、政策支持、资源配置、园长考核以及民办园年检、普惠性民办园认定扶持等方面工作的重要依据。对履职不到位、违反有关政策规定、违背幼儿身心发展规律、保教质量持续下滑的幼儿园，要及时督促整改，并视情况依法依规追究责任。要通过幼儿园保育教育质量评估工作，积极推动地方政府履行相应教育职责，为办好学前教育提供充分的条件保障和良好的政策环境。

（五）营造良好氛围。要广泛宣传国家关于学前教育改革发展的政策措施，深入解读幼儿园保育教育质量评估的重要意义、内容要求和指标体系，认真总结推广质量评估工作先进典型经验，有效发挥示范引领作用，积极开展国际交流与合作，营造有利于促进学前教育高质量发展的良好氛围。

附件：幼儿园保育教育质量评估指标（略）

幼儿园督导评估办法

· 2023 年 12 月 29 日
· 教督〔2023〕5 号

第一章　总　则

第一条　为深入贯彻党的二十大精神，加快推进学前教育高质量发展，按照中共中央、国务院《深化新时代教育评价改革总体方案》《关于学前教育深化改革规范发展的若干意见》等文件精神，依据《教育督导条例》以及教育部《幼儿园保育教育质量评估指南》等，制定本办法。

第二条　幼儿园督导评估工作以习近平新时代中国特色社会主义思想为指导，全面贯彻党的教育方针，落实立德树人根本任务，引导幼儿园树立科学保教理念、规范办园行为、提升保教质量，推动学前教育普及普惠安全优质发展，更好满足人民群众对幼有优育的美好期盼，为培养德智体美劳全面发展的社会主义建设者和接班人奠定坚实基础。

第三条　幼儿园督导评估工作基本原则：

（一）树立正确导向。将落实立德树人成效作为督导评估根本标准。引导幼儿园坚持社会主义办园方向，以幼儿为本，遵循幼儿年龄特点和成长规律，科学开展保育教育活动，促进幼儿身心健康全面成长。

（二）注重条件支撑。将是否配置适宜幼儿发展的教育资源作为幼儿园督导评估的基本内容。注重评估幼儿园在园舍场地、游戏材料、环境创设和教职工队伍等方面的达标情况，引导幼儿园创设丰富适宜的环境。

（三）促进规范办园。将招生收费、内部管理、队伍建设、膳食管理、安全防护、卫生保健等办园行为纳入督导评估范围，促进幼儿园规范办园行为，强化幼儿园在安全卫生、师德师风建设等方面的责任，促进幼儿园持续健康发展。

（四）强化过程评估。将加强保育教育过程评估作为幼儿园督导评估改革的重点。聚焦评估活动组织、师幼互动、家园共育等过程质量的核心内容，关注幼儿园提升保育教育水平的主观努力和改进程度，引导幼儿园注重自我评估、自我诊断、持续改进。

（五）坚持以评促建。坚持问题导向、目标导向与效果导向相结合，将促进幼儿园高质量发展作为督导评估的根本目的。充分发挥督导评估的诊断、监督、引导和激励作用，推动幼儿园不断提升保教质量。

第二章　督导评估内容与方式

第四条　幼儿园督导评估内容主要包括办园方向、

保育与安全、教育过程、环境条件、队伍建设、内部管理等6个方面，共18项指标35项基本要求。

（一）办园方向。包括党建思政、办园理念2项指标，旨在促进幼儿园加强党组织建设，重视思想政治工作，落实立德树人根本任务，坚持五育并举，确保正确办园方向。

（二）保育与安全。包括卫生保健、生活照料、安全防护3项指标，旨在促进幼儿园加强膳食营养、疾病防控、安全管理等工作，保障幼儿安全、健康成长。

（三）教育过程。包括活动组织、师幼互动、家园社共育3项指标，旨在促进幼儿园以游戏为基本活动，凸显幼儿主体地位，营造和谐的师幼关系，强化家园共育，不断提高保育教育水平。

（四）环境条件。包括园所规模、园舍场地、玩具材料3项指标，旨在促进幼儿园合理控制园所规模和班额，配备符合安全质量标准、种类丰富、数量充足的玩教具和图书，满足幼儿发展的多样化需求。

（五）队伍建设。包括师德师风、教职工配备、权益保障、专业发展4项指标，旨在促进幼儿园落实教师待遇，加强师德师风建设，着力打造一支数量足、专业强、素质高的学前教育教师队伍。

（六）内部管理。包括办园资质、财务管理、招生管理3项指标，旨在促进幼儿园进一步规范财务制度和招生制度，不断完善内部管理，依法依规办园。

民办园附加指标。主要包括完善法人治理、履行出资义务、规范经费管理、遏制过度逐利4项指标，旨在促进民办幼儿园完善法人治理结构，健全资产管理和财务制度，不断规范办园行为，持续健康发展。

第五条　幼儿园督导评估的方式主要是现场观察、座谈访谈、问卷调查、资料查阅和数据分析等。

第三章　督导评估组织实施

第六条　督导评估工作由教育督导部门会同教育管理部门组织实施。

第七条　教育部教育督导局负责统筹指导。依据国家有关法律法规和政策文件，制定统一的督导评估指标及工作程序，根据省级幼儿园督导评估报告和相关数据信息形成国家督导评估报告，对各地工作开展情况进行检查指导。

第八条　省级教育督导部门对全省（区、市）幼儿园督导评估工作进行抽查，督促市、县两级教育督导部门按要求开展工作。

第九条　地市级教育督导部门负责对县级幼儿园督导评估工作进行抽查、监督和指导，督促各县（市、区）及时研究解决督导评估工作中发现的问题。

第十条　县级教育督导部门负责具体组织实施辖区内幼儿园督导评估工作。依据所辖园数和工作需要，制定幼儿园督导评估工作计划，原则上每3—5年为一个周期，确保每个周期内覆盖所有幼儿园。具体程序如下：

（一）日常自评。幼儿园建立常态化的自评机制，每年向县级教育督导部门和教育管理部门提交一次自评报告。

（二）实地督导。县级教育督导部门会同教育管理部门成立督导组，结合幼儿园自评报告对幼儿园进行实地督导评估，全面了解幼儿园办园情况。特别要通过不少于半日的连续自然观察，准确评估幼儿园保育教育过程质量。

（三）结果反馈。县级教育督导部门形成督导意见书，发送幼儿园。

（四）问题整改。幼儿园根据督导意见书，采取措施进行整改，并按要求将整改情况报县级教育督导部门和教育管理部门。县级教育管理部门和督导部门要加强对幼儿园整改工作的指导。

（五）及时复查。县级教育督导部门建立问题整改台账，督促幼儿园整改，并视情对整改情况进行复查。

第十一条　各级教育督导部门总结幼儿园督导评估工作情况，形成评估报告，报送上级教育督导部门及本级人民政府。

第十二条　县级教育督导部门要根据被实地督导评估幼儿园的实际，有针对性地组建专业化的督导评估组，评估组应包括学前教育行政人员、教研人员和优秀园长（或骨干教师）等。

第四章　督导评估工作要求

第十三条　各地要为幼儿园督导评估提供必要的经费保障，支持开展评估研究和培训。切实加强评估队伍建设，提高评估人员专业能力。

第十四条　各地要坚持教育督导评估的公平、公正，严格按规定程序实施，避免重结果轻过程和重硬件轻内涵的倾向，力戒形式主义，注重实效，确保教育督导评估内容的真实性和评估结果的可靠性。

第十五条　切实减轻基层和幼儿园迎检负担。各地要根据本办法明确的幼儿园督导评估重点指标和当地幼儿园质量评估具体标准，统筹开展督导评估，将幼儿园督导评估工作与中小学幼儿园校（园）长任期结束督导评估、幼儿园保育教育质量评估等工作统筹实施。在一年内,一所幼儿园接受县市级及以上教育部门组织的实地督导评估次数不超过 1 次。实地督导评估时查看的材料,应为幼儿园日常办园过程中形成的资料,不得要求幼儿园为迎评专门准备。

第十六条 督导评估结果作为县域学前教育普及普惠督导评估、对地方政府履行教育职责评价以及幼儿园年度考核检查的重要依据,作为教育行政部门制定学前教育政策、加强幼儿园管理的重要参考,各地要对发现的薄弱幼儿园给予必要的资源倾斜和扶持,并对发现的先进经验和典型案例进行及时总结推广。

第五章 附 则

第十七条 本办法自公布之日起施行。原《幼儿园办园行为督导评估办法》(教督〔2017〕7 号)同时废止。
附件:幼儿园督导评估重点指标(略)

(三)基础教育

中华人民共和国义务教育法

- 1986 年 4 月 12 日第六届全国人民代表大会第四次会议通过
- 2006 年 6 月 29 日第十届全国人民代表大会常务委员会第二十二次会议修订
- 根据 2015 年 4 月 24 日第十二届全国人民代表大会常务委员会第十四次会议《关于修改〈中华人民共和国义务教育法〉等五部法律的决定》第一次修正
- 根据 2018 年 12 月 29 日第十三届全国人民代表大会常务委员会第七次会议《关于修改〈中华人民共和国产品质量法〉等五部法律的决定》第二次修正

第一章 总 则

第一条 为了保障适龄儿童、少年接受义务教育的权利,保证义务教育的实施,提高全民族素质,根据宪法和教育法,制定本法。

第二条 国家实行九年义务教育制度。

义务教育是国家统一实施的所有适龄儿童、少年必须接受的教育,是国家必须予以保障的公益性事业。

实施义务教育,不收学费、杂费。

国家建立义务教育经费保障机制,保证义务教育制度实施。

第三条 义务教育必须贯彻国家的教育方针,实施素质教育,提高教育质量,使适龄儿童、少年在品德、智力、体质等方面全面发展,为培养有理想、有道德、有文化、有纪律的社会主义建设者和接班人奠定基础。

第四条 凡具有中华人民共和国国籍的适龄儿童、少年,不分性别、民族、种族、家庭财产状况、宗教信仰等,依法享有平等接受义务教育的权利,并履行接受义务教育的义务。

第五条 各级人民政府及其有关部门应当履行本法规定的各项职责,保障适龄儿童、少年接受义务教育的权利。

适龄儿童、少年的父母或者其他法定监护人应当依法保证其按时入学接受并完成义务教育。

依法实施义务教育的学校应当按照规定标准完成教育教学任务,保证教育教学质量。

社会组织和个人应当为适龄儿童、少年接受义务教育创造良好的环境。

第六条 国务院和县级以上地方人民政府应当合理配置教育资源,促进义务教育均衡发展,改善薄弱学校的办学条件,并采取措施,保障农村地区、民族地区实施义务教育,保障家庭经济困难的和残疾的适龄儿童、少年接受义务教育。

国家组织和鼓励经济发达地区支援经济欠发达地区实施义务教育。

第七条 义务教育实行国务院领导,省、自治区、直辖市人民政府统筹规划实施,县级人民政府为主管理的体制。

县级以上人民政府教育行政部门具体负责义务教育实施工作;县级以上人民政府其他有关部门在各自的职责范围内负责义务教育实施工作。

第八条 人民政府教育督导机构对义务教育工作执行法律法规情况、教育教学质量以及义务教育均衡发展状况等进行督导,督导报告向社会公布。

第九条 任何社会组织或者个人有权对违反本法的行为向有关国家机关提出检举或者控告。

发生违反本法的重大事件,妨碍义务教育实施,造成重大社会影响的,负有领导责任的人民政府或者人民政府教育行政部门负责人应当引咎辞职。

第十条 对在义务教育实施工作中做出突出贡献的社会组织和个人,各级人民政府及其有关部门按照有关规定给予表彰、奖励。

第二章 学 生

第十一条 凡年满六周岁的儿童,其父母或者其他法定监护人应当送其入学接受并完成义务教育;条件不具备的地区的儿童,可以推迟到七周岁。

适龄儿童、少年因身体状况需要延缓入学或者休学的,其父母或者其他法定监护人应当提出申请,由当地乡镇人民政府或者县级人民政府教育行政部门批准。

第十二条 适龄儿童、少年免试入学。地方各级人民政府应当保障适龄儿童、少年在户籍所在地学校就近入学。

父母或者其他法定监护人在非户籍所在地工作或者居住的适龄儿童、少年,在其父母或者其他法定监护人工作或者居住地接受义务教育的,当地人民政府应当为其提供平等接受义务教育的条件。具体办法由省、自治区、直辖市规定。

县级人民政府教育行政部门对本行政区域内的军人子女接受义务教育予以保障。

第十三条 县级人民政府教育行政部门和乡镇人民政府组织和督促适龄儿童、少年入学,帮助解决适龄儿童、少年接受义务教育的困难,采取措施防止适龄儿童、少年辍学。

居民委员会和村民委员会协助政府做好工作,督促适龄儿童、少年入学。

第十四条 禁止用人单位招用应当接受义务教育的适龄儿童、少年。

根据国家有关规定经批准招收适龄儿童、少年进行文艺、体育等专业训练的社会组织,应当保证所招收的适龄儿童、少年接受义务教育;自行实施义务教育的,应当经县级人民政府教育行政部门批准。

第三章 学 校

第十五条 县级以上地方人民政府根据本行政区域内居住的适龄儿童、少年的数量和分布状况等因素,按照国家有关规定,制定、调整学校设置规划。新建居民区需要设置学校的,应当与居民区的建设同步进行。

第十六条 学校建设,应当符合国家规定的办学标准,适应教育教学需要;应当符合国家规定的选址要求和建设标准,确保学生和教职工安全。

第十七条 县级人民政府根据需要设置寄宿制学校,保障居住分散的适龄儿童、少年入学接受义务教育。

第十八条 国务院教育行政部门和省、自治区、直辖市人民政府根据需要,在经济发达地区设置接收少数民族适龄儿童、少年的学校(班)。

第十九条 县级以上地方人民政府根据需要设置相应的实施特殊教育的学校(班),对视力残疾、听力语言残疾和智力残疾的适龄儿童、少年实施义务教育。特殊教育学校(班)应当具备适应残疾儿童、少年学习、康复、生活特点的场所和设施。

普通学校应当接收具有接受普通教育能力的残疾适龄儿童、少年随班就读,并为其学习、康复提供帮助。

第二十条 县级以上地方人民政府根据需要,为具有预防未成年人犯罪法规定的严重不良行为的适龄少年设置专门的学校实施义务教育。

第二十一条 对未完成义务教育的未成年犯和被采取强制性教育措施的未成年人应当进行义务教育,所需经费由人民政府予以保障。

第二十二条 县级以上人民政府及其教育行政部门应当促进学校均衡发展,缩小学校之间办学条件的差距,不得将学校分为重点学校和非重点学校。学校不得分设重点班和非重点班。

县级以上人民政府及其教育行政部门不得以任何名义改变或者变相改变公办学校的性质。

第二十三条 各级人民政府及其有关部门依法维护学校周边秩序,保护学生、教师、学校的合法权益,为学校提供安全保障。

第二十四条 学校应当建立、健全安全制度和应急机制,对学生进行安全教育,加强管理,及时消除隐患,预防发生事故。

县级以上地方人民政府定期对学校校舍安全进行检查;对需要维修、改造的,及时予以维修、改造。

学校不得聘用曾经因故意犯罪被依法剥夺政治权利或者其他不适合从事义务教育工作的人担任工作人员。

第二十五条 学校不得违反国家规定收取费用,不得以向学生推销或者变相推销商品、服务等方式谋取利益。

第二十六条 学校实行校长负责制。校长应当符合国家规定的任职条件。校长由县级人民政府教育行政部门依法聘任。

第二十七条 对违反学校管理制度的学生,学校应当予以批评教育,不得开除。

第四章 教 师

第二十八条 教师享有法律规定的权利,履行法律规定的义务,应当为人师表,忠诚于人民的教育事业。

全社会应当尊重教师。

第二十九条 教师在教育教学中应当平等对待学生,关注学生的个体差异,因材施教,促进学生的充分发展。

教师应当尊重学生的人格,不得歧视学生,不得对学生实施体罚、变相体罚或者其他侮辱人格尊严的行为,不得侵犯学生合法权益。

第三十条 教师应当取得国家规定的教师资格。

国家建立统一的义务教育教师职务制度。教师职务分为初级职务、中级职务和高级职务。

第三十一条　各级人民政府保障教师工资福利和社会保险待遇，改善教师工作和生活条件；完善农村教师工资经费保障机制。

教师的平均工资水平应当不低于当地公务员的平均工资水平。

特殊教育教师享有特殊岗位补助津贴。在民族地区和边远贫困地区工作的教师享有艰苦贫困地区补助津贴。

第三十二条　县级以上人民政府应当加强教师培养工作，采取措施发展教师教育。

县级人民政府教育行政部门应当均衡配置本行政区域内学校师资力量，组织校长、教师的培训和流动，加强对薄弱学校的建设。

第三十三条　国务院和地方各级人民政府鼓励和支持城市学校教师和高等学校毕业生到农村地区、民族地区从事义务教育工作。

国家鼓励高等学校毕业生以志愿者的方式到农村地区、民族地区缺乏教师的学校任教。县级人民政府教育行政部门依法认定其教师资格，其任教时间计入工龄。

第五章　教育教学

第三十四条　教育教学工作应当符合教育规律和学生身心发展特点，面向全体学生，教书育人，将德育、智育、体育、美育等有机统一在教育教学活动中，注重培养学生独立思考能力、创新能力和实践能力，促进学生全面发展。

第三十五条　国务院教育行政部门根据适龄儿童、少年身心发展的状况和实际情况，确定教学制度、教育教学内容和课程设置，改革考试制度，并改进高级中等学校招生办法，推进实施素质教育。

学校和教师按照确定的教育教学内容和课程设置开展教育教学活动，保证达到国家规定的基本质量要求。

国家鼓励学校和教师采用启发式教育等教育教学方法，提高教育教学质量。

第三十六条　学校应当把德育放在首位，寓德育于教育教学之中，开展与学生年龄相适应的社会实践活动，形成学校、家庭、社会相互配合的思想道德教育体系，促进学生养成良好的思想品德和行为习惯。

第三十七条　学校应当保证学生的课外活动时间，组织开展文化娱乐等课外活动。社会公共文化体育设施应当为学校开展课外活动提供便利。

第三十八条　教科书根据国家教育方针和课程标准编写，内容力求精简，精选必备的基础知识、基本技能，经济实用，保证质量。

国家机关工作人员和教科书审查人员，不得参与或者变相参与教科书的编写工作。

第三十九条　国家实行教科书审定制度。教科书的审定办法由国务院教育行政部门规定。

未经审定的教科书，不得出版、选用。

第四十条　教科书价格由省、自治区、直辖市人民政府价格行政部门会同同级出版主管部门按照微利原则确定。

第四十一条　国家鼓励教科书循环使用。

第六章　经费保障

第四十二条　国家将义务教育全面纳入财政保障范围，义务教育经费由国务院和地方各级人民政府依照本法规定予以保障。

国务院和地方各级人民政府将义务教育经费纳入财政预算，按照教职工编制标准、工资标准和学校建设标准、学生人均公用经费标准等，及时足额拨付义务教育经费，确保学校的正常运转和校舍安全，确保教职工工资按照规定发放。

国务院和地方各级人民政府用于实施义务教育财政拨款的增长比例应当高于财政经常性收入的增长比例，保证按照在校学生人数平均的义务教育费用逐步增长，保证教职工工资和学生人均公用经费逐步增长。

第四十三条　学校的学生人均公用经费基本标准由国务院财政部门会同教育行政部门制定，并根据经济和社会发展状况适时调整。制定、调整学生人均公用经费基本标准，应当满足教育教学基本需要。

省、自治区、直辖市人民政府可以根据本行政区域的实际情况，制定不低于国家标准的学校学生人均公用经费标准。

特殊教育学校（班）学生人均公用经费标准应当高于普通学校学生人均公用经费标准。

第四十四条　义务教育经费投入实行国务院和地方各级人民政府根据职责共同负担，省、自治区、直辖市人民政府负责统筹落实的体制。农村义务教育所需经费，由各级人民政府根据国务院的规定分项目、按比例分担。

各级人民政府对家庭经济困难的适龄儿童、少年免费提供教科书并补助寄宿生生活费。

义务教育经费保障的具体办法由国务院规定。

第四十五条　地方各级人民政府在财政预算中将义务教育经费单列。

县级人民政府编制预算，除向农村地区学校和薄弱学校倾斜外，应当均衡安排义务教育经费。

第四十六条　国务院和省、自治区、直辖市人民政府规范财政转移支付制度，加大一般性转移支付规模和规范义务教育专项转移支付，支持和引导地方各级人民政府增加对义务教育的投入。地方各级人民政府确保将上级人民政府的义务教育转移支付资金按照规定用于义务教育。

第四十七条　国务院和县级以上地方人民政府根据实际需要，设立专项资金，扶持农村地区、民族地区实施义务教育。

第四十八条　国家鼓励社会组织和个人向义务教育捐赠，鼓励按照国家有关基金会管理的规定设立义务教育基金。

第四十九条　义务教育经费严格按照预算规定用于义务教育；任何组织和个人不得侵占、挪用义务教育经费，不得向学校非法收取或者摊派费用。

第五十条　县级以上人民政府建立健全义务教育经费的审计监督和统计公告制度。

第七章　法律责任

第五十一条　国务院有关部门和地方各级人民政府违反本法第六章的规定，未履行对义务教育经费保障职责的，由国务院或者上级地方人民政府责令限期改正；情节严重的，对直接负责的主管人员和其他直接责任人员依法给予行政处分。

第五十二条　县级以上地方人民政府有下列情形之一的，由上级人民政府责令限期改正；情节严重的，对直接负责的主管人员和其他直接责任人员依法给予行政处分：

（一）未按照国家有关规定制定、调整学校的设置规划的；

（二）学校建设不符合国家规定的办学标准、选址要求和建设标准的；

（三）未定期对学校校舍安全进行检查，并及时维修、改造的；

（四）未依照本法规定均衡安排义务教育经费的。

第五十三条　县级以上人民政府或者其教育行政部门有下列情形之一的，由上级人民政府或者其教育行政部门责令限期改正、通报批评；情节严重的，对直接负责的主管人员和其他直接责任人员依法给予行政处分：

（一）将学校分为重点学校和非重点学校的；

（二）改变或者变相改变公办学校性质的。

县级人民政府教育行政部门或者乡镇人民政府未采取措施组织适龄儿童、少年入学或者防止辍学的，依照前款规定追究法律责任。

第五十四条　有下列情形之一的，由上级人民政府或者上级人民政府教育行政部门、财政部门、价格行政部门和审计机关根据职责分工责令限期改正；情节严重的，对直接负责的主管人员和其他直接责任人员依法给予处分：

（一）侵占、挪用义务教育经费的；

（二）向学校非法收取或者摊派费用的。

第五十五条　学校或者教师在义务教育工作中违反教育法、教师法规定的，依照教育法、教师法的有关规定处罚。

第五十六条　学校违反国家规定收取费用的，由县级人民政府教育行政部门责令退还所收费用；对直接负责的主管人员和其他直接责任人员依法给予处分。

学校以向学生推销或者变相推销商品、服务等方式谋取利益的，由县级人民政府教育行政部门给予通报批评；有违法所得的，没收违法所得；对直接负责的主管人员和其他直接责任人员依法给予处分。

国家机关工作人员和教科书审查人员参与或者变相参与教科书编写的，由县级以上人民政府或者其教育行政部门根据职责权限责令限期改正，依法给予行政处分；有违法所得的，没收违法所得。

第五十七条　学校有下列情形之一的，由县级人民政府教育行政部门责令限期改正；情节严重的，对直接负责的主管人员和其他直接责任人员依法给予处分：

（一）拒绝接收具有接受普通教育能力的残疾适龄儿童、少年随班就读的；

（二）分设重点班和非重点班的；

（三）违反本法规定开除学生的；

（四）选用未经审定的教科书的。

第五十八条　适龄儿童、少年的父母或者其他法定监护人无正当理由未依照本法规定送适龄儿童、少年入学接受义务教育的，由当地乡镇人民政府或者县级人民政府教育行政部门给予批评教育，责令限期改正。

第五十九条　有下列情形之一的，依照有关法律、行政法规的规定予以处罚：

（一）胁迫或者诱骗应当接受义务教育的适龄儿童、少年失学、辍学的；

（二）非法招用应当接受义务教育的适龄儿童、少年的；

（三）出版未经依法审定的教科书的。

第六十条　违反本法规定，构成犯罪的，依法追究刑事责任。

第八章　附　则

第六十一条　对接受义务教育的适龄儿童、少年不收杂费的实施步骤,由国务院规定。

第六十二条　社会组织或者个人依法举办的民办学校实施义务教育的,依照民办教育促进法有关规定执行;民办教育促进法未作规定的,适用本法。

第六十三条　本法自 2006 年 9 月 1 日起施行。

国务院关于统筹推进县域内城乡义务教育一体化改革发展的若干意见

·2016 年 7 月 2 日
·国发〔2016〕40 号

义务教育是教育工作的重中之重,是国家必须保障的公益性事业,是必须优先发展的基本公共事业,是脱贫攻坚的基础性事业。当前,我国已进入全面建成小康社会的决胜阶段,正处于新型城镇化深入发展的关键时期,这对整体提升义务教育办学条件和教育质量提出了新要求。同时,户籍制度改革、计划生育政策调整、人口及学生流动给城乡义务教育学校规划布局和城镇学位供给带来了巨大挑战。在许多地方,城乡二元结构矛盾仍然突出,乡村优质教育资源紧缺,教育质量亟待提高;城镇教育资源配置不适应新型城镇化发展,大班额问题严重。为落实全面建成小康社会要求,促进义务教育事业持续健康发展,现就统筹推进县域内城乡义务教育一体化改革发展提出如下意见。

一、指导思想

全面贯彻党的十八大和十八届三中、四中、五中全会精神,深入贯彻习近平总书记系列重要讲话精神,按照"四个全面"战略布局和党中央、国务院决策部署,切实加强党对教育工作的领导,坚持以新发展理念为引领,落实立德树人根本任务,加强学校党的建设,深化综合改革,推进依法治教,提高教育质量,统筹推进县域内城乡义务教育一体化改革发展。适应全面建成小康社会需要,合理规划城乡义务教育学校布局建设,完善城乡义务教育经费保障机制,统筹城乡教育资源配置,向乡村和城乡结合部倾斜,大力提高乡村教育质量,适度稳定乡村生源,增加城镇义务教育学位和乡镇学校寄宿床位,推进城镇义务教育公共服务常住人口全覆盖,着力解决"乡村弱"和"城镇挤"问题,巩固和均衡发展九年义务教育,加快缩小县域内城乡教育差距,为到 2020 年教育现代化取得重要进展和全面建成小康社会奠定坚实基础。

二、基本原则

优先发展,统筹规划。在推进新型城镇化进程中坚持优先发展义务教育,做到公共资源配置上对义务教育统筹规划、优先发展和重点保障。坚持城乡并重和软硬件并重,科学推进城乡义务教育公办学校标准化建设。

深化改革,创新机制。深化义务教育治理结构、教师管理和保障机制改革,构建与常住人口增长趋势和空间布局相适应的城乡义务教育学校布局建设机制,完善义务教育治理体系,提升义务教育治理能力现代化水平。

提高质量,公平共享。把立德树人作为根本任务,把均衡发展和品质提升作为重要抓手,积极培育和践行社会主义核心价值观,促进教育公平,使城乡学生共享有质量的教育。

分类指导,有序推进。针对东中西部、城镇类型、城镇化水平和乡村实际情况,因地制宜选择发展路径,科学规划城乡义务教育规模,保障教师按需配置,引导学生合理流动。

三、工作目标

加快推进县域内城乡义务教育学校建设标准统一、教师编制标准统一、生均公用经费基准定额统一、基本装备配置标准统一和"两免一补"政策城乡全覆盖,到 2020 年,城乡二元结构壁垒基本消除,义务教育与城镇化发展基本协调;城乡学校布局更加合理,大班额基本消除,乡村完全小学、初中或九年一贯制学校、寄宿制学校标准化建设取得显著进展,乡村小规模学校(含教学点)达到相应要求;城乡师资配置基本均衡,乡村教师待遇稳步提高、岗位吸引力大幅增强,乡村教育质量明显提升,教育脱贫任务全面完成。义务教育普及水平进一步巩固提高,九年义务教育巩固率达到 95%。县域义务教育均衡发展和城乡基本公共教育服务均等化基本实现。

四、主要措施

(一)同步建设城镇学校。各地要按照城镇化规划和常住人口规模编制城镇义务教育学校布局规划,根据学龄人口变化趋势、中小学建设标准,预留足够的义务教育学校用地,纳入城市、镇规划并严格实施,不得随意变更,确保城镇学校建设用地。实行教育用地联审联批制度,新建配套学校建设方案,相关部门应征得同级教育行政部门同意。依法落实城镇新建居住区配套标准化学校建设,老城区改造配套学校建设不足和未达到配建学校标准的小规模居住区,由当地政府统筹新建或改扩建配套学校,确保足够的学位供给,满足学生就近入学需要。

地方政府要实施"交钥匙"工程，确保配套学校建设与住宅建设首期项目同步规划、同步建设、同步交付使用。

（二）努力办好乡村教育。各地要结合国家加快水电路气等基础设施向农村延伸，在交通便利、公共服务成型的农村地区合理布局义务教育学校。同时，办好必要的乡村小规模学校。因撤并学校造成学生就学困难的，当地政府应因地制宜，采取多种方式予以妥善解决。合理制定闲置校园校舍综合利用方案，严格规范权属确认、用途变更、资产处置等程序，并优先用于教育事业。要切实提高教育资源使用效益，避免出现"边建设、边闲置"现象。着力提升乡村教育质量，按照国家课程方案开设国家课程，通过开展城乡对口帮扶和一体化办学、加强校长教师轮岗交流和乡村校长教师培训、利用信息技术共享优质资源、将优质高中招生分配指标向乡村初中倾斜等方式，补齐乡村教育短板。推动城乡教师交流，城镇学校和优质学校教师每学年到乡村学校交流轮岗的比例不低于符合交流条件教师总数的10%，其中骨干教师不低于交流轮岗教师总数的20%。结合乡村教育实际，定向培养能够承担多门学科教学任务的教师，提高教师思想政治素质和师德水平，加强对学生的思想品德教育和爱国主义教育，在音乐和美术（或艺术）、体育与健康等学科中融入优秀传统艺术和体育项目，在学科教学特别是品德、科学教学中突出实践环节，确保综合实践和校外教育活动常态化。开展专题教育、地方课程和学校课程等课程整合试点，进一步增强课程的基础性、适宜性和教学吸引力。

（三）科学推进学校标准化建设。各地要逐县（市、区）逐校建立义务教育学校标准化建设台账，全面摸清情况，完善寄宿制学校、乡村小规模学校办学标准，科学推进城乡义务教育公办学校标准化建设，全面改善贫困地区义务教育薄弱学校基本办学条件。提升乡村学校信息化水平，全面提高乡村教师运用信息技术能力，促进优质教育资源共享。适当提高寄宿制学校、规模较小学校和北方取暖地区学校公用经费补助水平，切实保障正常运转。落实义务教育学校管理标准，提高学校管理标准化水平。重点提高乡镇寄宿制学校管理服务水平，通过政府购买服务等方式为乡镇寄宿制学校提供工勤和教学辅助服务。各地要在县域义务教育基本均衡的基础上，促进义务教育优质均衡发展，探索市（地）域义务教育均衡发展实现路径，鼓励有条件的地区在更大范围开展城乡义务教育一体化改革发展试点，发挥引领示范作用。

（四）实施消除大班额计划。省级人民政府要结合本地实际制订消除大班额专项规划，明确工作任务和时间表、路线图，到2018年基本消除66人以上超大班额，到2020年基本消除56人以上大班额。各地要统筹"十三五"期间义务教育学校建设项目，按照国家规定班额标准，新建和改扩建校园校舍，重点解决城镇大班额问题，加快消除现有大班额。要通过城乡义务教育一体化、实施学区化集团化办学或学校联盟、均衡配置师资等方式，加大对薄弱学校和乡村学校的扶持力度，促进均衡发展，限制班额超标学校招生人数，合理分流学生。县级教育行政部门要建立消除大班额工作台账，对大班额学校实行销号管理，避免产生新的大班额问题。各省级人民政府要于2016年年底前将消除大班额专项规划报国家教育体制改革领导小组备案。

（五）统筹城乡师资配置。各地要依据义务教育学校教职工编制标准、学生规模和教育教学需要，按照中央严格控制机构编制有关要求，合理核定义务教育学校教职工编制。建立城乡义务教育学校教职工编制统筹配置机制和跨区域调整机制，实行教职工编制城乡、区域统筹和动态管理，盘活编制存量，提高使用效益。国务院人力资源社会保障部门和教育部门要研究确定县域统一的义务教育学校岗位结构比例，完善职称评聘政策，逐步推动县域内同学段学校岗位结构协调并向乡村适当倾斜，实现职称评审与岗位聘用制度的有效衔接，吸引优秀教师向农村流动。县级教育行政部门在核定的教职工编制总额和岗位总量内，要按照班额、生源等情况，充分考虑乡村小规模学校、寄宿制学校和城镇学校的实际需要，统筹分配各校教职工编制和岗位数量，并向同级机构编制部门、人力资源社会保障部门和财政部门备案。全面推进教师"县管校聘"改革，按照教师职业特点和岗位要求，完善教师招聘机制，统筹调配编内教师资源，着力解决乡村教师结构性缺员和城镇师资不足问题。严禁在有合格教师来源的情况下"有编不补"、长期聘用编外教师，严禁挤占挪用义务教育学校教职工编制和各种形式"吃空饷"。积极鼓励和引导乡村志愿支教活动。

（六）改革乡村教师待遇保障机制。各地要实行乡村教师收入分配倾斜政策，落实并完善集中连片特困地区和边远艰苦地区乡村教师生活补助政策，因地制宜稳步扩大实施范围，按照越往基层、越往艰苦地区补助水平越高的原则，使乡村教师实际工资收入水平不低于同职级县镇教师工资收入水平。健全长效联动机制，核定义务教育学校绩效工资总量时统筹考虑当地公务员实际收入水平，确保县域内义务教育教师平均工资收入水平不低于当地公务员的平均工资收入水平。建立乡村教师荣誉制度,使广大乡村教师有更多的获得感。完善乡村教师职业发展保障机制,合理设置乡村学校中级、高级教师岗位比例。落实中小学教师职称评聘结合政策,确保乡村学校教师职称即评即聘。将符合条件的边远艰苦地区乡村学校教师纳入当地政府住房保障体系,加快边远艰苦地区乡村教师周转宿舍建设。

(七)改革教育治理体系。各地要深化义务教育治理结构改革,完善县域内城乡义务教育一体化改革发展监测评估标准和督导评估机制,切实提高政府教育治理能力。在实行"以县为主"管理体制基础上,进一步加强省级政府统筹,完善乡村小规模学校办学机制和管理办法,将村小学和教学点纳入对乡村中心学校考核,加强乡村中心学校对村小学、教学点的指导和管理。充分发挥学校党组织政治核心作用,坚持育人为本、德育为先,全面加强思想政治教育;认真落实校长负责制,全面推进学校章程建设,完善学校重大事项决策机制,逐步形成中国特色的依法办学、自主管理、民主监督、社会参与的现代学校制度。落实学校办学自主地位,完善家长委员会,推动社区参与学校治理,建立第三方评价机制,促进学校品质提升。健全校长和班主任工作激励机制,根据考核结果合理确定校长绩效工资水平,坚持绩效工资分配向班主任倾斜,班主任工作量按当地教师标准课时工作量一半计算。创新校外教育方式,构建校内外教育相互衔接的育人机制。探索建立学生意外伤害援助机制和涉校涉生矛盾纠纷调解仲裁机制,维护学校正常教育教学秩序和师生合法权益,推动平安校园建设。

(八)改革控辍保学机制。县级人民政府要完善控辍保学部门协调机制,督促监护人送适龄儿童、少年入学并完成义务教育。进一步落实县级教育行政部门、乡镇政府、村(居)委会、学校和适龄儿童父母或其他监护人控辍保学责任,建立控辍保学目标责任制和联控联保机制。县级教育行政部门要依托全国中小学生学籍信息管理系统建立控辍保学动态监测机制,加强对农村、边远、贫困、民族等重点地区,初中等重点学段,以及流动留守儿童、家庭经济贫困儿童等重点群体的监控。义务教育学校要加大对学习困难学生的帮扶力度,落实辍学学生劝返、登记和书面报告制度,劝返无效的,应书面报告县级教育行政部门和乡镇人民政府,相关部门应依法采取措施劝返复学。居民委员会和村民委员会要协助政府做好控辍保学工作。各地要加大对家庭经济困难学生的社会救助和教育资助力度,优先将建档立卡的贫困户家庭学

生纳入资助范围。深入实施农村义务教育学生营养改善计划,提高营养膳食质量,改善学生营养状况。通过保障就近入学、建设乡镇寄宿制学校、增设公共交通线路、提供校车服务等方式,确保乡村适龄儿童不因上学不便而辍学。针对农村残疾儿童实际,做到"一人一案",切实保障农村残疾儿童平等接受义务教育权利。完善学生资助政策,继续扩大面向贫困地区定向招生专项计划招生人数,畅通绿色升学通道,切实提高贫困家庭学生升学信心。

(九)改革随迁子女就学机制。各地要进一步强化流入地政府责任,将随迁子女义务教育纳入城镇发展规划和财政保障范围,坚持积极进取、实事求是、稳步推进,适应户籍制度改革要求,建立以居住证为主要依据的随迁子女入学政策,切实简化优化随迁子女入学流程和证明要求,提供便民服务,依法保障随迁子女平等接受义务教育。利用全国中小学生学籍信息管理系统数据,推动"两免一补"资金和生均公用经费基准定额资金随学生流动可携带。要坚持以公办学校为主安排随迁子女就学,对于公办学校学位不足的可以通过政府购买服务方式安排在普惠性民办学校就读。实现混合编班和统一管理,促进随迁子女融入学校和社区。公办和民办学校都不得向随迁子女收取有别于本地户籍学生的任何费用。特大城市和随迁子女特别集中的地方,可根据实际制定随迁子女入学的具体办法。

(十)加强留守儿童关爱保护。各地要落实县、乡人民政府属地责任,建立家庭、政府、学校尽职尽责,社会力量积极参与的农村留守儿童关爱保护工作体系,促进农村留守儿童健康成长。要深入排查,建立台账,全面掌握留守儿童基本情况,加强关爱服务和救助保护,帮助解决实际困难,确保留守儿童人身安全。中小学校要加强法治教育、安全教育和心理健康教育,积极开展心理辅导。强化家庭监护主体责任,鼓励父母取得居住证的适龄儿童随父母在工作地就近入学,外出务工父母要依法履行监护职责和抚养义务。依法追究父母或其他监护人不履行监护职责的责任,依法处置各种侵害留守儿童合法权益的违法行为。发挥乡镇政府和村委会作用,督促外出务工家长履行监护责任。

五、组织保障

(一)加强党的领导。各地要认真落实党委全面从严治党主体责任,进一步加强新形势下党对城乡义务教育一体化改革发展工作的领导,全面贯彻党的教育方针,坚持社会主义办学方向。要高度重视义务教育学校党建工作,建立健全党委统一领导、教育部门具体负责、有关

方面齐抓共管的学校党建工作领导体制,全面加强学校党组织建设,实现党组织全覆盖,严格党组织生活,切实做好教师思想政治工作,注重从优秀教师中发展党员,充分发挥学校党组织的战斗堡垒作用和党员教师的先锋模范作用。

(二)落实政府责任。各地要加强省级政府统筹,根据国家新型城镇化发展的总体部署和本地城镇化进程,把义务教育摆在优先发展的突出位置,纳入城镇发展规划。完善相关政策措施,通过政府购买服务、税收激励等引导和鼓励社会力量支持义务教育发展。把统筹推进县域内城乡义务教育一体化改革发展作为地方各级政府政绩考核的重要内容,完善考核机制,健全部门协调机制,及时研究解决义务教育改革发展面临的重大问题和人民群众普遍关心的热点问题,确保各项改革措施落实到位、工作目标按期实现,促进义务教育与新型城镇化协调发展。

(三)明确部门职责。各级教育部门要加强同有关部门的协调沟通,编制完善义务教育规划,积极推动县域内城乡义务教育一体化改革发展各项措施落实到位。发展改革部门在编制相关规划时,要统筹考虑义务教育学校布局,在安排重大项目和资金投入时优先支持义务教育学校建设。财政部门和教育部门要积极建立和完善城乡统一、重在农村的义务教育经费保障机制。公安部门要加强居住证管理,建立随迁子女登记制度,及时向同级教育行政部门通报有关信息。民政部门要将符合条件的特殊困难流动留守儿童和家庭经济困难儿童纳入社会救助政策保障范围,落实兜底保障职责。机构编制部门和人力资源社会保障部门要为推动实现统筹分配城乡学校教职工编制和岗位提供政策支持。人力资源社会保障部门要加强监督检查,依法督促落实职工带薪年休假制度,支持外出务工父母定期回乡看望留守儿童。国土部门要依法切实保障学校建设用地。城乡规划主管部门制定控制性详细规划涉及中小学用地的,应当征求同级教育行政部门意见。未按照规划配套建设学校的,不得发放建设工程规划核实合格书,不得办理竣工验收备案。

(四)加强督导检查。地方各级政府要加强对本地区落实有关义务教育工作情况的专项检查,定期向同级人民代表大会或其常务委员会报告义务教育工作情况。各级教育督导部门要开展县域内城乡义务教育一体化改革发展主要措施落实和工作目标完成情况的专项督导检查,完善督导检查结果公告制度和限期整改制度,强化督导结果运用。对因工作落实不到位,造成不良社会影响的部门和有关责任人,要严肃问责。

(五)营造良好氛围。各地要加大对国家新型城镇化规划、脱贫攻坚、户籍制度改革、居住证制度、县域内城乡义务教育一体化改革发展工作等的综合宣传和政策解读力度,进一步凝聚人心、统一认识,在全社会营造关心支持义务教育工作的良好氛围。要依法推进学校信息公开,有效发挥社会监督和舆论监督的积极作用。各地要认真总结成功做法和典型经验,并通过多种形式进行深入宣传和推广,使义务教育改革发展更好地服务于新型城镇化建设和全面建成小康社会奋斗目标。

国务院关于深入推进义务教育均衡发展的意见

· 2012 年 9 月 5 日
· 国发〔2012〕48 号

为贯彻落实《国家中长期教育改革和发展规划纲要(2010—2020 年)》,巩固提高九年义务教育水平,深入推进义务教育均衡发展,现提出如下意见。

一、充分认识义务教育均衡发展的重要意义

1986 年公布实施的义务教育法提出我国实行九年义务教育制度,2011 年所有省(区、市)通过了国家"普九"验收,我国用 25 年全面普及了城乡免费义务教育,从根本上解决了适龄儿童少年"有学上"问题,为提高全体国民素质奠定了坚实基础。但在区域之间、城乡之间、学校之间办学水平和教育质量还存在明显差距,人民群众不断增长的高质量教育需求与供给不足的矛盾依然突出。深入推进义务教育均衡发展,着力提升农村学校和薄弱学校办学水平,全面提高义务教育质量,努力实现所有适龄儿童少年"上好学",对于坚持以人为本、促进人的全面发展,解决义务教育深层次矛盾、推动教育事业科学发展,促进教育公平、构建社会主义和谐社会,进一步提升国民素质、建设人力资源强国,具有重大的现实意义和深远的历史意义。各级政府要充分认识推进义务教育均衡发展的重要性、长期性和艰巨性,增强责任感、使命感和紧迫感,全面落实责任,切实加大投入,完善政策措施,深入推进义务教育均衡发展,保障适龄儿童少年接受良好义务教育。

二、明确指导思想和基本目标

推进义务教育均衡发展的指导思想是:全面贯彻党的教育方针,全面实施素质教育,遵循教育规律和人才成长规律,积极推进义务教育学校标准化建设,均衡合理配置教师、设备、图书、校舍等资源,努力提高办学水平和教育质量。加强省级政府统筹,强化以县为主管理,建立健全义务教育均衡发展责任制。总体规划,统筹城乡,因地

制宜,分类指导,分步实施,切实缩小校际差距,加快缩小城乡差距,努力缩小区域差距,办好每一所学校,促进每一个学生健康成长。

推进义务教育均衡发展的基本目标是:每一所学校符合国家办学标准,办学经费得到保障。教育资源满足学校教育教学需要,开齐国家规定课程。教师配置更加合理,提高教师整体素质。学校班额符合国家规定标准,消除"大班额"现象。率先在县域内实现义务教育基本均衡发展,县域内学校之间差距明显缩小。到2015年,全国义务教育巩固率达到93%,实现基本均衡的县(市、区)比例达到65%;到2020年,全国义务教育巩固率达到95%,实现基本均衡的县(市、区)比例达到95%。

三、推动优质教育资源共享

扩大优质教育资源覆盖面。发挥优质学校的辐射带动作用,鼓励建立学校联盟,探索集团化办学,提倡对口帮扶,实施学区化管理,整体提升学校办学水平。推动办学水平较高学校和优秀教师通过共同研讨备课、研修培训、学术交流、开设公共课等方式,共同实现教师专业发展和教学质量提升。大力推进教育信息化,加强学校宽带网络建设,到2015年在有条件的地方解决学校宽带接入问题,逐步为农村学校每个班级配备多媒体教学设备。开发丰富优质数字化课程教学资源,重点开发师资短缺课程资源、民族双语教学资源。帮助更多的师生拥有实名的网络空间环境,方便其开展自主学习和教学互动。要调动各方面积极性,在努力办好公办教育的同时,鼓励发展民办教育。

提高社会教育资源利用水平。博物馆、科技馆、文化馆、图书馆、展览馆、青少年校外活动场所、综合实践基地等机构要积极开展面向中小学生的公益性教育活动。公共事业管理部门和行业组织要努力创造条件,将适合开展中小学生实践教育的资源开发为社会实践基地。教育部门要统筹安排学校教育教学、社会实践和校外活动。学校要积极利用社会教育资源开展实践教育,探索学校教育与校外活动有机衔接的有效方式。

四、均衡配置办学资源

进一步深化义务教育经费保障机制改革。统筹考虑城乡经济社会发展状况和人民群众的教育需求,以促进公平和提高质量为导向,加大投入力度,完善保障内容,提高保障水平。中央财政加大对中西部地区的义务教育投入。省级政府要加强统筹,加大对农村地区、贫困地区以及薄弱环节和重点领域的支持力度。各省(区、市)可结合本地区实际情况,适当拓展基本公共教育服务范围和提高服务标准。

推进义务教育学校标准化建设。省级政府要依据国家普通中小学校建设标准和本省(区、市)标准,为农村中小学配齐图书、教学实验仪器设备、音体美等器材,着力改善农村义务教育学校学生宿舍、食堂等生活设施,妥善解决农村寄宿制学校管理服务人员配置问题。继续实施农村义务教育薄弱学校改造计划和中西部农村初中校舍改造工程,积极推进节约型校园建设。要采取学校扩建改造和学生合理分流等措施,解决县镇"大校额"、"大班额"问题。

五、合理配置教师资源

改善教师资源的初次配置,采取各种有效措施,吸引优秀高校毕业生和志愿者到农村学校或薄弱学校任教。对长期在农村基层和艰苦边远地区工作的教师,在工资、职称等方面实行倾斜政策,在核定岗位结构比例时高级教师岗位向农村学校和薄弱学校倾斜。完善医疗、养老等社会保障制度建设,切实维护农村教师社会保障权益。

各地逐步实行城乡统一的中小学编制标准,并对村小学和教学点予以倾斜。合理配置各学科教师,配齐体育、音乐、美术等课程教师。重点为民族地区、边疆地区、贫困地区和革命老区培养和补充紧缺教师。实行教师资格证有效期制度,加强教师培训,提高培训效果,提升教师师德修养和业务能力。

实行县域内公办学校校长、教师交流制度。各地要逐步实行县级教育部门统一聘任校长,推行校长聘期制。建立和完善鼓励城镇学校校长、教师到农村学校或城市薄弱学校任职任教机制,完善促进县域内校长、教师交流的政策措施,建设农村艰苦边远地区教师周转宿舍,城镇学校教师评聘高级职称原则上要有一年以上在农村学校任教经历。

六、保障特殊群体平等接受义务教育

保障进城务工人员随迁子女平等接受义务教育。要坚持以流入地为主、以公办学校为主的"两为主"政策,将常住人口纳入区域教育发展规划,推行按照进城务工人员随迁子女在校人数拨付教育经费,适度扩大公办学校资源,尽力满足进城务工人员随迁子女在公办学校平等接受义务教育。在公办学校不能满足需要的情况下,可采取政府购买服务等方式保障进城务工人员随迁子女在依法举办的民办学校接受义务教育。

建立健全农村留守义务教育学生关爱服务体系。把关爱留守学生工作纳入社会管理创新体系之中,构建学校、家庭和社会各界广泛参与的关爱网络,创新关爱模

式。统筹协调留守学生教育管理工作,实行留守学生的普查登记制度和社会结对帮扶制度。加强对留守学生心理健康教育,建立留守学生安全保护预警与应急机制。优先满足留守学生进入寄宿制学校的需求。

重视发展义务教育阶段特殊教育。各级政府要根据特殊教育学校学生实际制定学生人均公用经费标准,加大对特殊教育的投入力度,采取措施落实特殊教育教师待遇,努力办好每一所特殊教育学校。在普通学校开办特殊教育班或提供随班就读条件,接收具有接受普通教育能力的残疾儿童少年学习。保障儿童福利机构适龄残疾孤儿接受义务教育,鼓励和扶持儿童福利机构根据需要设立特殊教育班或特殊教育学校。

关心扶助需要特别照顾的学生。加大省级统筹力度,落实好城市低保家庭和农村家庭经济困难的寄宿学生生活费补助政策。实施好农村义务教育学生营养改善计划。做好对孤儿的教育工作,建立政府主导,民政、教育、公安、妇联、共青团等多部门参与的工作机制,保证城乡适龄孤儿进入寄宿生活设施完善的学校就读。加强流浪儿童救助保护,保障适龄流浪儿童重返校园。办好专门学校,教育和矫治有严重不良行为的少年。

根据国家有关规定经批准招收适龄儿童少年进行文艺、体育等专业训练的社会组织,要保障招收的适龄儿童少年接受义务教育。

七、全面提高义务教育质量

树立科学的教育质量观,以素质教育为导向,促进学生德智体美全面发展和生动活泼主动发展,培养学生的社会责任感、创新精神和实践能力。鼓励学校开展教育教学改革实验,努力办出特色、办出水平,为每位学生提供适合的教育。建立教育教学质量和学生学业质量评价体系,科学评价学校教育教学质量和办学水平,引导学校按照教育规律和人才成长规律实施教育,引导社会按照正确的教育观念评价教育和学校。

切实减轻学生过重课业负担。各地不得下达升学指标,不得单纯以升学率对地区和学校排名。建立课程安排公示制度、学生体质健康状况通报制度、家校联动制度,及时纠正加重学生课业负担的行为。学校要认真落实新修订的义务教育课程标准,不得随意提高课程难度,不得挤占体育、音乐、美术、综合实践活动及班会、少先队活动的课时,科学合理安排学生作息时间。要改革教学方式,提高教学效率,激发学生学习兴趣。要引导家长形成正确的教育观念和科学的教育方式。要加强对社会培训补习机构的管理,规范培训补习市场。

八、加强和改进学校管理

完善学生学籍管理办法。省级教育部门要尽快建立与国家基础教育信息化平台对接的电子学籍管理系统和学校管理信息系统,建立以居住地学龄人口为基准的义务教育管理和公共服务机制。县级教育部门要认真做好数据的采集和日常管理工作,为及时掌握学生流动状况提供支持。

规范招生办法。县级教育部门要按照区域内适龄儿童少年数量和学校分布情况,合理划定每所公办学校的招生范围。鼓励各地探索建立区域内小学和初中对口招生制度,让小学毕业生直接升入对口初中。支持初中与高中分设办学,推进九年一贯制学校建设。严禁在义务教育阶段设立重点校和重点班。提高优质高中招生名额分配到区域内各初中的比例。把区域内学生就近入学比率和招收择校生的比率纳入考核教育部门和学校的指标体系,切实缓解"择校热"。

规范财务管理。县级教育和财政部门要采取切实措施加强义务教育经费监督,确保经费使用安全、合规、高效。要加强对义务教育学校财务管理工作的指导,督促学校建立健全财务管理制度,规范预算编制,严格预算执行,做好财务决算,强化会计核算,加强资产管理,提高资金使用效益。

规范收费行为。各地要强化学校代收费行为监管,规范学校或教育部门接受社会组织、个人捐赠行为,禁止收取与入学升学挂钩的任何费用。禁止学校单独或与社会培训机构联合或委托举办以选拔生源为目的的各类培训班,严厉查处公办学校以任何名义和方式通过办班、竞赛、考试进行招生并收费的行为。制止公办学校以民办名义招生并收费,凡未做到独立法人、独立校园校舍、独立财务管理和独立教育教学并取得民办学校资格的改制学校,一律执行当地同类公办学校收费政策。加强教辅材料编写、出版、使用和价格管理。

九、加强组织领导和督导评估

省级政府要建立推动有力、检查到位、考核严格、奖惩分明、公开问责的义务教育均衡发展推进责任机制。把县域义务教育均衡发展作为考核地方各级政府及其主要负责人的重要内容。教育、发展改革、财政、人力资源社会保障、编制等部门要把义务教育均衡发展摆上重要议事日程,各负其责,密切配合,形成协力推进义务教育均衡发展的工作机制。

加强对义务教育均衡发展的督导评估工作,对县域内义务教育在教师、设备、图书、校舍等资源配置状况和校际在相应方面的差距进行重点评估。对地方政府在入学机会保障、投入保障、教师队伍保障以及缓解热点难点问题等方面进行综合评估。将县域公众满意度作为督导评估的重要内容。省级政府要根据国家制定的县域义务教育均衡发展督导评估办法,结合本地实际,制定本省(区、市)具体实施办法和评估标准。省级政府教育督导机构负责对所辖县级单位基本实现义务教育均衡发展情况进行督导评估,国务院教育督导委员会负责审核认定。

国务院办公厅关于规范农村义务教育学校布局调整的意见

· 2012 年 9 月 6 日
· 国办发〔2012〕48 号

随着我国进城务工人员随迁子女逐年增加、农村人口出生率持续降低,农村学龄人口不断下降,各地对农村义务教育学校进行了布局调整和撤并,改善了办学条件,优化了教师队伍配置,提高了办学效益和办学质量。但同时,农村义务教育学校大幅减少,导致部分学生上学路途变远、交通安全隐患增加、学生家庭经济负担加重,并带来农村寄宿制学校不足、一些城镇学校班额过大等问题。有的地方在学校撤并过程中,规划方案不完善,操作程序不规范,保障措施不到位,影响了农村教育的健康发展。为进一步规范农村义务教育学校布局调整,努力办好人民满意的教育,经国务院同意,现提出如下意见。

一、农村义务教育学校布局的总体要求

保障适龄儿童少年就近入学是义务教育法的规定,是政府的法定责任,是基本公共服务的重要内容。农村义务教育学校布局,要适应城镇化深入发展和社会主义新农村建设的新形势,统筹考虑城乡人口流动、学龄人口变化,以及当地农村地理环境及交通状况、教育条件保障能力、学生家庭经济负担等因素,充分考虑学生的年龄特点和成长规律,处理好提高教育质量和方便学生就近上学的关系,努力满足农村适龄儿童少年就近接受良好义务教育需求。

二、科学制定农村义务教育学校布局规划

县级人民政府要制定农村义务教育学校布局专项规划,合理确定县域内教学点、村小学、中心小学、初中学校布局,以及寄宿制学校和非寄宿制学校的比例,保障学校布局与村镇建设和学龄人口居住分布相适应,明确学校布局调整的保障措施。专项规划经上一级人民政府审核后报省级人民政府批准,并由省级人民政府汇总后报国家教

育体制改革领导小组备案。

农村义务教育学校布局要保障学生就近上学的需要。农村小学 1 至 3 年级学生原则上不寄宿,就近走读上学;小学高年级学生以走读为主,确有需要的可以寄宿;初中学生根据实际可以走读或寄宿。原则上每个乡镇都应设置初中,人口相对集中的村寨要设置村小学或教学点,人口稀少、地处偏远、交通不便的地方应保留或设置教学点。各地要根据不同年龄段学生的体力特征、道路条件、自然环境等因素,合理确定学校服务半径,尽量缩短学生上下学路途时间。

三、严格规范学校撤并程序和行为

规范农村义务教育学校撤并程序。确因生源减少需要撤并学校的,县级人民政府必须严格履行撤并方案的制定、论证、公示、报批等程序。要统筹考虑学生上下学交通安全、寄宿生学习生活设施等条件保障,并通过举行听证会等多种有效途径,广泛听取学生家长、学校师生、村民自治组织和乡镇人民政府的意见,保障群众充分参与并监督决策过程。学校撤并应先建后撤,保证平稳过渡。撤并方案要逐级上报省级人民政府审批。在完成农村义务教育学校布局专项规划备案之前,暂停农村义务教育学校撤并。要依法规范撤并后原有校园校舍再利用工作,优先保障当地教育事业需要。

坚决制止盲目撤并农村义务教育学校。多数学生家长反对或听证会多数代表反对,学校撤并后学生上学交通安全得不到保障,并入学校住宿和就餐条件不能满足需要,以及撤并后将造成学校超大规模或"大班额"问题突出的,均不得强行撤并现有学校或教学点。已经撤并的学校或教学点,确有必要的由当地人民政府进行规划、按程序予以恢复。

四、办好村小学和教学点

对保留和恢复的村小学和教学点,要采取多种措施改善办学条件,着力提高教学质量。提高村小学和教学点的生均公用经费标准,对学生规模不足 100 人的村小学和教学点按 100 人核定公用经费,保证其正常运转。研究完善符合村小学和教学点实际的职称评定标准,职称晋升和绩效工资分配向村小学和教学点专任教师倾斜,鼓励各地采取在绩效工资中设立岗位津贴等有效政策措施支持优秀教师到村小学和教学点工作。加快推进农村教育信息化建设,为村小学和教学点配置数字化优质课程教学资源。中心学校要发挥管理和指导作用,统筹安排课程,组织巡回教学,开展连片教研,推动教学资源共享,提高村小学和教学点教学质量。

五、解决学校撤并带来的突出问题

加强农村寄宿制学校建设和管理。学校撤并后学生需要寄宿的地方，要按照国家或省级标准加强农村寄宿制学校建设，为寄宿制学校配备教室、学生宿舍、食堂、饮用水设备、厕所、澡堂等设施和聘用必要的管理、服务、保安人员，寒冷地区要配备安全的取暖设施。有条件的地方应为学校配备心理健康教师。要科学管理学生作息时间，培养学生良好生活习惯，开展符合学生身心特点、有益于健康成长的校园活动，加强寄宿制学校安全管理和教育。

各地人民政府要认真落实《校车安全管理条例》，切实保障学生上下学交通安全。要通过增设农村客运班线及站点、增加班车班次、缩短发车间隔、设置学生专车等方式，满足学生的乘车需求。公共交通不能满足学生上学需要的，要组织提供校车服务。严厉查处接送学生车辆超速、超员和疲劳驾驶等违法行为，坚决制止采用低速货车、三轮汽车、拖拉机以及拼装车、报废车等车辆接送学生。

高度重视并逐步解决学校撤并带来的"大班额"问题。各地要通过新建、扩建、改建学校和合理分流学生等措施，使学校班额符合国家标准。班额超标学校不得再接收其他学校并入的学生。对教育资源较好学校的"大班额"问题，要通过实施学区管理、建立学校联盟、探索集团化办学等措施，扩大优质教育资源覆盖面，合理分流学生。

六、开展农村义务教育学校布局调整专项督查

省级人民政府教育督导机构要对农村义务教育学校布局是否制订专项规划、调整是否合理、保障措施是否到位、工作程序是否完善、村小学和教学点建设是否合格等进行专项督查，督查结果要向社会公布。对存在问题较多、社会反映强烈的地方，要责成其限期整改。对因学校撤并不当引起严重不良后果的，要依照法律和有关规定追究责任。县级人民政府要认真开展农村义务教育学校布局调整工作检查，及时发现并解决好存在的问题。教育部要会同有关部门加强对各地规范农村义务教育学校布局调整工作的督促指导。

国务院关于基础教育改革与发展的决定

·2001 年 5 月 29 日
·国发〔2001〕21 号

改革开放以来，我国基础教育取得了辉煌成就。基本普及九年义务教育和基本扫除青壮年文盲（简称"两基"）的目标初步实现，素质教育全面推进。但我国基础教育总体水平还不高，发展不平衡，一些地方对基础教育重视不够。进入新世纪，基础教育面临着新的挑战，改革与发展的任务仍十分艰巨。

为了切实贯彻《中华人民共和国教育法》、《中华人民共和国义务教育法》、《中华人民共和国教师法》、《中华人民共和国未成年人保护法》等有关法律，实施《中华人民共和国国民经济和社会发展第十个五年计划纲要》，全面贯彻党的教育方针，大力推进基础教育的改革和健康发展，特作如下决定。

一、确立基础教育在社会主义现代化建设中的战略地位，坚持基础教育优先发展

1. 高举邓小平理论伟大旗帜，以邓小平同志"教育要面向现代化，面向世界，面向未来"和江泽民同志"三个代表"的重要思想为指导，坚持教育必须为社会主义现代化建设服务，为人民服务，必须与生产劳动和社会实践相结合，培养德智体美等全面发展的社会主义事业建设者和接班人。

基础教育是科教兴国的奠基工程，对提高中华民族素质、培养各级各类人才，促进社会主义现代化建设具有全局性、基础性和先导性作用。保持教育适度超前发展，必须把基础教育摆在优先地位并作为基础设施建设和教育事业发展的重点领域，切实予以保障。

2. "十五"期间，地方各级人民政府要坚持将普及九年义务教育和扫除青壮年文盲作为教育工作的"重中之重"，进一步扩大九年义务教育人口覆盖范围，初中阶段入学率达到 90% 以上，青壮年非文盲率保持在 95% 以上；高中阶段入学率达到 60% 左右，学前教育进一步发展。

按照"积极进取、实事求是、分区规划、分类指导"的原则，不同地区基础教育事业发展的基本任务是：

（1）占全国人口 15% 左右、未实现"两基"的贫困地区要打好"两基"攻坚战，普及初等义务教育，积极推进九年义务教育和扫除青壮年文盲，适度发展高中阶段教育，积极发展学前一年教育。

（2）占全国人口 50% 左右、已实现"两基"的农村地区，重点抓好"两基"巩固提高工作，义务教育学校办学条件明显改善，教育质量和办学效益进一步提高，高中阶段教育有较大发展，积极发展学前三年教育。

（3）占全国人口 35% 左右的大中城市和经济发达地区，高水平、高质量普及九年义务教育，基本满足社会对高中阶段教育和学前三年教育的需求，重视发展儿童早期教育。到 2010 年，基础教育总体水平接近或达到世界中等发达国家水平。

3. "十五"期间,基础教育改革进一步深化,素质教育取得明显成效。德育工作的针对性、实效性和主动性进一步增强,青少年学生健康成长的社会环境进一步优化。形成适应时代发展要求的新的基础教育课程体系及国家基本要求指导下的教材多样化格局,建立并进一步完善适应素质教育要求的考试评价制度和招生选拔制度,有条件的地方要取得新的突破。全国乡(镇)以上有条件的中小学基本普及信息技术教育。初步形成适应基础教育改革和发展的教师教育体系,中小学人事制度改革取得显著进展,教师队伍的职业道德和业务水平明显提高。农村教育管理体制进一步完善,基础教育尤其是农村义务教育投入和按时足额发放中小学教师工资的保障机制进一步落实,社会力量办学进一步发展和规范。

4. 大力发展高中阶段教育,促进高中阶段教育协调发展。有步骤地在大中城市和经济发达地区普及高中阶段教育。挖掘现有学校潜力并鼓励有条件的地区实行完全中学的高、初中分离,扩大高中规模。鼓励社会力量采取多种形式发展高中阶段教育。保持普通高中与中等职业学校的合理比例,促进协调发展。鼓励发展普通教育与职业教育沟通的高级中学。支持已经普及九年义务教育的中西部农村地区发展高中阶段教育。

5. 重视和发展学前教育。大力发展以社区为依托,公办与民办相结合的多种形式的学前教育和儿童早期教育服务。加强乡(镇)中心幼儿园建设并发挥其对村办幼儿园(班)的指导作用。

二、完善管理体制,保障经费投入,推进农村义务教育持续健康发展

6. 加强农村义务教育是涉及农村经济社会发展全局的一项战略任务。农村义务教育量大面广、基础薄弱、任务重、难度大,是实施义务教育的重点和难点。各级人民政府要牢固树立实施科教兴国战略必须首先落实到义务教育上来的思想;牢固树立解决好我国农业、农村和农民问题,要依靠大力发展农村教育,提高劳动者整体素质的思想,切实重视和加强农村义务教育。

7. 进一步完善农村义务教育管理体制。实行在国务院领导下,由地方政府负责、分级管理、以县为主的体制。国家确定义务教育的教学制度、课程设置、课程标准,审定教科书。中央和省级人民政府要通过转移支付,加大对贫困地区和少数民族地区义务教育的扶持力度。省级和地(市)级人民政府要加强教育统筹规划,搞好组织协调,在安排对下级转移支付资金时要保证农村义务教育发展的需要。县级人民政府对本地农村义务教育负

有主要责任,要抓好中小学的规划、布局调整、建设和管理,统一发放教职工工资,负责中小学校长、教师的管理,指导学校教育教学工作。乡(镇)人民政府要承担相应的农村义务教育的办学责任,根据国家规定筹措教育经费,改善办学条件,提高教师待遇。继续发挥村民自治组织在实施义务教育中的作用。乡(镇)、村都有维护学校的治安和安全、动员适龄儿童入学等责任。

8. 确保农村中小学教师工资发放是地方各级人民政府的责任。省级人民政府要统筹制定农村义务教育发展和中小学布局调整的规划,严格实行教师资格制度,逐县核定教师编制和工资总额,对财力不足、发放教师工资确有困难的县,要通过调整财政体制和增加转移支付的办法解决农村中小学教师工资发放问题。县级人民政府要强化对教师工资的管理,从 2001 年起,将农村中小学教师工资的管理上收到县,为此,原乡(镇)财政收入中用于农村中小学教职工工资发放的部分要相应划拨上交到县级财政,并按规定设立"工资资金专户"。财政安排的教师工资性支出,由财政部门根据核定的编制和中央统一规定的工资项目及标准,通过银行直接拨入教师在银行开设的个人账户中。在此基础上,为支持国家扶贫开发工作重点县等中西部困难地区建立农村中小学教师工资保障机制,中央财政将给予适当补助。

各级人民政府要进一步加强对教师工资经费的监管,实行举报制度,对于不能保证教师工资发放,挪用挤占教师工资资金的地方,一经查实,要停止中央财政的转移支付,扣回转移支付资金,并追究主要领导人的责任。

9. 各地要依据《中华人民共和国教育法》、《中华人民共和国义务教育法》规定,继续做好农村教育费附加征收和管理工作。农村中小学危房改造的教育集资,必须严格按照有关规定执行。提倡农民通过义务劳动支持农村中小学危房改造。

实行农村税费改革试点的地区,要把农村税费改革与促进农村义务教育健康发展结合起来,对因税费改革而减少的教育经费,有关地方人民政府应在改革后的财政预算和上级转移支付资金中优先安排,确保当地农村义务教育投入不低于农村税费改革前的水平。

10. 地方各级人民政府要把农村学校建设列入基础设施建设的统一规划,高度重视农村中小学危房的改造,统筹安排相应的校舍建设资金。乡(镇)、村对新建、扩建校舍所必需的土地,应按有关规定进行划拨。

合理安排农村中小学正常运转所需经费。由省级人民政府根据当地农村中小学实际公用经费支出情况,核定本

地区该项经费的标准和定额。除从学校按规定收取的杂费中开支外，其余不足部分由县、乡两级人民政府予以安排。

11. 采取有力措施，坚决刹住一些地方和学校的乱收费，控制学校收费标准，切实减轻学生家长特别是农村学生家长负担。在国家扶贫开发工作重点县等农村贫困地区义务教育阶段，实行由中央有关部门规定杂费、书本费标准的"一费制"收费制度；对其他地区，由省级人民政府按照国家有关规定，结合当地实际，确定本地区杂费、书本费的标准。杂费收入应全部用于补充学校公用经费的不足，不得用于教师工资、津贴、福利、基建等开支。地方各级人民政府和任何单位不得截留、平调和挪用农村中小学收费资金；严禁借收费搞不正之风和腐败行为。

进一步加强监管和检查，完善举报制度，对违反规定乱收费和挪用挤占中小学收费资金的行为，要及时严肃查处。政府有关部门和学校要进一步加强财务管理，努力提高经费使用效益。

12. 针对薄弱环节，采取有力措施，巩固普及九年义务教育成果。地方各级人民政府要把农村初中义务教育作为普及九年义务教育巩固提高的重点，努力满足初中学龄人口高峰期的就学需求，并采取措施切实降低农村初中辍学率。将残疾少年儿童的义务教育作为普及九年义务教育巩固提高工作的重要任务。要重视解决流动人口子女接受义务教育问题，以流入地区政府管理为主，以全日制公办中小学为主，采取多种形式，依法保障流动人口子女接受义务教育的权利。继续抓好农村女童教育。

13. 因地制宜调整农村义务教育学校布局。按照小学就近入学、初中相对集中、优化教育资源配置的原则，合理规划和调整学校布局。农村小学和教学点要在方便学生就近入学的前提下适当合并，在交通不便的地区仍需保留必要的教学点，防止因布局调整造成学生辍学。学校布局调整要与危房改造、规范学制、城镇化发展、移民搬迁等统筹规划。调整后的校舍等资产要保证用于发展教育事业。在有需要又有条件的地方，可举办寄宿制学校。

14. 规范义务教育学制。"十五"期间，国家将整体设置九年义务教育课程。现实行"五三"学制的地区，2005 年基本完成向"六三"学制过渡。有条件的地方，可以实行九年一贯制。

15. 抓住西部大开发有利时机，推动贫困地区和少数民族地区义务教育发展。继续实施第二期"国家贫困地区义务教育工程"，省级人民政府也应制定相关政策，加大对贫困地区和少数民族地区义务教育的投入力度。继续实施"东部地区学校对口支援西部贫困地区学校工程"、"大中城市学校对口支援本地贫困地区学校工程"。采取切实措施，加大对少数民族地区实施义务教育的支持力度，提高适龄儿童入学率。重视加强边境地区义务教育。继续办好内地"西藏班"、"新疆班"。

各级人民政府要完善并落实中小学助学金制度。从 2001 年开始，对贫困地区家庭经济困难的中小学生进行免费提供教科书制度的试点，在农村地区推广使用经济适用型教材。采取减免杂费、书本费、寄宿费等办法减轻家庭经济困难学生的负担。

16. 巩固扩大扫除青壮年文盲成果，大力推进贫困地区、少数民族和妇女扫除青壮年文盲工作。农村学校要积极参与扫除青壮年文盲工作，扫除青壮年文盲教育要与推广实用技术相结合。完善扫除青壮年文盲奖励机制，表彰先进。

三、深化教育教学改革，扎实推进素质教育

17. 实施素质教育，必须全面贯彻党的教育方针，认真落实《中共中央国务院关于深化教育改革全面推进素质教育的决定》（中发［1999］9 号），端正教育思想，转变教育观念，面向全体学生，加强学生思想品德教育，重视培养学生的创新精神和实践能力，为学生全面发展和终身发展奠定基础。

实施素质教育，促进学生德智体美等全面发展，应当体现时代要求。要使学生具有爱国主义、集体主义精神，热爱社会主义，继承和发扬中华民族的优秀传统和革命传统；具有社会主义民主法制意识，遵守国家法律和社会公德；逐步形成正确的世界观、人生观和价值观；具有社会责任感，努力为人民服务；具有初步的创新精神、实践能力、科学和人文素养以及环境意识；具有适应终身学习的基础知识、基本技能和方法；具有健壮的体魄和良好的心理素质，养成健康的审美情趣和生活方式，成为有理想、有道德、有文化、有纪律的一代新人。

18. 切实增强德育工作的针对性、实效性和主动性。加强爱国主义、集体主义和社会主义教育，加强中华民族优良传统、革命传统教育和国防教育，加强思想品质和道德教育并贯穿于教育的全过程。主动适应新形势的要求，针对不同年龄学生的特点，调整和充实德育内容，改进德育工作的方式方法。

小学从行为习惯养成入手，重点进行社会公德教育，进行爱祖国、爱人民、爱劳动、爱科学、爱社会主义教育，联系实际对学生进行热爱家乡、热爱集体以及社会、生活常识教育。初中加强国情教育、法制教育、纪律教育和品格修养。高中阶段注重进行马列主义、毛泽东思想和邓

小平理论基本观点教育。对中学生进行正确的世界观、人生观、价值观教育。要对中小学生进行民族团结教育。加强中小学生的心理健康教育。

丰富多彩的教育活动和社会实践活动是中小学德育的重要载体。小学以生动活泼的课内外教育教学活动为主，中学要加强社会实践环节。中小学校要设置多种服务岗位，让更多学生得到实践锻炼的机会。要将青少年校外活动场所建设纳入社区建设规划。各地要多渠道筹集资金，建设一批青少年学生活动场所和社会实践基地。建立健全各级青少年学生校外教育联席会议或相应机构，加强对青少年学生校外教育工作的统筹和协调。大力加强校园文化建设，优化校园育人环境，使中小学成为弘扬正气，团结友爱，生动活泼，秩序井然的精神文明建设基地。

19. 加快构建符合素质教育要求的新的基础教育课程体系。适应社会发展和科技进步，根据不同年龄学生的认知规律，优化课程结构，调整课程门类，更新课程内容，引导学生积极主动学习。小学加强综合课程，初中分科课程与综合课程相结合，高中以分科课程为主。从小学起逐步按地区统一开设外语课，中小学增设信息技术教育课和综合实践活动，中学设置选修课。普通高中要设置技术类课程。中小学都要积极开展科学技术普及活动。加强劳动教育，积极组织中小学生参加力所能及的社会公益劳动，培养学生热爱劳动、热爱劳动人民的情感，掌握一定的劳动技能。

农村中学的课程设置要根据现代农业发展和农村产业结构调整的需要，深化"农科教相结合"和基础教育、职业教育、成人教育的"三教统筹"等项改革，试行"绿色证书"教育并与农业科技推广等结合。

实行国家、地方、学校三级课程管理。国家制定中小学课程发展总体规划，确定国家课程门类和课时，制定国家课程标准，宏观指导中小学课程实施。在保证实施国家课程的基础上，鼓励地方开发适应本地区的地方课程，学校可开发或选用适合本校特点的课程。探索课程持续发展的机制，组织专家、学者和经验丰富的中小学教师参与基础教育课程改革。

20. 贯彻"健康第一"的思想，切实提高学生体质和健康水平。增加体育课时并保证学生每天参加一小时体育活动。开展经常性小型多样的学生体育比赛，培养学生团队精神和顽强意志。加强传染病预防工作和学校饮食卫生管理，防止传染病流行和食物中毒事件发生。制定并实施学生体质健康标准。有条件的地区要推行"学生饮用奶计划"。

21. 中小学要按照国家规定开设艺术课程，提高艺术教育教学质量。充分挖掘社会艺术教育资源，因地制宜地开展经常性的、丰富多彩的校内外艺术活动。各级人民政府和有关部门要重视艺术教育教师队伍建设、场地建设和器材配备工作，保证学校艺术教育的必要条件。

22. 教材编写核准、教材审查实行国务院教育行政部门和省级教育行政部门两级管理，实行国家基本要求指导下的教材多样化。国务院教育行政部门负责核准国家课程的教材编写，审定国家课程的教材及跨省（自治区、直辖市）使用的地方课程的教材；省级教育行政部门负责地方课程教材编写的核准和教材的审定。经国务院教育行政部门授权，省级教育行政部门可审定部分国家课程的教材。

改革中小学教材指定出版的方式和单一渠道发行的体制，试行出版发行公开竞标的办法，做到"课前到书，人手一册"。制定中小学教材版式的国家标准，保证教材质量，降低教材成本和价格。

23. 积极开展教育教学改革和教育科学研究。继续重视基础知识、基本技能的教学并关注情感、态度的培养；充分利用各种课程资源，培养学生收集、处理和利用信息的能力；开展研究性学习，培养学生提出问题、研究问题、解决问题的能力；鼓励合作学习，促进学生之间相互交流、共同发展，促进师生教学相长。各地要建立教育教学改革实验区和实验学校，探索、实验并推广新课程教材和先进的教学方法。各地要建设一批实施素质教育的示范性普通高中。有条件的普通高中可与高等学校合作，探索创新人才培养的途径。

广大教师要积极参加教学实验和教育科研，教研机构要充分发挥教学研究、指导和服务等作用。高等师范院校、教育科研院所要积极参与基础教育课程教材改革和教学实验。注意借鉴国外教学改革的先进经验。奖励并推广基础教育教学改革优秀成果。

24. 继续减轻中小学生过重的课业负担，尊重学生人格，遵循学生身心发展规律，保证中小学生身心健康成长。要加强教学管理，改进教学方法，提高教学质量。要丰富学生课余生活，组织好学生课外活动。

进一步加强对滥发学生用书、学具及其他学生用品的治理。任何部门和单位不得向学校搭售或强迫学校订购教辅材料，中小学校不得组织学生统一购买各种形式的教辅材料。

25. 改革考试评价和招生选拔制度。探索科学的评价办法，发现和发展学生的潜能，帮助学生树立自信心，促进学生积极主动地发展。改革考试内容和方法,小学成绩评定应实行等级制;中学部分学科实行开卷考试,重视实验操作能力考查。学校和教师不得公布学生考试成绩和按考试结果公开排队。推动各地积极改革省级普通高中毕业会考。要按照有助于高等学校选拔人才、有助于中学实施素质教育、有助于扩大高等学校办学自主权的原则,加强对学生能力和素质的考查,改革高等学校招生考试内容,探索多次机会、双向选择、综合评价的考试、选拔方式,推进高等学校招生考试和选拔制度改革。在科学研究、发明创造及其他方面有特殊才能并取得突出成绩的学生,免试进入高等学校学习。

26. 大力普及信息技术教育,以信息化带动教育现代化。各地要科学规划,全面推进,因地制宜,注重实效,以多种方式逐步实施中小学"校校通"工程。努力为学校配备多媒体教学设备、教育软件和接收我国卫星传送的教育节目的设备。有条件地区要统筹规划,实现学校与互联网的连接,开设信息技术课程,推进信息技术在教育教学中的应用。开发、建设共享的中小学教育资源库。加强学校信息网络管理,提供文明健康、积极向上的网络环境。积极支持农村学校开展信息技术教育,国家将重点支持中西部贫困地区开展信息技术教育。支持鼓励企业和社会各界对中小学教育信息化的投入。

各级人民政府和教育行政部门要重视常规实验教学,因地制宜地加强中小学实验室、图书馆(室)及体育、艺术、劳动技术等教育设施的建设,并充分向学生开放,提高教学仪器设备、图书的使用效益。鼓励各地乡(镇)中小学建立中心实验室、图书馆等,辐射周边学校。

27. 要认真贯彻实施《中华人民共和国国家通用语言文字法》,进一步加强中小学推广普通话、用字规范化工作,推广普及国家通用语言文字,把普及普通话、用字规范化纳入教育教学要求,提高学生语言文字应用能力和规范意识。

四、完善教师教育体系,深化人事制度改革,大力加强中小学教师队伍建设

28. 建设一支高素质的教师队伍是扎实推进素质教育的关键。完善以现有师范院校为主体、其他高等学校共同参与、培养培训相衔接的开放的教师教育体系。加强师范院校的学科建设,鼓励综合性大学和其他非师范类高等学校举办教育院系或开设获得教师资格所需课程。支持西部地区师范院校的建设。以有条件的师范大学和综合性大学为依托建设一批开放式教师教育网络学院。推进师范教育结构调整,逐步实现三级师范向二级

师范的过渡。有条件的地区要培养具有专科学历的小学教师和本科学历初中教师,逐步提高高中教师的学历,扩大教育硕士的培养规模和招生范围。制订适应中小学实施素质教育需要的师资培养规格与课程计划,探索新的培养模式,加强教学实践环节,增强师范毕业生的教育教学与终身发展能力。

以转变教育观念、提高职业道德和教育教学水平为重点,紧密结合基础教育课程改革,加强中小学教师继续教育工作,健全教师培训制度,加强培训基地建设。加大信息技术、外语、艺术类和综合类课程师资的培训力度,应用优秀的教学软件,开展多媒体辅助教学。加强中青年教师的培训工作。在教师培训中,要充分利用远程教育的方式,就地就近进行,以节省开支。对贫困地区教师应实行免费培训。

29. 加强骨干教师队伍建设。实施"跨世纪园丁工程"等教师培训计划,培养一大批在教育教学工作中起骨干、示范作用的优秀教师和一批教育名师。在教育对口支援工作中,援助地区的学校要为受援地区的学校培养、培训骨干教师。

30. 加强中小学教师编制管理。中央编制部门要会同教育、财政部门制定科学合理的中小学教职工编制标准。省级人民政府要按照国家有关规定和编制标准,根据本地实际情况,制定本地区的实施办法。各地要核定中小学教职工编制,规范学校内设机构和岗位设置,加强编制管理。对违反编制规定擅自增加教职工人数的,要严肃处理。

大力推进中小学人事制度改革。全面实施教师资格制度,严把教师进口关。优先录用师范院校毕业生到义务教育学校任教。高中教师的补充,在录用师范院校毕业生任教的同时,注意吸收具有教师资格的其他高等学校毕业生。推行教师聘任制,建立"能进能出、能上能下"的教师任用新机制。根据中小学教师的职业特点,实现教师职务聘任和岗位聘任的统一。建立激励机制,健全和完善考核制度,辞退不能履行职责的教师。

调整优化教师队伍。实施教师资格准入制度,严格教师资格条件,坚决辞退不具备教师资格的人员,逐步清退代课人员,精简、压缩中小学非教学人员。政府部门和事业单位不得占用或变相占用中小学教职工编制,清理各类"在编不在岗"人员。

31. 依法完善中小学教师和校长的管理体制。落实《中华人民共和国教师法》规定的中小学教师的管理权限。县级以上教育行政部门依法履行中小学教师的资格

认定、招聘录用、职务评聘、培养培训和考核等管理职能。

改革中小学校长的选拔任用和管理制度。高级中学和完全中学校长一般由县级以上教育行政部门提名、考察或参与考察，按干部管理权限任用和聘任；其他中小学校长由县级教育行政部门选拔任用并归口管理。推行中小学校长聘任制，明确校长的任职资格，逐步建立校长公开招聘、竞争上岗的机制。实行校长任期制，可以连聘连任。积极推进校长职级制。

五、推进办学体制改革，促进社会力量办学健康发展

32. 基础教育以政府办学为主 积极鼓励社会力量办学。义务教育坚持以政府办学为主，社会力量办学为补充；学前教育以政府办园为骨干，积极鼓励社会力量举办幼儿园；普通高中教育在继续发展公办学校的同时，积极鼓励社会力量办学。

对民办学校在招生、教师职务评聘、教研活动、表彰奖励等方面与公办学校一视同仁。政府要对办学成绩显著者予以表彰奖励。社会力量举办的全日制中小学办学所得合法资金，在留足学校发展资金后，可适当安排经费奖励学校举办者。各级教育行政部门要加强对民办中小学、幼儿园教育教学的指导和监督，要认真审核其办学资格和条件，规范其办学行为，保证其全面贯彻党的教育方针。

33. 积极鼓励企业、社会团体和公民个人对基础教育捐赠，捐赠者享受国家有关优惠政策。对纳税人通过非营利的社会团体和国家机关向农村义务教育的捐赠，在应纳税所得额中全额扣除，具体办法另行制定。国家和地方对捐助基础教育有突出贡献的单位和个人予以表彰。

34. 稳妥地搞好国有企业中小学分离工作。制定政策，多渠道筹措资金，落实分离中小学的办学经费，保障企业所属中小学分离工作顺利实施。企业中小学的分离应尊重企业的意愿。统筹安排好编制内具备教师资格的企业中小学教师。转由地方人民政府管理的企业中小学的校园、校舍、设施、设备等，不得挪用、侵占和截留，确保校产不流失。可通过办学体制改革的试验探索企业中小学分离形式。企业要继续办好未分离的中小学。

35. 加强对公办学校办学体制改革试验的领导和管理。公办学校办学体制改革要有利于改造薄弱学校，满足群众的教育需求，扩大优质教育资源。薄弱学校、国有企业所属中小学和政府新建的学校等，在保证国有资产不流失的前提下，可以进行按民办学校机制运行的改革试验。地方人民政府和教育行政部门要加强领导和管理，确保义务教育的实施和办学体制改革试验工作的健康开展。

六、加强领导，动员全社会关心支持，保障基础教育改革与发展的顺利进行

36. 各级人民政府要努力实践"三个代表"重要思想和实施科教兴国战略，宁可在别的方面忍耐一点，也要保证教育尤其是基础教育优先发展。要将基础教育工作列入议事日程，及时研究新情况、新问题，制订促进基础教育发展的措施，努力增加对基础教育的投入。各级领导同志要经常深入中小学，了解情况，指导工作，帮助学校解决办学中的突出问题。要将基础教育工作的情况作为考核地方各级人民政府领导同志的重要内容。

各级人民政府及有关部门要认真履行各自的职责，切实将基础教育事业的发展纳入国民经济和社会发展计划，切实将基础教育作为基础设施建设和教育事业发展的重点领域，切实保障基础教育改革和发展的经费投入，切实保障中小学教师工资的足额按时发放，切实治理中小学乱收费，切实加强学校安全工作和周边治安环境的治理，切实加强青少年学生活动场所建设，切实加强文化市场的管理，为基础教育事业发展和青少年学生健康成长创造良好的条件和社会环境。

37. 坚持依法治教，完善基础教育法制建设。各级人民政府及有关部门要认真贯彻执行教育的有关法律法规，提高依法治教意识，严格履行法律赋予的职责，完善行政执法监督机制，加大执法监督力度，加强学校管理，依法保障学校、教师和学生的合法权益。

将依法治教与以德治教紧密结合。各级教育行政部门和全体教育工作者，要提高以德治教的自觉性，不断加强职业道德建设，为人师表，教书育人，管理育人，服务育人，环境育人。学校教育要坚持把德育工作摆在素质教育的首要位置，以科学的理论武装人、以正确的舆论引导人、以高尚的精神塑造人、以优秀的作品鼓舞人，把学校建成社会主义精神文明建设的重要阵地。

38. 切实加强学校安全工作。各级人民政府及有关部门和学校要以对人民高度负责的态度，从维护社会稳定的大局出发，牢固树立"安全第一"的意识，建立健全确保师生安全的各项规章制度。严格学校管理，狠抓落实，采取积极的预防措施，重点防范危及师生安全的危房倒塌、食物中毒、交通、溺水等事故。要重视和加强对师生的安全教育，增强安全防范意识和自我保护能力。尽快制定中小学生伤害事故处理的有关法规，建立健全中小学安全工作责任制和事故责任追究制，确保师生人身安全和学校教育教学活动正常进行。切实维护学校及周边治安秩序，加强群防群治，警民合作，严厉打击扰乱学校治安的违法犯罪活动。

39. 加强和完善教育督导制度。坚持督政与督学相结合,继续做好贫困地区"两基"评估验收工作,保证验收质量;对已实现"两基"的地区,建立巩固提高工作的复查和督查制度。积极开展对基础教育热点难点问题的专项督导检查。在推进实施素质教育工作中发挥教育督导工作的保障作用,建立对地区和学校实施素质教育的评价机制。"十五"期间,国家和地方对实施素质教育的先进地区、单位和个人进行表彰。

40. 重视家庭教育。通过家庭访问等多种方式与学生家长建立经常性联系,加强对家庭教育的指导,帮助家长树立正确的教育观念,为子女健康成长营造良好的家庭环境。工会、共青团、妇联等团体要开展丰富多彩的家庭教育活动。

学校要加强和社区的沟通与合作,充分利用社区资源,开展丰富多彩、文明健康的教育活动,营造有利于青少年学生健康成长的社区环境。

基础教育是全社会的共同事业。继续支持开展"希望工程"、"春蕾计划"及城镇居民对农村贫困学生进行"一帮一"等多种形式的助学活动。新闻媒体要进一步加大对实施科教兴国战略,推进基础教育改革与发展的宣传力度。国家机关、企事业单位、社会团体等要发挥各自优势,共同努力,形成全社会关心、支持基础教育的良好社会氛围。

农村义务教育学生营养改善计划实施办法

· 2022 年 10 月 31 日
· 教财〔2022〕2 号

第一章　总　则

第一条　为进一步推进实施农村义务教育学生营养改善计划(以下简称营养改善计划),不断改善农村学生营养状况,提高农村学生健康水平,依照国家有关法律法规和标准规范,制定本办法。

第二条　本办法适用于实施营养改善计划的地区和学校。国家计划地区为原集中连片特困地区县(不含县城);地方计划地区为原其他国家扶贫开发工作重点县、原省级扶贫开发工作重点县、民族县、边境县、革命老区县,具体实施步骤由各地结合实际确定。

第二章　管理体制

第三条　营养改善计划在国务院统一领导下,实行地方为主,分级负责,各部门、各方面协同推进的管理体制,政府起主导作用。

第四条　全国农村义务教育学生营养改善计划工作领导小组统一领导和部署营养改善计划的各项工作。成员单位由教育部、中央宣传部、国家发展改革委、财政部、农业农村部、国家卫生健康委、市场监管总局、国家疾控局等部门组成。领导小组办公室设在教育部,简称全国农村学生营养办,负责营养改善计划实施的日常工作。

第五条　营养改善计划实施主体为地方各级政府。地方各级政府要加强组织领导,建立健全营养改善计划议事协调工作机制,明确相关部门职责;要明确各级营养改善计划工作管理部门,安排专人从事日常管理工作,加强条件保障,确保工作落实到位。

(一)省级人民政府负责统筹组织。统筹制订和调整完善本地区实施工作方案和推进计划,合理确定实施步骤和地区;统筹制定相关管理制度和规范;统筹安排资金,改善就餐条件;统筹监督检查。指导各地做好学校食堂建设规划,大力推进食堂供餐。督促有关部门加强食品安全工作,统一发布食品安全信息,组织制订食品安全事故应急预案,加大营养健康监测和膳食指导力度,加强营养健康教育。

(二)市级人民政府负责协调落实。督促指导本地区营养改善计划管理工作,制定审核本地区相关政策。督促县级人民政府落实主体责任,保障运转经费,抓好食品安全,加强资金监管。

(三)县级人民政府是营养改善计划工作的行动主体和责任主体。负责确定具体实施学校,制订实施方案和膳食指导方案,确定供餐模式和供餐内容,建设、改造学校食堂(伙房),制定工作管理制度,加强监督检查,对食品安全和资金安全负总责,主要负责人负直接责任。按照省级以下财政事权和支出责任划分要求,落实支出责任,加强资金使用管理。指导县级相关部门开展营养改善计划采购工作,规范开展信息公开工作;责成有关食品安全监管部门加强日常食品安全检查,组织开展食品安全事故应急演练和学校食品安全事故调查等。将实施学校调整情况逐级上报,并由省级营养改善计划工作管理部门审核报送至全国农村学生营养办备案。

第六条　各有关部门共同参与营养改善计划的组织实施,各司其职,各负其责。

(一)教育部门牵头负责营养改善计划的组织实施。会同有关部门完善实施方案,建立健全管理机制和监督机制。会同财政、发展改革等部门加强学校食堂(伙房)建设,持续改善学校供餐条件。配合有关食品安全监管部门做好食品安全监管，开展食品安全检查，督促相关行为主体落实责任；配合卫生健康部门、疾控部门开展营养健康教育、膳食指导和学生营养健康监测评估。落实部门职责，指导和督促学校建立健全食品安全管理制度，加强食品安全日常管理和食品安全教育；统筹指导学校建立健全以全过程实时视频监控为基础的日常监管系统，逐步完善电子验货、公开公示、自动报账等功能。落实立德树人根本任务，指导学校将健康教育、劳动教育、感恩教育等融入营养改善计划实施的全过程。

（二）财政部门要充分发挥公共财政职能，制定和完善相关投入政策，会同教育部门加强资金监管，提高资金使用效益。

（三）发展改革部门要加大力度支持农村学校改善供餐条件。加强农副产品价格监测和预警，推进降低农副产品流通环节费用工作。会同教育部门指导实施营养膳食费用分担机制的地区和学校，合理确定伙食费收费标准，并纳入中小学服务性收费和代收费管理。

（四）农业农村部门负责对学校定点采购生产基地的食用农产品生产环节质量安全进行监管。指导农产品生产企业、农民专业合作经济组织向农村学校供应附带承诺达标合格证的安全优质食用农产品，鼓励实现可追溯。

（五）市场监管部门负责食品安全监督管理以及供餐单位主体资格的登记管理。依职责加强学校集中用餐食品安全监督管理，依法查处涉及学校的食品安全违法行为；建立学校食堂食品安全信用档案，及时向教育部门通报学校食品安全相关信息；对学校食堂食品安全管理人员进行抽查考核，指导学校做好食品安全管理和宣传教育；依法会同有关部门开展学校食品安全事故调查处理。

（六）卫生健康部门和疾控部门负责食品安全风险监测与评估，指导食品安全事故的病人救治、流行病学调查和卫生学处置；对学生营养改善提出膳食指导意见，制定营养知识宣传教育和营养健康监测评估方案；在教育部门配合下，开展营养知识宣传教育、膳食指导和营养健康监测评估。

（七）宣传部门要引导各级各类新闻媒体，全面客观反映营养改善计划实施情况，积极推广典型经验，努力营造全社会共同支持、共同监督、共同推进的良好氛围。

第七条　学校负责落实营养改善计划各项具体工作，实行校长负责制。按照县级实施方案研究制定校级具体操作方案，建立健全并落实食品安全、食材采购、资金管理等制度和工作要求。加强食堂管理，不断提高供餐质量。

第三章　供餐管理

第八条　营养改善计划实施地区和学校应大力推进学校食堂供餐。学校食堂由学校自主经营、统一管理，不得对外承包或委托经营。未建设食堂或暂时不具备食堂供餐条件的地区，应加快学校食堂建设与改造，明确实行食堂供餐的时间节点，在过渡期内可采取企业（单位）供餐。学校规模较小、交通便利的地区可根据实际情况，在满足必需的送餐条件和确保食品安全的前提下，以中心校或邻近学校食堂为依托，实行食堂配餐。偏远地区小规模学校（教学点）不具备食堂供餐和配餐条件的，在确保食品卫生和安全的前提下，可实行学校伙房供餐或家庭（个人）托餐。

第九条　营养改善计划实施地区和学校根据地方特点，按照安全、营养、卫生的标准，因地制宜确定供餐内容。

（一）供餐形式。原则上应提供完整的午餐（热食），暂时无法提供午餐的学校可选择加餐或课间餐。尚未提供完整午餐的地区和学校，应不断改善供餐条件，逐步实现供应完整午餐。

（二）供餐食品。必须符合食品安全和营养健康的标准要求，尊重少数民族饮食习惯。供餐食品应提供营养价值较高的畜禽肉蛋奶类食品、新鲜蔬菜水果和谷薯类食品等，不得提供保健食品、含乳饮料和火腿肠等深加工食品，避免提供高盐、高油及高糖的食品，确保食品新鲜卫生、品种多样、营养均衡。倡导学校食堂按需供餐，通过采取小份菜、半份菜、套餐、自助餐等方式，制止餐饮浪费。鼓励各地积极推进"农校对接"，建立学校蔬菜、水果等直供优质农产品基地，在保障产品质量安全和营养的前提下，减少食材采购和流通环节，降低原材料成本。有条件的学校可采取"一日一供"，确保食材新鲜、安全、营养。

（三）供餐食谱。县级卫生健康部门牵头，参照《学生餐营养指南》（WS/T 554—2017）等标准，结合当地学生营养健康状况，制定学生餐所需食物种类及日均数量指标，由学校根据当地市场食材供应等情况，运用学生电子营养师等膳食分析平台或软件，制定带量食谱并予以公示，确保膳食搭配合理、营养均衡。

第十条　营养改善计划供餐基本条件要求。

（一）学校食堂供餐的基本要求。

学校食堂必须在取得食品经营许可证后方可为学生供餐，应在食堂显著位置悬挂或摆放许可证。学校食堂应全面推行明厨亮灶，食堂建设与设施设备配备应当符合《食品经营许可管理办法》《食品安全国家标准 餐饮服务通用卫生规范》(GB31654-2021)和《学校食品安全与营养健康管理规定》等相关要求。学校食堂供餐的基本条件如下:

1. 具有与所经营、制作供应的食品品种、数量、供餐人数相适应的食品原料处理和食品烹饪、贮存等场所,实行明厨亮灶,保持该场所环境整洁,并与有毒、有害场所以及其他污染源保持规定的距离;

2. 具有与所经营、制作供应的食品品种、数量、供餐人数相适应的设施设备,有相应的消毒、更衣、盥洗、采光、照明、通风、防腐、防尘、防蝇、防鼠、防虫、清洁以及处理废水、存放垃圾和废弃物的设施设备;

3. 具有合理的设备布局和工艺流程,防止待加工食品与直接入口食品、原料与成品或者半成品交叉污染,避免食品接触有毒物、不洁物;

4. 具有经食品安全培训、符合相关条件的食品安全管理人员,以及与本单位实际相适应的食品安全规章制度。

(二)供餐企业(单位)的基本条件。

1. 具备国家有关法律法规规定的相关条件;

2. 取得食品经营许可和集体用餐配送资质;实行"互联网+明厨亮灶",具备独立的餐食加工场地、符合条件的食品处理区域及设施设备。配备封闭式食品专用运输车辆,一般应安装车辆行驶轨迹监控、装卸视频监控等设备;

3. 配备食品安全管理人员和至少1名具备资质的营养师。建立食品卫生、安全管理制度,投保食品安全责任险;

4. 建立食品加工全过程实时视频监控系统,并将相关视频信号接入属地教育部门和服务学校,配备的监控系统视频要保存30天以上;

5. 参与学校供餐项目政府采购活动前3年内未发生过食品安全事故,在经营活动中没有重大违法情况。

(三)学校伙房和托餐家庭(个人)的基本条件。

学校伙房和托餐家庭(个人)应具备必要的供餐设施和卫生条件,服务人员应于每学期开学前提供有效的健康证明,确保环境卫生和食品安全。具体要求由各地结合实际确定。

第十一条 改善学校食堂就餐条件。

各地要优先支持营养改善计划实施学校食堂建设及饮水、电力设施改造,严禁超标准建设。规模较小学校可结合实际,利用闲置校舍改造食堂。不断改善厨具餐具、餐桌餐椅以及清洗消毒、视频监控设备等基本条件。实行集中就餐的学校,应确保餐桌和餐位数量满足学生就坐用餐实际需要。

学校食堂加工操作间应当符合下列要求:最小使用面积不得少于8平方米;墙壁应有1.5米以上的瓷砖或其他防水、防潮、可清洗的材料制成的墙裙;地面应由防水、防滑、无毒、易清洗的材料建造,具有一定坡度,易于清洗与排水;配备有足够的照明、通风、排烟装置和有效的防尘、防鼠、防虫措施,污水排放和存放废弃物的设施设备符合卫生要求;食品加工区天花板保持干净整洁,无霉斑、无尘土;配备食品经营许可证所要求的其他设施设备。

第十二条 加强食品安全管理。

各地各学校应严格落实《中华人民共和国食品安全法》《中华人民共和国农产品质量安全法》《学校食品安全与营养健康管理规定》等有关要求,切实保障食品安全。

(一)加强食品安全制度建设。各地各校应建立健全食品安全管理制度,包括:食材采购验收、食品贮存加工、供餐管理制度,从业人员健康管理和培训制度、每日晨检制度,加工经营场所及设施设备清洁、消毒和维修保养制度,食品安全事故应急预案以及市场监管部门规定的其他制度。

(二)实施全过程监管。建立健全食品、食用农产品安全追溯体系,加大"互联网+监管"力度。督促学校食堂和供餐企业优先采购可溯源的食材,建立稳定的食材采购渠道。建立健全原材料采购配送、食材验收、入库出库、贮存保管、加工烹饪、餐食分发、学生就餐等全过程实时视频监控系统,视频要保存30天以上。严格实行食堂操作间、储存间封闭管理,非食堂管理人员、操作人员未经允许和登记严禁进入。

(三)落实学校负责人陪餐制度。每餐均应有学校相关负责人与学生共同用餐(餐费自理),做好陪餐记录,及时发现和解决集中用餐过程中存在的问题。建立健全以学生、家长、教师代表为主,营养专家、学校领导和具体管理人员等共同参与的膳食委员会,参与对学校食品安全、供餐质量的日常监管,开展供餐满意度调查等。

第十三条 加强食品贮存管理。

(一)合理设置食品贮存场所。食品贮存场所应根据贮存条件分别设置,加强温湿度监测,做到通风换气、分区分架分类、离墙离地10厘米以上存放,防尘防鼠防虫设施完好,不同区域应有明显标识。散装食品应盛装于容器内,在贮存位置标明食品的名称、生产日期、保质期、供货商及联系方式等内容。盛装食品的容器应符合安全要求。食品贮存场所内不得存放有毒、有害物品及其他任何私人用品。

(二)建立健全出入库管理制度。食堂物品的入库、出库必须由专人负责，签字确认。规模较大的学校，应由两个以上人员签字验收。入库、出车要严格核对数量、检验质量，出库食品先进先出，杜绝质次、变质、过期食品的入库与出库。

（三）建立健全库存盘点制度。食堂物品入库、验收、保管、出库应手续齐全，物、据、账、表相符，日清月结。盘点后相关人员均须在盘存单上签字。食堂应根据日常消耗确定合理库存。变质和过期的食品应按规定及时清理销毁，并办理监销手续。

第十四条　加强食品加工管理。

食品加工过程应严格执行《食品安全国家标准　餐饮服务通用卫生规范》（GB31654—2021）《餐饮服务食品安全操作规范》等规定。

（一）必须采用新鲜安全的原料制作食品，不得加工或使用腐败变质和感官性状异常的食品及原料。不得制售冷荤类食品、生食类食品、裱花蛋糕，不得加工制作四季豆、鲜黄花菜、野生蘑菇、发芽土豆等高风险食品。

（二）需要熟制烹饪的食品应烧熟煮透，其烹饪时食品中心温度应达到70℃以上。烹饪后的熟制品、半成品与食品原料应分开存放，防止交叉污染。食品不得接触有毒物、不洁物。

（三）建立食品留样制度。每餐次的食品成品必须留样，并按品种分别盛放于清洗消毒后的专用密闭容器内，在专用冷藏设备中冷藏存放48小时以上，并落实双人双锁管理。每个品种留样量应满足检验需要，不得少于125g，并记录留样食品名称、留样时间（月、日、时）、留样人员等信息。

（四）严格按照规定使用食品添加剂。严禁超范围、超剂量使用食品添加剂，不得采购、贮存、使用亚硝酸盐。严禁使用非食用物质加工制作食品。食品添加剂应专人专柜（位）保管，按照有关规定做到标识清晰、计量使用、专册记录。

（五）严格规范餐用具清洗与消毒。加工结束后应及时清理加工场所，做到地面无污物、残渣；按照要求对食品容器、餐用具进行清洗消毒，并存放在专用保洁设施内备用。提倡采用热力方法进行消毒。采用化学方法消毒的必须冲洗干净。不得使用未经清洗和消毒的餐用具。餐用具清洗与消毒应由专人做好记录。

第十五条　严格供餐配送管理。

（一）送餐车辆及工用具必须保持清洁卫生。每次运输食品前应进行清洗消毒并做好记录，在运输装卸过程中也应注意保持清洁，运输后进行清洗，防止食品在运输过程中受到污染。

（二）运送集体用餐的容器和车辆应安装食品保温和冷藏设备，确保食品不得在8℃—60℃的温度条件下贮存和运输，从烧熟至食用的间隔时间（食用时限）应符合以下要求：

1. 烧熟后2小时，食品的中心温度保持在60℃以上（热藏）的，其食用时限为烧熟后4小时；

2. 需要冷藏的熟制半成品或成品，应按有关食品安全操作规范在熟制后立即冷却，将食品的中心温度降至8℃并冷藏保存，其食用时限为烧熟后24小时。供餐前应对食品进行再加热，且加热时食品中心温度应达到70℃以上。

（三）盛装、分送集体用餐的容器应有封装标识，并在表面注明加工单位、加工制作时间和食用时限，必要时标注保存条件、食用方法和营养标识等信息。

（四）学校应安排专门人员负责供餐企业配送食品的查验接收工作。应重点检查配送食品包装是否完整，感官性状是否异常，食品的温度和配送时间是否符合食品安全要求等，并做好食品留样。

第十六条　加强食堂从业人员管理。

各地应按照与就餐学生人数之比不低于1∶100的比例足额配齐学校食堂从业人员。可采取设置公益性岗位、劳务派遣等方式，配备符合条件的学校食堂从业人员。

（一）从业人员（包括临聘人员）每学期开学前必须进行健康检查，取得健康证明后方可上岗，必要时应进行临时健康检查。从业人员健康证明应在食堂显著位置进行统一公示。患有国家卫生健康委规定的有碍食品安全疾病的人员，不得从事接触直接入口食品的工作。不得聘用有不良思想倾向及行为、精神异常或偏激等现象的人员。

（二）从业人员应落实有关培训学时要求，定期参加有关部门和单位组织的食品安全知识、营养配餐、消防知识、职业道德和法制教育培训，增强食品安全意识，提高食品安全操作技能。鼓励从业人员通过自主培训学习提高营养配餐能力。

（三）实行每日晨检制度。食堂管理人员应在每天早晨各项饭菜烹饪活动开始前，对每名从业人员的健康状况进行检查，并将检查情况记录在案。发现有发热、腹泻、皮肤伤口或感染、咽部炎症等有碍食品安全病症的，应立即离开工作岗位，待查明原因并将有碍食品安全的病症治愈后，方可重新上岗。

（四）从业人员应养成良好的个人卫生习惯。工作前、处理食品原料后、便后用肥皂(或洗手液)及流动清水洗手消毒;接触直接入口食品前,应洗手消毒并佩戴一次性食品手套;穿戴清洁的工作衣帽,并把头发置于帽内;不得留长指甲、涂指甲油、戴戒指加工食品;不得在食品加工和销售场所内吸烟。

第四章　资金使用与管理

第十七条　资金安排。

(一)国家计划地区营养膳食补助按照国家规定的基础标准,根据受益学生人数和实际在校天数核定,所需资金由中央财政全额承担。地方计划地区营养膳食补助资金由地方财政承担,中央财政在地方落实国家基础标准后,给予生均定额奖补。

(二)各地要强化省级统筹,结合经济发展水平、财力状况、支出成本等实际,建立健全省、市、县级财政分担机制,合理安排营养改善计划实施中所需的其他应由财政负担的资金。学校自主经营食堂(伙房)发生的水电煤气等日常运行经费纳入学校公用经费开支,对营养改善计划实施学校可适当提高学校公用经费补助水平。学校自主经营食堂(伙房)供餐增加的聘用人员待遇等开支,由地方财政统筹解决。

(三)各地可结合当地经济社会发展实际及物价水平,在落实国家基础标准上,进一步完善政府、家庭、社会力量共同承担膳食费用机制,科学确定伙食费收费标准。鼓励企业、基金会、慈善机构等捐资捐助,在地方政府统筹下,积极开展营养改善计划工作,并按规定享受税费减免优惠政策。

第十八条　资金使用。

(一)中央财政安排的营养膳食补助资金要设立专门台账,明细核算,确保全额用于为学生提供营养膳食,补助学生用餐。不得直接发放给学生个人和家长,严禁克扣、截留、挤占和挪用。

(二)加强学校食堂财务管理。各实施学校应严格执行《中小学校财务制度》有关规定,学校食堂应坚持公益性和非营利性原则,财务活动应纳入学校财务部门统一管理,实行分账核算,真实反映收支状况。食堂收入包括财政补助收入、收取的伙食费和陪餐费收入等。食堂支出包括食材采购成本、人工成本等,不得将应在学校事业经费列支的费用等计入食堂支出。采购配送、食堂从业人员工资等支出不得挤占营养膳食补助资金。

(三)收取伙食费的学校应严格执行中小学收费管理有关规定,所收取的伙食费应全部用于营养改善计划供餐成本开支。供应两餐以上的学校,应加强食材采购成本核算管理,不得因提供早、晚餐挤占营养膳食补助资金。

第十九条　资金监管。

(一)各地应加强营养膳食补助资金使用管理情况的监管,开展定期审计。指导各实施学校建立健全内部控制制度,强化内部监管。学校应定期(每学期至少一次)公开食堂收支情况,自觉接受师生、家长和社会的监督。

(二)各地要高度重视全国农村义务教育学生营养改善计划管理信息系统的日常使用管理工作,指导各实施学校及时、准确填报受益学生、补助标准、就餐天数、供餐情况等信息,加强受益学生实名制管理,严防套取、冒领膳食补助资金。各级教育部门应加强数据信息审核,对数据的真实性、完整性、准确性负责。

第五章　采购管理

第二十条　营养改善计划采购工作必须严格执行《中华人民共和国政府采购法》等法律法规和财政部有关规定。各地应根据营养改善计划供餐实际情况,科学确定属于政府采购范围的具体项目内容;对于不属于政府采购范围的项目,应合理确定采购方式,并制定完善采购管理相关制度要求。

第二十一条　加强采购需求管理。

营养改善计划实施地区和学校应严格落实《政府采购需求管理办法》等有关要求。县级教育部门会同财政部门负责指导学校采购需求管理工作。采购人对采购需求管理负有主体责任,应以学生营养改善为目标,合理确定采购需求,科学编制采购实施计划。在确定采购需求前,可通过咨询、论证、问卷调查等方式开展需求调查。应建立健全采购需求管理制度,加强对采购需求的形成和实现过程的内部控制和风险管理。

第二十二条　及时公开采购意向。

采购意向公开由县级有关部门负责,至少在采购活动开始前 30 日,按采购项目在中国政府采购网地方分网公开,也可在省级以上财政部门指定的其他媒体同步公开。内容应当包括采购项目名称、采购需求概况、预算金额、预计采购时间等。

第二十三条　合理确定采购人和采购方式。

各地可结合实际,因地制宜合理确定采购人和采购方式。对于采购项目金额达到本地区政府采购限额标准的,原则上应依法采用公开招标、邀请招标、竞争性谈判、竞争性磋商、询价等竞争性采购方式进行采购。

(一)完善大宗食材统一采购制度。各实施学校食堂的大米、食用油、面粉、肉、蛋、奶等,均应纳入政府采购范围,由县级有关部门统一组织实施。鼓励探索采用框架协议采购方式实施。

(二)规范原辅材料采购。对于不属于政府采购范围的新鲜蔬菜、水果、干货、调味品等原辅材料,比照政府采购的相关采购方式,可由县级有关部门或学校作为采购人集中带量采购。鼓励各地对多频次、小额零星的原辅材料比照框架协议采购方式采购。偏远地区小规模学校(教学点)经县级教育部门批准,可采取适当的采购方式,并完善相应的采购管理制度,根据符合采购需求、质量和服务相等且报价最低的原则确定成交供应商。

(三)供餐企业(单位)由县级有关部门通过竞争性采购方式确定。纳入营养改善计划的供餐企业(单位)名单,应向社会公告。

第二十四条 严格规范采购程序。

(一)采取竞争性采购方式采购的,采购人应合理设置供应商资格条件,不得阻挠和限制供应商参与政府采购活动,不得差别对待供应商。应科学制定评审规则,细化编制评分指标,全面覆盖营养改善计划采购的核心内容。提供劳务服务方与食品原辅材料供货方不得为同一主体或相关利益人。

(二)鼓励各地通过竞争性采购方式采购食材。通过竞争性采购方式确定的采购标的单价,不得高于学校所在地同期市场公允价格。加强对营养改善计划采购项目的价格监测。对于采购价格明显偏高的,要深入查找原因,并责令整改。

(三)对于非竞争性采购方式的采购项目,各地要结合实际加强管理。大力推行原材料面向生产环节的统一采购,降低采购成本,确保采购质量,努力实现为学生提供"等值优质"食品的目标。

第二十五条 规范合同管理。

(一)对于属于政府采购范围的采购项目,采购人应按规定与中标、成交供应商签订政府采购合同,并严格执行合同约定事项。如供应商违反合同相关规定,采购人有权终止合同。财政部门应当履行政府采购监督管理职责,依法对供应商违法违规行为进行处理,并将相关违法违规供应商列入不良行为记录名单。

(二)对于不属于政府采购范围,由学校自行采购的项目,学校应及时与供应商签订合同,并报县级教育部门备案。合同内容应至少包括采购品目、数量质量、价格机制、服务时间、风险条款和其他保证食品安全事项等。学校应规范结算制度,及时与供应商结算货款。采购员与供应商之间原则上不得发生现金交易。

第二十六条 加强履约验收。

(一)依法组织履约验收。各地应结合实际,指导采购人细化编制验收方案。学校应成立由2人以上组成的验收小组,按照合同约定开展验收工作。验收时,应建立采购验收台账,列明到货品目、数量质量、生产日期等情况,由验收双方共同签署并留存验收证明。对于大宗食材等应严格落实复秤工作机制和如实记录。验收不合格的项目,采购人应当依法及时处理。供应商在履约过程中有违反政府采购法律法规情形的,采购人应当及时报告县级财政部门。

(二)完善食品采购索证索票制度。食品采购应严格执行《餐饮服务食品采购索证索票管理规定》有关要求,查验、索取并留存相关许可证、营业执照、食用农产品承诺达标合格证等产品合格证明文件、动物产品检疫合格证明等材料和由供货方盖章(或签字)的购物凭证。

(三)加强采购档案管理。采购人应严格执行采购档案管理相关规定,完整保存各项采购文件资料,自采购结束之日起至少保存15年。

第六章 营养健康监测与教育

第二十七条 卫生健康部门、疾控部门牵头负责营养改善计划实施地区和学校的营养健康监测,开展有针对性的膳食指导和营养宣传教育。营养改善计划实施地区原则上均应纳入常规监测范围。中国疾病预防控制中心根据需要,选择部分市县和学校,定期开展重点监测。常规监测县和重点监测县应按要求准确及时收集监测信息,按期开展监测评估现场调查。各级监测单位应通过营养改善计划营养健康状况监测评估系统按时报送并核查监测数据。各地应充分利用信息化手段加强对学校供餐质量、学生营养状况等日常监测、评估和指导。

第二十八条 各级疾病预防控制中心应定期综合分析当地监测数据,形成学生营养健康监测评估报告,及时报送同级卫生健康部门、教育部门、疾控主管部门和上级疾病预防控制中心。县级疾病预防控制中心要将主要监测结果反馈监测学校;学校应向学生家长反馈主要监测结果,督促存在健康风险的学生到专业医疗机构进行医学检查和评估。

第二十九条 各级疾病预防控制中心应注重学生营养健康监测结果的运用,加强膳食指导。针对监测发现的问题,指导学校通过食物强化、营养优化等方式,科学合理供餐。

第三十条 加强营养健康教育。各级疾病预防控制中心应会同教育部门,指导学校健全并落实健康教育制度,将食品安全与营养健康知识纳入健康教育教学内容。配备专(兼)职健康教育教师,明确课时安排并落实有关学时要求。学校应依托全民营养周、中国学生营养日、食品安全宣传周等重要时间节点,开展营养健康主题教育活动。鼓励各地各校充分利用信息化手段,面向学生和家长、师生员工开展营养健康知识宣传教育。

第三十一条 推动开展劳动教育。各地各校要以实施营养改善计划为载体,指导学生有序参与集体分餐、餐具回收、垃圾分类、清洁打扫和用餐秩序维护等劳动实践活动。有条件的学校还可以开设烹饪小课堂,开展种植养殖等活动,教育引导学生热爱劳动、珍惜劳动成果。

第三十二条 强化感恩教育。各地各校要结合实际,大力宣传营养改善计划有关政策和实施效果,让受益学生和家长充分感受到党和国家对农村学生健康成长的重视和关心;要利用多种渠道,采取多种方式有效开展感恩教育,引导学生懂得珍惜、学会感恩,不断厚植爱国情怀、培养奉献精神。

第七章 应急事件处置

第三十三条 各实施地区和学校应严格执行《中华人民共和国食品安全法》《学校食品安全与营养健康管理规定》中关于食品安全事故处置的有关规定。地方各级人民政府应建立应急事件处置协调机制,明确相关部门职责,逐级逐校制订应急预案,定期组织应急事件处置演练。

第三十四条 应急事件发生后,学校应及时向当地教育、卫生健康、市场监管部门报告,不得擅自发布事故信息。同时,学校应采取下列措施:立即停止供餐活动,封存餐品留样或可能导致食品安全事故的食品及原料、工用具、设施设备和现场;积极配合相关部门开展病人救治、事故调查等工作;在有关部门指导下,制定学生供餐安排预案,做好学生、家长思想工作。

第三十五条 教育部门接到学校食品安全事故报告后,应当立即赶往现场协助相关部门进行调查处理,督促学校采取有效措施,防止事故扩大,并向上级人民政府教育部门报告。学校发生食品安全事故需要启动应急预案的,教育部门应当立即向同级人民政府以及上一级教育部门报告,按照规定进行处置。市场监管部门会同卫生健康、教育等部门依法对食品安全事故进行调查处理。县级以上疾病预防控制中心接到报告后应当对事故现场进行卫生处理,并对与事故有关的因素开展流行病学调查,及时向同级卫生健康、疾控部门和有关食品安全监管

部门提交流行病学调查报告。学校食品安全事故的性质、后果及其调查处理情况由市场监管部门会同卫生健康、教育等部门依法发布和解释。

第八章 绩效管理与监督检查

第三十六条 全面实施绩效管理。各地要结合营养改善计划实际特点,合理设定绩效目标,做好绩效运行监控,建立科学的绩效评价体系,强化绩效结果运用,提高营养膳食补助资金配置效率和使用效益。绩效评价内容应以营养膳食补助资金的管理和使用、学生营养状况改善情况、相关管理制度执行情况等为重点。

第三十七条 建立健全公开公示制度。各地应落实有关要求,将营养改善计划有关实施情况纳入政府信息公开工作范围。学校应定期将受益学生名单、人数(次)、食堂财务收支情况、食品及原辅材料采购情况、带量带价食谱等予以公示,公示信息应注意保护个人隐私。各地各校应结合实际,借助信息化手段,多渠道接受师生、家长和社会的监督。

第三十八条 有关部门要建立健全监督检查机制,强化日常监管。教育督导部门要把营养改善计划实施情况作为责任督学日常督导的重要内容;财政部门要对资金管理使用情况进行监管;市场监管部门应定期对学校食堂和供餐单位开展食品安全检查,会同教育部门督促指导学校落实食品安全责任;卫生健康部门要把食品安全风险监测评估、食源性疾病报告和学生营养膳食指导、宣传教育、监测评估作为重点。

第三十九条 各地应结合实际,定期或不定期开展专项监督检查。专项监督检查的重点是食品安全、供餐质量、资金安全、职责履行和餐饮浪费。

(一)食品安全。主要内容包括:供餐单位是否办理食品经营许可证;供餐单位餐饮服务从业人员是否具有健康证明,是否按要求接受相关培训;食材采购、贮存、加工、供应等环节是否符合食品安全有关标准;是否制定食品安全事故应急预案,是否发生食品安全事故,事故发生后是否及时有效处理,相关单位和人员责任是否追究到位。

(二)供餐质量。主要内容包括:学校选定的供餐模式是否科学,供餐内容是否合理;学校制定的带量食谱是否符合有关营养要求;是否按照有关要求开展膳食指导。

(三)资金安全。主要内容包括:营养膳食补助资金是否及时足额下达,是否明细核算,是否存在截留滞留、挤占挪用、违规套取、虚报冒领等问题;是否出现虚列支出、白条抵账、虚假会计凭证和大额现金支付等情况;大

宗食材及原辅材料的供应商是否符合有关规定,程序是否合法合规,供应商是否依照国家法律制度和合同约定履约;食堂收支核算是否符合有关财务管理要求,收支状况是否真实,是否按学期公示。

(四)职责履行。主要内容包括:政府主导作用是否得到落实;相关职能部门是否严格履行工作职责,监督管理是否规范;是否建立营养改善计划议事协调工作机制,是否有专门人员负责日常工作,是否有必要的办公条件和工作经费;各项规章制度是否健全,是否有效执行;营养改善计划实施过程中出现的问题是否及时、有效整改,相关人员的责任是否追究到位。

(五)餐饮浪费。主要内容包括:是否开展反对餐饮浪费宣传教育,建立长效机制;是否采取有效措施,在食材采购、加工烹饪、分餐就餐等环节杜绝餐饮浪费。

第四十条 有关部门依法开展对学校食堂、供餐企业(单位)的监管和检查。有权采取下列措施:进入学生餐经营场所实施现场检查,调取有关监控视频;对学生餐进行抽样检验;查阅、复制有关合同、票据、账簿以及其他有关资料;查封、扣押不符合食品安全标准的食品、违法使用的食品和原料、食品添加剂、食品相关产品以及用于违法生产经营或者被污染的工具、设备;查封违法从事食品经营活动的场所。

第四十一条 教育部门应会同有关食品安全监管部门加强供餐监管,建立学校食堂、供餐企业(单位)信用档案。学校食堂、供餐企业(单位)出现下列情况之一者,应立即停止供餐:

(一)违反相关法律法规,被市场监管部门吊销食品经营许可证、营业执照;

(二)发生食品安全事故或在合同期内被行政处罚的;

(三)未持续保持食品经营许可条件,经整改仍不符合食品经营许可条件的;

(四)存在采购加工法律法规禁止生产经营的食品、使用非食用物质、滥用食品添加剂、降低食品安全保障条件等食品安全问题的;

(五)出现降低供餐质量和餐量标准,随意变更供餐食谱等情况,或在供餐质量评议中学生满意度较低,经约谈警告后,仍不改正的;

(六)擅自转包、分包供餐业务或存在擅自变更配餐生产地址、擅自更换履约人等违约行为;

(七)出现其他违反法律法规及有关规定的行为。

具体管理办法由省级教育部门会同有关食品安全监管部门制订。

第四十二条 建立健全食品安全责任追究制度。

对违反法律法规、玩忽职守、疏于管理,导致发生食品安全事故,或发生食品安全事故后迟报、漏报、瞒报造成严重不良后果的,追究相应责任人责任;构成犯罪的,依法依规追究其刑事责任。

(一)县级及以上地方政府在食品安全工作中未履行职责,本行政区域出现重大食品安全事故、造成严重社会影响的,依法对直接负责的主管人员和其他直接责任人员追究相应责任。

(二)县级及以上教育、卫生健康、农业农村、市场监管部门不履行食品安全监督管理法定职责、日常监督检查不到位或者滥用职权、玩忽职守、徇私舞弊的,依法对直接负责的主管人员和其他直接责任人员追究相应责任。

(三)学校、供餐企业(单位)和托餐家庭(个人)不履行或不正确履行食品安全职责,造成食品安全事故的,依法对学校负责人、供餐企业负责人、直接负责的主管人员和其他直接责任人员追究相应责任。

第四十三条 有下列情形之一的,一经查实,依法依规严肃处理:

(一)通过虚报、冒领、套取等手段,挤占、挪用、贪污营养膳食补助资金和学生伙食费的;

(二)设立"小金库",在食堂经费中列支学校公共开支或教职工奖金福利、津补贴、招待费及其他非食堂经营服务支出等费用的;

(三)在食堂管理中为他人谋利、搞利益输送或以权谋私的;

(四)采购伪劣食材、损害学生身体健康的;

(五)食堂违规承包,大宗食品、食材采购程序不合规合法的;

(六)存在严重浪费现象,造成不良影响的。

第九章　附　则

第四十四条 本办法由教育部、国家发展改革委、财政部、农业农村部、国家卫生健康委、市场监管总局、国家疾控局负责解释。各地可依据本办法制订具体实施细则。不属于国家计划地区和地方计划地区的其他地区和学校可参照实施。

第四十五条 本办法自印发之日起施行。教育部等十五部门2012年5月23日颁布的《农村义务教育学生营养改善计划实施细则》等五个配套文件同时废止。

义务教育学校管理标准

· 2017 年 12 月 4 日
· 教基〔2017〕9 号

为全面贯彻党的教育方针,促进义务教育学校(以下简称学校)不断提升治理能力和治理水平,逐步形成"标准引领、管理规范、内涵发展、富有特色"的良好局面,全面提高义务教育质量,促进教育公平,加快教育现代化,着力解决人民日益增长的美好生活需要和学校发展不平衡不充分问题,根据《教育法》《义务教育法》等有关法律法规,制定本标准。

一、基本理念

(一)育人为本　全面发展

全面贯彻党的教育方针,坚持教育为人民服务、为中国共产党治国理政服务、为巩固和发展新时代中国特色社会主义制度服务、为改革开放和社会主义现代化建设服务,落实立德树人根本任务,发展素质教育,培育和践行社会主义核心价值观,全面改进德育、智育、体育、美育,培养德智体美全面发展的社会主义建设者和接班人。

(二)促进公平　提高质量

树立公平的教育观和正确的质量观,提高办学水平,强化学生认知、合作、创新等关键能力和职业意识培养,面向每一名学生,教好每一名学生,切实保障学生平等的受教育权利。建设适合学生发展的课程,实施以学生发展为本的教学;加强教师队伍建设,提高教师整体素质;建立科学合理的评价体系,提高教育教学质量。

(三)和谐美丽　充满活力

建设安全卫生的学校基础设施,完善切实可行的安全、健康管理制度,开展以生活技能和自护、自救技能为基础的安全与健康教育。加强校园文化建设,创建平安校园、文明校园、和谐校园、美丽校园,为师生创造安定有序、和谐融洽、充满活力的工作、学习和生活环境。

(四)依法办学　科学治理

建设依法办学、自主管理、民主监督、社会参与的现代学校制度。落实学校办学自主权,提升校长依法科学治理能力,发挥中小学校党组织的政治核心和战斗堡垒作用,拓宽师生、家长和社会参与学校治理的渠道,建立健全学校民主管理制度,构建和谐的学校、家庭、社区合作关系,推动学校可持续发展。

二、基本内容

(包括:保障学生平等权益、促进学生全面发展、引领教师专业进步、提升教育教学水平、营造和谐美丽环境、建设现代学校制度等 6 大管理职责、22 项管理任务、88 条具体内容,详见列表)

管理职责	管理任务	管理内容
一、保障学生平等权益	1.1 维护学生平等入学权利	1. 根据国家法律法规和教育行政部门相关规定,落实招生入学方案,公开范围、程序、时间、结果,保障适龄儿童少年平等接受义务教育的权利。按照教育行政部门统一安排,做好进城务工人员随迁子女就学工作。 2. 坚持免试就近入学原则,不举办任何形式的入学或升学考试,不以各类竞赛、考级、奖励证书作为学生入学或升学的依据。不得提前招生、提前录取。 3. 实行均衡编班,不分重点班与非重点班。编班过程邀请相关人员参加,接受各方监督。 4. 实行收费公示制度,严格执行国家关于义务教育免费的规定。
	1.2 建立控辍保学工作机制	5. 执行国家学籍管理相关规定,利用中小学生学籍信息管理系统做好辍学学生标注登记工作,并确保学籍系统信息与实际一致。防止空挂学籍和中途辍学。 6. 严格执行学生考勤制度,建立和完善辍学学生劝返复学、登记与书面报告制度,加强家校联系,配合政府部门做好辍学学生劝返复学工作。 7. 把对学习困难学生的帮扶作为控辍保学的重点任务,建立健全学习帮扶制度。
	1.3 满足需要关注学生需求	8. 制定保障教育公平的制度,通过各种途径广泛宣传,不让一名学生受到歧视或欺凌。 9. 坚持合理便利原则满足适龄残疾儿童随班就读需要,并为其学习、生活提供帮助。创造条件为有特殊学习需要的学生建立资源教室,配备专兼职教师。 10. 为需要帮助的儿童提供情感关怀,优先满足留守儿童寄宿、乘坐校车、营养改善需求,寄宿制学校应按政府购买服务的有关规定配备服务人员。

管理职责	管理任务	管理内容
二、促进学生全面发展	2.1 提升学生道德品质	11. 推动习近平新时代中国特色社会主义思想进校园、进课堂、进头脑,落实《中小学德育工作指南》《中小学生守则》,坚持立德树人,引导学生养成良好思想素质、道德品质和行为习惯,形成积极健康的人格和良好的心理品质,促进学生核心素养提升和全面发展。 12. 教育学生爱党爱国爱人民,让学生熟记并践行社会主义核心价值观,积极开展理想信念教育、社会主义核心价值观教育、中华优秀传统文化教育、生态文明教育和心理健康教育。 13. 统筹德育资源,创新德育形式,探索课程育人、文化育人、活动育人、实践育人、管理育人、协同育人等多种途径,努力形成全员育人、全程育人、全方位育人的德育工作格局。 14. 把学生思想品德发展状况纳入综合素质评价体系,认真组织开展评价工作。 15. 建立党组织主导、校长负责、群团组织参与、家庭社会联动的德育工作机制。将德育工作经费纳入经费年度预算,优化德育队伍结构,提供德育工作必须的场所、设施。 16. 根据《青少年法治教育大纲》,依据相关学科课程标准,落实多学科协同开展法治教育,培养法治精神,树立法治信仰。
	2.2 帮助学生学会学习	17. 营造良好的学习环境与氛围,激发和保护学生的学习兴趣,培养学生的学习自信心。 18. 遵循教育规律和学生身心发展规律,帮助学生掌握科学的学习方法,养成良好的学习习惯。 19. 落实学生主体地位,引导学生独立思考和主动探究,培养学生良好思维品质。 20. 尊重学生个体差异,采用灵活多样的教学方法,因材施教,培养学生自主学习和终身学习能力。
	2.3 增进学生身心健康	21. 落实《中小学心理健康教育指导纲要》,将心理健康教育贯穿于教育教学全过程。按照建设指南建立心理辅导室,配备专兼职心理健康教育教师,科学开展心理辅导。 22. 确保学生每天锻炼 1 小时,开足并上好体育课,开展大课间体育活动,使每个学生掌握至少两项体育运动技能,养成体育锻炼习惯。配齐体育教师,加强科学锻炼指导和体育安全管理。保障并有效利用体育场地和设施器材,满足学生体育锻炼需要。 23. 建立常态化的校园体育竞赛机制,经常开展班级、年级体育比赛,每年举办全员参与的运动会。 24. 落实《国家学生体质健康标准》,定期开展学生体检和体质健康监测,重点监测学生的视力、营养状况和体质健康达标状况,及时向家长反馈。建立学生健康档案,将学生参加体育活动及体质体能健康状况等纳入学生综合素质评价。 25. 科学合理安排学校作息时间,确保学生课间和必要的课后自由活动时间,整体规划并控制各学科课后作业量。家校配合保证每天小学生 10 小时、初中生 9 小时睡眠时间。 26. 保障室内采光、照明、通风、课桌椅、黑板等设施达到规定标准,端正学生坐姿,做好眼保健操,降低学生近视新发率。
	2.4 提高学生艺术素养	27. 按照国家要求开齐开足音乐、美术课,开设书法课。利用当地教育资源,开发具有民族、地域特色的艺术教育选修课程,培养学生艺术爱好,让每个学生至少学习掌握一项艺术特长。 28. 按照国家课程方案规定的课时数和学校班级数配备艺术教师,设置艺术教室和艺术活动室,并按照国家标准配备艺术课程教学和艺术活动器材,满足艺术教育基本需求。 29. 面向全体学生组织开展艺术活动,因地制宜建立学生艺术社团或兴趣小组。 30. 充分利用社会艺术教育资源,利用当地文化艺术场地资源开展艺术教学和实践活动,有条件的学校可与社会艺术团体及社区建立合作关系。
	2.5 培养学生生活本领	31. 贯彻《关于加强中小学劳动教育的意见》,为学生提供劳动机会,家校合作使学生养成家务劳动习惯,掌握基本生活技能,培养学生吃苦耐劳精神。 32. 开齐开足综合实践活动课程,充分利用各类综合实践基地,多渠道、多种形式开展综合实践活动。寒暑假布置与劳动或社会实践相关的作业。33. 指导学生利用学校资源、社区和地方资源完成个性化作业和实践性作业。

管理职责	管理任务	管理内容
三、引领教师专业进步	3.1 加强教师管理和职业道德建设	34. 坚持用习近平新时代中国特色社会主义思想武装教师头脑,加强教师思想政治教育和师德建设,建立健全师德建设长效机制,促进教师牢固树立和自觉践行社会主义核心价值观,严格遵守《中小学教师职业道德规范》,增强教师立德树人的荣誉感和责任感,做有理想信念、道德情操、扎实学识、仁爱之心的好老师和学生锤炼品格、学习知识、创新思维、奉献祖国的引路人。 35. 教师语言规范健康,举止文明礼貌,衣着整洁得体。 36. 严格要求教师尊重学生人格,不讽刺、挖苦、歧视学生,不体罚或变相体罚学生,不收受学生或家长礼品,不从事有偿补课。 37. 健全教师管理制度,完善教师岗位设置、职称评聘、考核评价和待遇保障机制。落实班主任工作量计算、津贴等待遇。保障教师合法权益,激发教师的积极性和创造性。 38. 关心教师生活状况和身心健康,做好教师后勤服务,丰富教师精神文化生活,减缓教师工作压力,定期安排教师体检。
	3.2 提高教师教育教学能力	39. 组织教师认真学习课程标准,熟练掌握学科教学的基本要求。 40. 针对教学过程中的实际问题开展校本教研,定期开展集体备课、听课、说课、评课等活动,提高教师专业水平和教学能力。 41. 落实《中小学班主任工作规定》,制订班主任队伍培训计划,定期组织班主任学习、交流、培训和基本功比赛,提高班主任组织管理和教育能力。 42. 推动教师阅读工作,引导教师学习经典,加强教师教育技能和教学基本功训练,提升教师普通话水平,规范汉字书写,增强学科教学能力。 43. 提高教师信息技术和现代教育装备应用能力,强化实验教学,促进现代科技与教育教学的深度融合。
	3.3 建立教师专业发展支持体系	44. 完善教师培训制度,制订教师培训规划,指导教师制订专业发展计划,建立教师专业发展档案。 45. 按规定将培训经费列入学校预算,支持教师参加必要的培训,落实每位教师五年不少于 360 学时的培训要求。 46. 引进优质培训资源,定期开展专题培训,促进教研、科研与培训有机结合,发挥校本研修基础作用。 47. 鼓励教师利用网络学习平台开展教研活动,建设教师学习共同体。
四、提升教育教学水平	4.1 建设适合学生发展的课程	48. 落实国家义务教育课程方案和课程标准,严格遵守国家关于教材、教辅管理的相关规定,确保国家课程全面实施。不拔高教学要求,不加快教学进度。 49. 根据学生发展需要和地方、学校、社区资源条件,科学规范开设地方课程和校本课程,编制课程纲要,加强课程实施和管理。 50. 落实综合实践活动课程要求,通过考察探究、社会服务、设计制作、职业体验等方式培养学生创新精神和实践能力。每学期组织一次综合实践交流活动。 51. 创新各学科课程实施方式,强化实践育人环节,引导学生动手解决实际问题。 52. 定期开展学生学习心理研究,研究学生的学习兴趣、动机和个别化学习需要,采取有针对性的措施,改进课程实施和教学效果。
	4.2 实施以学生发展为本的教学	53. 定期开展教学质量分析,建立基于过程的学校教学质量保障机制,统筹课程、教材、教学、评价等环节,主动收集学生反馈意见,及时改进教学。 54. 采取启发式、讨论式、合作式、探究式等多种教学方式,提高学生参与课堂学习的主动性和积极性。 55. 创新作业方式,避免布置重复机械的练习,多布置科学探究式作业。可根据学生掌握情况布置分层作业。不得布置超越学生能力的作业,不得以增加作业量的方式惩罚学生。

续表

管理职责	管理任务	管理内容
	4.3 建立促进学生发展的评价体系	56. 对照中小学教育质量综合评价改革指标体系,进行监测,改进教育教学。 57. 实施综合素质评价,重点考察学生的思想品德、学业水平、身心健康、艺术素养、社会实践等方面的发展情况。建立学生综合素质档案,做好学生成长记录,真实反映学生发展状况。 58. 控制考试次数,探索实施等级加评语的评价方式。依据课程标准的规定和要求确定考试内容,对相关科目的实验操作考试提出要求。命题应紧密联系社会实际和学生生活经验,注重加强对能力的考察。考试成绩不进行公开排名,不以分数作为评价学生的唯一标准。
	4.4 提供便利实用的教学资源	59. 按照规定配置教学资源和设施设备,指定专人负责,建立资产台账,定期维护保养。 60. 落实《中小学图书馆(室)规程》,加强图书馆建设与应用,提升服务教育教学能力。建立实验室、功能教室等的使用管理制度,面向学生充分开放,提高使用效益。
五、营造和谐美丽环境	5.1 建立切实可行的安全与健康管理制度	61. 积极借助政府部门、社会力量、专业组织,构建学校安全风险管理体系,形成以校方责任险为核心的校园保险体系。组织教职工学习有关安全工作的法律法规,落实《中小学校岗位安全工作指南》。 62. 落实《国务院办公厅关于加强中小学幼儿园安全风险防控体系建设的意见》《中小学幼儿园安全管理办法》,建立健全学校安全卫生管理制度和工作机制,采取切实措施,确保学校师生人身安全、食品饮水安全、设施安全和活动安全。使用校车的学校严格执行国家校车安全管理制度。 63. 制订突发事件应急预案,预防和应对不法分子入侵、自然灾害和公共卫生事件,落实防治校园欺凌和暴力的有关要求。
	5.2 建设安全卫生的学校基础设施	64. 配备保障学生安全与健康的基本设施和设备,落实人防、物防和技防等相关要求。学校教育、教学及生活所用的设施、设备、场所要经权威部门检测、符合国家环保、安全等标准后方可使用。 65. 定期开展校舍及其他基础设施安全隐患排查和整治工作。校舍安全隐患要及时向主管部门书面报告。 66. 设立卫生室或保健室,按要求配备专兼职卫生技术人员,落实日常卫生保健制度。 67. 设置安全警示标识和安全、卫生教育宣传橱窗,定期更换宣传内容。
	5.3 开展以生活技能为基础的安全健康教育	68. 落实《中小学公共安全教育指导纲要》,突出强化预防溺水和交通安全教育,有计划地开展国家安全、社会安全、公共卫生、意外伤害、网络、信息安全、自然灾害以及影响学生安全的其他事故或事件教育,了解保障安全的方法并掌握一定技能。 69. 落实《中小学健康教育指导纲要》,普及疾病预防、营养与食品安全以及生长发育、青春期保健知识和技能,提升师生健康素养。 70. 落实《中小学幼儿园应急疏散演练指南》,定期开展应急演练,提高师生应对突发事件和自救自护能力。
	5.4 营造健康向上的学校文化	71. 立足学校实际和文化积淀,结合区域特点,建设体现学校办学理念和思想的学校文化,发展办学特色,引领学校内涵发展。 72. 做好校园净化、绿化、美化工作,合理设计和布置校园,有效利用空间和墙面,建设生态校园、文化校园、书香校园,发挥环境育人功能。 73. 每年通过科技节、艺术节、体育节、读书节等形式,因地制宜组织丰富多彩的学校活动。

续表

管理职责	管理任务	管理内容
六、建设现代学校制度	6.1 提升依法科学管理能力	74. 每年组织教职员工学习《宪法》《教育法》《义务教育法》《教师法》和《未成年人保护法》等法律，增强法治观念，提升依法治教、依法治校能力。 75. 依法制定和修订学校章程，健全完善章程执行和监督机制，规范学校办学行为，提升学校治理水平。 76. 制定学校发展规划，确定年度实施方案，客观评估办学绩效。 77. 健全管理制度，建立便捷规范的办事程序，完善内部机构组织规则、议事规则等。 78. 认真落实《中小学校财务制度》，做好财务管理和内审工作。 79. 指定专人负责学校法制事务，建立学校法律顾问制度，充分运用法律手段维护学校合法权益。
	6.2 建立健全民主管理制度	80. 贯彻《关于加强中小学校党的建设工作的意见》，以提升组织力为重点，突出政治功能，把学校党组织建设成领导改革发展的坚强战斗堡垒，充分发挥党员教师的先锋模范作用。 81. 坚持民主集中制，定期召开校务会议，健全学校教职工（代表）大会制度，将涉及教职工切身利益及学校发展的重要事项，提交教职工（代表）大会讨论通过。 82. 设置信息公告栏，公开校务信息，公示收费项目、标准、依据等，保证教职工、学生、相关社会公众对学校重大事项、重要制度的知情权。 83. 建立问题协商机制，听取学生、教职工和家长的意见和建议，有效化解相关矛盾。 84. 发挥少先队、共青团、学生会、学生社团的作用，引导学生自我管理或参与学校治理。
	6.3 构建和谐的家庭、学校、社区合作关系	85. 健全和完善家长委员会制度，建立家长学校，设立学校开放日，提高家长在学校治理中的参与度，形成育人合力。 86. 引入社会和利益相关者的监督，密切学校与社区联系，促进社区代表参与学校治理。 87. 主动争取社会资源和社会力量支持学校改革发展。 88. 有条件的学校可将体育文化设施在课后和节假日对本校师生和所在社区居民有序开放。

三、实施要求

（一）本标准是对学校管理的基本要求，适用于全国所有义务教育学校。鉴于全国各地区的差异，各省、自治区、直辖市教育行政部门可以依据本标准和本地实际提出具体实施意见，细化标准要求。在实施过程中要因地制宜、分类指导，分步实施、逐步完善，促进当地学校提升治理水平。

（二）本标准是义务教育学校工作的重要依据。各级教育行政部门和教师培训机构要将本标准作为校长和教师培训的重要内容，结合当地情况，开展有针对性的培训，使广大校长和教师充分了解基本要求，掌握精神实质，指导具体工作。

（三）义务教育学校要将本标准作为学校治理的基本依据，强化对标研判，整改提高，树立先进的治理理念，建立健全各项管理制度，完善工作机制。校长和教师要按照本标准规范管理和教育教学行为，把标准的各项要求落到实处。

（四）教育督导部门应按照本标准修订完善义务教育学校督导评估指标体系和标准，一校一案，对标研判、依标整改，开展督导评估工作，促进学校规范办学、科学管理，提高教育质量和办学水平。

小学管理规程

· 1996 年 3 月 9 日国家教育委员会令第 26 号发布
· 根据 2010 年 12 月 13 日《教育部关于修改和废止部分规章的决定》修订

第一章　总　则

第一条　为加强小学内部的规范化管理，全面贯彻教育方针，全面提高教育质量，依据《中华人民共和国教育法》和其他有关教育法律、法规制定本规程。

第二条　本规程所指小学是由政府、企业事业组织、社会团体、其他社会组织及公民个人依法举办的对儿童实施普通初等教育的机构。

第三条　小学实施初等义务教育。

小学的修业年限为6年或5年。省、自治区、直辖市可根据实际情况确定本行政区域内的小学修业年限。

第四条　小学要贯彻教育必须为社会主义现代化建设服务,必须与生产劳动相结合,培养德、智、体等方面全面发展的社会主义建设者和接班人的方针。

第五条　小学教育要同学前教育和初中阶段教育相互衔接,应在学前教育的基础上,通过实施教育教学活动,使受教育者生动活泼、主动地发展,为初中阶段教育奠定基础。

第六条　小学的培养目标是:

初步具有爱祖国、爱人民、爱劳动、爱科学、爱社会主义的思想感情;遵守社会公德的意识、集体意识和文明行为习惯;良好的意志、品格和活泼开朗的性格;自我管理、分辨是非的能力。

具有阅读、书写、表达、计算的基本知识和基本技能,了解一些生活、自然和社会常识,具有初步的观察、思维、动手操作和学习的能力,养成良好的学习习惯。学习合理锻炼、养护身体的方法,养成讲究卫生的习惯,具有健康的身体和初步的环境适应能力。具有较广泛的兴趣和健康的爱美情趣。

第七条　小学的基本教学语言文字为汉语言文字。学校应推广使用普通话和规范字。

招收少数民族学生为主的学校,可使用本民族或当地民族通用的语言文字进行教学,并应根据实际情况,在适当年级开设汉语文课程。

第八条　小学实行校长负责制,校长全面负责学校行政工作。

农村地区可视情况实行中心小学校长负责制。

第九条　小学按照"分级管理,分工负责"的原则,在当地人民政府领导下实施教育工作。

第二章　入学及学籍管理

第十条　小学招收年满6周岁的儿童入学,条件不具备的地区,可以推迟到7周岁。小学实行秋季始业。

小学应按照《义务教育法》的规定,在当地政府领导下,组织服务区内的适龄儿童按时就近免试入学。小学的服务区由主管教育行政部门确定。

第十一条　小学采用班级授课制,班级的组织形式应为单式,不具备条件的也可以采用复式。教学班级名额以不超过45人为宜。

学校规模应有利于教育教学,有利于学生身心健康,便于管理,提高办学效益。

第十二条　小学对因病无法继续学习的学生(须具备指定医疗单位的证明)在报经有关部门批准后,可准其休学。学生休学时间超过三个月,复学时学校可据其实际学力程度并征求其本人及父母或其他监护人意见后编入相应年级。

小学对因户籍变更申请转学,并经有关教育行政部门核准符合条件者,应予及时妥善安置,不得无故拒收。

小学对因故在非户籍所在地申请就学的学生,经有关部门审核符合条件的,可准其借读。

第十三条　小学应从德、智、体等方面全面评价学生。要做好学习困难学生的辅导工作,积极创造条件逐步取消留级制度。现阶段仍实行留级制度的地方,要创造条件,逐步降低学生留级比例和减少留级次数。

小学对修完规定课程且成绩合格者,发给毕业证书;不合格者发给结业证书,毕业年级不再留级。对虽未修完小学课程,但修业年限已满当地政府规定的义务教育年限者,发给肄业证书。

第十四条　小学对学业成绩优异,提前达到更高年级学力程度的学生,可准其提前升入相应年级学习,同时报教育主管部门备案。

第十五条　小学对品学兼优的学生应予表彰,对犯有错误的学生应予批评教育,对极少数错误较严重的学生可分别给予警告、严重警告和记过处分。

小学不得开除学生。

第十六条　小学应防止未受完规定年限义务教育的学生辍学,发现学生辍学,应立即向主管部门报告,配合有关部门,依法使其复学并做好有关工作。

第十七条　小学学籍管理的具体办法由省级教育行政部门制定。

第三章　教育教学工作

第十八条　小学的主要任务是教育教学工作。其他各项工作均应以有利于教育教学工作的开展为原则。

第十九条　小学应按照国家或省级教育行政部门发布的课程计划、教学大纲进行教育教学工作。

小学在教育教学工作中,要充分发挥学科课和活动课的整体功能,对学生进行德育、智育、体育、美育和劳动教育,为学生全面发展奠定基础。

第二十条　小学要积极开展教育教学研究,运用教育理论指导教育教学活动,积极推广科研成果及成功经验。

第二十一条　小学要将德育工作摆在重要位置,校长负责,教职工参与,教书育人、管理育人、服务育人。

学校教育要同家庭教育、社会教育相结合。

第二十二条　小学应在每个教学班设置班主任教

师,负责管理、指导班级工作。班主任教师要同各科任课教师、学生家长密切联系,了解掌握学生思想、品德、行为、学业等方面的情况,协调配合对学生实施教育。

班主任教师每学期要根据学生的操行表现写出评语。

第二十三条　小学对学生应以正面教育为主,肯定成绩和进步,指出缺点和不足,不得讽刺挖苦、粗暴压服,严禁体罚和变相体罚。

第二十四条　小学教学要面向全体学生,坚持因材施教的原则,充分发挥学生的主体作用;要重视基础知识教学和基本技能训练,激发学习兴趣,培养正确的学习方法、学习习惯。

第二十五条　小学应当按照教育行政部门颁布的校历安排学校工作。小学不得随意停课,若遇特殊情况必须停课的,一天以内的由校长决定,并报县教育行政部门备案;一天以上三天以内的,应经县级人民政府批准。

小学不得组织学生参加商业性的庆典、演出等活动,参加其他社会活动亦不应影响教学秩序和学校正常工作。

第二十六条　小学要合理安排作息时间。学生每日在校用于教育教学活动的时间五、六年级至多不超过6小时,其他年级还应适当减少。课余、晚上和节假日不得安排学生集体补课或上新课。

课后作业内容要精选,难易要适度,数量要适当,要严格执行有关规定,保证学生学业负担适量。

第二十七条　小学使用的教材,须经国家或国家授权的省级教材审定部门审定。实验教材、乡土教材须经有关的教育行政部门批准后方可使用。

小学不得要求或统一组织学生购买各类学习辅导资料。对学生使用学具等要加强引导。

第二十八条　小学应按照课程计划和教学大纲的要求通过多种形式,评测教学质量。学期末的考试科目为语文和数学,其他学科通过平时考查评定成绩。

小学毕业考试由学校命题(农村地区在县级教育行政部门指导下由乡中心小学命题),考试科目为语文和数学。

学校要建立德、智、体全面评估教育质量的科学标准,不得以考试成绩排列班级、学生的名次和作为衡量教学质量、评定教师教学工作的唯一标准。

第二十九条　小学应重视体育和美育工作。

学校严格执行国家颁布的有关学校体育工作的法规,通过体育课及其他形式的体育活动增强学生体质。学校应保证学生每天有一小时的体育活动时间。

小学应上好音乐、美术课,其他学科也要从本学科特点出发,发挥美育功能。美育要结合学生日常生活,提出服饰、仪表、语言、行为等审美要求,培养健康的审美情趣。

第三十条　小学应加强对学生的劳动教育,培养学生爱劳动、爱劳动人民、珍惜劳动成果的思想,培养从事自我服务、家务劳动、公益劳动和简单生产劳动的能力,养成劳动习惯。

第三十一条　小学应加强学生课外、校外活动指导,注意与学生家庭、少年宫(家、站)和青少年科技馆(站)等校外活动机构联系,开展有益的活动,安排好学生的课余生活。

学校组织学生参加竞赛、评奖活动,要遵照教育行政部门的有关规定执行。

第四章　人事工作

第三十二条　小学可按编制设置校长、副校长、主任、教师和其他人员。

第三十三条　小学校长是学校行政负责人。校长应具备国家规定的任职资格,由学校设置者或设置者的上级主管部门任命或聘任,副校长及教导(总务)主任等人员由校长提名,按有关规定权限和程序任命和聘任。非政府设置的小学校长,应报主管教育行政部门备案。

校长要加强教育政策法规、教育理论的学习,加强自身修养,提高管理水平,依法对学校实施管理。其主要职责是:

(一)贯彻执行国家的教育方针,执行教育法令法规和教育行政部门的指示、规定,遵循教育规律,提高教育质量;

(二)制定学校的发展规划和学年学期工作计划,并认真组织实施;

(三)遵循国家有关法律和政策,注重教职工队伍建设。依靠教职工办好学校,并维护其合法权益;

(四)发挥学校教育的主导作用,努力促进学校教育、家庭教育、社会教育的协调一致,互相配合,形成良好的育人环境。

第三十四条　小学校长应充分尊重教职工的民主权利,听取他们对于学校工作的意见、建议;教职工应服从校长的领导,认真完成本职工作。

教职工对学校工作的意见、建议,必要时可直接向主管部门反映,任何组织和个人不得阻挠。

第三十五条　小学教师应具备国家规定的任职资格,享受和履行法律规定的权利和义务,遵守职业道德,完成教育教学工作。

第三十六条　小学要加强教师队伍管理,按国家有关规定实行教师资格、职务、聘任制度,建立、健全业务考核档案。要加强教师思想政治教育、职业道德教育,树立敬业精神。对认真履行职责的优秀教师应予奖励。

第三十七条　小学应重视教师的继续教育,制订教师进修计划,积极为教师进修创造条件。教师进修应根据学校工作的需要,以在职为主,自学为主,所教学科为主。

第三十八条　小学其他人员应具备相应的政治、业务素质,其具体任职资格及职责由教育行政部门或学校按照国家有关规定制定。

第五章　行政工作

第三十九条　小学可依规模内设分管教务、总务等工作的机构或人员,协助校长做好有关工作(规模较大的学校还可设年级组),其具体职责由学校制定。

第四十条　小学若规模较大,可成立由校长召集,各部门负责人参加的校务委员会,研究决定学校重大事项。

第四十一条　小学应建立教职工(代表)大会制度,加强民主管理和民主监督。大会可定期召开,不设常设机构。

第四十二条　中国共产党在小学的组织发挥政治核心作用。校长要依靠党的学校(地方)基层组织,充分发挥工会、共青团、少先队及其他组织在学校工作中的作用。

第四十三条　小学应建立、健全教育研究、业务档案、财务管理、安全工作、学习、会议等制度。

学校应建立工作人员名册、学生名册和其他统计表册,定期向主管教育行政部门上报。

第四十四条　小学应接受教育行政部门或上级主管部门的检查、监督和指导,要如实报告工作,反映情况。

学年末,学校应向教育行政部门或上级主管部门报告工作,重大问题应随时报告。

第六章　校舍、设备及经费

第四十五条　小学的办学条件及经费由学校举办者负责提供。其标准由省级人民政府制定。

小学应具备符合规定标准的校舍、场地、设施、教学仪器、图书资料。

第四十六条　小学应遵照有关规定管理使用校舍、场地等,未经主管部门批准,不得改变其用途。

要定期对校舍进行维修和维护,发现危房立即停止使用,并报上级主管部门。对侵占校舍、场地的行为,学校可依法向侵权行为者的上级主管部门反映,直至向人民法院提起诉讼。

小学要搞好校园建设规划,净化、绿化、美化校园,搞好校园文化建设,形成良好的育人环境。

第四十七条　小学应加强对教学仪器、设备、图书资料、文娱体育器材和卫生设施的管理,建立、健全制度,提高使用效率。

第四十八条　公办小学免收学费,可适当收取杂费。小学收费应严格按照省级人民政府制定的收费项目和县级以上人民政府制定的标准和办法执行。

第四十九条　小学可按有关规定举办校办产业,从学校实际出发组织师生勤工俭学。严禁采取向学生摊派钱、物的做法代替勤工俭学。

小学可按国家有关规定接受社会捐助。

第五十条　小学应科学管理、合理使用学校经费,提高使用效益。要建立健全经费管理制度,经费预算和决算应提交校务委员会或教职工代表大会审议,并接受上级财务和审计部门的监督。

第七章　卫生保健及安全

第五十一条　小学应认真执行国家有关学校卫生工作的法规、政策,建立、健全学校卫生工作制度。应有专人负责此项工作(有条件的学校应设校医室),要建立学生健康卡片,根据条件定期或不定期体检。

第五十二条　小学的环境、校舍、设施、图书、设备等应有利于学生身心健康,教育、教学活动安排要符合学生的生理、心理特点。

要不断改善学校环境卫生和教学卫生条件,开展健康教育,培养学生良好的卫生习惯,预防传染病、常见病及食物中毒。

第五十三条　小学应加强学校安全工作,因地制宜地开展安全教育,培养师生自救自护能力。凡组织学生参加的文体活动、社会实践、郊游、劳动等均应采取妥善预防措施,保障师生安全。

第八章　学校、家庭与社会

第五十四条　小学应同街道、村民委员会及附近的机关、团体、部队、企业事业单位建立社区教育组织,动员社会各界支持学校工作,优化育人环境。小学亦应发挥自身优势,为社区的精神文明建设服务。

第五十五条　小学应主动与学生家庭建立联系,运用家长学校等形式指导、帮助学生家长创设良好的家庭教育环境。

小学可成立家长委员会,使其了解学校工作,帮助学校解决办学中遇到的困难,集中反映学生家长的意见、建议。

家长委员会在校长指导下工作。

第九章　其　他

第五十六条　农村乡中心小学应在县教育部门指导下，起到办学示范、教研中心、进修基地的作用，带动当地小学教育质量的整体提高。

第五十七条　承担教育教学改革任务的小学，可在报经有关部门批准后，根据实际需要，调整本规程中的某些要求。

第十章　附　则

第五十八条　小学应根据《中华人民共和国教育法》和本规程的规定，结合本校实际情况制定本校章程。

第五十九条　本规程主要适用于城市小学、农村完全小学以上小学，其他各类小学及实施初等教育的机构可参照执行。

各省、自治区、直辖市教育行政部门可根据本规程制定实施办法。

第六十条　本规程自颁布之日起施行。

中小学教辅材料管理办法

· 2015 年 8 月 3 日
· 新广出发〔2015〕45 号

一、为规范中小学教辅材料管理，切实减轻中小学生过重课业负担和学生家长的经济负担，根据《中华人民共和国著作权法》《中华人民共和国教育法》《中华人民共和国义务教育法》《中华人民共和国价格法》《出版管理条例》等法律法规及国务院有关规定，制定本办法。

二、本办法所称中小学教辅材料是指与教科书配套，供中小学生使用的各种学习辅导、考试辅导等出版物，包括：教科书同步练习类出版物，寒暑假作业类出版物，中小学习题、试卷类出版物，省级以上新闻出版行政主管部门认定的其他供中小学生使用的学习、考试辅导类出版物。其产品形态包括图书、报纸、期刊、音像制品、电子出版物等。

三、中小学教辅材料编写出版管理

（一）出版单位出版中小学教辅材料必须符合依法批准的出版业务范围。

（二）中小学教辅材料出版单位要严格规范对外合作行为，严禁任何形式的买卖书号、刊号、版号和一号多用等违法违规行为。

（三）教辅材料主要编写者应当具有相关学科教学经验且熟悉相关教材；各级行政主管部门和负责实施考试命题、监测评价的单位不得组织编写有偿使用的同步练习册、寒暑假作业、初中和高中毕业年级考试辅导类中小学教辅材料。

（四）鼓励有条件的单位组织开发供学生免费使用的教学辅助资源。

四、中小学教辅材料印刷复制管理

（一）出版单位应优先选择通过绿色印刷合格评定的印刷企业印制中小学教辅材料。

（二）出版物印刷复制单位在承接中小学教辅材料印制业务时，必须事先核验出版单位的委托印制手续，手续不齐或无效的一律不得承接。

五、中小学教辅材料发行管理

（一）中小学教辅材料须由新闻出版行政主管部门依法批准、取得《出版物经营许可证》的发行单位发行。未经批准，任何部门、单位和个人一律不得从事中小学教辅材料的发行。

（二）中小学教辅材料出版发行单位不得委托不具备发行资质的部门、单位和个人发行中小学教辅材料。

（三）在中小学教科书发行中，不得搭售中小学教辅材料。

六、中小学教辅材料质量管理

（一）中小学教辅材料出版、印制质量必须符合《中华人民共和国产品质量法》《图书质量管理规定》等有关法律规定，符合国家标准、行业标准及其他规范要求。

（二）中小学教辅材料出版、印制单位应当建立内部质量管理制度，完善中小学教辅材料质量管理机制。

（三）各省、自治区、直辖市新闻出版行政主管部门负责对本行政区域内出版发行的中小学教辅材料质量进行监督检查。

七、中小学教辅材料评议管理

（一）各省、自治区、直辖市教育行政主管部门会同新闻出版行政主管部门、价格主管部门加强对中小学教辅材料使用的指导，组织成立中小学教辅材料评议委员会，下设学科组。学科组负责按照教科书选用程序对进入本地区中小学校的教辅材料进行初评排序，并提出初选意见，提交中小学教辅材料评议委员会审议后进行公告。

（二）中小学教辅材料评议推荐的种类主要是与本地区使用的教科书配套的同步练习册，也可根据教学需要评议推荐寒暑假作业、初中和高中毕业年级考试辅导类教辅材料。凡评议推荐的教辅材料应控制内容容量，避免增加学生负担。中小学教辅材料评议推荐的学科、年级由省级教育行政主管部门确定。一个学科每个版本教科书配套同步练习册送评数少于3种的,该版本该学科不予评议。

提供学生免费使用教辅材料的地方可自行确定使用教辅材料的种类和范围,但应符合《中华人民共和国政府采购法》有关规定。

(三)教辅材料评议委员会要确保专业性和代表性。教辅材料的评议推荐要做到机会均等、过程透明、程序公正。教辅材料编写人员和被评议的教辅材料出版人员不得参加教辅材料评议推荐工作。

(四)省级教辅材料评议公告结果报教育部备案,抄送国家新闻出版广电总局、国家发展改革委、国务院纠风办。

八、中小学教辅材料选用管理

(一)中小学教辅材料的购买与使用实行自愿原则。任何部门和单位不得以任何形式强迫中小学校或学生订购教辅材料。

(二)各地市教材选用委员会根据当地教育实际和教科书使用情况,按照教科书选用的程序,从本省中小学教辅材料评议公告目录中,一个学科每个版本直接为各县(区)或学校推荐1套教辅材料供学生选用。地市教材材料推荐结果报省级教育行政主管部门备案。

(三)学生自愿购买本地区评议公告目录内的中小学教辅材料并申请学校代购的,学校可以统一代购,但不得从中牟利。其他教辅材料由学生和家长自行在市场购买,学校不得统一征订或提供代购服务。

(四)任何单位和个人不得进入学校宣传、推荐和推销任何教辅材料。

九、中小学教辅材料价格管理

(一)各省、自治区、直辖市评议公告目录内的教辅材料价格管理按国家有关规定执行。

各省、自治区、直辖市物价主管部门要会同新闻出版行政主管部门,加强对列入本地区评议公告目录的教辅材料价格监管。

(二)对各省、自治区、直辖市评议公告目录以外的教辅材料,由出版单位自主定价。在每学期开学前,出版单位要在本单位互联网页显著位置,向社会公开所出版的所有中小学教辅材料价格情况,包括开本、印张数、印张单价、零售价格等情况,主动接受社会监督。

十、从事中小学教辅材料编写、出版、印制、发行活动的单位或个人须严格遵守《中华人民共和国著作权法》等有关法律法规,不得侵害著作权人的合法权益,

使用他人享有著作权的教科书等作品编写出版同步练习册等教辅材料,应依法取得著作权人的授权。

十一、中小学教辅材料监督管理

国家新闻出版广电总局、教育部、国家发展改革委及各省、自治区、直辖市新闻出版行政主管部门、教育行政主管部门、价格主管部门建立健全监督管理制度,接受社会监督。对群众举报和反映的有关教辅材料出版、印制、发行、使用和价格中的违规情况,由各级新闻出版行政主管部门、教育行政主管部门、价格主管部门根据本办法并按各自的管理职责调查处理。

(一)对违反本办法从事中小学教辅材料出版、印刷复制、发行活动的单位或个人,由新闻出版行政主管部门责令其纠正违法行为,依法给予行政处罚,按照相关规定追究有关单位和人员的行政责任。

(二)对违反本办法,强制或变相强制学校或学生购买教辅材料,不按规定代购、从代购教辅材料中收取回扣的单位和个人,由上级教育行政主管部门责令其纠正违规行为,按照相关规定追究有关单位和人员的行政责任。

(三)对违反本办法,擅自或变相提高进入评议公告目录的教辅材料定价标准的,由价格主管部门依照《价格法》、《价格违法行为行政处罚规定》有关法律法规给予处罚,追究有关人员和单位的行政责任。

(四)违反本办法构成犯罪的,由司法机关依法追究刑事责任。

十二、各地要建立工作经费保障机制,确保有关工作顺利开展。

十三、本办法由国家新闻出版广电总局、教育部、国家发展改革委按照行政管理职责负责解释。

十四、本办法自2015年10月1日起施行,2001年印发的《中小学教辅材料管理办法》(新出联〔2001〕8号)、《新闻出版总署 教育部关于〈中小学教辅材料管理办法〉的实施意见》(新出联〔2001〕26号)同时废止。此前与本办法规定不一致的以本办法为准。

中小学校电化教育规程

· 1997年7月14日

· 教电〔1997〕3号

第一章　总　则

第一条　为促进中小学电化教育工作并加强管理,根据《中华人民共和国教育法》及有关规定,制定本规程。

第二条　中小学校电化教育是在教育教学过程中，运用投影、幻灯、录音、录像、广播、电影、电视、计算机等现代教育技术，传递教育信息，并对这一过程进行设计、研究和管理的一种教育形式。是促进学校教育教学改革、提高教育教学质量的有效途径和方法。是实现教育现代化的重要内容。

第三条　中小学校开展电化教育应从实际出发，坚持因地制宜、讲求实效、逐步提高的原则。要充分发挥各种电教媒体在教育教学中的作用，注重教学应用与研究。

第四条　各级政府和教育行政部门应积极创造条件，扶持中小学校开展电化教育，将中小学电化教育工作列入当地教育事业的发展规划。

第二章　机构与职能

第五条　中小学校应建立专门机构或指定有关部门负责电化教育。其名称可根据学校的规模称为电化教育室（中心）或电化教育组，规模较小的中小学校也可在教学管理部门设专人或兼职人员负责此项工作。

第六条　中小学校电化教育机构要在学校的统一管理下，与校内各相关部门相互配合，完成电化教育工作，其主要职责：

拟定学校电化教育工作计划，协调学校各部门开展电化教育工作，并承担其中一部分教学任务。

收集、购置、编制、管理电化教育教材和资料。

维护、管理电化教育器材、设备、设施。

组织教师参加电化教育的基本知识和技能培训。

组织并参与电化教育的实验研究。

第七条　中小学从事电化教育的人员编制，由学校主管部门根据实际情况，在学校教职工总编制内确定，按学校规模和电化教育开展的实际配备专职或兼职电教人员。

第八条　中小学校电化教育机构的负责人应有较高的政治素质、熟悉电教业务，有较强的教学和管理能力，一般应具有中级以上专业技术职务。电化教育机构的负责人应保持相对稳定。

第三章　电教专职人员与学科教师

第九条　中小学校电化教育机构的专职人员是教学人员，必须具备教师资格，熟悉教学业务，掌握电化教育的知识、技能和技巧。中小学校电教专职人员应通过教育行政部门组织的业务培训与考核，不断提高电化教育水平。

第十条　中小学校电化教育专职人员的专业技术职务按国家规定评聘。在评审与聘任时，要充分考虑电化教育工作的性质与特点。

第十一条　电化教育专职人员要组织、指导学科教师开展电化教学。

中小学校应聘请优秀教师作为电化教育机构的兼职人员开展工作。教师担任电教机构的工作或编制教材、资料应计算教学工作量。优秀的电教教材、电教研究成果，应与相应的科研、教学研究成果同等对待。教师开展电化教学的实绩，应作为考核教师的内容。

第十二条　学科教师要增强现代教育意识，学习并掌握电化教育的基本知识和技能；积极采用现代教学手段，开展电化教学；研究电教教材教法；总结电化教学经验，提高教学质量和效率。

第四章　经费与设备

第十三条　中小学校开展电化教育要有必要的经费保证，各级政府和教育行政部门要逐年增加对中小学电化教育经费的投入。学校应确定一定的经费比例开展电化教育。

第十四条　电化教育的设备是开展电化教育的基础。学校要按照地方教育行政部门制定的有关中小学校电化教育教学仪器设备配备目录，根据教学的实际需要，统筹配备电化教育设备。要加强电化教育设备、设施的维护和管理，提高利用率。

第十五条　学校电化教育设备、设施是为教育教学服务的，不得挪作他用。

第五章　电教教材与资料

第十六条　开展电化教育的中小学校要加强电教教材（音像、多媒体）、资料建设，保证有足够的经费用于配备电教教材、资料，做到与电教设备、设施建设同步发展。

第十七条　中小学校应根据教学的需要，合理选择和配备由中央和省级教育行政部门印发的中小学教学用书目录所列入的全国或地方通用的电教教材，有条件的学校可根据实际需要自行编制补充性电教教材供学校教学使用，要做好学校电教教材的管理和应用工作。

第十八条　中小学校电教教材、资料的编辑、出版不得违反《著作权法》；中小学校不得使用有害青少年身心健康的、非法的音像制品。

第六章　管理与领导

第十九条　地方各级教育行政部门主管本地区的中小学校电化教育工作，制定本地区电化教育发展规划及工作计划，并检查、评估和督导中小学校电化教育工作，协调电教、教研、装备、师训部门保障学校电化教育工作的健康发展。

第二十条　地方各级电化教育馆(中心)是当地中小学电化教育的教材(资料)中心、研究中心、人员培训和技术服务中心,教育行政部门应加强对中小学校电化教育工作的管理与指导。

第二十一条　中小学校要贯彻上级关于电化教育的各项方针、政策,加强对电化教育工作的领导,将其纳入学校整体工作之中,并要有一名校级领导主管电化教育工作。

第二十二条　中小学校要重视对学科教师开展电化教育的基本知识和技能的培训,有计划地组织不同层次、不同形式、不同内容的教师培训活动,推动学校电化教育工作广泛深入的开展。

第七章　附　则

第二十三条　本规程适用于普通中小学校。中等专业学校、中等技术学校、技工学校、职业中学、特殊教育学校、幼儿园,可参照执行。

第二十四条　各省、自治区、直辖市教育行政部门可根据本规程,结合本地区实际,制订实施细则。

第二十五条　本规程自公布之日起施行。以前有关规定凡与本规程有不符的,以本规程为准。

少年儿童校外教育机构工作规程

·1995 年 6 月 21 日教基〔1995〕14 号公布
·2010 年 12 月 13 日教育部令第 30 号修订

第一章　总　则

第一条　为了加强对少年儿童校外教育机构的管理,促进少年儿童校外教育事业健康发展,制定本规程。

第二条　本规程所称少年儿童校外教育机构(以下简称"校外教育机构")是指少年宫、少年之家(站)、儿童少年活动中心、农村儿童文化园、儿童乐园、少年儿童图书馆(室)、少年科技馆、少年儿童艺术馆、少年儿童业余艺校、少年儿童野外营地、少年儿童劳动基地和以少年儿童为主要服务对象的青少年宫、青少年活动中心、青少年科技中心(馆、站)、妇女儿童活动中心中少年儿童活动部分等。

第三条　校外教育机构基本任务是通过多种形式向少年儿童进行以爱祖国、爱人民、爱劳动、爱科学、爱社会主义为基本内容的思想品德教育;普及科学技术、文化艺术、体育卫生、劳动技术等方面知识;培养他们多方面的

兴趣、爱好和特长;培养他们独立思考、动手动脑、勇于实践和创新的精神,促进少年儿童全面发展,健康成长。

第四条　校外教育机构工作应当遵循以下原则:

(一)面向全体少年儿童,面向学校,面向少先队,实行学校、家庭、社会相结合;

(二)德、智、体诸方面的教育应相互渗透,有机结合;

(三)遵循少年儿童身心发展规律,符合少年儿童特点,寓教育性、知识性、科学性、趣味性于活动之中;

(四)普及与提高相结合。在重视和搞好普及性教育活动的同时,对有特长的少年儿童加强培养和训练,使其健康发展。

第五条　地方各级政府要对校外教育机构的工作进行宏观协调和指导。各级各类校外教育机构的业务工作,应接受当地各主管部门的指导。

第六条　国家鼓励企业、事业组织、社会团体及其他社会组织和公民个人,依法举办各种形式、内容和层次的校外教育机构或捐助校外教育事业。

第二章　机　构

第七条　设立校外教育机构应具备以下基本条件:

(一)具有符合少年儿童活动需要的活动场地和设施;

(二)具有合格的专职管理人员和专(兼)职辅导教师队伍;

(三)具有卫生、美观的活动环境、活动室采光条件;场馆内有防火、防毒、防盗、安全用电等防护措施。

第八条　设立少年儿童校外教育机构,应报当地主管行政部门批准。当地主管行政部门应报上一级主管行政部门备案。

独立设置的校外教育机构符合法人条件的,自批准之日起取得法人资格。

第九条　校外教育机构一般应由行政领导、后勤供应、群众文化、教育活动、专业培训及少先队工作指导(限少年宫)等部门组成,以满足少年儿童校外教育工作的需要。

第十条　校外教育机构实行主任(馆、校、园长)负责制。主任(馆、校、园长)在主管部门领导下,依据本规程负责领导本单位的全面工作。

机构内部可设立管理委员会,管委会由辅导员、教练员、管理后勤等人员代表组成,主任(馆长、校长)任管理委员会主任。

管理委员会负责制定工作计划、人员奖惩、重要财务开支、规章制度建立以及其他重要问题。

不设管理委员会的单位,上述事项由全体教职工会议议定。

第十一条　校外教育机构应加强内部的科学管理和民主管理。按机构规模及工作性质建立岗位责任制以及财务管理、考勤考绩、检查评估、总结评比、表彰奖励等规章制度。

第三章　活　动

第十二条　校外教育机构开展各项活动不得以营利为目的,不得以少年儿童表演为手段,进行经营性展览、演出等活动。

第十三条　校外教育机构的活动应当包括以下基本内容:

(一)思想品德教育,应结合国内外大事、重大纪念日、民族传统节日、古今中外名人故事、新时期各行各业英雄模范先进人物的事迹对少年儿童进行爱国主义、集体主义和社会主义思想教育,近代史、现代史教育和国情教育,良好意志品格、遵纪守法和讲文明、有礼貌的行为习惯教育。

(二)科学技术知识普及教育,应通过组织开展科普知识传授、发明创造、科技制作、科学实验等活动,向少年儿童传递科学技术的新信息。引导他们从小爱科学、学科学、用科学。培养创新、献身、求实、协作的科学精神和严谨的科学态度。增强他们的科技意识和培养良好的科学素质。

(三)体育运动,应通过田径、球类、游泳、体操、武术、模型、无线电、棋艺和多种多样的军事体育运动增长少年儿童的体育知识和技能技巧,培养他们勇敢、坚强、活泼的性格和健康的体魄。

(四)文化艺术教育,应通过课外读物、影视、音乐、舞蹈、戏剧、绘画、书法、工艺制作以及集邮、摄影等活动培养少年儿童具有正确的审美观念和审美能力,陶冶情操,提高文化艺术素养。

(五)游戏娱乐,应因地制宜地开展少年儿童喜闻乐见的、多种多样的活动,并要努力创造条件,建立多种游艺设施,让少年儿童愉快地玩乐。

(六)劳动与社会实践活动,凡有劳动实践基地的少年儿童校外教育机构,应按国家教委颁发的劳动教育纲要提出的各项要求,组织开展各种劳动实践活动。向学生进行热爱劳动、热爱劳动人民、热爱劳动成果和不怕苦、不怕脏、不怕累的教育,培养自立、自强品格,促进少年儿童全面发展。

第十四条　校外教育机构的活动可采取以下形式:

(一)开展群众性教育活动是面向广大少年儿童开展教育的一种重要形式。应根据少年儿童的特点,选择鲜明的主题,采取生动活泼的形式,如:举办展览、讲座,组织联欢、演出,开展各项比赛、夏(冬)令营以及各种社会实践活动,对学生进行有效的教育。

(二)开放适合少年儿童的各种活动场所。通过参加活动,开发智力,培养少年儿童的各种兴趣,使他们身心健康成长。

(三)组织专业兴趣小组。通过对少年儿童进行专业知识的传授和技能技巧的培训,使他们初步掌握一门科技、文艺、体育、社会服务等技能。

第十五条　社会公共文化体育设施应向少年儿童开放,安排内容丰富、健康向上的活动项目,并按有关规定对少年儿童实行减、免收费及其他优惠。

第十六条　博物馆、展览馆、图书馆、工人文化宫、艺术馆、文化馆(站)、体育场(馆)、科技馆、影剧院、园林、遗址、烈士陵园以及社会单位办的宫、馆、家、站等,可参照本规程规定的有关内容组织少年儿童活动。

第四章　人　员

第十七条　校外教育机构工作人员应当拥护和坚持党的基本路线,热爱校外教育事业,热爱少年儿童,遵守教师职业道德规范,努力钻研专业知识,不断提高专业文化水平,身体健康。

第十八条　校外教育机构按照编制标准设主任(馆、校、园长)、副主任(副馆、校、园长)、辅导员(教师、教练员)和其他工作人员。

第十九条　校外教育机构主任(馆、校、园长)除应符合本规程第十七条的要求外,还应具有一定组织管理能力和实际工作经验,其学历要求可按当地具体聘任文件执行。

校外教育机构主任(馆、校、园长)由主管部门任命或聘任。

第二十条　校外教育机构主任(馆、校、园长)负责本单位的全面工作。其主要职责是:

(一)贯彻执行国家的有关法律、法规、方针、政策和上级主管部门的规定;

(二)负责本机构的行政管理工作;

(三)负责组织制定并执行本单位各种规章制度;

(四)负责聘任、调配工作人员,指导教师、教练员、辅导员和其他工作人员的工作;

(五)加强全员的思想政治工作,组织政治、业务学习,并为他们的政治、文化、业务进修创造条件;

（六）管理和规划机构内各项设施、经费的合理利用。

第二十一条 少年儿童校外教育机构教师应依照《教师法》的规定取得教师资格。校外教育机构教师实行聘任制或任命制。

第二十二条 少年儿童校外教育机构教师应履行《教师法》规定的义务，做到：

（一）关心、爱护少年儿童，尊重他们的人格，促进他们在品德、智力、体质等方面全面发展；

（二）制止有害于少年儿童的行为或者其他侵犯少年儿童合法权益的行为，批评和抵制有害于少年儿童健康成长的现象；

（三）对本单位工作提出建议。

第二十三条 校外教育机构其他工作人员的资格和职责，参照国家的有关规定执行。

第二十四条 校外教育机构应重视工作人员的职前培训并为在职培训创造条件。

第二十五条 校外教育机构要主动争取各级各类关心下一代工作委员会（协会）中的老干部、老专家、老文艺工作者、老科技工作者、老教师、老工人、老党员、老模范等老同志的支持，定期和不定期的聘请他们做少年儿童校外教育专、兼职辅导员。

第五章 条件保障

第二十六条 校外教育机构建设应纳入城乡建设发展规划，分步实施，逐步形成地、市、区（县）到街道（乡、镇）的校外教育网络。

第二十七条 校外教育机构的经费应列入各主管部门财政专项开支，随着当地经济建设和校外教育事业的发展，不断增加。

第二十八条 校外教育机构的工作人员的工资待遇、职称评定等，要按《教师法》及国家有关规定执行。属于教育事业编制、成建制的校外教育机构中的教师依照《教师法》规定执行。

第二十九条 校外教育机构在不影响正常教育活动下，不削弱骨干力量、不占用主要活动场地，并经当地主管部门批准，可适当开展社会服务，其收入应全部用于补充活动经费。

第六章 奖励与处罚

第三十条 对滋扰校外教育机构工作秩序，破坏校外教育活动设施的，有关部门应予制止，并依照《治安管理处罚法》的规定追究当事人法律责任。

第三十一条 校外教育机构有下列情形之一的，由当地主管行政部门给予警告，限期改正、整顿，以至停办等处罚：

（一）未经批准，擅自设立校外教育机构的；

（二）校外教育机构开展的活动内容不健康，损害少年儿童身心健康的；

（三）校外教育机构开展活动以营利为目的的。

对主要责任人员，由所在单位或上级主管行政部门给予相应的行政处分；情节严重，构成犯罪的依法追究刑事责任。

第三十二条 各级人民政府及其有关主管部门，对开展少年儿童校外教育活动成绩突出的校外教育机构和个人给予表彰和奖励。

对关心、支持少年儿童校外教育工作，贡献较大的企业事业单位，社会团体及个人，由各级人民政府及其有关部门给予表彰和奖励。

第七章 附 则

第三十三条 各省、自治区、直辖市有关部门，可根据当地的具体情况，制定实施办法。

第三十四条 本规程自公布之日起施行。

普及义务教育评估验收暂行办法

·1994 年 9 月 24 日教基〔1994〕19 号发布
·2010 年 12 月 13 日教育部令第 30 号修订

第一章 总 则

第一条 为保障本世纪末在全国普及初等义务教育和在大部分地区普及九年义务教育，根据《中华人民共和国义务教育法》及其实施细则的规定，国家教育委员会决定对普及九年或初等义务教育的县（市、市辖区，下同）进行评估验收。为此，特制定本办法。

第二条 普及九年或初等义务教育县的评估验收工作，由省、自治区、直辖市人民政府负责。国家教育委员会对此项工作进行指导、监督、检查。

第三条 九年义务教育包括初等和初级中等义务教育。在现阶段初等义务教育包括实行五年、六年制的教育；初级中等义务教育包括实行三年、四年制的普通初中和职业初中教育。

第四条 评估验收工作，应依据省、自治区、直辖市人民政府制定的义务教育实施规划，分期分批进行。

第五条 省、自治区、直辖市人民政府对在 2000 年前普及九年义务教育的县，应就其初等和初级中等教育普及情况，分段或一并进行评估验收；对在 2000 年前只普及初等义务教育的县,应就其初等教育阶段普及情况进行评估验收;对在2000年前只普及小学三年或四年义务教育的县,可组织阶段性评估。

第六条 评估验收以县、不设区的市、市辖区和国家划定的其他实施义务教育的县级行政区域为单位。

第二章 评估项目及指标要求

第七条 对普及九年义务教育县普及程度的基本要求

入学率:

初等教育阶段适龄儿童都能入学。初级中等教育阶段适龄少年,在城市和经济文化发达的县都能入学;其他县达到95%左右。

各类适龄残疾儿童、少年,在城市和经济文化发达的县达到80%左右,其他县达到60%左右(含在普通学校随班就读的学生,下同)。

辍学率:

初等教育和初级中等教育在校生年辍学率,城市和经济文化发达的县应分别控制在1%以下和2%以下;其他县应分别控制在1%左右和3%左右。

完成率:

15周岁人口中初等教育完成率一般达到98%左右。17周岁人口中初级中等教育完成率达到省级规定的要求。

文盲率:

15周岁人口中的文盲率一般控制在1%左右(识字人口含通过非正规教育达到扫盲要求的,下同)。

全县扫除青壮年文盲工作符合规定要求,并经省、自治区、直辖市人民政府评估验收。

第八条 对2000年前只能普及初等义务教育的县普及程度的基本要求

适龄儿童入学率达到95%以上。县城和集镇的适龄残疾儿童、少年大多数能入学。

在校学生年辍学率控制在3%以下。

15周岁人口中初等教育完成率达到省级规定的要求。

15周岁人口中的文盲率控制在5%左右。

适龄女童入学率、辍学率和15周岁人口中初等教育完成率、文盲率均达到省级规定的要求。

第九条 师资水平的基本要求

小学、初中教师都能达到任职要求。

教师学历符合国家规定和取得相应专业合格证书的,小学达到90%以上;初中达到80%以上,确有实际困难的县在1995年前亦不得低于70%。

实施义务教育后补充的小学、初中教师学历均符合

国家规定。

小学、初中校长均经岗位培训并取得合格证书。

第十条 办学条件的基本要求

小学、初中的设置符合义务教育法实施细则的规定。

小学、初中校舍均达到省级制定的分类标准要求,做到坚固、够用、适用。校舍中的危房及时消除。

小学、初中的教学仪器设备和图书资料等均达到省级制定的分类配备标准要求,满足教学基本需要。

第十一条 教育经费的要求

财政对教育的拨款做到了"两个增长"。在教育支出总额中做到了以财政拨款为主。

财政拨发的按年度每生平均计算的公用经费达到省级制定的标准,并逐年增长。

教职工工资(包括各级政府出台的政策性补贴)按时足额发放。

在城乡均按规定足额征收了教育附加,并做到了专款专用,使用合理。

多渠道筹措义务教育资金,坚持依法捐资助学,开展勤工俭学。

第十二条 教育质量的要求

小学、初中毕业班学生的毕业率达到省级规定的要求。

第十三条 凡本章已量化的指标,各地不得自行降低要求;凡本章未量化的指标,均由省、自治区、直辖市根据《中华人民共和国义务教育法》等有关规定,区别不同类型地区制定具体标准,并报国家教育委员会备案。

第十四条 对已经普及初等教育,但居住特别分散的边疆地区、深山区、牧区等,因自然条件不利,达到本办法第七条规定确有困难的,省、自治区可对初级中等教育阶段入学率、辍学率、完成率的要求做适当调整,并报国家教育委员会批准。

对2000年前只能普及初等义务教育县的村办小学,可先要求做到:班班有教室,校校无危房,学生人人有课桌凳,教师教学有教具和必备的资料。

第三章 评估验收程度

第十五条 按省级确定的义务教育实施规划期限普及了九年义务教育或初等义务教育的县,应先根据本办法认真进行自查,在自查的基础上,向省级人民政府提出评估验收申请报告。

第十六条 省、自治区、直辖市人民政府对提出申请的县,应组织教育和财政、人事以及其他有关部门的人员按本办法进行评估验收。凡达到各项要求的,经省级人

民政府核准,即成为普及九年义务教育或初等义务教育县。有关评估验收的报告、资料等,应于每年10月底以前报国家教育委员会。

地级人民政府在评估验收工作中的职责,由省、自治区、直辖市确定。

第十七条 国家教育委员会经对省、自治区、直辖市所报评估验收材料进行审查,如发现有不符合本办法要求的,可责成有关省、自治区、直辖市进行复查,并有权对复查结论进行最终审核。

第十八条 国家教育委员会分期分批对各省、自治区、直辖市义务教育规划的实施工作和普及义务教育的水平进行评估。

第四章　表彰和奖罚

第十九条 凡普及了九年义务教育或初等义务教育的县,由省、自治区、直辖市人民政府授予相应的称号,发给奖牌,并予以奖励。

第二十条 凡被省、自治区、直辖市授予"普及九年义务教育县"或"普及初等义务教育县"称号的,经审查,符合本办法规定要求的,由国家教育委员会分期分批公布名单。

国家教育委员会定期组织评选普及九年义务教育或普及初等义务教育先进县,并予以表彰。

第二十一条 国家教育委员会根据本办法第十八条的评估结果,对工作取得显著成绩的省、自治区、直辖市进行表彰。

第二十二条 凡普及九年或初等义务教育的县在接受评估验收后,必须继续采取措施,巩固、提高普及义务教育的水平。

第二十三条 有以下情形之一的,由省、自治区、直辖市人民政府撤消其普及九年或初等义务教育县的称号,并报国家教育委员会备案:

(一)在评估验收活动中有弄虚作假行为的;

(二)连续两年(非常情况除外)不能保持本办法规定各项要求的。

第二十四条 经评估因工作失职未能如期实现义务教育实施规划目标的,应按国家有关规定处理。

第五章　附　则

第二十五条 省、自治区、直辖市人民政府可根据本办法,结合本地区的实际情况,制定具体实施办法,并报国家教育委员会备案。

第二十六条 本办法自公布之日起施行。

少年儿童体育学校管理办法

· 2011年9月2日国家体育总局、教育部令第15号公布
· 自2011年10月1日起施行

第一章　总　则

第一条 为加强少年儿童体育学校的建设和管理,全面贯彻国家体育、教育方针,促进我国体育事业发展,依据《中华人民共和国体育法》、《中华人民共和国教育法》、《中华人民共和国义务教育法》等法律法规,制定本办法。

第二条 本办法所称少年儿童体育学校是指九年义务教育阶段培养少年儿童体育专项运动技能的体育特色学校(含体育中学、单项体育运动学校、少年儿童业余体育学校,以下简称少体校)。

第三条 少体校的主要任务是为国家和社会培养、输送具有良好思想品德、文化素质和体育特长的优秀体育后备人才。

第四条 县级以上体育和教育行政部门在本级人民政府领导下,统筹规划、分工负责、协调管理少体校工作。体育行政部门负责学校的日常管理,学生训练、参赛,教练员配备和培训等;教育行政部门负责与学生文化教育相关事项的管理,包括教学、教师配备和培训等。

第五条 国家鼓励和支持企业事业组织、社会团体和公民个人举办民办少体校。

举办少体校不得以营利为目的。

第二章　设置与审批

第六条 少体校应当从实际出发,采取独立办学或依附普通中小学等形式办学。

第七条 举办少体校的社会组织应当具有法人资格,公民个人应当具有政治权利和完全民事行为能力。少体校应当具有法人资格。

第八条 举办少体校,应当符合国家关于中小学校的相关设置标准,具备与所设置运动项目相适应的训练场馆、器材设施。

少体校独立进行文化教育的,应当具备与办学规模相适应的文化教学设施、设备和师资。依附普通中小学进行文化教育的,应当和所依附的学校签定联合办学协议,明确双方的权利和义务。

第九条 少体校应当根据本地区的体育传统和运动项目布局设置体育项目。

第十条 少体校的设立、变更、终止由县级以上体育行政部门提出意见,同级教育行政部门根据相关法律法规予以审批。

第三章　招生与学籍

第十一条　少体校按学年度面向普通中小学招生。

少体校招生,对拟招收学生进行体检和选材测试。

第十二条　少体校招生后,应当对招收的新生进行试训。经试训不适宜继续进行专项运动训练的学生,仍回原学校。

第十三条　少体校录取的学生学籍的变动和管理,按照当地学籍管理办法执行。

第四章　思想品德与文化教育

第十四条　少体校应当坚持育人为本,把德育工作放在首位,增强德育工作的针对性和实效性,教育教学活动应遵循少年儿童身心发展规律。

第十五条　少体校应当加强学生爱国主义、集体主义、社会主义思想品德教育,开展文明行为养成教育、法制教育、中华体育精神及体育职业道德教育。

第十六条　少体校应当按照国家规定的义务教育阶段的课程方案、课程标准,选用国家审定的教材,实施文化课教学,并可因地制宜地开发具有区域特色的校本课程和其他教育资源。

第十七条　少体校应当保证学生完成九年义务教育课程。学生完成九年义务教育课程经考核合格的,发给相应的中小学毕业证书。

第五章　体育训练与竞赛

第十八条　少体校应当贯彻"选好苗子、着眼未来、打好基础、系统训练、积极提高"的训练原则,做好选材、育才的基础训练工作。

第十九条　少体校应当按照少年儿童以学习为主、训练为辅的原则,合理安排学生的学习和训练时间。

第二十条　少体校应当按照全国青少年教学训练大纲的规定,对学生进行科学系统的训练,每天训练时间原则上控制在 2.5 小时以内(含早操)。

专项运动成绩达到运动员技术等级标准的,可申请相应的等级称号。

第二十一条　少体校应当坚持利用假期、形式多样、就近比赛的原则,通过竞赛推动少年儿童体育训练的普及和提高。

第二十二条　少体校学生可以代表在训少体校和原输送学校参加各级体育、教育行政部门举办的体育竞赛活动。

学生竞赛代表资格发生争议的,由主管的体育、教育行政部门按照体育竞赛有关规定执行。

第二十三条　少体校应当加强学生医务监督,禁止使用兴奋剂,禁止超负荷训练,禁止体罚。

第六章　教师、教练员

第二十四条　少体校文化课教师应当具备国家规定的教师资格。公办少体校文化课教师由教育行政部门选派。

第二十五条　少体校教练员实行聘任制。聘任的教练员应当符合国家规定的教练员资格和任职条件。

少体校可以聘请兼职教练员任教。

第二十六条　少体校教师、教练员应当相互尊重,团结协作,关心学生的全面成长,共同做好学生的思想教育、文化学习、体育训练和生活管理工作。

第二十七条　少体校招聘体育工作人员的,对取得优异成绩的退役运动员,可以采取直接考核的方式招聘;对其他退役运动员,应在同等条件下优先聘用。

少体校中使用彩票公益金资助建成的体育设施,须安排一定比例岗位用于聘用退役运动员。

第七章　保障条件

第二十八条　地方各级人民政府应当按照国家规定加强少体校建设,将其纳入当地体育和教育发展规划,将训练竞赛经费、文化教育经费纳入同级财政预算,并加大经费投入,不断改善办学条件。

公办少体校的基建投资,由主管的体育、教育行政部门联合向当地人民政府申报解决。

第二十九条　少体校文化课教师应当具备国家规定的教师资格。教育行政部门负责向公办少体校选派优秀文化课教师。文化课教师的专业技术职务评聘、工资待遇按照国家有关规定执行。

第三十条　少体校学生、教练员的伙食标准每人每日不低于 20 元,运动服装标准每人每年不低于 500 元。各省(区、市)应当根据当地经济发展情况和物价水平,制定不低于上述标准的伙食标准和运动服装标准,并建立相应的动态增长机制。

第三十一条　少体校应当为学生办理保险。有条件的,可以根据运动项目训练和比赛的特点,办理专门的意外伤害保险。

第八章　安全管理与监督

第三十二条　少体校应当根据实际情况建立校园安全责任制度,制定安全预防、保险、应急处理和报告等相关制度。

第三十三条　少体校应当配备必要的安全管理人

员，开展学校安全管理工作，保障训练竞赛、教育教学及其他活动中学生、教练员和教师的安全。

第三十四条　县级以上体育、教育行政部门应当定期检查少体校文化教育实施情况。对违反《中华人民共和国义务教育法》和有关制度及本办法的行为，应及时予以纠正，并依法对少体校及相关责任人给予相应的处理、处罚。

第三十五条　少体校在训练竞赛、教育教学等活动中发生安全责任事故的，由有关主管部门予以查处，对相关责任人给予处分，造成严重后果的依法追究刑事责任。

第九章　附　则

第三十六条　各省、自治区、直辖市体育和教育行政部门可以依照本办法制定实施细则或相应的规章制度。

第三十七条　本办法自 2011 年 10 月 1 日起施行。国家体育总局、教育部 1999 年 2 月 4 日发布的《少年儿童体育学校管理办法》（体群字〔1999〕17 号）同时废止。

教育部关于新形势下进一步做好普通中小学装备工作的意见

·2016 年 7 月 13 日
·教基一〔2016〕3 号

各省、自治区、直辖市教育厅（教委），新疆生产建设兵团教育局：

为深入贯彻党的十八大和十八届三中、四中、五中全会精神，落实"四个全面"战略布局，明确"十三五"期间中小学装备改革发展任务，提升基础教育质量，加快推进实现教育现代化，现就新形势下加强普通中小学装备（以下简称装备）工作提出如下意见。

一、重要意义

教育教学装备是教书育人的必要条件，是实现教育现代化的重要支撑，是培养学生创新精神和实践能力、促进学生全面发展的重要载体。改革开放以来，装备工作为基础教育跨越式发展提供了物质条件和技术支持，做出了不可替代的重要贡献。但目前还存在装备标准体系不健全，区域、城乡、校际之间发展不平衡，一些地方还存在产品质量把关不严，重建设配备轻管理应用，不适应教育教学的需要，适用性评价体系不健全等问题，制约了装备与教育教学及课程的深度融合，不利于学生创新精神和实践能力培养，不利于素质教育的实施和教育质量的提高。

当前，我国已进入全面建成小康社会的决定性阶段。以"互联网+"和"中国制造 2025"战略为引领的新型城镇化、工业化、信息化建设进入关键时期，为装备工作改革发展提供了新的机遇、新挑战。迅猛发展的信息技术，丰富了装备的品种，优化了装备的结构，极大地提升了装备的品质。以云计算、物联网、虚拟现实及大数据等为代表的新兴信息技术在教育中广泛应用，促进了教育模式、教学方法和办学方式的转变。

加强装备工作是推进义务教育均衡发展、促进教育公平的必然要求，是实施素质教育、促进学生全面发展的重要基础，是提高教育质量、加快推进教育现代化的重要举措。各级教育部门和学校要充分认识新形势下进一步做好装备工作的重要性和紧迫性，将先进的教育思想、办学理念、科学技术融入装备和教育教学工作，加快形成新的教育发展驱动力，推动基础教育变革与创新，为全面建成小康社会提供有效支撑和服务。

二、总体要求

（一）主要目标

贯彻创新、协调、绿色、开放、共享发展理念，建立与基础教育改革发展相适应，与学生发展核心素养培育相协调，与国家课程标准相匹配的国家装备配备和质量标准体系。推动实现装备配备标准化、管理信息化和使用常态化。建立完善规范的国家、省、市、县、校装备治理工作体系与机制。建立教育行政部门牵头，政府相关部门、学校、事业、科研、企业等各要素深度参与、相互促进的装备发展格局。

（二）工作原则

统筹规划、分类指导。在教育部统一部署下，各地因地制宜确定装备发展路径。发达地区，重在优化结构，实现装备与教育教学有机结合。欠发达地区，重在均衡提高配备和管理水平，并向农村、边远、贫困、民族地区倾斜。重视支持信息化教学装备发展。

育人为本、深度融合。全面实施素质教育，推进装备与课程建设和学校文化深度融合，装备与师资培养和教学实践深度融合，装备与教育教学和管理服务深度融合，满足促进学生全面发展的学习需要。

标准引领、专业支撑。以课程标准规定、装备标准体系和规范工作机制为引领，强化法治意识、规范意识和专业意识，坚持推进装备规划、实施、管理的制度化和专业化。注重专业工作队伍建设，发挥专业技术力量作用，注重基础设施、数字资源、师生应用能力协同，实现教育技术装备专业化发展。

鼓励创新、特色发展。支持基层进行实施模式创新、管理方式创新、应用技术创新。在标准化的基础上,鼓励学校充分发挥装备作为课程资源的作用,实行特色化发展,实现标准化与特色化的有机统一。

各方联动、协同推进。立足获得优质产品和服务,培育、引导、规范装备市场,充分发挥其在资源配置中的决定性作用。加强指导和监管,更好地发挥政府各部门作用,形成有效配置资源机制。强化社会监督和用户导向,最大限度吸收教师、家长、学生及社会各方代表参与装备工作。

三、主要任务

(一)做好配备工作

健全装备标准。充分发挥全国教育装备标准化技术委员会及其分委会等相关专业机构的作用,加快标准制定步伐,形成规范完整的国家装备标准体系。编制全国装备分类目录,逐步统一装备分类。编制装备名称词典,清理当前不规范的装备项目与名词,优化装备管理。鼓励各省(区、市)结合实际健全本地装备标准体系。

加强设施建设。各地要用好"全面改薄"及其他中央和地方与装备相关的资金和项目,按照标准建设实验教学和音体美装备和场所。支持探索建设综合实验室、特色实验室、学科功能教室、教育创客空间等教育环境。鼓励对现有教室进行多功能技术改造,适应学生学习需求。推进宽带网络校校通,实现校园无线网络全覆盖。鼓励探索建设智慧校园。

科学配置装备。各地要遵循装备和技术生命周期规律,实现装备的可持续发展,减少"运动式"、机械达标性配备。要按照标准配齐配足各类装备,保障学校教育教学及学生生活基本需要。保质保量配好图书。鼓励配备可升降、可灵活分组拼合的课桌椅。鼓励教师学生自制教具,提高装备适用性。鼓励结合本地文化、劳动技术、民间艺术教育配备装备。根据教学活动需求加快配备多媒体教学和终端设备,鼓励配备便携式终端。

(二)提升管理水平

规范配备机制。各地要建立装备配备工作技术规范和专业规程,科学规划设计装备项目,统筹实施计划预算、配备方案、政府采购、合同履约、质量管理、风险防控、资产监管与运维服务等。招投标要严格按照《招投标法》规定的原则和程序执行,确保采购达标合规,满足质量要求。建立装备配备优质典型案例与政府采购案例数据库,为装备采购配备提供参考。

构建质量体系。采购装备时要将国家标准或地方标准写入招标文件和采购合同,确保装备产品质量和中小学生身心健康。建立装备新技术、新产品进入学校的科学实验和论证机制,经过危害性测试和教学适应性评价的技术与产品方可进入学校。充分发挥专业检测机构作用,对进入校园的产品进行质量抽查。建立装备质量内部通报制度,并及时向生产和市场监管部门报告情况。要对易燃易爆危险品定期开展风险排查,确保安全使用。

打造管理平台。利用现代信息技术手段提升装备管理能力。制订装备管理办法,规范装备管理基本流程。建设相关管理信息系统,以产品信息、采购信息、学校装备管理和使用信息为内容,提升装备管理信息化水平。各地要积极部署实施、推动应用,加强装备产品质量追溯与资产运维管理,保障装备资产与资源充分发挥效益。

(三)推动全面应用

服务教育教学。强化实验教学,推动装备在教育教学中的深度应用,服务教育教学各个环节,推动教学和育人方式改革。推行实验室、专用教室全天向学生开放,建立有利于学生自主探究与合作学习的管理制度。鼓励各地立足促进学生发展和提升学校管理水平,应用装备积极开展科学、实践活动。创新图书馆、体育场馆、校外综合社会实践基地等各类资源使用方式,充分发挥其育人功能。

提高教师应用水平。各地要制订培训计划,对相关专业教师、实验教学人员、管理人员定期进行装备应用与管理培训,特别是加强教师的装备通用技能与专业技能培训,着力提高教师应用水平。积极开展装备应用与学科教学教研活动,推动实验管理、实验教学与课程教学融为一体,提高教师教育教学水平。

健全考评机制。各地要建立配备质量与效益评价指标体系,指导审计与评价。建立装备建设及其应用效果的动态调查、监测与评估制度。将学校和地区装备建设、实验和实践教学的开展情况纳入办学水平督导评估体系,将教师装备应用能力纳入教师考核体系,健全绩效考核办法,发挥考核评价的导向作用。

(四)增强创新能力

加强科研工作。完善装备科研体系,围绕装备各个层面开展理论与实践研究,为装备发展提供创新动力。设立全国基础教育装备研究专项课题,全方位推动基础教育装备领域的科学研究。开展国家、区域、学校装备发展规划、发展战略和推进策略的研究。进行装备与教育教学过程深度融合的方法与策略研究。开展装备应用效果的评价指标体系研究。定期发布装备发展研究报告。

探索社会联动。各地要加强宣传引导,做好政策解读,结合相关热点问题,以生动的实例,引导学校、家长、学生及社会各界更加重视装备工作,充分调动社会参与的积极性。及时总结推广各地的有益探索和成功经验,推动装备工作不断创新发展。发挥社会监督、舆论监督的积极作用,促进产品质量、生产采购等工作水平不断提升。

推动开放合作。充分发挥行业协会和企业作用,理顺行业协会与装备部门之间的关系,加强行业自律,规范行业管理。鼓励社会力量创建教育装备设计研究院、装备产业园、产业基地,完善装备研究、设计、开发、生产、建设、运行维护与技术支持服务体系。鼓励教育专家参与装备的设计开发。推动装备对外开放合作,开展先进装备理念、产品、标准体系、应用、管理、服务的国际交流合作。

四、保障措施

(一)健全管理机制

各级教育行政部门要加强和规范装备职能机构建设,合理确定职责任务,科学安排人员,确保相关工作顺利开展。各地装备部门要与教学管理、教学研究等部门建立密切协作机制,形成合力。加快构建教育行政部门和学校之间的管办分离、权责明晰、运转高效的新型装备治理工作机制。探索建立专业咨询、第三方服务、装备部门管理的现代服务机制。建立技术专家团队,加强对各级装备工作的指导与咨询服务。

(二)保障日常运维

各地要结合教育改革发展需求,按照国家标准及时更新设备设施,确保消耗性材料的补充与供给,确保每个班级都能按照教学进度开齐开足实验,最大限度满足学生动手实践活动的需要。加强日常运行维护服务,采取多种措施,降低运维成本。鼓励多渠道筹措装备资源,引导和鼓励社会、企业公益支持装备事业发展。

(三)建好管理队伍

各地教育行政部门、中小学要配好装备专业工作人员,为其提供有利工作和发展环境。鼓励省级教育行政部门制订实施实验室、专用教室管理员专业标准。鼓励创造条件,促进使装备工作人员专业发展,评聘相应的专业技术职务。探索与有关高校合作开展相关学科专业的研究生培养,为装备科学发展培养高端和后续人才。建立健全装备采购的廉政风险防控机制,定期开展廉政警示教育,强化责任追究,管好装备队伍。

(四)切实抓好实施

各地要把装备发展纳入"十三五"教育发展规划,抓紧制定本地区实施意见或方案。明确具体部署、具体要

求、具体项目、具体时限、具体责任,有计划、有步骤地推进装备工作。要突出重点,瞄准薄弱环节,有针对性地改进装备工作。要把装备工作纳入教育督导,定期开展专项督查,推动各项工作任务落到实处。

中小学综合实践活动课程指导纲要

· 2017 年 9 月 25 日
· 教材〔2017〕4 号

为全面贯彻党的教育方针,坚持教育与生产劳动、社会实践相结合,引导学生深入理解和践行社会主义核心价值观,充分发挥中小学综合实践活动课程在立德树人中的重要作用,特制定本纲要。

一、课程性质与基本理念

(一)课程性质

综合实践活动是从学生的真实生活和发展需要出发,从生活情境中发现问题,转化为活动主题,通过探究、服务、制作、体验等方式,培养学生综合素质的跨学科实践性课程。

综合实践活动是国家义务教育和普通高中课程方案规定的必修课程,与学科课程并列设置,是基础教育课程体系的重要组成部分。该课程由地方统筹管理和指导,具体内容以学校开发为主,自小学一年级至高中三年级全面实施。

(二)基本理念

1. 课程目标以培养学生综合素质为导向

本课程强调学生综合运用各学科知识,认识、分析和解决现实问题,提升综合素质,着力发展核心素养,特别是社会责任感、创新精神和实践能力,以适应快速变化的社会生活、职业世界和个人自主发展的需要,迎接信息时代和知识社会的挑战。

2. 课程开发面向学生的个体生活和社会生活

本课程面向学生完整的生活世界,引导学生从日常学习生活、社会生活或与大自然的接触中提出具有教育意义的活动主题,使学生获得关于自我、社会、自然的真实体验,建立学习与生活的有机联系。要避免仅从学科知识体系出发进行活动设计。

3. 课程实施注重学生主动实践和开放生成

本课程鼓励学生从自身成长需要出发,选择活动主题,主动参与并亲身经历实践过程,体验并践行价值信念。在实施过程中,随着活动的不断展开,在教师指导下,学生可根据实际需要,对活动的目标与内容、组织与

方法、过程与步骤等做出动态调整,使活动不断深化。

4.课程评价主张多元评价和综合考察

本课程要求突出评价对学生的发展价值,充分肯定学生活动方式和问题解决策略的多样性,鼓励学生自我评价与同伴间的合作交流和经验分享。提倡多采用质性评价方式,避免将评价简化为分数或等级。要将学生在综合实践活动中的各种表现和活动成果作为分析考察课程实施状况与学生发展状况的重要依据,对学生的活动过程和结果进行综合评价。

二、课程目标

(一)总目标

学生能从个体生活、社会生活及与大自然的接触中获得丰富的实践经验,形成并逐步提升对自然、社会和自我之内在联系的整体认识,具有价值体认、责任担当、问题解决、创意物化等方面的意识和能力。

(二)学段目标

1.小学阶段具体目标

(1)价值体认:通过亲历、参与少先队活动、场馆活动和主题教育活动,参观爱国主义教育基地等,获得有积极意义的价值体验。理解并遵守公共空间的基本行为规范,初步形成集体思想、组织观念,培养对中国共产党的朴素感情,为自己是中国人感到自豪。

(2)责任担当:围绕日常生活开展服务活动,能处理生活中的基本事务,初步养成自理能力、自立精神、热爱生活的态度,具有积极参与学校和社区生活的意愿。

(3)问题解决:能在教师的引导下,结合学校、家庭生活中的现象,发现并提出自己感兴趣的问题。能将问题转化为研究小课题,体验课题研究的过程与方法,提出自己的想法,形成对问题的初步解释。

(4)创意物化:通过动手操作实践,初步掌握手工设计与制作的基本技能;学会运用信息技术,设计并制作有一定创意的数字作品。运用常见、简单的信息技术解决实际问题,服务于学习和生活。

2.初中阶段具体目标

(1)价值体认:积极参加班团队活动、场馆体验、红色之旅等,亲历社会实践,加深有积极意义的价值体验。能主动分享体验和感受,与老师、同伴交流思想认识,形成国家认同,热爱中国共产党。通过职业体验活动,发展兴趣专长,形成积极的劳动观念和态度,具有初步的生涯规划意识和能力。

(2)责任担当:观察周围的生活环境,围绕家庭、学校、社区的需要开展服务活动,增强服务意识,养成独立的生活习惯;愿意参与学校服务活动,增强服务学校的行动能力;初步形成探究社区问题的意识,愿意参与社区服务,初步形成对自我、学校、社区负责任的态度和社会公德意识,初步具备法治观念。

(3)问题解决:能关注自然、社会、生活中的现象,深入思考并提出有价值的问题,将问题转化为有价值的研究课题,学会运用科学方法开展研究。能主动运用所学知识理解与解决问题,并做出基于证据的解释,形成基本符合规范的研究报告或其他形式的研究成果。

(4)创意物化:运用一定的操作技能解决生活中的问题,将一定的想法或创意付诸实践,通过设计、制作或装配等,制作和不断改进较为复杂的制品或用品,发展实践创新意识和审美意识,提高创意实现能力。通过信息技术的学习实践,提高利用信息技术进行分析和解决问题的能力以及数字化产品的设计与制作能力。

3.高中阶段具体目标

(1)价值体认:通过自觉参加班团活动、走访模范人物、研学旅行、职业体验活动,组织社团活动,深化社会规则体验、国家认同、文化自信,初步体悟个人成长与职业世界、社会进步、国家发展和人类命运共同体的关系,增强根据自身兴趣专长进行生涯规划和职业选择的能力,强化对中国共产党的认识和感情,具有中国特色社会主义共同理想和国际视野。

(2)责任担当:关心他人、社区和社会发展,能持续地参与社区服务与社会实践活动,关注社区及社会存在的主要问题,热心参与志愿者活动和公益活动,增强社会责任意识和法治观念,形成主动服务他人、服务社会的情怀,理解并践行社会公德,提高社会服务能力。

(3)问题解决:能对个人感兴趣的领域开展广泛的实践探索,提出具有一定新意和深度的问题,综合运用知识分析问题,用科学方法开展研究,增强解决实际问题的能力。能及时对研究过程及研究结果进行审视、反思并优化调整,建构基于证据的、具有说服力的解释,形成比较规范的研究报告或其他形式的研究成果。

(4)创意物化:积极参与动手操作实践,熟练掌握多种操作技能,综合运用技能解决生活中的复杂问题。增强创意设计、动手操作、技术应用和物化能力。形成在实践操作中学习的意识,提高综合解决问题的能力。

三、课程内容与活动方式

学校和教师要根据综合实践活动课程的目标,并基于学生发展的实际需求,设计活动主题和具体内容,并选择相应的活动方式。

（一）内容选择与组织原则

综合实践活动课程的内容选择与组织应遵循如下原则：

1. 自主性

在主题开发与活动内容选择时，要重视学生自身发展需求，尊重学生的自主选择。教师要善于引导学生围绕活动主题，从特定的角度切入，选择具体的活动内容，并自定活动目标任务，提升自主规划和管理能力。同时，要善于捕捉和利用课程实施过程中生成的有价值的问题，指导学生深化活动主题，不断完善活动内容。

2. 实践性

综合实践活动课程强调学生亲身经历各项活动，在"动手做""实验""探究""设计""创作""反思"的过程中进行"体验""体悟""体认"，在全身心参与的活动中，发现、分析和解决问题，体验和感受生活，发展实践创新能力。

3. 开放性

综合实践活动课程面向学生的整个生活世界，具体活动内容具有开放性。教师要基于学生已有经验和兴趣专长，打破学科界限，选择综合性活动内容，鼓励学生跨领域、跨学科学习，为学生自主活动留出余地。要引导学生把自己成长的环境作为学习场所，在与家庭、学校、社区的持续互动中，不断拓展活动时空和活动内容，使自己的个性特长、实践能力、服务精神和社会责任感不断获得发展。

4. 整合性

综合实践活动课程的内容组织，要结合学生发展的年龄特点和个性特征，以促进学生的综合素质发展为核心，均衡考虑学生与自然的关系、学生与他人和社会的关系、学生与自我的关系这三个方面的内容。对活动主题的探究和体验，要体现个人、社会、自然的内在联系，强化科技、艺术、道德等方面的内在整合。

5. 连续性

综合实践活动课程的内容设计应基于学生可持续发展的要求，设计长短期相结合的主题活动，使活动内容具有递进性。要促使活动内容由简单走向复杂，使活动主题向纵深发展，不断丰富活动内容、拓展活动范围，促进学生综合素质的持续发展。要处理好学期之间、学年之间、学段之间活动内容的有机衔接与联系，构建科学合理的活动主题序列。

（二）活动方式

综合实践活动的主要方式及其关键要素为：

1. 考察探究

考察探究是学生基于自身兴趣，在教师的指导下，从自然、社会和学生自身生活中选择和确定研究主题，开展研究性学习，在观察、记录和思考中，主动获取知识，分析并解决问题的过程，如野外考察、社会调查、研学旅行等，它注重运用实地观察、访谈、实验等方法，获取材料，形成理性思维、批判质疑和勇于探究的精神。考察探究的关键要素包括：发现并提出问题；提出假设，选择方法，研制工具；获取证据；提出解释或观念；交流、评价探究成果；反思和改进。

2. 社会服务

社会服务指学生在教师的指导下，走出教室，参与社会活动，以自己的劳动满足社会组织或他人的需要，如公益活动、志愿服务、勤工俭学等，它强调学生在满足被服务者需要的过程中，获得自身发展，促进相关知识技能的学习，提升实践能力，成为履职尽责、敢于担当的人。社会服务的关键要素包括：明确服务对象与需要；制订服务活动计划；开展服务行动；反思服务经历，分享活动经验。

3. 设计制作

设计制作指学生运用各种工具、工艺（包括信息技术）进行设计，并动手操作，将自己的创意、方案付诸现实，转化为物品或作品的过程，如动漫制作、编程、陶艺创作等，它注重提高学生的技术意识、工程思维、动手操作能力等。在活动过程中，鼓励学生手脑并用，灵活掌握、融会贯通各类知识和技巧，提高学生的技术操作水平、知识迁移水平，体验工匠精神等。设计制作的关键要素包括：创意设计；选择活动材料或工具；动手制作；交流展示物品或作品，反思与改进。

4. 职业体验

职业体验指学生在实际工作岗位上或模拟情境中见习、实习，体认职业角色的过程，如军训、学工、学农等，它注重让学生获得对职业生活的真切理解，发现自己的专长，培养职业兴趣，形成正确的劳动观念和人生志向，提升生涯规划能力。职业体验的关键要素包括：选择或设计职业情境；实际岗位演练；总结、反思和交流经历过程；概括提炼经验，行动应用。

综合实践活动除了以上活动方式外，还有党团队教育活动、博物馆参观等。综合实践活动方式的划分是相对的。在活动设计时可以有所侧重，以某种方式为主，兼顾其他方式；也可以整合方式实施，使不同活动要素彼此渗透、融合贯通。要充分发挥信息技术对于各类活动的支持作用，有效促进问题解决、交流协作、成果展示与分享等。

四、学校对综合实践活动课程的规划与实施

（一）课程规划

中小学校是综合实践活动课程规划的主体，应在地方指导下，对综合实践活动课程进行整体设计，将办学理念、办学特色、培养目标、教育内容等融入其中。要依据学生发展状况、学校特色、可利用的社区资源（如各级各类青少年校外活动场所、综合实践基地和研学旅行基地等）对综合实践活动课程进行统筹考虑，形成综合实践活动课程总体实施方案；还要基于学生的年段特征、阶段性发展要求，制定具体的"学校学年（或学期）活动计划与实施方案"，对学年、学期活动做出规划。要使总体实施方案和学年（或学期）活动计划相互配套、衔接，形成促进学生持续发展的课程实施方案。

学校在课程规划时要注意处理好以下关系：

1. 综合实践活动课程的预设与生成

学校要统筹安排各年级、各班级学生的综合实践活动课时、主题、指导教师、场地设施等，加强与校外活动场所的沟通协调，为每一个学生参与活动创造必要条件，提供发展机遇，但不得以单一、僵化、固定的模式去约束所有班级、社团的具体活动过程，剥夺学生自主选择的空间。要允许和鼓励师生从生活中选择有价值的活动主题，选择适当的活动方式创造性地开展活动。要关注学生活动的生成性目标与生成性主题并引导其发展，为学生创造性的发展开辟广阔空间。

2. 综合实践活动课程与学科课程

在设计与实施综合实践活动课程中，要引导学生主动运用各门学科知识分析解决实际问题，使学科知识在综合实践活动中得到延伸、综合、重组与提升。学生在综合实践活动中所发现的问题要在相关学科教学中分析解决，所获得的知识要在相关学科教学中拓展加深。防止用学科实践活动取代综合实践活动。

3. 综合实践活动课程与专题教育

可将有关专题教育，如优秀传统文化教育、革命传统教育、国家安全教育、心理健康教育、环境教育、法治教育、知识产权教育等，转化为学生感兴趣的综合实践活动主题，让学生通过亲历感悟、实践体验、行动反思等方式实现专题教育的目标，防止将专题教育简单等同于综合实践活动课程。要在国家宪法日、国家安全教育日、全民国防教育日等重要时间节点，组织学生开展相关主题教育活动。

（二）课程实施

作为综合实践活动课程实施的主体，学校要明确实施机构及人员、组织方式等，加强过程指导和管理，确保课程实施到位。

1. 课时安排

小学 1-2 年级，平均每周不少于 1 课时；小学 3-6 年级和初中，平均每周不少于 2 课时；高中执行课程方案相关要求，完成规定学分。各学校要切实保证综合实践活动时间，在开足规定课时总数的前提下，根据具体活动需要，把课时的集中使用与分散使用有机结合起来。要根据学生活动主题的特点和需要，灵活安排、有效使用综合实践活动时间。学校要给予学生广阔的探究时空环境，保证学生活动的连续性和长期性。要处理好课内与课外的关系，合理安排时间并拓展学生的活动空间与学习场域。

2. 实施机构与人员

学校要成立综合实践活动课程领导小组，结合实际情况设置专门的综合实践活动课程中心或教研组，或由教科室、教务处、学生处等职能部门，承担起学校课程实施规划、组织、协调与管理等方面的责任，负责制定并落实学校综合实践活动课程实施方案，整合校内外教育资源，统筹协调校内外相关部门的关系，联合各方面的力量，特别是加强与校外活动场所的沟通协调，保证综合实践活动课程的有效实施。要充分发挥少先队、共青团以及学生社团组织的作用。

要建立专兼职相结合、相对稳定的指导教师队伍。学校教职工要全员参与，分工合作。原则上每所学校至少配备 1 名专任教师，主要负责指导学生开展综合实践活动，组织其他学科教师开展校本教研活动。各学科教师要发挥专业优势，主动承担指导任务。积极争取家长、校外活动场所指导教师、社区人才资源等有关社会力量成为综合实践活动课程的兼职指导教师，协同指导学生综合实践活动的开展。

3. 组织方式

综合实践活动以小组合作方式为主，也可以个人单独进行。小组合作范围可以从班级内部，逐步走向跨班级、跨年级、跨学校和跨区域等。要根据实际情况灵活运用各种组织方式。要引导学生根据兴趣、能力、特长、活动需要，明确分工，做到人尽其责，合理高效。既要让学生有独立思考的时间和空间，又要充分发挥合作学习的优势，重视培养学生的自主参与意识与合作沟通能力。鼓励学生利用信息技术手段突破时空界限，进行广泛的交流与密切合作。

4. 教师指导

在综合实践活动实施过程中，要处理好学生自主实践与教师有效指导的关系。教师既不能"教"综合实践活动，也不能推卸指导的责任，而应当成为学生活动的组织者、参与者和促进者。教师的指导应贯穿于综合实践活动实施的全过程。

在活动准备阶段，教师要充分结合学生经验，为学生提供活动主题选择以及提出问题的机会，引导学生构思选题，鼓励学生提出感兴趣的问题，并及时捕捉活动中学生动态生成的问题，组织学生就问题展开讨论，确立活动目标内容。要让学生积极参与活动方案的制定过程，通过合理的时间安排、责任分工、实施方法和路径选择，对活动可利用的资源及活动的可行性进行评估等，增强活动的计划性，提高学生的活动规划能力。同时，引导学生对活动方案进行组内及组间讨论，吸纳合理化建议，不断优化完善方案。

在活动实施阶段，教师要创设真实的情境，为学生提供亲身经历与现场体验的机会，让学生经历多样化的活动方式，促进学生积极参与活动过程，在现场考察、设计制作、实验探究、社会服务等活动中发现和解决问题，体验和感受学习与生活之间的联系。要加强对学生活动方式与方法的指导，帮助学生找到适合自己的学习方式和实践方式。教师指导重在激励、启迪、点拨、引导，不能对学生的活动过程包办代替。还要指导学生做好活动过程的记录和活动资料的整理。

在活动总结阶段，教师要指导学生选择合适的结果呈现方式，鼓励多种形式的结果呈现与交流，如绘画、摄影、戏剧与表演等，对活动过程和活动结果进行系统梳理和总结，促进学生自我反思与表达、同伴交流与对话。要指导学生学会通过撰写活动报告、反思日志、心得笔记等方式，反思成败得失，提升个体经验，促进知识建构，并根据同伴及教师提出的反馈意见和建议查漏补缺，明确进一步的探究方向，深化主题探究和体验。

5. 活动评价

综合实践活动情况是学生综合素质评价的重要内容。各学校和教师要以促进学生综合素质持续发展为目的设计与实施综合实践活动评价。要坚持评价的方向性、指导性、客观性、公正性等原则。

突出发展导向。坚持学生成长导向，通过对学生成长过程的观察、记录、分析，促进学校及教师把握学生的成长规律，了解学生的个性与特长，不断激发学生的潜能，为更好地促进学生成长提供依据。评价的首要功能是让学生及时获得关于学习过程的反馈，改进后续活动。要避免评价过程中只重结果、不重过程的现象。要对学

生作品进行深入分析和研究，挖掘其背后蕴藏的学生的思想、创意和体验，杜绝对学生的作品随意打分和简单排名等功利主义做法。

做好写实记录。教师要指导学生客观记录参与活动的具体情况，包括活动主题、持续时间、所承担的角色、任务分工及完成情况等，及时填写活动记录单，并收集相关事实材料，如活动现场照片、作品、研究报告、实践单位证明等。活动记录、事实材料要真实、有据可查，为综合实践活动评价提供必要基础。

建立档案袋。在活动过程中，教师要指导学生分类整理、遴选具有代表性的重要活动记录、典型事实材料以及其他有关资料，编排、汇总、归档，形成每一个学生的综合实践活动档案袋，并纳入学生综合素质档案。档案袋是学生自我评价、同伴互评、教师评价学生的重要依据，也是招生录取中综合评价的重要参考。

开展科学评价。原则上每学期末，教师要依据课程目标和档案袋，结合平时对学生活动情况的观察，对学生综合素质发展水平进行科学分析，写出有关综合实践活动情况的评语，引导学生扬长避短，明确努力方向。高中学校要结合实际情况，研究制定学生综合实践活动评价标准和学分认定办法，对学生综合实践活动课程学分进行认定。

五、课程管理与保障

（一）教师培训与教研指导

地方教育行政部门和学校要加强调研，了解综合实践活动指导教师专业发展的需求，搭建多样化的交流平台，强化培训和教研，推动教师的持续发展。

1. 建立指导教师培训制度

要开展对综合实践活动课程专兼职教师的全员培训，明确培训目标，努力提升教师的跨学科知识整合能力，观察、研究学生的能力，指导学生规划、设计与实施活动的能力，课程资源的开发和利用能力等。要根据教师的实际需求，开发相应的培训课程，组织教师按照课程要求进行系统学习。要不断探索和改进培训方式方法，倡导参与式培训、案例培训和项目研究等，不断激发教师内在的学习动力。

2. 建立健全日常教研制度

各学校要通过专业引领、同伴互助、合作研究，积极开展以校为本的教研活动，及时分析、解决课程实施中遇到的问题，提高课程实施的有效性。各级教研机构要配备综合实践活动专职教研员，加强对校本教研的指导，并组织开展专题教研、区域教研、网络教研等，通过协同创

新、校际联动、区域推进,提高中小学综合实践活动整体实施水平。

（二）支持体系建设与保障

1.网络资源开发

地方教育行政部门、教研机构和学校要开发优质网络资源,遴选相关影视作品等充实资源内容,为课程实施提供资源保障。要充分发挥师生在课程资源开发中的主体性与创造性,及时总结、梳理来自教学一线的典型案例和鲜活经验,动态生成分年级、分专题的综合实践活动课程资源包。各地要探索和建立优质资源的共享与利用机制,打造省、市、县、校多级联动的共建共享平台,为课程实施提供高质量、常态化的资源支撑。

2.硬件配套与利用

学校要为综合实践活动的实施提供配套硬件资源与耗材,并积极争取校外活动场所支持,建立课程资源的协调与共享机制,充分发挥实验室、专用教室及各类教学设施在综合实践活动课程实施过程中的作用,提高使用效益,避免资源闲置与浪费。有条件的学校可以建设专用活动室或实践基地,如创客空间等。

地方教育行政部门要加强实践基地建设,强化资源统筹管理,建立健全校内外综合实践活动课程资源的利用与相互转换机制,强化公共资源间的相互联系和硬件资源的共享,为学校利用校外图书馆、博物馆、展览馆、科技馆、实践基地等各种社会资源及丰富的自然资源提供政策支持。

3.经费保障

地方和学校要确保开展综合实践活动所需经费,支持综合实践活动课程资源和实践基地建设、专题研究等。

4.安全保障

地方教育行政部门要与有关部门统筹协调,建立安全管控机制,分级落实安全责任。学校要设立安全风险预警机制,建立规范化的安全管理制度及管理措施。教师要增强安全意识,加强对学生的安全教育,提升学生安全防范能力,制定安全守则,落实安全措施。

（三）考核与激励机制

1.建立健全指导教师考核激励机制

各地和学校明确综合实践活动课程教师考核要求和办法,科学合理地计算教师工作量,将指导学生综合实践活动的工作业绩作为教师职称晋升和岗位聘任的重要依据,对取得显著成效的指导教师给予表彰奖励。

2.加强对课程实施情况的督查

将综合实践活动课程实施情况,包括课程开设情况及实施效果,纳入中小学课程实施监测,建立关于中小学综合实践活动课程的反馈改进机制。地方教育行政部门和教育督导部门要将综合实践活动实施情况作为检查督导的重要内容。

3.开展优秀成果交流评选

依托有关专业组织、教科研机构、基础教育课程中心等,开展中小学生综合实践活动课程展示交流活动,激发广大中小学生实践创新的潜能和动力。将中小学综合实践活动课程探索成果纳入基础教育教学成果评选范围,对优秀成果予以奖励,发挥优秀成果的示范引领作用,激励广大中小学教师和专职研究人员持续性从事中小学综合实践活动课程研究和实践探索。

附件:1.中小学综合实践活动推荐主题汇总（略）

2.考察探究活动推荐主题及其说明（略）

3.社会服务活动推荐主题及其说明（略）

4.设计制作活动（信息技术）推荐主题及其说明（略）

5.设计制作活动（劳动技术）推荐主题及其说明（略）

6.职业体验及其他活动推荐主题及其说明（略）

禁止妨碍义务教育实施的若干规定

·2019年4月1日
·教基厅〔2019〕2号

一、校外培训机构必须按照教育行政部门审批、市场监管部门登记的业务范围从事培训业务,不得违法招收义务教育阶段适龄儿童、少年开展全日制培训,替代实施义务教育。

二、校外培训机构不得发布虚假招生简章或广告,不得诱导家长将适龄儿童、少年送入培训机构,替代接受义务教育。

三、校外培训机构不得有违反党的教育方针和社会主义核心价值观的培训内容,不得以"国学"为名,传授"三从四德"、占卜、风水、算命等封建糟粕,不得利用宗教进行妨碍国家教育制度的活动。

四、适龄儿童、少年的父母或者其他法定监护人要切实履行监护人职责,除送入依法实施义务教育的学校或经县级教育行政部门批准可自行实施义务教育的相关社会组织外,不得以其他方式组织学习替代接受义务教育。

五、适龄残疾儿童、少年因身体原因无法到校接受义务教育的,家长或其他法定监护人不得擅自决定是否接受义务教育及具体方式,应当向当地教育行政部门提出申请,教育行政部门可委托残疾人教育专家委员会对其身体状况、接受教育和适应学校学习生活的能力进行评估,确定适合其身心特点的教育安置方式。

中小学教育惩戒规则(试行)

· 2020 年 12 月 23 日教育部令第 49 号公布
· 自 2021 年 3 月 1 日起施行

第一条 为落实立德树人根本任务,保障和规范学校、教师依法履行教育教学和管理职责,保护学生合法权益,促进学生健康成长、全面发展,根据教育法、教师法、未成年人保护法、预防未成年人犯罪法等法律法规和国家有关规定,制定本规则。

第二条 普通中小学校、中等职业学校(以下称学校)及其教师在教育教学和管理过程中对学生实施教育惩戒,适用本规则。

本规则所称教育惩戒,是指学校、教师基于教育目的,对违规违纪学生进行管理、训导或者以规定方式予以矫治,促使学生引以为戒、认识和改正错误的教育行为。

第三条 学校、教师应当遵循教育规律,依法履行职责,通过积极管教和教育惩戒的实施,及时纠正学生错误言行,培养学生的规则意识、责任意识。

教育行政部门应当支持、指导、监督学校及其教师依法依规实施教育惩戒。

第四条 实施教育惩戒应当符合教育规律,注重育人效果;遵循法治原则,做到客观公正;选择适当措施,与学生过错程度相适应。

第五条 学校应当结合本校学生特点,依法制定、完善校规校纪,明确学生行为规范,健全实施教育惩戒的具体情形和规则。

学校制定校规校纪,应当广泛征求教职工、学生和学生父母或者其他监护人(以下称家长)的意见;有条件的,可以组织有学生、家长及有关方面代表参加的听证。校规校纪应当提交家长委员会、教职工代表大会讨论,经校长办公会议审议通过后施行,并报主管教育部门备案。

教师可以组织学生、家长以民主讨论形式共同制定班规或者班级公约,报学校备案后施行。

第六条 学校应当利用入学教育、班会以及其他适当方式,向学生和家长宣传讲解校规校纪。未经公布的校规校纪不得施行。

学校可以根据情况建立校规校纪执行委员会等组织机构,吸收教师、学生及家长、社会有关方面代表参加,负责确定可适用的教育惩戒措施,监督教育惩戒的实施,开展相关宣传教育等。

第七条 学生有下列情形之一,学校及其教师应当予以制止并进行批评教育,确有必要的,可以实施教育惩戒:

(一)故意不完成教学任务要求或者不服从教育、管理的;

(二)扰乱课堂秩序、学校教育教学秩序的;

(三)吸烟、饮酒,或者言行失范违反学生守则的;

(四)实施有害自己或者他人身心健康的危险行为的;

(五)打骂同学、老师,欺凌同学或者侵害他人合法权益的;

(六)其他违反校规校纪的行为。

学生实施属于预防未成年人犯罪法规定的不良行为或者严重不良行为的,学校、教师应当予以制止并实施教育惩戒,加强管教;构成违法犯罪的,依法移送公安机关处理。

第八条 教师在课堂教学、日常管理中,对违规违纪情节较为轻微的学生,可以当场实施以下教育惩戒:

(一)点名批评;

(二)责令赔礼道歉、做口头或者书面检讨;

(三)适当增加额外的教学或者班级公益服务任务;

(四)一节课堂教学时间内的教室内站立;

(五)课后教导;

(六)学校校规校纪或者班规、班级公约规定的其他适当措施。

教师对学生实施前款措施后,可以以适当方式告知学生家长。

第九条 学生违反校规校纪,情节较重或者经当场教育惩戒拒不改正的,学校可以实施以下教育惩戒,并应当及时告知家长:

(一)由学校德育工作负责人予以训导;

(二)承担校内公益服务任务;

(三)安排接受专门的校规校纪、行为规则教育;

(四)暂停或者限制学生参加游览、校外集体活动以及其他外出集体活动;

(五)学校校规校纪规定的其他适当措施。

第十条　小学高年级、初中和高中阶段的学生违规违纪情节严重或者影响恶劣的，学校可以实施以下教育惩戒，并应当事先告知家长：

（一）给予不超过一周的停课或者停学，要求家长在家进行教育、管教；

（二）由法治副校长或者法治辅导员予以训诫；

（三）安排专门的课程或者教育场所，由社会工作者或者其他专业人员进行心理辅导、行为干预。

对违规违纪情节严重，或者经多次教育惩戒仍不改正的学生，学校可以给予警告、严重警告、记过或者留校察看的纪律处分。对高中阶段学生，还可以给予开除学籍的纪律处分。

对有严重不良行为的学生，学校可以按照法定程序，配合家长、有关部门将其转入专门学校教育矫治。

第十一条　学生扰乱课堂或者教育教学秩序，影响他人或者可能对自己及他人造成伤害的，教师可以采取必要措施，将学生带离教室或者教学现场，并予以教育管理。

教师、学校发现学生携带、使用违规物品或者行为具有危险性的，应当采取必要措施予以制止；发现学生藏匿违法、危险物品的，应当责令学生交出并可以对可能藏匿物品的课桌、储物柜等进行检查。

教师、学校对学生的违规物品可以予以暂扣并妥善保管，在适当时候交还学生家长；属于违法、危险物品的，应当及时报告公安机关、应急管理部门等有关部门依法处理。

第十二条　教师在教育教学管理、实施教育惩戒过程中，不得有下列行为：

（一）以击打、刺扎等方式直接造成身体痛苦的体罚；

（二）超过正常限度的罚站、反复抄写，强制做不适的动作或者姿势，以及刻意孤立等间接伤害身体、心理的变相体罚；

（三）辱骂或者以歧视性、侮辱性的言行侵犯学生人格尊严；

（四）因个人或者少数人违规违纪行为而惩罚全体学生；

（五）因学业成绩而教育惩戒学生；

（六）因个人情绪、好恶实施或者选择性实施教育惩戒；

（七）指派学生对其他学生实施教育惩戒；

（八）其他侵害学生权利的。

第十三条　教师对学生实施教育惩戒后，应当注重与学生的沟通和帮扶，对改正错误的学生及时予以表扬、鼓励。

学校可以根据实际和需要，建立学生教育保护辅导工作机制，由学校分管负责人、德育工作机构负责人、教师以及法治副校长（辅导员）、法律以及心理、社会工作等方面的专业人员组成辅导小组，对有需要的学生进行专门的心理辅导、行为矫治。

第十四条　学校拟对学生实施本规则第十条所列教育惩戒和纪律处分的，应当听取学生的陈述和申辩。学生或者家长申请听证的，学校应当组织听证。

学生受到教育惩戒或者纪律处分后，能够诚恳认错、积极改正的，可以提前解除教育惩戒或者纪律处分。

第十五条　学校应当支持、监督教师正当履行职务。教师因实施教育惩戒与学生及其家长发生纠纷，学校应当及时进行处理，教师无过错的，不得因教师实施教育惩戒而给予其处分或者其他不利处理。

教师违反本规则第十二条，情节轻微的，学校应当予以批评教育；情节严重的，应当暂停履行职责或者依法依规给予处分；给学生身心造成伤害，构成违法犯罪的，由公安机关依法处理。

第十六条　学校、教师应当重视家校协作，积极与家长沟通，使家长理解、支持和配合实施教育惩戒，形成合力。家长应当履行对子女的教育职责，尊重教师的教育权利，配合教师、学校对违规违纪学生进行管教。

家长对教师实施的教育惩戒有异议或者认为教师行为违反本规则第十二条规定的，可以向学校或者主管教育行政部门投诉、举报。学校、教育行政部门应当按照师德师风建设管理的有关要求，及时予以调查、处理。家长威胁、侮辱、伤害教师的，学校、教育行政部门应当依法保护教师人身安全、维护教师合法权益；情形严重的，应当及时向公安机关报告并配合公安机关、司法机关追究责任。

第十七条　学生及其家长对学校依据本规则第十条实施的教育惩戒或者给予的纪律处分不服的，可以在教育惩戒或者纪律处分作出后 15 个工作日内向学校提起申诉。

学校应当成立由学校相关负责人、教师、学生以及家长、法治副校长等校外有关方面代表组成的学生申诉委员会，受理申诉申请，组织复查。学校应当明确学生申诉委员会的人员构成、受理范围及处理程序等并向学生及家长公布。

学生申诉委员会应当对学生申诉的事实、理由等进行全面审查，作出维持、变更或者撤销原教育惩戒或者纪律处分的决定。

第十八条　学生或者家长对学生申诉处理决定不服的，可以向学校主管教育部门申请复核；对复核决定不服的，可以依法提起行政复议或者行政诉讼。

第十九条　学校应当有针对性地加强对教师的培训，促进教师更新教育理念、改进教育方式方法，提高教师正确履行职责的意识与能力。

每学期末，学校应当将学生受到本规则第十条所列教育惩戒和纪律处分的信息报主管教育行政部门备案。

第二十条　本规则自 2021 年 3 月 1 日起施行。

各地可以结合本地实际，制定本地方实施细则或者指导学校制定实施细则。

教育部办公厅关于加强义务教育学校考试管理的通知

· 2021 年 8 月 30 日
· 教基厅函〔2021〕34 号

各省、自治区、直辖市教育厅（教委），新疆生产建设兵团教育局：

为深入贯彻落实中央关于教育评价改革和"双减"工作部署要求，严格规范学校教育教学行为，切实降低学生考试压力，促进学生全面发展健康成长，现就加强义务教育学校考试管理通知如下。

一、准确把握考试功能

必要的考试是学校教育教学工作的重要环节。义务教育学校考试面对的是未成年学生，主要发挥诊断学情教情、改进加强教学、评价教学质量等方面功能，除初中毕业生升高中考试（学业水平考试）外，其他考试不具有甄别、选拔功能。目前，部分地方和义务教育学校存在考试次数偏多、难度较大、质量不高、结果使用不当等突出问题，违背素质教育导向，造成学生负担过重、应考压力过大，损害了学生身心健康，必须予以纠正。各地各校要准确把握义务教育学校考试功能特点，认真落实《义务教育质量评价指南》，统筹处理好考试、作业、日常评价、质量监测等方面关系，完善义务教育评价体系，科学合理安排考试，引导深化课程教学改革，全面提高教育教学质量。

二、大幅压减考试次数

小学一二年级不进行纸笔考试，义务教育其他年级由学校每学期组织一次期末考试，初中年级从不同学科的实际出发，可适当安排一次期中考试。各地不得面向小学各年级和初中非毕业年级组织区域性或跨校际的考试；学校和班级不得组织周考、月考、单元考试等其他各类考试，也不得以测试、测验、限时练习、学情调研等各种名义变相组织考试。初中毕业年级为适应学生毕业和升学需要，可在下学期正常完成课程教学任务后，在总复习阶段组织 1—2 次模拟考试，坚决禁止抢赶教学进度、提前结课备考。初中学业水平考试仍按国家和省级教育部门有关规定执行，除初中学业水平考试外不得组织任何与升学挂钩的选拔性考试。

三、规范考试命题管理

学校期末考试命题要严格规范考试内容，合理控制考试难度，不得超越国家课程标准和学校教学进度。要切实提高命题质量，注重考查基础知识、基本技能和教学目标达成情况，注重增加综合性、开放性、应用型、探究性试题比例，体现素质教育导向，不出偏题怪题，减少机械记忆性试题，防止试题难度过大。各地各校要加强命题研究评估和教师命题能力培训，不断提高教师命题水平。对目前命题能力不足的学校，上级教育部门可委托教研机构组织命题，供学校选择使用，并由各自学校分别阅卷。

四、合理运用考试结果

学校期中期末考试实行等级评价，一般分 4 至 5 个等级。考试结果不排名、不公布，以适当方式告知学生和家长，不得将考试结果在各类家长群传播。不得按考试结果给学生调整分班、排座位、"贴标签"；初中各学期期中期末考试成绩和初三下学期模拟考试成绩不得与升学挂钩。教师要运用考试结果精准分析学情教情，有针对性地对学生进行帮扶辅导，科学研判教学工作的重点难点，切实改进课堂教学，不断提高课堂教学效果。学校要加强对考试结果的整体分析，对教学质量作出科学判断，针对性地加强教师教学指导和培训。

五、完善学习过程评价

各地各校要树立全面发展的质量观和科学的教育评价观，综合考虑学生学科考试成绩与其他表现，科学全面评价学生。要完善学习过程评价与考试结果评价有机结合的学业考评制度，加强学生学习过程评价，鼓励实践性评价，可以采用课堂观测、随堂练习、实验操作、课后作业等方式开展学生学习情况的即时性评价，通过定期交流、主题演讲、成果展示、学生述评等方式开展阶段性评价。要注重学生综合素质、学习习惯与学习表现、学习能力与创新精神等方面的评价。要创新评价工具手段，积极利用人工智能、大数据等现代信息技术，探索开展学生各年级学习情况全过程评价、德智体美劳全要素评价。

六、加强学业质量监测

按照新时代教育评价改革总体部署和《义务教育质量评价指南》有关要求，各地要在国家义务教育质量监测基础上，完善本地义务教育学业质量监测工作，并参照国家监测办法，采取分学科抽样方式进行，防止用统一试卷统考统测，避免给学生造成过多压力和负担；地方学业质量监测要加强统筹，防止重复进行，可在小学高年级段或初中起始年级组织一次，作为评价小学阶段教育质量重要依据，同时作为开展初中阶段教育质量增值性、发展性评价的重要基础。

七、完善管理监督机制

省级教育行政部门要加强统筹，结合实际制定义务教育考试管理实施办法，进一步完善初中学业水平考试管理制度。市、县级教育行政部门要严肃考试工作纪律，建立义务教育学校考试日常监管制度，不得给学校下达升学指标，不得简单将考试结果作为评价学校的依据。各级教育督导部门要将义务教育学校考试管理纳入教育督导重要内容，对发现的违规考试行为，要追查问责。严禁校外培训机构面向义务教育阶段学生开展或与学校联合开展考试。各地各校要加强正面宣传，引导家长和学生正确看待考试结果，为促进学生全面发展健康成长创造良好环境。

大幅压减考试次数的要求先在中央和各省（区、市）确定的"双减"试点地区开展，积极进行探索试验，及时总结经验，不断完善相关措施。

教育部基础教育教学指导委员会章程

· 2021 年 6 月 1 日
· 教基厅函〔2021〕22 号

第一章　总　则

第一条　根据全国教育大会精神，深入贯彻党的教育方针，落实立德树人根本任务，充分发挥专家对基础教育教学工作的决策咨询、理论研究、实践指导等作用，提高教学工作科学化专业化水平，全面推进基础教育高质量发展，教育部成立基础教育教学指导委员会（以下简称教指委），教指委下设若干专业委员会（以下简称专委会）。

第二条　教指委是教育部直接领导的专家组织，配合、协助教育部围绕基础教育教学改革与质量提升开展专业性工作。

第二章　组　织

第三条　教指委设主任委员 1 人，副主任委员 10 人左右，委员若干。各专委会设主任委员 1 人，副主任委员 2—5 人，委员若干。

第四条　教指委秘书处设在教育部基础教育司。各专委会根据工作需要确定秘书处设置单位或部门。

第三章　任　务

第五条　受教育部委托，围绕基础教育教学改革目标，依据国家有关教育政策文件精神，开展基础教育教学相关政策研究，并向教育部提交政策咨询报告。

第六条　受教育部委托，围绕教育部年度重点工作，聚焦基础教育教学改革面临的重点难点问题开展相关理论研究，形成研究成果，提出建设性意见建议，进行重大教育政策解读。

第七条　受教育部委托，指导基层按照新时代基础教育教学改革方向，落实国家课程教学改革要求，推进课堂教学方式方法创新，不断提高育人质量。

第八条　组织委员深入一线开展调研，发现地方和学校（幼儿园）教育教学改革典型案例，提炼形成可推广的有益经验，并提出推广应用的指导意见和实施指南等；经教育行政部门审核同意后进行推广应用。

第九条　承担教育部委托的其他任务。

第四章　委　员

第十条　教指委委员由基础教育政策和教育理论研究有较高造诣的专家、具有丰富教育教学管理和实践经验的教育教学名师组成。各专委会委员由教育行政、教研、中小学校、高等院校和科研院所等单位专家组成，每届任期 4 年。

第十一条　教指委和专委会委员任职基本条件包括：

（一）政治立场坚定，遵纪守法，全面贯彻党的教育方针，具有科学的教育观念；

（二）熟悉教育规律和教育政策，深刻理解并准确把握基础教育教学改革方向，教育理念先进，具有改革创新精神；

（三）热爱教育事业，有高度政治责任感，乐于为基础教育教学改革服务；

（四）专业能力过硬，学术思想正确，在教育教学研究、教育教学实践方面有较广泛的影响力；

（五）身体健康，能够保证时间参加教指委的工作。

第十二条　委员享有权利包括：

（一）以委员身份深入基层开展基础教育调查研究；

（二）以委员身份独立或联名向专委会、教指委或教育部提出意见、建议和报告；

（三）以委员身份独立或联名申请承担教指委和专委会设立的学术研究项目。

第十三条　委员应履行义务包括：

（一）遵守本章程，认真履行委员职责，不谋取私利；

（二）认真完成教指委及专委会布置的任务，参加有关会议和重要活动，无故缺席三次以上视为自动退出。

第五章　工作制度

第十四条　教指委由教育部负责组建和领导，教育部有关司局根据工作需要指导相关专委会开展工作。教指委委员和专委会委员，聘任期间可根据工作需要、身体状况和实际表现适时调整。

第十五条　教指委根据工作需要，原则上每年召开1—2次全体委员会议，研究重要工作事项，审议重要咨询报告、重点工作进展情况，提出相关意见建议。

第十六条　各专委会原则上每年召开1—2次全体委员工作会议，根据工作需要并经教指委同意，召开有关专题会议，研究本专委会工作方案和重点工作任务等事项。

第十七条　教指委和专委会相关研究内容和工作事项，如需以教指委和专委会名义向社会公开，需报请教育部同意。

第六章　工作支持

第十八条　教育部为教指委和专委会开展工作提供必要的条件保障和经费支持。委员所在单位应对委员参与教指委、专委会工作给予积极支持。

第十九条　教指委印章由秘书处统一管理。

第七章　附　则

第二十条　各专委会可依据本章程制订工作细则。

第二十一条　本章程自公布之日起施行，由教指委秘书处负责解释。

人力资源社会保障部、教育部关于印发《关于进一步完善中小学岗位设置管理的指导意见》的通知

· 2022 年 9 月 2 日

各省、自治区、直辖市及新疆生产建设兵团人力资源社会保障厅（局）、教育厅（教委、教育局）：

为深入贯彻落实习近平总书记关于教育的重要论述，深化中小学人事制度改革，建设高素质专业化创新型的中小学教职工队伍，现将《关于进一步完善中小学岗位设置管理的指导意见》印发给你们，请结合本地区实际认真贯彻执行。

关于进一步完善中小学岗位设置管理的指导意见

为贯彻《中共中央 国务院关于深化教育教学改革全面提高义务教育质量的意见》《中共中央 国务院关于全面深化新时代教师队伍建设改革的意见》要求，落实《新时代基础教育强师计划》，深化中小学人事制度改革，建设高素质专业化创新型的教职工队伍，根据《事业单位人事管理条例》及事业单位岗位设置管理有关规定，就进一步完善中小学岗位设置管理提出如下意见。

一、总体要求

（一）指导思想。全面贯彻党的十九大和十九届历次全会精神，以习近平新时代中国特色社会主义思想为指导，以促进基础教育事业发展为目标，遵循中小学教职工成长发展规律，创新岗位管理政策措施，拓宽职业发展通道，激发中小学教职工的积极性、主动性、创造性，进一步加强中小学教师队伍建设。

（二）基本原则。坚持分类施策、分级管理，立足国情，根据各级各类教师的不同特点和发展实际，考虑区域、城乡、校际差异，采取针对性的政策举措，定向发力；坚持因事设岗、精简效能，科学规范、评聘结合，全面实行中小学教师聘用制度和岗位管理制度，将教师职称评审和岗位聘用相结合；坚持激励和约束并重，发挥学校在用人上的主体作用，健全完善考核制度，加强聘后管理，奖优罚劣，树立重师德、重能力、重业绩、重贡献的导向，构建人员能上能下、能进能出的灵活用人机制。

二、主要内容

（三）健全教师岗位等级设置。中小学教师岗位等级设置划分为高、中、初级，按照国家现行事业单位专业技术岗位设置管理有关规定执行。

（四）科学制定岗位设置方案。岗位设置方案是学

校公开招聘、确定岗位等级、调整岗位以及核定工资待遇的主要依据。各学校要严格按照国家政策规定，结合学校社会功能、职责任务、工作性质和人员结构特点等实际，制定岗位设置方案。岗位设置要优先满足教育教学工作实际需要，以教师岗位为主，根据需要合理设置管理岗位和工勤技能岗位。正高级教师岗位应具备的条件：具备过硬的思想政治素质和高尚的师德素养，在教育教学和教书育人方面业绩突出，能力卓越；在教育思想、课程改革、教学方法研究和推广等方面发挥示范和引领作用；在指导培养本地本学科教师方面作出突出贡献，在本地本学科领域有较高的声望和影响力。岗位设置方案由各级教育行政部门审核汇总后，按照规定的程序和权限报各级人力资源社会保障部门备案。岗位设置方案经备案后，应保持相对稳定，机构编制、职责任务和功能定位发生变化的，应按照规定的程序和权限在三个月内申请调整或变更。

各类学校要认真编写岗位说明书，明确岗位名称、岗位工作职责、目标任务、任职条件和绩效考核标准等内容，将其作为人员聘用和管理的依据。

（五）优化岗位结构。省级人力资源社会保障部门要会同教育行政部门按照优化结构、合理配置的要求，建立健全岗位动态调整机制，根据区域、学段、学科、人员结构特点等因素，制定高级教师岗位设置办法，分学段、分类型科学设置教师岗位结构，各类学校间专业技术岗位结构要保持相对平衡。"十四五"期间，正高级教师岗位数量控制在全国中小学教师岗位总量的千分之五以内。高级教师岗位比例偏高的省（区、市），要严格把握岗位标准和条件，适当优化控制高级岗位的结构比例，避免无序增长；高级教师岗位比例偏低的省（区、市），可结合当地教育事业发展需要和教师队伍建设要求，适当优化调整中小学岗位结构比例。

（六）实行县域统筹管理。县级人力资源社会保障部门要会同教育行政部门加强对县域内不同学段、不同类型学校岗位设置工作的指导。县级教育行政部门可按照班额、生源等情况，在核定的岗位总量内，统筹调配各校岗位数量，并向同级人力资源社会保障部门备案。按照乡村振兴战略部署，协调县域内同学段学校教师岗位结构并向乡村适当倾斜，努力使乡村学校中高级教师岗位比例不低于当地城镇同学段学校。义务教育学校要逐步实行县域统一的岗位结构比例。直辖市可按区统筹。

（七）落实岗位倾斜政策。乡村中小学引进急需紧缺高层次教师，经批准可以根据需要设置特设岗位，特设

岗位岗位等级可放宽至专业技术八级，不受单位岗位总量、最高等级和结构比例限制。支持乡村中小学设置"定向评价、定向使用"教师中高级岗位，实行总量控制、比例单列、专岗专用，不占各地专业技术岗位结构比例，与常设岗位分开设置、单独管理，符合条件、通过评审的教师，可直接聘用至相应岗位。省级人力资源社会保障部门会同教育行政部门根据实际情况设置"定向评价、定向使用"教师岗位的总量或比例。对因组织安排援藏援疆援青的教师，援派期间取得高一级教师职称的，援派期满经考核合格，返回后派出单位按照援派期间取得的职称，在岗位出现空缺时将其优先聘用到相应教师岗位。

（八）规范开展岗位竞聘。各学校要在岗位结构比例内开展职称评审，按岗聘用。学校新设岗位、出现岗位空缺或者其他确需竞聘情形的，一般在备案的岗位总量、类别、等级范围内，采用竞聘上岗的方式进行。同一县域内中小学教师岗位出现空缺的，教师可以跨校评聘。

竞聘上岗可以综合采取笔试、面试、民主测评、同行评议、教学水平综合评价等方式，按照制定方案、公布竞聘信息、人员申报推荐、审查资格条件、组织竞聘、确定和公示拟聘人员名单、订立或者变更聘用合同等程序进行。

（九）加强聘后管理。各学校要严格根据聘用合同规定的岗位职责任务，全面考核教职工表现，以工作实绩和贡献为重点考核内容。要注重听取学生、家长的意见和评价，强化考核结果运用，将考核结果作为教职工岗位调整、职称评聘、岗位等级晋升、工资核定以及变更、续订、解除、终止聘用合同的基本依据。对长期不在教学岗位和教学工作量达不到学校同类人员任课标准的教师，要及时调整岗位。

三、组织实施

（十）加强组织领导。各地要充分认识加强中小学岗位设置管理的重要性，精心组织、周密部署，进一步明晰部门职责，人力资源社会保障部门主要负责中小学岗位设置管理的政策指导、宏观调控和监督管理，教育行政部门主要负责中小学岗位设置管理的工作指导、岗位配置和组织实施。

各地要结合实际情况，研究制定本地区中小学岗位设置管理的实施办法，优化岗位结构，做好组织落实工作，切实发挥岗位管理制度的基础作用。

（十一）强化监督管理。各地区、各部门和各学校在岗位设置和岗位聘用工作中，要严格执行本意见有关政策规定。对不按本意见进行岗位设置和岗位聘用的学校，人力资源社会保障部门、教育行政部门不予确认岗位

等级、不予兑现工资,并提出限期整改要求。情节严重的,对相关领导和责任人予以通报批评,按照人事管理权限给予相应处分。

(十二)本意见适用于普通中小学、幼儿园、特殊教育学校、专门学校。

(十三)本意见自发布之日起施行,《人事部 教育部关于印发高等学校、义务教育学校、中等职业学校等教育事业单位岗位设置管理的三个指导意见的通知》(国人部发〔2007〕59号)有关规定与本意见不一致的,以本意见为准。

中小学生健康体检管理办法(2021年版)

·2021年9月30日
·国卫医发〔2021〕29号

为贯彻落实《中共中央 国务院关于加强青少年体育增强青少年体质的意见》《教育部等五部门关于全面加强和改进新时代学校卫生与健康教育工作的意见》等文件精神,加强中小学生健康体检管理,根据《基本医疗卫生与健康促进法》《执业医师法》《医疗机构管理条例》《护士条例》《学校卫生工作条例》以及《国家学校体育卫生条件试行基本标准》《健康体检管理暂行规定》等法律法规文件制定本办法。

一、中小学生健康体检组织管理

本办法所称的健康体检,是指由学校组织开展的,在校中小学生的健康体检。

县级以上地方人民政府教育行政部门负责组织管理本地区中小学生健康体检工作。

县级以上地方人民政府卫生健康行政部门负责组织、协调辖区内医疗卫生机构承担中小学生健康体检工作,指导医疗、疾控等机构加强对学生健康体检数据的分析利用,做好相关疾病的防治,维护学生身体健康,推进学校卫生与健康教育工作。

中小学校负责本校学生健康体检的组织实施。

开展健康体检服务的医疗卫生机构(包括教育行政部门所属的区域性中小学卫生保健机构,以下简称健康体检机构)负责配合相关部门开展中小学生健康体检工作。

二、健康体检基本要求

(一)中小学校每年组织1次在校学生健康体检。

(二)健康体检场所设置在医疗卫生机构内或学校内。设置在学校内的体检场所,应当符合《健康体检管理暂行规定》中关于外出健康体检的有关要求。

(三)中小学校、健康体检机构应当共同落实传染病防控措施,共同制定、执行现场体检流程,排查隐患,保证体检安全有序进行。

(四)健康体检机构调试必备体检设施,检查方法符合国家、行业或地方规定的方法或标准,并定期校准。

(五)健康体检机构严格执行健康体检安全和质量管理的法律、法规、规章、检查技术规范。

三、健康体检内容

(一)询问既往疾病史。

(二)体检项目。

1. 基本项目:

形态指标检查:身高、体重、腰围、臀围;

内科检查:心、肺、肝、脾,血压,肺活量;

外科检查:头部、颈部、胸部、脊柱、四肢、皮肤、淋巴结;

耳鼻喉科检查:听力、外耳道与鼓膜、外鼻、嗅觉、扁桃体;

眼科检查:眼外观、远视力、屈光度;

口腔科检查:牙齿、牙周;

实验室检查:(1)血常规;(2)丙氨酸氨基转移酶;(3)结核分枝杆菌感染检测(入学体检已测过的可以不测)。

2. 可选择项目:如眼位、色觉、外生殖器、胆红素等。各地卫生健康行政部门应当会同当地教育行政部门根据实际情况,在保障基本项目的基础上,可以适当增加其他可选择项目,制定本辖区内中小学生健康体检项目目录。

四、健康体检结果反馈与健康档案管理

(一)健康体检机构在学生及其监护人知情同意的前提下,以个体报告单形式向学校反馈学生个体健康体检结果,并由学校向学生及其监护人反馈。

(二)健康体检机构分别以学校汇总报告单、区域学校汇总报告单形式向学校和区域教育行政部门反馈学生健康体检结果。

(三)健康体检报告单内容。

1. 个体报告单内容应当包括学生个体体检项目的客观结果、对体检结果的综合评价以及健康指导建议,超重、肥胖、营养不良、脊柱弯曲异常、视力不良、龋齿须作为指导的重点。

2. 学校汇总报告单内容应当包括学校不同年级男女生的生长发育水平,营养状况分布,脊柱弯曲异常、视力不良、龋齿、缺陷检出率,不同年级存在的主要健康问题以及健康指导建议。

3. 区域学校汇总报告单内容应当包括所检查学校学生的总体健康状况分析，包括生长发育、营养状况的分布、视力不良、龋齿检出率、缺陷检出率以及健康指导建议。

（四）健康体检报告单的反馈时限。

个体报告单应当于体检结束后2周内反馈；学校汇总报告单应当于体检结束后1个月内反馈；区域学校汇总报告单应当于体检结束后2个月内反馈。

（五）学生健康档案管理。

1. 学校和教育行政部门应当将学生健康体检结果纳入学校档案管理内容，建立落实学生健康体检资料台账管理制度，有条件的地区可以建立电子化健康档案；根据学生健康体检结果和健康体检机构给出的健康指导建议，研究制定促进学生健康的措施，有针对性地开展促进学生健康的相关工作。

2. 教育行政部门应当对出现健康问题的学生建立档案并随访。重点围绕超重、肥胖、营养不良、脊柱弯曲异常、视力不良、龋齿等健康问题开展工作。

五、健康体检机构资质

（一）机构条件。

1. 符合《健康体检管理暂行规定》要求。

2. 具备独立开展学生健康体检工作的人员和条件。

3. 能对学生健康体检状况进行个体和群体评价、分析、反馈，并提出健康指导建议。

（二）人员要求。

1. 体检岗位设置合理，规章制度完善，岗位职责明确。

2. 有足够的与学生健康体检项目相适应的管理、技术、质量控制和统计人员；按体检项目确定从事健康体检的人员数量，每个体检项目不得少于1人，检验人员不得少于2人。

3. 专业技术负责人应当熟悉本专业业务，技术人员的专业与学生健康体检项目相符合，具有与学生健康体检工作和常见病防治相关的知识和技能。

4. 内科、外科、耳鼻喉科、眼科、口腔科检查及实验室检验的人员必须具有相应的专业技术职务任职资格；各专业体检医师至少有1人具有中级以上专业技术职务任职资格。

5. 健康体检各类人员均应接受县级以上地方人民政府卫生健康行政部门组织的岗前培训，统一体检标准。

6. 健康体检机构应当指定医师审核签署健康体检报告单。负责审核健康体检报告单的医师应当具有内科或外科副主任医师及以上专业技术职务任职资格，接受设区的市级以上地方人民政府卫生健康行政部门组织的培训并考核合格。不具备培训考核条件的地区，培训考核办法由省级卫生健康行政部门根据当地实际情况另行规定。

（三）场所设置基本要求。

1. 有学生集合场地，并设有室内候诊区（不小于20平方米）。

2. 男女分开的内科、外科检查室（各不少于1间）。

3. 眼科、耳鼻喉科、口腔科检查室。

4. 化验室、消毒供应室。

5. 男、女卫生间。

体检场所应当按照《医疗机构消毒技术规范》要求进行消毒处理，符合《医院消毒卫生标准》（GB15982）中Ⅲ类环境的消毒卫生标准，保证卫生安全。医疗废物处理应当符合《医疗废物管理条例》规定。生物样本的采集和留存应当符合国家有关标准规定和相关检验技术规范要求；生物样本的运输应当按照国家相关规定执行。

（四）仪器设备。

学生健康体检所需的医疗检查设备与检验仪器的种类、数量、性能、量程、精度能满足工作需要，符合国际、国家、行业或地方规定的标准，并运行良好，定期校验；仪器设备有完整的操作规程。

1. 实验室基本设备：

（1）离心机；

（2）电冰箱；

（3）全自动或半自动生化仪；

（4）血细胞分析仪；

（5）紫外线灯。

2. 体检基本设备：

（1）听诊器；

（2）血压计；

（3）身高计；

（4）体重秤；

（5）皮尺；

（6）标准对数视力表灯箱；

（7）验光仪（无验光仪地区可采用串镜）；

（8）耳鼻喉科器械（额镜、检耳镜、鼻前镜、压舌板）；

（9）口腔科器械（平面口镜、五号探针、牙周探针）；

（10）诊查床；

（11）与健康体检项目相应的其他设备（如躯干旋转测量仪、血红蛋白仪等根据要求进行准备）。

体检器具的消毒应当符合《医院消毒卫生标准》（GB15982）中的医疗用品卫生标准的规定。

（五）其他。

1. 学生体检表由各省（区、市）卫生健康行政部门统一制定。

2. 健康体检机构应当有良好的内务管理，检查仪器放置合理，便于操作，配有必要的急救、消毒、防污染、防火、控制进入等安全措施。

3. 健康体检机构应当编制质量管理体系文件，并严格开展质量控制。

4. 健康体检机构应当为检验样品建立唯一识别系统和状态标识，编制有关样品采集、接收、流转、保存和安全处置的书面程序。

5. 健康体检机构应当按照规定书写、更改、审核、签章、分发、保存和统计体检报告。

6. 健康体检机构应当按照有关规定收取体检费用。

7. 健康体检机构为区域性中小学卫生保健机构的，其体检工作的管理由教育行政部门负责。

六、体检质量控制与感染管理

（一）县级以上地方人民政府卫生健康行政部门加强对健康体检机构的质量控制管理，制定质量控制规章制度，加强对辖区内中小学生体检质量的监督与指导，定期对质控员进行统一培训。

（二）每年定期对学生健康体检机构进行体检现场抽测，严格开展质量控制。

（三）核对体检人员资质和培训考核合格记录，检查体检人员健康状况，预防交叉感染。

（四）核查健康体检所用的医疗设备、一次性医疗用品质量，并进行记录。

（五）医疗废物按照《医疗废物管理条例》和《医疗卫生机构医疗废物管理办法》规定统一处理。

七、信息管理与安全

（一）健康体检机构应当与教育行政部门签署协议，明确双方的权利和义务，保障中小学生健康体检工作顺利进行。

（二）协议双方依据国家、地区信息安全相关法律法规签订学生健康体检信息保密协议，保障学生及其家庭、学校信息不外泄。

（三）县级以上地方人民政府教育行政部门和卫生健康行政部门共同负责学生健康体检数据管理、使用和发布；健康体检机构未经县级以上地方人民政府教育行政部门和卫生健康行政部门同意，不得对外发布相关数据。

八、健康体检经费与管理

（一）义务教育阶段学生健康体检费用由学校公用经费开支，学生健康体检经费管理（拨付）办法和标准由省级教育行政部门牵头研究制定并发布。

（二）非义务教育阶段学生健康体检费用标准和解决办法，应当根据《中共中央 国务院关于加强青少年体育 增强青少年体质的意见》有关规定，由省级人民政府制定。

面向中小学生的全国性竞赛活动管理办法

· 2022 年 3 月 3 日
· 教监管厅函〔2022〕4 号

为规范管理面向中小学生（包含在园幼儿，下同）的全国性竞赛活动，防止活动项目过多过滥，切实减轻中小学校（包含幼儿园，下同）、中小学生和家长负担，维护正常教育教学秩序，根据中共中央办公厅、国务院办公厅印发的《关于进一步减轻义务教育阶段学生作业负担和校外培训负担的意见》《评比达标表彰活动管理办法（试行）》《关于清理规范创建示范活动的通知》等有关文件精神，制定本办法。

第一章　总　则

第一条　本办法适用于有关部门、单位、社会组织举办面向中小学生的全国性竞赛活动管理工作。

第二条　竞赛活动必须遵循宪法和法律规定，贯彻党的教育方针，遵循教育教学规律和青少年成长规律，体现发展素质教育要求，促进中小学生健康成长、全面发展。

第三条　从严控制、严格管理面向中小学生的全国性竞赛活动，原则上不举办面向义务教育阶段的学科类竞赛活动。

第四条　教育部负责面向中小学生的全国性竞赛活动的牵头管理工作，并委托专业机构承担具体受理、初核工作。中央编办、民政部、市场监管总局在各自职责范围内配合教育部做好相关工作。

第二章　申报条件

第五条　面向中小学生的全国性竞赛活动的组织主体（主办方）应为在中央编办、民政部登记注册的正式机构，必须具有法人资格。主办方必须信誉良好，无不良记录，具备较强的专业影响力和学术团队。举办竞赛过程中经查实有违法违规行为，致竞赛活动被教育部终止的，其主办方不得再次申请举办竞赛。

第六条　举办面向中小学生的全国性竞赛活动，依据文件的效力等级不得低于国务院部门规章或部级规范性文件。

第七条　申请举办竞赛活动,应当如实提供以下材料:

1. 组织主体(主办方)的正式申请函件,以及法人登记证书等复印件;

2. 活动依据的法律法规、规章或规范性文件;

3. 活动的具体实施办法,包括名称、目的、时间、对象、程序、管理团队、专家团队、承办单位、资金来源、实施预算、比赛用具、保障条件、回避方式、安全应急处理机制、异议处理机制等内容,如涉及命题试卷、专家盲评等事项,还需包括保密措施等;

4. 举办方的有关承诺书,包括本办法第十五、十六、十七、十八、十九条所列举的事项;

5. 教育部或受托专业机构认为应该作出补充说明的其他材料。

6. 上年度经教育部批准并举办了竞赛的主办单位,还应提供上年度赛事总结和财务决算。

第三章　认定流程

第八条　自2022年起,每三年组织一次申报受理和审核。受托专业机构届时将集中受理有关部门、单位、社会组织关于举办面向中小学生的全国性竞赛活动的申请,申请单位应按本办法要求如实提交相关材料。

第九条　中央编办负责对主办单位为事业单位的登记注册情况予以确认。受托专业机构负责对主办单位为社会组织的登记注册情况进行查询确认。受托专业机构集中对申请举办的竞赛活动进行审核,提出审核意见。

第十条　审核结束后,受托专业机构将审核意见报教育部,教育部按规定程序研究,对同意举办的,将竞赛活动信息在教育部官网公布。

第十一条　受理和研究过程不收取任何费用。

第十二条　同意举办的竞赛活动,有效期限原则上为3年,在此期间每年举办不得超过1次。

第四章　组织要求

第十三条　申请举办竞赛的部门、单位、社会组织对竞赛活动的全过程承担主体责任。

第十四条　竞赛应坚持公益性,不得以营利为目的。竞赛各项工作由组织主体(主办方)及承办单位直接负责实施,不得进行委托、授权。组织主体(主办方)应周密制定竞赛活动实施办法,确保任何单位、组织及个人不得向学生、学校收取成本费、工本费、活动费、报名费、食

宿费、参赛材料费、器材费和其他各种名目的费用,做到"零收费";不得指定参与竞赛活动时的交通、酒店、餐厅等配套服务;不得通过面向参赛学生组织与竞赛关联的培训、游学、冬令营、夏令营等方式,变相收取费用;不得推销或变相推销资料、书籍、辅助工具、器材、材料等商品;不得面向参赛的学生、家长或老师开展培训;不得借竞赛之名开展等级考试违规收取费用。赞助单位不得借赞助竞赛活动进行相关营销、促销活动。不得以任何方式向学生或组织学生参赛的学校转嫁竞赛活动成本。

第十五条　坚持自愿原则,不得强迫、诱导任何学校、学生或家长参加竞赛活动。

第十六条　竞赛应对符合条件的中小学生平等开放,不得设置任何歧视性条件。

第十七条　主办单位应严格专家选聘,选择熟悉中小学教育教学情况和了解青少年成长规律,在相关领域有专业影响力的专家。科学管理专家团队,遵守利益回避性原则,命题和评奖等重要环节应建立随机抽选专家机制。

第十八条　竞赛过程要遵循科学规范的程序、加强学术诚信的要求,明确竞赛内容范围要求,严格命题阅卷(评审认定),竞赛结果须经过专家团队严肃评审,公开结果及申诉渠道,杜绝弄虚作假、学术不端、有失公允的情况发生。

第十九条　竞赛以及竞赛产生的结果不作为中小学招生入学的依据。在竞赛产生的文件、证书、奖章显著位置标注教育部批准文号以及"不作为中小学招生入学依据"等字样。

第五章　日常监管

第二十条　面向中小学生的全国性竞赛活动实行清单管理制度,清单每三年动态调整一次,在教育部政府门户网站公布并正式印发地方教育行政部门。地方各级教育行政部门、各中小学校、各类教育机构和其他机构不得组织承办或组织中小学生参加清单之外的竞赛活动,不得为违规竞赛提供场地、经费等条件,一经发现,将予以严肃处理。地方各级教育行政部门加强属地管理,会同有关部门对违规竞赛严肃查处。

第二十一条　教育部及各地教育行政部门设立专门的举报电话,并通过调研、巡查等方式,密切与举办方、中小学校以及家长、学生的联系,广泛接受社会投诉举报。

第二十二条　举办方在组织实施竞赛活动中出现违反有关法律法规、违反作出的有关承诺等情况的,教育部将通知举办方及时进行整改并上报整改情况。

第二十三条　对拒不整改或整改不到位的,将由教

育部正式发函主办方，撤销其竞赛活动，并要求主办方切实做好善后工作。有关撤销的决定等将及时向社会公告。

第二十四条　教育部门依法依规对违法违规开展竞赛的行为进行监管查处。事业单位登记管理部门对竞赛活动主办方违反事业单位登记管理法律法规的行为依法进行查处。民政部门对竞赛活动主办方违反社会组织登记管理法律法规的行为依法进行查处。市场监管部门依法查处违反市场监管法律法规行为。

第六章　附　则

第二十五条　因教育教学工作需要，教育部及其直属事业单位举办的竞赛活动按照《教育部评审评比评估和竞赛管理暂行办法》执行。

第二十六条　各省级教育行政部门参照本办法，制定区域内竞赛活动管理办法，负责区域内面向中小学生竞赛活动的管理工作。

第二十七条　由中方机构作为主办方举办的国际性竞赛，按照本办法执行。境外国际性竞赛在中国境内举办时，应由符合本办法第五条规定的中方机构合办或承办，并参照本办法执行。

第二十八条　本办法解释权归教育部。

第二十九条　本办法自印发之日起施行。2018 年 9 月 13 日印发《关于面向中小学生的全国性竞赛活动管理办法（试行）》即行废止。

（四）校外教育培训

国务院办公厅关于规范校外培训机构发展的意见

·2018 年 8 月 6 日
·国办发〔2018〕80 号

面向中小学生的校外培训机构（以下简称校外培训机构）开展非学历教育培训是学校教育的补充，对于满足中小学生选择性学习需求、培育发展兴趣特长、拓展综合素质具有积极作用。但近年来，一些校外培训机构违背教育规律和青少年成长发展规律，开展以"应试"为导向的培训，造成中小学生课外负担过重，增加了家庭经济负担，破坏了良好的教育生态，社会反映强烈。为切实减轻中小学生过重课外负担，促进校外培训机构规范有序发展，经国务院同意，现提出如下意见。

一、总体要求

（一）指导思想。以习近平新时代中国特色社会主义思想为指导，深入贯彻落实党的十九大和十九届二中、三中全会精神，全面贯彻党的教育方针，坚持立德树人，发展素质教育，以促进中小学生身心健康发展为落脚点，以建立健全校外培训机构监管机制为着力点，努力构建校外培训机构规范有序发展的长效机制，切实解决人民群众反映强烈的中小学生课外负担过重问题，形成校内外协同育人的良好局面。

（二）基本原则。

依法规范。依法依规对校外培训机构进行审批登记、开展专项治理、强化日常监管，切实规范校外培训秩序。校外培训机构依法依规开展培训业务和相关活动，自觉维护中小学生及家长合法权益。

分类管理。鼓励发展以培养中小学生兴趣爱好、创新精神和实践能力为目标的培训，重点规范语文、数学、英语及物理、化学、生物等学科知识培训，坚决禁止应试、超标、超前培训及与招生入学挂钩的行为。

综合施策。统筹学校、社会和家庭教育，既规范校外培训机构培训行为，又同步改进中小学教育教学，提高学校教育质量和课后服务能力，强化学校育人主体地位，积极推动家长转变教育观念，做到标本兼治、务求实效。

协同治理。强化省地（市）统筹，落实以县为主管理责任。建立健全工作协调机制，有关部门各司其职、分工协作，统筹做好审批登记和监督管理，形成综合治理合力，确保积极稳妥推进。

二、明确设置标准

（三）确定设置标准。省级教育部门要会同有关部门，结合本地实际，研究制订校外培训机构设置的具体标准；省域内各地市差距大的，可授权地市级教育部门会同当地有关部门制订，并向省级教育部门及有关部门备案。

（四）遵循基本要求。各地标准必须达到以下基本要求。场所条件方面，校外培训机构必须有符合安全条件的固定场所，同一培训时段内生均面积不低于 3 平方米，确保不拥挤、易疏散；必须符合国家关于消防、环保、卫生、食品经营等管理规定要求。通过为参训对象购买人身安全保险等必要方式，防范和化解安全事故风险。师资条件方面，校外培训机构必须有相对稳定的师资队伍，不得聘用中小学在职教师。所聘从事培训工作的人员必须遵守宪法和法律，热爱教育事业，具有良好的思想品德和相应的培训能力；从事语文、数学、英语及物理、化学、生物等学科知识培训的教师应具有相应的教师资格。培训机构应当与所聘人员依法签订聘用合同、劳动合同或劳务协议。聘用外籍人员须符合国家有关规定。管理条件方面，校外培训机构必须坚持和加强党的领导，做到党的建设同步谋划、党的组织同步设置、党的工作同步开展,确保正确的办学方向。必须有规范的章程和相应的管理制度,明确培训宗旨、业务范围、议事决策机制、资金管理、保障条件和服务承诺等。

三、依法审批登记

(五)确保证照齐全。校外培训机构必须经审批取得办学许可证后,登记取得营业执照(或事业单位法人证书、民办非企业单位登记证书,下同),才能开展培训。已取得办学许可证和营业执照的,如不符合设置标准,应当按标准要求整改,整改不到位的要依法吊销办学许可证,终止培训活动,并依法办理变更或注销登记。

(六)严格审批登记。校外培训机构审批登记实行属地化管理。县级教育部门负责审批颁发办学许可证,未经教育部门批准,任何校外培训机构不得以家教、咨询、文化传播等名义面向中小学生开展培训业务。校外培训机构在同一县域设立分支机构或培训点的,均须经过批准;跨县域设立分支机构或培训点的,需到分支机构或培训点所在地县级教育部门审批。中小学校不得举办或参与举办校外培训机构。

四、规范培训行为

(七)细化培训安排。校外培训机构开展语文、数学、英语及物理、化学、生物等学科知识培训的内容、班次、招生对象、进度、上课时间等要向所在地县级教育部门备案并向社会公布;培训内容不得超出相应的国家课程标准,培训班次必须与招生对象所处年级相匹配,培训进度不得超过所在县(区)中小学同期进度。校外培训机构培训时间不得和当地中小学校教学时间相冲突,培训结束时间不得晚于20:30,不得留作业;严禁组织举办中小学生学科类等级考试、竞赛及进行排名。

(八)践行诚实守信。校外培训机构应实事求是地制订招生简章、制作招生广告,向审批机关备案并向社会公示,自觉接受监督。要认真履行服务承诺,杜绝培训内容名不符实。不得以暴力、威胁等手段强迫学生接受培训。要不断改进教育教学,提高培训质量,努力提升培训对象满意度。

(九)规范收费管理。严格执行国家关于财务与资产管理的规定,收费时段与教学安排应协调一致,不得一次性收取时间跨度超过3个月的费用。各地教育部门要加强与金融部门的合作,探索通过建立学杂费专用账户、严控账户最低余额和大额资金流动等措施加强对培训机构资金的监管。培训机构收费项目及标准应当向社会公示,并接受有关部门的监督,不得在公示的项目和标准外收取其他费用,不得以任何名义向培训对象摊派费用或者强行集资。对于培训对象未完成的培训课程,有关退费事宜严格按双方合同约定以及相关法律规定办理。

五、强化监督管理

(十)完善日常监管。各地要切实加强对校外培训机构办学行为的日常监管,坚持谁审批谁监管、谁主管谁监管,防止重审批轻监管,健全监管责任体系和工作机制,切实加强监管队伍建设。教育部门负责查处未取得办学许可证违法经营的机构,并在做好办学许可证审批工作基础上,重点做好培训内容、培训班次、招生对象、教师资格及培训行为的监管工作,牵头组织校外培训市场综合执法;市场监管部门重点做好相关登记、收费、广告宣传、反垄断等方面的监管工作;人力资源社会保障部门重点做好职业培训机构未经批准面向中小学生开展培训的监管工作;机构编制、民政部门重点做好校外培训机构违反相关登记管理规定的监管工作;公安、应急管理、卫生、食品监管部门重点做好校外培训机构的安全、卫生、食品条件保障的监管工作;网信、文化、工业和信息化、广电部门在各自职责范围内配合教育部门做好线上教育监管工作。

(十一)落实年检年报制度。县级教育部门要会同有关部门按照校外培训机构设置标准、审批条件、办学行为要求和登记管理有关规定完善管理办法,认真组织开展年检和年度报告公示工作。在境外上市的校外培训机构向境外公开披露的定期报告及对公司经营活动有重大不利影响的临时报告等信息,应以中文文本在公司网站(如无公司网站,应在证券信息披露平台)向境内同步公开、接受监督。对经年检和年报公示信息抽查检查发现校外培训机构隐瞒实情、弄虚作假、违法违规办学,或不接受年检、不报送年度报告的,要依法依规严肃处理,直至吊销办学许可证,追究有关人员的法律责任。

(十二)公布黑白名单。全面推行白名单制度,对通过审批登记的,在政府网站上公布校外培训机构的名单及主要信息,并根据日常监管和年检、年度报告公示情况及时更新。各地可根据校外培训机构的设置和管理要求,建立负面清单。对已经审批登记,但有负面清单所列行为的校外培训机构,应当及时将其从白名单上清除并列入黑名单;对未经批准登记、违法违规举办的校外培训机构,予以严肃查处并列入黑名单。将黑名单信息纳入全国信用信息共享平台,按有关规定实施联合惩戒。将营利性校外培训机构的行政许可信息、行政处罚信息、黑名单信息、抽查检查结果等归集至国家企业信用信息公示系统,记于相对应企业名下并依法公示。对于非营利性校外培训机构的失信行为，依据社会组织信用信息管理有关规定进行信用管理并依法公示。

六、提高中小学育人能力

（十三）提升教学质量。切实加强中小学师德师风建设，鼓励广大教师为人师表、潜心教书育人。中小学校必须严格按照国家发布的课程方案、课程标准和学校教学计划，开足、开齐、开好每门课程。各地教育部门要指导中小学校，按照学校管理有关标准对标研判、依标整改，严格规范教育教学行为，努力提高教育教学质量，为切实减轻中小学生课外负担创造条件。坚持依法从严治教，对中小学校不遵守教学计划、"非零起点教学"等行为，要坚决查处并追究有关校长和教师的责任；对中小学教师"课上不讲课后到校外培训机构讲"、诱导或逼迫学生参加校外培训机构培训等行为，要严肃处理，直至取消有关教师的教师资格。

（十四）严明入学纪律。严肃中小学招生入学工作纪律，坚决禁止中小学校与校外培训机构联合招生，坚决查处将校外培训机构培训结果与中小学校招生入学挂钩的行为，并依法追究有关学校、校外培训机构和相关人员责任。

（十五）做好课后服务。各地要创造条件、加大投入、完善政策，强化中小学校在课后服务中的主渠道作用，普遍建立弹性离校制度。中小学校要充分挖掘学校师资和校舍条件的潜力，并积极利用校外资源，充分发挥家长委员会的作用，努力开辟多种适宜的途径，帮助学生培养兴趣、发展特长、开拓视野、增强实践，不断提高课后服务水平，可为个别学习有困难的学生提供免费辅导。坚决防止课后服务变相成为集体教学或补课。各地可根据课后服务性质，采取财政补贴、收取服务性收费或代收费等方式筹措经费。有关部门在核定绩效工资总量时，应当适当考虑学校和单位开展课后服务因素；学校和单位在核定的绩效工资总量内，对参与课后服务的教师给予适当倾斜。设定服务性收费或代收费的，应当坚持成本补偿和非营利原则，按有关规定由省级教育部门和价格主管部门联合报省级人民政府审定后执行。中小学生是否参加课后服务，由学生和家长自愿选择，严禁各地以课后服务名义乱收费。

七、加强组织领导

（十六）健全工作机制。各地要切实提高思想认识，将规范校外培训机构发展纳入重要议事日程。建立由教育部门牵头、有关部门参与的联席会议制度，制订详细的工作方案，细化分工、压实责任、大力推进。及时总结经

验，研究新情况、新问题，不断改进政策措施。充分发挥相关行业协会在行业发展、规范、自律等方面的作用。注重多方联动，发展社区功能，加强少年宫、实践基地等场馆建设，多渠道满足中小学生的个性化需求，形成学校、家庭、社会育人合力。

（十七）做实专项治理。各地要开展好校外培训机构专项治理工作，进行全面摸排，认真建立工作台账，完善分类管理，对存在问题的培训机构逐一整改到位。要加大工作督促指导力度，通过开展自查、交叉检查、专项督查等方式，确保专项治理取得实际成效。

（十八）强化问责考核。教育督导部门要加强对地方政府规范校外培训机构发展工作的督导评估，评估结果作为有关领导干部综合考核评价的重要参考。建立问责机制，对责任不落实、措施不到位，造成中小学生课外负担过重，人民群众反映特别强烈的地方及相关责任人要进行严肃问责。规范治理校外培训机构及减轻中小学生课外负担不力的县（区），不得申报义务教育基本均衡和优质均衡发展评估认定；已经通过认定的，要下发专项督导通知书，限期整改。

（十九）重视宣传引导。各地要通过多种途径加强政策宣传解读，使改革精神、政策要义家喻户晓，形成良好社会氛围。通过家长会、家长学校、家访、专题报告等形式，促进家长树立正确的教育观念、成才观念，不盲目攀比，科学认识并切实减轻学生过重的课外负担。对表现突出的校外培训机构给予宣传，引导校外培训机构增强社会责任担当，强化自我约束，树立良好社会形象。

教育部办公厅关于进一步明确义务教育阶段校外培训学科类和非学科类范围的通知

· 2021 年 7 月 28 日
· 教监管厅函〔2021〕3 号

各省、自治区、直辖市教育厅（教委），新疆生产建设兵团教育局：

为贯彻落实中共中央办公厅、国务院办公厅印发的《关于进一步减轻义务教育阶段学生作业负担和校外培训负担的意见》，指导各地做好校外培训（包括线上培训和线下培训）治理工作，现就明确义务教育阶段校外培训学科类和非学科类范围通知如下：

一、根据国家义务教育阶段课程设置的规定，在开展校外培训时，道德与法治、语文、历史、地理、数学、外语（英语、日语、俄语）、物理、化学、生物按照学科类进行管

理。对涉及以上学科国家课程标准规定的学习内容进行的校外培训，均列入学科类进行管理。

二、在开展校外培训时，体育（或体育与健康）、艺术（或音乐、美术）学科，以及综合实践活动（含信息技术教育、劳动与技术教育）等按照非学科类进行管理。

各地要严格按照国家课程方案和课程标准进行审核把关，加强日常监管和监督检查。

义务教育阶段校外培训项目分类鉴别指南

· 2021 年 11 月 8 日

· 教监管厅函〔2021〕16 号

为贯彻落实中共中央办公厅、国务院办公厅印发的《关于进一步减轻义务教育阶段学生作业负担和校外培训负担的意见》，加强对义务教育阶段校外培训机构"学科类"项目鉴别管理，制定本指南。

一、适用范围

校外培训机构面向义务教育阶段学生实施校外培训，适用本指南。

二、基本原则

校外培训项目分类鉴别工作，遵循以下原则：

（一）坚持从严规范。深刻领会贯彻中央"双减"精神要求，严格遵照国家相关法律法规和政策规定，落实属地行政管理责任，明晰界线、从严要求、规范程序，体现权威性和严肃性。

（二）坚持科学严谨。充分依靠专家力量，尊重学科规律和教学规律，综合培训项目的实际情况，立足具体问题具体分析，给出客观、公正、独立的专业鉴别意见，确保科学与严谨。

（三）坚持统筹协调。加强主管部门之间横向配合、地区之间协同推进，坚持"一盘棋"，避免在实践中出现"低洼区""空白区""矛盾区"。积极研究和应对工作中出现的各种新情况、新问题，不断探索创新，在实践中完善制度和机制。

三、鉴别依据

根据《教育部办公厅关于进一步明确义务教育阶段校外培训学科类和非学科类范围的通知》（教监管厅函〔2021〕3 号）、中小学国家课程方案和课程标准等文件规定，结合校外培训的实际情况，对培训项目类别进行鉴别。主要从培训目的、培训内容、培训方式、评价方式等维度进行综合考量，如符合以下特征，即判定为学科类培训项目。

（一）培训目的：以学科知识与技能培训为导向，主要为提升学科学习成绩服务。

（二）培训内容：主要涉及道德与法治、语文、历史、地理、数学、外语（英语、日语、俄语）、物理、化学、生物等学科学习内容。

（三）培训方式：重在进行学科知识讲解、听说读写算等学科能力训练，以预习、授课和巩固练习等为主要过程，以教师（包括虚拟者、人工智能等）讲授示范、互动等为主要形式。

（四）结果评价：对学生的评价侧重甄别与选拔，以学习成绩、考试结果等作为主要评价依据。

四、实施要求

（一）建立分级指导机制。省级教育行政部门要对本地培训项目分类鉴别工作进行统筹规范，加强分级指导，对各地鉴别工作中出现的问题和偏差，及时跟进指导、纠偏矫正，确保操作落实步调一致、不走偏、不走样，避免出现同类培训项目在不同地区给出差异鉴别结果。当出现较大争议或难以鉴别时，下级教育行政部门应提请上级教育行政部门进行研究裁决。各地要认真总结培训项目分类鉴别工作，形成并更新典型案例资料库，促进信息互通共享，推动一线鉴别工作更加准确、高效。

在其他主管部门开展非学科类培训管理过程中，根据工作需要，教育行政部门可协助提供有关培训项目分类鉴别意见，并对"学科类"鉴别有最终决定权。

（二）建立专家鉴别制度。地方各级教育行政部门应根据相应管理需要，组建专家组或者委托专业机构对无法直接判断的培训项目开展分类鉴别，作出鉴别决定。鉴别专家组应包括相关学科、课程、教学等方面专家，且相关人员及其直系亲属未在培训机构中任职或兼职、属于非利益相关方。接受委托的专业机构，须按照规范要求组织符合条件的专家队伍开展鉴别工作。

根据实际工作需要，专家组可通过资料审查、实地查看、课堂观察、人员访谈等多种方式，综合研判培训目的、内容、方式、评价等具体情况，提出培训项目属于"学科类"或者"非学科类"的鉴别意见。鉴别工作不得受外界干扰，不得徇私舞弊，确保结论的真实、客观、公正。

（三）强化机构行业自律。培训机构应落实自主管理责任，对开展的培训项目类别进行自我研判、自评自查，自觉按照"学科类"或者"非学科类"的相关管理要求，规范开展培训活动，不得出现名不符实的情况，不得隐形变异违规开展学科类培训活动。

教育部办公厅、市场监管总局办公厅关于印发《中小学生校外培训服务合同（示范文本）》的通知

·2021 年 9 月 27 日
·教监管厅函〔2021〕10 号

各省、自治区、直辖市教育厅（教委）、市场监管局（厅、委），新疆生产建设兵团教育局、市场监管局：

为贯彻落实中共中央办公厅、国务院办公厅印发的《关于进一步减轻义务教育阶段学生作业负担和校外培训负担的意见》，全面规范校外培训机构服务行为，化解校外培训收退费纠纷，保护合同当事人合法权益，根据《中华人民共和国民法典》《中华人民共和国教育法》《中华人民共和国义务教育法》《中华人民共和国民办教育促进法》《中华人民共和国民办教育促进法实施条例》《中华人民共和国未成年人保护法》《中华人民共和国行政许可法》等有关法律法规，教育部和市场监管总局联合修订了《中小学生校外培训服务合同（示范文本）》（2021年修订版）（以下简称《培训合同（示范文本）》），现予印发。

各地要充分认识推行《培训合同（示范文本）》的重要意义，将其作为落实"双减"工作的重要环节加以推进，多措并举，宣传引导合同当事人使用《培训合同（示范文本）》。在执行过程中如有问题或建议，请及时与教育部和市场监管总局联系，必要时将进一步修订完善示范文本。

附件：《中小学生校外培训服务合同（示范文本）》（2021 年修订版）

GF-2021-2604

中小学生校外培训服务合同（示范文本）
（2021 年修订版）

使用说明

一、本合同文本为示范文本，供受培训者（学员）监护人与校外培训机构之间签订培训合同时参照使用，双方当事人也可使用本合同电子版在电子商务平台上签约。

二、合同双方当事人在签约之前应当仔细阅读本合同内容，特别是具有选择性、补充性、填充性、修改性的内容。

三、双方当事人应结合具体情况选定本合同文本的选择性条款（在方框内打"√"，以示双方确认），空白行供双方当事人自行约定或者补充约定。双方当事人可以对文本条款的内容进行修改、增补或删除，但不得随意减轻或者免除依法应当由校外培训机构承担的责任。合同签订生效后，未被修改的文本印刷文字视为双方同意内容。

四、本合同文本中涉及到的选择、填写内容以手写项为优先。

五、本合同文本所称校外培训机构是指，由国家机构以外的法人或自然人，利用非国家财政性经费举办的，面向中小学生开展线上线下非学历教育培训的培训机构（含面向 3 至 6 岁学龄前儿童开展线下非学科类培训的培训机构）。合同签订前，学科类培训机构应当出示办学许可证和民办非企业单位登记证书等证明文件；非学科类培训机构应当出示办学许可证，营业执照（或事业单位法人证书、民办非企业单位登记证书）等证明文件。

六、本合同适用受培训者（学员）一般为在校的中小学生（含 3 至 6 岁学龄前儿童）。

特别提示

一、仅持线上培训许可的培训机构不得开展线下培训，仅持线下培训许可的培训机构不得开展线上培训，学科类培训机构未经许可不得开展非学科类培训。

二、培训机构不得使用培训贷方式收取费用，预收费须全部进入培训机构收费专用账户，并根据属地监管部门要求，通过银行托管或风险保证金方式全额纳入监管范围。

三、面向义务教育阶段的学科类校外培训收费依法实行政府指导价管理，培训机构在政府制定的基准收费标准和浮动幅度内，确定具体收费标准。

四、培训机构培训时间不得和接受培训方当地中小学校教学时间相冲突，培训结束时间线下不得晚于 20：30，线上不得晚于 21：00，且不得留作业。线上培训机构每课时不超过 30 分钟，课程间隔不少于 10 分钟。

五、学科类培训机构不得超标超前开展培训，严禁占用国家法定节假日、休息日及寒暑假期组织培训。

六、培训机构培训内容应符合党的教育方针，坚持社会主义办学方向，落实立德树人根本任务，遵循学生身心发展特点以及教育教学规律，价值导向正确。

七、培训机构严禁提供境外教育课程；培训材料管理工作，遵照《校外培训机构培训材料管理办法（试行）》执行。

八、线上培训机构不得提供和传播"拍照搜题"等惰化学生思维能力、影响学生独立思考、违背教育教学规律的不良学习方法。

九、从事学科类培训的教学、教研人员必须具备相应

教师资格,并将教师资格信息在培训机构场所及网站显著位置公布;培训机构聘请在境内的外籍人员要符合国家有关规定,严禁聘请在境外的外籍人员开展培训活动。

十、培训机构开展宣传活动须依法依规,不得随意夸大培训效果、误导公众教育观念、制造家长焦虑,不得以任何形式在主流媒体、新媒体、公共场所、居民区各类广告牌和网络平台等刊登、播发校外培训广告,不得在中小学校、幼儿园内开展商业广告活动,不得利用中小学和幼儿园的教材、教辅材料、练习册、文具、教具、校服、校车等发布或变相发布广告。

合同编号:＿＿＿＿＿＿

中小学生校外培训服务合同
(示范文本)

甲方(提供培训方):

机构名称(与民非登记证/营业执照或办学许可证一致):

＿＿＿＿＿＿＿＿＿＿＿＿＿＿＿＿＿＿＿＿

办学地址:＿＿＿＿＿＿＿＿＿＿＿＿＿＿＿＿

审批机关:＿＿＿＿＿＿＿　登记注册机关:＿＿＿

办学许可证编号:＿＿＿＿＿＿＿＿＿＿＿＿＿

办学许可证有效期:＿＿＿年＿＿月＿＿日

线上机构 ICP 备案号:＿＿＿＿＿＿＿＿＿＿＿

统一社会信用代码:＿＿＿＿＿＿＿＿＿＿＿＿

民非登记证/营业执照有效期:＿＿＿年＿＿月＿＿日

联系人:＿＿＿＿＿＿　联系电话:＿＿＿＿＿＿

乙方(接受培训方监护人):

学员姓名:＿＿＿性别:＿＿＿出生日期:＿＿＿

身份证件类型及号码:＿＿＿＿＿＿＿＿＿＿

就读学校:＿＿＿＿＿　就读年级:＿＿＿＿＿

联系电话:＿＿＿＿＿＿

监护人姓名:＿＿＿＿＿　与学员关系:＿＿＿＿

联系电话:＿＿＿＿＿＿联系地址:＿＿＿＿＿＿

身份证件类型及号码:＿＿＿＿＿＿＿＿＿＿

根据《中华人民共和国民法典》《中华人民共和国教育法》《中华人民共和国义务教育法》《中华人民共和国民办教育促进法》《中华人民共和国民办教育促进法实施条例》《中华人民共和国未成年人保护法》《中华人民共和国行政许可法》等有关法律、法规的规定,甲乙双方遵循平等、自愿、公平、诚实、守信的原则,遵循教育规律

和青少年健康成长规律,经协商一致,签订本合同。

第一条　培训服务

本培训项目属于(单选)　□线下学科类培训　□线上学

科类培训　□线下非学科类培训　□线上非学科类培训

(一)培训项目

课程名称:＿＿＿＿＿＿＿　班级编号:＿＿＿＿

课程顾问(经办人):＿＿＿＿＿总课时数(节):＿＿＿

每次培训课时(节):＿＿＿＿上课时间:＿＿＿＿

开课日期:＿＿＿＿＿＿　预计结课日期:＿＿＿

(二)培训要求

1. 培训方式:

□一对一(或一对＿＿＿)面授

□大班额面授课(标准:＿＿＿人——＿＿＿人)

□小班额面授课(班级限额≤＿＿＿人)□其他方式:

＿＿＿＿＿＿＿＿＿＿＿＿＿＿＿＿＿＿＿＿＿＿

□最低开班人数＿＿＿＿,低于此人数可不开班;□本班开班不受最低人数限制

2.是否指定授课教学人员:□否　□是(指定教学人员姓名:＿＿＿＿＿＿,指定教学人员未经乙方书面同意不得更换);是否具备相应的教师资格或资质　□有　□没有

3.实际授课地点(线上培训机构无需填写):＿＿＿

4.学员接送方式(线上培训机构无需填写):＿＿＿

第二条　培训收费

(一)收费标准(人民币)

培训费用合计:＿＿＿＿＿＿＿(大写)＿＿＿＿＿(小写)元,其中:

□课时费:共计＿＿＿＿＿＿元(＿＿＿＿＿元/节)

□培训资料费＿＿＿＿＿＿＿＿元

培训资料包括:＿＿＿＿＿＿＿＿＿＿＿＿＿＿＿

□其他费用:

名称:＿＿＿＿＿金额:＿＿＿元,收费依据:＿＿＿

名称:＿＿＿＿＿金额:＿＿＿元,收费依据:＿＿＿

名称:＿＿＿＿＿金额:＿＿＿元,收费依据:＿＿＿

(二)付费方式(人民币)

经甲乙双方协商,乙方采取以下方式付款(单选):

□＿＿＿年＿＿月＿＿日之前一次性付清培训费用

□培训周期超过＿＿＿＿＿＿＿个□月/□课时的,□培训费用金额超过＿＿＿＿＿元的:

＿＿＿年＿＿月＿＿日之前支付培训费用的＿＿＿%,计＿＿＿＿＿元

____年___月___日之前支付培训费用的____%,计____元

____年___月___日之前支付剩余____%,计____元

□其他＿＿＿＿＿＿＿＿＿＿＿＿＿＿(说明)

(三)付费渠道

乙方采取□银行卡 □其他＿＿＿＿＿方式支付培训费用。甲方的培训费用收款专用账户信息如下:

开户银行:＿＿＿＿＿＿＿

银行账号:＿＿＿＿＿＿＿

(四)预收费监管方式

□银行托管

□风险保证金

第三条　甲方的权利和义务

(一)甲方有权按照国家有关政策规定和合同约定收取培训费用。甲方收取培训费用后应当及时向乙方提供以培训机构名义开具的正规发票等消费凭证。(按照国家有关政策要求,甲方不得一次性向乙方收取或变相收取时间跨度超过3个月的费用;按课时收费的,每科不得一次性收取超过60课时的费用且不超过3个月。)

(二)甲方应当向乙方明示培训机构有效证明文件、收费项目、收费标准、收退费办法、培训范围、培训时间、教学人员资格和服务承诺等内容,公开透明培训,接受社会监督,甲方不得在公示的项目和标准外向乙方收取其他费用。

(三)甲方可以依照相关法律法规制定适合其机构自身的培训管理制度并在甲方培训场所醒目位置进行公示,甲方有权要求乙方遵照执行,以确保培训活动顺利进行。

(四)甲方开设培训项目须符合国家及培训场所所在地有关规定。甲方须选用与其培训项目及培训计划相匹配的培训材料,培训材料应当符合《校外培训机构培训材料管理办法(试行)》和当地有关实施细则规定。

(五)甲方保证,按照国家有关政策要求,配备与培训内容及规模相适应的培训场所和设施设备,配备充足的教学人员、教研人员、培训管理人员、安全管理人员、助教、带班人员等辅助人员。同时,根据《校外培训机构从业人员管理办法(试行)》规定,加强对所聘用人员的管理,确保不出现打骂、体罚、猥亵、虐待等损害学员身心健康或合法权益的行为。

(六)甲方应做好消防、抗震、食品、公共卫生等安全管理,配备安全技术防范系统,建立健全安全管理制度和应急预警处理机制,防范各类安全责任事故发生。每次培训课程结束后,甲方应确保学员被乙方安全接走,双方另有约定的除外。甲方如使用校车接送培训学员,须按《校车安全管理条例》管理,审批时须提供校车使用许可。

(七)甲方若改变培训方式,须双方协商一致。

(八)甲方应当保护乙方个人信息,确保在收集、存储、使用、加工、公开等个人信息处理活动中严格遵守《中华人民共和国个人信息保护法》《中华人民共和国未成年人保护法》的规定。

(九)未经乙方书面同意,甲方不得将本合同约定的培训服务转让给第三方,不得擅自将学员转交给第三方机构进行培训。

(十)甲方应当设置处理合同和服务争议的内设部门或者专员,甲方的客服电话为:＿＿＿＿＿＿＿＿＿＿。

第四条　乙方的权利和义务

(一)乙方有按照本合同的约定接受甲方培训服务的权利。

(二)乙方对培训过程以及培训人员的从业背景和执教信息享有知情权。乙方可以通过公开课、学习报告等适当方式了解学员的学习状况,甲方应当为乙方提供方便,接受乙方监督。

(三)乙方应当按时足额向甲方支付培训费用。如甲方采用银行托管方式进行预收费监管,乙方应在托管协议规定的时间内对甲方授课完成和资金拨付予以确认;超过规定时限未确认的,视为确认同意。

(四)乙方及学员应当自觉遵守甲方的各项培训管理制度和课堂纪律,不得妨碍其他学员的正常学习活动。乙方应当自觉遵守培训场所的各种安全规定,不从事危害自身或者他人人身、财产安全的不当行为。培训期间如因乙方或学员的原因造成甲方及甲方工作人员或他人人身、财产损害的,乙方应根据其过错依法承担相应的损害赔偿责任。

(五)乙方及学员应当尊重甲方的知识产权,不得擅自对培训过程进行录音、录像。对于甲方拥有知识产权的培训材料、课件或者课程视频,乙方及学员除在正常学习过程中合理使用外,不得私自复制、散发、销售,不得通过互联网进行分享、扩散和传播。

(六)未经甲方书面同意,乙方不得擅自将本合同课程转让给第三方,或者将听课凭证转让、出借给他人使用,否则甲方有权拒绝提供培训服务。

(七)如学员身体健康状况有特殊情形不再适合参

与培训的,乙方应及时书面通知甲方,甲乙双方一致同意按如下方式处理(单选):

□按照实际消耗课时结算培训费用

□调整培训时间或内容

□其他＿＿＿＿＿＿＿＿＿＿＿＿

第五条 培训退费

(一)乙方在培训班正式开班前[ ]天或开班后[ ]□天 □课时前提出退学的,有权要求全额退费。

(二)由于乙方的原因申请提前退学的,双方一致同意按如下方式办理退费(单选):

□退还乙方未消耗课时所对应的培训费余额。

□参加课程培训未达[ ]%者,退还乙方未消耗课时所对应的培训费余额;参加课程培训超过[ ]%者,退还乙方未消耗课时所对应培训费余额的[ ]%。

□其他＿＿＿＿＿＿＿＿＿＿＿＿

(三)在办理退费时,对于已发放给乙方的培训资料的费用、已转付给第三方并无法索回的代收代支费用以及已向银行(第三方)支付的合理手续费用等,由甲方出示相关证明材料后,经协商,由乙方承担。

(四)乙方所报班次低于最低开班人数不能开班的,甲方应退还乙方已缴付的全部费用。

(五)甲方应在收到乙方书面退费申请后＿＿＿(≤20)个工作日内,将相应退费款项支付给乙方。

(六)退费方式:按乙方缴费原路径或双方协商一致路径退回。

第六条 违约责任

(一)甲方未达到合同约定的场所、教师等培训条件的,或甲方未经乙方书面同意,擅自变更培训方式或培训教师的,乙方有权要求解除合同,要求甲方退还剩余培训费并支付剩余培训费[ ]%金额的违约金。

(二)由于甲方的原因,包括但不限于甲方办学许可证过期,被吊销办学许可证、营业执照(或事业单位法人证书、民办非企业单位登记证书),被责令停业整顿、撤销登记等原因,无法继续向乙方提供培训服务的,乙方有权要求解除合同,要求甲方退还剩余培训费并支付剩余培训费[ ]%金额的违约金。

(三)甲方招生简章或者宣传材料中对培训师资和效果等所作的说明和允诺具体确定,并对培训合同的订立以及课程价格的确定有重大影响的,应当视为要约。相关说明和允诺即使未载入本合同,亦应当视为合同内容,甲方所提供服务与上述相关说明和允诺不相符的,乙方有权要求解除合同,要求甲方退还剩余培训费并支付

剩余培训费[ ]%金额的违约金。

(四)未经乙方书面同意,甲方擅自将本合同约定的服务转给第三方或将学员转交给第三方机构进行培训的,乙方有权要求解除合同,要求甲方退还剩余培训费并支付剩余培训费[ ]%金额的违约金。

(五)因甲方违约,双方就退费事宜书面达成一致后,甲方应于＿＿＿＿(≤20)个工作日内将各项相关费用支付给乙方,每逾期一日应按逾期金额[ ]%的标准(不超过万分之六点五)向乙方支付违约金。

(六)乙方逾期未支付培训费用的,甲方有权中止培训服务,经书面催告后仍不支付的,甲方有权终止培训服务,乙方须支付实际已培训天数的课时费,每逾期一日应按逾期金额[ ]%的标准(不超过万分之六点五)向甲方支付违约金。

(七)由于乙方的原因,无法继续接受培训服务的,甲方不承担违约责任。

(八)因战争、自然灾害、传染性疾病等不可抗力致使本合同无法继续履行的,双方互不承担违约责任,受不可抗力影响的一方应及时书面通知对方,双方一致同意按如下方式处理(单选):

□按照实际消耗课时结算培训费用

□调整培训时间或内容

□其他＿＿＿＿＿＿＿＿＿＿＿＿

第七条 争议处理

本合同在履行过程中发生争议,双方可协商解决,协商不成的,一方可以向行业协会申请调解,仍无法解决的,双方一致同意按如下方式处理(单选):

□依法向＿＿＿＿＿＿＿＿仲裁委员会申请仲裁

□依法向＿＿＿＿＿＿＿＿人民法院提起诉讼

第八条 其他约定

本合同未尽事宜,由下列条款进行约定。

1.＿＿＿＿＿＿＿＿＿＿＿＿＿＿＿＿

＿＿＿＿＿＿＿＿＿＿＿＿＿＿＿＿＿

2.＿＿＿＿＿＿＿＿＿＿＿＿＿＿＿＿

＿＿＿＿＿＿＿＿＿＿＿＿＿＿＿＿＿

3.＿＿＿＿＿＿＿＿＿＿＿＿＿＿＿＿

＿＿＿＿＿＿＿＿＿＿＿＿＿＿＿＿＿

第九条 生效方式

本合同自甲方盖章乙方签字或双方采用合法有效的电子签名方式签署之日起生效。

合同正本连同补充条款共＿＿＿页,一式＿＿＿份,甲乙双方各执＿＿＿份,各份具有同等法律效力。

第十条　合同附件

1. 甲方服务项目说明与教学安排;

2. ……;

3. ……

甲方(盖章):_____　乙方(接受培训方监护人签字):_____

甲方代表(经办人签字):_____

____年___月___日　　____年___月___日

校外培训机构从业人员管理办法(试行)

· 2021 年 9 月 9 日

· 教监管厅函〔2021〕9 号

第一章　总　则

第一条　为加强校外培训机构从业人员管理,规范机构和从业人员培训行为,依据《中华人民共和国教育法》《中华人民共和国民办教育促进法》《中华人民共和国劳动合同法》等制定本办法。

第二条　校外培训机构从业人员是指按规定面向中小学生及 3 周岁以上学龄前儿童开展校外培训的机构中的工作人员,包括:教学人员、教研人员和其他人员。其中,教学人员是指承担培训授课的人员,教研人员是指培训研究的人员;助教、带班人员等辅助人员按照其他人员进行管理。

第三条　本办法适用于招用具有中国国籍的人员,招用外籍人员应符合国家有关规定。

第二章　招用及解聘

第四条　校外培训机构从业人员应当符合下列要求:

(一)坚持以习近平新时代中国特色社会主义思想为指导,拥护中国共产党的领导和中国特色社会主义制度,全面贯彻党的教育方针,落实立德树人根本任务;

(二)爱国守法,恪守宪法原则,遵守法律法规,依法履行各项职责;

(三)具备良好的思想品德和职业道德,举止文明,关心爱护学生;教学、教研人员还应为人师表,仁爱敬业;

(四)教学、教研人员应熟悉教育教学规律和学生身心发展特点,从事按照学科类管理培训的须具备相应教师资格证书,从事按照非学科类管理培训的须具备相应的职业(专业)能力证明;

(五)非中小学、幼儿园在职教师。

第五条　校外培训机构从业人员不得为以下人员:

(一)纳入"校外培训机构从业人员黑名单"管理的;

(二)受到剥夺政治权利或者故意犯罪受到有期徒刑以上刑事处罚的。

第六条　校外培训机构专职教学、教研人员原则上不低于机构从业人员总数的 50%。面向中小学生的线下培训,每班次专职教学人员原则上不低于学生人数的 2%;面向 3 周岁以上学龄前儿童的线下培训,每班次专职培训人员原则上不低于儿童人数的 6%。

第七条　校外培训机构应按照《中华人民共和国劳动合同法》有关规定与招用人员订立、履行、变更、解除或者终止劳动合同。

第八条　校外培训机构应当规范从业人员管理:

(一)校外培训机构应对拟招用人员和劳务派遣单位拟派遣至机构场所工作的人员进行性侵等违法犯罪信息查询;

(二)校外培训机构应当依法与招用人员签订书面劳动合同,明确工作内容、工作地点、工作时间、岗位职责、劳动合同期限、劳动报酬、社会保险、考核办法等;

(三)对初次招用人员,应当开展岗位培训,内容应当包括法律法规、职业道德和有关政策文件要求等;

(四)教学、教研人员的基本信息(姓名、照片等)、教师资格、从教经历、任教课程等信息应在机构培训场所及平台、网站显著位置公示,并及时在全国统一监管平台备案。其他从业人员信息应在机构内部进行公示。

第九条　校外培训机构应向社会、培训对象公开作出书面承诺,从业人员招用符合本办法第四条、第五条、第六条、第七条规定。

第十条　校外培训机构应对从业人员定期开展思想政治素质、业务能力等培训,提高教育教研能力和服务保障水平。

第十一条　校外培训机构从业人员不得有下列情形:

(一)有损害党中央权威、违背党的路线方针政策的言行;

(二)损害国家利益,损害社会公共利益,或违背社会公序良俗;

(三)通过课堂、论坛、讲座、信息网络及其他渠道发表、转发错误观点,或编造散布虚假信息、不良信息;

(四)歧视、侮辱学生,存在虐待、伤害、体罚或变相体罚未成年人行为;

(五)在教学、培训等活动中遇突发事件、面临危险

时,不顾学生安危,擅离职守,自行逃离;

(六)与学生发生不正当关系,存在猥亵、性骚扰等行为;

(七)向学生及家长索要、收受不正当财物或利益;

(八)被依法追究刑事责任;

(九)吸食毒品等违反治安管理法律法规行为;

(十)违法传教或者开展宗教活动;

(十一)宣扬或从事邪教。

从业人员有上述情形,符合《中华人民共和国劳动合同法》等法律法规关于解除劳动合同规定的,校外培训机构应当依法与其解除劳动合同,在全国统一监管平台同步更新人员信息,并报告主管教育行政部门。

第三章　检查监督

第十二条　教育行政部门或相应主管部门会同人力资源社会保障行政部门公开监督方式、畅通举报渠道,通过年度检查、专项检查、随机抽查等形式,依职责分工对机构从业人员情况进行检查。检查情况依法向社会公开,并作为机构信用管理的重要依据。

第十三条　从业人员违反本办法第十一条规定情节严重的,经查实、审核后,纳入全国统一监管平台的"校外培训机构从业人员黑名单"管理。

第十四条　校外培训机构违反本办法的,主管教育行政部门应责令其限期改正;对多次、多项违反规定等情节严重的,责令其停止招生,改正期间禁止开展相关培训活动;对逾期未完成改正或拒绝改正等情节特别严重的,依法取消其办学许可资质。

第四章　附　则

第十五条　省级教育行政部门可结合本地实际,根据本办法制定实施细则。

第十六条　本办法自印发之日起施行,由国务院教育行政部门负责解释。

中小学生校外培训材料管理办法(试行)

· 2021 年 8 月 25 日
· 教监管厅函〔2021〕6 号

第一章　总　则

第一条　为严格管理中小学生校外培训材料,确保培训材料的思想性、科学性、适宜性,有效减轻中小学生课外培训负担,制定本办法。

第二条　本办法所称的校外培训材料(以下简称培训材料),是指经审批登记的校外培训机构自主编写的面向中小学生的学习材料,包括用于线上、线下的按照学科类进行管理的培训材料(以下简称学科类培训材料)和按照非学科类进行管理的培训材料(以下简称非学科类培训材料)。

第三条　培训材料管理坚持以下原则:

坚持育人为本。全面贯彻党的教育方针,落实立德树人根本任务,体现正确的政治方向和价值导向,遵循学生身心发展规律,提高培训材料的思想性、科学性、适宜性。

加强全程把控。加强培训材料编写、审核、选用、备案等全流程管理,明确内容要求和标准,健全管理机制,细化违规处罚规定,强化日常监管,突出全流程把控、检视。

强化社会监督。建立畅通的信息反馈和监督举报渠道,积极发挥行业组织、专业机构、媒体公众等监督作用。

第二章　管理职责

第四条　国务院教育行政部门制定培训材料管理有关政策要求。各级教育行政部门负责由其审批设立的校外培训机构培训材料的监管以及对问题材料处理处置等工作。

第五条　校外培训机构应当建立培训材料编写研发、审核、选用使用及人员资质审查等内部管理制度,明确责任部门、责任人、工作职责、标准、流程以及责任追究办法。

第三章　编写审核

第六条　培训材料编写研发人员应符合以下要求:

(一)政治立场坚定,拥护中国共产党的领导和中国特色社会主义制度,具有正确的世界观、人生观、价值观;

(二)全面贯彻党的教育方针,熟悉中小学教育教学规律和学生身心发展特点,从事教育教学相关工作 3 年及以上;

(三)学科类培训材料的编写研发人员应准确理解和把握课程方案、学科课程标准,具备相应教师资格证书;非学科类培训材料的编写研发人员,应具备相关行业资质证书或专业能力证明;

(四)遵纪守法,有良好的思想品德、社会形象,无失德、失信、违纪、违法等不良记录。

第七条　培训材料应符合以下要求:

(一)以习近平新时代中国特色社会主义思想为指导,体现社会主义核心价值观,继承和弘扬中华优秀传统文化、革命文化和社会主义先进文化,传播科学精神,引

导学生树立正确的世界观、人生观和价值观,促进学生身心健康发展;

(二)内容科学准确,容量、难度适宜,与国家课程相关的内容应符合相应课程标准要求,不得超标超前;

(三)符合学生成长规律,满足多层次、多样化学习需求,有利于激发学习兴趣、鼓励探究创新。

第八条　培训材料不得存在下列情形:

(一)丑化党和国家形象,或者诋毁、污蔑党和国家领导人、英雄模范,或者歪曲党的历史、中华人民共和国历史、人民军队历史;

(二)污蔑攻击中国共产党领导、中国特色社会主义制度,违背社会主义核心价值观;

(三)损害国家统一、主权和领土完整;

(四)损害国家荣誉和利益,有反华、辱华、丑华等内容;

(五)煽动民族仇恨、民族歧视,破坏民族团结,侵犯民族风俗习惯;

(六)宣扬宗教教理、教义、教规以及邪教、封建迷信思想等;

(七)含有暴力、恐怖、赌博、毒品、性侵害、淫秽、教唆犯罪等内容;

(八)不符合知识产权保护等国家法律、行政法规;

(九)植入商业广告或者变相的商业广告;

(十)超出相应的国家课程标准;

(十一)含有误导中小学生产生不良行为的内容;

(十二)存在其他违法违规情形。

第九条　培训材料须按规定进行审核。审核人员除应符合编写研发人员要求外,还须具有较高的政策理论水平和较丰富的相关教育或培训经验。

第十条　建立培训材料内部审核和外部审核制度,坚持凡编必审、凡用必审。校外培训机构负责培训材料的内部全面审核,须按照审核人员资质要求遴选组建内部审核队伍。

各地教育行政部门负责培训材料的外部审核,须按照审核人员资质要求组建由相关学科专家、课程专家、教研专家、一线教师等组成的审核队伍,明确审核流程和时限,重点对意识形态属性较强的内容和执行课程标准情况进行把关。

实行培训材料编审分离制度,遵循回避原则。

第十一条　学科类培训材料采取校外培训机构内部审核和教育行政部门外部审核相结合的方式进行双审核。其中,各地教育行政部门对线上及线下培训相对固定形式的基础性材料进行全面审核,对以资料库、视频等形式存在的培训材料开展抽查性审核;鼓励各地探索运用现代化信息技术手段加强审核把关。

非学科类培训材料在校外培训机构内部审核基础上,由各地教育行政部门协助相应主管部门开展抽查、巡查。

第十二条　对于已通过审核的、在多个地区使用的同一培训材料,可由培训机构提供已通过审核的证明,供其他地区审核时参考。

第四章　选用备案

第十三条　校外培训机构应规范培训材料选用程序。选用的培训材料须为审核通过的培训材料或正式出版物。校外培训机构选用境外教材,应参照《中小学教材管理办法》等国家有关规定执行。

第十四条　校外培训机构对所有培训材料存档保管、备查,保管期限不少于相应培训材料使用完毕后3年。培训材料及编写研发人员信息须向相应教育行政部门备案。备案材料产生变更时,应及时提交变更内容说明和变更材料。

(一)线上培训保管材料应包括线上学习资源、开发者信息、下载网站、资源主题、资源简介、适用对象及图文来源等;

(二)线下培训保管材料应包括编写者信息、材料简介、材料内容及适用对象等。

第五章　检查监督

第十五条　校外培训机构应向社会、培训对象公开做出书面承诺,所使用培训材料符合本办法第七条、第八条规定。

第十六条　教育行政部门应当公开监督方式、畅通举报渠道,通过年度检查、专项检查、随机抽查等形式,组织专业力量对校外培训机构培训材料编审人员资质、内部审核、选用使用等情况进行检查。检查情况依法向社会公开,并作为校外培训机构信用管理的重要依据。各地教育行政部门应明确培训材料编审人员参训要求,制定并实施培训计划,提高培训的针对性和实效性。

第十七条　教育行政部门检查发现培训材料违反本办法规定的,应督促相关校外培训机构限期整改,并可按照有关规定予以处理。整改期间,校外培训机构不得使用相关材料开展任何形式的授课活动。对情节严重或者逾期未完成整改的校外培训机构,教育行政部门应当依法吊销其民办学校办学许可。

涉及其他部门职责的，教育行政部门应当将相关违法违规线索及时移送，并且配合做好查处工作。

第六章　附　则

第十八条　省级教育行政部门结合本地实际，根据本办法制定实施细则。

第十九条　本办法自印发之日起施行，由国务院教育行政部门负责解释。

教育部、中央编办、司法部关于加强教育行政执法深入推进校外培训综合治理的意见

· 2022 年 1 月 25 日
· 教监管〔2022〕1 号

各省、自治区、直辖市教育厅（教委）、党委编办、司法厅（局），新疆生产建设兵团教育局、党委编办、司法局：

为深入贯彻落实中共中央办公厅、国务院办公厅《关于进一步减轻义务教育阶段学生作业负担和校外培训负担的意见》和《法治政府建设实施纲要（2021—2025 年）》精神，加强校外培训监管行政执法工作，不断提升校外培训治理能力和治理水平，现提出如下意见。

一、总体要求

1. 指导思想。坚持以习近平新时代中国特色社会主义思想为指导，全面贯彻党的教育方针，落实立德树人根本任务，加强校外培训监管行政执法工作，全面构建校外培训执法体系，全面提高校外培训监管行政执法质量和效能，依法严格查处校外培训违法违规行为，确保"双减"工作扎实有效，努力办好人民满意的教育。

2. 工作原则。坚持党的全面领导，确保校外培训监管行政执法正确方向；坚持以人民为中心，执法行为必须为人民服务、对人民负责、受人民监督；坚持依法行政，建立健全校外培训执法力量，落实严格规范公正文明执法要求，健全校外培训监管机制；坚持统筹推进，强化部门协同，推进联合执法。

3. 工作目标。到 2022 年底，教育行政部门对校外培训监管行政执法制度基本建立，各级各有关部门之间的统筹协调机制基本理顺，执法力量得到明显加强，执法质量和效能大幅提高。到 2024 年，基本建成权责明晰、管理规范、运转顺畅、保障有力、监管到位的校外培训监管行政执法体系。

二、健全校外培训监管行政执法现有机制

4. 坚持分工合作。各有关部门要在党委和政府的统一领导下，明确职责，各司其职，分工合作，推进上下级之间、同级之间、异地之间的协调联动，已整合实行综合执法的，可继续探索。各级教育行政部门要加强对校外培训综合执法、联合执法、协作执法的组织协调，重点负责对无证经营、违反培训内容、培训时间、培训人员、培训收费规定、违规举办竞赛及其他违法违规情况进行监管执法，牵头组织有关部门开展联合执法。市场监管、网信、公安、体育、文化和旅游及其他相关部门要在各自职责内，对涉及校外培训的问题进行单独或联合监管。

5. 健全协同机制。各地要按照"谁审批谁负责、谁主管谁负责"原则，健全审批、监管、处罚衔接机制，坚持先证后照，规范校外培训机构审批程序、许可内容。实行综合审批改革的，须事先书面征得同级教育行政部门同意。加快实现部门间违法线索互联、监管标准互通、处理结果互认，推进现场共同执法。建立校外培训行政执法与刑事司法衔接机制，健全教育与公安、检察、审判机关的信息共享、案情通报、案件移送等制度。

6. 加大查处力度。各地教育行政部门要会同有关部门定期梳理群众反映强烈的突出问题，适时部署集中专项整治，及时通报校外培训违法违规典型案例。对潜在风险大、可能造成严重不良后果的，要加强日常监管和执法巡查，从源头上预防和化解违法风险。建立完善严重违法惩罚性赔偿和巨额罚款制度、终身禁入机制，让严重违法者付出应有代价。对违法违规开展培训的校外培训机构、网站平台，按照"发现一起、处置一起"原则，依法依规采取处罚措施。畅通违法违规行为投诉受理、跟踪查询、结果反馈渠道，对举报严重违法违规行为和重大风险隐患的有功人员依法予以奖励和严格保护。

三、强化教育行政部门校外培训监管行政执法职责

7. 坚持法定职责必须为。校外培训监管行政执法是各级教育行政部门履行政府管理校外培训事务的法定职责。要按照《中华人民共和国教育法》《中华人民共和国义务教育法》《中华人民共和国行政处罚法》《中华人民共和国未成年人保护法》《中华人民共和国民办教育促进法》《中华人民共和国民办教育促进法实施条例》等法律法规和《教育部关于加强教育行政执法工作的意见》等政策文件要求，坚持法定职责必须为，切实增强依法实施行政检查、行政处罚、行政强制的意识和能力。

8. 明确各级权责。教育部主要负责拟订校外培训监管行政执法工作标准和规范并监督实施，指导监督全国校外培训综合执法工作，组织查处和督办全国性、跨区域校外培训重大案件。省级教育行政部门主要负责拟订

本地校外培训监管行政执法工作实施方案,监督指导、组织协调辖区内校外培训监管行政执法工作,查处辖区内跨区域或具有重大影响的复杂案件及审批的线上培训机构案件。市级教育行政部门主要负责监督指导、组织协调辖区内校外培训监管行政执法工作。县级教育行政部门主要负责查处本地区校外培训违法违规行为。各级教育行政部门中负责校外培训监管的机构承担具体的校外培训监管行政执法职能。

9. 明确执法层级。按照属地管理、重心下移的原则,日常执法检查、一般违法案件查处以县级为主。设区市与市辖区原则上只设一个执法层级,原则上以区级执法为主。压实乡镇、街道责任,将校外培训治理纳入村(社区)网格化管理,开展综合治理。对跨区域违法违规行为,由校外培训机构审批地、违法违规行为发生地相关部门共同查处。

四、增强校外培训监管行政执法力量

10. 加快机构设置。各地教育行政部门要结合本地实际,统筹优化机构职能和资源力量配置,建立健全校外培训监管机构,承担本地区相关行政执法工作,切实加强校外培训监管行政执法能力。

11. 加强力量配备。各地教育行政部门要科学设置岗位,统筹各方资源,充实一线执法人员,配齐配强工作力量,确保校外培训监管执法工作落到实处。上级机构可按程序调用下级执法力量。

12. 提高人员素养。要建立健全各级执法人员资格管理制度,严格实行执法人员持证上岗。开展执法人员专项培训,重点培训相关法律知识,提高业务能力,提升依法规范公正文明执法的专业化水平。

五、提高校外培训监管行政执法能力

13. 制定执法清单。教育部根据现行法律法规和政策规定,梳理各级教育行政部门校外培训执法职能,制定出台《校外培训监管行政执法事项指导目录》,实行动态调整。各地教育行政部门根据地方立法情况,细化地方《校外培训监管行政执法事项指导目录》。

14. 规范执法流程。各地教育行政部门要全面推行并严格落实校外培训监管行政执法公示、执法全过程记录和重大执法决定法制审核制度。制定完善行政执法程序规范,统一行政执法案卷、文书基本标准,提高执法案卷、文书规范化水平。健全执法裁量基准制度,明确执法事项的职责依据、工作程序、履职要求、办理时限、行为规范等,消除行政执法中的模糊条款,压减裁量权,促进同一事项相同情形同标准处罚、无差别执法。建立责任追

究和尽职免责制度。全面推行"双随机一公开"监管。

15. 创新执法方式。教育部和各省级教育行政部门要建立行政执法案例指导制度,定期发布指导案例。各地要探索推进"互联网+执法"模式,提升执法水平。探索信用监管方式,将重大违法失信行为纳入失信惩戒范围。

六、加强校外培训监管行政执法保障

16. 强化条件保障。各地教育行政部门要会同编制、司法等部门健全工作保障机制。推动将校外培训监管行政执法工作经费纳入同级财政预算管理,加强相关经费保障。加快制定不同层级校外培训监管行政执法装备配备标准,及时调整执法目录、更换执法证件、合理配置执法必需的交通、通讯、执法记录仪等条件装备,建立执法信息平台,改善执法条件,保障执法需要,保护执法人员安全。

17. 推动督导问责。严格执行《教育督导问责办法》,将校外培训治理纳入教育督导范围。推动地方政府把加强校外培训监管行政执法、推进校外培训综合治理纳入重要议事日程,制定实施方案,层层压实责任。对落实中央决策部署不力、校外培训治理不到位及有其他严重违法违规情形的,依法对被督导的地方各级人民政府和相关职能部门及其相关责任人进行严肃问责。充分发挥督学作用,积极开展校外培训日常督导。

18. 健全监督机制。各地教育行政部门要健全校外培训监管执法监督机制,加强和完善执法案卷管理和评查、执法考核评议等制度。要全面落实"谁执法谁普法"的普法责任制,会同有关部门做好执法事项的普法工作,加强以案释法。要建立校外培训社会监督员队伍,拓宽社会监督渠道,探索公众参与模式。

校外培训机构消防安全管理九项规定

・2022 年 5 月 17 日
・教监管厅函〔2022〕9 号

一、落实消防安全主体责任

(一)校外培训机构法定代表人或主要负责人或实际控制人是本单位的消防安全责任人,全面负责本单位消防安全管理工作。校外培训机构应当落实消防安全职责,配备专兼职消防安全管理人员,自主购置合格的消防装备器材,组织开展检查巡查、隐患整改、设施维护、宣传教育、疏散演练等工作。

(二)全面落实火灾隐患"自知、自查、自改"制度,在公共区域明显位置应张贴《消防安全承诺书》,向社会公

开承诺,接受群众监督。

(三)实行承包、租赁或者委托经营、管理的校外培训机构,在与产权单位签订相关租赁合同时,应依照有关规定明确各方的消防安全责任。

二、规范场所消防安全设置

(一)校外培训机构应当遵守国家消防法律法规,执行标准规范。

(二)校外培训机构应当依法审批登记,设置在符合安全条件的固定场所。面向儿童的校外培训机构的设置场所应当符合现行国家标准《建筑设计防火规范》(GB50016)。培训场所同一培训时段内生均培训用房建筑面积不少于 3 平方米,确保不拥挤、易疏散。按国家标准、行业标准设置消防安全标志,在醒目位置张贴消防安全宣传图示。

(三)原则上不设置集体宿舍;确需设置时,应当设置在独立建筑内,且不得设置在地下和半地下建筑内。每室居住人数最多不得超过 6 人,人均使用面积不应小于 5 平方米。

(四)设有厨房的,应与其他部位进行防火分隔。

三、严格火灾危险源管理

(一)应当使用合格且符合国家标准的电气设备。电气线路应穿管保护,并敷设在难燃或不燃材料上。

(二)厨房内使用管道燃气作为燃料时,应当符合燃气管理使用规定,并安装燃气泄漏报警装置。厨房油烟机应当每日清洗,油烟道至少每季度由专业公司清理一次并做好记录。

(三)培训时段内,不得动火动焊作业以及在建筑外部动火作业;其他时段动火动焊应当履行审批流程,并落实防护措施,安排专人监管看护。

(四)开展物理、化学等特色培训的,应当严格遵守化学药剂操作使用有关规程。

四、严格消防安全疏散条件

(一)安全疏散门应当向疏散方向开启,不得使用转门、卷帘门、推拉门、折叠门和设置金属栅栏。

(二)安全出口、楼梯间、疏散走道应当设置疏散照明灯具和保持视觉连续性的灯光疏散指示标志。

(三)每间培训室、集体宿舍应当配备不少于 2 个应急手电,及与培训学员人数相当的过滤式消防自救呼吸器,并在明显部位张贴疏散示意图。三层及以上楼层宜配备逃生绳等避难自救器材。

(四)集体宿舍中两个单床长边之间的距离不能小于 0.6 米,两排床或床与墙之间的走道宽度不应小于 1.2 米。

五、加强日常防火检查巡查

(一)每月及寒暑假、新班开课前至少组织 1 次防火检查。培训期间,每 2 小时开展不少于 1 次的防火巡查。重点检查电气线路、燃气管道、安全出口、消防设施运行和维护保养情况以及电器使用管理等情况。

(二)对检查巡查发现的问题应当场整改。不能立即整改的,应当及时上报消防安全责任人或管理人,落实人防、物防、技防措施,确保整改期间的安全。

(三)防火巡查检查应当填写检查记录,建立消防安全隐患台账,实行“报告、登记、整改、销号”闭环管理,并由具体实施人员签名存档备查。

六、加强培训期间值班值守

(一)设有消防控制室的,控制室值班人员应当持有消防行业特有工种职业资格证书,落实 24 小时专人值班,且每班不少于 2 人。

(二)设有集体宿舍的,应当加强夜间巡查,每 2 小时开展不少于 1 次。

(三)有儿童参加培训的,现场至少明确 1 名工作人员全程在岗值守。

七、加强消防设施器材管理

(一)严格标准配置灭火器等消防设施器材,并在消防设施器材上设置醒目的标识,标明使用方法。

(二)场所内未设置自动消防设施的,应当设置具有集中平台或移动终端报警功能的独立式感烟火灾探测报警器,有条件的应当设置简易自动喷水灭火系统。

(三)建筑消防设施、器材应当委托具有相应资质的消防技术服务机构进行定期维护保养,每年至少全面检测 1 次,确保完好有效。

八、加强宣传教育培训演练

(一)制定灭火和应急疏散预案,明确每班次、各岗位工作人员报警、疏散、扑救初起火灾的职责。有条件的应当建立微型消防站或志愿消防队,提高自防自救能力。

(二)每季度组织全体工作人员开展不少于 1 次初起火灾扑救和疏散逃生演练。每半年或新班开课前组织对学生至少开展 1 次消防安全培训和应急疏散演练。

(三)主动向属地居(村)委会、物业服务企业报备所在位置、人数等基本信息,与周边微型消防站、志愿消防队建立互联互通机制,及时处置初起火灾。

(四)发生火灾时,应当第一时间组织人员疏散。

九、严禁下列行为

(一)严禁使用彩钢板建筑,以及在投入使用后擅自搭建、改建、扩建。

（二）严禁在外窗、阳台、安全出口等部位设置影响逃生、灭火救援的铁栅栏、广告牌或门禁等障碍物。

（三）严禁擅自停用、关闭、遮挡消防设施设备，埋压、圈占消火栓，破坏防火分隔，锁闭、堵塞、占用安全出口和消防通道。

（四）严禁私拉乱接电线，在电气线路上搭、挂物品，超负荷用电或者改变保险装置，空调等大功率用电设备外部电源线采用移动式插座连接，使用电烤炉、红外辐射取暖器、电热毯等电热器具。

（五）严禁在培训场所内及公共门厅、疏散走道、楼梯间、安全出口处违规停放电动自行车或充电。

（六）严禁在培训场所内吸烟，使用明火取暖、照明、驱蚊，违规存放、使用易燃易爆危险品。

本规定所称校外培训机构，主要是指设置在中小学校以外的，面向中小学生以及 3 至 6 岁学龄前儿童举办的非学历教育培训机构。

校外培训行政处罚暂行办法

· 2023 年 8 月 23 日教育部令第 53 号公布
· 自 2023 年 10 月 15 日起施行

第一章 总 则

第一条 为落实立德树人根本任务，发展素质教育，加强校外培训监管，规范校外培训行政处罚行为，保护自然人、法人和其他组织的合法权益，根据《中华人民共和国行政处罚法》《中华人民共和国未成年人保护法》《中华人民共和国民办教育促进法》《中华人民共和国民办教育促进法实施条例》等有关法律、行政法规，制定本办法。

第二条 自然人、法人或者其他组织面向社会招收 3 周岁以上学龄前儿童、中小学生，违法开展校外培训，应当给予行政处罚的，适用本办法。

第三条 实施校外培训行政处罚，应当遵循公正、公开的原则，坚持处罚与教育相结合、宽严相济，做到事实清楚、证据确凿、依据正确、程序合法、处罚适当。

第四条 对实施行政处罚过程中知悉的国家秘密、商业秘密和个人隐私，应当依法予以保密；为履行法定职责处理个人信息，应当依照法律、法规规定的权限、程序进行，不得超出履行法定职责所必需的范围和限度。

第五条 校外培训行政处罚的种类包括：

（一）警告、通报批评；

（二）罚款、没收违法所得、没收非法财物；

（三）责令停止招收学员；

（四）责令停止举办；

（五）吊销许可证件；

（六）限制从业；

（七）法律、行政法规规定的其他行政处罚。

第二章 实施机关、管辖和适用

第六条 校外培训行政处罚由县级以上人民政府校外培训主管部门依法按照行政处罚权限实施。校外培训主管部门由省级人民政府根据国家有关规定确定。

校外培训行政处罚由综合行政执法部门实施的，校外培训主管部门应当与综合行政执法部门建立行政执法信息互联互通、执法过程协作配合、执法结果及时反馈的工作机制。

校外培训行政处罚由乡镇人民政府、街道办事处实施的，县级校外培训主管部门应当加强对乡镇街道校外培训行政处罚工作的组织协调、业务指导、执法监督。

第七条 校外培训主管部门可以在法定权限内书面委托符合行政处罚法规定条件的组织实施行政处罚。

委托书应当载明委托的具体事项、权限、期限等内容，并应当将委托书向社会公布。

委托行政机关应当对受委托组织实施行政处罚的行为进行监督，并对该行为的后果承担法律责任。

受委托组织在委托范围内，以委托行政机关的名义实施行政处罚；不得再委托其他任何组织或者个人实施行政处罚。

第八条 对线下校外培训违法行为的行政处罚，由违法行为发生地县级人民政府校外培训主管部门管辖。违法行为发生地与机构审批地不一致的，机构审批地有关部门应当依法予以协助。

第九条 对经审批的线上校外培训机构违法行为的行政处罚，由机构审批机关管辖；对未经审批进行线上校外培训活动的行政处罚，由违法主体所在地省级人民政府校外培训主管部门管辖。

违法行为发生地省级人民政府校外培训主管部门先行发现线上校外培训违法线索或者收到投诉、举报的，也可以进行管辖，机构审批地或者违法主体所在地校外培训主管部门应当依法予以协助。

第十条 两个以上校外培训主管部门对同一个校外培训违法行为都有管辖权的，由最先立案的校外培训主管部门管辖。

对管辖发生争议的，应当协商解决，协商不成的，报请共同的上一级校外培训主管部门或者同级人民政府指定管辖;也可以直接由共同的上一级校外培训主管部门指定管辖。

校外培训主管部门发现立案查处的案件不属于本部门管辖的,应当将案件移送有管辖权的校外培训主管部门。受移送的校外培训主管部门对管辖权有异议的,应当报请共同的上一级校外培训主管部门或者同级人民政府指定管辖,不得再自行移送。

第十一条　上级人民政府校外培训主管部门有权直接查处下级部门管辖的校外培训违法案件。

上级人民政府校外培训主管部门可以将某个下级部门管辖的校外培训违法案件指定其他下级人民政府校外培训主管部门管辖。

第十二条　地方各级人民政府校外培训主管部门发现校外培训违法行为涉嫌违反治安管理、出入境管理等法律法规的,应当及时移送公安机关予以处罚;涉嫌犯罪的,应当及时按照有关规定移送司法机关,依法追究刑事责任。

第十三条　对当事人的同一个校外培训违法行为,不得给予两次以上罚款的行政处罚。

同一个校外培训违法行为违反多个法律规范,应当给予罚款处罚的,按照罚款数额高的规定处罚。

第十四条　当事人有下列情形之一,应当从轻或者减轻行政处罚:

(一)主动消除或者减轻违法行为危害后果的;

(二)受他人胁迫或者诱骗实施违法行为的;

(三)主动供述校外培训主管部门尚未掌握的违法行为的;

(四)配合校外培训主管部门查处违法行为有立功表现的;

(五)法律、法规、规章规定其他应当从轻或者减轻行政处罚的。

第十五条　当事人有下列情形之一的,不予处罚,但应当对其进行教育:

(一)校外培训违法行为轻微并及时改正,没有造成危害后果的;

(二)当事人有证据足以证明没有主观过错的;

(三)违法行为已经超过给予行政处罚的法定期限的;

(四)法律、法规、规章规定的其他不予处罚情形。

初次违法且危害后果轻微并及时改正,可以不予处罚。

第十六条　当事人有下列情形之一,应当依法从重处罚:

(一)实施校外培训违法行为被处理后两年内再次实施校外培训违法行为的;

(二)危害后果严重,造成严重恶劣社会影响的;

(三)同时违反突发事件应对措施的;

(四)伪造、涂改或者转移、销毁证据的;

(五)拒绝、阻碍或者以暴力威胁行政执法人员执法的;

(六)属于中小学在职教师且培训内容为学科类校外培训的;

(七)法律、法规、规章规定其他应当从重处罚的。

第三章　违法行为和法律责任

第十七条　自然人、法人或者其他组织未经审批开展校外培训,同时符合下列条件的,构成擅自举办校外培训机构,由所在地县级人民政府校外培训主管部门会同同级公安、民政或者市场监督管理等有关部门责令停止举办、退还所收费用,并对举办者处违法所得一倍以上五倍以下罚款:

(一)线下培训有专门的培训场所,线上培训有特定的网站或者应用程序;

(二)有2名以上培训从业人员;

(三)有相应的组织机构和分工。

第十八条　自然人、法人或者其他组织变相开展学科类校外培训,尚不符合本办法第十七条规定条件,有下列行为之一的,由所在地县级以上人民政府校外培训主管部门会同其他有关部门责令改正,退还所收费用,予以警告或通报批评;情节严重的,处5万元以下罚款;情节特别严重的,处5万元以上10万元以下罚款:

(一)通过即时通讯、网络会议、直播平台等方式有偿开展校外培训的;

(二)利用居民楼、酒店、咖啡厅等场所有偿组织开展"一对一""一对多"等校外培训的;

(三)以咨询、文化传播、素质拓展、竞赛、思维训练、家政服务、家庭教育指导、住家教师、众筹私教、游学、研学、冬夏令营、托管等名义有偿开展校外培训的;

(四)其他未经审批开展学科类校外培训,尚不符合本办法第十七条规定条件的。

第十九条　自然人、法人或者其他组织知道或者应当知道违法校外培训活动的情况存在,仍为其开展校外培训提供场所的,由县级以上人民政府校外培训主管部门会同其他有关部门责令限期改正;逾期拒不改正的,予以警告或者通报批评。

网络平台运营者知道或者应当知道其用户通过即时通讯、网络会议、直播平台等方式违法开展线上校外培训,仍为其提供服务的,适用前款规定处理。

第二十条　校外培训机构超出办学许可范围,有下列行为之一的,由县级以上人民政府校外培训主管部门或者其他有关部门责令限期改正,并予以警告;有违法所得的,退还所收费用后没收违法所得;情节严重的,责令停止招收学员、吊销许可证件:

(一)线下培训机构开展线上校外培训的,但是以现代信息技术辅助开展培训活动的除外;

(二)线上培训机构开展线下校外培训的;

(三)非学科类培训机构开展学科类校外培训的;

(四)学科类培训机构开展非学科类校外培训的;

(五)其他超出办学许可范围开展培训活动的。

第二十一条　校外培训机构违反法律、行政法规和国家有关规定开展培训活动,有下列行为之一的,由县级以上人民政府校外培训主管部门或者其他有关部门责令限期改正,并予以警告;有违法所得的,退还所收费用后没收违法所得;情节严重的,责令停止招收学员、吊销许可证件:

(一)违背国家教育方针,偏离社会主义办学方向,阻碍国家教育制度实施的;

(二)培训内容违反法律法规和国务院校外培训主管部门有关规定,影响未成年人身心健康的;

(三)超前超标开展学科类培训的;

(四)培训时间违反法律法规和国务院校外培训主管部门有关规定的;

(五)其他违反法律、行政法规和国家有关规定开展培训活动的。

校外培训机构有前款第(一)(二)项规定行为的,从重处罚。

第二十二条　校外培训机构管理混乱,有下列行为之一的,由县级以上人民政府校外培训主管部门或者其他有关部门责令限期改正,并予以警告;有违法所得的,退还所收费用后没收违法所得;情节严重的,责令停止招收学员、吊销许可证件:

(一)与中小学联合招生等违反规定招收学员的;

(二)校外培训机构从业人员的聘任与管理违反法律、法规和国务院校外培训主管部门有关规定的;

(三)校外培训机构收费价格、收费行为、预收费管理等违反法律法规和国务院相关部门有关规定的;

(四)线上校外培训包含与培训无关的网络游戏内容及链接的;

(五)线上校外培训未按照国务院校外培训主管部门有关规定留存培训内容、培训数据、直播培训影像的;

(六)校外培训机构违法违规发布广告的;

(七)其他管理混乱严重影响教育教学的。

校外培训机构有前款第(一)项规定行为的,从重处罚。

第二十三条　校外培训机构擅自组织或者参与组织面向3周岁以上学龄前儿童、中小学生的社会性竞赛活动,由县级以上人民政府教育行政部门会同其他有关部门责令改正,退还所收费用,予以警告或者通报批评;情节严重的,处5万元以下罚款;情节特别严重的,处5万元以上10万元以下罚款。

第二十四条　校外培训机构有本办法第二十条、第二十一条、第二十二条规定行为的,校外培训主管部门或者其他有关部门可以对其决策机构负责人、行政负责人及直接责任人予以警告;情节严重的,依据民办教育促进法实施条例第六十四条规定,对有关责任人员给予限制从业处罚。

第二十五条　校外培训机构举办者及实际控制人、决策机构或者监督机构组成人员违反民办教育促进法实施条例第六十二条的,由县级以上人民政府校外培训主管部门或者其他有关部门依据职责分工责令限期改正,有违法所得的,退还所收费用后没收违法所得;情节严重的,依据民办教育促进法实施条例第六十二条规定,给予限制从业处罚。

第四章　处罚程序和执行

第二十六条　校外培训主管部门发现涉嫌违反校外培训有关法律、法规和规章行为的,应当进行初步审查,同时符合下列条件的,应当予以立案:

(一)有明确的违法当事人;

(二)有证据初步证明存在违法事实;

(三)依法应当给予行政处罚;

(四)属于本部门管辖;

(五)在给予行政处罚的法定期限内。

立案应当填写立案审批表,报本部门负责人审批。

第二十七条　对于已经立案的案件,经调查发现不符合本办法第二十六条规定的立案条件的,校外培训主管部门应当撤销立案。

第二十八条　校外培训主管部门应当全面、客观、公正地调查,收集有关证据,制作调查笔录、询问笔录等,在调查过程中可行使下列职权:

（一）对当事人涉嫌开展违法活动的场所实施现场调查；

（二）询问当事人或者有关人员；

（三）查阅、复制与涉嫌违法培训有关的合同、票据、账簿、广告、宣传资料、花名册和其他有关资料；

（四）在证据可能灭失或者以后难以取得的情况下，经校外培训主管部门负责人批准，可先行登记保存，并应当在七日内及时作出处理决定；

（五）法律、法规规定的其他职权。

第二十九条　拟给予行政处罚的案件，在作出行政处罚决定前，校外培训主管部门应当书面告知当事人拟作出的行政处罚内容及事实、理由、依据，并告知当事人依法享有的陈述权、申辩权。

当事人提出陈述、申辩意见的，校外培训主管部门应当充分听取当事人的意见，对当事人提出的事实、理由和证据进行复核，当事人提出的事实、理由或者证据成立的，校外培训主管部门应当采纳。

第三十条　校外培训主管部门拟作出下列行政处罚决定的，应当告知当事人有要求听证的权利：

（一）对自然人处 3 万元以上、对法人或者其他组织处 10 万元以上的罚款；

（二）没收 10 万元以上违法所得；

（三）本办法第五条第（三）（四）（五）（六）项行政处罚；

（四）法律、法规、规章规定的其他情形。

当事人依法要求听证的，应当自告知书送达之日起五日内提出，由校外培训主管部门负责法制审核的机构按照行政处罚法等相关法律法规规定的程序组织听证程序。听证结束后，校外培训主管部门应当根据听证笔录，依法作出决定。

第三十一条　当事人自告知书送达之日起五日内，未行使陈述、申辩权，视为放弃此权利。

第三十二条　校外培训主管部门在作出行政处罚决定前，应当责令当事人限期改正，当事人及时改正并积极消除危害后果的，可以依法从轻、减轻或者免予处罚。

第三十三条　有下列情形之一，在行政机关负责人作出行政处罚的决定前，应当由校外培训主管部门负责法制审核的机构进行法制审核，未经法制审核或者审核未通过的，不得作出决定：

（一）涉及重大公共利益的；

（二）直接关系当事人或者第三人重大权益，经过听证程序的；

（三）案件情况疑难复杂、涉及多个法律关系的；

（四）法律、法规规定应当进行法制审核的其他情形。

前款第二项规定的案件，应当在听证程序结束后进行法制审核。

第三十四条　调查终结，校外培训主管部门负责人应当对调查结果进行审查，根据行政处罚法的规定作出决定。

对本办法第三十三条规定的情形以及其他情节复杂或者重大违法行为给予行政处罚，校外培训主管部门负责人应当在行政处罚事先告知书作出之前集体讨论决定。

校外培训主管部门作出行政处罚决定，应当制作行政处罚决定书，行政处罚决定书应当根据行政处罚法的规定载明有关内容，并加盖本部门印章。

第三十五条　行政处罚决定书应当在宣告后当场交付当事人；当事人不在场的，应当在七日内依照民事诉讼法的有关规定送达当事人。

当事人同意并签订确认书的，校外培训主管部门可以采用传真、电子邮件等方式，将行政处罚决定书等送达当事人。

当事人下落不明，或者依照民事诉讼法规定的其他方式无法送达的，可以公告送达。自发出公告之日起，经过三十日，即视为送达。公告送达，应当在案卷中记明原因和经过。

第三十六条　行政处罚决定书送达后当事人在法定期限内不申请行政复议或者提起行政诉讼，又不履行处罚决定的，校外培训主管部门可以自期限届满之日起三个月内依法申请人民法院强制执行。

第三十七条　行政处罚有下列情形之一的，经校外培训主管部门负责人批准，案件结案：

（一）处罚决定执行完毕的；

（二）已依法申请人民法院强制执行的；

（三）案件终止调查的；

（四）其他应当结案的情形。

行政处罚案件材料应当按照有关法律法规和档案管理规定归档保存。

第五章　执法监督

第三十八条　校外培训主管部门应当建立执法监督制度。

上级校外培训主管部门应当加强对下级校外培训主管部门行政处罚工作的指导。

具有一定社会影响的校外培训行政处罚决定应当依法向社会公开。

第三十九条　对于重大违法案件,上级校外培训主管部门可以挂牌督办,提出办理要求,督促下级部门限期办理。

第四十条　县级以上人民政府校外培训主管部门应当建立违法案件统计报告制度,定期将本行政区域内的校外培训违法形势分析、案件发生情况、查处情况等逐级上报。

第四十一条　校外培训主管部门实施校外培训行政处罚,有下列情形之一的,由有关部门对直接负责的主管人员和其他直接责任人员依法给予处分:

(一)对违法行为未依法采取制止措施的;

(二)应当依法给予行政处罚而未依法处罚的;

(三)应当依法申请强制执行、移送有关机关追究责任,而未依法申请强制执行、移送有关机关的;

(四)有行政处罚法、民办教育促进法等法律法规规定的其他超越职权、滥用职权、徇私舞弊、玩忽职守情形的。

第六章　附　则

第四十二条　本办法中的"违法所得"是指违法开展校外培训所收取的全部款项,依法已经予以退还的预收费未消课款项,可以扣除。法律、行政法规、规章对违法所得的计算另有规定的,从其规定。

第四十三条　本办法中"以上""以下"含本数,"五日""七日"的规定是指工作日,不含法定节假日。

第四十四条　本办法自2023年10月15日起施行。

(五)高等教育

中华人民共和国高等教育法

· 1998年8月29日第九届全国人民代表大会常务委员会第四次会议通过

· 根据2015年12月27日第十二届全国人民代表大会常务委员会第十八次会议《关于修改〈中华人民共和国高等教育法〉的决定》第一次修正

· 根据2018年12月29日第十三届全国人民代表大会常务委员会第七次会议《关于修改〈中华人民共和国电力法〉等四部法律的决定》第二次修正

第一章　总　则

第一条　为了发展高等教育事业,实施科教兴国战略,促进社会主义物质文明和精神文明建设,根据宪法和教育法,制定本法。

第二条　在中华人民共和国境内从事高等教育活动,适用本法。

本法所称高等教育,是指在完成高级中等教育基础上实施的教育。

第三条　国家坚持以马克思列宁主义、毛泽东思想、邓小平理论为指导,遵循宪法确定的基本原则,发展社会主义的高等教育事业。

第四条　高等教育必须贯彻国家的教育方针,为社会主义现代化建设服务、为人民服务,与生产劳动和社会实践相结合,使受教育者成为德、智、体、美等方面全面发展的社会主义建设者和接班人。

第五条　高等教育的任务是培养具有社会责任感、创新精神和实践能力的高级专门人才,发展科学技术文化,促进社会主义现代化建设。

第六条　国家根据经济建设和社会发展的需要,制定高等教育发展规划,举办高等学校,并采取多种形式积极发展高等教育事业。

国家鼓励企业事业组织、社会团体及其他社会组织和公民等社会力量依法举办高等学校,参与和支持高等教育事业的改革和发展。

第七条　国家按照社会主义现代化建设和发展社会主义市场经济的需要,根据不同类型、不同层次高等学校的实际,推进高等教育体制改革和高等教育教学改革,优化高等教育结构和资源配置,提高高等教育的质量和效益。

第八条　国家根据少数民族的特点和需要,帮助和支持少数民族地区发展高等教育事业,为少数民族培养高级专门人才。

第九条　公民依法享有接受高等教育的权利。

国家采取措施,帮助少数民族学生和经济困难的学生接受高等教育。

高等学校必须招收符合国家规定的录取标准的残疾学生入学,不得因其残疾而拒绝招收。

第十条　国家依法保障高等学校中的科学研究、文学艺术创作和其他文化活动的自由。

在高等学校中从事科学研究、文学艺术创作和其他文化活动,应当遵守法律。

第十一条　高等学校应当面向社会,依法自主办学,实行民主管理。

第十二条　国家鼓励高等学校之间、高等学校与科学研究机构以及企业事业组织之间开展协作,实行优势互补,提高教育资源的使用效益。

国家鼓励和支持高等教育事业的国际交流与合作。

第十三条　国务院统一领导和管理全国高等教育事业。

省、自治区、直辖市人民政府统筹协调本行政区域内的高等教育事业,管理主要为地方培养人才和国务院授权管理的高等学校。

第十四条　国务院教育行政部门主管全国高等教育工作,管理由国务院确定的主要为全国培养人才的高等学校。国务院其他有关部门在国务院规定的职责范围内,负责有关的高等教育工作。

第二章　高等教育基本制度

第十五条　高等教育包括学历教育和非学历教育。

高等教育采用全日制和非全日制教育形式。

国家支持采用广播、电视、函授及其他远程教育方式实施高等教育。

第十六条　高等学历教育分为专科教育、本科教育和研究生教育。

高等学历教育应当符合下列学业标准:

(一)专科教育应当使学生掌握本专业必备的基础理论、专门知识,具有从事本专业实际工作的基本技能和初步能力;

(二)本科教育应当使学生比较系统地掌握本学科、专业必需的基础理论、基本知识,掌握本专业必要的基本技能、方法和相关知识,具有从事本专业实际工作和研究工作的初步能力;

(三)硕士研究生教育应当使学生掌握本学科坚实的基础理论、系统的专业知识,掌握相应的技能、方法和相关知识,具有从事本专业实际工作和科学研究工作的能力。博士研究生教育应当使学生掌握本学科坚实宽广的基础理论、系统深入的专业知识、相应的技能和方法,具有独立从事本学科创造性科学研究工作和实际工作的能力。

第十七条　专科教育的基本修业年限为二至三年,本科教育的基本修业年限为四至五年,硕士研究生教育的基本修业年限为二至三年,博士研究生教育的基本修业年限为三至四年。非全日制高等学历教育的修业年限应当适当延长。高等学校根据实际需要,可以对本学校的修业年限作出调整。

第十八条　高等教育由高等学校和其他高等教育机构实施。

大学、独立设置的学院主要实施本科及本科以上教育。高等专科学校实施专科教育。经国务院教育行政部门批准,科学研究机构可以承担研究生教育的任务。

其他高等教育机构实施非学历高等教育。

第十九条　高级中等教育毕业或者具有同等学力的,经考试合格,由实施相应学历教育的高等学校录取,取得专科生或者本科生入学资格。

本科毕业或者具有同等学力的,经考试合格,由实施相应学历教育的高等学校或者经批准承担研究生教育任务的科学研究机构录取,取得硕士研究生入学资格。

硕士研究生毕业或者具有同等学力的,经考试合格,由实施相应学历教育的高等学校或者经批准承担研究生教育任务的科学研究机构录取,取得博士研究生入学资格。

允许特定学科和专业的本科毕业生直接取得博士研究生入学资格,具体办法由国务院教育行政部门规定。

第二十条　接受高等学历教育的学生,由所在高等学校或者经批准承担研究生教育任务的科学研究机构根据其修业年限、学业成绩等,按照国家有关规定,发给相应的学历证书或者其他学业证书。

接受非学历高等教育的学生,由所在高等学校或者其他高等教育机构发给相应的结业证书。结业证书应当载明修业年限和学业内容。

第二十一条　国家实行高等教育自学考试制度,经考试合格的,发给相应的学历证书或者其他学业证书。

第二十二条　国家实行学位制度。学位分为学士、硕士和博士。

公民通过接受高等教育或者自学,其学业水平达到国家规定的学位标准,可以向学位授予单位申请授予相应的学位。

第二十三条　高等学校和其他高等教育机构应当根据社会需要和自身办学条件,承担实施继续教育的工作。

第三章　高等学校的设立

第二十四条　设立高等学校,应当符合国家高等教育发展规划,符合国家利益和社会公共利益。

第二十五条　设立高等学校,应当具备教育法规定的基本条件。

大学或者独立设置的学院还应当具有较强的教学、科学研究力量,较高的教学、科学研究水平和相应规模,能够实施本科及本科以上教育。大学还必须设有三个以上国家规定的学科门类为主要学科。设立高等学校的具体标准由国务院制定。

设立其他高等教育机构的具体标准,由国务院授权的有关部门或者省、自治区、直辖市人民政府根据国务院规定的原则制定。

第二十六条 设立高等学校,应当根据其层次、类型、所设学科类别、规模、教学和科学研究水平,使用相应的名称。

第二十七条 申请设立高等学校的,应当向审批机关提交下列材料:

(一)申办报告;

(二)可行性论证材料;

(三)章程;

(四)审批机关依照本法规定要求提供的其他材料。

第二十八条 高等学校的章程应当规定以下事项:

(一)学校名称、校址;

(二)办学宗旨;

(三)办学规模;

(四)学科门类的设置;

(五)教育形式;

(六)内部管理体制;

(七)经费来源、财产和财务制度;

(八)举办者与学校之间的权利、义务;

(九)章程修改程序;

(十)其他必须由章程规定的事项。

第二十九条 设立实施本科及以上教育的高等学校,由国务院教育行政部门审批;设立实施专科教育的高等学校,由省、自治区、直辖市人民政府审批,报国务院教育行政部门备案;设立其他高等教育机构,由省、自治区、直辖市人民政府教育行政部门审批。审批设立高等学校和其他高等教育机构应当遵守国家有关规定。

审批设立高等学校,应当委托由专家组成的评议机构评议。

高等学校和其他高等教育机构分立、合并、终止,变更名称、类别和其他重要事项,由本条第一款规定的审批机关审批;修改章程,应当根据管理权限,报国务院教育行政部门或者省、自治区、直辖市人民政府教育行政部门核准。

第四章 高等学校的组织和活动

第三十条 高等学校自批准设立之日起取得法人资格。高等学校的校长为高等学校的法定代表人。

高等学校在民事活动中依法享有民事权利,承担民事责任。

第三十一条 高等学校应当以培养人才为中心,开展教学、科学研究和社会服务,保证教育教学质量达到国家规定的标准。

第三十二条 高等学校根据社会需求、办学条件和国家核定的办学规模,制定招生方案,自主调节系科招生比例。

第三十三条 高等学校依法自主设置和调整学科、专业。

第三十四条 高等学校根据教学需要,自主制定教学计划、选编教材、组织实施教学活动。

第三十五条 高等学校根据自身条件,自主开展科学研究、技术开发和社会服务。

国家鼓励高等学校同企业事业组织、社会团体及其他社会组织在科学研究、技术开发和推广等方面进行多种形式的合作。

国家支持具备条件的高等学校成为国家科学研究基地。

第三十六条 高等学校按照国家有关规定,自主开展与境外高等学校之间的科学技术文化交流与合作。

第三十七条 高等学校根据实际需要和精简、效能的原则,自主确定教学、科学研究、行政职能部门等内部组织机构的设置和人员配备;按照国家有关规定,评聘教师和其他专业技术人员的职务,调整津贴及工资分配。

第三十八条 高等学校对举办者提供的财产、国家财政性资助、受捐赠财产依法自主管理和使用。

高等学校不得将用于教学和科学研究活动的财产挪作他用。

第三十九条 国家举办的高等学校实行中国共产党高等学校基层委员会领导下的校长负责制。中国共产党高等学校基层委员会按照中国共产党章程和有关规定,统一领导学校工作,支持校长独立负责地行使职权,其领导职责主要是:执行中国共产党的路线、方针、政策,坚持社会主义办学方向,领导学校的思想政治工作和德育工作,讨论决定学校内部组织机构的设置和内部组织机构负责人的人选,讨论决定学校的改革、发展和基本管理制度等重大事项,保证以培养人才为中心的各项任务的完成。

社会力量举办的高等学校的内部管理体制按照国家有关社会力量办学的规定确定。

第四十条 高等学校的校长,由符合教育法规定的任职条件的公民担任。高等学校的校长、副校长按照国家有关规定任免。

第四十一条 高等学校的校长全面负责本学校的教学、科学研究和其他行政管理工作,行使下列职权:

(一)拟订发展规划,制定具体规章制度和年度工作计划并组织实施；

（二）组织教学活动、科学研究和思想品德教育；

（三）拟订内部组织机构的设置方案，推荐副校长人选，任免内部组织机构的负责人；

（四）聘任与解聘教师以及内部其他工作人员，对学生进行学籍管理并实施奖励或者处分；

（五）拟订和执行年度经费预算方案，保护和管理校产，维护学校的合法权益；

（六）章程规定的其他职权。

高等学校的校长主持校长办公会议或者校务会议，处理前款规定的有关事项。

第四十二条　高等学校设立学术委员会，履行下列职责：

（一）审议学科建设、专业设置，教学、科学研究计划方案；

（二）评定教学、科学研究成果；

（三）调查、处理学术纠纷；

（四）调查、认定学术不端行为；

（五）按照章程审议、决定有关学术发展、学术评价、学术规范的其他事项。

第四十三条　高等学校通过以教师为主体的教职工代表大会等组织形式，依法保障教职工参与民主管理和监督，维护教职工合法权益。

第四十四条　高等学校应当建立本学校办学水平、教育质量的评价制度，及时公开相关信息，接受社会监督。

教育行政部门负责组织专家或者委托第三方专业机构对高等学校的办学水平、效益和教育质量进行评估。评估结果应当向社会公开。

第五章　高等学校教师和其他教育工作者

第四十五条　高等学校的教师及其他教育工作者享有法律规定的权利，履行法律规定的义务，忠诚于人民的教育事业。

第四十六条　高等学校实行教师资格制度。中国公民凡遵守宪法和法律，热爱教育事业，具有良好的思想品德，具备研究生或者大学本科毕业学历，有相应的教育教学能力，经认定合格，可以取得高等学校教师资格。不具备研究生或者大学本科毕业学历的公民，学有所长，通过国家教师资格考试，经认定合格，也可以取得高等学校教师资格。

第四十七条　高等学校实行教师职务制度。高等学校教师职务根据学校所承担的教学、科学研究等任务的需要设置。教师职务设助教、讲师、副教授、教授。

高等学校的教师取得前款规定的职务应当具备下列基本条件：

（一）取得高等学校教师资格；

（二）系统地掌握本学科的基础理论；

（三）具备相应职务的教育教学能力和科学研究能力；

（四）承担相应职务的课程和规定课时的教学任务。

教授、副教授除应当具备以上基本任职条件外，还应当对本学科具有系统而坚实的基础理论和比较丰富的教学、科学研究经验，教学成绩显著，论文或者著作达到较高水平或者有突出的教学、科学研究成果。

高等学校教师职务的具体任职条件由国务院规定。

第四十八条　高等学校实行教师聘任制。教师经评定具备任职条件的，由高等学校按照教师职务的职责、条件和任期聘任。

高等学校的教师的聘任，应当遵循双方平等自愿的原则，由高等学校校长与受聘教师签订聘任合同。

第四十九条　高等学校的管理人员，实行教育职员制度。高等学校的教学辅助人员及其他专业技术人员，实行专业技术职务聘任制度。

第五十条　国家保护高等学校教师及其他教育工作者的合法权益，采取措施改善高等学校教师及其他教育工作者的工作条件和生活条件。

第五十一条　高等学校应当为教师参加培训、开展科学研究和进行学术交流提供便利条件。

高等学校应当对教师、管理人员和教学辅助人员及其他专业技术人员的思想政治表现、职业道德、业务水平和工作实绩进行考核，考核结果作为聘任或者解聘、晋升、奖励或者处分的依据。

第五十二条　高等学校的教师、管理人员和教学辅助人员及其他专业技术人员，应当以教学和培养人才为中心做好本职工作。

第六章　高等学校的学生

第五十三条　高等学校的学生应当遵守法律、法规，遵守学生行为规范和学校的各项管理制度，尊敬师长，刻苦学习，增强体质，树立爱国主义、集体主义和社会主义思想，努力学习马克思列宁主义、毛泽东思想、邓小平理论，具有良好的思想品德，掌握较高的科学文化知识和专业技能。

高等学校学生的合法权益，受法律保护。

第五十四条　高等学校的学生应当按照国家规定缴纳学费。

家庭经济困难的学生，可以申请补助或者减免学费。

第五十五条　国家设立奖学金,并鼓励高等学校、企业事业组织、社会团体以及其他社会组织和个人按照国家有关规定设立各种形式的奖学金,对品学兼优的学生、国家规定的专业的学生以及到国家规定的地区工作的学生给予奖励。

国家设立高等学校学生勤工助学基金和贷学金,并鼓励高等学校、企业事业组织、社会团体以及其他社会组织和个人设立各种形式的助学金,对家庭经济困难的学生提供帮助。

获得贷学金及助学金的学生,应当履行相应的义务。

第五十六条　高等学校的学生在课余时间可以参加社会服务和勤工助学活动,但不得影响学业任务的完成。

高等学校应当对学生的社会服务和勤工助学活动给予鼓励和支持,并进行引导和管理。

第五十七条　高等学校的学生可以在校内组织学生团体。学生团体在法律、法规规定的范围内活动,服从学校的领导和管理。

第五十八条　高等学校的学生思想品德合格,在规定的修业年限内学完规定的课程,成绩合格或者修满相应的学分,准予毕业。

第五十九条　高等学校应当为毕业生、结业生提供就业指导和服务。

国家鼓励高等学校毕业生到边远、艰苦地区工作。

第七章　高等教育投入和条件保障

第六十条　高等教育实行以举办者投入为主、受教育者合理分担培养成本、高等学校多种渠道筹措经费的机制。

国务院和省、自治区、直辖市人民政府依照教育法第五十六条的规定,保证国家举办的高等教育的经费逐步增长。

国家鼓励企业事业组织、社会团体及其他社会组织和个人向高等教育投入。

第六十一条　高等学校的举办者应当保证稳定的办学经费来源,不得抽回其投入的办学资金。

第六十二条　国务院教育行政部门会同国务院其他有关部门根据在校学生年人均教育成本,规定高等学校年经费开支标准和筹措的基本原则;省、自治区、直辖市人民政府教育行政部门会同有关部门制订本行政区域内高等学校年经费开支标准和筹措办法,作为举办者和高等学校筹措办学经费的基本依据。

第六十三条　国家对高等学校进口图书资料、教学科研设备以及校办产业实行优惠政策。高等学校所办产业或者转让知识产权以及其他科学技术成果获得的收益,用于高等学校办学。

第六十四条　高等学校收取的学费应当按照国家有关规定管理和使用,其他任何组织和个人不得挪用。

第六十五条　高等学校应当依法建立、健全财务管理制度,合理使用、严格管理教育经费,提高教育投资效益。

高等学校的财务活动应当依法接受监督。

第八章　附　则

第六十六条　对高等教育活动中违反教育法规定的,依照教育法的有关规定给予处罚。

第六十七条　中国境外个人符合国家规定的条件并办理有关手续后,可以进入中国境内高等学校学习、研究、进行学术交流或者任教,其合法权益受国家保护。

第六十八条　本法所称高等学校是指大学、独立设置的学院和高等专科学校,其中包括高等职业学校和成人高等学校。

本法所称其他高等教育机构是指除高等学校和经批准承担研究生教育任务的科学研究机构以外的从事高等教育活动的组织。

本法有关高等学校的规定适用于其他高等教育机构和经批准承担研究生教育任务的科学研究机构,但是对高等学校专门适用的规定除外。

第六十九条　本法自1999年1月1日起施行。

高等教育自学考试暂行条例

·1988年3月3日国务院发布
·根据2014年7月29日《国务院关于修改部分行政法规的决定》修订

第一章　总　则

第一条　为建立高等教育自学考试制度,完善高等教育体系,根据宪法第十九条"鼓励自学成才"的规定,制定本条例。

第二条　本条例所称高等教育自学考试,是对自学者进行以学历考试为主的高等教育国家考试,是个人自学、社会助学和国家考试相结合的高等教育形式。

高等教育自学考试的任务,是通过国家考试促进广泛的个人自学和社会助学活动,推进在职专业教育和大学后继续教育,造就和选拔德才兼备的专门人才,提高全民族的思想道德、科学文化素质,适应社会主义现代化建设的需要。

第三条　中华人民共和国公民,不受性别、年龄、民族、种族和已受教育程度的限制,均可依照本条例的规定参加高等教育自学考试。

第四条　高等教育自学考试,应以教育为社会主义建设服务为根本方向,讲求社会效益,保证人才质量。根据经济建设和社会发展的需要,人才需求的科学预测和开考条件的实际可能,设置考试专业。

第五条　高等教育自学考试的专科(基础科)、本科等学历层次,与普通高等学校的学历层次水平的要求应相一致。

第二章　考试机构

第六条　全国高等教育自学考试指导委员会(以下简称"全国考委")在国家教育委员会领导下,负责全国高等教育自学考试工作。

全国考委由国务院教育、计划、财政、劳动人事部门的负责人,军队和有关人民团体的负责人,以及部分高等学校的校(院)长、专家、学者组成。

全国考委的职责是:

(一)根据国家的教育方针和有关政策、法规,制定高等教育自学考试的具体政策和业务规范;

(二)指导和协调各省、自治区、直辖市的高等教育自学考试工作;

(三)制定高等教育自学考试开考专业的规划,审批开考本科专业;

(四)制定和审定高等教育自学考试专业考试计划、课程自学考试大纲;

(五)根据本条例,对高等教育自学考试的有效性进行审查;

(六)组织高等教育自学考试的研究工作。

国家教育委员会设立高等教育自学考试工作管理机构,该机构同时作为全国考委的日常办事机构。

第七条　全国考委根据工作需要设立若干专业委员会,负责拟订专业考试计划和课程自学考试大纲,组织编写和推荐适合自学的高等教育教材,对本专业考试工作进行业务指导和质量评估。

第八条　省、自治区、直辖市高等教育自学考试委员会(以下简称"省考委")在省、自治区、直辖市人民政府领导和全国考委指导下进行工作。省考委的组成,参照全国考委的组成确定。

省考委的职责是:

(一)贯彻执行高等教育自学考试的方针、政策、法规和业务规范;

(二)在全国考委关于开考专业的规划和原则的指导下,结合本地实际拟定开考专业,指定主考学校;

(三)组织本地区开考专业的考试工作;

(四)负责本地区应考者的考籍管理,颁发单科合格证书和毕业证书;

(五)指导本地区的社会助学活动;

(六)根据国家教育委员会的委托,对已经批准建校招生的成人高等学校的教学质量,通过考试的方法进行检查。

省、自治区、直辖市教育行政部门设立高等教育自学考试工作管理机构,该机构同时作为省考委的日常办事机构。

第九条　省、自治区人民政府的派出机关所辖地区(以下简称"地区")、市、直辖市的市辖区高等教育自学考试工作委员会(以下简称"地市考委")在地区行署或市(区)人民政府领导和省考委的指导下进行工作。

地市考委的职责是:

(一)负责本地区高等教育自学考试的组织工作;

(二)指导本地区的社会助学活动;

(三)负责组织本地区高等教育自学考试毕业人员的思想品德鉴定工作。

地市考委的日常工作由当地教育行政部门负责。

第十条　主考学校由省考委遴选专业师资力量较强的全日制普通高等学校担任。主考学校在高等教育自学考试工作上接受省考委的领导,参与命题和评卷,负责有关实践性学习环节的考核,在毕业证书上副署,办理省考委交办的其他有关工作。

主考学校应设立高等教育自学考试办事机构,根据任务配备专职工作人员,所需编制列入学校总编制数内,由学校主管部门解决。

第三章　开考专业

第十一条　高等教育自学考试开考专科新专业,由省考委确定;开考本科新专业,由省考委组织有关部门和专家进行论证,并提出申请,报全国考委审批。

第十二条　可以实行省际协作开考新专业。

第十三条　开考新专业必须具备下列条件:

(一)有健全的工作机构、必要的专职人员和经费;

(二)有符合本条例第十条规定的主考学校;

(三)有专业考试计划;

(四)有保证实践性环节考核的必要条件。

第十四条　开考承认学历的新专业,一般应在普通高等学校已有专业目录中选择确定。

第十五条　国务院各部委、各直属机构和军队系统要求开考本系统所需专业的,可以委托省考委组织办理,或由全国考委协调办理。

第十六条　全国考委每年一次集中进行专业审批。省考委应于每年6月底前将申报材料报送全国考委,逾期者延至下一年度重新申报办理。审批结果由全国考委于当年第三季度内下达。凡批准开考的专业均可于次年接受报考,并于首次开考前半年向社会公布开考专业名称和专业考试计划。

第四章　考试办法

第十七条　高等教育自学考试的命题由全国考委统筹安排,分别采取全国统一命题、区域命题、省级命题三种办法。逐步建立题库,实现必要的命题标准化。

试题(包括副题)及参考答案、评分标准启用前属绝密材料。

第十八条　各专业考试计划的安排,专科(基础科)一般为3至4年,本科一般为4至5年。

第十九条　按照专业考试计划的要求,每门课程进行一次性考试。课程考试合格者,发给单科合格证书,并按规定计算学分。不及格者,可参加下一次该门课程的考试。

第二十条　报考人员可在本地区的开考专业范围内,自愿选择考试专业,但根据专业要求对报考对象作职业上必要限制的专业除外。

提倡在职人员按照学用一致的原则选择考试专业。

各级各类全日制学校的在校生不得报考。

第二十一条　报考人员应按本地区的有关规定,到省考委或地市考委指定的单位办理报名手续。

第二十二条　已经取得高等学校研究生、本科生或专科生学历的人员参加高等教育自学考试的,可以按照有关规定免考部分课程。

第二十三条　高等教育自学考试以地区、市、直辖市的市辖区为单位设考场。有条件的,地市考委经省考委批准可在县设考场,由地市考委直接领导。

第五章　考籍管理

第二十四条　高等教育自学考试应考者取得一门课程的单科合格证书后,省考委即应为其建立考籍管理档案。

应考者因户口迁移或工作变动需要转地区或转专业参加考试的,按考籍管理办法办理有关手续。

第二十五条　高等教育自学考试应考者符合下列规定,可以取得毕业证书:

(一)考完专业考试计划规定的全部课程,并取得合格成绩;

(二)完成规定的毕业论文(设计)或其他教学实践任务;

(三)思想品德鉴定合格。

获得专科(基础科)或本科毕业证书者,国家承认其学历。

第二十六条　符合相应学位条件的高等教育自学考试本科毕业人员,由有学位授予权的主考学校依照《中华人民共和国学位条例》的规定,授予相应的学位。

第二十七条　高等教育自学考试应考者毕业时间,为每年的6月和12月。

第六章　社会助学

第二十八条　国家鼓励企业、事业单位和其他社会力量,根据高等教育自学考试的专业考试计划和课程自学考试大纲的要求,通过电视、广播、函授、面授等多种形式开展助学活动。

第二十九条　各种形式的社会助学活动,应当接受高等教育自学考试机构的指导和教育行政部门的管理。

第三十条　高等教育自学考试辅导材料的出版、发行,应遵守国家的有关规定。

第七章　毕业人员的使用与待遇

第三十一条　高等教育自学考试专科(基础科)或本科毕业证书获得者,在职人员由所在单位或其上级主管部门本着用其所学、发挥所长的原则,根据工作需要,调整他们的工作;非在职人员(包括农民)由省、自治区、直辖市劳动人事部门根据需要,在编制和增人指标范围内有计划地择优录用或聘用。

第三十二条　高等教育自学考试毕业证书获得者的工资待遇:非在职人员录用后,与普通高等学校同类毕业生相同;在职人员的工资待遇低于普通高等学校同类毕业生的,从获得毕业证书之日起,按普通高等学校同类毕业生工资标准执行。

第八章　考试经费

第三十三条　县以上各级所需高等教育自学考试经费,按照现行财政管理体制,在教育事业费中列支。地方各级人民政府应妥善安排,予以保证。

第三十四条　各业务部门和军队系统要求开考本部门、本系统所需专业的,须向高等教育自学考试机构提供考试补助费。

第三十五条　高等教育自学考试所收缴的报名费,应用于高等教育自学考试工作,不得挪作他用。

第九章　奖励和处罚

第三十六条　有下列情形之一的个人或单位,可由全国考委或省考委给予奖励:

(一)参加高等教育自学考试成绩特别优异或事迹突出的;

(二)从事高等教育自学考试工作,作出重大贡献的;

(三)从事高等教育自学考试的社会助学工作,取得显著成绩的。

第三十七条　高等教育自学考试应考者在考试中有夹带、传递、抄袭、换卷、代考等舞弊行为以及其他违反考试规则的行为,省考委视情节轻重,分别给予警告、取消考试成绩、停考1至3年的处罚。

第三十八条　高等教育自学考试工作人员和考试组织工作参与人员有下列行为之一的,省考委或其所在单位取消其考试工作人员资格或给予行政处分:

(一)涂改应考者试卷、考试分数及其他考籍档案材料的;

(二)在应考者证明材料中弄虚作假的;

(三)纵容他人实施本条(一)、(二)项舞弊行为的。

第三十九条　有下列破坏高等教育自学考试工作行为之一的个人,由公安机关或司法机关依法追究法律责任:

(一)盗窃或泄露试题及其他有关保密材料的;

(二)扰乱考场秩序不听劝阻的;

(三)利用职权徇私舞弊,情节严重的。

第十章　附　则

第四十条　国家教育委员会根据本条例制定实施细则。

省、自治区、直辖市人民政府可以根据本条例和国家教育委员会的实施细则,制定具体实施办法。

第四十一条　本条例由国家教育委员会负责解释。

第四十二条　本条例自发布之日起施行。

1981年1月13日《国务院批转教育部关于高等教育自学考试试行办法的报告》和1983年5月3日《国务院批转教育部等部门关于成立全国高等教育自学考试指导委员会的请示的通知》同时废止。

普通高等学校设置暂行条例

· 1986年12月15日
· 国发〔1986〕108号

第一章　总　则

第一条　为了加强高等教育的宏观管理,保证普通高等学校的教育质量,促进高等教育事业有计划、按比例地协调发展,制定本条例。

第二条　本条例所称的普通高等学校,是指以通过国家规定的专门入学考试的高级中学毕业学生为主要培养对象的全日制大学、独立设置的学院和高等专科学校、高等职业学校。

普通高等学校的设置,由国家教育委员会审批。

第三条　国家教育委员会应当根据经济建设和社会发展的需要、人才需求的科学预测和办学条件的实际可能,编制全国普通高等教育事业发展规划,调整普通高等教育的结构,妥善地处理发展普通高等教育同发展成人高等教育、中等专业教育和基础教育的关系,合理地确定科类和层次。

第四条　国家教育委员会应当根据学校的人才培养目标、招生及分配面向地区以及现有普通高等学校的分布状况等,统筹规划普通高等学校的布局,并注意在高等教育事业需要加强的省、自治区有计划地设置普通高等学校。

第五条　凡通过现有普通高等学校的扩大招生、增设专业、接受委托培养、联合办学及发展成人高等教育等途径,能够基本满足人才需求的,不另行增设普通高等学校。

第二章　设置标准

第六条　设置普通高等学校,应当配备具有较高政治素质和管理高等教育工作的能力、达到大学本科毕业文化水平的专职校(院)长和副校(院)长。同时,还应当配备专职思想政治工作和系科、专业的负责人。

第七条　设置普通高等学校,须按下列规定配备与学校的专业设置、学生人数相适应的合格教师。

(一)大学及学院在建校招生时,各门公共必修课程和专业基础必修课程,至少应当分别配备具有讲师职务以上的专任教师2人;各门专业必修课程,至少应当分别配备具有讲师职务以上的专任教师1人。具有副教授职务以上的专任教师人数,应当不低于本校(院)专任教师总数的百分之十。

(二)高等专科学校及高等职业学校在建校招生时,各门公共必修课程和专业基础必修课程,至少应当分别配备具有讲师职务以上的专任教师 2 人;各门主要专业课程至少应当分别配备具有讲师职务以上的专任教师 1 人。具有副教授职务以上的专任教师人数,应当不低于本校专任教师总数的百分之五。

(三)大学及学院的兼任教师人数,应当不超过本校(院)专任教师人数的四分之一;高等专科学校的兼任教师人数,应当不超过本校专任教师的三分之一;高等职业学校的兼任教师人数,应当不超过本校专任教师的二分之一。

少数地区或特殊科类的普通高等学校建校招生,具有副教授职务以上的专任教师达不到(一)、(二)项要求的,需经国家教育委员会批准。

第八条 设置普通高等学校,须有与学校的学科门类和规模相适应的土地和校舍,保证教学、生活、体育锻炼及学校长远发展的需要。普通高等学校的占地面积及校舍建筑面积,参照国家规定的一般高等学校校舍规划面积的定额核算。

普通高等学校的校舍可分期建设,但其可供使用的校舍面积,应当保证各年度招生的需要。

第九条 普通高等学校在建校招生时,大学及学院的适用图书,文科、政法、财经院校应当不少于 8 万册;理、工、农、医院校应当不少于 6 万册。高等专科学校及高等职业学校的适用图书,文科、政法、财经学校应当不少于 5 万册;理、工、农、医学校应当不少于 4 万册。并应当按照专业性质、学生人数分别配置必需的仪器、设备、标本、模型。

理、工、农院校应当有必需的教学实习工厂或农(林)场和固定的生产实习基地;师范院校应当有附属的实验学校或固定的实习学校;医学院校至少应当有一所附属医院和适应需要的教学医院。

第十条 设置普通高等学校所需的基本建设投资和教育事业费,须有稳定的来源和切实的保证。

第三章 学校名称

第十一条 设置普通高等学校,应当根据学校的人才培养目标、学科门类、规模、领导体制、所在地等,确定名实相符的学校名称。

第十二条 称为大学的,须符合下列规定:

(一)主要培养本科及本科以上专门人才;

(二)在文科(含文学、历史、哲学、艺术)、政法、财经、教育(含体育)、理科、工科、农林、医药等 8 个学科门类中,以 3 个以上不同学科为主要学科;

(三)具有较强的教学、科学研究力量和较高的教学、科学研究水平;

(四)全日制在校学生计划规模在 5000 人以上。但边远地区或有特殊需要,经国家教育委员会批准,可以不受此限。

第十三条 称为学院的,须符合下列规定:

(一)主要培养本科及本科以上专门人才;

(二)以本条例第十二条第(二)项所列学科门类中的一个学科为主要学科;

(三)全日制在校学生计划规模在 3000 人以上。但艺术、体育及其他特殊科类或有特殊需要的学院,经国家教育委员会批准,可以不受此限。

第十四条 称为高等专科学校的,须符合下列规定:

(一)主要培养高等专科层次的专门人才;

(二)以本条例第十二条第(二)项所列学科门类中的一个学科为主要学科;

(三)全日制在校学生计划规模在 1000 人以上。但边远地区或有特殊需要的学校,经国家教育委员会批准,可以不受此限。

第十五条 称为高等职业学校的,须符合下列规定:

(一)主要培养高等专科层次的专门人才;

(二)以职业技术教育为主;

(三)全日制在校学生计划规模在 1000 人以上。但边远地区或有特殊需要的学校,经国家教育委员会批准,可以不受此限。

第四章 审批验收

第十六条 国家教育委员会每年第三季度办理设置普通高等学校的审批手续。设置普通高等学校的主管部门,应当在每年第三季度以前提出申请,逾期则延至下一年度审批时间办理。

第十七条 设置普通高等学校的审批程序,一般分为审批筹建和审批正式建校招生两个阶段。完全具备建校招生条件的,也可以直接申请正式建校招生。

第十八条 设置普通高等学校,应当由学校的主管部门邀请教育、计划、人才需求预测、劳动人事、财政、基本建设等有关部门和专家共同进行论证,并提出论证报告。

论证报告应当包括下列内容:

(一)拟建学校的名称、校址、学科门类、专业设置、人才培养目标、规模、领导体制、招生及分配面向地区;

(二)人才需求预测、办学效益、高等教育的布局;

(三)拟建学校的师资来源、经费来源、基建计划。

第十九条 凡经过论证,确需设置普通高等学校的,按学校隶属关系,由省、自治区、直辖市人民政府或国务院有关部门向国家教育委员会提出筹建普通高等学校申请书,并附交论证报告。

国务院有关部门申请筹建普通高等学校,还应当附交学校所在地的省、自治区、直辖市人民政府的意见书。

第二十条 普通高等学校的筹建期限,从批准之日起,应当不少于1年,但最长不得超过5年。

第二十一条 经批准筹建的普通高等学校,凡符合本条例第二章规定的,按学校隶属关系,由省、自治区、直辖市人民政府或国务院有关部门向国家教育委员会提出正式建校招生申请书,并附交筹建情况报告。

第二十二条 国家教育委员会在接到筹建普通高等学校申请书,或正式建校招生申请书后,应当进行审查,并做出是否准予筹建或正式建校招生的决定。

第二十三条 为保证新建普通高等学校的办学质量,由国家教育委员会或它委托的机构,对新建普通高等学校第一届毕业生进行考核验收。

第二十四条 经批准建立的普通高等学校,从批准正式建校招生之日起10年内,应当达到审定的计划规模及正常的教师配备标准和办学条件。国家教育委员会或它委托的机构负责对此进行审核验收。

第五章 检查处理

第二十五条 凡违反本规定有下列情形之一的,由国家教育委员会区别情况,责令其调整、整顿、停止招生或停办:

(一)虚报条件,筹建或建立普通高等学校的;

(二)擅自筹建或建校招生的;

(三)超过筹建期限,未具备招生条件的;

(四)第一届毕业生经考核验收达不到规定要求的;

(五)在规定期限内,达不到审定的计划规模及正常的教师配备标准和办学条件的。

第六章 附 则

第二十六条 对本条例施行前设置或变更学校名称的普通高等学校,应当参照本条例,进行整顿。整顿办法,由国家教育委员会另行制定。

第二十七条 本条例由国家教育委员会负责解释。

第二十八条 本条例自发布之日起施行。

高等教育管理职责暂行规定

·1986年3月12日
·国发〔1986〕32号

为了加强和改进对高等教育的宏观指导和管理,扩大高等学校的管理权限,进一步调动学校和广大师生员工、办学单位和用人部门等各方面的积极性,使高等教育更好地为社会主义现代化建设服务,现就国家教育委员会、国务院有关部门和省、自治区、直辖市人民政府对高等教育的管理职责及扩大高等学校的管理权限,作如下规定:

一、国家教育委员会在国务院的领导下,主管全国高等教育工作,其主要职责是:

(一)贯彻执行党和国家有关高等教育的方针政策、法律和行政法规,制订高等教育工作的具体政策和规章。

指导、检查各省、自治区、直辖市,国务院各有关部门和高等学校对党和国家有关高等教育的方针政策、法律和行政法规的贯彻执行。

(二)组织进行全国专门人才需求预测,编制全国高等教育事业发展规划和年度招生计划,调整高等教育的结构和布局。审批高等学校(含高等专科学校,下同)、研究生院的设置、撤销和调整。制订招生和毕业生分配工作的规定,编制国家统一调配的毕业生年度分配方案。

(三)制订高等学校、研究生院的设置标准。制订高等学校的基本专业目录与专业设置标准,组织审批专业设置。

(四)会同国务院有关部门制订高等教育的基建投资、事业经费、人员编制、劳动和统配物资设备的管理制度和定额标准的原则;对中央一级高等教育的基建投资、教育和科学研究经费、专项费用、外汇和统配物资设备的分配方案提出指导性建议;掌管用于调节高等教育协调发展和支持重点学科建设的基建投资、事业经费和人员编制。管理国外高等教育援款、贷款工作。

(五)制订高等学校人事管理的规章制度,规划、组织高等学校师资队伍和干部队伍建设。根据国务院《关于实行专业技术职务聘任制度的规定》,对高等学校这方面的工作进行组织和指导。

(六)指导高等学校的思想政治工作、教学工作、体育工作、卫生工作和总务工作。确定研究生、本科生、专科生的修业年限和培养规格。制订指导性的教学文件,规划、组织教材编审。组织检查、评估高等学校的教育质量。

(七)指导和管理高等学校和科学研究机构招收、培养研究生工作。指导学位授予工作。指导和管理高等学校博士后科研流动站工作。

(八)指导高等学校的科学研究工作。配合国家科学技术研究的主管部门,组织制订高等学校科学研究的规划和管理制度。促进学校与科学研究、生产、社会等部门的协作、联合及校际合作。

（九）指导和管理到国外高等学校留学人员、来华留学人员以及对外智力援助的工作，促进高等学校的国际学术交流与合作。

（十）组织为高等学校提供教育情报、人才需求信息和考试等方面的服务工作。

（十一）统一指导各种形式的成人高等教育，编制成人高等教育发展规划，制订和下达年度招生计划。会同国务院有关部门编制继续教育规划。

（十二）直接管理少数高等学校。

二、国务院有关部门在国家教育委员会的指导下，管理其直属高等学校，其主要职责是：

（一）贯彻执行党和国家有关高等教育的方针政策、法律和行政法规。

（二）组织进行本系统、本行业专门人才的需求预测，编制直接管理的高等学校的发展规划、年度招生计划和自行分配部分的毕业生分配计划。指导招生和毕业生分配工作。

（三）对直接管理的高等学校的设置、撤销和调整及所属专业的设置和重点学科建设进行审查，向国家教育委员会提出申请或建议。接受国家教育委员会的委托，按照有关规定，审批直接管理的高等专科学校所属专业的增设和撤销。

（四）负责直接管理的高等学校的基建投资、统配物资设备、事业经费预算的分配和决算的审核。

（五）指导直接管理的高等学校的思想政治工作、教学工作、科学研究工作和总务工作。任免学校主要负责人。根据国务院《关于实行专业技术职务聘任制度的规定》，对直接管理的高等学校这方面的工作进行组织和指导。

（六）按照国家教育委员会统一部署，会同有关省、自治区、直辖市对高等学校对口专业的教育质量组织评估，组织和规划对口专业的教材编审。

（七）指导和协调高等学校学生在本系统的生产实习和社会实践。鼓励高等学校有关专业、研究机构参加本系统的科学技术开发，促进企业与学校的联系。

（八）鼓励直接管理的高等学校面向社会办学，实行本部门与国务院有关部门、本部门与地方联合办学。

（九）管理本部门成人高等教育、专业培训、继续教育和有关教材编审的工作。

三、省、自治区、直辖市人民政府管理本地区内的高等学校，其主要职责是：

（一）负责指导、检查本地区内各高等学校对党和国家有关高等教育的方针政策、法律和法规的贯彻执行。

（二）组织进行本地区专门人才的需求预测，编制直接管理的高等学校的发展规划、年度招生计划，组织领导招生和毕业生分配工作。对直接管理的高等学校的设置、撤销和调整及专业设置进行审查，向国家教育委员会提出申请或建议。接受国家教育委员会的委托，按照国家有关规定，审批直接管理的高等专科学校所属专业的增设和撤销。

（三）负责直接管理的高等学校的基建投资、统配物资设备、事业经费预算的分配和决算的审核。

（四）指导直接管理的高等学校的思想政治工作、教学工作、科学研究工作和总务工作。任免学校主要负责人。根据国务院《关于实行专业技术职务聘任制度的规定》，对这些高等学校和部分国务院有关部门直接管理的高等学校这方面的工作，进行组织和指导。帮助本地区内各高等学校的总务工作逐步实现社会化。

（五）组织本地区内各高等学校的校际协作和经验交流，进行教育质量的检查与评估。指导和协调高等学校学生在本地区内的生产实习和社会实践。

（六）鼓励本地区各高等学校面向社会办学和跨地区、跨部门联合办学。在国家教育委员会指导下，对国务院有关部门直接管理的高等学校，在保证投资、经费和人才需求等条件下，统筹组织联合办学的试点。促进高等学校与科学研究、生产等部门的联合与协作。

（七）管理本地区所属成人高等教育。

四、扩大高等学校管理权限，增强高等学校适应经济和社会发展需要的能力，其主要内容是：

（一）在保证完成国家下达的培养人才任务的前提下，可以按照国家规定的比例实行跨部门、跨地区的联合办学，接受委托培养生和自费生。可以提出招生来源计划建议，按照国家有关规定，录取学生，处理和淘汰不合格的学生。落实国家下达的毕业生分配计划，制订毕业生分配方案，并向用人单位推荐部分毕业生。

（二）执行勤俭办学的方针并在遵守国家财务制度的前提下，按照"包干使用，超支不补，节余留用，自求平衡"的经费预算管理原则，可以安排使用主管部门核定的年度事业经费。

接受委托培养生、自费生，举办干部专修科、函授、夜大学及社会技术服务和咨询取得的收入，按照国家有关规定安排用于发展事业、集体福利和个人奖励。

（三）按照主管部门批准的总体设计任务书、总体规划、长远和年度基建计划，在向主管部门实行投资包干的前提下，可以自行择优选择设计施工单位。在保证实现投资效益的前提下，经过主管部门批准可以自行审定设计文件,调整长远和年度基建计划。包干投资,节余留成使用,超支不补。

(四)按照干部管理权限,可以根据规定的干部条件、编制和选拔步骤由校长提名报请任免副校长;任免其他各级行政人员;聘任、辞退教师和辞退职工。

(五)经过批准的高等学校,可以按照国家有关规定,评定副教授的任职资格,其中少数具备条件的高等学校,可以评定教授的任职资格;审定授予硕士学位的学科、专业,增补博士研究生导师。

(六)根据党和国家的教育方针政策及修业年限、培养规格,可以按社会需要调整专业服务方向,制订教学计划(培养方案)、教学大纲,选用教材,进行教学内容和方法的改革。

(七)在保证完成国家下达的科学研究任务的前提下,可以自行决定参加科学研究项目的投标,承担其他单位委托的科学研究任务,面向社会开展技术服务和咨询。

在不需要主管部门增加基建投资、事业经费和人员编制的情况下,可以自行决定单独设立或与其他单位合办科学研究机构或教学、科学研究、生产的联合体。可以接受企业单位的资助并决定其使用重点。

(八)在国家外事政策和有关规定的范围内,积极开展对外交流活动。凡属学校自筹经费(含留成外汇),经过上一级主管部门批准认为可以接受的对方资助或在主管部门下达的经费外汇限额内,可以决定出国和来华的学术交流人员。经过批准的学校可以自行负责出国人员的政治审查。

教育部直属师范大学本研衔接师范生
公费教育实施办法

·2024 年 5 月 28 日
·国办发〔2024〕27 号

第一章　总　则

第一条　为优化师范生公费教育制度,加强研究生层次中小学教师培养,以教育家精神为引领,吸引优秀人才从教,进一步形成尊师重教的浓厚氛围,促进教育公平与质量提升,特制定本办法。

第二条　本办法所称本研衔接师范生公费教育是指国家在北京师范大学、华东师范大学、东北师范大学、华中师范大学、陕西师范大学和西南大学六所教育部直属师范大学(以下简称部属师范大学)面向师范专业学生实行的,本科和研究生阶段一体设计、分段考核、有机衔接,由中央财政承担学生在校期间学费、住宿费并给予生活费补助的培养管理制度。

第三条　本研衔接师范生公费教育面向全国,重点为中西部地区省会城市之外的地(市、州、盟)及以下行政区域培养研究生层次中小学教师,不得定向到直辖市、计划单列市或省会城市主城区任教(五个自治区、陆地边境省份、海南省、贵州省、青海省除外)。接受本研衔接师范生公费教育的学生(以下称公费师范生)由部属师范大学按照《本研衔接师范生公费教育协议》进行教育培养,在校学习期间和毕业后须按照协议约定,履行相应的责任和义务。

第二章　选拔录取

第四条　教育部根据各地中小学教师队伍建设实际需要和部属师范大学培养能力,商国家发展改革委、财政部、人力资源社会保障部统筹制定每年公费师范生招生计划,确定分校招生规模与分专业招生数量,确保招生培养与教师岗位需求有效衔接。省级教育行政部门结合本地区人口数量与教育发展水平等制定计划,确定各专业公费师范生履约任教的地(市、州、盟)范围并报教育部审定,倾斜支持欠发达地区教育发展,优化公费师范生在省域内的配置。

第五条　部属师范大学招收公费师范生实行提前批次录取,重点考察学生的综合素质、职业倾向和从教潜质,择优选拔乐教、适教的优秀高中毕业生加入公费师范生队伍。各地、各部属师范大学要加大政策宣传和引导力度,通过发放招生简章、开展政策宣讲等多种方式,为高中毕业生报考公费师范生营造良好环境。

第六条　部属师范大学根据国家相关政策,制定在校期间公费师范生进入、退出的具体办法。有志从教并符合条件的非公费师范生,在入学 2 年内,经生源所在省份省级教育行政部门同意,可在教育部等部门和学校核定的公费师范生招生计划内按照所在学校有关规定转为公费师范生,签订协议并由所在学校按相关标准返还学费、住宿费,补发生活费补助。公费师范生录取后一般不得转专业,经生源所在省份省级教育行政部门同意,可按照所在学校规定的办法和程序,在公费师范专业范围内进行二次专业选择。录取后经考察不适合从教的公费师范生,在入学 1 年内,按照规定退还已享受的公费教育费用,并由所在学校根据当年高考成绩将其调整到符合录取条件的非师范专业。

第三章　分段培养

第七条　本研衔接师范生公费教育的培养目标为全

日制教育硕士专业学位研究生。学校结合本科前三年学业成绩、在校表现等对学生进行推荐免试攻读研究生（以下简称推免）综合考核，取得学校推免资格并达到学校硕士研究生录取标准的可推免录取至本校全日制教育硕士专业学位研究生，并于本科第四年开始硕士课程先修学习，所需推免名额统筹下达至学校总推免名额中。退出公费师范生培养的学生，不再具有且请推免资格。

第八条　部属师范大学统筹设计并实施公费师范生本科4年及教育硕士研究生2年培养方案，实行分流淘汰，切实保障培养质量。完成本科、硕士研究生两个阶段学校规定学业且达到学士、硕士学位授予要求的，分别取得相应学历、学位。

第四章　履约任教

第九条　公费师范生、部属师范大学和生源所在省份省级教育行政部门签订《本研衔接师范生公费教育协议》，明确三方权利和义务。公费师范生毕业后一般回生源所在省份定向地（市、州、盟）中小学任教，并承诺从事中小学教育工作6年以上。到城镇学校工作的公费师范生，应到农村义务教育学校任教服务至少1年。国家鼓励公费师范生长期从教、终身从教。

第十条　研究生一年级课程学习结束后，部属师范大学根据公费师范生本科以来的综合考核结果进行排序。公费师范生按排序在录取当年公布的生源所在省份相关专业履约任教地（市、州、盟）范围内进行选择，经就读高校确认，在《本研衔接师范生公费教育协议》中补充履约任教地（市、州、盟）信息。部属师范大学要将确认后的公费师范生履约任教地（市、州、盟）信息及时报送生源所在省份省级教育行政部门。

第十一条　公费师范生由于志愿到中西部欠发达地区任教等特殊原因不能回生源所在省份任教的，应届毕业前可申请跨省就业，经所在学校、接收省份和生源所在省份省级教育行政部门审核同意后，按有关规定程序办理跨省就业手续。

第十二条　各地要统筹规划，做好接收公费师范生就业的各项工作。省级教育行政部门会同人力资源社会保障部门按照事业单位新进人员实行公开招聘制度的要求，指导地（市、州、盟）组织用人学校在需求岗位范围内对公费师范生进行专项招聘，通过双向选择等方式切实为每位毕业的公费师范生落实任教学校和岗位。

第十三条　公费师范生毕业后均须履约任教，未履约任教或履约任教期限不足，按《本研衔接师范生公费教育协议》约定承担相应责任，违约行为纳入信用记录，并

及时与全国信用信息共享平台共享，违约相关材料归入本人人事档案。履约任务完成前不得到定向地（市、州、盟）之外从教，不得被招录（聘用）为其他公务人员。完成履约任务后即修复相关信用。省级教育行政部门要建立健全公费师范生履约动态跟踪管理机制，建立公费师范生诚信档案，强化履约管理。

第十四条　公费师范生因病、征入伍等原因不能履行协议的，须提出中止协议申请，经相关省级教育行政部门同意后，暂缓履约。待情况允许并经省级教育行政部门核实后可继续履行协议。公费师范生如确因身体原因需终止协议的，按协议约定解除协议。经学校考核，因学业水平未达到免试攻读教育硕士研究生条件的，或取得免试攻读教育硕士研究生资格但未达到教育硕士研究生学位授予条件的，经生源所在省份省级教育行政部门认可，按协议约定解除协议，并退还已享受的公费教育费用。除上述情形外，公费师范生未在学校规定学习年限内取得教育硕士研究生学历学位证书和教师资格证书的，按违约处理，须退还已享受的公费教育费用并缴纳违约金。教育部、财政部结合学生违约退费等情况，确定学校年度补助资金安排。

第十五条　公费师范生在协议规定服务期内，经相关省级教育行政部门同意，可在学校间流动。

第十六条　公费师范生在就业、任教等环节有弄虚作假或其他违规、违纪行为的，依据有关规定处理。

第五章　激励措施

第十七条　国家根据经济发展水平和财力状况，对公费师范生的生活费补助标准进行动态调整。公费师范生不享受国家励志奖学金、国家助学金和研究生学业奖学金，优秀公费师范生可享受国家奖学金。鼓励学校设立公费师范生专项奖学金。支持部属师范大学遴选优秀公费师范生参加国内外交流学习、教学技能比赛等活动。

第十八条　部属师范大学要建立公费师范生职后专业发展跟踪服务机制，持续给予支持。鼓励支持公费师范生在确保履约任教的基础上报考博士研究生，进一步提升专业水平。各地教育行政部门及中小学要创造良好条件，支持公费师范生创新开展教学，制订五年一周期的专业发展支持方案，有计划地培养公费师范生成长为基础教育领军人才、中小学校领导人员，推动地方基础教育改革发展。

第十九条　各地要落实乡村教师生活补助、艰苦边远地区津贴等优惠政策，吸引公费师范生毕业后到农村中小学任教。各地要为公费师范生到农村中小学任教提

供办公场所、周转宿舍等必要的工作生活条件。

第二十条　要把培养优秀中小学教师的工作成效作为评价部属师范大学办学水平的关键指标。对在实施本研衔接师范生公费教育工作中作出积极贡献的部属师范大学给予政策倾斜,进一步加大对师范专业的支持力度。

第六章　条件保障

第二十一条　各地要加强组织领导和制度保障,在现有事业编制总量内,妥善解决公费师范生到中小学任教所需编制。

第二十二条　各地、各部门和各有关学校要切实加强协调,建立分工明确的责任管理体系。教育行政部门会同相关部门负责做好公费师范生招生培养、就业落实、履约管理等工作;发展改革部门、中国人民银行分支机构会同教育行政部门负责做好相关领域信用体系建设工作;财政部门负责落实相关经费保障;人力资源社会保障部门负责落实公费师范生专项招聘政策等工作。

第二十三条　各地、各部属师范大学要构建地方政府、中小学与高校共同培养公费师范生的机制。推进部属师范大学统筹各类资源,建设国家师范教育基地,打造公费师范生教育教学技能实训平台,探索优秀教师培养新模式,集中最优质的资源用于公费师范生培养,全面提高公费师范生培养质量。

第二十四条　部属师范大学要根据基础教育发展和课程改革的要求,加强公费师范生师德教育,引导公费师范生树立先进的教育理念,热爱教育事业,坚定长期从教的职业理想,为将来成为优秀教师和教育专家打下牢固根基。要精心制订教育培养方案,实行"双导师"制度,安排中小学名师、高校高水平教师给公费师范生授课。强化实践教学环节,落实本科和教育硕士研究生培养阶段教育实践相关要求。

第二十五条　各地要采取措施,积极引导社会团体、企事业单位、民间组织出资奖励,对毕业后长期从事中小学教育的公费师范生给予鼓励和支持。地方教育行政、机构编制、发展改革、财政、人力资源社会保障、中国人民银行分支机构等部门和单位根据本办法,结合实际需要,制定实施方案,把本研衔接师范生公费教育各环节各方面的工作抓紧抓实抓好。

第二十六条　国家发挥部属师范大学本研衔接师范生公费教育的示范引领作用,优化师范生公费教育政策体系,加强高素质中小学教师定向培养。

第二十七条　各级教育督导部门要将本研衔接师范生公费教育工作纳入督导内容,加强督导检查并通报督导情况。教育部会同相关部门按照国家有关规定,对本研衔接师范生公费教育工作成绩突出的单位予以表彰,并及时总结推广成功经验。对本研衔接师范生公费教育保障不力的省份,将视情削减其公费师范生招生计划。

第七章　附　则

第二十八条　本办法自印发之日起施行。本办法印发前已签订《师范生公费教育协议》的部属师范大学本科一年级至三年级在读师范生,在本科三年级结束后,可根据个人意愿提出接受本研衔接公费教育申请,经学校考核通过,报生源所在省份省级教育行政部门同意并签署补充协议,可免试攻读本校全日制教育硕士研究生再履约任教,履约任教的相关要求与本办法相同。其他在本办法印发前已签订《师范生公费教育协议》的师范生,按原协议约定接受公费教育,并承担履约任教责任。违反《师范生公费教育协议》或已经按照规定程序解除协议的,不适用本办法。

普通高等学校学生管理规定

·2017 年 2 月 4 日教育部令第 41 号公布
·自 2017 年 9 月 1 日起施行

第一章　总　则

第一条　为规范普通高等学校学生管理行为,维护普通高等学校正常的教育教学秩序和生活秩序,保障学生合法权益,培养德、智、体、美等方面全面发展的社会主义建设者和接班人,依据教育法、高等教育法以及有关法律、法规,制定本规定。

第二条　本规定适用于普通高等学校、承担研究生教育任务的科学研究机构(以下称学校)对接受普通高等学历教育的研究生和本科、专科(高职)学生(以下称学生)的管理。

第三条　学校要坚持社会主义办学方向,坚持马克思主义的指导地位,全面贯彻国家教育方针;要坚持以立德树人为根本,以理想信念教育为核心,培育和践行社会主义核心价值观,弘扬中华优秀传统文化和革命文化、社会主义先进文化,培养学生的社会责任感、创新精神和实践能力;要坚持依法治校,科学管理,健全和完善管理制度,规范管理行为,将管理与育人相结合,不断提高管理和服务水平。

第四条　学生应当拥护中国共产党领导,努力学习马克思列宁主义、毛泽东思想、中国特色社会主义理论体系,深入学习习近平总书记系列重要讲话精神和治国理政新理念新思想新战略,坚定中国特色社会主义道路自信、理论自信、制度自信、文化自信,树立中国特色社会主义共同理想;应当树立爱国主义思想,具有团结统一、爱好和平、勤劳勇敢、自强不息的精神;应当增强法治观念,遵守宪法、法律、法规,遵守公民道德规范,遵守学校管理制度,具有良好的道德品质和行为习惯;应当刻苦学习,勇于探索,积极实践,努力掌握现代科学文化知识和专业技能;应当积极锻炼身体,增进身心健康,提高个人修养,培养审美情趣。

第五条　实施学生管理,应当尊重和保护学生的合法权利,教育和引导学生承担应尽的义务与责任,鼓励和支持学生实行自我管理、自我服务、自我教育、自我监督。

第二章　学生的权利与义务

第六条　学生在校期间依法享有下列权利:

(一)参加学校教育教学计划安排的各项活动,使用学校提供的教育教学资源;

(二)参加社会实践、志愿服务、勤工助学、文娱体育及科技文化创新等活动,获得就业创业指导和服务;

(三)申请奖学金、助学金及助学贷款;

(四)在思想品德、学业成绩等方面获得科学、公正评价,完成学校规定学业后获得相应的学历证书、学位证书;

(五)在校内组织、参加学生团体,以适当方式参与学校管理,对学校与学生权益相关事务享有知情权、参与权、表达权和监督权;

(六)对学校给予的处理或者处分有异议,向学校、教育行政部门提出申诉,对学校、教职员工侵犯其人身权、财产权等合法权益的行为,提出申诉或者依法提起诉讼;

(七)法律、法规及学校章程规定的其他权利。

第七条　学生在校期间依法履行下列义务:

(一)遵守宪法和法律、法规;

(二)遵守学校章程和规章制度;

(三)恪守学术道德,完成规定学业;

(四)按规定缴纳学费及有关费用,履行获得贷学金及助学金的相应义务;

(五)遵守学生行为规范,尊敬师长,养成良好的思想品德和行为习惯;

(六)法律、法规及学校章程规定的其他义务。

第三章　学籍管理

第一节　入学与注册

第八条　按国家招生规定录取的新生,持录取通知书,按学校有关要求和规定的期限到校办理入学手续。因故不能按期入学的,应当向学校请假。未请假或者请假逾期的,除因不可抗力等正当事由以外,视为放弃入学资格。

第九条　学校应当在报到时对新生入学资格进行初步审查,审查合格的办理入学手续,予以注册学籍;审查发现新生的录取通知、考生信息等证明材料,与本人实际情况不符,或者有其他违反国家招生考试规定情形的,取消入学资格。

第十条　新生可以申请保留入学资格。保留入学资格期间不具有学籍。保留入学资格的条件、期限等由学校规定。

新生保留入学资格期满前应向学校申请入学,经学校审查合格后,办理入学手续。审查不合格的,取消入学资格;逾期不办理入学手续且未有因不可抗力延迟等正当理由的,视为放弃入学资格。

第十一条　学生入学后,学校应当在3个月内按照国家招生规定进行复查。复查内容主要包括以下方面:

(一)录取手续及程序等是否合乎国家招生规定;

(二)所获得的录取资格是否真实、合乎相关规定;

(三)本人及身份证明与录取通知、考生档案等是否一致;

(四)身心健康状况是否符合报考专业或者专业类别体检要求,能否保证在校正常学习、生活;

(五)艺术、体育等特殊类型录取学生的专业水平是否符合录取要求。

复查中发现学生存在弄虚作假、徇私舞弊等情形的,确定为复查不合格,应当取消学籍;情节严重的,学校应当移交有关部门调查处理。

复查中发现学生身心状况不适宜在校学习,经学校指定的二级甲等以上医院诊断,需要在家休养的,可以按照第十条的规定保留入学资格。

复查的程序和办法,由学校规定。

第十二条　每学期开学时,学生应当按学校规定办理注册手续。不能如期注册的,应当履行暂缓注册手续。未按学校规定缴纳学费或者有其他不符合注册条件的,不予注册。

家庭经济困难的学生可以申请助学贷款或者其他形式资助,办理有关手续后注册。

学校应当按照国家有关规定为家庭经济困难学生提供教育救助,完善学生资助体系,保证学生不因家庭经济困难而放弃学业。

第二节　考核与成绩记载

第十三条　学生应当参加学校教育教学计划规定的课程和各种教育教学环节(以下统称课程)的考核,考核成绩记入成绩册,并归入学籍档案。

考核分为考试和考查两种。考核和成绩评定方式,以及考核不合格的课程是否重修或者补考,由学校规定。

第十四条　学生思想品德的考核、鉴定,以本规定第四条为主要依据,采取个人小结、师生民主评议等形式进行。

学生体育成绩评定要突出过程管理,可以根据考勤、课内教学、课外锻炼活动和体质健康等情况综合评定。

第十五条　学生每学期或者每学年所修课程或者应修学分数以及升级、跳级、留级、降级等要求,由学校规定。

第十六条　学生根据学校有关规定,可以申请辅修校内其他专业或者选修其他专业课程;可以申请跨校辅修专业或者修读课程,参加学校认可的开放式网络课程学习。学生修读的课程成绩(学分),学校审核同意后,予以承认。

第十七条　学生参加创新创业、社会实践等活动以及发表论文、获得专利授权等与专业学习、学业要求相关的经历、成果,可以折算为学分,计入学业成绩。具体办法由学校规定。

学校应当鼓励、支持和指导学生参加社会实践、创新创业活动,可以建立创新创业档案、设置创新创业学分。

第十八条　学校应当健全学生学业成绩和学籍档案管理制度,真实、完整地记载、出具学生学业成绩,对通过补考、重修获得的成绩,应当予以标注。

学生严重违反考核纪律或者作弊的,该课程考核成绩记为无效,并视其违纪或者作弊情节,给予相应的纪律处分。给予警告、严重警告、记过及留校察看处分的,经教育表现较好,可以对该课程给予补考或者重修机会。

学生因退学等情况中止学业,其在校学习期间所修课程及已获得学分,应当予以记录。学生重新参加入学考试,符合录取条件,再次入学的,其已获得学分,经录取学校认定,可以予以承认。具体办法由学校规定。

第十九条　学生应当按时参加教育教学计划规定的活动。不能按时参加的,应当事先请假并获得批准。无故缺席的,根据学校有关规定给予批评教育,情节严重

的,给予相应的纪律处分。

第二十条　学校应当开展学生诚信教育,以适当方式记录学生学业、学术、品行等方面的诚信信息,建立对失信行为的约束和惩戒机制;对有严重失信行为的,可以规定给予相应的纪律处分,对违背学术诚信的,可以对其获得学位及学术称号、荣誉等作出限制。

第三节　转专业与转学

第二十一条　学生在学习期间对其他专业有兴趣和专长的,可以申请转专业;以特殊招生形式录取的学生,国家有相关规定或者录取前与学校有明确约定的,不得转专业。

学校应当制定学生转专业的具体办法,建立公平、公正的标准和程序,健全公示制度。学校根据社会对人才需求情况的发展变化,需要适当调整专业的,应当允许在读学生转到其他相关专业就读。

休学创业或退役后复学的学生,因自身情况需要转专业的,学校应当优先考虑。

第二十二条　学生一般应当在被录取学校完成学业。因患病或者有特殊困难、特别需要,无法继续在本校学习或者不适应本校学习要求的,可以申请转学。有下列情形之一,不得转学:

(一)入学未满一学期或者毕业前一年的;

(二)高考成绩低于拟转入学校相关专业同一生源地相应年份录取成绩的;

(三)由低学历层次转为高学历层次的;

(四)以定向就业招生录取的;

(五)研究生拟转入学校、专业的录取控制标准高于其所在学校、专业的;

(六)无正当转学理由的。

学生因学校培养条件改变等非本人原因需要转学的,学校应当出具证明,由所在地省级教育行政部门协调转学到同层次学校。

第二十三条　学生转学由学生本人提出申请,说明理由,经所在学校和拟转入学校同意,由转入学校负责审核转学条件及相关证明,认为符合本校培养要求且学校有培养能力的,经学校校长办公会或者专题会议研究决定,可以转入。研究生转学还应当经拟转入专业导师同意。

跨省转学的,由转出地省级教育行政部门商转入地省级教育行政部门,按转学条件确认后办理转学手续。须转户口的由转入地省级教育行政部门将有关文件抄送转入学校所在地的公安机关。

第二十四条　学校应当按照国家有关规定,建立健全学生转学的具体办法;对转学情况应当及时进行公示,并在转学完成后3个月内,由转入学校报所在地省级教育行政部门备案。

省级教育行政部门应当加强对区域内学校转学行为的监督和管理,及时纠正违规转学行为。

第四节　休学与复学

第二十五条　学生可以分阶段完成学业,除另有规定外,应当在学校规定的最长学习年限(含休学和保留学籍)内完成学业。

学生申请休学或者学校认为应当休学的,经学校批准,可以休学。休学次数和期限由学校规定。

第二十六条　学校可以根据情况建立并实行灵活的学习制度。对休学创业的学生,可以单独规定最长学习年限,并简化休学批准程序。

第二十七条　新生和在校学生应征参加中国人民解放军(含中国人民武装警察部队),学校应当保留其入学资格或者学籍至退役后2年。

学生参加学校组织的跨校联合培养项目,在联合培养学校学习期间,学校同时为其保留学籍。

学生保留学籍期间,与其实际所在的部队、学校等组织建立管理关系。

第二十八条　休学学生应当办理手续离校。学生休学期间,学校应为其保留学籍,但不享受在校学习学生待遇。因病休学学生的医疗费按国家及当地的有关规定处理。

第二十九条　学生休学期满前应当在学校规定的期限内提出复学申请,经学校复查合格,方可复学。

第五节　退　学

第三十条　学生有下列情形之一,学校可予退学处理:

(一)学业成绩未达到学校要求或者在学校规定的学习年限内未完成学业的;

(二)休学、保留学籍期满,在学校规定期限内未提出复学申请或者申请复学经复查不合格的;

(三)根据学校指定医院诊断,患有疾病或者意外伤残不能继续在校学习的;

(四)未经批准连续两周未参加学校规定的教学活动的;

(五)超过学校规定期限未注册而又未履行暂缓注册手续的;

(六)学校规定的不能完成学业、应予退学的其他情形。

学生本人申请退学的,经学校审核同意后,办理退学手续。

第三十一条　退学学生,应当按学校规定期限办理退学手续离校。退学的研究生,按已有毕业学历和就业政策可以就业的,由学校报所在地省级毕业生就业部门办理相关手续;在学校规定期限内没有聘用单位的,应当办理退学手续离校。

退学学生的档案由学校退回其家庭所在地,户口应当按照国家相关规定迁回原户籍地或者家庭户籍所在地。

第六节　毕业与结业

第三十二条　学生在学校规定学习年限内,修完教育教学计划规定内容,成绩合格,达到学校毕业要求的,学校应当准予毕业,并在学生离校前发给毕业证书。

符合学位授予条件的,学位授予单位应当颁发学位证书。

学生提前完成教育教学计划规定内容,获得毕业所要求的学分,可以申请提前毕业。学生提前毕业的条件,由学校规定。

第三十三条　学生在学校规定学习年限内,修完教育教学计划规定内容,但未达到学校毕业要求的,学校可以准予结业,发给结业证书。

结业后是否可以补考、重修或者补作毕业设计、论文、答辩,以及是否颁发毕业证书、学位证书,由学校规定。合格后颁发的毕业证书、学位证书,毕业时间、获得学位时间按发证日期填写。

对退学学生,学校应当发给肄业证书或者写实性学习证明。

第七节　学业证书管理

第三十四条　学校应当严格按照招生时确定的办学类型和学习形式,以及学生招生录取时填报的个人信息,填写、颁发学历证书、学位证书及其他学业证书。

学生在校期间变更姓名、出生日期等证书需填写的个人信息的,应当有合理、充分的理由,并提供有法定效力的相应证明文件。学校进行审查,需要学生生源地省级教育行政部门及有关部门协助核查的,有关部门应当予以配合。

第三十五条　学校应当执行高等教育学籍学历电子注册管理制度,完善学籍学历信息管理办法,按相关规定及时完成学生学籍学历电子注册。

第三十六条　对完成本专业学业同时辅修其他专业并达到该专业辅修要求的学生,由学校发给辅修专业证书。

第三十七条　对违反国家招生规定取得入学资格或者学籍的,学校应当取消其学籍,不得发给学历证书、学位证书;已发的学历证书、学位证书,学校应当依法予以撤销。对以作弊、剽窃、抄袭等学术不端行为或者其他不正当手段获得学历证书、学位证书的,学校应当依法予以撤销。

被撤销的学历证书、学位证书已注册的,学校应当予以注销并报教育行政部门宣布无效。

第三十八条　学历证书和学位证书遗失或者损坏,经本人申请,学校核实后应当出具相应的证明书。证明书与原证书具有同等效力。

第四章　校园秩序与课外活动

第三十九条　学校、学生应当共同维护校园正常秩序,保障学校环境安全、稳定,保障学生的正常学习和生活。

第四十条　学校应当建立和完善学生参与管理的组织形式,支持和保障学生依法、依章程参与学校管理。

第四十一条　学生应当自觉遵守公民道德规范,自觉遵守学校管理制度,创造和维护文明、整洁、优美、安全的学习和生活环境,树立安全风险防范和自我保护意识,保障自身合法权益。

第四十二条　学生不得有酗酒、打架斗殴、赌博、吸毒,传播、复制、贩卖非法书刊和音像制品等违法行为;不得参与非法传销和进行邪教、封建迷信活动;不得从事或者参与有损大学生形象、有悖社会公序良俗的活动。

学校发现学生在校内有违法行为或者严重精神疾病可能对他人造成伤害的,可以依法采取或者协助有关部门采取必要措施。

第四十三条　学校应当坚持教育与宗教相分离原则。任何组织和个人不得在学校进行宗教活动。

第四十四条　学校应当建立健全学生代表大会制度,为学生会、研究生会等开展活动提供必要条件,支持其在学生管理中发挥作用。

学生可以在校内成立、参加学生团体。学生成立团体,应当按学校有关规定提出书面申请,报学校批准并施行登记和年检制度。

学生团体应当在宪法、法律、法规和学校管理制度范围内活动,接受学校的领导和管理。学生团体邀请校外组织、人员到校举办讲座等活动,需经学校批准。

第四十五条　学校提倡并支持学生及学生团体开展有益于身心健康、成长成才的学术、科技、艺术、文娱、体育等活动。

学生进行课外活动不得影响学校正常的教育教学秩序和生活秩序。

学生参加勤工助学活动应当遵守法律、法规以及学校、用工单位的管理制度,履行勤工助学活动的有关协议。

第四十六条　学生举行大型集会、游行、示威等活动,应当按法律程序和有关规定获得批准。对未获批准的,学校应当依法劝阻或者制止。

第四十七条　学生应当遵守国家和学校关于网络使用的有关规定,不得登录非法网站和传播非法文字、音频、视频资料等,不得编造或者传播虚假、有害信息;不得攻击、侵入他人计算机和移动通讯网络系统。

第四十八条　学校应当建立健全学生住宿管理制度。学生应当遵守学校关于学生住宿管理的规定。鼓励和支持学生通过制定公约,实施自我管理。

第五章　奖励与处分

第四十九条　学校、省(区、市)和国家有关部门应当对在德、智、体、美等方面全面发展或者在思想品德、学业成绩、科技创造、体育竞赛、文艺活动、志愿服务及社会实践等方面表现突出的学生,给予表彰和奖励。

第五十条　对学生的表彰和奖励可以采取授予"三好学生"称号或者其他荣誉称号、颁发奖学金等多种形式,给予相应的精神鼓励或者物质奖励。

学校对学生予以表彰和奖励,以及确定推荐免试研究生、国家奖学金、公派出国留学人选等赋予学生利益的行为,应当建立公开、公平、公正的程序和规定,建立和完善相应的选拔、公示等制度。

第五十一条　对有违反法律法规、本规定以及学校纪律行为的学生,学校应当给予批评教育,并可视情节轻重,给予如下纪律处分:

(一)警告;

(二)严重警告;

(三)记过;

(四)留校察看;

(五)开除学籍。

第五十二条　学生有下列情形之一,学校可以给予开除学籍处分:

(一)违反宪法,反对四项基本原则、破坏安定团结、扰乱社会秩序的；

（二）触犯国家法律，构成刑事犯罪的；

（三）受到治安管理处罚，情节严重、性质恶劣的；

（四）代替他人或者让他人代替自己参加考试、组织作弊、使用通讯设备或其他器材作弊、向他人出售考试试题或答案牟取利益，以及其他严重作弊或扰乱考试秩序行为的；

（五）学位论文、公开发表的研究成果存在抄袭、篡改、伪造等学术不端行为，情节严重的，或者代写论文、买卖论文的；

（六）违反本规定和学校规定，严重影响学校教育教学秩序、生活秩序以及公共场所管理秩序的；

（七）侵害其他个人、组织合法权益，造成严重后果的；

（八）屡次违反学校规定受到纪律处分，经教育不改的。

第五十三条　学校对学生作出处分，应当出具处分决定书。处分决定书应当包括下列内容：

（一）学生的基本信息；

（二）作出处分的事实和证据；

（三）处分的种类、依据、期限；

（四）申诉的途径和期限；

（五）其他必要内容。

第五十四条　学校给予学生处分，应当坚持教育与惩戒相结合，与学生违法、违纪行为的性质和过错的严重程度相适应。学校对学生的处分，应当做到证据充分、依据明确、定性准确、程序正当、处分适当。

第五十五条　在对学生作出处分或者其他不利决定之前，学校应当告知学生作出决定的事实、理由及依据，并告知学生享有陈述和申辩的权利，听取学生的陈述和申辩。

处理、处分决定以及处分告知书等，应当直接送达学生本人，学生拒绝签收的，可以以留置方式送达；已离校的，可以采取邮寄方式送达；难于联系的，可以利用学校网站、新闻媒体等以公告方式送达。

第五十六条　对学生作出取消入学资格、取消学籍、退学、开除学籍或者其他涉及学生重大利益的处理或者处分决定的，应当提交校长办公会或者校长授权的专门会议研究决定，并应当事先进行合法性审查。

第五十七条　除开除学籍处分以外，给予学生处分一般应当设置6到12个月期限，到期按学校规定程序予以解除。解除处分后，学生获得表彰、奖励及其他权益，

不再受原处分的影响。

第五十八条　对学生的奖励、处理、处分及解除处分材料，学校应当真实完整地归入学校文书档案和本人档案。

被开除学籍的学生，由学校发给学习证明。学生按学校规定期限离校，档案由学校退回其家庭所在地，户口应当按照国家相关规定迁回原户籍地或者家庭户籍所在地。

第六章　学生申诉

第五十九条　学校应当成立学生申诉处理委员会，负责受理学生对处理或者处分决定不服提起的申诉。

学生申诉处理委员会应当由学校相关负责人、职能部门负责人、教师代表、学生代表、负责法律事务的相关机构负责人等组成，可以聘请校外法律、教育等方面专家参加。

学校应当制定学生申诉的具体办法，健全学生申诉处理委员会的组成与工作规则，提供必要条件，保证其能够客观、公正地履行职责。

第六十条　学生对学校的处理或者处分决定有异议的，可以在接到学校处理或者处分决定书之日起10日内，向学校学生申诉处理委员会提出书面申诉。

第六十一条　学生申诉处理委员会对学生提出的申诉进行复查，并在接到书面申诉之日起15日内作出复查结论并告知申诉人。情况复杂不能在规定限期内作出结论的，经学校负责人批准，可延长15日。学生申诉处理委员会认为必要的，可以建议学校暂缓执行有关决定。

学生申诉处理委员会经复查，认为做出处理或者处分的事实、依据、程序等存在不当，可以作出建议撤销或变更的复查意见，要求相关职能部门予以研究，重新提交校长办公会或者专门会议作出决定。

第六十二条　学生对复查决定有异议的，在接到学校复查决定书之日起15日内，可以向学校所在地省级教育行政部门提出书面申诉。

省级教育行政部门应当在接到学生书面申诉之日起30个工作日内，对申诉人的问题给予处理并作出决定。

第六十三条　省级教育行政部门在处理因对学校处理或者处分决定不服提起的学生申诉时，应当听取学生和学校的意见，并可根据需要进行必要的调查。根据审查结论，区别不同情况，分别作出下列处理：

（一）事实清楚、依据明确、定性准确、程序正当、处分适当的，予以维持；

（二）认定事实不存在，或者学校超越职权、违反上位法规定作出决定的，责令学校予以撤销；

（三）认定事实清楚，但认定情节有误、定性不准确，或者适用依据有错误的，责令学校变更或者重新作出决定；

（四）认定事实不清、证据不足，或者违反本规定以及学校规定的程序和权限的，责令学校重新作出决定。

第六十四条　自处理、处分或者复查决定书送达之日起，学生在申诉期内未提出申诉的视为放弃申诉，学校或者省级教育行政部门不再受理其提出的申诉。

处理、处分或者复查决定书未告知学生申诉期限的，申诉期限自学生知道或者应当知道处理或者处分决定之日起计算，但最长不得超过6个月。

第六十五条　学生认为学校及其工作人员违反本规定，侵害其合法权益的；或者学校制定的规章制度与法律法规和本规定抵触的，可以向学校所在地省级教育行政部门投诉。

教育主管部门在实施监督或者处理申诉、投诉过程中，发现学校及其工作人员有违反法律、法规及本规定的行为或者未按照本规定履行相应义务的，或者学校自行制定的相关管理制度、规定，侵害学生合法权益的，应当责令改正；发现存在违法违纪的，应当及时进行调查处理或者移送有关部门，依据有关法律和相关规定，追究有关责任人的责任。

第七章　附　则

第六十六条　学校对接受高等学历继续教育的学生、港澳台侨学生、留学生的管理，参照本规定执行。

第六十七条　学校应当根据本规定制定或修改学校的学生管理规定或者纪律处分规定，报主管教育行政部门备案（中央部委属校同时抄报所在地省级教育行政部门），并及时向学生公布。

省级教育行政部门根据本规定，指导、检查和监督本地区高等学校的学生管理工作。

第六十八条　本规定自2017年9月1日起施行。原《普通高等学校学生管理规定》（教育部令第21号）同时废止。其他有关文件规定与本规定不一致的，以本规定为准。

高等学校招生全国统一考试管理处罚暂行规定

·1992年2月2日国家教育委员会令第18号发布
·自发布之日起施行

第一章　总　则

第一条　为维护高等学校招生全国统一考试管理秩序，保证有关考试的顺利进行，保障考生和有关人员的合法权益，制定本规定。

第二条　本规定适用于普通、成人高等学校本、专科招生的全国统一考试（以下简称"全国统一考试"）。

第三条　参加全国统一考试的考生（以下简称"考生"）、从事和参与全国统一考试工作的人员（以下简称"考试工作人员"）及其他人员，必须遵守国家教育委员会颁发的《普通、成人高等学校本、专科招生全国统一考试工作规则》及其他有关全国统一考试工作管理的法规、规章。

第四条　考生和考试工作人员违反全国统一考试管理的，根据情节轻重，依照本规定给予处罚。

第五条　国家教育委员会在职权范围内主管全国统一考试管理处罚工作。国家教育委员会考试中心办理全国统一考试管理处罚的日常具体工作。

地方的考试管理处罚，由地方各级招生考试机构负责。

第六条　在职人员违反全国统一考试管理，需要给予行政处分的，由招生考试机构建议其所在单位给予相应的行政处分，或由行政监察机关依法查处；需要给予党纪处分的，移送党的有关纪检组织处理。

第二章　违反考试管理的行为和处罚

第七条　考生有下列情形之一的，扣除该科所得分的30%-50%：

（一）携带规定以外的物品进入考场的；

（二）开考信号发出前答题的；

（三）考试终了信号发出后继续答卷的；

（四）在考场内吸烟、喧哗或有其他影响考场秩序的行为，经劝阻仍不改正的；

（五）在试卷规定以外的地方写姓名、考号的；

（六）用规定以外的笔答题的。

第八条　考生在两科以上考试中有第七条所列情形之一的，所考科目的考试成绩无效。

第九条　考生有下列情形之一的，取消当年考试资格，情节严重的，不准参加下一年度的全国统一考试：

（一）交头接耳，互打暗号、手势的；

（二）夹带的；

（三）接传答案的；

（四）交换答卷的；

（五）抄袭他人答卷的；

（六）有意将自己的答卷让他人抄袭的；

（七）考试期间撕毁试卷或答卷的；

（八）将试卷或答卷带出考场的；

（九）在评卷中被认定为雷同卷的；

（十）有意在答卷中做其他标记的；

（十一）有其他舞弊行为的。

第十条　考生有下列情形之一的，取消当年考试资格，并从下一年起两年内不准参加全国统一考试：

（一）扰乱报名站（点）、考场、评卷场及考试有关工作场所秩序的；

（二）拒绝、阻碍考试工作人员执行公务的；

（三）威胁考试工作人员安全或公然侮辱、诽谤、诬陷考试工作人员的；

（四）伪造证件、证明、档案以取得考试资格的。

第十一条　考生由他人代考的，或偷换答卷、涂改成绩的，取消当年考试资格，并从下一年起三年内不准参加全国统一考试；其中是在职人员的，依照本规定第六条处理。

第十二条　高等学校在校生代他人参加全国统一考试的，由其所在学校勒令退学或开除学籍；在校高中生代他人参加全国统一考试的，从该生毕业当年起两年内不准参加全国统一考试；在职人员代他人参加全国统一考试的，依照本规定第六条处理。

第十三条　考试工作人员有下列情形之一的，取消当年考试工作人员资格，并给予通报批评：

（一）监考中不履行职责，吸烟、看书、看报、打瞌睡、聊天、擅自离开岗位，经指出仍不改正的；

（二）在评卷、统分中错评、漏评、积分差误较多，经指出仍不改正的；

（三）泄露评卷、统分工作情况的。

第十四条　考试工作人员有下列情形之一的，取消当年及下一年考试工作人员资格，并视情节轻重给予行政处分：

（一）利用监考或从事考试工作之便，为考生舞弊提供条件的；

（二）考试期间，擅自将试卷带出或传出考场外的；

（三）擅自变动考生答卷时间的；

（四）提示或暗示考生答卷的；

（五）在监考、评卷、统分中，丢失、损坏考生答卷或

有违反监考、评卷、统分工作规定，造成严重后果的。

第十五条　考试工作人员有下列情形之一的，给予行政处分，并调离考试工作岗位，以后不准再从事全国统一考试工作：

（一）伪造、涂改考生档案的；

（二）为不具备参加全国统一考试条件的人员提供假证明、证件、档案，使其取得报考资格的；

（三）在评卷中擅自更改评分标准的；

（四）指使、纵容、创造条件或伙同他人舞弊的；

（五）利用考试工作便利，索贿、受贿、以权徇私的；

（六）应回避考试工作却隐瞒不报，利用工作之便以权营私的；

（七）诬陷、打击、报复考生的；

（八）场外组织答卷，为考生提供答案的；

（九）偷换、涂改考生答卷、考试成绩的。

在职人员有上列情形之一的，依照本规定第六条处理。

第十六条　各级国家机关、企事业单位负责干部或其他在职人员有下列情形之一的，依照本规定第六条处理：

（一）指使、纵容、授意考试工作人员放松考试纪律，致使考场混乱，舞弊严重的；

（二）打击、报复、诬陷考试工作人员的；

（三）利用职务之便，胁迫他人舞弊的；

（四）利用职权，包庇、掩盖舞弊行为情节严重的。

第十七条　因考试工作人员玩忽职守，造成考点或部分考场纪律混乱，舞弊、抄袭严重，或一科三分之一以上答卷雷同，取消此考点下一年度举办全国统一考试的资格；撤销有关责任人员的考试工作人员资格，并给予行政处分；同时追究考区负责人的领导责任。

第十八条　有下列情形之一的，由公安机关依照《治安管理处罚条例》予以处罚；构成犯罪的，依法追究刑事责任：

（一）扰乱、妨害考场、评卷场及考试有关工作场所秩序的；

（二）侵犯考试工作人员、考生人身权利的；

（三）故意损坏考试设施的。

第十九条　有下列情形之一，构成犯罪的，依照《刑法》追究刑事责任：

（一）考试工作人员利用职务之便，收受贿赂的；

（二）向考试工作人员行贿的；

（三）以升学考试为名，进行诈骗的；

（四）考试工作人员由于玩忽职守，致使考试工作遭受重大损失的。

第二十条　盗窃未经启用的全国统一考试试题、参考答案及评分标准(包括"副题")和盗窃、损毁在保密期限内的考生答卷、考试成绩的,依照《刑法》第一百六十七条,追究其刑事责任。

第二十一条　国家工作人员违反保密规定,造成全国统一考试的试题、参考答案及评分标准(包括"副题")泄密,或使考生答卷在保密期限内发生重大事故,依照《刑法》第一百八十六条的规定追究刑事责任;不够刑事处罚的,依《中华人民共和国保守国家秘密法》第三十一条规定,给予行政处分;对当地招生考试机构负责人,视具体情况,追究其领导责任。

非国家工作人员,有前款行为的,依照《刑法》第一百八十六条的规定,酌情处理。

第二十二条　任何组织或个人,擅自编写、出版、印刷、销售为参加普通高等学校招生全国统一考试使用的复习资料、辅导材料、习题集、模拟题等,按国家教委、国家出版署、国家工商行政管理局(86)教中小材字 001 号文件规定处理。

未经国家教委考试中心批准,翻印、出版、销售全国统一考试的试题、参考答案及评分标准(包括"副题")的,依照前款规定处理。

第三章　处罚程序

第二十三条　违反全国统一考试管理的行为,除其他法律、法规和本《规定》另有规定外,由招生考试机构给予处罚。

第二十四条　违反全国统一考试管理的行为,由当地招生考试机构作出考试处罚管理决定,并报省级招生考试机构备案;发生第十七、二十、二十一条所列重大案件由省级招生考试机构会同有关部门共同处理,并报国家教育委员会备案;必要时,可由国家教育委员会参与查处。

第二十五条　国家教育委员会和作出处罚决定机构的上一级招生考试机构可以撤销或变更下一级招生考试机构所作的处罚决定。

第二十六条　有关单位对违反考试管理的在职人员作出的处理结果,应抄送提出处分建议的招生考试机构。

第二十七条　对违反考试管理行为的人给予的处罚,处理机关应通知被处罚人。

第二十八条　被处罚人对处罚决定不服的,在接到处罚决定的 15 天内,可以向上一级招生考试主管部门提出申诉。

第四章　附　则

第二十九条　(88)教学字 006 号《普通高等学校招生管理处罚暂行规定》中有关考试管理处罚的规定同时失效。

第三十条　本规定自发布之日起施行。

附:有关法律条款(略)

高等学校章程制定暂行办法

· 2011 年 11 月 28 日教育部令第 31 号公布
· 自 2012 年 1 月 1 日起施行

第一章　总　则

第一条　为完善中国特色现代大学制度,指导和规范高等学校章程建设,促进高等学校依法治校、科学发展,依据教育法、高等教育法及其他有关规定,制定本办法。

第二条　国家举办的高等学校章程的起草、审议、修订以及核准、备案等,适用本办法。

第三条　章程是高等学校依法自主办学、实施管理和履行公共职能的基本准则。高等学校应当以章程为依据,制定内部管理制度及规范性文件、实施办学和管理活动、开展社会合作。

高等学校应当公开章程,接受举办者、教育主管部门、其他有关机关以及教师、学生、社会公众依据章程实施的监督、评估。

第四条　高等学校制定章程应当以中国特色社会主义理论体系为指导,以宪法、法律法规为依据,坚持社会主义办学方向,遵循高等教育规律,推进高等学校科学发展;应当促进改革创新,围绕人才培养、科学研究、服务社会、推进文化传承创新的任务,依法完善内部法人治理结构,体现和保护学校改革创新的成功经验与制度成果;应当着重完善学校自主管理、自我约束的体制、机制,反映学校的办学特色。

第五条　高等学校的举办者、主管教育行政部门应当按照政校分开、管办分离的原则,以章程明确界定与学校的关系,明确学校的办学方向与发展原则,落实举办者权利义务,保障学校的办学自主权。

第六条　章程用语应当准确、简洁、规范,条文内容应当明确、具体,具有可操作性。

章程根据内容需要,可以分编、章、节、条、款、项、目。

第二章　章程内容

第七条　章程应当按照高等教育法的规定,载明以下内容:

(一)学校的登记名称、简称、英文译名等,学校办学地点、住所地;

（二）学校的机构性质、发展定位，培养目标、办学方向；

（三）经审批机关核定的办学层次、规模；

（四）学校的主要学科门类，以及设置和调整的原则、程序；

（五）学校实施的全日制与非全日制、学历教育与非学历教育、远程教育、中外合作办学等不同教育形式的性质、目的、要求；

（六）学校的领导体制、法定代表人、组织结构、决策机制、民主管理和监督机制，内设机构的组成、职责、管理体制；

（七）学校经费的来源渠道、财产属性、使用原则和管理制度，接受捐赠的规则与办法；

（八）学校的举办者，举办者对学校进行管理或考核的方式、标准等，学校负责人的产生与任命机制，举办者的投入与保障义务；

（九）章程修改的启动、审议程序，以及章程解释权的归属；

（十）学校的分立、合并及终止事由，校徽、校歌等学校标志物、学校与相关社会组织关系等学校认为必要的事项，以及本办法规定的需要在章程中规定的重大事项。

第八条　章程应当按照高等教育法的规定，健全学校办学自主权的行使与监督机制，明确以下事项的基本规则、决策程序与监督机制：

（一）开展教学活动、科学研究、技术开发和社会服务；

（二）设置和调整学科、专业；

（三）制订招生方案，调节系科招生比例，确定选拔学生的条件、标准、办法和程序；

（四）制订学校规划并组织实施；

（五）设置教学、科研及行政职能部门；

（六）确定内部收入分配原则；

（七）招聘、管理和使用人才；

（八）学校财产和经费的使用与管理；

（九）其他学校可以自主决定的重大事项。

第九条　章程应当依照法律及其他有关规定，健全中国共产党高等学校基层委员会领导下的校长负责制的具体实施规则、实施意见，规范学校党委集体领导的议事规则、决策程序，明确支持校长独立负责地行使职权的制度规范。

章程应当明确校长作为学校法定代表人和主要行政负责人，全面负责教学、科学研究和其他管理工作的职权范围；规范校长办公会议或者校务会议的组成、职责、议事

规则等内容。

第十条　章程应当根据学校实际与发展需要，科学设计学校的内部治理结构和组织框架，明确学校与内设机构，以及各管理层级、系统之间的职责权限，管理的程序与规则。

章程根据学校实际，可以按照有利于推进教授治学、民主管理，有利于调动基层组织积极性的原则，设置并规范学院（学部、系）、其他内设机构以及教学、科研基层组织的领导体制、管理制度。

第十一条　章程应当明确规定学校学术委员会、学位评定委员会以及其他学术组织的组成原则、负责人产生机制、运行规则与监督机制，保障学术组织在学校的学科建设、专业设置、学术评价、学术发展、教学科研计划方案制定、教师队伍建设等方面充分发挥咨询、审议、决策作用，维护学术活动的独立性。

章程应当明确学校学术评价和学位授予的基本规则和办法；明确尊重和保障教师、学生在教学、研究和学习方面依法享有的学术自由、探索自由，营造宽松的学术环境。

第十二条　章程应当明确规定教职工代表大会、学生代表大会的地位作用、职责权限、组成与负责人产生规则，以及议事程序等，维护师生员工通过教职工代表大会、学生代表大会参与学校相关事项的民主决策、实施监督的权利。

对学校根据发展需要自主设置的各类组织机构，如校务委员会、教授委员会、校友会等，章程中应明确其地位、宗旨以及基本的组织与议事规则。

第十三条　章程应当明确学校开展社会服务、获得社会支持、接受社会监督的原则与办法，健全社会支持和监督学校发展的长效机制。

学校根据发展需要和办学特色，自主设置有政府、行业、企事业单位以及其他社会组织代表参加的学校理事会或者董事会的，应当在章程中明确理事会或者董事会的地位作用、组成和议事规则。

第十四条　章程应当围绕提高质量的核心任务，明确学校保障和提高教育教学质量的原则与制度，规定学校对学科、专业、课程以及教学、科研的水平与质量进行评价、考核的基本规则，建立科学、规范的质量保障体系和评价机制。

第十五条　章程应当体现以人为本的办学理念，健全教师、学生权益的救济机制，突出对教师、学生权益、地位的确认与保护，明确其权利义务；明确学校受理教师、学生申诉的机构与程序。

第三章　章程制定程序

第十六条　高等学校应当按照民主、公开的原则，成立专门起草组织开展章程起草工作。

章程起草组织应当由学校党政领导、学术组织负责人、教师代表、学生代表、相关专家，以及学校举办者或者主管部门的代表组成，可以邀请社会相关方面的代表、社会知名人士、退休教职工代表、校友代表等参加。

第十七条　高等学校起草章程，应当深入研究、分析学校的特色与需求，总结实践经验，广泛听取政府有关部门、学校内部组织、师生员工的意见，充分反映学校举办者、管理者、办学者，以及教职员工、学生的要求与意愿，使章程起草成为学校凝聚共识、促进管理、增进和谐的过程。

第十八条　章程起草过程中，应当在校内公开听取意见；涉及到关系学校发展定位、办学方向、培养目标、管理体制，以及与教职工、学生切身利益相关的重大问题，应当采取多种方式，征求意见、充分论证。

第十九条　起草章程，涉及到与举办者权利关系的内容，高等学校应当与举办者、主管教育行政部门及其他相关部门充分沟通、协商。

第二十条　章程草案应提交教职工代表大会讨论。学校章程起草组织负责人，应当就章程起草情况与主要问题，向教职工代表大会做出说明。

第二十一条　章程草案征求意见结束后，起草组织应当将章程草案及其起草说明，以及征求意见的情况、主要问题的不同意见等，提交校长办公会议审议。

第二十二条　章程草案经校长办公会议讨论通过后，由学校党委会讨论审定。

章程草案经讨论审定后，应当形成章程核准稿和说明，由学校法定代表人签发，报核准机关。

第四章　章程核准与监督

第二十三条　地方政府举办的高等学校的章程由省级教育行政部门核准，其中本科以上高等学校的章程核准后，应当报教育部备案；教育部直属高等学校的章程由教育部核准；其他中央部门所属高校的章程，经主管部门同意，报教育部核准。

第二十四条　章程报送核准应当提交以下材料：

（一）核准申请书；

（二）章程核准稿；

（三）对章程制定程序和主要内容的说明。

第二十五条　核准机关应当指定专门机构依照本办法的要求，对章程核准稿的合法性、适当性、规范性以及制定程序，进行初步审查。审查通过的，提交核准机关组织的章程核准委员会评议。

章程核准委员会由核准机关、有关主管部门推荐代表，高校、社会代表以及相关领域的专家组成。

第二十六条　核准机关应当自收到核准申请2个月内完成初步审查。涉及对核准稿条款、文字进行修改的，核准机关应当及时与学校进行沟通，提出修改意见。

有下列情形之一的，核准机关可以提出时限，要求学校修改后，重新申请核准：

（一）违反法律、法规的；

（二）超越高等学校职权的；

（三）章程核准委员会未予通过或者提出重大修改意见的；

（四）违反本办法相关规定的；

（五）核准期间发现学校内部存在重大分歧的；

（六）有其他不宜核准情形的。

第二十七条　经核准机关核准的章程文本为正式文本。高等学校应当以学校名义发布章程的正式文本，并向本校和社会公开。

第二十八条　高等学校应当保持章程的稳定。

高等学校发生分立、合并、终止，或者名称、类别层次、办学宗旨、发展目标、举办与管理体制变化等重大事项的，可以依据章程规定的程序，对章程进行修订。

第二十九条　高等学校章程的修订案，应当依法报原核准机关核准。

章程修订案经核准后，高等学校应当重新发布章程。

第三十条　高等学校应当指定专门机构监督章程的执行情况，依据章程审查学校内部规章制度、规范性文件，受理对违反章程的管理行为、办学活动的举报和投诉。

第三十一条　高等学校的主管教育行政部门对章程中自主确定的不违反法律和国家政策强制性规定的办学形式、管理办法等，应当予以认可；对高等学校履行章程情况应当进行指导、监督；对高等学校不执行章程的情况或者违反章程规定自行实施的管理行为，应当责令限期改正。

第五章　附　则

第三十二条　新设立的高等学校，由学校举办者或者其委托的筹设机构，依法制定章程，并报审批机关批准；其中新设立的国家举办的高等学校，其章程应当具备本办法规定的内容；民办高等学校和中外合作举办的高等学校，依据相关法律法规制定章程，章程内容可参照本办法的规定。

第三十三条　本办法自2012年1月1日起施行。

普通高等学校招生违规行为处理暂行办法

· 2014 年 7 月 8 日教育部令第 36 号公布
· 自公布之日起施行

第一章　总　则

第一条　为规范对普通高等学校招生违规行为的处理,保证招生公开、公平、公正,根据《中华人民共和国教育法》《中华人民共和国高等教育法》等法律法规,制定本办法。

第二条　本办法所称普通高等学校(以下简称高校)招生,是指高校通过国家教育考试或者国家认可的入学方式选拔录取本科、专科学生的活动。

高校、高级中等学校(含中等职业学校,以下简称高中)、招生考试机构、主管教育行政部门及其招生工作人员、考生等,在高校招生工作过程中,违反国家有关教育法律法规和国家高等教育招生管理规定的行为认定及处理,适用本办法。

第三条　国务院教育行政部门主管全国高校招生工作。

县级以上各级人民政府教育行政部门按照职责分工,依法处理各类违反国家高等教育招生管理制度的行为。

国务院有关主管部门在职责范围内加强对所属高校招生的监督管理。

第四条　高校招生应当遵循公开、公平、公正原则,接受考生、社会的监督。

高校招生接受监察部门的监督。

第五条　对高校招生违规行为的处理,应当事实清楚、证据确凿、依据明确、程序合法、处理适当。

第二章　违规行为认定及处理

第六条　高校违反国家招生管理规定,有下列情形之一的,由主管教育行政部门责令限期改正,给予警告或者通报批评;情节严重的,给予减少招生计划、暂停特殊类型招生试点项目或者依法给予停止招生的处理。对直接负责的主管人员和其他直接责任人员,视情节轻重依法给予相应处分;涉嫌犯罪的,依法移送司法机关处理。

(一)发布违反国家规定的招生简章,或者进行虚假宣传、骗取钱财的;

(二)未按照信息公开的规定公开招生信息的;

(三)超出核定办学规模招生或者擅自调整招生计划的;

(四)违反规定降低标准录取考生或者拒绝录取符合条件的考生的;

(五)在特殊类型招生中出台违反国家规定的报考条件,或者弄虚作假、徇私舞弊,录取不符合条件的考生的;

(六)违规委托中介机构进行招生录取,或者以承诺录取为名向考生收取费用的;

(七)其他违反国家招生管理规定的行为。

第七条　高中有下列情形之一的,由主管教育行政部门责令限期改正,给予警告或者通报批评。对直接负责的主管人员和其他直接责任人员,视情节轻重依法给予相应处分;涉嫌犯罪的,依法移送司法机关处理。

(一)未按照规定的标准和程序,以照顾特定考生为目的,滥用推荐评价权力的;

(二)未按规定公示享受优惠政策的考生名单、各类推荐考生的名额、名单及相关证明材料的;

(三)在考生报名、推荐等工作过程中出具与事实不符的成绩单、推荐材料、证明材料等虚假材料,在学生综合素质档案中虚构事实或者故意隐瞒事实的;

(四)违规办理学籍档案、违背考生意愿为考生填报志愿或者有偿推荐、组织生源的;

(五)其他违反国家招生管理规定的行为。

第八条　招生考试机构违反国家招生管理规定,有下列情形之一的,由主管教育行政部门责令限期改正,给予警告或者通报批评。对直接负责的主管人员和其他直接责任人员,视情节轻重依法给予相应处分;涉嫌犯罪的,依法移送司法机关处理。

(一)为高校擅自超计划招生办理录取手续的;

(二)对降低标准违规录取考生进行投档的;

(三)违反录取程序投档操作的;

(四)在招生结束后违规补录的;

(五)未按照信息公开的规定公开招生工作信息的;

(六)对高校录取工作监督不力、造成严重不良后果的;

(七)其他违反国家招生管理规定的行为。

第九条　省级教育行政部门违反有关管理职责,有下列情形之一的,由国务院教育行政部门责令限期改正,并可给予通报批评。对直接负责的主管人员和其他直接责任人员,由有关主管部门依法给予处分;涉嫌犯罪的,依法移送司法机关处理。

(一)出台与国家招生政策相抵触的招生规定或者超越职权制定招生优惠政策的;

(二)擅自扩大国家核定的招生规模和追加招生计划,擅自改变招生计划类型的;

(三)要求招生考试机构和高校违规录取考生的;

（四）对高校和招生考试机构招生工作监管不力、造成严重不良后果的；

（五）其他违反国家招生管理规定的行为。

第十条　招生工作人员有下列情形之一的，其所在单位应当立即责令暂停其负责的招生工作，由有关部门视情节轻重依法给予相应处分或者其他处理；涉嫌犯罪的，依法移送司法机关处理。

（一）违规更改考生报名、志愿、资格、分数、录取等信息的；

（二）对已录取考生违规变更录取学校或者专业的；

（三）在特殊类型招生中泄露面试考核考官名单或者利用职务便利请托考核评价的教师，照顾特定考生的；

（四）泄露尚未公布的考生成绩、考生志愿、录取分数线等可能影响录取公正信息的，或者对外泄露、倒卖考生个人信息的；

（五）为考生获得相关招生资格弄虚作假、徇私舞弊的；

（六）违反回避制度，应当回避而没有回避的；

（七）索取或收受考生及家长财物，接受宴请等可能影响公正履职活动安排的；

（八）参与社会中介机构或者个人非法招生活动的；

（九）其他影响高校招生公平、公正的行为。

第十一条　考生有下列情形之一的，应当如实记入其考试诚信档案。下列行为在报名阶段发现的，取消报考资格；在入学前发现的，取消入学资格；入学后发现的，取消录取资格或者学籍；毕业后发现的，由教育行政部门宣布学历、学位证书无效，责令收回或者予以没收；涉嫌犯罪的，依法移送司法机关处理。

（一）提供虚假姓名、年龄、民族、户籍等个人信息，伪造、非法获得证件、成绩证明、荣誉证书等，骗取报名资格、享受优惠政策的；

（二）在综合素质评价、相关申请材料中提供虚假材料、影响录取结果的；

（三）冒名顶替入学，由他人替考入学或者取得优惠资格的；

（四）其他严重违反高校招生规定的弄虚作假行为。

违反国家教育考试规定、情节严重受到停考处罚，在处罚结束后继续报名参加国家教育考试的，由学校决定是否予以录取。

第三章　招生责任制及责任追究

第十二条　实行高校招生工作问责制。高校校长、招生考试机构主要负责人、教育行政部门主要负责人是招生工作的第一责任人，对本校、本部门、本地区的招生工作负全面领导责任。

在招生工作中，因违规行为造成严重后果和恶劣影响的，除追究直接负责人的责任外，还应当根据领导干部问责的相关规定，对有关责任人实行问责。

第十三条　对在高校招生工作中违规人员的处理，由有权查处的部门按照管理权限，依据《中华人民共和国行政监察法》《行政机关公务员处分条例》《事业单位工作人员处分暂行规定》等相关规定，依法予以监察处理、作出处分决定或者给予其他处理。

第十四条　高校招生工作以外的其他人员违规插手、干预招生工作，影响公平公正、造成严重影响和后果的，相关案件线索移送纪检监察机关或者司法机关查处。

第十五条　出现本办法第二章规定的违规情形的，有关主管部门应当立即启动相关程序，进行调查处理。情节严重、影响恶劣或者案情复杂、社会影响大的，应当及时上报，必要时由国务院教育行政部门参与或者直接进行处理。

第十六条　对有关责任人员违规行为的处理，应当按照国家规定的程序进行。对有关责任人员和考生的违规行为调查和收集证据，应当有 2 名以上工作人员。作出处理决定之前，应当听取当事人的陈述和申辩。

第十七条　对处理决定不服的有关责任人员和考生，可以按照国家有关规定提出复核或者申诉；符合法律规定受案范围的，可以依法提起行政复议或者诉讼。

第四章　附　则

第十八条　本办法所称特殊类型招生，是指自主选拔录取、艺术类专业、体育类专业、保送生等类型的高校招生。

第十九条　研究生招生、成人高校招生有关违规行为的处理，参照本办法执行。

第二十条　本办法自发布之日起施行。

高等教育自学考试命题工作规定

· 1992 年 10 月 26 日国家教育委员会令第 22 号公布
· 自公布之日起执行

第一章　总　则

第一条　为组织和管理高等教育自学考试命题工作，确保考试质量，根据国务院发布的《高等教育自学考试暂行条例》，制定本规定。

第二条　高等教育自学考试的命题与普通高等学校相应学历层次水平和质量要求相一致。

第三条　高等教育自学考试命题应体现专业和课程的特点,考核应考者系统掌握课程基础知识、基本理论、基本技能和分析问题、解决问题的能力,正确引导个人自学和社会助学,树立良好学风。

第四条　命题必须以国家教育委员会批准颁发试行的或省、自治区、直辖市高等教育自学考试委员会(以下简称"省考委")颁布的课程自学考试的大纲(以下简称"考试大纲")为依据。

第五条　加强命题工作的总体规划,统一领导,严密组织,严格管理,逐步实现命题工作的科学化、标准化和管理手段的现代化。

第六条　命题应按照标准化、科学化的要求进行,内容稳定、考试次数多、规模大的课程以建立题库为主的方式组织实施。

第七条　命题与辅导相分离。建立健全命题工作保密制度。

第八条　命题经费列入有关教育行政事业部门的年度预算;业务部门委托考试的专业和课程,命题经费由业务部门承担。

第二章　命题组织与管理

第九条　高等教育自学考试命题工作由全国高等教育自学考试指导委员会(以下简称"全国考委")统筹安排,分级管理,实行全国统一命题、省际协作命题、省级命题三级命题体制。

凡全国统一命题的课程,省考委不得另行安排和自行命题考试。

使用全国统一命题和省际协作命题试卷,省考委不得进行改动。

第十条　命题工作应在全国考委或省考委领导下,由考委及其办公室负责人、课程主命题教师组成课程命题领导小组负责实施。

第十一条　省考委办公室(以下简称"省考办")应设立命题管理工作的专门机构。

开考专业十个以下(含十个)的,专职命题工作管理人员应不少于五名,每增设五个专业增加一至二名专职管理人员。

第十二条　全国统一命题的课程命题教师,由全国考委办公室(以下简称"全国考办")或委托省考办商其所在学校,经资格审查合格后,由全国考委聘任。省际协作命题、省级命题的课程,命题教师由省考办商其所在学校,经资格审查合格后,由省考委聘任。

第十三条　全国统一命题每门课程的命题教师一般应不少于十人;省际协作命题每门课程的命题教师一般应不少于七人;省级命题每门课程的命题教师一般应不少于五人。

每门课程组配试卷或入闱命题的教师应为二至三人。

命题教师选聘应有地区和高等学校的代表性。被聘教师所在学校应对聘任工作予以协助。

第十四条　编制试题、审题、组配试卷、题库建设等必须符合有关的技术要求。

第十五条　全国统一命题题库的使用由全国考委决定;协作命题题库的使用由协作省考委协商确定;省级命题题库的使用由省考委决定。

题库的贮存、保管、使用等应符合《中华人民共和国保守国家秘密法》的规定。

题库在使用过程中,应不断修改、补充和完善。省考办应具备贮存题库的设施和用房,建立题库的技术档案,配备专人负责,并积极创造条件利用计算机等现代化手段进行题库管理。

第十六条　命题经费的开支标准应按国家有关规定执行。

第三章　命题人员及职责

第十七条　课程主命题教师是课程命题的业务负责人。课程主命题教师应是在本学科领域内业务水平较高、教学经验丰富、治学严谨、作风正派、善于合作、身体健康并热心自学考试工作的普通高等学校的教授或副教授。

课程主命题教师的职责是:

(一)负责提名和推荐本课程命题教师人选;

(二)起草课程命题实施意见,设计课程试卷蓝图;

(三)协助全国考办或省考办组织全体命题教师学习、讨论有关命题文件,实施命题;

(四)协助全国考办或省考办组织审题教师对所命试题进行审定;

(五)协助全国考办或省考办组织试卷组配工作,并对题库和考试试卷质量负责;

(六)参与课程试卷的质量分析。

第十八条　命题教师应是在本学科领域内业务水平较高、教学经验丰富、治学严谨、作风正派、善于合作并热心自学考试工作的普通高等学校的教授或副教授,也可以有少量在教学第一线的讲师。

命题教师必须服从安排,保质保量按时完成命题任务。

第十九条　命题工作管理人员应是坚持原则、遵守纪律、作风严谨、有独立工作能力、熟悉命题工作和教育测量学等有关知识、具有大学本科以上学历的全国考办或省考办正式干部。

命题工作管理人员的职责是：

（一）制定高等教育自学考试的命题规划和工作安排；

（二）组织课程主命题教师制定课程命题文件，设计试卷蓝图；

（三）组织实施命题，指导和参与命题、审题、组卷工作，协调和处理命题中的有关问题；

（四）组织实施试题的质量分析；

（五）负责题库的管理和使用。

第四章　命题程序

第二十条　课程命题领导小组在命题前应对命题教师进行教育测量学理论、自学考试的性质与特点等有关知识的培训，并组织试命题。

第二十一条　命题组应在熟悉考试大纲的基础上制定下列文件：

（一）命题实施意见；

（二）试卷蓝图；

（三）命题教师任务分工表；

（四）样题。

第二十二条　按照考试大纲和教育测量学的要求编制试题。编制的试题应做到科学、合理、不超纲；题意明确、文字通顺、表述准确严密；标点符号无误，图表绘制规范；不出现政治性、科学性错误；避免学术上有争议的问题。

试题的答案应准确、全面、简洁、规范，主观性试题应规定评分要点和评分标准。

制定评分标准，需包括对应考者的逻辑思维、综合应用和语言表述能力的要求。

第二十三条　按考试大纲、命题实施意见和试卷蓝图的要求审定试题。审定合格的试题应按科学的分类方法贮入题库。

第二十四条　按照试卷蓝图的规定组配试卷。

每份试卷要突出课程的重点内容，覆盖考试大纲的各章。

组配的试卷须使不同能力层次试题的分数和不同难易程度试题的分数比例适当。

每次考试必须组配若干套平行试卷，由全国考委或省考委随机确定考试试卷。

第二十五条　考试结束后，全国考办及省考办应组织力量对试卷进行评估和分析，并将结果贮入题库。

第五章　保密纪律

第二十六条　试题、试卷、答案及评分标准在使用前均属绝密材料，任何人不得以任何方式泄露。

第二十七条　凡本人或有直系亲属参加本课程自学考试的人员不得参加该课程的命题工作。

第二十八条　所有参加命题工作的人员不得公开其命题人员身份，不得以任何形式泄露有关命题工作的文件或情况。

第二十九条　课程主命题教师、组配试卷教师、命题教师在聘期内不得参与任何形式的与该课程自学考试有关的辅导活动（包括担任助学单位的职务或名誉职务）。

第三十条　所有命题教师不得以任何形式向其所在单位汇报命题工作情况。

第三十一条　所有参加命题工作的人员必须遵守命题工作纪律。凡违反者，取消其命题人员资格，视情节轻重给予行政处分，触犯法律的依法追究其法律责任。

第六章　附　则

第三十二条　全国考委、各省考委可根据本规定结合工作实际，制定具体实施的办法。

第三十三条　本规定由国家教育委员会负责解释。

第三十四条　本规定自公布之日起执行。

原公布的有关命题规定凡与本规定相抵触的，以本规定为准。

高等学校档案管理办法

· 2008 年 8 月 20 日教育部令第 27 号公布
· 自 2008 年 9 月 1 日起施行

第一章　总　则

第一条　为规范高等学校档案工作，提高档案管理水平，有效保护和利用档案，根据《中华人民共和国档案法》及其实施办法，制定本办法。

第二条　本办法所称的高等学校档案（以下简称高校档案），是指高等学校从事招生、教学、科研、管理等活动直接形成的对学生、学校和社会有保存价值的各种文字、图表、声像等不同形式、载体的历史记录。

第三条　高校档案工作是高等学校重要的基础性工作，学校应当加强管理，将之纳入学校整体发展规划。

第四条　国务院教育行政部门主管全国高校档案工作。省、自治区、直辖市人民政府教育行政部门主管本行政区域内高校档案工作。

国家档案行政部门和省、自治区、直辖市人民政府档案行政部门在职责范围内负责对高校档案工作的业务指导、监督和检查。

第五条　高校档案工作由高等学校校长领导,其主要职责是:

(一)贯彻执行国家关于档案管理的法律法规和方针政策,批准学校档案工作规章制度;

(二)将档案工作纳入学校整体发展规划,促进档案信息化建设与学校其他工作同步发展;

(三)建立健全与办学规模相适应的高校档案机构,落实人员编制、档案库房、发展档案事业所需设备以及经费;

(四)研究决定高校档案工作中的重要奖惩和其他重大问题。

分管档案工作的校领导协助校长负责档案工作。

第二章　机构设置与人员配备

第六条　高校档案机构包括档案馆和综合档案室。

具备下列条件之一的高等学校应当设立档案馆:

(一)建校历史在50年以上;

(二)全日制在校生规模在1万人以上;

(三)已集中保管的档案、资料在3万卷(长度300延长米)以上。

未设立档案馆的高等学校应当设立综合档案室。

第七条　高校档案机构是保存和提供利用学校档案的专门机构,应当具备符合要求的档案库房和管理设施。

需要特殊条件保管或者利用频繁且具有一定独立性的档案,可以根据实际需要设立分室单独保管。分室是高校档案机构的分支机构。

第八条　高校档案机构的管理职责是:

(一)贯彻执行国家有关档案工作的法律法规和方针政策,综合规划学校档案工作;

(二)拟订学校档案工作规章制度,并负责贯彻落实;

(三)负责接收(征集)、整理、鉴定、统计、保管学校的各类档案及有关资料;

(四)编制检索工具,编研、出版档案史料,开发档案信息资源;

(五)组织实施档案信息化建设和电子文件归档工作;

(六)开展档案的开放和利用工作;

(七)开展学校档案工作人员的业务培训;

(八)利用档案开展多种形式的宣传教育活动,充分发挥档案的文化教育功能;

(九)开展国内外档案学术研究和交流活动。

有条件的高校档案机构,可以申请创设爱国主义教育基地。

第九条　高校档案馆设馆长一名,根据需要可以设副馆长一至二名。综合档案室设主任一名,根据需要可以设副主任一至二名。

馆长、副馆长和综合档案室主任(馆长和综合档案室主任,以下简称为高校档案机构负责人),应当具备以下条件:

(一)热心档案事业,具有高级以上专业技术职务任职经历;

(二)有组织管理能力,具有开拓创新意识和精神;

(三)年富力强,身体健康。

第十条　高等学校应当为高校档案机构配备专职档案工作人员。

高校专职档案工作人员列入学校事业编制。其编制人数由学校根据本校档案机构的档案数量和工作任务确定。

第十一条　高校档案工作人员应当遵纪守法,爱岗敬业,忠于职守,具备档案业务知识和相应的科学文化知识以及现代化管理技能。

第十二条　高校档案机构中的专职档案工作人员,实行专业技术职务聘任制或者职员职级制,享受学校教学、科研和管理人员同等待遇。

第十三条　高等学校对长期接触有毒有害物质的档案工作人员,应当按照法律法规的有关规定采取有效的防护措施防止职业中毒事故的发生,保障其依法享有工伤社会保险待遇以及其他有关待遇,并可以按照有关规定予以补助。

第三章　档案管理

第十四条　高等学校应当建立、健全档案工作的检查、考核与评估制度,定期布置、检查、总结、验收档案工作,明确岗位职责,强化责任意识,提高学校档案管理水平。

第十五条　高等学校应当对纸质档案材料和电子档案材料同步归档。文件材料的归档范围是:

(一)党群类:主要包括高等学校党委、工会、团委、民主党派等组织的各种会议文件、会议记录及纪要;各党群部门的工作计划、总结;上级机关与学校关于党群管理的文件材料。

(二)行政类:主要包括高等学校行政工作的各种会议文件、会议记录及纪要;上级机关与学校关于人事管理、行政管理的材料。

(三)学生类:主要包括高等学校培养的学历教育学生的高中档案、入学登记表、体检表、学籍档案、奖惩记录、党团组织档案、毕业生登记表等。

（四）教学类：主要包括反映教学管理、教学实践和教学研究等活动的文件材料。按原国家教委、国家档案局发布的《高等学校教学文件材料归档范围》（（87）教办字016号）的相关规定执行。

（五）科研类：按原国家科委、国家档案局发布的《科学技术研究档案管理暂行规定》（国档发〔1987〕6号）执行。

（六）基本建设类：按国家档案局、原国家计委发布的《基本建设项目档案资料管理暂行规定》（国档发〔1988〕4号）执行。

（七）仪器设备类：主要包括各种国产和国外引进的精密、贵重、稀缺仪器设备（价值在10万元以上）的全套随机技术文件以及在接收、使用、维修和改进工作中产生的文件材料。

（八）产品生产类：主要包括高等学校在产学研过程中形成的文件材料、样品或者样品照片、录像等。

（九）出版物类：主要包括高等学校自行编辑出版的学报、其他学术刊物及本校出版社出版物的审稿单、原稿、样书及出版发行记录等。

（十）外事类：主要包括学校派遣有关人员出席国际会议、出国考察、讲学、合作研究、学习进修的材料；学校聘请的境外专家、教师在教学、科研等活动中形成的材料；学校开展校际交流、中外合作办学、境外办学及管理外国或者港澳台地区专家、教师、国际学生、港澳台学生等的材料；学校授予境外人士名誉职务、学位、称号等的材料。

（十一）财会类：按财政部、国家档案局发布的《会计档案管理办法》（财会字〔1998〕32号）执行。

高等学校可以根据学校实际情况确定归档范围。归档的档案材料包括纸质、电子、照（胶）片、录像（录音）带等各种载体形式。

第十六条　高等学校实行档案材料形成单位、课题组立卷的归档制度。

学校各部门负责档案工作的人员应当按照归档要求，组织本部门的教学、科研和管理等人员及时整理档案和立卷。立卷人应当按照纸质文件材料和电子文件材料的自然形成规律，对文件材料系统整理组卷，编制页号或者件号，制作卷内目录，交本部门负责档案工作的人员检查合格后向高校档案机构移交。

第十七条　归档的档案材料应当质地优良，书绘工整，声像清晰，符合有关规范和标准的要求。电子文件的归档要求按照国家档案局发布的《电子公文归档管理暂行办法》以及《电子文件归档与管理规范》（GB/T 18894-

2002）执行。

第十八条　高校档案材料归档时间为：

（一）学校各部门应当在次学年6月底前归档；

（二）各院系等应当在次学年寒假前归档；

（三）科研类档案应当在项目完成后两个月内归档，基建类档案应当在项目完成后三个月内归档。

第十九条　高校档案机构应当对档案进行整理、分类、鉴定和编号。

第二十条　高校档案机构应当按照国家档案局《机关文件材料归档范围和文书档案保管期限规定》，确定档案材料的保管期限。对保管期限已满、已失去保存价值的档案，经有关部门鉴定并登记造册报校长批准后，予以销毁。未经鉴定和批准，不得销毁任何档案。

第二十一条　高校档案机构应当采用先进的档案保护技术，防止档案的破损、褪色、霉变和散失。对已经破损或者字迹褪色的档案，应当及时修复或者复制。对重要档案和破损、褪色修复的档案应当及时数字化，加工成电子档案保管。

第二十二条　高校档案由高校档案机构保管。在国家需要时，高等学校应当提供所需的档案原件或者复制件。

第二十三条　高等学校与其他单位分工协作完成的项目，高校档案机构应当至少保存一整套档案。协作单位除保存与自己承担任务有关的档案正本以外，应当将复制件送交高校档案机构保存。

第二十四条　高等学校中的个人对其从事教学、科研、管理等职务活动所形成的各种载体形式的档案材料，应当按照规定及时归档，任何个人不得据为己有。

对于个人在其非职务活动中形成的重要档案材料，高校档案机构可以通过征集、代管等形式进行管理。

高校档案机构对于与学校有关的各种档案史料的征集，应当制定专门的制度和办法。

第二十五条　高校档案机构应当对所存档案和资料的保管情况定期检查，消除安全隐患，遇有特殊情况，应当立即向校长报告，及时处理。

档案库房的技术管理工作，应当建立、健全有关规章制度，由专人负责。

第二十六条　高校档案机构应当认真执行档案统计年报制度，并按照国家有关规定报送档案工作基本情况统计报表。

第四章　档案的利用与公布

第二十七条　高校档案机构应当按照国家有关规定

公布档案。未经高等学校授权，其他任何组织或者个人无权公布学校档案。

属下列情况之一者，不对外公布：

（一）涉及国家秘密的；

（二）涉及专利或者技术秘密的；

（三）涉及个人隐私的；

（四）档案形成单位规定限制利用的。

第二十八条　凡持有合法证明的单位或者持有合法身份证明的个人，在表明利用档案的目的和范围并履行相关登记手续后，均可以利用已公布的档案。

境外组织或者个人利用档案的，按照国家有关规定办理。

第二十九条　查阅、摘录、复制未开放的档案，应当经档案机构负责人批准。涉及未公开的技术问题，应当经档案形成单位或者本人同意，必要时报请校长审查批准。需要利用的档案涉及重大问题或者国家秘密，应当经学校保密工作部门批准。

第三十条　高校档案机构提供利用的重要、珍贵档案，一般不提供原件。如有特殊需要，应当经档案机构负责人批准。

加盖高校档案机构公章的档案复制件，与原件具有同等效力。

第三十一条　高校档案开放应当设立专门的阅览室，并编制必要的检索工具（著录标准按《档案著录规则》（DA/T18-1999）执行），提供开放档案目录、全宗指南、档案馆指南、计算机查询系统等，为社会利用档案创造便利条件。

第三十二条　高校档案机构是学校出具档案证明的唯一机构。

高校档案机构应当为社会利用档案创造便利条件，用于公益目的的，不得收取费用；用于个人或者商业目的的，可以按照有关规定合理收取费用。

社会组织和个人利用其所移交、捐赠的档案，高校档案机构应当无偿和优先提供。

第三十三条　寄存在高校档案机构的档案，归寄存者所有。高校档案机构如果需要向社会提供利用，应当征得寄存者同意。

第三十四条　高校档案机构应当积极开展档案的编研工作。出版档案史料和公布档案，应当经档案形成单位同意，并报请校长批准。

第三十五条　高校档案机构应当采取多种形式（如举办档案展览、陈列、建设档案网站等），积极开展档案宣传工作。有条件的高校，应当在相关专业的高年级开设有关档案管理的选修课。

第五章　条件保障

第三十六条　高等学校应当将高校档案工作所需经费列入学校预算，保证档案工作的需求。

第三十七条　高等学校应当为档案机构提供专用的、符合档案管理要求的档案库房，对不适应档案事业发展需要或者不符合档案保管要求的馆库，按照《档案馆建设标准》（建标103-2008）的要求及时进行改扩建或者新建。

存放涉密档案应当设有专门库房。

存放声像、电子等特殊载体档案，应当配置恒温、恒湿、防火、防渍、防有害生物等必要设施。

第三十八条　高等学校应当设立专项经费，为档案机构配置档案管理现代化、档案信息化所需的设备设施，加快数字档案馆（室）建设，保障档案信息化建设与学校数字化校园建设同步进行。

第六章　奖励与处罚

第三十九条　高等学校对在档案工作中做出下列贡献的单位或者个人，给予表彰与奖励：

（一）在档案的收集、整理、提供利用工作中做出显著成绩的；

（二）在档案的保护和现代化管理工作中做出显著成绩的；

（三）在档案学研究及档案史料研究工作中做出重要贡献的；

（四）将重要的或者珍贵的档案捐赠给高校档案机构的；

（五）同违反档案法律法规的行为作斗争，表现突出的。

第四十条　有下列行为之一的，高等学校应当对直接负责的主管人员和其他直接责任人员依法给予处分；构成犯罪的，由司法机关依法追究刑事责任。

（一）玩忽职守，造成档案损坏、丢失或者擅自销毁档案的；

（二）违反保密规定，擅自提供、抄录、公布档案的；

（三）涂改、伪造档案的；

（四）擅自出卖、赠送、交换档案的；

（五）不按规定归档，拒绝归档或者将档案据为己有的；

（六）其他违反档案法律法规的行为。

第七章　附　则

第四十一条　本办法适用于各类普通高等学校、成人高等学校。

第四十二条　高等学校可以根据本办法制订实施细则。

高等学校附属单位(包括附属医院、校办企业等)的档案管理,由学校根据实际情况自主确定。

第四十三条　本办法自 2008 年 9 月 1 日起施行。国家教育委员会 1989 年 10 月 10 日发布的《普通高等学校档案管理办法》(国家教育委员会令第 6 号)同时废止。

民办高等学校办学管理若干规定

· 2007 年 2 月 3 日教育部令第 25 号发布
· 根据 2015 年 11 月 10 日《教育部关于废止和修改部分规章的决定》修订

第一条　为规范实施专科以上高等学历教育的民办学校(以下简称民办高校)的办学行为,维护民办高校举办者和学校、教师、学生的合法权益,引导民办高校健康发展,根据民办教育促进法及其实施条例和国家有关规定,制定本规定。

第二条　民办高校及其举办者应当遵守法律、法规、规章和国家有关规定,贯彻国家的教育方针,坚持社会主义办学方向和教育公益性原则,保证教育质量。

第三条　教育行政部门应当将民办高等教育纳入教育事业发展规划。按照积极鼓励、大力支持、正确引导、依法管理的方针,引导民办高等教育健康发展。

教育行政部门对民办高等教育事业做出突出贡献的集体和个人予以表彰奖励。

第四条　国务院教育行政部门负责全国民办教育统筹规划、综合协调和宏观管理工作。

省、自治区、直辖市人民政府教育行政部门(以下简称省级教育行政部门)主管本行政区域内的民办教育工作。对民办高校依法履行下列职责:

(一)办学许可证管理;

(二)民办高校招生简章和广告备案的审查;

(三)民办高校相关信息的发布;

(四)民办高校的年度检查;

(五)民办高校的表彰奖励;

(六)民办高校违法违规行为的查处;

(七)法律法规规定的其他职责。

第五条　民办高校的办学条件必须符合国家规定的设置标准和普通高等学校基本办学条件指标的要求。

民办高校设置本、专科专业,按照国家有关规定执行。

第六条　民办高校的举办者应当按照民办教育促进法及其实施条例的规定,按时、足额履行出资义务。

民办高校的借款、向学生收取的学费、接受的捐赠财产和国家的资助,不属于举办者的出资。

民办高校对举办者投入学校的资产、国有资产、受赠的财产、办学积累依法享有法人财产权,并分别登记建账。任何组织和个人不得截留、挪用或侵占民办高校的资产。

第七条　民办高校的资产必须于批准设立之日起 1 年内过户到学校名下。

本规定下发前资产未过户到学校名下的,自本规定下发之日起 1 年内完成过户工作。

资产未过户到学校名下前,举办者对学校债务承担连带责任。

第八条　民办高校符合举办者、学校名称、办学地址和办学层次变更条件的,按照民办教育促进法规定的程序,报审批机关批准。

民办高校应当按照办学许可证核定的学校名称、办学地点、办学类型、办学层次组织招生工作,开展教育教学活动。

民办高校不得在办学许可证核定的办学地点之外办学。不得设立分支机构。不得出租、出借办学许可证。

第九条　民办高校必须根据有关规定,建立健全党团组织。民办高校党组织应当发挥政治核心作用,民办高校团组织应当发挥团结教育学生的重要作用。

第十条　民办高校校长应当具备国家规定的任职条件,具有 10 年以上从事高等教育管理经历,年龄不超过 70 岁。校长任期原则上为 4 年。

第十一条　未列入国务院教育行政部门当年公布的具有学历教育招生资格学校名单的民办高校,不得招收学历教育学生。

第十二条　民办高校招生简章和广告必须载明学校名称、办学地点、办学性质、招生类型、学历层次、学习年限、收费项目和标准、退费办法、招生人数、证书类别和颁发办法等。

民办高校应当依法将招生简章和广告报审批机关或其委托的机关备案。发布的招生简章和广告必须与备案的内容相一致。未经备案的招生简章和广告不得发布。

第十三条　民办高校招收学历教育学生的,必须严格执行国家下达的招生计划,按照国家招生规定和程序招收学生。对纳入国家计划、经省级招生部门统一录取的学生发放录取通知书。

第十四条　民办高校应当按照普通高等学校学生管理规定的要求完善学籍管理制度。纳入国家计划、经省级招生部门统一录取的学生入学后,学校招生部门按照国家规定对其进行复查,复查合格后予以电子注册并取得相应的学籍。

第十五条　民办高校自行招收的学生为非学历教育学生,学校对其发放学习通知书。学习通知书必须明确学习形式、学习年限、取得学习证书办法等。

民办高校对学习时间1年以上的非学历教育学生实行登记制度。已登记的学生名单及有关情况,必须于登记后7日内报省级教育行政部门备案。备案后的学生名单在校内予以公布。

第十六条　民办高校应当按照民办教育促进法及其实施条例的要求,配备教师,不断提高专职教师数量和比例。

民办高校应当依法聘任具有国家规定任教资格的教师,与教师签订聘任合同,明确双方的责任、权利、义务。保障教师的工资、福利待遇,按国家有关规定为教师办理社会保险和补充保险。

第十七条　民办高校应当加强教师的培养和培训,提高教师队伍整体素质。

第十八条　民办高校应当按照国家有关规定建立学生管理队伍。按不低于1:200的师生比配备辅导员,每个班级配备1名班主任。

第十九条　民办高校应当建立健全教学管理机构,加强教学管理队伍建设。改进教学方式方法,不断提高教育质量。

不得以任何形式将承担的教育教学任务转交其他组织和个人。

第二十条　民办高校应当建立教师、学生校内申诉渠道,依法妥善处理教师、学生提出的申诉。

第二十一条　民办高校依法设置会计机构,配备会计人员。会计人员必须取得会计业务资格证书。建立健全内部控制制度,严格执行国家统一的会计制度。

第二十二条　民办高校必须严格执行政府有关部门批准的收费项目和标准。收取的费用主要用于教育教学活动和改善办学条件。

第二十三条　民办高校应当在每学年结束时制作财务会计报告,委托会计师事务所进行审计。必要时,

省级教育行政部门可会同有关部门对民办高校进行财务审计。

第二十四条　民办高校的法定代表人为学校安全和稳定工作第一责任人。民办高校应当加强应急管理,建立健全安全稳定工作机制。推进学校安全保卫工作队伍建设,加强对学校教学、生活、活动设施的安全检查,落实各项安全防范措施,维护校园安全和教学秩序。

第二十五条　建立对民办高校的督导制度。

省级教育部门按照国家有关规定向民办高校委派的督导专员应当拥护宪法确定的基本原则,具有从事高等教育管理工作经历,熟悉高等学校情况,具有较强的贯彻国家法律、法规和政策的能力,年龄不超过70岁。督导专员的级别、工资、日常工作经费等由委派机构商有关部门确定。

督导专员任期原则上为4年。因工作需要的,委派机构可根据具体情况适当延长其任期。

第二十六条　督导专员行使下列职权:

(一)监督学校贯彻执行有关法律、法规、政策的情况;

(二)监督、引导学校的办学方向、办学行为和办学质量;

(三)参加学校发展规划、人事安排、财产财务管理、基本建设、招生、收退费等重大事项的研究讨论;

(四)向委派机构报告学校办学情况,提出意见建议;

(五)有关党政部门规定的其他职责。

第二十七条　省级教育行政部门应当建立健全民办高校办学过程监控机制,及时向社会发布民办高校的有关信息。

第二十八条　省级教育行政部门按照国家规定对民办高校实行年度检查制度。年度检查工作于每年12月31日前完成。省级教育行政部门根据年度检查情况和国务院教育行政部门基本办学条件核查的结果,在办学许可证副本上加盖年度检查结论戳记。

年度检查时,民办高校应当向省级教育行政部门提交年度学校自查报告、财务审计报告和要求提供的其他材料。

第二十九条　省级教育行政部门对民办高校年度检查的主要内容:

(一)遵守法律、法规和政策的情况;

(二)党团组织建设、和谐校园建设、安全稳定工作的情况;

(三)按照章程开展活动的情况;

（四）内部管理机构设置及人员配备情况；

（五）办学许可证核定项目的变动情况；

（六）财务状况，收入支出情况或现金流动情况；

（七）法人财产权的落实情况；

（八）其他需要检查的情况。

第三十条　民办高校出现以下行为的，由省级教育行政部门责令改正；并可给予1至3万元的罚款、减少招生计划或者暂停招生的处罚：

（一）学校资产不按期过户的；

（二）办学条件不达标的；

（三）发布未经备案的招生简章和广告的；

（四）年度检查不合格的。

第三十一条　民办高校违反民办教育促进法及其实施条例以及其他法律法规规定的，由省级教育行政部门或者会同相关部门依法予以处罚。

第三十二条　省级教育行政部门应当配合相关主管部门对发布违法招生广告的广告主、广告经营者、广告发布者和非法办学机构、非法中介进行查处。

第三十三条　教育行政部门会同民政部门加强对民办高等教育领域行业协会的业务指导和监督管理。充分发挥行业协会在民办高等教育健康发展中提供服务、反映诉求、行业自律的作用。

第三十四条　教育行政部门配合新闻单位做好引导民办高等教育健康发展的舆论宣传工作，营造有利于民办高校健康发展的舆论环境。

第三十五条　教育行政部门及其工作人员滥用职权、玩忽职守，违反民办教育促进法及其实施条例规定的，依法予以处理。

第三十六条　本规定自2007年2月10日起施行。

高等学校信息公开办法

· 2010年4月6日教育部令第29号公布
· 自2010年9月1日起施行

第一章　总　则

第一条　为了保障公民、法人和其他组织依法获取高等学校信息，促进高等学校依法治校，根据高等教育法和政府信息公开条例的有关规定，制定本办法。

第二条　高等学校在开展办学活动和提供社会公共服务过程中产生、制作、获取的以一定形式记录、保存的信息，应当按照有关法律法规和本办法的规定公开。

第三条　国务院教育行政部门负责指导、监督全国高等学校信息公开工作。

省级教育行政部门负责统筹推进、协调、监督本行政区域内高等学校信息公开工作。

第四条　高等学校应当遵循公正、公平、便民的原则，建立信息公开工作机制和各项工作制度。

高等学校公开信息，不得危及国家安全、公共安全、经济安全、社会稳定和学校安全稳定。

第五条　高等学校应当建立健全信息发布保密审查机制，明确审查的程序和责任。高等学校公开信息前，应当依照法律法规和国家其他有关规定对拟公开的信息进行保密审查。

有关信息依照国家有关规定或者根据实际情况需要审批的，高等学校应当按照规定程序履行审批手续，未经批准不得公开。

第六条　高等学校发现不利于校园和社会稳定的虚假信息或者不完整信息的，应当在其职责范围内及时发布准确信息予以澄清。

第二章　公开的内容

第七条　高等学校应当主动公开以下信息：

（一）学校名称、办学地点、办学性质、办学宗旨、办学层次、办学规模，内部管理体制、机构设置、学校领导等基本情况；

（二）学校章程以及学校制定的各项规章制度；

（三）学校发展规划和年度工作计划；

（四）各层次、类型学历教育招生、考试与录取规定，学籍管理、学位评定办法，学生申诉途径与处理程序；毕业生就业指导与服务情况等；

（五）学科与专业设置，重点学科建设情况，课程与教学计划，实验室、仪器设备配置与图书藏量，教学与科研成果评选，国家组织的教学评估结果等；

（六）学生奖学金、助学金、学费减免、助学贷款与勤工俭学的申请与管理规定等；

（七）教师和其他专业技术人员数量、专业技术职务等级、岗位设置管理与聘用办法，教师争议解决办法等；

（八）收费的项目、依据、标准与投诉方式；

（九）财务、资产与财务管理制度，学校经费来源、年度经费预算决算方案，财政性资金、受捐赠财产的使用与管理情况，仪器设备、图书、药品等物资设备采购和重大基建工程的招投标；

（十）自然灾害等突发事件的应急处理预案、处置情况，涉及学校的重大事件的调查和处理情况；

（十一）对外交流与中外合作办学情况，外籍教师与

留学生的管理制度;

(十二)法律、法规和规章规定需要公开的其他事项。

第八条　除第七条规定需要公开的信息外,高等学校应当明确其他需要主动公开的信息内容与公开范围。

第九条　除高等学校已公开的信息外,公民、法人和其他组织还可以根据自身学习、科研、工作等特殊需要,以书面形式(包括数据电文形式)向学校申请获取相关信息。

第十条　高等学校对下列信息不予公开:

(一)涉及国家秘密的;

(二)涉及商业秘密的;

(三)涉及个人隐私的;

(四)法律、法规和规章以及学校规定的不予公开的其他信息。

其中第(二)项、第(三)项所列的信息,经权利人同意公开或者高校认为不公开可能对公共利益造成重大影响的,可以予以公开。

第三章　公开的途径和要求

第十一条　高等学校校长领导学校的信息公开工作。校长(学校)办公室为信息公开工作机构,负责学校信息公开的日常工作,具体职责是:

(一)具体承办本校信息公开事宜;

(二)管理、协调、维护和更新本校公开的信息;

(三)统一受理、协调处理、统一答复向本校提出的信息公开申请;

(四)组织编制本校的信息公开指南、信息公开目录和信息公开工作年度报告;

(五)协调对拟公开的学校信息进行保密审查;

(六)组织学校信息公开工作的内部评议;

(七)推进、监督学校内设组织机构的信息公开;

(八)承担与本校信息公开有关的其他职责。

高等学校应当向社会公开信息公开工作机构的名称、负责人、办公地址、办公时间、联系电话、传真号码、电子邮箱等。

第十二条　对依照本办法规定需要公开的信息,高等学校应当根据实际情况,通过学校网站、校报校刊、校内广播等校内媒体和报刊、杂志、广播、电视等校外媒体以及新闻发布会、年鉴、会议纪要或者简报等方式予以公开;并根据需要设置公共查阅室、资料索取点、信息公告栏或者电子屏幕等场所、设施。

第十三条　高等学校应当在学校网站开设信息公开意见箱,设置信息公开专栏、建立有效链接,及时更新信息,并通过信息公开意见箱听取对学校信息公开工作的

意见和建议。

第十四条　高等学校应当编制信息公开指南和目录,并及时公布和更新。信息公开指南应当明确信息公开工作机构,信息的分类、编排体系和获取方式,依申请公开的处理和答复流程等。信息公开目录应当包括信息的索引、名称、生成日期、责任部门等内容。

第十五条　高等学校应当将学校基本的规章制度汇编成册,置于学校有关内部组织机构的办公地点、档案馆、图书馆等场所,提供免费查阅。

高等学校应当将学生管理制度、教师管理制度分别汇编成册,在新生和新聘教师报到时发放。

第十六条　高等学校完成信息制作或者获取信息后,应当及时明确该信息是否公开。确定公开的,应当明确公开的受众;确定不予公开的,应当说明理由;难以确定是否公开的,应当及时报请高等学校所在地省级教育行政部门或者上级主管部门审定。

第十七条　属于主动公开的信息,高等学校应当自该信息制作完成或者获取之日起20个工作日内予以公开。公开的信息内容发生变更的,应当在变更后20个工作日内予以更新。

学校决策事项需要征求教师、学生和学校其他工作人员意见的,公开征求意见的期限不得少于10个工作日。

法律法规对信息内容公开的期限另有规定的,从其规定。

第十八条　对申请人的信息公开申请,高等学校根据下列情况在15个工作日内分别作出答复:

(一)属于公开范围的,应当告知申请人获取该信息的方式和途径;

(二)属于不予公开范围的,应当告知申请人并说明理由;

(三)不属于本校职责范围的或者该信息不存在的,应当告知申请人,对能够确定该信息的职责单位的,应当告知申请人该单位的名称、联系方式;

(四)申请公开的信息含有不应当公开的内容但能够区分处理的,应当告知申请人并提供可以公开的信息内容,对不予公开的部分,应当说明理由;

(五)申请内容不明确的,应当告知申请人作出更改、补充,申请人逾期未补正的,视为放弃本次申请;

(六)同一申请人无正当理由重复向同一高等学校申请公开同一信息,高等学校已经作出答复且该信息未发生变化的,应当告知申请人,不再重复处理;

(七)高等学校根据实际情况作出的其他答复。

第十九条　申请人向高等学校申请公开信息的,应当出示有效身份证件或者证明文件。

申请人有证据证明高等学校提供的与自身相关的信息记录不准确的,有权要求该高等学校予以更正;该高等学校无权更正的,应当转送有权更正的单位处理,并告知申请人。

第二十条　高等学校向申请人提供信息,可以按照学校所在地省级价格部门和财政部门规定的收费标准收取检索、复制、邮寄等费用。收取的费用应当纳入学校财务管理。

高等学校不得通过其他组织、个人以有偿方式提供信息。

第二十一条　高等学校应当健全内部组织机构的信息公开制度,明确其信息公开的具体内容。

第四章　监督和保障

第二十二条　国务院教育行政部门开展对全国高等学校推进信息公开工作的监督检查。

省级教育行政部门应当加强对本行政区域内高等学校信息公开工作的日常监督检查。

高等学校主管部门应当将信息公开工作开展情况纳入高等学校领导干部考核内容。

第二十三条　省级教育行政部门和高等学校应当将信息公开工作纳入干部岗位责任考核内容。考核工作可与年终考核结合进行。

高等学校内设监察部门负责组织对本校信息公开工作的监督检查,监督检查应当有教师、学生和学校其他工作人员代表参加。

第二十四条　高等学校应当编制学校上一学年信息公开工作年度报告,并于每年10月底前报送所在地省级教育行政部门。中央部门所属高校,还应当报送其上级主管部门。

第二十五条　省级教育行政部门应当建立健全高等学校信息公开评议制度,聘请人大代表、政协委员、家长、教师、学生等有关人员成立信息公开评议委员会或者以其他形式,定期对本行政区域内高等学校信息公开工作进行评议,并向社会公布评议结果。

第二十六条　公民、法人和其他组织认为高等学校未按照本办法规定履行信息公开义务的,可以向学校内设监察部门、省级教育行政部门举报;对于中央部委所属高等学校,还可向其上级主管部门举报。收到举报的部门应当及时处理,并以适当方式向举报人告知处理结果。

第二十七条　高等学校违反有关法律法规或者本办法规定,有下列情形之一的,由省级教育行政部门责令改正;情节严重的,由省级教育行政部门或者国务院教育行政部门予以通报批评;对高等学校直接负责的主管领导和其他直接责任人员,由高等学校主管部门依据有关规定给予处分:

(一)不依法履行信息公开义务的;

(二)不及时更新公开的信息内容、信息公开指南和目录的;

(三)公开不应当公开的信息的;

(四)在信息公开工作中隐瞒或者捏造事实的;

(五)违反规定收取费用的;

(六)通过其他组织、个人以有偿服务方式提供信息的;

(七)违反有关法律法规和本办法规定的其他行为的。

高等学校上述行为侵害当事人合法权益,造成损失的,应当依法承担民事责任。

第二十八条　高等学校应当将开展信息公开工作所需经费纳入年度预算,为学校信息公开工作提供经费保障。

第五章　附　则

第二十九条　本办法所称的高等学校,是指大学、独立设置的学院和高等专科学校,其中包括高等职业学校和成人高等学校。

高等学校以外其他高等教育机构的信息公开,参照本办法执行。

第三十条　已经移交档案工作机构的高等学校信息的公开,依照有关档案管理的法律、法规和规章执行。

第三十一条　省级教育行政部门可以根据需要制订实施办法。高等学校应当依据本办法制订实施细则。

第三十二条　本办法自2010年9月1日起施行。

教育部关于公布《高等学校信息公开事项清单》的通知

·2014年7月25日
·教办函〔2014〕23号

各省、自治区、直辖市教育厅(教委),各计划单列市教育局,新疆生产建设兵团教育局,有关部门(单位)教育司(局),部属各高等学校:

为进一步推进高校信息公开工作,扩大社会监督,提高教育工作透明度,根据《中华人民共和国政府信息公开条例》《高等学校信息公开办法》,我部研究制定了《高等学校信息公开事项清单》(以下简称清单)。现予公布,并就有关事项通知如下。

一、确保信息真实及时。各高校要把清单实施工作作为完善内部治理、接受社会监督的重要内容,对清单所列各项信息公开的真实性、及时性负责,切实保障人民群众的知情权、参与权和监督权。公民、法人或者其它组织有证据证明公开的信息不准确的,高校应当及时予以更正;对公开的信息有疑问的,可以申请向高校查询。

二、建立即时公开制度。各高校应当在清单信息制作完成或获取后20个工作日内公开,信息内容发生变更的,应当在变更后20个工作日内予以更新。各事项公开的具体要求,遵照清单"有关文件"栏目所列文件的规定执行。各高校可在清单基础上进一步扩大公开范围,细化公开内容。教育部还将根据最新政策要求对清单进行动态更新。

三、完善年度报告制度。各高校应当编制学校上一学年信息公开工作年度报告,对清单所列信息的公开情况逐条详细说明。年度报告应当于每年10月底前向社会公布,并报送所在地省级教育行政部门和上级主管部门备案。

四、构建统一公开平台。2014年10月底前,部属高校应当在学校门户网站开设信息公开专栏,统一公布清单各项内容。应充分利用新闻发布会及微博、微信等新媒体方式,及时公开信息,加强信息解读,回应社会关切。教育部将在部门户网站集中添加教育部直属高校信息公开专栏链接,为社会公众查询提供统一入口。

五、加强公开监督检查。要根据《高等学校信息公开办法》要求,高校监察部门会同组织、宣传、人事等机构及师生员工代表,对清单实施开展监督检查,省级教育行政部门负责本行政区域内高校日常监督检查,监督检查的结果要向社会公开。对于不按要求公开、不及时更新、发布虚假信息的,由省级教育行政部门责令改正;情节严重的,予以通报批评,并依法追究相关人员责任。教育部将引入第三方对教育部直属高校落实情况开展评估,并适时组织督查,评估和督查情况将向社会公开。

教育部直属高校要制定落实细化方案,明确清单各事项的公开时间、责任机构和责任人。地方高校和有关部门所属高校根据各省级教育部门和主管部门(单位)教育司(局)要求做好清单落实工作。

附件:高等学校信息公开事项清单

附件

高等学校信息公开事项清单
(共10大类50条)

序号	类别	公开事项	有关文件	指导司局
1	基本信息 (6项)	(1)办学规模、校级领导班子简介及分工、学校机构设置、学科情况、专业情况、各类在校生情况、教师和专业技术人员数量等办学基本情况	《高等学校信息公开办法》(教育部令第29号)	办公厅 政法司
		(2)学校章程及制定的各项规章制度	《高等学校章程制定暂行办法》(教育部令第31号)	
		(3)教职工代表大会相关制度、工作报告	《学校教职工代表大会规定》(教育部令第32号)	政法司
		(4)学术委员会相关制度、年度报告	《高等学校学术委员会规程》(教育部令第35号)	
		(5)学校发展规划、年度工作计划及重点工作安排	《高等学校信息公开办法》(教育部令第29号)	规划司
		(6)信息公开年度报告	《教育部办公厅关于做好2012-2013学年度高校信息公开年度报告工作的通知》(教办厅函[2013]48号)	办公厅

续表

序号	类别	公开事项	有关文件	指导司局
2	招生考试 信息 (8项)	(7)招生章程及特殊类型招生办法,分批次、分科类招生计划	《国务院办公厅关于印发当前政府信息公开重点工作安排的通知》(国办发〔2013〕73号) 《高等学校信息公开办法》(教育部令第29号) 《教育部关于进一步推进高校招生信息公开工作的通知》(教学函〔2013〕9号) 《普通高等学校招生违规行为处理暂行办法》(教育部令第36号)	学生司 规划司
		(8)保送、自主选拔录取、高水平运动员和艺术特长生招生等特殊类型招生入选考生资格及测试结果		
		(9)考生个人录取信息查询渠道和办法,分批次、分科类录取人数和录取最低分		
		(10)招生咨询及考生申诉渠道,新生复查期间有关举报、调查及处理结果		
		(11)研究生招生简章、招生专业目录、复试录取办法,各院(系、所)或学科、专业招收研究生人数	《教育部关于做好2014年全国硕士学位研究生招生工作的通知》(教学〔2013〕12号) 《教育部办公厅关于做好2014年硕士学位研究生招生考试执法监督工作的通知》(教监厅〔2013〕2号)	
		(12)参加研究生复试的考生成绩		
		(13)拟录取研究生名单		
		(14)研究生招生咨询及申诉渠道		
3	招生考试 信息 (8项)	(15)财务、资产管理制度	《高等学校信息公开办法》(教育部令第29号)	财务司
		(16)受捐赠财产的使用与管理情况		
		(17)校办企业资产、负债、国有资产保值增值等信息		
		(18)仪器设备、图书、药品等物资设备采购和重大基建工程的招投标		
		(19)收支预算总表、收入预算表、支出预算表、财政拨款支出预算表	《国务院办公厅关于印发当前政府信息公开重点工作安排的通知》(国办发〔2013〕73号) 《高等学校信息公开办法》(教育部令第29号) 《教育部关于做好高等学校财务信息公开工作的通知》(教财〔2012〕4号) 《教育部关于进一步做好高等学校财务信息公开工作的通知》(教财函〔2013〕96号)	
		(20)收支决算总表、收入决算表、支出决算表、财政拨款支出决算表		
		(21)收费项目、收费依据、收费标准及投诉方式	《高等学校信息公开办法》(教育部令第29号)	

序号	类别	公开事项	有关文件	指导司局
4	人事师资信息（5项）	（22）校级领导干部社会兼职情况	《中共教育部党组关于进一步加强直属高校学校领导班子建设的若干意见》（教党〔2013〕39号）	人事司教师司
		（23）校级领导干部因公出国（境）情况	《中共教育部党组关于进一步加强直属高校党员领导干部兼职管理的通知》（教党〔2011〕22号）	
		（24）岗位设置管理与聘用办法	《高等学校信息公开办法》（教育部令第29号）	
		（25）校内中层干部任免、人员招聘信息	《党政领导干部选拔任用工作条例》《事业单位公开招聘人员暂行规定》（人事部令第6号）	
		（26）教职工争议解决办法		
5	教学质量信息（9项）	（27）本科生占全日制在校生总数的比例、教师数量及结构	《国家中长期教育改革和发展规划纲要（2010–2020年）》《教育部办公厅关于普通高等学校编制发布2012年〈本科教学质量报告〉的通知》（教高厅函〔2013〕33号）	高教司学生司体卫艺司高教司
		（28）专业设置、当年新增专业、停招专业名单		
		（29）全校开设课程总门数、实践教学学分占总学分比例、选修课学分占总学分比例		
		（30）主讲本科课程的教授占教授总数的比例、教授本科课程占课程总门次数的比例		
		（31）促进毕业生就业的政策措施和指导服务	《高等学校信息公开办法》（教育部令第29号）《教育部办公厅关于编制发布高校毕业生就业质量年度报告的通知》（教学厅函〔2013〕25号）	
		（32）毕业生的规模、结构、就业率、就业流向		
		（33）高校毕业生就业质量年度报告		
		（34）艺术教育发展年度报告	《学校艺术教育工作规程》（教育部令13号）《教育部关于推进学校艺术教育发展的若干意见》（教体艺〔2014〕1号）	
		（35）本科教学质量报告	《教育部办公厅关于普通高等学校编制发布2012年〈本科教学质量报告〉的通知》（教高厅函〔2013〕33号）	

续表

序号	类别	公开事项	有关文件	指导司局
6	学生管理服务信息（4项）	（36）学籍管理办法	《高等学校信息公开办法》（教育部令第29号）	学生司财务司
		（37）学生奖学金、助学金、学费减免、助学贷款、勤工俭学的申请与管理规定		
		（38）学生奖励处罚办法	《普通高等学校学生管理规定》（教育部令第21号）	
		（39）学生申诉办法	《高等学校信息公开办法》（教育部令第29号）	
7	学风建设信息（3项）	（40）学风建设机构	《教育部关于切实加强和改进高等学校学风建设的实施意见》（教技〔2011〕1号）	社科司科技司
		（41）学术规范制度		
		（42）学术不端行为查处机制		
8	学位、学科信息（4项）	（43）授予博士、硕士、学士学位的基本要求	《高等学校信息公开办法》（教育部令第29号）《关于进一步加强在职人员攻读硕士专业学位和授予同等学力人员硕士、博士学位管理工作的意见》（学位〔2013〕36号）《关于开展增列硕士专业学位授权点审核工作的通知》（学位〔2013〕37号）《关于委托部分学位授予单位自行审核博士学位授权一级学科点和硕士学位授权一级学科点的通知》（学位〔2010〕18号）《关于发布〈国务院学位委员会关于授予具有研究生毕业同等学力人员硕士、博士学位的规定〉的通知》（学位〔1998〕54号）《关于启用"全国同等学力人员申请硕士学位管理工作信息平台"的通知》（学位办〔2011〕70号）	研究生司
		（44）拟授予硕士、博士学位同等学力人员资格审查和学力水平认定		
		（45）新增硕士、博士学位授权学科或专业学位授权点审核办法		
		（46）拟新增学位授权学科或专业学位授权点的申报及论证材料		
9	对外交流与合作信息（2项）	（47）中外合作办学情况	《高等学校接受外国留学生管理规定》（教育部令第9号）《教育部关于进一步加强高等学校中外合作办学质量保障工作的意见》（教外办学〔2013〕91号）	国际司
		（48）来华留学生管理相关规定		

序号	类别	公开事项	有关文件	指导司局
10	对外交流与合作信息（2项）	(49)巡视组反费意见，落实反馈意见整改情况	《中共中央关于印发〈中国共产党巡视工作条例（试行）〉的通知》（中发〔2009〕7号）《中共教育部党组关于进一步加强和改进巡视工作的意见》（教党〔2013〕3号）	巡视办
		(50)自然灾害等突发事件的应急处理预案、预警信息和处置情况，涉及学校的重大事件的调查和处理情况	《高等学校信息公开办法》（教育部令第29号）	办公厅

高等学历继续教育专业设置管理办法

- 2016年11月18日
- 教职成〔2016〕7号

第一章　总　则

第一条　为加强对高等学历继续教育专业设置的统筹规划与宏观管理，促进各类高等学历继续教育健康、有序、协调发展，根据《中华人民共和国高等教育法》《中华人民共和国行政许可法》《高等教育自学考试暂行条例》《国务院对确需保留的行政审批项目设定行政许可的决定》（国务院令第412号）等规定，制定本办法。

第二条　普通本科高校、高等职业学校、开放大学、独立设置成人高等学校（以下简称高校）举办的各类高等学历继续教育专业设置和管理，高等教育自学考试开考专业的管理，适用本办法。

第三条　高校设置高等学历继续教育专业要根据学校自身办学能力，发挥办学优势和特色。主动适应国家战略和经济社会发展需要，坚持终身学习理念，以满足学习者学习发展需求为导向，以学习者职业能力提升为重点，遵循高等教育规律和职业人才成长规律，培养具有较高综合素养、适应职业发展需要、具有创新意识的应用型人才。

第四条　教育部负责高等学历继续教育专业设置、高等教育自学考试开考专业设置的政策制定和宏观管理。

省级教育行政部门负责本行政区域内高校高等学历继续教育专业设置的统筹指导和监管服务。

高校依照相关规定自主设置和调整高等学历继续教育专业。

全国高等教育自学考试指导委员会（以下简称全国考委）负责制订高等教育自学考试开考专业清单和基本规范。

受教育部委托，国家行业主管部门、行业组织负责对本行业领域相关高等学历继续教育专业设置进行指导。

第五条　教育部组织设立高等学历继续教育专业设置评议专家组织。省级教育行政部门、高校设立相应的专业设置评议专家组织，或在现有专家组织中增加高等学历继续教育专业设置评议职能。充分发挥专家组织在高等学历继续教育专业设置、建设、监督与评估方面的政策研究、论证审议和决策咨询作用。

第六条　教育部建立全国高等学历继续教育专业管理和公共信息服务平台（以下简称信息平台），对高等学历继续教育专业设置实行全程信息化管理与服务。

第二章　专业目录

第七条　高等学历继续教育本、专科专业目录由《普通高等学校本科专业目录》《普通高等学校高等职业教育专科专业目录》和《高等学历继续教育补充专业目录》（见附件）组成。《高等学历继续教育补充专业目录》由教育部制定、发布，适时调整，实行动态管理。

第八条　全国考委、国家行业主管部门、行业组织、开放大学和独立设置的成人高校可对《高等学历继续教育补充专业目录》提出增补专业的建议。材料内容包括：相关行业（职业）人才需求报告、专业设置必要性和可行性论证报告、专业简介等。省级教育行政部门对本行政区域内高校提出的增补专业建议进行评议汇总，于每年11月30日前上报信息平台。全国考委、国家行业主管部门、行业组织可直接向教育部提交建议材料。教育部组织专家确定增补、撤销或更名的专业名单，适时向社会发布。

第九条　高等学历继续教育国家控制专业为现行《普通高等学校本科专业目录》《普通高等学校高等职业教育专科专业目录》中已经明确的国家控制专业。

第三章　专业设置的基本条件和程序

第十条　高校设置高等学历继续教育专业,应同时具备以下基本条件:

(一)符合学校的办学定位和发展规划。

(二)适应经济社会发展和产业结构调整需要,满足学习者多样化终身学习需求。

(三)有科学、规范、完整的专业人才培养方案及其所必需的教师队伍及教学辅助人员。

(四)具备开办专业所必需的经费、教学设施、图书资料或数字化学习资源、仪器设备、实习实训场所等办学条件,有保障专业可持续发展的相关制度和必要措施。

第十一条　普通本科高校、高等职业学校须在本校已开设的全日制教育本、专科专业范围内设置高等学历继续教育本、专科专业,并可根据社会需求设置专业方向,但专业方向名称不能与高等学历继续教育本、专科专业目录中已有专业名称相同,不能涉及国家控制专业对应的相关行业。具体程序为:

(一)各高校通过信息平台填报当年拟招生专业及相关信息。

(二)省级教育行政部门统筹汇总本行政区域内高校提交的专业信息,并通过信息平台提交教育部。

(三)教育部对各地上报的专业信息进行汇总并向社会公布。

第十二条　开放大学和独立设置的成人高校根据自身办学条件可在高等学历继续教育本、专科专业目录中设置高等学历继续教育专业,并可根据社会需求设置专业方向,具体要求同第十一条。具体程序为:

(一)对于拟设置的新专业,学校要组织校内有关专业设置评议专家组进行审议,通过信息平台提交人才需求报告、专业论证报告和人才培养方案等申请材料。信息平台将面向社会公示一个月,学校官方网站应同步公示。公示期满后,学校对公示期间收到的意见进行研究处理,及时将意见处理情况及修改后的申请材料提交信息平台。

(二)对于已开设的专业,各校通过信息平台填报当年拟招生专业及相关信息。

(三)省级教育行政部门根据本省(区、市)实际,对本行政区域内开放大学和独立设置的成人高校提交的新设专业申请材料和当年拟招生专业信息进行统筹汇总,通过信息平台提交教育部。

(四)教育部对各地上报的专业信息进行汇总并向社会公布。

第十三条　开放大学和独立设置的成人高校设置高等学历继续教育国家控制专业,具体程序为:

(一)学校通过信息平台填报当年拟招生国家控制专业及相关信息。

(二)省级教育行政部门在取得相关行业主管部门意见后,将本省(区、市)内拟新设国家控制专业的申请材料报送教育部。

(三)教育部按照现有国家控制专业审批办法管理。

第十四条　各类高校拟招生专业及相关信息须于当年1月31日前通过信息平台填报;省级教育行政部门对本行政区域内各类高校提交的专业信息统筹汇总后,须于当年3月31日前通过信息平台提交教育部;教育部对各地上报的专业信息进行汇总,于当年5月31日前向社会公布专业备案或审批结果。

第十五条　全国考委在高等学历继续教育本、专科专业目录范围内,确定高等教育自学考试开考专业清单,制订相应专业基本规范,并于当年5月31日前通过信息平台公布。各省(区、市)高等教育自学考试委员会、军队高等教育自学考试委员会在清单范围内选择开考专业。

第四章　监督与评估

第十六条　教育部和全国考委将充分运用信息平台监测高等学历继续教育专业设置的工作运行,全面掌握专业设置整体情况和动态信息,及时公布全国高等学历继续教育专业设置和调整情况。推动建立教育行政部门、行业组织、第三方机构、高校等多方参与的监管制度和评价机制。

第十七条　省级教育行政部门要充分运用信息平台掌握本行政区域内的高校继续教育专业设置情况,制订高等学历继续教育专业检查和评估办法,加强对高校高等学历继续教育专业建设的监督与评估,评估结果作为该专业继续招生、暂停招生的依据。对存在人才培养定位不适应社会需求、办学条件严重不足、教学(考试)管理严重不规范、教育质量低下等情况,省级教育行政部门要视情节责令有关高校对相应专业进行限期整改,完成整改前,该专业暂停招生,且高校不得设置新专业;情节严重且拒不整改的,省级教育行政部门应建议高校主管部门停止该专业招生。

第十八条　对未按本办法设置的高等学历继续教育专业,高校不得进行宣传和组织招生。对违反本办法擅自设置专业或经查实申请材料弄虚作假的高校，教育部和省级教育行政部门将予以公开通报批评并责令整改，情节严重的，三年内不得增设高等学历继续教育专业。

第十九条 高校应加强高等学历继续教育专业建设，建立和完善自我评价机制。鼓励引入专门机构或社会第三方机构对学校高等学历继续教育专业办学水平和质量进行评估及认证。

第五章 附 则

第二十条 全国考委、省级教育行政部门依据本办法制订实施细则，报教育部备案后实施。

第二十一条 本办法自发布之日起实施。

附件：

高等学历继续教育补充专业目录
本科（13 个专业）

序号	学科门类	专业类	专业代码	专业名称
1	经济学	经济学类	320101	区域经济开发与管理
2	法学	法学类	330101K	监所管理
3	教育学	教育学类	340101	教育管理
4	教育学	教育学类	340102	心理健康教育
5	教育学	教育学类	340103	双语教育
6	文学	中国语言文学类	350101	维吾尔语言文学
7	文学	中国语言文学类	350102	哈萨克语言文学
8	文学	中国语言文学类	350103	蒙古语言文学
9	文学	中国语言文学类	350104	朝鲜语言文学
10	文学	中国语言文学类	350105	藏语言文学
11	医学	护理学类	401101	社区护理学
12	管理学	工商管理类	420201	网络营销与管理
13	管理学	公共管理类	420401	城市公共安全管理

专科（17 个专业）

序号	专业大类	专业类	专业代码	专业名称
1	农林牧渔大类	农业类	810101	家庭农场经营管理
2	资源环境与安全大类	煤炭类	820501	采矿工程
3	资源环境与安全大类	煤炭类	820502	煤矿安全技术与管理
4	装备制造大类	机械设计制造类	860101	机械电子工程与管理
5	生物与化工大类	生物技术类	870101	生物技术
6	生物与化工大类	化工技术类	870201	应用化学
7	电子信息大类	电子信息类	910101	信息系统开发与维护
8	财经商贸大类	财政税务类	930101	区域经济开发与管理

续表

序号	专业大类	专业类	专业代码	专业名称
9	文化艺术大类	民族文化类	950301	维吾尔语言文学
10	文化艺术大类	民族文化类	950302	哈萨克语言文学
11	文化艺术大类	民族文化类	950303	蒙古语言文学
12	文化艺术大类	民族文化类	950304	朝鲜语言文学
13	文化艺术大类	民族文化类	950305	藏语言文学
14	新闻传播大类	新闻出版类	960101	新闻学
15	教育与体育大类	教育类	970101K	双语教育
16	教育与体育大类	语言类	970201	汉语言文学
17	教育与体育大类	语言类	970202	英语

高等学校本科教学质量与教学改革工程项目管理暂行办法

· 2007 年 7 月 13 日
· 教高〔2007〕14 号

一、总　则

第一条　为了加强"高等学校本科教学质量与教学改革工程"(以下简称"质量工程")项目管理,确保项目建设取得实效,根据《教育部 财政部关于实施高等学校本科教学质量与教学改革工程的意见》(教高〔2007〕1号)和国家有关法律法规,制定本办法。

第二条　"质量工程"以提高高等学校本科教学质量为目标,以推进改革和实现优质资源共享为手段,按照"分类指导、鼓励特色、重在改革"的原则,加强内涵建设,提升我国高等教育的质量和整体实力。

第三条　"质量工程"包括专业结构调整与专业认证、课程教材建设与资源共享、实践教学与人才培养模式改革创新、教学团队和高水平教师队伍建设、教学评估与教学状态基本数据公布和对口支援西部地区高等学校六个方面建设内容。本办法所称"质量工程"项目为以上六个方面规划建设项目。

第四条　"质量工程"资金由中央财政专项安排。资金管理按财政部、教育部联合制定的《高等学校本科教学质量与教学改革工程专项资金管理暂行办法》执行。

二、管理职责

第五条　教育部、财政部共同成立"质量工程"领导小组,制订实施方案,对项目建设过程中的重大问题进行决策,全面领导"质量工程"工作。领导小组下设办公室(以下简称领导小组办公室),负责"质量工程"具体组织管理和日常事务,主要履行以下职责:

(一)负责统筹指导建设计划的相关工作;

(二)制订和发布"质量工程"项目指南;

(三)组织项目评审,提出立项方案;

(四)组织对项目的检查、验收和评价;

(五)编制"质量工程"年度进展报告,推广宣传项目建设成果。

第六条　各地教育行政部门和中央有关部门(单位)主要履行以下职责:

(一)负责指导、检查、监督本地区本部门"质量工程"项目建设进展情况,及时协调、解决建设过程中的问题;

(二)负责统筹落实项目院校的建设资金,对建设资金的使用进行绩效监督,确保专项资金使用效益。

(三)向教育部、财政部报送本地区本部门项目阶段进展报告和项目完成总结性报告。

第七条　"质量工程"项目承担学校或单位(以下简称项目单位)应有专门机构具体负责本单位项目建设的规划、实施、管理和检查等工作。项目单位主要履行以下职责:

(一)按照教育部、财政部及本办法的要求,编制、报送项目申报材料,并对其真实性负责。

(二)按照批复的项目建设内容,统筹规划,组织项目实施,确保项目建设进度、建设投资和预期目标。

(三)统筹安排各渠道建设资金,按照有关财务制度及本办法规定,科学、合理使用建设资金,确保资金使用效益。

（四）接受教育、财政、审计、监察等部门对项目实施过程和结果进行监控、检查和审计。

（五）每年12月底前，向领导小组办公室书面报告项目进展情况。

第八条　"质量工程"项目实行项目负责人负责制。项目负责人的职责是：

（一）依照项目的有关要求和规定，制订项目建设计划；

（二）组织项目建设工作，把握项目的总体水平和项目计划实施进度；

（三）按规定合理安排项目经费；

（四）自我评价项目建设效果；

（五）宣传、展示项目建设成果，推进项目建设成果应用。

第九条　"质量工程"项目建设内容、进度安排以及项目负责人不得随意调整。如确需调整的，项目单位须提交书面申请报领导小组办公室批准。

三、申报立项

第十条　"质量工程"项目分公共系统建设项目和学校建设项目两类。公共系统建设项目是指为高等学校服务的资源共享平台和管理平台的项目，一般由一个单位承担，或者由一个单位牵头、若干单位共同承担。学校建设项目指学校有较好的建设基础，自行完成建设任务、达到建设目标的项目。

第十一条　公共系统建设项目和学校建设项目的申报，依据年度"质量工程"项目指南，采用学校或单位直接申报的方式，适当考虑各地教育行政部门和中央有关部门（单位）的意见。具体项目申报立项程序如下：

（一）教育部高等教育司代领导小组办公室发布项目指南；

（二）高等学校或者单位根据项目指南的要求申报项目；

（三）教育部高等教育司代领导小组办公室受理项目申报工作，组织项目评审并提出立项建议方案；

（四）教育部、财政部审定立项建议方案，批准立项实施。

四、检查验收

第十二条　领导小组办公室根据项目建设计划对"质量工程"项目建设情况进行检查和验收。

第十三条　项目建设情况检查指在建设过程中进行不定期随机检查。检查的主要内容是：

（一）项目进展情况；

（二）资金的使用情况；

（三）项目建设中的主要问题和改进措施。

第十四条　有下列情形之一的，领导小组办公室将视其情节轻重给予警告、中止或撤消项目等处理。

（一）申报、建设材料弄虚作假、违背学术道德；

（二）项目执行不力，未开展实质性建设工作；

（三）未按要求上报项目有关情况，无故不接受有关部门对项目实施情况的检查、监督与审计；

（四）项目经费的使用不符合有关财经法规和制度的规定，或者有其他违反项目规定与管理办法的行为。

第十五条　项目建设周期根据各类项目要求确定，建设期满需要接受验收。验收采用项目单位报送项目建设总结报告，或进入项目单位实地验收两种形式进行。验收的主要内容是：

（一）建设目标和任务的实现情况；

（二）取得的标志性成果以及经验分析；

（三）项目管理情况；

（四）资金使用情况。

第十六条　验收结束后，由领导小组办公室出具验收结论性意见。对未达到验收要求的项目，取消其"质量工程"项目的资格并按有关规定严肃处理。

第十七条　领导小组办公室适时对"质量工程"项目进行整体评价。通过整体评价"质量工程"项目建设成果，总结经验，指导高等教育教学改革工作。

五、附　则

第十八条　本办法自发布之日起实施。本办法发布前已经启动实施的项目继续执行，项目管理按本办法执行。各地教育行政部门、中央有关部门（单位）和高等学校可根据本办法制定本地区、部门（单位）和学校的项目管理办法。各"质量工程"项目可根据本办法制定实施细则。

第十九条　本办法由教育部、财政部负责解释和修订。

高等职业院校人才培养工作评估方案

· 2008年4月9日
· 教高〔2008〕5号

一、评估的目的和意义

随着社会发展对高技能人才要求的不断提高，高等职业院校必须加快改革，强化特色，提高人才培养质量。

开展高等职业院校人才培养工作评估,旨在促进高等职业院校加强内涵建设,深化校企合作、产学结合的人才培养模式;推动教育行政部门完善对高等职业院校的宏观管理,逐步形成以学校为核心、教育行政部门为引导、社会参与的教学质量保障体系,促进我国高等职业教育持续、稳定、健康发展。

二、评估的指导思想

高等职业院校人才培养工作评估按照"以服务为宗旨,以就业为导向,走产学结合发展道路"的办学要求,坚持"以评促建、以评促改、以评促管、评建结合、重在建设"的方针,切实落实《教育部关于全面提高高等职业教育教学质量的若干意见》(教高〔2006〕16 号),保证高等职业教育基本教学质量,促进院校形成自我约束、自我发展的机制。因此,在实施过程中应强调评与被评双方平等交流,共同发现问题、分析问题,共同探讨问题的解决办法,注重实际成效,引导学校把工作重心放到内涵建设上来。

三、评估工作的基本任务

围绕影响院校人才培养质量的关键因素,通过对《高等职业院校人才培养工作状态数据采集平台》(附 1)数据的分析,辅以现场有重点的考察,全面了解学校的实际情况,对人才培养工作的主要方面做出分析和评价,提出改进工作的意见和建议,引导学校加大对工学结合改革的投入,使不断提高人才培养质量成为学校的自觉行动。

四、评估原则

1. 学校自评与专家评估相结合。以学校自评为基础,专家评估相配合,建立和完善学校人才培养质量保障机制。

2. 静态与动态相结合。既要考察人才培养效果,又要注重人才培养工作过程,还要关注学校发展潜力。

3. 全面了解与重点考察相结合。既要把握人才培养工作全局,又要抓住关键要素进行重点考察。

4. 评价与引导相结合。既要对人才培养工作状态做出判断,更要为学校的改革与发展提出建设性思路与办法。

5. 客观、科学、民主、公正,提高工作效率,不影响学校正常教学秩序。

6. 不向评估学校收取评估费用。

五、申请评估的基本条件

高等职业院校自有毕业生起至有 3 届毕业生前必须参加一次人才培养评估,但须符合以下条件:

1. 独立设置的高职高专院校,并达到教育部《普通高等学校基本办学条件指标(试行)》(教发〔2004〕2 号)的有关要求;

2. 核算教师总数时,兼职教师等非专任教师数按每学年授课 160 学时为 1 名教师计算,专兼教师之比无限制;

3. 实验、实习、实训场所(含合作共建)及附属用房生均占有面积(平方米/生)达到下表要求:

学校类别	综合、师范、民族类院校	工科类院校	农林类院校	医学类院校	财经、政法类院校	体育、艺术类院校
生均面积	5.30	8.30	8.80	9.00	1.05	1.85

各省级教育行政部门可根据当地实际对上述条件做出调整,但不能低于教育部《普通高等学校基本办学条件指标(试行)》(教发〔2004〕2 号)设定的"限制招生"标准。

不具备申请评估条件的院校,应尽快加大投入,在有 5 届毕业生前须达到基本办学条件,参加一次人才培养工作评估。同时,省级教育行政部门应在其有 3 届毕业生后、首次参加人才培养工作评估前,逐年减少其招生计划。

六、高等职业院校人才培养工作评估指标体系(详见附 2)

七、评估结论

评估结论分为"通过"和"暂缓通过"。对暂缓通过的院校,在一年内必须进行再次评估,省级教育行政部门应同时适当减少其招生计划;若第二次评估仍未通过,省级教育行政部门应采取暂缓安排招生计划等有效措施,促进其尽快达到人才培养基本要求。教育部将从 2008 年起,每年定期向社会公布一次评估结论。

八、评估实施办法

(一)评估组织

1. 评估工作由省级教育行政部门按照教育部的要求负责组织。省级教育行政部门应对评估工作做出总体规划,并根据本方案的基本要求,结合本地实际,制订相应的实施细则,报教育部备案后实行。

2. 各省级教育行政部门应充分依靠专家和专业评估机构实施评估工作。具体实施的部门应根据本方案的基本要求和相应的实施细则制订操作规程。操作规程需包括专家工作规范以及院校评建工作规范等制度规定，以规范评估行为。

3. 省级教育行政部门应采取有力措施，对评估院校的整改工作进行指导和检查，并在实施细则和操作规程中明确要求和做法。

4. 各省级教育行政部门应将本年度已评院校评估结论和省内评估工作总结于当年12月底之前上报教育部备案。

5. 教育部将不定期对各地评估工作进行检查。

（二）评估程序

1. 学校自评。学校要组织干部、教师认真学习有关文件，准确理解开展高等职业院校人才培养工作评估的基本精神，掌握实质内涵；认真回顾总结学校教育教学改革与发展的思路、成果、经验和特色，对学校的人才培养质量做出基本判断，找出存在的主要问题，提出解决的对策，形成自评报告（不超过10000字），并填写《高等职业院校人才培养工作状态数据采集平台》。

2. 提交材料。学校向省级教育行政部门提交书面自评报告和《高等职业院校人才培养工作状态数据采集平台》数据，并将自评报告、《高等职业院校人才培养工作状态数据采集平台》最新的原始数据、区域社会经济发展十一五规划、学校发展规划、特色专业建设规划，于专家组进校前30天在校园网上对社会公布。

3. 确定专家组成。评估专家组由熟悉高等职业教育教学工作的人员组成，其中必须包括行业企业人员和一线专任教师。省级教育行政部门需根据被评院校规模与校区结构、自报主要专业、特色专业类别等因素，确定专家组成员人数和名单，并对社会公布。专家组人数一般以5-8人（含秘书）为宜。

4. 现场考察。专家组到现场考察评估，在与学校充分交流和对学院填报的《高等职业院校人才培养工作状态数据采集平台》数据进行深入分析的基础上形成考察评估工作报告。现场考察时间建议掌握在2-3天为宜。

5. 确定结论。专家组的结论由省级教育行政部门予以审定、公布，并将评估结论（包括专家组评估考察意见）及时反馈给学校，学校根据评估意见制定并实施整改措施。

（三）评估纪律

各地需严格执行教育部关于加强高等学校教学评估工作纪律的各项规定，特别应遵守以下纪律要求：

1. 专家组成员要坚持评估原则和要求，客观、公平、公正对学校进行评估，廉洁自律，自觉抵制社会不良风气的干扰，对有碍评估工作公正性、严肃性的不正当做法，应予以抵制并向上级部门反映。

2. 学校对专家组的接待工作应坚持节俭、注重实效，坚决反对铺张浪费、形式主义。不搞开幕式，不搞任何形式的汇报演出，不送礼品。就近安排专家住宿，不得宴请专家、安排旅游，差旅住宿标准不得超过各省规定的公务员出差标准。专家交通用车和相关工作人员配备必须从简安排。

3. 省级教育行政部门在组织评估过程中，对被评院校和专家组成员要严格纪律要求，对有违反评估纪律的要及时严肃处理。

附：1. 高等职业院校人才培养工作状态数据采集平台（略）

2. 高等职业院校人才培养工作评估指标体系（略）

国家示范性高等职业院校建设计划管理暂行办法

· 2007年7月4日
· 教高〔2007〕12号

第一章 总 则

第一条 为规范和加强国家示范性高等职业院校建设计划（以下简称建设计划）项目管理，保证建设计划顺利实施，根据《国务院关于大力发展职业教育的决定》（国发〔2005〕35号）、《教育部 财政部关于实施国家示范性高等职业院校建设计划，加快发展高等职业教育改革与发展的意见》（教高〔2006〕14号）和国家有关规章制度，制定本办法。

第二条 建设计划以提高高等职业院校办学质量为目标，以推进改革和实现优质资源共享为手段，支持办学定位准确、产学结合紧密、改革成绩突出的100所高等职业院校（以下简称项目院校）进一步加强内涵建设，发挥项目院校的示范作用，带动高等职业教育改革与发展，逐步形成结构合理、功能完善、质量优良的高等职业教育体系，更好地为经济建设和社会发展服务。

第三条 按照"地方为主、中央引导、突出重点、协调发展"的原则，建设计划实行中央、地方（包括项目院校举办方，下同）和项目院校分级管理的方式，以院校管理为基础，地方管理为主。

第四条 建设计划专项资金由中央、地方和项目院校共同承担，按照统一规划、专账核算、专款专用、结余留用的原则，实行项目管理。

第二章　管理职责

第五条　教育部、财政部负责规划和设计建设计划，制订实施方案，对项目建设过程中的重大问题进行决策。教育部、财政部共同成立建设计划领导小组，全面领导建设计划日常工作。建设计划领导小组下设办公室，负责建设计划的具体组织管理和日常事务，主要履行以下职责：

（一）负责统筹指导建设计划的相关工作；

（二）起草相关政策、绩效考核办法等；

（三）组织评审项目院校，审核项目院校建设方案和项目建设任务书；

（四）开展业务咨询和专题研究工作；

（五）建立信息采集与绩效监控系统，开展年度绩效考评工作；

（六）协调、指导项目院校的项目建设工作，组织验收建设成果。

第六条　省级教育和财政部门是项目实施的地方行政主管部门，主要履行以下职责：

（一）按照教育部、财政部要求，组织项目院校的申报、预审和推荐工作；

（二）负责指导、检查、监督本地区项目院校的建设进展情况，及时协调、解决建设过程中的问题；

（三）负责统筹落实项目院校的建设资金，对建设资金的使用进行监督，确保专项资金使用效益；

（四）向教育部、财政部报送本地区项目阶段进展报告和项目完成总结性报告。

第七条　项目院校举办方是项目院校的主管单位，主要履行以下职责：

（一）按照教育部、财政部要求，指导所属高职院校进行项目申请，确保落实相关政策和建设资金。

（二）负责指导、检查所属项目院校的建设进展情况，监督项目院校定期进行自查，及时协调、解决建设过程中的问题。

第八条　项目院校法人代表为项目建设主要责任人。项目院校应有专门机构具体负责本校项目建设的规划、实施、管理和检查等工作，主要履行以下职责：

（一）按照教育部、财政部及本办法的要求，编制、报送项目建设方案和项目任务书，并对申报材料的真实性负责。

（二）按照批复的项目建设方案和任务书确定的建设内容，组织实施项目建设，确保项目建设进度、建设投资和预期目标。

（三）统筹安排各渠道建设资金，按照有关财务制度及本办法规定，科学、合理使用建设资金，确保资金使用效益。

（四）每年2月底将上年度项目建设进展、年度资金使用等情况形成年度报告，上报省级教育、财政部门。

（五）接受教育、财政、审计、监察等部门对项目实施过程和结果进行监控、检查和审计。

第三章　申报评审与组织实施

第九条　申报评审工作按照教育部、财政部公布的年度建设计划执行，包括预审、论证、推荐、评审、公示和公布结果等六个环节。

（一）预审。省级教育、财政部门按照教育部、财政部年度建设计划项目申报通知，组织独立设置的高等职业院校进行申报，并根据预审标准，在院校举办方承诺支持的基础上，对各申报院校进行资格审查。

（二）论证。省级教育、财政部门组织有关专家，对通过资格审查的申报院校建设方案和项目预算进行论证，形成可行性研究报告。

（三）推荐。省级教育、财政部门对通过预审、论证的院校，填写《国家示范性高等职业院校建设项目推荐书》（以下简称《推荐书》），并按照年度项目推荐名额，确定推荐院校名单，上报教育部和财政部。

（四）评审。教育部、财政部联合组织专家，对推荐上报的职业院校进行评审。

（五）公示。年度评审工作结束后，教育部、财政部将对评审结果在相关媒体予以公示，公示期为7天。

（六）公布结果。公示期满后，教育部、财政部联合确定并公布年度立项建设院校名单，下达《国家示范性高等职业院校项目建设任务书》（以下简称《任务书》）。

第十条　财政部、教育部根据已批准项目院校的重点建设任务等因素，下达中央财政专项资金总预算控制数及年度预算控制数。省级教育、财政部门根据中央财政支持的重点专业项目表和预算控制数，组织项目院校及其举办方修订建设方案和项目预算，认真填写《任务书》，并制定相应的保障措施，切实统筹落实《推荐书》对项目院校所承诺的政策及资金支持责任。

第十一条　省级教育、财政部门组织专家对修订后的建设方案、项目预算和任务书进行充分论证，并将通过论证的建设方案和任务书报送教育部和财政部。教育部和财政部对新的建设方案和任务书审核批复后，正式启动项目建设工作。

第十二条　项目院校按照批复的建设方案和《任务

书》，组织实施项目建设。建设方案一经审定，必须严格执行，项目建设过程中一般不得调整。如确需调整的，项目院校须报经省级教育、财政部门核准后，由省级教育、财政部门报教育部、财政部核定。

第四章　资金管理

第十三条　建设计划的资金包括中央财政专项资金、地方财政专项资金、项目院校举办方安排的专项资金和院校自筹专项资金（以下简称专项资金）。中央专项资金一次确定、三年到位，逐年考核，适时调整。

第十四条　财政部、教育部下达项目院校中央财政专项资金总预算及年度预算后，地方财政专项资金、项目院校举办方的专项资金应与中央专项资金同步足额拨付到项目院校，院校自筹专项资金也应按计划及时到位。

第十五条　项目院校应统筹安排使用不同渠道下达或筹集的专项资金，科学、合理编制本校建设项目的总预算及年度预算。项目预算是项目院校综合预算的组成部分，应纳入学校总体预算。

第十六条　中央专项资金主要用于支持项目院校改善教学实验实训条件、培养专业带头人和骨干教师、改革课程体系和建设共享型专业教学资源库等。地方专项资金主要用于满足项目院校教学实训基础设施基本建设、师资队伍、课程建设的需要等。

第十七条　专项资金支出主要包括：

（一）实验实训条件建设费：是指项目院校建设过程中购置、调试、改造、维护实验实训设备以及相关实训制度建设、规程设计发生的费用。中央专项资金用于购置中央财政重点支持专业的实验实训设备和相关实训制度建设、规程设计。中央专项资金用于实验实训设备购置部分的经费一般不超过中央专项资金总额的50%。

（二）课程建设费：是指项目院校按照工学结合人才培养模式改革要求，对学校重点建设专业和特色专业进行教学研究，调整课程体系和教学内容，改革教学方法和手段，开发相应教材和教学课件等发生的费用。

（三）师资队伍建设费：是指项目院校用于专业带头人、骨干教师及"双师型"教师的培养、聘用及引进教师、聘请专家所需经费。中央专项资金用于培养专业带头人和骨干教师，以及从行业、企业聘用有丰富一线实践经验的兼职教师。中央专项资金用于师资队伍建设部分的经费一般不超过中央专项资金总额的15%，其中1/3可用于聘用上述类型兼职教师。地方和项目院校必须安排一定经费用于师资队伍建设，其中用于聘用上述类型兼职教师的经费原则上不低于中央专项资金。

（四）共享型专业教学资源库建设费：是指中央专项资金用于支持基础性强、需求量大、覆盖面广、共享程度高的专业教学资源库开发以及项目公共管理平台建设费用。

教育部、财政部负责制订教学资源库建设规划，通过公开招标确定资源库建设单位，指导、监督资源库建设。

（五）其他费用：是指除上述费用支出外，其他与项目院校建设相关的"对口支援"等非基建类费用支出。

（六）基本建设费：是指与建设任务相关的基本建设支出，按照现行有关基本建设投资管理办法进行管理。

（七）项目管理费：是指建设计划领导小组办公室在实施项目建设中所必须开支的经费，主要用于建设计划领导小组办公室统一组织的项目论证、评审、考核、验收所需的会议费、差旅费、办公费、交通费、专家劳务费等。

项目管理费由建设计划领导小组办公室每年根据实际工作需要提出年度预算建议数，经财政部审定后在年度预算中安排。

第十八条　项目院校负责对建设项目的实施、资金投向及年度资金调度安排、固定资产购置等实行全过程管理，严格执行国家有关财经法律法规和本办法的规定，确保专项资金年度使用计划按期完成。专项资金当年结余，可结转下年继续使用，不得挪作他用。

第十九条　专项资金按财政国库管理制度的有关规定办理支付，纳入项目院校财务机构统一管理，并设置单独账簿进行核算，专款专用、专账管理。

第二十条　凡纳入政府采购的支出项目，必须按照《中华人民共和国政府采购法》的有关规定，经过招投标、集中采购等规范程序后方可列支。

第二十一条　项目院校应将项目收支情况按预算科目纳入年度单位决算统一编报。

第二十二条　凡使用财政性资金形成的资产，均为国有资产。项目院校应按照国家有关规定加强管理，合理使用，认真维护。

第二十三条　专项资金不得用于项目院校偿还贷款、支付利息、捐赠赞助、对外投资、抵偿罚款等与示范院校建设项目无关的其他支出。

第五章　监督检查与验收

第二十四条　建立部际联合监督检查、地方监管和项目院校自我监测的三级监控考核体系，对项目院校建设计划的实施实行事前充分论证、事中监控管理指导、事后效益监测评价的全过程监控和考核。

（一）建设计划领导小组办公室依据项目院校的项

目建设方案和任务书,采集绩效考核信息,组织专家或委托中介机构对项目院校进行年度检查或考核。检查或考核的结果,作为调整年度项目预算安排的重要依据。

(二)省级教育、财政部门负责指导项目的实施,检查和监督项目院校的建设进展情况,及时解决建设过程中的问题。

(三)项目院校举办方负责领导项目的实施,切实履行各项资金及政策支持承诺,确保项目实施质量与进度。

(四)项目院校对项目建设日常工作进行管理和监督,建立资金管理责任制。

第二十五条 在检查中有下列行为之一的,建设计划领导小组可视其情节轻重给予警告、中止或取消项目等处理。

(一)编报虚假预算,套取国家财政资金;

(二)项目执行不力,未开展实质性的建设工作;

(三)擅自改变项目总体目标和主要建设内容;

(四)项目经费的使用不符合有关财务制度的规定;

(五)无违规行为,但无正当理由未完成项目总体目标延期两年未验收的;

(六)其他违反国家法律法规和本办法规定的行为。

第二十六条 项目完成后,项目院校应会同其举办方共同撰写项目总结报告,由省级教育、财政部门向教育部、财政部申请项目验收。项目总结报告的内容一般包括:项目建设基本情况,建设目标完成情况和成效,重点专业建设与人才培养模式改革成效,高等职业教育改革发展及其对区域经济社会发展的贡献度,示范与辐射成效,以及专项资金预算执行情况和使用效果,资金管理情况与存在问题等。教育部、财政部将对项目院校建设与完成情况进行检查与验收。

第二十七条 对于按项目总体目标和项目内容如期或提前完成、通过验收,成绩突出的项目院校,以及在项目组织和管理工作中表现出色的省级教育和财政部门、院校举办方,教育部、财政部将给予适当表彰。

第六章 附 则

第二十八条 本办法自发布之日起实行,各地应按照本办法的规定制订实施细则。各项目院校应会同其举办方按本办法的规定结合实际情况制订具体管理办法。

第二十九条 本办法由教育部、财政部负责解释和修订。

普通高等学校教育评估暂行规定

· 1990 年 10 月 31 日国家教育委员会令第 14 号公布
· 自 1990 年 10 月 31 日起施行

第一章 总 则

第一条 为了建设有中国特色的社会主义高等学校,加强国家对普通高等教育的宏观管理,指导普通高等学校的教育评估工作,特制定本规定。

第二条 普通高等学校教育评估的主要目的,是增强高等学校主动适应社会需要的能力,发挥社会对学校教育的监督作用,自觉坚持高等教育的社会主义方向,不断提高办学水平和教育质量,更好地为社会主义建设服务。

第三条 普通高等学校教育评估的基本任务,是根据一定的教育目标和标准,通过系统地搜集学校教育的主要信息,准确地了解实际情况,进行科学分析,对学校办学水平和教育质量作出评价,为学校改进工作、开展教育改革和教育管理部门改善宏观管理提供依据。

第四条 普通高等学校教育评估坚持社会主义办学方向,认真贯彻教育为社会主义建设服务、与生产劳动相结合、德智体全面发展的方针,始终把坚定正确的政治方向放在首位,以能否培养适应社会主义建设实际需要的社会主义建设者和接班人作为评价学校办学水平和教育质量的基本标准。

第五条 普通高等学校教育评估主要有合格评估(鉴定)、办学水平评估和选优评估三种基本形式。各种评估形式应制定相应的评估方案(含评估标准、评估指标体系和评估方法),评估方案要力求科学、简易、可行、注重实效,有利于调动各类学校的积极性,在保证基本教育质量的基础上办出各自的特色。

第六条 普通高等学校教育评估是国家对高等学校实行监督的重要形式,由各级人民政府及其教育行政部门组织实施。

在学校自我评估的基础上,以组织党政有关部门和教育界、知识界以及用人部门进行的社会评估为重点,在政策上体现区别对待、奖优罚劣的原则,鼓励学术机构、社会团体参加教育评估。

第二章 合格评估(鉴定)

第七条 合格评估(鉴定)是国家对新建普通高等学校的基本办学条件和基本教育质量的一种认可制度,由国家教育委员会组织实施,在新建普通高等学校被批准建立之后有第一届毕业生时进行。

第八条 办学条件鉴定的合格标准以《普通高等学校设置暂行条例》为依据,教育质量鉴定的合格标准以《中华人民共和国学位条例》中关于学位授权标准的规定和国家制订的有关不同层次教育的培养目标和专业(学科)的基本培养规格为依据。

第九条 鉴定合格分合格、暂缓通过和不合格三种。鉴定合格的学校,由国家教育委员会公布名单并发给鉴定合格证书。鉴定暂缓通过的学校需在规定期限内采取措施,改善办学条件,提高教育质量,并需重新接受鉴定。经鉴定不合格的学校,由国家教育委员会区别情况,责令其限期整顿、停止招生或停办。

第三章　办学水平评估

第十条 办学水平评估,是对已经鉴定合格的学校进行的经常性评估,它分为整个学校办学水平的综合评估和学校中思想政治教育、专业(学科)、课程及其他教育工作的单项评估。

第十一条 办学水平的综合评估,根据国家对不同类别学校所规定的任务与目标,由上级政府和有关学校主管部门组织实施,目的是全面考察学校的办学指导思想,贯彻执行党和国家的路线、方针、政策的情况,学校建设状况以及思想政治工作、人才培养、科学研究、为社会服务等方面的水平和质量。其中重点是学校领导班子等的组织建设、马列主义教育、学生思想政治教育的状况。这是各级人民政府和学校主管部门对学校实行监督和考核的重要形式。

办学水平的综合评估一般每四至五年进行一次(和学校领导班子任期相一致),综合评估结束后应作出结论,肯定成绩,指出不足,提出改进意见,必要时由上级人民政府或学校主管部门责令其限期整顿。学校应在综合评估结束后的三个月内向上级人民政府和学校主管部门写出改进报告,上级人民政府和学校主管部门应组织复查。

第十二条 思想政治教育、专业(学科)、课程或其他教育工作的单项评估,主要由国务院有关部门和省(自治区、直辖市)教育行政部门组织实施。目的是通过校际间思想政治教育、专业(学科)、课程或其他单项教育工作的比较评估,诊断教育工作状况,交流教育工作经验,促进相互学习,共同提高。评估结束后应对每个被评单位分别提出评估报告并作出评估结论,结论分为优秀、良好、合格、不合格四种,不排名次。对结论定为不合格的由组织实施教育评估的国务院有关部门或省(自治区、直辖市)教育行政部门责令其限期整顿,并再次进行评估。

第四章　选优评估

第十三条 选优评估是在普通高等学校进行的评比选拔活动,其目的是在办学水平评估的基础上,遴选优秀,择优支持,促进竞争,提高水平。

第十四条 选优评估分省(部门)、国家两级。根据选优评估结果排出名次或确定优选对象名单,予以公布,对成绩卓著的给予表彰、奖励。

第五章　学校内部评估

第十五条 学校内部评估,即学校内部自行组织实施的自我评估,是加强学校管理的重要手段,也是各级人民政府及其教育行政部门组织的普通高等学校教育评估工作的基础,其目的是通过自我评估,不断提高办学水平和教育质量,主动适应社会主义建设需要。学校主管部门应给予鼓励、支持和指导。

第十六条 学校内部评估的重点是思想政治教育、专业(学科)、课程或其他教育工作的单项评估,基础是经常性的教学评估活动。评估计划、评估对象、评估方案、评估结论表达方式以及有关政策措施,由学校根据实际情况和本规定的要求自行确定。

第十七条 学校应建设利毕业生跟踪调查和与社会用人部门经常联系的制度,了解社会需要,收集社会反馈信息,作为开展学校内部评估的重要依据。

第六章　评估机构

第十八条 在国务院和省(自治区、直辖市)人民政府领导下,国家教育委员会、国务院有关部门教育行政部门和省(自治区、直辖市)高校工委、教育行政部门建立普通高等学校教育评估领导小组,并确定有关具体机构负责教育评估的日常工作。

第十九条 国家普通高等学校教育评估领导小组,在国家教育委员会的领导下,负责全国普通高等学校教育评估工作。其具体职责是:

(一)制订普通高等学校教育评估的基本准则和实施细则;

(二)指导、协调、检查各部门、各地区的普通高等学校教育评估工作,根据需要组织各种评估工作或试点;

(三)审核、提出鉴定合格学校名单报国家教育委员会批准公布,接受并处理学校对教育评估工作及评估结论的额申诉;

(四)收集、整理和分析全国教育评估信息,负责向教育管理决策部门提供;

(五)推动全国教育评估理论和方法的研究,促进教育评估学术交流,组织教育评估骨干培训。

第二十条　省(自治区、直辖市)普通高等学校教育评估领导小组在省(自治区、直辖市)的高校工委、教育行政部门和国家普通高等学校教育评估领导小组指导下,负责全省(自治区、直辖市)普通高等学校教育评估工作。其具体职责是:

(一)依据本规定和国家教育委员会有关文件,制订本地区的评估方案和实施细则;

(二)指导、组织本地区所有普通高等学校的教育评估工作,接受国家教育委员会委托进行教育评估试点。

(三)审核、批准本地区有关高等学校思想政治教育、专业(学科)、课程及其他单项教育工作评估的结论;

(四)收集、整理和分析本地区教育评估信息,负责向有关教育关利决策部门提供;

(五)推动本地区教育评估理论和方法的研究,促进教育评估学术交流,组织教育评估骨干培训。

第二十一条　国务院有关部门普通高等学校教育评估领导小组,在国务院有关部门教育行政部门和国家普通高等学校教育评估领导小组领导下,负责直属普通高等学校和国家教育委员会委托的对口专业(学科)的教育评估工作。其具体职责是:

(一)依据本规定和国家教育委员会有关文件,制订本部门所属普通高等学校和国家教育委员会委托的对口专业(学科)的教育评估方案和实施细则;

(二)领导和组织本部门直属普通高等学校的教育评估工作,审核、批准本部门直属普通高等学校教育评估的结论;

(三)领导和组织国家教育委员会委托的对口专业(学科)教育评估,审核、提出对口专业(学科)教育评估结论,报国务院有关部门教育行政部门批准公布;

(四)收集、整理、分析本部门和对口专业(学科)教育评估信息,负责向有关教育决策部门提供;

(五)推动本部门和对口专业(学科)教育评估理论、方法的研究,促进教育评估学术交流,组织教育评估骨干培训。

第二十二条　根据需要,在各级普通高等学校教育评估领导小组领导下,可设立新建普通高等学校鉴定委员会、普通高等学校专业(学科)教育评估委员会、普通高等学校课程教育评估委员会等专家组织,指导、组织新建普通高等学校的合格评估(鉴定)和专业(学科)、课程的办学水平评估工作。

第七章　评估程序

第二十三条　学校教育评估的一般程序是:学校提出申请;评估(鉴定)委员会审核申请;学校自评,写出自评报告;评估(鉴定)委员会派出视察小组到现场视察,写出视察报告,提出评估结论建议;评估(鉴定)委员会复核视察报告,提出正式评估结论;必要时报请有关教育行政部门和各级政府批准、公布评估结论。

第二十四条　申请学校如对评估结论有不同意见,可在一个月内向上一级普通高等学校教育评估领导小组提出申诉,上一级教育评估领导小组应认真对待,进行仲裁,妥善处理。

第八章　附　则

第二十五条　学校教育评估经费列入有关教育行政部门的年度预算,并鼓励社会资助;申请教育评估的学校也要承担一定的费用。

第二十六条　本规定适用于普通高等学校。其他高等学校教育评估可参照实施。

第二十七条　本规定由国家教育委员会负责解释。

第二十八条　本规定自发布之日起施行。原发布的有关文件即行废止。

普通高等学校理事会规程(试行)

· 2014 年 7 月 16 日教育部令第 37 号公布
· 自 2014 年 9 月 1 日起施行

第一条　为推进中国特色现代大学制度建设,健全高等学校内部治理结构,促进和规范高等学校理事会建设,增强高等学校与社会的联系、合作,根据《中华人民共和国高等教育法》及国家有关规定,制定本规程。

第二条　本规程所称理事会,系指国家举办的普通高等学校(以下简称:高等学校)根据面向社会依法自主办学的需要,设立的由办学相关方面代表参加,支持学校发展的咨询、协商、审议与监督机构,是高等学校实现科学决策、民主监督、社会参与的重要组织形式和制度平台。

高等学校使用董事会、校务委员会等名称建立的相关机构适用本规程。

第三条　高等学校应当依据本规程及学校章程建立并完善理事会制度,制定理事会章程,明确理事会在学校治理结构中的作用、职能,增强理事会的代表性和权威性,健全与理事会成员之间的协商、合作机制;为理事会及其成员了解和参与学校相关事务提供条件保障和工作便利。

第四条　高等学校应当结合实际,在以下事项上充分发挥理事会的作用:

(一)密切社会联系,提升社会服务能力,与相关方面建立长效合作机制;

(二)扩大决策民主,保障与学校改革发展相关的重大事项,在决策前,能够充分听取相关方面意见;

(三)争取社会支持,丰富社会参与和支持高校办学的方式与途径,探索、深化办学体制改革;

(四)完善监督机制,健全社会对学校办学与管理活动的监督、评价机制,提升社会责任意识。

第五条　理事会一般应包含以下方面的代表:

(一)学校举办者、主管部门、共建单位的代表;

(二)学校及职能部门相关负责人,相关学术组织负责人,教师、学生代表;

(三)支持学校办学与发展的地方政府、行业组织、企业事业单位和其他社会组织等理事单位的代表;

(四)杰出校友、社会知名人士、国内外知名专家等;

(五)学校邀请的其他代表。

各方面代表在理事会所占的比例应当相对均衡,有利于理事会充分、有效地发挥作用。

第六条　理事会组成人员一般不少于21人,可分为职务理事和个人理事。

职务理事由相关部门或者理事单位委派;理事单位和个人理事由学校指定机构推荐或者相关组织推选。学校主要领导和相关职能部门负责人可以确定为当然理事。

根据理事会组成规模及履行职能的需要和学校实际,可以设立常务理事、名誉理事等。

第七条　理事会每届任期一般为5年,理事可以连任。

理事会可设理事长一名,副理事长若干名。理事长可以由学校提名,由理事会全体会议选举产生;也可以由学校举办者或者学校章程规定的其他方式产生。

第八条　理事、名誉理事应当具有良好的社会声誉、在相关行业、领域具有广泛影响,积极关心、支持学校发展,有履行职责的能力和愿望。

理事、名誉理事不得以参加理事会及相关活动,获得薪酬或者其他物质利益;不得借职务便利获得不当利益。

第九条　理事会主要履行以下职责:

(一)审议通过理事会章程、章程修订案;

(二)决定理事的增补或者退出;

(三)就学校发展目标、战略规划、学科建设、专业设置、年度预决算报告、重大改革举措、学校章程拟定或者修订等重大问题进行决策咨询或者参与审议;

(四)参与审议学校开展社会合作、校企合作、协同创新的整体方案及重要协议等,提出咨询建议,支持学校开展社会服务;

(五)研究学校面向社会筹措资金、整合资源的目标、规划等,监督筹措资金的使用;

(六)参与评议学校办学质量,就学校办学特色与教育质量进行评估,提出合理化建议或者意见;

(七)学校章程规定或者学校委托的其他职能。

第十条　理事会应当建立例会制度,每年至少召开一次全体会议;也可召开专题会议,或者设立若干专门小组负责相关具体事务。

第十一条　理事会会议应遵循民主协商的原则,建立健全会议程序和议事规则,保障各方面代表能够就会议议题充分讨论、自主发表意见,并以协商或者表决等方式形成共识。

第十二条　理事会可以设秘书处,负责安排理事会会议,联系理事会成员,处理理事会的日常事务等。

高等学校应当提供必要的经费保证理事会正常开展活动。

第十三条　理事会组织、职责及运行的具体规则,会议制度,议事规则,理事的权利义务、产生办法等,应当通过理事会章程予以规定。

理事会章程经理事会全体会议批准后生效。

第十四条　高等学校应当向社会公布理事会组成及其章程。

理事会应当主动公开相关信息及履行职责的情况,接受教职工、社会和高等学校主管部门的监督。

第十五条　已设立理事会或相关机构的普通高等学校,其组成或者职责与本规程不一致的,应依据本规程予以调整。

高等职业学校可以参照本章程组建理事会,并可以按照法律和国家相关规定,进一步明确行业企业代表在理事会的地位与作用。

民办高等学校理事会或者董事会依据《民办教育促进法》组建并履行职责,不适用本规程;但可参照本规程,适当扩大理事会组成人员的代表性。

第十六条　本规程自2014年9月1日起施行。

高等学校学术委员会规程

· 2014 年 1 月 29 日教育部令第 35 号公布
· 自 2014 年 3 月 1 日起施行

第一章　总　则

第一条　为促进高等学校规范和加强学术委员会建设,完善内部治理结构,保障学术委员会在教学、科研等学术事务中有效发挥作用,根据《中华人民共和国高等教育法》及相关规定,制定本规程。

第二条　高等学校应当依法设立学术委员会,健全以学术委员会为核心的学术管理体系与组织架构;并以学术委员会作为校内最高学术机构,统筹行使学术事务的决策、审议、评定和咨询等职权。

实施本科以上教育的普通高等学校学术委员会的组成、职责与运行等,适用本规程。

第三条　高等学校应当充分发挥学术委员会在学科建设、学术评价、学术发展和学风建设等事项上的重要作用,完善学术管理的体制、制度和规范,积极探索教授治学的有效途径,尊重并支持学术委员会独立行使职权,并为学术委员会正常开展工作提供必要的条件保障。

第四条　高等学校学术委员会应当遵循学术规律,尊重学术自由、学术平等,鼓励学术创新,促进学术发展和人才培养,提高学术质量;应当公平、公正、公开地履行职责,保障教师、科研人员和学生在教学、科研和学术事务管理中充分发挥主体作用,促进学校科学发展。

第五条　高等学校应当结合实际,依据本规程,制定学术委员会章程或者通过学校章程,具体明确学术委员会组成、职责,以及委员的产生程序、增补办法、会议制度和议事规则及其他本规程未尽事宜。

第二章　组成规则

第六条　学术委员会一般应当由学校不同学科、专业的教授及具有正高级以上专业技术职务的人员组成,并应当有一定比例的青年教师。

学术委员会人数应当与学校的学科、专业设置相匹配,并为不低于 15 人的单数。其中,担任学校及职能部门党政领导职务的委员,不超过委员总人数的 1/4;不担任党政领导职务及院系主要负责人的专任教授,不少于委员总人数的 1/2。

学校可以根据需要聘请校外专家及有关方面代表,担任专门学术事项的特邀委员。

第七条　学术委员会委员应当具备以下条件:

(一)遵守宪法法律,学风端正、治学严谨、公道正派;

(二)学术造诣高,在本学科或者专业领域具有良好的学术声誉和公认的学术成果;

(三)关心学校建设和发展,有参与学术议事的意愿和能力,能够正常履行职责;

(四)学校规定的其他条件。

第八条　学校应当根据学科、专业构成情况,合理确定院系(学部)的委员名额,保证学术委员会的组成具有广泛的学科代表性和公平性。

学术委员会委员的产生,应当经自下而上的民主推荐、公开公正的遴选等方式产生候选人,由民主选举等程序确定,充分反映基层学术组织和广大教师的意见。

特邀委员由校长、学术委员会主任委员或者 1/3 以上学术委员会委员提名,经学术委员会同意后确定。

第九条　学术委员会委员由校长聘任。

学术委员会委员实行任期制,任期一般可为 4 年,可连选连任,但连任最长不超过 2 届。

学术委员会每次换届,连任的委员人数应不高于委员总数的 2/3。

第十条　学术委员会设主任委员 1 名,可根据需要设若干名副主任委员。主任委员可由校长提名,全体委员选举产生;也可以采取直接由全体委员选举等方式产生,具体办法由学校规定。

第十一条　学术委员会可以就学科建设、教师聘任、教学指导、科学研究、学术道德等事项设立若干专门委员会,具体承担相关职责和学术事务;应当根据需要,在院系(学部)设置或者按照学科领域设置学术分委员会,也可以委托基层学术组织承担相应职责。

各专门委员会和学术分委员会根据法律规定、学术委员会的授权及各自章程开展工作,向学术委员会报告工作,接受学术委员会的指导和监督。

学术委员会设立秘书处,处理学术委员会的日常事务;学术委员会的运行经费,应当纳入学校预算安排。

第十二条　学术委员会委员在任期内有下列情形,经学术委员会全体会议讨论决定,可免除或同意其辞去委员职务:

(一)主动申请辞去委员职务的;

(二)因身体、年龄及职务变动等原因不能履行职责的;

(三)怠于履行职责或者违反委员义务的;

(四)有违法、违反教师职业道德或者学术不端行为的;

(五)因其他原因不能或不宜担任委员职务的。

第三章 职责权限

第十三条 学术委员会委员享有以下权利：

（一）知悉与学术事务相关的学校各项管理制度、信息等；

（二）就学术事务向学校相关职能部门提出咨询或质询；

（三）在学术委员会会议中自由、独立地发表意见，讨论、审议和表决各项决议；

（四）对学校学术事务及学术委员会工作提出建议、实施监督；

（五）学校章程或者学术委员会章程规定的其他权利。

特邀委员根据学校的规定，享有相应权利。

第十四条 学术委员会委员须履行以下义务：

（一）遵守国家宪法、法律和法规，遵守学术规范、恪守学术道德；

（二）遵守学术委员会章程，坚守学术专业判断，公正履行职责；

（三）勤勉尽职，积极参加学术委员会会议及有关活动；

（四）学校章程或者学术委员会章程规定的其他义务。

第十五条 学校下列事务决策前，应当提交学术委员会审议，或者交由学术委员会审议并直接做出决定：

（一）学科、专业及教师队伍建设规划，以及科学研究、对外学术交流合作等重大学术规划；

（二）自主设置或者申请设置学科专业；

（三）学术机构设置方案，交叉学科、跨学科协同创新机制的建设方案、学科资源的配置方案；

（四）教学科研成果、人才培养质量的评价标准及考核办法；

（五）学位授予标准及细则，学历教育的培养标准、教学计划方案、招生的标准与办法；

（六）学校教师职务聘任的学术标准与办法；

（七）学术评价、争议处理规则，学术道德规范；

（八）学术委员会专门委员会组织规程，学术分委员会章程；

（九）学校认为需要提交审议的其他学术事务。

第十六条 学校实施以下事项，涉及对学术水平做出评价的，应当由学术委员会或者其授权的学术组织进行评定：

（一）学校教学、科学研究成果和奖励，对外推荐教学、科学研究成果奖；

（二）高层次人才引进岗位人选、名誉（客座）教授聘任人选，推荐国内外重要学术组织的任职人选、人才选拔培养计划人选；

（三）自主设立各类学术、科研基金、科研项目以及教学、科研奖励等；

（四）需要评价学术水平的其他事项。

第十七条 学校做出下列决策前，应当通报学术委员会，由学术委员会提出咨询意见：

（一）制订与学术事务相关的全局性、重大发展规划和发展战略；

（二）学校预算决算中教学、科研经费的安排和分配及使用；

（三）教学、科研重大项目的申报及资金的分配使用；

（四）开展中外合作办学、赴境外办学，对外开展重大项目合作；

（五）学校认为需要听取学术委员会意见的其他事项。

学术委员会对上述事项提出明确不同意见的，学校应当做出说明、重新协商研究或者暂缓执行。

第十八条 学术委员会按照有关规定及学校委托，受理有关学术不端行为的举报并进行调查，裁决学术纠纷。

学术委员会调查学术不端行为、裁决学术纠纷，应当组织具有权威性和中立性的专家组，从学术角度独立调查取证，客观公正地进行调查认定。专家组的认定结论，当事人有异议的，学术委员会应当组织复议，必要的可以举行听证。

对违反学术道德的行为，学术委员会可以依职权直接撤销或者建议相关部门撤销当事人相应的学术称号、学术待遇，并可以同时向学校、相关部门提出处理建议。

第四章 运行制度

第十九条 学术委员会实行例会制度，每学期至少召开1次全体会议。根据工作需要，经学术委员会主任委员或者校长提议，或者1/3以上委员联名提议，可以临时召开学术委员会全体会议，商讨、决定相关事项。

学术委员会可以授权专门委员会处理专项学术事务，履行相应职责。

第二十条 学术委员会主任委员负责召集和主持学术委员会会议，必要时，可以委托副主任委员召集和主持会议。学术委员会委员全体会议应有2/3以上委员出席方可举行。

学术委员会全体会议应当提前确定议题并通知与会

委员。经与会 1/3 以上委员同意,可以临时增加议题。

第二十一条　学术委员会议事决策实行少数服从多数的原则,重大事项应当以与会委员的 2/3 以上同意,方可通过。

学术委员会会议审议决定或者评定的事项,一般应当以无记名投票方式做出决定;也可以根据事项性质,采取实名投票方式。

学术委员会审议或者评定的事项与委员本人及其配偶和直系亲属有关,或者具有利益关联的,相关委员应当回避。

第二十二条　学术委员会会议可以根据议题,设立旁听席,允许相关学校职能部门、教师及学生代表列席旁听。

学术委员会做出的决定应当予以公示,并设置异议期。在异议期内如有异议,经 1/3 以上委员同意,可召开全体会议复议。经复议的决定为终局结论。

第二十三条　学术委员会应当建立年度报告制度,每年度对学校整体的学术水平、学科发展、人才培养质量等进行全面评价,提出意见、建议;对学术委员会的运行及履行职责的情况进行总结。

学术委员会年度报告应提交教职工代表大会审议,有关意见、建议的采纳情况,校长应当做出说明。

第五章　附　则

第二十四条　高等职业学校、成人高等学校可以参照本规程,结合自身特点,确定学术委员会的组成及职责,制定学术委员会章程。

第二十五条　高等学校现有学术委员会的组成、职责等与本规程不一致的,学校通过经核准的章程已予以规范的,可以按照学校章程的规定实施;学校章程未规定的,应当按照本规程进行调整、规范。

第二十六条　本规程自 2014 年 3 月 1 日起施行。

教育部此前发布的有关规章、文件中的相关规定与本规程不一致的,以本规程为准。

教育部关于实行高等学校招生工作责任制及责任追究暂行办法

· 2005 年 3 月 15 日
· 教监〔2005〕4 号

第一条　为确保国家高等学校(以下简称高校)招生法规、制度、政策和规定的贯彻落实,全面体现招生工作的公平、公正,根据国家有关法律、法规和规定,特制定本办法。

第二条　本办法适用于各级政府举办和管理的普通高等学校、成人高等学校、民办高等学校,以及由普通高等学校申办的独立学院。

第三条　高校招生期间,各级教育行政部门、招生考试机构和高校党政主要领导作为第一责任人,要对本部门、本地区、本校的招生工作负全面领导责任;分管招生工作领导作为直接主管责任人,要承担领导、组织、协调和监管的责任;招生部门负责人要在规定的职责范围内履行相应职责;招生工作人员要严格执行有关程序和规定,依法正确履行职责。

第四条　对违反高校招生、考试管理规定的行为,将依照国家有关规定作出行政处罚;构成违纪的,依照党和国家的有关规定,追究纪律责任;构成犯罪的,依法追究刑事责任。

第五条　对在高校招生、考试中的违纪违规行为,将按照党风廉政建设责任制规定和"谁主管,谁负责"的原则,追究有关责任者的相应责任:

1. 属于集体决策的,追究主要领导的责任;

2. 属于分管领导或部门负责人决策的,追究有关领导或负责人的责任;

3. 属于招生考试工作人员个人行为的,追究有关当事者的责任。

第六条　对在高校招生、考试中发生下列行为之一的,按照有关规定追究责任:

1. 不执行国家有关规定,擅自扩大本部门、本地区或本校招生规模的;

2. 以任何名义和理由,向考生收取与招生录取挂钩费用的;

3. 违反国家有关规定,录取不符合录取条件的考生的;

4. 以任何方式影响、干扰招生工作正常秩序的;

5. 参与社会中介机构或个人非法招生活动的;

6. 在报名、考试、录取等招生工作中,有徇私舞弊、弄虚作假行为的;

7. 考场纪律混乱、考试秩序失控,出现大面积考试作弊现象的;

8. 索取或者收受考生及其家长的礼品、现金和有价证券的。

第七条　各级教育行政部门、招生考试机构和高校应完善和建立重要事项报告制度、调整计划使用备案制度、回避制度和招生督察等制度,强化招生考试的管理和监督,对发现问题及时纠正和处理。

第八条 各级教育纪检监察部门要积极配合招生管理部门开展工作,针对招生工作中发现的问题,提出改进建议或行政监察建议。

第九条 各级教育纪检监察部门要认真实行对招生管理部门及招生工作人员履行职责的监督,严肃查处招生中的违法违纪案件对本部门、本地区、本学校招生工作监督不力或不履行监督责任的,以及瞒案不报、压案不查的,将按照有关规定追究有关责任者和主管领导的责任。

第十条 本办法自发布之日起施行。

普通高等学校毕业生就业工作暂行规定

· 1997 年 3 月 24 日
· 教学〔1997〕6 号

第一章　总　则

第一条 为做好普通高等学校(含研究生培养单位)毕业生(含毕业研究生)就业工作,更好地为经济建设和社会发展服务,维护毕业生和用人单位的合法权益,根据国家的有关法律和政策,制定本规定。

第二条 普通高等学校毕业生凡取得毕业资格的,在国家就业方针、政策指导下,按有关规定就业。

第三条 毕业生是国家按计划培养的专门人才,各级主管毕业生就业部门、高等学校和用人单位应共同做好毕业生就业工作。

毕业生有执行国家就业方针、政策和根据需要为国家服务的义务。

必要时,国家采取行政手段,安置毕业生就业。

第四条 毕业生就业工作要贯彻统筹安排、合理使用、加强重点、兼顾一般和面向基层,充实生产、科研、教学第一线的方针。在保证国家需要的前提下,贯彻学以致用、人尽其才的原则。

国家采取措施,鼓励和引导毕业生到边远地区、艰苦行业和其他国家急需人才的地方去工作。

第五条 国家教委归口管理全国毕业生就业工作,国务院其他部委(以下简称部委)和各省、自治区、直辖市(以下简称地方)负责本部门、本地方的毕业生就业工作。

第二章　职责分工

第六条 国家教委的主要职责:

1. 制定全国毕业生就业工作的法规和政策,部署全国毕业生就业工作;

2. 组织研究并指导实施全国毕业生就业制度改革;

3. 收集和发布全国毕业生供需信息,组织指导和管理毕业生就业供需见面、双向选择活动;

4. 编制全国普通高等学校毕业生就业计划,制订国家教委直属高校毕业生就业计划和部委、地方所属高校抽调计划;

5. 负责全国毕业生就业计划协调工作,管理全国毕业生调配工作;

6. 指导、检查毕业生就业工作,授权各省、自治区、直辖市调配部门派遣本地区高校毕业生;

7. 组织开展毕业教育、就业指导和人员培训工作;

8. 开展毕业生就业工作的科学研究和宣传工作;

9. 检查毕业生的使用情况。

第七条 国务院有关部委主管部门的主要职责:

1. 根据国家的有关方针、政策和国家教委的统一部署,提出本部门毕业生就业的具体工作意见;

2. 及时向国家教委报送所属院校毕业生就业计划和本部委需求信息;

3. 组织协调所属院校的毕业生供需信息交流活动;

4. 制订并组织实施所属院校的毕业生就业计划;

5. 组织开展所属院校毕业教育、就业指导工作;

6. 负责本部门毕业生的接收工作,了解和掌握毕业生的使用情况;

7. 开展有关毕业生就业工作改革的研究和宣传工作。

第八条 省、自治区、直辖主管部门的主要职责:

1. 根据国家的有关方针、政策和国家教委的统一部署,提出本省、自治区、直辖市毕业生就业的具体工作意见;

2. 负责本地区毕业生的资源统计工作,并按时报送国家教委;

3. 收集本地区毕业生的需求信息并及时报送国家教委;

4. 制订本地区所属院校毕业生的就业计划并及时报送国家教委;

5. 组织管理本地区毕业生就业供需见面和双向选择活动;

6. 受国家教委委托组织实施本地区高校毕业生的资格审查,并负责毕业生的调配派遣和接收工作;

7. 组织开展毕业教育、就业指导工作;

8. 检查、监督本地区用人单位和高等学校的毕业生就业工作;

9. 开展毕业生就业制度改革的研究和宣传工作;

10. 完成国家教委交办的其他工作。

第九条 高等学校的主要职责；

1. 根据国家的就业方针、政策和规定以及学校主管部门的工作意见,制定本学校的工作细则;

2. 负责本校毕业生的资格审查工作,及时向主管部门和地方调配部门报送毕业生资源情况;

3. 收集需求信息,开展毕业生就业供需见面和双向选择活动,负责毕业生的推荐工作;

4. 按照主管部门的要求提出毕业生就业建议计划;

5. 开展毕业教育和就业指导工作;

6. 负责办理毕业生的离校手续;

7. 开展与毕业生就业有关的调查研究工作;

8. 完成主管部门交办的其他工作。

第十条 用人单位的主要职责：

1. 及时向主管部门报送毕业生需求计划,向有关高等学校提供需求信息;

2. 参加供需见面和双向选择活动,如实介绍本单位情况,积极招聘毕业生;

3. 按照国家下达的就业计划接受、安排毕业生;

4. 负责毕业生见习期间的管理工作;

5. 向有关部门和学校反馈毕业生的使用情况。

第三章 毕业生就业工作程序

第十一条 全国高等学校毕业生就业工作程序和时间安排由国家教委统一部署,各部委和地方应按照统一部署具体指导所属院校毕业生的就业工作。

第十二条 毕业生就业工作程序分为就业指导、收集发布信息、供需见面及双向选择、制订就业计划、进行毕业生资格审查、派遣、调整、接受等阶段。

第十三条 毕业生就业工作一般从毕业生在校的最后一学年开始。

第十四条 用人单位一般应在每年 11 月—12 月向主管部门及有关高校提出下一年度毕业生需求计划,11 月—5 月与毕业生签订录用协议。

第十五条 毕业生的就业活动不得影响学校正常的教学秩序和学生的学习。毕业生联系工作时间应安排在 1 月—5 月,春季毕业研究生可适当提前。

第四章 毕业生就业指导与毕业生鉴定

第十六条 毕业生就业指导是高校教学工作的一个重要组成部分,是帮助毕业生了解国家的就业方针政策,树立正确的择业观念,保障毕业生顺利就业的有效手段。

第十七条 毕业生就业指导重点进行人生观、价值观、择业观和职业道德教育,突出毕业生就业政策的宣传。

第十八条 毕业生就业指导要理论联系实际,注重实效,可采用授课、报告、讲座、咨询等多种形式。

第十九条 毕业生就业指导要与毕业教育相结合,教育毕业生以国家利益为重,正确处理国家利益与个人发展的关系,自觉服从国家需要,到基层去,到艰苦的地方去,走与实践相结合的成才之路。

第二十条 高等学校要按照国家教委《普通高等学校学生管理规定》、《高等学校学生行为准则(试行)》和《研究生学籍管理规定》的要求,实事求是地对毕业生作出组织鉴定。

第二十一条 毕业鉴定主要包括毕业生在校期间德、智、体等各方面的基本情况,这些基本情况要按照档案管理的有关规定,认真核对无误后归档。档案材料应在毕业生派遣两周内寄送毕业生报到单位。

第五章 供需见面和双向选择活动

第二十二条 供需见面和双向选择活动是落实毕业生就业计划的重要方式。各部委、各地方主管毕业生就业工作部门负责管理和举办本部门、本地区的毕业生就业供需见面和双向选择活动,其他部门不得举办以毕业生就业为主的洽谈会或招聘会。举办省级上述活动要报国家教委备案,跨省区、跨部门的有关活动须报国家教委审批。

第二十三条 有条件的高等学校要举办或校际联办毕业生供需见面和双向选择活动。高等学校在毕业生供需见面和双向选择活动中起主导作用。

第二十四条 经供需见面和双向选择后,毕业生、用人单位和高等学校应当签订毕业生就业协议书,作为制定就业计划和派遣的依据。未经学校同意,毕业生擅自签定的协议无效。

第二十五条 供需见面和双向选择活动要在国家就业方针、政策指导下,有组织、有计划、有步骤地进行,时间应安排在节假日。

第二十六条 供需见面和双向选择活动,不得以赢利为目的向学生收费,不得影响学校正常的教学秩序和学生的学习。

第六章 就业计划的制订

第二十七条 国家教委直属学校毕业生面向全国就业,其他部委所属学校毕业生主要面向本系统、本行业就业,地方所属学校主要面向本地区就业。根据招生"并轨"改革的进程,有关部委和各省、自治区、直辖市可根据本部门、本地区的实际情况确定所属高校毕业生的就业范围。

第二十八条　制订就业计划的原则：

1. 遵循国家有关毕业生就业的方针、政策和规定；

2. 依据国民经济和社会发展的需要；

3. 优先保证国防、军工、国有大中型企业、重点科研和教学单位的需要；

4. 来源于边远省区的本、专科毕业生，只要是边远省区急需的，原则上回来源省区就业；

5. 师范类毕业生原则上在教育系统内就业；

6. 定向生、委培生按合同就业；

7. 实行招生"并轨"改革学校的毕业生在国家就业政策指导下，在一定范围内自主择业；

8. 毕业研究生在国家规定的服务范围内就业；

9. 其他类型毕业生按国家有关规定就业。

第二十九条　本、专科毕业生就业计划每年编制一次，毕业研究生就业计划分为春季和暑期两次编制。就业计划按部委、地方和高校各自的职责分工经上下结合，充分协商形成；有关部委和地方负责审核、汇总所属学校毕业生就业建议计划，并按时报送国家教委；国家教委审核、编制全国普通高等学校毕业生就业计划。

第三十条　毕业生就业计划经国家教委审核下达后，各部委、地方、高等学校和用人单位必须严格执行。

第七章　调配、派遣工作

第三十一条　地方主管毕业生调配部门和高等学校按照国家下达的就业计划派遣毕业生。派遣毕业生统一使用《全国普通高等学校毕业生就业派遣报到证》和《全国毕业研究生就业派遣报到证》（以下简称《报到证》），《报到证》由国家教委授权地方主管毕业生就业调配部门审核签发，特殊情况可由国家教委直接签发。

第三十二条　国家招生计划内招收的自费生（含电大、函授等普通专科班）毕业生自主择业，在规定时间内找到单位的由地方主管调配部门开具《报到证》。

第三十三条　对于华侨和来自港澳台地区的毕业生愿意留大陆工作的，学校可根据国家有关规定提供必要的帮助。

第三十四条　免试推荐和考取硕士、博士研究生的毕业生，在学校就业计划上报后提出不再攻读的，应回家庭所在地就业。

第三十五条　符合国家规定申请自费留学的毕业生，要在学校规定的期限内提出申请并按规定偿还教育培养费，经批准后，学校不再负责其就业。派遣时未获准出境的，学校可将其档案、户粮关系转至家庭所在地自谋

职业。

第三十六条　对残疾毕业生学校应帮助其就业，确有困难的，按有关规定由生源所在地民政部门安置。

第三十七条　学校应在派遣前认真负责地对毕业生进行健康检查，不能坚持正常工作的，让其回家休养。一年内治愈的（须经学校指定县级以上医院证明能坚持正常工作的）可以随下一届毕业生就业；一年后仍未治愈或无用人单位接收的，户粮关系和档案材料转至家庭所在地，按社会待业人员办理。

第三十八条　结业生由学校向用人单位推荐或自荐，找到工作单位的，可以派遣，但必须在《报到证》上注明"结业生"字样；在规定时间内无接收单位的，由学校将其档案、户粮关系转至家庭所在地（家居农村的保留非农业户口），自谋职业。

第三十九条　全国普通高等学校要在七月一日后派遣毕业生（春季毕业研究生例外）。

第四十条　在派遣过程中出现特殊情况需要调整改派的，按下列原则办理：

1. 在本省、自治区、直辖市辖区内用人单位之间调整的，由地方主管毕业生调配部门审批并办理改派手续；

2. 跨部委、跨省（自治区、直辖市）调整的，由学校主管部门审核同意后，统一报国家教委审批并下达调整计划，学校所在地方主管毕业生调配部门按照调整计划办理改派手续。

3. 毕业生调整改派须在一年内办理，逾期不再办理有关调整改派手续。毕业生就业后的调整按在职人员有关规定办理。

第八章　接收工作及毕业生待遇

第四十一条　毕业生持《报到证》到工作单位报到，用人单位凭《报到证》予以办理接收手续和户粮关系。凡纳入国家就业计划的毕业生，地方政府不得征收其城市增容费。

第四十二条　毕业生报到后，用人单位应根据工作需要和毕业生所学专业及时安排工作岗位。

第四十三条　按国家计划派遣的毕业生，用人单位不得拒绝接收或退回学校。

第四十四条　毕业生报到后，发生疾病不能坚持正常工作的，按在职人员有关规定处理，不得把上岗后发生疾病的毕业生退回学校。

第四十五条　毕业生就业后，其工资标准和福利待遇按国家有关规定执行，工龄从报到之日计算。

第四十六条　到非公有制单位就业的毕业生，其档

案按国家有关规定进行管理,工资待遇由毕业生与用人单位协商确定,但工资标准原则上应不低于国家规定。

第九章 违反规定的处理

第四十七条 有以下情形之一的部委、地方和学校就业部门,要通报批评,情节严重的,建议主管部门对有关责任人员给予行政处分:

1. 不按要求和时间报送生源、需求计划的;
2. 不按国家的有关规定派遣毕业生的;
3. 其他违反毕业生就业工作规定的。

第四十八条 对违反就业协议或不履行定向、委托培养合同的用人单位、毕业生、高等学校按协议书或合同书的有关条款办理,并依法承担赔偿责任。

第四十九条 对擅自拒收、截留按国家计划派遣毕业生的用人单位,由其主管部门责令改正,并对有关负责人员给予行政处分。

第五十条 有下列情形之一的毕业生,由学校报地方主管毕业生调配部门批准,不再负责其就业。在其向学校缴纳全部培养费和奖(助)学金后,由学校将其户粮关系和档案转至家庭所在地,按社会待业人员处理:

1. 不顾国家需要,坚持个人无理要求,经多方教育仍拒不改正的;
2. 自派遣之日起,无正当理由超过三个月不去就业单位报到的;
3. 报到后,拒不服从安排或无理要求用人单位退回的;
4. 其他违反毕业生就业规定的。

第五十一条 对利用职权干涉毕业生就业工作或在毕业生就业工作中徇私舞弊的工作人员,由主管部门或同级纪检、监察部门依法处理;情节严重、构成犯罪的,依法追究其刑事责任。

第十章 附 则

第五十二条 本规定中普通高等学校毕业生系指按照国家普通高等学校招生计划和研究生招生计划招收的具有学籍、取得毕业资格的本、专科生(含招生并轨招收的学生和招生并轨前招收的国家任务生、定向生、委培生、自费生及电大、函授普通专科班学生)和硕士、博士研究生(含统分生、定向生、委培委、自筹经费生)。

第五十三条 各有关部委和地方可根据本规定制定实施细则并报国家教委备案。

第五十四条 本规定由国家教育委员会负责解释。

第五十五条 本规定自发布之日起执行。

高等学校教育培养成本监审办法(试行)

· 2005 年 6 月 8 日
· 发改价格〔2005〕1008 号

第一章 总 则

第一条 为合理制定高等学校学费标准,提高教育收费决策的科学性,根据《中华人民共和国价格法》、《重要商品和服务价格成本监审暂行办法》的有关规定,制定本办法。

第二条 本办法适用于价格主管部门对高等学校教育培养成本进行调查、审核和核算价格成本的活动。

第三条 高校教育培养成本核算应保证公正性、科学性和合理性。具体核算原则是:

1. 权责发生制原则。凡是本期成本应负担的费用,不论款项是否支付,均应计入本期成本;凡是不属于本期成本应负担的费用,即使款项已经支付,也不能计入本期成本。

2. 相关性原则。凡与高校教育无关的收支活动,一律不能计入教育成本。

3. 分类核算原则。高校教育培养成本按学校性质分类核算,并逐步过渡到按专业分类进行核算。

第四条 高校教育培养成本核算,必须以经过同级财政部门审核批准的《年度财务决算报表》和审核无误、手续齐备的原始凭证及账册为基础,做到真实、准确、完整、合理。

第二章 高校教育培养成本构成

第五条 高校教育培养成本由人员支出、公用支出、对个人和家庭的补助支出和固定资产折旧四部分构成。其中人员支出包括:教职工基本工资、津贴、奖金、社会保障缴费、其他人员支出;公用支出包括:办公费、印刷费、水电费、取暖费、邮电费、交通费、差旅费、会议费、培训费、福利费、劳务费、招待费、租赁费、物业管理费、维修费、专用材料费、其他公用支出;对个人和家庭的补助支出包括:离退休费、抚恤和生活补助、医疗费、助学金、住房补贴和其他支出;固定资产折旧包括房屋建筑物折旧、设备折旧。

第六条 生均培养成本指高等学校培养一个标准学生的平均成本。

第七条 学生总人数,指一个自然年度内的全校平均学生总数。包括博士生、硕士生、本科生、第二学士学位生、专科生、高等职业技术教育生、预科生、成人脱产班学生、在职人员攻读博士硕士学位学生、来华留学生、函授网络教育生等各类学生。不包括学校举办的面向社会的

各种形式短期培训班(时间为半年以下)学生。其中:

(1)在校本科生攻读第二学士学位的,不作为第二学士学位生,以免重复计算。

(2)未在本条类别中列明的学生,均计入"其他学生",包括中等专业教育生等。

第八条 教职工总数,指高等学校内从事教学、科研、业务辅助、行政管理和后勤工作的人员,离退休人员,外聘教师或专家,雇用期限在半年以上的临时工人等各类教职工的全年平均数。其中:业务辅助人员是指为教学服务的人员,包括图书馆管理员、资料室资料员、电化教育馆人员,实验室实验员以及直接为教学服务的绘图、摄影、仪器修理、模型制作专业技术人员等;外聘专家或教师指在本校担任一个学期以上教学任务的非本校在职教师。短期或临时聘请的讲课人员不计入教职工总数。

第九条 基本工资,指高等学校按国家统一规定发放给在职人员的基本工资,包括固定工资与国家规定比例的津贴、各类学校毕业生见习期间的临时待遇。

第十条 津贴,指高等学校在基本工资之外按国家规定发放的津贴,包括地区性津贴、政府特殊津贴、教龄津贴、班主任津贴及价格补贴、冬季取暖补贴、职工上下班交通费补贴等。

第十一条 奖金,指高等学校在基本工资、津贴之外,按国家规定开支的各类奖金。

第十二条 社会保障缴费,指高等学校为职工缴纳的基本养老、医疗、失业、工伤等社会保险费。

第十三条 其他人员支出,指上述项目未包括的各种加班工资、病假两个月以上期间的人员工资、编制外长期聘用人员及临时工工资等人员支出。

第十四条 公用支出,指高等学校用于购买商品和劳务的支出。包括办公费、印刷费、水电费、取暖费、邮电费、交通费、差旅费、会议费、培训费、福利费、劳务费、租赁费、物业管理费、维修费、招待费和其他公用支出。

1. 办公费,指高等学校用于日常行政管理的费用,包括购买日常办公用品、书报杂志、为进行科学实验购置的工(器)具等低值易耗品、化学试剂、材料费用等。

2. 水电费,指高等学校支付的水费、电费、污水处理等费用。

3. 取暖费,指高等学校支付的取暖用燃料费、热力费、炉具购置费等。

4. 邮电费,指高校支付的信函、包裹、货物等邮寄费、电话费(含住宅电话补贴费)、电报费、传真、网络通信费等。

5. 交通费,指高等学校各类交通工具的租用费、燃料费、维修费、过桥过路费、保险费、养路费、安全奖励等。

6. 差旅费,指高等学校职工出差、出国的住宿费、伙食补助费和杂费以及学生调遣费、调干家属旅费补助等。

7. 会议费,指高等学校按规定开支的各类会议支出。包括会议的住宿费、伙食补助费、文件资料印刷费、会议场地租用费等。

8. 培训费,包括高等学校按规定开支的培训支出。

9. 福利费,指高等学校按国家规定提取的福利费。

10. 劳务费,指高等学校支付给单位和个人的翻译费、咨询费、手续费等劳务费用。

11. 租赁费,指高等学校租赁办公用房、宿舍、专用通讯网的费用等。

12. 物业管理费,指高等学校开支的办公用房的物业管理费。

13. 维修费,指高等学校用于恢复固定资产使用价值、保持正常工作而支出的日常修理和维护费用,包括各类设备维修费,单位公用房屋、建筑物及附属设备的维修费,以及按照国家有关部门的规定,不够基本建设投资额度的零星土建工程费用(不包括文物保护单位管理的古建筑、纪念建筑物的维修费)。

14. 招待费,指高等学校为执行公务或开展业务活动需要合理开支的接待费用,包括在接待地发生的交通费、用餐费和住宿费等。

15. 其他公用支出,指高等学校用于上述第1至14项以外的必要日常公用支出。包括诉讼费、会员费、工会经费、其他杂费等。

第十五条 对个人和家庭的补助支出,指高等学校支出的对个人和家庭的无偿性补助支出。包括离退休费、抚恤和生活补助、医疗费、住房补贴(包括住房公积金)、助学金等。其中离退休费包括离休费和退休费。

第十六条 助学金,指高等学校按国家规定对各类在校学生发放的助学金、奖学金、学生贷款贴息、勤工助学金、困难补助、出国留学(实习)人员生活费、青少年业余体校学员伙食补助费和生活费补贴,以及按照协议由我方负担或享受我方奖学金的来华留学生、进修生生活费等。其中:专项奖学金是指学校出资设立的专门用于资助特困学生、奖励品学兼优学生的奖学金支出,不包括以单位或个人捐赠、赞助形式设立的专项奖学金。

第十七条 固定资产,指与教育活动相关的、使用年限在一年以上,单位价值在规定标准以上,并在使用过程中保持原来物质形态的资产。包括房屋建筑物、专用设备、一般设备、交通工具、图书、其他固定资产六大类。

第十八条　固定资产折旧。

(一)房屋建筑物折旧。指历年所置房屋建筑物(包括附属设施)当年应提折旧额。

(二)设备折旧。指除房屋建筑物外的其他固定资产(不包括文物和陈列品)应提折旧额。

第三章　高校教育培养成本项目及相关核算

第十九条　学生总人数。按年初学生总数与年末学生总数平均计算。计算公式为：

(年初学生数×8+年末学生数×4)/12

第二十条　标准学生数。各类学生折算为标准学生的权数为：本科、专科、第二学士学位、在职人员攻读博士和硕士学位、高等职业技术教育学生、成人脱产班学生、预科生、进修生为1，博士生为2，硕士生为1.5，来华留学生为3，函授、网络教育生为0.1，夜大等其他学生均为0.3。

第二十一条　教职工人数。教职工人数根据行政人员比例、定编人数和生师比三项指标先后顺序进行审核，不重复进行。

1. 行政人员比例。行政管理工作人员原则上控制在事业编制教职工人数的12-15%(校部党政机构人员编制可按全校事业编制教职工人数的6-10%掌握)，高于15%则按超比例行政管理人员数、在职教职工人均工资及福利费水平核减支出，低于12%不核增支出。

2. 单位定编人数。在职教职工总数如果突破单位定编人数，则按超编数、在职教职工人均工资及福利费支出水平相应核减支出，未突破编制不核增支出。

3. 生师比。标准学生与教学人员人数的合理比例(生师比)，综合、民族、师范、工科、农、林、语文、财经、政法等院校确定为18∶1，医学院校16∶1，体育及艺术院校11∶1，低于这一比例则按超比例教学人员数、教学人员的人均工资及福利费水平核减支出，高于这一比例不核增支出。

生师比=标准学生数/(专任教师数+外聘教师数×0.5)。

第二十二条　福利费、工会经费分别按工资总额的3%、2%计提，不符合规定的工资和福利费支出要相应核减，未达到标准的要核增。其中工资总额主要指基本工资和津贴。学校在基本工资、津贴之外发放的属于国家规定工资总额组成范围内的各种奖金，在政策规定允许的范围内，据实审核。

第二十三条　维修费。一般性修缮费用按实际发生的费用核算，大修缮费用(超过该固定资产原值的20%)

计入固定资产，按照固定资产预计可使用年限分摊计提折旧。

第二十四条　招待费。招待费审核标准，地方管理高校为"当年公用支出总额(扣除招待费和维修费)的2%"，中央(部门)管理的高校为"当年公用支出总额(扣除招待费和维修费)的1%"。超出的要进行核减，未突破的不核增。

第二十五条　其他公用支出。其他公用支出总额不能超过当年公用支出总额(扣除招待费和维修费)的15%。未超过15%的，按实际发生额核填；超过15%的，应按实际情况将有关费用分别计入相应的成本项目，不能明确计入相应成本项目的，作为不合理费用予以剔除。

第二十六条　离退休人员费用，只计算由学校负担的部分，不包括财政补助收入中的离退休人员拨款和离退休人员公费医疗经费拨款，差额为负数的(即拨款额大于支出额的)，本项目计为0。

第二十七条　一次性进入住房补贴项目的费用，数额巨大的，要采取按学校教职工平均工作年数(即从参加工作到退休之间的年数)的方法进行分摊(一般可按30年进行分摊)，各调查年度的购房补贴按年度分摊额计入"住房补贴"中。

第二十八条　设备折旧。设备按分类折旧率(专用设备按8年、一般设备按5年，其他设备均按10年折旧)计提折旧。按设备购置年限已经提取完折旧的设备，不再计提。

第二十九条　房屋建筑物折旧。各年房屋建筑物应提折旧统一按当年房屋建筑物固定资产总值的2%(50年折旧期)计提。其中：已投入使用但未办理竣工结算的房屋建筑物可按估计价值暂估入账，并计提折旧。

第三十条　科研费用。按科研费用的30%计入成本。如能分别计入具体成本项目，则在该项目中直接核减；否则，按科研费用占学校教育总支出比例的70%相应核减教育培养成本各项目支出。

第三十一条　短期培训支出。能够单独计算的短期培训收入与支出，应从学校教育总收支中剔除；短期培训支出无法计算的，按短期培训收入占全部收入的比例扣减总支出及各项目支出。

第四章　附　则

第三十二条　本办法自下发之日起执行。

第三十三条　本办法由国家发展和改革委员会负责解释。

高等学校培养第二学士学位生的试行办法

· 1987 年 6 月 6 日
· [87] 教计字 105 号

为了尽快地培养一批国家急需的知识面宽、跨学科的高层次专门人才，以适应四化建设的要求，自 1984 年以来，经原教育部和国家教委批准 少数高等学校试办了第二学士学位班。从初步实践和社会反映来看，采取第二学士学位的方式，有计划地培养某些应用学科的高层次专门人才，与培养研究生方式相辅相成，更能适合四化建设的实际需要。为了顺利地开展这项工作，现就高等学校培养第二学士学位生的有关问题，暂作如下规定：

一、培养第二学士学位生，在层次上属于大学本科后教育，与培养研究生一样，同是培养高层次专门人才的一种途径。

二、根据《中华人民共和国学位条例暂行实施办法》中所规定的十个学科门类（即：哲学、经济学、法学、教育学、文学、历史学、理学、工学、农学、医学），一般以凡是已修完一个学科门类中的某个本科专业课程，已准予毕业并获得学士学位，再攻读另一个学科门类中的某个本科专业，完成教学计划规定的各项要求，成绩合格，准予毕业的，可授予第二学士学位。

如果国家有特殊需要，经国家教委批准，在同一学科门类中，修完一个本科专业获得学士学位后，再攻读第二个本科专业，完成教学计划规定的各项要求，成绩合格，准予毕业的，也可以授予第二学士学位。

但是，目前有些高等学校在教学改革中，为了调动学生学习积极性，拓宽知识面，允许跨专业选修课程的学生，不能按攻读第二学士学位对待，不得授予第二学士学位。

三、鉴于高等学校的容量有限，而培养本专科学生的任务又很重，第二学士学位生只能根据国家的特殊需要有计划地按需培养，不大面积铺开，招生规模要从严控制，原则上限在部分办学历史较久、师资力量较强、教学科研水平较高的本科院校中试行。凡招收第二学士学位生，均须由学校根据国家需要和用人单位的要求，提出包括必要性和可行性论证内容的申请报告，经主管部门审核同意后，报国家教委审核批准。校舍紧张的重点高等学校，可以削减一些研究生招生名额，来安排招收第二学士学位生。年度招生计划由国家统一下达，并严格按计划招生。任何高等学校均不得不经批准擅自招生和授予学位。

四、第二学士学位生所攻读的专业，原则上应是学校现设的、具有学士学位授予资格的本科专业。如设置新的专业，应按规定先履行专业审批手续。

五、第二学士学位专业的招生对象，主要是大学毕业并获得学士学位的在职人员（含实行学位制度以前的大学本科毕业生。以下简称在职人员）。也可以根据国家的特殊需要，招收少量大学本科毕业并获得学士学位的应届毕业生（含按学分制提前完成学业并获得学士学位的学生。以下简称在校生）；攻读第二学士学位，均须本人自愿（在职人员报考，要经过本单位的批准），并经过必要的资格审查与入学考试、考核，择优录取。考试、考核的内容，应是第二学士学位专业的主要基础课程。招生考试及录取工作，目前可根据各专业的办学规模，采取不同的方式进行。有的专业可以实行全国统一考试、录取，有的也可以由省、市教育部门或招生学校自行组织。

为缓解高等学校校舍的紧张，在本市有住房的学生，应当尽可能实行走读。

六、第二学士学位的修业年限，一般为二年。具体修业时间和教学计划，由承担培养任务的学校提出意见，报主管部门核定。修业年限确定后，未经主管部门同意，学校不得更改。

七、培养第二学士学位生，必须保证教育质量。对攻读第二学士学位的学生，不论是在校生，还是在职人员，在教学上都要严格要求，必须依照教学要求，学完规定课程，不得迁就和随意降低标准。

攻读第二学士学位的学生，凡在规定修业年限内，修完规定课程，经考试合格，取得毕业和授予学士学位资格者，即可授予第二学士学位。凡达不到要求的，不再延长学习时间，亦不实行留级制度，可发肄业、结业证明。

对于攻读第二学士学位的学生，如发现有学习困难、无能力完成学业或表现不好的，学校可以取消其攻读第二学士学位的资格。同时也允许学习有困难的学生申请中途终止第二学士学位专业的学习。被取消资格的及中途终止学习的学生，属在校生的，按第一学士学位专业毕业分配，属在职人员的，仍回原单位工作。

八、在校生攻读第二学士学位，修业期满，获得第二学士学位者，原则上应根据国家需要，按第二学士学位专业分配工作。在职人员攻读第二学士学位，修业期满，不论是否获得第二学士学位者，均回原单位安排工作。

凡学习期满，获得第二学士学位者，毕业工作后起点工资与研究生班毕业生工资待遇相同；未获得第二学士学位者，仍按本科毕业生对待。

九、经国家教委批准,列入国家统一招生计划内的攻读第二学士学位学生,其所需经费按学校隶属关系和财政管理体制,按照研究生班的经费标准及其他待遇,分别在中央和地方的教育事业费中开支。

在校期间的生活补助费标准及其他待遇,按照硕士研究生待遇的有关规定执行,在规定学习期限内的书籍补助费,每生每年为30元。

十、第二学士学位的毕业证书和学位证书,仍按现行规定的统一格式,由学校制定颁发。但须在证书中注明第二学士学位的学科门类和专业名称。

普通高等学校举办非学历教育管理规定(试行)

· 2021 年 11 月 11 日
· 教职成厅函〔2021〕23 号

第一章　总　则

第一条　为加强对普通高等学校(以下简称高校)举办非学历教育的管理,根据《中华人民共和国高等教育法》制定本规定。

第二条　本规定所称非学历教育是指高校在学历教育之外面向社会举办的,以提升受教育者专业素质、职业技能、文化水平或者满足个人兴趣等为目的的各类培训、进修、研修、辅导等教育活动。以获得高等教育自学考试毕业证书为目的的自学考试辅导不在本规定的适用范围内。

第三条　非学历教育要坚持以习近平新时代中国特色社会主义思想为指导,全面贯彻党的教育方针,坚持社会主义办学方向,落实立德树人根本任务;强化公益属性,发挥市场机制作用,主动服务国家战略、经济社会发展和人的全面发展;依托学科专业优势和特色,与学校发展定位相一致、与学校办学能力相适应;坚持依法依规治理,规范办学行为,提升人才培养质量。

第四条　高校在保证完成国家下达的学历教育事业计划的前提下,方可举办非学历教育。高校举办非学历教育原则上要以自招、自办、自管为主,切实落实高校办学主体责任。

第二章　管理体制和职责

第五条　国务院教育行政部门负责非学历教育的宏观指导和统筹管理,建立健全非学历教育评价标准,完善监管体系;会同有关行业主管部门建立协同机制,加强对非学历教育的业务指导。

第六条　省级教育行政部门负责本地区非学历教育的指导、监督和管理,引导高校根据自身实际和特点优势,科学合理确定非学历教育办学规模。

第七条　高校负责本校非学历教育的发展规划、制度建设、规范办学和质量保证。高校党委应履行好管党治党、办学治校主体责任,强化基层党组织对涉及非学历教育工作的政治把关作用。高校应按照"管办分离"原则,明确归口管理部门,对非学历教育实施归口管理。归口管理部门不得设立在实际举办非学历教育的院系或部门(以下统称办学部门)。

第八条　归口管理部门负责全校非学历教育的统筹协调和规范管理,拟订非学历教育发展规划和管理制度,建立风险防控机制;对各办学部门举办的非学历教育进行立项审批;对非学历教育的招生简介、广告宣传等进行审核;对非学历教育合同事务进行管理;对非学历教育办学进行过程指导、质量监督和绩效管理;审核发放非学历教育证书等。

第九条　根据学校非学历教育发展规划,办学部门可结合自身优势特色,按照学校相关程序开展非学历教育。校内非实体性质的单位、职能管理部门、群团组织及教职员工个人不得以高校名义举办非学历教育。高校独资、挂靠、参股、合作举办的独立法人单位,不得以高校名义举办非学历教育;法人名称中带有高校全称或简称的,如举办非学历教育应纳入高校统一管理。

第三章　立项与招生

第十条　高校办学部门举办非学历教育项目均须向归口管理部门提出立项申请,经审批同意后方可开展。除保密情形外,经审批通过的项目要依法依规进行信息公开。

第十一条　高校不得以"研究生""硕士、博士学位"等名义举办课程进修班。面向社会举办的非学历教育不得冠以"领导干部""总裁""精英""领袖"等名义,不得出现招收领导干部的宣传。

第十二条　高校应严格规范非学历教育招生行为,自行组织招生,严禁委托校外机构进行代理招生。招生宣传内容必须真实、明晰、准确。

第四章　合作办学

第十三条　高校应严格控制非学历教育合作办学,确需与校外机构开展课程设计、教学实施等方面合作办学的,应对合作方背景、资质进行严格审查。如合作方涉及本校教职员工及其特定关系人的,应在立项申报时主动申明。

第十四条　合作办学要坚持高校主体地位,严禁转移、下放、出让学校的管理权、办学权、招生权和教学权，严禁项目整体外包。脱产学习超过一个月的非学历教育、受委托的领导干部培训项目，一律不得委托给社会培训机构，或与社会培训机构联合举办。

第十五条　非学历教育合作办学合同须经归口管理部门统一审批并由学校法定代表人或授权签字人签字，加盖学校公章。高校要重点对合同中合作模式、校名校誉使用、合作期限、权利义务、收益分配、违约责任等条款进行审核。

第五章　教学管理

第十六条　高校要建立非学历教育教学管理制度和质量保障机制，加强项目设计、课程研发、教学组织、效果评价等方面管理，明确教学目标和计划安排，严格学习纪律和考勤考核，加强学员管理。

第十七条　非学历教育可采取脱产、业余形式。鼓励高校创新教学模式，开展基于互联网的信息化教学和线上线下混合教学。

第十八条　高校要加强非学历教育教学资源建设，健全开发使用标准、程序和审核评价机制。鼓励高校组织优秀师资开发高水平非学历教育教学资源。

第十九条　高校非学历教育结业证书应由归口管理部门统一制作、分类连续编号，与学历教育证书明显区别。高校要建立规范的结业证书审核与申领机制，做好结业申请材料的收集与归档。结业证书应当载明修业时段和学业内容。

第六章　财务管理

第二十条　高校要按照国家及高校所在省份主管部门的规定，建立健全非学历教育财务管理制度，规范管理、防范风险。

第二十一条　对没有明确政府定价或政府指导价的项目，高校应根据当地经济社会发展水平和培养成本合理确定收费标准。面向社会公开招生的项目，收费标准应向社会公示，自觉接受监督。涉及收费减免的，应严格履行收费减免审批程序。

第二十二条　非学历教育办学所有收入纳入学校预算，统一核算，统一管理，任何单位或个人不得隐瞒、截留、占用、挪用和坐支。高校不得授权任何单位或个人代收费，不得以接受捐赠等名义乱收费。严禁合作方以任何名义收取费用。

第二十三条　非学历教育经费支出执行国家有关财务规章制度和学校有关经费支出管理规定。属于政府采购范围的，要严格执行政府采购相关规定。使用校内资源的，要执行学校资源有偿使用相关规定。非学历教育的课酬、劳务费等酬金统一由学校财务部门据实支付。

第七章　条件保障

第二十四条　高校要加强非学历教育师资和管理队伍建设，强化师德师风建设，选聘、培育优秀人才参与非学历教育工作；要设定授课师资准入条件，动态调整师资库，完善非学历教育绩效管理制度。聘用外籍人员需符合国家有关规定。

第二十五条　高校要优化资源配置，不断改善非学历教育办学及食宿条件。鼓励将学校运动场馆、图书馆、实验室等资源向非学历教育学员开放。

第二十六条　举办非学历教育需符合场地、消防、食品、卫生、网络信息等方面的安全要求，建立健全安全管理制度和应急预警处理机制，防范各类安全责任事故发生。

第八章　监督管理与处罚

第二十七条　高校要建立非学历教育中长期规划编制、年度执行情况审查、财务审计、监督检查机制，并纳入学校党委（常委）会议事事项和"三重一大"决策范畴。

第二十八条　高校要建立覆盖非学历教育立项、研发、招生、收费、教学、评价、发证等各环节的质量管理体系，实现办学过程受监控、可追溯。高校非学历教育办学情况纳入继续教育发展年度报告工作，主动向社会公开。年度办学情况明细应报省级教育行政部门备案。

第二十九条　高校财务、审计、教师管理、学生管理、巡视巡察、纪检监察等部门要将非学历教育监督检查纳入日常工作，建立工作机制，通过日常监管、专项检查等多种方式强化监督制约，维护财经纪律，保障教学秩序，防范腐败风险。

第三十条　各省级教育行政部门要完善本地区高校非学历教育管理制度，建立办学质量抽查和评估机制，强化指导和监管。

第三十一条　主管教育行政部门要建立工作责任制和责任追究制度，依法依规严肃处理高校非学历教育办学过程中的违规违纪违法问题。

（一）对不按本规定执行的高校，或不具备教学条件、办学投入不足、教学质量低下的高校，责令限期整改；对拒不履行职责、推诿、敷衍、拖延的，应公开通报批评，并追究有关责任人责任。

（二）对弄虚作假，蒙骗学员，借办学之名营私牟利的，应责令高校立即整改，退还所收费用，并对主要责任者和其他直接责任人员依法依规给予处分。构成犯罪的,依法追究刑事责任。

第九章 附 则

第三十二条 职业高等学校、独立设置的成人高等学校、开放大学举办非学历教育参照本规定执行。

第三十三条 高校面向特定行业、特定地域、特定群体举办的非学历教育,须同时遵守相关规定。

第三十四条 本规定的解释权属教育部。

第三十五条 本规定自发布之日起施行。

高等学校实验室工作规程

·1992 年 6 月 27 日教育委员会令第 20 号公布
·自 1992 年 6 月 27 日起施行

第一章 总 则

第一条 为了加强高等学校实验室的建设和管理,保障学校的教育质量和科学研究水平,提高办学效益,特制定本规程。

第二条 高等学校实验室(包括各种操作、训练室),是隶属学校或依托学校管理,从事实验教学或科学研究、生产试验、技术开发的教学或科研实体。

第三条 高等学校实验室,必须努力贯彻国家的教育方针,保证完成实验教学任务,不断提高实验教学水平;根据需要与可能,积极开展科学研究、生产试验和技术开发工作,为经济建设与社会发展服务。

第四条 实验室的建设,要从实际出发,统筹规划,合理设置。要做到建筑设施、仪器设备、技术队伍与科学管理协调发展,提高投资效益。

第二章 任 务

第五条 根据学校教学计划承担实验教学任务。实验室完善实验指导书、实验教材教学资料,安排实验指导人员,保证完成实验教学任务。

第六条 努力提高实验教学质量。实验室应当吸收科学和教学的新成果,更新实验内容,改革教学方法,通过实验培养学生理论联系实际的学风,严谨的科学态度和分析问题、解决问题的能力。

第七条 根据承担的科研任务,积极开展科学实验工作。努力提高实验技术,完善技术条件和工作环境,以保障高效率、高水平地完成科学实验任务。

第八条 实验室在保证完成教学科研任务的前提下,积极开展社会服务和技术开发,开展学术、技术交流活动。

第九条 完成仪器设备的管理、维修、计量及标定工作,使仪器设备经常处于完好状态。开展实验装置的研究和自制工作。

第十条 严格执行实验室工作的各项规范,加强对工作人员的培训和管理。

第三章 建 设

第十一条 高等学校实验室的设置,应当具备以下基本条件:

(一)有稳定的学科发展方向和饱满的实验教学或科研、技术开发等项任务;

(二)有符合实验技术工作要求的房舍、设施及环境;

(三)有足够数量、配套的仪器设备;

(四)有合格的实验室主任和一定数量的专职工作人员;

(五)有科学的工作规范和完善的管理制度。

第十二条 实验室建设、调整与撤销,必须经学校正式批准。依托在高等学校中的部门开放实验室、国家重点实验室的建设、调整与撤销,要经过的上级主管部门批准。

第十三条 实验室的建设与发展规划,要纳入学校及事业总体发展规划,要考虑环境、设施、仪器设备、人员结构、经费投入等综合配套因素,按照立项、论证、实施、监督、竣工、验收、效益考核等"项目管理"办法的程序,由学校或上级主管部门统一归口,全面规划。

第十四条 实验室的建设要按计划进行。其中,房舍、设施及大型设备要依据规划的方案纳入学校基本建设计划;一般仪器设备和运行、维修费要纳入学校财务计划;工作人员的配备与结构调整要纳入学校人事计划。

第十五条 实验室建设经费,要采取多渠道集资的办法。要从教育事业费、基建费、科研费、计划外收入、各种基金中划出一定比例用于实验室建设。凡利用实验室进行有偿服务的,都要将收入的一部分用于实验室建设。

第十六条 有条件的高等学校要积极申请筹建开放型的国家重点实验室、重点学科实验室或工程研究中心等实验室,以适应高科技发展和高层次人才培养的需要。

第十七条 高等学校应通过校际间联合,共同筹建专业实验室或中心实验室。也可以同厂企业、科研单位联合,或引进外资,利用国外先进技术设备,建立对外开放的实验室。

第十八条 凡具备法人条件的高等学校实验室,经有关部门的批准,可取得法人资格。

第四章 体 制

第十九条 高等学校实验室工作,由国家教育委员会归口管理。省、自治区、直辖市、国务院有关部委的教育主管部门负责本地区或本系统高等学校实验室工作。

第二十条 高等学校应有一名(院)长主管全校实验室工作并建立或确定主管实验室工作的行政机构(处、科)。该机构的主要职责是:

(一)贯彻执行国家有关的方针、政策和法令,结合实验室工作的实际,拟定本规程的实施办法;

(二)检查督促各实验室完成各项工作任务;

(三)组织制定和实施实验室建设规划和年度计划,归口拟定并审查仪器设备配备方案,负责分配实验室建设的仪器设备运行经费,并进行投资效益评估;

(四)完善实验室管理制度。包括:实验教学、科研、社会服务情况的审核评估制度;实验室工作人员的任用、管理制度;实验室在用物资的管理制度;经费使用制度等;

(五)主管实验室仪器设备、材料等物资,提高其使用效益;

(六)主管实验室队伍建设。与人事部门一起做好实验室人员定编、岗位培训、考核、奖惩、晋级职务评聘工作。

规模较大的高校,系一级也可设立相应的实验室管理岗位或机构。

第二十一条 高等学校实验室逐步实行以校、系管理为主的二级管理。规模较大、师资与技术力量较强的高校,也可实行校、系、教研室三级管理。

第二十二条 实验室实行主任负责制。高等学校实验室主任负责实验室的全面工作。

第二十三条 高等学校可根据需要设立实验室工作委员会,由主管校长、有关部门行政负责人和学术、技术、管理等方面的专家组成。对实验室建设、高档仪器设备布局科学管理、人员培训等重大问题进行研究、咨询,提出建议。

第五章 管 理

第二十四条 实验室要做好工作环境管理和劳动保护工作。要针对高温、低温、辐射、病菌、毒性、激光、粉尘、超净等对人体有害的环境,切实加强实验室环境的监督和劳动保护工作。凡经技术安全的环境保护部门检查认定不合格的实验室,要停止使用,限期进行技术改造,落实管理工作。待重新通过检查合格后,才能投入使用。

第二十五条 实验室要严格遵守国务院颁发的《化学危险品安全管理条例》及《中华人民共和国保守国家秘密法》等有关安全保密的法规、制度,定期检查防火、防爆、防盗、防事故等方面安全措施的落实情况。要经常对师生开展安全保密教育,切实保障人身和财产安全。

第二十六条 实验室要严格遵守国家环境保护工作的有关规定,不随意排放废气、废水、废物、不得污染环境。

第二十七条 实验室仪器设备的材料、低值易耗品等物资的管理,按照《高等学校仪器设备管理办法》、《高等学校材料、低值易耗品管理办法》、《高等学校物资工作的若干规定》等有关法规、规章执行。

第二十八条 实验室所需要的实验动物,要按照国家科委发布的《实验动物管理条例》,以及各地实验动物管理委员会的具体规定,进行饲育、管理、检疫和使用。

第二十九条 计量认证工作先按高校隶属关系由上级主管部门组织对实验室验收合格后部委所属院校的实验室,由国家教委与国家技术监督局组织进行计量认证;地方院校的实验室,由各地省政府高校主管部门与计量行政部门负责计量认证。

第三十条 实验室要建立和健全岗位责任制。要定期对实验室工作人员的工作量和水平考核。

第三十一条 实验室要实行科学管理,完善各项管理规章制度。要采用计算机等现代化手段,对实验室的工作、人员、物资、经费、环境状态信息进行记录、统计和分析,及时为学校或上级主管部门提供实验室情况的准确数据。

第三十二条 要逐步建立高等学校实验室的评估制度。高等学校的各主管部门,可以按照实验室基本条件、实验室管理水平、实验室效益、实验室特色等方面的要求制定评估指标体系细则,对高等学校的实验室开展评估工作。评估结果作为确定各高等学校办学条件和水平的重要因素。

第六章 人 员

第三十三条 实验室主任要由具有较高的思想政党觉悟,有一定的专业理论修养,有实验教学或科研工作经验,组织管理能力较强的相应专业的讲师(或工程师)以上人员担任。学校系一级以及基础课的实验室,要由相应专业的副教授(或高级工程师)以上的人员担任。

第三十四条 高等学校的实验室主任、副主任均由学校聘任或任命;国家、部门或地区的实验室、实验中心的主任,副主任,由上级主管部门聘任或任命。

第三十五条　实验室主任的主要职责是：

（一）负责编制实验室建设规划和计划，并组织实施和检查执行情况；

（二）领导并组织完成本地规程第二章规定的实验室工作任务；

（三）搞好实验室的科学管理，贯彻、实施有关规章制度；

（四）领导本室各类人员的工作，制定岗位责任制，负责对本室专职工作人员的培训及考核；

（五）负责本室精神文明建设，抓好工作人员和学生思想政治教育；

（六）定期检查、总结实验室工作，开展评比活动等。

第三十六条　高等学校实验室工作人员包括：从事实验室工作的教师、研究人员、工程技术人员、实验技术人员、管理人员和工作。各类人员要有明确的职责分工。要各司其职，同时要做到团结协作，积极完成各项任务。

第三十七条　实验室工程技术人员与实验技术人员的编制，要参照在校学生数，不同类型学校实验教学、科研工作量及实验室仪器设备状况，合理折算后确定。有条件的学校可以进行流动编制。

第三十八条　对于在实验室中从事有害健康工种的工作人员，可参照国家教委（1988）教备局字008号文件《高等学校从事有害健康工种人员营养保健等级和标准的暂行规定》，在严格考勤记录制度的基础上享受保健待遇。

第三十九条　实验室工作人员的岗位职责，由实验室主任根据学校的工作目标，按照国家对不同专业技术干部和工作职责的有关条例定及实施细则具体确定。

第四十条　实验室各类人员的职务聘任、级别晋升工作。根据实验室的工作特点和本人的工作实绩，按照国家和学校的有关规定执行。

第四十一条　高等学校要定期开展实验室工作的检查、评比活动。对成绩显著的集体和个人要进行表彰和鼓励，对违章失职或因工作不负责任造成损失者，提起批评教育或行政处分，直至追究法律责任。

第七章　附　则

第四十二条　各高等学校要根据本规程，结合本校实际情况，制定各项具体实施办法。

第四十三条　本规程自发布之日起执行。教育部一九八三年十二月十五日印发的《高等学校实验室工作暂行条例》即行失效。

教育部直属师范大学免费师范毕业生在职攻读教育硕士专业学位实施办法(暂行)

· 2010 年 5 月 21 日

· 教师〔2010〕3 号

《国务院办公厅转发教育部等部门关于教育部直属师范大学师范生免费教育实施办法（试行）的通知》（国办发〔2007〕34号）提出："免费师范毕业生经考核符合要求的，可录取为教育硕士专业学位研究生，在职学习专业课程，任教考核合格并通过论文答辩的，颁发硕士研究生毕业证书和教育硕士专业学位证书。"为贯彻国办发〔2007〕34号文件精神，做好免费师范毕业生在职攻读教育硕士专业学位研究生工作，落实师范生免费教育示范性举措，制定本实施办法。

一、自2012年起，北京师范大学、华东师范大学、东北师范大学、华中师范大学、陕西师范大学和西南大学从到中小学任教的免费师范毕业生中招收教育硕士专业学位研究生，支持师范毕业生结合中小学教育教学工作实际继续深造和专业发展。通过教育硕士研究生的培养，使免费师范毕业生具备先进的教育理念，良好的职业道德和创新意识，扎实的专业知识基础，较强的教育教学实践反思能力，为将来成长为优秀教师和教育家奠定坚实基础。

二、免费师范毕业生到中小学任教满一学期后，均可申请免试在职攻读教育硕士专业学位，经任教学校考核合格，部属师范大学根据工作考核结果、本科学习成绩和综合表现考核录取。

三、免费师范毕业生攻读教育硕士专业学位采取在职学习方式，学习年限一般为2～3年，实行学分制。课程学习主要通过远程教育和寒暑假集中面授方式进行。创新教育硕士研究生培养模式，采取部属师范大学与地方政府、中小学校合作培养教育硕士研究生的新机制。选择具备条件的免费师范毕业生任教学校建立教育硕士研究生培养基地，实行部属师范大学和中小学的双导师制，共同研究和实施教育硕士研究生培养方案。通过全国教师教育网络联盟公共服务平台，部属师范大学教育硕士研究生课程实行学分互认，共享优质资源。

四、教育硕士研究生课程设置要突出实践性，密切结合中小学教育教学实践，并与本科阶段所学课程相衔接，整体设计。各培养学校应根据全国教育专业学位教育指导委员会制定的《教育部直属师范大学免费师范毕业生攻读教育硕士专业学位指导性培养方案》，结合本校实际，制订教学计划。

五、教育硕士研究生培养要进一步加强教师职业道德教育，树立长期从教的职业理想和信念；坚持理论联系实际，面向基础教育，注重教师专业素质养成，注重教育教学能力训练，注重教育实践问题研究能力培养。加强教育硕士研究生导师队伍建设，选择责任心强、熟悉中小学教育、教学经验丰富的高校优秀教师和培养基地的中小学优秀教师组成双导师指导组。认真组织远程教育课程学习和教育实践活动，制订严格的考核标准，采取科学有效的考核方法。

六、教育硕士研究生课程考查与考试可通过调查报告、课程论文、教学设计、教学视频和笔试、口试等多种方式进行。实践环节考查要求学生在学期间至少完成一篇实践调查报告和一项教学设计。将免费师范毕业生在中小学教育教学工作岗位的实际表现作为教育硕士研究生成绩考查的重要内容。

七、教育硕士专业学位论文撰写要立足教育实践，突出学以致用，要运用教育理论、知识、方法分析和解决中小学教育教学工作中迫切需要解决的实际问题，具有创新性和实用价值。论文形式可以是研究报告、调研报告或教育教学案例分析报告等。学位论文的评阅人和答辩委员会成员中，应至少有一名相关学科的中小学特级教师。

八、在职攻读教育硕士专业学位的免费师范毕业生修满规定课程学分，通过论文答辩，经学校学位评定委员会审核批准，授予教育硕士专业学位，并颁发硕士研究生毕业证书。

九、在职攻读教育硕士专业学位的免费师范毕业生，如未按《师范生免费教育协议》从事中小学教育工作，部属师范大学可以取消学籍。

十、免费师范毕业生在职攻读教育硕士专业学位招生计划在全国研究生招生总规模之内单列，全部为国家计划。

十一、做好免费师范毕业生在职攻读教育硕士专业学位工作是建设高素质专业化教师队伍的一项重要任务。各有关地方教育行政部门、部属师范大学和中小学校要高度重视，密切配合，精心组织，创造条件，确保师范生免费教育示范性举措的顺利实施。

教育部直属师范大学免费师范毕业生就业实施办法

· 2010 年 5 月 18 日
· 教师〔2010〕2 号

为贯彻落实《国务院办公厅转发教育部等部门关于教育部直属师范大学师范生免费教育实施办法（试行）的通知》（国办发〔2007〕34 号）精神，确保免费师范毕业生到中小学任教，鼓励优秀高中毕业生报考师范专业，鼓励优秀青年长期从教，培养造就大批优秀教师和教育家，制定本办法。

一、免费师范毕业生就业工作由有关省级政府统筹，教育、人力资源和社会保障、机构编制、财政等部门组成工作小组，负责制定并实施就业方案，落实保障措施，确保免费师范毕业生到中小学任教。省级教育行政部门牵头负责免费师范毕业生就业指导、落实工作岗位、办理派遣和接收工作；省级人力资源和社会保障部门负责免费师范毕业生人事接转工作；省级机构编制部门负责落实免费师范毕业生到中小学任教的编制；省级财政部门负责落实相关经费保障。

二、按照国办发〔2007〕34 号文件规定，落实免费师范毕业生就业所需编制。省级教育行政部门要统一掌握本地区中小学教师岗位需求情况，会同机构编制部门在核定的中小学教师编制总额内，提前安排接收免费师范毕业生编制计划。各地应首先用自然减员编制指标或采取先进后出的办法安排免费师范毕业生，必要时接收地省级政府可设立专项周转编制，确保免费师范毕业生到中小学任教有编有岗。

三、免费师范毕业生一般回生源所在省份中小学校任教，履行国家义务。鼓励毕业生到边远贫困和民族地区任教。省级教育行政部门负责组织用人单位与免费师范毕业生进行双向选择，及时公布本省（区、市）中小学教师岗位需求信息，并组织多种形式的供需见面活动，为每一位毕业生落实好任教学校。

部属师范大学要做好免费师范生毕业教育、就业指导和信息服务工作。引导师范毕业生坚定教师职业信念，立志于长期从教、终身从教。加强与各地教育行政部门和用人单位的沟通，配合做好就业工作。根据学校所在地教育行政部门统一部署，依法做好免费师范毕业生教师资格认定工作。及时将师范毕业生信息送达生源所在地省级教育行政部门。

教育部全国高等学校信息咨询与就业指导中心负责部属师范大学免费师范毕业生的就业指导、信息服务和监督检查。在全国大学生就业公共服务立体化平台上及时发布各省（区、市）中小学教师岗位需求和免费师范毕业生信息。

四、免费师范毕业生依法取得教师资格后，按照国办发〔2007〕34 号文件和《师范生免费教育协议书》规定就业。毕业前通过双向选择签订就业协议书的免费师范毕业生，其档案、户口等由培养学校直接迁转至用人单位及用人单位所在地户籍部门；毕业前未签订就业协议书的免费师范毕业生，其档案、户口等迁转至生源所在地省级教育行政部门，由省级教育行政部门会同有关部门统筹安排，到师资紧缺地区的中小学校任教。确有特殊情况，要求跨省区任教的，需经学校审核、生源所在地省级教育行政部门批准。

五、到城镇学校工作的免费师范毕业生，由当地政府教育行政部门结合城镇教师支援农村教育工作，安排到农村学校任教服务二年。免费师范毕业生在农村学校任教服务期间仍然享受派出学校原工资福利待遇。地方政府和农村学校要为免费师范毕业生到农村任教服务提供周转住房等必要的工作生活条件。

六、免费师范毕业生经考核符合要求的，可录取为教育硕士研究生，在职学习，任教考核合格并通过论文答辩的，颁发硕士研究生毕业证书和教育硕士专业学位证书。免费师范生毕业前及在协议规定服务期内，一般不得报考脱产研究生。任教学校要对免费师范毕业生在职攻读教育硕士学位给予支持。具体办法另文规定。

七、省级教育行政部门、部属师范大学和免费师范毕业生要严格履行《师范生免费教育协议书》。免费师范毕业生在协议规定任教服务期内，可在学校之间流动或从事教育管理工作。未能履行协议的毕业生，要按规定退还已享受的免费教育费用并缴纳违约金，已在职攻读教育硕士专业学位的，由培养学校取消学籍。确有特殊原因不能履行协议的，需报经省级教育行政部门批准。省级教育行政部门负责本行政区域内免费师范毕业生的履约管理，建立诚信档案，公布违约记录，并记入人事档案，负责管理违约退还和违约金。

八、各级政府要采取有力措施，鼓励和支持免费师范毕业生长期从事中小学教育工作。教育部、人力资源和社会保障部、中央编办、财政部建立免费师范毕业生就业工作督查机制，每年进行检查并采取适当方式公布结果。对于免费师范毕业生就业工作落实不力的地方，将酌情调整部属师范大学在当地的招生计划。

九、保障免费师范毕业生到中小学任教是落实师范生免费教育示范性举措的关键环节。各级政府及有关部门、教育部直属师范大学和相关中小学校要充分认识实行师范生免费教育的重大战略意义，高度重视，密切配合，精心组织，认真做好免费师范毕业生就业工作，为培养造就一大批优秀中小学教师创造条件。

省级政府要加强领导，统筹相关部门，根据本办法，制定具体实施意见。

高等学校预防与处理学术不端行为办法

· 2016 年 6 月 16 日教育部令第 40 号公布
· 自 2016 年 9 月 1 日起施行

第一章　总　则

第一条　为有效预防和严肃查处高等学校发生的学术不端行为，维护学术诚信，促进学术创新和发展，根据《中华人民共和国高等教育法》《中华人民共和国科学技术进步法》《中华人民共和国学位条例》等法律法规，制定本办法。

第二条　本办法所称学术不端行为是指高等学校及其教学科研人员、管理人员和学生，在科学研究及相关活动中发生的违反公认的学术准则、违背学术诚信的行为。

第三条　高等学校预防与处理学术不端行为应坚持预防为主、教育与惩戒结合的原则。

第四条　教育部、国务院有关部门和省级教育部门负责制定高等学校学风建设的宏观政策，指导和监督高等学校学风建设工作，建立健全对所主管高等学校重大学术不端行为的处理机制，建立高校学术不端行为的通报与相关信息公开制度。

第五条　高等学校是学术不端行为预防与处理的主体。高等学校应当建设集教育、预防、监督、惩治于一体的学术诚信体系，建立由主要负责人领导的学风建设工作机制，明确职责分工；依据本办法完善本校学术不端行为预防与处理的规则与程序。

高等学校应当充分发挥学术委员会在学风建设方面的作用，支持和保障学术委员会依法履行职责，调查、认定学术不端行为。

第二章　教育与预防

第六条　高等学校应当完善学术治理体系，建立科学公正的学术评价和学术发展制度，营造鼓励创新、宽容失败、不骄不躁、风清气正的学术环境。

高等学校教学科研人员、管理人员、学生在科研活动中应当遵循实事求是的科学精神和严谨认真的治学态度，恪守学术诚信，遵循学术准则，尊重和保护他人知识产权等合法权益。

第七条　高等学校应当将学术规范和学术诚信教育，作为教师培训和学生教育的必要内容，以多种形式开展教育、培训。

教师对其指导的学生应当进行学术规范、学术诚信教育和指导,对学生公开发表论文、研究和撰写学位论文是否符合学术规范、学术诚信要求,进行必要的检查与审核。

第八条 高等学校应当利用信息技术等手段,建立对学术成果、学位论文所涉及内容的知识产权查询制度,健全学术规范监督机制。

第九条 高等学校应当建立健全科研管理制度,在合理期限内保存研究的原始数据和资料,保证科研档案和数据的真实性、完整性。

高等学校应当完善科研项目评审、学术成果鉴定程序,结合学科特点,对非涉密的科研项目申报材料、学术成果的基本信息以适当方式进行公开。

第十条 高等学校应当遵循学术研究规律,建立科学的学术水平考核评价标准、办法,引导教学科研人员和学生潜心研究,形成具有创新性、独创性的研究成果。

第十一条 高等学校应当建立教学科研人员学术诚信记录,在年度考核、职称评定、岗位聘用、课题立项、人才计划、评优奖励中强化学术诚信考核。

第三章 受理与调查

第十二条 高等学校应当明确具体部门,负责受理社会组织、个人对本校教学科研人员、管理人员及学生学术不端行为的举报;有条件的,可以设立专门岗位或者指定专人,负责学术诚信和不端行为举报相关事宜的咨询、受理、调查等工作。

第十三条 对学术不端行为的举报,一般应当以书面方式实名提出,并符合下列条件:

(一)有明确的举报对象;

(二)有实施学术不端行为的事实;

(三)有客观的证据材料或者查证线索。

以匿名方式举报,但事实清楚、证据充分或者线索明确的,高等学校应当视情况予以受理。

第十四条 高等学校对媒体公开报道、其他学术机构或者社会组织主动披露的涉及本校人员的学术不端行为,应当依据职权,主动进行调查处理。

第十五条 高等学校受理机构认为举报材料符合条件的,应当及时作出受理决定,并通知举报人。不予受理的,应当书面说明理由。

第十六条 学术不端行为举报受理后,应当交由学校学术委员会按照相关程序组织开展调查。

学术委员会可委托有关专家就举报内容的合理性、调查的可能性等进行初步审查,并作出是否进入正式调查的决定。

决定不进入正式调查的,应当告知举报人。举报人如有新的证据,可以提出异议。异议成立的,应当进入正式调查。

第十七条 高等学校学术委员会决定进入正式调查的,应当通知被举报人。

被调查行为涉及资助项目的,可以同时通知项目资助方。

第十八条 高等学校学术委员会应当组成调查组,负责对被举报行为进行调查;但对事实清楚、证据确凿、情节简单的被举报行为,也可以采用简易调查程序,具体办法由学术委员会确定。

调查组应当不少于3人,必要时应当包括学校纪检、监察机构指派的工作人员,可以邀请同行专家参与调查或者以咨询等方式提供学术判断。

被调查行为涉及资助项目的,可以邀请项目资助方委派相关专业人员参与调查组。

第十九条 调查组的组成人员与举报人或者被举报人有合作研究、亲属或者导师学生等直接利害关系的,应当回避。

第二十条 调查可通过查询资料、现场查看、实验检验、询问证人、询问举报人和被举报人等方式进行。调查组认为有必要的,可以委托无利害关系的专家或者第三方专业机构就有关事项进行独立调查或者验证。

第二十一条 调查组在调查过程中,应当认真听取被举报人的陈述、申辩,对有关事实、理由和证据进行核实;认为必要的,可以采取听证方式。

第二十二条 有关单位和个人应当为调查组开展工作提供必要的便利和协助。

举报人、被举报人、证人及其他有关人员应当如实回答询问,配合调查,提供相关证据材料,不得隐瞒或者提供虚假信息。

第二十三条 调查过程中,出现知识产权等争议引发的法律纠纷的,且该争议可能影响行为定性的,应当中止调查,待争议解决后重启调查。

第二十四条 调查组应当在查清事实的基础上形成调查报告。调查报告应当包括学术不端行为责任人的确认、调查过程、事实认定及理由、调查结论等。

学术不端行为由多人集体做出的,调查报告中应当区别各责任人在行为中所发挥的作用。

第二十五条 接触举报材料和参与调查处理的人员,不得向无关人员透露举报人、被举报人个人信息及调查情况。

第四章　认　定

第二十六条　高等学校学术委员会应当对调查组提交的调查报告进行审查;必要的,应当听取调查组的汇报。

学术委员会可以召开全体会议或者授权专门委员会对被调查行为是否构成学术不端行为以及行为的性质、情节等作出认定结论,并依职权作出处理或建议学校作出相应处理。

第二十七条　经调查,确认被举报人在科学研究及相关活动中有下列行为之一的,应当认定为构成学术不端行为:

(一)剽窃、抄袭、侵占他人学术成果;

(二)篡改他人研究成果;

(三)伪造科研数据、资料、文献、注释,或者捏造事实、编造虚假研究成果;

(四)未参加研究或创作而在研究成果、学术论文上署名,未经他人许可而不当使用他人署名,虚构合作者共同署名,或者多人共同完成研究而在成果中未注明他人工作、贡献;

(五)在申报课题、成果、奖励和职务评审评定、申请学位等过程中提供虚假学术信息;

(六)买卖论文、由他人代写或者为他人代写论文;

(七)其他根据高等学校或者有关学术组织、相关科研管理机构制定的规则,属于学术不端的行为。

第二十八条　有学术不端行为且有下列情形之一的,应当认定为情节严重:

(一)造成恶劣影响的;

(二)存在利益输送或者利益交换的;

(三)对举报人进行打击报复的;

(四)有组织实施学术不端行为的;

(五)多次实施学术不端行为的;

(六)其他造成严重后果或者恶劣影响的。

第五章　处　理

第二十九条　高等学校应当根据学术委员会的认定结论和处理建议,结合行为性质和情节轻重,依职权和规定程序对学术不端行为责任人作出如下处理:

(一)通报批评;

(二)终止或者撤销相关的科研项目,并在一定期限内取消申请资格;

(三)撤销学术奖励或者荣誉称号;

(四)辞退或解聘;

(五)法律、法规及规章规定的其他处理措施。

同时,可以依照有关规定,给予警告、记过、降低岗位等级或者撤职、开除等处分。

学术不端行为责任人获得有关部门、机构设立的科研项目、学术奖励或者荣誉称号等利益的,学校应当同时向有关主管部门提出处理建议。

学生有学术不端行为的,还应当按照学生管理的相关规定,给予相应的学籍处分。

学术不端行为与获得学位有直接关联的,由学位授予单位作暂缓授予学位、不授予学位或者依法撤销学位等处理。

第三十条　高等学校对学术不端行为作出处理决定,应当制作处理决定书,载明以下内容:

(一)责任人的基本情况;

(二)经查证的学术不端行为事实;

(三)处理意见和依据;

(四)救济途径和期限;

(五)其他必要内容。

第三十一条　经调查认定,不构成学术不端行为的,根据被举报人申请,高等学校应当通过一定方式为其消除影响、恢复名誉等。

调查处理过程中,发现举报人存在捏造事实、诬告陷害等行为的,应当认定为举报不实或者虚假举报,举报人应当承担相应责任。属于本单位人员的,高等学校应当按照有关规定给予处理;不属于本单位人员的,应通报其所在单位,并提出处理建议。

第三十二条　参与举报受理、调查和处理的人员违反保密等规定,造成不良影响的,按照有关规定给予处分或其他处理。

第六章　复　核

第三十三条　举报人或者学术不端行为责任人对处理决定不服的,可以在收到处理决定之日起 30 日内,以书面形式向高等学校提出异议或者复核申请。

异议和复核不影响处理决定的执行。

第三十四条　高等学校收到异议或者复核申请后,应当交由学术委员会组织讨论,并于 15 日内作出是否受理的决定。

决定受理的,学校或者学术委员会可以另行组织调查组或者委托第三方机构进行调查;决定不予受理的,应当书面通知当事人。

第三十五条　当事人对复核决定不服,仍以同一事实和理由提出异议或者申请复核的,不予受理;向有关主管部门提出申诉的,按照相关规定执行。

第七章　监　督

第三十六条　高等学校应当按年度发布学风建设工作报告,并向社会公开,接受社会监督。

第三十七条　高等学校处理学术不端行为推诿塞责、隐瞒包庇、查处不力的,主管部门可以直接组织或者委托相关机构查处。

第三十八条　高等学校对本校发生的学术不端行为,未能及时查处并做出公正结论,造成恶劣影响的,主管部门应当追究相关领导的责任,并进行通报。

高等学校为获得相关利益,有组织实施学术不端行为的,主管部门调查确认后,应当撤销高等学校由此获得的相关权利、项目以及其他利益,并追究学校主要负责人、直接负责人的责任。

第八章　附　则

第三十九条　高等学校应当根据本办法,结合学校实际和学科特点,制定本校学术不端行为查处规则及处理办法,明确各类学术不端行为的惩处标准。有关规则应当经学校学术委员会和教职工代表大会讨论通过。

第四十条　高等学校主管部门对直接受理的学术不端案件,可自行组织调查组或者指定、委托高等学校、有关机构组织调查、认定。对学术不端行为责任人的处理,根据本办法及国家有关规定执行。

教育系统所属科研机构及其他单位有关人员学术不端行为的调查与处理,可参照本办法执行。

第四十一条　本办法自 2016 年 9 月 1 日起施行。

教育部此前发布的有关规章、文件中的相关规定与本办法不一致的,以本办法为准。

普通高等学校图书馆规程

· 2015 年 12 月 31 日
· 教高〔2015〕14 号

第一章　总　则

第一条　为促进高等学校图书馆的建设和发展,指导和规范高等学校图书馆工作,依据《中华人民共和国教育法》《中华人民共和国高等教育法》及相关规定,制定本规程。

第二条　高等学校图书馆(以下简称"图书馆")是学校的文献信息资源中心,是为人才培养和科学研究服务的学术性机构,是学校信息化建设的重要组成部分,是校园文化和社会文化建设的重要基地。图书馆的建设和发展应与学校的建设和发展相适应,其水平是学校总体水平的重要标志。

第三条　图书馆的主要职能是教育职能和信息服务职能。图书馆应充分发挥在学校人才培养、科学研究、社会服务和文化传承创新中的作用。

第四条　图书馆的主要任务是:

(一)建设全校的文献信息资源体系,为教学、科研和学科建设提供文献信息保障;

(二)建立健全全校的文献信息服务体系,方便全校师生获取各类信息;

(三)不断拓展和深化服务,积极参与学校人才培养、信息化建设和校园文化建设;

(四)积极参与各种资源共建共享,发挥信息资源优势和专业服务优势,为社会服务。

第二章　体制和机构

第五条　高等学校应由一名校级领导分管图书馆工作。图书馆在学校授权范围内实行馆长负责制。学校在重大建设和发展事项的决策过程中,对于涉及文献信息保障方面的工作,应吸收图书馆馆长参与或听取其意见。

第六条　高等学校应根据图书馆实际工作需要设置图书馆内部组织机构和岗位,明确各组织机构和岗位的职责。

第七条　高等学校可根据学校校区分布或学科分布设立相应的总图书馆、校区分馆、学科分馆和院(系、所)分馆(资料室),分馆(资料室)受总图书馆领导或业务指导,面向全校开放。

第八条　高等学校可根据需要设立图书馆工作委员会,作为全校图书馆工作的咨询和协调机构。

图书馆工作委员会由学校相关职能部门负责人、教师和学生代表组成。学校主管图书馆工作的校领导担任主任委员,图书馆馆长担任副主任委员。

图书馆工作委员会应定期召开会议,听取图书馆工作报告,讨论全校文献信息工作中的重大事项,反映师生的意见和要求,向学校和图书馆提出改进工作的建议。

第三章　工作人员

第九条　图书馆工作人员应恪守职业道德,遵守行业规范,认真履行岗位职责。

第十条　图书馆设馆长一名、副馆长若干名。

图书馆馆长应设置为专业技术岗位,原则上应由具有高级专业技术职务者担任,并应保持适当的稳定性。

馆长主持全馆工作,组织制订和贯彻实施图书馆发展规划、规章制度、工作计划、队伍建设方案及经费预算。

副馆长协助馆长负责或分管相应工作。

第十一条　高等学校应根据发展目标、师生规模和图书馆的工作任务,确定图书馆工作人员编制。

图书馆员包括专业馆员和辅助馆员,专业馆员的数量应不低于馆员总数的50%。专业馆员一般应具有硕士研究生及以上层次学历或高级专业技术职务,并经过图书馆学专业教育或系统培训。辅助馆员一般应具有高等教育专科及以上层次学历,具体聘用条件根据工作岗位的要求和学校的人事管理制度确定。

第十二条　高等学校新聘用图书馆工作人员,按照规定应当面向社会公开招聘的,按照规定执行。

图书馆工作人员按照国家有关规定,实行专业技术职务聘任制和岗位聘任制,享受相应待遇。

第十三条　高等学校应将图书馆专业馆员培养纳入学校的人才培养计划,重视培养高层次的专家和学术带头人。鼓励图书馆工作人员通过在职学习和进修,提高知识水平和业务技能。

第十四条　高等学校对于在图书馆从事特种工作的人员,按国家规定给予相应的劳保待遇。

第十五条　高等学校应根据图书馆工作特点,制定考核办法,定期对工作人员进行考核,考核结果作为调整工作人员岗位、工资以及续订聘用合同等依据。

第四章　经费、馆舍、设备

第十六条　高等学校应保证图书馆正常运行和持续发展所必需的经费和物质条件。

图书馆应注重办馆效益,科学合理地使用经费。

高等学校应鼓励社会组织和个人依法积极向图书馆进行捐赠和资助。

第十七条　高等学校要把图书馆的经费列入学校预算,并根据发展需要逐年增加。

图书馆的经费包括文献信息资源购置费、运行费和专项建设费。运行费主要包括设备设施维护费、办公费等。

第十八条　图书馆的文献信息资源购置费应与学校教学和科学研究的需要相适应,馆藏文献信息资源总量和纸质文献信息资源的年购置量应不低于国家有关规定。全校文献信息资源购置费应由图书馆统筹协调、合理使用。

第十九条　高等学校应按照国家有关法规和标准,建造独立专用的图书馆馆舍。馆舍应充分考虑学校发展规模,适应现代化管理的需要,满足图书馆的功能需求,节能环保,并具有空间调整的灵活性。

馆舍建筑面积和馆内各类用房面积须达到国家规定的校舍规划面积定额标准。

第二十条　高等学校应有计划地为图书馆配备服务和办公所需的各种家具、设备和用品,重视自动化、网络化、数字化等现代信息基础设施建设。

第二十一条　高等学校应做好图书馆馆舍、设备的维护维修,根据需要持续改善图书馆的服务设施,重视图书馆内外环境的美化绿化,落实防火、防水、防潮、防虫等防护措施。

第五章　文献信息资源建设

第二十二条　图书馆应根据学校人才培养、科学研究和学科建设的需要,以及馆藏基础和资源共建共享的要求,制订文献信息资源发展规划和实施方案。

第二十三条　图书馆在文献信息资源建设中应统筹纸质资源、数字资源和其他载体资源;保持重要文献、特色资源的完整性与连续性;注重收藏本校以及与本校有关的各类型载体的教学、科研资料与成果;寻访和接受社会捐赠;形成具有本校特色的文献信息资源体系。

第二十四条　图书馆应积极参与国内外文献信息资源建设的馆际协作,实现资源共建共享。

第二十五条　图书馆应根据国家和行业的相关标准规范,对采集的信息资源进行科学的加工整序,建立完善的信息检索系统。

第二十六条　图书馆应合理组织馆藏纸质资源,便于用户获取和利用;应加强文献保护与修复,保证文献资源的长期使用。

第二十七条　图书馆应注重建设数字信息资源管理和服务系统,参与校园信息化建设和学校学术资源的数字化工作,建立数字信息资源的长期保存机制,保障信息安全。

第六章　服　务

第二十八条　图书馆应坚持以人为本的服务理念,保护用户合法、平等地利用图书馆的权利,健全服务体系,创新服务模式,提高服务效益和用户满意度。

第二十九条　图书馆在学校教学时间内开馆每周应不低于90小时,假期也应有必要的开放时间,有条件的学校可以根据实际需要全天开放;网上资源的服务应做到全天24小时开放。

第三十条　图书馆应不断提高文献服务水平,采用现代化技术改进服务方式,优化服务空间,注重用户体验,提高馆藏利用率和服务效率。

图书馆应积极拓展信息服务领域,提供数字信息服务,嵌入教学和科研过程,开展学科化服务,根据需求积极探索开展新服务。

第三十一条　图书馆应全面参与学校人才培养工作,充分发挥第二课堂的作用,采取多种形式提高学生综合素质。

图书馆应重视开展信息素质教育,采用现代教育技术,加强信息素质课程体系建设,完善和创新新生培训、专题讲座的形式和内容。

第三十二条　图书馆应积极参与校园文化建设,积极采用新媒体,开展阅读推广等文化活动。

第三十三条　图书馆应制定相关规章制度,引导用户遵守法律法规和公共道德,尊重和保护知识产权,爱护馆藏文献及设施设备,维护网络信息安全。

第三十四条　图书馆应为学生提供社会实践的条件,设置学生参与图书馆管理与服务的岗位,支持与图书馆有关的学生社团和志愿者的活动。

第三十五条　图书馆应通过加强无障碍环境建设等,为残障人士等特殊用户利用图书馆提供便利。

第三十六条　图书馆应加强各馆之间以及与其他类型图书馆之间的协作,开展馆际互借和文献传递、联合参考咨询等共享服务。

第三十七条　图书馆应在保证校内服务和正常工作秩序的前提下,发挥资源和专业服务的优势,开展面向社会用户的服务。

第七章　管　理

第三十八条　高等学校应秉持改革与创新的理念,确定图书馆办馆宗旨。

图书馆应根据学校发展目标制订图书馆发展规划,建立健全各项规章制度。

第三十九条　高等学校应推动图书馆严格遵循相关的专业标准,不断完善业务规范和考核办法,改进和优化业务管理。

第四十条　高等学校应支持图书馆有计划地开展学术研究,组织和参与国内外学术交流活动,发表研究成果。支持图书馆积极参加专业学术团体,按国家有关规定申请加入国际学术组织。

图书馆应鼓励馆员申报各级各类科研项目,有条件的可根据需要自行设立科研课题。

第四十一条　图书馆应注重统计工作,如实填报各类统计数据,做好统计数据的保存和分析。

第四十二条　图书馆应建立文书和档案管理制度,制订管理规范,妥善收集、整理和保存文书档案资料。

第四十三条　图书馆应重视馆藏文献等资产的管理,建立完整的资产账目和管理制度。

第四十四条　高等学校应重视图书馆公共安全管理,采取多种防护措施,制订突发事件应急预案,保护人身安全。

第四十五条　高等学校应鼓励图书馆积极开展业务评估评价活动,不断提高办馆效益和水平。

第八章　附　则

第四十六条　本规程适用于全日制普通高等学校。各高等学校可依据本规程并结合学校的办学层次、学校性质、学科特点、学校规模、所在地区等具体因素,制订本校图书馆的工作规定和实施细则。

第四十七条　教育部高等学校图书情报工作指导性专家组织可根据本规程制订各类型高等学校图书馆的建设与服务方面具体规定,指导各类型高等学校图书馆的发展和评估评价工作。

第四十八条　本规程自发布之日起施行。原《普通高等学校图书馆规程(修订)》(教高〔2002〕3 号)同时废止。

普通高等学校招收和培养香港特别行政区、澳门特别行政区及台湾地区学生的规定

· 2016 年 10 月 12 日
· 教港澳台〔2016〕96 号

第一章　总　则

第一条　为进一步促进内地(祖国大陆)与香港特别行政区、澳门特别行政区以及台湾地区(以下简称港澳台)高等教育交流与合作,规范内地(祖国大陆)普通高等学校对港澳台学生的招生、教学、生活管理和服务,保证培养质量,依法维护港澳台学生合法权益,根据国家相关法律法规,制定本规定。

第二条　内地(祖国大陆)普通高等学校招收和培养港澳台学生工作适用本规定。

本规定所称普通高等学校(以下简称高校),是指内地(祖国大陆)实施专科以上学历教育的高等学校和经批准承担研究生教育任务的科研机构。

本规定所称港澳台学生,是指报考或入读高校的具有香港或澳门居民身份证和《港澳居民来往内地通行证》的学生,或具有在台湾居住的有效身份证明和《台湾居民来往大陆通行证》的学生。

第三条　高校和相关部门应当坚持"保证质量、一视

同仁、适当照顾"的原则,按照内地(祖国大陆)法律法规和国家政策招收、培养、管理和服务港澳台学生。

第四条 教育部按照国家有关法律法规,统筹管理高校招收和培养港澳台学生工作。其职责是:

(一)制定招收和培养港澳台学生政策、规章;

(二)指导和监督高校招收、培养港澳台学生工作,举办高校联合招收港澳台学生考试;

(三)统筹涉及港澳台学生相关事务。

第五条 国务院港澳事务办公室、国务院台湾事务办公室、公安部等部门按照各自职责,参与港澳台学生招收、培养、管理和服务工作。

第六条 省级教育行政部门、教育招生考试机构负责本行政区域内港澳台学生招收、培养、管理和服务工作。其职责是:

(一)贯彻执行国家关于招收、培养港澳台学生政策和管理规定,建立健全本行政区域内港澳台学生招收、培养、管理和服务制度;

(二)监督、评估本行政区域内高校招收和培养港澳台学生工作;

(三)协调本行政区域内港澳台学生其他相关事务。

第七条 招收港澳台学生的高校应当完善培养、管理和服务机制,明确港澳台学生管理机构,归口统筹,建立健全学校相关规章制度。

第八条 中央或省级财政安排财政补助,用于开展对港澳台学生的招生、培养、管理、服务等工作。

第二章 招 生

第九条 高校可以在国家下达的招生计划之外,根据自身办学条件,自主确定招收港澳台学生的数量或比例。高校应当将招生情况报教育部备案。

第十条 教育部设立高校联合招收港澳台学生办公室,组织联合招生宣传考试和录取相关工作。

第十一条 高校应主动开展港澳台学生招生宣传工作,及时公开本校招生信息,确保信息真实、有效。

第十二条 符合报考条件的港澳台学生,通过面向港澳台地区的联合招生考试;或者参加内地(祖国大陆)统一高考、研究生招生考试合格;或者通过香港中学文凭考试、台湾地区学科能力测试等统一考试达到同等高校入学标准;或者通过教育部批准的其他入学方式,经内地(祖国大陆)高校录取,取得入学资格。

第十三条 对未达到本科录取条件但经过一定阶段培养可以达到入学要求的港澳台学生,高校可以按相关要求招收为预科生。预科生学习满一年经学校考核合格后,可转为本科生。

高校招收预科生的条件和标准,应当报省级教育行政部门备案。高校可自行招收港澳台进修生、交换生和旁听生。

第十四条 已获得大专以上学历或在内地(祖国大陆)以外的大学就读本科专业的港澳台学生,可向内地(祖国大陆)高校申请插入就读与原所学专业相同或相近的本科课程,试读一年。试读期满,经所在试读学校考核合格,可转为正式本科生,并升入高一年级就读,报学校所在省级教育行政部门备案。

第三章 培 养

第十五条 高校应保证港澳台学生的培养质量,将港澳台学生教学纳入学校总体教学计划。港澳台学生应与内地(祖国大陆)学生执行统一的毕业标准。

第十六条 对港澳台学生教学事务应趋同内地(祖国大陆)学生,由高校指定部门归口管理。在保证相同教学质量前提下,高校应根据港澳台学生学力情况和心理、文化特点,开设特色课程,有针对性地组织和开展教学工作。政治课和军训课学分可以其他国情类课程学分替代。

第十七条 高校应对港澳台学生开展入学教育,帮助其适应生活环境和学业要求。

第十八条 高校可为港澳台学生适应学业安排课业辅导。

第十九条 高校应当按照教学计划组织港澳台学生参加教学实习和社会实践,适当考虑港澳台学生特点和需求。

第二十条 高校根据有关规定为港澳台学生颁发毕业证书(结业证书、肄业证书)或者写实性学业证明,为符合学位授予条件的港澳台学生颁发学位证书。

第二十一条 国家为港澳台学生设立专项奖学金,地方政府、高校、企事业单位、社会团体及其他组织和公民个人可依法设立面向港澳台学生的奖学金和助学金。

第四章 管理和服务

第二十二条 高校应当制定、完善港澳台学生校内管理的各项规章制度,将港澳台学生的管理和服务纳入本校学生工作整体框架,统一规划部署,统筹实施。根据实际情况配置港澳台学生辅导员岗位,加强管理人员队伍的培训。

港澳台学生应当遵守法律、法规和学校的规章制度。

第二十三条 高校应根据有关规定,按时为港澳台学生注册学籍,统一管理学籍。港澳台学生转专业、转学、退学、休学、复学等事宜应参照内地(祖国大陆)学生的相关规定。

第二十四条 高校应当为港澳台学生建立档案,妥善保管其报考、入学申请及在校期间学习、科研、奖惩等情况资料。

第二十五条 高校应当按照国家有关规定向港澳台学生收取学费及其他费用。高校应公开本校收费项目和标准,对港澳台学生执行与内地(祖国大陆)同类学生相同的收费标准。

第二十六条 高校参照内地(祖国大陆)学生相关政策批准成立、指导和管理港澳台学生社团,并为其活动提供便利。鼓励港澳台学生参加学校学生组织、社团,参与各类积极健康的学生活动,引导港澳台学生与内地(祖国大陆)学生交流融合。

第二十七条 高校应参照内地(祖国大陆)学生的相关政策,为港澳台学生在学期间参加勤工助学、志愿服务、创新创业活动提供服务。

第二十八条 高校应当为港澳台学生提供必要生活服务。港澳台学生与内地(祖国大陆)学生同等住宿条件下,住宿费标准应当一致。高校应当建立健全港澳台学生校内外居住管理制度,按照有关规定做好居住登记手续。

第二十九条 在内地(祖国大陆)就读的港澳台学生与内地(祖国大陆)学生执行同等医疗保障政策,按规定参加高校所在地城镇居民基本医疗保险并享受有关待遇。

第三十条 高校应做好港澳台学生的就业指导工作,完善就业信息渠道建设,提供就业便利。

第三十一条 高校应做好港澳台校友工作,完善工作机制,推进校友组织建设和发展。

第三十二条 高校制定并完善本校港澳台学生突发事件的应急预案。

第三十三条 对在招收培养港澳台学生过程中出现违法违规行为的高校,主管教育行政部门应当责令其限期改正,对于情节严重、造成恶劣影响的,依据国家有关规定追究有关负责人的责任。

第五章 附 则

第三十四条 本规定由教育部负责解释。

第三十五条 本规定自发布之日起施行。《关于高校招收和培养香港特别行政区、澳门地区及台湾省学生的暂行规定》(教外港〔1999〕22号)同时废止。

国家级大学生创新创业训练计划管理办法

· 2019年7月10日
· 教高函〔2019〕13号

第一章 总 则

第一条 为贯彻落实全国教育大会和新时代全国高等学校本科教育工作会议精神,根据《国务院办公厅关于深化高等学校创新创业教育改革的实施意见》(国办发〔2015〕36号)要求,深入推进国家级大学生创新创业训练计划(以下简称国创计划)工作,深化高校创新创业教育改革,提高大学生创新创业能力,培养造就创新创业生力军,加强国创计划的实施管理,特制定本办法。

第二条 国创计划是大学生创新创业训练计划中的优秀项目,是培养大学生创新创业能力的重要举措,是高校创新创业教育体系的重要组成部分,是深化创新创业教育改革的重要载体。

第三条 国创计划坚持以学生为中心的理念,遵循"兴趣驱动、自主实践、重在过程"原则,旨在通过资助大学生参加项目式训练,推动高校创新创业教育教学改革,促进高校转变教育思想观念、改革人才培养模式、强化学生创新创业实践,培养大学生独立思考、善于质疑、勇于创新的探索精神和敢闯会创的意志品格,提升大学生创新创业能力,培养适应创新型国家建设需要的高水平创新创业人才。

第四条 国创计划围绕经济社会发展和国家战略需求,重点支持直接面向大学生的内容新颖、目标明确、具有一定创造性和探索性、技术或商业模式有所创新的训练和实践项目。国创计划实行项目式管理,分为创新训练项目、创业训练项目和创业实践项目三类。

(一)创新训练项目是本科生个人或团队,在导师指导下,自主完成创新性研究项目设计、研究条件准备和项目实施、研究报告撰写、成果(学术)交流等工作。

(二)创业训练项目是本科生团队,在导师指导下,团队中每个学生在项目实施过程中扮演一个或多个具体角色,完成商业计划书编制、可行性研究、企业模拟运行、撰写创业报告等工作。

(三)创业实践项目是学生团队,在学校导师和企业导师共同指导下,采用创新训练项目或创新性实验等成果,提出具有市场前景的创新性产品或服务,以此为基础开展创业实践活动。

第二章 管理职责

第五条 教育部是国创计划的宏观管理部门,主要职责是：

（一）制定国创计划实施的有关政策，编制发展规划，发布相关信息。

（二）制定国创计划管理办法，组织开展项目立项、结题验收等工作，加强项目的规范化管理。

（三）制定国创计划成效评价指标体系，定期组织开展实施情况评价。

（四）组建国创计划专家组织，加强大学生创新创业工作研究，推进高校创新创业教育经验交流。

（五）组织举办全国大学生创新创业年会，推进大学生创新创业学术交流和成果推介。

第六条　省级教育行政部门主要职责是：

（一）根据本区域经济社会发展特点，指导、规范本区域大学生创新创业训练计划运行和管理，推动本区域高校加强大学生创新创业教育工作。

（二）负责组织区域内高校国创计划立项申报、过程管理、结题验收等工作，按照工作要求向教育部报送相关材料。

（三）负责区域内参与国创计划高校交流合作、评估监管等工作。

第七条　高校是国创计划实施和管理的主体，主要职责是：

（一）制定本校大学生创新创业教育管理办法，开展创新创业教育教学研究与改革。

（二）负责国创计划项目的组织管理，开展项目遴选推荐、过程管理、结题验收等工作。

（三）制定相关激励措施，引导教师和学生参与国创计划。

（四）为参与项目的学生提供技术、场地、实验设备等条件支持和创业孵化服务。

（五）搭建项目交流平台，定期开展交流活动，支持学生参加相关学术会议，为学生创新创业提供交流经验、展示成果、共享资源的机会。

（六）做好本校国创计划年度总结和上报工作。

第三章　项目发布与立项

第八条　教育部根据国家经济社会发展和国家战略需求，结合创新创业教育发展趋势，确定重点资助领域，制定重点资助领域项目指南，引导国创计划项目申请。

第九条　国创计划项目申报基本条件：

（一）项目选题具有一定的学术价值、理论意义或现实意义。鼓励面向国家经济社会发展、具有一定理论和现实意义的选题，鼓励直接来源于产业一线、科技前沿的选题。

（二）选题具有创新性或明显创业教育效果。鼓励开展具有一定创新性的基础理论研究和有针对性的应用研究课题，鼓励新兴边缘学科研究和跨学科的交叉综合研究选题。

（三）选题方向正确，内容充实，论证充分，难度适中，拟突破的重点难点明确，研究思路清晰，研究方法科学、可行。鼓励支持学生大胆创新，包容失败，营造良好创新创业教育文化。

（四）项目团队成员原则上为全日制普通本科在读学生，成员基本稳定，专业、能力结构较为合理。每位学生同一学年原则上只能参与一个项目。鼓励跨学科、跨院系、跨专业的学生组成团队。

（五）项目申请团队应选择具有较高学术造诣、较好创新性成果、热心教书育人、关爱学生成长的教师作为导师，鼓励企业人员参与指导或共同担任导师。

（六）创新训练项目和创业训练项目获得经费支持平均不低于2万元/项，创业实践项目获得经费支持平均不低于10万元/项。高校根据学科专业特点，确定项目资助额度标准。

第十条　根据教育部发布的国创计划申报要求，符合立项申请基本条件的项目向所在高校提出申请，高校评审遴选后报省级教育行政部门和教育部审核备案。

第十一条　教育部组织专家对申报项目进行审核后发布立项通知。

第四章　项目过程管理

第十二条　高校应加强对国创计划的管理，成立由校领导牵头、相关职能部门组成的国创计划管理机构，确定主管部门。管理机构负责协调落实条件保障，主管部门负责国创计划日常管理。

第十三条　项目负责人要负责项目的整体推进，按照计划开展工作，加强团队建设和管理，加强与导师和管理人员的沟通联系，并组织好相关报告撰写工作。项目负责人和项目内容原则上不得变更，特殊情况经学校有关部门审批后执行。

第十四条　国创计划经费应专款专用。学生要在相关教师指导下，严格执行学校相关财务管理规定。

第十五条　国创计划项目所在高校应建立国创计划师生培养培训机制，加强对国创计划项目团队成员和导师的培训和管理。

第十六条　鼓励项目团队积极参加中国"互联网+"大学生创新创业大赛等创新创业赛事和"青年红色筑梦

之旅"等活动。

第十七条 推动国创项目不断提高整体水平和发挥示范带动作用。高校应充分发挥国创计划引领示范作用,及时总结学生在项目中取得的成绩,协调解决存在的问题。支持高校通过举办大学生创新创业年会等方式加强国创计划成员之间的学习交流。

第五章 项目结题与公布

第十八条 国创计划项目完成后,均需进行结题验收,履行必要的结项手续。

(一)国创计划项目结题验收工作由所在学校组织。学校应组织校内外专家对国创计划项目进行结题验收,并将验收结果报省级教育行政部门审核备案。

(二)省级教育行政部门按年度向教育部报送本区域高校国创计划项目验收结果,并组织开展项目抽查。

(三)教育部对省级教育行政部门报送的验收结果进行审核,并将审核结果公布。

第十九条 国创计划项目结题验收结论的申诉。国创计划项目团队成员、导师,如对结题验收结论有异议,可向高校有关部门提出。

第二十条 国创计划项目结题信息公开对外服务。相关网站向公众提供结题信息服务,助推高校创新创业教育深入发展。

第六章 项目后期管理

第二十一条 高校对通过结题验收的项目团队成员可根据实际贡献给予学分认定,对导师给予相应工作量认定。

第二十二条 建立国创计划年度进展报告制度。高校要按年度编制国创计划项目进展报告,内容应包括项目整体概况、教育教学改革探索、项目组织实施与管理、支持措施和实施成效等。年度报告报省级教育行政部门和教育部备案。

第二十三条 国创计划项目执行较好的高校可向教育部申请承办全国大学生创新创业年会。

第七章 附 则

第二十四条 在国创计划实施中,凡是属于国家涉密范围的,均按照相关保密法规执行。

第二十五条 各省级教育行政部门、各高校根据本办法制定实施细则。

第二十六条 本办法自公布之日起施行。

前沿科学中心建设管理办法

· 2019 年 8 月 19 日
· 教技函〔2019〕57 号

第一章 总 则

第一条 为规范前沿科学中心(以下简称中心)的建设和管理,根据《高等学校基础研究珠峰计划》和《前沿科学中心建设方案(试行)》,特制定本办法。

第二条 中心是探索现代大学制度的试验区,要充分发挥在人才培养、科学研究、学科建设中的枢纽作用,深化体制机制改革,面向世界汇聚一流人才,促进学科深度交叉融合、科教深度融合,建设成为我国在相关基础前沿领域最具代表性的创新中心和人才摇篮,成为具有国际"领跑者"地位的学术高地。

第三条 中心以前沿科学问题为牵引,集聚形成高水平国际化的大团队,积极建设重大科技基础设施和具有极限研究手段的大平台,主动培育前瞻引领的基础研究大项目,持续产出高影响力的原创大成果。

第四条 中心是依托高校组建的实体机构,实行新的管理运行机制。按照物理空间实、研究队伍实、目标任务实、投入保障实的要求独立运行。以研究团队为基本单元,聚焦重要前沿领域方向长期持续攻关。

第二章 管理职责

第五条 教育部是前沿科学中心的主管部门,主要职责是:

(一)顶层设计。对中心的领域布局和建设分布进行统筹规划,明确立项建设、运行管理、验收考核要求。

(二)建设支持。将中心建设纳入有关中央财政经费预算拨款因素;在研究生招生指标、重大科技基础设施建设、重大项目培育等方面给予倾斜支持,指导中心的建设和发展。

(三)绩效评价。根据检查、评估结果动态调整对中心的支持力度。把中心建设成效作为"双一流"建设成效评价的重要内容。

第六条 高校是前沿科学中心的建设主体,主要职责是:

(一)制定方案。根据科学发展前沿和国家战略需求,结合"双一流"建设规划布局,发挥学科群优势,按照要求制定中心的建设方案。

(二)条件保障。制定有利于中心建设发展的政策,并在各方面给予倾斜支持。统筹"双一流"建设经费、中央高校基本科研业务费、物理空间、研究生招生指标等资源,为中心提供条件保障,确保落实建设方案中承诺的各项政策、机制和条件。

(三)管理运行。制定中心发展规划;组建管理委员会、学术委员会并有效开展工作;制定中心管理和运行机制;配合教育部做好验收评估、绩效考核、进展报送等工作。

第三章　立项建设

第七条　中心按照"成熟一个,启动一个"开展建设。在具备《前沿科学中心建设方案(试行)》中要求的申请条件基础上,应达到以下要求:

(一)领域方向。应是国际前沿和新兴交叉方向、具有变革性的方向,或是关键领域的战略必争点。能凝练形成该领域内的重大科学问题,确定研究的主要方向和任务。

(二)研究水平。中心在该领域的研究水平已经达到国内一流,居于国际第一方阵或有望进入世界领先行列,已取得国际国内同行认可并具有重要影响的标志性成果。

(三)人才队伍。在主要研究方向上拥有具有国际影响力的领军人才和学术带头人;拥有创新思想活跃、创新能力强、创新潜力大的PI(团队负责人),一般不少于30人,每个PI组建3-5人团队;拥有体量规模较大、学科交叉融合,优秀青年人才聚集的国际化研究队伍。

(四)发展前景。在相关领域有望取得新的重大突破,包括:提出和解决"从0到1"的科学问题,取得原创性成果;开辟新方向,提出新理论;突破产业和国防重大关键核心技术,产生变革性技术等。

(五)建设条件。中心有独立的物理空间(不低于10000平米)并相对集中;有稳定的运行经费(不低于5000万元/年)并有独立的校内财务编码;在人事聘用、科研组织、评价考核、人才培养等方面获得特殊政策支持;有充足的科研资源,并具有或者已规划布局重大科技基础设施和重大科研装置。

第八条　中心的设立程序是:

(一)提出组建建议

具备申报条件的高校根据已有基础和发展需求,选择前沿方向,组建研究团队,创新体制机制,明确支持政策,形成建设方案,并向教育部提出建设申请。

建设方案是中心年度考核、验收和定期评估的依据。主要内容包括:建设意义、基础和条件、研究方向与重点任务、预期成果、建设任务和进度安排、人才队伍建设、管理与运行机制、条件与平台建设、政策资源保障等。

(二)开展方案咨询

经教育部同意后,建设高校组织校外专家对建设方案进行咨询评议。咨询评议专家组人数不少于9人,其中高校系统外的专家不少于二分之一。

咨询重点包括:领域方向是否重大前沿,重大科学问题是否明确,建设基础是否扎实,建设思路是否可行,发展前景和产出目标是否清晰等。

(三)组织专家论证

教育部组织专家对中心进行论证,包括审阅资料、听取汇报、专家质询和评议等环节。专家组由不少于11位的国内外知名专家组成,论证结果作为立项的重要依据。

论证重点包括:建设方案总体是否可行,建设任务和进度安排是否合理,中心体制机制和运行管理是否体现高校科技体制改革要求,政策保障和资源投入能否满足建设需要等。

(四)批准立项建设

学校根据专家论证意见修改完善建设方案,提请校常委会讨论通过,并形成会议纪要。建设高校以正式公函形式将建设方案、会议纪要、专家论证意见记录及采纳情况提交教育部。教育部对中心进行立项批复。

第九条　中心建设期5年,在建设期内:

教育部不定期组织开展建设工作推进会,了解中心建设进展、组织现场交流、考核建设进度等,指导和推动建设高校保障中心高质量、高效率建设。

教育部组织开展年度绩效考核,建设高校每年12月31日前提交建设进展报告,重点报告建设进度、政策落实、经费投入等。对于年度目标未完成,建设进展不力的,教育部视情况对中心采取约谈、警告、调整支持力度或不再支持。

第四章　验收考核

第十条　建设期满后,建设高校编制前沿科学中心验收总结报告,并向教育部提出验收申请。

第十一条　教育部组织专家或委托第三方机构进行验收。验收方式包括查阅资料、听取汇报、现场考察、提出质询、综合评议等。根据前沿科学中心验收标准和中心建设方案,形成书面验收意见。

第十二条　通过验收的中心,持续开放运行。未通过验收的中心进行为期一年的整改。整改后再次申请验收,仍不能通过的不再支持。

第十三条　验收基本要求:

(一)中心建设成为独立运行的实体机构,物理空间相对集中,达到20000平方米以上,并形成有特色的创新环境和文化氛围。具备开展前沿科学实验的先进仪器设备或特殊研究手段，形成开放共享良好的基础实验平台，建设有高水平的实验技术队伍。

（二）中心以全职人员为主，高水平 PI 一般不少于60人，40岁以下青年科研人员占比在60%以上。建立了与国际接轨的访问学者和博士后制度，引进和培养了一批优秀青年人才，培养出高水平研究生等。

（三）中心持续产出有重要影响力的原创成果、取得"从0到1"的创新突破。国际学术影响力大幅提升，在相关学科领域引领能力明显加强，对国家重大战略需求的贡献更加显著。

（四）中心管理制度健全，管理委员会、学术委员会运行有效，形成制度先进、简捷高效、国际一流的组织管理体系，具有较完善的内部机制，体制机制改革创新取得显著成效。

第十四条　中心进入开放运行后，教育部每年组织一次集中汇报交流，各中心汇报年度研究工作进展、中心运行状态、创新能力提升情况等。中心每年12月31日前向教育部提交年度工作报告。

第十五条　教育部组织对中心进行定期评估。评估周期为五年，委托独立第三方组织国内外专家开展。评估要点包括：成果产出质量、人才队伍水平、人才培养质量，运行管理情况等，重在判断是否形成创新高地，是否达到国内不可替代、国际领先并进入世界第一梯队。教育部根据评估结果，对评估合格的中心予以滚动支持；对评估不合格的中心限期整改，整改期内暂停经费支持，整改后仍不能达到要求的不再支持。

第五章　运行管理

第十六条　中心自立项建设起正式运行，实行管理委员会领导下的首席科学家负责制，并成立学术委员会。可设置中心行政主任协助首席科学家对中心进行管理，可根据需要内设研究和管理机构。

管理委员会是中心决策机构，主任由建设高校主要领导担任，分管校领导担任副主任，成员由科技、规划、人事、研究生、财务、资产等部门和相关学院主要负责人共同组成，确定中心建设发展的中长期规划，审定中心重大事项，协调中心建设运行中的问题，审定学术委员会人选。

学术委员会是中心的专家咨询组织，由相关领域中外国际知名学者组成（其中国外专家不少于三分之一），由中心负责遴选和聘任。学术委员会对中心发展方向和重大项目选题进行指导，为中心的发展提供战略咨询，推动中心开展学术交流，帮助中心引进国际一流人才。

首席科学家负责中心建设运行发展的全面工作，包括方向选择、团队建设、经费使用、绩效考核等各类事项。首席科学家由建设高校择优遴选后聘任，并报教育部备案。实行任期制，每届任期5年，一般不超过2届。原则上，首聘年龄不超过55周岁，院士不超过65周岁。

中心行政主任协助首席科学家负责中心行政事务和日常管理。行政主任是有一定学术背景的专业管理人员，具有丰富的行政管理经验，较强的组织、管理和协调能力，由学校任命。

第十七条　中心是学校体制机制改革的政策特区，包括：

组织模式要加强有组织科研。在首席科学家领导下围绕中心主要研究方向开展体系化持续研究；积极开展本领域科技发展的战略规划研究，主动提出国家重大项目建议。

人才培养强化科研育人。中心以研究生培养为主，在研究生招生、推免等方面给予倾斜，在科研实践中提高研究生培养质量和创新培养方式；鼓励中心高级研究人员积极承担本科生教学任务；创新人才培养模式，选拔优秀本科生跟随教授开展科研训练。

人事聘用赋予中心自主权。中心根据发展需要选聘和引进人员，以全职人员为主，人事管理归中心负责；制定有利于面向世界吸引人才、特别是青年人才的倾斜政策；对青年人才主要采取预聘制，并营造有利于青年人才集聚、发展的良好环境。

评价考核按照克服"五唯"的改革要求先行先试。实行分类评价、淡化年度考核、强化聘期考核、注重团队考核；简化考核程序，对中心进行整体绩效考核，中心内部采用逐级考核，首席科学家和 PI 具有考核评价自主权；允许中心独立自主的开展职称评定。

创新文化应营造克服浮躁、潜心研究的氛围，加强学风和诚信建设；强化鼓励开展"从0到1"研究的导向，支持非共识和交叉融合创新；鼓励担当意识、奉献精神和家国情怀。

开放创新应加快吸引和集聚国际一流人才，建立高效的访问学者机制，与国际高水平机构长期深入合作，并建立中心创新资源开放共享的管理机制。

第十八条　中心可以结合相关领域科技发展趋势，以及重大科技任务的组织实施，在建设任务书确定的主要领域范围内，动态优化具体研究方向，以保持其前沿性和领先性。研究方向的重大调整，须经学术委员会审议通过后报教育部备案。

第六章 附 则

第十九条 中心统一命名为："XXX 前沿科学中心"，英文名称为："Frontiers Science Center for XXX"。

第二十条 本办法由教育部负责解释，自发布之日起施行。

高等学校国家重大科技基础设施建设管理办法(暂行)

·2019 年 10 月 25 日
·教技函〔2019〕76 号

第一章 总 则

第一条 为全面落实创新驱动发展战略，规范和加强高等学校(以下简称高校)重大科技基础设施的建设和管理，进一步提高建设质量和水平，根据《国家重大科技基础设施管理办法》和有关法律法规，特制定本办法。

第二条 高校重大科技基础设施，是指为提升探索未知世界、发现自然规律、实现科技变革的能力，引领和支撑"双一流"建设和人才培养，高校牵头建设，经费投入大、工程建设难度高并提供开放共享服务的大型复杂科学研究装置或系统。

第三条 本办法适用于高校作为项目法人或共建单位、教育部作为主管部门建设的国家重大科技基础设施(以下简称大设施)。

第四条 大设施建设坚持学校主体、精心设计、协同组织、严格管理的原则。建设管理流程包括开展项目预研、提出项目建议、可行性研究、初步设计和概算编制、开工准备、工程建设、竣工验收、运行管理等阶段。

第五条 大设施应严格按照国家相关部门批复的可行性研究报告、初步设计、投资概算中所确定的建设内容、性能指标、建设投资和建设周期等进行建设。

第六条 大设施建设管理与协调工作由教育部负责。

第二章 管理体制

第七条 教育部作为大设施建设的主管部门，审议和批准大设施建设管理中的重大事项，协调大设施建设中的相关问题，主要职责有：

(一)负责大设施的顶层设计、前期培育和申报组织等工作；

(二)负责大设施的基本建设规划，审核大设施年度建设经费预算，审核中央预算内投资计划进展与完成情况；

(三)与国家有关部委协商大设施规划、建设和运行事宜，与地方政府协同推进大设施共建事宜；

(四)争取国家有关部门和地方的经费支持；

(五)根据建设单位提名，批准大设施建设领导机构、建设管理机构、运行管理机构、科技委员会和用户委员会的设立及相关负责人的聘任；

(六)审核大设施项目建议书、可行性研究报告、初步设计和投资概算，审查开工报告；

(七)监督大设施的建设进度、工程质量、资金使用、管理运行等；

(八)组织部门验收；

(九)与大设施建设管理相关的其他事项。

第八条 高校作为大设施建设的主体责任单位，负责大设施的申报、建设和运行管理，并落实相应保障条件，主要职责有：

(一)成立大设施建设领导机构，由学校主要负责人担任组长，分管校领导担任副组长，科技、基建、学科、规划、人事、财务、资产等职能部门负责人作为小组成员，建立领导小组指导下的多部门联合协同工作机制；大设施建设领导机构在学校党委统一领导下，承担建设管理领导职责；

(二)成立大设施建设指挥部，作为独立机构，纳入行政序列，负责日常建设管理与组织协调工作；总指挥由校领导兼任，设常务副总指挥和若干副总指挥；并确定首席科学家、总工艺师、总工程师、总经济师和总质量师等；

(三)制定"特区"政策，为参与大设施建设的科学与工程技术、行政管理、实验技术人员提供物理空间、科研条件、职称评聘、考核晋升、绩效激励等方面的保障，在人员薪酬、人才引进、研究生招生等方面给予倾斜支持；

(四)制定大设施建设工作计划和管理规章制度，合理配置建设经费、物理空间、科研条件、工程资源，保障自筹资金的有序到位；

(五)其它保障大设施建设顺利开展的相关工作。

第三章 开展项目预研

第九条 项目预研是指为提出大设施项目建议所开展的预先研究，主要包括初步确定大设施的科学目标、工程目标、建设内容和总体技术方案，同时开展原理探索、技术攻关、流程优化、工程验证等前期研究，并验证建设方案基本技术路线的可行性。

第十条 高校应围绕世界科技前沿、国家战略需求和经济社会发展重大需求，依托一流学科和重大科技平台，组建研究团队，筹措预研经费，调研用户需求，开展项目预研，形成建议方案，为大设施建设提供人才、技术和工程储备。

第十一条　教育部建立大设施培育项目库,并根据建设进展动态调整;择优推荐和支持培育项目纳入国家建设规划。

第四章　提出项目建议

第十二条　高校参照《国家重大科技基础设施管理办法》要求,启动项目建议书编制工作。

第十三条　项目建议阶段,高校应依托科研管理部门,或建立相对独立的机构,负责建设方案组织协调工作;制定前期工作计划,明确工作进度安排、研究试验方案、专项设计计划、用户需求评估等。

第十四条　项目建议阶段,高校应召开用户会议,就科学目标、用户需求、主要功能和性能指标等进行研讨,形成用户意见。

第十五条　前期准备工作扎实,已具备相关条件的,可以直接编报可行性研究报告。

第十六条　项目建议书由高校自审通过后,提请教育部审核,报国家发展改革委审批。

第十七条　项目建议书获批复后,高校应尽快成立大设施建设领导机构和建设指挥部,建设指挥部可下设综合协调办公室、工艺办公室、工程办公室等。

第五章　可行性研究

第十八条　高校依据项目建议书批复文件,参照《国家重大科技基础设施管理办法》要求,启动可行性研究报告编制工作。

第十九条　可行性研究阶段,高校应全面分析实现科学目标的可行性和建设方案的合理性,论证设计指标和验收指标,全面征求用户意见,落实土地、节能、开放共享、社会效益、资源综合利用、社会稳定风险等各项条件,对较为复杂的技术或工艺应进行专题论证。其他与建设实施条件相关的专项工作应提前布局开展。

第二十条　可行性研究阶段,高校应进一步完善大设施建设管理机构和管理体制。

第二十一条　可行性研究报告由高校自审通过后,提请教育部审核,报国家发展改革委审批。

第六章　初步设计和投资概算

第二十二条　高校依据可行性研究报告批复文件,参照《国家重大科技基础设施管理办法》要求和专项资金管理相关规范,启动初步设计报告和投资概算编制工作。

第二十三条　初步设计应对可行性研究报告批复确定的建设目标、建设内容、验收指标,做出全面、系统的工程设计方案和建设实施方案,落实技术工艺、设备选型、环保安全等方面的设计要求。投资概算应与初步设计范围和内容相一致,且依据合理、标准清晰。

第二十四条　初步设计由教育部审批的项目,其评审由现场踏勘和会议评审组成,审查范围包括工艺、设备、基本建设和概算等。

第二十五条　投资概算由国家发展改革委核定的项目,高校自审通过后,提请教育部审核,报国家发展改革委核定。

第二十六条　经批准的初步设计和投资概算作为项目建设实施和投资控制的依据。

第七章　开工准备

第二十七条　根据国家发展改革委工作要求,需要审批开工报告的项目,高校应按照可行性研究报告、初步设计批复要求,做好施工图设计和审查,办理建设施工许可证,编制开工报告,按国家相关规定进行审批备案。不需要审批开工报告的项目,建设起始时间自初步设计批复之日起计算。

第八章　工程建设

第二十八条　高校应根据大设施特点,加强质量、经费、进度、风险、变更、安全、采购、合同和信息等管理,并按照国家档案管理要求,形成规范的档案文件。

第二十九条　大设施建设领导机构应定期审查大设施建设的进度、质量和投资情况,研究大设施建设过程中的重大事项,审核建设过程中的调整和变更。

第三十条　大设施建设管理实行月报和年报制,高校每月底前向教育部提交月度进展报告,每年底前向教育部提交本年度建设进展报告和下一年度建设计划。

第三十一条　教育部适时成立督查小组或委托第三方机构,对大设施建设进度、工程和工艺质量、投资完成、建设管理情况等进行检查,形成督查报告。

第三十二条　进展报告和督查报告是后续投资计划申请的重要依据。

第三十三条　大设施建设中出现重大问题、与实施计划发生重大偏离、投资概算发生重大调整时,高校应妥善采取措施并及时上报。

第三十四条　大设施建设过程中,高校应筹备组建运行管理机构、科技委员会和用户委员会,委员中依托高校以外的专家人数应不低于二分之一。

第三十五条　在项目建设过程中,高校应围绕大设施,同步组建科学研究中心,支撑大设施建设;项目验收后，由中心负责大设施的管理运行，并依托大设施功能，组织开展科学研究，培养和汇聚技术创新和前沿研究队伍，提高大设施使用效能，产出重大创新成果。

第九章　竣工验收和运行管理

第三十六条　大设施验收分为专项自验收、主管部门验收和国家验收。

第三十七条　专项自验收由高校自行组织，验收内容包括工程、工艺、设备、财务、档案、审计等专项自验收，其中工艺验收应组织工艺测试，形成工艺测试报告。专项自验收完成后，向主管部门提出部门验收申请。

第三十八条　主管部门验收由教育部组织开展，验收内容主要包括工艺、财务、资产、建安、档案等部分。

第三十九条　主管部门验收合格后，由教育部向国家发展改革委提出国家验收申请。

第四十条　验收通过后，大设施应形成权责清晰、管理规范、开放共享、产出高效的运行管理机制。

第十章　附　则

第四十一条　国务院部门和地方政府立项建设、高校自筹建设、社会资本支持建设的高校重大科技基础设施，可参照本办法执行。

第四十二条　高校应按照相关法律法规和本办法有关规定，组织大设施建设管理工作，对建设过程中的违法违规和失职行为，依法依规追究其相关责任。

第四十三条　国务院其他有关部门和地方政府立项建设的高校重大科技基础设施，具体建设管理流程由批复部门确定。

第四十四条　本办法自发布之日起施行，由教育部负责解释。

高等学校命名暂行办法

· 2020 年 8 月 20 日
· 教发厅〔2020〕6 号

为规范高等学校命名工作，根据《中华人民共和国高等教育法》《中华人民共和国民办教育促进法》及其实施条例，以及《普通高等学校设置暂行条例》等法律法规规定，制定本办法。

第一条　本办法适用于全日制大学、独立设置的学院、高等职业学校（含本科层次职业学校和专科层次职业学校）以及高等专科学校的命名事项。

第二条　高等学校命名要坚持名实相符、准确规范，体现办学理念，突出内涵特色，避免贪大求全。

第三条　高等学校根据人才培养目标、办学层次、规模、类型、学科类别、教学科研水平、隶属关系、所在地等确定名称，实行一校一名制。

第四条　本科层次的高等学校称为"XX 大学"或"XX 学院"，专科层次的高等学校称为"XX 职业技术学院/职业学院"或"XX 高等专科学校"，本科层次职业学校称为"XX 职业技术大学/职业大学"。可以根据学校所在地域、行业、学科等特点，冠以适当的限定词。

第五条　高等学校名称中使用地域字段，应遵循以下规范：

（一）原则上不得冠以"中华""中国""国家""国际"等代表中国及世界的惯用字样，也不得冠以"华北""华东""东北""西南"等大区及大区变体字样。

（二）原则上不得冠以学校所在城市以外的地域名；省级人民政府举办的学校可以使用省域命名，其他学校确需使用省域命名的，由省级人民政府统筹把关，但须在名称中明确学校所在地。

（三）未经授权，不得使用其他组织或个人拥有的商标、字号、名称等，不得使用国外高校的中文译名和简称。

第六条　高等学校名称中使用学科或行业字段，应遵循以下规范：

（一）农林、师范院校在合并、调整时，原则上继续保留农林、师范名称，确保农林、师范教育不受削弱。

（二）避免出现多个学科或行业类别并存的现象，原则上不超过 2 个。

（三）避免盲目追随行业的发展变化而频繁变更。

（四）使用相同学科或行业字段时，在省域范围内应具有区分度。

第七条　高等学校使用英文译名，应遵循以下规范：

（一）英文译名与中文名称保持一致。

（二）学校名称为"大学"的，对应的英文翻译为"university"。

（三）学校名称为"学院"的，对应的英文翻译为"college"，或根据学科类型，也可以翻译为"institute""academy""conservatory"等。

（四）学校中文名称中含有特殊含义的字段，可以使用音译。

第八条　高等学校名称，还应遵循以下规范：

（一）原则上不得以个人姓名命名，但经国务院教育行政部门按照国家规定的条件批准，可以在学校名称中使用对学校发展作出特殊贡献的捐赠者姓名或名称。

（二）未经授权，不得使用其他高等学校曾使用过的名称。

（三）避免与其他学校名称相近，引起混淆。

（四）字数原则上控制在12字以内。

第九条 由独立学院转设的独立设置的学校，名称中不得包含原举办学校名称及简称。

第十条 营利性民办高等学校名称在执行本办法的基础上，须在名称中明确为"有限责任公司"或"股份有限公司"。学校设立时可以向审批机关申请使用学校简称，简称仅可以省略学校名称中的公司组织形式。

第十一条 实施高等学历教育的中外合作办学机构的命名，按照《中华人民共和国中外合作办学条例》及其实施办法的相关规定执行。

第十二条 高等学校应严格管理、合理使用、依法保护承载学校历史与声誉的校名无形资产，保持名称稳定，原则上同层次更名间隔期至少10年。

第十三条 高等学校命名事项作为高等学校设置工作的重要内容，按照高等学校设置程序进行审批。

第十四条 对于服务国家和区域重大战略等特殊情况的高等学校命名事项，由国务院教育行政部门审批。

第十五条 本办法由国务院教育行政部门负责解释。

第十六条 本办法自发布之日起实施。

"双一流"建设成效评价办法（试行）

·2020年12月15日
·教研〔2020〕13号

第一章 总 则

第一条 为贯彻落实《深化新时代教育评价改革总体方案》，加快"双一流"建设，促进高等教育内涵式发展、高质量发展，推进治理体系和治理能力现代化，根据《统筹推进世界一流大学和一流学科建设总体方案》（国发〔2015〕64号，以下简称《总体方案》）、《统筹推进世界一流大学和一流学科建设实施办法（暂行）》（教研〔2017〕2号）和《关于高等学校加快"双一流"建设的指导意见》（教研〔2018〕5号），制定本办法。

第二条 "双一流"建设成效评价以习近平新时代中国特色社会主义思想为指导，深入贯彻落实党的十九大和十九届二中、三中、四中、五中全会精神，全面贯彻党的教育方针，坚持党对教育事业的全面领导，坚定社会主义办学方向，以中国特色、世界一流为核心，突出培养一流人才、产出一流成果，主动服务国家需求，克服"五唯"顽瘴痼疾，以中国特色"双一流"建设成效评价体系引导高校和学科争创世界一流。

第三条 "双一流"建设成效评价是对高校及其学科建设实现大学功能、内涵发展及特色发展成效的多元多维评价，综合呈现高校自我评价、专家评价和第三方评价结果。评价遵循以下原则：

1. 一流目标，关注内涵建设。坚持中国特色与世界一流，坚持办学正确方向，坚持以立德树人根本任务为内涵建设牵引，聚焦人才培养、队伍建设、科研贡献与机制创新，在具有可比性的领域进入世界一流行列或前列，不唯排名、不唯数量指标。

2. 需求导向，聚焦服务贡献。考察建设高校主动面向世界科技前沿、面向经济主战场、面向国家重大需求、面向人民生命健康，在突破关键核心技术、探索前沿科学问题和解决重大社会现实问题等方面作出的重要贡献，尤其是基础研究取得"从0到1"重大原始创新成果的情况。考察立足优势学科主动融入和支撑区域及行业产业发展的情况。考察传承弘扬中华传统文化、推进中国特色社会主义文化建设、促进人类文明发展，以及在开拓治国理政研究新领域新方向上取得创新性先导性成果的情况。

3. 分类评价，引导特色发展。以学科为基础，依据办学传统与发展任务、学科特色与交叉融合趋势、行业产业支撑与区域服务，探索建立院校分类评价体系，鼓励不同类型高校围绕特色提升质量和竞争力，在不同领域和方向建成一流。

4. 以评促建，注重持续提升。设立常态化建设监测体系，注重考察期中和期末建设目标达成度、高校及学科发展度，合理参考第三方评价表现度，形成监测、改进与评价"三位一体"评价模式，督促高校落实建设主体责任，治本纠偏，持续提高建设水平。

第二章 成效评价重点

第四条 成效评价由大学整体建设评价和学科建设评价两部分组成，统筹整合《总体方案》五大建设任务和五大改革任务作为评价重点，综合客观数据和主观评议，分整体发展水平、成长提升程度、可持续发展能力不同视角，考察和呈现高校和学科的建设成效。

第五条 对建设高校"加强党的全面领导与治理体系改革成效"的评价，贯穿成效评价各个方面，反映学校全面加强党的建设和领导，坚持社会主义办学方向，党建引领和保障"双一流"建设，依法治校、依法办学，完善现代大学制度和治理体系等方面的表现,是对高校整体建设和学科建设坚持中国特色本质要求的统领性、决定性评价。

第六条　大学整体建设评价,分别按人才培养、教师队伍建设、科学研究、社会服务、文化传承创新和国际交流合作六个方面相对独立组织,综合呈现结果;学科建设评价,主要考察建设学科在人才培养、科学研究、社会服务、教师队伍建设四个方面的综合成效。

具体评价要求是:

1. 人才培养评价。将立德树人成效作为根本考察标准,以人才培养过程、结果及影响为评价对象,突出培养一流人才,综合考察建设高校思政课程、课程思政、教学投入与改革、创新创业教育、毕业生就业质量以及德智体美劳全面发展等方面的建设举措与成效。

2. 教师队伍建设评价。突出教师思想政治素质和师德师风建设,克服"唯论文""唯帽子""唯职称""唯学历""唯奖项""唯项目"倾向,综合考察教师队伍师德师风、教育教学、科学研究、社会服务和专业发展等方面的情况,以及建设高校在推进人事制度改革,提高专任教师队伍水平、影响力及发展潜力的举措和成效。

3. 科学研究评价。突出原始创新与重大突破,不唯数量、不唯论文、不唯奖项,实行代表作评价,强调成果的创新质量和贡献,结合重大、重点创新基地平台建设情况,综合考察建设高校提高科技创新水平、解决国家关键技术"卡脖子"问题、推进科技评价改革的主要举措,在构建中国特色哲学社会科学学科体系、学术体系、话语体系中发挥的主力军作用,以及面向改革发展重大实践,推动思想理论创新、服务资政决策等方面成效。

4. 社会服务评价。突出贡献和引领,综合考察建设高校技术转移与成果转化的情况、服务国家重大战略和行业产业发展以及区域发展需求、围绕国民经济社会发展加强重点领域学科专业建设和急需人才培养、特色高端智库体系建设情况、成果转化效益以及参与国内外重要标准制订等方面的成效。

5. 文化传承创新评价。突出传承与创新中国特色社会主义先进文化,综合考察建设高校传承严谨学风和科学精神、中华优秀传统文化和红色文化,弘扬社会主义核心价值观的理论建设和社会实践创新,塑造大学精神及校园文化建设的举措和成效以及校园文化建设引领社会文化发展的贡献度。

6. 国际交流合作评价。突出实效与影响,综合考察建设高校统筹国内国外两种资源,提升人才培养和科学研究的水平以及服务国家对外开放的能力,加强多渠道国际交流合作,持续增强国际影响力的成效。

第七条　不同评价方面,相应设置整体发展水平、成长提升程度及可持续发展能力的评价角度,重视对成长性、特色性发展的评价,引导高校和学科关注长远发展。

1. 整体发展水平。考察高校和学科建设的达成水平,在可比领域与国内外大学和学科进行比较。

2. 成长提升程度。考察高校和学科在建设周期内的水平变化,体现成长增量及发展质量。

3. 可持续发展能力。考察高校和学科的结构布局、特色优势、资源投入、平台建设、体制机制改革及制度体系创新完善、治理效能等支撑发展的条件与水平,体现发展潜力。

第三章　成效评价组织

第八条　每轮建设中期,开展建设高校自我评估。

建设高校应依据本办法相关要求,对照学校建设方案,制定自评工作方案,系统整理建设成效数据,组织校内外专家对建设目标和任务完成情况、学科建设水平、资金管理使用情况以及建设中存在的问题等进行分析,提出整改措施,发布自评报告。

第九条　每轮建设期末,开展建设周期成效评价。按以下程序进行:

1. 建设高校根据建设方案对改革实施情况、建设目标和任务完成情况、学科水平、资金管理使用情况等进行自我评价。

2. 教育部根据本办法制定成效评价工作方案,委托相关机构分别开展定量数据处理、定性评议、第三方评价结果比对等工作,有关机构分别提出初步评价结果。

3. "双一流"建设专家委员会根据建设高校的建设方案、中期和期末自评报告、相关机构初步评价结果,形成综合评价意见。

4. "双一流"建设主管部门根据专家委员会的评价意见,综合研究,确定评价结果,上报国务院。

第十条　成效评价实行水平评价与效益考核相结合,考察建设高校和学科在建设基础、突破贡献、特色凝练等方面的表现。避免简单以条件、数量、排名变化作为评价指标,既考核在现有资源条件下的建设成果及其对学校整体建设带动效应,也衡量在已有发展基础上的成长提升及发展潜力。

第十一条　成效评价实行日常动态监测与周期评价相结合。以成效评价内容为依据,建立常态化的建设监测体系,建设周期内对大学整体建设和学科建设过程和结果,实现连续跟踪、监测与评估一体化,周期评价以动态监测积累的过程信息与数据为主要支撑。

第十二条　成效评价实行定量评价与定性评议相结合。依据公开数据、可参考的第三方评价结果及监测数据进行定量评价。对建设高校与建设学科定期发布的进展报告、中期和期末自评报告、典型特色案例及其他写实性材料,组织专家进行定性评议。定量结果定性结论互相补充、互为印证。

第十三条　以学科为基础,探索建设成效国际比较。科学合理确定相关领域的世界一流标杆,结合大数据分析和同行评议等,对建设高校和学科在全球同类院校相关可比领域的表现、影响力、发展潜力等进行综合考察。

第十四条　适时开展分类评价。研究建立建设高校分类体系,完善分类评价办法,引导和鼓励高校与学科在发展中突出优势,注重特色建设。

第四章　评价结果运用

第十五条　建立成效评价结果多维多样化呈现机制。按不同评价方面、不同学校和学科类型,以区间和梯度分布等形式,呈现建设高校和建设学科的综合评价结果,不计算总分、不发布排名。

第十六条　综合评价结果作为下一轮建设范围动态调整的主要依据。

第十七条　教育部、财政部、国家发展改革委根据综合评价结果,对实施有力、进展良好、成效明显的建设高校及建设学科,加大支持力度;对实施不力、进展缓慢、缺乏实效的建设高校及建设学科,减少支持力度。

第五章　附　则

第十八条　建设高校在动态监测、中期自评和周期评价中应确保材料和数据真实准确。凡发现造假作伪等情形的,建设主管部门将视情节予以严肃处理。情节严重的,减少支持直至调整出建设范围。

第十九条　本办法自公布之日起实施。

教育部等六部门关于加强新时代高校教师队伍建设改革的指导意见

· 2020 年 12 月 24 日
· 教师〔2020〕10 号

各省、自治区、直辖市教育厅(教委)、党委组织部、党委宣传部、财政厅(局)、人力资源社会保障厅(局)、住房和城乡建设厅(委、管委)、新疆生产建设兵团教育局、党委组织部、党委宣传部、财政局、人力资源社会保障局、住房和城乡建设局,有关部门(单位)教育司(局),部属各高等学校、部省合建各高等学校:

为全面贯彻习近平总书记关于教育的重要论述和全国教育大会精神,深入落实中共中央、国务院印发的《关于全面深化新时代教师队伍建设改革的意见》和《深化新时代教育评价改革总体方案》,加强新时代高校教师队伍建设改革,现提出如下指导意见。

一、准确把握高校教师队伍建设改革的时代要求,落实立德树人根本任务

1. 指导思想。以习近平新时代中国特色社会主义思想为指导,落实立德树人根本任务,聚焦高校内涵发展,以强化高校教师思想政治素质和师德师风建设为首要任务,以提高教师专业素质能力为关键,以推进人事制度改革为突破口,遵循教育规律和教师成长发展规律,为提高人才培养质量、增强科研创新能力、服务国家经济社会发展提供坚强的师资保障。

2. 目标任务。通过一系列改革举措,高校教师发展支持体系更加健全,管理评价制度更加科学,待遇保障机制更加完善,教师队伍治理体系和治理能力实现现代化。高校教师职业吸引力明显增强,教师思想政治素质、业务能力、育人水平、创新能力得到显著提升,建设一支政治素质过硬、业务能力精湛、育人水平高超的高素质专业化创新型高校教师队伍。

二、全面加强党的领导,不断提升教师思想政治素质和师德素养

3. 加强思想政治引领。引导广大教师坚持“四个相统一”,争做“四有”好老师,当好“四个引路人”,增强“四个意识”、坚定“四个自信”、做到“两个维护”。强化党对高校的政治领导,增强高校党组织政治功能,加强党员教育管理监督,发挥基层党组织和党员教师作用。重视做好在优秀青年教师、留学归国教师中发展党员工作。完善教师思想政治工作组织管理体系,充分发挥高校党委教师工作部在教师思想政治工作和师德师风建设中的统筹作用。健全教师理论学习制度,全面提升教师思想政治素质和育德育人能力。加强民办高校思想政治建设,配齐建强民办高校思想政治工作队伍。

4. 培育弘扬高尚师德。常态化推进师德培育涵养,将各类师德规范纳入新教师岗前培训和在职教师全员培训必修内容。创新师德教育方式,通过榜样引领、情景体验、实践教育、师生互动等形式,激发教师涵养师德的内生动力。强化高校教师"四史"教育,规范学时要求,在一定周期内做到全员全覆盖。建好师德基地,构建师德教育课程体系。加大教师表彰力度,健全教师荣誉制度,高校可举办教师入职、荣休仪式,设立以教书育人为导向的奖励,激励教师潜心育人。鼓励社会组织和个人出资奖励教师。支持地方和高校建立优秀教师库,挖掘典型,强化宣传感召。持续推出主题鲜明、展现教师时代风貌的影视文学作品。

5. 强化师德考评落实。将师德师风作为教师招聘引进、职称评审、岗位聘用、导师遴选、评优奖励、聘期考核、项目申报等的首要要求和第一标准,严格师德考核,注重运用师德考核结果。高校新入职教师岗前须接受师德师风专题培训,达到一定学时、考核合格方可取得高等学校教师资格并上岗任教。切实落实主体责任,将师德师风建设情况作为高校领导班子年度考核的重要内容。落实《新时代高校教师职业行为十项准则》,依法依规严肃查处师德失范问题。建立健全师德违规通报曝光机制,起到警示震慑作用。依托政法机关建立的全国性侵违法犯罪信息库等,建立教育行业从业限制制度。

三、建设高校教师发展平台,着力提升教师专业素质能力

6. 健全高校教师发展制度。高校要健全教师发展体系,完善教师发展培训制度、保障制度、激励制度和督导制度,营造有利于教师可持续发展的良性环境。积极应对新科技对人才培养的挑战,提升教师运用信息技术改进教学的能力。鼓励支持高校教师进行国内外访学研修,参与国际交流合作。继续实施高校青年教师示范性培训项目、高职教师教学创新团队建设项目。探索教师培训学分管理,将培训学分纳入教师考核内容。

7. 夯实高校教师发展支持服务体系。统筹教师研修、职业发展咨询、教育教学指导、学术发展、学习资源服务等职责,建实建强教师发展中心等平台,健全教师发展组织体系。高校要加强教师发展工作和人员专业化建设,加大教师发展的人员、资金、场地等资源投入,推动建设各级示范性教师发展中心。鼓励高校与大中型企事业单位共建教师培养培训基地,支持高校专业教师与行业企业人才队伍交流融合,提升教师实践能力和创新能力。发挥教学名师和教学成果奖的示范带动作用。

四、完善现代高校教师管理制度,激发教师队伍创新活力

8. 完善高校教师聘用机制。充分落实高校用人自主权,政府各有关部门不统一组织高校人员聘用考试,简化进人程序。高校根据国家有关规定和办学实际需要,自主制定教师聘用条件,自主公开招聘教师。不得将毕业院校、出国(境)学习经历、学习方式和论文、专利等作为限制性条件。严把高校教师选拔聘用入口关,将思想政治素质和业务能力双重考察落到实处。建立新教师岗前培训与高校教师资格相衔接的制度。拓宽选人用人渠道,加大从国内外行业企业、专业组织等吸引优秀人才力度。按要求配齐配优建强高校思政课教师队伍和辅导员队伍。探索将行业企业从业经历、社会实践经历作为聘用职业院校专业课教师的重要条件。研究出台外籍教师聘任和管理办法,规范外籍教师管理。

9. 加快高校教师编制岗位管理改革。积极探索实行高校人员总量管理。高校依法采取多元化聘用方式自主灵活用人,统筹用好编制资源,优先保障教学科研需求,向重点学科、特色学科和重要管理岗位倾斜。合理设置教职员岗位结构比例,加强职员队伍建设。深入推进岗位聘用改革,实施岗位聘期制管理,进一步探索准聘与长聘相结合等管理方式,落实和完善能上能下、能进能出的聘用机制。

10. 强化高校教师教育教学管理。完善教学质量评价制度,多维度考评教学规范、教学运行、课堂教学效果、教学改革与研究、教学获奖等教学工作实绩。强化教学业绩和教书育人实效在绩效分配、职务职称评聘、岗位晋级考核中的比重,把承担一定量的本(专)科教学工作作为教师职称晋升的必要条件。将教授为本专科生上课作为基本制度,高校应明确教授承担本专科生教学最低课时要求,对未达到要求的给予年度或聘期考核不合格处理。

11. 推进高校教师职称制度改革。研究出台高校教师职称制度改革的指导意见,将职称评审权直接下放至高校,由高校自主评审、按岗聘任。完善教师职称评审标准,根据不同学科、不同岗位特点,分类设置评价指标,确定评审办法。不把出国(境)学习经历、专利数量和对论文的索引、收录、引用等指标要求作为限制性条件。完善同行专家评价机制,推行代表性成果评价。对承担国防和关键核心技术攻关任务的教师,探索引入贡献评价机制。完善职称评审程序,持续做好高校教师职称评审监管。

12. 深化高校教师考核评价制度改革。突出质量导向,注重凭能力、实绩和贡献评价教师,坚决扭转轻教学、轻育人等倾向,克服唯论文、唯帽子、唯职称、唯学历、唯奖项等弊病。规范高等学校 SCI 等论文相关指标使用,避免 SCI、SSCI、A&HCI、CSSCI 等引文数据使用中的绝对化,坚决摒弃"以刊评文",破除论文"SCI 至上"。合理设置考核评价周期，探索长周期评价。注重个体评价与团队评价相结合。建立考核评价结果分级反馈机制。建立院校评估、本科教学评估、学科评估和教师评价政策联动机制，优化、调整制约和影响教师考核评价政策落实的评价指标。

13. 建立健全教师兼职和兼职教师管理制度。高校教师在履行校内岗位职责、不影响本职工作的前提下，经学校同意，可在校外兼职从事与本人学科密切相关、并能发挥其专业能力的工作。地方和高校应建立健全教师兼职管理制度，规范教师合理兼职，坚决惩治教师兼职乱象。鼓励高校聘请校外专家学者等担任兼职教师，完善兼职教师管理办法，规范遴选聘用程序，明确兼职教师的标准、责任、权利和工作要求，确保兼职教师具有较高的师德素养、业务能力和育人水平。

五、切实保障高校教师待遇，吸引稳定一流人才从教

14. 推进高校薪酬制度改革。落实以增加知识价值为导向的收入分配政策，扩大高校工资分配自主权，探索建立符合高校特点的薪酬制度。探索建立高校薪酬水平调查比较制度，健全完善高校工资水平决定和正常增长机制，在保障基本工资水平正常调整的基础上，合理确定高校教师工资收入水平，并向高层次人才密集、承担教学科研任务较重的高校加大倾斜力度。高校教师依法取得的职务科技成果转化现金奖励计入当年本单位绩效工资总量，但不受总量限制，不纳入总量基数。落实高层次人才工资收入分配激励、兼职兼薪和离岗创业等政策规定。鼓励高校设立由第三方出资的讲席教授岗位。

15. 完善高校内部收入分配激励机制。落实高校内部分配自主权，高校要结合实际健全内部收入分配机制，完善绩效考核办法，向扎根教学一线、业绩突出的教师倾斜，向承担急难险重任务、作出突出贡献的教师倾斜，向从事基础前沿研究、国防科技等领域的教师倾斜。把参与教研活动，编写教材案例，承担命题监考任务，指导学生毕业设计、就业、创新创业、社会实践、学生社团、竞赛展演等情况计入工作量。激励优秀教师承担继续教育的教学工作，将相关工作量纳入绩效考核体系。不将论文数、专利数、项目数、课题经费等科研量化指标与绩效工资分配、奖励直接挂钩，切实发挥收入分配政策的激励导向作用。

六、优化完善人才管理服务体系，培养造就一批高层次创新人才

16. 优化人才引育体系。强化服务国家战略导向，加强人才体系顶层设计，发挥好国家重大人才工程的引领作用，着力打造高水平创新团队，培养一批具有国际影响力的科学家、学科领军人才和青年学术英才。规范人才引进，严把政治关、师德关，做到"凡引必审"。加强高校哲学社会科学人才和高端智库建设，汇聚培养一批哲学社会科学名师。坚持正确的人才流动导向，鼓励高校建立行业自律机制和人才流动协商沟通机制，发挥高校人才工作联盟作用。坚决杜绝违规引进人才，未经人才计划主管部门同意，在支持周期内离开相关单位和岗位的，取消人才称号及相应支持。

17. 科学合理使用人才。充分发挥好人才战略资源作用，坚持正确的人才使用导向，分类推进人才评价机制改革，推动各类人才"帽子"、人才称号回归荣誉、回归学术的本质，避免同类人才计划重复支持，以岗择人、按岗定酬，不把人才称号作为承担科研项目、职称评聘、评优评奖、学位点申报的限制性条件。营造鼓励创新、宽容失败的学术环境，为人才开展研究留出足够的探索时间和试错空间。严格人才聘后管理，强化对合同履行和作用发挥情况的考核。加强对人才的关怀和服务，切实解决他们工作生活中的实际困难。

七、全力支持青年教师成长，培育高等教育事业生力军

18. 强化青年教师培养支持。鼓励高校扩大博士后招收培养数量，将博士后人员作为补充师资的重要来源。建立青年教师多元补充机制，大力吸引出国留学人员和外籍优秀青年人才。鼓励青年教师到企事业单位挂职锻炼和到国内外高水平大学、科研院所访学。鼓励高校对优秀青年人才破格晋升、大胆使用。根据学科特点确定青年教师评价考核周期，鼓励大胆创新、持续研究。高校青年教师晋升高一级职称，至少须有一年担任辅导员、班主任等学生工作经历，或支教、扶贫、参加孔子学院及国际组织援外交流等工作经历。

19. 解决青年教师后顾之忧。地方和高校要加强统筹协调，对符合公租房保障条件的，按政策规定予以保障，同时，通过发展租赁住房、盘活挖掘校内存量资源、发放补助等多种方式，切实解决青年教师的住房困难。鼓励采取多种办法提高青年教师待遇，确保青年教师将精力放在教学科研上。鼓励高校与社会力量、政府合作举办幼儿园和中小学，解决青年教师子女入学问题。重视青年教师身心健康，关心关爱青年教师。

八、强化工作保障，确保各项政策举措落地见效

20. 健全组织保障体系。将建设高素质教师队伍作为高校建设的基础性工作，强化学校主体责任，健全党委统一领导、统筹协调,教师工作、组织、宣传、人事、教务、科研等部门各负其责、协同配合的工作机制。建立领导干部联系教师制度,定期听取教师意见和建议。落实教职工代表大会制度,依法保障教师知情权、参与权、表达权和监督权。加强民办高校教师队伍建设,依法保障民办高校教师与公办高校教师同等法律地位和同等权利。强化督导考核,把加强教师队伍建设工作纳入高校巡视、"双一流"建设、教学科研评估范围,作为各级党组织和党员干部工作考核的重要内容。加强优秀教师和工作典型宣传,维护教师合法权益,营造关心支持教师发展的社会环境,形成全社会尊师重教的良好氛围。

博士、硕士学位授权学科和专业
学位授权类别动态调整办法

· 2020 年 12 月 1 日
· 学位〔2020〕29 号

总　则

第一条　根据国务院学位委员会《关于开展博士、硕士学位授权学科和专业学位授权类别动态调整试点工作的意见》,制定本办法。

第二条　本办法所规定的动态调整,系指各学位授予单位根据经济社会发展需求和本单位学科发展规划与实际,撤销国务院学位委员会批准的学位授权点,并可增列现行学科目录中的一级学科或专业学位类别的其他学位授权点;各省(自治区、直辖市)学位委员会、新疆生产建设兵团学位委员会、军队学位委员会(下称"省级学位委员会")在数量限额内组织本地区(系统)学位授予单位,统筹增列现行学科目录中的一级学科或专业学位类别的学位授权点。

第三条　本办法所称学位授权点,包括:

1. 博士学位授权学科(仅包含博士学位授予权,不包含同一学科的硕士学位授予权);

2. 硕士学位授权学科;

3. 博士专业学位授权类别;

4. 硕士专业学位授权类别。

第四条　撤销博士学位授权学科、硕士学位授权学科,可按以下情况增列其他学位授权点:

1. 撤销博士学位授权一级学科,可增列下述之一:

(1)其他博士学位授权一级学科,但所增列学科应已为硕士学位授权一级学科或为拟同时增列的硕士学位授权一级学科;

(2)其他硕士学位授权一级学科;

(3)博士专业学位授权类别;

(4)硕士专业学位授权类别。

2. 撤销硕士学位授权一级学科,可增列下述之一:

(1)其他硕士学位授权一级学科;

(2)硕士专业学位授权类别。

3. 撤销未获得一级学科授权的授权二级学科,按以下情况处理:

(1)撤销该一级学科下的全部博士学位授权二级学科,视同撤销一个博士学位授权一级学科,可按本条第 1 项的规定增列其他学位授权点。

(2)撤销该一级学科下的全部硕士学位授权二级学科,视同撤销一个硕士学位授权一级学科,可按本条第 2 项的规定增列其他学位授权点。

按本条规定撤销后仍在本单位增列博士学位授权学科或硕士学位授权学科的,应为与撤销授权点所属学科不同的其他一级学科。

第五条　撤销博士专业学位授权类别、硕士专业学位授权类别,可按以下情况增列其他专业学位授权类别:

1. 撤销博士专业学位授权类别,可增列下述之一:

(1)其他博士专业学位授权类别;

(2)其他硕士专业学位授权类别。

2. 撤销硕士专业学位授权类别,可增列其他硕士专业学位授权类别。

第六条　对于属同一学科的博士学位授权学科和硕士学位授权学科,不得单独撤销硕士学位授权学科保留博士学位授权学科。对于属同一类别的博士专业学位授权类别和硕士专业学位授权类别,不得单独撤销硕士专业学位授权类别保留博士专业学位授权类别。

第七条　各省级学位委员会对博士学位授权点的调整,只能在博士学位授予单位内和博士学位授予单位之间进行;对硕士学位授权点的调整,可在博士和硕士学位授予单位内,以及博士和硕士学位授予单位之间进行。

学位授予单位自主调整

第八条　学位授予单位自主调整学位授权点,指学位授予单位在本单位范围内主动撤销并可自主增列学位授权点。调整中拟增列学位授权点的数量不得超过主动撤销学位授权点的数量,主动撤销学位授权点后不同时增列学位授权点的,可在今后自主调整中增列。

学位授予单位可主动撤销的学位授权点包括:

1. 在专项合格评估(含限期整改后复评)中被评为合格的学位授权点;

2. 在周期性合格评估(含限期整改后复评)中被评为合格的学位授权点;

3. 在周期性合格评估中自评不合格进行限期整改后尚未参加复评的学位授权点。

第九条　学位授予单位应切实保证质量,制定本单位学位授权点动态调整实施细则,报省级学位委员会备案。拟增列的学位授权点,须符合国务院学位委员会正在执行的学位授权点申请基本条件。

学位授予单位须聘请同行专家根据学位授权点申请基本条件、省级学位委员会和学位授予单位规定的其他要求对拟增列的学位授权点进行评议。拟撤销和增列的学位授权点,须经本单位学位评定委员会审议通过,并在本单位内进行不少于 10 个工作日的公示。

第十条　学位授予单位将主动撤销和增列的学位授权点以及开展调整工作的有关情况报省级学位委员会。省级学位委员会对学位授予单位调整工作是否符合规定的程序办法进行审查。

省级学位委员会统筹调整

第十一条　省级学位委员会统筹调整学位授权点,包括:

1. 制定学科发展规划,指导本地区(系统)学位授权点动态调整。制定支持政策,引导学位授予单位根据区域(行业)经济社会发展需要撤销和增列学位授权点。对学位授予单位拟增列与经济社会发展需求不相适应或学生就业困难的学位授权点,省级学位委员会可不同意其增列。

2. 省级学位委员会可在本地区(系统)范围内统筹组织增列学位授权点,增列学位授权点的数额来源如下:

(1)由学位授予单位主动撤销并主动纳入省级统筹的学位授权点;

(2)在周期性合格评估中处理意见为限期整改,经复评未达到合格,被作出撤销处理的学位授权点;

(3)在周期性合格评估中抽评结果为不合格,被作出撤销处理的学位授权点;

(4)在周期性合格评估中未确认参评被作出撤销处理的学位授权点,以及在周期性合格评估中确认参评但未开展自我评估,被作出撤销处理的学位授权点。

第十二条　省级学位委员会组织开展增列学位授权点工作,按以下程序和要求进行:

1. 学位授予单位申请增列学位授权点,须经本单位学位评定委员会审议通过。

2. 省级学位委员会聘请同行专家,根据国务院学位委员会正在执行的学位授权点申请基本条件和省级学位委员会规定的其他要求,对学位授予单位申请增列的学位授权点进行评审。除军队系统外,参加评审的同行专家中,来自本地区(系统)以外的专家原则上不少于二分之一。

3. 省级学位委员会对专家评审通过的申请增列学位授权点进行审议,并对审议通过的拟增列学位授权点进行不少于 10 个工作日的公示。

第十三条　省级学位委员会于每一年度规定时间,将本地区(系统)范围内学位授予单位拟主动撤销和自主增列的学位授权点以及省级学位委员会审议通过的拟增列学位授权点报国务院学位委员会批准。

其　他

第十四条　按本办法主动撤销的学位授权点,5 年内不得再次按本办法增列为学位授权点,其在学研究生可按原渠道培养并按有关要求完成学位授予。

第十五条　军事学门类授权学科及军事类专业学位授权类别需经军队学位委员会同意后,方可申请增列。

第十六条　学位授权自主审核单位不参加学位授权点动态调整工作,其学位授权点调整全部纳入自主审核工作,不再纳入学位授权点动态调整省级统筹。

第十七条　博士学位授权一级学科、硕士学位授权一级学科如经动态调整撤销,根据相关规定在其下自主设置的二级学科也相应撤销。

第十八条　在专项合格评估(含限期整改后复评)中被评为不合格并撤销的学位授权点,不再作为增列学位授权点的数额来源。

在周期性合格评估抽评阶段,学位授予单位不得申请撤销本次周期性合格评估范围内的学位授权点。根据抽评结果做限期整改处理的学位授权点,在整改期间不参加学位授权点动态调整工作。

第十九条　根据学科专业调整等工作需要或因学风问题撤销的学位授权点,不再作为增列学位授权点的数额来源。

第二十条　本办法自 2021 年 1 月 1 日起施行。施行后原有关规定与本办法不一致的,按照本办法的规定执行。国务院学位委员会 2015 年印发的《博士、硕士学位授权学科和专业学位授权类别动态调整办法》(学位〔2015〕40 号)同时废止。

本办法由国务院学位委员会办公室负责解释。

学位授权点合格评估办法

· 2020 年 11 月 11 日
· 学位〔2020〕25 号

第一条 为保证学位与研究生教育质量，做好学位授权点合格评估工作，依据《中华人民共和国高等教育法》《中华人民共和国学位条例》及其暂行实施办法，制定本办法。

第二条 本办法中的学位授权点是指经国务院学位委员会审核批准的可以授予博士、硕士学位的学科和专业学位类别。

第三条 学位授权点合格评估遵循科学、客观、公正的原则，坚持底线思维，以研究生培养与学位授予质量为重点，学科条件保障与人才培养质量提升相统一。

第四条 学位授权点合格评估是我国学位授权审核制度和研究生培养管理制度的重要组成部分，分为专项合格评估和周期性合格评估。

（一）新增学位授权点获得学位授权满 3 年后，均应当接受专项合格评估。

（二）周期性合格评估每 6 年进行一轮次，每轮次评估启动时，获得学位授权满 6 年的学位授权点和专项合格评估结果达到合格的学位授权点，均应当接受周期性合格评估。

第五条 周期性合格评估分为学位授予单位自我评估和教育行政部门抽评两个阶段，以学位授予单位自我评估为主。学位授予单位应在每轮次评估第 1 年底前确认参评学位授权点，确认名单报省级教育行政部门备案，并于第 5 年底前完成自我评估；学位授权点未确认参评或未开展自我评估的情形将作为确定周期性合格评估结果的重要依据。教育行政部门在每轮次评估第 6 年开展抽评。

第六条 博士学位授权点周期性合格评估由国务院学位委员会办公室组织实施，硕士学位授权点周期性合格评估由省级学位委员会组织实施。军队所属学位授予单位学位授权点周期性合格评估，由军队学位委员会组织实施。学位授权点周期性合格评估基本条件为启动当期评估时正在执行的学位授权点申请基本条件。

第七条 学位授予单位自我评估为诊断式评估，是对本单位学位授权点建设水平与人才培养质量的全面检查。学位授予单位应当全面检查学位授权点办学条件和培养制度建设情况，认真查找影响质量的突出问题，在自我评估期间持续做好改进工作，凝练特色。鼓励有条件的学位授予单位将自我评估与自主开展或参加的相关学科领域具有公信力的国际评估、教育质量认证等相结合。

第八条 学位授予单位自我评估基本程序

（一）根据学位授权点周期性合格评估基本条件、学位授权点自我评估工作指南，结合本单位和学位授权点实际，制定自我评估实施方案。

（二）组织学位授权点进行自我评估，应建立有学校特色的自我合格评估指标体系，对师资队伍、学科方向、人才培养数量质量和特色、科学研究、社会服务、学术交流、条件建设和制度保障等进行评价。把编制本单位《研究生教育发展质量年度报告》和《学位授权点建设年度报告》作为自我评估的重要环节之一，贯穿自我评估全过程。《研究生教育发展质量年度报告》和《学位授权点建设年度报告》经脱密处理后，应在本单位门户网站发布。

（三）根据国务院学位委员会办公室制订的数据标准，定期采集学位授权点基本状态信息，加强对本单位学位授权点质量状态的监测。

（四）组织校内外专家通过查阅材料、现场交流、实地考察等方式，对学位授权点开展评议，提出诊断式意见。专业学位授权点评议专家中，行业专家一般不少于专家人数的三分之一。

（五）根据专家评议意见，提出各学位授权点的自我评估结果，自我评估结果分为"合格"和"不合格"。作出自我评估结果所依据的标准和要求不得低于学位授权点周期性合格评估基本条件。对自我评估"不合格"的学位授权点，一般应在自评阶段结束前完成自主整改，整改后达到合格的按"合格"上报自我评估结果，达不到合格的按"不合格"上报自我评估结果。根据各学位授权点评议结果和整改情况，形成《学位授权点自我评估总结报告》。

（六）每轮周期性合格评估的第 3 年和第 6 年的 3 月底前，应当向国务院学位委员会办公室报送参评学位授权点截至上一年底的基本状态信息。

（七）每轮周期性合格评估第 6 年 3 月底前，向指定信息平台上传自我评估结果、自我评估总结报告、专家评议意见和改进建议，以及参评学位授权点连续 5 年的研究生培养方案。

第九条 教育行政部门抽评基本程序

（一）抽评工作的组织

抽评博士学位授权点的名单由国务院学位委员会办公室确定，委托国务院学位委员会学科评议组（以下简称学科评议组)和全国专业学位研究生教育指导委员会(以下简称专业学位教指委)组织评议。抽评名单确定后,应通知有关省级学位委员会、专家组和学位授予单位。抽评硕士学位授权点的名单及其评议由各省级学位委员会分别组织。

(二)教育行政部门在自我评估结果为"合格"的学位授权点范围内,按以下要求确定抽评学位授权点:

1. 抽评学位授权点应当覆盖所有学位授予单位;

2. 各一级学科和专业学位类别被抽评比例不低于被抽评范围的30%,现有学位授权点数量较少的学科或专业学位类别视具体情况确定抽评比例;

3. 评估周期内有以下情形的,应加大抽评比例:

(1)发生过严重学术不端问题的学位授予单位;

(2)存在人才培养和学位授予质量方面其他问题的学位授予单位;

4. 评估周期内学位论文抽检存在问题较多的学位授权点。

(三)评议专家组成

学科评议组、专业学位教指委和省级学位委员会设立的评议专家组(以下统称专家组),是开展学位授权点评议的主要力量。每个专家组的人数应为奇数,可根据评估范围内学位授权点的学科或专业学位类别具体情况,增加同行专家参与评估。评议实行本单位专家回避制。

(四)专家组制定评议方案,确定评议的基本标准和要求,报负责抽评的教育行政部门备案,并通知受评单位。抽评的基本标准和要求不低于周期性合格评估基本条件。

(五)评议方式和评议材料。专家组应根据本办法制定议事规则。专家评议以通讯评议方式为主,也可根据需要采用会议评议方式开展。评议材料主要有《学位授权点自我评估总结报告》、学位授权点基本状态信息表、学位授予单位《研究生教育发展质量年度报告》、《学位授权点建设年度报告》、近5年研究生培养方案、自评专家评议意见和改进建议,以及专家组认为必要的其他评估材料。

(六)评议结果。每位抽评专家审议抽评材料,对照本组学位授权点周期性合格评估标准,对学位授权点提出"合格"或"不合格"的评议意见,以及具体问题和改进建议。专家组应汇总每位专家意见,按照专家组的议事规则,形成对每个学位授权点的评议结果。全体专家的1/2以上(不含1/2)评议意见为"不合格"的学位授权

点,评议结果为"不合格",其他情形为"合格"。

博士学位授权点的评议情况、评议结果及可能产生的后果、存在的主要问题和具体改进建议由学科评议组或专业学位教指委向受评单位反馈,并在规定时间内受理和处理受评单位的异议。硕士学位授权点评议的相关情况、评议结果及可能产生的后果、存在的主要问题和具体改进建议由省级学位委员会向受评单位反馈,并在规定时间内受理和处理受评单位的异议。

(七)学科评议组、专业学位教指委和省级学位委员会根据评议情况和异议处理结果,形成相应学位授权点抽评意见和处理建议,编制评估工作总结报告,向国务院学位委员会办公室报送。

(八)国务院学位委员会办公室可在抽评期间适时组织对抽评工作的专项检查。

第十条　异议处理

(一)学位授予单位如对具体学位授权点评议结果存有异议,应按评估方案要求,博士学位授权点向学科评议组或专业学位教指委提出申诉,硕士学位授权点向省级学位委员会提出申诉,并在规定时间内提供相关材料。

(二)博士学位授权点的异议,有关学科评议组或专业学位教指委应当会同有关省级学位委员会进行处理,组织本学科评议组或专业学位教指委成员成立专门小组进行实地考察核实,确有必要的可约请学科评议组或专业学位教指委之外的同行专家。实地考察的规程和要求由专门小组制订。硕士学位授权点由省级学位委员会组织专门小组进行实地考察核实。

(三)博士学位授权点异议处理专门小组结束考察后应向本学科评议组或专业学位教指委报告具体考察意见。

(四)学科评议组或专业学位教指委经充分评议后,形成博士学位授权点的抽评意见和处理建议。省级学位委员会根据专家组评议意见及专门小组的考察报告,审议形成硕士学位授权点的抽评意见和处理建议。

**第十一条　**国务院学位委员会办公室汇总学位授予单位自我评估结果,以及学科评议组、专业学位教指委、省级学位委员会抽评结果,进行形式审查。

对形式审查发现问题的,请有关学科评议组或专业学位教指委进行核实并补充相关材料;对审查通过的,按以下情形提出处理建议:

(一)对有如下情形之一的学位授权点,提出继续授权建议:

1. 自我评估结果为"合格"且未被抽评的学位授权点；

2. 抽评专家表决意见为"不合格"的比例不足 1/3 的学位授权点。

（二）对有如下情形之一的学位授权点，提出限期整改建议：

1. 自我评估结果为"不合格"的学位授权点；

2. 抽评专家表决意见为"不合格"的比例在 1/3（含 1/3）至 1/2（含 1/2）之间的学位授权点。

（三）对抽评专家表决意见为"不合格"的比例在 1/2（不含 1/2）以上的学位授权点，提出撤销学位授权建议。

第十二条　国务院学位委员会办公室向国务院学位委员会报告学位授权点周期性合格评估完成情况及有关学位授权点处理建议。国务院学位委员会审议有关材料，作出是否同意相关处理建议的决定。有关决定向社会公开。

第十三条　评估结果使用

（一）教育行政部门将各学位授予单位学位授权点合格评估结果作为教育行政部门监测"双一流"建设和地方高水平大学及学科建设项目的重要内容，作为研究生招生计划安排、学位授权点增列的重要依据。

（二）学位授予单位可在周期性合格评估自我评估阶段，根据自我评估情况，结合社会对人才的需求和自身发展情况，按学位授权点动态调整的有关办法申请放弃或调整部分学位授权点。学位授予单位不得在抽评阶段申请撤销周期性合格评估范围内的学位授权点。

（三）对于撤销授权的学位授权点，5 年内不得申请学位授权，其在学研究生可按原渠道培养并按有关要求授予学位。

（四）限期整改的学位授权点在规定时间内暂停招生，进行整改。整改完成后，博士学位授权点接受国务院学位委员会办公室组织的复评；硕士学位授权点接受有关省级学位委员会组织的复评。复评合格的，恢复招生；达不到合格的，经国务院学位委员会批准，撤销学位授权。根据抽评结果作限期整改处理的学位授权点，在整改期间不得申请撤销学位授权。

第十四条　专项合格评估由国务院学位委员会办公室统一组织，委托学科评议组和专业学位教指委实施。

（一）专项合格评估标准和要求不低于被评学位授权点增列时所遵循的学位授权点申请基本条件。

（二）评估结果按本办法第十一、十三条之规定进行处理，限期整改的学位授权点复评由国务院学位委员会办公室组织。

（三）未接受过合格评估（含专项合格评估和周期性合格评估）的学位授权点，正在接受专项合格评估的学位授权点，以及接受专项合格评估但评估结果未达到合格的学位授权点，不得申请撤销学位授权。

第十五条　学位授予单位应当保证自我评估材料的真实可信，评估材料存在弄虚作假的学位授权点，将被直接列为限期整改的学位授权点。

第十六条　各有关单位、组织、专家和相关工作人员应严格遵守评估纪律与廉洁规定，坚决排除非学术因素的干扰，对在评估活动中存在违纪行为的单位和个人，将依据有关纪律法规严肃处理。

第十七条　省级学位委员会、军队学位委员会和学位授予单位，可根据本办法制定相应的实施细则。

第十八条　本办法由国务院学位委员会办公室负责解释。

第十九条　本办法自发布之日起施行。国务院学位委员会、教育部 2014 年 1 月印发的《学位授权点合格评估办法》（学位〔2014〕4 号）同时废止。

国务院办公厅关于进一步支持大学生创新创业的指导意见

· 2021 年 9 月 22 日
· 国办发〔2021〕35 号

各省、自治区、直辖市人民政府，国务院各部委、各直属机构：

纵深推进大众创业万众创新是深入实施创新驱动发展战略的重要支撑，大学生是大众创业万众创新的生力军，支持大学生创新创业具有重要意义。近年来，越来越多的大学生投身创新创业实践，但也面临融资难、经验少、服务不到位等问题。为提升大学生创新创业能力、增强创新活力，进一步支持大学生创新创业，经国务院同意，现提出以下意见。

一、总体要求

以习近平新时代中国特色社会主义思想为指导，深入贯彻落实党的十九大和十九届二中、三中、四中、五中全会精神，全面贯彻党的教育方针，落实立德树人根本任务，立足新发展阶段、贯彻新发展理念、构建新发展格局，坚持创新引领创业、创业带动就业，支持在校大学生提升创新创业能力，支持高校毕业生创业就业，提升人力资源素质，促进大学生全面发展，实现大学生更加充分更高质量就业。

二、提升大学生创新创业能力

（一）将创新创业教育贯穿人才培养全过程。深化高校创新创业教育改革，健全课堂教学、自主学习、结合实践、指导帮扶、文化引领融为一体的高校创新创业教育体系，增强大学生的创新精神、创业意识和创新创业能力。建立以创新创业为导向的新型人才培养模式，健全校校、校企、校地、校所协同的创新创业人才培养机制，打造一批创新创业教育特色示范课程。（教育部牵头，人力资源社会保障部等按职责分工负责）

（二）提升教师创新创业教育教学能力。强化高校教师创新创业教育教学能力和素养培训，改革教学方法和考核方式，推动教师把国际前沿学术发展、最新研究成果和实践经验融入课堂教学。完善高校双创指导教师到行业企业挂职锻炼的保障激励政策。实施高校双创校外导师专项人才计划，探索实施驻校企业家制度，吸引更多各行各业优秀人才担任双创导师。支持建设一批双创导师培训基地，定期开展培训。（教育部牵头，人力资源社会保障部等按职责分工负责）

（三）加强大学生创新创业培训。打造一批高校创新创业培训活动品牌，创新培训模式，面向大学生开展高质量、有针对性的创新创业培训，提升大学生创新创业能力。组织双创导师深入校园举办创业大讲堂，进行创业政策解读、经验分享、实践指导等。支持各类创新创业大赛对大学生创业者给予倾斜。（人力资源社会保障部、教育部等按职责分工负责）

三、优化大学生创新创业环境

（四）降低大学生创新创业门槛。持续提升企业开办服务能力，为大学生创业提供高效便捷的登记服务。推动众创空间、孵化器、加速器、产业园全链条发展，鼓励各类孵化器面向大学生创新创业团队开放一定比例的免费孵化空间，并将开放情况纳入国家级科技企业孵化器考核评价，降低大学生创新创业团队入驻条件。政府投资开发的孵化器等创业载体应安排30%左右的场地，免费提供给高校毕业生。有条件的地方可对高校毕业生到孵化器创业给予租金补贴。（科技部、教育部、市场监管总局等和地方各级人民政府按职责分工负责）

（五）便利化服务大学生创新创业。完善科技创新资源开放共享平台，强化对大学生的技术创新服务。各地区、各高校和科研院所的实验室以及科研仪器、设施等科技创新资源可以面向大学生开放共享，提供低价、优质的专业服务，支持大学生创新创业。支持行业企业面向大学生发布企业需求清单，引导大学生精准创新创业。

鼓励国有大中型企业面向高校和大学生发布技术创新需求，开展"揭榜挂帅"。（科技部、发展改革委、教育部、国资委等按职责分工负责）

（六）落实大学生创新创业保障政策。落实大学生创业帮扶政策，加大对创业失败大学生的扶持力度，按规定提供就业服务、就业援助和社会救助。加强政府支持引导，发挥市场主渠道作用，鼓励有条件的地方探索建立大学生创业风险救助机制，可采取创业风险补贴、商业险保费补助等方式予以支持，积极研究更加精准、有效的帮扶措施，及时总结经验、适时推广。毕业后创业的大学生可按规定缴纳"五险一金"，减少大学生创业的后顾之忧。（人力资源社会保障部、教育部、财政部、民政部、医保局等和地方各级人民政府按职责分工负责）

四、加强大学生创新创业服务平台建设

（七）建强高校创新创业实践平台。充分发挥大学科技园、大学生创业园、大学生创客空间等校内创新创业实践平台作用，面向在校大学生免费开放，开展专业化孵化服务。结合学校学科专业特色优势，联合有关行业企业建设一批校外大学生双创实践教学基地，深入实施大学生创新创业训练计划。（教育部、科技部、人力资源社会保障部等按职责分工负责）

（八）提升大众创业万众创新示范基地带动作用。加强双创示范基地建设，深入实施创业就业"校企行"专项行动，推动企业示范基地和高校示范基地结对共建、建立稳定合作关系。指导高校示范基地所在城市主动规划和布局高校周边产业，积极承接大学生创新成果和人才等要素，打造"城校共生"的创新创业生态。推动中央企业、科研院所和相关公共服务机构利用自身技术、人才、场地、资本等优势，为大学生建设集研发、孵化、投资等于一体的创业创新培育中心、互联网双创平台、孵化器和科技产业园区。（发展改革委、教育部、科技部、国资委等按职责分工负责）

五、推动落实大学生创新创业财税扶持政策

（九）继续加大对高校创新创业教育的支持力度。在现有基础上，加大教育部中央彩票公益金大学生创新创业教育发展资金支持力度。加大中央高校教育教学改革专项资金支持力度，将创新创业教育和大学生创新创业情况作为资金分配重要因素。（财政部、教育部等按职责分工负责）

（十）落实落细减税降费政策。高校毕业生在毕业年度内从事个体经营，符合规定条件的，在3年内按一定限额依次扣减其当年实际应缴纳的增值税、城市维护建

设税、教育费附加、地方教育附加和个人所得税;对月销售额 15 万元以下的小规模纳税人免征增值税,对小微企业和个体工商户按规定减免所得税。对创业投资企业、天使投资人投资于未上市的中小高新技术企业以及种子期、初创期科技型企业的投资额,按规定抵扣所得税应纳税所得额。对国家级、省级科技企业孵化器和大学科技园以及国家备案众创空间按规定免征增值税、房产税、城镇土地使用税。做好纳税服务,建立对接机制,强化精准支持。(财政部、税务总局等按职责分工负责)

六、加强对大学生创新创业的金融政策支持

(十一)落实普惠金融政策。鼓励金融机构按照市场化、商业可持续原则对大学生创业项目提供金融服务,解决大学生创业融资难题。落实创业担保贷款政策及贴息政策,将高校毕业生个人最高贷款额度提高至 20 万元,对 10 万元以下贷款、获得设区的市级以上荣誉的高校毕业生创业者免除反担保要求;对高校毕业生设立的符合条件的小微企业,最高贷款额度提高至 300 万元;降低贷款利率,简化贷款申报审核流程,提高贷款便利性,支持符合条件的高校毕业生创业就业。鼓励和引导金融机构加快产品和服务创新,为符合条件的大学生创业项目提供金融服务。(财政部、人力资源社会保障部、人民银行、银保监会等按职责分工负责)

(十二)引导社会资本支持大学生创新创业。充分发挥社会资本作用,以市场化机制促进社会资源与大学生创新创业需求更好对接,引导创新创业平台投资基金和社会资本参与大学生创业项目早期投资与投智,助力大学生创新创业项目健康成长。加快发展天使投资,培育一批天使投资人和创业投资机构。发挥财政政策作用,落实税收政策,支持天使投资、创业投资发展,推动大学生创新创业。(发展改革委、财政部、税务总局、证监会等按职责分工负责)

七、促进大学生创新创业成果转化

(十三)完善成果转化机制。研究设立大学生创新创业成果转化服务机构,建立相关成果与行业产业对接长效机制,促进大学生创新创业成果在有关行业企业推广应用。做好大学生创新项目的知识产权确权、保护等工作,强化激励导向,加快落实以增加知识价值为导向的分配政策,落实成果转化奖励和收益分配办法。加强面向大学生的科技成果转化培训课程建设。(科技部、教育部、知识产权局等按职责分工负责)

(十四)强化成果转化服务。推动地方、企业和大学生创新创业团队加强合作对接,拓宽成果转化渠道,为创新成果转化和创业项目落地提供帮助。鼓励国有大中型企业和产教融合型企业利用孵化器、产业园等平台,支持高校科技成果转化,促进高校科技成果和大学生创新创业项目落地发展。汇集政府、企业、高校及社会资源,加强对中国国际"互联网+"大学生创新创业大赛中涌现的优秀创新创业项目的后续跟踪支持,落实科技成果转化相关税收优惠政策,推动一批大赛优秀项目落地,支持获奖项目成果转化,形成大学生创新创业示范效应。(教育部、科技部、发展改革委、财政部、国资委、税务总局等按职责分工负责)

八、办好中国国际"互联网+"大学生创新创业大赛

(十五)完善大赛可持续发展机制。鼓励省级人民政府积极承办大赛,压实主办职责,进一步加强组织领导和综合协调,落实配套支持政策和条件保障。坚持政府引导、公益支持,支持行业企业深化赛事合作,拓宽办赛资金筹措渠道,适当增加大赛冠名赞助经费额度。充分利用市场化方式,研究推动中央企业、社会资本发起成立中国国际"互联网+"大学生创新创业大赛项目专项发展基金。(教育部、国资委、证监会、建设银行等按职责分工负责)

(十六)打造创新创业大赛品牌。强化大赛创新创业教育实践平台作用,鼓励各学段学生积极参赛。坚持以赛促教、以赛促学、以赛促创,丰富竞赛形式和内容。建立健全中国国际"互联网+"大学生创新创业大赛与各级各类创新创业比赛联动机制,推进大赛国际化进程,搭建全球性创新创业竞赛平台,深化创新创业教育国际交流合作。(教育部等按职责分工负责)

九、加强大学生创新创业信息服务

(十七)建立大学生创新创业信息服务平台。汇集创新创业帮扶政策、产业激励政策和全国创新创业教育优质资源,加强信息资源整合,做好国家和地方的政策发布、解读等工作。及时收集国家、区域、行业需求,为大学生精准推送行业和市场动向等信息。加强对创新创业大学生和项目的跟踪、服务,畅通供需对接渠道,支持各地积极举办大学生创新创业项目需求与投融资对接会。(教育部、发展改革委、人力资源社会保障部等按职责分工负责)

(十八)加强宣传引导。大力宣传加强高校创新创业教育、促进大学生创新创业的必要性、重要性。及时总结推广各地区、各高校的好经验好做法,选树大学生创新创业成功典型,丰富宣传形式,培育创客文化,营造敢为人先、宽容失败的环境,形成支持大学生创新创业的社会

氛围。做好政策宣传宣讲,推动大学生用足用好税费减免、企业登记等支持政策。(教育部、中央宣传部牵头,地方各级人民政府、各有关部门按职责分工负责)

各地区、各有关部门要认真贯彻落实党中央、国务院决策部署,抓好本意见的贯彻落实。教育部要会同有关部门加强协调指导,督促支持大学生创新创业各项政策的落实,加强经验交流和推广。地方各级人民政府要加强组织领导,深入了解情况,优化创新创业环境,积极研究制定和落实支持大学生创新创业的政策措施,及时帮助大学生解决实际问题。

国家卫生健康委、中央机构编制委员会办公室、教育部、财政部、人力资源社会保障部关于实施大学生乡村医生专项计划的通知

· 2023 年 4 月 15 日
· 国卫基层发〔2023〕9 号

各省、自治区、直辖市卫生健康委、机构编制委员会办公室、教育厅(教委)、财政厅(局)、人力资源社会保障厅(局):

为促进乡村医疗卫生体系健康发展,补充和优化乡村医生队伍,提升乡村医疗卫生服务水平,促进医学专业高校毕业生就业,经研究决定,"十四五"期间在部分省份实施大学生乡村医生专项计划(以下简称专项计划),由各省专项招聘医学专业高校毕业生免试注册为乡村医生到村卫生室服务,并加大激励和保障力度,引导大学生乡村医生服务农村、扎根农村。现就有关要求通知如下:

一、充分认识实施专项计划的重要意义

习近平总书记对乡村医疗卫生体系发展高度重视,多次做出重要批示指示,领导部署有关方面积极研究推进乡村医疗卫生体系改革发展。乡村医生是最贴近亿万农村居民的健康"守护人",实施乡村振兴战略和全面推进健康中国建设对乡村医生的能力和素质提出了更高要求。经国务院同意,从 2020 年起,国家卫生健康委在部分省份实施医学专业高校毕业生免试申请乡村医生执业注册政策,已累计有 4300 名大学生乡村医生进入村卫生室服务,进一步充实并优化了乡村医生队伍,也一定程度促进了高校毕业生就业。实施专项计划,进一步落实医学专业高校毕业生免试申请乡村医生执业注册政策,完善激励和保障措施,引导更多高校毕业生到基层就业,是落实中央稳定就业决策部署的重要措施,也是推动乡村医生队伍优化的重要抓手。各地要切实提高政治站位,增强责任感和紧迫感,采取务实管用举措,确保专项计划落实落地。

二、明确专项计划实施范围和实施对象

已经实施医学专业高校毕业生免试申请乡村医生执业注册的省份,包括河北省、山西省、内蒙古自治区、辽宁省、山东省、湖北省、湖南省、广东省、广西壮族自治区、海南省、四川省、贵州省、云南省、西藏自治区、陕西省、甘肃省、青海省、宁夏回族自治区、新疆维吾尔自治区,其他有意愿的地区可参照执行。面向符合免试申请乡村医生执业注册条件的医学专业高校毕业生(含尚在择业期内未落实工作单位的毕业生),由有关省份组织专项招聘,免试注册为乡村医生到村卫生室服务。

三、做好大学生乡村医生招聘组织工作

有关省份卫生健康行政部门要积极对接教育部门和医学院校,从 2023 年起,每年 4 月底前统计汇总本省乡村医生招聘需求,会同教育、财政、人力资源社会保障等部门制定大学生乡村医生专项招聘计划,并通过互联网等渠道向社会发布岗位信息。省级教育部门及时了解医学毕业生动态信息,根据本省大学生乡村医生专项招聘计划,督促省内医学院校积极引导医学专业高校毕业生到村卫生室就业。有关医学院校要在校内公告栏、网站等多种平台发布乡村医生岗位招聘信息,协助搭建供需双方沟通的渠道,有条件的可与卫生健康行政部门联合举办毕业生供需洽谈及招聘会。

四、优化大学生乡村医生执业注册和管理

有意愿从事乡村医生的医学专业高校毕业生,向县级卫生健康行政部门申请办理乡村医生执业注册,注册程序按照《乡村医生从业管理条例》有关规定办理。各地应将大学生乡村医生作为招聘引进的医疗卫生人才,由乡镇卫生院与大学生乡村医生签订服务协议,明确服务期限,按规定落实相应社会保障待遇。期满后,经考核合格、本人自愿的,按照《乡村医生从业管理条例》继续担任乡村医生。

五、支持乡镇卫生院公开招聘符合条件的优秀大学生乡村医生

加大对优秀大学生乡村医生的政策支持保障力度。鼓励引导大学生乡村医生考取执业(助理)医师资格。以县为单位每 5 年动态调整乡镇卫生院人员编制总量,盘活用好存量编制;乡镇卫生院应当拿出一定数量的岗位公开招聘符合条件的优秀大学生乡村医生。具体办法由国家卫生健康委商中央编办、财政部、人力资源社会保障部等相关部门另行制定。

六、拓宽大学生乡村医生职业发展空间

大学生乡村医生上岗前，县级卫生健康行政部门要组织做好岗前培训，帮助其了解掌握乡村医生执业规则和特点。各级卫生健康行政部门要加大大学生乡村医生的继续医学教育资源供给。中央财政通过现有卫生健康人才培养项目，支持开展大学生乡村医生能力提升培训，确保上岗后3年（含）内完成一轮培训。各地要通过培训、进修等方式不断提高乡村医生医学综合能力和实践技能，为其考取执业（助理）医师资格创造条件。教育部门应统筹各级医学院校教育资源，为大学生乡村医生提供学历提升教育机会。

七、完善大学生乡村医生激励措施

落实《关于进一步做好高校毕业生等青年就业创业工作的通知》（国办发〔2022〕13号）、《关于印发〈学生资助资金管理办法〉的通知》（财教〔2021〕310号）有关要求，到中西部地区、艰苦边远地区、老工业基地村卫生室工作的中央高校应届毕业生，服务期在3年（含）以上的，按规定享受基层就业学费补偿国家助学贷款代偿。鼓励有条件的地区将到村卫生室工作的地方高校应届毕业生纳入当地基层就业学费补偿国家助学贷款代偿资助范围。各地可按照学历、执业资格、职称、工作地点等因素在单位内部分配中对大学生乡村医生予以倾斜，进一步提高其收入待遇和岗位吸引力。

八、切实做好专项计划组织实施

有关省份要充分认识实施专项计划的重要意义，将实施专项计划作为补充乡村医生的主要途径，除订单定向培养和直接招聘具备执业（助理）医师资格的村医以外，应主要通过实施专项计划填补乡村医生空缺岗位。有关省级卫生健康行政部门要会同机构编制、教育、财政和人力资源社会保障等部门制定工作方案，精心组织实施，加强政策解读和宣传引导，形成良好的舆论氛围，及时研究解决实施过程中遇到的问题和困难，确保各项工作平稳推进，并于每年8月30日前将专项计划年度实施情况报送国家卫生健康委。

中共中央组织部、人力资源社会保障部、教育部、公安部、国务院国资委关于做好取消普通高等学校毕业生就业报到证有关衔接工作的通知

· 2023 年 4 月 23 日
· 人社部发〔2023〕26 号

各省、自治区、直辖市及新疆生产建设兵团党委组织部，政府人力资源社会保障厅（局）、教育厅（教委、教育局）、公安厅（局）、国资委，中央和国家机关各部委、各人民团体组织人事部门，各中央企业，部属各高等学校，部省合建各高等学校：

为深入贯彻党的二十大精神，全面落实党中央、国务院关于高校毕业生就业工作决策部署和《国务院办公厅关于进一步做好高校毕业生等青年就业创业工作的通知》（国办发〔2022〕13号）要求，切实做好普通高等学校毕业生就业报到证取消后有关衔接工作，更加便利高校毕业生求职就业，现就有关事项通知如下：

一、简化求职就业材料。2023年起，不再发放《全国普通高等学校本专科毕业生就业报到证》和《全国毕业研究生就业报到证》（以下统称就业报到证），取消就业报到证补办、改派手续，不再将就业报到证作为办理高校毕业生招聘录用、落户、档案接收转递等手续的必需材料。

二、建立去向登记制度。教育部门建立高校毕业生毕业去向登记制度，作为高校为毕业生办理离校手续的必要环节。高校要指导毕业生（含结业生）及时完成毕业去向登记，核实信息后及时报省级教育部门备案。实行定向招生就业办法的高校毕业生，省级教育部门和高校要指导其严格按照定向协议就业并登记去向信息。高校毕业生到户籍和档案接收管理部门办理相关手续时，教育部门应根据有关部门需要和毕业生本人授权，提供毕业生离校时相应去向登记信息查询核验服务。

三、做好户口迁移衔接。高校毕业生户籍可以迁往就业创业地（超大城市按现有规定执行），也可以迁往入学前户籍所在地。迁入地公安机关要根据毕业生就业情况、本人意愿和迁入地落户政策要求，办理户口迁移手续。

四、做好档案转递衔接。2023年起，组织人事部门和档案管理服务机构在审核和管理人事档案时，就业报到证不再作为必需的存档材料，之前档案材料中的就业报到证应继续保存，缺失的无需补办。高校要及时将高校毕业生登记表、成绩单等重要材料归入学生档案，按规定有序转递，个人不能自带和保管。到机关、国有企事业单位就业或定向招生就业的，转递至就业单位或定向单位；到非公单位就业、灵活就业及自主创业的，转递至就业创业地或户籍地公共就业人才服务机构，其中转递至就业创业地的，应提供相关就业创业信息；暂未就业的，可根据本人意愿转递至户籍地公共就业人才服务机构，或按规定在高校保留两年。档案接收管理部门要及时向社会公布服务机构和联系方式，各相关单位和公共就业

人才服务机构要认真做好毕业生档案接收工作。

五、做好报到入职衔接。用人单位可凭劳动(聘用)合同或就业协议书(含网签协议)或普通高等教育学历证书或其他双方约定的证明材料,为高校毕业生办理报到入职手续,参加工作时间按照高校毕业生毕业后实际入职之日计算,法律法规另有规定的从其规定。

六、完善信息查询渠道。用人单位、户籍和档案接收管理部门、公共就业人才服务机构在办理招聘录用、落户、档案接收转递等业务时,可通过查看学历证书、劳动(聘用)合同(就业协议、录用接收函)等,或通过全国高校毕业生毕业去向登记系统,查询离校时相应毕业去向信息。高校毕业生和有关单位可通过中国高等教育学生信息网查询和验证高校毕业生学历、学位信息。

各地各有关部门、用人单位和高校要按照通知要求,认真梳理调整原涉及就业报到证的办事规则流程并及时公告,进一步精简证明材料,不得额外或变相增加办理环节和申请材料,切实做好取消就业报到证有关工作衔接,为高校毕业生就业创业提供便利。

(六)职业教育与成人教育

中华人民共和国职业教育法

- 1996 年 5 月 15 日第八届全国人民代表大会常务委员会第十九次会议通过
- 2022 年 4 月 20 日第十三届全国人民代表大会常务委员会第三十四次会议修订
- 2022 年 4 月 20 日中华人民共和国主席令第 112 号公布
- 自 2022 年 5 月 1 日起施行

第一章 总 则

第一条 为了推动职业教育高质量发展,提高劳动者素质和技术技能水平,促进就业创业,建设教育强国、人力资源强国和技能型社会,推进社会主义现代化建设,根据宪法,制定本法。

第二条 本法所称职业教育,是指为了培养高素质技术技能人才,使受教育者具备从事某种职业或者实现职业发展所需要的职业道德、科学文化与专业知识、技术技能等职业综合素质和行动能力而实施的教育,包括职业学校教育和职业培训。

机关、事业单位对其工作人员实施的专门培训由法律、行政法规另行规定。

第三条 职业教育是与普通教育具有同等重要地位的教育类型,是国民教育体系和人力资源开发的重要组成部分,是培养多样化人才、传承技术技能、促进就业创业的重要途径。

国家大力发展职业教育,推进职业教育改革,提高职业教育质量,增强职业教育适应性,建立健全适应社会主义市场经济和社会发展需要、符合技术技能人才成长规律的职业教育制度体系,为全面建设社会主义现代化国家提供有力人才和技能支撑。

第四条 职业教育必须坚持中国共产党的领导,坚持社会主义办学方向,贯彻国家的教育方针,坚持立德树人、德技并修,坚持产教融合、校企合作,坚持面向市场、促进就业,坚持面向实践、强化能力,坚持面向人人、因材施教。

实施职业教育应当弘扬社会主义核心价值观,对受教育者进行思想政治教育和职业道德教育,培育劳模精神、劳动精神、工匠精神,传授科学文化与专业知识,培养技术技能,进行职业指导,全面提高受教育者的素质。

第五条 公民有依法接受职业教育的权利。

第六条 职业教育实行政府统筹、分级管理、地方为主、行业指导、校企合作、社会参与。

第七条 各级人民政府应当将发展职业教育纳入国民经济和社会发展规划,与促进就业创业和推动发展方式转变、产业结构调整、技术优化升级等整体部署、统筹实施。

第八条 国务院建立职业教育工作协调机制,统筹协调全国职业教育工作。

国务院教育行政部门负责职业教育工作的统筹规划、综合协调、宏观管理。国务院教育行政部门、人力资源社会保障行政部门和其他有关部门在国务院规定的职责范围内,分别负责有关的职业教育工作。

省、自治区、直辖市人民政府应当加强对本行政区域内职业教育工作的领导,明确设区的市、县级人民政府职业教育具体工作职责,统筹协调职业教育发展,组织开展督导评估。

县级以上地方人民政府有关部门应当加强沟通配合,共同推进职业教育工作。

第九条 国家鼓励发展多种层次和形式的职业教育,推进多元办学,支持社会力量广泛、平等参与职业教育。

国家发挥企业的重要办学主体作用,推动企业深度参与职业教育,鼓励企业举办高质量职业教育。

有关行业主管部门、工会和中华职业教育社等群团组织、行业组织、企业、事业单位等应当依法履行实施职业教育的义务,参与、支持或者开展职业教育。

第十条　国家采取措施,大力发展技工教育,全面提高产业工人素质。

国家采取措施,支持举办面向农村的职业教育,组织开展农业技能培训、返乡创业就业培训和职业技能培训,培养高素质乡村振兴人才。

国家采取措施,扶持革命老区、民族地区、边远地区、欠发达地区职业教育的发展。

国家采取措施,组织各类转岗、再就业、失业人员以及特殊人群等接受各种形式的职业教育,扶持残疾人职业教育的发展。

国家保障妇女平等接受职业教育的权利。

第十一条　实施职业教育应当根据经济社会发展需要,结合职业分类、职业标准、职业发展需求,制定教育标准或者培训方案,实行学历证书及其他学业证书、培训证书、职业资格证书和职业技能等级证书制度。

国家实行劳动者在就业前或者上岗前接受必要的职业教育的制度。

第十二条　国家采取措施,提高技术技能人才的社会地位和待遇,弘扬劳动光荣、技能宝贵、创造伟大的时代风尚。

国家对在职业教育工作中做出显著成绩的单位和个人按照有关规定给予表彰、奖励。

每年5月的第二周为职业教育活动周。

第十三条　国家鼓励职业教育领域的对外交流与合作,支持引进境外优质资源发展职业教育,鼓励有条件的职业教育机构赴境外办学,支持开展多种形式的职业教育学习成果互认。

第二章　职业教育体系

第十四条　国家建立健全适应经济社会发展需要,产教深度融合,职业学校教育和职业培训并重,职业教育与普通教育相互融通,不同层次职业教育有效贯通,服务全民终身学习的现代职业教育体系。

国家优化教育结构,科学配置教育资源,在义务教育后的不同阶段因地制宜、统筹推进职业教育与普通教育协调发展。

第十五条　职业学校教育分为中等职业学校教育、高等职业学校教育。

中等职业学校教育由高级中等教育层次的中等职业学校(含技工学校)实施。

高等职业学校教育由专科、本科及以上教育层次的高等职业学校和普通高等学校实施。根据高等职业学校设置制度规定,将符合条件的技师学院纳入高等职业学校序列。

其他学校、教育机构或者符合条件的企业、行业组织按照教育行政部门的统筹规划,可以实施相应层次的职业学校教育或者提供纳入人才培养方案的学分课程。

第十六条　职业培训包括就业前培训、在职培训、再就业培训及其他职业性培训,可以根据实际情况分级分类实施。

职业培训可以由相应的职业培训机构、职业学校实施。

其他学校或者教育机构以及企业、社会组织可以根据办学能力、社会需求,依法开展面向社会的、多种形式的职业培训。

第十七条　国家建立健全各级各类学校教育与职业培训学分、资历以及其他学习成果的认证、积累和转换机制,推进职业教育国家学分银行建设,促进职业教育与普通教育的学习成果融通、互认。

军队职业技能等级纳入国家职业资格认证和职业技能等级评价体系。

第十八条　残疾人职业教育除由残疾人教育机构实施外,各级各类职业学校和职业培训机构及其他教育机构应当按照国家有关规定接纳残疾学生,并加强无障碍环境建设,为残疾学生学习、生活提供必要的帮助和便利。

国家采取措施,支持残疾人教育机构、职业学校、职业培训机构及其他教育机构开展或者联合开展残疾人职业教育。

从事残疾人职业教育的特殊教育教师按照规定享受特殊教育津贴。

第十九条　县级以上人民政府教育行政部门应当鼓励和支持普通中小学、普通高等学校,根据实际需要增加职业教育相关教学内容,进行职业启蒙、职业认知、职业体验,开展职业规划指导、劳动教育,并组织、引导职业学校、职业培训机构、企业和行业组织等提供条件和支持。

第三章　职业教育的实施

第二十条　国务院教育行政部门会同有关部门根据经济社会发展需要和职业教育特点,组织制定、修订职业教育专业目录,完善职业教育教学等标准,宏观管理指导职业学校教材建设。

第二十一条　县级以上地方人民政府应当举办或者参与举办发挥骨干和示范作用的职业学校、职业培训机构,对社会力量依法举办的职业学校和职业培训机构给予指导和扶持。

　　国家根据产业布局和行业发展需要,采取措施,大力发展先进制造等产业需要的新兴专业,支持高水平职业学校、专业建设。

　　国家采取措施,加快培养托育、护理、康养、家政等方面技术技能人才。

　　第二十二条　县级人民政府可以根据县域经济社会发展的需要,设立职业教育中心学校,开展多种形式的职业教育,实施实用技术培训。

　　教育行政部门可以委托职业教育中心学校承担教育教学指导、教育质量评价、教师培训等职业教育公共管理和服务工作。

　　第二十三条　行业主管部门按照行业、产业人才需求加强对职业教育的指导,定期发布人才需求信息。

　　行业主管部门、工会和中华职业教育社等群团组织、行业组织可以根据需要,参与制定职业教育专业目录和相关职业教育标准,开展人才需求预测、职业生涯发展研究及信息咨询,培育供需匹配的产教融合服务组织,举办或者联合举办职业学校、职业培训机构,组织、协调、指导相关企业、事业单位、社会组织举办职业学校、职业培训机构。

　　第二十四条　企业应当根据本单位实际,有计划地对本单位的职工和准备招用的人员实施职业教育,并可以设置专职或者兼职实施职业教育的岗位。

　　企业应当按照国家有关规定实行培训上岗制度。企业招用的从事技术工种的劳动者,上岗前必须进行安全生产教育和技术培训;招用的从事涉及公共安全、人身健康、生命财产安全等特定职业(工种)的劳动者,必须经过培训并依法取得职业资格或者特种作业资格。

　　企业开展职业教育的情况应当纳入企业社会责任报告。

　　第二十五条　企业可以利用资本、技术、知识、设施、设备、场地和管理等要素,举办或者联合举办职业学校、职业培训机构。

　　第二十六条　国家鼓励、指导、支持企业和其他社会力量依法举办职业学校、职业培训机构。

　　地方各级人民政府采取购买服务,向学生提供助学贷款、奖助学金等措施,对企业和其他社会力量依法举办的职业学校和职业培训机构予以扶持;对其中的非营利性职业学校和职业培训机构还可以采取政府补贴、基金奖励、捐资激励等扶持措施,参照同级同类公办学校生均经费等相关经费标准和支持政策给予适当补助。

　　第二十七条　对深度参与产教融合、校企合作,在提升技术技能人才培养质量、促进就业中发挥重要主体作用的企业,按照规定给予奖励;对符合条件认定为产教融合型企业的,按照规定给予金融、财政、土地等支持,落实教育费附加、地方教育附加减免及其他税费优惠。

　　第二十八条　联合举办职业学校、职业培训机构的,举办者应当签订联合办学协议,约定各方权利义务。

　　地方各级人民政府及行业主管部门支持社会力量依法参与联合办学,举办多种形式的职业学校、职业培训机构。

　　行业主管部门、工会等群团组织、行业组织、企业、事业单位等委托学校、职业培训机构实施职业教育的,应当签订委托合同。

　　第二十九条　县级以上人民政府应当加强职业教育实习实训基地建设,组织行业主管部门、工会等群团组织、行业组织、企业等根据区域或者行业职业教育的需要建设高水平、专业化、开放共享的产教融合实习实训基地,为职业学校、职业培训机构开展实习实训和企业开展培训提供条件和支持。

　　第三十条　国家推行中国特色学徒制,引导企业按照岗位总量的一定比例设立学徒岗位,鼓励和支持有技术技能人才培养能力的企业特别是产教融合型企业与职业学校、职业培训机构开展合作,对新招用职工、在岗职工和转岗职工进行学徒培训,或者与职业学校联合招收学生,以工学结合的方式进行学徒培养。有关企业可以按照规定享受补贴。

　　企业与职业学校联合招收学生,以工学结合的方式进行学徒培养的,应当签订学徒培养协议。

　　第三十一条　国家鼓励行业组织、企业等参与职业教育专业教材开发,将新技术、新工艺、新理念纳入职业学校教材,并可以通过活页式教材等多种方式进行动态更新;支持运用信息技术和其他现代化教学方式,开发职业教育网络课程等学习资源,创新教学方式和学校管理方式,推动职业教育信息化建设与融合应用。

　　第三十二条　国家通过组织开展职业技能竞赛等活动,为技术技能人才提供展示技能、切磋技艺的平台,持续培养更多高素质技术技能人才、能工巧匠和大国工匠。

第四章　职业学校和职业培训机构

　　第三十三条　职业学校的设立,应当符合下列基本条件:

　　(一)有组织机构和章程;

　　(二)有合格的教师和管理人员;

　　(三)有与所实施职业教育相适应、符合规定标准和安全要求的教学及实习实训场所、设施、设备以及课程体

系、教育教学资源等;

(四)有必备的办学资金和与办学规模相适应的稳定经费来源。

设立中等职业学校,由县级以上地方人民政府或者有关部门按照规定的权限审批;设立实施专科层次教育的高等职业学校,由省、自治区、直辖市人民政府审批,报国务院教育行政部门备案;设立实施本科及以上层次教育的高等职业学校,由国务院教育行政部门审批。

专科层次高等职业学校设置的培养高端技术技能人才的部分专业,符合产教深度融合、办学特色鲜明、培养质量较高等条件的,经国务院教育行政部门审批,可以实施本科层次的职业教育。

第三十四条 职业培训机构的设立,应当符合下列基本条件:

(一)有组织机构和管理制度;

(二)有与培训任务相适应的课程体系、教师或者其他授课人员、管理人员;

(三)有与培训任务相适应、符合安全要求的场所、设施、设备;

(四)有相应的经费。

职业培训机构的设立、变更和终止,按照国家有关规定执行。

第三十五条 公办职业学校实行中国共产党职业学校基层组织领导的校长负责制,中国共产党职业学校基层组织按照中国共产党章程和有关规定,全面领导学校工作,支持校长独立负责地行使职权。民办职业学校依法健全决策机制,强化学校的中国共产党基层组织政治功能,保证其在学校重大事项决策、监督、执行各环节有效发挥作用。

校长全面负责本学校教学、科学研究和其他行政管理工作。校长通过校长办公会或者校务会议行使职权,依法接受监督。

职业学校可以通过咨询、协商等多种形式,听取行业组织、企业、学校毕业生等方面代表的意见,发挥其参与学校建设、支持学校发展的作用。

第三十六条 职业学校应当依法办学,依据章程自主管理。

职业学校在办学中可以开展下列活动:

(一)根据产业需求,依法自主设置专业;

(二)基于职业教育标准制定人才培养方案,依法自主选用或者编写专业课程教材;

(三)根据培养技术技能人才的需要,自主设置学习

制度,安排教学过程;

(四)在基本学制基础上,适当调整修业年限,实行弹性学习制度;

(五)依法自主选聘专业课教师。

第三十七条 国家建立符合职业教育特点的考试招生制度。

中等职业学校可以按照国家有关规定,在有关专业实行与高等职业学校教育的贯通招生和培养。

高等职业学校可以按照国家有关规定,采取文化素质与职业技能相结合的考核方式招收学生;对有突出贡献的技术技能人才,经考核合格,可以破格录取。

省级以上人民政府教育行政部门会同同级人民政府有关部门建立职业教育统一招生平台,汇总发布实施职业教育的学校及其专业设置、招生情况等信息,提供查询、报考等服务。

第三十八条 职业学校应当加强校风学风、师德师风建设,营造良好学习环境,保证教育教学质量。

第三十九条 职业学校应当建立健全就业创业促进机制,采取多种形式为学生提供职业规划、职业体验、求职指导等就业创业服务,增强学生就业创业能力。

第四十条 职业学校、职业培训机构实施职业教育应当注重产教融合,实行校企合作。

职业学校、职业培训机构可以通过与行业组织、企业、事业单位等共同举办职业教育机构、组建职业教育集团、开展订单培养等多种形式进行合作。

国家鼓励职业学校在招生就业、人才培养方案制定、师资队伍建设、专业规划、课程设置、教材开发、教学设计、教学实施、质量评价、科学研究、技术服务、科技成果转化以及技术技能创新平台、专业化技术转移机构、实习实训基地建设等方面,与相关行业组织、企业、事业单位等建立合作机制。开展合作的,应当签订协议,明确双方权利义务。

第四十一条 职业学校、职业培训机构开展校企合作、提供社会服务或者以实习实训为目的举办企业、开展经营活动取得的收入用于改善办学条件;收入的一定比例可以用于支付教师、企业专家、外聘人员和受教育者的劳动报酬,也可以作为绩效工资来源,符合国家规定的可以不受绩效工资总量限制。

职业学校、职业培训机构实施前款规定的活动,符合国家有关规定的,享受相关税费优惠政策。

第四十二条 职业学校按照规定的收费标准和办法,收取学费和其他必要费用;符合国家规定条件的,应

当予以减免;不得以介绍工作、安排实习实训等名义违法收取费用。

职业培训机构、职业学校面向社会开展培训的,按照国家有关规定收取费用。

第四十三条　职业学校、职业培训机构应当建立健全教育质量评价制度,吸纳行业组织、企业等参与评价,并及时公开相关信息,接受教育督导和社会监督。

县级以上人民政府教育行政部门应当会同有关部门、行业组织建立符合职业教育特点的质量评价体系,组织或者委托行业组织、企业和第三方专业机构,对职业学校的办学质量进行评估,并将评估结果及时公开。

职业教育质量评价应当突出就业导向,把受教育者的职业道德、技术技能水平、就业质量作为重要指标,引导职业学校培养高素质技术技能人才。

有关部门应当按照各自职责,加强对职业学校、职业培训机构的监督管理。

第五章　职业教育的教师与受教育者

第四十四条　国家保障职业教育教师的权利,提高其专业素质与社会地位。

县级以上人民政府及其有关部门应当将职业教育教师的培养培训工作纳入教师队伍建设规划,保证职业教育教师队伍适应职业教育发展的需要。

第四十五条　国家建立健全职业教育教师培养培训体系。

各级人民政府应当采取措施,加强职业教育教师专业化培养培训,鼓励设立专门的职业教育师范院校,支持高等学校设立相关专业,培养职业教育教师;鼓励行业组织、企业共同参与职业教育教师培养培训。

产教融合型企业、规模以上企业应当安排一定比例的岗位,接纳职业学校、职业培训机构教师实践。

第四十六条　国家建立健全符合职业教育特点和发展要求的职业学校教师岗位设置和职务(职称)评聘制度。

职业学校的专业课教师(含实习指导教师)应当具有一定年限的相应工作经历或者实践经验,达到相应的技术技能水平。

具备条件的企业、事业单位经营管理和专业技术人员,以及其他有专业知识或者特殊技能的人员,经教育教学能力培训合格的,可以担任职业学校的专职或者兼职专业课教师;取得教师资格的,可以根据其技术职称聘任为相应的教师职务。取得职业学校专业课教师资格可以视情况降低学历要求。

第四十七条　国家鼓励职业学校聘请技能大师、劳动模范、能工巧匠、非物质文化遗产代表性传承人等高技能人才,通过担任专职或者兼职专业课教师、设立工作室等方式,参与人才培养、技术开发、技能传承等工作。

第四十八条　国家制定职业学校教职工配备基本标准。省、自治区、直辖市应当根据基本标准,制定本地区职业学校教职工配备标准。

县级以上地方人民政府应当根据教职工配备标准、办学规模等,确定公办职业学校教职工人员规模,其中一定比例可以用于支持职业学校面向社会公开招聘专业技术人员、技能人才担任专职或者兼职教师。

第四十九条　职业学校学生应当遵守法律、法规和学生行为规范,养成良好的职业道德、职业精神和行为习惯,努力学习,完成规定的学习任务,按照要求参加实习实训,掌握技术技能。

职业学校学生的合法权益,受法律保护。

第五十条　国家鼓励企业、事业单位安排实习岗位,接纳职业学校和职业培训机构的学生实习。接纳实习的单位应当保障学生在实习期间按照规定享受休息休假、获得劳动安全卫生保护、参加相关保险、接受职业技能指导等权利;对上岗实习的,应当签订实习协议,给予适当的劳动报酬。

职业学校和职业培训机构应当加强对实习实训学生的指导,加强安全生产教育,协商实习单位安排与学生所学专业相匹配的岗位,明确实习实训内容和标准,不得安排学生从事与所学专业无关的实习实训,不得违反相关规定通过人力资源服务机构、劳务派遣单位,或者通过非法从事人力资源服务、劳务派遣业务的单位或个人组织、安排、管理学生实习实训。

第五十一条　接受职业学校教育,达到相应学业要求,经学校考核合格的,取得相应的学业证书;接受职业培训,经职业培训机构或者职业学校考核合格的,取得相应的培训证书;经符合国家规定的专门机构考核合格的,取得相应的职业资格证书或者职业技能等级证书。

学业证书、培训证书、职业资格证书和职业技能等级证书,按照国家有关规定,作为受教育者从业的凭证。

接受职业培训取得的职业技能等级证书、培训证书等学习成果,经职业学校认定,可以转化为相应的学历教育学分;达到相应职业学校学业要求的,可以取得相应的学业证书。

接受高等职业学校教育,学业水平达到国家规定的学位标准的,可以依法申请相应学位。

第五十二条　国家建立对职业学校学生的奖励和资

助制度,对特别优秀的学生进行奖励,对经济困难的学生提供资助,并向艰苦、特殊行业等专业学生适当倾斜。国家根据经济社会发展情况适时调整奖励和资助标准。

国家支持企业、事业单位、社会组织及公民个人按照国家有关规定设立职业教育奖学金、助学金,奖励优秀学生,资助经济困难的学生。

职业学校应当按照国家有关规定从事业收入或者学费收入中提取一定比例资金,用于奖励和资助学生。

省、自治区、直辖市人民政府有关部门应当完善职业学校资助资金管理制度,规范资助资金管理使用。

第五十三条　职业学校学生在升学、就业、职业发展等方面与同层次普通学校学生享有平等机会。

高等职业学校和实施职业教育的普通高等学校应当在招生计划中确定相应比例或者采取单独考试办法,专门招收职业学校毕业生。

各级人民政府应当创造公平就业环境。用人单位不得设置妨碍职业学校毕业生平等就业、公平竞争的报考、录用、聘用条件。机关、事业单位、国有企业在招录、招聘技术技能岗位人员时,应当明确技术技能要求,将技术技能水平作为录用、聘用的重要条件。事业单位公开招聘中有职业技能等级要求的岗位,可以适当降低学历要求。

第六章　职业教育的保障

第五十四条　国家优化教育经费支出结构,使职业教育经费投入与职业教育发展需求相适应,鼓励通过多种渠道依法筹集发展职业教育的资金。

第五十五条　各级人民政府应当按照事权和支出责任相适应的原则,根据职业教育办学规模、培养成本和办学质量等落实职业教育经费,并加强预算绩效管理,提高资金使用效益。

省、自治区、直辖市人民政府应当制定本地区职业学校生均经费标准或者公用经费标准。职业学校举办者应当按照生均经费标准或者公用经费标准按时、足额拨付经费,不断改善办学条件。不得以学费、社会服务收入冲抵生均拨款。

民办职业学校举办者应当参照同层次职业学校生均经费标准,通过多种渠道筹措经费。

财政专项安排、社会捐赠指定用于职业教育的经费,任何组织和个人不得挪用、克扣。

第五十六条　地方各级人民政府安排地方教育附加等方面的经费,应当将其中可用于职业教育的资金统筹使用;发挥失业保险基金作用,支持职工提升职业技能。

第五十七条　各级人民政府加大面向农村的职业教育投入,可以将农村科学技术开发、技术推广的经费适当用于农村职业培训。

第五十八条　企业应当根据国务院规定的标准,按照职工工资总额一定比例提取和使用职工教育经费。职工教育经费可以用于举办职业教育机构、对本单位的职工和准备招用人员进行职业教育等合理用途,其中用于企业一线职工职业教育的经费应当达到国家规定的比例。用人单位安排职工到职业学校或者职业培训机构接受职业教育的,应当在其接受职业教育期间依法支付工资,保障相关待遇。

企业设立具备生产与教学功能的产教融合实习实训基地所发生的费用,可以参照职业学校享受相应的用地、公用事业费等优惠。

第五十九条　国家鼓励金融机构通过提供金融服务支持发展职业教育。

第六十条　国家鼓励企业、事业单位、社会组织及公民个人对职业教育捐资助学,鼓励境外的组织和个人对职业教育提供资助和捐赠。提供的资助和捐赠,必须用于职业教育。

第六十一条　国家鼓励和支持开展职业教育的科学技术研究、教材和教学资源开发,推进职业教育资源跨区域、跨行业、跨部门共建共享。

国家逐步建立反映职业教育特点和功能的信息统计和管理体系。

县级以上人民政府及其有关部门应当建立健全职业教育服务和保障体系,组织、引导工会等群团组织、行业组织、企业、学校等开展职业教育研究、宣传推广、人才供需对接等活动。

第六十二条　新闻媒体和职业教育有关方面应当积极开展职业教育公益宣传,弘扬技术技能人才成长成才典型事迹,营造人人努力成才、人人皆可成才、人人尽展其才的良好社会氛围。

第七章　法律责任

第六十三条　在职业教育活动中违反《中华人民共和国教育法》、《中华人民共和国劳动法》等有关法律规定的,依照有关法律的规定给予处罚。

第六十四条　企业未依照本法规定对本单位的职工和准备招用的人员实施职业教育、提取和使用职工教育经费的,由有关部门责令改正;拒不改正的,由县级以上人民政府收取其应当承担的职工教育经费,用于职业教育。

第六十五条　职业学校、职业培训机构在职业教育活动中违反本法规定的,由教育行政部门或者其他有关部门责令改正;教育教学质量低下或者管理混乱,造成严重后果的,责令暂停招生、限期整顿;逾期不整顿或者经整顿仍达不到要求的,吊销办学许可证或者责令停止办学。

第六十六条　接纳职业学校和职业培训机构学生实习的单位违反本法规定,侵害学生休息休假、获得劳动安全卫生保护、参加相关保险、接受职业技能指导等权利的,依法承担相应的法律责任。

职业学校、职业培训机构违反本法规定,通过人力资源服务机构、劳务派遣单位或者非法从事人力资源服务、劳务派遣业务的单位或个人组织、安排、管理学生实习实训的,由教育行政部门、人力资源社会保障行政部门或者其他有关部门责令改正,没收违法所得,并处违法所得一倍以上五倍以下的罚款;违法所得不足一万元的,按一万元计算。

对前款规定的人力资源服务机构、劳务派遣单位或者非法从事人力资源服务、劳务派遣业务的单位或个人,由人力资源社会保障行政部门或者其他有关部门责令改正,没收违法所得,并处违法所得一倍以上五倍以下的罚款;违法所得不足一万元的,按一万元计算。

第六十七条　教育行政部门、人力资源社会保障行政部门或者其他有关部门的工作人员违反本法规定,滥用职权、玩忽职守、徇私舞弊的,依法给予处分;构成犯罪的,依法追究刑事责任。

第八章　附　则

第六十八条　境外的组织和个人在境内举办职业学校、职业培训机构,适用本法;法律、行政法规另有规定的,从其规定。

第六十九条　本法自 2022 年 5 月 1 日起施行。

中等职业学校职业指导工作规定

· 2018 年 4 月 20 日
· 教职成〔2018〕4 号

第一章　总　则

第一条　为规范和加强中等职业学校职业指导工作,不断提高人才培养质量,扩大优质职业教育资源供给,依据《中华人民共和国职业教育法》等法律法规,制订本规定。

第二条　职业指导是职业教育的重要内容,是职业学校的基础性工作。在中等职业学校开展职业指导工作,主要是通过学业辅导、职业指导教育、职业生涯咨询、创新创业教育和就业服务等,培养学生规划管理学业、职业生涯的意识和能力,培育学生的工匠精神和质量意识,为适应融入社会、就业创业和职业生涯可持续发展做好准备。

第三条　中等职业学校职业指导工作应深入贯彻习近平新时代中国特色社会主义思想,坚持立德树人、育人为本,遵循职业教育规律和学生成长规律,适应经济社会发展需求,完善机制、整合资源,构建全方位职业指导工作体系,动员学校全员参与、全程服务,持续提升职业指导工作水平。

第四条　中等职业学校职业指导工作应坚持以下原则:

(一)以学生为本原则。通过开展生动活泼的教学与实践活动,充分调动学生的积极性、主动性,引导学生参与体验,激发职业兴趣,增强职业认同,帮助学生形成职业生涯决策和规划能力。

(二)循序渐进原则。坚持从经济社会发展、学校办学水平以及学生自身实际出发,遵循学生身心发展和职业生涯发展规律,循序渐进开展有针对性的职业指导。

(三)教育与服务相结合原则。面向全体学生开展职业生涯教育,帮助学生树立正确的职业理想,学会职业选择。根据学生个体差异,开展有针对性的职业指导服务,为学生就业、择业、创业提供帮助,促进学生顺利就业创业和可持续发展。

(四)协同推进原则。职业指导工作应贯穿学校教育教学和管理服务的全过程,融入课程教学、实训实习、校企合作、校园文化活动和学生日常管理中,全员全程协同推进。

第二章　主要任务

第五条　开展学业辅导。激发学生的学习兴趣,帮助学生结合自身特点及专业,进行学业规划与管理,养成良好的学习习惯和行为,培养学生终身学习的意识与能力。

第六条　开展职业指导教育。帮助学生认识自我,了解社会,了解专业和职业,增强职业意识,树立正确的职业观和职业理想,增强学生提高职业素养的自觉性,培育职业精神;引导学生选择职业、规划职业,提高求职择业过程中的抗挫折能力和职业转换的适应能力,更好地适应和融入社会。

第七条　提供就业服务。帮助学生了解就业信息、就业有关法律法规,掌握求职技巧,疏导求职心理,促进顺利就业。鼓励开展就业后的跟踪指导。

第八条　开展职业生涯咨询。通过面谈或小组辅导,开展有针对性的职业咨询辅导,满足学生的个性化需求。鼓励有条件的学校面向社会开展职业生涯咨询服务和面向中小学生开展职业启蒙教育。

第九条　开展创新创业教育。帮助学生学习创新创业知识，了解创新创业的途径和方法，树立创新创业意识，提高创新创业能力。

第三章　主要途径

第十条　课程教学是职业指导的主渠道。中等职业学校应根据学生认知规律和身心特点，在开设应有的职业生涯规划课程基础上，采取必修、选修相结合的方式开设就业指导、创新创业等课程。持续改进教学方式方法，注重采用案例教学、情景模拟、行动教学等，提高教学效果。

第十一条　实践活动是职业指导的重要载体。中等职业学校可通过开展实训实习以及组织学生参加校内外拓展活动、企业现场参观培训、观摩人才招聘会等活动，强化学生的职业体验，提升职业素养。

第十二条　中等职业学校可通过职业心理倾向测评、创新创业能力测评、自我分析、角色扮演等个性化服务，帮助学生正确认识自我和社会，解决在择业和成长中的问题。

第十三条　中等职业学校应主动加强与行业、企业的合作，提供有效就业信息。组织供需见面会等，帮助学生推荐实习和就业单位。

第十四条　中等职业学校应充分利用各种优质网络资源，运用信息化手段开展职业指导服务。鼓励有条件的地区建立适合本地区需要的人才就业网络平台，发布毕业生信息和社会人才需求信息，为学生就业提供高效便捷的服务。

第四章　师资队伍

第十五条　中等职业学校应在核定的编制内至少配备1名具有一定专业水准的专兼职教师从事职业指导。鼓励选聘行业、企业优秀人员担任兼职职业指导教师。

第十六条　中等职业学校职业指导教师负责课程教学、活动组织、咨询服务等，其主要职责如下：

（一）了解学生的职业心理和职业认知情况，建立学生职业生涯档案，跟踪指导学生成长。

（二）根据学生职业认知水平，开展职业生涯规划、就业指导、创新创业等课程教学。

（三）策划和组织开展就业讲座、供需见面会、职业访谈等活动。

（四）结合学生个性化需要，提供有针对性的咨询服务或小组辅导。

（五）积极参加职业指导相关业务培训、教研活动、企业实践等，及时更新职业指导信息，提高职业指导的专业能力和教学科研水平。

（六）跟踪调查毕业生就业状况，做好总结分析反馈，为专业设置、招生、课程改革等提供合理化建议。

（七）配合做好其他职业指导相关工作。

第十七条　中等职业学校应加强职业指导教师的业务培训和考核。对职业指导教师的考核，注重过程性评价。

第五章　工作机制

第十八条　中等职业学校职业指导工作实行校长负责制。学校应建立专门工作机构，形成以专兼职职业指导教师为主体，班主任、思想政治课教师、学生管理人员等为辅助的职业指导工作体系。

第十九条　中等职业学校职业指导涉及教学管理、学生管理等工作领域，相关部门应积极配合支持。学校应主动对接行业组织、企业、家长委员会等，协同推进职业指导工作。

第二十条　中等职业学校应建立职业指导考核评价体系，定期开展职业指导工作评价，对在职业指导工作中做出突出贡献的，应予以相应激励。

第二十一条　中等职业学校应建立毕业生就业统计公告制度，按规定向上级主管部门报送并及时向社会发布毕业生就业情况。

第二十二条　中等职业学校应结合举办"职业教育活动周"等活动，积极展示优秀毕业生风采，广泛宣传高素质劳动者和技术技能人才先进事迹，大力弘扬劳模精神和工匠精神，营造劳动光荣的社会风尚和精益求精的敬业风气。

第六章　实施保障

第二十三条　各地教育行政部门和中等职业学校应为职业指导工作提供必要的人力、物力和经费保障，确保职业指导工作有序开展。

第二十四条　各地教育行政部门应加强对中等职业学校校长、职业指导教师、其他管理人员的职业指导业务培训，将职业指导纳入教师培训的必修内容。

第二十五条　各地教育行政部门应当积极协调人社、税务、金融等部门，为中等职业学校毕业生就业创业创造良好的政策环境。

第二十六条　中等职业学校应拓展和用足用好校内外职业指导场所、机构等资源。有条件的学校可建立学生创新创业孵化基地。

第二十七条　中等职业学校应将职业指导信息化建设统筹纳入学校整体信息化建设中,建立健全职业指导信息服务平台。

第二十八条　中等职业学校应加强职业指导的教学科研工作,与相关专业机构合作开展职业指导研究和课程建设,不断提高职业指导工作专业化水平。

第七章　附　则

第二十九条　各省、自治区、直辖市教育行政部门可依据本规定制订实施细则。

第三十条　本规定由教育部负责解释,自发布之日起施行。

中等职业学校专业设置管理办法(试行)

· 2010 年 9 月 10 日
· 教职成厅〔2010〕9 号

第一章　总　则

第一条　为进一步规范和完善中等职业学校专业设置管理,引导中等职业学校依法自主设置专业,促进人才培养质量和办学水平的提高,根据《中华人民共和国职业教育法》和有关规定,制定本办法。

第二条　中等职业学校专业设置要以科学发展观为指导,坚持以服务为宗旨,以就业为导向,适应经济社会发展、科技进步,特别是经济发展方式转变和产业结构调整升级的需要,适应各地、各行业对生产、服务一线高素质劳动者和技能型人才培养的需要,适应学生职业生涯发展的需要。

第三条　国家鼓励中等职业学校设置符合国家重点产业、新兴产业和区域支柱产业、特色产业的发展需求以及就业前景良好的专业。

第四条　中等职业学校依照相关规定要求,可自主开设、调整和停办专业。

第五条　中等职业学校设置专业应以教育部发布的《中等职业学校专业目录》(以下简称《目录》)为基本依据。

第六条　各地和中等职业学校应做好专业建设规划,优化资源配置和专业结构,根据学校办学条件和区域产业结构情况设置专业,避免专业盲目设置和重复建设。

第七条　国务院教育行政部门负责全国中等职业学校专业设置的宏观指导,制定并定期修订《目录》。

行业主管部门负责本行业领域中等职业学校相关专业设置的指导工作。

第八条　省级教育行政部门负责本行政区域中等职业学校专业设置的统筹管理。

市(地)、县级教育行政部门管理中等职业学校专业设置的职责由各省(区、市)自行确定。

第二章　设置条件

第九条　中等职业学校设置专业须具备以下条件:

(一)依据国家有关文件规定制定的、符合专业培养目标的完整的实施性教学计划和相关教学文件;

(二)开设专业必需的经费和校舍、仪器设备、实习实训场所,以及图书资料、数字化教学资源等基本办学条件;

(三)完成所开设专业教学任务所必需的教师队伍、教学辅助人员和相关行业、企业兼职专业教师;

(四)具有中级以上专业技术职务(职称)、从事该专业教学的专业教师,行业、企业兼职教师应保持相对稳定。

各地应根据区域经济社会发展实际,结合专业特点,进一步明确上述基本条件的相关细化指标,使专业设置条件要求具体化。

第十条　各地教育行政部门在审查、备案新设专业时,应优先考虑有相关专业建设基础的学校;中等职业学校设置专业应注重结合自身的专业优势,重点建设与学校分类属性相一致的专业,以利于办出特色,培育专业品牌。

第三章　设置程序

第十一条　中等职业学校设置专业应遵循以下程序:

(一)开展行业、企业、就业市场调研,做好人才需求分析和预测;

(二)进行专业设置必要性和可行性论证;

(三)根据国家有关文件规定,制定符合专业培养目标的完整的实施性教学计划和相关教学文件;

(四)经相关行业、企业、教学、课程专家论证;

(五)征求相关部门意见,报教育行政部门备案。

第十二条　中等职业学校开设《目录》内专业,须经学校主管部门同意,报省级教育行政部门备案;开设《目录》外专业,须经省级教育行政部门备案后试办,按国家有关规定进行管理。

第十三条　中等职业学校开设医药卫生、公安司法、教育类等国家控制专业,应严格审查其办学资质。开设"保安"、"学前教育"专业以及"农村医学"、"中医"等医学类专业,应当符合相关行业主管部门规定的相关条件,报省级教育行政部门备案后开设。

第十四条　中等职业学校应根据经济社会发展、职业岗位和就业市场需求变化,及时对已开设专业的专业内涵、专业教学内容等进行调整。

中等职业学校根据办学实际停办已开设的专业,报市(地)级教育行政部门备案。

第四章　指导与检查

第十五条　省级教育行政部门对本行政区域内的中等职业学校专业设置实行指导、检查和监督。各地要定期对本地区中等职业学校专业设置管理情况进行检查指导,对试办的《目录》外专业要限期检查评估。新设《目录》外专业,由省级教育行政部门于每年3月报教育部备案。

第十六条　各地要建立由行业、企业、教科研机构和教育行政部门等组成的中等职业学校专业建设指导组织或机构,充分发挥其在中等职业学校专业建设中的作用。

中等职业学校应建立专业设置评议委员会,根据学校专业建设规划,定期对学校专业设置情况进行审议。

第十七条　省级教育行政部门每年要对本行政区域内的中等职业学校专业设置情况进行汇总,并向社会集中公布当年具有招生资格的学校和专业。对专业办学条件不达标、教学管理混乱、教学质量低下、就业率过低的,主管教育行政部门应责令学校限期整改;整改后仍达不到要求的,应暂停该专业招生。

第五章　附　则

第十八条　省级教育行政部门应根据本办法要求,制定本行政区域中等职业学校专业设置管理实施细则,并报教育部备案。

第十九条　本办法适用于实施中等职业学历教育的各类中等职业学校。

第二十条　本办法自发布之日起施行,教育部印发的《关于中等职业学校专业设置管理的原则意见》(教职成〔2000〕8号)同时废止。

中等职业学校设置标准

·2010年7月6日
·教职成〔2010〕12号

第一条　为规范中等职业学校的设置,促进学校建设,保证教育质量,提高办学效益,依据《教育法》《职业教育法》制定本标准。

第二条　本标准适用于公民、法人和其他组织依法设置的各类中等职业学校。

第三条　设置中等职业学校,应当符合当地职业教育发展规划,并达到《职业教育法》规定的基本条件。

第四条　中等职业学校应当具备法人条件,并按照国家有关规定办理法人登记。

第五条　设置中等职业学校,应具有学校章程。学校章程包括:名称、校址、办学宗旨、学校内部管理体制和运行机制、教职工管理、学生管理、教育教学管理、校产和财务管理、学校章程的修订等内容。

第六条　中等职业学校应当具备基本的办学规模。其中,学校学历教育在校生数应在1200人以上。

第七条　中等职业学校应当具有与学校办学规模相适应的专任教师队伍,兼职教师比例适当。

专任教师一般不少于60人,师生比达到1∶20,专任教师学历应达到国家有关规定。专任教师中,具有高级专业技术职务人数不低于20%。

专业教师数应不低于本校专任教师数的50%,其中双师型教师不于30%。每个专业至少应配备具有相关专业中级以上专业技术职务的专任教师2人。

聘请有实践经验的兼职教师应占本校专任教师总数的20%左右。

第八条　应有与办学规模和专业设置相适应的校园、校舍和设施。

校园占地面积(不含教职工宿舍和相对独立的附属机构):新建学校的建设规划总用地不少于40000平方米;生均用地面积指标不少于33平方米。

校舍建筑面积(不含教职工宿舍和相对独立的附属机构):新建学校建筑规划面积不少于24000平方米;生均校舍建筑面积指标不少20平方米。

体育用地:应有200米以上环型跑道的田径场,有满足教学和体育活动需要的其他设施和场地,符合《学校体育工作条例》的基本要求。卫生保健、校园安全机构健全,教学、生活设施设备符合《学校卫生工作条例》的基本要求,校园安全有保障。

图书馆和阅览室:适用印刷图书生均不少于30册;报刊种类80种以上;教师阅览(资料)室和学生阅览室的座位数应分别按不低于专任教师总数的20%和学生总数的10%设置。

仪器设备:应当具有与专业设置相匹配、满足教学要求的实验、实习设施和仪器设备。工科类专业和医药类专业生均仪器设备价值不低于3000元,其他专业生均仪器设备价值不低于2500元。

实习、实训基地:要有与所设专业相适应的校内实训基地和相对稳定的校外实习基地,能够满足学生实习、实训需要。

要具备能够应用现代教育技术手段,实施现代远程职业教育及学校管理信息化所需的软、硬件设施、设备。其中,学校计算机拥有数量不少于每百生 15 台。

第九条 中等职业学校实行校长负责制。中等职业学校应当配备有较高思想政治素质和较强管理能力、熟悉职业教育发展规律的学校领导。

校长应具有从事三年以上教育教学工作的经历,校长及教学副校长应具有本科以上学历和高级专业技术职务,其他校级领导应具有本科以上学历和中级以上专业技术职务。

第十条 设置中等职业学校,应具有符合当地社会经济建设所需要的专业,有明确的教学计划、教学大纲等教学文件,以及相适应的课程标准和教材。

第十一条 中等职业学校应当具有必要的教育教学和管理等工作机构。

第十二条 中等职业学校办学经费应依据《职业教育法》和地方有关法规多渠道筹措落实。学校基本建设、实验实训设备、教师培训和生均经费等正常经费,应有稳定、可靠的来源和切实的保证。

第十三条 本标准为设置中等职业学校的基本标准,是教育行政部门审批、检查、评估、督导中等职业学校的基本依据。如今后国家有关部门对中等职业学校生均用地面积和生均校舍建筑面积有新规定,以新规定为准。省级教育行政部门可制定高于本标准的中等职业学校设置办法。

对于边远贫困地区设置中等职业学校,其办学规模和相应的办学条件可适当放宽要求。具体标准由省级教育行政部门依据本标准制定,报教育部备案。

对体育、艺术、特殊教育等类别中等职业学校,其办学规模及其相应办学条件的基本要求,由教育部会同有关部门另行公布。

第十四条 本标准自发布之日起施行。2001 年教育部制定的《中等职业学校设置标准(试行)》同时废止。

中等职业学校学生学籍管理办法

· 2010 年 5 月 13 日
· 教职成〔2010〕7 号

第一章 总 则

第一条 为加强中等职业学校学生学籍管理,保证学校正常的教育教学秩序,维护学生的合法权益,推进中等职业教育持续健康发展,依据《中华人民共和国教育法》、《中华人民共和国职业教育法》及其他有关法律法规,制定本办法。

第二条 本办法适用于中等职业学历教育学生的学籍管理,"3+2"分段五年制高等职业教育学生前三年学籍管理依照本办法执行。

第三条 中等职业学校应当加强学生学籍管理,建立健全学籍管理部门和相关制度,保障基本工作条件,落实管理责任,切实加强学籍管理。国家、省(区、市)、市(州)、县(市、区)教育行政部门对学校学籍管理工作实行分级管理,省级教育行政部门具有统筹管理的责任。

第二章 入学与注册

第四条 按照省级有关部门职业教育招生规定录取的学生,持录取通知书及本人身份证或户籍簿,按学校有关要求和规定到学校办理报到、注册手续。新生在办理报到、注册手续后取得学籍。

第五条 学校应当从学生入学之日起建立学生学籍档案,学生学籍档案内容包括:

1. 基本信息;
2. 思想品德评价材料;
3. 公共基础课程和专业技能课程成绩;
4. 享受国家助学金和学费减免的信息;
5. 在校期间的奖惩材料;
6. 毕业生信息登记表。

学籍档案由专人管理,学生离校时,由学校归档保存或移交相关部门。

第六条 学校应当将新生基本信息,各年级学生变动名册(包括转入、转出、留级、休学、退学、注销、复学、死亡的学生等情况)及时输入中等职业学校学生信息管理系统,并报教育主管部门。教育主管部门逐级审核后上报至国家教育行政部门。

第七条 新生应当按照学校规定时间到校报到,办理入学注册手续。因特殊情况,不能如期报到,应当持有关证明向学校提出书面申请。如在学校规定期限内不到学校办理相关手续,视为放弃入学资格。

第八条 学生入学后,学校发现其不符合招生条件,应当注销其学籍,并报教育主管部门备案。

第九条 新生实行春、秋两季注册,春季注册截止日期为 4 月 20 日(限非应届初中毕业生);秋季注册截止日期为 11 月 20 日。

第十条 外籍或无国籍人员进入中等职业学校就读,应当按照国家留学生管理办法办理就读手续。港、澳、台学生按照国家有关政策办理就读手续。

第十一条 东部、中部和西部联合招生合作办学招收的学生,注册及学籍管理由学生当前就读学校按学校所在省(区、市)有关规定执行,不得重复注册学籍。

学校不得以虚假学生信息注册学生学籍,不得为同一学生以不同类型的高中阶段教育学校身份分别注册学籍,不得以不同类型职业学校身份分别向教育部门和人力资源社会保障部门申报学生学籍。

第三章 学习形式与修业年限

第十二条 学校实施全日制学历教育,主要招收初中毕业生或具有同等学力者,基本学制以3年为主;招收普通高中毕业生或同等学力者,基本学制以1年为主。

采用弹性学习形式的学生的修业年限,初中毕业起点或具有同等学力人员,学习时间原则上为3至6年;高中毕业起点或具有同等学力人员,学习时间原则上为1至3年。

第十三条 学校对实行学分制的学生,允许其在基本学制的基础上提前或推迟毕业,提前毕业一般不超过1年,推迟毕业一般不超过3年。

第四章 学籍变动与信息变更

第十四条 学生学籍变动包括转学、转专业、留级、休学、注销、复学及退学。采用弹性学习形式的学生,原则上不予转学、转专业或休学。

第十五条 学生因户籍迁移、家庭搬迁或个人意愿等原因可以申请转学。转学由学生本人和监护人提出申请,经转出学校同意,再向转入学校提出转学申请,转入学校同意后办理转学手续。对跨省转学的学生,由转入、转出学校分别报所在市级和省级教育行政部门备案。

在中等职业学校学习未满一学期的,不予转学;毕业年级学生不予转学;休学期间不予转学。

普通高中学生可以转入中等职业学校,但学习时间不得少于1年半。

第十六条 有下列情况之一,经学校批准,可以转专业:

1. 学生确有某一方面特长或兴趣爱好,转专业后有利于学生就业或长远发展;

2. 学生有某一方面生理缺陷或患有某种疾病,经县级及以上医院证明,不宜在原专业学习,可以转入本校其他专业学习;

3. 学生留级或休学,复学时原专业已停止招生。

已经享受免学费政策的涉农专业学生原则上不得转入其他专业,特殊情况应当经省级教育行政部门批准。

跨专业大类转专业,原则上在一年级第一学期结束前办理;同一专业大类转专业原则上在二年级第一学期结束前办理。毕业年级学生不得转专业。

第十七条 学生休学由学生本人和监护人提出申请,学校审核同意后,报教育行政部门备案。学生因病必须休学,应当持县级及以上医院病情诊断证明书。

学生休学期限、次数由学校规定。因依法服兵役而休学,休学期限与其服役期限相当。学生休学期间,不享受在校学生待遇。

第十八条 学生退学由学生本人和监护人提出申请,经学校批准,可办理退学手续。学生退学后,学校应当及时报教育主管部门备案。

学生具有下列情况之一,学校可以做退学处理:

1. 休学期满无特殊情况两周内未办理复学手续;

2. 连续休学两年,仍不能复学;

3. 一学期旷课累计达90课时以上;

4. 擅自离校连续两周以上。

第十九条 学生非正常死亡,学校应当及时报教育主管部门备案,教育主管部门逐级上报至省级教育行政部门备案。

第二十条 已注册学生(含注册毕业学生)各项信息修改属于信息变更,主要包括学生姓名、性别、出生日期、家庭住址、身份证号码、户口性质等。对信息变更,应当由学生本人或监护人提供合法身份证明等相关资料,学校修改后及时报教育行政部门备案。

第五章 成绩考核

第二十一条 学生应当按照学校规定参加教学活动。采用弹性学习形式的学生公共基础课程教学应当达到国家教育行政部门发布的教学大纲的基本要求,专业技能课程教学应当达到相应专业全日制的教学要求。

第二十二条 学校按照国家或行业有关标准和要求组织考试、考查。采用弹性学习形式的学生的专业能力评价可以视其工作经历、获得职业资格证书情况,折算相应学分或免于相关专业技能课程考试、考查。

第二十三条 学业成绩优秀的学生,由本人申请,经学校审批后,可以参加高一年级的课程考核,合格者可以获得相应的成绩或学分。

第二十四条 学生所学课程考试、考查不合格,学校应当提供补考机会,补考次数和时间由学校确定。学生缓考、留级由学校规定。学校应当及时将留级学生情况报教育主管部门备案。

第二十五条 考试、考查和学生思想品德评价结果,学校应当及时记入学生学籍档案。

第六章　工学交替与顶岗实习

第二十六条　学校应当按照法律法规和国家教育行政部门文件规定组织学生顶岗实习。实施工学交替的学校应当制订具体的实施方案,并报教育主管部门备案。

第二十七条　学生顶岗实习和工学交替阶段结束后,应当由企业和学校共同完成学生实习鉴定。学校应当将学生实习单位、岗位、鉴定结果等情况记入学籍档案。

第二十八条　采用弹性学习形式的学生有与所学专业相关工作经历的,学校可以视情况减少顶岗实习时间或免除顶岗实习。

第七章　奖励与处分

第二十九条　学生在德、智、体、美等方面表现突出,应当予以表彰和奖励。

学生奖励分为国家、省、市、县、校等层次,奖项包括单项奖和综合奖,具体办法由各级教育行政部门和学校分别制定。

对学生的表彰和奖励应当予以公示。

第三十条　学校对于有不良行为的学生,可以视其情节和态度分别给予警告、严重警告、记过、留校察看、开除学籍等处分。

学校做出开除学籍决定,应当报教育主管部门核准。

受警告、严重警告、记过、留校察看处分的学生,经过一段时间的教育,能深刻认识错误、确有改正进步的,应当撤销其处分。

第三十一条　学生受到校级及以上奖励或处分,学校应当及时通知学生或其监护人。学生对学校做出的处分决定有异议的,可以按照有关规定提出申诉。

学校应当依法建立学生申诉的程序与机构,受理并处理学生对处分不服提出的申诉。

学生对学校做出的申诉复查决定不服的,可以在收到复查决定之日起 15 个工作日内,向教育主管部门提出书面申诉。

教育主管部门应当在收到申诉申请之日起 30 个工作日内做出处理并答复。

第三十二条　对学生的奖励、记过及以上处分有关资料应当存入学生学籍档案。

对学生的处分撤销后,学校应当将原处分决定和有关资料从学生个人学籍档案中移出。

第八章　毕业与结业

第三十三条　学生达到以下要求,准予毕业:

1. 思想品德评价合格;

2. 修满教学计划规定的全部课程且成绩合格,或修满规定学分;

3. 顶岗实习或工学交替实习鉴定合格。

第三十四条　学生如提前修满教学计划规定的全部课程且达到毕业条件,经本人申请,学校同意,可以在学制规定年限内提前毕业。

第三十五条　毕业证书由国家教育行政部门统一格式并监制,省级教育行政部门统一印制,学校颁发。采用弹性学习形式的学生毕业证书应当注明学习形式和修业时间。

第三十六条　对于在规定的学习年限内,考核成绩(含实习)仍有不及格且未达到留级规定,或思想品德评价不合格者,以及实行学分制的学校未修满规定学分的学生,发给结业证书。

第三十七条　对未完成教学计划规定的课程而中途退学的学生,学校应当发给学生写实性学习证明。

第三十八条　毕业证书遗失可以由省级教育行政部门或其委托的机构出具学历证明书,补办学历证明书所需证明材料由省级教育行政部门规定。学历证明书与毕业证书具有同等效力。

第九章　附　则

第三十九条　各级教育行政部门和学校应当运用全国中等职业学校学生信息管理系统,及时准确填报、更新学生学籍信息。

第四十条　省级教育行政部门和学校应当根据本办法结合实际需要制定具体实施细则,并报上级教育行政部门备案。

第四十一条　本办法自发布之日起施行,教育部发布的原中等职业学校学生学籍管理相关规定同时废止。

中等职业学校管理规程

· 2010 年 5 月 13 日
· 教职成〔2010〕6 号

第一章　总　则

第一条　为进一步规范中等职业学校管理,全面提高管理水平、教育质量和办学效益,促进中等职业教育科学发展,依据《中华人民共和国教育法》、《中华人民共和国职业教育法》等相关法律法规,制定本规程。

第二条　本规程适用于依法设立的各类中等职业学校(包括普通中等专业学校、成人中等专业学校、职业高中、技工学校)。中等职业学校的设立依据国家和省级教育行政部门发布的中等职业学校设置标准,其设立、变更、终止应当报省级教育行政部门依法审批或备案。

第三条 中等职业学校实行学历教育和职业培训相结合,职前教育和职后教育相结合。积极开展农村实用技术培训、农村劳动力转移培训、农民工培训、下岗再就业培训、社区居民培训等各类教育培训活动。

第四条 中等职业学校实行全日制和非全日制相结合的教育形式。实施学历教育,主要招收初中毕业生和具有同等学力的人员,基本学制以三年为主;招收高中毕业生,基本学制以一年为主。学校在对学生进行高中层次文化知识教育的同时,根据职业岗位的要求实施职业道德教育、职业知识教育和职业技能训练,培养与我国社会主义现代化建设要求相适应,具有综合职业能力,在生产、管理、服务一线工作的高素质劳动者和技能型人才。

第五条 各级教育行政部门负有中等职业学校管理和组织领导职责,其他相关部门按照各自职责负责中等职业学校相关管理工作。

省级教育行政部门应当加强对学校办学资质的审核和监管,在每年春季招生工作开始前,公布本地区本年度具有招生和享受国家助学政策的学校名单。

第六条 学校应当依法制定学校章程,按照章程自主办学。学校实行校长负责制,聘任具备法定任职条件、熟悉职业教育规律、敬业创新、管理能力强的人员担任校长。新任校长应当经过岗前培训,持证上岗。学校章程中应当明确校长在学校发展规划、行政管理、教育教学管理、人事管理、财务管理等方面的责任、权利和义务。

学校建立健全校长考核及激励约束机制。

第二章 学校内部管理体制

第七条 学校建立校长全面负责行政工作、党组织保障监督、教职工民主参与管理的内部管理体制。民办学校实行理事会或者董事会领导下的校长负责制。

学校建立党组织,并确保党组织发挥监督、保障和参与重大决策的作用。学校应当在党组织领导下,建立共青团、学生会组织,组织开展生动有效的思想政治教育活动。

第八条 学校建立和完善教职工代表大会制度,依法保障教职工参与民主管理和监督的权利,发挥教职工代表大会参与学校重大决策的作用。学校建立工会组织,维护教职工合法权益。

第九条 学校根据国家有关政策,结合自身发展实际,合理设置内部管理机构,并明确其职责,规模较大的学校可以设置若干专业部(系),实行校、部(系)二级管理。

第三章 教职工管理

第十条 学校按照人事管理规定,科学设置各类岗位,公共基础课教师和专业技能课教师保持合理比例,实行固定岗位和流动岗位相结合、专职岗位和兼职岗位相结合的岗位管理办法,逐步提高同时具有教师资格证书和职业资格证书的"双师型"教师比例,不断优化教职工队伍结构。

第十一条 学校实行教师聘任制。根据《中华人民共和国教师法》和国家关于事业单位人员聘用制度的有关规定,科学制定学校教师聘任管理制度和具体管理办法。按照公开、平等、竞争、择优的原则,在定员、定岗、定责的基础上聘任、解聘或辞退教职工。学校应当建立健全保障教职工合法权益的程序和制度。

第十二条 学校实行教师职务制度。逐步提高同时具有中等职业学校教师职务和职业资格证书的专业课教师比例,实习指导教师应当具有相当于助理工程师及以上专业技术职务或者中级及以上工人技术等级。

学校建立有利于引进企业优秀专业技术人才到学校担任专、兼职教师的聘任制度。学校可以根据需要通过"特岗、特聘、特邀"等形式,向行业组织、企业和事业单位聘任专业课教师或实习指导教师。

第十三条 学校建立教师到企业实践制度。专业技能课教师、实习指导教师每两年应当有两个月以上时间到企业或生产服务一线实践。鼓励教师参加高一级学历进修或提高业务能力的培训。

第十四条 学校按照国家有关规定要求,建立健全师德考评奖励机制,开展师德师风教育、法制教育和安全教育。

学校应当加强班主任队伍建设,建立健全班主任业绩考核和激励约束机制。

第四章 教学管理

第十五条 学校应当设立教学管理机构,制定教学管理制度,建立健全教学管理运行机制,保证教学计划的实施。

第十六条 学校实行工学结合的人才培养模式,坚持专业教育与生产实践相结合。

第十七条 学校根据经济社会发展和劳动力市场需求,按照《中等职业学校专业目录》设置的专业,应当经学校主管部门同意,地市级以上教育行政部门核准,报省级教育行政部门备案。设置《中等职业学校专业目录》外专业,应当经省级教育行政部门核准,报国家教育行政部门备案。

学校应当与行业企业紧密合作,共同建立专业建设委员会和专业教学指导委员会,加强专业建设和教学指导。

第十八条 学校根据国家教育行政部门发布的指导性教学文件,制订实施性教学计划。

学校依据国家教育行政部门发布的教学大纲或教学指导方案组织教学、检查教学质量、评价教学效果、选编教材和装备教学设施。加强课程管理,严格执行国家教育行政部门设置的公共基础课程和专业技能课程,设置必修课和选修课。

第十九条 学校应当建立严格规范的教材管理制度。优先选用国家规划教材。根据培养目标和产业发展需要,可以开发使用校本教材。

第二十条 学校应当加强教学过程管理。建立健全教学质量监控与评价制度,有部门专门负责教学督导工作,定期组织实施综合性教学质量检查。

第二十一条 学校应当加强校内外实习实训基地的建设,加强对实践性教学环节的管理,保证实践教学的质量。建立健全学生实习就业管理制度,学校应有相应机构负责学生实习就业工作,加强对学生的安全教育,增强学生安全意识,提高学生自我防护能力。学校应当做好学生实习责任保险工作。

第二十二条 学校应当积极推行学历证书与职业资格证书并举的"双证书"制度。专业技能课程的教学内容应当与职业资格标准相结合,突出职业技能训练。学校应当组织学生参加职业技能鉴定,开展技能竞赛活动。

第二十三条 学校应当设立教学研究机构,加强教研和科研工作,积极组织教师参与国家和地方的教研活动。

第五章　德育管理

第二十四条 学校应当将德育工作放在首位,遵循学生身心发展规律,增强德育工作的针对性、实效性、时代性和吸引力,把社会主义核心价值体系融入职业教育人才培养的全过程,将德育全方位融入学校各方面工作。

第二十五条 学校应当加强对德育工作的组织和领导,明确各部门育人责任,设置德育和学生管理专门机构,建立专兼职学生管理队伍,使德育落实到教育教学工作的各个环节。

第二十六条 学校应当加强校园文化建设,优化校园人文环境和自然环境,完善校园文化活动设施,注重汲取产业文化的优秀成分,发挥文化、环境育人作用。

充分发挥共青团、学生会等学生社团组织在校园文化建设中的独特作用,开展丰富多彩的校园文化活动。

第二十七条 学校应当按照相关要求开足德育课课程,发挥德育课在德育工作中的主渠道、主阵地作用。加强其他课程教学和实习实训等环节的德育工作,强化职业道德教育。加强学生的心理健康教育。

第二十八条 学校应当建立和完善学生思想道德评价制度,改革德育考核办法,加强德育过程的评价管理,建立学生德育档案。

第六章　学生管理

第二十九条 学校应当依法保护学生合法权益,平等对待学生,尊重学生的个体差异,促进学生全面发展。

第三十条 学校应当严格执行国家教育行政部门发布的中等职业学校学生学籍管理及其他有关规定,认真做好学生入学注册、课堂教学、成绩考核、实习实训、学籍变动、纪律与考勤、奖励与处分以及毕业、结业等各项管理工作。

第三十一条 学校根据《中等职业学校德育大纲》等规定,制定学生日常行为管理规范,做好学生日常行为管理工作。

第三十二条 学校建立健全学生学习管理制度,加强学风建设,引导学生刻苦钻研理论和实践知识,努力提高综合职业素养。

第三十三条 学校建立健全学生奖励和处分制度,学生奖学金、助学金、减免学费等制度。

第七章　招生管理与就业服务

第三十四条 学校应当根据有关规定,按照教育行政部门和招生管理部门的要求,明确学校招生管理部门职责,做好招生工作,严肃招生纪律,规范招生行为。坚决杜绝有偿招生和通过非法中介招生,不得与不具备中等职业学历教育资质的学校或机构联合招生。学校发布招生广告(含招生简章),应当真实准确,并按照有关规定报教育行政部门备案。

第三十五条 学校应当加强职业指导工作,做好毕业生就业、创业服务工作,维护毕业生的合法权益。

第三十六条 学校应当制定招生管理和就业服务的规章制度,对违反规定的,应当追究相关部门和人员的责任。

第三十七条 学校违反有关规定开展招生和就业服务活动的,教育行政部门应当依据法律和有关规定给予严肃处理;对涉嫌犯罪的,应当移送司法机关,依法追究有关人员的法律责任。

第八章　资产管理与后勤服务

第三十八条　学校应当做好校园总体规划,做到功能分区合理,满足发展要求,体现职业教育特色。加强校园建设和管理,建设安全、整洁、文明、优美、和谐的学习、工作和生活环境。

第三十九条　学校应当依法建立健全财务、会计制度和资产管理制度,做好规范收费和财务公开,建立健全会计账簿,加强内部控制和审计制度。

第四十条　学校应当依照国家有关规定,加强和规范对国家助学金和免学费补助资金的管理,健全资助体系和监管机制,防范和杜绝违反国家有关规定骗取国家助学金和免学费补助资金等违规违法行为。

第四十一条　学校应当做好资产的登记、使用、维护、折旧和报废等资产管理工作。

第四十二条　学校应当按照规定,建立和完善设施设备采购、管理和使用制度。加强对教学设施,实习实训设施的管理。

第四十三条　学校应当加强后勤管理工作,创新后勤服务管理机制,促进后勤服务社会化,提高服务质量和效益。

第四十四条　学校应当依照有关规定,做好膳食、宿舍管理等后勤保障工作,为师生提供优质服务。

第九章　安全管理

第四十五条　学校应当制定安全预防、日常安全管理、应急处理等安全管理制度,落实安全责任制。设立安全管理机构,配备安全管理人员,全面开展安全管理工作。

第四十六条　学校应当保证校内建筑物及其附属设施、教学设备、土地、道路、绿化设施、交通工具等学校设施设备符合安全标准,定期检查,消除安全隐患。

第四十七条　学校应当加强学生的法制、安全、卫生防疫等教育,开展逃生避险、救护演练、消防演练等活动,增强学生的法制意识、安全意识、卫生意识。

第四十八条　学校应当保障校内活动中的学生和教职员工的安全,保障经由学校组织或批准的校外活动中学生和教职员工的安全。加强学生实验、实习实训安全管理。

第四十九条　学校应当加强与当地公安机关和社区的联系,建立校园安全联防制度和安全工作协调机制,加强学校周边环境综合治理。

第十章　附　则

第五十条　各省、自治区、直辖市教育行政部门可以依照本规程制定实施细则或相应的管理制度。

第五十一条　本规程从发布之日起施行。

职业学校学生实习管理规定

·2021 年 12 月 31 日
·教职成〔2021〕4 号

第一章　总　则

第一条　为规范和加强职业学校学生实习工作,维护学生、学校和实习单位合法权益,提高技术技能人才培养质量,推进现代职业教育高质量发展,更好地服务产业转型升级,依据《中华人民共和国教育法》《中华人民共和国职业教育法》《中华人民共和国劳动法》《中华人民共和国安全生产法》《中华人民共和国未成年人保护法》《中华人民共和国职业病防治法》及相关法律法规、规章,制定本规定。

第二条　本规定所指职业学校学生实习,是指实施全日制学历教育的中职学校、高职专科学校、高职本科学校(以下简称职业学校)学生按照专业培养目标要求和人才培养方案安排,由职业学校安排或者经职业学校批准自行到企(事)业等单位进行职业道德和技术技能培养的实践性教育教学活动,包括认识实习和岗位实习。

认识实习指学生由职业学校组织到实习单位参观、观摩和体验,形成对实习单位和相关岗位的初步认识的活动。

岗位实习指具备一定实践岗位工作能力的学生,在专业人员指导下,辅助或相对独立参与实际工作的活动。

对于建在校内或园区的生产性实训基地、厂中校、校中厂、虚拟仿真实训基地等,依照法律规定成立或登记取得法人、非法人组织资格的,可作为学生实习单位,按本规定进行管理。

第三条　学生实习的本质是教学活动,是实践教学的重要环节。组织开展学生实习应当坚持立德树人、德技并修,遵循学生成长规律和职业能力形成规律,理论与实践相结合,提升学生技能水平,锤炼学生意志品质,服务学生全面发展;应当纳入人才培养方案,科学组织,依法依规实施,切实保护学生合法权益,促进学生高质量就业创业。

第四条　地方各级人民政府相关部门应高度重视职业学校学生实习工作,切实履行责任,结合本地实际制订具体措施,鼓励企(事)业单位安排实习岗位、接纳职业学校学生实习。地方政府和行业相关部门应当鼓励和引导企(事)业单位等按岗位总量的一定比例,设立实习岗位并对外发布岗位信息。

第二章　实习组织

第五条　教育主管部门负责统筹指导职业学校学生实习工作;职业学校主管部门负责职业学校实习的监督管理。职业学校应将学生岗位实习情况按要求报主管部门备案。

第六条　职业学校应当选择符合以下条件的企(事)业单位作为实习单位:

(一)合法经营,无违法失信记录;

(二)管理规范,近3年无违反安全生产相关法律法规记录;

(三)实习条件完备,符合专业培养要求,符合产业发展实际;

(四)与学校有稳定合作关系的企(事)业单位优先。

第七条　职业学校在确定新增实习单位前,应当实地考察评估形成书面报告。考察内容应当包括:单位资质、诚信状况、管理水平、实习岗位性质和内容、工作时间、工作环境、生活环境以及健康保障、安全防护等。实习单位名单须经校级党组织会议研究确定后对外公开。

第八条　职业学校应当加强对实习学生的指导,会同实习单位共同组织实施学生实习,在实习开始前,根据人才培养方案共同制订实习方案,明确岗位要求、实习目标、实习任务、实习标准、必要的实习准备和考核要求、实施实习的保障措施等。

职业学校和实习单位应当分别选派经验丰富、综合素质好、责任心强、安全防范意识高的实习指导教师和专门人员全程指导,共同管理学生实习。要加强实习前培训,使学生、实习指导教师和专门人员熟悉各实习阶段的任务和要求。

实习岗位应符合专业培养目标要求,与学生所学专业对口或相近。原则上不得跨专业大类安排实习。

第九条　职业学校安排岗位实习,应当取得学生及其法定监护人(或家长)签字的知情同意书。对学生及其法定监护人(或家长)明确不同意学校实习安排的,可自行选择符合条件的岗位实习单位。

认识实习按照一般校外活动有关规定进行管理,由职业学校安排,学生不得自行选择。

第十条　学生自行选择符合条件的岗位实习单位,应由本人及其法定监护人(或家长)申请,经学校审核同意后实施,实习单位应当安排专门人员指导学生实习,职业学校要安排实习指导教师跟踪了解学生日常实习的情况。

第十一条　实习单位应当合理确定岗位实习学生占在岗人数的比例,岗位实习学生的人数一般不超过实习单位在岗职工总数的10%,在具体岗位实习的学生人数一般不高于同类岗位在岗职工总人数的20%。

任何单位或部门不得干预职业学校正常安排和实施实习方案,不得强制职业学校安排学生到指定单位实习,严禁以营利为目的违规组织实习。

第十二条　学生在实习单位的岗位实习时间一般为6个月,具体实习时间由职业学校根据人才培养方案安排,应基本覆盖专业所对应岗位(群)的典型工作任务,不得仅安排学生从事简单重复劳动。鼓励支持职业学校和实习单位结合学徒制培养、中高职贯通培养等,合作探索工学交替、多学期、分段式等多种形式的实践性教学改革。

第三章　实习管理

第十三条　职业学校应当明确学生实习工作分管校长和责任部门,规模大的学校应当设立专门管理部门,建立健全学生实习管理岗位责任制和相关管理制度与运行机制;会同实习单位制定学生实习工作具体管理办法和安全管理规定、实习学生安全及突发事件应急预案等制度。

职业学校应当充分运用现代信息技术,建设和完善信息化管理平台,与实习单位共同实施实习全过程管理。

第十四条　学生参加岗位实习前,职业学校、实习单位、学生三方必须以有关部门发布的实习协议示范文本为基础签订实习协议,并依法严格履行协议中有关条款。

未按规定签订实习协议的,不得安排学生实习。

第十五条　实习协议应当明确各方的责任、权利和义务,协议约定的内容不得违反相关法律法规。

实习协议应当包括但不限于以下内容:

(一)各方基本信息;

(二)实习的时间、地点、内容、要求与条件保障;

(三)实习期间的食宿、工作时间和休息休假安排;

(四)实习报酬及支付方式;

(五)实习期间劳动保护和劳动安全、卫生、职业病危害防护条件;

(6)责任保险与伤亡事故处理办法;

(七)实习考核方式;

(八)各方违约责任;

(九)三方认为应当明确约定的其他事项。

第十六条　职业学校和实习单位要依法保障实习学生的基本权利,并不得有以下情形:

(一)安排、接收一年级在校学生进行岗位实习;

(二)安排、接收未满16周岁的学生进行岗位实习;

（三）安排未成年学生从事《未成年工特殊保护规定》中禁忌从事的劳动；

（四）安排实习的女学生从事《女职工劳动保护特别规定》中禁忌从事的劳动；

（五）安排学生到酒吧、夜总会、歌厅、洗浴中心、电子游戏厅、网吧等营业性娱乐场所实习；

（六）通过中介机构或有偿代理组织、安排和管理学生实习工作。

（七）安排学生从事 III 级强度及以上体力劳动或其他有害身心健康的实习。

第十七条　除相关专业和实习岗位有特殊要求，并事先报上级主管部门备案的实习安排外，实习单位应遵守国家关于工作时间和休息休假的规定，并不得有以下情形：

（一）安排学生从事高空、井下、放射性、有毒、易燃易爆，以及其他具有较高安全风险的实习；

（二）安排学生在休息日、法定节假日实习；

（三）安排学生加班和上夜班。

第十八条　接收学生岗位实习的实习单位，应当参考本单位相同岗位的报酬标准和岗位实习学生的工作量、工作强度、工作时间等因素，给予适当的实习报酬。在实习岗位相对独立参与实际工作、初步具备实践岗位独立工作能力的学生，原则上应不低于本单位相同岗位工资标准的80%或最低档工资标准，并按照实习协议约定，以货币形式及时、足额、直接支付给学生，原则上支付周期不得超过 1 个月，不得以物品或代金券等代替货币支付或经过第三方转发。

第十九条　在遇有自然灾害、事故灾难、公共安全等突发事件或重大风险时，按照属地管理要求，分不同风险等级、实习阶段做好分类管控工作。

第二十条　职业学校和实习单位不得向学生收取实习押金、培训费、实习报酬提成、管理费、实习材料费、就业服务费或者其他形式的实习费用，不得扣押学生的学生证、居民身份证或其他证件，不得要求学生提供担保或者以其他名义收取学生财物。

第二十一条　实习学生应当遵守职业学校的实习要求和实习单位的规章制度、实习纪律及实习协议，爱护实习单位设施设备，完成规定的实习任务，撰写实习日志，并在实习结束时提交实习报告。

第二十二条　职业学校要和实习单位互相配合，在学生实习全过程中，加强思想政治、安全生产、道德法纪、心理健康等方面的教育。

第二十三条　职业学校要和实习单位建立学生实习信息通报制度，职业学校安排的实习指导教师和实习单位指定的专人应当负责学生实习期间的业务指导和日常巡查工作，原则上应当每日检查并向职业学校和实习单位报告学生实习情况。遇有重要情况应当立即报告，不得迟报、瞒报、漏报。

第二十四条　职业学校组织学生到外地实习，应当安排学生统一住宿。具备条件的实习单位应当为实习学生提供统一住宿。职业学校和实习单位要建立实习学生住宿制度和请销假制度。学生申请在统一安排的宿舍以外住宿的，须经学生法定监护人（或家长）签字同意，由职业学校备案后方可办理。

职业学校组织学生跨省实习的，须事先经学校主管部门同意，按程序报省级主管部门备案。实习派出地省级主管部门要同步将实习学校、实习单位、实习指导教师等信息及时提供实习单位所在地省级主管部门。跨省实习数量较大的省份之间，要建立跨省实习常态化协同机制。

实习单位所在地省级教育主管部门牵头，会同省级有关部门，将接收省外实习学生的本省实习单位按职责分工纳入本部门实习日常监管体系，将监管发现的有关问题及时告知实习派出省份省级教育主管部门，并积极协助实习派出省份协调实习所在地有关部门，做好有关事件处置工作。

第二十五条　安排学生赴国（境）外实习的，应当事先经学校主管部门同意，按程序报省级主管部门备案，并通过国家驻外有关机构了解实习环境、实习单位和实习内容等情况，必要时可派人实地考察。要选派指导教师全程参与，做好实习期间的管理和相关服务工作。

第二十六条　各地职业学校主管部门应当建立学生实习管理和综合服务平台，协调相关职能部门、行业企业、有关社会组织，为学生实习提供信息服务。省级教育主管部门要会同有关部门，加强统筹整合，推进信息互通共享。

第四章　实习考核

第二十七条　职业学校要会同实习单位，完善过程性考核与结果性考核有机结合的实习考核制度，根据实习目标、学生实习岗位职责要求制订具体考核方式和标准，共同实施考核。

学生实习考核要纳入学业评价，考核成绩作为毕业的重要依据。不得简单套用实习单位考勤制度，不得对学生简单套用员工标准进行考核。

第二十八条　职业学校应当会同实习单位对违反规

章制度、实习纪律、实习考勤考核要求以及实习协议的学生,进行耐心细致的思想教育,对学生违规行为依照校规校纪和有关实习管理规定进行处理。学生违规情节严重的,经双方研究后,由职业学校给予纪律处分;给实习单位造成财产损失的,依法承担相应责任。

对受到处理的学生,要有针对性地做好思想引导和教育管理工作。

第二十九条 职业学校应当组织做好学生实习情况的立卷归档工作。实习材料包括纸质材料和电子文档,具体包括以下内容:

(一)实习三方协议;

(二)实习方案;

(三)学生实习报告;

(四)学生实习考核结果;

(五)学生实习日志;

(六)学生实习检查记录;

(七)学生实习总结;

(八)有关佐证材料(如照片、音视频等)。

第五章 安全职责

第三十条 职业学校和实习单位要确立"安全第一、预防为主"的原则,强化实习单位主要负责人安全生产第一责任人职责,严格执行国家及地方安全生产、职业卫生、人格权保护等有关规定。职业学校主管部门应当会同相关行业主管部门加强实习安全监督检查。

第三十一条 实习单位应当健全本单位安全生产责任制,执行相关安全生产标准,健全安全生产规章制度和操作规程,制定生产安全事故应急救援预案,配备必要的安全保障器材和劳动防护用品,加强对实习学生的安全生产教育培训和管理,保障学生实习期间的人身安全和健康。未经教育培训或未通过考核的学生不得参加实习。

第三十二条 实习学生应遵守国家法律法规、校纪校规和实习单位安全管理规定,认真完成实习方案规定的实习任务,提高自我保护意识。

第三十三条 地方各级负有安全生产监督管理职责的部门要将实习安全责任履行情况作为安全生产检查的重要内容,在各自职责范围内对有关行业、领域实习单位落实安全生产主体责任实施监督管理,依法对实习单位制定并实施本单位实习学生教育培训计划落实情况进行监督检查。

第六章 保障措施

第三十四条 加快发展职业学校学生实习责任保险和适应职业学校学生实习需求的意外伤害保险产品,提高职业学校学生实习期间的风险保障水平。鼓励保险公司对学徒制保险专门确定费率,实现学生实习保险全覆盖。积极探索职业学校实习学生参加工伤保险办法。

第三十五条 职业学校和实习单位应当根据法律、行政法规,为实习学生投保实习责任保险。责任保险范围应当覆盖实习活动的全过程,包括学生实习期间遭受意外事故及由于被保险人疏忽或过失导致的学生人身伤亡,被保险人依法应当承担的赔偿责任以及相关法律费用等。

学生实习责任保险的费用可按照规定从职业学校学费中列支;免除学费的可从免学费补助资金中列支,不得向学生另行收取或从学生实习报酬中抵扣。职业学校与实习单位达成协议由实习单位支付学生实习责任保险投保经费的,实习单位支付的投保经费可从实习单位成本(费用)中列支。

鼓励实习单位为实习学生购买意外伤害险,投保费用可从实习单位成本(费用)中列支。

第三十六条 学生在实习期间受到人身伤害,属于保险赔付范围的,由承保保险公司按保险合同赔付标准进行赔付;不属于保险赔付范围或者超出保险赔付额度的部分,由实习单位、职业学校、学生依法承担相应责任;职业学校和实习单位应当及时采取救治措施,并妥善做好善后工作和心理抚慰。

第三十七条 地方各级工业和信息化部门应当鼓励先进制造业企业、省级"专精特新"中小企业、产教融合型企业等积极参与校企合作,提供实习岗位。

第三十八条 地方财政部门要落实职业学校生均拨款制度,统筹考虑学生实习安全保障相关支出和学费水平,科学合理确定生均拨款标准。实习单位因接收学生实习所实际发生的与取得收入有关的合理支出,依法在计算应纳税所得额时扣除。

第三十九条 地方各级国资部门应当指导国有企业特别是大型企业将实习纳入人力资源管理重要内容,对行为规范、成效显著的企业,按照有关规定予以相应政策支持。

第四十条 县级以上地方人民政府可结合实际,对实习工作成效明显的职业学校、实习学生和实习单位,按规定给予相应的激励。

第四十一条 职业学校应当对参与学生实习指导和管理工作中表现优秀的教师,在职称评聘和职务晋升、评优表彰等方面予以倾斜。

第七章　监督与处理

第四十二条　教育部门会同有关部门建立职业学校学生实习管理工作协调落实机制。有关部门根据部门职责加强日常监管,并结合教育督导、治安管理、安全生产检查、职业卫生监督检查、劳动保障监察、工商执法等,采取"双随机一公开"方式,联合开展监督检查,对支持职业学校实习工作成效显著的实习单位,按照国家有关规定予以激励和政策支持,对违规行为依法依规严肃处理。

第四十三条　地方各级教育部门应当会同有关部门,将职业学校学生实习情况作为职业学校质量监测、办学水平评价、领导班子工作考核、财政性教育经费分配等的重要指标;纳入学校和各级地方教育行政部门年度质量报告内容,向社会公布,接受社会监督;加强调研和宣传,推广典型经验做法。

第四十四条　地方各级市场监管部门要将治理实习违规行为纳入整顿和规范市场经济秩序有关工作体系,将有实习违规行为的企业信息纳入社会信用体系,并按规定进行失信联合惩戒。

第四十五条　有关部门和职业学校要通过热线电话、互联网、信访等途径,畅通政策咨询与情况反映渠道,汇总情况反映和问题线索并建立专门台账,按管理权限和职责分工组织进行整改。

第四十六条　对违反本规定组织学生实习的职业学校,由职业学校主管部门依法责令改正。拒不改正或者管理混乱,造成严重后果、恶劣影响的,应当对学校依据《中华人民共和国教育法》《中华人民共和国职业教育法》给予相应处罚,对直接负责的主管人员和其他直接责任人依照有关规定给予处分。因工作失误造成重大事故的,应当依法依规对相关责任人追究责任。

第四十七条　实习单位违反本规定,法律法规规定了法律责任的,县级以上地方人民政府或地方有关职能部门应当依法依规追究责任。职业学校可根据情况调整实习安排,根据实习协议要求实习单位承担相关责任。

对违反本规定安排、介绍或者接收未满16周岁学生在境内岗位实习的,由人力资源社会保障行政部门依照国家关于禁止使用童工法律法规进行查处;构成犯罪的,依法追究刑事责任。

对违反本规定从事学生实习中介活动或有偿代理的,法律法规规定了法律责任的,由相关部门依法依规追究责任;构成犯罪的,依法追究刑事责任。

第八章　附　则

第四十八条　各省、自治区、直辖市和新疆生产建设兵团教育主管部门应当会同人力资源社会保障等有关部门依据本规定,结合本地区实际制定实施细则或相应的管理制度。

第四十九条　非全日制职业教育、高中后中等职业教育学生,以及其他学校按规定开办的职业教育专业的学生实习参照本规定执行。

第五十条　本规定自印发之日起施行,此前发布的教育部及有关部门文件中,有关职业学校学生实习相关内容与此规定不一致的,以此规定为准。《职业学校学生实习管理规定》(教职成〔2016〕3号)同时废止。

高等职业学校设置标准(暂行)

·2000年3月15日
·教发〔2000〕41号

第一条　设置高等职业学校,必须配备具有较高政治素质和管理能力、品德高尚、熟悉高等教育、具有高等学校副高级以上专业技术职务的专职校(院)长和副校(院)长,同时配备专职德育工作者和具有副高级以上专业技术职务、具有从事高等教育工作经历的系科、专业负责人。

第二条　设置高等职业学校必须配备专、兼职结合的教师队伍,其人数应与专业设置、在校学生人数相适应。在建校初期,具有大学本科以上学历的专任教师一般不能少于70人,其中副高级专业技术职务以上的专任教师人数不应低于本校专任教师总数的20%;每个专业至少配备副高级专业技术职务以上的专任教师2人,中级专业技术职务以上的本专业的"双师型"专任教师2人;每门主要专业技能课程至少配备相关专业中级技术职务以上的专任教师2人。

第三条　设置高等职业学校,须有与学校的学科门类、规模相适应的土地和校舍,以保证教学、实践环节和师生生活、体育锻炼与学校长远发展的需要。建校初期,生均教学、实验、行政用房建筑面积不得低于20平方米;校园占地面积一般应在150亩左右(此为参考标准)。

必须配备与专业设置相适应的必要的实习实训场所、教学仪器设备和图书资料。适用的教学仪器设备的总值,在建校初期不能少于600万元;适用图书不能少于8万册。

第四条　课程设置必须突出高等职业学校的特色。实践教学课时一般应占教学计划总课时40%左右(不同科类专业可做适当调整);教学计划中规定的实验、实训课的开出率在90%以上;每个专业必须拥有相应的基础技能训练、模拟操作的条件和稳定的实习、实践活动基地。一般都必须开设外语课和计算机课并配备相应的设备。

第五条　建校后首次招生专业数应在 5 个左右。

第六条　设置高等职业学校所需基本建设投资和正常教学等各项工作所需的经费，须有稳定、可靠的来源和切实的保证。

第七条　新建高等职业学校应在 4 年内达到以下基本要求：

1. 全日制在校生规模不少于 2000 人；

2. 大学本科以上学历的专任教师不少于 100 人，其中，具有副高级专业技术职务以上的专任教师人数不低于本校专任教师总数的 25%；

3. 与专业设置相适应的教学仪器设备的总值不少于 1000 万元，校舍建筑面积不低于 6 万平方米，适用图书不少于 15 万册；

4. 形成了具有高等职业技术教育特色的完备的教学计划、教学大纲和健全的教学管理制度。

对于达不到上述基本要求的学校，视为不合格学校进行适当处理。

第八条　位于边远地区、民办或特殊类别的高等职业学校，在设置时，其办学规模及其相应的办学条件可以适当放宽要求。

第九条　自本标准发布之日以前制定的高等职业学校有关设置标准与本标准不一致的，以本标准为准。

国务院关于印发国家职业教育改革实施方案的通知

· 2019 年 1 月 24 日
· 国发〔2019〕4 号

现将《国家职业教育改革实施方案》印发给你们，请认真贯彻执行。

国家职业教育改革实施方案

职业教育与普通教育是两种不同教育类型，具有同等重要地位。改革开放以来，职业教育为我国经济社会发展提供了有力的人才和智力支撑，现代职业教育体系框架全面建成，服务经济社会发展能力和社会吸引力不断增强，具备了基本实现现代化的诸多有利条件和良好工作基础。随着我国进入新的发展阶段，产业升级和经济结构调整不断加快，各行各业对技术技能人才的需求越来越紧迫，职业教育重要地位和作用越发凸显。但

是，与发达国家相比，与建设现代化经济体系、建设教育强国的要求相比，我国职业教育还存在着体系建设不够完善、职业技能实训基地建设有待加强、制度标准不够健全、企业参与办学的动力不足、有利于技术技能人才成长的配套政策尚待完善、办学和人才培养质量水平参差不齐等问题，到了必须下大力气抓好的时候。没有职业教育现代化就没有教育现代化。为贯彻全国教育大会精神，进一步办好新时代职业教育，落实《中华人民共和国职业教育法》，制定本实施方案。

总体要求与目标：坚持以习近平新时代中国特色社会主义思想为指导，把职业教育摆在教育改革创新和经济社会发展中更加突出的位置。牢固树立新发展理念，服务建设现代化经济体系和实现更高质量更充分就业需要，对接科技发展趋势和市场需求，完善职业教育和培训体系，优化学校、专业布局，深化办学体制改革和育人机制改革，以促进就业和适应产业发展需求为导向，鼓励和支持社会各界特别是企业积极支持职业教育，着力培养高素质劳动者和技术技能人才。经过 5—10 年左右时间，职业教育基本完成由政府举办为主向政府统筹管理、社会多元办学的格局转变，由追求规模扩张向提高质量转变，由参照普通教育办学模式向企业社会参与、专业特色鲜明的类型教育转变，大幅提升新时代职业教育现代化水平，为促进经济社会发展和提高国家竞争力提供优质人才资源支撑。

具体指标：到 2022 年，职业院校教学条件基本达标，一大批普通本科高等学校向应用型转变，建设 50 所高水平高等职业学校和 150 个骨干专业（群）。建成覆盖大部分行业领域、具有国际先进水平的中国职业教育标准体系。企业参与职业教育的积极性有较大提升，培育数以万计的产教融合型企业，打造一批优秀职业教育培训评价组织，推动建设 300 个具有辐射引领作用的高水平专业化产教融合实训基地。职业院校实践性教学课时原则上占总课时一半以上，顶岗实习时间一般为 6 个月。"双师型"教师（同时具备理论教学和实践教学能力的教师）占专业课教师总数超过一半，分专业建设一批国家级职业教育教师教学创新团队。从 2019 年开始，在职业院校、应用型本科高校启动"学历证书+若干职业技能等级证书"制度试点（以下称 1+X 证书制度试点）工作。

一、完善国家职业教育制度体系

（一）健全国家职业教育制度框架。

把握好正确的改革方向，按照"管好两端、规范中间、书证融通、办学多元"的原则，严把教学标准和毕业学生

质量标准两个关口。将标准化建设作为统领职业教育发展的突破口，完善职业教育体系，为服务现代制造业、现代服务业、现代农业发展和职业教育现代化提供制度保障与人才支持。建立健全学校设置、师资队伍、教学教材、信息化建设、安全设施等办学标准，引领职业教育服务发展、促进就业创业。落实好立德树人根本任务，健全德技并修、工学结合的育人机制，完善评价机制，规范人才培养全过程。深化产教融合、校企合作、育训结合，健全多元化办学格局，推动企业深度参与协同育人，扶持鼓励企业和社会力量参与举办各类职业教育。推进资历框架建设，探索实现学历证书和职业技能等级证书互通衔接。

（二）提高中等职业教育发展水平。

优化教育结构，把发展中等职业教育作为普及高中阶段教育和建设中国特色职业教育体系的重要基础，保持高中阶段教育职普比大体相当，使绝大多数城乡新增劳动力接受高中阶段教育。改善中等职业学校基本办学条件。加强省级统筹，建好办好一批县域职教中心，重点支持集中连片特困地区每个地（市、州、盟）原则上至少建设一所符合当地经济社会发展和技术技能人才培养需要的中等职业学校。指导各地优化中等职业学校布局结构，科学配置并做大做强职业教育资源。加大对民族地区、贫困地区和残疾人职业教育的政策、金融支持力度，落实职业教育东西协作行动计划，办好内地少数民族中职班。完善招生机制，建立中等职业学校和普通高中统一招生平台，精准服务区域发展需求。积极招收初高中毕业未升学学生、退役军人、退役运动员、下岗职工、返乡农民工等接受中等职业教育；服务乡村振兴战略，为广大农村培养以新型职业农民为主体的农村实用人才。发挥中等职业学校作用，帮助部分学业困难学生按规定在职业学校完成义务教育，并接受部分职业技能学习。

鼓励中等职业学校联合中小学开展劳动和职业启蒙教育，将动手实践内容纳入中小学相关课程和学生综合素质评价。

（三）推进高等职业教育高质量发展。

把发展高等职业教育作为优化高等教育结构和培养大国工匠、能工巧匠的重要方式，使城乡新增劳动力更多接受高等教育。高等职业学校要培养服务区域发展的高素质技术技能人才，重点服务企业特别是中小微企业的技术研发和产品升级，加强社区教育和终身学习服务。建立"职教高考"制度，完善"文化素质+职业技能"的考试招生办法，提高生源质量，为学生接受高等职业教育提供多种入学方式和学习方式。在学前教育、护理、养老服务、健康服务、现代服务业等领域，扩大对初中毕业生实行中高职贯通培养的招生规模。启动实施中国特色高水平高等职业学校和专业建设计划，建设一批引领改革、支撑发展、中国特色、世界水平的高等职业学校和骨干专业（群）。根据高等学校设置制度规定，将符合条件的技师学院纳入高等学校序列。

（四）完善高层次应用型人才培养体系。

完善学历教育与培训并重的现代职业教育体系，畅通技术技能人才成长渠道。发展以职业需求为导向、以实践能力培养为重点、以产学研用结合为途径的专业学位研究生培养模式，加强专业学位硕士研究生培养。推动具备条件的普通本科高校向应用型转变，鼓励有条件的普通高校开办应用技术类型专业或课程。开展本科层次职业教育试点。制定中国技能大赛、全国职业院校技能大赛、世界技能大赛获奖选手等免试入学政策，探索长学制培养高端技术技能人才。服务军民融合发展，把军队相关的职业教育纳入国家职业教育大体系，共同做好面向现役军人的教育培训，支持其在服役期间取得多类职业技能等级证书，提升技术技能水平。落实好定向培养直招士官政策，推动地方院校与军队院校有效对接，推动优质职业教育资源向军事人才培养开放，建立军地网络教育资源共享机制。制订具体政策办法，支持适合的退役军人进入职业院校和普通本科高校接受教育和培训，鼓励支持设立退役军人教育培训集团（联盟），推动退役、培训、就业有机衔接，为促进退役军人特别是退役士兵就业创业作出贡献。

二、构建职业教育国家标准

（五）完善教育教学相关标准。

发挥标准在职业教育质量提升中的基础性作用。按照专业设置与产业需求对接、课程内容与职业标准对接、教学过程与生产过程对接的要求，完善中等、高等职业学校设置标准，规范职业院校设置；实施教师和校长专业标准，提升职业院校教学管理和教学实践能力。持续更新并推进专业目录、专业教学标准、课程标准、顶岗实习标准、实训条件建设标准（仪器设备配备规范）建设和在职业院校落地实施。巩固和发展国务院教育行政部门联合行业制定国家教学标准、职业院校依据标准自主制订人才培养方案的工作格局。

（六）启动1+X证书制度试点工作。

深化复合型技术技能人才培养培训模式改革，借鉴国际职业教育培训普遍做法，制订工作方案和具体管理办法，启动1+X证书制度试点工作。试点工作要进一步发挥好学历证书作用,夯实学生可持续发展基础,鼓励职业院校学生在获得学历证书的同时,积极取得多类职业技能等级证书,拓展就业创业本领,缓解结构性就业矛盾。国务院人力资源社会保障行政部门、教育行政部门在职责范围内,分别负责管理监督考核院校外、院校内职业技能等级证书的实施(技工院校内由人力资源社会保障行政部门负责),国务院人力资源社会保障行政部门组织制定职业标准,国务院教育行政部门依照职业标准牵头组织开发教学等相关标准。院校内培训可面向社会人群,院校外培训也可面向在校学生。各类职业技能等级证书具有同等效力,持有证书人员享受同等待遇。院校内实施的职业技能等级证书分为初级、中级、高级,是职业技能水平的凭证,反映职业活动和个人职业生涯发展所需要的综合能力。

(七)开展高质量职业培训。

落实职业院校实施学历教育与培训并举的法定职责,按照育训结合、长短结合、内外结合的要求,面向在校学生和全体社会成员开展职业培训。自 2019 年开始,围绕现代农业、先进制造业、现代服务业、战略性新兴产业,推动职业院校在 10 个左右技术技能人才紧缺领域大力开展职业培训。引导行业企业深度参与技术技能人才培养培训,促进职业院校加强专业建设、深化课程改革、增强实训内容、提高师资水平,全面提升教育教学质量。各级政府要积极支持职业培训,行政部门要简政放权并履行好监管职责,相关下属机构要优化服务,对于违规收取费用的要严肃处理。畅通技术技能人才职业发展通道,鼓励其持续获得适应经济社会发展需要的职业培训证书,引导和支持企业等用人单位落实相关待遇。对取得职业技能等级证书的离校未就业高校毕业生,按规定落实职业培训补贴政策。

(八)实现学习成果的认定、积累和转换。

加快推进职业教育国家"学分银行"建设,从 2019 年开始,探索建立职业教育个人学习账号,实现学习成果可追溯、可查询、可转换。有序开展学历证书和职业技能等级证书所体现的学习成果的认定、积累和转换,为技术技能人才持续成长拓宽通道。职业院校对取得若干职业技能等级证书的社会成员,支持其根据证书等级和类别免修部分课程,在完成规定内容学习后依法依规取得学历证书。对接受职业院校学历教育并取得毕业证书的学生,在参加相应的职业技能等级证书考试时可免试部分内容。从 2019 年起,在有条件的地区和高校探索实施试点工作,制定符合国情的国家资历框架。

三、促进产教融合校企"双元"育人

(九)坚持知行合一、工学结合。

借鉴"双元制"等模式,总结现代学徒制和企业新型学徒制试点经验,校企共同研究制定人才培养方案,及时将新技术、新工艺、新规范纳入教学标准和教学内容,强化学生实习实训。健全专业设置定期评估机制,强化地方引导本区域职业院校优化专业设置的职责,原则上每 5 年修订 1 次职业院校专业目录,学校依据目录灵活自主设置专业,每年调整 1 次专业。健全专业教学资源库,建立共建共享平台的资源认证标准和交易机制,进一步扩大优质资源覆盖面。遴选认定一大批职业教育在线精品课程,建设一大批校企"双元"合作开发的国家规划教材,倡导使用新型活页式、工作手册式教材并配套开发信息化资源。每 3 年修订 1 次教材,其中专业教材随信息技术发展和产业升级情况及时动态更新。适应"互联网+职业教育"发展需求,运用现代信息技术改进教学方式方法,推进虚拟工厂等网络学习空间建设和普遍应用。

(十)推动校企全面加强深度合作。

职业院校应当根据自身特点和人才培养需要,主动与具备条件的企业在人才培养、技术创新、就业创业、社会服务、文化传承等方面开展合作。学校积极为企业提供所需的课程、师资等资源,企业应当依法履行实施职业教育的义务,利用资本、技术、知识、设施、设备和管理等要素参与校企合作,促进人力资源开发。校企合作中,学校可从中获得智力、专利、教育、劳务等报酬,具体分配由学校按规定自行处理。在开展国家产教融合建设试点基础上,建立产教融合型企业认证制度,对进入目录的产教融合型企业给予"金融+财政+土地+信用"的组合式激励,并按规定落实相关税收政策。试点企业兴办职业教育的投资符合条件的,可按投资额一定比例抵免该企业当年应缴教育费附加和地方教育附加。厚植企业承担职业教育责任的社会环境,推动职业院校和行业企业形成命运共同体。

(十一)打造一批高水平实训基地。

加大政策引导力度,充分调动各方面深化职业教育改革创新的积极性,带动各级政府、企业和职业院校建设一批资源共享,集实践教学、社会培训、企业真实生产和社会技术服务于一体的高水平职业教育实训基地。面向先进制造业等技术技能人才紧缺领域,统筹多种资源,建设若干具有辐射引领作用的高水平专业化产教融合实训基地,推动开放共享,辐射区域内学校和企业;鼓励职业院校建设或校企共建一批校内实训基地,提升重点专业建设和校企合作育人水平。积极吸引企业和社会力量参与，指导各地各校借鉴德国、日本、瑞士等国家经验，探索创新实训基地运营模式。提高实训基地规划、管理水平，为社会公众、职业院校在校生取得职业技能等级证书和企业提升人力资源水平提供有力支撑。

（十二）多措并举打造"双师型"教师队伍。

从2019年起，职业院校、应用型本科高校相关专业教师原则上从具有3年以上企业工作经历并具有高职以上学历的人员中公开招聘，特殊高技能人才（含具有高级工以上职业资格人员）可适当放宽学历要求，2020年起基本不再从应届毕业生中招聘。加强职业技术师范院校建设，优化结构布局，引导一批高水平工科学校举办职业技术师范教育。实施职业院校教师素质提高计划，建立100个"双师型"教师培养培训基地，职业院校、应用型本科高校教师每年至少1个月在企业或实训基地实训，落实教师5年一周期的全员轮训制度。探索组建高水平、结构化教师教学创新团队，教师分工协作进行模块化教学。定期组织选派职业院校专业骨干教师赴国外研修访学。在职业院校实行高层次、高技能人才以直接考察的方式公开招聘。建立健全职业院校自主聘任兼职教师的办法，推动企业工程技术人员、高技能人才和职业院校教师双向流动。职业院校通过校企合作、技术服务、社会培训、自办企业等所得收入，可按一定比例作为绩效工资来源。

四、建设多元办学格局

（十三）推动企业和社会力量举办高质量职业教育。

各级政府部门要深化"放管服"改革，加快推进职能转变，由注重"办"职业教育向"管理与服务"过渡。政府主要负责规划战略、制定政策、依法依规监管。发挥企业重要办学主体作用，鼓励有条件的企业特别是大企业举办高质量职业教育，各级人民政府可按规定给予适当支持。完善企业经营管理和技术人员与学校领导、骨干教师相互兼职兼薪制度。2020年初步建成300个示范性职业教育集团（联盟），带动中小企业参与。支持和规范社会力量兴办职业教育培训，鼓励发展股份制、混合所有制等职业院校和各类职业培训机构。建立公开透明规范的民办职业教育准入、审批制度，探索民办职业教育负面清单制度，建立健全退出机制。

（十四）做优职业教育培训评价组织。

职业教育包括职业学校教育和职业培训，职业院校和应用型本科高校按照国家教学标准和规定职责完成教学任务和职业技能人才培养。同时，也必须调动社会力量，补充校园不足，助力校园办学。能够依据国家有关法规和职业标准、教学标准完成的职业技能培训，要更多通过职业教育培训评价组织（以下简称培训评价组织）等参与实施。政府通过放宽准入，严格末端监督执法，严格控制数量，扶优、扶大、扶强，保证培训质量和学生能力水平。要按照在已成熟的品牌中遴选一批、在成长中的品牌中培育一批、在有需要但还没有建立项目的领域中规划一批的原则，以社会化机制公开招募并择优遴选培训评价组织，优先从制订过国家职业标准并完成标准教材编写，具有专家、师资团队、资金实力和5年以上优秀培训业绩的机构中选择。培训评价组织应对接职业标准，与国际先进标准接轨，按有关规定开发职业技能等级标准，负责实施职业技能考核、评价和证书发放。政府部门要加强监管，防止出现乱培训、滥发证现象。行业协会要积极配合政府，为培训评价组织提供好服务环境支持，不得以任何方式收取费用或干预企业办学行为。

五、完善技术技能人才保障政策

（十五）提高技术技能人才待遇水平。

支持技术技能人才凭技能提升待遇，鼓励企业职务职级晋升和工资分配向关键岗位、生产一线岗位和紧缺急需的高层次、高技能人才倾斜。建立国家技术技能大师库，鼓励技术技能大师建立大师工作室，并按规定给予政策和资金支持，支持技术技能大师到职业院校担任兼职教师，参与国家重大工程项目联合攻关。积极推动职业院校毕业生在落户、就业、参加机关事业单位招聘、职称评审、职级晋升等方面与普通高校毕业生享受同等待遇。逐步提高技术技能人才特别是技术工人收入水平和地位。机关和企事业单位招用人员不得歧视职业院校毕业生。国务院人力资源社会保障行政部门会同有关部门，适时组织清理调整对技术技能人才的歧视政策，推动形成人人皆可成才、人人尽展其才的良好环境。按照国家有关规定加大对职业院校参加有关技能大赛成绩突出毕业生的表彰奖励力度。办好职业教育活动周和世界青年技能日宣传活动，深入开展"大国工匠进校园"、"劳模进校园"、"优秀职校生校园分享"等活动，宣传展示大国工匠、能工巧匠和高素质劳动者的事迹和形象，培育和传承好工匠精神。

（十六）健全经费投入机制。

各级政府要建立与办学规模、培养成本、办学质量等相适应的财政投入制度，地方政府要按规定制定并落实职业院校生均经费标准或公用经费标准。在保障教育合理投入的同时,优化教育支出结构,新增教育经费要向职业教育倾斜。鼓励社会力量捐资、出资兴办职业教育,拓宽办学筹资渠道。进一步完善中等职业学校生均拨款制度,各地中等职业学校生均财政拨款水平可适当高于当地普通高中。各地在继续巩固落实好高等职业教育生均财政拨款水平达到12000元的基础上,根据发展需要和财力可能逐步提高拨款水平。组织实施好现代职业教育质量提升计划、产教融合工程等。经费投入要进一步突出改革导向,支持校企合作,注重向中西部、贫困地区和民族地区倾斜。进一步扩大职业院校助学金覆盖面,完善补助标准动态调整机制,落实对建档立卡等家庭经济困难学生的倾斜政策,健全职业教育奖学金制度。

六、加强职业教育办学质量督导评价

(十七)建立健全职业教育质量评价和督导评估制度。

以学习者的职业道德、技术技能水平和就业质量,以及产教融合、校企合作水平为核心,建立职业教育质量评价体系。定期对职业技能等级证书有关工作进行"双随机、一公开"的抽查和监督,从2019年起,对培训评价组织行为和职业院校培训质量进行监测和评估。实施职业教育质量年度报告制度,报告向社会公开。完善政府、行业、企业、职业院校等共同参与的质量评价机制,积极支持第三方机构开展评估,将考核结果作为政策支持、绩效考核、表彰奖励的重要依据。完善职业教育督导评估办法,建立职业教育定期督导评估和专项督导评估制度,落实督导报告、公报、约谈、限期整改、奖惩等制度。国务院教育督导委员会定期听取职业教育督导评估情况汇报。

(十八)支持组建国家职业教育指导咨询委员会。

为把握正确的国家职业教育改革发展方向,创新我国职业教育改革发展模式,提出重大政策研究建议,参与起草、制订国家职业教育法律法规,开展重大改革调研,提供各种咨询意见,进一步提高政府决策科学化水平,规划并审议职业教育标准等,在政府指导下组建国家职业教育指导咨询委员会。成员包括政府人员、职业教育专家、行业企业专家、管理专家、职业教育研究人员、中华职业教育社等团体和社会各方面热心职业教育的人士。通过政府购买服务等方式,听取咨询机构提出的意见建议并鼓励社会和民间智库参与。政府可以委托国家职业教育指导咨询委员会作为第三方,对全国职业院校、普通高校、校企合作企业、培训评价组织的教育管理、教学质量、办学方式模式、师资培养、学生职业技能提升等情况,进行指导、考核、评估等。

七、做好改革组织实施工作

(十九)加强党对职业教育工作的全面领导。

以习近平新时代中国特色社会主义思想特别是习近平总书记关于职业教育的重要论述武装头脑、指导实践、推动工作。加强党对教育事业的全面领导,全面贯彻党的教育方针,落实中央教育工作领导小组各项要求,保证职业教育改革发展正确方向。要充分发挥党组织在职业院校的领导核心和政治核心作用,牢牢把握学校意识形态工作领导权,将党建工作与学校事业发展同部署、同落实、同考评。指导职业院校上好思想政治理论课,实施好中等职业学校"文明风采"活动,推进职业教育领域"三全育人"综合改革试点工作,使各类课程与思想政治理论课同向同行,努力实现职业技能和职业精神培养高度融合。加强基层党组织建设,有效发挥基层党组织的战斗堡垒作用和共产党员的先锋模范作用,带动学校工会、共青团等群团组织和学生会组织建设,汇聚每一位师生员工的积极性和主动性。

(二十)完善国务院职业教育工作部际联席会议制度。

国务院职业教育工作部际联席会议由教育、人力资源社会保障、发展改革、工业和信息化、财政、农业农村、国资、税务、扶贫等单位组成,国务院分管教育工作的副总理担任召集人。联席会议统筹协调全国职业教育工作,研究协调解决工作中重大问题,听取国家职业教育指导咨询委员会等方面的意见建议,部署实施职业教育改革创新重大事项,每年召开两次会议,各成员单位就有关工作情况向联席会议报告。国务院教育行政部门负责职业教育工作的统筹规划、综合协调、宏观管理,国务院教育行政部门、人力资源社会保障行政部门和其他有关部门在职责范围内,分别负责有关的职业教育工作。各成员单位要加强沟通协调,做好相关政策配套衔接,在国家和区域战略规划、重大项目安排、经费投入、企业办学、人力资源开发等方面形成政策合力。推动落实《中华人民共和国职业教育法》,为职业教育改革创新提供重要的制度保障。

职业技能等级证书监督管理办法(试行)

·2019年4月23日
·人社部发〔2019〕34号

为了建设全社会终身教育、继续教育、职业教育培训制度体系,构建国家资历框架,提高国民素质,建立推广国家职业标准,提升职业院校(含技工院校)学生和全社会劳动者就业技能,促进国家先进制造业和现代服务业水平提

升,解决目前国家经济社会发展部分重点领域技能人才十分短缺的问题,按照部门"三定"方案规定和《国家职业教育改革实施方案》(职教 20 条)要求,做好"学历证书+若干职业技能等级证书"制度试点工作,现就职业技能等级证书的监督管理,制定本办法。

一、动员、指导、扶持社会力量积极参与职业教育、职业培训工作。人力资源社会保障部建立完善、发掘、推荐国家职业标准,构建新时代国家职业标准制度体系。通过组织起草标准、借鉴国际先进标准、推介国内优秀企业标准等充实国家职业标准体系,逐步扩大对市场职业类别总量的覆盖面。教育部依据国家职业标准,牵头组织开发教学等相关标准。培训评价组织按有关规定开发职业技能等级标准。

二、职业技能等级证书按照"三同两别"原则管理,即"三同"是:院校外、院校内试点培训评价组织(含社会第三方机构,下同)对接同一职业标准和教学标准;两部门目录内职业技能等级证书具有同等效力和待遇;在学习成果认定、积累和转换等方面具有同一效能。"两别"是:人力资源社会保障部、教育部分别负责管理监督考核院校外、院校内职业技能等级证书的实施(技工院校内由人力资源社会保障行政部门负责);职业技能等级证书由参与试点的培训评价组织分别自行印发。

三、人力资源社会保障部、教育部分别依托有关方面,组织开展培训评价组织的招募和遴选工作,入围的培训评价组织实行目录管理。培训评价组织遴选及证书实施情况向国务院职业教育工作部际联席会议报告。两部门严格末端监督执法,定期进行"双随机、一公开"的抽查和监督。

四、人力资源社会保障部、教育部在国务院领导下开展试点工作,遇到具体问题,可通过部门协调机制解决。重大问题可通过国务院职业教育工作部际联席会议协调。

现代职业教育质量提升计划资金管理办法

· 2021 年 11 月 9 日
· 财教〔2021〕270 号

第一条　为规范和加强现代职业教育质量提升计划资金管理,提高资金使用效益,根据国家预算管理有关规定,制定本办法。

第二条　本办法所称现代职业教育质量提升计划资金(以下称提升计划资金),是指中央财政用于落实党中央、国务院有关要求、支持职业教育改革发展的共同财政事权转移支付资金。实施期限根据教育领域中央与地方财政事权和支出责任划分改革方案、职业教育改革发展等政策进行调整。

第三条　提升计划资金管理遵循"中央引导、省级统筹,奖补结合、突出重点,规范透明、责任清晰,注重绩效、强化监管"的原则。

第四条　提升计划资金用于支持增强职业教育适应性,推进职业教育改革发展,加快构建现代职业教育体系。具体支持内容和方式,由财政部、教育部根据党中央、国务院有关要求、相关规划以及年度重点工作等研究确定。2022-2025 年提升计划资金重点支持:

(一)支持各地落实高等职业学校(含职业本科学校,下同)生均拨款制度,并鼓励各地探索建立基于专业大类的差异化生均拨款制度,逐步提高生均拨款水平,改善办学条件;支持推进高等职业学校提质培优、产教融合、校企合作,推行"学历证书+若干职业技能等级证书"制度;支持各地开展中国特色高水平高职学校和专业建设等。

(二)支持各地落实中等职业学校生均拨款制度,并鼓励各地探索建立基于专业大类的差异化生均拨款制度,明确拨款标准并逐步提高生均拨款水平;支持各地在优化布局结构的基础上,改扩建中等职业学校校舍、实验实训场地以及其他附属设施,配置图书和教学仪器设备等;支持推进中等职业学校提质培优、产教融合、校企合作,推行"学历证书+若干职业技能等级证书"制度等。

(三)支持各地实施职业院校教师素质提高计划,加强"双师型"专任教师和"学历证书+若干职业技能等级证书"制度师资培养培训,提高教师教育教学水平;支持职业院校设立兼职教师岗位,优化教师队伍人员结构等。

第五条　教育部负责审核地方提出的本区域绩效目标等相关材料和数据,提供资金测算需要的基础数据,并对提供的基础数据的真实性、准确性、及时性负责。财政部根据预算管理相关规定,会同教育部研究确定各省份提升计划资金预算金额,审核提升计划资金的整体绩效目标。

省级财政、教育部门明确省级及省以下各级财政、教育部门在基础数据审核、资金安排、使用管理、绩效管理等方面的责任,切实加强资金管理。

地方各级财政、教育部门应当对上报影响资金分配结果的相关数据和信息的真实性、准确性、及时性负责。

第六条　提升计划资金采取因素法分配,包括高等职业学校奖补、中等职业学校奖补和职业院校教师素质提高计划奖补共三部分。财政部会同教育部综合考虑各地工作进展和改革成效、绩效评价等情况,研究确定绩效调节系数,对资金分配情况进行适当调节。

提升计划资金具体分配公式为:某省份提升计划资金=(高等职业学校奖补+中等职业学校奖补+职业院校教师素质提高计划奖补)×绩效调节系数

第七条　高等职业学校奖补资金包括拨款标准奖补和改革绩效奖补两部分。

对各省份以2021年为基期继续给予拨款标准奖补,并从2022年起逐步降低拨款标准奖补规模,用于进一步加大改革绩效奖补力度。改革绩效奖补分配因素包括基础因素和管理创新因素。其中:基础因素(权重80%)主要考虑学生数等高等职业教育事业发展情况、生均拨款水平等地方投入情况、巩固拓展脱贫攻坚成果同乡村振兴有效衔接情况等子因素。管理创新因素(权重20%)主要考虑落实党中央、国务院要求推动高等职业教育改革创新等子因素。

某省份高等职业学校奖补=该省份拨款标准奖补+(该省份改革绩效奖补基础因素/∑有关省份改革绩效奖补基础因素×权重+该省份改革绩效奖补管理创新因素/∑有关省份改革绩效奖补管理创新因素×权重)×改革绩效奖补年度资金预算

第八条　中等职业学校奖补资金分配因素包括:区域因素、基础因素和管理创新因素。奖补资金规模按中等职业教育区域发展水平等情况确定区域因素权重后,再按其他因素分配到相关省份。其中:基础因素(权重80%)主要考虑学生数等中等职业教育事业发展情况、生均拨款水平等地方投入情况、巩固拓展脱贫攻坚成果同乡村振兴有效衔接情况等子因素。管理创新因素(权重20%)主要考虑落实党中央、国务院要求推动中等职业教育改革创新等子因素。

某省份中等职业学校奖补=(该省份基础因素/∑该省份所在区域基础因素×权重+该省份管理创新因素/∑该省份所在区域管理创新因素×权重)×中等职业学校奖补年度资金预算×该省份所在区域因素权重

第九条　职业院校教师素质提高计划奖补资金分配因素包括基础因素和投入因素。其中:基础因素(权重80%)主要考虑职业院校教师队伍建设情况等子因素。投入因素(权重20%)主要考虑地方努力程度等子因素。

某省份职业院校教师素质提高计划奖补=(该省份基础因素/∑各省份基础因素×权重+该省份投入因素/∑各省份投入因素×权重)×职业院校教师素质提高计划奖补年度资金预算

第十条　对预算管理体制特殊的地方,提升计划资金预算数由财政部会同教育部根据财力可能,统筹考虑职业院校学校数、教师数等客观数据和职业教育发展需要等因素综合核定。

第十一条　各因素主要通过相关统计数据、资料等获得。落实党中央、国务院要求推动职业教育改革创新等子因素,由财政部、教育部确定。

第十二条　省级财政、教育部门应当于每年2月底前向财政部、教育部报送当年提升计划资金申报材料,并抄送财政部当地监管局。逾期不提交的,相应扣减相关分配因素得分。申报材料主要包括:

(一)上年度工作总结,主要包括上年度提升计划资金使用情况、年度绩效目标完成情况、地方财政投入情况、主要管理措施、落实党中央国务院要求推动职业教育改革创新情况、问题分析及对策。

(二)当年工作计划,主要包括当年职业教育工作目标、提升计划资金区域绩效目标表、重点任务特别是落实党中央、国务院要求推动职业教育改革创新情况和资金安排计划,绩效指标要指向明确、细化量化、合理可行、相应匹配。

第十三条　财政部于每年全国人民代表大会批准中央预算后三十日内,会同教育部正式下达提升计划资金预算,并按规定做好预算公开。每年10月31日前,提前下达下一年度提升计划资金预计数。省级财政部门在收到提升计划资金预算后,应当会同教育部门在三十日内按照预算级次合理分配、及时下达提升计划资金预算和绩效目标,并抄送财政部当地监管局。

第十四条　提升计划资金支付执行国库集中支付制度。涉及政府采购的,按照政府采购法律法规和有关制度执行。属于基本建设的项目,落实相关建设标准和要求,严禁超标准建设和豪华建设,并确保工程质量。年度未支出的提升计划资金,按照财政部结转结余资金管理有关规定执行。

第十五条　省级财政、教育部门在分配提升计划资金时,应当结合本地区年度重点工作和本级预算安排,加大省级统筹力度,注重提高投入效益,防止项目过于分散,并向边远、民族、脱贫地区以及主要经济带等区域经济重点发展地区倾斜,结合实际向现代农业、先进制造业、现代服务业、战略性新兴产业等国家或地方急需特需专业,民族文化传承与创新方面的专业倾斜,支持办好面向农村的职业教育。应当做好与发展改革部门安排基本建设项目等资金的统筹,防止资金、项目安排重复交叉。

第十六条　地方各级财政、教育部门应当落实新增教育经费向职业教育倾斜的要求,健全多渠道筹集职业教育经费的体制,综合运用各类政策手段,兼顾财政承受能力和政府债务风险防控要求,筹集更多资金用于职业教育发展。

第十七条　地方各级财政、教育部门应当按照全面实施预算绩效管理的要求,建立健全预算绩效管理机制,按规定科学合理设定绩效目标,对照绩效目标做好绩效监控、绩效评价,强化评价结果运用,做好绩效信息公开,提高资金配置效率和使用效益。财政部、教育部根据工作需要适时组织开展提升计划资金绩效评价,将评价结果作为预算安排、完善政策、改进管理的重要依据。

第十八条　职业院校应当健全预算管理制度,细化预算编制,严格预算执行;规范学校财务管理,加强国有资产管理,完善内部经费管理办法,健全内部控制制度,确保资金使用安全、规范和高效。

第十九条　提升计划资金应当按照规定安排使用,建立"谁使用、谁负责"的责任机制。严禁将提升计划资金用于平衡预算、偿还债务、支付利息、对外投资等支出,不得从提升计划资金中提取工作经费或管理经费。财政部各地监管局应当按照工作职责和财政部要求,对提升计划资金实施监管。

第二十条　各级财政、教育部门及其工作人员在提升计划资金分配和使用过程中存在违反本办法规定,以及其他滥用职权、玩忽职守、徇私舞弊等违法违规行为的,依法责令改正,对负有责任的领导人员和直接责任人员依法给予处分;涉嫌犯罪的,依法移送有关机关处理。

第二十一条　申报使用提升计划资金的部门、单位及个人在资金申报、使用过程中存在违法违规行为的,依照《中华人民共和国预算法》及其实施条例、《财政违法行为处罚处分条例》等国家有关规定追究相应责任;涉嫌犯罪的,依法移送有关机关处理。

第二十二条　本办法由财政部、教育部负责解释。各省级财政、教育部门可根据本办法,结合各地实际,制定具体管理办法,并抄送财政部当地监管局。

第二十三条　本办法自 2022 年 1 月 1 日起施行。《财政部　教育部关于印发〈现代职业教育质量提升计划资金管理办法〉的通知》(财教〔2019〕258 号)同时废止。

财政部、教育部关于调整
职业院校奖助学金政策的通知

· 2019 年 6 月 28 日
· 财教〔2019〕25 号

有关中央部门,各省、自治区、直辖市、计划单列市财政厅(局)、教育厅(局、教委),新疆生产建设兵团财政局、教育局:

为贯彻落实党的十九大精神和 2019 年《政府工作报告》等有关要求,坚持把立德树人作为教育的根本任务,进一步健全学生资助制度,提升职业教育吸引力,激励职业院校学生勤奋学习、勇于实践、提升技能水平,培养德智体美劳全面发展的社会主义建设者和接班人,经国务院同意,从 2019 年起扩大高等职业院校(以下简称高职院校)奖助学金覆盖面、提高补助标准,设立中等职业教育国家奖学金。现将有关事项通知如下:

一、扩大高职院校奖助学金覆盖面、提高补助标准

(一)增加高职院校国家奖学金名额。从 2019 年起,将本专科生国家奖学金奖励名额由 5 万名增加到 6 万名,增加的名额全部用于奖励特别优秀的全日制高职院校学生,奖励标准为每生每年 8000 元。

(二)扩大高职院校国家励志奖学金覆盖面。从 2019 年起,将高职学生国家励志奖学金覆盖面提高 10%,即由 3% 提高到 3.3%,奖励标准为每生每年 5000 元。

(三)扩大高职院校国家助学金覆盖面、提高补助标准。从 2019 年春季学期起,将高职学生国家助学金覆盖面提高 10%,平均补助标准从每生每年 3000 元提高到 3300 元。普通本科学生国家助学金平均补助标准同时从每生每年 3000 元提高到 3300 元。

二、设立中等职业教育国家奖学金

从 2019 年起,设立中等职业教育国家奖学金,用于奖励中等职业学校(含技工学校)全日制在校生中特别优秀的学生。每年奖励 2 万名,奖励标准为每生每年 6000 元。

财政部会同中央有关主管部门根据各省(自治区、直辖市、计划单列市)中等职业学校全日制在校生人数等因素分配中等职业教育国家奖学金的名额。各地在分配中等职业教育国家奖学金名额时,应当对办学质量较高的学校,以农林、地质、矿产、水利、养老、家政等专业和现代农业、先进制造业、现代服务业、战略性新兴产业等人才紧缺专业为主的学校予以适当倾斜。

三、切实抓好贯彻落实

调整职业院校奖助学金政策体现了党中央、国务院对广大学生特别是职业院校学生学习、生活的关心。各有关部门和学校要认真领会政策精神,不折不扣抓好落实,使更多学生享受力度更大的国家资助,使建档立卡贫困家庭的学生优先获得资助。对包括公办、民办在内的各类职业院校一视同仁,确保民办职业院校按规定享受同等政策。扩大高职院校奖助学金覆盖面、提高补助标准所需资金,继续由中央财政和地方财政按照现行渠道和分担方式共同承担;中等职业教育国家奖学金全部由中央财政承担,纳入学生资助资金管理。各地要按照《学生资助资金管理办法》(财科教〔2019〕19号)有关要求,统筹安排中央对地方转移支付资金和地方应承担的资金,及时下达预算,加强资金管理,督促省以下各级有关部门及各校做好奖助学金发放以及2019年春季学期助学金增补工作。

各地教育、财政等有关部门和学校要做好家庭经济困难学生认定、奖学金评审等工作,并加强与2019年高职院校扩招有关工作的衔接。要通过多种有效形式开展宣传解读,提高资助育人水平,切实把调整政策落到实处。

教育部办公厅关于进一步做好高职学校退役军人学生招收、培养与管理工作的通知

· 2020年10月28日
· 教职成厅函〔2020〕16号

各省、自治区、直辖市教育厅(教委),新疆生产建设兵团教育局:

为深入贯彻落实国务院关于高职扩招和加强退役军人教育培训工作有关部署,提升退役军人技术技能水平和就业创业能力,促进其充分稳定就业,现就进一步做好高职学校退役军人学生招收、培养与管理工作通知如下。

一、精准设置招生专业

(一)加强省级统筹。各省级教育行政部门要根据退役军人规模、区域分布等情况,统筹招收退役军人学生的高等职业学校布局。指导有关高职学校按照社会急需、基础适切、就业率高的原则,依托优质教育教学资源,根据地方经济社会发展需要,结合退役军人自身基础与优势等因素,在充分调研退役军人就业创业需求的基础上,统筹规划、科学设置专业。

(二)鼓励设置发挥退役军人优势的专业。有关高职学校应针对退役军人政治素质过硬、作风纪律严明、身体素质较好等优势,结合服役期间的业务专长,优先考虑设置社会工作、党务工作、健身指导与管理、救援技术、建设工程管理、汽车运用与维修技术、船舶工程技术、飞行器维修技术等专业,重点培养城乡社区和"两新组织"等基层党群工作者、体育和健身教练、消防和应急救援人员、建筑工程技术人员、汽车(或船舶、民用航空器)维修人员等高素质技术技能人才。

二、全面落实招生考试政策

(一)优化招生考试方式。鼓励符合高考报名条件的退役军人报考高职学校,由省级教育行政部门指导有关高职学校在高职分类招生考试中采取自愿报名、单列计划、单独考试、单独录取的办法组织实施,各校组织与报考专业相关的职业适应性面试或技能测试,鼓励采用情景模拟、问答、技术技能展示等方式进行测试。

(二)落实相关考试政策。符合条件的退役军人可免于文化素质考试,取得相关职业技能等级证书以及职业资格证书的,报考相关专业可免予职业技能测试。对于符合免试条件的技能拔尖退役军人,可以由高职学校按规定予以免试录取。鼓励高职学校通过联合考试或成绩互认等方式,减轻退役军人考试负担。

三、灵活确定培养模式

(一)创新培养模式。在标准不降的前提下,根据退役军人学生的学情调研分析结果,为退役军人学生提供个性化、菜单式培养方式,鼓励实施现代学徒制培养、订单培养、定向培养,鼓励半工半读、工学结合,缓解退役军人学生工学矛盾。

(二)单独制订人才培养方案。落实《教育部关于职业院校专业人才培养方案制订与实施工作的指导意见》(教职成〔2019〕13号)要求,单独编制适合退役军人学生培养的专业人才培养方案,合理设置课程,确保总学时不低于2500,其中集中学习不得低于总学时的40%。退役军人学生可按规定提出转专业、辅修第二专业等。退役军人学生可申请免修公共体育、军事技能和军事理论等课程,直接获得相应学分。

(三)灵活安排教学进程。退役军人入学后可实行弹性学制、弹性学期、弹性学时,学业年限3-6年。要充分发挥学分制优势,灵活学习时间,支持利用周末、寒暑假、晚间等开展教学。坚持集中教学和分散教学相结合,线下和线上相结合,在校学习和社区(企业)学习、"送教上门"相结合。创新实习管理方式,集中安排实习和学生自主实习相结合。用好专业教学资源库、在线开放课程、虚拟仿真实训等优质教学资源,鼓励采用项目式、案例式、问题式、参与式、讨论式等教学方法,融教学做于一体,使学生的技能不断提升。

四、创新教学管理与评价

（一）做好学分认定积累与转换。将退役军人服役期间的学历教育和非学历教育学习成果纳入职业教育国家学分银行。鼓励退役军人学生参加1+X证书制度试点，学习储备多种职业技能，拓展就业本领。对于取得职业技能等级证书的，根据证书等级和类别按规定免修相应课程或减免相应学分。

（二）创新学生管理。退役军人学生可单独编班，配足配强辅导员或班主任。对学习时间有保障的退役军人学生，经本人自愿申请，可编入统招生班级培养。鼓励退役军人学生选推"老班长"、党员、立功受奖人员担任学生干部，开展自我管理、自我教育、自我监督。鼓励符合条件的退役军人担任兼职辅导员，或参与学校军训指导、体育课教学、宿舍管理等。

（三）实施多元化考核评价。针对退役军人学生单独设计考核评价方法，积极探索考试与考查相结合、过程性考核与课程结业考试相结合、线上考试与线下考试相结合，对退役军人学生的学习成果进行多元评价，为退役军人学习提供方便。坚持"宽进严出"原则，修完规定内容、成绩合格、达到学校毕业要求的，由学校颁发普通全日制毕业证书。达到最长修学年限尚未达到毕业要求的，按照相关规定，颁发肄业证或结业证，坚决杜绝"清考"行为。

五、推进职业教育与继续教育融合

（一）开展学历继续教育。鼓励支持退役军人参加高等教育自学考试及各类学历继续教育。通过多种形式，支持具有高中学历的退役军人接受专科层次继续教育，符合条件的可接受本科层次继续教育；支持具有高等职业教育（专科）学历的退役军人接受本科层次继续教育。支持将退役军人纳入"一村一名大学生计划"等项目。

（二）扩大培训供给。鼓励社会力量和行业企业参与培训，开设符合产业升级和技术进步趋势、就业潜力大、含金量高的职业技能培训项目，提高退役军人就业创业能力。鼓励有条件的职业学校牵头组建退役军人教育培训集团（联盟），推动退役、培训、就业有机衔接。

六、完善服务保障体系

（一）健全联动工作机制。各省级教育行政部门要发挥好职业教育部门联席会议作用，主动加强与退役军人事务管理部门的沟通配合，统筹规划，定期会商，并向省委教育工作领导小组报告工作进展。

（二）加强就业创业指导。坚持就业导向，将就业指导贯穿教育全过程，开设职业生涯规划和就业指导课程，

大力开展订单、定岗、定向教育培训，促进退役军人充分就业。要加强退役军人创业教育，为他们成功创业提供便利、创造条件。

（三）做好典型宣传推广。各地要认真推广在退役军人学生培养中有突出贡献、重大创新、显著成效的学校典型案例，积极宣传广大教师和辅导员关心、支持、帮助退役军人学生学习就业的先进事迹，广大退役军人学生勤奋好学、厚德强技、创新创业的典型事例，营造支持退役军人教育培训和就业创业的良好氛围。

本科层次职业教育专业设置管理办法(试行)

·2021年1月22日
·教职成厅〔2021〕1号

第一章　总　则

第一条　为做好本科层次职业教育专业设置管理，根据《中华人民共和国教育法》《中华人民共和国职业教育法》《中华人民共和国学位条例》《中华人民共和国高等教育法》和《国家职业教育改革实施方案》等规定，制定本办法。

第二条　本科层次职业教育专业设置应牢固树立新发展理念，坚持需求导向、服务发展，顺应新一轮科技革命和产业变革，主动服务产业基础高级化、产业链现代化，服务建设现代化经济体系和实现更高质量更充分就业需要，遵循职业教育规律和人才成长规律，适应学生全面可持续发展的需要。

第三条　本科层次职业教育专业设置应体现职业教育类型特点，坚持高层次技术技能人才培养定位，进行系统设计，促进中等职业教育、专科层次职业教育、本科层次职业教育纵向贯通、有机衔接，促进普职融通。

第四条　教育部负责全国本科层次职业教育专业设置的管理和指导，坚持试点先行，按照更高标准，严格规范程序，积极稳慎推进。

第五条　省级教育行政部门根据教育部有关规定，做好本行政区域内高校本科层次职业教育专业建设规划，优化资源配置和专业结构。

第六条　教育部制订并发布本科层次职业教育专业目录，每年动态增补，五年调整一次。高校依照相关规定，在专业目录内设置专业。

第七条　本科层次职业教育专业目录是设置与调整本科层次职业教育专业、实施人才培养、组织招生、授予学位、指导就业、开展教育统计和人才需求预测等工作的

重要依据,是学生选择就读本科层次职业教育专业、社会用人单位选用毕业生的重要参考。

第二章　专业设置条件与要求

第八条　高校设置本科层次职业教育专业应紧紧围绕国家和区域经济社会产业发展重点领域,服务产业新业态、新模式,对接新职业,聚焦确需长学制培养的相关专业。原则上应符合第九条至第十四条规定的条件和要求。

第九条　设置本科层次职业教育专业需有详实的专业设置可行性报告。可行性报告包括对行业企业的调研分析,对自身办学基础和专业特色的分析,对培养目标和培养规格的论证,有保障开设本专业可持续发展的规划和相关制度等。拟设置的本科层次职业教育专业需与学校办学特色相契合,所依托专业应是省级及以上重点(特色)专业。

第十条　设置本科层次职业教育专业须有完成专业人才培养所必需的教师队伍,具体应具备以下条件:

(一)全校师生比不低于1∶18;所依托专业专任教师与该专业全日制在校生人数之比不低于1∶20,高级职称专任教师比例不低于30%,具有研究生学位专任教师比例不低于50%,具有博士研究生学位专任教师比例不低于15%。

(二)本专业的专任教师中,"双师型"教师占比不低于50%。来自行业企业一线的兼职教师占一定比例并有实质性专业教学任务,其所承担的专业课教学任务授课课时一般不少于专业课总课时的20%。

(三)有省级及以上教育行政部门等认定的高水平教师教学(科研)创新团队,或省级及以上教学名师、高层次人才担任专业带头人,或专业教师获省级及以上教学领域有关奖励两项以上。

第十一条　设置本科层次职业教育专业需有科学规范的专业人才培养方案,具体应具备以下条件:

(一)培养方案应校企共同制订,需遵循技术技能人才成长规律,突出知识与技能的高层次,使毕业生能够从事科技成果、实验成果转化,生产加工中高端产品、提供中高端服务,能够解决较复杂问题和进行较复杂操作。

(二)实践教学课时占总课时的比例不低于50%,实验实训项目(任务)开出率达到100%。

第十二条　设置本科层次职业教育专业需具备开办专业所必需的合作企业、经费、校舍、仪器设备、实习实训场所等办学条件:

(一)应与相关领域产教融合型企业等优质企业建立稳定合作关系。积极探索现代学徒制等培养模式,促进学历证书与职业技能等级证书互通衔接。

(二)有稳定的、可持续使用的专业建设经费并逐年增长。专业生均教学科研仪器设备值原则上不低于1万元。

(三)有稳定的、数量够用的实训基地,满足师生实习实训(培训)需求。

第十三条　设置本科层次职业教育专业需在技术研发与社会服务上有较好的工作基础,具体应具备以下条件:

(一)有省级及以上技术研发推广平台(工程研究中心、协同创新中心、重点实验室或技术技能大师工作室、实验实训基地等)。

(二)能够面向区域、行业企业开展科研、技术研发、社会服务等项目,并产生明显的经济和社会效益。

(三)专业面向行业企业和社会开展职业培训人次每年不少于本专业在校生人数的2倍。

第十四条　设置本科层次职业教育专业需有较高的培养质量基础和良好的社会声誉,具体应具备以下条件:

(一)所依托专业招生计划完成率一般不低于90%,新生报到率一般不低于85%。

(二)所依托专业应届毕业生就业率不低于本省域内高校平均水平。

第三章　专业设置程序

第十五条　专业设置和调整,每年集中通过专门信息平台进行管理。

第十六条　高校设置本科层次职业教育专业应以专业目录为基本依据,符合专业设置基本条件,并遵循以下基本程序:

(一)开展行业、企业、就业市场调研,做好人才需求分析和预测。

(二)在充分考虑区域产业发展需求的基础上,结合学校办学实际,进行专业设置必要性和可行性论证。符合条件的高等职业学校(专科)设置本科层次职业教育专业总数不超过学校专业总数的30%,本科层次职业教育专业学生总数不超过学校在校生总数的30%。

(三)根据国家有关规定,提交相关论证材料,包括学校和专业基本情况、拟设置专业论证报告、人才培养方案、专业办学条件、相关教学文件等。

(四)专业设置论证材料经学校官网公示后报省级教育行政部门。

(五)省级教育行政部门在符合条件的高校范畴内组织论证提出拟设专业,并报备教育部,教育部公布相关结果。

第四章　专业设置指导与监督

第十七条　教育部负责协调国家行业主管部门、行业组织定期发布行业人才需求以及专业设置指导建议等信息,负责建立健全专业设置评议专家组织,加强对本科层次职业教育专业设置的宏观管理。

第十八条　省级教育行政部门通过统筹规划、信息服务、专家指导等措施,指导区域内高校设置专业。

高校定期对专业设置情况进行自我评议,评议结果列入高校质量年度报告。

第十九条　教育行政部门应建立健全专业设置的预警和动态调整机制,把招生、办学、就业、生均经费投入等情况评价结果作为优化专业布局、调整专业结构的基本依据。

第二十条　教育行政部门对本科层次职业教育专业组织阶段性评价和周期性评估监测,高校所开设专业出现办学条件严重不足、教学质量低下、就业率过低等情形的,应调减该专业招生计划,直至停止招生。连续 3 年不招生的,原则上应及时撤销该专业点。

第五章　附　　则

第二十一条　本办法自发布之日起实施,由教育部职业教育与成人教育司负责解释。

教育部办公厅关于印发《"十四五"职业教育规划教材建设实施方案》的通知

・2021 年 12 月 3 日
・教职成厅〔2021〕3 号

各省、自治区、直辖市教育厅(教委),新疆生产建设兵团教育局,部属各高等学校,有关直属单位:

为深入贯彻全国职业教育大会和全国教材工作会议精神,加强"十四五"职业教育规划教材建设,在国家教材委员会统筹领导下,我部制定了《"十四五"职业教育规划教材建设实施方案》。现印发给你们,请结合实际,认真贯彻执行。

"十四五"职业教育规划教材建设实施方案

为深入贯彻全国职业教育大会和全国教材工作会议精神,落实《关于推动现代职业教育高质量发展的意见》《全国大中小学教材建设规划(2019—2022 年)》和《职业院校教材管理办法》有关部署,做好"十四五"职业教育规划教材建设工作,以规划教材为引领,建设中国特色高质量职业教育教材体系,制定本方案。

一、总体要求

"十四五"职业教育规划教材建设要深入贯彻落实习近平总书记关于职业教育工作和教材工作的重要指示批示精神,全面贯彻党的教育方针,落实立德树人根本任务,强化教材建设国家事权,突显职业教育类型特色,坚持"统分结合、质量为先、分级规划、动态更新"原则,完善国家和省级职业教育教材规划建设机制。

"十四五"期间,分批建设 1 万种左右职业教育国家规划教材,指导建设一大批省级规划教材,加大对基础、核心课程教材的统筹力度,突出权威性、前沿性、原创性教材建设,打造培根铸魂、启智增慧,适应时代要求的精品教材,以规划教材为引领,高起点、高标准建设中国特色高质量职业教育教材体系。

二、重点建设领域

规划教材建设要突出重点,加强公共基础课程和重点专业领域教材建设,补足紧缺领域教材,增强教材适用性、科学性、先进性。

(一)统筹建设意识形态属性强的课程教材。推进习近平新时代中国特色社会主义思想进教材进课堂进头脑,巩固马克思主义在意识形态领域的指导地位,加强社会主义核心价值观教育,加强中华优秀传统文化、革命文化和社会主义先进文化教育,落实党的领导、劳动教育、总体国家安全观教育等要求,促进学生德技并修。统一编写使用中等职业学校思想政治、语文、历史教材,用好《习近平新时代中国特色社会主义思想学生读本》。继续做好高等职业学校(含高职本科,下同)统一使用统编教材工作。重点在部分公共基础课程和财经商贸、文化艺术、教育体育、新闻出版、广播影视、公安司法、公共管理与服务等专业大类相关专业领域,推进职业教育领域新时代马克思主义理论研究和建设工程教育部重点教材建设。

(二)规范建设公共基础课程教材。完善基于课程标准的职业院校公共基础课程教材编写机制。依据中等职业学校公共基础课程方案和课程标准,统一规划中等职业学校数学、英语、信息技术、艺术、体育与健康、物理、化学教材的编写和选用工作,每门课程教材不超过 5 种。健全高等职业学校公共基础课程标准,统一规划高等职业学校公共基础课程教材编写和选用工作。通过组织编写、遴选等方式,加强职业院校中华优秀传统文化、劳动教育、职业素养、国家安全教育等方面教材(读本)供给,加强价值引导、提升核心素养,为学生终身发展奠基。

（三）开发服务国家战略和民生需求紧缺领域专业教材。围绕国家重大战略，紧密对接产业升级和技术变革趋势，服务职业教育专业升级和数字化改造，优先规划建设先进制造、新能源、新材料、现代农业、新一代信息技术、生物技术、人工智能等产业领域需要的专业课程教材。服务民生领域急需紧缺行业发展，加快建设学前、托育、护理、康养、家政等领域专业课程教材。改造更新钢铁冶金、化工医药、建筑工程、轻纺、机械制造、会计等领域专业课程教材。推动编写一批适应国家对外开放需要的专业课程教材。

（四）支持建设新兴专业和薄弱专业教材。重点支持《职业教育专业目录（2021年）》中新增和内涵升级明显的专业课程教材。加强长学制专业相应课程教材建设，促进中高职衔接教材、高职专科和高职本科衔接教材建设。遴选建设一批高职本科教材。支持布点较少专业课程教材建设。支持非通用语种外语教材，艺术类、体育类职业教育教材，特殊职业教育教材等的建设。

（五）加快建设新形态教材。适应结构化、模块化专业课程教学和教材出版要求，重点推动相关专业核心课程以真实生产项目、典型工作任务、案例等为载体组织教学单元。结合专业教学改革实际，分批次组织院校和行业企业、教科研机构、出版单位等联合开发不少于1000种深入浅出、图文并茂、形式多样的活页式、工作手册式等新形态教材。开展"岗课赛证"融通教材建设，结合订单培养、学徒制、1+X证书制度等，将岗位技能要求、职业技能竞赛、职业技能等级证书标准有关内容有机融入教材。推动教材配套资源和数字教材建设，探索纸质教材的数字化改造，形成更多可听、可视、可练、可互动的数字化教材。建设一批编排方式科学、配套资源丰富、呈现形式灵活、信息技术应用适当的融媒体教材。

三、规划教材编写要求

规划教材编写应遵循教材建设规律和职业教育教学规律、技术技能人才成长规律，紧扣产业升级和数字化改造，满足技术技能人才需求变化，依据职业教育国家教学标准体系，对接职业标准和岗位（群）能力要求。

（一）坚持正确的政治方向和价值导向。坚持马克思主义指导地位，将马克思主义立场、观点、方法贯穿教材始终，体现党的理论创新最新成果特别是习近平新时代中国特色社会主义思想，体现中国和中华民族风格，体现人类文化知识积累和创新成果，全面落实课程思政要求，弘扬劳动光荣、技能宝贵、创造伟大的时代风尚。

（二）遵循职业教育教学规律和人才成长规律。符合学生认知特点，体现先进职业教育理念，鼓励专业课程教材以真实生产项目、典型工作任务等为载体，体现产业发展的新技术、新工艺、新规范、新标准，反映人才培养模式改革方向，将知识、能力和正确价值观的培养有机结合，适应专业建设、课程建设、教学模式与方法改革创新等方面的需要，满足项目学习、案例学习、模块化学习等不同学习方式要求，有效激发学生学习兴趣和创新潜能。

（三）配强编写人员队伍。鼓励职业院校与高水平大学、科研机构、龙头企业联合开发教材。鼓励具有高级职称的专业带头人或资深专家领衔编写教材，支持中青年骨干教师参与教材建设。教材编写和审核专家应具有较高专业水平，无违法违纪记录或师德师风问题。职业教育国家规划教材建设实行主编负责制，主编对教材编写质量负总责。

（四）科学合理编排教材内容。教材内容设计逻辑严谨、梯度明晰，文字表述规范准确流畅，图文并茂、生动活泼、形式新颖；名称、术语、图表规范，编校、装帧、印装质量等符合国家有关技术质量标准和规范；符合国家有关著作权等方面的规定，未发生明显的编校质量问题。

四、编写选用和退出机制

按照《职业院校教材管理办法》等规定，严格规划教材编写、选用、退出机制：

（一）规范资质管理。坚持"凡编必审"，支持建设一批职业教育国家规划教材高水平出版机构。出版机构须持续提升教材使用培训、配套资源更新等专业服务水平，定期开展著作权等自查，加强教材盗版盗印专项治理。

（二）严格试教试用制度。新编教材和根据课程标准修订的教材，须进行试教试用，在真实教学情境下对教材进行全面检验。试教试用的范围原则上应覆盖不同类型的地区和学校。试教试用单位要组织专题研讨，提交试教试用报告，提出修改建议。编写单位要根据试教试用情况对教材进行修改完善。

（三）严格教材选用管理。坚持"凡选必审"，职业院校须建立校级教材选用委员会，规范教材选用程序与要求，指导校内选择易教利学的优质教材。落实教材选用备案制度，职业院校选用教材情况每学年报学校主管部门备案，并汇总至省级教育行政部门。

（四）健全教材更新和调整机制。规划教材严格落实每三年修订一次、每年动态更新内容的要求，并定期报送修订更新情况。对于连续三年不更新、编者被发现存在师德师风问题、出现重大负面影响事件、教材推广发行行为不规范等情形的，退出规划教材目录，并按有关规定严肃追责问责。符合三年一修订要求和"十四五"职业教育国家规划教材遴选标准的"十三五"职业教育国家规划教材按程序复核通过后纳入"十四五"职业教育国家规划教材。获得首届全国教材建设奖全国优秀教材(职业教育类)的,原则上直接纳入"十四五"职业教育国家规划教材。充分发挥国家教材目录导向作用,加大国家统编教材、全国教材建设奖优秀教材的推广力度,加大规划教材选用比例,形成高质量教材有效普及、劣质教材加速淘汰的调整机制。

(五)健全教材评价督查机制。将教材工作作为教育督导和学校评估的重要内容,加强对各类教材特别是境外教材、教辅、课外读物、校本教材的监管,优化教材跟踪调查、抽查制度。国家、省两级抽查教材的比例合计不低于50%并公布抽检结果,淘汰不合格的教材并建立责任倒查机制,推进教材更新使用。完善教材评价制度,支持专业机构对教材进行第三方评议。在教材选用、管理等方面存在严重问题的,按照相关规定严肃处理。

五、工作机制

(一)加强统筹领导。在国家教材委员会统筹领导下,教育部统一组织国家规划教材建设。教育部职业教育与成人教育司具体组织实施职业教育非统编国家规划教材建设,发布职业教育国家规划教材目录。有关行业部门、行业组织、行指委、教指委要发挥行业指导作用,在教育部统一领导下,积极参与职业教育教材建设。

(二)落实地方责任。省级教育行政部门围绕本区域经济社会发展对技术技能人才需求,结合区域职业教育特色,组织省级规划教材建设并发布省级规划教材目录。各地要充分论证、科学规划、严格把关,避免低水平重复建设,健全职业教育省级规划教材目录制度,做好省级规划教材与国家规划教材的衔接。

(三)做好教材出版。出版单位应牢固树立精品意识,着力建设研编一体的高水平编辑队伍,健全教材策划、编写、编辑、印制、发行各环节质量保障体系,发挥试教试用和意见反馈机制作用,严格执行多审多校、印前审读制度,坚持微利定价原则,及时组织修订再版,发行确保课前到书。

六、条件保障

(一)加强党对教材建设的全面领导。把党的全面领导落实到教材建设各个环节,把好为党育人、为国育才的重要关口,使规划教材领域成为坚持党的领导的坚强阵地。学校党组织要严格落实教材建设意识形态工作责任制,切实履行主体责任,高度重视教材建设的组织实

施、重点任务研究部署和督促落实。所申报教材的编写人员、责任编辑人员、审核人员应符合《职业院校教材管理办法》有关规定,并提供所在单位党组织政审意见。主编须提供所在单位一级党组织政审意见。

(二)加强政策和经费支持。各地教育行政部门要加大对职业教育教材工作的支持,在课题研究、评优评先、职称评定、职务(岗位)晋升等方面予以倾斜。按规定将教材建设相关经费纳入预算。鼓励多渠道筹措教材建设经费。建立完善职业院校教师参与规划教材编审工作纳入学校绩效考核的制度。

(三)加强教材研究和平台建设。国家统筹建立职业院校教材建设研究基地,推动建立一批国家级和省级职业教材研究基地。国家和省级职业教育教研机构应发挥专业优势,深入开展教材建设重大理论和实践问题研究。定期组织开展教材研究成果交流,推动研究成果及时转化。完善职业教育教材信息服务平台,及时发布教材编写、出版、选用及评价信息。建设教材研究资源库和专题数据库,收集国内外教材和教材研究成果。

(四)加大教材培训和交流。完善国家、省两级规划教材编写和使用培训体系,对参与国家规划教材编审的相关人员进行培训;结合各级教师培训项目和其他教研活动,组织开展规划教材使用培训,不断提高教师用好教材的能力。组织开展全国教材建设奖全国优秀教材(职业教育类)宣传推广工作。加强教材国际交流合作,根据实际需要适当引进急需短缺的境外高水平教材并加强审核把关。拓展深化与"一带一路"国家的教材合作,为培养国际化高素质技术技能人才提供有力支撑。

职业学校兼职教师管理办法

· 2023年8月29日
· 教师〔2023〕9号

第一章　总　则

第一条　为进一步完善职业学校兼职教师管理制度,推动职业学校与企事业单位建立协作共同体,支持、鼓励和规范职业学校聘请具有实践经验的企事业单位等人员担任兼职教师,按照《中共中央 国务院关于全面深化新时代教师队伍建设改革的意见》《国务院关于印发国家职业教育改革实施方案的通知》以及中共中央办公厅、国务院办公厅印发的《关于推动现代职业教育高质量发展的意见》《关于深化现代职业教育体系建设改革的意见》等文件精神,根据《中华人民共和国职业教育法》,

制定本办法。

第二条　本办法所指职业学校包括中等职业学校（含技工学校）、高等职业学校（含专科、本科层次的职业学校）。

第三条　本办法所称兼职教师是指受职业学校聘请，兼职担任特定专业课程、实习实训课等教育教学任务及相关工作的人员。

第四条　职业学校要坚持以专任教师为主、兼职教师为补充的原则，聘请兼职教师应紧密对接产业升级和技术变革趋势，满足学校专业发展和技术技能人才培养需要，重点面向战略性新兴产业相关专业、民生紧缺专业和特色专业。兼职教师占职业学校专兼职教师总数的比例一般不超过30%。

第二章　选聘条件

第五条　聘请的兼职教师应以企事业单位在职人员为主，也可聘请身体健康、能胜任工作的企事业单位退休人员。根据需要也可聘请相关领域的能工巧匠作为兼职教师。重视发挥退休工程师、医师、教师的作用。

第六条　兼职教师的基本条件：

（一）拥护党的教育方针，具备良好的思想政治素质和职业道德，热爱教育事业，遵纪守法，有良好的身心素质和工作责任心；

（二）具有较高的专业素养或技术技能水平，能够胜任教学科研、专业建设或技术技能传承等教育教学工作；

（三）长期在经营管理岗位工作，具有丰富的经营管理经验；或长期在本专业（行业）技术领域、生产一线工作，一般应具有中级及以上专业技术职务（职称）或高级工及以上职业技能等级；鼓励聘请在相关行业中具有一定声誉和造诣的能工巧匠、劳动模范、非物质文化遗产国家和省市级传承人等。

第三章　选聘方式

第七条　职业学校可通过特聘教授、客座教授、产业导师、专业带头人（领军人）、技能大师工作室负责人、实践教学指导教师、技艺技能传承创新平台负责人等多种方式聘请兼职教师。

第八条　可以采取个体聘请、团体聘请或个体与团体相结合的方式。其中，团体聘请人数一般不少于3人。

第九条　鼓励职业学校与企事业单位互聘兼职，推动职业学校和企事业单位在人才培养、带徒传技、技术创新、科研攻关、课题研究、项目推进、成果转化等方面加强合作。

第四章　选聘程序

第十条　职业学校根据教育教学需要确定需聘请兼职教师的岗位数量、岗位名称、岗位职责和任职条件。企事业单位在职人员在应聘兼职教师前应征得所在单位的同意。

第十一条　职业学校聘请兼职教师可通过对口合作的企事业单位选派的方式产生，也可以面向社会聘请。职业学校聘请兼职教师应优先考虑对口合作的企事业单位人员，建立合作企事业单位人员到职业学校兼职任教的常态机制，并纳入合作基本内容。

第十二条　通过对口合作方式聘请兼职教师的，对口合作企事业单位根据职业学校兼职教师岗位需求提供遴选人员名单，双方协商确定聘请人选，签订工作协议。

第十三条　面向社会聘请兼职教师应按照公开、公平、择优的原则，严格考察、遴选和聘请程序。基本程序是：

（一）职业学校根据教育教学需要，确定兼职教师岗位和任职条件。

（二）职业学校对应聘人员进行资格审查、能力考核和教职工准入查询。

（三）职业学校确定拟聘岗位人选，并予以公示。

（四）公示期满无异议的，职业学校与兼职教师签订工作协议。

第十四条　职业学校与对口合作企事业单位的选派人员及与面向社会聘请人员依法签订的工作协议均应明确双方的权利和义务，包括但不限于：工作时间、工作方式、工作任务及要求、工作报酬、劳动保护、工作考核、协议解除、协议终止条件等内容。协议期限根据教学安排、课程需要和工作任务，由双方协商确定。

第五章　组织管理

第十五条　职业学校要将兼职教师纳入教师培训体系，通过多样化的培训方式，持续提高兼职教师教育教学能力水平。兼职教师首次上岗任教前须经过教育教学能力培训，培训可以由聘请学校自主开展，也可以由教育、人力资源社会保障行政部门集中进行，并由组织单位对兼职教师培训合格情况进行认定，合格后方可上岗。培训内容主要包括法律法规、师德师风、教学规范及要求、职业教育理念、教育教学方法、信息技术、学生心理、学生管理等方面。

第十六条　兼职教师为企事业单位在职人员的，原所在单位应当缴纳工伤保险费。兼职教师在兼职期间受到工伤事故伤害的，由原所在单位依法承担工伤保险责任，原所在单位与职业学校可以约定补偿办法。职业学校应当为兼职教师购买意外伤害保险。

第十七条　职业学校应明确兼职教师的管理机构，负责兼职教师的聘请和管理工作。职业学校要制定兼职教师管理和评价办法，加强日常管理和考核评价，完善考评机制，考核结果作为工作报酬发放和继续聘请的重要依据。加强对兼职教师的帮带和指导，建立专兼职教师互研、互学、互助机制。

第十八条　职业学校要建立兼职教师个人业绩档案，将师德师风、培训、考核评价等兼职任教情况记录在档，并及时反馈给其原所在单位。企事业单位应将在职业学校兼职人员的任教情况作为其考核评价、评优评先、职称职务晋升的重要参考。

第十九条　职业学校应当为兼职教师创造良好的工作环境和条件，坚持公平公正原则，保障兼职教师在教学管理、评优评先等方面与专任教师同等条件、同等待遇，通过多种方式提升兼职教师在职业学校的归属感、荣誉感，促进兼职教师更好适应岗位工作。职业学校要支持兼职教师专业发展，可以根据其技术职称和能力水平聘为相应的兼职教师职务。鼓励兼职教师考取教师资格证书。

第二十条　建立兼职教师退出机制。兼职教师存在师德师风、教育教学等方面问题，或者工作协议约定的其他需要解除协议情况，职业学校应解除工作协议。兼职教师因自身原因无法履行工作职责，职业学校可与其解除工作协议，并反馈其原所在单位。

第六章　工作职责

第二十一条　兼职教师要遵守职业道德规范，严格执行职业学校教学管理制度，认真履行职责，完成协议规定的工作量和课程课时要求，确保教育教学质量。兼职教师要落实立德树人根本任务，将德育与思想政治教育有机融入教育教学，高质量完成课程讲授、实习实训指导、技能训练指导等教育教学任务及相关工作。

第二十二条　兼职教师要将新技术、新工艺、新规范、典型生产案例等纳入教学内容，积极参与教学标准修（制）订，增强教学标准和内容的先进性和时代性；积极参与教学研究、专业和课程建设、教材及教学资源开发、技能传承、技术攻关、产品研发等工作，共同推进职业学校教育教学改革，提升人才培养质量。

第二十三条　兼职教师要主动参与职业学校教师队伍建设，协助加强职业学校专任教师"双师"素质培养，协助安排学校专任教师到企业顶岗实践、跟岗研修，协助聘请企业技术技能人才到学校参与教学科研任务。

第二十四条　鼓励兼职教师参与职业学校教育教学等相关制度的制定，参与开展实训基地建设，协助引入生产性实训项目，协助指导学生创新创业及到企业实习实践。

第七章　经费保障

第二十五条　地方可结合实际，优化教育支出结构，支持专业师资紧缺、特殊行业急需的职业学校聘请兼职教师。

第二十六条　鼓励职业学校通过多渠道依法筹集资金，并用于支付兼职教师工作报酬。

第二十七条　兼职教师的工作报酬可按课时、岗位或者项目支付。职业学校可采取灵活多样的分配方式，可综合考虑职业学校财务状况、兼职教师教学任务及相关工作完成情况，合理确定工作报酬水平，充分体现兼职教师的价值贡献。

第八章　支持体系

第二十八条　企事业单位应当支持具有丰富实践经验的经营管理者、专业技术人员和高技能人才到职业学校兼职任教。国有企业、产教融合型企业、教师企业实践基地应充分发挥示范引领作用，并建立完善兼职教师资源库。鼓励行业组织、企业共同参与职业学校兼职教师培养培训。

第二十九条　有关部门应鼓励支持事业单位和国有企业选派人员到职业学校兼职任教，将选派兼职教师的数量和水平作为认定、评价产教融合型企业等的重要指标依据，激发企业选派经营管理者、专业技术人员和高技能人才到职业学校兼职任教的积极性，推动企业切实承担起人才培养的社会责任。

第三十条　各地教育和人力资源社会保障行政部门将兼职教师纳入教师队伍建设总体规划，加强对职业学校兼职教师管理工作的指导，将职业学校聘请兼职教师工作纳入人事管理情况监督检查范围，将兼职教师的聘请与任教情况纳入学校教师队伍建设和办学质量考核的重要内容，在计算职业学校生师比时，可参照相关标准将兼职教师数折算成专任教师数。

第三十一条　职业学校对于教学效果突出、工作表现优秀的兼职教师给予一定的物质或精神奖励,将兼职教师纳入教师在职培训和荣誉表彰体系;地方教育部门将兼职教师纳入年度教育领域评优评先范畴,定期推选一批优秀兼职教师典型,加强宣传推广。

第九章　附　则

第三十二条　企业和其他社会力量依法举办的职业学校可参照本办法执行。鼓励有条件的地方对当地企业和其他社会力量依法举办的职业学校聘请兼职教师给予一定的支持。

第三十三条　各地可根据本办法意见,结合当地实际制定具体的实施办法。

第三十四条　本办法自公布之日起实施,原《职业学校兼职教师管理办法》(教师〔2012〕14号)同时废止。

(七)民办教育

中华人民共和国民办教育促进法

- 2002年12月28日第九届全国人民代表大会常务委员会第三十一次会议通过
- 根据2013年6月29日第十二届全国人民代表大会常务委员会第三次会议《关于修改〈中华人民共和国文物保护法〉等十二部法律的决定》第一次修正
- 根据2016年11月7日第十二届全国人民代表大会常务委员会第二十四次会议《关于修改〈中华人民共和国民办教育促进法〉的决定》第二次修正
- 根据2018年12月29日第十三届全国人民代表大会常务委员会第七次会议《关于修改〈中华人民共和国劳动法〉等七部法律的决定》第三次修正

第一章　总　则

第一条　为实施科教兴国战略,促进民办教育事业的健康发展,维护民办学校和受教育者的合法权益,根据宪法和教育法制定本法。

第二条　国家机构以外的社会组织或者个人,利用非国家财政性经费,面向社会举办学校及其他教育机构的活动,适用本法。本法未作规定的,依照教育法和其他有关教育法律执行。

第三条　民办教育事业属于公益性事业,是社会主义教育事业的组成部分。

国家对民办教育实行积极鼓励、大力支持、正确引导、依法管理的方针。

各级人民政府应当将民办教育事业纳入国民经济和社会发展规划。

第四条　民办学校应当遵守法律、法规,贯彻国家的教育方针,保证教育质量,致力于培养社会主义建设事业的各类人才。

民办学校应当贯彻教育与宗教相分离的原则。任何组织和个人不得利用宗教进行妨碍国家教育制度的活动。

第五条　民办学校与公办学校具有同等的法律地位,国家保障民办学校的办学自主权。

国家保障民办学校举办者、校长、教职工和受教育者的合法权益。

第六条　国家鼓励捐资办学。

国家对为发展民办教育事业做出突出贡献的组织和个人,给予奖励和表彰。

第七条　国务院教育行政部门负责全国民办教育工作的统筹规划、综合协调和宏观管理。

国务院人力资源社会保障行政部门及其他有关部门在国务院规定的职责范围内分别负责有关的民办教育工作。

第八条　县级以上地方各级人民政府教育行政部门主管本行政区域内的民办教育工作。

县级以上地方各级人民政府人力资源社会保障行政部门及其他有关部门在各自的职责范围内,分别负责有关的民办教育工作。

第九条　民办学校中的中国共产党基层组织,按照中国共产党章程的规定开展党的活动,加强党的建设。

第二章　设　立

第十条　举办民办学校的社会组织,应当具有法人资格。

举办民办学校的个人,应当具有政治权利和完全民事行为能力。

民办学校应当具备法人条件。

第十一条　设立民办学校应当符合当地教育发展的需求,具备教育法和其他有关法律、法规规定的条件。

民办学校的设置标准参照同级同类公办学校的设置标准执行。

第十二条　举办实施学历教育、学前教育、自学考试助学及其他文化教育的民办学校,由县级以上人民政府教育行政部门按照国家规定的权限审批;举办实施以职业技能为主的职业资格培训、职业技能培训的民办学校,由县级以上人民政府人力资源社会保障行政部门按照国家规定的权限审批,并抄送同级教育行政部门备案。

第十三条　申请筹设民办学校,举办者应当向审批机关提交下列材料:

（一）申办报告，内容应当主要包括：举办者、培养目标、办学规模、办学层次、办学形式、办学条件、内部管理体制、经费筹措与管理使用等；

（二）举办者的姓名、住址或者名称、地址；

（三）资产来源、资金数额及有效证明文件，并载明产权；

（四）属捐赠性质的校产须提交捐赠协议，载明捐赠人的姓名、所捐资产的数额、用途和管理方法及相关有效证明文件。

第十四条　审批机关应当自受理筹设民办学校的申请之日起三十日内以书面形式作出是否同意的决定。

同意筹设的，发给筹设批准书。不同意筹设的，应当说明理由。

筹设期不得超过三年。超过三年的，举办者应当重新申报。

第十五条　申请正式设立民办学校的，举办者应当向审批机关提交下列材料：

（一）筹设批准书；

（二）筹设情况报告；

（三）学校章程、首届学校理事会、董事会或者其他决策机构组成人员名单；

（四）学校资产的有效证明文件；

（五）校长、教师、财会人员的资格证明文件。

第十六条　具备办学条件，达到设置标准的，可以直接申请正式设立，并应当提交本法第十三条和第十五条（三）、（四）、（五）项规定的材料。

第十七条　申请正式设立民办学校的，审批机关应当自受理之日起三个月内以书面形式作出是否批准的决定，并送达申请人；其中申请正式设立民办高等学校的，审批机关也可以自受理之日起六个月内以书面形式作出是否批准的决定，并送达申请人。

第十八条　审批机关对批准正式设立的民办学校发给办学许可证。

审批机关对不批准正式设立的，应当说明理由。

第十九条　民办学校的举办者可以自主选择设立非营利性或者营利性民办学校。但是，不得设立实施义务教育的营利性民办学校。

非营利性民办学校的举办者不得取得办学收益，学校的办学结余全部用于办学。

营利性民办学校的举办者可以取得办学收益，学校的办学结余依照公司法等有关法律、行政法规的规定处理。

民办学校取得办学许可证后，进行法人登记，登记机关应当依法予以办理。

第三章　学校的组织与活动

第二十条　民办学校应当设立学校理事会、董事会或者其他形式的决策机构并建立相应的监督机制。

民办学校的举办者根据学校章程规定的权限和程序参与学校的办学和管理。

第二十一条　学校理事会或者董事会由举办者或者其代表、校长、教职工代表等人员组成。其中三分之一以上的理事或者董事应当具有五年以上教育教学经验。

学校理事会或者董事会由五人以上组成，设理事长或者董事长一人。理事长、理事或者董事长、董事名单报审批机关备案。

第二十二条　学校理事会或者董事会行使下列职权：

（一）聘任和解聘校长；

（二）修改学校章程和制定学校的规章制度；

（三）制定发展规划，批准年度工作计划；

（四）筹集办学经费，审核预算、决算；

（五）决定教职工的编制定额和工资标准；

（六）决定学校的分立、合并、终止；

（七）决定其他重大事项。

其他形式决策机构的职权参照本条规定执行。

第二十三条　民办学校的法定代表人由理事长、董事长或者校长担任。

第二十四条　民办学校参照同级同类公办学校校长任职的条件聘任校长，年龄可以适当放宽。

第二十五条　民办学校校长负责学校的教育教学和行政管理工作，行使下列职权：

（一）执行学校理事会、董事会或者其他形式决策机构的决定；

（二）实施发展规划，拟订年度工作计划、财务预算和学校规章制度；

（三）聘任和解聘学校工作人员，实施奖惩；

（四）组织教育教学、科学研究活动，保证教育教学质量；

（五）负责学校日常管理工作；

（六）学校理事会、董事会或者其他形式决策机构的其他授权。

第二十六条　民办学校对招收的学生，根据其类别、修业年限、学业成绩，可以根据国家有关规定发给学历证书、结业证书或者培训合格证书。

对接受职业技能培训的学生，经备案的职业技能鉴定机构鉴定合格的,可以发给国家职业资格证书。

第二十七条　民办学校依法通过以教师为主体的教职工代表大会等形式,保障教职工参与民主管理和监督。

民办学校的教师和其他工作人员,有权依照工会法,建立工会组织,维护其合法权益。

第四章　教师与受教育者

第二十八条　民办学校的教师、受教育者与公办学校的教师、受教育者具有同等的法律地位。

第二十九条　民办学校聘任的教师,应当具有国家规定的任教资格。

第三十条　民办学校应当对教师进行思想品德教育和业务培训。

第三十一条　民办学校应当依法保障教职工的工资、福利待遇和其他合法权益,并为教职工缴纳社会保险费。

国家鼓励民办学校按照国家规定为教职工办理补充养老保险。

第三十二条　民办学校教职工在业务培训、职务聘任、教龄和工龄计算、表彰奖励、社会活动等方面依法享有与公办学校教职工同等权利。

第三十三条　民办学校依法保障受教育者的合法权益。

民办学校按照国家规定建立学籍管理制度,对受教育者实施奖励或者处分。

第三十四条　民办学校的受教育者在升学、就业、社会优待以及参加先进评选等方面享有与同级同类公办学校的受教育者同等权利。

第五章　学校资产与财务管理

第三十五条　民办学校应当依法建立财务、会计制度和资产管理制度,并按照国家有关规定设置会计账簿。

第三十六条　民办学校对举办者投入民办学校的资产、国有资产、受赠的财产以及办学积累,享有法人财产权。

第三十七条　民办学校存续期间,所有资产由民办学校依法管理和使用,任何组织和个人不得侵占。

任何组织和个人都不得违反法律、法规向民办教育机构收取任何费用。

第三十八条　民办学校收取费用的项目和标准根据办学成本、市场需求等因素确定,向社会公示,并接受有

关主管部门的监督。

非营利性民办学校收费的具体办法,由省、自治区、直辖市人民政府制定;营利性民办学校的收费标准,实行市场调节,由学校自主决定。

民办学校收取的费用应当主要用于教育教学活动、改善办学条件和保障教职工待遇。

第三十九条　民办学校资产的使用和财务管理受审批机关和其他有关部门的监督。

民办学校应当在每个会计年度结束时制作财务会计报告,委托会计师事务所依法进行审计,并公布审计结果。

第六章　管理与监督

第四十条　教育行政部门及有关部门应当对民办学校的教育教学工作、教师培训工作进行指导。

第四十一条　教育行政部门及有关部门依法对民办学校实行督导,建立民办学校信息公示和信用档案制度,促进提高办学质量;组织或者委托社会中介组织评估办学水平和教育质量,并将评估结果向社会公布。

第四十二条　民办学校的招生简章和广告,应当报审批机关备案。

第四十三条　民办学校侵犯受教育者的合法权益,受教育者及其亲属有权向教育行政部门和其他有关部门申诉,有关部门应当及时予以处理。

第四十四条　国家支持和鼓励社会中介组织为民办学校提供服务。

第七章　扶持与奖励

第四十五条　县级以上各级人民政府可以设立专项资金,用于资助民办学校的发展,奖励和表彰有突出贡献的集体和个人。

第四十六条　县级以上各级人民政府可以采取购买服务、助学贷款、奖助学金和出租、转让闲置的国有资产等措施对民办学校予以扶持;对非营利性民办学校还可以采取政府补贴、基金奖励、捐资激励等扶持措施。

第四十七条　民办学校享受国家规定的税收优惠政策;其中,非营利性民办学校享受与公办学校同等的税收优惠政策。

第四十八条　民办学校依照国家有关法律、法规,可以接受公民、法人或者其他组织的捐赠。

国家对向民办学校捐赠财产的公民、法人或者其他组织按照有关规定给予税收优惠,并予以表彰。

第四十九条　国家鼓励金融机构运用信贷手段,支持民办教育事业的发展。

第五十条　人民政府委托民办学校承担义务教育任务，应当按照委托协议拨付相应的教育经费。

第五十一条　新建、扩建非营利性民办学校，人民政府应当按照与公办学校同等原则，以划拨等方式给予用地优惠。新建、扩建营利性民办学校，人民政府应当按照国家规定供给土地。

教育用地不得用于其他用途。

第五十二条　国家采取措施，支持和鼓励社会组织和个人到少数民族地区、边远贫困地区举办民办学校，发展教育事业。

第八章　变更与终止

第五十三条　民办学校的分立、合并，在进行财务清算后，由学校理事会或者董事会报审批机关批准。

申请分立、合并民办学校的，审批机关应当自受理之日起三个月内以书面形式答复；其中申请分立、合并民办高等学校的，审批机关也可以自受理之日起六个月内以书面形式答复。

第五十四条　民办学校举办者的变更，须由举办者提出，在进行财务清算后，经学校理事会或者董事会同意，报审批机关核准。

第五十五条　民办学校名称、层次、类别的变更，由学校理事会或者董事会报审批机关批准。

申请变更为其他民办学校，审批机关应当自受理之日起三个月内以书面形式答复；其中申请变更为民办高等学校的，审批机关也可以自受理之日起六个月内以书面形式答复。

第五十六条　民办学校有下列情形之一的，应当终止：

（一）根据学校章程规定要求终止，并经审批机关批准的；

（二）被吊销办学许可证的；

（三）因资不抵债无法继续办学的。

第五十七条　民办学校终止时，应当妥善安置在校学生。实施义务教育的民办学校终止时，审批机关应当协助学校安排学生继续就学。

第五十八条　民办学校终止时，应当依法进行财务清算。

民办学校自己要求终止的，由民办学校组织清算；被审批机关依法撤销的，由审批机关组织清算；因资不抵债无法继续办学而被终止的，由人民法院组织清算。

第五十九条　对民办学校的财产按照下列顺序清偿：

（一）应退受教育者学费、杂费和其他费用；

（二）应发教职工的工资及应缴纳的社会保险费用；

（三）偿还其他债务。

非营利性民办学校清偿上述债务后的剩余财产继续用于其他非营利性学校办学；营利性民办学校清偿上述债务后的剩余财产，依照公司法的有关规定处理。

第六十条　终止的民办学校，由审批机关收回办学许可证和销毁印章，并注销登记。

第九章　法律责任

第六十一条　民办学校在教育活动中违反教育法、教师法规定的，依照教育法、教师法的有关规定给予处罚。

第六十二条　民办学校有下列行为之一的，由县级以上人民政府教育行政部门、人力资源社会保障行政部门或者其他有关部门责令限期改正，并予以警告；有违法所得的，退还所收费用后没收违法所得；情节严重的，责令停止招生、吊销办学许可证；构成犯罪的，依法追究刑事责任：

（一）擅自分立、合并民办学校的；

（二）擅自改变民办学校名称、层次、类别和举办者的；

（三）发布虚假招生简章或者广告，骗取钱财的；

（四）非法颁发或者伪造学历证书、结业证书、培训证书、职业资格证书的；

（五）管理混乱严重影响教育教学，产生恶劣社会影响的；

（六）提交虚假证明文件或者采取其他欺诈手段隐瞒重要事实骗取办学许可证的；

（七）伪造、变造、买卖、出租、出借办学许可证的；

（八）恶意终止办学、抽逃资金或者挪用办学经费的。

第六十三条　县级以上人民政府教育行政部门、人力资源社会保障行政部门或者其他有关部门有下列行为之一的，由上级机关责令其改正；情节严重的，对直接负责的主管人员和其他直接责任人员，依法给予处分；造成经济损失的，依法承担赔偿责任；构成犯罪的，依法追究刑事责任：

（一）已受理设立申请，逾期不予答复的；

（二）批准不符合本法规定条件申请的；

（三）疏于管理，造成严重后果的；

（四）违反国家有关规定收取费用的；

（五）侵犯民办学校合法权益的；

（六）其他滥用职权、徇私舞弊的。

第六十四条　违反国家有关规定擅自举办民办学校的，由所在地县级以上地方人民政府教育行政部门或者人力资源社会保障行政部门会同同级公安、民政或者市场监督管理等有关部门责令停止办学、退还所收费用，并对举办者处违法所得一倍以上五倍以下罚款；构成违反治安管理行为的，由公安机关依法给予治安管理处罚；构成犯罪的，依法追究刑事责任。

第十章　附　则

第六十五条　本法所称的民办学校包括依法举办的其他民办教育机构。

本法所称的校长包括其他民办教育机构的主要行政负责人。

第六十六条　境外的组织和个人在中国境内合作办学的办法，由国务院规定。

第六十七条　本法自 2003 年 9 月 1 日起施行。1997 年 7 月 31 日国务院颁布的《社会力量办学条例》同时废止。

中华人民共和国民办教育促进法实施条例

·2004 年 3 月 5 日中华人民共和国国务院令第 399 号公布
·2021 年 4 月 7 日中华人民共和国国务院令第 741 号修订
·自 2021 年 9 月 1 日起施行

第一章　总　则

第一条　根据《中华人民共和国民办教育促进法》（以下简称民办教育促进法），制定本条例。

第二条　国家机构以外的社会组织或者个人可以利用非国家财政性经费举办各级各类民办学校；但是，不得举办实施军事、警察、政治等特殊性质教育的民办学校。

民办教育促进法和本条例所称国家财政性经费，是指财政拨款、依法取得并应当上缴国库或者财政专户的财政性资金。

第三条　各级人民政府应当依法支持和规范社会力量举办民办教育，保障民办学校依法办学、自主管理，鼓励、引导民办学校提高质量、办出特色，满足多样化教育需求。

对于举办民办学校表现突出或者为发展民办教育事业做出突出贡献的社会组织或者个人，按照国家有关规定给予奖励和表彰。

第四条　民办学校应当坚持中国共产党的领导，坚持社会主义办学方向，坚持教育公益性，对受教育者加强社会主义核心价值观教育，落实立德树人根本任务。

民办学校中的中国共产党基层组织贯彻党的方针政策，依照法律、行政法规和国家有关规定参与学校重大决策并实施监督。

第二章　民办学校的设立

第五条　国家机构以外的社会组织或者个人可以单独或者联合举办民办学校。联合举办民办学校的，应当签订联合办学协议，明确合作方式、各方权利义务和争议解决方式等。

国家鼓励以捐资、设立基金会等方式依法举办民办学校。以捐资等方式举办民办学校，无举办者的，其办学过程中的举办者权责由发起人履行。

在中国境内设立的外商投资企业以及外方为实际控制人的社会组织不得举办、参与举办或者实际控制实施义务教育的民办学校；举办其他类型民办学校的，应当符合国家有关外商投资的规定。

第六条　举办民办学校的社会组织或者个人应当有良好的信用状况。举办民办学校可以用货币出资，也可以用实物、建设用地使用权、知识产权等可以用货币估价并可以依法转让的非货币财产作价出资；但是，法律、行政法规规定不得作为出资的财产除外。

第七条　实施义务教育的公办学校不得举办或者参与举办民办学校，也不得转为民办学校。其他公办学校不得举办或者参与举办营利性民办学校。但是，实施职业教育的公办学校可以吸引企业的资本、技术、管理等要素，举办或者参与举办实施职业教育的营利性民办学校。

公办学校举办或者参与举办民办学校，不得利用国家财政性经费，不得影响公办学校教学活动，不得仅以品牌输出方式参与办学，并应当经其主管部门批准。公办学校举办或者参与举办非营利性民办学校，不得以管理费等方式取得或者变相取得办学收益。

公办学校举办或者参与举办的民办学校应当具有独立的法人资格，具有与公办学校相分离的校园、基本教育教学设施和独立的专任教师队伍，按照国家统一的会计制度独立进行会计核算，独立招生，独立颁发学业证书。

举办或者参与举办民办学校的公办学校依法享有举办者权益，依法履行国有资产管理义务。

第八条　地方人民政府不得利用国有企业、公办教育资源举办或者参与举办实施义务教育的民办学校。

以国有资产参与举办民办学校的，应当根据国家有关国有资产监督管理的规定，聘请具有评估资格的中介机构依法进行评估，根据评估结果合理确定出资额，并报对该国有资产负有监管职责的机构备案。

第九条　国家鼓励企业以独资、合资、合作等方式依法举办或者参与举办实施职业教育的民办学校。

第十条　举办民办学校,应当按时、足额履行出资义务。民办学校存续期间,举办者不得抽逃出资,不得挪用办学经费。

举办者可以依法募集资金举办营利性民办学校,所募集资金应当主要用于办学,不得擅自改变用途,并按规定履行信息披露义务。民办学校及其举办者不得以赞助费等名目向学生、学生家长收取或者变相收取与入学关联的费用。

第十一条　举办者依法制定学校章程,负责推选民办学校首届理事会、董事会或者其他形式决策机构的组成人员。

举办者可以依据法律、法规和学校章程规定的程序和要求参加或者委派代表参加理事会、董事会或者其他形式决策机构,并依据学校章程规定的权限行使相应的决策权、管理权。

第十二条　民办学校举办者变更的,应当签订变更协议,但不得涉及学校的法人财产,也不得影响学校发展,不得损害师生权益;现有民办学校的举办者变更的,可以根据其依法享有的合法权益与继任举办者协议约定变更收益。

民办学校的举办者不再具备法定条件的,应当在 6 个月内向审批机关提出变更;逾期不变更的,由审批机关责令变更。

举办者为法人的,其控股股东和实际控制人应当符合法律、行政法规规定的举办民办学校的条件,控股股东和实际控制人变更的,应当报主管部门备案并公示。

举办者变更,符合法定条件的,审批机关应当在规定的期限内予以办理。

第十三条　同时举办或者实际控制多所民办学校的,举办者或者实际控制人应当具备与其所开展办学活动相适应的资金、人员、组织机构等条件与能力,并对所举办民办学校承担管理和监督职责。

同时举办或者实际控制多所民办学校的举办者或者实际控制人向所举办或者实际控制的民办学校提供教材、课程、技术支持等服务以及组织教育教学活动,应当符合国家有关规定并建立相应的质量标准和保障机制。

同时举办或者实际控制多所民办学校的,应当保障所举办或者实际控制的民办学校依法独立开展办学活动,存续期间所有资产由学校依法管理和使用;不得改变所举办或者实际控制的非营利性民办学校的性质,直接或者间接取得办学收益;也不得滥用市场支配地位,排除、限制竞争。

任何社会组织和个人不得通过兼并收购、协议控制等方式控制实施义务教育的民办学校、实施学前教育的非营利性民办学校。

第十四条　实施国家认可的教育考试、职业资格考试和职业技能等级考试等考试的机构,举办或者参与举办与其所实施的考试相关的民办学校应当符合国家有关规定。

第十五条　设立民办学校的审批权限,依照有关法律、法规的规定执行。

地方人民政府及其有关部门应当依法履行实施义务教育的职责。设立实施义务教育的民办学校,应当符合当地义务教育发展规划。

第十六条　国家鼓励民办学校利用互联网技术在线实施教育活动。

利用互联网技术在线实施教育活动应当符合国家互联网管理有关法律、行政法规的规定。利用互联网技术在线实施教育活动的民办学校应当取得相应的办学许可。

民办学校利用互联网技术在线实施教育活动,应当依法建立并落实互联网安全管理制度和安全保护技术措施,发现法律、行政法规禁止发布或者传输的信息的,应当立即停止传输,采取消除等处置措施,防止信息扩散,保存有关记录,并向有关主管部门报告。

外籍人员利用互联网技术在线实施教育活动,应当遵守教育和外国人在华工作管理等有关法律、行政法规的规定。

第十七条　民办学校的举办者在获得筹设批准书之日起 3 年内完成筹设的,可以提出正式设立申请。

民办学校在筹设期内不得招生。

第十八条　申请正式设立实施学历教育的民办学校的,审批机关受理申请后,应当组织专家委员会评议,由专家委员会提出咨询意见。

第十九条　民办学校的章程应当规定下列主要事项:

(一)学校的名称、住所、办学地址、法人属性;

(二)举办者的权利义务,举办者变更、权益转让的办法;

(三)办学宗旨、发展定位、层次、类型、规模、形式等;

(四)学校开办资金、注册资本,资产的来源、性质等;

(五)理事会、董事会或者其他形式决策机构和监督机构的产生方法、人员构成、任期、议事规则等;

(六)学校党组织负责人或者代表进入学校决策机构和监督机构的程序;

(七)学校的法定代表人;

（八）学校自行终止的事由，剩余资产处置的办法与程序；

（九）章程修改程序。

民办学校应当将章程向社会公示，修订章程应当事先公告，征求利益相关方意见。完成修订后，报主管部门备案或者核准。

第二十条　民办学校只能使用一个名称。

民办学校的名称应当符合有关法律、行政法规的规定，不得损害社会公共利益，不得含有可能引发歧义的文字或者含有可能误导公众的其他法人名称。营利性民办学校可以在学校牌匾、成绩单、毕业证书、结业证书、学位证书及相关证明、招生广告和简章上使用经审批机关批准的法人简称。

第二十一条　民办学校开办资金、注册资本应当与学校类型、层次、办学规模相适应。民办学校正式设立时，开办资金、注册资本应当缴足。

第二十二条　对批准正式设立的民办学校，审批机关应当颁发办学许可证，并向社会公告。

办学许可的期限应当与民办学校的办学层次和类型相适应。民办学校在许可期限内无违法违规行为的，有效期届满可以自动延续、换领新证。

民办学校办学许可证的管理办法由国务院教育行政部门、人力资源社会保障行政部门依据职责分工分别制定。

第二十三条　民办学校增设校区应当向审批机关申请地址变更；设立分校应当向分校所在地审批机关单独申请办学许可，并报原审批机关备案。

第二十四条　民办学校依照有关法律、行政法规的规定申请法人登记，登记机关应当依法予以办理。

第三章　民办学校的组织与活动

第二十五条　民办学校理事会、董事会或者其他形式决策机构的负责人应当具有中华人民共和国国籍，具有政治权利和完全民事行为能力，在中国境内定居，品行良好，无故意犯罪记录或者教育领域不良从业记录。

民办学校法定代表人应当由民办学校决策机构负责人或者校长担任。

第二十六条　民办学校的理事会、董事会或者其他形式决策机构应当由举办者或者其代表、校长、党组织负责人、教职工代表等共同组成。鼓励民办学校理事会、董事会或者其他形式决策机构吸收社会公众代表，根据需要设独立理事或者独立董事。实施义务教育的民办学校理事会、董事会或者其他形式决策机构组成人员应当具有中华人民共和国国籍，且应当有审批机关委派的代表。

民办学校的理事会、董事会或者其他形式决策机构每年至少召开 2 次会议。经 1/3 以上组成人员提议，可以召开理事会、董事会或者其他形式决策机构临时会议。讨论下列重大事项，应当经 2/3 以上组成人员同意方可通过：

（一）变更举办者；

（二）聘任、解聘校长；

（三）修改学校章程；

（四）制定发展规划；

（五）审核预算、决算；

（六）决定学校的分立、合并、终止；

（七）学校章程规定的其他重大事项。

第二十七条　民办学校应当设立监督机构。监督机构应当有党的基层组织代表，且教职工代表不少于 1/3。教职工人数少于 20 人的民办学校可以只设 1 至 2 名监事。

监督机构依据国家有关规定和学校章程对学校办学行为进行监督。监督机构负责人或者监事应当列席学校决策机构会议。

理事会、董事会或者其他形式决策机构组成人员及其近亲属不得兼任、担任监督机构组成人员或者监事。

第二十八条　民办学校校长依法独立行使教育教学和行政管理职权。

民办学校内部组织机构的设置方案由校长提出，报理事会、董事会或者其他形式决策机构批准。

第二十九条　民办学校依照法律、行政法规和国家有关规定，自主开展教育教学活动；使用境外教材的，应当符合国家有关规定。

实施高等教育和中等职业技术学历教育的民办学校，可以按照办学宗旨和培养目标自主设置专业、开设课程、选用教材。

实施普通高中教育、义务教育的民办学校可以基于国家课程标准自主开设有特色的课程，实施教育教学创新，自主设置的课程应当报主管教育行政部门备案。实施义务教育的民办学校不得使用境外教材。

实施学前教育的民办学校开展保育和教育活动，应当遵循儿童身心发展规律，设置、开发以游戏、活动为主要形式的课程。

实施以职业技能为主的职业资格培训、职业技能培训的民办学校可以按照与培训专业（职业、工种）相对应的国家职业标准及相关职业培训要求开展培训活动，不得教唆、组织学员规避监管，以不正当手段获取职业资格证书、成绩证明等。

第三十条　民办学校应当按照招生简章或者招生广告的承诺，开设相应课程，开展教育教学活动，保证教育教学质量。

民办学校应当提供符合标准的校舍和教育教学设施设备。

第三十一条　实施学前教育、学历教育的民办学校享有与同级同类公办学校同等的招生权，可以在审批机关核定的办学规模内，自主确定招生的标准和方式，与公办学校同期招生。

实施义务教育的民办学校应当在审批机关管辖的区域内招生，纳入审批机关所在地统一管理。实施普通高中教育的民办学校应当主要在学校所在设区的市范围内招生，符合省、自治区、直辖市人民政府教育行政部门有关规定的可以跨区域招生。招收接受高等学历教育学生的应当遵守国家有关规定。

县级以上地方人民政府教育行政部门、人力资源社会保障行政部门应当为外地的民办学校在本地招生提供平等待遇，不得设置跨区域招生障碍实行地区封锁。

民办学校招收学生应当遵守招生规则，维护招生秩序，公开公平公正录取学生。实施义务教育的民办学校不得组织或者变相组织学科知识类入学考试，不得提前招生。

民办学校招收境外学生，按照国家有关规定执行。

第三十二条　实施高等学历教育的民办学校符合学位授予条件的，依照有关法律、行政法规的规定经审批同意后，可以获得相应的学位授予资格。

第四章　教师与受教育者

第三十三条　民办学校聘任的教师或者教学人员应当具备相应的教师资格或者其他相应的专业资格、资质。

民办学校应当有一定数量的专任教师；其中，实施学前教育、学历教育的民办学校应当按照国家有关规定配备专任教师。

鼓励民办学校创新教师聘任方式，利用信息技术等手段提高教学效率和水平。

第三十四条　民办学校自主招聘教师和其他工作人员，并应当与所招聘人员依法签订劳动或者聘用合同，明确双方的权利义务等。

民办学校聘任专任教师，在合同中除依法约定必备条款外，还应当对教师岗位及其职责要求、师德和业务考核办法、福利待遇、培训和继续教育等事项作出约定。

公办学校教师未经所在学校同意不得在民办学校兼职。

民办学校聘任外籍人员，按照国家有关规定执行。

第三十五条　民办学校应当建立教师培训制度，为受聘教师接受相应的思想政治培训和业务培训提供条件。

第三十六条　民办学校应当依法保障教职工待遇，按照学校登记的法人类型，按时足额支付工资，足额缴纳社会保险费和住房公积金。国家鼓励民办学校按照有关规定为教职工建立职业年金或者企业年金等补充养老保险。

实施学前教育、学历教育的民办学校应当从学费收入中提取一定比例建立专项资金或者基金，由学校管理，用于教职工职业激励或者增加待遇保障。

第三十七条　教育行政部门应当会同有关部门建立民办幼儿园、中小学专任教师劳动、聘用合同备案制度，建立统一档案，记录教师的教龄、工龄，在培训、考核、专业技术职务评聘、表彰奖励、权利保护等方面，统筹规划、统一管理，与公办幼儿园、中小学聘任的教师平等对待。

民办职业学校、高等学校按照国家有关规定自主开展教师专业技术职务评聘。

教育行政部门应当会同有关部门完善管理制度，保证教师在公办学校和民办学校之间的合理流动；指导和监督民办学校建立健全教职工代表大会制度。

第三十八条　实施学历教育的民办学校应当依法建立学籍和教学管理制度，并报主管部门备案。

第三十九条　民办学校及其教师、职员、受教育者申请政府设立的有关科研项目、课题等，享有与同级同类公办学校及其教师、职员、受教育者同等的权利。相关项目管理部门应当按规定及时足额拨付科研项目、课题资金。

各级人民政府应当保障民办学校的受教育者在升学、就业、社会优待、参加先进评选，以及获得助学贷款、奖助学金等国家资助等方面，享有与同级同类公办学校的受教育者同等的权利。

实施学历教育的民办学校应当建立学生资助、奖励制度，并按照不低于当地同级同类公办学校的标准，从学费收入中提取相应资金用于资助、奖励学生。

第四十条　教育行政部门、人力资源社会保障行政部门和其他有关部门，组织有关的评奖评优、文艺体育活动和课题、项目招标，应当为民办学校及其教师、职员、受教育者提供同等的机会。

第五章　民办学校的资产与财务管理

第四十一条　民办学校应当依照《中华人民共和国会计法》和国家统一的会计制度进行会计核算，编制财务会计报告。

第四十二条　民办学校应当建立办学成本核算制度，基于办学成本和市场需求等因素，遵循公平、合法和诚实信用原则，考虑经济效益与社会效益，合理确定收费项目和标准。对公办学校参与举办、使用国有资产或者接受政府生均经费补助的非营利性民办学校，省、自治区、直辖市人民政府可以对其收费制定最高限价。

第四十三条　民办学校资产中的国有资产的监督、管理，按照国家有关规定执行。

民办学校依法接受的捐赠财产的使用和管理，依照有关法律、行政法规执行。

第四十四条　非营利性民办校收取费用、开展活动的资金往来，应当使用在有关主管部门备案的账户。有关主管部门应当对该账户实施监督。

营利性民办学校收入应当全部纳入学校开设的银行结算账户，办学结余分配应当在年度财务结算后进行。

第四十五条　实施义务教育的民办学校不得与利益关联方进行交易。其他民办学校与利益关联方进行交易的，应当遵循公开、公平、公允的原则，合理定价、规范决策，不得损害国家利益、学校利益和师生权益。

民办学校应当建立利益关联方交易的信息披露制度。教育、人力资源社会保障以及财政等有关部门应当加强对非营利性民办学校与利益关联方签订协议的监管，并按年度对关联交易进行审查。

前款所称利益关联方是指民办学校的举办者、实际控制人、校长、理事、董事、监事、财务负责人等以及与上述组织或者个人之间存在互相控制和影响关系、可能导致民办学校利益被转移的组织或者个人。

第四十六条　在每个会计年度结束时，民办学校应当委托会计师事务所对年度财务报告进行审计。非营利性民办学校应当从经审计的年度非限定性净资产增加额中，营利性民办学校应当从经审计的年度净收益中，按不低于年度非限定性净资产增加额或者净收益的10%的比例提取发展基金，用于学校的发展。

第六章　管理与监督

第四十七条　县级以上地方人民政府应当建立民办教育工作联席会议制度。教育、人力资源社会保障、民政、市场监督管理等部门应当根据职责会同有关部门建立民办学校年度检查和年度报告制度，健全日常监管机制。

教育行政部门、人力资源社会保障行政部门及有关部门应当建立民办学校信用档案和举办者、校长执业信用制度，对民办学校进行执法监督的情况和处罚、处理结果应当予以记录，由执法、监督人员签字后归档，并依法

依规公开执法监督结果。相关信用档案和信用记录依法纳入全国信用信息共享平台、国家企业信用信息公示系统。

第四十八条　审批机关应当及时公开民办学校举办者情况、办学条件等审批信息。

教育行政部门、人力资源社会保障行政部门应当依据职责分工，定期组织或者委托第三方机构对民办学校的办学水平和教育质量进行评估，评估结果应当向社会公开。

第四十九条　教育行政部门及有关部门应当制定实施学前教育、学历教育民办学校的信息公示清单，监督民办学校定期向社会公开办学条件、教育质量等有关信息。

营利性民办学校应当通过全国信用信息共享平台、国家企业信用信息公示系统公示相关信息。

有关部门应当支持和鼓励民办学校依法建立行业组织，研究制定相应的质量标准，建立认证体系，制定推广反映行业规律和特色要求的合同示范文本。

第五十条　民办学校终止的，应当交回办学许可证，向登记机关办理注销登记，并向社会公告。

民办学校自己要求终止的，应当提前6个月发布拟终止公告，依法依章程制定终止方案。

民办学校无实际招生、办学行为的，办学许可证到期后自然废止，由审批机关予以公告。民办学校自行组织清算后，向登记机关办理注销登记。

对于因资不抵债无法继续办学而被终止的民办学校，应当向人民法院申请破产清算。

第五十一条　国务院教育督导机构及省、自治区、直辖市人民政府负责教育督导的机构应当对县级以上地方人民政府及其有关部门落实支持和规范民办教育发展法定职责的情况进行督导、检查。

县级以上人民政府负责教育督导的机构依法对民办学校进行督导并公布督导结果，建立民办中小学、幼儿园责任督学制度。

第七章　支持与奖励

第五十二条　各级人民政府及有关部门应当依法健全对民办学校的支持政策，优先扶持办学质量高、特色明显、社会效益显著的民办学校。

县级以上地方人民政府可以参照同级同类公办学校生均经费等相关经费标准和支持政策，对非营利性民办学校给予适当补助。

地方人民政府出租、转让闲置的国有资产应当优先扶持非营利性民办学校。

第五十三条　民办学校可以依法以捐赠者的姓名、名称命名学校的校舍或者其他教育教学设施、生活设施。捐赠者对民办学校发展做出特殊贡献的，实施高等学历教育的民办学校经国务院教育行政部门按照国家规定的条件批准，其他民办学校经省、自治区、直辖市人民政府教育行政部门或者人力资源社会保障行政部门按照国家规定的条件批准，可以以捐赠者的姓名或者名称作为学校校名。

第五十四条　民办学校享受国家规定的税收优惠政策；其中，非营利性民办学校享受与公办学校同等的税收优惠政策。

第五十五条　地方人民政府在制定闲置校园综合利用方案时，应当考虑当地民办教育发展需求。

新建、扩建非营利性民办学校，地方人民政府应当按照与公办学校同等原则，以划拨等方式给予用地优惠。

实施学前教育、学历教育的民办学校使用土地，地方人民政府可以依法以协议、招标、拍卖等方式供应土地，也可以采取长期租赁、先租后让、租让结合的方式供应土地，土地出让价款和租金可以在规定期限内按合同约定分期缴纳。

第五十六条　在西部地区、边远地区和少数民族地区举办的民办学校申请贷款用于学校自身发展的，享受国家相关的信贷优惠政策。

第五十七条　县级以上地方人民政府可以根据本行政区域的具体情况，设立民办教育发展专项资金，用于支持民办学校提高教育质量和办学水平、奖励举办者等。

国家鼓励社会力量依法设立民办教育发展方面的基金会或者专项基金，用于支持民办教育发展。

第五十八条　县级人民政府根据本行政区域实施学前教育、义务教育或者其他公共教育服务的需要，可以与民办学校签订协议，以购买服务等方式，委托其承担相应教育任务。

委托民办学校承担普惠性学前教育、义务教育或者其他公共教育任务的，应当根据当地相关教育阶段的委托协议，拨付相应的教育经费。

第五十九条　县级以上地方人民政府可以采取政府补贴、以奖代补等方式鼓励、支持非营利性民办学校保障教师待遇。

第六十条　国家鼓励、支持保险机构设立适合民办学校的保险产品，探索建立行业互助保险等机制，为民办学校重大事故处理、终止善后、教职工权益保障等事项提供风险保障。

金融机构可以在风险可控前提下开发适合民办学校特点的金融产品。民办学校可以以未来经营收入、知识产权等进行融资。

第六十一条　除民办教育促进法和本条例规定的支持与奖励措施外，省、自治区、直辖市人民政府还可以根据实际情况，制定本地区促进民办教育发展的支持与奖励措施。

各级人民政府及有关部门在对现有民办学校实施分类管理改革时，应当充分考虑有关历史和现实情况，保障受教育者、教职工和举办者的合法权益，确保民办学校分类管理改革平稳有序推进。

第八章　法律责任

第六十二条　民办学校举办者及实际控制人、决策机构或者监督机构组成人员有下列情形之一的，由县级以上人民政府教育行政部门、人力资源社会保障行政部门或者其他有关部门依据职责分工责令限期改正，有违法所得的，退还所收费用后没收违法所得；情节严重的，1至5年内不得新成为民办学校举办者或实际控制人、决策机构或者监督机构组成人员；情节特别严重、社会影响恶劣的，永久不得新成为民办学校举办者或实际控制人、决策机构或者监督机构组成人员；构成违反治安管理行为的，由公安机关依法给予治安管理处罚；构成犯罪的，依法追究刑事责任：

（一）利用办学非法集资，或者收取与入学关联的费用的；

（二）未按时、足额履行出资义务，或者抽逃出资、挪用办学经费的；

（三）侵占学校法人财产或者非法从学校获取利益的；

（四）与实施义务教育的民办学校进行关联交易，或者与其他民办学校进行关联交易损害国家利益、学校利益和师生权益的；

（五）伪造、变造、买卖、出租、出借办学许可证的；

（六）干扰学校办学秩序或者非法干预学校决策、管理的；

（七）擅自变更学校名称、层次、类型和举办者的；

（八）有其他危害学校稳定和安全、侵犯学校法人权利或者损害教职工、受教育者权益的行为的。

第六十三条　民办学校有下列情形之一的，依照民办教育促进法第六十二条规定给予处罚：

（一）违背国家教育方针，偏离社会主义办学方向，或者未保障学校党组织履行职责的；

（二）违反法律、行政法规和国家有关规定开展教育教学活动的；

（三）理事会、董事会或者其他形式决策机构未依法履行职责的；

（四）教学条件明显不能满足教学要求、教育教学质量低下，未及时采取措施的；

（五）校舍、其他教育教学设施设备存在重大安全隐患，未及时采取措施的；

（六）侵犯受教育者的合法权益，产生恶劣社会影响的；

（七）违反国家规定聘任、解聘教师，或者未依法保障教职工待遇的；

（八）违反规定招生，或者在招生过程中弄虚作假的；

（九）超出办学许可范围，擅自改变办学地址或者设立分校的；

（十）未依法履行公示办学条件和教育质量有关材料、财务状况等信息披露义务，或者公示的材料不真实的；

（十一）未按照国家统一的会计制度进行会计核算、编制财务会计报告，财务、资产管理混乱，或者违反法律、法规增加收费项目、提高收费标准的；

（十二）有其他管理混乱严重影响教育教学的行为的。

法律、行政法规对前款规定情形的处罚另有规定的，从其规定。

第六十四条 民办学校有民办教育促进法第六十二条或者本条例第六十三条规定的违法情形的，由县级以上人民政府教育行政部门、人力资源社会保障行政部门或者其他有关部门依据职责分工对学校决策机构负责人、校长及直接责任人予以警告；情节严重的，1 至 5 年内不得新成为民办学校决策机构负责人或者校长；情节特别严重、社会影响恶劣的，永久不得新成为民办学校决策机构负责人或者校长。

同时举办或者实际控制多所民办学校的举办者或者实际控制人违反本条例规定，对所举办或者实际控制的民办学校疏于管理，造成恶劣影响的，由县级以上教育行政部门、人力资源社会保障行政部门或者其他有关部门依据职责分工责令限期整顿；拒不整改或者整改后仍发生同类问题的，1 至 5 年内不得举办新的民办学校，情节严重的，10 年内不得举办新的民办学校。

第六十五条 违反本条例规定举办、参与举办民办学校或者在民办学校筹设期内招生的，依照民办教育促进法第六十四条规定给予处罚。

第九章 附 则

第六十六条 本条例所称现有民办学校，是指 2016 年 11 月 7 日《全国人民代表大会常务委员会关于修改〈中华人民共和国民办教育促进法〉的决定》公布前设立的民办学校。

第六十七条 本条例规定的支持与奖励措施适用于中外合作办学机构。

第六十八条 本条例自 2021 年 9 月 1 日起施行。

独立学院设置与管理办法

· 2008 年 2 月 22 日教育部令第 26 号公布
· 根据 2015 年 11 月 10 日《教育部关于废止和修改部分规章的决定》修正

第一章 总 则

第一条 为了规范普通高等学校与社会组织或者个人合作举办独立学院活动，维护受教育者和独立学院的合法权益，促进高等教育事业健康发展，根据高等教育法、民办教育促进法、民办教育促进法实施条例，制定本办法。

第二条 本办法所称独立学院，是指实施本科以上学历教育的普通高等学校与国家机构以外的社会组织或者个人合作，利用非国家财政性经费举办的实施本科学历教育的高等学校。

第三条 独立学院是民办高等教育的重要组成部分，属于公益性事业。

设立独立学院，应当符合国家和地方高等教育发展规划。

第四条 独立学院及其举办者应当遵守法律、法规、规章和国家有关规定，贯彻国家的教育方针，坚持社会主义办学方向和教育公益性原则。

第五条 国家保障独立学院及其举办者的合法权益。

独立学院依法享有民办教育促进法、民办教育促进法实施条例规定的各项奖励与扶持政策。

第六条 国务院教育行政部门负责全国独立学院的统筹规划、综合协调和宏观管理。

省、自治区、直辖市人民政府教育行政部门（以下简称省级教育行政部门）主管本行政区域内的独立学院工作，依法履行下列职责：

（一）独立学院办学许可证的管理；

（二）独立学院招生简章和广告备案的审查；

（三）独立学院相关信息的发布；

（四）独立学院的年度检查；

（五）独立学院的表彰奖励；

（六）独立学院违法违规行为的查处；

（七）法律法规规定的其他职责。

第二章　设　立

第七条　参与举办独立学院的普通高等学校须具有较高的教学水平和管理水平，较好的办学条件，一般应具有博士学位授予权。

第八条　参与举办独立学院的社会组织，应当具有法人资格。注册资金不低于 5000 万元，总资产不少于 3 亿元，净资产不少于 1.2 亿元，资产负债率低于 60%。

参与举办独立学院的个人，应当具有政治权利和完全民事行为能力。个人总资产不低于 3 亿元，其中货币资金不少于 1.2 亿元。

第九条　独立学院的设置标准参照普通本科高等学校的设置标准执行。

独立学院应当具备法人条件。

第十条　参与举办独立学院的普通高等学校与社会组织或者个人，应当签订合作办学协议。

合作办学协议应当包括办学宗旨、培养目标、出资数额和方式、各方权利义务、合作期限、争议解决办法等内容。

第十一条　普通高等学校主要利用学校名称、知识产权、管理资源、教育教学资源等参与办学。社会组织或者个人主要利用资金、实物、土地使用权等参与办学。

国家的资助、向学生收取的学费和独立学院的借款、接受的捐赠财产，不属于独立学院举办者的出资。

第十二条　独立学院举办者的出资须经依法验资，于筹设期内过户到独立学院名下。

本办法施行前资产未过户到独立学院名下的，自本办法施行之日起 1 年内完成过户工作。

第十三条　普通高等学校投入办学的无形资产，应当依法作价。无形资产的作价，应当委托具有资产评估资质的评估机构进行评估；无形资产占办学总投入的比例，由合作办学双方按照国家法律、行政法规的有关规定予以约定，并依法办理有关手续。

第十四条　独立学院举办者应当依法按时、足额履行出资义务。独立学院存续期间，举办者不得抽逃办学资金，不得挪用办学经费。

第十五条　符合条件的普通高等学校一般只可以参与举办 1 所独立学院。

第十六条　设立独立学院，分筹设和正式设立两个阶段。筹设期 1 至 3 年，筹设期内不得招生。筹设期满未申请正式设立的，自然终止筹设。

第十七条　设立独立学院由参与举办独立学院的普通高等学校向拟设立的独立学院所在地的省级教育行政部门提出申请，按照普通本科高等学校设置程序，报国务院教育行政部门审批。

第十八条　申请筹设独立学院，须提交下列材料：

（一）筹设申请书。内容包括：举办者、拟设立独立学院的名称、培养目标、办学规模、办学条件、内部管理体制、经费筹措与管理使用等。

（二）合作办学协议。

（三）普通高等学校的基本办学条件，专业设置、学科建设情况，在校学生、专任教师及管理人员状况，本科教学水平评估情况，博士点设置情况。

（四）社会组织或者个人的法人登记证书或者个人身份证明材料。

（五）资产来源、资金数额及有效证明文件，并载明产权。其中包括不少于 500 亩的国有土地使用证或国有土地建设用地规划许可证。

（六）普通高等学校主管部门审核同意的意见。

第十九条　申请筹设独立学院的，审批机关应当按照民办教育促进法规定的期限，作出是否批准的决定。批准的，发给筹设批准书；不批准的，应当说明理由。

第二十条　完成筹设申请正式设立的，应当提交下列材料：

（一）正式设立申请书；

（二）筹设批准书；

（三）筹设情况报告；

（四）独立学院章程，理事会或董事会组成人员名单；

（五）独立学院资产的有效证明文件；

（六）独立学院院长、教师、财会人员的资格证明文件；

（七）省级教育行政部门组织的专家评审意见。

第二十一条　独立学院的章程应当规定下列主要事项：

（一）独立学院的名称、地址；

（二）办学宗旨、规模等；

（三）独立学院资产的数额、来源、性质以及财务制度；

（四）出资人是否要求取得合理回报；

（五）理事会或者董事会的产生方法、人员构成、权限、任期、议事规则等；

（六）法定代表人的产生和罢免程序；

（七）独立学院自行终止的事曰；

（八）章程修改程序。

第二十二条 独立学院的名称前冠以参与举办的普通高等学校的名称，不得使用普通高等学校内设院系和学科的名称。

第二十三条 申请正式设立独立学院，审批机关应当按照民办教育促进法规定的期限，作出是否批准的决定。批准的，发给办学许可证；不批准的，应当说明理由。

依法设立的独立学院，应当按照国家有关规定办理法人登记。

第二十四条 国务院教育行政部门受理申请筹设和正式设立独立学院的时间为每年第三季度。省级教育行政部门应当在每年 9 月 30 日前完成审核工作并提出申请。

审批机关审批独立学院，应当组织专家评议。专家评议的时间，不计算在审批期限内。

第三章　组织与活动

第二十五条 独立学院设立理事会或者董事会，作为独立学院的决策机构。理事会或者董事会由参与举办独立学院的普通高等学校代表、社会组织或者个人代表、独立学院院长、教职工代表等人员组成。理事会或者董事会中，普通高等学校的代表不得少于五分之二。

理事会或者董事会由 5 人以上组成，设理事长或者董事长 1 人。理事长、理事或者董事长、董事名单报审批机关备案。

第二十六条 独立学院的理事会或者董事会每年至少召开 2 次会议。经三分之一以上组成人员提议，可以召开理事会或者董事会临时会议。

理事会或者董事会会议应由二分之一以上的理事或者董事出席方可举行。

第二十七条 独立学院理事会或者董事会应当对所议事项形成记录，出席会议的理事或者董事和记录员应当在记录上签名。

第二十八条 独立学院理事会或者董事会会议作出决议，须经全体理事或者董事的过半数通过。但是讨论下列重大事项，须经理事会或者董事会三分之二以上组成人员同意方可通过：

（一）聘任、解聘独立学院院长；

（二）修改独立学院章程；

（三）制定发展规划；

（四）审核预算、决算；

（五）决定独立学院的合并、终止；

（六）独立学院章程规定的其他重大事项。

第二十九条 独立学院院长应当具备国家规定的任职条件，年龄不超过 70 岁，由参与举办独立学院的普通高等学校优先推荐，理事会或者董事会聘任，并报审批机关核准。

独立学院院长负责独立学院的教育教学和行政管理工作。

第三十条 独立学院应当按照办学许可证核定的名称、办学地址和办学范围组织开展教育教学活动。不得设立分支机构。不得出租、出借办学许可证。

第三十一条 独立学院必须根据有关规定，建立健全中国共产党和中国共产主义青年团的基层组织。独立学院党组织应当发挥政治核心作用，独立学院团组织应当发挥团结教育学生的重要作用。

独立学院应当建立教职工代表大会制度，保障教职工参与民主管理和监督。

第三十二条 独立学院的法定代表人为学校安全稳定工作第一责任人。独立学院应当建立健全安全稳定工作机制，建立学校安全保卫工作队伍。落实各项维护安全稳定措施，开展校园及周边治安综合治理，维护校园安全和教学秩序。

参与举办独立学院的普通高等学校应当根据独立学院的实际情况，积极采取措施，做好安全稳定工作。

第三十三条 独立学院应当按照国家核定的招生规模和国家有关规定招收学生，完善学籍管理制度，做好家庭经济困难学生的资助工作。

第三十四条 独立学院应当按照国家有关规定建立学生管理队伍。按不低于 1：200 的师生比配备辅导员，每个班级配备 1 名班主任。

第三十五条 独立学院应当建立健全教学管理机构，加强教学管理队伍建设。改进教学方式方法，不断提高教育质量。

第三十六条 独立学院应当按照国家有关规定完善教师聘用和管理制度，依法落实和保障教师的相关待遇。

第三十七条 独立学院应当根据核定的办学规模充实办学条件，并符合普通本科高等学校基本办学条件指标的各项要求。

第三十八条　独立学院对学习期满且成绩合格的学生,颁发毕业证书,并以独立学院名称具印。

独立学院按照国家有关规定申请取得学士学位授予资格,对符合条件的学生颁发独立学院的学士学位证书。

第三十九条　独立学院应当按照国家有关规定建立财务、会计制度和资产管理制度。

独立学院资产中的国有资产的监督、管理,按照国家有关规定执行。独立学院接受的捐赠财产的使用和管理,按照公益事业捐赠法的有关规定执行。

第四十条　独立学院使用普通高等学校的管理资源和师资、课程等教育教学资源,其相关费用应当按照双方约定或者国家有关规定,列入独立学院的办学成本。

第四十一条　独立学院收费项目和标准的确定,按照国家有关规定执行,并在招生简章和广告中载明。

第四十二条　独立学院存续期间,所有资产由独立学院依法管理和使用,任何组织和个人不得侵占。

第四十三条　独立学院在扣除办学成本、预留发展基金以及按照国家有关规定提取其他必需的费用后,出资人可以从办学结余中取得合理回报。

出资人取得合理回报的标准和程序,按照民办教育促进法实施条例和国家有关规定执行。

第四章　管理与监督

第四十四条　教育行政部门应当加强对独立学院教育教学工作、教师培训工作的指导。

参与举办独立学院的普通高等学校,应当按照合作办学协议和国家有关规定,对独立学院的教学和管理工作予以指导,完善独立学院教学水平的监测和评估体系。

第四十五条　独立学院的招生简章和广告的样本,应当及时报省级教育行政部门备案。

未经备案的招生简章和广告,不得发布。

第四十六条　省级教育行政部门应当按照国家有关规定,加强对独立学院的督导和年检工作,对独立学院的办学质量进行监控。

第四十七条　独立学院资产的使用和财务管理受审批机关和其他有关部门的监督。

独立学院应当在每个会计年度结束时制作财务会计报告,委托会计师事务所依法进行审计,并公布审计结果。

第五章　变更与终止

第四十八条　独立学院变更举办者,须由举办者提出,在进行财务清算后,经独立学院理事会或者董事会同意,报审批机关核准。

独立学院变更地址,应当报审批机关核准。

第四十九条　独立学院变更名称,应当报审批机关批准。

第五十条　独立学院有下述情形之一的,应当终止:

(一)根据独立学院章程规定要求终止,并经审批机关批准的;

(二)资不抵债无法继续办学的;

(三)被吊销办学许可证的。

第五十一条　独立学院终止时,在妥善安置在校学生后,按照民办教育促进法的有关规定进行财务清算和财产清偿。

独立学院举办者未履行出资义务或者抽逃、挪用办学资金造成独立学院资不抵债无法继续办学的,除依法承担相应的法律责任外,须提供在校学生的后续教育经费。

第五十二条　独立学院终止时仍未毕业的在校学生由参与举办的普通高等学校托管。对学习期满且成绩合格的学生,发给独立学院的毕业证书;符合学位授予条件的,授予独立学院的学士学位证书。

第五十三条　终止的独立学院,除被依法吊销办学许可证的外,按照国家有关规定收回其办学许可证、印章,注销登记。

第六章　法律责任

第五十四条　审批机关及其工作人员,利用职务上的便利收取他人财物或者获取其他利益,滥用职权、玩忽职守,对不符合本办法规定条件者颁发办学许可证,或者发现违法行为不予以查处,情节严重的,对直接负责的主管人员和其他直接人员,依法给予行政处分;构成犯罪的,依法追究刑事责任。

第五十五条　独立学院举办者虚假出资或者在独立学院设立后抽逃资金、挪用办学经费的,由省级教育行政部门会同有关部门责令限期改正,并按照民办教育促进法的有关规定给予处罚。

第五十六条　独立学院有下列情形之一的,由省级教育行政部门责令限期改正,并视情节轻重,给予警告、1至3万元的罚款、减少招生计划或者暂停招生的处罚:

(一)独立学院资产不按期过户的;

(二)发布未经备案的招生简章或广告的;

(三)年检不合格的;

(四)违反国家招生计划擅自招收学生的。

第五十七条 独立学院违反民办教育促进法以及其他法律法规规定的,由省级教育行政部门或者会同有关部门给予处罚。

第七章 附 则

第五十八条 本办法施行前设立的独立学院,按照本办法的规定进行调整,充实办学条件,完成有关工作。本办法施行之日起5年内,基本符合本办法要求的,由独立学院提出考察验收申请,经省级教育行政部门审核后报国务院教育行政部门组织考察验收,考察验收合格的,核发办学许可证。

第五十九条 本办法自2008年4月1日起施行。此前国务院教育行政部门发布的有关独立学院设置与管理的文件与本办法不一致的,以本办法为准。

营利性民办学校监督管理实施细则

· 2016年12月30日
· 教发〔2016〕20号

第一章 总 则

第一条 为贯彻落实《国务院关于鼓励社会力量兴办教育促进民办教育健康发展的若干意见》,规范营利性民办学校办学行为,促进民办教育健康发展,根据《中华人民共和国教育法》《中华人民共和国民办教育促进法》和2016年11月7日《〈全国人民代表大会常务委员会关于修改〈中华人民共和国民办教育促进法〉的决定〉》等法律法规,制定本细则。

第二条 社会组织或者个人可以举办营利性民办高等学校和其他高等教育机构、高中阶段教育学校和幼儿园,不得设立实施义务教育的营利性民办学校。

社会组织或者个人不得以财政性经费、捐赠资产举办或者参与举办营利性民办学校。

第三条 营利性民办学校应当遵守国家法律法规,全面贯彻党的教育方针,坚持党的领导,坚持社会主义办学方向,坚持立德树人,对受教育者加强社会主义核心价值观教育,培养德、智、体、美等方面全面发展的社会主义建设者和接班人。

营利性民办学校应当坚持教育的公益性,始终把培养高素质人才、服务经济社会发展放在首位,实现社会效益与经济效益相统一。

第四条 审批机关、工商行政管理部门和其他相关部门在职责范围内,依法对营利性民办学校行使监督管理职权。

第二章 学校设立

第五条 批准设立营利性民办学校参照国家同级同类学校设置标准,一般分筹设、正式设立两个阶段。经批准筹设的营利性民办学校,举办者应当自批准筹设之日起3年内提出正式设立申请,3年内未提出正式设立申请的,原筹设批复文件自然废止。

营利性民办学校在筹设期内不得招生。

第六条 审批机关应当坚持高水平、有特色导向批准设立营利性民办学校。设立营利性民办高等学校,应当纳入地方高等学校设置规划,按照学校设置标准、办学条件和学科专业数量等严格核定办学规模。中等以下层次营利性民办学校办学规模由省级人民政府根据当地实际制定。

第七条 营利性民办学校注册资本数额要与学校类别、层次、办学规模相适应。

第八条 举办营利性民办学校的社会组织或者个人应当具备与举办学校的层次、类型、规模相适应的经济实力,其净资产或者货币资金能够满足学校建设和发展的需要。

第九条 举办营利性民办学校的社会组织,应当具备下列条件:

(一)有中华人民共和国法人资格。

(二)信用状况良好,未被列入企业经营异常名录或严重违法失信企业名单,无不良记录。

(三)法定代表人有中华人民共和国国籍,在中国境内定居,信用状况良好,无犯罪记录,有政治权利和完全民事行为能力。

第十条 举办营利性民办学校的个人,应当具备下列条件:

(一)有中华人民共和国国籍,在中国境内定居。

(二)信用状况良好,无犯罪记录。

(三)有政治权利和完全民事行为能力。

第十一条 申请筹设营利性民办学校,举办者应当提交下列材料:

(一)筹设申请报告。内容主要包括:举办者的名称、地址或者姓名、住址及其资质,筹设学校的名称、地址、办学层次、办学规模、办学条件、培养目标、办学形式、内部管理机制、党组织设置、经费筹措与管理使用等。

(二)设立学校论证报告。

(三)举办者资质证明文件。举办者是社会组织的,应当包括社会组织的许可证、登记证或者营业执照、法定代表人有效身份证件复印件,决策机构、权力机构负责人及组成人员名单和有效身份证件复印件,有资质的会计师事务所出具的该社会组织近2年的年度财务会计报告审计结果,决策机构、权力机构同意投资举办学校的决议。举办者是个人的,应当包括有效身份证件复印件、个人存款、有本人签名的投资举办学校的决定等证明文件。

(四)资产来源、资金数额及有效证明文件,并载明产权。

(五)民办学校举办者再申请举办营利性民办学校的,还应当提交其举办或者参与举办的现有民办学校的办学许可证、登记证或者营业执照、组织机构代码证、校园土地使用权证、校舍房屋产权证明复印件,近2年年度检查的证明材料,有资质的会计师事务所出具的学校上年度财务会计报告审计结果。

(六)有两个以上举办者的,应当提交合作办学协议,明确各举办者的出资数额、出资方式、权利义务,举办者的排序、争议解决办法等内容。出资计入学校注册资本的,应当明确各举办者计入注册资本的出资数额、出资方式、占注册资本的比例。

第十二条 申请正式设立营利性民办学校,举办者应当提交下列材料:

(一)正式设立申请报告。

(二)筹设批准书。

(三)举办者资质证明文件。提交材料同本细则第十一条第(三)项。

(四)学校章程。

(五)学校首届董事会、监事(会)、行政机构负责人及组成人员名单和有效身份证件复印件。

(六)学校党组织负责人及组成人员名单和有效身份证件复印件,教职工党员名单。

(七)学校资产及其来源的有效证明文件。

(八)学校教师、财会人员名单及资格证明文件。

第十三条 直接申请正式设立营利性民办学校的,须提交本细则第十一条第(二)项规定的材料、第十二条除第(二)项以外的材料。

第十四条 审批机关对批准正式设立的营利性民办学校发给办学许可证;对不批准正式设立的,应当书面说明理由。经审批正式设立的营利性民办学校应当依法到工商行政管理部门登记。

第十五条 设立营利性民办学校,要坚持党的建设同步谋划、党的组织同步设置、党的工作同步开展。

第三章 组织机构

第十六条 营利性民办学校应当建立董事会、监事(会)、行政机构,同时建立党组织、党职工(代表)大会和工会。

营利性民办学校法定代表人由董事长或者校长担任。

第十七条 营利性民办学校董事会、行政机构、校长应当依据国家有关法律法规和学校章程设立和行使职权。

第十八条 营利性民办学校监事会中教职工代表不得少于1/3,主要履行以下职权:

(一)检查学校财务。

(二)监督董事会和行政机构成员履职情况。

(三)向教职工(代表)大会报告履职情况。

(四)国家法律法规和学校章程规定的其他职权。

第十九条 有犯罪记录、无民事行为能力或者限制行为能力者不得在学校董事会、监事会、行政机构任职。一个自然人不得同时在同一所学校的董事会、监事会任职。

第二十条 营利性民办学校应当切实加强党组织建设,强化党组织政治核心和政治引领作用,在事关学校办学方向、师生重大利益的重要决策中发挥指导、保障和监督作用。推进双向进入、交叉任职,党组织书记应当通过法定程序进入学校董事会和行政机构,党员校长、副校长等行政机构成员可按照党的有关规定进入党组织领导班子。监事会中应当有党组织领导班子成员。营利性民办学校应当加强共青团组织建设,充分发挥教职工(代表)大会和工会的作用。

第四章 教育教学

第二十一条 营利性民办学校应当以培养人才为中心,遵循教育规律,不断提高教育教学质量,增强受教育者的社会责任感、创新精神、实践能力。

第二十二条 营利性民办学校应当抓好思想政治教育和德育工作。加强思想政治理论课和思想品德课教学,推进中国特色社会主义理论体系进教材、进课堂、进头脑。深入开展理想信念、爱国主义、集体主义、中国特色社会主义教育和中华优秀传统文化、革命传统文化、民族团结教育,引导师生员工树立正确的世界观、人生观、价值观。

第二十三条 实施学历教育的营利性民办学校应当按照国家规定设置专业、开设课程、选用教材。营利性民办幼儿园应当依据国家和地方有关规定科学开展保育和教育活动。

第二十四条 营利性民办学校招收学历教育学生、境外学生应当遵守国家有关规定,招生简章和广告应当报审批机关备案。其中，本科高等学校的招生简章和广告应当报省级人民政府教育行政部门备案。

第二十五条　营利性民办学校聘任的教师应当具备国家规定的教师资格或者相关专业技能资格，学校应当按照《中华人民共和国教师法》《中华人民共和国劳动合同法》等国家法律法规和有关规定与教职工签订劳动合同。学校应当加强教师师德建设和业务培训，依法保障教职工工资、福利待遇和其他合法权益。学校聘任外籍教师应当符合国家有关规定。

第五章　财务资产

第二十六条　营利性民办学校执行《中华人民共和国公司法》及有关法律规定的财务会计制度。学校应当独立设置财务管理机构，统一学校财务核算，不得账外核算。

第二十七条　营利性民办学校应当建立健全财务内部控制制度，按实际发生数列支，不得虚列虚报，不得以计划数或者预算数代替实际支出数。

第二十八条　营利性民办学校按学期或者学年收费，收费项目及标准应当向社会公示 30 天后执行。不得在公示的项目和标准外收取其他费用，不得以任何名义向学生摊派费用或者强行集资。

第二十九条　营利性民办学校收入应当全部纳入学校财务专户，出具税务部门规定的合法票据，由学校财务部门统一核算、统一管理，保障学校的教育教学、学生资助、教职工待遇以及学校的建设和发展。学校应当将党建工作、思想政治工作和群团组织工作经费纳入学校经费预算。

第三十条　营利性民办学校拥有法人财产权，存续期间，学校所有资产由学校依法管理和使用，任何组织和个人不得侵占、挪用、抽逃。营利性民办学校举办者不得抽逃注册资本，不得用教育教学设施抵押贷款、进行担保，办学结余分配应当在年度财务结算后进行。

第三十一条　营利性民办学校应当建立健全学校风险防范、安全管理制度和应急预警处理机制，保障学校师生权益、生命财产安全，维护学校安全稳定。学校法定代表人是学校安全稳定工作的第一责任人。

第六章　信息公开

第三十二条　营利性民办学校应当依据法律法规建立信息公开制度及信息公开保密审查机制，公开的信息不得危及国家安全、公共安全、经济安全、社会稳定和学校安全稳定。

第三十三条　营利性民办高等学校信息公开内容应当执行《高等学校信息公开办法》等国家有关规定，其他营利性民办学校信息公开办法由地方人民政府学校主管部门制定。

第三十四条　营利性民办学校应当按照《企业信息公示暂行条例》规定，通过国家企业信用信息公示系统，公示年度报告信息、行政许可信息以及行政处罚信息等信用信息。

第三十五条　营利性民办学校信息应当通过学校网站、信息公告栏、电子屏幕等场所和设施公开，并可根据需要设置公共阅览室、资料索取点方便调取和查阅。除学校已经公开的信息外，社会组织或者个人可以书面形式向学校申请获取其他信息。

第七章　变更与终止

第三十六条　营利性民办学校分立、合并、终止及其他重大事项变更，应当由学校董事会通过后报审批机关审批、核准，并依法向工商行政管理部门申请变更、注销登记手续。其中，营利性民办本科高等学校分立、合并、终止、名称变更由教育部审批，其他事项变更由省级人民政府核准。

第三十七条　营利性民办学校分立、合并、终止及其他重大事项变更，应当制定实施方案和应急工作预案，并按隶属关系报学校主管部门备案，保障学校教育教学秩序和师生权益不受影响。

第三十八条　营利性民办学校有下列情形之一的，应当终止：

（一）根据学校章程规定要求终止，并经审批机关批准的。

（二）被吊销办学许可证的。

（三）因资不抵债无法继续办学的。

第三十九条　营利性民办学校终止时，应当依法进行财务清算，财产清偿依据《中华人民共和国民办教育促进法》等法律法规和学校章程的规定处理，切实保障学校师生和相关方面的权益。

第四十条　营利性民办学校终止时，应当及时办理建制撤销、注销登记手续，将学校办学许可证正副本、印章交回原审批机关，将营业执照正副本缴回原登记管理机关。

第四十一条　营利性民办学校发生分立、合并、终止等重大事项变更，学校党组织应当及时向上级党组织报告，上级党组织应当及时对学校党组织的变更或者撤销作出决定。

第八章　监督与处罚

第四十二条　教育、人力资源社会保障行政部门依据《中华人民共和国民办教育促进法》规定的管理权限，对营利性民办学校实施年度检查制度。工商行政管理部门对营利性民办学校实施年度报告公示制度。

第四十三条　教育、人力资源社会保障行政部门依据《中华人民共和国民办教育促进法》规定的管理权限，加大对营利性民办学校招生简章的监管力度，对于使用未经备案的招生简章、发布虚假招生简章的民办学校依法依规予以处理。

第四十四条　教育、人力资源社会保障行政部门依据《中华人民共和国民办教育促进法》规定的管理权限，加强对营利性民办学校办学行为和教育教学质量的监督管理，依法依规开展督导和检查，组织或者委托社会组织定期进行办学水平和教育教学质量评估，并向社会公布评估结果。

第四十五条　教育行政部门应当加强对实施学历教育的营利性民办学校执行电子学籍和学历证书电子注册制度情况的监督，对非法颁发或者伪造学历证书、学位证书的营利性民办学校依法予以处理。

第四十六条　地方教育、人力资源社会保障及其他相关部门应当通过实施审计、建立监管平台等措施对营利性民办学校财务资产状况进行监督。

第四十七条　营利性民办学校违反《中华人民共和国教育法》《中华人民共和国民办教育促进法》及相关法律法规，有下列行为之一的，由教育、人力资源社会保障、工商行政部门或者其他相关部门依法责令限期改正，并予以警告；有违法所得的，退还所收费用后没收违法所得；情节严重的，责令停止招生、吊销办学许可证；构成犯罪的，依法追究刑事责任：

（一）办学方向、教学内容、办学行为违背党的教育方针，违反国家相关法律规定。

（二）办学条件达不到国家规定标准，存在安全隐患。

（三）提供虚假资质或者进行虚假广告、宣传等行为。

（四）筹设期间违规招生，办学期间违规收费。

（五）因学校责任造成教育教学及安全事故。

（六）抽逃办学资金、非法集资。

（七）存在其他违反法律法规行为。

第四十八条　民办学校有下列情形之一的，其举办者不得再举办或者参与举办营利性民办学校：

（一）法人财产权未完全落实。

（二）民办学校属营利性的，其被列入企业经营异常名录或严重违法失信企业名单。

（三）办学条件不达标。

（四）近2年有年度检查不合格情况。

（五）法律法规规定的其他情形。

第九章　附　则

第四十九条　营利性民办培训机构参照本细则执行。

第五十条　本细则由教育部、人力资源社会保障部、工商总局负责解释。

民办学校分类登记实施细则

· 2016 年 12 月 30 日
· 教发〔2016〕19 号

第一章　总　则

第一条　为贯彻落实《国务院关于鼓励社会力量兴办教育促进民办教育健康发展的若干意见》，推动民办教育分类管理，促进民办教育健康发展，根据《中华人民共和国教育法》《中华人民共和国民办教育促进法》和 2016 年 11 月 7 日《全国人民代表大会常务委员会关于修改〈中华人民共和国民办教育促进法〉的决定》等法律法规，制定本细则。

第二条　民办教育是社会主义教育事业的重要组成部分。民办学校应当遵守国家法律法规，全面贯彻党的教育方针，坚持党的领导，坚持社会主义办学方向，坚持公益性导向，坚持立德树人，对受教育者加强社会主义核心价值观教育，培养德、智、体、美等方面全面发展的社会主义建设者和接班人。

第二章　设立审批

第三条　民办学校分为非营利性民办学校和营利性民办学校。民办学校的设立应当依据《中华人民共和国民办教育促进法》等法律法规和国家有关规定进行审批。经批准正式设立的民办学校，由审批机关发给办学许可证后，依法依规分类到登记管理机关办理登记证或者营业执照。

第四条　设立民办学校应当具备《中华人民共和国教育法》《中华人民共和国民办教育促进法》和其他有关法律法规规定的条件，符合地方经济社会和教育发展的需要。

第五条　民办学校的设立应当参照国家同级同类学校设置标准，无相应设置标准的由县级以上人民政府按照国家有关规定制定。申请设立民办学校，应当提交《中华人民共和国民办教育促进法》等法律法规和学校设置标准规定的材料、学校党组织建设有关材料。

第六条　审批机关对批准正式设立的民办学校发给办学许可证;对不批准正式设立的,应当以书面形式向申请人说明理由。

第三章　分类登记

第七条　正式批准设立的非营利性民办学校,符合《民办非企业单位登记管理暂行条例》等民办非企业单位登记管理有关规定的到民政部门登记为民办非企业单位,符合《事业单位登记管理暂行条例》等事业单位登记管理有关规定的到事业单位登记管理机关登记为事业单位。

第八条　实施本科以上层次教育的非营利性民办高等学校,由省级人民政府相关部门办理登记。实施专科以下层次教育的非营利性民办学校,由省级人民政府确定的县级以上人民政府相关部门办理登记。

第九条　正式批准设立的营利性民办学校,依据法律法规规定的管辖权限到工商行政管理部门办理登记。

第十条　登记管理机关对符合登记条件的民办学校,依法依规予以登记,并核发登记证或者营业执照;对不符合登记条件的,不予登记,并以书面形式向申请人说明理由。

第十一条　民办学校的名称应当符合国家有关规定,体现学校的办学层次和类别。

第四章　事项变更和注销登记

第十二条　民办学校涉及办学许可证、登记证或者营业执照上事项变更的,依照法律法规和有关规定到原发证机关办理变更手续。其中,民办本科高等学校办学许可证上除名称外需核准的其他事项变更,由省级人民政府核准。

第十三条　民办学校终止办学应当及时办理撤销建制、注销登记手续,将办学许可证、登记证或者营业执照正副本缴回原发证机关。

第五章　现有民办学校分类登记

第十四条　现有民办学校选择登记为非营利性民办学校的,依法修改学校章程,继续办学,履行新的登记手续。

第十五条　现有民办学校选择登记为营利性民办学校的,应当进行财务清算,经省级以下人民政府有关部门和相关机构依法明确土地、校舍、办学积累等财产的权属并缴纳相关税费,办理新的办学许可证,重新登记,继续办学。

第十六条　民办学校变更登记类型的办法由省级人民政府根据国家有关规定,结合地方实际制定。

第六章　附　则

第十七条　本细则所称现有民办学校为2016年11月7日《全国人民代表大会常务委员会关于修改〈中华人民共和国民办教育促进法〉的决定》公布前经批准设立的民办学校。本细则所称的审批机关包括县级以上教育、人力资源社会保障部门以及省级人民政府。本细则所称的登记管理机关包括县级以上民政、编制、工商行政管理部门。

第十八条　本细则由教育部、人力资源社会保障部、民政部、中央编办、工商总局负责解释。

(八)特殊教育

残疾人教育条例

·1994年8月23日中华人民共和国国务院令第161号发布
·根据2011年1月8日《国务院关于废止和修改部分行政法规的决定》修订
·2017年1月11日国务院第161次常务会议修订通过
·2017年2月1日中华人民共和国国务院令第674号公布
·自2017年5月1日起施行

第一章　总　则

第一条　为了保障残疾人受教育的权利,发展残疾人教育事业,根据《中华人民共和国教育法》和《中华人民共和国残疾人保障法》,制定本条例。

第二条　国家保障残疾人享有平等接受教育的权利,禁止任何基于残疾的教育歧视。

残疾人教育应当贯彻国家的教育方针,并根据残疾人的身心特性和需要,全面提高其素质,为残疾人平等地参与社会生活创造条件。

第三条　残疾人教育是国家教育事业的组成部分。

发展残疾人教育事业,实行普及与提高相结合、以普及为重点的方针,保障义务教育,着重发展职业教育,积极开展学前教育,逐步发展高级中等以上教育。

残疾人教育应当提高教育质量,积极推进融合教育,根据残疾人的残疾类别和接受能力,采取普通教育方式或者特殊教育方式,优先采取普通教育方式。

第四条　县级以上人民政府应当加强对残疾人教育事业的领导,将残疾人教育纳入教育事业发展规划,统筹安排实施,合理配置资源,保障残疾人教育经费投入,改善办学条件。

第五条　国务院教育行政部门主管全国的残疾人教育工作,统筹规划、协调管理全国的残疾人教育事业;国务院其他有关部门在国务院规定的职责范围内负责有关的残疾人教育工作。

县级以上地方人民政府教育行政部门主管本行政区域内的残疾人教育工作;县级以上地方人民政府其他有关部门在各自的职责范围内负责有关的残疾人教育工作。

第六条 中国残疾人联合会及其地方组织应当积极促进和开展残疾人教育工作,协助相关部门实施残疾人教育,为残疾人接受教育提供支持和帮助。

第七条 学前教育机构、各级各类学校及其他教育机构应当依照本条例以及国家有关法律、法规的规定,实施残疾人教育;对符合法律、法规规定条件的残疾人申请入学,不得拒绝招收。

第八条 残疾人家庭应当帮助残疾人接受教育。

残疾儿童、少年的父母或者其他监护人应当尊重和保障残疾儿童、少年接受教育的权利,积极开展家庭教育,使残疾儿童、少年及时接受康复训练和教育,并协助、参与有关教育机构的教育教学活动,为残疾儿童、少年接受教育提供支持。

第九条 社会各界应当关心和支持残疾人教育事业。残疾人所在社区、相关社会组织和企事业单位,应当支持和帮助残疾人平等接受教育、融入社会。

第十条 国家对为残疾人教育事业作出突出贡献的组织和个人,按照有关规定给予表彰、奖励。

第十一条 县级以上人民政府负责教育督导的机构应当将残疾人教育实施情况纳入督导范围,并可以就执行残疾人教育法律法规情况、残疾人教育教学质量以及经费管理和使用情况等实施专项督导。

第二章 义务教育

第十二条 各级人民政府应当依法履行职责,保障适龄残疾儿童、少年接受义务教育的权利。

县级以上人民政府对实施义务教育的工作进行监督、指导、检查,应当包括对残疾儿童、少年实施义务教育工作的监督、指导、检查。

第十三条 适龄残疾儿童、少年的父母或者其他监护人,应当依法保证其残疾子女或者被监护人入学接受并完成义务教育。

第十四条 残疾儿童、少年接受义务教育的入学年龄和年限,应当与当地儿童、少年接受义务教育的入学年龄和年限相同;必要时,其入学年龄和在校年龄可以适当提高。

第十五条 县级人民政府教育行政部门应当会同卫生行政部门、民政部门、残疾人联合会,根据新生儿疾病筛查和学龄前儿童残疾筛查、残疾人统计等信息,对义务教育适龄残疾儿童、少年进行入学前登记,全面掌握本行政区域内义务教育适龄残疾儿童、少年的数量和残疾情况。

第十六条 县级人民政府应当根据本行政区域内残疾儿童、少年的数量、类别和分布情况,统筹规划,优先在部分普通学校中建立特殊教育资源教室,配备必要的设备和专门从事残疾人教育的教师及专业人员,指定其招收残疾儿童、少年接受义务教育;并支持其他普通学校根据需要建立特殊教育资源教室,或者安排具备相应资源、条件的学校为招收残疾学生的其他普通学校提供必要的支持。

县级人民政府应当为实施义务教育的特殊教育学校配备必要的残疾人教育教学、康复评估和康复训练等仪器设备,并加强九年一贯制义务教育特殊教育学校建设。

第十七条 适龄残疾儿童、少年能够适应普通学校学习生活、接受普通教育的,依照《中华人民共和国义务教育法》的规定就近到普通学校入学接受义务教育。

适龄残疾儿童、少年能够接受普通教育,但是学习生活需要特别支持的,根据身体状况就近到县级人民政府教育行政部门在一定区域内指定的具备相应资源、条件的普通学校入学接受义务教育。

适龄残疾儿童、少年不能接受普通教育的,由县级人民政府教育行政部门统筹安排进入特殊教育学校接受义务教育。

适龄残疾儿童、少年需要专人护理,不能到学校就读的,由县级人民政府教育行政部门统筹安排,通过提供送教上门或者远程教育等方式实施义务教育,并纳入学籍管理。

第十八条 在特殊教育学校学习的残疾儿童、少年,经教育、康复训练,能够接受普通教育的,学校可以建议残疾儿童、少年的父母或者其他监护人将其转入或者升入普通学校接受义务教育。

在普通学校学习的残疾儿童、少年,难以适应普通学校学习生活的,学校可以建议残疾儿童、少年的父母或者其他监护人将其转入指定的普通学校或者特殊教育学校接受义务教育。

第十九条 适龄残疾儿童、少年接受教育的能力和适应学校学习生活的能力应当根据其残疾类别、残疾程度、补偿程度以及学校办学条件等因素判断。

第二十条　县级人民政府教育行政部门应当会同卫生行政部门、民政部门、残疾人联合会，建立由教育、心理、康复、社会工作等方面专家组成的残疾人教育专家委员会。

残疾人教育专家委员会可以接受教育行政部门的委托，对适龄残疾儿童、少年的身体状况、接受教育的能力和适应学校学习生活的能力进行评估，提出入学、转学建议；对残疾人义务教育问题提供咨询，提出建议。

依照前款规定作出的评估结果属于残疾儿童、少年的隐私，仅可被用于对残疾儿童、少年实施教育、康复。教育行政部门、残疾人教育专家委员会、学校及其工作人员对在工作中了解的残疾儿童、少年评估结果及其他个人信息负有保密义务。

第二十一条　残疾儿童、少年的父母或者其他监护人与学校就入学、转学安排发生争议的，可以申请县级人民政府教育行政部门处理。

接到申请的县级人民政府教育行政部门应当委托残疾人教育专家委员会对残疾儿童、少年的身体状况、接受教育的能力和适应学校学习生活的能力进行评估并提出入学、转学建议，并根据残疾人教育专家委员会的评估结果和提出的入学、转学建议，综合考虑学校的办学条件和残疾儿童、少年及其父母或者其他监护人的意愿，对残疾儿童、少年的入学、转学安排作出决定。

第二十二条　招收残疾学生的普通学校应当将残疾学生合理编入班级；残疾学生较多的，可以设置专门的特殊教育班级。

招收残疾学生的普通学校应当安排专门从事残疾人教育的教师或者经验丰富的教师承担随班就读或者特殊教育班级的教育教学工作，并适当缩减班级学生数额，为残疾学生入学后的学习、生活提供便利和条件，保障残疾学生平等参与教育教学和学校组织的各项活动。

第二十三条　在普通学校随班就读残疾学生的义务教育，可以适用普通义务教育的课程设置方案、课程标准和教材，但是对其学习要求可以有适度弹性。

第二十四条　残疾儿童、少年特殊教育学校（班）应当坚持思想教育、文化教育、劳动技能教育与身心补偿相结合，并根据学生残疾状况和补偿程度，实施分类教学；必要时，应当听取残疾学生父母或者其他监护人的意见，制定符合残疾学生身心特性和需要的个别化教育计划，实施个别教学。

第二十五条　残疾儿童、少年特殊教育学校（班）的课程设置方案、课程标准和教材，应当适合残疾儿童、少年的身心特性和需要。

残疾儿童、少年特殊教育学校（班）的课程设置方案、课程标准由国务院教育行政部门制订；教材由省级以上人民政府教育行政部门按照国家有关规定审定。

第二十六条　县级人民政府教育行政部门应当加强对本行政区域内的残疾儿童、少年实施义务教育工作的指导。

县级以上地方人民政府教育行政部门应当统筹安排支持特殊教育学校建立特殊教育资源中心，在一定区域内提供特殊教育指导和支持服务。特殊教育资源中心可以受教育行政部门的委托承担以下工作：

（一）指导、评价区域内的随班就读工作；

（二）为区域内承担随班就读教育教学任务的教师提供培训；

（三）派出教师和相关专业服务人员支持随班就读，为接受送教上门和远程教育的残疾儿童、少年提供辅导和支持；

（四）为残疾学生父母或者其他监护人提供咨询；

（五）其他特殊教育相关工作。

第三章　职业教育

第二十七条　残疾人职业教育应当大力发展中等职业教育，加快发展高等职业教育，积极开展以实用技术为主的中期、短期培训，以提高就业能力为主，培养技术技能人才，并加强对残疾学生的就业指导。

第二十八条　残疾人职业教育由普通职业教育机构和特殊职业教育机构实施，以普通职业教育机构为主。

县级以上地方人民政府应当根据需要，合理设置特殊职业教育机构，改善办学条件，扩大残疾人中等职业学校招生规模。

第二十九条　普通职业学校不得拒绝招收符合国家规定的录取标准的残疾人入学，普通职业培训机构应当积极招收残疾人入学。

县级以上地方人民政府应当采取措施，鼓励和支持普通职业教育机构积极招收残疾学生。

第三十条　实施残疾人职业教育的学校和培训机构，应当根据社会需要和残疾人的身心特性合理设置专业，并与企业合作设立实习实训基地，或者根据教学需要和条件办好实习基地。

第四章　学前教育

第三十一条　各级人民政府应当积极采取措施，逐步提高残疾幼儿接受学前教育的比例。

县级人民政府及其教育行政部门、民政部门等有关部门应当支持普通幼儿园创造条件招收残疾幼儿；支持特殊教育学校和具备办学条件的残疾儿童福利机构、残疾儿童康复机构等实施学前教育。

第三十二条　残疾幼儿的教育应当与保育、康复结合实施。

招收残疾幼儿的学前教育机构应当根据自身条件配备必要的康复设施、设备和专业康复人员，或者与其他具有康复设施、设备和专业康复人员的特殊教育机构、康复机构合作对残疾幼儿实施康复训练。

第三十三条　卫生保健机构、残疾幼儿的学前教育机构、儿童福利机构和家庭，应当注重对残疾幼儿的早期发现、早期康复和早期教育。

卫生保健机构、残疾幼儿的学前教育机构、残疾儿童康复机构应当就残疾幼儿的早期发现、早期康复和早期教育为残疾幼儿家庭提供咨询、指导。

第五章　普通高级中等以上教育及继续教育

第三十四条　普通高级中等学校、高等学校、继续教育机构应当招收符合国家规定的录取标准的残疾考生入学，不得因其残疾而拒绝招收。

第三十五条　设区的市级以上地方人民政府可以根据实际情况举办实施高级中等以上教育的特殊教育学校，支持高等学校设置特殊教育学院或者相关专业，提高残疾人的受教育水平。

第三十六条　县级以上人民政府教育行政部门以及其他有关部门、学校应当充分利用现代信息技术，以远程教育等方式为残疾人接受成人高等教育、高等教育自学考试等提供便利和帮助，根据实际情况开设适合残疾人学习的专业、课程，采取灵活开放的教学和管理模式，支持残疾人顺利完成学业。

第三十七条　残疾人所在单位应当对本单位的残疾人开展文化知识教育和技术培训。

第三十八条　扫除文盲教育应当包括对年满15周岁以上的未丧失学习能力的文盲、半文盲残疾人实施的扫盲教育。

第三十九条　国家、社会鼓励和帮助残疾人自学成才。

第六章　教　师

第四十条　县级以上人民政府应当重视从事残疾人教育的教师培养、培训工作，并采取措施逐步提高他们的地位和待遇，改善他们的工作环境和条件，鼓励教师终身从事残疾人教育事业。

县级以上人民政府可以采取免费教育、学费减免、助学贷款代偿等措施，鼓励具备条件的高等学校毕业生到特殊教育学校或者其他特殊教育机构任教。

第四十一条　从事残疾人教育的教师，应当热爱残疾人教育事业，具有社会主义的人道主义精神，尊重和关爱残疾学生，并掌握残疾人教育的专业知识和技能。

第四十二条　专门从事残疾人教育工作的教师（以下称特殊教育教师）应当符合下列条件：

（一）依照《中华人民共和国教师法》的规定取得教师资格；

（二）特殊教育专业毕业或者经省、自治区、直辖市人民政府教育行政部门组织的特殊教育专业培训并考核合格。

从事听力残疾人教育的特殊教育教师应当达到国家规定的手语等级标准，从事视力残疾人教育的特殊教育教师应当达到国家规定的盲文等级标准。

第四十三条　省、自治区、直辖市人民政府可以根据残疾人教育发展的需求，结合当地实际为特殊教育学校和指定招收残疾学生的普通学校制定教职工编制标准。

县级以上地方人民政府教育行政部门应当会同其他有关部门，在核定的编制总额内，为特殊教育学校配备承担教学、康复等工作的特殊教育教师和相关专业人员；在指定招收残疾学生的普通学校设置特殊教育教师等专职岗位。

第四十四条　国务院教育行政部门和省、自治区、直辖市人民政府应当根据残疾人教育发展的需要有计划地举办特殊教育师范院校，支持普通师范院校和综合性院校设置相关院系或者专业，培养特殊教育教师。

普通师范院校和综合性院校的师范专业应当设置特殊教育课程，使学生掌握必要的特殊教育的基本知识和技能，以适应对随班就读的残疾学生的教育教学需要。

第四十五条　县级以上地方人民政府教育行政部门应当将特殊教育教师的培训纳入教师培训计划，以多种形式组织在职特殊教育教师进修提高专业水平；在普通教师培训中增加一定比例的特殊教育内容和相关知识，提高普通教师的特殊教育能力。

第四十六条　特殊教育教师和其他从事特殊教育的相关专业人员根据国家有关规定享受特殊岗位补助津贴及其他待遇；普通学校的教师承担残疾学生随班就读教

学、管理工作的,应当将其承担的残疾学生教学、管理工作纳入其绩效考核内容,并作为核定工资待遇和职务评聘的重要依据。

县级以上人民政府教育行政部门、人力资源社会保障部门在职务评聘、培训进修、表彰奖励等方面,应当为特殊教育教师制定优惠政策、提供专门机会。

第七章　条件保障

第四十七条　省、自治区、直辖市人民政府应当根据残疾人教育的特殊情况,依据国务院有关行政主管部门的指导性标准,制定本行政区域内特殊教育学校的建设标准、经费开支标准、教学仪器设备配备标准等。

义务教育阶段普通学校招收残疾学生,县级人民政府财政部门及教育行政部门应当按照特殊教育学校生均预算内公用经费标准足额拨付费用。

第四十八条　各级人民政府应当按照有关规定安排残疾人教育经费,并将所需经费纳入本级政府预算。

县级以上人民政府根据需要可以设立专项补助款,用于发展残疾人教育。

地方各级人民政府用于义务教育的财政拨款和征收的教育费附加,应当有一定比例用于发展残疾儿童、少年义务教育。

地方各级人民政府可以按照有关规定将依法征收的残疾人就业保障金用于特殊教育学校开展各种残疾人职业教育。

第四十九条　县级以上地方人民政府应当根据残疾人教育发展的需要统筹规划、合理布局,设置特殊教育学校,并按照国家有关规定配备必要的残疾人教育教学、康复评估和康复训练等仪器设备。

特殊教育学校的设置,由教育行政部门按照国家有关规定审批。

第五十条　新建、改建、扩建各级各类学校应当符合《无障碍环境建设条例》的要求。

县级以上地方人民政府及其教育行政部门应当逐步推进各级各类学校无障碍校园环境建设。

第五十一条　招收残疾学生的学校对经济困难的残疾学生,应当按照国家有关规定减免学费和其他费用,并按照国家资助政策优先给予补助。

国家鼓励有条件的地方优先为经济困难的残疾学生提供免费的学前教育和高中教育,逐步实施残疾学生高中阶段免费教育。

第五十二条　残疾人参加国家教育考试,需要提供必要支持条件和合理便利的,可以提出申请。教育考试机构、学校应当按照国家有关规定予以提供。

第五十三条　国家鼓励社会力量举办特殊教育机构或者捐资助学;鼓励和支持民办学校或者其他教育机构招收残疾学生。

县级以上地方人民政府及其有关部门对民办特殊教育机构、招收残疾学生的民办学校,应当按照国家有关规定予以支持。

第五十四条　国家鼓励开展残疾人教育的科学研究,组织和扶持盲文、手语的研究和应用,支持特殊教育教材的编写和出版。

第五十五条　县级以上人民政府及其有关部门应当采取优惠政策和措施,支持研究、生产残疾人教育教学专用仪器设备、教具、学具、软件及其他辅助用品,扶持特殊教育机构兴办和发展福利企业和辅助性就业机构。

第八章　法律责任

第五十六条　地方各级人民政府及其有关部门违反本条例规定,未履行残疾人教育相关职责的,由上一级人民政府或者其有关部门责令限期改正;情节严重的,予以通报批评,并对直接负责的主管人员和其他直接责任人员依法给予处分。

第五十七条　学前教育机构、学校、其他教育机构及其工作人员违反本条例规定,有下列情形之一的,由其主管行政部门责令改正,对直接负责的主管人员和其他直接责任人员依法给予处分;构成违反治安管理行为的,由公安机关依法给予治安管理处罚;构成犯罪的,依法追究刑事责任:

(一)拒绝招收符合法律、法规规定条件的残疾学生入学的;

(二)歧视、侮辱、体罚残疾学生,或者放任对残疾学生的歧视言行,对残疾学生造成身心伤害的;

(三)未按照国家有关规定对经济困难的残疾学生减免学费或者其他费用的。

第九章　附　则

第五十八条　本条例下列用语的含义:

融合教育是指将对残疾学生的教育最大程度地融入普通教育。

特殊教育资源教室是指在普通学校设置的装备有特殊教育和康复训练设施设备的专用教室。

第五十九条　本条例自 2017 年 5 月 1 日起施行。

特殊教育学校暂行规程

· 1998 年 12 月 2 日教育部令第 1 号公布
· 根据 2010 年 12 月 13 日《教育部关于修改和废止部分规章的决定》修正

第一章　总　则

第一条　为加强特殊教育学校内部的规范化管理，全面贯彻教育方针，全面提高教育质量，依据国家有关教育法律、法规制定本规程。

第二条　本规程所指的特殊教育学校是指由政府、企业事业组织、社会团体、其他社会组织及公民个人依法举办的专门对残疾儿童、少年实施义务教育的机构。

第三条　特殊教育学校的学制一般为九年一贯制。

第四条　特殊教育学校要贯彻国家教育方针，根据学生身心特点和需要实施教育，为其平等参与社会生活，继续接受教育，成为社会主义事业的建设者和接班人奠定基础。

第五条　特殊教育学校的培养目标是：培养学生初步具有爱祖国、爱人民、爱劳动、爱科学、爱社会主义的情感，具有良好的品德，养成文明、礼貌、遵纪守法的行为习惯；掌握基础的文化科学知识和基本技能，初步具有运用所学知识分析问题、解决问题的能力；掌握锻炼身体的基本方法，具有较好的个人卫生习惯，身体素质和健康水平得到提高；具有健康的审美情趣；掌握一定的日常生活、劳动、生产的知识和技能；初步掌握补偿自身缺陷的基本方法，身心缺陷得到一定程度的康复；初步树立自尊、自信、自强、自立的精神和维护自身合法权益的意识，形成适应社会的基本能力。

第六条　特殊教育学校的基本教学语言文字为汉语言文字。学校应当推广使用全国通用的普通话和规范字以及国家推行的盲文、手语。

招收少数民族学生为主的学校，可使用本民族或当地民族通用语言文字和盲文、手语进行教学，并应根据实际情况在适当年级开设汉语文课程，开设汉语文课程应当使用普通话和规范汉字。

第七条　特殊教育学校实行校长负责制，校长全面负责学校的教学和其它行政工作。

第八条　按照"分级管理、分工负责"的原则，特殊教育学校在当地人民政府领导下实施教育工作。特殊教育学校应接受教育行政部门或上级主管部门的检查、监督和指导，要如实报告工作，反映情况。学年末，学校要向主管教育行政部门报告工作，重大问题应随时报告。

第二章　入学及学籍管理

第九条　特殊教育学校招收适合在校学习的义务教育阶段学龄残疾儿童、少年入学。招生范围由主管教育行政部门确定。学校实行秋季始业。

学校应对入学残疾儿童、少年的残疾类别、原因、程度和身心发展状况等进行必要的了解和测评。

第十条　特殊教育学校应根据有利于教育教学和学生心理健康的原则确定教学班学额。

第十一条　特殊教育学校对因病无法继续学习的学生（须具备县级以上医疗单位的证明）在报经主管教育行政部门批准后，准其休学。休学时间超过三个月，复学时学校可根据其实际情况并征求本人及其父母或其他监护人的意见后编入相应年级。

第十二条　特殊教育学校应接纳其主管教育行政部门批准、不适应继续在普通学校就读申请转学的残疾儿童、少年，并根据其实际情况，编入相应年级。

学校对因户籍变更申请转入，并经主管教育行政部门审核符合条件的残疾儿童、少年，应及时予以妥善安置，不得拒收。

学校对招生范围以外的申请就学的残疾儿童、少年，经主管教育行政部门批准后，可准其借读，并可按有关规定收取借读费。

第十三条　特殊教育学校对修完规定课程且成绩合格者，发给毕业证书，对不合格者发给结业证书；对已修满义务教育年限但未修完规定课程者，发给肄业证书；对未修满义务教育年限者，可视情况出具学业证明。学校一般不实行留级制度。

第十四条　特殊教育学校对学业能力提前达到更高年级程度的学生，可准其提前升入相应年级学习或者提前学习相应年级的有关课程。经考查能够在普通学校随班就读的学生，在经得本人、其父母或者其他监护人的同意后，应向主管教育行政部门申请转学。

第十五条　特殊教育学校对品学兼优的学生应予表彰，对犯有错误的学生应给予帮助或批评教育，对极少数错误严重的学生，可分别给予警告、严重警告和记过处分。学校一般不得开除义务教育阶段学龄学生。

第十六条　特殊教育学校应防止未修满义务教育年限的学龄学生辍学，发现学生辍学，应立即向主管部门报告，配合有关部门依法使其复学。

第十七条　特殊教育学校的学籍管理办法由省级教育行政部门制定。

第三章　教育教学工作

第十八条　特殊教育学校的主要任务是教育教学工作,其他各项工作应有利于教育教学工作的开展。

学校的教育教学工作要面向全体学生,坚持因材施教,改进教育教学方法,充分发挥各类课程的整体功能,促进学生全面发展。

第十九条　特殊教育学校应按照国家制定的特殊教育学校课程计划、教学大纲进行教育教学工作。

学校使用的教材,须经省级以上教育行政部门审查通过;实验教材、乡土教材须经主管教育行政部门批准后方可使用。

学校应根据学生的实际情况和特殊需要,采用不同的授课制和多种教学组织形式。

第二十条　特殊教育学校应当依照教育行政部门颁布的校历安排教育教学工作。特殊教育学校不得随意停课,若遇特殊情况必须停课的,一天以内的由校长决定,并报县级教育行政部门备案;一天以上的,应经县级人民政府批准。

第二十一条　特殊教育学校不得组织学生参加商业性的庆典、演出等活动,参加其他社会活动不应影响教育教学秩序和学校正常工作。

第二十二条　特殊教育学校要把德育工作放在重要位置,要结合学校和学生的实际实施德育工作,注重实效。

学校的德育工作由校长负责,教职工参与,做到组织落实、制度落实、内容落实、基地落实、时间落实;要与家庭教育、社会教育密切结合。

第二十三条　特殊教育学校对学生应坚持正面教育,注意保护学生的自信心、自尊心,不得讽刺挖苦、粗暴压服,严禁体罚和变相体罚。

第二十四条　特殊教育学校要在每个教学班设置班主任教师,负责管理、指导班级全面工作。班主任教师要履行国家规定的班主任职责,加强同各科任课教师、学校其他人员和学生家长的联系,了解学生思想、品德、学业、身心康复等方面的情况,协调教育和康复工作。

班主任教师每学期要根据学生的表现写出评语。

第二十五条　特殊教育学校要根据学生的实际情况有针对性地给学生布置巩固知识、发展技能和康复训练等方面的作业。

第二十六条　特殊教育学校应重视体育美育工作。

学校要结合学生实际,积极开展多种形式的体育活动,增强学生的体质。学校应保证学生每天不少于一小时的体育活动时间。

学校要上好艺术类课程,注意培养学生的兴趣、爱好和特长,其他学科也要从本学科特点出发,发挥美育功能。美育要结合学生日常生活,提出服饰、仪表、语言行为等方面审美要求。

第二十七条　特殊教育学校要特别重视劳动教育、劳动技术教育和职业教育。学校要对低、中年级学生实施劳动教育,培养学生爱劳动、爱劳动人民、珍惜劳动成果的思想,培养从事自我服务、家务劳动和简单生产劳动的能力,养成良好的劳动习惯;要根据实际情况对高年级学生实施劳动技术教育和职业教育,提高学生的劳动、就业能力。

学校劳动教育、劳动技术教育和职业教育,应做到内容落实、师资落实、场地落实。

学校要积极开展勤工俭学活动,办好校办产业;勤工俭学和校办产业的生产、服务活动要努力与劳动教育、劳动技术教育和职业教育相结合。学校参加勤工俭学活动,应以有利于学生的身心健康和发展为原则。

第二十八条　特殊教育学校要把学生的身心康复作为教育教学的重要内容,根据学生的残疾类别和程度,有针对性地进行康复训练,提高训练质量。要指导学生正确运用康复设备和器具。

第二十九条　特殊教育学校要重视学生的身心健康教育,培养学生良好的心理素质和卫生习惯,提高学生保护和合理使用自身残存功能的能力;适时、适度地进行青春期教育。

第三十条　特殊教育学校应加强活动课程和课外活动的指导,做到内容落实、指导教师落实、活动场地落实;要与普通学校、青少年校外教育机构和学生家庭联系,组织开展有益活动,安排好学生的课余生活。学校组织学生参加竞赛、评奖活动,要执行教育行政部门的有关规定。

第三十一条　特殊教育学校要在课程计划和教学大纲的指导下,通过多种形式评价教育教学质量,尤其要重视教学过程的评价。学校不得仅以学生的学业考试成绩评价教育教学质量和教师工作。

学校每学年要对学生德、智、体和身心缺陷康复等方面进行1～2次评价,毕业时要进行终结性评价,评价报告要收入学生档案。

视力和听力言语残疾学生,1～6年级学期末考试科目为语文、数学两科,其它学科通过考查确定成绩;7～9年级学生学期末考试科目为语文、数学、劳动技术或职业技能三科,其它学科通过考查评定成绩。学期末考试由学校命题,考试方法要多样,试题的难易程度和数量要适度。

视力和听力言语残疾学生的毕业考试科目、考试办法及命题权限由省级教育行政部门确定。

智力残疾学生主要通过平时考查确定成绩,考查科目、办法由学校确定。

第三十二条　特殊教育学校要积极开展教育教学研究,运用科学的教育理论指导教育教学工作,积极推广科研成果及成功的教育教学经验。

第三十三条　特殊教育学校应合理安排作息时间,学生每日在校用于教学活动时间,不得超过课程计划规定的课时,接受劳动技术教育和职业教育的学生,用于劳动实习的时间,每天不超过3小时;毕业年级集中生产实习每天不超过6小时,并要严格控制劳动强度。

第四章　校长、教师和其他人员

第三十四条　特殊教育学校可按编制设校长、副校长、主任、教师和其他人员。

第三十五条　特殊教育学校校长是学校的行政负责人,校长应具备、符合国家规定的任职条件和岗位要求,履行国家规定的职责。校长由学校举办者或举办者的上级主管部门任命或聘任;副校长及教导(总务)主任等人员由校长提名,按有关规定权限和程序任命或聘任。社会力量举办的特殊教育学校校长应报教育行政部门核准后,由校董会或学校举办者聘任。校长要加强教育及其有关法律法规、教育理论的学习,要熟悉特殊教育业务,不断加强自身修养,提高管理水平,依法对学校实施管理。

第三十六条　特殊教育学校教师应具备国家规定的相应教师资格和任职条件,具有社会主义的人道主义精神,关心残疾学生,掌握特殊教育的专业知识和技能,遵守职业道德,完成教育教学工作,享受和履行法律规定的权利和义务。

第三十七条　特殊教育学校其他人员应具备相应的思想政治、业务素质,其具体任职条件、职责由教育行政部门或学校按照国家的有关规定制定。

第三十八条　特殊教育学校要根据国家有关规定实行教师聘任、职务制度,对教师和其他人员实行科学管理。

第三十九条　特殊教育学校要加强教师的思想政治、职业道德教育,重视教师和其他人员的业务培训和继续教育,制定进修计划,积极为教师和其他人员进修创造

条件。教师和其他人员进修应根据学校工作需要,以在职、自学、所教学科和所从事工作为主。

第四十条　特殊教育学校应建立健全考核奖惩制度和业务考核档案,从德、能、勤、绩等方面全面、科学考核教师和其他人员工作,注意工作表现和实绩,并根据考核结果奖优罚劣。

第五章　机构与日常管理

第四十一条　特殊教育学校可根据规模,内设分管教务、总务等工作的机构(或岗位)和人员,协助校长做好有关工作。招收两类以上残疾学生的特殊教育学校,可设置相应的管理岗位,其具体职责由学校确定。

第四十二条　特殊教育学校应按国家有关规定建立教职工代表会议制度,加强对学校民主管理和民主监督。

第四十三条　校长要依靠党的学校(地方)基层组织,并充分发挥工会、共青团、少先队及其他组织在学校工作中的作用。

第四十四条　特殊教育学校应根据国家有关法律法规和政策建立健全各项规章制度,建立完整的学生、教育教学和其它档案。

第四十五条　特殊教育学校应建立学生日常管理制度,并保证落实。学生日常管理工作应与社区、家庭密切配合。

第四十六条　特殊教育学校应按有利于管理,有利于教育教学,有利于安全的原则设置教学区和生活区。

第四十七条　寄宿制特殊教育学校实行24小时监护制度。要设专职或兼职人员,负责学生的生活指导和管理工作。并经常与班主任教师保持联系。

第六章　卫生保健及安全工作

第四十八条　特殊教育学校应认真执行国家有关学校卫生工作的法规、政策,建立健全学校卫生工作制度。

第四十九条　特殊教育学校的校园、校舍、设备、教具、学具和图书资料等应有利于学生身心健康。学校要做好预防传染病、常见病的工作。

第五十条　特殊教育学校要特别重视学生的安全防护工作,建立健全安全工作制度,学校校舍、设施、设备、教具、学具等都应符合安全要求。学校组织的各项校内、外活动,应采取安全防护措施,确保师生的安全。

学校要根据学生特点,开展安全教育和训练,培养学生的安全意识和在危险情况下自护自救能力。

第五十一条　特殊教育学校应配备专职或兼职校医,在校长的领导下,负责学校卫生保健工作和教学、生

活卫生监督工作。

学校应建立学生健康档案,每年至少对学生进行一次身体检查;注重保护学生的残存功能。

第五十二条　特殊教育学校要加强饮食管理。食堂的场地、设备、用具、膳食要符合国家规定的卫生标准,要注意学生饮食的营养合理搭配。要制定预防肠道传染病和食物中毒的措施,建立食堂工作人员定期体检制度。

第七章　校园、校舍、设备及经费

第五十三条　特殊教育学校的办学条件及经费由学校举办者负责提供,校园、校舍建设应执行国家颁布《特殊教育学校建设标准》。

学校应具备符合规定标准的教学仪器设备、专用检测设备、康复设备、文体器材、图书资料等;要创造条件配置现代化教育教学和康复设备。

第五十四条　特殊教育学校要重视校园环境建设,搞好校园的绿化和美化,搞好校园文化建设,形成良好的育人环境。

第五十五条　特殊教育学校应遵照有关规定管理和使用校舍、场地等,未经主管部门批准,不得改变其用途;要及时对校舍设施进行维修和维护,保持坚固、实用、清洁、美观,发现危房立即停止使用,并报主管部门。

第五十六条　特殊教育学校应加强对仪器、设备、器材和图书资料等的管理,分别按有关规定建立健全管理制度,保持完好率,提高使用率。

第五十七条　特殊教育学校对义务教育阶段学生免收学费,对家庭生活困难的学生减免杂费。特殊教育学校收费应严格按照省级人民政府规定的收费项目和县级以上人民政府制定的标准及办法执行。

各级政府应设立助学金,用于帮助经济困难学生就学。

第五十八条　特殊教育学校的校办产业和勤工俭学收入上缴学校部分应用于改善办学条件,提高教职工福利待遇,改善学生学习和生活条件。学校可按有关规定接受社会捐助。

第五十九条　特殊教育学校应科学管理、合理使用学校经费,提高使用效益。要建立经费管理制度,并接受上级财务和审计部门的监督。

第八章　学校、社会与家庭

第六十条　特殊教育学校应同街道(社区)、村民委员会及附近的普通学校、机关、团体、部队、企事业单位联系,争取社会各界支持学校工作,优化育人环境。

第六十一条　特殊教育学校要在当地教育行政部门领导下,指导普通学校特殊教育班和残疾儿童、少年随班就读工作,培训普通学校特殊教育师资,组织教育教学研究活动,提出本地特殊教育改革与发展的建议。

第六十二条　特殊教育学校应通过多种形式与学生家长建立联系制度,使家长了解学校工作,征求家长对学校工作的意见,帮助家长创设良好的家庭育人环境。

第六十三条　特殊教育学校应特别加强与当地残疾人组织和企事业单位的联系,了解社会对残疾人就业的需求,征求毕业生接收单位对学校教育工作的意见、建议,促进学校教育教学工作的改革。

第六十四条　特殊教育学校应为当地校外残疾人工作者、残疾儿童、少年及家长等提供教育、康复方面的咨询和服务。

第九章　附　则

第六十五条　特殊教育学校应当根据《中华人民共和国教育法》、《中华人民共和国义务教育法》、《残疾人教育条例》和本规程的规定,结合实际情况制定学校章程。承担教育改革试点任务的特殊教育学校,在报经省级主管教育行政部门批准后,可调整本规程中的某些要求。

第六十六条　本规程适用于特殊教育学校。普通学校附设的特殊教育班、特殊教育学校的非义务教育机构和实施职业教育的特殊教育学校可参照执行有关内容。

第六十七条　各省、自治区、直辖市教育行政部门可根据本规程制定实施办法。

第六十八条　本规程自发布之日起施行。

教育部等四部门关于加快发展残疾人职业教育的若干意见

·2018 年 4 月 23 日
·教职成〔2018〕5 号

各省、自治区、直辖市教育厅(教委)、发展改革委、财政厅(局)、残联,新疆生产建设兵团教育局、发展改革委、财政局、残联:

为深入贯彻落实党的十九大精神以及中共中央办公厅和国务院办公厅关于深化教育体制机制改革的有关精神、国务院关于加快推进残疾人小康进程的有关精神、《第二期特殊教育提升计划(2017—2020 年)》,办好特殊教育,加快发展残疾人职业教育,加快推进残疾人小康进程,现提出以下意见。

一、充分认识加快发展残疾人职业教育的重要意义

习近平总书记指出,"全面建成小康社会,残疾人一个也不能少""共同富裕路上,一个不能掉队"。加快发展残疾人职业教育,有利于更好满足残疾人受教育的权利,提升残疾人受教育的水平,促进教育公平,推进基本实现教育现代化;有利于帮助残疾人提高就业创业能力,促进残疾人就业和全面发展,更好融入社会,平等享有人生出彩的机会;有利于帮助贫困残疾人脱贫增收,阻断贫困代际传递,加快残疾人小康进程,确保全面小康路上不让一个人掉队。

近年来,我国残疾人职业教育得到较快发展,规模明显扩大,保障条件逐步得到完善。但总体来看,残疾人职业教育整体水平有待提高,办学水平偏低、师资力量薄弱、布局不合理等问题依然比较突出,与整体职业教育发展水平和广大残疾人接受职业教育的迫切需求存在较大差距。各地要充分认识发展残疾人职业教育的重大意义,高度重视并采取切实措施加快发展残疾人职业教育。

二、以中等职业教育为重点不断扩大残疾人接受职业教育的机会

大力发展残疾人中等职业教育,让完成义务教育且有意愿的残疾人都能接受适合的中等职业教育。职业院校要通过随班就读、专门编班等形式,逐步扩大招收残疾学生的规模,不得以任何理由拒绝接收符合规定录取标准的残疾学生入学。

现有的残疾人职业院校要根据需求不断完善残疾人职业教育的专业设置,有针对性的开设适合残疾人学习的专业,积极探索设置面向智力残疾学生、多重残疾学生的专业或方向,扩大残疾人就读专业的选择机会,为残疾人提供适合的职业教育,同步促进残疾人的康复与职业技能提升。每个省(区、市)集中力量至少办好一所面向全省招生的残疾人中等职业学校。

加快发展残疾人高等职业教育。鼓励职业院校与现有独立设置的特殊教育机构合作办学,联合招生、学分互认、课程互选,共同培养残疾学生。对于获得由教育部主办或联办的全国职业院校技能大赛三等奖以上奖项或由省级教育行政部门主办或联办的省级职业院校技能大赛一等奖的残疾人以及具有高级工或技师资格(或相当职业资格)、获得县级劳动模范先进个人称号的在职在岗残疾人,经报名地省级教育行政部门核实资格、高等职业院校考核公示,并在教育部阳光高考平台公示后,可由高等职业院校免试录取,接受高等职业教育。

三、改进残疾人职业教育的办学条件

各地要加大对残疾人职业教育的投入,在落实职业院校生均拨款制度的同时,适当提高接受职业教育残疾学生的生均拨款水平。要用好残疾人事业发展资金、就业补助资金等,支持残疾人接受职业教育和培训。鼓励企事业单位、社会组织、公民个人捐资支持残疾人职业教育发展。

加强残疾人职业院校基础建设。招收残疾学生的职业院校应实施必要的无障碍环境改造,为残疾学生就学、生活提供便利;建立特殊教育资源教室,配备相应专业人员,适当改造校内外实习实训场所,满足残疾学生课程学习和实习实训需要。鼓励职业院校与现有独立设置的特殊教育学校共建共享实训实习和创业孵化基地。修订《残疾人中等职业学校设置标准(试行)》,制订残疾人职业院校办学标准。

加大对接受职业教育残疾学生的资助保障,家庭经济困难的残疾学生优先享受国家助学金等。各地可结合实际,为接受职业教育的残疾学生提供特殊学习用品和交通费补助等。

四、提高残疾人职业教育的质量

不断提高残疾人职业教育的质量,为残疾人提供更多个性化教育、适合的教育。

要落实立德树人根本任务,遵循职业教育规律和残疾学生身心特点,把培育和践行社会主义核心价值观融入教育教学全过程,加强残疾学生思想道德教育和职业精神的培育。

要加大对残疾人职业教育课程、教材建设的指导监督力度,加强残疾人职业教育教材和教学资源建设,组织开发适合残疾人的职业教育教材。鼓励职业院校开发适合残疾人职业教育的校本教材。要发挥现有残疾人职业教育机构在区域内的辐射引领作用,引导其对接收残疾学生的职业院校提供必要的业务指导和帮助。

各地要加强残疾人职业教育教师的培养培训,专业课教师每5年应有不少于6个月的企业或生产服务一线实践,没有企业工作经历的新任教师应先实践再上岗。职业院校要遴选和安排具有特殊教育资质或教学经验丰富的教师承担随班就读或特殊教育班级(专业)的教育教学工作,为残疾学生配备优质师资。

各地要根据实际需要,参照当地出台的特殊教育学校教职工编制标准,落实职业院校开展残疾人职业教育

教学和管理工作所需编制,合理配备教师、生活辅导人员和相关专业人员。要落实残疾人职业教育教师工资待遇、职称评定、表彰奖励等方面的倾斜政策,切实保障从事残疾人职业教育教师的各项待遇。

五、加强残疾人的就业指导和援助

各职业院校、各残疾人就业服务机构要结合残疾学生特点和需求提供就业创业指导,提高残疾学生的就业创业能力,开展"一对一"服务,做到不就业不脱钩。依托全国残疾人就业创业网络服务平台,及时发布求职和招聘信息。鼓励用人单位雇佣残疾人从事适当工作,用人单位招用人员,不得歧视残疾人。

各职业院校要积极参与政府购买残疾人职业技能培训服务和残疾人职业培训基地创建工作,针对劳动力市场需要、残疾人的实际,开展形式多样的职业技能培训和创业培训。

六、强化残疾人职业教育的组织领导

加强组织保障。各地要建立部门协同推进的工作机制。教育部门要将残疾人职业教育纳入职业教育发展的总体规划,明确目标和责任,统筹安排实施。财政部门要加大残疾人职业教育的投入,改善残疾人职业院校办学条件。残联组织要建设好现有独立设置的残疾人职业院校,继续做好残疾学生的康复训练、辅具适配以及就业指导服务等工作。其他部门积极参与、大力支持,为残疾人职业教育事业提供便利和帮助。

加强宣传引导。各地要加大对残疾人职业教育的宣传力度,扩大社会影响力,为残疾人职业教育事业发展营造良好社会环境。

加强督导检查。各级教育督导机构要将残疾人职业教育实施情况纳入督导范围,对残疾人职业教育发展水平、残疾人教育法律法规的执行、相关教育经费落实、管理使用等情况实施督导。

普通学校特殊教育资源教室建设指南

· 2016 年 1 月 20 日
· 教基二厅〔2016〕1 号

为更好地推进全纳教育,完善普通学校随班就读支持保障体系,提高残疾学生教育教学质量,依据《义务教育法》和《残疾人教育条例》的有关规定,制定本指南。

一、总体要求

在普通学校(含幼儿园、普通中小学、中等职业学校,以下同)建设资源教室,要遵循残疾学生身心发展规律,充分考虑残疾学生潜能开发和功能补偿的需求,以增强残疾学生终身学习和融入社会的能力为目的;要坚持设施设备的整体性和专业服务的系统性,为残疾学生的学习、康复和生活辅导提供全方位支持;要突出针对性和有效性,根据每一个残疾学生的残疾类型、残疾程度和特殊需要,及时调整更新配置;要确保安全,配备的设施设备必须符合国家的相关安全和环保标准,不得含有国家明令禁止使用的有毒材料。

二、功能作用

资源教室是为随班就读的残疾学生及其他有特殊需要的学生、教师和家长,提供特殊教育专业服务的场所,应具备如下主要功能:

(一)开展特殊教育咨询、测查、评估、建档等活动。

(二)进行学科知识辅导。

(三)进行生活辅导和社会适应性训练。

(四)进行基本的康复训练。

(五)提供支持性教育环境和条件。

(六)开展普通教师、学生家长和有关社区工作人员的培训。

三、基本布局

资源教室应当优先设立在招收较多残疾学生随班就读且在当地学校布局调整规划中长期保留的普通学校。招收 5 人以上数量残疾学生的普通学校,一般应设立资源教室。不足 5 人的,由所在区域教育行政部门统筹规划资源教室的布局,辐射片区所有随班就读学生,实现共享发展。

四、场地及环境

资源教室应有固定的专用场所,一般选择教学楼一层,位置相对安静、进出方便。其面积应不小于 60 平方米,若由多个房间组成,应安排在一起。有条件的普通学校,可以结合需要适当扩大。所附基础设施要符合《无障碍环境建设条例》《无障碍设计规范》《特殊教育学校建筑设计规范》中的有关规定。

五、区域设置

资源教室应设置学习训练、资源评估和办公接待等基本区域。

(一)学习训练区。主要用于以个别或小组形式对学生进行学科学习辅导,以及相关的认知、情绪、社交发展方面的训练。根据学生的需求,对学生进行动作及感觉统合训练、视功能训练、言语语言康复训练等。

(二)资源评估区。主要用于存放学生教学训练计划、教师工作计划,教具、学具、图书音像资料。对学生进行学习需求测查,各种心理、生理功能基本测查和评估等。

（三）办公接待区。主要用于教师处理日常工作事务及开展相关管理工作,接待校内学生、教师、家长等来访者。

在不影响资源教室基本功能的情况下,资源教室各功能区域可以根据实际需求相互兼容。有条件的学校还可以适当拓展。

六、配备目录

分为基本配备与可选配备（详见附表）。基本配备是指满足基本需要的教育教学和康复训练设施设备、图书资料等。可选配备是指根据残疾学生的残疾类型、程度及其他特殊需要,选择配备的教育教学和康复训练设施设备、图书资料等。

七、资源教师

资源教室应配备适当资源教师,以保障资源教室能正常发挥作用。资源教师原则上须具备特殊教育、康复或其他相关专业背景,符合《教师法》规定的学历要求,具备相应的教师资格,符合《特殊教育教师专业标准》的规定,经过岗前培训,具备特殊教育和康复训练的基本理论、专业知识和操作技能。资源教师纳入特殊教育教师管理,在绩效考核、评优评先和职务（职称）评聘中给予倾斜。

八、管理规范

（一）开放时间。原则上,学生在校期间每天均应面向本校或片区内随班就读残疾学生开放。安排适当时间向其他有特殊需要的学生、教师和家长开放,并安排专人值班。

（二）经费投入。各地教育行政部门要将资源教室建设纳入当地特殊教育事业发展的总体规划,建立财政支持保障的长效机制。学校也应将资源教室的建设、维护以及工作运行纳入年度经费预算,保证资源教室工作正常开展。

（三）日常管理。资源教室应纳入学校统一管理,建立和完善相关管理制度。资源教室应根据残疾学生的特殊需要制定专门工作计划并开展工作。

（四）指导评估。区域内特殊教育指导中心或特教学校应加强对资源教室的业务指导和评估,定期委派专人为资源教师提供培训和业务支持,并对区域内资源教室的运行及成效进行考核评价,并将结果上报主管教育行政部门。

特殊教育补助资金管理办法

· 2021 年 4 月 10 日
· 财教〔2021〕72 号

第一条　为规范和加强特殊教育补助资金管理,提高资金使用效益,根据国家预算管理有关规定,制定本办法。

第二条　本办法所称特殊教育补助资金（以下简称补助资金）,是指中央财政用于支持特殊教育发展的转移支付资金。实施期限根据教育领域中央与地方财政事权和支出责任划分改革方案、支持特殊教育改革发展政策等确定。

第三条　补助资金遵循"中央引导、省级统筹、突出重点、讲求绩效、规范透明、强化监督"的原则。

第四条　补助资金支持范围为全国独立设置的特殊教育学校和招收较多残疾学生随班就读的普通中小学校。重点支持中西部省份和东部部分困难地区。补助资金主要用于以下方面:

（一）支持特殊教育学校改善办学条件（不含新建）,配备特殊教育专用设备设施和仪器;对特殊教育学校和随班就读学生较多的普通学校进行无障碍设施改造。

（二）支持承担特殊教育资源中心（含孤独症儿童教育中心）职能的学校和设置特殊教育资源教室的普通学校配置必要的设施设备。

（三）支持向重度残疾学生接受义务教育提供送教上门服务,为送教上门的教师提供必要的交通补助;支持普通中小学校创设融合校园文化环境,推进融合教育。

第五条　补助资金由财政部会同教育部共同管理。教育部负责审核地方提供的区域绩效目标等相关材料和数据,提供资金测算需要的基础数据,并对基础数据准确性、及时性负责。财政部根据预算管理相关规定,会同教育部研究确定有关省份资金预算金额、资金的整体绩效目标。

省级财政、教育部门明确省级及省以下各级财政、教育部门在基础数据审核、资金安排、使用管理等方面的责任,切实加强资金管理。

第六条　补助资金采取因素法分配。按照基础因素、投入因素分配到有关省份。其中:

基础因素（权重 80%）主要考虑特殊教育事业发展、教师队伍建设、改革创新等因素。各因素数据通过相关统计资料获得。

投入因素（权重 20%）主要考虑地方财政努力程度

等因素。各因素数据通过相关统计资料获得。

财政部会同教育部综合考虑各地工作进展等情况，研究确定绩效调节系数，对资金分配情况进行适当调节。

计算公式为：

某省份补助资金=（该省份基础因素/∑有关省份基础因素×权重+该省份投入因素/∑有关省份投入因素×权重）×补助资金年度预算资金总额×绩效调节系数

财政部、教育部根据党中央、国务院有关决策部署和特殊教育改革发展新形势等情况，适时调整完善相关分配因素、权重、计算公式等。

第七条 省级财政、教育部门应当于每年2月底前，向财政部、教育部报送当年补助资金申报材料，并同时抄送财政部当地监管局。申报材料主要包括：

（一）上年度工作总结，包括上年度补助资金使用情况、年度绩效目标完成情况、绩效评价结果、地方财政投入情况、主要管理措施、问题分析及对策等。

（二）当年工作计划，主要包括当年全省工作目标和补助资金区域绩效目标、重点任务和资金安排计划，绩效指标要指向明确、细化量化、合理可行、相应匹配。

第八条 财政部于每年全国人民代表大会批准中央预算后三十日内，会同教育部正式下达资金预算，并抄送财政部有关监管局。每年10月31日前，提前下达下一年度资金预计数。省级财政在收到资金预算后，应当会同省级教育部门在三十日内按照预算级次合理分配、及时下达本行政区域县级以上各级政府部门，并抄送财政部当地监管局。

第九条 补助资金支付执行国库集中支付制度。涉及政府采购的，按照政府采购法律法规和有关制度执行。

第十条 省级财政、教育部门在分配补助资金时，应当结合本地区年度重点工作和省级财政安排相关资金，加大省级统筹力度，做好与发展改革部门安排基本建设项目等各渠道资金的统筹和对接，防止资金、项目安排重复交叉或缺位。

县（区）级财政、教育部门应当落实资金管理主体责任，加强区域内相关教育经费的统筹安排和使用，指导和督促本地区特殊教育学校健全财务、会计、资产管理制度。加强特殊教育学校预算管理，细化预算编制，硬化预算执行，强化预算监督；规范学校财务管理，确保资金使用安全、规范和高效。

各级财政、教育部门要加强财政风险控制，强化流程控制，依法合规分配和使用资金，实行不相容岗位（职责）分离控制。

第十一条 补助资金原则上应在当年执行完毕，年度未支出的资金按财政部结转结余资金管理有关规定处理。

第十二条 各级财政、教育部门要按照全面实施预算绩效管理的要求，建立健全全过程预算绩效管理机制，按规定科学合理设定绩效目标，对照绩效目标做好绩效监控，认真组织开展绩效评价，强化评价结果应用，做好绩效信息公开，提高资金配置效率和使用效益。财政部根据工作需要适时组织开展重点绩效评价。

第十三条 财政部各地监管局应当按照工作职责和财政部要求，对资金实施监管。地方各级财政部门应当会同同级教育部门，按照各自职责加强项目审核申报、经费使用管理等工作，建立"谁使用、谁负责"的责任机制。严禁将资金用于平衡预算、偿还债务、支付利息、对外投资等支出，不得从补助资金中提取工作经费或管理经费。

第十四条 各级财政、教育部门及其工作人员、申报使用补助资金的部门、单位及个人存在违法违规行为的，依法责令改正；对负有责任的领导人员和直接责任人员依法给予处分；涉嫌犯罪的，依法移送有关机关处理。

第十五条 本办法由财政部、教育部负责解释。各级财政、教育部门可以根据本办法，结合各地实际，制定具体管理办法，报财政部、教育部备案，并抄送财政部当地监管局。

第十六条 本办法自印发之日起施行。《财政部 教育部关于印发〈特殊教育补助资金管理办法〉的通知》（财教〔2019〕261号）同时废止。

特殊教育教师专业标准（试行）

· 2015年8月21日
· 教师〔2015〕7号

为促进特殊教育教师专业发展，建设高素质特殊教育教师队伍，根据《中华人民共和国义务教育法》《中华人民共和国教师法》《中华人民共和国残疾人保障法》《残疾人教育条例》，特制定本标准。

特殊教育教师是指在特殊教育学校、普通中小学幼儿园及其他机构中专门对残疾学生履行教育教学职责的专业人员，要经过严格的培养与培训，具有良好的职业道德，掌握系统的专业知识和专业技能。本标准是国家对合格特殊教育教师的基本专业要求，是特殊教育教师实施教育教学行为的基本规范,是引领特殊教育教师专业发展的基本准则,是特殊教育教师培养、准入、培训、考核等工作的重要依据。

一、基本理念

(一)师德为先

热爱特殊教育事业,具有职业理想,践行社会主义核心价值观,履行教师职业道德规范,依法执教。具有人道主义精神,关爱残疾学生(以下简称学生),尊重学生人格,富有爱心、责任心、耐心、细心和恒心;为人师表,教书育人,自尊自律,公平公正,以人格魅力和学识魅力教育感染学生,做学生健康成长的指导者和引路人。

(二)学生为本

尊重学生权益,以学生为主体,充分调动和发挥学生的主动性;遵循学生的身心发展特点和特殊教育教学规律,为每一位学生提供合适的教育,最大限度地开发潜能、补偿缺陷,促进学生全面发展,为学生更好地适应社会和融入社会奠定基础。

(三)能力为重

将学科知识、特殊教育理论与实践有机结合,突出特殊教育实践能力;研究学生,遵循学生成长规律,因材施教,提升特殊教育教学的专业化水平;坚持实践、反思、再实践、再反思,不断提高专业能力。

(四)终身学习

学习先进的教育理论,了解国内外特殊教育改革与发展的经验和做法;优化知识结构,提高文化素养;具有终身学习与持续发展的意识和能力,做终身学习的典范。

二、基本内容

维度	领域	基本要求
专业理念与师德	职业理解与认识	1. 贯彻党和国家教育方针政策,遵守教育法律法规。 2. 理解特殊教育工作的意义,热爱特殊教育事业,具有职业理想和敬业精神。 3. 认同特殊教育教师职业的专业性、独特性和复杂性,注重自身专业发展。 4. 具有良好的职业道德修养和人道主义精神,为人师表。 5. 具有良好的团队合作精神,积极开展协作交流。
专业理念与师德	对学生的态度与行为	6. 关爱学生,将保护学生生命安全放在首位,重视学生的身心健康发展。 7. 平等对待每一位学生,尊重学生人格尊严,维护学生合法权益。不歧视、讽刺、挖苦学生,不体罚或变相体罚学生。 8. 理解残疾是人类多样性的一种表现,尊重个体差异,主动了解和满足学生身心发展的特殊需要。 9. 引导学生正确认识和对待残疾,自尊自信、自强自立。 10. 对学生始终抱有积极的期望,坚信每一位学生都能成功,积极创造条件,促进学生健康快乐成长。
	教育教学的态度与行为	11. 树立德育为先、育人为本、能力为重的理念,将学生的品德养成、知识学习与能力发展相结合,潜能开发与缺陷补偿相结合,提高学生的综合素质。 12. 尊重特殊教育规律和学生身心发展特点,为每一位学生提供合适的教育。 13. 激发并保护学生的好奇心和自信心,引导学生体验学习乐趣,培养学生的动手能力和探究精神。 14. 重视生活经验在学生成长中的作用,注重教育教学、康复训练与生活实践的整合。 15. 重视学校与家庭、社区的合作,综合利用各种资源。 16. 尊重和发挥好少先队、共青团组织的教育引导作用。
	个人修养与行为	17. 富有爱心、责任心、耐心、细心和恒心。 18. 乐观向上、热情开朗、有亲和力。 19. 具有良好的耐挫力,善于自我调适,保持平和心态。 20. 勤于学习,积极实践,不断进取。 21. 衣着整洁得体,语言规范健康,举止文明礼貌。

维度	领域	基本要求
专业知识	学生发展知识	22. 了解关于学生生存、发展和保护的有关法律法规及政策。 23. 了解学生身心发展的特殊性与普遍性规律,掌握学生残疾类型、原因、程度、发展水平、发展速度等方面的个体差异及教育的策略和方法。 24. 了解对学生进行青春期教育的知识和方法。 25. 掌握针对学生可能出现的各种侵犯与伤害行为、意外事故和危险情况下的危机干预、安全防护与救助的基本知识与方法。 26. 了解学生安置和不同教育阶段衔接的知识,掌握帮助学生顺利过渡的方法。
	学科知识	27. 掌握所教学科知识体系的基本内容、基本思想和方法。 28. 了解所教学科与其他学科及社会生活的联系。
	教育教学知识	29. 掌握特殊教育教学基本理论,了解康复训练的基本知识与方法。 30. 掌握特殊教育评估的知识与方法。 31. 掌握学生品德心理和教学心理的基本原理和方法。 32. 掌握所教学科的课程标准以及基于标准的教学调整策略与方法。 33. 掌握在学科教学中整合情感态度、社会交往与生活技能的策略与方法。 34. 了解学生语言发展的特点,熟悉促进学生语言发展、沟通交流的策略与方法。
	通识性知识	35. 具有相应的自然科学和人文社会科学知识。 36. 了解教育事业和残疾人事业发展的基本情况。 37. 具有相应的艺术欣赏与表现知识。 38. 具有适应教育内容、教学手段和方法现代化的信息技术知识。
专业能力	环境创设与利用	39. 创设安全、平等、适宜、全纳的学习环境,支持和促进学生的学习和发展。 40. 建立良好的师生关系,帮助学生建立良好的同伴关系。 41. 有效运用班级和课堂教学管理策略,建立班级秩序与规则,创设良好的班级氛围。 42. 合理利用资源,为学生提供和制作适合的教具、辅具和学习材料,支持学生有效学习。 43. 运用积极行为支持等不同管理策略,妥善预防、干预学生的问题行为。
	教育教学设计	44. 运用合适的评估工具和评估方法,综合评估学生的特殊教育需要。 45. 根据教育评估结果和课程内容,制订学生个别化教育计划。 46. 根据课程和学生身心特点,合理地调整教学目标和教学内容,编写个别化教学活动方案。 47. 合理设计主题鲜明、丰富多彩的班级、少先队和共青团等群团活动。
	组织与实施	48. 根据学生已有的知识和经验,创设适宜的学习环境和氛围,激发学生学习的兴趣和积极性。 49. 根据学生的特殊需要,选择合适的教学策略与方法,有效实施教学。 50. 运用课程统整策略,整合多学科、多领域的知识与技能。 51. 合理安排每日活动,促进教育教学、康复训练与生活实践紧密结合。 52. 整合应用现代教育技术及辅助技术,支持学生的学习。 53. 协助相关专业人员,对学生进行必要的康复训练。 54. 积极为学生提供必要的生涯规划和职业指导教育,培养学生的职业技能和就业能力。 55. 正确使用普通话和国家推行的盲文、手语进行教学,规范书写钢笔字、粉笔字、毛笔字。 56. 妥善应对突发事件。

续表

维度	领域	基本要求
	激励与评价	57. 对学生日常表现进行观察与判断,及时发现和赏识每一位学生的点滴进步。 58. 灵活运用多元评价方法和调整策略,多视角、全过程评价学生的发展情况。 59. 引导学生进行积极的自我评价。 60. 利用评价结果,及时调整和改进教育教学工作。
	沟通与合作	61. 运用恰当的沟通策略和辅助技术进行有效沟通,促进学生参与、互动与合作。 62. 与家长进行有效沟通合作,开展教育咨询、送教上门等服务。 63. 与同事及其他专业人员合作交流,分享经验和资源,共同发展。 64. 与普通教育工作者合作,指导、实施随班就读工作。 65. 协助学校与社区建立良好的合作互助关系,促进学生的社区融合。
	反思与发展	66. 主动收集分析特殊教育相关信息,不断进行反思,改进教育教学工作。 67. 针对特殊教育教学工作中的现实需要与问题,进行教育教学研究,积极开展教学改革。 68. 结合特殊教育事业发展需要,制定专业发展规划,积极参加专业培训,不断提高自身专业素质。

三、实施意见

(一)各级教育行政部门要将本标准作为特殊教育教师队伍建设的基本依据。根据特殊教育改革发展的需要,充分发挥本标准的引领和导向作用,深化教师教育改革,建立教师教育质量保障体系,不断提高特殊教育教师培养培训质量。制定特殊教育教师专业证书制度和准入标准,严把教师入口关;制定特殊教育教师聘任(聘用)、考核、退出等管理制度,保障教师合法权益,形成科学有效的特殊教育教师队伍管理和督导机制。

(二)开展特殊教育教师教育的院校要将本标准作为特殊教育教师培养培训的主要依据。重视特殊教育教师职业特点,加强特殊教育学科和专业建设。完善特殊教育教师培养培训方案,科学设置教师教育课程,改革教育教学方式;重视特殊教育教师职业道德教育,重视社会实践和教育实习;加强特殊教育师资队伍建设,建立科学的质量评价制度。

(三)实施特殊教育的学校(机构)要将本标准作为教师管理的重要依据。制订特殊教育教师专业发展规划,注重教师职业理想与职业道德教育,增强教师教书育人的责任感与使命感;开展校本研修,促进教师专业发展;完善教师岗位职责和考核评价制度,健全特殊教育教师绩效管理机制。

(四)特殊教育教师要将本标准作为自身专业发展的基本依据。制定自我专业发展规划,爱岗敬业,增强专业发展自觉性;大胆开展教育教学实践,不断创新;积极进行自我评价,主动参加教师培训和自主研修,逐步提升专业发展水平。

特殊教育办学质量评价指南

· 2022 年 11 月 1 日
· 教基〔2022〕4 号

为深入贯彻全国教育大会精神,加快建立健全特殊教育评价制度,努力构建以义务教育阶段为主、涵盖学前教育和高中阶段教育的特殊教育办学质量评价体系,推进特殊教育高质量发展,根据中共中央、国务院印发的《深化新时代教育评价改革总体方案》和《国务院办公厅关于转发教育部等部门"十四五"特殊教育发展提升行动计划的通知》(国办发〔2021〕60 号)精神,制定本指南。

一、总体要求

(一)指导思想

认真贯彻党的二十大精神,以习近平新时代中国特色社会主义思想为指导,全面贯彻党的教育方针,落实立德树人根本任务,遵循特殊儿童成长规律和特殊教育发展规律,加快建立以适宜融合为目标的特殊教育办学质量评价体系,强化评价结果运用,引领深化特殊教育教学改革,全面提升特殊教育办学质量,促进特殊儿童全面健康适宜发展。

(二)基本原则

坚持正确方向。坚持社会主义办学方向,践行为党育人、为国育才使命,树立科学教育评价导向,以适宜融合为目标办好特殊教育,全面提高特殊教育质量。

坚持育人为本。尊重特殊儿童身心发展特点和成长规律,推动普通教育、职业教育、医疗康复及信息技术与特殊教育融合,强化学生全过程纵向评价,合理调整课程内容,不断优化教学方式,促进特殊儿童更好融入学校、掌握一技之长与适应社会生活。

坚持统筹兼顾。整合涉及特殊教育的各类考核评价项目,处理好与普通教育不同学段质量评价制度的衔接、互补;同时,针对不同类别、不同程度、不同阶段特殊儿童的需要,分类设计评价方式,拓展学段服务、推进融合教育,推动特殊教育综合改革。

坚持以评促建。坚持实事求是、客观公正,强化增值评价,有效发挥引导、诊断、改进、激励功能,加快健全特殊教育体系,保障特殊儿童接受高质量的特殊教育。

二、评价内容

评价内容主要包括政府履行职责、课程教学实施、教师队伍建设、学校组织管理、学生适宜发展等5个方面,共18项关键指标和49个考查要点。

(一)政府履行职责。包括坚持正确方向、统筹规划布局、改善办学条件、强化经费保障、健全工作机制等5项关键指标,旨在促进地方政府全面贯彻党的教育方针,坚持社会主义办学方向,强化对特殊教育工作的领导,切实提升特殊教育保障力度和保障水平。

(二)课程教学实施。包括规范课程设置、优化教学方式、开展多元评价、康复辅助支持等4项关键指标,旨在推动学校遵循特殊教育规律和特殊儿童学习特点,落实课程方案,规范使用教材,优化课程内容与教学方法,改革评价方式,提供辅助支持与康复训练,全面提高特殊学生受教育质量。

(三)教师队伍建设。包括提升师德水平、配齐师资力量、助力专业发展、提高待遇保障等4项关键指标,旨在促进学校加强教师思想政治和师德师风建设工作,加大力度配备特殊教育专业教师,健全教师专业发展机制,切实提高教师特殊教育专业素质,完善激励机制,提升教师职业幸福感,激发教育教学的积极性和创造性。

(四)学校组织管理。包括完善学校管理、创设无障碍环境等2项关键指标,旨在促进学校切实保障特殊儿童受教育权利,规范学校管理制度,健全特殊教育工作机制,加强家校社协同育人,深入推进融合教育,构建无障碍物理环境、人文环境与信息环境,整体提升特殊教育治理能力。

(五)学生适宜发展。包括思想道德素质、知识技能水平、社会适应能力等3项关键指标,旨在促进特殊学生具备良好的道德品质,掌握适应未来发展所需基本的知识技能,努力将特殊学生培养为自尊、自信、自强、自立的国家有用之才。

三、评价组织实施

(一)加强组织领导。各地要高度重视特殊教育办学质量评价工作,将其纳入地方政府、教育部门、学校的重要议事日程,建立政府教育督导部门牵头、多方参与的评价组织实施机制。结合本地实际制定特殊教育办学质量评价具体标准,分层分类细化评价指标内容与评价方式,编制学校自评手册,确保评价工作操作性强、程序规范、科学有效。在财政投入、评价队伍建设、信息平台建设等方面加大倾斜力度,为开展特殊教育办学质量评价提供必要的支持保障。

(二)规范评价实施。各地要认真组织实施特殊教育办学质量评价工作,在落实《义务教育学校管理标准》《义务教育质量评价指南》《幼儿园保育教育质量评估指南》《普通高中学校办学质量评价指南》等相关文件要求的基础上,执行《特殊教育办学质量评价指南》。对县(市、区)、特殊教育学校、随班就读普通学校的特殊教育办学质量评价要坚持结果评价与增值评价、综合评价与特色评价、自我评价与外部评价、线上评价与线下评价相结合,实行县(市、区)和学校自评、市级审核、省级全面评价和国家抽查监测,原则上每3—5年一轮,与中小学质量评价统筹同步实施,实现全覆盖。

(三)强化结果运用。将特殊教育办学质量评价结果作为县级人民政府主要领导履行教育职责督导评价的重要内容,纳入县级人民政府绩效考核,并作为对学校奖惩、政策支持、资源配置和考核校长的重要依据。引导县级人民政府落实特教办,切实履职尽责,为提升特殊教育质量提供充分的条件保障和良好的政策环境;引导特殊教育学校和随班就读普通学校改进教育教学和管理方式,不断完善办学条件,全面提升育人质量。

(四)注重宣传推广。各地要广泛宣传办好特殊教育的重要意义,深入解读特殊教育办学质量评价的内容要求,引导广大师生、家长和社会充分认识特殊教育对促进特殊儿童成长成才和终身发展的重要作用。对有效利用特殊教育办学质量评价推进特殊教育改革发展的典型经验、优秀案例、特色活动等,要加强宣传推广,发挥好示范辐射作用,切实推动特殊教育高质量发展。

附件:特殊教育办学质量评价指标(略)

国务院办公厅关于转发教育部等部门"十四五"特殊教育发展提升行动计划的通知

· 2021 年 12 月 31 日
· 国办发〔2021〕60 号

教育部、国家发展改革委、民政部、财政部、人力资源社会保障部、国家卫生健康委、中国残联《"十四五"特殊教育发展提升行动计划》已经国务院同意,现转发给你们,请认真贯彻落实。

"十四五"特殊教育发展提升行动计划

教育部　国家发展改革委　民政部　财政部
人力资源社会保障部　国家卫生健康委　中国残联

特殊教育主要是面向视力、听力、言语、肢体、智力、精神、多重残疾以及其他有特殊需要的儿童青少年提供的教育,是教育事业的重要组成部分,是建设高质量教育体系的重要内容,是衡量社会文明进步的重要标志。党中央、国务院高度重视特殊教育,党的十八大以来,国家组织实施了两期特殊教育提升计划,特殊教育普及水平、保障条件和教育质量得到显著提升,但还存在发展不平衡不充分等问题,仍是教育领域的薄弱环节。为认真贯彻党中央、国务院决策部署,推动特殊教育高质量发展,特制定本计划。

一、总体要求

(一)指导思想。以习近平新时代中国特色社会主义思想为指导,深入贯彻落实党的十九大和十九届历次全会精神,全面贯彻党的教育方针,落实立德树人根本任务,遵循特殊教育规律,以适宜融合为目标,按照拓展学段服务、推进融合教育、提升支撑能力的基本思路,加快健全特殊教育体系,不断完善特殊教育保障机制,全面提高特殊教育质量,促进残疾儿童青少年自尊、自信、自强、自立,实现最大限度的发展,切实增强残疾儿童青少年家庭福祉,努力使残疾儿童青少年成长为国家有用之才。

(二)基本原则。

——坚持政府主导、特教特办。落实政府主体责任,加强特殊教育统筹规划和条件保障,加大政策、资金、项目向特殊教育倾斜力度,在普惠政策基础上给予特别扶持,补齐发展短板。

——坚持精准施策、分类推进。根据不同地区经济发展、人口分布等情况,因地制宜,合理布局,统筹推进区域内特殊教育改革发展。针对不同类别、不同程度、不同年龄残疾儿童青少年的需要,科学评估、合理安置、分类施教。

——坚持促进公平、实现共享。切实保障残疾儿童青少年平等接受教育的权利,做到有教无类,促进他们共享发展成果,让每一名残疾儿童青少年都有人生出彩机会。

——坚持尊重差异、多元融合。尊重残疾儿童青少年身心发展特点和个体差异,做到因材施教,实现适宜发展,让残疾儿童青少年和普通儿童青少年在融合环境中相互理解尊重、共同成长进步。

(三)主要目标。到 2025 年,高质量的特殊教育体系初步建立。

——普及程度显著提高,适龄残疾儿童义务教育入学率达到 97%,非义务教育阶段残疾儿童青少年入学机会明显增加。

——教育质量全面提升,课程教材体系进一步完善,教育模式更加多样,课程教学改革不断深化,特殊教育质量评价制度基本建立。融合教育全面推进,普通教育、职业教育、医疗康复、信息技术与特殊教育进一步深度融合。

——保障机制进一步完善,继续对家庭经济困难残疾学生实行高中阶段免费教育,确保家庭经济困难残疾学生优先获得资助,逐步提高特殊教育经费保障水平。教师队伍建设进一步加强,数量充足,结构合理,专业水平进一步提升,待遇保障进一步提高。

二、拓展学段服务,加快健全特殊教育体系

(四)持续提高残疾儿童义务教育普及水平。以县级为单位健全残疾儿童招生入学联动工作机制,依据有关标准对残疾儿童身体状况、接受教育和适应学校学习生活能力进行全面规范评估,适宜安置每一名残疾儿童。压实义务教育阶段普通学校接收残疾儿童随班就读工作责任,建立健全学校随班就读工作长效机制,确保适龄残疾儿童应随尽随、就近就便优先入学。加强特殊教育学校建设,鼓励 20 万人口以上的县(市、区、旗)办好一所达到标准的特殊教育学校。残疾儿童较多且现有特殊教育学校学位不足的县(市、区、旗),要根据需要合理规划布局,满足残疾儿童入学需求。20 万人口以下的县(市、区、旗)要因地制宜合理配置特殊教育资源,鼓励在九年一贯制学校或寄宿制学校设立特教班。针对孤独症儿童教育基础相对薄弱的实际,要合理布局孤独症儿童特殊教育学校,鼓励省会城市、计划单列市及较大城市建设孤独症儿童特殊教育学校。保障儿童福利机构内具备接受教育能力的适龄残疾儿童接受中小学教育并纳入学籍管

理,推动特殊教育学校在本地儿童福利机构设立特教班。健全送教上门制度,推动各省(自治区、直辖市)完善送教上门服务标准,科学认定服务对象,规范送教上门形式和内容,加强送教服务过程管理,提高送教服务工作质量,能够入校就读的残疾儿童不纳入送教上门范围。

(五)大力发展非义务教育阶段特殊教育。积极发展学前特殊教育,鼓励普通幼儿园接收具有接受普通教育能力的残疾儿童就近入园随班就读,推动特殊教育学校和有条件的儿童福利机构、残疾儿童康复机构普遍增设学前部或附设幼儿园,鼓励设置专门招收残疾儿童的特殊教育幼儿园(班),尽早为残疾儿童提供适宜的保育、教育、康复、干预服务。着力发展以职业教育为主的高中阶段特殊教育,支持普通中等职业学校和普通高中接收残疾学生随班就读。推动特殊教育学校增设职教部(班),鼓励普通中等职业学校增设特教部(班),到2025年实现每个市(地、州、盟)和有条件的县(市、区、旗)都有一个残疾人中等职教部(班),在每个省(自治区、直辖市)至少办好一所残疾人中等职业学校和盲、聋高中(部)。鼓励有条件的地区建立从幼儿园到高中全学段衔接的十五年一贯制特殊教育学校。稳步发展高等特殊教育,加强高校特殊教育学院建设,增设适合残疾学生就读的相关专业,完善残疾学生就读普通高校措施。支持普通高校、开放大学、成人高校等面向残疾人开展继续教育,畅通和完善残疾人终身学习通道。

三、推进融合教育,全面提高特殊教育质量

(六)加强普通教育和特殊教育融合。探索适应残疾儿童和普通儿童共同成长的融合教育模式,推动特殊教育学校和普通学校结对帮扶共建、集团化融合办学,创设融合教育环境,推动残疾儿童和普通儿童融合。加强校际资源共享与整合,发挥不同学校优势,推进残疾学生信息上报、教育评估、转衔安置和个别化支持等工作规范及时、科学专业。研究制定义务教育阶段融合教育教学指南,修订特殊教育学校义务教育课程设置实验方案和课程标准。到2023年完成特殊教育学校义务教育各学科课程教材编写,审定通过后的教材列入中小学教学用书目录。开展融合教育示范区示范校创建和优秀教育教学案例遴选,持续推进特殊教育改革实验区综合改革,积极开展特殊教育教师教学基本功展示交流活动。完善特殊教育办学质量评价指标体系。积极探索科学适宜的孤独症儿童培养方式,研究制定孤独症儿童教育指南,逐步建立助教陪读制度,为孤独症儿童更好融入普通学校学习生活提供支持。加大力度推广使用国家通用手语和国家通用盲文。

(七)推动职业教育和特殊教育融合。支持特殊教育学校职教部(班)和职业学校特教部(班)开设适应残疾学生学习特点和市场需求的专业,积极探索设置面向智力残疾、多重残疾和孤独症等残疾学生的专业,同步促进残疾人的康复与职业技能提升,让残疾学生有一技之长,为将来就业创业奠定基础。探索开展面向残疾学生的"学历证书+若干职业技能等级证书"制度试点,将证书培训内容有机融入专业培养方案,优化课程设置和教学内容,提高残疾学生培养的灵活性、适应性、针对性。支持各种职业教育培训机构加强残疾学生职业技能培训,积极开展残疾学生生涯规划和就业指导,切实做好残疾学生教育与就业衔接工作。对面向残疾学生开放的职业教育实习实训基地提供支持。

(八)促进医疗康复、信息技术与特殊教育融合。教育、卫生健康、民政、残联等部门和单位协同推进,加强医疗机构、妇幼保健机构、儿童福利机构、康复机构与学校合作,提高残疾学生评估鉴定、入学安置、教育教学、康复训练的针对性和有效性。实施辅助器具进校园工程,优先为义务教育阶段残疾儿童科学提供辅助器具适配及服务。鼓励有条件的地方充分应用互联网、云计算、大数据、虚拟现实和人工智能等新技术,推进特殊教育智慧校园、智慧课堂建设。推动残疾儿童青少年相关数据互通共享。开发特殊教育数字化课程教学资源,扩大优质资源覆盖面。

四、提升支撑能力,不断完善特殊教育保障机制

(九)改善特殊教育办学条件。支持特殊教育学校和普通学校资源教室配备满足残疾学生需求的教育教学、康复训练等仪器设备和图书。加强学校无障碍设施设备建设配备,为残疾学生在校学习生活提供无障碍支持服务。大力推进国家、省、市、县、校五级特殊教育资源中心建设。依托高校和科研机构建设若干个国家级特殊教育资源中心,依托现有特殊教育资源加快建设省、市、县级特殊教育资源中心,鼓励依托设在乡镇(街道)的小学和初中因地制宜建设特殊教育资源中心,逐步实现各级特殊教育资源中心全覆盖。

(十)巩固完善特殊教育经费投入机制。落实并提高义务教育阶段特殊教育学校和随班就读残疾学生生均公用经费补助标准,到2025年将义务教育阶段特殊教育生均公用经费补助标准提高至每生每年7000元以上,有条件的地区可适当提高补助水平;各地应落实学前、高中阶段生均拨款政策,继续向特殊教育倾斜。地方财政可

设立特殊教育专项补助经费,加强特殊教育基础能力建设。进一步优化完善残疾学生特殊学习用品、干预训练及送教上门教师交通费补助等政策。中央财政特殊教育补助资金重点支持中西部地区特殊教育学校改善办学条件、向重度残疾儿童接受义务教育提供送教上门服务等。落实学生资助政策,确保家庭经济困难残疾学生优先获得资助。鼓励和引导社会力量兴办特殊教育学校,支持符合条件的非营利性社会福利机构向残疾人提供特殊教育,强化民办特殊教育规范管理,确保特殊教育公益属性。积极鼓励企事业单位、社会组织、公民个人捐资助学。

(十一)加强特殊教育教师队伍建设。适当扩大普通高校特殊教育专业招生规模,根据实际需求,优化公费师范生招生结构,倾斜支持特殊教育公费师范生培养;注重培养适应特殊教育需要、具有职业教育能力的特殊教育师资;加大特殊教育专业硕士、博士培养力度。推动师范类专业开设特殊教育课程内容,列为必修课并提高比例,纳入师范专业认证指标体系,落实教师资格考试中含有特殊教育相关内容要求。组织开展特殊教育学校和随班就读普通学校的校长、教师全员培训,将融合教育纳入普通学校教师继续教育必修内容。认真落实特殊教育教师津贴标准,保障特殊教育教师待遇,吸引优秀人才从事特殊教育事业。普通学校(幼儿园)在绩效工资分配中对直接承担残疾学生教育教学工作的教师给予适当倾斜。县级以上教研机构应配足配齐特殊教育教研员。教师职称评聘和表彰奖励向特殊教育教师倾斜。将儿童福利机构、残疾儿童康复机构等机构中依法取得相应教师资格的特殊教育教师,纳入特殊教育教师培训、职称评聘、表彰奖励范围,并按规定享受相关待遇、津贴补贴等。

五、组织实施

(十二)加强组织领导。加强党对特殊教育工作的全面领导,地方各级人民政府要提高政治站位,坚持人民立场,将办好特殊教育纳入重要议事日程,坚持特教特办、重点扶持,统筹安排资金,有效配置资源,确保各项目标任务落到实处。

(十三)健全工作机制。完善多方协调联动的特殊教育推进机制,明确教育、发展改革、民政、财政、人力资源社会保障、卫生健康、残联等部门和单位的职责,形成工作合力。加强省级、市级统筹,落实县级主体责任,加大对欠发达地区和特殊教育薄弱地区的支持力度。建立健全学校与科研、医疗、康复等机构协同的专业支撑工作机制,在全社会营造关心支持特殊教育改革发展的良好氛围。

(十四)强化督导评估。在省级人民政府履行教育职责督导评价和义务教育优质均衡发展督导评估认定中,将特殊教育改革发展情况作为重要内容。各地教育督导部门和责任督学要将特殊教育纳入督导范围。省级人民政府要加强对特殊教育发展提升行动计划实施情况的指导与督查,将落实情况纳入市县两级政府绩效考核,建立激励与问责机制,确保特殊教育发展提升行动计划有效实施。

残疾人中等职业学校设置标准

· 2022 年 11 月 15 日

第一条　为保障残疾人受教育权利,促进残疾人中等职业教育发展,规范学校建设,保证教育质量,提高办学效益,根据《中华人民共和国职业教育法》《残疾人教育条例》《国家职业教育改革实施方案》《中等职业学校设置标准》《关于加快发展残疾人职业教育的若干意见》和残疾人职业教育特点,特制定本标准。

第二条　本标准所称残疾人中等职业学校是指依法经国家主管部门批准设立,以初中毕业或同等学力的残疾人为主要招生对象,实施全日制学历教育及职业培训的中等职业学校。

第三条　设置残疾人中等职业学校,要遵循需要和可行相结合的原则,纳入当地教育发展规划,在地方教育行政部门统筹和指导下进行。

第四条　新建或改扩建残疾人中等职业学校,校址一般要选在交通便利、公共设施较完善的地方。学校环境要符合残疾人教育教学、校园安全和身心健康要求。

第五条　设置残疾人中等职业学校,须有学校章程和必须的管理制度,要依法办学。学校章程包括:名称、校址、办学宗旨、治理机构和运行机制以及教职工管理、学生管理、教育教学管理、校产和财务管理制度、学校章程修订程序等内容。

第六条　设置残疾人中等职业学校,须配备思想政治素质高和管理能力强,热爱残疾人事业,熟悉残疾人职业教育规律的学校领导。公办中等职业学校实行中国共产党基层组织领导下的校长负责制。校长应具有从事五年以上教育教学工作的经历,校长及教学副校长须具有高级专业技术职务,校级领导应具有大学本科及以上学历。

第七条　设置残疾人中等职业学校,须根据残疾人和职业教育特点,建立必要的教育教学和管理等工作机构。

第八条　设置残疾人中等职业学校,要有基本的办学规模。根据社会需要和残疾人的身心特点合理设置专业,常设专业一般不少于 4 个,学历教育在校生规模一般不少于 300 人,班额原则上为 8-20 人。

第九条　设置残疾人中等职业学校,须有与学校办学规模相适应、结构合理的专兼职教师队伍。专任教师要符合《残疾人教育条例》规定的基本条件,相关辅助专业人员应具备由职能部门认可的相应从业资质。教职工与在校生比例不低于 1:5,其中,每 15 名学生配备 1 名相关辅助专业人员(如生活辅导、就业指导、心理健康、康复训练、辅助科技和转衔服务等)。专任教师数不低于本校教职工总数的 60%,专业课教师数不低于本校专任教师数的 60%,"双师型"教师不低于本校专业课教师数的 50%。专任教师中,具有高级专业技术职务人数不低于 20%、具有专业背景的硕博士学位教师占比不低于 10%。每个专业至少应配备具有相关专业中级以上专业技术职务的专任教师 2 人。学校聘请有实践经验的兼职教师应占本校专任教师总数的 20% 左右。

第十条　设置残疾人中等职业学校,须有与办学规模、专业设置和残疾人特点相适应的个性化校园、校舍和设施,且符合《无障碍环境建设条例》及《建筑与市政工程无障碍通用规范》等标准规范要求。

校园占地面积(不含教职工宿舍和相对独立的附属机构):不少于 30000 平方米,一般生均占地面积不少于 70 平方米。

校舍建筑面积(不含教职工宿舍和相对独立的附属机构):不少于 16000 平方米,一般生均建筑面积不少于 35 平方米。

体育用地:须有 200 米以上环型跑道的田径场,有满足残疾人教学和体育活动需要的其他设施和场地。

图书馆和阅览室:要适应办学规模,满足教学需要。适用印刷图书生均不少于 30 册,电子图书生均不少于 30 册,有盲文图书、有声读物和盲、聋生电子阅览室,报刊种类 50 种以上。教师阅览(资料)室和学生阅览室的座位数应分别按不低于教职工总数和学生总数的 20% 设置。

资源中心(教室):要根据办学规模和本地区残疾人职业教育的需求建立适度大小的资源中心,根据残疾学生类别配备必要的教育教学、康复训练设施设备和资源教师、巡回指导教师及专业人员,为本校学生提供职业能力评估、个别化教学指导、考试辅助和转衔教育服务;同时为本地区的有关学校和机构提供残疾人职业教育指导、咨询和相关服务。

设施、设备与实训基地:必须具有与专业设置相匹配、满足教学要求的实训、实习设施和仪器设备,设施和仪器设备要规范、实用;每个专业要有相对应的校内实训基地和稳定的校外实训基地。要根据残疾学生的实际需要设置医疗服务、心理辅导、康复训练、专用检测等学习及生活所需专用场所和特殊器具设备。

信息化:要具备能够应用现代教育技术手段,实施教育教学与管理信息化所需的软、硬件设施、设备及适合各类残疾人学习的教育教学资源,并参照同类普通中等职业学校标准建设数字校园。

第十一条　设置残疾人中等职业学校,须具有符合国家和地方教育行政部门要求的教育教学基本制度。落实好立德树人根本任务,建立德技并修、工学结合、产教融合、校企合作的育人机制,根据职业教育国家教学标准,结合残疾人身心特点和就业市场需求,科学制订人才培养方案、设置课程,并根据国家政策推行 1+X 证书制度。

第十二条　学校办学经费应依据《中华人民共和国职业教育法》《中华人民共和国残疾人保障法》《残疾人教育条例》和有关法律法规,以举办者投入为主,企业、社会等多渠道筹措落实。地方应充分考虑残疾人职业学校班额小、教育教学成本高、无障碍建设维护支出多等实际情况,制定残疾人中等职业学校生均拨款标准(综合定额标准或公用经费定额标准),按时、足额拨付经费,不断改善学校办学条件。

第十三条　学校应落实学历教育与职业培训并举的法定职责,加强残疾人的职业培训,按照育训结合、内外兼顾的要求,面向在校残疾学生和社会残疾人开展职业培训,并积极承担当地特殊教育学校和融合教育机构的残疾人职业教育指导工作。

第十四条　本标准为独立设置的残疾人中等职业学校的基本标准,适用于各级政府部门、行业、企业举办的各类残疾人中等职业学校,民办和非独立设置的残疾人中等职业教育机构及融合教育机构可参照执行。新建的残疾人中等职业学校可根据需要设置不超过 3 年的建设期。省级有关部门可根据本地实际情况制定高于本标准的残疾人中等职业学校设置办法。

第十五条　本标准的主要指标应作为各地残疾人中等职业学校审批、检查、评估、督导的基本依据,有关内容纳入地方政府履行教育职责的督导范围。

第十六条　本标准自颁发之日起施行。2007 年中国残联、教育部制定的《残疾人中等职业学校设置标准(试行)》同时废止。

三、学位管理

中华人民共和国学位法

· 2024 年 4 月 26 日第十四届全国人民代表大会常务委员会第九次会议通过
· 2024 年 4 月 26 日中华人民共和国主席令第 22 号公布
· 自 2025 年 1 月 1 日起施行

第一章　总　则

第一条　为了规范学位授予工作，保护学位申请人的合法权益，保障学位质量，培养担当民族复兴大任的时代新人，建设教育强国、科技强国、人才强国，服务全面建设社会主义现代化国家，根据宪法，制定本法。

第二条　国家实行学位制度。学位分为学士、硕士、博士，包括学术学位、专业学位等类型，按照学科门类、专业学位类别等授予。

第三条　学位工作坚持中国共产党的领导，全面贯彻国家的教育方针，践行社会主义核心价值观，落实立德树人根本任务，遵循教育规律，坚持公平、公正、公开，坚持学术自由与学术规范相统一，促进创新发展，提高人才自主培养质量。

第四条　拥护中国共产党的领导、拥护社会主义制度的中国公民，在高等学校、科学研究机构学习或者通过国家规定的其他方式接受教育，达到相应学业要求、学术水平或者专业水平的，可以依照本法规定申请相应学位。

第五条　经审批取得相应学科、专业学位授予资格的高等学校、科学研究机构为学位授予单位，其授予学位的学科、专业为学位授予点。学位授予单位可以依照本法规定授予相应学位。

第二章　学位工作体制

第六条　国务院设立学位委员会，领导全国学位工作。

国务院学位委员会设主任委员一人，副主任委员和委员若干人。主任委员、副主任委员和委员由国务院任免，每届任期五年。

国务院学位委员会设立专家组，负责学位评审评估、质量监督、研究咨询等工作。

第七条　国务院学位委员会在国务院教育行政部门设立办事机构，承担国务院学位委员会日常工作。

国务院教育行政部门负责全国学位管理有关工作。

第八条　省、自治区、直辖市人民政府设立省级学位委员会，在国务院学位委员会的指导下，领导本行政区域学位工作。

省、自治区、直辖市人民政府教育行政部门负责本行政区域学位管理有关工作。

第九条　学位授予单位设立学位评定委员会，履行下列职责：

（一）审议本单位学位授予的实施办法和具体标准；

（二）审议学位授予点的增设、撤销等事项；

（三）作出授予、不授予、撤销相应学位的决议；

（四）研究处理学位授予争议；

（五）受理与学位相关的投诉或者举报；

（六）审议其他与学位相关的事项。

学位评定委员会可以设立若干分委员会协助开展工作，并可以委托分委员会履行相应职责。

第十条　学位评定委员会由学位授予单位具有高级专业技术职务的负责人、教学科研人员组成，其组成人员应当为不少于九人的单数。学位评定委员会主席由学位授予单位主要行政负责人担任。

学位评定委员会作出决议，应当以会议的方式进行。审议本法第九条第一款第一项至第四项所列事项或者其他重大事项的，会议应当有全体组成人员的三分之二以上出席。决议事项以投票方式表决，由全体组成人员的过半数通过。

第十一条　学位评定委员会及分委员会的组成人员、任期、职责分工、工作程序等由学位授予单位确定并公布。

第三章　学位授予资格

第十二条　高等学校、科学研究机构申请学位授予资格，应当具备下列条件：

（一）坚持社会主义办学方向，落实立德树人根本任务；

（二）符合国家和地方经济社会发展需要、高等教育发展规划；

（三）具有与所申请学位授予资格相适应的师资队伍、设施设备等教学科研资源及办学水平；

（四）法律、行政法规规定的其他条件。

国务院学位委员会、省级学位委员会可以根据前款规定，对申请相应学位授予资格的条件作出具体规定。

第十三条　依法实施本科教育且具备本法第十二条规定条件的高等学校，可以申请学士学位授予资格。依法实施本科教育、研究生教育且具备本法第十二条规定条件的高等学校、科学研究机构，可以申请硕士、博士学位授予资格。

第十四条　学士学位授予资格，由省级学位委员会审批，报国务院学位委员会备案。

硕士学位授予资格，由省级学位委员会组织审核，报国务院学位委员会审批。

博士学位授予资格，由国务院教育行政部门组织审核，报国务院学位委员会审批。

审核学位授予资格，应当组织专家评审。

第十五条　申请学位授予资格，应当在国务院学位委员会、省级学位委员会规定的期限内提出。

负责学位授予资格审批的单位应当自受理申请之日起九十日内作出决议，并向社会公示。公示期不少于十个工作日。公示期内有异议的，应当组织复核。

第十六条　符合条件的学位授予单位，经国务院学位委员会批准，可以自主开展增设硕士、博士学位授予点审核。自主增设的学位授予点，应当报国务院学位委员会审批。具体条件和办法由国务院学位委员会制定。

第十七条　国家立足经济社会发展对各类人才的需求，优化学科结构和学位授予点布局，加强基础学科、新兴学科、交叉学科建设。

国务院学位委员会可以根据国家重大需求和经济发展、科技创新、文化传承、维护人民群众生命健康的需要，对相关学位授予点的设置、布局和学位授予另行规定条件和程序。

第四章　学位授予条件

第十八条　学位申请人应当拥护中国共产党的领导，拥护社会主义制度，遵守宪法和法律，遵守学术道德和学术规范。

学位申请人在高等学校、科学研究机构学习或者通过国家规定的其他方式接受教育，达到相应学业要求、学术水平或者专业水平的，由学位授予单位分别依照本法第十九条至第二十一条规定的条件授予相应学位。

第十九条　接受本科教育，通过规定的课程考核或者修满相应学分，通过毕业论文或者毕业设计等毕业环节审查，表明学位申请人达到下列水平的，授予学士学位：

（一）在本学科或者专业领域较好地掌握基础理论、专门知识和基本技能；

（二）具有从事学术研究或者承担专业实践工作的初步能力。

第二十条　接受硕士研究生教育，通过规定的课程考核或者修满相应学分，完成学术研究训练或者专业实践训练，通过学位论文答辩或者规定的实践成果答辩，表明学位申请人达到下列水平的，授予硕士学位：

（一）在本学科或者专业领域掌握坚实的基础理论和系统的专门知识；

（二）学术学位申请人应当具有从事学术研究工作的能力，专业学位申请人应当具有承担专业实践工作的能力。

第二十一条　接受博士研究生教育，通过规定的课程考核或者修满相应学分，完成学术研究训练或者专业实践训练，通过学位论文答辩或者规定的实践成果答辩，表明学位申请人达到下列水平的，授予博士学位：

（一）在本学科或者专业领域掌握坚实全面的基础理论和系统深入的专门知识；

（二）学术学位申请人应当具有独立从事学术研究工作的能力，专业学位申请人应当具有独立承担专业实践工作的能力；

（三）学术学位申请人应当在学术研究领域做出创新性成果，专业学位申请人应当在专业实践领域做出创新性成果。

第二十二条　学位授予单位应当根据本法第十八条至第二十一条规定的条件，结合本单位学术评价标准，坚持科学的评价导向，在充分听取相关方面意见的基础上，制定各学科、专业的学位授予具体标准并予以公布。

第五章　学位授予程序

第二十三条　符合本法规定的受教育者，可以按照学位授予单位的要求提交申请材料，申请相应学位。非学位授予单位的应届毕业生，由毕业单位推荐，可以向相关学位授予单位申请学位。

学位授予单位应当自申请日期截止之日起六十日内审查决定是否受理申请，并通知申请人。

第二十四条　申请学士学位的，由学位评定委员会组织审查，作出是否授予学士学位的决议。

第二十五条 申请硕士、博士学位的,学位授予单位应当在组织答辩前,将学位申请人的学位论文或者实践成果送专家评阅。

经专家评阅,符合学位授予单位规定的,进入答辩程序。

第二十六条 学位授予单位应当按照学科、专业组织硕士、博士学位答辩委员会。硕士学位答辩委员会组成人员应当不少于三人。博士学位答辩委员会组成人员应当不少于五人,其中学位授予单位以外的专家应当不少于二人。

学位论文或者实践成果应当在答辩前送答辩委员会组成人员审阅,答辩委员会组成人员应当独立负责地履行职责。

答辩委员会应当按照规定的程序组织答辩,就学位申请人是否通过答辩形成决议并当场宣布。答辩以投票方式表决,由全体组成人员的三分之二以上通过。除内容涉及国家秘密的外,答辩应当公开举行。

第二十七条 学位论文答辩或者实践成果答辩未通过的,经答辩委员会同意,可以在规定期限内修改,重新申请答辩。

博士学位答辩委员会认为学位申请人虽未达到博士学位的水平,但已达到硕士学位的水平,且学位申请人尚未获得过本单位该学科、专业硕士学位的,经学位申请人同意,可以作出建议授予硕士学位的决议,报送学位评定委员会审定。

第二十八条 学位评定委员会应当根据答辩委员会的决议,在对学位申请进行审核的基础上,作出是否授予硕士、博士学位的决议。

第二十九条 学位授予单位应当根据学位评定委员会授予学士、硕士、博士学位的决议,公布授予学位的人员名单,颁发学位证书,并向省级学位委员会报送学位授予信息。省级学位委员会将本行政区域的学位授予信息报国务院学位委员会备案。

第三十条 学位授予单位应当保存学位申请人的申请材料和学位论文、实践成果等档案资料;博士学位论文应当同时交存国家图书馆和有关专业图书馆。

涉密学位论文、实践成果及学位授予过程应当依照保密法律、行政法规和国家有关保密规定,加强保密管理。

第六章 学位质量保障

第三十一条 学位授予单位应当建立本单位学位质量保障制度,加强招生、培养、学位授予等全过程质量管理,及时公开相关信息,接受社会监督,保证授予学位的质量。

第三十二条 学位授予单位应当为研究生配备品行良好、具有较高学术水平或者较强实践能力的教师、科研人员或者专业人员担任指导教师,建立遴选、考核、监督和动态调整机制。

研究生指导教师应当为人师表,履行立德树人职责,关心爱护学生,指导学生开展相关学术研究和专业实践、遵守学术道德和学术规范、提高学术水平或者专业水平。

第三十三条 博士学位授予单位应当立足培养高层次创新人才,加强博士学位授予点建设,加大对博士研究生的培养、管理和支持力度,提高授予博士学位的质量。

博士研究生指导教师应当认真履行博士研究生培养职责,在培养关键环节严格把关,全过程加强指导,提高培养质量。

博士研究生应当努力钻研和实践,认真准备学位论文或者实践成果,确保符合学术规范和创新要求。

第三十四条 国务院教育行政部门和省级学位委员会应当在各自职责范围内定期组织专家对已经批准的学位授予单位及学位授予点进行质量评估。对经质量评估确认不能保证所授学位质量的,责令限期整改;情节严重的,由原审批单位撤销相应学位授予资格。

自主开展增设硕士、博士学位授予点审核的学位授予单位,研究生培养质量达不到规定标准或者学位质量管理存在严重问题的,国务院学位委员会应当撤销其自主审核资格。

第三十五条 学位授予单位可以根据本单位学科、专业需要,向原审批单位申请撤销相应学位授予点。

第三十六条 国务院教育行政部门应当加强信息化建设,完善学位信息管理系统,依法向社会提供信息服务。

第三十七条 学位申请人、学位获得者在攻读该学位过程中有下列情形之一的,经学位评定委员会决议,学位授予单位不授予学位或者撤销学位:

(一)学位论文或者实践成果被认定为存在代写、剽窃、伪造等学术不端行为;

(二)盗用、冒用他人身份,顶替他人取得的入学资格,或者以其他非法手段取得入学资格、毕业证书;

(三)攻读期间存在依法不应当授予学位的其他严重违法行为。

第三十八条 违反本法规定授予学位、颁发学位证书的,由教育行政部门宣布证书无效,并依照《中华人民共和国教育法》的有关规定处理。

第三十九条　学位授予单位拟作出不授予学位或者撤销学位决定的,应当告知学位申请人或者学位获得者拟作出决定的内容及事实、理由、依据,听取其陈述和申辩。

第四十条　学位申请人对专家评阅、答辩、成果认定等过程中相关学术组织或者人员作出的学术评价结论有异议的,可以向学位授予单位申请学术复核。学位授予单位应当自受理学术复核申请之日起三十日内重新组织专家进行复核并作出复核决定,复核决定为最终决定。学术复核的办法由学位授予单位制定。

第四十一条　学位申请人或者学位获得者对不受理其学位申请、不授予其学位或者撤销其学位等行为不服的,可以向学位授予单位申请复核,或者请求有关机关依照法律规定处理。

学位申请人或者学位获得者申请复核的,学位授予单位应当自受理复核申请之日起三十日内进行复核并作出复核决定。

第七章　附　则

第四十二条　军队设立学位委员会。军队学位委员会依据本法负责管理军队院校和科学研究机构的学位工作。

第四十三条　对在学术或者专门领域、在推进科学教育和文化交流合作方面做出突出贡献,或者对世界和平与人类发展有重大贡献的个人,可以授予名誉博士学位。

取得博士学位授予资格的学位授予单位,经学位评定委员会审议通过,报国务院学位委员会批准后,可以向符合前款规定条件的个人授予名誉博士学位。

名誉博士学位授予、撤销的具体办法由国务院学位委员会制定。

第四十四条　学位授予单位对申请学位的境外个人,依照本法规定的学业要求、学术水平或者专业水平等条件和相关程序授予相应学位。

学位授予单位在境外授予学位的,适用本法有关规定。

境外教育机构在境内授予学位的,应当遵守中国有关法律法规的规定。

对境外教育机构颁发的学位证书的承认,应当严格按照国家有关规定办理。

第四十五条　本法自2025年1月1日起施行。《中华人民共和国学位条例》同时废止。

中华人民共和国学位条例暂行实施办法

·国务院学位委员会制定
·1981年5月20日国务院批转

第一条　根据中华人民共和国学位条例,制定本暂行实施办法。

第二条　学位按下列学科的门类授予:哲学、经济学、法学、教育学、文学、历史学、理学、工学、农学、医学。

学士学位

第三条　学士学位由国务院授权的高等学校授予。

高等学校本科学生完成教学计划的各项要求,经审核准予毕业,其课程学习和毕业论文(毕业设计或其他毕业实践环节)的成绩,表明确已较好地掌握本门学科的基础理论、专门知识和基本技能,并具有从事科学研究工作或担负专门技术工作的初步能力的,授予学士学位。

第四条　授予学士学位的高等学校,应当由系逐个审核本科毕业生的成绩和毕业鉴定等材料,对符合本暂行办法第三条及有关规定的,可向学校学位评定委员会提名,列入学士学位获得者的名单。

非授予学士学位的高等学校,对达到学士学术水平的本科毕业生,应当由系向学校提出名单,经学校同意后,由学校就近向本系统、本地区的授予学士学位的高等学校推荐。授予学士学位的高等学校有关的系,对非授予学士学位的高等学校推荐的本科毕业生进行审查考核,认为符合本暂行办法第三条及有关规定的,可向学校学位评定委员会提名,列入学士学位获得者的名单。

第五条　学士学位获得者的名单,经授予学士学位的高等学校学位评定委员会审查通过,由授予学士学位的高等学校授予学士学位。

硕士学位

第六条　硕士学位由国务院授权的高等学校和科学研究机构授予。

申请硕士学位人员应当在学位授予单位规定的期限内,向学位授予单位提交申请书和申请硕士学位的学术论文等材料。学位授予单位应当在申请日期截止后两个月内进行审查,决定是否同意申请,并将结果通知申请人及其所在单位。

非学位授予单位应届毕业的研究生申请时,应当送交本单位关于申请硕士学位的推荐书。

同等学力人员申请时,应当送交两位副教授、教授或相当职称的专家的推荐书。学位授予单位对未具有大学毕业学历的申请人员,可以在接受申请前,采取适当方式,考核其某些大学课程。

申请人员不得同时向两个学位授予单位提出申请。

第七条　硕士学位的考试课程和要求:1. 马克思主义理论课。要求掌握马克思主义的基本理论。2. 基础理论课和专业课,一般为 3 至 4 门。要求掌握坚实的基础理论和系统的专门知识。3. 一门外国语。要求比较熟练地阅读本专业的外文资料。

学位授予单位研究生的硕士学位课程考试,可按上述的课程要求,结合培养计划安排进行。

非学位授予单位研究生的硕士学位课程考试,由学位授予单位组织进行。凡经学位授予单位审核,认为其在原单位的课程考试内容和成绩合格的,可以免除部分或全部课程考试。

同等学力人员的硕士学位课程考试,由学位授予单位组织进行。

申请硕士学位人员必须通过规定的课程考试,成绩合格,方可参加论文答辩。规定考试的课程中,如有一门不及格,可在半年内申请补考一次;补考不及格的,不能参加论文答辩。

试行学分制的学位授予单位,应当按上述的课程要求,规定授予硕士学位所应取得的课程学分。申请硕士学位人员必须取得规定的学分后,方可参加论文答辩。

第八条　硕士学位论文对所研究的课题应当有新的见解,表明作者具有从事科学研究工作或独立担负专门技术工作的能力。

学位授予单位应当聘请 1 至 2 位与论文有关学科的专家评阅论文。评阅人应当对论文写出详细的学术评语,供论文答辩委员会参考。

硕士学位论文答辩委员会由 3 至 5 人组成。成员中一般应当有外单位的专家。论文答辩委员会主席由副教授、教授或相当职称的专家担任。

论文答辩委员会根据答辩的情况,就是否授予硕士学位作出决议。决议采取不记名投票方式,经全体成员三分之二以上同意,方得通过。决议经论文答辩委员会主席签字后,报送学位评定委员会。会议应当有记录。

硕士学位论文答辩不合格的,经论文答辩委员会同意,可在一年内修改论文,重新答辩一次。

第九条　硕士学位论文答辩委员会多数成员如认为申请人的论文已相当于博士学位的学术水平,除作出授予硕士学位的决议外,可向授予博士学位的单位提出建议,由授予博士学位的单位按本暂行办法博士学位部分中有关规定办理。

博士学位

第十条　博士学位由国务院授权的高等学校和科学研究机构授予。

申请博士学位人员应当在学位授予单位规定的期限内,向学位授予单位提交申请书和申请博士学位的学术论文等材料。学位授予单位应当在申请日期截止后两个月内进行审查,决定是否同意申请,并将结果通知申请人及其所在单位。

同等学力人员申请时,应当送交两位教授或相当职称的专家的推荐书。学位授予单位对未获得硕士学位的申请人员,可以在接受申请前,采取适当方式,考核其某些硕士学位的基础理论课和专业课。

申请人员不得同时向两个学位授予单位提出申请。

第十一条　博士学位的考试课程和要求:

1. 马克思主义理论课。要求较好地掌握马克思主义的基本理论。

2. 基础理论课和专业课。要求掌握坚实宽广的基础理论和系统深入的专门知识。考试范围由学位授予单位的学位评定委员会审定。基础理论课和专业课的考试,由学位授予单位学位评定委员会指定三位专家组成的考试委员会主持。考试委员会主席必须由教授、副教授或相当职称的专家担任。

3. 两门外国语。第一外国语要求熟练地阅读本专业的外文资料,并具有一定的写作能力;第二外国语要求有阅读本专业外文资料的初步能力。个别学科、专业,经学位授予单位的学位评定委员会审定,可只考第一外国语。

攻读博士学位研究生的课程考试,可按上述的课程要求,结合培养计划安排进行。

第十二条　申请博士学位人员必须通过博士学位的课程考试,成绩合格,方可参加博士学位论文答辩。

申请博士学位人员在科学或专门技术上有重要著作、发明、发现或发展的,应当向学位授予单位提交有关的出版著作、发明的鉴定或证明书等材料,经两位教授或相当职称的专家推荐,学位授予单位按本暂行办法第十一条审查同意,可以免除部分或全部课程考试。

第十三条　博士学位论文应当表明作者具有独立从事科学研究工作的能力,并在科学或专门技术上做出创造性的成果。博士学位论文或摘要,应当在答辩前 3 个月印送有关单位,并经同行评议。

学位授予单位应当聘请两位与论文有关学科的专家

评阅论文,其中一位应当是外单位的专家。评阅人应当对论文写出详细的学术评语,供论文答辩委员会参考。

第十四条 博士学位论文答辩委员会由 5 至 7 人组成。成员的半数以上应当是教授或相当职称的专家。成员中必须包括 2 至 3 位外单位的专家。论文答辩委员会主席一般应当由教授或相当职称的专家担任。

论文答辩委员会根据答辩的情况,就是否授予博士学位作出决议。决议采取不记名投票方式,经全体成员三分之二以上同意,方得通过。决议经论文答辩委员会主席签字后,报送学位评定委员会。会议应当有记录。

博士学位的论文答辩一般应当公开举行;已经通过的博士学位论文或摘要应当公开发表(保密专业除外)。

博士学位论文答辩不合格的,经论文答辩委员会同意,可在两年内修改论文,重新答辩 1 次。

第十五条 博士学位论文答辩委员会认为申请人的论文虽未达到博士学位的学术水平,但已达到硕士学位的学术水平,而且申请人又尚未获得过该学科硕士学位的,可作出授予硕士学位的决议,报送学位评定委员会。

名誉博士学位

第十六条 名誉博士学位由国务院授权授予博士学位的单位授予。

第十七条 授予名誉博士学位须经学位授予单位的学位评定委员会讨论通过,由学位授予单位报国务院学位委员会批准后授予。

学位评定委员会

第十八条 学位授予单位的学位评定委员会根据国务院批准的授予学位的权限,分别履行以下职责:

(一)审查通过接受申请硕士学位和博士学位的人员名单;

(二)确定硕士学位的考试科目、门数和博士学位基础理论课和专业课的考试范围,审批主考人和论文答辩委员会成员名单;

(三)通过学士学位获得者的名单;

(四)作出授予硕士学位的决定;

(五)审批申请博士学位人员免除部分或全部课程考试的名单;

(六)作出授予博士学位的决定;

(七)通过授予名誉博士学位的人员名单;

(八)作出撤销违反规定而授予学位的决定;

(九)研究和处理授予学位的争议和其他事项。

第十九条 学位授予单位的学位评定委员会由 9 至 25 人组成,任期 2 至 3 年。成员应当包括学位授予单位主要负责人和教学、研究人员。

授予学士学位的高等学校,参加学位评定委员会的教学人员应当从本校讲师以上教师中遴选。授予学士学位、硕士学位和博士学位的单位,参加学位评定委员会的教学、研究人员,主要应当从本单位副教授、教授或相当职称的专家中遴选。授予博士学位的单位,学位评定委员会中至少应当有半数以上的教授或相当职称的专家。

学位评定委员会主席由学位授予单位具有教授、副教授或相当职称的主要负责人(高等学校校长,主管教学、科学研究和研究生工作的副校长,或科学研究机构相当职称的人员)担任。

学位评定委员会可以按学位的学科门类,设置若干分委员会,各由 7 至 15 人组成,任期 2 至 3 年。分委员会主席必须由学位评定委员会委员担任。分委员会协助学位评定委员会工作。

学位评定委员会成员名单,应当由各学位授予单位报主管部门批准,主管部门转报国务院学位委员会备案。

学位评定委员会可根据需要,配备必要的专职或兼职的工作人员,处理日常工作。

第二十条 学位授予单位每年应当将授予学士学位的人数、授予硕士学位和博士学位的名单及有关材料,分别报主管部门和国务院学位委员会备案。

其他规定

第二十一条 在我国学习的外国留学生申请学士学位,参照本暂行办法第三条及有关规定办理。

在我国学习的外国留学生和从事研究或教学工作的外国学者申请硕士学位或博士学位,参照本暂行办法的有关规定办理。

第二十二条 学士学位的证书格式,由教育部制定。硕士学位和博士学位的证书格式,由国务院学位委员会制定。学位获得者的学位证书,由学位授予单位发给。

第二十三条 已经通过的硕士学位和博士学位的论文,应当交存学位授予单位图书馆 1 份;已经通过的博士学位论文,还应当交存北京图书馆和有关的专业图书馆各 1 份。

第二十四条 在职人员申请硕士学位或博士学位,经学位授予单位审核同意参加课程考试和论文答辩后,准备参加考试或答辩,可享有不超过两个月的假期。

第二十五条 学位授予单位可根据本暂行实施办法,制定本单位授予学位的工作细则。

国务院学位委员会关于授予成人高等教育本科毕业生学士学位暂行规定

· 1988 年 11 月 7 日

第一条　为贯彻执行《中华人民共和国学位条例》和《中华人民共和国学位条例暂行实施办法》、国务院批转的《教育部关于大力发展高等学校函授教育和夜大学的意见》和国务院发布的《高等教育自学考试暂行条例》，保证授予成人高等教育各种办学形式培养的本科毕业生学士学位的质量，特制定本暂行规定。

第二条　成人高等教育各种办学形式培养的本科毕业生，系指国家教育委员会批准，国家承认其学历的普通高等学校举办的函授、夜大学和大专起点的本科班，独立设置的成人高等学校（包括广播电视大学、职工高等学校、农民高等学校、管理干部学院、教育学院、独立函授学院等）培养以及高等教育自学考试通过的本科毕业生。

第三条　授予成人高等教育各种办学形式培养的本科毕业生学士学位的标准，应符合《中华人民共和国学位条例》第二条和第四条以及《中华人民共和国学位条例暂行实施办法》第三条规定，达到下述学术水平者，可授予学士学位：

（一）通过学习教学计划规定的政治理论课程，能够掌握马克思主义的基本理论，并具有运用马克思主义的立场、观点和方法分析、认识问题的初步能力；

（二）通过成人高等教育，经审核准予毕业，其课程学习（含外国语和教学实验）和毕业论文（毕业设计或其他毕业实践环节）达到本科教学计划应有的各项要求，成绩优良，表明确已较好地掌握本门学科的基础理论、专门知识和基本技能，并具有从事科学研究工作或担负专门技术工作的初步能力。

第四条　授予成人高等教育各种办学形式培养的本科毕业生学士学位，暂由国务院或国务院学位委员会会同国家教育委员会批准有权授予学士学位的普通高等学校负责。

第五条　有权授予学士学位的普通高等学校成人高等教育有关部门或独立设置的成人高等学校应在应届本科毕业生毕业后三个月内，向本校或就近向本系统、本地区有权授予学士学位的普通高等学校择优推荐其本科毕业生拟授予学士学位的申请者名单。

（一）有权授予学士学位的普通高等学校举办的函授、夜大学和大专起点的本科班培养的本科毕业生申请学士学位，由本校分管函授、夜大学和大专起点的本科班的有关部门向校学士学位主管部门（如教务处，简称校主管学位工作部门，下同）择优推荐学位申请者名单。

（二）独立设置的成人高等学校培养的本科毕业生申请学士学位，由独立设置的成人高等学校就近向有权授予学士学位的普通高等学校的校主管学位工作部门择优推荐学位申请者名单。

（三）高等教育自学考试本科毕业证书获得者申请学士学位，由有权授予学士学位的主考学校的有关部门向校主管学位工作部门择优推荐学位申请者名单；无权授予学士学位的主考学校就近向有权授予学士学位的普通高等学校的校主管学位工作部门择优推荐学位申请者名单。

第六条　有权授予学士学位的普通高等学校主管学位工作部门统一负责办理授予成人高等教育各种办学形式培养的本科毕业生学士学位工作。

（一）校主管学位工作部门会同学校分管成人高等教育工作的有关部门，拟订本校授予成人高等教育各种办学形式培养的本科毕业生学士学位工作细则，经学校学位评定委员会审核批准后施行，同时报送其主管部门和国务院学位委员会备案。

（二）校主管学位工作部门对于本校分管成人高等教育工作的有关部门和独立设置的成人高等学校推荐的拟授予学士学位的申请者名单，按本科毕业生授予学士学位应达到的各项要求进行初步审查，一个月内决定是否接受推荐申请，并将结果通知学位申请者的推荐部门或单位。

（三）校主管学位工作部门通过系学位评定分委员会组成相同专业的同行专家组（一般为三人，由讲师和讲师以上职务教师组成，下同）对接受推荐的学位申请者进行认真审核。审核内容主要是学位申请者通过成人高等教育某一办学形式完成本科教学计划应有的各项要求的情况，以及学位申请者政治思想方面的现实表现。审核有疑义的，专家组应进行考试或考核。考试或考核要考虑成人高等教育的特点，其重点是了解学位申请者掌握外国语和本专业主干课程的情况，以及完成教学实验和毕业论文（毕业设计或其他毕业实践环节）的情况。考试或考核的方式由学校决定。

（四）对于经过审核和考试或考核的学位申请者，专家组应根据本暂行规定第三条的规定向系学位评定委员会提出是否授予学士学位的建议；系学位评定分委员会对专家组的建议经复核同意后，向学校学位评定委员会提出列入学士学位获得者的名单。

（五）学校学位评定委员会对列入学士学位获得者的名单应进行逐个审核。通过者由学校授予学士学位；未通过者不再补授学士学位。

第七条　有权授予学士学位的普通高等学校授予成人高等学校本科毕业生学士学位时，应颁发《学士学位证书》。证书应注明学位、获得者通过何种办学形式获得某学科门类的学士学位。

第八条　有权授予学士学位的普通高等学校授予成人高等学校本科毕业生学位时，要坚持标准，严格要求，保证质量，公正合理。

如发现学位申请者或有关单位在申请和审核学位的过程中营私舞弊、弄虚作假的，一经查出，学校学位评定委员会应严肃处理，并撤销其所授予的学士学位。

第九条　省、自治区、直辖市以及国务院有关部委的高等教育主管部门应切实加强对其所属普通高等学校授予成人高等教育学校办学形式培养的本科毕业生学士学位工作的领导，定期检查、总结和评价所授学士学位的质量，发现问题，及时解决。

第十条　本暂行规定自发布之日起施行。

原教育部（83）教成字014《关于授予高等学校举办的函授、夜大学本科毕业生学士学位试点工作的几点意见》、国务院学位委员会办公室和国家教育委员会办公厅（86）学位办字002号《关于普通高等学校举办的中等学校教师本科班授予学士学位问题的通知》即行失效。

教育部关于做好全日制硕士专业学位研究生培养工作的若干意见

·2009年3月19日
·教研〔2009〕1号

各省、自治区、直辖市教育厅（教委），新疆生产建设兵团教育局，有关部门（单位）教育司（局），部属各高等学校：

为更好地适应国家经济建设和社会发展对高层次应用型人才的迫切需要，积极发展具有中国特色的专业学位教育，我部决定自2009年起，扩大招收以应届本科毕业生为主的全日制硕士专业学位范围。开展全日制硕士专业学位研究生教育，必须以邓小平理论和"三个代表"重要思想为指导，深入贯彻落实科学发展观，坚持以人为本，以质量为核心，按照"全面、协调、可持续"的要求，整体规划、统筹协调、规范管理、分类指导、协同发展，确保全日制硕士专业学位研究生的培养质量。为做好全日制硕士专业学位研究生教育工作，现提出如下意见：

一、充分认识开展全日制硕士专业学位研究生教育的重要性

（一）开展全日制硕士专业学位研究生教育是学位与研究生教育积极主动适应经济社会发展对高层次应用型专门人才的需要。

当前，科学技术突飞猛进，新知识、新理论、新技术日新月异，职业分化越来越细，职业的技术含量和专业化程度越来越高，对专门人才的需求呈现出大批量、多规格、高层次的特点。世界各国高等教育都主动适应这种变化，积极进行人才培养目标和培养模式的调整，大力提高人才培养的适应性和竞争力。近年来，随着我国经济社会的快速发展，迫切需要大批具有创新能力、创业能力和实践能力的高层次专门人才。研究生教育必须要增强服务于国家和社会发展的能力，加快结构调整的步伐，加大应用型人才培养的力度，促进人才培养与经济社会发展实际需求的紧密联系。

（二）开展全日制硕士专业学位研究生教育是学位与研究生教育改革与发展的需要。

我国学位与研究生教育经过30年的发展，办学规模不断扩大，教育质量不断提高，总体实力不断增强，建立了学科门类比较齐全、结构比较合理的学位授权体系，形成了独具特色的、有质量保证的研究生培养制度。长期以来，我国硕士研究生教育主要是培养具有独立从事科学研究或教学工作能力的教学科研人才。但随着研究生规模的不断扩大和社会需求的不断变化，硕士研究生的就业去向已更多地从教学、科研岗位转向实际工作部门。从世界研究生教育发展状况来看，硕士研究生教育基本是以面向实际应用为主，教学科研人才更多是来源于博士研究生。为促进我国研究生教育的更好发展，必须重新审视和定位我国硕士研究生的培养目标，进一步调整和优化硕士研究生的类型结构，逐渐将硕士研究生教育从以培养学术型人才为主向以培养应用型人才为主转变，实现研究生教育在规模、质量、结构、效益等方面的协调、可持续发展。

（三）开展全日制硕士专业学位研究生教育是进一步完善专业学位教育制度的需要。

我国自1991年开展专业学位教育以来，专业学位教育种类不断增多，培养规模不断扩大，社会影响不断增强，在培养高层次应用型专门人才方面日益发挥着重要的作用，已成为学位与研究生教育的重要组成部分。专业学位教育既要培养具有一定工作经历的在职人员，满足他们在职提高、在岗学习的需要，也要培养应届本科毕

业生,满足他们适应社会发展、提高专业水平、增强就业竞争力的需要。根据不同培养对象,学习方式可以全日制攻读,也可以非全日制攻读。目前,我国专业学位教育,在职人员攻读比例偏大、应届本科毕业生攻读比例偏小,在全日制研究生教育中的地位和作用没有得到充分体现。开展以应届本科毕业生为主的全日制硕士专业学位研究生教育,对于完善专业学位教育制度、增强专业学位研究生的培养能力、满足社会多样化需求、加快培养高层次应用型专门人才,具有重要意义。

二、创新全日制硕士专业学位研究生教育的培养模式,确保培养质量

（一）科学定位

专业学位研究生的培养目标是掌握某一专业（或职业）领域坚实的基础理论和宽广的专业知识,具有较强的解决实际问题的能力,能够承担专业技术或管理工作、具有良好的职业素养的高层次应用型专门人才。专业学位研究生教育在培养目标、课程设置、教学理念、培养模式、质量标准和师资队伍建设等方面,与学术型研究生有所不同,要突出专业学位研究生教育的特色。做好全日制硕士专业学位研究生教育工作,必须科学确立专业学位研究生教育的合理定位,深入研究和准确把握专业学位研究生教育规律,创新培养理念,改革培养模式,确保培养质量。

（二）教学要求

课程设置要以实际应用为导向,以职业需求为目标,以综合素养和应用知识与能力的提高为核心。教学内容要强调理论性与应用性课程的有机结合,突出案例分析和实践研究;教学过程要重视运用团队学习、案例分析、现场研究、模拟训练等方法;要注重培养学生研究实践问题的意识和能力。学习年限一般2年,实行学分制。课程学习与实践课程要紧密衔接,课程学习主要在校内完成,实习、实践可以在现场或实习单位完成。建立健全校内外双导师制,以校内导师指导为主,校外导师参与实践过程、项目研究、课程与论文等多个环节的指导工作。吸收不同学科领域的专家、学者和实践领域有丰富经验的专业人员,共同承担专业学位研究生的培养工作。注重培养实践研究和创新能力,增长实际工作经验,缩短就业适应期限,提高专业素养及就业创业能力。

（三）实践要求

专业实践是重要的教学环节,充分的、高质量的专业实践是专业学位教育质量的重要保证。专业学位研究生在学期间,必须保证不少于半年的实践教学,可采用集中实践与分段实践相结合的方式;应届本科毕业生的实践

教学时间原则上不少于1年。要提供和保障开展实践的条件,建立多种形式的实践基地,加大实践环节的学时数和学分比例。注重吸纳和使用社会资源,合作建立联合培养基地,联合培养专业学位研究生,改革创新实践性教学模式。推进专业学位研究生培养与用人单位实际需求的紧密联系,积极探索人才培养的供需互动机制。研究生要提交实践学习计划,撰写实践学习总结报告。要对研究生实践实行全过程的管理、服务和质量评价,确保实践教学质量。

（四）学位论文

要正确把握专业学位研究生学位论文的规格和标准。学位论文选题应来源于应用课题或现实问题,必须要有明确的职业背景和应用价值。学位论文形式可以多种多样,可采用调研报告、应用基础研究、规划设计、产品开发、案例分析、项目管理、文学艺术作品等形式。学位论文须独立完成,要体现研究生综合运用科学理论、方法和技术解决实际问题的能力。学位论文字数,可根据不同专业学位特点和选题,灵活确定。学位论文评阅人和答辩委员会成员中,应有相关行业实践领域具有高级专业技术职务的专家。

三、做好全日制硕士专业学位研究生教育的组织实施工作

（一）各专业学位研究生培养单位和有关教育主管部门要高度重视,将此项工作纳入学位与研究生教育改革与发展的重要内容。要充分认识到专业学位人才培养与学术型学位人才培养是高层次人才培养的两个重要方面,在高等学校人才培养工作中,具有同等重要的地位和作用。要抓住机遇,着力调整人才培养结构,深化培养机制改革,加强教学条件建设,统筹规划,积极促进专业学位教育的健康、快速发展。

（二）各专业学位研究生培养单位要在各专业学位教育指导委员会的指导下,制订全日制硕士专业学位研究生培养方案和实施细则,建立和完善各项规章制度。要充分借鉴、吸收国际上专业学位研究生教育的先进做法,积极探索、创新全日制硕士专业学位研究生培养模式。要重视构建和形成一支适应专业学位研究生教育的师资队伍,建立健全合理的教学科研评价体系。要强化过程管理,建立和完善包括招生、培养、学位授予等各个环节的专业学位质量保障体系。

（三）各专业学位研究生培养单位要切实加大投入,加强教学基础设施、案例库以及教学实践基地的建设。要树立服务意识,为学生学习、实践、创业等提供良好条

件。要充分调动社会、行业和有关用人单位的积极性，发挥学校、院系和导师的作用，积极争取各方面资源，拓宽就业渠道。要建立和完善全日制硕士专业学位研究生的资助办法。要不断推进全日制硕士专业学位研究生教育的规范化发展，促进专业学位教育质量不断提高。要采取有力措施，确保全日制硕士专业学位研究生教育工作的顺利实施。

学位证书和学位授予信息管理办法

· 2015 年 6 月 26 日
· 学位〔2015〕18 号

第一章　总　则

第一条　为规范学位证书制发，加强学位授予信息管理，根据《中华人民共和国高等教育法》和《中华人民共和国学位条例》及其暂行实施办法，制定本办法。

第二条　学位证书是学位获得者达到相应学术水平的证明，由授予学位的高等学校和科学研究机构（简称"学位授予单位"）制作并颁发给学位获得者。本办法所指学位证书为博士学位证书、硕士学位证书和学士学位证书。

第三条　学位授予信息是学位获得者申请学位的相关信息，以及学位证书的主要信息，包括博士学位、硕士学位和学士学位授予信息。

第二章　学位证书制发

第四条　学位证书由学位授予单位自主设计、印制。

第五条　学位证书应包括以下内容：

（一）学位获得者姓名、性别、出生日期（与本人身份证件信息一致），近期免冠正面彩色照片（骑缝加盖学位授予单位钢印）。

（二）攻读学位的学科、专业名称（名称符合国家学科专业目录及相关设置的规定）。

（三）所授学位的学科门类或专业学位类别（按国家法定门类或专业学位类别全称填写）。

（四）学位授予单位名称，校（院、所）长签名。

（五）证书编号。统一采取十六位阿拉伯数字的编号方法。十六位数字编号的前五位为学位授予单位代码；第六位为学位授予的级别，博士为 2，硕士为 3，学士为 4；第七至第十位为授予学位的年份（如 2016 年授予的学位，填2016）；后六位数为各学位授予单位自行编排的号码。

（六）发证日期（填写学位授予单位学位评定委员会批准授予学位的日期）。

第六条　对于撤销的学位，学位授予单位应予以公告，宣布学位证书作废。

第七条　学位证书遗失或损坏的，经本人申请，学位授予单位核实后可出具相应的"学位证明书"。学位证明书应注明原学位证书编号等内容。学位证明书与学位证书具有同等效力。

第三章　学位授予信息报送

第八条　学位授予信息主要包括：学位获得者个人基本信息、学业信息、研究生学位论文信息等。信息报送内容由国务院学位委员会办公室制定。

第九条　学位授予单位根据国务院学位委员会办公室制定的学位授予信息数据结构和有关要求，结合本单位实际情况，确定信息收集范围，采集学位授予信息并报送省级学位主管部门。

第十条　省级学位主管部门汇总、审核、统计、发布本地区学位授予单位的学位授予信息并报送国务院学位委员会办公室。

第十一条　国务院学位委员会办公室汇总各省（自治区、直辖市）和军队系统的学位授予信息，开展学位授予信息的统计、发布。

第十二条　学位授予单位在做出撤销学位的决定后，应及时将有关信息报送省级学位主管部门和国务院学位委员会办公室。

第十三条　确需更改的学位授予信息，由学位授予单位提出申请，经省级学位主管部门审核确认后，由省级学位主管部门报送国务院学位委员会办公室进行更改。

第四章　管理与监督

第十四条　学位授予单位负责：

（一）设计、制作和颁发学位证书；

（二）收集、整理、核实和报送本单位学位授予信息，确保信息质量；

（三）将学位证书的样式及其变化情况、学位评定委员会通过的学位授予决定及名单及时报送省级学位主管部门备查。

第十五条　省级学位主管部门负责：

（一）本地区学位证书和学位授予信息的监督管理，查处违规行为；

（二）组织实施本地区学位授予信息的汇总、审核和报送。

（三）对本地区学位授予信息的更改进行审核确认。

第十六条　国务院学位委员会办公室负责：

（一）学位证书和学位授予信息的规范管理，制定有

关的管理办法和工作要求,指导查处违规行为;

(二)组织开展学位授予信息报送工作;

(三)学位授予信息系统的运行管理;

(四)学位证书信息网上查询的监管。

第五章　附　则

第十七条　根据有关规定,学位授予单位印制的学位证书,不得使用国徽图案。

第十八条　学位证书是否制作外文副本,由学位授予单位决定。

第十九条　中国人民解放军系统的学位证书和学位授予信息管理,由军队学位委员会参照本办法制定具体规定。

第二十条　本办法自 2016 年 1 月 1 日起实行。有关规定与本办法不一致的,以本办法为准。

最高人民法院、最高人民检察院关于办理伪造、贩卖伪造的高等院校学历、学位证明刑事案件如何适用法律问题的解释

- 2001 年 6 月 21 日最高人民法院审判委员会第 1181 次会议、2001 年 7 月 2 日最高人民检察院第九届检察委员会第 91 次会议通过
- 2001 年 7 月 3 日最高人民法院、最高人民检察院公告公布
- 自 2001 年 7 月 5 日起施行
- 法释〔2001〕22 号

为依法惩处伪造、贩卖伪造的高等院校学历、学位证明的犯罪活动,现就办理这类案件适用法律的有关问题解释如下:

对于伪造高等院校印章制作学历、学位证明的行为,应当依照刑法第二百八十条第二款的规定,以伪造事业单位印章罪定罪处罚。

明知是伪造高等院校印章制作的学历、学位证明而贩卖的,以伪造事业单位印章罪的共犯论处。

教育部办公厅关于国内高等教育学历学位认证工作有关事项的通知

- 2018 年 7 月 23 日
- 教学厅〔2018〕7 号

各省、自治区、直辖市教育厅(教委),有关部门(单位)教育司(局),部属各高等学校、部省合建各高等学校:

为贯彻落实《教育部办公厅 财政部办公厅 国家发展改革委办公厅关于全面取消国内高等教育学历学位认证服务收费的通知》(教财厅〔2018〕1 号),现就有关事项通知如下:

一、凡在高等学校学生学籍学历信息管理系统和学位信息管理系统相关数据库中注册的学历学位,一律实行网上查询和电子认证。国内高等教育学历信息在中国高等教育学生信息网(www. chsi. com. cn)查询和电子认证;国内学位信息在中国学位与研究生教育信息网(www. cdgdc. edu. cn)中国学位认证系统查询和电子认证。

二、实施电子注册制度前的国内高等教育学历学位(2002 年以前毕业的学历信息和 2008 年 9 月以前授予的学位信息),继续通过人工核查提供书面认证。地方各级教育行政部门、高等学校和其他学历学位授予单位要高度重视,密切配合,明确专门机构或人员承担学历学位核查职责,共同做好国内高等教育学历学位认证服务工作。各高等学校和其他学历学位授予单位收到全国高等学校学生信息咨询与就业指导中心、全国学位与研究生教育发展中心的学历学位查证函后,原则上应在 10 个工作日予以回复。

三、各高等学校和其他学历学位授予单位的教务、学生、档案管理等相关部门应当根据《高等学校档案管理办法》相关规定,依申请出具学习成绩单、学习经历和获奖证书等证明材料。

四、教育部所属学历学位认证有关单位要按照各自职责,进一步简化流程、规范管理、提高服务质量。

学士学位授权与授予管理办法

- 2019 年 7 月 9 日
- 学位〔2019〕20 号

第一章　总　则

第一条　为改进和加强学士学位授权与授予工作,提高学士学位授予质量,实现高等教育内涵式发展,根据《中华人民共和国高等教育法》《中华人民共和国学位条例》及其暂行实施办法,制定本办法。

第二条　学士学位授权与授予工作应以习近平新时代中国特色社会主义思想为指导,贯彻落实党的十九大精神和全国教育大会精神,全面落实党的教育方针和立德树人根本任务,牢牢抓住提高人才培养质量这个核心点,培养德智体美劳全面发展的社会主义建设者和接班人。

第三条　学士学位授权与授予工作应坚持完善制度、依法管理、保证质量、激发活力的原则。

第二章　学位授权

第四条　学士学位授权分为新增学士学位授予单位授权和新增学士学位授予专业授权。

第五条　普通高等学校的学士学位授权按属地原则由省（区、市）学位委员会负责审批。军队院校的学士学位授权由军队学位委员会负责审批。

第六条　省（区、市）学位委员会、军队学位委员会（以下简称为"省级学位委员会"）应制定学士学位授权审核标准。审核标准应明确办学方向、师资队伍、基本条件、课程设置、教学方式、管理制度等要求，不低于本科院校设置标准和本科专业设置标准。

第七条　省级学位委员会应制定学士学位授权审核办法，完善审批程序。审核工作应加强与院校设置、专业设置等工作的衔接。

第八条　经教育部批准设置的普通高等学校，原则上应在招收首批本科生的当年，向省级学位委员会提出学士学位授予单位授权申请。

经教育部批准或备案的新增本科专业，学士学位授予单位原则上应在本专业招收首批本科生的当年，向省级学位委员会提出学士学位授予专业授权申请。

第九条　学士学位授予单位撤销的授权专业应报省级学位委员会备案。已获得学士学位授权的专业停止招生五年以上的，视为自动放弃授权，恢复招生的须按照新增本科专业重新申请学士学位授权。

第十条　省级学位委员会可组织具有博士学位授权的高等学校，开展本科专业的学士学位授权自主审核工作，审核结果由省级学位委员会批准。

第三章　学位授予

第十一条　学士学位应按学科门类或专业学位类别授予。授予学士学位的学科门类应符合学位授予学科专业目录的规定。本科专业目录中规定可授多个学科门类学位的专业，学士学位授予单位应按教育部批准或备案设置专业时规定的学科门类授予学士学位。

第十二条　学士学位授予单位应制定本单位的学士学位授予标准，学位授予标准应落实立德树人根本任务，坚持正确育人导向，强化思想政治要求，符合《中华人民共和国学位条例》及其暂行实施办法的规定。

第十三条　学士学位授予单位应明确本单位的学士学位授予程序。

（一）普通高等学校授予全日制本科毕业生学士学位的程序主要是：审查是否符合学士学位授予标准，符合标准的列入学士学位授予名单，学校学位评定委员会作出是否批准的决议。学校学位评定委员会表决通过的决议和学士学位授予名单应在校内公开，并报省级学位委员会备查。

（二）普通高等学校授予高等学历继续教育本科毕业生学士学位的程序应与全日制本科毕业生相同。授予学士学位的专业应是本单位已获得学士学位授权并正在开展全日制本科生培养的专业。学校学位评定委员会办公室应会同学校教务部门提出学位课程基本要求，共同组织或委托相关省级教育考试机构组织高等学历继续教育本科毕业生学业水平测试，对通过测试的接受其学士学位申请。

（三）具有学士学位授予权的成人高等学校，授予学士学位的程序应符合本条第一款和第二款规定。

第十四条　具有学士学位授予权的普通高等学校，可向本校符合学位授予标准的全日制本科毕业生授予辅修学士学位。授予辅修学士学位应制定专门的实施办法，对课程要求及学位论文（或毕业设计）作出明确规定，支持学有余力的学生辅修其他本科专业。辅修学士学位应与主修学士学位归属不同的本科专业大类，对没有取得主修学士学位的不得授予辅修学士学位。辅修学士学位在主修学士学位证书中予以注明，不单独发放学位证书。

第十五条　具有学士学位授予权的普通高等学校，可在本校全日制本科学生中设立双学士学位复合型人才培养项目。项目必须坚持高起点、高标准、高质量，所依托的学科专业应具有博士学位授予权，且分属两个不同的学科门类。项目须由专家进行论证，应有专门的人才培养方案，经学校学位评定委员会表决通过、学校党委常委会会议研究同意，并报省级学位委员会审批通过后，通过高考招收学生。本科毕业并达到学士学位要求的，可授予双学士学位。双学士学位只发放一本学位证书，所授两个学位应在证书中予以注明。

第十六条　具有学士学位授予权的普通高等学校之间，可授予全日制本科毕业生联合学士学位。联合学士学位应根据校际合作办学协议，由合作高等学校共同制定联合培养项目和实施方案，报合作高等学校所在地省级学位委员会审批。联合培养项目所依托的专业应是联合培养单位具有学士学位授权的专业，通过高考招收学生并予以说明。授予联合学士学位应符合联合培养单位各自的学位授予标准,学位证书由本科生招生入学时学籍所在的学士学位授予单位颁发,联合培养单位可在证书上予以注明,不再单独发放学位证书。

第十七条　学士学位授予单位可按一定比例对特别优秀的学士学位获得者予以表彰,并颁发相应的荣誉证书或奖励证书。

第四章　管理与监督

第十八条　国务院学位委员会负责学士学位的宏观政策、发展指导、质量监督和信息管理等工作,完善学位授予信息系统,及时准确发布学位授予信息,为社会、学生查询提供便利。

第十九条　省级学位委员会负责本地区、本系统学士学位管理、监督和信息工作,科学规划,优化布局,引导、指导、督导学位授予单位服务需求、提高质量、特色发展,定期向国务院学位委员会报送学位授予信息。

第二十条　学士学位授予单位应完善学士学位管理的相关规章制度,建立严格的学士学位授予质量保障机制,主动公开本单位学士学位管理的相关规章制度,依法依规有序开展学位授予工作,惩处学术不端行为。严格执行《学位证书和学位授予信息管理办法》,按照招生时确定的学习形式,填写、颁发学位证书,标示具体的培养类型(普通高等学校全日制、联合培养、高等学历继续教育),并认真、准确做好学士学位证书备案、管理、公示及防伪信息报备工作,严禁信息造假、虚报、漏报,定期向省级学位委员会报送信息。

第二十一条　省级学位委员会应主动公开本地区、本系统学士学位相关信息,每年定期公开发布学士学位授予单位和授权专业名单。

第二十二条　国务院学位委员会将学士学位质量监督纳入到学位质量保障体系。省级学位委员会应建立学士学位授权与授予质量评估制度和抽检制度,原则上在学士学位授予单位完成首次学位授予后对其进行质量评估,并定期对学士学位授予单位和授权专业进行质量抽检,加强对双学士学位、辅修学士学位、联合学士学位的质量监管;建立完善高等学历继续教育学士学位授予质量监督机制;对存在质量问题的学士学位授予单位或授权专业,可采取工作约谈、停止招生、撤销授权等措施。

第二十三条　学士学位授予单位应建立相应的学位授予救济制度,处理申请、授予、撤销等过程中出现的异议,建立申诉复议通道,保障学生权益。

第五章　附　则

第二十四条　高等学校与境外机构合作办学授予外方学士学位的,按《中外合作办学条例》执行。

第二十五条　自本办法实施之日起,学位授予单位不再招收第二学士学位生。

第二十六条　本办法由国务院学位委员会负责解释。

学位论文作假行为处理办法

· 2012 年 11 月 13 日教育部令第 34 号公布
· 自 2013 年 1 月 1 日起施行

第一条　为规范学位论文管理,推进建立良好学风,提高人才培养质量,严肃处理学位论文作假行为,根据《中华人民共和国学位条例》、《中华人民共和国高等教育法》,制定本办法。

第二条　向学位授予单位申请博士、硕士、学士学位所提交的博士学位论文、硕士学位论文和本科学生毕业论文(毕业设计或其他毕业实践环节)(统称为学位论文),出现本办法所列作假情形的,依照本办法的规定处理。

第三条　本办法所称学位论文作假行为包括下列情形:

(一)购买、出售学位论文或者组织学位论文买卖的;

(二)由他人代写、为他人代写学位论文或者组织学位论文代写的;

(三)剽窃他人作品和学术成果的;

(四)伪造数据的;

(五)有其他严重学位论文作假行为的。

第四条　学位申请人员应当恪守学术道德和学术规范,在指导教师指导下独立完成学位论文。

第五条　指导教师应当对学位申请人员进行学术道德、学术规范教育,对其学位论文研究和撰写过程予以指导,对学位论文是否由其独立完成进行审查。

第六条　学位授予单位应当加强学术诚信建设,健全学位论文审查制度,明确责任、规范程序,审核学位论文的真实性、原创性。

第七条　学位申请人员的学位论文出现购买、由他人代写、剽窃或者伪造数据等作假情形的,学位授予单位可以取消其学位申请资格;已经获得学位的,学位授予单位可以依法撤销其学位,并注销学位证书。取消学位申请资格或者撤销学位的处理决定应当向社会公布。从做出处理决定之日起至少 3 年内,各学位授予单位不得再接受其学位申请。

前款规定的学位申请人员为在读学生的,其所在学校或者学位授予单位可以给予开除学籍处分;为在职人员的,学位授予单位除给予纪律处分外,还应当通报其所在单位。

第八条　为他人代写学位论文、出售学位论文或者组织学位论文买卖、代写的人员,属于在读学生的,其所在学校或者学位授予单位可以给予开除学籍处分;属于学校或者学位授予单位的教师和其他工作人员的,其所在学校或者学位授予单位可以给予开除处分或者解除聘任合同。

第九条　指导教师未履行学术道德和学术规范教育、论文指导和审查把关等职责,其指导的学位论文存在作假情形的,学位授予单位可以给予警告、记过处分;情节严重的,可以降低岗位等级直至给予开除处分或者解除聘任合同。

第十条　学位授予单位应当将学位论文审查情况纳入对学院(系)等学生培养部门的年度考核内容。多次出现学位论文作假或者学位论文作假行为影响恶劣的,学位授予单位应当对该学院(系)等学生培养部门予以通报批评,并可以给予该学院(系)负责人相应的处分。

第十一条　学位授予单位制度不健全、管理混乱,多次出现学位论文作假或者学位论文作假行为影响恶劣的,国务院学位委员会或者省、自治区、直辖市人民政府学位委员会可以暂停或者撤销其相应学科、专业授予学位的资格;国务院教育行政部门或者省、自治区、直辖市人民政府教育行政部门可以核减其招生计划;并由有关主管部门按照国家有关规定对负有直接管理责任的学位授予单位负责人进行问责。

第十二条　发现学位论文有作假嫌疑的,学位授予单位应当确定学术委员会或者其他负有相应职责的机构,必要时可以委托专家组成的专门机构,对其进行调查认定。

第十三条　对学位申请人员、指导教师及其他有关人员做出处理决定前,应当告知并听取当事人的陈述和申辩。

当事人对处理决定不服的,可以依法提出申诉、申请行政复议或者提起行政诉讼。

第十四条　社会中介组织、互联网站和个人,组织或者参与学位论文买卖、代写的,由有关主管机关依法查处。

学位论文作假行为违反有关法律法规规定的,依照有关法律法规的规定追究法律责任。

第十五条　学位授予单位应当依据本办法,制定、完善本单位的相关管理规定。

第十六条　本办法自 2013 年 1 月 1 日起施行。

四、教育督导

教育督导条例

· 2012 年 8 月 29 日国务院第 215 次常务会议通过
· 2012 年 9 月 9 日中华人民共和国国务院令第 624 号公布
· 自 2012 年 10 月 1 日起施行

第一章　总　则

第一条　为了保证教育法律、法规、规章和国家教育方针、政策的贯彻执行，实施素质教育，提高教育质量，促进教育公平，推动教育事业科学发展，制定本条例。

第二条　对法律、法规规定范围的各级各类教育实施教育督导，适用本条例。

教育督导包括以下内容：

（一）县级以上人民政府对下级人民政府落实教育法律、法规、规章和国家教育方针、政策的督导；

（二）县级以上地方人民政府对本行政区域内的学校和其他教育机构（以下统称学校）教育教学工作的督导。

第三条　实施教育督导应当坚持以下原则：

（一）以提高教育教学质量为中心；

（二）遵循教育规律；

（三）遵守教育法律、法规、规章和国家教育方针、政策的规定；

（四）对政府履行教育工作相关职责的督导与对学校教育教学工作的督导并重，监督与指导并重；

（五）实事求是、客观公正。

第四条　国务院教育督导机构承担全国的教育督导实施工作，制定教育督导的基本准则，指导地方教育督导工作。

县级以上地方人民政府负责教育督导的机构承担本行政区域的教育督导实施工作。

国务院教育督导机构和县级以上地方人民政府负责教育督导的机构（以下统称教育督导机构）在本级人民政府领导下独立行使督导职能。

第五条　县级以上人民政府应当将教育督导经费列入财政预算。

第二章　督　学

第六条　国家实行督学制度。

县级以上人民政府根据教育督导工作需要，为教育督导机构配备专职督学。教育督导机构可以根据教育督导工作需要聘任兼职督学。

兼职督学的任期为 3 年，可以连续任职，连续任职不得超过 3 个任期。

第七条　督学应当符合下列条件：

（一）坚持党的基本路线，热爱社会主义教育事业；

（二）熟悉教育法律、法规、规章和国家教育方针、政策，具有相应的专业知识和业务能力；

（三）坚持原则，办事公道，品行端正，廉洁自律；

（四）具有大学本科以上学历，从事教育管理、教学或者教育研究工作 10 年以上，工作实绩突出；

（五）具有较强的组织协调能力和表达能力；

（六）身体健康，能胜任教育督导工作。

符合前款规定条件的人员经教育督导机构考核合格，可以由县级以上人民政府任命为督学，或者由教育督导机构聘任为督学。

第八条　督学受教育督导机构的指派实施教育督导。

教育督导机构应当加强对督学实施教育督导活动的管理，对其履行督学职责的情况进行考核。

第九条　督学实施教育督导，应当客观公正地反映实际情况，不得隐瞒或者虚构事实。

第十条　实施督导的督学是被督导单位主要负责人的近亲属或者有其他可能影响客观公正实施教育督导情形的，应当回避。

第三章　督导的实施

第十一条　教育督导机构对下列事项实施教育督导：

（一）学校实施素质教育的情况，教育教学水平、教育教学管理等教育教学工作情况；

（二）校长队伍建设情况，教师资格、职务、聘任等管理制度建设和执行情况，招生、学籍等管理情况和教育质量，学校的安全、卫生制度建设和执行情况，校舍的安全情况，教学和生活设施、设备的配备和使用等教育条件的

保障情况,教育投入的管理和使用情况;

(三)义务教育普及水平和均衡发展情况,各级各类教育的规划布局、协调发展等情况;

(四)法律、法规、规章和国家教育政策规定的其他事项。

第十二条 教育督导机构实施教育督导,可以行使下列职权:

(一)查阅、复制财务账目和与督导事项有关的其他文件、资料;

(二)要求被督导单位就督导事项有关问题作出说明;

(三)就督导事项有关问题开展调查;

(四)向有关人民政府或者主管部门提出对被督导单位或者其相关负责人给予奖惩的建议。

被督导单位及其工作人员对教育督导机构依法实施的教育督导应当积极配合,不得拒绝和阻挠。

第十三条 县级人民政府负责教育督导的机构应当根据本行政区域内的学校布局设立教育督导责任区,指派督学对责任区内学校的教育教学工作实施经常性督导。

教育督导机构根据教育发展需要或者本级人民政府的要求,可以就本条例第十一条规定的一项或者几项事项对被督导单位实施专项督导,也可以就本条例第十一条规定的所有事项对被督导单位实施综合督导。

第十四条 督学对责任区内学校实施经常性督导每学期不得少于 2 次。

县级以上人民政府对下一级人民政府应当每 5 年至少实施一次专项督导或者综合督导;县级人民政府负责教育督导的机构对本行政区域内的学校,应当每 3 至 5 年实施一次综合督导。

第十五条 经常性督导结束,督学应当向教育督导机构提交报告;发现违法违规办学行为或者危及师生生命安全的隐患,应当及时督促学校和相关部门处理。

第十六条 教育督导机构实施专项督导或者综合督导,应当事先确定督导事项,成立督导小组。督导小组由 3 名以上督学组成。

教育督导机构可以根据需要联合有关部门实施专项督导或者综合督导,也可以聘请相关专业人员参加专项督导或者综合督导活动。

第十七条 教育督导机构实施专项督导或者综合督导,应当事先向被督导单位发出书面督导通知。

第十八条 教育督导机构可以要求被督导单位组织自评。被督导单位应当按照要求进行自评,并将自评报告报送教育督导机构。督导小组应当审核被督导单位的自评报告。

督导小组应当对被督导单位进行现场考察。

第十九条 教育督导机构实施专项督导或者综合督导,应当征求公众对被督导单位的意见,并采取召开座谈会或者其他形式专门听取学生及其家长和教师的意见。

第二十条 督导小组应当对被督导单位的自评报告、现场考察情况和公众的意见进行评议,形成初步督导意见。

督导小组应当向被督导单位反馈初步督导意见;被督导单位可以进行申辩。

第二十一条 教育督导机构应当根据督导小组的初步督导意见,综合分析被督导单位的申辩意见,向被督导单位发出督导意见书。

督导意见书应当就督导事项对被督导单位作出客观公正的评价;对存在的问题,应当提出限期整改要求和建议。

第二十二条 被督导单位应当根据督导意见书进行整改,并将整改情况报告教育督导机构。

教育督导机构应当对被督导单位的整改情况进行核查。

第二十三条 专项督导或者综合督导结束,教育督导机构应当向本级人民政府提交督导报告;县级以上地方人民政府负责教育督导的机构还应当将督导报告报上一级人民政府教育督导机构备案。

督导报告应当向社会公布。

第二十四条 县级以上人民政府或者有关主管部门应当将督导报告作为对被督导单位及其主要负责人进行考核、奖惩的重要依据。

第四章 法律责任

第二十五条 被督导单位及其工作人员有下列情形之一的,由教育督导机构通报批评并责令其改正;拒不改正或者情节严重的,对直接负责的主管人员和其他责任人员,由教育督导机构向有关人民政府或者主管部门提出给予处分的建议:

(一)拒绝、阻挠教育督导机构或者督学依法实施教育督导的;

(二)隐瞒实情、弄虚作假,欺骗教育督导机构或者督学的;

(三)未根据督导意见书进行整改并将整改情况报告教育督导机构的;

（四）打击报复督学的；

（五）有其他严重妨碍教育督导机构或者督学依法履行职责情形的。

第二十六条　督学或者教育督导机构工作人员有下列情形之一的，由教育督导机构给予批评教育；情节严重的，依法给予处分，对督学还应当取消任命或者聘任；构成犯罪的，依法追究刑事责任：

（一）玩忽职守，贻误督导工作的；

（二）弄虚作假，徇私舞弊，影响督导结果公正的；

（三）滥用职权，干扰被督导单位正常工作的。

督学违反本条例第十条规定，应当回避而未回避的，由教育督导机构给予批评教育。

督学违反本条例第十五条规定，发现违法违规办学行为或者危及师生生命安全隐患而未及时督促学校和相关部门处理的，由教育督导机构给予批评教育；情节严重的，依法给予处分，取消任命或者聘任；构成犯罪的，依法追究刑事责任。

第五章　附　则

第二十七条　本条例自 2012 年 10 月 1 日起施行。

国务院办公厅转发教育部关于建立对县级人民政府教育工作进行督导评估制度意见的通知

· 2004 年 1 月 17 日
· 国办发〔2004〕8 号

各省、自治区、直辖市人民政府，国务院各部委，各直属机构：

教育部《关于建立对县级人民政府教育工作进行督导评估制度的意见》已经国务院同意，现转发给你们，请认真贯彻执行。

关于建立对县级人民政府教育工作进行督导评估制度的意见

为进一步贯彻落实《国务院关于进一步加强农村教育工作的决定》（国发〔2003〕19 号），现就建立对县级人民政府教育工作进行督导评估制度提出以下意见。

一、建立对县级人民政府教育工作进行督导评估制度的必要性

建立对县级人民政府教育工作进行督导评估的制度，是按照党的十六大提出的决策、执行、监督相协调的

要求，促进县级人民政府实施科教兴国战略，落实教育优先发展战略地位，依法履行教育管理职责的一项重要举措。

我国实行"在国务院领导下，地方政府负责、分级管理、以县为主"（简称"以县为主"）的农村义务教育管理体制，县级人民政府担负着统筹管理县域内义务教育、幼儿教育、普通高中教育、中等职业教育和成人教育的重要责任，县级人民政府的教育工作水平直接关系到我国整个教育事业的健康发展。建立对县级人民政府教育工作进行督导评估制度，巩固和完善农村义务教育管理体制，对推动基础教育以及县域内各类教育的改革与发展具有重要意义。

二、督导评估的组织实施

对县级人民政府教育工作的督导评估由省级人民政府负责。省级人民政府要根据本地教育发展和改革实际，突出重点，因地制宜地制订本地督导评估的实施方案和指标体系，并开展对县级人民政府教育工作的年度重点督查和任期内综合性评估。地（市）级人民政府根据省级人民政府的要求，每年具体组织对所属县（市、区）的督导检查。国家教育督导团负责宏观指导和监督检查。

对县级人民政府教育工作的督导评估工作，要在省级和地（市）级人民政府的领导下组织开展，各有关职能部门参加，教育督导部门具体实施。

督导评估的范围包括全国所有的县、不设区的市、市辖区、旗和其他县级行政区划单位，对象是县级人民政府及其有关职能部门。

三、督导评估的主要内容

1. 领导职责。巩固和完善"以县为主"的农村义务教育管理体制，全面落实统筹管理本地教育发展规划、经费安排使用、校长和教师人事管理以及县域内各类教育协调发展的责任。确立科教兴县（市、区）战略，把教育工作列入县级人民政府重要议事日程，在研究和制定经济社会发展规划和年度计划时，把教育摆在优先发展的战略地位并作为基础设施建设的重点领域。制定促进县域内各类教育持续健康协调发展的政策和措施，切实予以保障。建立县级人民政府及其有关职能部门教育工作目标责任制，县级人民政府主要负责人是教育工作的第一责任人。主要领导经常深入学校，指导和支持教育工作，帮助解决实际问题。

2. 教育改革与发展。把农村教育作为教育工作的重中之重，切实做好基本普及九年义务教育和基本扫除

青壮年文盲(以下简称"两基")工作以及"两基"实现后的巩固提高工作。加快普及高中阶段教育和学前三年教育。积极推动各项教育改革,全面贯彻党的教育方针,全面推进素质教育,全面提高义务教育质量。努力做到县域内义务教育、幼儿教育、普通高中教育、职业教育和成人教育协调发展,公办教育与民办教育共同发展,形成基础教育、职业教育和成人教育"三教统筹"以及经济、科技和教育相结合的教育改革与发展格局,逐步建设学习型社会。

3. 经费投入与管理。根据法律法规和有关政策规定,切实做到教育财政拨款的增长高于财政经常性收入的增长,在校生人数平均教育费用逐步增长,教师工资和学生人均公用经费逐步增长。按照建立公共财政体制的要求,调整县级财政支出结构,将教育事业所需经费单独列项,纳入预算,优先安排,并依法向同级人民代表大会或其常委会专题报告教育经费预算、决算情况,接受其监督和检查。将中小学教师工资全额纳入本级财政预算,按照省级人民政府核定的教职工编制和国家统一规定的工资项目、标准,按时足额发放。按照省级人民政府确定的定额标准,统筹安排生均公用经费并及时足额拨付,确保学校正常运转。建立完善校舍定期勘察、鉴定工作制度,将维护、改造和建设农村中小学校舍纳入社会事业发展和基础设施建设规划,把所需经费纳入政府预算。鼓励和引导社会各界和人民群众捐资助学。建立对贫困地区和贫困家庭子女义务教育帮扶制度以及规范的教育收费制度。保证国家办的学校教育经费的稳定来源并建立起有效的保障和监督机制。安排使用上级转移支付资金时要优先保证教育经费支出,确保上级拨付的专项教育资金按时足额拨付到位,严禁截留、挤占和挪用各种教育经费。

4. 办学条件。合理调整教育结构和学校布局,逐步缩小学校间差距,促进义务教育均衡发展。生均建筑面积、图书、实验仪器、现代远程教育设备等各项教学设施设备,逐步达到国家和省级规定的标准,及时消除校舍现存危房,学生宿舍、食堂、厕所等条件符合有关规定,确保学生安全,确保校园及周边环境良好。

5. 教师队伍建设。调整优化教职工队伍结构,合理配置人才资源,建设高素质专业化的教师队伍,教师数量、结构和素质基本满足教育事业发展的需要。贯彻落实国家和本省、自治区、直辖市颁布的中小学教职工编制标准和实施办法,将教师编制逐一核定到校。全面实施教师资格制度和聘任制度,严格聘任程序和准入制度,明确聘期内的岗位职责和工作任务,加强对教师政治思想、师德、履行岗位职责情况的考核。建立城镇教师到农村或薄弱学校任教服务期制度。完善中小学校长负责制,积极推行校长聘任制,严格掌握校长任职条件。加强中小学校长和教师培训。

6. 教育管理。坚持依法治教,依法行政,遵循教育规律,规范办学行为,实施科学管理。建立起比较完善的决策、执行、监督相结合的教育管理体制。建立和健全教育督导机构,加强队伍建设。加强社区与学校的沟通和合作,营造有利于青少年学生健康成长的社会环境。

四、督导评估的工作原则和程序

督导评估要坚持实事求是,坚持公开、公平、公正,坚持督政与督学相结合,坚持鉴定性评估和发展性评估相结合,坚持经常性检查和综合性督导评估相结合,重在落实责任,推动工作。

督导评估的程序是:

1. 县级自评。县级人民政府根据任期内教育工作目标责任制,按照省级人民政府制定的督导评估指标,每年进行自我评估。自我评估结果分别报省、地(市)两级人民政府及其督导部门。

2. 地(市)级复查。地(市)级人民政府及其督导部门每年汇总分析各县自评结果,针对存在的突出问题,及时提出限期整改的意见,并组织地(市)级督学和地(市)级人民政府有关部门进行督导检查。督导检查结果报省级人民政府及其督导部门并在当地予以公布。

地(市)级复查的具体办法由省级人民政府结合各地实际情况制订。

3. 省级督导评估。省级人民政府及其督导部门每年根据县级自评和地(市)级复查结果,视工作需要开展重点督查。在重点督查的基础上,组织省督学和省人民政府有关部门,分期分批对县级人民政府教育工作进行综合性督导评估,系统总结分析其工作状况、办学水平和教育质量,提出有针对性的指导性意见和综合性评价。在县级人民政府每届任期内,省级督导部门至少对其教育工作开展一次综合性督导评估工作。

4. 结果反馈。地(市)级和省级人民政府督导评估结果应及时向被督导评估的县级人民政府反馈,同时抄报其上级有关部门,列入县级人民政府及其主要领导政绩考核的重要内容,作为有关项目立项、专项拨款、表彰奖励和责任追究等方面的重要依据。建立督导评估报告定期公报制度,及时公布督导检查结果,接受群众监督。省级人民政府督导评估报告应同时抄送国家教育督导团。

五、切实加强对督导评估工作的领导

地方各级人民政府和有关职能部门要高度重视督导评估制度工作，认真组织，精心实施，确保督导评估工作的顺利开展。要把对县级人民政府教育工作的督导评估与推动各项教育事业发展与改革结合起来，与依法行政和转变政府职能结合起来。要将目前已经开展的"两基"攻坚、巩固提高、高水平和高质量普及九年义务教育的情况作为对县级人民政府是否重视教育工作的重要督导评估内容，切实抓紧抓好。要认真研究、及时解决督导评估工作中发现的问题。国务院和省级人民政府要根据督导评估结果，对教育工作先进县授予相应称号，并给予奖励；对工作中存在问题的，要及时促其改进；对问题严重的，要予以通报批评或给予相应的行政处分。

教育督导报告发布暂行办法

· 2015 年 2 月 26 日
· 国教督办〔2015〕2 号

第一条 为规范教育督导报告发布工作，根据《教育督导条例》有关规定，制定本办法。

第二条 本办法适用于国务院教育督导机构和县级以上地方人民政府教育督导机构（以下统称教育督导机构）向社会发布教育督导报告。

第三条 发布教育督导报告，遵循"分级负责、客观公正、及时准确"的原则。

第四条 各级人民政府教育督导机构负责本级教育督导报告发布工作。

第五条 教育督导报告分为专项督导报告、综合督导报告和年度督导报告。

专项督导报告是教育督导机构就《教育督导条例》规定的一项或者几项督导事项，对被督导单位实施专项督导后形成的督导报告。

综合督导报告是教育督导机构就《教育督导条例》规定的所有督导事项，对被督导单位实施综合督导后形成的督导报告。

年度督导报告是教育督导机构根据一个年度内实施专项督导和综合督导的情况，总结形成的督导报告。

第六条 教育督导报告主要包括以下内容：

（一）督导过程。主要是教育督导机构开展督导工作情况，包括实施督导的机构、时间、对象、事项、内容、方式及督导人员等。

（二）督导意见。主要是被督导单位针对督导事项采取的措施、工作进展及成效，督导中发现的问题，以及相应的整改建议。

（三）整改情况。主要是被督导单位根据督导意见进行整改、落实、问责的情况。

第七条 教育督导报告的撰写要求：描述督导过程要简明扼要；总结被督导单位的工作情况要客观公正；反映督导中发现的问题，要准确、客观、具体，不回避、不掩饰、不夸大；提出督导意见，要观点鲜明、针对性强，具有专业性、指导性和可操作性；被督导单位的整改情况，要措施具体、期限明确、效果明显。

第八条 教育督导机构应当统一教育督导报告发布格式，力求规范、简洁。

第九条 专项督导报告应当在督导结束后 7 日内向社会发布；综合督导报告应当在督导结束后 15 日内向社会发布；年度督导报告应当在次年一月底前向社会发布。

第十条 教育督导报告一般通过政府网站、报刊、广播、电视等便于公众知晓的方式发布，必要时可召开新闻发布会对外发布。

第十一条 县级以上人民政府或者有关主管部门应当将教育督导报告作为对被督导单位及其主要负责人进行考核、奖惩、问责的重要依据。

第十二条 本办法自发布之日起施行。

督学管理暂行办法

· 2016 年 7 月 29 日
· 教督〔2016〕2 号

第一章 总 则

第一条 为强化国家教育督导，加强督学队伍建设，促进督学管理科学化、规范化、专业化，提高教育督导工作质量和水平，保障教育事业科学发展，根据《教育督导条例》，制定本办法。

第二条 督学是受教育督导机构指派实施教育督导工作的人员，包括专职督学和兼职督学。

第三条 各级人民政府及教育督导机构对所任命或聘任的督学实施管理。

第二章 聘 任

第四条 专职督学由县级以上人民政府按照干部人事管理权限和程序任命，兼职督学由县级以上人民政府教育督导机构根据教育督导工作需要聘任，并颁发聘书和督学证。

第五条 各级人民政府及教育督导机构应配齐督

学,建立督学动态更替和补充机制。国家督学数量由国务院教育督导委员会根据国家教育督导工作需要确定。省级、市级、县级督学数量由本级人民政府或教育督导机构根据本区域内督导工作需要确定。

第六条　督学除符合《教育督导条例》第二章第七条的任职条件外,还应适应改革发展和教育督导工作需要,达到下列工作要求:

(一)热爱教育督导工作,能够深入一线、深入学校、深入师生开展教育督导工作。

(二)熟悉教育督导业务,掌握必要的检查指导、评估验收以及监测方面专业知识和技术。

(三)能够保证教育督导工作时间。

第七条　聘任程序:

(一)推荐:相关单位按要求向聘任单位推荐参聘人员。

(二)审核:聘任单位对参聘人员按程序进行审查、遴选。

(三)公示:聘任单位将拟聘督学人员名单向社会公示,公示期不得少于 7 个工作日。

(四)公布:聘任单位向督学颁发聘书,聘任结果向上级教育督导机构报备并向社会公布。

第八条　兼职督学每届任期 3 年,续聘一般不得超过 3 届。

第三章　责　权

第九条　督学按照《教育督导条例》规定开展教育督导工作。

第十条　督学受教育督导机构指派,履行以下职责:

(一)对政府及有关部门履行教育职责情况进行督导。

(二)对各级各类学校教育教学工作情况实施督导。

(三)对师生或群众反映的教育热点、难点等重大问题实施督导。

(四)对严重影响或损害师生安全、合法权益、教育教学秩序等的突发事件,及时督促处理并第一时间报告上级教育督导部门。

(五)每次完成督导任务后,及时向本级教育督导机构报告督导情况,提交督导报告。

(六)完成本级人民政府及教育督导机构交办的其他工作事项。

第十一条　督学受教育督导机构指派,实施教育督导时可行使以下权力:

(一)就督导事项有关问题进入相关部门和学校开展调查。

(二)查阅、复制与督导事项有关的文件、材料。

(三)要求被督导单位就督导事项有关问题作出说明。

(四)采取约谈有关负责人等方式督促问题整改落实。

(五)对被督导单位的整改情况进行监督、检查。

第十二条　教育督导机构负责为兼职督学开展教育督导工作提供经费保障。

第十三条　各级政府及有关部门应积极支持督学晋升职级或职称,为督学开展工作提供必要的工作条件。

第十四条　督学开展教育督导工作,须向被督导单位出示督学证。

第四章　监　管

第十五条　各级教育督导机构对督学工作进行管理,主要包括:

(一)实施督导时遵守有关规定情况。

(二)督导报告撰写并向教育督导机构提交情况。

(三)督导意见反馈和督促整改情况。

(四)按要求接受培训情况。

第十六条　各级人民政府教育督导机构对本级督学进行登记管理,动态掌握督学相关信息。

第十七条　督学与被督导对象的关系可能影响客观公正实施教育督导的,督学应当回避。

第十八条　督学应主动公开联系方式和督导事项等,方便社会了解督导工作情况,广泛接受社会监督。

第十九条　各级教育督导机构受理对督学不当行为的举报,经查实后依照有关规定处理。对督学违法违规等受到处分的,及时向上级教育督导机构报告。

第五章　培　训

第二十条　各级教育督导机构按照职责负责组织督学的岗前及在岗培训,新聘督学上岗前应接受培训。

第二十一条　督学培训可采取集中培训、网络学习和个人自学相结合的方式进行,督学每年参加集中培训时间累积应不少于 40 学时。

第二十二条　培训主要内容包括:

(一)教育法律、法规、方针、政策、规章、制度和相关文件。

(二)教育学、心理学、教育管理、学校管理、应急处理与安全防范等相关理论和知识。

(三)评估与监测理论、问卷与量表等工具开发在教育督导工作中的应用。

（四）督导实施、督导规程和报告撰写等业务知识。

（五）现代信息技术的应用。

（六）教育督导实践案例。

第二十三条 国务院教育督导委员会办公室负责指导全国督学培训工作及组织相关培训,地方各级教育督导机构负责本区域督学培训工作的组织实施。

第二十四条 各级教育督导机构建立本级督学培训档案,对参加培训的种类、内容和时间等情况进行记录备案。

第六章 考 核

第二十五条 督学考核应包括以下主要内容:

（一）督导工作完成情况。包括实施督导、督导报告、督促整改、任务完成和工作总结等情况。

（二）参加培训情况。包括参加集中培训和自主学习等情况。

（三）廉洁自律情况。包括遵守廉政规定、遵守工作纪律和工作作风等情况。

第二十六条 各级教育督导机构负责本级督学年度考核和任期考核。对专职督学、兼职督学进行分类考核,并结合本地实际制订具体考核标准,采取个人自评和督导部门考核相结合方式对督学进行考核,对考核优秀的督学按相应规定给予表彰奖励。

第二十七条 各级教育督导机构对督学考核后形成书面意见告知本人及所在单位并存档备案,作为对其使用、培养、聘任、续聘、解聘的重要依据。

第二十八条 督学有下列情形之一的,教育督导机构给予解聘:

（一）无正当理由不参加教育督导工作的。

（二）弄虚作假,徇私舞弊,影响督导结果公平公正的。

（三）滥用职权,打击报复,干扰被督导单位正常工作的。

（四）受到行政处分、刑事处罚的。

（五）年度考核不合格的。

第二十九条 督学不能正常履行职责须书面请辞,聘任单位于30日内批准并向社会公布。

第七章 附 则

第三十条 各地教育督导机构可根据本办法,结合本地实际,制定具体实施细则或地方督学管理办法,并报上一级教育督导机构备案。

第三十一条 本办法自发布之日起施行。

国家督学聘任管理办法(暂行)

· 2006年7月19日
· 教督〔2006〕4号

第一章 总 则

第一条 为加强国家督学队伍建设,提高教育督导工作水平,促进教育事业健康发展,根据《中华人民共和国教育法》制定本办法。

第二条 国家督学是由教育部聘任的依法执行教育督导公务的人员。

第三条 国家督学应由具有教育经费保障、教育设施设备、教师队伍建设、学校教育教学等业务专长的人员构成。

第四条 国家督学的聘任工作依照规定的任职条件和程序进行。

第五条 国家督学分为专职督学和兼职督学。聘任兼职国家督学以在职人员为主,以退休人员为辅。

第二章 任职条件

第六条 国家督学应当符合下列基本条件:

（一）坚持党的基本路线,热爱社会主义教育事业;

（二）熟悉有关教育法律、法规、方针、政策,具有较强的业务能力,工作实绩突出;

（三）具有较强的组织协调能力和较强的口头与书面表达能力;

（四）具有大学本科以上学历或同等学力,从事教育管理或者教学、研究工作10年以上;

（五）行政机关副厅级及以上,或具有中小学特级教师称号,高等学校和科研机构等正高级专业技术职务;

（六）坚持原则,办事公道,品行端正,廉洁自律;

（七）身体健康,能够保证履行国家督学职责和完成任务所必需的时间。

第七条 退休人员拟聘国家督学职务的人选在退休前应符合第六条基本条件的相应要求。

第八条 初聘国家督学人选年龄不得超过61周岁,续聘国家督学人选年龄不得超过63周岁。

第九条 国家督学每届任期3年,续聘一般不得超过三届。

国家督学任期届满,自动解聘。

第三章 聘 任

第十条 教育部设立国家督学聘任审查委员会。

（一）国家督学聘任审查委员会由11位委员组成,由教育部总督学负责。委员会成员由具有较高政策水平和业务能力、作风正派、办事公道的行政人员和专家组成。

聘任审查委员会具体事务由国家教育督导团办公室承办。

（二）国家督学聘任审查委员会按照规定程序开展工作。

第十一条　国家督学的产生实行差额推荐。实聘人数与推荐人数的比例为1∶1.2。

第十二条　国家督学人选推荐程序：

（一）教育部根据聘任国家督学人数和专业分类要求，确定推荐国家督学的单位和人数。

（二）被确定的单位根据国家督学任职条件和推荐要求，研究推荐国家督学人选。各省、自治区、直辖市推荐国家督学人选中应有一位分管教育督导工作的厅局级负责人或专职的厅局级督学。

（三）被推荐的国家督学人选必须由本人提出申请，并按要求填写《国家督学申请表》。

（四）各单位对推荐对象的基本条件进行审核和综合评价，提出推荐意见，按要求将国家督学推荐人选名单和《国家督学申请表》加盖公章后报送教育部。

第十三条　国家督学聘任审查委员会按照规定程序和聘任条件对国家督学推荐人选进行审查，以无记名方式投票确定国家督学拟聘人选。

教育部将国家督学聘任审查委员会审查确定的拟聘人选名单在教育部网站上予以公示，公示期为10天。

公示期满无异议的拟聘人选，由国家督学聘任审查委员会报教育部审批聘任，颁发国家督学聘任证书。

第十四条　国家督学可向教育部提出书面申请辞去国家督学职务，教育部批准后向社会公布，并通知推荐单位。

第十五条　国家督学有下列情形之一的，教育部对其解聘：

（一）不履行国家督学职责的；

（二）一年内未参加国家教育督导团安排的教育督导活动的；

（三）在督导活动中造成不良影响的；

（四）受到行政处分、刑事处罚的。

解聘国家督学时，要向所在单位通报，以书面形式通知本人，在教育部网站发布公告。

第四章　职责与权利

第十六条　国家督学应当履行以下职责：

（一）检查国家教育法律、法规和规章的贯彻落实情况；

（二）指导学校按照教育方针和教育教学规律办学；

（三）撰写教育督导报告；

（四）参与研究制订教育督导文件；

（五）对教育决策提出咨询建议；

（六）完成国家教育督导团交办的其他任务。

国家督学应当接受督学岗位培训。

第十七条　国家督学在教育督导活动中享有以下权利：

（一）听取被督导单位报告情况，查阅相关文件、资料，对有关情况进行调查；

（二）参加被督导单位的教育、教学活动，列席有关会议；

（三）遇到危及师生人身安全、侵犯师生合法权益、扰乱正常教学秩序等紧急事态立即予以制止，及时向有关部门提出处置的意见；

（四）向有关部门提出对被督导单位负责人的奖惩建议；

（五）依照规定获得国家督学职务津贴。

第十八条　国家督学在参加国家教育督导活动时应实行异地回避制度。

第十九条　国家督学参加国家教育督导团组织的教育督导活动，所需工作经费由教育部负责提供。

第二十条　教育部接受并受理对国家督学聘任过程中不当行为的举报，一经查实，将依照有关规定严肃处理，并建议有关部门追究当事人的责任。

中小学（幼儿园）安全工作专项督导暂行办法

·2016年11月30日
·国教督办〔2016〕4号

第一章　总　则

第一条　为贯彻落实党中央、国务院关于切实加强学校安全工作的总体要求，督促各地认真做好中小学（幼儿园）（以下简称学校）安全管理工作，根据《教育督导条例》及国家相关政策法规，制定本办法。

第二条　学校安全工作专项督导是促进地方政府及相关职能部门、学校建立科学化、规范化、制度化的安全保障体系和运行机制，提高学校安全风险防控能力的重要举措。

第三条　国务院教育督导委员会办公室负责对省级学校安全工作进行专项督导，省、市、县级人民政府教育督导机构负责对下一级及辖区内的学校安全工作进行专项督导。

第四条　实施学校安全工作专项督导应坚持以下原则:

(一)统一领导。切实加强组织领导和统筹协调,把学校安全工作作为公共安全和社会治安综合治理的重要内容,定期开展督导检查。

(二)注重实效。完善学校安全工作专项督导形式、内容和方法,因地制宜,确保学校安全工作专项督导取得实效。

(三)公开透明。坚持标准与方法公开、组织与人员公开、过程与结果公开,主动接受社会监督。

第二章　督导内容

第五条　组织管理

(一)省级人民政府建立健全学校安全工作组织管理体系,督促市、县级政府落实学校安全工作管理与监督责任情况。

(二)相关职能部门落实学校安全工作资金与资源,开展安全管理培训与指导,监督学校建立健全安全管理机构、落实岗位安全职责,配备安全保卫人员情况。

第六条　制度建设

(一)省级人民政府贯彻落实国家有关学校安全工作的法律法规、规章制度和标准规范,建立健全学校安全工作治理机制,制定完善本地方学校安全标准体系,开展学校安全事项认证情况。

(二)相关职能部门各司其职、齐抓共管,完善落实学校安全工作监督、管理,加强学校及周边安全综合治理,建立学生安全区域情况。

(三)学校建立健全安全管理制度和安全应急机制,按照《中小学幼儿园安全防范工作规范(试行)》要求,落实人防、物防、技防"三防"建设和安全管理各环节、岗位职责情况。

第七条　预警防范

(一)相关职能部门建立隐患排查与整治的学校安全预警机制,及时发布安全预警公告情况。

(二)相关职能部门制定学校安全风险清单,开展学校安全检查与动态监测,及时分析和评估安全风险,提出预警信息情况。

(三)学校建立健全及落实安全教育、日常管理、体育运动、校外活动、公共安全事件、校车安全、食品安全、卫生防疫、自然灾害风险评估和预防情况。

第八条　教育演练

(一)教育部门按照《中小学公共安全教育指导纲要》指导学校加强安全教育,落实安全教育进课堂,保障安全教育所需资金、教学资源和师资情况。

(二)相关职能部门指导和参与学校安全教育,开展安全防范进校园活动情况。

(三)学校按照《中小学幼儿园应急疏散演练指南》开展安全教育,定期组织地震、火灾等应急疏散演练情况。

第九条　重点治理

(一)相关职能部门加强溺水、事故、学生欺凌和暴力行为等重点问题预防与应对,及时做好专项报告和统计分析,指导学校履行教育和管理职责情况。

(二)教育部门会同公安等部门及时打击涉及学校、学生安全的违法犯罪行为,维护正常教育教学秩序,建设平安校园情况。

(三)教育部门及学校健全未成年学生权利保护制度,防范、调查、处理侵害未成年学生身心健康事件,开展心理、行为咨询和矫治活动情况。

第十条　事故处理

(一)省级人民政府建立健全学校安全事故应对、处理与责任追究机制情况。

(二)相关职能部门及时组织实施救援,落实事故调查、责任认定和善后处理,追究事故相关单位及责任人行政、刑事责任情况。

(三)教育部门及学校妥善处理安全事故纠纷,维护学校正常教育教学秩序情况。

第三章　组织实施

第十一条　日常监督。充分发挥责任督学作用,强化日常检查,促进学校安全工作有序进行。

第十二条　地方自查。省级人民政府及相关职能部门根据指标体系进行自查,并将自查报告在当地政府及省级教育行政部门网站上公示,公示期满后报送国务院教育督导委员会办公室。

第十三条　实地督导。国务院教育督导委员会办公室根据日常监督与地方自查情况,编制实地督导实施细则,随机抽取督学和专家组成督导组,随机确定督导对象,采取听取汇报、查阅材料、重点检查、随机抽查、个别访谈等方式开展实地督导。

第十四条　发布报告。国务院教育督导委员会办公室根据各省(区、市)自评和实地督导结果,形成专项督导意见和督导报告,督导报告向社会发布。

第十五条　整改落实。被督导省(区、市)在接到督导组督导意见后,按照整改要求和建议积极进行整改,并在 3 个月内向国务院教育督导委员会办公室书面报告整改情况。需要立即整改的重大安全隐患,则要在 1 个月内向国务院教育督导委员会办公室报告整改情况。

第四章　结果运用

第十六条　国务院教育督导委员会办公室建立工作问责机制,把专项督导结果作为评价政府教育工作成效的重要内容,对职责落实不到位的地区给予通报批评,对学校安全工作不力或出现严重问题的地区进行问责。

第十七条　对学校安全工作中出现的特大、重大学校安全责任事故,严重违法、违纪、违规问题,按照法律法规和有关规定开展调查处理。对违纪问题线索,交由纪检监察机关进行调查,严肃追究相关单位和责任人的责任。涉嫌犯罪的,移送司法机关依法处理。

第五章　附　则

第十八条　省级人民政府依据本办法制定本省份学校安全工作专项督导实施方案。

第十九条　本办法自发布之日起施行。

附件:中小学(幼儿园)安全工作专项督导评估指标体系(略)

幼儿园责任督学挂牌督导办法

·2019 年 6 月 10 日
·教督〔2019〕3 号

第一条　为督促幼儿园规范办园行为,促进幼儿身心健康发展,根据《教育督导条例》和《幼儿园工作规程》,制定本办法。

第二条　幼儿园责任督学挂牌督导是指县(市、区)人民政府教育督导部门(以下简称教育督导部门)为行政区域内每一所经审批注册的幼儿园(含民办)配备责任督学,实施经常性督导。

教育督导部门根据行政区域内幼儿园布局和规模等情况,原则上按 1 人负责 5 所左右幼儿园的标准配备责任督学。

教育督导部门按统一规格制作标牌,标明责任督学的姓名、照片、联系方式和职责,在幼儿园大门显著位置予以公布。

第三条　教育督导部门按照《督学管理暂行办法》规定的条件和程序,聘任熟悉学前教育法律法规和方针

政策、具有相应专业知识和业务能力的人员为责任督学。

第四条　教育督导部门对责任督学进行日常管理:

(一)对责任督学颁发督学证,实行登记管理。

(二)对新任责任督学进行入职培训,对入职后的责任督学进行定期集中培训。

(三)对责任督学实行定期交流。

(四)建立责任督学考核制度,对责任督学履行职责、开展工作和完成任务情况进行考核,对优秀责任督学给予表彰奖励。

第五条　责任督学履行下列职责:

(一)监督指导幼儿园安全管理情况。

(二)监督指导幼儿园规范办园情况。

(三)监督指导幼儿园师德师风建设情况。

(四)完成教育督导部门交办的其他工作任务。

第六条　责任督学参照《中小学校责任督学挂牌督导规程》对幼儿园实施督导,每月不得少于 1 次。

第七条　发生危及幼儿园安全的重大突发事件或重大事故,责任督学必须第一时间赶赴现场,及时督促处理并报告上级督导部门。

第八条　幼儿园必须接受责任督学的监督,积极配合责任督学入园督导,对反馈问题进行认真整改。对拒绝、阻挠责任督学督导和不按要求整改的幼儿园,教育督导部门予以通报批评并责令改正,向有关人民政府或主管部门提出对幼儿园主要负责人、举办者和其他责任人员的处理建议。幼儿园对督导结果有异议,可向教育督导部门反映。

第九条　教育督导部门每月听取责任督学工作汇报,研究处理相关问题。教育行政、教育督导等有关部门要重视督导结果和责任督学建议,将其作为对幼儿园综合评价、主要负责人考评问责的重要依据。在幼儿园评优评先方面,应当充分听取责任督学意见。

第十条　教育行政或教育督导部门要协调有关部门将责任督学督导工作经费列入预算,为责任督学开展经常性督导工作提供经费、办公场所和设备等保障,为责任督学兼职开展督导工作产生的交通、通讯、误餐费用和承担的督导任务提供工作补助(发放对象不含责任督学中的在职公务员),发放标准结合当地经济社会发展状况和生活水平确定。

第十一条　本办法自发布之日起施行。

国家义务教育质量监测方案(2021 年修订版)

· 2021 年 9 月 15 日
· 教督〔2021〕2 号

为深入贯彻习近平总书记关于教育的重要论述和全国教育大会精神,落实《深化新时代教育评价改革总体方案》《关于深化教育教学改革 全面提高义务教育质量的意见》《关于深化新时代教育督导体制机制改革的意见》和《义务教育质量评价指南》(教基〔2021〕3 号)等文件要求,进一步完善国家义务教育质量监测制度,推动落实立德树人根本任务,促进义务教育质量提升,制定此方案。

一、指导思想

以习近平新时代中国特色社会主义思想为指导,全面贯彻党的教育方针,紧密围绕落实立德树人根本任务,扭转唯分数、唯升学等不科学的教育评价导向,引导聚焦教育教学质量、遵循教育规律,以全面客观的监测数据支撑教育决策、服务改进教育教学管理,促进培养德智体美劳全面发展的社会主义建设者和接班人。

二、基本原则

(一)坚持立德树人。落实立德树人根本任务,突出"五育并举",拓展监测学科领域,构建全面覆盖德智体美劳教育质量的监测指标体系。

(二)服务质量提升。紧扣课程标准(或指导纲要),监测学生各学科领域的发展水平及核心素养,系统挖掘影响学生发展质量的关键因素,精准服务教育质量提升。

(三)注重方法创新。充分运用人工智能与大数据、脑科学等领域前沿技术方法,开展计算机网络测试、人机交互测试等,探索多领域综合评价和跨年度增值评价,推动监测工作更加科学高效。

(四)强化结果运用。坚持问题诊断和示范引领并重,建立监测问题反馈和预警机制,督促问题改进;推广典型地区经验案例。推动各地建立结果运用机制,有效发挥监测诊断、改进、引导功能。

三、监测学科领域及周期

监测学科领域主要包括德育、语文、数学、英语、科学、体育与健康、艺术、劳动、心理健康。

每个监测周期为三年,每年监测三个学科领域。第一年度监测数学、体育与健康、心理健康,第二年度监测语文、艺术、英语,第三年度监测德育、科学、劳动。

四、监测对象

依据义务教育课程标准(或指导纲要)中的学段划分情况,考虑学生认知和学习能力发展的阶段性特征,监测对象为义务教育阶段四年级和八年级学生。

五、监测内容

对照《义务教育质量评价指南》和义务教育课程标准(或指导纲要),主要开展学生发展质量和相关影响因素监测。

(一)学生发展质量监测。围绕学生全面发展要求,重点监测学生德智体美劳教育质量状况。德育主要监测学生的理想信念、道德行为规范以及基本国情常识掌握情况。语文主要监测学生掌握语文基础知识情况、阅读能力和书面表达能力等。数学主要监测学生掌握数学基础知识和思维方法情况、运算能力、问题解决能力等。英语主要监测学生掌握英语基础知识情况,阅读、写作等综合语言运用能力等。科学主要监测学生掌握科学基础知识和思维方法情况、科学探究能力等。体育与健康主要监测学生身体形态、机能、体能状况以及健康生活习惯等。艺术主要监测学生掌握艺术基础知识情况,通过艺术作品和活动感受美、表达美的能力,审美趣味和审美格调。劳动主要监测学生劳动观念、劳动知识和能力、劳动习惯和品质等。心理健康主要监测学生情绪、人际交往等发展状况以及常见的心理行为问题等。

(二)相关影响因素监测。调查影响学生发展质量的相关因素,如各学科领域的课程或教育活动开设、学生学业负担、教学条件保障、教师配备、教育教学、学校管理以及区域教育管理情况等。

六、主要环节

(一)工具研制

组织专家研制测试卷、相关因素调查问卷以及表现性测试工具。测试卷监测学生在有关学科领域的发展水平,重点关注学生探究和解决问题的能力。相关因素调查问卷调查影响学生发展水平的相关因素,分为学生问卷、教师问卷、校长问卷、区县教育管理者问卷等。表现性测试工具用于体育与健康、科学、艺术等学科领域,通过学生现场项目参与和演示,监测运动、操作、演唱能力等。

(二)样本抽取

根据我国义务教育阶段学校和学生量大、面广的特点,采取分层不等概率抽样方法,分三个阶段进行抽样。其中,根据人口总量、经济发展水平和教育发展状况,在31 个省(区、市)和新疆生产建设兵团抽取样本县(市、区),占全国总县数十分之一左右(每年约 340 个)。根据地理位置、城乡分布、学校类型等因素,采用按规模成比例概率抽样方法,在样本县(市、区)抽取样本学校,原则上每个样本县(市、区)抽取 12 所小学、8 所初中。在样本学校随机抽取学生,原则上每所样本小学抽取 30 名四年级学生、样本初中抽取 30 名八年级学生,样本个人信息严格保密。

(三)现场测试

为了保证测试操作规范,所有样本县(市、区)、样本校按照要求,在规定时间开展统一测试,测试总时长为一天半。测试安排在本校,严格按照规定程序进行。综合考虑学习内容的完整性和便于组织测试等因素,原则上每年测试时间安排在 5 月下旬。

(四)水平划定

根据课程标准和学生答题的实际表现,对学生学业水平进行等级划分和具体描述。参照国际监测通行方式,结合我国教育教学实际,将学生学业表现划分为水平 Ⅳ(优秀)、水平 Ⅲ(良好)、水平 Ⅱ(中等)、水平 Ⅰ(待提高)四个水平段。

(五)数据分析

在监测数据扫描录入基础上,经过数据清理、跨年对比、数据链接等环节生成监测数据库,运用多种统计分析方法深入挖掘数据,形成监测结果。

(六)报告研制

根据报告目的、内容和阅读对象的不同,主要研制形成国家监测报告、分省监测报告、区县监测诊断报告、政策咨询报告四类报告。

1. 国家监测报告。呈现全国学生在各监测学科领域发展水平的总体状况、影响学生发展水平的主要因素以及相关分析,以适当方式向社会发布。

2. 分省监测报告。分省(区、市)呈现学生在各监测学科领域的发展水平、影响该省(区、市)学生发展水平的主要因素以及相关分析。该报告主要供省级人民政府和有关教育部门使用。

3. 区县监测诊断报告。分县(市、区)呈现学生在各监测学科领域的发展水平、影响该县(市、区)学生发展水平的主要因素以及相关分析,诊断教育质量问题。该报告主要供县级人民政府和有关教育部门使用,供学校改进教育教学参考。

4. 政策咨询报告。针对教育热点难点问题进行专题研究,结合一线教育实际深入分析并提出改进建议。该报告主要供有关领导和部门参阅,供地方调整教育政策参考。

(七)结果运用

1. 服务决策咨询。向国务院领导和有关部门呈送国家监测报告和政策咨询报告,为教育政策的制定和调整提供支撑。

2. 督促问题改进。向各省级人民政府反馈监测发现的主要问题清单和分省监测报告,督促问题整改。建立监测预警机制,对全面发展质量不佳、质量下滑趋势明显的地区进行预警,对有关责任人员约谈问责。

3. 支撑督导评估。监测结果直接应用于督导评估工作,作为县域义务教育优质均衡发展督导评估、义务教育质量评价等工作的重要参考。

4. 引领质量提升。宣传推广监测发现的典型地区经验案例,搭建监测学习交流平台。加强监测数据挖掘运用,鼓励开展监测相关学术研究,引领推动教学改革、改进教育管理。

七、组织实施

国家义务教育质量监测工作由各级政府教育督导部门组织实施。国务院教育督导委员会办公室负责统筹规划、政策指导和过程监督,委托教育部基础教育质量监测中心承担业务培训、工具研发、数据采集、报告研制等工作。省级教育督导部门负责本地区的测试组织和过程监督。市级教育督导部门负责本地区的测试协调和指导。县级教育督导部门负责组织现场测试。

探索监测结果与政策调整的联动机制。各地建立省级统筹、区县为主的监测结果运用制度,教育督导部门牵头加强与有关部门协同联动,积极探索适合本地区的监测结果运用模式。建立并完善地方监测机构,探索对地方监测机构在监测工具研发、抽样等方面技术标准的认定。

八、纪律与监督

国家义务教育质量监测严肃工作纪律,坚持公平公正,确保工具安全,杜绝模题应考、干扰抽样、弄虚作假等行为,广泛接受学校、师生和社会的监督。国务院教育督导委员会办公室、省级教育督导部门对监测组织工作的规范性、工具保密性进行全程监督,公开监督举报电话,受理举报并提出处理意见。

原《国家义务教育质量监测方案》(国教督办〔2015〕4 号)自本方案印发之日起废止。

教育督导问责办法

· 2021 年 7 月 20 日
· 国教督〔2021〕2 号

第一章 总 则

第一条 根据《中华人民共和国教育法》《教育督导条例》等法律法规和《中共中央办公厅 国务院办公厅关

于深化新时代教育督导体制机制改革的意见》,结合教育督导工作特点,制定本办法。

第二条　教育督导问责以习近平新时代中国特色社会主义思想为指导,全面贯彻党的十九大和十九届二中、三中、四中、五中全会精神,深入贯彻落实习近平总书记关于教育的重要论述和全国教育大会精神,全面贯彻落实党的教育方针,弘扬社会主义核心价值观,推动提高教育治理能力,督促各地各校全面加强党的领导,坚持社会主义办学方向,切实履行立德树人职责,办好人民满意的教育。

第三条　本办法所称教育督导问责是指各级人民政府教育督导机构在教育督导工作中,发现地方政府及有关职能部门、各类学校和其他教育机构、有关工作人员等被督导对象,存在不履行、不完全履行或不正确履行教育职责的问题,由有关部门依照职能和管理权限进行内部监督和责任追究的一项工作制度。

第四条　教育督导问责遵循依法问责、分级实施、程序规范、公开透明的原则。

第五条　被督导单位、有关人员存在本办法规定的问责情形,需要进行问责的,适用本办法。

第二章　问责情形

第六条　被督导的地方各级人民政府和相关职能部门及其相关责任人有下列情形之一的,应当予以问责:

(一)贯彻落实党的教育方针和党中央、国务院教育决策部署不力,对学校思想政治教育不重视,履行规划、建设、投入、人员编制、待遇保障、监督管理、语言文字工作等教育职责不到位,严重影响本地区教育发展。

(二)违反有关教育法律法规,学校办学行为不规范,整体教育教学质量持续下降、教育结构失衡、侵犯学校合法权益、群众满意度低。

(三)教育攻坚任务完成严重滞后,未按时保质保量完成规定目标任务。

(四)教育群体性事件多发高发、应对不力、群众反映强烈。

(五)因履行教育职责严重失职、安全风险防控体系建设保障或卫生防疫不力,导致发生重大安全事故或重大涉校案(事)件。

(六)对教育督导发现的问题整改不力、推诿扯皮、不作为等导致没有完成整改落实任务。

(七)下级人民政府、所辖(属)学校和行政区域内其他教育机构对发现的问题整改不力或整改后出现严重反弹。

(八)阻挠、干扰或不配合教育督导工作,提供虚假信息,威胁恐吓、打击报复教育督导人员。

(九)其他应当问责的情形。

第七条　被督导的各级各类学校、其他教育机构及其相关责任人有下列情形之一的,应当予以问责:

(一)贯彻落实党的教育方针和党中央、国务院教育决策部署不力,在各级教育督导机构组织的评估监测、督导检查工作中未达到合格(通过)标准。

(二)违反有关教育法律法规和政策要求,在招生入学、人才培养、科学研究、课程开设和教材使用等工作中存在办学行为不规范或出现严重违规;未按要求加强各类学校和其他教育机构管理,存在超标超前培训、虚假宣传、超期收费等违法违规行为,侵害师生合法权益,出现教师师德严重失范、学生欺凌等危害学生身心健康情况或重大负面舆情。

(三)教育群体性事件多发高发、应对不力、处置失当,群众反映强烈。

(四)落实安全主体责任、卫生防疫主体责任、食品安全校长负责制不力,安全风险防控体系建设不达标,导致发生重大安全事故、严重食品安全事件或重大涉校案(事)件。

(五)对教育督导发现的问题整改不力、推诿扯皮、不作为或没有完成整改落实任务。

(六)阻挠、干扰或不配合教育督导工作,提供虚假信息,威胁恐吓、打击报复教育督导人员。

(七)其他应当问责的情形。

第八条　督学、教育督导机构工作人员有下列情形之一的,应当予以问责:

(一)玩忽职守,不作为、慢作为,贻误督导工作。

(二)弄虚作假,徇私舞弊,影响督导结果公正。

(三)滥用职权、乱作为,干扰被督导单位正常工作。

(四)发现违法违规办学行为或者危及师生生命安全隐患而未提出整改意见并督促学校和相关部门处理。

(五)违反中央八项规定精神、违反党风廉政建设规定。

(六)其他没有履行法律法规规定的工作职责。

第三章　问责方式

第九条　对被督导单位的问责方式为:

(一)公开批评。各级人民政府教育督导委员会办公室以适当方式向社会公开督导报告,对存在违法违规情形予以点名批评并视情况通过新闻媒体予以曝光。

(二)约谈。各级人民政府教育督导委员会办公室对被督导问责单位相关负责人进行约谈,作出书面记录并报送其所在地党委和政府以及上级相关部门备案。

（三）督导通报。各级人民政府教育督导委员会办公室将教育督导结果和整改情况等通报至其所在地党委和政府以及上级相关部门。

（四）资源调整。各级人民政府教育督导委员会办公室通报被督导问责单位所在地党委和政府及有关部门，要求对被督导问责单位在表彰奖励、政策支持、财政拨款、招生计划、学科专业设置等方面，依照职权进行限制或调减。

各类学校和其他教育机构（含民办学校和教育培训机构）如依据法律规定应予以行政处罚的，由各级人民政府教育督导委员会办公室提请县级以上人民政府教育行政部门、人力资源社会保障行政部门、市场监管部门或者其他有关部门依据职责分工责令限期改正，视违法情形依法予以警告、退还所收费用后没收违法所得、罚款、责令停止招生、撤销办学资格或吊销办学许可证。

上述问责方式，可以根据问题严重程度单独使用或合并使用。

第十条　对被督导单位相关责任人的问责方式为：

（一）责令检查。各级人民政府教育督导委员会办公室责令被督导问责单位相关负责人作出书面检查。

（二）约谈。各级人民政府教育督导委员会办公室对被督导问责单位相关负责人进行约谈，作出书面记录并报送被督导问责单位所在地党委和政府以及上级部门备案，作为个人考核的重要依据。

（三）通报批评。各级人民政府教育督导委员会办公室将教育督导结果、整改情况和被督导问责单位有关负责人的工作表现通报至其所在地党委和政府以及上级部门。

（四）组织处理。各级人民政府教育督导委员会办公室通知被督导问责单位所在地党委和政府以及上级部门，对被督导单位直接负责的主管人员和其他责任人员提出包括停职检查、调整职务、责令辞职、降职、免职等组织处理建议。对于民办学校或其他教育机构，责成教育行政主管部门依法督促学校撤换相关负责人。

（五）处分。需要采取处分方式问责的，各级人民政府教育督导委员会办公室可根据情况将问题线索移交相关机关，并提出相应处分建议。

公职人员涉嫌违法犯罪的，由各级人民政府教育督导委员会办公室将问题线索移交具有管辖权限的监察机关，提请监察机关处理。其他人员涉嫌违法犯罪的，由各级人民政府教育督导委员会办公室将问题线索移交被督导问责单位所在地相关公安机关或司法机关，提请其依法处理。

民办学校和教育培训机构举办者及其实际控制人、决策机构或者监督机构组成人员如违反《中华人民共和国民办教育促进法》《中华人民共和国民办教育促进法实施条例》等法律法规，由各级人民政府教育督导委员会办公室提请县级以上人民政府教育行政部门、人力资源社会保障行政部门、市场监管部门或者其他有关部门依据职责分工责令限期改正，退还所收费用后没收违法所得、罚款，依法对有关人员予以从业禁止处罚，并纳入其诚信记录。

上述问责方式，可以根据问题严重程度单独使用或合并使用。

第十一条　对督学、教育督导机构及其工作人员的问责方式为：

（一）批评教育。各级人民政府教育督导委员会办公室对其给予批评教育。

（二）责令检查。各级人民政府教育督导委员会办公室责令其作出书面检查。

（三）通报批评。各级人民政府教育督导委员会办公室将其表现通报至其所在地党委和政府以及上级部门。

（四）取消资格。各级人民政府教育督导委员会办公室按规定程序，取消其督学资格或将其调离督导工作岗位。

（五）组织处理。各级人民政府教育督导委员会办公室通知其所在地党委和政府以及上级部门，提出组织处理建议，包括停职检查、调整职务、责令辞职、降职、免职等。

（六）处分。需要采取处分方式问责的，各级人民政府教育督导委员会办公室可根据情况将问题线索移交相关机关，并提出相应处分建议。

公职人员涉嫌违法犯罪的，由各级人民政府教育督导委员会办公室将问题线索移交具有管辖权限的监察机关，提请监察机关处理。其他人员涉嫌违法犯罪的，由各级人民政府教育督导委员会办公室将问题线索移交被督导问责单位所在地相关公安机关或司法机关，提请其依法处理。

上述问责方式，可以根据问题严重程度单独使用或合并使用。

第十二条　有下列情形之一的，应当从重处理：

（一）隐瞒事实真相，阻挠、干扰或不配合教育督导工作。

（二）对举报人、控告人、检举人和督学、教育督导机构工作人员威胁恐吓、打击报复。

（三）被问责后，仍不纠正错误或不落实整改任务。

（四）一年内被教育督导问责两次及以上。

（五）其他依规、依纪、依法应当从重处理的情形。

第四章　问责程序

第十三条　教育督导工作完成后 60 天内，各级人民政府教育督导委员会办公室会同有关部门（单位）成立调查认定工作组，对各类教育督导工作中发现的问题（包括本级教育督导委员会成员单位反馈其在教育督导工作中发现的问题）进行调查认定，撰写事实材料，决定是否启动问责。

第十四条　各级人民政府教育督导委员会办公室就认定事实和问责意见告知被问责对象，应当以书面方式为主，听取被问责对象的陈述申辩。

第十五条　各级人民政府教育督导委员会办公室依据相关法律法规形成问责意见，征求本级教育督导委员会有关成员单位意见后，提交本级人民政府教育督导委员会主任或副主任审定。

第十六条　各级人民政府教育督导委员会办公室向被问责对象印发问责决定，应当明确问责的基本情况、问责事实、问责依据、问责方式、生效时间等。

第十七条　各级人民政府教育督导委员会办公室根据问责决定实施问责，对于组织处理、处分、追究法律责任等需要其他部门实施的问责，各级教育督导委员会办公室负责做好沟通工作，配合有关部门进行问责或者作出其他处理。

第十八条　问责决定一旦实施，根据问责情形严重程度在一定范围公开。情形严重或整改不力者，应通过政府门户网站、主流新闻媒体等载体，按照有关规定及时向社会公布，接受人民群众监督。

第十九条　被问责对象对问责决定不服，可自收到问责决定之日起 30 日内，向作出问责决定的人民政府教育督导委员会办公室申请复核。有关人民政府教育督导委员会办公室应当自收到复核申请之日起 30 日内，作出复核决定并反馈提出复核申请的单位或个人。

对复核决定不服，可以自收到复核决定之日起 15 日内向上一级人民政府教育督导委员会办公室提出书面申诉。也可以不经复核，自收到问责决定之日起 15 日内直接提出申诉。有关人民政府教育督导委员会办公室应当自收到申诉之日起 60 日内作出申诉处理决定，并将《申诉处理决定书》反馈提出申诉的单位或个人。认为原问责决定有误的，应当及时告知原问责部门，原问责部门应当自收到《申诉处理决定书》15 日内予以纠正。

涉及组织处理和纪律处分的，被问责对象可向作出相应决定的组织人事部门、纪检监察机关提出复核或申诉。

复核、申诉期间，不停止问责决定的执行。

第二十条　各级人民政府教育督导委员会办公室在复核申诉期满 30 天内对有关问责情况进行归档，提请有关人事部门将问责情况归入人事档案。

第二十一条　各级人民政府教育督导委员会办公室应当监督问责决定的实施，对被问责对象进行回访、复查，监督、指导问题整改。问责情况应作为单位或个人在考核、晋升、评优、表彰等方面的重要依据。

第五章　组织实施

第二十二条　各级人民政府教育督导委员会负责本地区教育督导问责工作，依法追究存在违规行为的单位、个人的责任。各级人民政府教育督导委员会成员单位依照部门职责落实教育督导问责职责。

第二十三条　国务院教育督导委员会统一领导全国教育督导问责工作，负责对被督导的各省（区、市）人民政府及其相关职能部门、部属学校进行问责。地方各级人民政府教育督导委员会负责对本行政区域内下一级人民政府及其相关职能部门、辖（属）各级各类学校和其他教育机构进行问责。各级人民政府教育督导委员会办公室负责具体实施教育督导问责工作。

第二十四条　根据问责工作需要，各级人民政府教育督导委员会办公室应主动配合教育督导委员会成员单位或纪检监察机关、司法机关等做好问责工作。

第二十五条　各级人民政府教育督导委员会负责对下一级人民政府教育督导委员会教育督导问责工作的监督。

第二十六条　各级人民政府教育督导委员会办公室要定期将本行政区域内的问责情况报送给上一级人民政府教育督导委员会办公室备案。国务院教育督导委员会办公室建立全国教育督导问责信息工作平台，推动信息共享和实时监管。

第六章　附　则

第二十七条　地方各级人民政府教育督导委员会可依据本办法，结合本地区实际制定实施细则，并报上一级人民政府教育督导委员会备案。

第二十八条　本办法由国务院教育督导委员会办公室负责解释。

第二十九条　本办法自 2021 年 9 月 1 日起施行。

五、教育经费与投入

(一) 财政收入

国务院关于进一步加大财政教育投入的意见

· 2011 年 6 月 29 日

· 国发〔2011〕22 号

《国家中长期教育改革和发展规划纲要(2010-2020年)》(以下简称《教育规划纲要》)明确提出,到 2012 年实现国家财政性教育经费支出占国内生产总值比例达到 4% 的目标(以下简称 4% 目标)。为确保按期实现这一目标,促进教育优先发展,现提出如下意见:

一、充分认识加大财政教育投入的重要性和紧迫性

教育投入是支撑国家长远发展的基础性、战略性投资,是发展教育事业的重要物质基础,是公共财政保障的重点。党中央、国务院始终坚持优先发展教育,高度重视增加财政教育投入,先后出台了一系列加大财政教育投入的政策措施。在各地区、各有关部门的共同努力下,我国财政教育投入持续大幅增长。2001—2010 年,公共财政教育投入从约 2700 亿元增加到约 14200 亿元,年均增长 20.2%,高于同期财政收入年均增长幅度;教育支出占财政支出的比重从 14.3% 提高到 15.8%,已成为公共财政的第一大支出。财政教育投入的大幅增加,为教育改革发展提供了有力支持。当前,我国城乡免费义务教育全面实现,职业教育快速发展,高等教育进入大众化阶段,办学条件显著改善,教育公平迈出重大步伐。

新形势下继续增加财政教育投入,实现 4% 目标,是深入贯彻党的十七大和十七届五中全会精神,推动科学发展、建设人力资源强国的迫切需要;是全面落实《教育规划纲要》,推动教育优先发展的重要保障;是履行公共财政职能,加快财税体制改革,完善基本公共服务体系的一项紧迫任务。地方各级人民政府、各有关部门必须切实贯彻党的教育方针,深入领会加大财政教育投入的重要意义,进一步提高思想认识,增强责任感和紧迫感,采取有力措施,切实保证经济社会发展规划优先安排教育发展,财政资金优先保障教育投入,公共资源优先满足教育和人力资源开发需要。

按期实现 4% 目标,资金投入量大,任务十分艰巨。各地区、各有关部门要认真贯彻落实国务院关于拓宽财政性教育经费来源渠道的各项政策措施,进一步调整优化财政支出结构,切实提高公共财政支出中教育支出所占比重。中央财政要充分发挥表率作用,进一步加大对地方特别是中西部地区教育事业发展转移支付力度,同时增加本级教育支出。地方各级人民政府要切实按照《教育规划纲要》要求,根据本地区教育事业发展需要,统筹规划,落实责任,大幅度增加教育投入。

二、落实法定增长要求,切实提高财政教育支出占公共财政支出比重

(一) 严格落实教育经费法定增长要求。各级人民政府要严格按照《中华人民共和国教育法》等法律法规的规定,在年初安排公共财政支出预算时,积极采取措施,调整支出结构,努力增加教育经费预算,保证财政教育支出增长幅度明显高于财政经常性收入增长幅度。对预算执行中超收部分,也要按照上述原则优先安排教育拨款,确保全年预算执行结果达到法定增长的要求。

(二) 提高财政教育支出占公共财政支出的比重。各级人民政府要进一步优化财政支出结构,压缩一般性支出,新增财力要着力向教育倾斜,优先保障教育支出。各地区要切实做到 2011 年、2012 年财政教育支出占公共财政支出的比重都有明显提高。

(三) 提高预算内基建投资用于教育的比重。要把支持教育事业发展作为公共投资的重点。在编制基建投资计划、实施基建投资项目时,充分考虑教育的实际需求,确保用于教育的预算内基建投资明显增加,不断健全促进教育事业发展的长效保障机制。

三、拓宽经费来源渠道,多方筹集财政性教育经费

(一) 统一内外资企业和个人教育费附加制度。国务院决定,从 2010 年 12 月 1 日起统一内外资企业和个人城市维护建设税和教育费附加制度,教育费附加统一按增值税、消费税、营业税实际缴纳税额的 3% 征收。

(二) 全面开征地方教育附加。各省(区、市)人民政府应根据《中华人民共和国教育法》的相关规定和《财政部关于统一地方教育附加政策有关问题的通知》(财综

〔2010〕98 号）的要求，全面开征地方教育附加。地方教育附加统一按增值税、消费税、营业税实际缴纳税额的 2% 征收。

（三）从土地出让收益中按比例计提教育资金。进一步调整土地出让收益的使用方向。从 2011 年 1 月 1 日起，各地区要从当年以招标、拍卖、挂牌或者协议方式出让国家土地使用权取得的土地出让收入中，按照扣除征地和拆迁补偿、土地开发等支出后余额 10% 的比例，计提教育资金。具体办法由财政部会同有关部门制定。

各地区要加强收入征管，依法足额征收，不得随意减免。落实上述政策增加的收入，要按规定全部用于支持地方教育事业发展，同时，不得因此而减少其他应由公共财政预算安排的教育经费。

四、合理安排使用财政教育经费，切实提高资金使用效益

在加大财政教育投入的同时，各地区、各有关部门要按照《教育规划纲要》的要求，进一步突出重点、优化结构、加强管理，推动教育改革创新，促进教育公平，全面提高教育质量。

（一）合理安排使用财政教育经费。一是积极支持实施重大项目。坚持顶层设计、总体规划、政策先行、机制创新的基本原则，着力解决教育发展关键领域和薄弱环节的问题。国务院有关部门负责组织实施符合《教育规划纲要》总体目标、关系教育改革发展全局的项目，做好统筹规划和宏观指导工作。地方各级人民政府要按照《教育规划纲要》要求，结合本地实际，因地制宜地实施好相关重大项目。二是着力保障和改善民生。教育经费安排要坚持以人为本，重点解决人民群众关切的教育问题，切实减轻人民群众教育负担，使人民群众能够共享加大财政教育投入和教育改革发展的成果，保障公民依法享有受教育的权利。大力支持基本普及学前教育、义务教育均衡发展、加快普及高中阶段教育、加强职业教育能力建设、提升高等教育质量、健全家庭经济困难学生资助政策体系等重点任务。三是优化教育投入结构，合理配置教育资源。要统筹城乡、区域之间教育协调发展，重点向农村地区、边远地区、贫困地区和民族地区倾斜，加快缩小教育差距，促进基本公共服务均等化。要调整优化各教育阶段的经费投入结构，合理安排日常运转经费与专项经费。

（二）全面推进教育经费的科学化精细化管理。一是要坚持依法理财、科学理财。严格执行国家财政管理的法律法规和财经纪律，建立健全教育经费管理的规章制度。二是要强化预算管理。提高预算编制的科学性、准确性，提高预算执行效率，推进预算公开。三是要明确管理责任。地方各级人民政府要按照教育事权划分，督促有关部门采取有效措施，加强经费使用管理。各级教育行政部门和学校在教育经费使用管理中负有主体责任，要采取有效措施，切实提高经费管理水平。四是要加强财务监督和绩效评价。进一步完善财务监督制度，强化重大项目经费的全过程审计，建立健全教育经费绩效评价制度。五是要加强管理基础工作和基层建设。充分发挥基层相关管理部门的职能作用，着力做好教育基础数据的收集、分析和信息化管理工作，完善教育经费支出标准，健全学校财务会计和资产制度，规范学校经济行为，防范学校财务风险。

五、加强组织领导，确保落实到位

（一）加强组织领导。各省（区、市）人民政府负责统筹落实本地区加大财政教育投入的相关工作。要健全工作机制，明确目标任务，做好动员部署，落实各级责任，加强监督检查。国务院各有关部门要按照职责分工，加强协调配合，共同抓好贯彻落实工作。

（二）加大各省（区、市）对下转移支付力度。要按照财力与事权相匹配的要求，进一步完善省以下财政体制，强化省级财政教育支出的统筹责任，防止支出责任过度下移。省级人民政府要根据财力分布状况和支出责任划分，加大对本行政区域内经济欠发达地区的转移支付力度。

（三）加强监测分析。各地区要加强对落实教育投入法定增长、提高财政教育支出比重、拓宽财政性教育经费来源渠道各项政策的监测分析和监督检查，及时发现和解决政策执行中的相关问题。财政部要会同有关部门制定科学合理的分析评价指标，对各省（区、市）财政教育投入状况作出评价分析，适时将分析结果报告国务院，并作为中央财政安排转移支付的重要依据。

义务教育薄弱环节改善与能力提升补助资金管理办法

· 2021 年 7 月 7 日
· 财教〔2021〕127 号

第一条　为规范和加强义务教育薄弱环节改善与能力提升补助资金管理，提高资金使用效益，根据国家预算管理有关规定，制定本办法。

第二条　本办法所称义务教育薄弱环节改善与能力提升补助资金（以下称补助资金），是指中央财政用于支持义务教育发展，改善薄弱环节和提升办学能力的转移支付资金。重点支持中西部地区和东部部分困难地区。实施期限为2021-2025年。

第三条　补助资金管理遵循"中央引导、省级统筹，突出重点、注重绩效，规范透明、强化监督"的原则。

第四条　补助资金主要用于以下方面：

（一）支持改善农村学校基本办学条件，因地制宜加强学校教室、宿舍和食堂等设施建设，配齐洗浴、饮水等学生生活必需的设施设备，改善学校寄宿条件，根据需要设置心理咨询室、图书室等功能教室；按照国家规范要求加强校园安全设施设备建设；支持取暖设施和卫生厕所改造；改善规划保留的乡村小规模学校办学条件，保障教育教学需要。

（二）支持新建、改扩建必要的义务教育学校，有序扩大城镇学位供给，巩固消除"大班额"成果。

（三）支持学校网络设施设备和"三个课堂"建设，配备体育、美育和劳动教育所需必要设施设备，建设必要的体育、美育场地和劳动教育场所，改善校园文化环境。

补助资金支持的学校必须是已列入当地学校布局规划、拟长期保留的义务教育阶段公办学校。完全中学和十二年一贯制学校的高中部以及因打造"重点校"而形成的超大规模学校不纳入支持范围。

礼堂、体育馆、游泳馆（池）、教师周转宿舍和独立建筑的办公楼建设，校舍日常维修改造和抗震加固，零星设备购置，教育行政部门机关及直属非教学机构的建设和设备购置，以及其他超越办学标准的事项，不得列入补助资金使用范围。

第五条　补助资金由财政部会同教育部共同管理。教育部负责审核地方提出的区域绩效目标等相关材料和数据，提供资金测算需要的基础数据，并对提供的基础数据的准确性、及时性负责。财政部根据预算管理相关规定，会同教育部研究确定有关省份补助资金预算金额、资金的整体绩效目标。

省级财政、教育部门负责明确省级及省以下各级财政、教育部门在基础数据审核、资金安排、使用管理等方面的责任，切实加强资金管理。

第六条　补助资金采取因素法分配，首先按照西部、中部、东部各占50%、40%、10%的区域因素确定分地区资金规模，在此基础上再按基础因素、投入因素分配到有关省份，重点向基础薄弱、财力困难的省份倾斜。其中：

基础因素（权重80%），主要考虑学生数等事业发展情况，以及巩固脱贫攻坚成果与乡村振兴有效衔接、落实中央决策部署等因素。各因素数据主要通过相关统计资料获得。

投入因素（权重20%），主要考虑生均一般公共预算教育支出等反映地方财政努力程度的因素。各因素数据主要通过相关统计资料获得。

财政部会同教育部综合考虑各地工作进展等情况，研究确定绩效调节系数，对资金分配情况进行适当调节。

计算公式为：

某省份补助资金=（该省份基础因素/∑有关省份基础因素×权重+该省份投入因素/∑有关省份投入因素×权重）×补助资金年度预算地区资金总额×绩效调节系数

财政部、教育部根据党中央、国务院有关决策部署和义务教育改革发展新形势等情况，适时调整完善相关分配因素、权重、计算公式等。

第七条　省级财政、教育部门应当于每年2月底前向财政部、教育部报送当年补助资金申报材料，并抄送财政部当地监管局。申报材料主要包括：

（一）上年度工作总结，包括上年度补助资金使用情况、年度绩效目标完成情况、绩效评价结果、地方财政投入情况、主要管理措施、问题分析及对策等。

（二）当年工作计划，主要包括当年全省工作目标和补助资金区域绩效目标、重点任务和资金安排计划，绩效指标要指向明确、细化量化、合理可行、相应匹配。

第八条　财政部于每年全国人民代表大会批准中央预算后三十日内，会同教育部正式下达补助资金预算，并抄送财政部当地监管局。每年10月31日前，提前下达下一年度补助资金预计数。省级财政部门在收到补助资金预算后，应当会同省级教育部门在三十日内按照预算级次合理分配、及时下达本行政区域县级以上各级政府部门，并抄送财政部当地监管局。

第九条　补助资金支付执行国库集中支付制度。涉及政府采购的，按照政府采购有关法律法规和有关制度执行。属于基本建设的项目，应当严格履行基本建设程序，执行相关建设标准和要求，确保工程质量。

第十条　省级财政、教育部门在分配补助资金时，应当结合本地区年度重点工作和省级财政安排相关资金，加大省级统筹力度，重点向欠发达地区、民族地区、边境地区、革命老区倾斜。要做好与农村义务教育学校校舍安全保障长效机制、发展改革部门安排基本建设项目等各渠道资金的统筹和对接，防止资金、项目安排重复交叉或缺位。

县（区）级财政、教育部门应当落实资金管理主体责任，加强区域内相关教育经费的统筹安排和使用，兼顾不同规模学校运转的实际情况，坚持"实用、够用、安全、节俭"的原则,严禁超标准建设和豪华建设。要加强学校预算管理,细化预算编制,硬化预算执行,强化预算监督;规范学校财务管理,确保补助资金使用安全、规范和有效。

各级财政、教育部门要加强财政风险控制,强化流程控制、依法合规分配和使用资金,实行不相容岗位(职责)分离控制。

第十一条　各地要切实做好项目前期准备工作,强化项目管理,加快预算执行进度。补助资金原则上应在当年执行完毕,年度未支出的资金按财政部结转结余资金管理有关规定处理。

第十二条　各级财政、教育部门要按照全面实施预算绩效管理的要求,建立健全全过程预算绩效管理机制,按规定科学合理设定绩效目标,对照绩效目标做好绩效监控,认真组织开展绩效评价,强化评价结果运用,做好绩效信息公开,提高补助资金配置效率和使用效益。财政部、教育部根据工作需要适时组织开展重点绩效评价。

第十三条　财政部各地监管局应当按照工作职责和财政部要求,对补助资金实施监管。地方各级财政部门应当会同同级教育部门,按照各自职责加强项目审核申报、经费使用管理等工作,建立"谁使用、谁负责"的责任机制。严禁将补助资金用于平衡预算、偿还债务、支付利息、对外投资等支出,不得从补助资金中提取工作经费或管理经费。

第十四条　各级财政、教育部门及其工作人员、申报使用补助资金的部门、单位及个人存在违法违规行为的,依法责令改正并追究相应责任;涉嫌犯罪的,依法移送有关机关处理。

第十五条　本办法由财政部、教育部负责解释。各省级财政、教育部门可以根据本办法,结合各地实际,制定具体管理办法,报财政部、教育部备案,并抄送财政部当地监管局。

第十六条　本办法自印发之日起施行。《财政部 教育部关于印发〈义务教育薄弱环节改善与能力提升补助资金管理办法〉的通知》(财教〔2019〕100号)同时废止。

学生资助资金管理办法

・2021年12月30日
・财教〔2021〕310号

第一章　总　则

第一条　为规范和加强学生资助资金管理,提高资金使用效益,确保资助工作顺利开展,根据国家预算管理有关规定,制定本办法。

第二条　本办法所称学生资助资金是指中央财政用于支持落实高等教育(含本专科生和研究生教育)、中等职业教育、普通高中教育等国家资助政策的资金,包括国家奖学金、国家励志奖学金、学业奖学金、国家助学金、免学(杂)费补助资金、服兵役国家教育资助资金、基层就业学费补偿国家助学贷款代偿资金、国家助学贷款奖补资金等。

第三条　本办法所称普通高校是指根据国家有关规定批准设立、实施全日制高等学历教育的普通本科学校、高等职业学校、高等专科学校;中等职业学校是指根据国家有关规定批准设立、实施全日制中等学历教育的各类职业学校(含技工学校);普通高中是指根据国家有关规定批准设立的普通高中学校(含完全中学和十二年一贯制学校的高中部)。

以上所称各类学校包括民办普通高校(含独立学院)、民办中等职业学校和民办普通高中。

第四条　学生资助资金由财政部、教育部、人力资源社会保障部按职责共同管理。财政部负责学生资助资金分配和预算下达,组织教育部、人力资源社会保障部等部门编制学生资助资金中期财政规划和年度预算草案。教育部会同人力资源社会保障部负责组织各地审核上报享受资助政策的学生人数、资助范围、资助标准等基础数据,提出预算分配建议方案,负责完善学生信息管理系统,加强学生学籍和资助信息管理,对提供的基础数据和预算分配建议方案真实性、准确性、及时性负责。教育部、人力资源社会保障部会同财政部等部门对资金使用和政策执行情况进行监督管理。退役军人部负责组织各地做好自主就业退役士兵的身份认证工作。中央军委国防动员部负责组织各地兵役机关做好申请学费资助学生入伍的相关认证工作。

省级财政、教育、人力资源社会保障部门负责明确省级及省以下各级财政、教育、人力资源社会保障部门在学生资助基础数据审核、资金安排、使用管理等方面的责任,切实加强资金管理。

学校是学生资助资金使用的责任主体,应当切实履行法人责任,健全内部管理机制,具体组织预算执行。

第二章　资助范围和标准

第五条　普通高校资助范围及标准包括:

(一)本专科生国家奖学金。奖励特别优秀的全日制本专科生,每年奖励6万名,每生每年8000元。

(二)本专科生国家励志奖学金。奖励资助品学兼优的家庭经济困难的全日制本专科生,本科生资助范围约为全国普通高校全日制本科在校生总数的3%,高职学生资助范围约为全国普通高校全日制高职在校生总数的3.3%,每生每年5000元。

(三)本专科生国家助学金。资助家庭经济困难的全日制本专科生(含预科生,不含退役士兵学生),本科生资助范围约为全国普通高校全日制本科在校生总数的20%,高职学生资助范围约为全国普通高校全日制高职在校生总数的22%,平均资助标准为每生每年3300元,具体标准由高校在每生每年2000—4500元范围内自主确定,可以分为2—3档。全日制在校退役士兵学生全部享受本专科生国家助学金,资助标准为每生每年3300元。

(四)研究生国家奖学金。奖励特别优秀的全日制研究生,每年奖励4.5万名。其中:硕士生3.5万名,每生每年20000元;博士生1万名,每生每年30000元。

(五)研究生学业奖学金。奖励中央高校全日制研究生,中央财政按照硕士研究生每生每年8000元、博士研究生每生每年10000元的标准以及在校学生数的一定比例给予支持。

(六)研究生国家助学金。资助全日制研究生的基本生活支出。中央高校硕士研究生每生每年6000元,博士研究生每生每年15000元;地方所属高校研究生国家助学金资助标准由各省(自治区、直辖市、计划单列市,以下统称省)财政部门会同教育部门确定,硕士研究生每生每年不低于6000元,博士研究生每生每年不低于13000元。

(七)服兵役高等学校学生国家教育资助。对应征入伍服义务兵役、招收为士官、退役后复学或入学的高等学校学生实行学费补偿、国家助学贷款代偿、学费减免。学费补偿或国家助学贷款代偿金额,按学生实际缴纳的学费或用于学费的国家助学贷款(包括本金及其全部偿还之前产生的利息,下同)两者金额较高者执行;复学或新生入学后学费减免金额,按高等学校实际收取学费金额执行。

学费补偿、国家助学贷款代偿以及学费减免的标准,本专科生每生每年最高不超过12000元,研究生每生每年最高不超过16000元。超出标准部分不予补偿、代偿或减免。

(八)基层就业学费补偿国家助学贷款代偿。对到中西部地区和艰苦边远地区基层单位就业的中央高校应届毕业生实行学费补偿或国家助学贷款代偿,本专科生

每生每年最高不超过12000元,研究生每生每年最高不超过16000元。毕业生在校学习期间每年实际缴纳的学费或用于学费的国家助学贷款低于补偿代偿标准的,按照实际缴纳的学费或用于学费的国家助学贷款金额实行补偿代偿。毕业生在校学习期间每年实际缴纳的学费或用于学费的国家助学贷款高于补偿代偿标准的,按照标准实行补偿代偿。

第六条　国家助学贷款奖补资金。全部用于本地区全日制普通高校学生的资助。

第七条　中等职业学校资助范围及标准包括:

(一)国家奖学金。奖励学习成绩、技能表现等方面特别优秀的中等职业学校全日制在校生,每年奖励2万名,每生每年6000元。

(二)免学费。对中等职业学校全日制学历教育正式学籍一、二、三年级在校生中农村(含县镇)学生、城市涉农专业学生、城市家庭经济困难学生、民族地区学校就读学生、戏曲表演专业学生免除学费(其他艺术类相关表演专业学生除外)。城市家庭经济困难学生比例按规定分区域确定。免学费标准按照各级人民政府及其价格、财政主管部门批准的公办学校学费标准执行(不含住宿费)。

(三)国家助学金。资助中等职业学校全日制学历教育正式学籍一、二年级在校涉农专业学生和非涉农专业家庭经济困难学生。家庭经济困难学生比例按规定分区域确定。六盘山区等11个原连片特困地区和西藏、四省涉藏州县、新疆南疆四地州中等职业学校农村学生(不含县城)全部纳入享受国家助学金范围。平均资助标准每生每年2000元,具体标准由各地结合实际在1000—3000元范围内确定,可以分为2—3档。

第八条　普通高中资助范围及标准包括:

(一)免学杂费。对具有正式学籍的普通高中原建档立卡等家庭经济困难学生(含非建档立卡的家庭经济困难残疾学生、农村低保家庭学生、农村特困救助供养学生)免学杂费。西藏、四省涉藏州县和新疆南疆四地州学生继续执行现行政策。免学杂费标准按照各级人民政府及其价格、财政主管部门批准的公办学校学杂费标准执行(不含住宿费)。

(二)国家助学金。资助具有正式学籍的普通高中在校生中的家庭经济困难学生。各地可结合实际,在确定资助范围时适当向农村地区、脱贫地区和民族地区倾斜。平均资助标准为每生每年2000元,具体标准由各地结合实际在1000—3000元范围内确定,可以分为2—3档。

第九条　国家奖学金、国家励志奖学金、学业奖学金、国家助学金、免学（杂）费补助资金、服兵役高等学校学生国家教育资助资金、基层就业学费补偿国家助学贷款代偿资金等标准，根据经济发展水平、财力状况、物价水平、相关学校收费标准等因素，实行动态调整。

第三章　资金分担和预算安排

第十条　学生资助资金采用因素法分配，根据学生人数、相关标准等进行测算。

第十一条　普通高校国家奖学金、国家励志奖学金、服兵役高等学校学生国家教育资助、国家助学贷款奖补资金由中央财政承担。中央高校的学业奖学金、国家助学金、基层就业学费补偿国家助学贷款代偿资金由中央财政承担。地方高校的学业奖学金、基层就业学费补偿国家助学贷款代偿资金由地方财政承担。地方高校的国家助学金由中央与地方分档按比例分担，按照本专科生每生每年 3300 元、硕士研究生每生每年 6000 元、博士研究生每生每年 13000 元的标准，不区分生源地区，第一档中央财政负担 80%，第二档中央财政负担 60%，第三档、第四档、第五档中央财政分别负担 50%、30%、10%。

上述第一档包括内蒙古、广西、重庆、四川、贵州、云南、西藏、陕西、甘肃、青海、宁夏、新疆 12 个省（区、市）；第二档包括河北、山西、吉林、黑龙江、安徽、江西、河南、湖北、湖南、海南 10 个省；第三档包括辽宁、山东、福建 3 个省；第四档包括天津、江苏、浙江、广东 4 个省（市）和大连、青岛、宁波、厦门、深圳 5 个计划单列市；第五档包括北京、上海 2 个直辖市。分档情况下同。

第十二条　国家助学贷款奖补资金分配因素包括国家助学贷款规模，权重为 25%；获贷情况，权重为 25%；奖补资金使用情况，权重为 15%；学生资助工作管理情况，权重为 35%。财政部会同教育部适时对相关因素和权重进行完善。

第十三条　中等职业教育国家奖学金由中央财政承担。中等职业教育免学费和国家助学金由中央与地方财政分档按比例分担，省级财政统筹落实。免学费补助资金和国家助学金均由中央财政统一按每生每年平均 2000 元的测算标准与地方分档按比例分担。其中：第一档中央财政负担 80%；第二档中央财政负担 60%；第三档、第四档、第五档中央财政分别负担 50%、30%、10%。学生生源地为第一档但在第二档地区就读的，中央财政负担 80%；生源地为第一档、第二档但在第三档、第四档、第五档地区就读的，中央财政分别负担 80%、60%；根据国务院有关规定，部分中部市县比照享受西部地区政策，中央

财政按第一档负担 80%。

对因免学费导致学校收入减少的部分，由财政按照享受免学费政策学生人数和免学费标准补助学校，弥补学校运转出现的经费缺口。

对在经教育部门、人力资源社会保障部门依法批准的民办学校就读的一、二、三年级符合免学费政策条件的学生，按照当地同类型同专业公办学校标准给予补助。民办学校经批准的学费标准高于补助的部分，学校可以按规定继续向学生收取。

第十四条　国家统一实施的普通高中免学杂费和国家助学金政策，所需经费由中央与地方财政分档按比例分担，省级财政统筹落实。其中：第一档中央财政负担 80%；第二档中央财政负担 60%；第三档、第四档、第五档中央财政分别负担 50%、30%、10%。

中央财政逐省核定免学杂费财政补助标准，原则上三年核定一次。对因免学杂费导致学校收入减少的部分，由财政按照免学杂费学生人数和免学杂费标准补助学校，弥补学校运转出现的经费缺口。

对在经教育部门依法批准的民办学校就读的符合免学杂费政策条件的学生，按照当地同类型公办学校标准给予补助。民办学校经批准的学杂费标准高于补助的部分，学校可以按规定继续向学生收取。

第十五条　财政部会同有关部门按照转移支付预算管理规定的时限等有关要求下达中央对地方转移支付预算，提前下达下一年度转移支付预计数。省级财政部门会同有关部门在收到转移支付预算（含提前下达预计数）后，应当按规定合理分配、及时下达，并抄送财政部当地监管局。地方各级财政部门应当加强预算管理，按有关规定及时足额拨付应负担的资金。中央高校所需资金按照部门预算管理要求下达，按照财政国库管理有关制度规定支付。

第十六条　服兵役高等学校学生国家教育资助，中央高校资金按照财政国库管理有关制度规定支付；地方高校资金由中央财政拨付各省级财政部门，采取"当年先行预拨，次年据实结算"的办法，中央财政每年对各省上一年度实际支出进行清算，并以上一年度实际支出金额为基数提前下拨各省当年预算资金。

中央高校基层就业学费补偿国家助学贷款代偿资金按照财政国库管理有关制度规定支付。

第四章　资金管理和监督

第十七条　学生资助资金纳入各级预算管理，各级财政、教育、人力资源社会保障等部门（单位）要按照预

算管理有关规定加强学生资助资金预算编制、执行、决算等管理。

第十八条　地方各级教育、人力资源社会保障部门要加强资金发放、执行管理,做好基础数据的审核工作,对上报的可能影响资金分配结果的有关数据和信息的真实性、准确性负责;健全学生资助机构,组织学校做好家庭经济困难学生认定工作,确保应助尽助。各级各类学校要加强学生学籍、学生资助信息系统应用,规范档案管理,严格落实责任制,强化财务管理,制定学生资助资金管理使用办法。学校应将学生申请表、认定结果、资金发放等有关凭证和工作情况分年度建档备查。

第十九条　各级财政、教育、人力资源社会保障等部门要按照全面实施预算绩效管理的要求,建立健全全过程预算绩效管理机制,按规定科学合理设定绩效目标,对照绩效目标做好绩效监控、绩效评价,强化绩效结果运用,做好信息公开,提高资金使用效益。

第二十条　财政部各地监管局按照职责和财政部统一部署,对资金开展监管和专项检查。

第二十一条　各级财政、教育、人力资源社会保障等部门(单位)及其工作人员在学生资助资金分配和审核过程中滥用职权、玩忽职守、徇私舞弊以及违反规定分配或挤占、挪用、虚列、套取学生资助资金的,依法追究相应责任。

申报使用学生资助资金的部门、单位及个人在资金申报、使用过程中存在违法违规行为的,依照《中华人民共和国预算法》及其实施条例、《财政违法行为处罚处分条例》等国家有关规定追究相应责任。

第五章　附　则

第二十二条　各地、各校要结合实际,通过勤工助学、"三助"岗位、"绿色通道"、校内资助、社会资助等方式完善学生资助体系。公办普通高校、普通高中要从事业收入中分别足额提取4%—6%、3%—5%的经费用于资助学生,中等职业学校应从事业收入中提取一定比例的资金用于资助学生。民办学校应从学费收入中提取不少于5%的资金,用于奖励和资助学生。

第二十三条　各地要认真贯彻党中央、国务院关于实现巩固拓展脱贫攻坚成果同乡村振兴有效衔接等决策部署,在分配相关资金时,结合实际向脱贫地区倾斜。

第二十四条　科研院所、党校(行政学院)、国家会计学院等研究生培养单位学生资助资金管理按照本办法执行,所需资金通过现行渠道解决。

第二十五条　新疆生产建设兵团、农垦等所属学校学生资助资金管理和财政支持方式均按照有关法律法规、现行体制和政策执行。

第二十六条　各项学生资助政策涉及的申请、评审、发放、管理等工作按照《学生资助资金管理实施细则》执行。

第二十七条　各地要根据本办法,结合实际制定实施办法,抄送财政部、教育部、人力资源社会保障部。各中央高校要根据本办法制定具体实施办法,抄送财政部、教育部和中央主管部门。

第二十八条　本办法由财政部、教育部、人力资源社会保障部、退役军人部、中央军委国防动员部按职责负责解释。

第二十九条　本办法自印发之日起施行。《财政部 教育部 人力资源社会保障部 退役军人部 中央军委国防动员部关于印发〈学生资助资金管理办法〉的通知》(财科教〔2019〕19号)同时废止。

附:学生资助资金管理实施细则

附:

学生资助资金管理实施细则

高等教育	
附1	本专科生国家奖学金实施细则
附2	本专科生国家励志奖学金实施细则
附3	本专科生国家助学金实施细则
附4	研究生国家奖学金实施细则
附5	研究生学业奖学金实施细则
附6	研究生国家助学金实施细则
附7	服兵役高等学校学生国家教育资助实施细则
附8	基层就业学费补偿国家助学贷款代偿实施细则
中等职业教育	
附9	中等职业教育国家奖学金实施细则
附10	中等职业教育免学费实施细则
附11	中等职业教育国家助学金实施细则
普通高中教育	
附12	普通高中免学杂费实施细则
附13	普通高中国家助学金实施细则

附1：

本专科生国家奖学金实施细则

第一条 本专科生国家奖学金（以下简称国家奖学金），用于奖励纳入全国招生计划内的高校全日制本专科（含高职、第二学士学位）学生中特别优秀的学生，激励学生勤奋学习、努力进取、德、智、体、美、劳全面发展。

第二条 国家奖学金的基本申请条件：

（一）具有中华人民共和国国籍；

（二）热爱祖国，拥护中国共产党的领导；

（三）遵守宪法和法律，遵守学校规章制度；

（四）诚实守信，道德品质优良；

（五）在校期间学习成绩优异，社会实践、创新能力、综合素质等方面特别突出。

第三条 获得国家奖学金的学生为高校在校生中二年级以上（含二年级）的学生。同一学年内，获得国家奖学金的家庭经济困难学生可以同时申请并获得国家助学金，但不能同时获得本专科生国家励志奖学金。

第四条 中央高校国家奖学金的名额由财政部商教育部确定。地方高校国家奖学金的名额由各省（自治区、直辖市、计划单列市，以下统称省）根据财政部、教育部确定的总人数，以及高校数量、类别、办学层次、办学质量、在校本专科生人数等因素确定。在分配国家奖学金名额时，对办学水平较高的高校、以农林水地矿油核等学科专业为主的高校予以适当倾斜。

第五条 全国学生资助管理中心提出各省和中央主管部门所属高校国家奖学金名额分配建议方案，报财政部、教育部审批。

第六条 财政部、教育部将审定的中央高校国家奖学金分配名额下达全国学生资助管理中心，并抄送中央主管部门。全国学生资助管理中心将国家奖学金名额书面告知中央高校。

财政部、教育部将审定的地方高校国家奖学金分配名额下达省级财政、教育部门。省级财政、教育部门按程序将国家奖学金名额下达相关高校。

第七条 国家奖学金每学年评审一次，实行等额评审，坚持公开、公平、公正、择优的原则。

第八条 高校学生资助管理机构具体负责组织评审工作，提出本校当年国家奖学金获奖学生建议名单，报学校评审领导小组研究审定后，在校内进行不少于5个工作日的公示。

公示无异议后，每年10月31日前，中央高校将评审结果报中央主管部门，地方高校将评审结果逐级报至省级教育部门。中央主管部门和省级教育部门审核、汇总后，于11月10日前统一报教育部审批。

第九条 高校于每年12月31日前将当年国家奖学金一次性发放给获奖学生，并将获得国家奖学金情况记入学生学籍档案。

第十条 财政部、教育部委托全国学生资助管理中心加强对国家奖学金的管理，并颁发国家统一印制的荣誉证书。

附2：

本专科生国家励志奖学金实施细则

第一条 本专科生国家励志奖学金（以下简称国家励志奖学金），用于奖励资助纳入全国招生计划内的高校全日制本专科（含高职、第二学士学位）学生中品学兼优的家庭经济困难学生，激励高校家庭经济困难学生勤奋学习、努力进取，德、智、体、美、劳全面发展。

第二条 国家励志奖学金的基本申请条件：

（一）具有中华人民共和国国籍；

（二）热爱祖国，拥护中国共产党的领导；

（三）遵守宪法和法律，遵守学校规章制度；

（四）诚实守信，道德品质优良；

（五）在校期间学习成绩优秀；

（六）家庭经济困难，生活俭朴。

第三条 申请国家励志奖学金的学生为高校在校生中二年级以上（含二年级）的学生。

同一学年内，申请国家励志奖学金的学生可以同时申请并获得本专科生国家助学金，但不能同时获得本专科生国家奖学金。

教育部直属师范大学公费师范生，不再同时获得国家励志奖学金。

第四条 每年9月30日前，学生根据本细则规定的国家励志奖学金的基本申请条件及其他有关规定，向学校提出申请，并递交《本专科生国家励志奖学金申请表（样表）》（见附件2-1）。

第五条 中央高校国家励志奖学金的奖励资助名额由财政部商教育部确定。地方高校国家励志奖学金的奖励资助名额由各省（自治区、直辖市、计划单列市，以下统称省）根据财政部、教育部确定的总人数，以及高校数量、类别、办学层次、办学质量、在校本专科生人数和生源结构等因素确定。在分配国家励志奖学金名额时,对办学水平较高的高校、以农林水地矿油核等学科专业为主的高校予以适当倾斜。

第六条 全国学生资助管理中心提出各省和中央主管部门所属高校国家励志奖学金名额分配建议方案,报财政部、教育部审批。

第七条 财政部、教育部将审定的中央高校国家励志奖学金分配名额下达全国学生资助管理中心,并抄送中央主管部门。全国学生资助管理中心将国家励志奖学金名额书面告知中央高校。

财政部、教育部将审定的地方高校国家励志奖学金分配名额下达省级财政、教育部门。省级财政、教育部门按程序将国家励志奖学金名额下达相关高校。

第八条 国家励志奖学金按学年申请和评审,实行等额评审,坚持公开、公平、公正、择优的原则。

第九条 国家励志奖学金申请与评审工作由高校组织实施。高校要根据本细则的规定,制定具体评审细则,并抄送中央主管部门或省级教育部门。高校在开展国家励志奖学金评审工作中,要对农林水地矿油核等学科专

业学生予以适当倾斜。

第十条 高校学生资助管理机构负责组织评审,提出本校当年国家励志奖学金获奖学生建议名单,报学校评审领导小组研究通过后,在校内进行不少于 5 个工作日的公示。公示无异议后,每年 11 月 10 日前,中央高校将评审结果报中央主管部门,地方高校将评审结果逐级报至省级教育部门。中央主管部门和省级教育部门于 11 月 30 日前批复。

第十一条 高校于每年 12 月 31 日前将国家励志奖学金一次性发放给获奖学生,并记入学生的学籍档案。

第十二条 各高校要切实加强管理,认真做好国家励志奖学金的评审和发放工作,确保国家励志奖学金真正用于资助品学兼优的家庭经济困难学生。

第十三条 民办高校(含独立学院)按照国家有关规定规范办学、举办者按照规定足额提取经费用于资助家庭经济困难学生的,其招收的符合本细则规定申请条件的普通本专科(含高职、第二学士学位)学生,也可以申请国家励志奖学金,具体评审管理办法,由各地制定。

附:2-1 本专科生国家励志奖学金申请表(样表)

附2-1:

本专科生国家励志奖学金申请表(样表)

本人情况	姓名		性别		出生年月		照片
	民族		政治面貌		入学时间		
	学号				所在年级		
	身份证号码				联系电话		
	大学　　　　学院(系)　　　　专业　　　　班						
	曾获何种奖励						
家庭经济情况	家庭人口总数						
	家庭月总收入		人均月收入			收入来源	
	家庭住址					邮政编码	
学习成绩	成绩排名:_____/_____(名次/总人数)			实行综合考评排名: 是□;否□			
	必修课_____门,其中及格以上_____门			如是,排名:_____/_____(名次/总人数)			

续表

申请理由	申请人签名：　　　　年　　月　　日
院系审核意见	（公章）　　　　　　　年　　月　　日
学校审核意见	（公章）　　　　　　　年　　月　　日

附3：

本专科生国家助学金实施细则

第一条　本专科生国家助学金（以下简称国家助学金），用于资助纳入全国招生计划内的高校全日制本专科（含预科、高职、第二学士学位，不含退役士兵学生，下同）在校生中的家庭经济困难学生，帮助其顺利完成学业。全日制在校退役士兵学生全部享受本专科生国家助学金。

第二条　国家助学金的基本申请条件：

（一）具有中华人民共和国国籍；

（二）热爱祖国，拥护中国共产党的领导；

（三）遵守宪法和法律，遵守学校规章制度；

（四）诚实守信，道德品质优良；

（五）勤奋学习，积极上进；

（六）家庭经济困难，生活俭朴。

第三条　每年9月30日前，学生（不含退役士兵学生）根据本细则规定的国家助学金的基本申请条件及其他有关规定，向学校提出申请，并递交《本专科生国家助学金申请表（样表）》（见附件3-1）。

在同一学年内，申请并获得国家助学金的学生，可同时申请并获得本专科生国家奖学金或国家励志奖学金。

教育部直属师范大学公费师范生，不再同时获得国家助学金。

第四条　全国学生资助管理中心提出各省（自治区、直辖市、计划单列市，以下统称省）和中央主管部门所属高校国家助学金名额分配建议方案，报财政部、教育部审核。

财政部、教育部将审定的中央高校国家助学金分配名额（不含退役士兵学生）下达全国学生资助管理中心，并抄送中央主管部门。

财政部、教育部将审定的地方高校国家助学金分配名额（不含退役士兵学生）下达省级财政、教育部门。

第五条　全国学生资助管理中心将国家助学金名额书面告知中央高校。各省财政、教育部门根据财政部、教育部下达的国家助学金名额，以及高校数量、类别、办学层次、办学质量、在校本专科生人数和生源结构等因素，确定地方高校国家助学金名额。

第六条　在分配国家助学金名额时，对民族院校、以农林水地矿油核等学科专业为主的高校予以适当倾斜。

第七条　国家助学金按学年申请和评审，评定工作坚持公开、公平、公正的原则。

第八条　国家助学金申请与评审工作由高校组织实施。高校要根据本细则的规定，制定具体评审细则，并抄送中央主管部门或省级教育部门。高校在开展国家助学金评审工作中，要对农林水地矿油核等学科专业学生予以适当倾斜。

第九条　高校学生资助管理机构结合本校家庭经济困难学生等级认定情况，组织评审，提出享受国家助学金资助初步名单及资助档次，报学校评审领导小组研究通过后，于每年11月10日前，将本校当年国家助学金政策的落实情况按隶属关系报送中央主管部门或省级教育部门。

第十条　高校应足额按月将国家助学金发放到受助学生手中。

第十一条　高校应切实加强管理，认真做好国家助学金的评审和发放工作，确保国家助学金用于资助家庭经济困难的学生。

本专科生在学制期限内,由于出国、疾病等原因办理保留学籍或休学等手续的,暂停对其发放国家助学金,待其恢复学籍后再行发放。超过基本修业年限的在校生不再享受国家助学金。

第十二条 民办高校(含独立学院)按照国家有关规定规范办学、举办者按照规定足额提取经费用于资助家庭经济困难学生的,其招收的符合本细则规定申请条件的普通本专科学生,也可以申请国家助学金,具体评审管理办法,由各地制定。

附:3-1 本专科生国家助学金申请表(样表)

附3-1:

本专科生国家助学金申请表(样表)

本人情况	姓名		性别		出生年月		照片
	民族		政治面貌		入学时间		
	学号				所在年级		
	身份证号码				联系电话		
	大学	学院(系)		专业		班	

家庭经济情况	家庭人口总数				
	家庭月总收入		人均月收入		收入来源
	家庭住址				邮政编码

家庭成员情况	姓名	年龄	与本人关系	工作或学习单位

申请理由
申请人签名: 　　　　年　　月　　日
系意见 (公章) 　　　　年　　月　　日
学校审核意见: (公章) 　　　　年　　月　　日

附4:

研究生国家奖学金实施细则

第一条 研究生国家奖学金,用于奖励纳入全国招生计划内的高校中表现优异的全日制研究生,旨在发展中国特色研究生教育,促进研究生培养机制改革,提高研究生培养质量。

第二条 研究生国家奖学金基本申请条件:

(一)具有中华人民共和国国籍;

(二)热爱祖国,拥护中国共产党的领导;

(三)遵守宪法和法律,遵守高等学校规章制度;

(四)诚实守信,道德品质优良;

(五)学习成绩优异,科研能力显著,发展潜力突出。

第三条 财政部、教育部根据各高校研究生规模、培养质量以及上一年度研究生国家奖学金执行情况,确定研究生国家奖学金年度分配名额。全国学生资助管理中心提出各省和中央主管部门所属高校研究生国家奖学金名额分配建议方案,报财政部、教育部审批。

第四条 财政部、教育部将审定的中央高校研究生国家奖学金分配名额下达全国学生资助管理中心,并抄送中央主管部门。全国学生资助管理中心将研究生国家奖学金名额书面告知中央高校。

财政部、教育部将审定的地方高校研究生国家奖学金分配名额下达省级财政、教育部门。省级财政、教育部门按程序将研究生国家奖学金分配名额下达相关高校。

第五条 高校分配研究生国家奖学金名额时应向基础学科和国家亟需的学科(专业)倾斜。高校要统筹研究生国家奖学金和其他研究生奖学金的名额分配、评审和发放工作,充分发挥各类奖学金的激励作用。

第六条 研究生国家奖学金每学年评审一次,评审工作应坚持公开、公平、公正、择优的原则。

第七条 高校应建立健全与研究生规模和现有管理机构设置相适应的研究生国家奖学金评审组织机制,加强研究生国家奖学金管理工作。

第八条 高校与科研院所等其他研究生培养机构之间联合培养的研究生,原则上由高校对联合培养的研究生进行国家奖学金评审。

第九条 高校应成立研究生国家奖学金评审领导小组,由校主管领导、相关职能部门负责人、研究生导师代表等组成。评审领导小组负责制定本校研究生国家奖学金评审实施细则;制定名额分配方案;统筹领导、协调、监督本校评审工作;裁决学生对评审结果的申诉;指定有关部门统一保存本校的研究生国家奖学金评审资料。

第十条 高校下设的基层单位(含院、系、所、中心,下同)应成立研究生国家奖学金评审委员会,由基层单位主要领导任主任委员,研究生导师、行政管理人员、学生代表任委员,负责本单位研究生国家奖学金的申请组织、初步评审等工作。

第十一条 基层单位评审委员会主任委员负责组织委员会委员对申请研究生国家奖学金的学生进行初步评审,评审过程中应充分尊重本基层单位学术组织、研究生导师的推荐意见。基层单位评审委员会确定本单位获奖学生名单后,应在本基层单位内进行不少于5个工作日的公示。公示无异议后,提交高校研究生国家奖学金评审领导小组进行审定,审定结果在高校全范围内进行不少于5个工作日的公示。

第十二条 对研究生国家奖学金评审结果有异议的学生,可在基层单位公示阶段向所在基层单位评审委员会提出申诉,评审委员会应及时研究并予以答复。如学生对基层单位作出的答复仍存在异议,可在高校公示阶段向研究生国家奖学金评审领导小组提请裁决。

第十三条 中央高校将评审工作情况和评审结果报中央主管部门,地方高校将评审工作情况和评审结果报至省级财政、教育部门。评审材料包括反映本校评审依据、评审程序、名额分配及评审结果等情况的评审报告及获奖研究生汇总表。中央主管部门和省级财政、教育部门对所属高校评审情况和结果汇总后于每年11月10日前报送教育部。

第十四条 高等学校于每年12月31日前将当年研究生国家奖学金一次性发放给获奖学生,并将研究生获得国家奖学金情况记入学生学籍档案。

第十五条 财政部、教育部委托全国学生资助管理中心加强对研究生国家奖学金的管理,并颁发国家统一印制的荣誉证书。

附5:

研究生学业奖学金实施细则

第一条 研究生学业奖学金,用于激励研究生勤奋学习、潜心科研、勇于创新、积极进取,在全面实行研究生教育收费制度的情况下更好地支持研究生顺利完成学业。

第二条 本细则所称研究生是指中央高校纳入全国研究生招生计划的全日制研究生。

第三条 中央高校研究生学业奖学金由中央高校负责组织实施。中央高校应统筹利用财政拨款、学费收入、社会捐助等,根据研究生学业成绩、斗研成果、社会服务等因素,确定研究生学业奖学金的覆盖面、等级、奖励标准,并根据实际情况动态调整。研究生学业奖学金名额分配应向基础学科和国家亟需的学科(专业、方向)倾斜。

第四条 研究生学业奖学金基本申请条件:

(一)具有中华人民共和国国籍;

(二)热爱祖国,拥护中国共产党的领导;

(三)遵守宪法和法律,遵守高等学校规章制度;

(四)诚实守信,品学兼优;

(五)积极参与科学研究和社会实践。

第五条 直博生和招生简章中注明不授予中间学位的本硕博、硕博连读学生,根据当年所修课程的层次阶段确定身份参与研究生学业奖学金的评定。在选修硕士课程阶段按照硕士研究生身份参与评定,进入选修博士研究生课程阶段按照博士研究生身份参与评定。

第六条 获得研究生学业奖学金奖励的研究生,符合相应条件的可以同时获得研究生国家奖学金、研究生国家助学金等其他研究生国家奖助政策以及校内其他研究生奖助政策资助。

第七条 中央高校应建立健全与本校研究生规模和管理机构相适应的研究生学业奖学金评审机制。

第八条 中央高校应成立研究生学业奖学金评审领导小组,由校主管领导、相关职能部门负责人、研究生导师代表等组成。评审领导小组按照本细则有关规定,负责制定本校研究生学业奖学金评审实施细则,制定名额分配方案,统筹领导、协调和监督本校评审工作,并裁决有关申诉事项。

第九条 中央高校下设的基层单位(含院、系、所、中心,下同)应成立研究生学业奖学金评审委员会,由基层单位主要领导任主任委员,研究生导师、行政管理人员、学生代表任委员,负责本单位研究生学业奖学金的申请组织、初步评审等工作。

第十条 基层单位研究生学业奖学金评审委员会确定本单位获奖学生名单后,应在本基层单位内进行不少于5个工作日的公示。公示无异议后,提交高校研究生学业奖学金评审领导小组审定,审定结果在高校范围内进行不少于5个工作日的公示。

第十一条 对研究生学业奖学金评审结果有异议的,可在基层单位公示阶段向所在基层单位评审委员会提出申诉,评审委员会应及时研究并予以答复。如申诉人对基层单位作出的答复仍存在异议,可在学校公示阶段向研究生学业奖学金评审领导小组提请裁决。

第十二条 研究生学业奖学金的评审工作应坚持公正、公平、公开、择优的原则,严格执行国家有关教育法规,杜绝弄虚作假。

第十三条 中央高校于每年12月31日前将当年研究生学业奖学金一次性发放给获奖学生,并将研究生获得学业奖学金情况记入学生学籍档案。

第十四条 各省(自治区、直辖市、计划单列市)财政、教育部门要根据本细则精神,确定地方财政对本省(自治区、直辖市、计划单列市)所属高校研究生学业奖学金的支持力度,适时修定地方所属高校研究生学业奖学金管理办法。

附6:

研究生国家助学金实施细则

第一条 研究生国家助学金,用于资助普通高校纳入全国研究生招生计划的所有全日制研究生(有固定工资收入的除外),补助研究生基本生活支出。获得资助的研究生须具有中华人民共和国国籍。

第二条 全国学生资助管理中心根据各省(自治区、直辖市、计划单列市)和中央主管部门所属高校符合研究生国家助学金资助条件的在校学生人数,提出研究生国家助学金名额分配建议方案,报财政部、教育部审定。

第三条 高校应足额按月将研究生国家助学金发放到符合条件的学生手中。

第四条 直博生和招生简章中注明不授予中间学位的本硕博、硕博连读学生,根据当年所修课程的层次阶段确定身份参与国家助学金的发放。在选修硕士课程阶段按照硕士研究生身份发放研究生国家助学金;进入选修博士研究生课程阶段按照博士研究生身份发放研究生国家助学金。

第五条 研究生在学制期限内,由于出国、疾病等原因办理保留学籍或休学等手续的,暂停对其发放研究生国家助学金,待其恢复学籍后再行发放。超过基本修业年限的在校生不再享受研究生国家助学金。实行一年多次论文答辩并申请毕业的,或符合高校研究生培养计划可以申请提前毕业的,自学生办理毕业离校手续次月起,停发其研究生国家助学金。

附7:

服兵役高等学校学生国家教育资助实施细则

第一条 为推进国防和军队现代化建设,鼓励高等学校学生积极应征入伍服兵役,提高兵员征集质量,支持退役士兵接受系统的高等教育,提高退役士兵就业能力,国家对应征入伍服兵役高等学校学生实行国家教育资助。

第二条 本细则所称高等学校学生(以下简称高校学生)是指高校全日制普通专科(含高职)、本科、研究生、第二学士学位的毕业生、在校生和入学新生,以及成人高校招收的全日制普通专科(含高职)、本科的毕业生、在校生和入学新生。

第三条 应征入伍服兵役高校学生国家教育资助,是指国家对应征入伍服义务兵役、招收为士官的高校学生,在入伍时对其在校期间缴纳的学费实行一次性补偿或用于学费的国家助学贷款实行代偿;对应征入伍服义务兵役前正在高等学校就读的学生(含按国家招生规定录取的高校新生),服役期间按国家有关规定保留学籍或入学资格、退役后自愿复学或入学的,实行学费减免;对退役后,自主就业,通过全国统一高考或高职分类招考方式考入高等学校并到校报到的入学新生,实行学费减免。

第四条 下列高校学生不享受以上国家资助:

(一)在校期间已通过其他方式免除全部学费的学生;

(二)定向生(定向培养士官除外)、委培生和国防生;

(三)其他不属于服义务兵役或招收士官到部队入伍的学生。

第五条 获学费补偿学生在校期间获得国家助学贷款的,补偿资金应当首先用于偿还国家助学贷款。

第六条 获得国家助学贷款的高校在校生应征入伍后,国家助学贷款停止发放。

第七条 学费补偿、贷款代偿或学费减免资助期限为全日制普通高等学历教育一个学制期。对复学或入学后攻读更高层次学历的不在学费减免范围之内;攻读更高层次学历后二次入伍,可以类比第一次入伍享受更高层次学历教育阶段的资助。

学费补偿、贷款代偿或学费减免资助年限按照国家对专科(含高职)、本科、研究生、第二学士学位规定的基本修业年限据实计算。以入伍时间为准,入伍前已完成规定的修业年限,即为学费补偿或国家助学贷款代偿的年限;退役复学后接续完成规定的剩余修业年限,即为学费减免的年限;退役后考入高校的新生,规定的基本修业年限,即为学费减免的年限。

对专升本、本硕连读学制学生,在专科或本科学习阶段应征入伍的,以专科或本科规定的学习时间实行入伍资助,在本科或硕士学习阶段应征入伍的,以本科或硕士规定的学习时间实行入伍资助。中职高职连读学生入伍资助,以高职阶段学习时间计算。专升本、本硕连读、中职高职连读、第二学士学位毕业生学费补偿或国家助学贷款代偿的年限,分别按照完成本科、硕士、高职和第二学士学位阶段学习任务规定的学习时间计算。

第八条 学费补偿或国家助学贷款代偿应遵循以下程序:

(一)应征报名的高校学生登录全国征兵网,按要求在线填写、打印《应征入伍服兵役高等学校学生国家教育资助申请表Ⅰ》(附件7-1,以下简称《申请表Ⅰ》,一式两份)并提交高校学生资助管理部门。在校期间获得国家助学贷款的学生,需同时提供《国家助学贷款借款合同》复印件和本人签字的偿还贷款计划书。

(二)高校相关部门对《申请表Ⅰ》中学生的资助资格、标准、金额等相关信息审核无误后,在《申请表Ⅰ》上加盖公章,一份留存,一份返还学生。

(三)学生在征兵报名时将《申请表Ⅰ》交至入伍所在地县级人民政府征兵办公室(以下简称县级征兵办)。学生被批准入伍后,县级征兵办对《申请表Ⅰ》加盖公章并返还学生。

(四)学生将《申请表Ⅰ》原件和《入伍通知书》复印件,寄送至原就读高校学生资助管理部门。

(五)高校学生资助管理部门在收到学生寄送的《申请表Ⅰ》原件和《入伍通知书》复印件后,对各项内容进行复核,符合条件的,及时向学生进行学费补偿或国家助学贷款代偿。

对于办理高校国家助学贷款的学生,由高校按照还款计划,一次性向银行偿还学生高校国家助学贷款本息(学费部分),并将银行开具的偿还贷款票据交寄学生本人或其家长。偿还全部贷款后如有剩余资金,汇至学生指定的地址或账户。

对于在户籍所在县(市、区)办理了生源地信用助学贷款的学生,由高校根据学生签字的还款计划,将代偿资金一次性汇至学生指定的地址或账户。

第九条 退役后自愿回校复学或入学的学生和退役后考入高校的入学新生,到高校报到后向高校一次性提出学费减免申请,填报《应征入伍服兵役高等学校学生国家教育资助申请表Ⅱ》(附件7-2)并提交退役证书复印件。高校学生资助管理部门在收到申请材料后,及时对学生申请资格进行审核。符合条件的,及时办理学费减免手续,逐年减免学费。

第十条 入伍资助资金不足以偿还国家助学贷款的,学生应与经办银行重新签订还款计划,偿还剩余部分国家助学贷款。

第十一条 应征入伍服兵役的往届毕业生,申请国家助学贷款代偿的,应由学生本人继续按原还款协议自行偿还贷款,学生本人凭贷款合同和已偿还的贷款本息银行凭证向学校申请代偿资金。

第十二条 每年10月31日前,中央高校应将本年度入伍资助经费使用等情况,报全国学生资助管理中心审核。地方高校应将本年度入伍资助经费使用等情况,报各省(自治区、直辖市、计划单列市,以下统称省)学生资助管理中心;各省学生资助管理中心审核无误后,于每年11月10日前,报送全国学生资助管理中心。

第十三条 因故意隐瞒病史或弄虚作假、违法犯罪等行为造成退兵的学生,以及因拒服兵役被部队除名的学生,高校应取消其受助资格。各省人民政府征兵办公室应在接收退兵后及时将被退回学生的姓名、就读高校、退兵原因等情况逐级上报至国防部征兵办公室,并按照

学生原就读高校的隶属关系,通报同级教育部门。

第十四条 被部队退回或除名并被取消资助资格的学生,如学生返回其原户籍所在地,已补偿的学费或代偿的国家助学贷款资金由学生户籍所在地县级教育部门会同同级人民政府征兵办公室收回;如学生返回其原就读高校,已补偿的学费或代偿的国家助学贷款资金由学生原就读高校会同退役安置地县级征兵办收回。各县级教育部门和各高校应在收回资金后,及时逐级汇总上缴全国学生资助管理中心。收回资金按规定作为下一年度学费补偿或国家助学贷款代偿经费。

第十五条 因部队编制员额缩减、国家建设需要、因战因公伤残致残、因病不适宜在部队继续服役、家庭发生重大变故需要退役等原因,经组织批准提前退役的学生,仍具备受助资格。其他非正常退役学生的资助资格认定,由高校所在地省级人民政府征兵办公室会同同级教育部门确定。

第十六条 高校要严格按照规定要求,对入伍资助学生的申请进行认真审核,及时办理补偿代偿和学费减免;各级兵役机关要做好申请学费资助学生的入伍和退役的相关认证工作,第一时间发放《入伍通知书》;各级退役军人事务部门要做好自主就业退役士兵的身份认证等工作。

附:7-1 应征入伍服兵役高等学校学生国家教育资助申请表Ⅰ

7-2 应征入伍服兵役高等学校学生国家教育资助申请表Ⅱ

附7-1

应征入伍服兵役高等学校学生国家教育资助申请表Ⅰ

个人基本信息(学生本人填写)						
姓名		性别		出生年月		
就读高校		高校隶属关系	□中央 □地方	政治面貌		照片
学历		专业		学制		
年级		院系班级		学号		
入学时间		身份证号				
学校资助部门地址及邮编						

续　表

入学前户籍所在县(市、区)	省(区/市)	市(地/州/盟)	县(市/区/旗)	
现家庭地址及邮编				
本人联系电话		本人其他联系方式		
父亲姓名及联系方式				
母亲姓名及联系方式				
其他亲属及联系方式				
申请补偿或代偿(学生本人填写,只可选择一项)		□学费补偿　□国家助学贷款代偿		
在校期间缴纳学费情况(学生本人填写)				
应缴纳学费金额(元)		实际缴纳学费金额(元)		
在校期间获得国家助学贷款情况(学生向经办银行或经办地县级资助机构确认后填写)				
高校国家助学贷款		生源地信用助学贷款		
贷款本金(元)		贷款本金(元)		
贷款利息(元)		贷款利息(元)		
贷款银行名称		贷款银行名称		
还款账户账号		还款账户账号		
还款账户户名		还款账户户名		
还款账户开户行地址		还款账户开户行地址		

学生银行账户信息
开户银行名称:
开户银行账号:
开户人户名:
开户银行地区:　　省(区/市)　　市(地/州/盟)
本人已阅读并了解关于"服兵役高等学校学生国家教育资助实施细则"的有关内容,承诺上述提供的资料真实、有效。 　　申请人签字:　　年　月　日
※※※※※※以下由学校和征兵部门填写※※※※※※

高校审核情况	
学校财务部门 审核意见	经审核,该同学应缴纳学费_____元。实际缴纳学费_____元,实际获得国家助学贷款_____元。 签字:　　　单位公章　　　　年　月　日
学校学生资助管理部门 审查意见	经审查,情况属实。该同学批准入伍服兵役后,同意补偿学费_____元。 签字:　　　单位公章　　　　年　月　日
	经审查,情况属实。该同学批准入伍服兵役后,同意代偿国家助学贷款本金_____元,利息_____元(利息起止时间:　　　　　　)。 签字　　　单位公章　　　　年　月　日
批准入伍地县级人民政府征兵办公室意见	
_____同志积极报名应征,经我办体检、政审合格,批准入伍服兵役(□士兵　□士官),入伍批准书号为:_____,入伍通知书号为:_____。 签字:　　　单位公章　　　联系电话:　　　年　月　日	
学校复核意见	
上述审查意见属实。 　　　　　　　　　　　单位公章　　　　年　月　日	

说明:1. 申请学生通过全国征兵网在线填写、打印本表(手填或复印无效)。

　　2. 此表一式两份,一份由高校留存备查,另一份供学生履行相应审批程序时使用。

附 7-2

应征入伍服兵役高等学校学生国家教育资助申请表 Ⅱ

个人基本信息(学生本人填写)								
姓名		性别		政治面貌		出生年月		
申请类型 (二选一)	□退役复学 □退役入学	就读高校		高校隶属 关系	□中央 □地方	学号		照片
院系		专业		班级		联系电话		
身份证号				现住址				
就学和服役情况(学生本人填写)								
考入本校 年月		参加何种考试 考入本校			服役前获得的 最高学历		现阶段就读 学历层次	
入伍时间		退役时间			复学时间 (退役入学不填)		考入本校 以前是否 享受过本 政策资助	□是 □否
申请学费减免情况(学生向学校确认后填写)								
学制年限		剩余就读年限 (退役入学不填)			申请学费减免 总计(元)		第一学年 学费(元)	
第二学年 学费(元)		第三学年 学费(元)		第四学年 学费(元)		第五学年 学费(元)	备注	

※※※※※※以下由学校,征兵和退役军人事务部门填写※※※※※※

退役安置地县级人民政府征兵办公室意见

经确认,_____同志_____年____月入伍服兵役,_____年____月退出现役。退役证书号为:
_____。

签字:　　　联系电话:　　　单位公章　　　年　　月　　日

退役安置地退役军人事务部门意见(仅退役入学学生填写)

经确认,_____同志_____年____月退出现役,属于自主就业。

签字:　　　联系电话:　　　单位公章　　　年　　月　　日

续　表

高校审核情况	
财务部门 审核意见	经审核,该生复学(入学)后应缴纳学费_____元/每年,根据规定给予学费减免_____年,总计_____元。 签字:　　部门公章　　年　月　日
资助部门 审查意见	经审查,情况属实。根据规定,同意学费减免_____年。总计_____元。 签字:　　部门公章　　年　月　日
学校复核 意见	上述审查意见属实。 单位公章　　年　月　日

说明:1. 申请学生通过全国征兵网在线填写、打印本表。2. 退役复学是指已先取得高校学籍(或已被高校录取)后再服兵役,退役后返校继续学习。3. 退役入学是指学生先服兵役,退役后考入高校学习。

附8:

基层就业学费补偿国家助学贷款代偿实施细则

第一条　为引导和鼓励高校毕业生面向中西部地区和艰苦边远地区基层单位就业,对到中西部地区和艰苦边远地区基层单位就业的中央高校应届毕业生实行学费补偿国家助学贷款代偿。

第二条　高校毕业生到中西部地区和艰苦边远地区基层单位就业、服务期在3年以上(含3年)的,其学费由国家实行补偿。在校学习期间获得用于学费的国家助学贷款(含高校国家助学贷款和生源地信用助学贷款,下同)的,代偿的学费优先用于偿还国家助学贷款本金及其全部偿还之前产生的利息。

第三条　本细则所称高校毕业生是指中央部门所属普通高等学校中的全日制本专科生(含高职、第二学士学位)、研究生应届毕业生。定向、委培以及在校学习期间已享受免除学费政策的学生除外。

第四条　本细则所称西部地区是指西藏、内蒙古、广西、重庆、四川、贵州、云南、陕西、甘肃、青海、宁夏、新疆等12个省(自治区、直辖市)。

中部地区是指河北、山西、吉林、黑龙江、安徽、江西、河南、湖北、湖南、海南等10个省。

艰苦边远地区是指除上述地区外,国务院规定的艰苦边远地区。

第五条　本细则中所称基层单位是指:

(一)工作地点在县以下(不含县政府所在地)乡(镇、街道);

(二)工作地点在县级的乡(镇、街道)政府机关、农村中小学、国有农(牧、林)场、农业技术推广站、畜牧兽医站、乡镇卫生院、计划生育服务站、乡镇文化站等;气象、地震、地质、水电施工、煤炭、石油、航海、核工业等中央单位艰苦行业生产第一线。

县级以上(含县级)各局(委员会、办公室)、高等学校、公安机关支队级以上(含支队级)等不属于基层单位;金融、通讯、烟酒、飞机及列车乘务、房地产及其相关产业等特殊行业,不属于基层单位。

第六条　凡符合以下全部条件的高校毕业生,可申请学费补偿或国家助学贷款代偿:

(一)拥护中国共产党的领导,热爱祖国,遵守宪法和法律;

(二)在校期间遵守学校各项规章制度,诚实守信,道德品质良好,学习成绩合格;

(三)毕业时自愿到中西部地区和艰苦边远地区基层单位工作、服务期在3年以上(含3年)。

第七条　专科(含高职)、本科、研究生和第二学士学位毕业生学费补偿或国家助学贷款代偿的年限,分别按照国家规定的相应学制计算。

第八条　国家对到中西部地区和艰苦边远地区基层单位就业的获得学费补偿和国家助学贷款代偿资格的高校毕业生采取分年度补偿代偿的办法,学生毕业后每年补偿学费或代偿国家助学贷款总额的1/3,3年补偿代偿完毕。

第九条　符合条件的高校毕业生,按以下程序申请学费补偿和国家助学贷款代偿:

(一)高校毕业生本人在办理离校手续时向学校递交《学费补偿国家助学贷款代偿申请表》(附件8-1)和毕业生本人、就业单位与学校三方签署的到中西部地区和艰苦边远地区基层单位服务3年以上的就业协议。

(二)高校根据上述材料,按本细则规定,审查申请资格;在每年6月底前,将符合条件的高校毕业生相关材料集中报送全国学生资助管理中心审核。对存在"二次定岗"的毕业生,高校应在毕业生提交有关证明材料并经审查后,最迟于当年12月底前将申请材料集中报送全国学生资助管理中心审核。

第十条　高校需在每年6月30日前将获得学费补偿和国家助学贷款代偿资格的高校毕业生当年在职在岗情况报送全国学生资助管理中心。

第十一条　除因正常调动、提拔、工作需要换岗而离开中西部地区和艰苦边远地区基层单位外,对于未满3年服务年限,提前离开中西部地区和艰苦边远地区基层单位的高校毕业生,取消学费补偿和国家助学贷款代偿资格。

对于取消学费补偿资格的毕业生,高校应及时将有关情况报送全国学生资助管理中心。全国学生资助管理中心从当年开始停止对其学费的补偿。

对于取消国家助学贷款代偿资格的毕业生,改由其本人负责偿还余下的国家助学贷款本息。

对于不及时向高校提出取消学费补偿和国家助学贷款代偿资格申请、提前离岗的高校毕业生,一律视为严重违约,国家有关部门要将其不良信用记录及时录入国家金融业统一征信平台相关数据库。

第十二条　高校在收到全国学生资助管理中心拨付的补偿代偿资金后,应于15个工作日内返还给高校毕业生本人或代为偿还给高校毕业生国家助学贷款经办银行。

第十三条　对于弄虚作假的高校和高校毕业生,一经查实,除收回国家补偿代偿资金外,将按有关规定追究相关责任。

第十四条　各省(自治区、直辖市)要参照本细则适时修订吸引和鼓励高校毕业生面向艰苦边远地区基层单位就业的学费补偿和国家助学贷款代偿办法。

附:8-1　学费补偿国家助学贷款代偿申请表

附8-1

学费补偿国家助学贷款代偿申请表

姓名		性别		政治面貌		出生年月	
毕业学校				所学专业			
毕业时间			已签定的服务年限				
本人联系电话			电子邮件地址				
家庭地址及邮编							
就业单位名称							
就业单位地址及邮编							
就业单位联系电话							
实际交纳学费金额*		贷款金额*			申请补偿代偿金额		

续表

院（系）审查意见： 　　　　　单位公章：　　　年　　月　　日
毕业学校财务部门对实际交纳学费及获得国家助学贷款的审查意见： 　　　　　单位公章：　　　年　　月　　日
毕业学校学生资助管理中心审查意见： 　　　　　单位公章：　　　年　　月　　日
毕业学校审查意见： 　　　　　单位公章：　　　年　　月　　日
全国学生资助管理中心审核意见： 经审核，同意办理补偿代偿手续，最终核定补偿代偿金额人民币　　　　元。 　　　　　单位公章：　　　年　　月　　日

注：＊此处金额为申请人最后学历相应学制规定年限内的学费金额和贷款金额。

附9：

中等职业教育国家奖学金实施细则

第一条　中等职业教育国家奖学金（以下简称国家奖学金），用于奖励中等职业学校（含技工学校，下同）全日制在校生中学习成绩、技能表现等方面特别优秀的学生，激励学生勤奋学习、磨练技能，德、智、体、美、劳全面发展。

第二条　国家奖学金的基本申请条件：

（一）具有中华人民共和国国籍；

（二）热爱祖国，拥护中国共产党的领导；

（三）遵守法律法规，遵守《中等职业学校学生公约》，遵守学校规章制度；

（四）诚实守信，道德品质优良；

（五）在校期间学习成绩优异，专业技能、社会实践、创新能力、综合素质等方面表现特别优秀。

第三条　全国学生资助管理中心会同全国技工院校学生资助管理工作办公室，根据中等职业学校全日制二年级（含）以上在校生数等因素，提出国家奖学金名额分配建议方案，报教育部、人力资源社会保障部、财政部同意后，联合下达国家奖学金名额，并组织实施国家奖学金评审工作。

第四条　国家奖学金每学年评审一次，实行等额评审，坚持公开、公平、公正、择优的原则。

第五条　中等职业学校学生资助管理机构具体负责组织国家奖学金申请受理、评审等工作，提出本校当年国家奖学金获奖学生建议名单，报学校领导集体研究审定后，在校内进行不少于5个工作日的公示。

公示无异议后，每年10月31日前，中等职业学校将评审结果按照程序分别报送省级教育、人力资源社会保障部门。

省级教育部门会同省级人力资源社会保障部门审核、汇总后，于每年11月10日前统一报送全国学生资助管理中心。全国学生资助管理中心、全国技工院校学生资助管理工作办公室联合组织完成国家级评审工作。

第六条　中等职业学校于每年12月31日前将当年国家奖学金一次性发放给获奖学生，并将获得国家奖学金情况记入学生学籍档案。

第七条　财政部、教育部、人力资源社会保障部委托全国学生资助管理中心、全国技工院校学生资助管理工作办公室加强对国家奖学金的管理，并颁发国家统一印制的荣誉证书。

附 10：

中等职业教育免学费实施细则

第一条　中等职业教育免学费，是指对中等职业学校全日制学历教育正式学籍一、二、三年级在校生中农村（含县镇）学生、城市涉农专业学生、城市家庭经济困难学生、民族地区学校就读学生、戏曲表演专业学生免除学费（其他艺术类相关表演专业学生除外）。

第二条　中等职业学校应按规定受理学生申请，组织初审，按程序报至同级学生资助管理机构审核、汇总。审核结果应在学校内进行不少于 5 个工作日的公示。公示时，严禁涉及学生个人敏感信息及隐私。

第三条　中等职业学校应及时更新全国学生资助管理信息系统、全国技工院校信息管理系统数据，确保学生资助信息真实准确。

第四条　每年春季学期开学前，各地教育和人力资源社会保障部门按职责对中等职业学校办学资质进行全面清查并公示，对年检不合格的学校，取消其享受免学费补助资金的资格，并根据《中华人民共和国民办教育促进法》的规定，加强对民办中等职业学校的监管。纳入免学费补助范围的民办学校名单由省级教育和人力资源社会保障部门确定。

第五条　中等职业教育学生资助工作实行学校法人代表负责制，校长是第一责任人，对学校资助工作负主要责任。学校应当完善机构和人员配备，指定专人具体负责资助工作。

第六条　中等职业学校对家庭经济困难的新生，可先办理入学手续，根据核实后的家庭经济情况予以相应资助。

附 11：

中等职业教育国家助学金实施细则

第一条　中等职业教育国家助学金（以下简称国家助学金）用于资助中等职业学校全日制学历教育正式学籍一、二年级在校涉农专业学生和非涉农专业家庭经济困难学生。

第二条　国家助学金的基本申请条件：

（一）热爱祖国，拥护中国共产党的领导；

（二）遵守宪法和法律，遵守学校规章制度；

（三）诚实守信，道德品质优良；

（四）勤奋学习，积极上进；

（五）家庭经济困难，生活俭朴。

第三条　国家助学金原则上按学年申请和评定，每学期动态调整。

第四条　学校应当按照《教育部等六部门关于做好家庭经济困难学生认定工作的指导意见》（教财〔2018〕16 号）要求，结合实际细化《家庭经济困难学生认定申请表（样表）》，组织申请学生认真填写，并加强审核，做好家庭经济困难学生认定工作。学校应将相关申请材料随入学通知书一并寄发给录取的新生。

第五条　学校一般在 5 个工作日内按规定受理学生申请，接收相关材料，按照公开、公平、公正的原则组织初审，按程序报至同级学生资助管理机构审核、汇总。审核结果应在学校内进行不少于 5 个工作日的公示。公示时，严禁涉及学生个人敏感信息及隐私。

第六条　国家助学金通过中职学生资助卡、社会保障卡等方式发放给受助学生，原则上按学期发放，鼓励有条件的地区实行按月发放。发卡银行及学校不得向学生收取卡费等费用，不得以实物或服务等形式抵顶或扣减国家助学金。确因特殊情况无法办理中职学生资助卡、社会保障卡的，须经省级学生资助管理部门批准后方可通过现金发放。

第七条　学校应及时更新全国学生资助管理信息系统、全国技工院校信息管理系统数据，确保学生资助信息真实准确。

第八条　中等职业教育学生资助工作实行学校法人代表负责制，校长是第一责任人，对学校学生资助工作负主要责任。学校应当完善机构和人员配备，指定专人具体负责资助工作。

附 12：

普通高中免学杂费实施细则

第一条　普通高中免学杂费，是指对具有正式注册学籍的普通高中原建档立卡等家庭经济困难学生（含非建档立卡的家庭经济困难残疾学生、农村低保家庭学生、农村特困救助供养学生）免学杂费。

第二条　普通高中应当按照《教育部办公厅等四部门关于印发〈普通高中建档立卡家庭经济困难学生免除学杂费政策对象的认定及学杂费减免工作暂行办法〉的通知》（教财厅〔2016〕4 号）和《教育部等六部门关于做

好家庭经济困难学生认定工作的指导意见》（教财〔2018〕16号）要求，对新进入普通高中就读的原建档立卡等家庭经济困难学生，做好重新认定工作，符合条件的方可享受免学杂费政策。其中，对于存在返贫或致贫风险的原建档立卡等家庭经济困难学生，应将其认定为可以享受免学杂费政策。

第三条　普通高中学校要严格落实"脱贫不脱政策"要求，按规定程序对符合条件的学生免学杂费，保障家庭经济困难学生顺利完成高中学业，并将执行情况报至同级学生资助管理机构。

第四条　普通高中学校应根据受助学生变动情况，及时更新全国学生资助管理信息系统相关数据，确保学生资助信息真实准确。

第五条　各地教育部门应当根据《中华人民共和国民办教育促进法》的规定，加强对民办普通高中学校的监管，纳入免学杂费补助范围的民办学校名单由省级教育部门确定。

第六条　普通高中学生资助工作实行学校法人代表负责制，校长是第一责任人，对学校学生资助工作负主要责任。学校应当完善机构和人员配备，指定专人具体负责资助工作。

第七条　普通高中学校对家庭经济困难的新生，可先办理入学手续，根据核实后的家庭经济情况予以相应资助。

附13：

普通高中国家助学金实施细则

第一条　普通高中国家助学金（以下简称国家助学金）用于资助具有正式注册学籍的普通高中在校生中的家庭经济困难学生。

第二条　国家助学金的基本申请条件：

（一）热爱祖国，拥护中国共产党的领导；

（二）遵守宪法和法律，遵守学校规章制度；

（三）诚实守信，道德品质优良；

（四）勤奋学习，积极上进；

（五）家庭经济困难，生活俭朴。

第三条　国家助学金原则上按学年申请和评定，每学期动态调整。

第四条　普通高中应当按照《教育部等六部门关于做好家庭经济困难学生认定工作的指导意见》（教财〔2018〕16号）要求，结合实际细化《家庭经济困难学生认定申请表（样表）》，组织申请学生认真填写，加强审核，做好家庭经济困难学生认定工作。

第五条　学校于每学年开学后30日内受理学生申请，并结合家庭经济困难学生等级认定情况，对学生提交的申请材料，组织由学校领导、班主任和学生代表组成的评审小组进行认真评审，审核结果应在学校内进行不少于5个工作日的公示。公示时，严禁涉及学生个人敏感信息及隐私。

第六条　国家助学金通过普通高中学生资助卡、社会保障卡等方式发放给受助学生。原则上按学期发放。发卡银行及学校不得向学生收取卡费等费用，不得以实物或服务等形式抵顶或扣减国家助学金。确因特殊情况无法办理普通高中学生资助卡、社会保障卡的，须经省级学生资助管理部门批准后方可通过现金发放。

第七条　学校应及时更新全国学生资助管理信息系统数据，确保学生资助信息完整准确。

第八条　普通高中学生资助工作实行学校法人代表负责制，校长是第一责任人。学校应当完善机构和人员配备，指定专人具体负责资助工作。

（二）助学贷款

国务院办公厅转发中国人民银行等部门关于国家助学贷款管理规定（试行）的通知

· 1999年6月17日
· 国办发〔1999〕58号

各省、自治区、直辖市人民政府，国务院各部委、各直属机构：

中国人民银行、教育部、财政部《关于国家助学贷款的管理规定（试行）》已经国务院同意，现转发给你们，请遵照执行。

为使国家对经济困难的学生助学贷款工作顺利进行，先在北京、上海、天津、重庆、武汉、沈阳、西安、南京等市进行试点，待条件成熟后再逐步推行。有关地方人民政府和国务院有关部门，要注意了解试点情况，总结经验，适时完善管理规定。

关于国家助学贷款的管理规定（试行）

为促进教育事业的发展，依据《中华人民共和国中国人民银行法》、《中华人民共和国商业银行法》、《中华人

民共和国教育法》等法律的有关规定,现就实行国家助学贷款有关事项作如下规定:

(一)国家助学贷款适用于中华人民共和国(不含香港特别行政区、澳门和台湾地区)高等学校(以下简称:学校)中经济确实困难的全日制本、专科学生。

(二)国家助学贷款是以帮助学校中经济确实困难的学生支付在校期间的学费和日常生活费为目的,运用金融手段支持教育,资助经济困难学生完成学业的重要形式。

(三)中国工商银行为中国人民银行批准的国家助学贷款经办银行。国家助学贷款的具体管理办法由中国工商银行制定,报中国人民银行批准后执行。

一、管理体制

(四)为保证国家助学贷款制度的顺利实行,由教育部、财政部、中国人民银行和中国工商银行组成全国助学贷款部际协调小组(以下简称:部际协调组)。教育部设立全国学生贷款管理中心,作为部际协调组的日常办事机构。各省、自治区、直辖市设立相应的协调组织和管理中心。

(五)部际协调组主要负责协调教育、财政、银行等部门及学校之间的关系,制定国家助学贷款政策,确定中央部委所属学校年度国家助学贷款指导性计划。其中:教育部主要负责根据国家教育发展状况,会同有关部门研究如何利用助学贷款的有关政策;财政部主要负责筹措、拨付中央部委所属学校国家助学贷款的贴息经费(含特困生贷款的还本资金),监督贴息经费使用情况;中国人民银行主要负责根据国家有关政策,确定国家助学贷款经办银行,审批有关办法,监督贷款执行情况;经办银行负责贷款的审批、发放与回收。

(六)全国学生贷款管理中心负责根据部际协调组确定的年度国家助学贷款指导性计划,接收、审核中央部委所属学校提交的贷款申请报告,核准各学校贷款申请额度,并抄送经办银行总行;统一管理财政部拨付的中央部委所属学校国家助学贷款贴息经费,接受国内外教育捐款,扩大贴息资金来源,并将贴息经费专户存入经办银行;根据经办银行发放的国家助学贷款和特困生贷款数量,按季向经办银行划转贴息经费;与经办银行总行签定国家助学贷款管理协议;向经办银行提供有关信息材料;协助经办银行监督、管理国家助学贷款的发放、使用,协助经办银行按期回收和催收国家助学贷款;指导各地区学生贷款管理中心工作;办理部际协调组交办的其他事宜。

(七)各省、自治区、直辖市国家助学贷款协调组织,根据部际协调组确定的有关政策,领导本行政区域国家助学贷款工作;负责协调本行政区域教育、财政、银行等部门及学校之间的关系;提出本行政区域所属学校的国家助学贷款年度指导性计划。

(八)各省、自治区、直辖市学生贷款管理中心为本行政区域内国家助学贷款协调组织的日常办事机构,根据本行政区域协调组织确定的年度国家助学贷款指导性计划,接收、审核所属学校提交的贷款申请报告,核准各学校贷款申请额度,并抄送同级经办银行;统一管理地方财政拨付的贷款贴息经费及特困生贷款偿还所需经费,贴息经费专户存入经办银行;根据经办银行发放的国家助学贷款和特困生贷款数量,按季向经办银行划转贴息经费;与当地有关经办银行签定国家助学贷款管理协议;向经办银行提供有关信息材料;协助经办银行监督、管理贷款的发放、使用和回收,并负责协助经办银行催收贷款;办理同级协调组织交办的其他有关事宜。

(九)各学校要指定专门机构统一管理本校国家助学贷款工作,负责对申请贷款的学生进行资格初审;按期向学生贷款管理中心报送全校年度贷款申请报告;根据学生贷款管理中心核准的贷款申请额度,将经初审的学生贷款申请报送经办银行;与经办银行签定国家助学贷款管理协议;协助经办银行组织贷款的发放和回收,并负责协助经办银行催收贷款;及时统计并向上级学生贷款管理中心和有关经办银行提供学生的变动(包括学生就业、升学、转校、退学等)情况和国家助学贷款的实际发放情况;办理学生贷款管理中心交办的其他事宜。

(十)国家助学贷款经办银行接受中国人民银行的监督,负责按照国家信贷政策,制定国家助学贷款的具体管理办法;审核各学校报送的学生个人贷款申请报告等相关材料,按贷款条件审查决定是否发放贷款;具体负责贷款的发放和回收;有权根据贷款的回收情况、学生贷款管理中心和学校在催收贷款方面的配合情况,决定是否发放新的国家助学贷款。

二、贷款的申请和发放

(十一)经办银行发放的国家助学贷款属于商业性贷款,纳入正常的贷款管理。

(十二)国家助学贷款实行学生每年申请、经办银行每年审批的管理方式。

(十三)经办银行负责确定国家助学贷款的具体发放金额,其中:用于学费的金额最高不超过借款学生所在学校的学费收取标准;用于生活费的金额最高不超过学校所在地区的基本生活费标准。

(十四)学生申请国家助学贷款必须具有经办银行认可的担保,担保人应当与经办银行订立担保合同。

(十五)确实无法提供担保、家庭经济特别困难的学生,可以申请特困生贷款。特困生贷款由学校提出建议,报上级学生贷款管理中心审批后,由经办银行按有关规定办理贷款手续。

(十六)经办银行核批国家助学贷款,并将已批准发放贷款的学生名单及其所批准的贷款金额反馈相应的学生贷款管理中心和学校,学校上报上级学生贷款管理中心备案,并配合经办银行加强贷款管理。

三、贷款期限、利率和贴息

(十七)国家助学贷款的经办银行根据学生申请,具体确定每笔贷款的期限。

(十八)国家助学贷款利率按中国人民银行公布的法定贷款利率和国家有关利率政策执行。

(十九)为体现国家对经济困难学生的优惠政策,减轻学生的还贷负担,财政部门对接受国家助学贷款的学生给予利息补贴。学生所借贷款利息的50%由财政贴息,其余50%由学生个人负担。财政部门每年按期、按规定向学生贷款管理中心拨付贷款贴息经费。

(二十)国家鼓励社会各界以各种形式为经济困难学生提供助学贷款担保和贴息。

四、贷款回收

(二十一)学生所借贷款本息必须在毕业后4年内还清。为保证国家助学贷款的回收,学生毕业前必须与经办银行重新确认或变更借款合同,并办理相应的担保手续。此项手续办妥后,学校方可办理学生的毕业手续。

(二十二)在借款期间,学生出国(境)留学或定居者,必须在出国(境)前一次还清贷款本息,有关部门方可给予办理出国手续;凡需转学的学生,必须在其所在学校和经办银行与待转入学校和相应经办银行办理该学生贷款的债务划转后,或者在该学生还清所借贷款本息后,所在学校方可办理其转学手续;退学、开除和死亡的学生,其所在学校必须协助有关经办银行清收该学生贷款本息,然后方可办理相应手续。

(二十三)特困生贷款到期无法收回部分,由提出建议的学校和学生贷款管理中心共同负责偿还(其中:学校偿还60%,学生贷款管理中心偿还40%)。学校所需的偿还贷款资金在学校的学费收入中列支;学生贷款管理中心所需的偿还贷款资金,在财政部门批准后的贴息经费中专项列支,专款专用。

(二十四)借款学生不能按期偿还贷款本息的,按中国人民银行有关规定计收罚息。

(二十五)对未还清国家助学贷款的毕业生,其接收单位或者工作单位负有协助经办银行按期催收贷款的义务,并在其工作变动时,提前告知经办银行;经办银行有权向其现工作单位和原工作单位追索所欠贷款。

国务院办公厅转发中国人民银行等部门关于助学贷款管理若干意见的通知

·2000年2月1日
·国办发〔2000〕6号

各省、自治区、直辖市人民政府,国务院各部委、各直属机构:

中国人民银行、教育部、财政部《关于助学贷款管理的若干意见》(以下简称《若干意见》)已经国务院同意,现转发给你们,请认真贯彻执行。

关于助学贷款管理的若干意见

为支持教育事业的发展,推动科教兴国战略的实施,根据《中华人民共和国商业银行法》、《中华人民共和国教育法》等法律法规的有关规定,现就完善国家助学贷款管理办法和开展一般商业性助学贷款工作提出以下意见:

助学贷款包括国家助学贷款和一般商业性助学贷款两类。

国家助学贷款是按照《国务院办公厅转发中国人民银行等部门关于国家助学贷款管理规定(试行)的通知》(以下简称《通知》)的要求,由中国工商银行开办的、国家财政贴息的,适用于中华人民共和国(不含香港和澳门特别行政区、台湾地区)高等学校中经济确实困难的全日制本、专科学生的助学贷款。

一般商业性助学贷款是指金融机构对正在接受非义务教育学习的学生或其直系亲属、或法定监护人发放的商业性贷款;只能用于学生的学杂费、生活费以及其他与学习有关的费用。一般商业性助学贷款财政不贴息,各商业银行、城市信用社、农村信用社等金融机构均可开办。

一、完善国家助学贷款管理办法

(一)中国工商银行要继续积极办理国家助学贷款。要在防范风险的前提下,继续探索国家助学贷款的多种担保形式;要简化贷款审批程序,合理确定贷款期限;要在中国人民银行规定的范围内,在利率水平上对借款人给予适当优惠。

（二）停止执行《通知》的第十五条、第二十三条。确实无法提供担保、家庭经济特别困难的学生以及其他学生均可申请信用方式的国家助学贷款。

二、进一步开办一般商业性助学贷款

（一）各金融机构要在信贷原则的指导下，积极开办一般商业性助学贷款业务，其中，包括信用助学贷款和担保助学贷款。要切实提高服务质量，提高工作效率，及时总结经验，完善管理制度；农村信用社也要充分发挥自身优势，在学生家庭所在地对学生或家长发放担保助学贷款和信用助学贷款。

（二）对年满18周岁的在校大学生一般发放信用助学贷款，对接受非义务教育学生的直系亲属或法定监护人一般发放担保助学贷款。

（三）对在校大学生发放信用助学贷款，学生所在学校必须提供贷款介绍人和见证人。

1. 金融机构与学校要签订银校协议，明确助学贷款申请受理、调查审批、收回监督、建立借款人信誉档案等方面的义务和责任。学校应积极配合助学贷款的发放和管理，借款人转校后，应将其助学贷款情况作为学生档案的内容之一移交新就读学校。借款人毕业后，应将其去向通知贷款金融机构。

2. 介绍人指学校负责助学贷款的部门（如学生处等），其职责是：为借款人联系、介绍贷款银行；向贷款银行集中推荐借款人的贷款申请；根据贷款银行的要求，负责了解借款人的有关情况；负责建立、更新和管理借款人的地址和有效联系方式等有关信用档案；银校协议中约定的其他有关事宜。

3. 见证人是指与借款人关系密切的自然人（如借款人的班主任、专职辅导员、系主任等，其中一人见证即可），其职责是：协助介绍人和贷款银行全面了解借款人的有关情况；在借款人毕业后与其保持联系，向贷款银行提供借款人的最新有效通讯方式。

（四）在校大学生申请信用助学贷款须具备以下条件：

1. 具有完全民事行为能力的自然人。

2. 具有永久居留身份证、所在学校及其院系的详细地址。

3. 具有所在学校发放的《学生证》、学籍证明等有关证件；学生学习期间所需学杂费、生活费等有关学习的费用证明；介绍人提供的贷款申请表或相关证明。

4. 符合贷款人要求的学习、品德表现证明，无不良

信用行为。

5. 贷款人规定的其他条件。

（五）信用助学贷款的合同应符合有关法律法规的条款及以下要素：

1. 借款人所在学校、院系及专业的名称。

2. 借款人姓名和身份证号码。

3. 借款人父母姓名、身份证号码、工作单位。

4. 已婚借款者应填写配偶姓名、身份证号码。

5. 借款人家庭地址。

6. 还本付息方式。

7. 金额、期限、利率、违约罚则。

8. 借款人、介绍人、见证人和贷款人的签字（或公章），并备注以上有关当事人的联系方式。

9. 借款人承诺按时履约还款，并保证毕业后在贷款没有还清之前向贷款人提供有效联系的方式。

10. 其他条款。

（六）对接受非义务教育学生的直系亲属或法定监护人（借款人）一般发放担保助学贷款。借款人应满足以下条件：

1. 具有完全民事行为能力、当地常住户口或永久居留身份证、固定住所和详细的地址，提供其亲属或监护关系的证明。

2. 根据贷款银行的要求，出示学生就读学校的《录取通知书》（或《学生证》和学籍证明）等证件；就读学校开出的学生学习期间所需学杂费、生活费及其他有关学习的费用证明，以及每学期学习、品德表现的证明等。

3. 必须具有一定的经济收入来源，品德优良，无不良信用行为，具备按期偿还贷款本息的能力。

4. 提供贷款银行认可的抵押、质押、保证等担保方式。

5. 贷款银行要求的其他条件。

（七）助学贷款的金额、期限、贷款方式、还本付息方式，由贷款银行根据学校学制和学生就读情况等因素确定。经贷款银行同意，助学贷款可按有关规定展期。

（八）助学贷款利率在中国人民银行利率政策规定的范围内，适当给予优惠。若借贷双方约定可以提前归还贷款，对提前归还的部分，贷款银行按合同约定利率收取借款日至还款日之间的正常利息。

（九）助学贷款实行一次申请、一次授信、分期发放的管理方式。贷款银行应将审批同意的助学贷款申请表副联寄至学生就读学校的有关管理部门，学校应将此申请表存入学生档案。

（十）借款人发生转学、休学、退学、出国、被开除、伤亡等情况，介绍人、见证人和学生所在学校有责任及时通知贷款银行。贷款银行有权按合同约定采取停止发放尚未使用的贷款、提前收回贷款本息等措施。

（十一）借款人毕业后所在的就业单位有义务协助贷款银行督促其偿还助学贷款本息。在其工作变动时，有义务提前告知贷款银行。

（十二）要建立借款人个人信用登记制度。贷款银行定期以学校为单位在公开报刊及有关信息系统上公布助学贷款违约比例和违约借款人姓名、身份证号及违约行为，同时公布其担保人姓名；依法追究违约借款人的法律责任。对不履行职责的介绍人、见证人公布其姓名。

国务院办公厅转发教育部、财政部、人民银行银监会关于进一步完善国家助学贷款工作若干意见的通知

·2004 年 6 月 12 日
·国办发〔2004〕51 号

各省、自治区、直辖市人民政府，国务院各部委、各直属机构：

教育部、财政部、人民银行、银监会《关于进一步完善国家助学贷款工作的若干意见》已经国务院同意，现转发给你们，请认真贯彻执行。

关于进一步完善国家助学贷款工作的若干意见

国家助学贷款是党中央、国务院在社会主义市场经济条件下，利用金融手段完善我国普通高校资助政策体系，加大对普通高校经济困难学生资助力度所采取的一项重大措施。这项工作取得了明显成效，受到广大经济困难学生和社会有关方面的普遍欢迎。但由于多种原因，国家助学贷款工作还没有达到预定目标，存在一些突出问题，需要切实加以改进和完善。

推进并加强国家助学贷款工作，应坚持"方便贷款、防范风险"的原则，进一步理顺国家、高校、学生、银行之间的经济关系，健全国家助学贷款管理体制，改革贷款审批和发放办法，强化普通高校和银行的管理职责，完善还贷约束机制和风险防范机制，确保国家助学贷款工作持续、健康发展，基本满足普通高校经济困难学生的需要，最大限度地降低国家助学贷款风险。现就进一步完善国家助学贷款工作提出如下意见：

一、进一步完善国家助学贷款政策

（一）改革财政贴息方式。改变目前在整个贷款合同期间，对学生贷款利息给予 50%财政补贴的做法，实行借款学生在校期间的贷款利息全部由财政补贴，毕业后全部自付的办法，借款学生毕业后开始计付利息。

（二）延长还贷年限。改变目前自学生毕业之日起即开始偿还贷款本金、4 年内还清的做法，实行借款学生毕业后视就业情况，在 1 至 2 年后开始还贷、6 年内还清的做法。借款学生办理毕业或终止学业手续时，应当与经办银行确认还款计划，还款期限由借贷双方协商确定。若借款学生继续攻读学位，借款学生要及时向经办银行提供继续攻读学位的书面证明，财政部门继续按在校学生实施贴息。借款学生毕业或终止学业后 1 年内，可以向银行提出一次调整还款计划的申请，经办银行应予受理并根据实际情况和有关规定进行合理调整。贷款还本付息可以采取多种方式，可以一次或分次提前还贷。提前还贷的，经办银行要按贷款实际期限计算利息，不得加收除应付利息之外的其他任何费用。

（三）对毕业后自愿到国家需要的艰苦地区、艰苦行业工作，服务期达到一定年限的借款学生，经批准可以奖学金方式代偿其贷款本息。具体办法将结合学生就业政策另行制定。

二、进一步改革国家助学贷款实施机制

（一）改革经办银行确定办法。改变目前由国家指定商业银行办理国家助学贷款业务的做法，实行由政府按隶属关系委托全国和省级国家助学贷款管理中心通过招投标方式确定国家助学贷款经办银行。参与竞标的银行必须是经银监会批准、有条件经办国家助学贷款业务的银行。经办银行一经确定，由国家助学贷款管理中心与银行签订具有法律效力的贷款合作协议。中标银行要按照协议约定提供贷款服务并及时足额地发放国家助学贷款；要简化贷款程序，制定统一的贷款合同文本，规范办理贷款的周期；及时向普通高校提供学生还款情况。国家助学贷款管理中心要按协议约定及时足额支付贴息和风险补偿资金，配合银行做好催收还款工作，努力降低金融风险。

（二）对普通高校实行借款总额包干办法。普通高校每年的借款总额原则上按全日制普通本专科学生（含高职学生）、研究生以及第二学士学位在校生总数 20%的比例、每人每年 6000 元的标准计算确定。每所普通高校的具体借款额度按隶属关系，由全国和省级国家助学贷款管理中心根据各校的贫困生实际情况和借款学生还款

违约等情况分别确定下达。

（三）明确普通高校、银行和学生在国家助学贷款实施工作中的责任。

普通高校在国家助学贷款管理中心下达的借款额度内，负责组织本校经济困难学生的贷款申请，并向经办银行提出本校借款学生名单和学生申请贷款的有关材料，对申请借款学生的资格及申请材料的完整性、真实性进行审查，监督学生按贷款合同规定的用途使用贷款。

经办银行在审批贷款时，要按照中标协议的约定满足普通高校借款人数和额度需求，并在中标协议规定的工作日内，批准贷款并与学生签订贷款合同，向学生发放贷款。

借款学生要如实填写公民身份号码，保证申请材料的真实和完整；严格按规定用途使用贷款资金；认真履行与银行签订的还款协议，直接向银行还款，承担偿还贷款的全部责任。

三、建立和完善贷款偿还的风险防范与补偿机制

（一）建立学生还款约束机制。国家金融管理等有关部门、经办银行、国家助学贷款管理中心及各高等学校，要各负其责，共同建立还款约束机制。

国家金融管理部门要加快全国个人资信征询系统建设，健全银行风险防范约束机制。

经办银行要建立有效的还贷监测系统，并做好相关工作。要对借款学生积极开展还贷宣传工作，讲解还贷的程序和方式；要及时为贷款学生办理还贷确认手续；加强日常还贷催收工作并做好催收记录；对没有按照协议约定的期限、数额归还国家助学贷款的学生，经办银行应对违约贷款金额计收罚息，并将其违约行为载入金融机构征信系统，金融机构不再为其办理新的贷款和其他授信业务；按期将连续拖欠贷款超过一年且不与经办银行主动联系的借款学生姓名及公民身份号码、毕业学校、违约行为等按隶属关系提供给国家助学贷款管理中心。

国家助学贷款管理中心要以已建立的国家助学贷款学生个人信息查询系统为依托，进一步完善对借款学生的信息管理，对借款学生的基本信息、贷款和还款情况等及时进行记录，加强对借款学生的贷后跟踪管理，接受经办银行对借款学生有关信息的查询；并将经办银行提供的违约借款学生名单在新闻媒体及全国高等学校毕业生学历查询系统网站公布。

各普通高校要建立本校借款学生的信息查询管理系统，强化对学生的贷后管理，按隶属关系及时向国家助学贷款管理中心和经办银行提供借款学生信息。

公安部门要积极做好为普通高校学生换发第二代居民身份证的工作，配合银行做好对违约学生的身份核查工作。

（二）建立国家助学贷款风险补偿机制。考虑到国家助学贷款特点和我国的具体国情，为鼓励银行积极开展国家助学贷款业务，按照"风险分担"原则，建立国家助学贷款风险补偿机制。按隶属关系，由财政和普通高校按贷款当年发生额的一定比例建立国家助学贷款风险补偿专项资金，给予经办银行适当补偿，具体比例在招投标时确定。国家助学贷款风险补偿专项资金由财政和普通高校各承担50%；每所普通高校承担的部分与该校毕业学生的还款情况挂钩。风险补偿专项资金由各级国家助学贷款管理中心负责管理。财政部门每年将应承担的资金及时足额安排预算；各普通高校承担的资金，按照普通高校隶属关系和财政部门有关规定，在每年向普通高校返还按"收支两条线"管理的学费收入时，由财政部门直接拨给教育主管部门。各级国家助学贷款管理中心在确认经办银行年度贷款实际发放额后，将风险补偿资金统一支付给经办银行。

具体实施办法，由财政部、教育部、人民银行、银监会另行制订。

四、切实加强对国家助学贷款工作的领导、管理与监督

（一）加强统筹和协调。成立由教育部、财政部、公安部、人民银行、银监会等部门参加的部际协调小组，及时研究解决国家助学贷款实施过程中出现的问题。各省、自治区、直辖市也应成立相应的协调机构，加强对本地区的国家助学贷款工作的统筹与协调。各级教育、财政、金融等部门要进一步统一思想，提高认识，严格执行有关政策，认真履行职责，积极主动地开展工作。

（二）严肃国家助学贷款政策。今后，凡超出本意见所确定的原则调整国家助学贷款政策，均由教育部、财政部、人民银行、银监会等有关部门研究提出意见，报经国务院批准后下发执行。其他任何部门均不得擅自出台或修改相关政策。

（三）健全国家助学贷款管理机构，进一步强化并改进管理。

教育部要进一步加强全国国家助学贷款管理中心的建设，配备足够的工作人员，检查、督促其充分履行职能。全国国家助学贷款管理中心要监督指导各省级国家助学贷款管理中心的工作，具体组织部署中央部门所属普通高校国家助学贷款的实施工作；负责通过招标方式确定中央部门所属普通高校国家助学贷款经办银行,与经办银行签订贷款合作协议,严格按协议约定做好各项管理工作;统一管理中央财政安排的国家助学贷款贴息资金和按本意见建立的中央部门所属普通高校的国家助学贷款风险补偿专项资金;建立完善国家助学贷款信息管理系统和统计监测体系;定期在新闻媒体上对银行提供的违约借款者进行公布。

各省、自治区、直辖市人民政府要切实负起推进所属普通高校国家助学贷款工作的责任,要加强省级国家助学贷款管理中心的建设,调剂配备相应工作人员,保证必需的工作经费。省级国家助学贷款管理中心负责本地区国家助学贷款工作的具体组织、实施与日常管理工作。具体职能由各地参照全国国家助学贷款管理中心职能确定。

各普通高校要加强对国家助学贷款的管理工作。必须设立专门的工作机构,由学校的一位校级领导直接负责,原则上按全日制普通本专科学生、研究生在校生规模1:2500的比例,在现有编制内调剂配备专职工作人员。各普通高校要制定国家助学贷款管理职责细则,按隶属关系报送国家助学贷款管理中心备案。要培养学生诚信意识,建立学生信用档案,制订切实可行的措施,督促借款学生及时归还借款本息,努力降低国家助学贷款风险。借款学生毕业时,学校有关部门应在组织学生与经办银行办理还款确认手续后,方可为借款学生办理毕业手续,并将其贷款情况载入学生个人档案;积极主动地配合经办银行催收贷款,负责在1年内向经办银行提供借款学生第一次就业的有效联系地址;学生没有就业的,提供其家庭的有效联系地址。

五、其他有关规定

(一)各省、自治区、直辖市人民政府在认真做好所属普通高校国家助学贷款工作的同时,积极推进生源地助学贷款业务。具体办法由各地自行研究制定。

(二)本意见所指的借款学生是指全日制普通高等学校中经济困难的本专科学生(含高职学生)、研究生、第二学士学位学生。

(三)本意见于2004年秋季开学后在全国普通高等学校全面实施。各省、自治区、直辖市人民政府可结合本地实际情况,制定具体实施细则。

(四)此前已签订贷款合同学生的贷款发放、贴息、还款等办法继续按原规定执行。

(五)此前下发的国家助学贷款的有关政策和规定继续执行。与本意见不一致的,以本意见为准。

国务院关于建立健全普通本科高校高等职业学校和中等职业学校家庭经济困难学生资助政策体系的意见

· 2007年5月13日
· 国发〔2007〕13号

各省、自治区、直辖市人民政府,国务院各部委、各直属机构:

为贯彻党的十六大和十六届三中、六中全会精神,切实解决家庭经济困难学生的就学问题,国务院决定,建立健全普通本科高校、高等职业学校和中等职业学校家庭经济困难学生资助政策体系(以下简称家庭经济困难学生资助政策体系)。现提出如下意见:

一、充分认识建立健全家庭经济困难学生资助政策体系的重大意义

党中央、国务院高度重视家庭经济困难学生的就学问题。近年来国家采取一系列措施,对农村义务教育阶段学生全部免除学杂费,并为家庭经济困难学生免费提供教科书、寄宿生补助生活费;对普通高等学校家庭经济困难学生设立国家助学奖学金,实施国家助学贷款政策;对中等职业学校家庭经济困难学生设立国家助学金等,取得了良好成效。

但是,我国家庭经济困难学生资助政策体系还不够完善,尤其是对普通本科高校、高等职业学校和中等职业学校家庭经济困难学生资助面偏窄、资助标准偏低的问题比较突出。建立健全家庭经济困难学生资助政策体系,使家庭经济困难学生能够上得起大学、接受职业教育,是实践"三个代表"重要思想、落实科学发展观、构建社会主义和谐社会的重要举措;是实施科教兴国和人才强国战略,优化教育结构,促进教育公平和社会公正的有效手段;是切实履行公共财政职能,推进基本公共服务均等化的必然要求。这是继全部免除农村义务教育阶段学生学杂费之后,促进教育公平的又一件大事,具有重大意义。

二、建立健全家庭经济困难学生资助政策体系的主要目标与基本原则

(一)建立健全家庭经济困难学生资助政策体系的主要目标是:按照《中共中央关于构建社会主义和谐社会若干重大问题的决定》的有关要求,加大财政投入,落实各项助学政策,扩大受助学生比例,提高资助水平,从制度上基本解决家庭经济困难学生的就学问题。同时,进一步优化教育结构,维护教育公平,促进教育持续健康发展。

(二)建立健全家庭经济困难学生资助政策体系实

行"加大财政投入、经费合理分担、政策导向明确、多元混合资助、各方责任清晰"的基本原则）。

1. 加大财政投入。按照建立公共财政体制的要求，大幅度增加财政投入，建立以政府为主导的家庭经济困难学生资助政策体系。

2. 经费合理分担。国家励志奖学金和国家助学金由中央与地方按比例分担。中央对中西部地区给予倾斜。

3. 政策导向明确。在努力使家庭经济困难学生公平享有受教育机会的同时，鼓励学生刻苦学习，接受职业教育，学习国家最需要的专业，到艰苦地区基层单位就业；鼓励学校面向经济欠发达地区扩大招生规模。

4. 多元混合资助。统筹政府、社会等不同资助渠道，对家庭经济困难学生采取奖、贷、助、补、减等多种方式进行资助。

5. 各方责任清晰。中央与地方、各相关部门及学校明确分工、各司其职、落实责任、完善制度，操作办法简便易行，并接受社会各界群众监督，确保各项政策措施顺利实施。

三、建立健全家庭经济困难学生资助政策体系的主要内容

（一）完善国家奖学金制度。中央继续设立国家奖学金，用于奖励普通本科高校和高等职业学校全日制本专科在校生中特别优秀的学生，每年奖励5万名，奖励标准为每生每年8000元，所需资金由中央负担。

中央与地方共同设立国家励志奖学金，用于奖励资助普通本科高校和高等职业学校全日制本专科在校生中品学兼优的家庭经济困难学生，资助面平均约占全国高校在校生的3%，资助标准为每生每年5000元。国家励志奖学金适当向国家最需要的农林水地矿油核等专业的学生倾斜。

中央部门所属高校国家励志奖学金所需资金由中央负担。地方所属高校国家励志奖学金所需资金根据各地财力及生源状况由中央与地方按比例分担。其中，西部地区，不分生源，中央与地方分担比例为8∶2；中部地区，生源为西部地区的，中央与地方分担比例为8∶2，生源为其他地区的，中央与地方分担比例为6∶4；东部地区，生源为西部地区和中部地区的，中央与地方分担比例分别为8∶2和6∶4，生源为东部地区的，中央与地方分担比例根据财力及生源状况等因素分省确定。人口较少民族家庭经济困难学生资助资金全部由中央负担。鼓励各地加大资助力度，超出中央核定总额部分的国家励志奖学金所需资金由中央给予适当补助。省（区、市）以下分担比例由各地根据中央确定的原则自行确定。

（二）完善国家助学金制度。中央与地方共同设立国家助学金，用于资助普通本科高校、高等职业学校全日制本专科在校生中家庭经济困难学生和中等职业学校所有全日制在校农村学生及城市家庭经济困难学生。

普通本科高校和高等职业学校。国家助学金资助面平均约占全国普通本科高校和高等职业学校在校生总数的20%。财政部、教育部根据生源情况、平均生活费用、院校类别等因素综合确定各省资助面。平均资助标准为每生每年2000元，具体标准由各地根据实际情况在每生每年1000~3000元范围内确定，可以分为2~3档。

中等职业学校。国家助学金资助所有全日制在校农村学生和城市家庭经济困难学生。资助标准为每生每年1500元，国家资助两年，第三年实行学生工学结合、顶岗实习。

国家助学金所需资金由中央与地方按照国家励志奖学金的资金分担办法共同承担。

有条件的地区可以试行运用教育券发放国家助学金的办法。

（三）进一步完善和落实国家助学贷款政策。大力开展生源地信用助学贷款。生源地信用助学贷款是国家助学贷款的重要组成部分，与国家助学贷款享有同等优惠政策。地方政府要高度重视，积极推动和鼓励金融机构开展相关工作。要进一步完善和落实现行国家助学贷款政策，制订与贷款风险和管理成本挂钩的国家助学贷款风险补偿金使用管理办法。相关金融机构要完善内部考核体系，采取更加积极有效措施，调动各级经办机构的积极性，确保应贷尽贷。

对普通本科高校和高等职业学校全日制本专科生，在校期间获得国家助学贷款、毕业后自愿到艰苦地区基层单位从事第一线工作且服务达到一定年限的，国家实行国家助学贷款代偿政策。

（四）从2007年起，对教育部直属师范大学新招收的师范生，实行免费教育。

（五）学校要按照国家有关规定从事业收入中足额提取一定比例的经费，用于学费减免、国家助学贷款风险补偿、勤工助学、校内无息借款、校内奖助学金和特殊困难补助等。

要进一步落实、完善鼓励捐资助学的相关优惠政策措施，充分发挥中国教育发展基金会等非营利组织的作用，积极引导和鼓励地方政府、企业和社会团体等面向各级各类学校设立奖学金、助学金。

普通高中以及普通高等学校全日制研究生的资助政

策另行制定。

四、建立健全家庭经济困难学生资助政策体系的工作要求

普通本科高校、高等职业学校和中等职业学校家庭经济困难学生资助政策自 2007 年秋季开学起在全国实施。各地区、各有关部门和各学校要按照国务院的统一部署，周密安排，精心组织，扎扎实实地把这件惠及广大人民群众的大事抓好。

（一）加强组织领导。财政部、教育部等要密切配合，制订相关管理办法，指导、检查和督促地方开展工作。地方政府要建立相应的工作机制，在整合现有资源的基础上，建立健全学生资助管理机构，制订具体的管理办法，切实抓好落实。教育部门要将学校家庭经济困难学生资助工作情况纳入办学水平评估指标体系。各学校要把资助家庭经济困难学生作为工作重点，实行校长负责制，设立专门的助学管理机构，具体负责此项工作。

（二）确保资金落实。中央财政要足额安排、及时拨付应当负担的资金。省级人民政府要制订行政区域内具体的分担办法，完善省对下转移支付制度，确保行政区域内政府应当负担的资金落实到位。要切实加强助学资金管理，确保及时发放、专款专用。要加强监督检查，对于挤占挪用资金、弄虚作假套取资金等违法违规行为，要追究责任、严肃处理。

（三）规范收费管理。除国家另有规定外，今后五年各级各类学校的学费、住宿费标准不得高于 2006 年秋季相关标准。进一步严格收费立项、标准审批管理工作，规范学校收费行为，坚决制止乱收费。加大对服务性收费和代收费的监督力度，切实减轻学生及家长负担。绝不允许一边加大助学力度，一边擅自提高收费标准、擅自设立收费项目。要对教育收费实行严格的"收支两条线"管理，规范支出管理。

（四）加大宣传力度。各地区、各有关部门和各学校要通过多种形式开展宣传，使这项惠民政策家喻户晓、深入人心，使广大学生知晓受助的权利。

生源地信用助学贷款风险补偿金管理办法

·2022 年 1 月 7 日
·财教〔2022〕1 号

第一条　为进一步落实生源地信用助学贷款风险补偿机制，充分发挥风险补偿金的风险防控和奖励引导作用，促进生源地信用助学贷款工作健康持续开展，制定本办法。

第二条　国家开发银行办理生源地信用助学贷款的风险补偿金管理适用本办法。

第三条　国家开发银行收到风险补偿金，应确认为递延收益，待核销生源地信用助学贷款损失时，计入当期损益；已核销的生源地信用助学贷款损失，以后又收回的，相应回拨递延收益。

风险补偿金若低于生源地信用助学贷款损失，不足部分由国家开发银行承担；若超出生源地信用助学贷款损失，超出部分由国家开发银行按规定进行结余奖励。

第四条　生源地信用助学贷款风险补偿金结余奖励资金管理办法由国家开发银行总行商全国学生资助管理中心制定，报财政部、教育部备案后执行。

第五条　生源地信用助学贷款风险补偿金结余奖励工作每年开展一次，以省（自治区、直辖市、计划单列市，以下统称省）为单位进行计算。

第六条　国家开发银行省级分行商省级学生资助管理中心确定年度结余奖励资金提取金额和分配方案，报省级财政部门、教育部门以及国家开发银行总行和全国学生资助管理中心备案。

第七条　国家开发银行省级分行根据备案后的分配方案将结余奖励资金分别拨付省级学生资助管理中心和县级学生资助管理中心。省级学生资助管理中心和县级学生资助管理中心应按规定纳税。

第八条　国家开发银行省级分行应于每年 6 月 30 日前，将上一年度风险补偿金结余奖励资金拨付到位。

第九条　省级学生资助管理中心和县级学生资助管理中心收到风险补偿金结余奖励资金，应专账核算、专款专用。

（一）省级学生资助管理中心用于弥补学生因死亡、失踪、丧失劳动力能力、丧失民事行为能力、家庭遭遇重大自然灾害、家庭成员患有重大疾病以及经济收入特别低确实无力归还生源地信用助学贷款所形成的风险。已由省级学生资助管理中心代偿的生源地信用助学贷款，承办银行不得重复核销损失。

（二）县级学生资助管理中心用于与生源地信用助学贷款管理工作直接相关的支出，包括宣传教育经费、办公设备购置经费、业务培训经费、交通费、住宿费、通讯费以及临时聘用人员劳务费等方面的支出。

第十条　结余奖励资金不得用于平衡预算、偿还债务、支付利息、对外投资等支出，不得用于工资、奖金、津贴补贴和福利支出，不得用于其他与国家助学贷款管理工作无关的支出。

　　第十一条　国家开发银行和相关学生资助管理中心要严格按照国家相关法规和本办法规定使用和管理生源地信用助学贷款风险补偿金，并自觉接受财政、审计、纪检监察等部门的监督和检查。

　　第十二条　每年1月31日前，国家开发银行总行应汇总分析上一年度风险补偿金使用管理情况，报送财政部、教育部并抄送全国学生资助管理中心。财政部、教育部将适时对风险补偿金使用管理情况开展专项检查或抽查。

　　第十三条　每年1月31日前，各省级学生资助管理中心应汇总分析上一年度风险补偿金结余奖励资金使用情况，包括资金总额、分配情况、县级学生资助管理中心结余奖励资金使用管理情况、结余情况、对资金使用的下一步打算等，报全国学生资助管理中心。全国学生资助管理中心形成总报告报送财政部、教育部。

　　第十四条　各级财政、教育部门及其工作人员，在风险补偿金分配和审核工作中，存在违反规定分配或挤占、挪用、虚列、套取风险补偿金行为，以及其他滥用职权、玩忽职守、徇私舞弊等违法违规行为的，依法追究相应责任。

　　申报、使用风险补偿金的单位、企业及个人在资金申报、使用过程中存在违法违规行为的，依照《中华人民共和国预算法》及其实施条例、《财政违法行为处罚处分条例》等国家有关规定追究相应责任。

　　第十五条　对其他银行业金融机构开展生源地信用助学贷款业务的，风险补偿金管理由各省财政、教育、人民银行、银保监部门与该金融机构参照本办法根据实际情况确定。

　　第十六条　本办法由财政部、教育部负责解释。

　　第十七条　本办法自印发之日起施行。《财政部 教育部关于印发〈生源地信用助学贷款风险补偿金管理办法〉的通知》（财教〔2014〕16号）同时废止。

教育部、财政部、中国人民银行、银监会
关于完善国家助学贷款政策的若干意见

·2015年7月13日
·教财〔2015〕7号

各省、自治区、直辖市教育厅（教委）、财政厅（局），计划单列市教育局、财政局，新疆生产建设兵团教育局、财务局，中国人民银行上海总部、各分行、营业管理部，各省会（首府）城市中心支行，各副省级城市中心支行，银监局，有关部门（单位）教育司（局），中央部门所属各高等学校，各银行业金融机构：

　　目前，我国普通高等学校家庭经济困难学生资助政策体系已基本建立。作为高校学生资助体系的重要组成部分，国家助学贷款经过多年探索和完善，逐步形成了符合中国国情和高校特点的发展模式，取得了显著成效，对确保高校家庭经济困难学生顺利完成学业发挥了重要作用。为进一步提升国家助学贷款政策实施效果，经国务院同意，现就完善国家助学贷款政策提出如下意见：

　　一、完善贷款政策，切实减轻借款学生经济负担

　　（一）学生在读期间利息全部由财政补贴。国家助学贷款利率执行中国人民银行同期公布的同档次基准利率，不上浮。借款学生在读期间的贷款利息由财政全额补贴。借款学生毕业后，在还款期内继续攻读学位的，可申请继续贴息，应及时向经办机构（组织办理校园地国家助学贷款的高校或组织办理生源地信用助学贷款的县级教育部门，以下简称经办机构）提供书面证明，经办机构审核后，报经办银行确认，继续攻读学位期间发生的贷款利息，由原贴息财政部门继续全额贴息。借款学生在校期间因患病等原因休学的，应向经办机构提供书面证明，由经办机构向经办银行提出申请，休学期间的贷款利息由财政全额贴息。

　　（二）贷款最长期限从14年延长至20年。原校园地国家助学贷款期限为学制加6年、最长不超过10年，生源地信用助学贷款期限为学制加10年、最长不超过14年，现统一调整为学制加13年、最长不超过20年。借款学生毕业或终止学业时，应与经办银行和经办机构确认还款计划，还款期限按双方签署的合同执行。

　　（三）还本宽限期从2年延长至3年整。借款学生毕业当年不再继续攻读学位的，与经办机构和经办银行确认还款计划时，可选择使用还本宽限期。还本宽限期内借款学生只需偿还利息，无需偿还贷款本金。还本宽限期由原来的2年延长至3年整。还本宽限期从还款计划确认开始，计算至借款学生毕业后第36个月底。在还款期内继续攻读学位的借款学生再读学位毕业后，仍可享受36个月的还本宽限期。

　　（四）建立国家助学贷款还款救助机制。各省级学生资助管理部门、各高校要合理利用国家助学贷款风险补偿金结余奖励资金、社会捐资助学资金或学生奖助基金，建立国家助学贷款还款救助机制，用于救助特别困难的毕业借款学生。对于因病丧失劳动能力、家庭遭遇重

大自然灾害、家庭成员患有重大疾病以及经济收入特别低的毕业借款学生，如确实无法按期偿还贷款，可向经办机构提出救助申请并提供相关书面证明，经办机构核实后，可启动救助机制为其代偿应还本息。

（五）简化学生贷款手续。各经办机构和经办银行要简化贷款手续，不得要求学生提供与贷款申请无关的材料。学生开具家庭经济困难学生认定证明时，严禁收取任何费用。各经办机构和经办银行应改进服务，简化流程，借款学生继续攻读学位的，只需完成申请继续贴息的相关手续，可不再签署贷款展期协议。借款学生根据贷款合同提前还款的，经办银行按贷款实际期限计算利息，不得加收任何费用。

二、健全运行机制，促进国家助学贷款持续健康发展

（一）及时足额安排贴息及风险补偿金。各级财政部门和高校要在年度预算中足额安排应承担的国家助学贷款贴息和风险补偿金。省级财政部门负责统筹集全省各级财政和地方高校应承担的贴息和风险补偿金，确保资金按时足额到位。

（二）完善国家助学贷款考核制度。各级金融监管部门对国家助学贷款业务监管时，综合考虑风险补偿金的缓释作用，对符合相关政策要求的风险补偿金覆盖部分适用零风险权重，未覆盖部分采用75%的风险权重。各金融机构在对国家助学贷款业务进行内部监管时，应在满足监管要求的同时，充分考虑国家助学贷款业务和风险特征，准确计量资本和拨备要求。各经办银行对国家助学贷款业务要单立台账、单设科目、单独统计和考核。

（三）积极开展诚信教育活动和征信宣传。各高校应加强学生信用意识和诚信观念教育。各级教育行政部门应加强学校诚信教育工作的定期考核和业务指导。各经办银行应按照《征信业管理条例》，严格履行信息采集和上报责任。经办银行经借款学生书面授权使用借款学生的个人征信信息，无需再次告知借款学生；对没有按合同约定归还贷款的学生，经办银行应依法向个人征信系统报送借款学生的不良信息。

三、加强组织领导，不断提升国家助学贷款管理水平

（一）进一步落实学费和贷款代偿政策。根据《财政部 教育部关于印发〈高等学校毕业生学费和国家助学贷款代偿暂行办法〉的通知》（财教〔2009〕15号）规定，尚未出台政策的省份应尽快出台学费和助学贷款代偿办法，鼓励地方高校毕业生到本行政区域艰苦边远地区基层单位就业。地方高校毕业生代偿资金原则上由省级财政承担，中央财政根据西部各省份财力状况、学费和国家助学贷款代偿规模以及高校家庭经济困难学生资助政策落实情况等因素，对西部省份予以奖补。

（二）加强经办机构和人员队伍建设。各县级政府要尽快成立专门的县级学生资助管理中心并确保正常运转，加强人员队伍建设并保障工资福利、职称评聘等方面待遇。地方各级教育行政部门要推动经办机构之间的联动机制，建立资助中心、高校和金融机构之间的合作平台，实现信息共享，促进协同配合，切实加强贷款管理工作。

（三）加大国家资助政策宣传力度。地方各级教育行政部门应在《普通高等学校招生专业目录》中全面、完整介绍高校学生资助政策，方便学生知晓国家资助政策，合理选择学校和专业。普通高中要大力开展高校资助政策宣传工作，介绍国家助学贷款、奖助学金等资助政策，免除家庭经济困难学生的后顾之忧。在发挥传统媒体作用的同时，充分运用网络时代新媒体传播渠道，创新宣传方式，增强宣传效果。对于艰苦边远山区和农村家庭经济困难学生集中的区域，有关地区教育行政部门应组织专门人员，深入基层和农村经济困难家庭宣讲资助政策。

四、其他事项

（一）本意见自发布之日起实施。各省、自治区、直辖市人民政府可结合本地实际情况，制订具体实施细则。

（二）本意见所指的借款学生是指全日制普通高等学校中家庭经济困难且已获得国家助学贷款资助的本专科学生（含高职学生）、研究生、第二学士学位学生。

（三）此前下发的国家助学贷款的有关政策和规定继续执行。凡与本意见不一致的，以本意见为准。

关于调整完善国家助学贷款有关政策的通知

·2024年10月31日
·财教〔2024〕188号

各省、自治区、直辖市、计划单列市财政厅（局）、教育厅（教委、教育局），新疆生产建设兵团财政局、教育局，中国人民银行上海总部、各省、自治区、直辖市、计划单列市分行，金融监管总局各监管局，中央部门所属各高等学校，有关银行业金融机构：

为进一步加大对高校家庭经济困难学生的支持力度，更好满足学生贷款需求，减轻学生经济负担，现就调整完善国家助学贷款政策有关事项通知如下：

一、提高国家助学贷款额度

自 2024 年秋季学期起,全日制普通本专科学生(含第二学士学位、高职学生、预科生,下同)每人每年申请贷款额度由不超过 16000 元提高至不超过 20000 元;全日制研究生每人每年申请贷款额度由不超过 20000 元提高至不超过 25000 元。学生申请的国家助学贷款优先用于支付在校期间学费和住宿费,超出部分用于弥补日常生活费。

国家助学贷款额度调整后,服兵役高等学校学生学费补偿、用于学费的国家助学贷款代偿和学费减免标准以及基层就业学费补偿、用于学费的国家助学贷款代偿标准,相应调整为本专科学生每人每年最高不超过 20000 元、研究生每人每年最高不超过 25000 元。

二、调整国家助学贷款利率

国家助学贷款利率由同期同档次贷款市场报价利率(LPR)减 60 个基点,调整为同期同档次 LPR 减 70 个基点。对此前已签订的参考 LPR 的浮动利率国家助学贷款合同,承办银行可与贷款学生协商,将原合同利率调整为同期同档次 LPR 减 70 个基点。

本通知自印发之日起施行。此前规定与本通知不一致的,以本通知为准。本通知未规定事项,按照原政策执行。

教育部等六部门关于做好家庭经济困难学生认定工作的指导意见

· 2018 年 10 月 30 日
· 教财〔2018〕16 号

各省、自治区、直辖市教育厅(教委)、财政厅(局)、民政厅(局)、人力资源社会保障厅(局)、扶贫办(局)、残联,各计划单列市教育局、财政局、民政局、人力资源社会保障局、扶贫办(局)、残联,新疆生产建设兵团教育局、财政局、民政局、人力资源社会保障局、扶贫办、残联,中央部门所属各高等学校:

为深入贯彻党的十九大精神,不断健全学生资助制度,进一步提高学生资助精准度,现就家庭经济困难学生认定工作提出以下意见:

一、重要意义

做好家庭经济困难学生认定工作,是贯彻落实党中央、国务院决策部署,全面推进精准资助,确保资助政策有效落实的迫切需要。近年来,我国学生资助政策体系逐步完善,经费投入大幅增加,学生资助规模不断扩大,学生资助工作成效显著,极大地促进了教育公平,为教育事业健康发展、脱贫攻坚目标如期实现提供了有力保障。认定家庭经济困难学生是实现精准资助的前提,是做好学生资助工作的基础。各地、各校要把家庭经济困难学生认定作为加强学生资助工作的重要任务,切实把好事做好、实事办实。

二、认定对象

家庭经济困难学生认定工作的对象是指本人及其家庭的经济能力难以满足在校期间的学习、生活基本支出的学生。本意见中的学生包括根据有关规定批准设立的普惠性幼儿园幼儿;根据国家有关规定批准设立、实施学历教育的全日制中等职业学校、普通高中、初中和小学学生;根据国家有关规定批准设立、实施学历教育的全日制普通本科高等学校、高等职业学校和高等专科学校招收的本专科学生(含第二学士学位和预科生),纳入全国研究生招生计划的全日制研究生。

三、基本原则

(一)坚持实事求是、客观公平。认定家庭经济困难学生要从客观实际出发,以学生家庭经济状况为主要认定依据,认定标准和尺度要统一,确保公平公正。

(二)坚持定量评价与定性评价相结合。既要建立科学的量化指标体系,进行定量评价,也要通过定性分析修正量化结果,更加准确、全面地了解学生的实际情况。

(三)坚持公开透明与保护隐私相结合。既要做到认定内容、程序、方法等透明,确保认定公正,也要尊重和保护学生隐私,严禁让学生当众诉苦、互相比困。

(四)坚持积极引导与自愿申请相结合。既要引导学生如实反映家庭经济困难情况,主动利用国家资助完成学业,也要充分尊重学生个人意愿,遵循自愿申请的原则。

四、组织机构及职责

教育部、财政部、民政部、人力资源社会保障部、国务院扶贫办、中国残联根据工作职责指导全国各级各类学校家庭经济困难学生认定工作。

各地要建立联动机制,加强相关部门间的工作协同,进一步整合家庭经济困难学生数据资源,将全国学生资助管理信息系统、技工院校学生管理信息系统与民政、扶贫、残联等部门有关信息系统对接,确保建档立卡贫困家庭学生、最低生活保障家庭学生、特困供养学生、孤残学生、烈士子女、家庭经济困难残疾学生及残疾人子女等学生信息全部纳入家庭经济困难学生数据库。

各高校要健全认定工作机制,成立学校学生资助工作领导小组，领导、监督家庭经济困难学生认定工作；学生资助管理机构具体负责组织、管理全校家庭经济困难学生认定工作；院（系）成立以分管学生资助工作的领导为组长，班主任、辅导员代表等相关人员参加的认定工作组，负责认定的具体组织和审核工作；年级（专业或班级）成立认定评议小组，成员应包括班主任、辅导员、学生代表等，开展民主评议工作。

各中等职业学校、普通高中、初中、小学、幼儿园要成立家庭经济困难学生认定工作组，负责组织实施本校家庭经济困难学生认定工作。成员一般应包括学校领导、资助工作人员、教师代表、学生代表、家长代表等。

五、认定依据

（一）家庭经济因素。主要包括家庭收入、财产、债务等情况。

（二）特殊群体因素。主要指是否属于建档立卡贫困家庭学生、最低生活保障家庭学生、特困供养学生、孤残学生、烈士子女、家庭经济困难残疾学生及残疾人子女等情况。

（三）地区经济社会发展水平医素。主要指校园地、生源地经济发展水平、城乡居民最低生活保障标准，学校收费标准等情况。

（四）突发状况因素。主要指遭受重大自然灾害、重大突发意外事件等情况。

（五）学生消费因素。主要指学生消费的金额、结构等是否合理。

（六）其它影响家庭经济状况的有关因素。主要包括家庭负担、劳动力及职业状况等。

六、工作程序

家庭经济困难学生认定工作原则上每学年进行一次，每学期要按照家庭经济困难学生实际情况进行动态调整。工作程序一般应包括提前告知、个人申请、学校认定、结果公示、建档备案等环节。各地、各校可根据实际情况制定具体的实施程序。

（一）提前告知。学校要通过多种途径和方式，提前向学生或监护人告知家庭经济困难学生认定工作事项，并做好资助政策宣传工作。

（二）个人申请。学生本人或监护人自愿提出申请，如实填报综合反映学生家庭经济情况的认定申请表。认定申请表应根据《家庭经济困难学生认定申请表（样表）》，由省级相关部门、中央部属高校结合实际，自行制定。

（三）学校认定。学校根据学生或监护人提交的申请材料，综合考虑学生日常消费情况以及影响家庭经济状况的有关因素开展认定工作，按规定对家庭经济困难学生划分资助档次。学校可采取家访、个别访谈、大数据分析、信函索证、量化评估、民主评议等方式提高家庭经济困难学生认定精准度。

（四）结果公示。学校要将家庭经济困难学生认定的名单及档次，在适当范围内、以适当方式予以公示。公示时，严禁涉及学生个人敏感信息及隐私。学校应建立家庭经济困难学生认定结果复核和动态调整机制，及时回应有关认定结果的异议。

（五）建档备案。经公示无异议后，学校汇总家庭经济困难学生名单，连同学生的申请材料统一建档，并按要求录入全国学生资助管理信息系统（技工院校按要求录入技工院校学生管理信息系统）。

七、相关要求

各级教育、财政、民政、人力资源社会保障、扶贫、残联等部门要加强对家庭经济困难学生认定工作的监督与指导，发现问题，及时纠正。

各级民政、人力资源社会保障、扶贫、残联等部门要为学生家庭经济状况的核实认定工作提供必要依据和支持，确保建档立卡贫困家庭学生、最低生活保障家庭学生、特困供养学生、孤残学生、烈士子女、家庭经济困难残疾学生及残疾人子女等信息真实有效。

各级教育、人力资源社会保障等部门和学校要加强学生资助信息安全管理，不得泄露学生资助信息。

各学校要加强学生的诚信教育，要求学生或监护人如实提供家庭经济情况，并及时告知家庭经济变化情况。如发现有恶意提供虚假信息的情况，一经核实，学校要及时取消学生的认定资格和已获得的相关资助，并追回资助资金。

八、附则

各地、各中央部属高校要根据本意见，结合实际，制（修）定具体的认定办法，并报全国学生资助管理中心备案。

科研院所、党校、行政学院、会计学院等研究生培养单位的家庭经济困难学生认定工作，参照本意见执行。

本意见自发布之日起施行。《关于认真做好高等学校家庭经济困难学生认定工作的指导意见》（教财〔2007〕8号）同时废止。

本意见由教育部、财政部、民政部、人力资源社会保障部、国务院扶贫办、中国残联负责解释。

附件：家庭经济困难学生认定申请表（样表）（略）

财政部、教育部关于建立普通高中家庭经济困难学生国家资助制度的意见

· 2010 年 9 月 19 日
· 财教〔2010〕356 号

国务院有关部委、有关直属机构,各省、自治区、直辖市、计划单列市财政厅(局)、教育厅(教委、教育局),新疆生产建设兵团财务局、教育局:

为贯彻落实《国家中长期教育改革和发展规划纲要(2010-2020 年)》(中发〔2010〕12 号)精神,完善国家资助政策体系,加快普及高中阶段教育,切实解决普通高中家庭经济困难学生的就学问题,现就建立健全普通高中家庭经济困难学生资助政策体系提出如下意见:

一、充分认识建立健全普通高中家庭经济困难学生资助政策体系的重大意义

党中央、国务院历来高度重视家庭经济困难学生的就学问题。近年来,国家采取一系列有力措施,不断完善助学政策体系,大幅度增加助学经费投入,全面免除义务教育阶段学生学杂费,向全部农村学生提供免费教科书,对家庭经济困难寄宿生补助生活费,建立健全了普通本科高校、高等职业学校和中等职业学校家庭经济困难学生资助政策体系,安排部分彩票公益金用于普通高中助学,并逐步对中等职业教育实行免学费政策,较好地解决了家庭经济困难学生的就学问题。

但目前我国普通高中家庭经济困难学生国家资助制度尚未完全建立,多数普通高中家庭经济困难学生尚未得到有效资助。建立普通高中家庭经济困难学生国家资助制度,是贯彻落实科学发展观、构建社会主义和谐社会的重要举措,是实施科教兴国和人才强国战略,优化教育结构,加快普及高中阶段教育的有效手段,对于完善国家资助政策体系,帮助家庭经济困难学生顺利完成学业,促进教育公平,具有重大意义。

二、建立普通高中家庭经济困难学生国家资助制度的原则及主要内容

按照"加大财政投入、经费合理分担、政策导向明确、多元混合资助、各方责任清晰"的基本原则,建立以政府为主导,国家助学金为主体,学校减免学费等为补充,社会力量积极参与的普通高中家庭经济困难学生资助政策体系,从制度上基本解决普通高中家庭经济困难学生的就学问题。

(一)建立国家助学金制度。从 2010 年秋季学期起,中央与地方共同设立国家助学金,用于资助普通高中在校生中的家庭经济困难学生,资助面约占全国普通高中在校生总数的 20%。财政部、教育部根据生源情况、平均生活费用等因素综合确定各省资助面。其中:东部地区为 10%、中部地区为 20%、西部地区为 30%。各地可结合实际,在确定资助面时适当向农村地区、贫困地区和民族地区倾斜。国家助学金平均资助标准为每生每年 1500 元,具体标准由各地结合实际在 1000 元-3000 元范围内确定,可以分为 2-3 档。

国家助学金所需资金由中央与地方按比例分担。其中:西部地区为 8∶2,中部地区为 6∶4;东部地区除直辖市外,按照财力状况分省确定。省以下分担比例由各地根据中央确定的原则自行确定。

(二)建立学费减免等制度。普通高中要从事业收入中提取一定比例的经费,用于减免学费、设立校内奖助学金和特殊困难补助等。

(三)鼓励社会捐资助学。要进一步落实、完善鼓励捐资助学的相关优惠政策措施,积极引导和鼓励企业、社会团体及个人等面向普通高中设立奖学金、助学金。

三、加强组织领导,确保政策顺利实施

(一)加强组织领导。各地财政、教育部门要密切配合,制定本地区具体的实施方案,确保政策顺利实施。教育部门要将普通高中资助工作纳入办学水平评估指标体系。各普通高中要把资助家庭经济困难学生作为一项重要的工作任务,实行校长负责制,指定专门机构,确定专职人员,具体负责此项工作。

(二)落实分担责任。省级财政部门要合理确定省内普通高中助学经费具体的分担办法,完善省以下转移支付制度,确保区域内各级财政应当负担的资金落实到位。

(三)强化资金管理。各级财政、教育部门和普通高中要切实加强资助资金管理,确保资金及时发放、专款专用。各级教育行政部门和有关学校要加强学生的学籍管理,确保学生资助信息真实、可靠。要加强监督检查,对于挤占挪用资金、弄虚作假套取资金等行为,将按照《财政违法行为处罚处分条例》(国务院令 427 号)有关规定严肃处理。

(四)加大宣传力度。各地区、各有关部门和各学校要通过多种形式开展宣传,使党和政府的这项惠民政策家喻户晓、深入人心,使广大学生知晓受助的权利,营造良好的社会氛围。

普通高中建档立卡家庭经济困难学生免除学杂费政策对象的认定及学杂费减免工作暂行办法

·2016 年 10 月 18 日

一、建档立卡家庭及建档立卡家庭经济困难学生的认定

根据《国务院扶贫办关于印发〈扶贫开发建档立卡工作方案〉的通知》(国开办发〔2014〕24 号)规定,建档立卡家庭也就是建档立卡贫困户,是指以 2013 年农民人均纯收入 2736 元(相当于 2010 年 2300 元不变价)的国家农村扶贫标准为识别标准,以农户收入为基本依据,综合考虑住房、教育、健康等情况,通过农户申请、民主评议、公示公告和逐级审核的方式,整户识别的贫困户。

建档立卡贫困家庭中的在校学生为建档立卡家庭经济困难学生,由扶贫部门负责认定。

二、农村低保家庭学生的认定

根据《社会救助暂行办法》(国务院令第 649 号)和《国务院关于进一步加强和改进最低生活保障工作的意见》(国发〔2012〕45 号)规定,最低生活保障标准,由省、自治区、直辖市或者设区的市级人民政府按照当地居民生活必需的费用确定、公布,并根据当地经济社会发展水平和物价变动情况适时调整。

国家对共同生活的家庭成员人均收入低于当地最低生活保障标准,且符合当地最低生活保障家庭财产状况规定的家庭,给予最低生活保障。

农村低保家庭学生由民政部门负责认定。

三、农村特困救助供养学生的认定

根据《社会救助暂行办法》和《国务院关于进一步健全特困人员救助供养制度的意见》(国发〔2016〕14 号)规定,国家对无劳动能力、无生活来源且无法定赡养抚养扶养义务人或者其法定义务人无履行义务能力的老年人、残疾人以及未满 16 周岁的未成年人,给予特困人员救助供养。同时规定,特困人员中的未成年人,满 16 周岁后仍在接受义务教育或在普通高中、中等职业学校就读的,可继续享有救助供养待遇。

纳入特困人员救助供养的学生由民政部门负责认定。

四、残疾学生的认定

以持有中华人民共和国残疾人证为准。残疾人证是认定残疾学生的合法凭证。

事实上残疾但暂未持有残疾人证的学生,按规定应享受免除学杂费政策的,需先办理残疾人证。

残疾学生由残联负责认定。

五、工作程序

(一)常规程序

1. 县(市、区)教育部门在普通高中招生结束后,应于 5 个工作日内,将普通高中学生录取名册及按照与相应部门约定的数据格式形式的电子版提供同级民政、扶贫部门和残联。

教育部门提供的需查询学生信息项应至少包含以下内容:学生本人的姓名、身份证号、学籍所在地(县级)、学籍所在地国家标准区划代码(县级)、户籍所在地(县级)、户籍所在地区划代码(县级)。

2. 县(市、区)民政、扶贫部门和残联在取得普通高中学生录取名册(含电子版)后,应于 5 个工作日内,将符合条件的名单(含电子版)反馈同级教育部门。

县(市、区)民政、扶贫部门和残联返回名单至少包括数据项:学生本人的姓名、身份证号、学籍所在地(县级)、学籍所在地区划代码(县级)、户籍所在地(县级)、户籍所在地区划代码(县级)、学生类型(值域:低保、特困、扶贫、残疾)。

3. 县(市、区)教育部门应于开学前,将同级民政、扶贫部门和残联提供的符合条件人员名单提供给相应学校,并指导学校做好学生的免学杂费工作。

4. 学校根据县(市、区)教育部门提供的名单,免除相应学生的学杂费。

有条件的地方,可以通过网络专线进行数据比对,具体比对办法由地方教育部门与民政、扶贫部门和残联商定。

(二)特殊情况程序

1. 学校应在开学后 15 个工作日内,将免除建档立卡等家庭经济困难学生学杂费政策告知所有学生。因遗漏、身份变化、跨区域入学、信息存疑等情况,经学生提出申请并填写《普通高中免学杂费申请表》后,学校在 5 个工作日内将汇总后的学生申请报送县(市、区)教育部门。对于提出申请的学生,学校暂缓收取其学杂费,待相关部门审核后,予以免除或补收。

2. 县(市、区)教育部门应将各校报送的《普通高中免学杂费申请表》形成汇总表,于 5 个工作日内将汇总表及按照与相应部门约定数据格式形成的电子版提供同级民政、扶贫部门和残联审核。

3. 县(市、区)民政、扶贫部门和残联取得教育部门提供的汇总表(含电子版)后,应于 30 个工作日内完成审核工作,并将符合条件人员名单(含电子版)反馈同级教育部门。在本县(市、区)入学的学生,由同级民政、扶贫

部门和残联审核。

对跨区域入学的学生,审核程序如下:

(1)由县级民政、扶贫部门和残联将户籍为非本县(区、市)的需审核的学生信息通过信息系统上报地市级、省级和国家民政、扶贫部门和残联。

(2)对于户籍跨县(市、区)需审核的学生信息,由市级民政、扶贫部门和残联审核。

(3)对于户籍跨市(地、州)需审核的学生信息,由省级民政、扶贫部门和残联审核。

(4)对于户籍跨省需审核的学生信息,由民政部、国务院扶贫办和中国残联审核。

(5)审核结果逐级返回。

对有条件地区,民政、扶贫部门和残联相关信息系统可以向本系统的县级部门直接提供跨区域查询权限。

4. 县(市、区)教育部门将同级民政、扶贫部门和残联反馈的符合条件人员名单提供给相应学校,并指导学校做好学生的免学杂费工作。

5. 学校根据县(市、区)教育部门提供的享受普通高中免除学杂费政策学生名单,于5个工作日内,完成学生学杂费减免或补收工作。

(三)其他事项

1. 学校应及时将免学杂费情况告知享受免学杂费政策的学生家长。

2. 除按上述时间节点集中办理外,其他时间接到学生免学杂费申请,也应及时受理、及时认定。

3. 中央部门所属高等学校附属普通高中对免学杂费学生的认定及学杂费减免工作参照上述程序开展。

4. 2016年秋季学期普通高中免除学杂费工作,应抓紧时间按上述程序,于10月底前完成免学杂费学生认定和学杂费返还工作。

六、做好普通高中免除学杂费学生信息管理工作

地方教育部门应加强对普通高中免除学杂费学生信息管理,及时将信息录入学生资助信息管理系统,确保学生信息完整准确,促进学生资助信息管理系统进一步完善。

七、加强信息安全管理

各级教育、民政、扶贫部门和残联,各普通高中,应严格管理普通高中免除学杂费工作的相关信息,妥善保管相关纸制档案和存储介质上的学生信息,不得用于免除学杂费工作和更新本部门信息以外的事项,不得未经许可对外提供,更不得随意泄露。通过网络比对的,要加强网络安全建设,确保学生信息不被泄露和窃取。

商业助学贷款管理办法

· 2008 年 7 月 11 日
· 银监发〔2008〕49 号

第一章 总 则

第一条 为支持教育事业发展,规范商业助学贷款管理,防范商业助学贷款风险,根据《中华人民共和国银行业监督管理法》、《中华人民共和国商业银行法》等法律规定,制定本办法。

第二条 本办法所称商业助学贷款是指银行业金融机构按商业原则自主发放的用于支付境内高等院校困难学生学费、住宿费和就读期间基本生活费的商业贷款。

第三条 本办法所称贷款人是指在中华人民共和国境内依法设立的、经银行业监督管理机构批准经营贷款业务的银行业金融机构。

第四条 本办法所称贷款对象是指在境内高等院校就读的全日制本专科生、研究生和第二学士学位学生。

第五条 借贷双方应当遵循平等、自愿、诚实、守信的原则,依法签订借款合同。

第二章 贷款对象条件

第六条 贷款人受理商业助学贷款申请时,应对贷款对象(以下简称借款人)设定一定审核条件:

(一)借款人具有中华人民共和国国籍,并持有合法身份证件;

(二)借款人应无不良信用记录,不良信用等行为评价标准由贷款人制定;

(三)必要时需提供有效的担保;

(四)必要时需提供其法定代理人同意申请贷款的书面意见;

(五)贷款人要求的其他条件。

第三章 贷款期限、利率与金额

第七条 商业助学贷款的期限原则上为借款人在校学制年限加6年,借款人在校学制年限指从助学贷款发放至借款人毕业或终止学业的期间。对借款人毕业后继续攻读学位的,借款人在校年限和助学贷款期限可相应延长。助学贷款期限延长须经贷款人许可。

第八条 商业助学贷款的利率按中国人民银行规定的利率政策执行,原则上不上浮。借款人可申请利息本金化,即在校年限内的贷款利息按年计入次年度借款本金。

第九条 商业助学贷款的最高限额不超过借款人在

校年限内所在学校的学费、住宿费和基本生活费。贷款人可参照学校出具的基本生活费或当地生活费标准确定有关生活费用贷款额度。

第十条　贷款人可根据借款人需要发放人民币或者外币商业助学贷款。

第十一条　学费应按照学校的学费支付期逐笔发放,住宿费、生活费可按学费支付期发放,也可分列发放。

第四章　贷款担保

第十二条　贷款人发放商业助学贷款可要求借款人提供担保,担保方式可采用抵押、质押、保证或其组合,贷款人也可要求借款人投保相关保险。

第十三条　借款人采用抵押、质押担保的,贷款人应要求提供本机构认可的抵质押物。

第十四条　采用保证担保方式的,保证人范围应符合《担保法》及相关司法解释规定。

第十五条　贷款人在借款人满足贷款人设定条件的前提下可发放信用商业助学贷款。

第五章　贷款处理程序

第十六条　借款人可直接在生源地向贷款人申请商业助学贷款,即办理生源地贷款,也可在就读学校所在地申请商业助学贷款,即办理就读地贷款;但贷款人不得受理借款人既在生源地又在就读地贷款的重复申请。

第十七条　贷款人在受理借款人申请商业助学贷款时,应要求对方提交书面借款申请,填写有关申请表格,并提交下列文件、证明和资料:

(一)借款人的合法身份证件(包括:身份证、户口簿或其他有效居留证件原件),并提供以上证件的复印件;

(二)贷款人需要的借款人与其法定代理人的关系证明;

(三)借款人或其家庭成员经济收入证明;

(四)借款人为入学新生的提供就读学校的录取通知书或接收函,借款人已在校的提供学生证或其他学籍证明;

(五)借款人就读学校开出的学生学习期内所需学费、住宿费和生活费总额的有关材料;

(六)以财产作抵(质)押的,应提供抵(质)押物权证和所有权人(包括财产共有人)签署的同意抵(质)押的承诺,对抵押物须提交贷款人认可的机构出具的价值评估报告,对质押物须提供权利凭证,以第三方担保的应出具保证人同意承担不可撤销连带责任担保的书面文件及

有关资信证明材料;

(七)借款人和担保人应当面出具并签署书面授权,同意银行查询其个人征信信息;

(八)贷款人要求提供的其他证明文件和材料。

第十八条　受理贷款申请后,贷款人须对借款人提供的资料进行调查核实。

第十九条　借款人办理就读地贷款的,贷款人还应联系借款人就读学校作为介绍人做好以下工作:

(一)向贷款人推荐借款人,对借款人资格及申请资料进行初审;

(二)协助贷款人对贷款的使用进行监督;

(三)将借款人在校期间失踪、死亡或丧失完全民事行为能力或劳动能力,以及发生休学、转学、出国留学或定居、自行离校、开除等情况及时通知贷款人,并协助贷款人采取相应的债权保护措施;

(四)在借款人毕业前,向贷款人提供其毕业去向、就业单位名称、居住地址、联系电话等有关信息;

(五)协助开展对借款人的信用教育和还贷宣传工作,讲解还贷的程序和方法;协助贷款人做好借款人的还款确认和贷款催收工作。

第二十条　贷款人根据借款人的资信、贷款用途、担保等因素进行贷款审批。贷款经审批同意后,贷款人应及时通知借款人与担保人签署助学贷款相关借款合同和担保合同,并按有关要求办理抵(质)押登记等相关手续。

第二十一条　贷款人应根据合同约定,将贷款划入借款人在银行开立的个人结算等账户或借款人就读学校指定账户,并由贷款人监督使用。

第二十二条　贷款人应要求借款人必须按合同约定使用贷款。违反借款合同约定,贷款人有权停止发放贷款和提前收回部分或全部贷款。对不按合同约定用途使用贷款的部分,按中国人民银行的有关规定加收利息。

第二十三条　借贷双方应对还款方式和还款计划在借款合同中明确约定。贷款人可视情况给予借款人一定的宽限期,宽限期内不还本金,也可视借款人困难程度对其在校期间发生的利息本金化。归还贷款在借款人离校后次月开始。贷款可按月、按季或按年分次偿还,利随本清,也可在贷款到期时一次性清还。

第二十四条　借款合同签订后,如需变更还款方式,须事先征得贷款人同意。

第二十五条　贷款人可要求借款人在借款合同中授

权贷款人于约定的还款日直接从借款人在本行开立的个人结算等账户中扣收应偿还本息。

第二十六条　借款人在借款合同生效后，可根据合同约定提前部分或全部还款，贷款人不得收取或变相收取额外费用。

第二十七条　借款人如不能在合同规定期限内按期偿还贷款本金，应提前向贷款人申请展期，贷款展期仅限一次。申请经贷款人审查批准后，借贷双方应签订展期协议。贷款具有担保的，展期协议需经担保人书面确认。

第二十八条　借款合同需要变更的，必须经借贷双方协商同意，并依法签订变更协议。涉及第三方担保的，变更条款还应征得第三方担保人同意。协议未达成之前，原借款合同继续有效。

第二十九条　贷款人应要求借款人在变更联系方式、工作单位或居住地址后30天内将变更后的联系方式、工作单位和居住地址通知贷款人。

第三十条　对借款人、担保人在贷款期间发生的违约行为，贷款人可根据借款合同约定：

（一）要求限期纠正违约行为；

（二）要求增加所减少的相应价值的抵（质）押物，或更换保证人；

（三）停止发放尚未使用的贷款；

（四）在原贷款利率基础上加收罚息；

（五）提前收回部分或全部贷款本息；

（六）向保证人追偿；

（七）依据有关法律及规定处分抵（质）押物；

（八）向仲裁机关申请仲裁或向人民法院起诉。

第六章　风险管理

第三十一条　建立助学贷款违约通报制度，贷款人应按照制度要求报送助学贷款借款人违约信息，银行业监督管理机构定期在银行业金融机构范围内共享信息。

第三十二条　经批准与依法公告，贷款人可将债权以证券化等合法方式转让给第三方。

第三十三条　贷款人须根据本办法制定实施细则，加强对贷款发放和回收的管理，加强服务，严格控制风险。

第三十四条　贷款人应加强与借款人所在学校的沟通，获得学校在商业助学贷款管理方面的协助和配合。

第七章　附　则

第三十五条　贷款人可根据业务发展需要和风险管控能力，自主确定开办针对境内其他非义务教育阶段全日制学校在校困难学生的商业助学贷款，并参照本办法

制定相关业务管理规范。

第三十六条　贷款人可根据业务发展需要和风险管控能力，自主确定开办借款人用于攻读境外高等院校硕士（含）以上学历，且提供全额抵（质）押的商业助学贷款，并参照本办法制定相关业务管理规范。

第三十七条　本办法自公布之日起施行，由银监会负责修订和解释。

国家助学贷款财政贴息管理办法

·2004年6月28日

·教财〔2004〕15号

第一条　根据《国务院办公厅转发教育部财政部人民银行银监会关于进一步完善国家助学贷款工作若干意见的通知》（国办发〔2004〕51号）规定，为做好财政贴息管理，制定本办法。

第二条　国家助学贷款实行借款学生在校期间100%由财政补贴，借款学生毕业后自付利息的办法。

借款学生毕业后自付利息的开始时间为其取得毕业证书之日的下月1日（含1日）；当借款学生按照学校学籍管理规定结业、肄业、休学、退学、被取消学籍时，自办理有关手续之日的下月1日起自付利息。

第三条　国家助学贷款所需贴息经费，由国家助学贷款管理中心根据需贴息的贷款规模提出经费需求预算，经教育主管部门审核，编入年度部门预算，报同级财政部门审批。

第四条　贴息的具体做法是：经办银行于每个季度结束后的20个工作日内，将本行对在校学生实际发放的国家助学贷款学生名单、贷款额、利率、利息等情况按高校进行统计汇总，经高校确认后，按高校行政隶属关系，提供给国家助学贷款管理中心。

国家助学贷款管理中心应在收到经办银行提供的贴息申请材料后的10个工作日内，及时向经办银行支付贴息经费。

第五条　借款学生毕业后的利息支付方式，由学生与银行办理还款确认手续时协商确定。

第六条　本办法自2004年9月1日开始执行。此前签订合同的国家助学贷款财政贴息，继续按原办法执行。

第七条　各省级地方人民政府有关部门可根据本通知精神，研究制定所属高校国家助学贷款财政贴息的具体实施办法。

第八条　本办法由教育部、财政部、人民银行、银监会四部门以联合发文形式负责解释。

中等职业学校学生资助工作指南

· 2020 年 7 月 15 日
· 教财厅函〔2020〕8 号

为进一步推动中等职业学校学生资助(以下简称中职资助)政策规范有序实施,不断提升资助精准化水平,深入推进资助育人工作,在总结地方实践经验基础上,制定本指南。

一、职责任务分工

地方各级有关部门应按照《中等职业学校学生学籍管理办法》《学生资助资金管理办法》等文件规定,落实相关责任。

(一)职业教育管理部门

各级教育行政部门根据职责权限对中等职业学校办学行为和学生学籍管理工作进行分级指导管理。

(二)教育财务部门

应会同财政部门制订和完善资助政策、制定本地区落实国家中职资助政策的有关管理制度;编制财政资金的预决算,做好中职资助资金拨付等工作。

(三)学生资助管理部门

应协助有关部门制定与完善资助政策;组织开展国家奖学金评审工作;指导督促所辖学校维护全国学生资助管理信息系统中职子系统(以下简称资助系统)信息,负责审核本地区国家资助和地方政府资助的信息;组织开展督查调研、业务培训、资助宣传、资助育人、信访投诉受理等工作。

(四)教育信息化管理部门

应做好中职学籍系统、资助系统运维、安全和技术支持服务保障,确保系统安全稳定运行等工作。

(五)中等职业学校

学校是落实中职资助政策的主体,应制定落实国家和地方政府资助政策的实施细则,制定学校资助和社会资助的相关管理办法;组织开展家庭经济困难学生认定工作;组织开展中职国家奖学金、国家助学金和免学费等资助项目的申请、评审、公示、发放等工作;组织开展地方政府资助、学校资助和社会资助工作;及时、准确维护中职学籍系统在校生学籍信息和毕业生信息;及时在资助系统中录入和审核各类资助信息;负责学生资助宣传、资助育人、资助培训、信访投诉受理和档案管理等工作;及

时足额发放国家奖学金和国家助学金。

(任务分解表见附件 1)

二、资助范围

(一)国家资助

由中央统一设立的中等职业学校国家奖学金、国家助学金和免学费。

(二)地方政府资助

由地方政府出资设立的奖学金、助学金、学费减免等资助项目。

(三)学校资助

中等职业学校安排经费设立的奖助学金、学费减免、勤工助学和特殊困难补助等校内资助项目。

(四)社会资助

社会组织、群团组织、企业事业单位和个人等依法依规出资设立的资助项目。

三、资助宣传工作

(一)抓住关键节点

各地各学校要开展经常性宣传,要在本地"两会"期间、招生、开学、毕业前后等重要时间节点开展集中宣传。

(二)聚焦重点对象

各地各学校要将初高中应届毕业学生、中职在校学生及其家长等作为主要宣传对象,重点针对建档立卡家庭、低保家庭、特困救助供养家庭、孤儿、残疾家庭开展宣传。

(三)丰富宣传内容

各地各学校要全面宣传中职学生资助政策、资助成效、育人成果、工作经验、典型人物、舆情应对等。

(四)创新宣传形式

各地各学校要通过给学生或家长写"一封信"、张贴宣传海报、开学典礼、主题班会、家长会、走访重点人群、送政策下乡、校刊班刊、板报、条幅、广告墙、宣传栏、校园网、微信公众号、报纸、电台、电视台等多种载体和方式开展形式多样的宣传。政策宣传的重心要下沉,把宣传工作辐射到贫困地区、民族地区等,要深入田间地头、社区,不留死角。通过电话(邮箱)、微信公众号、QQ 群等渠道开展政策咨询。

四、资助工作流程

(一)组织申请

组织符合申请条件的学生在开学后 5 个工作日内向所在学校提交助困性资助申请,填写申请表(见附件 2),并递交学生本人身份证(或户口簿)复印件以及其他相关材料。

（二）认定

各学校结合家访等工作安排核实学生家庭经济状况等信息，按照有关文件规定，开展家庭经济困难学生认定工作。

（三）评审

学校学生资助工作领导小组按照有关规定，组织开展国家奖学金、国家助学金和免学费等资助项目的评审工作，形成拟资助名单，评审过程要保证公开、公平、公正。评审记录存档备查。

（四）公示

拟资助学生名单应在学校内进行公示，公示期限不少于5个工作日。不得公示学生的身份证号码、银行卡号、联系电话、家庭住址等个人隐私及敏感信息；超过公示期限的信息应及时撤销。学生资助管理部门应在资助系统中对审核通过的受助学生名单进行公示确认。

（五）办卡

地方学生资助管理机构或中职学校应统一为享受国家助学金的学生办理中职资助卡，不得向学生收取卡费或押金等费用。

（六）资金发放

国家助学金应通过中职资助卡及时、足额发放给学生。确因特殊情况无法办理中职卡的，须经省级学生资助管理部门批准后通过现金发放。国家奖学金应于每年12月31日前一次性发给获奖学生。坚决杜绝以实物或服务等形式抵顶或扣减资助资金；坚决杜绝跨学期发放资助资金；坚决杜绝代签代领、集中代管中职资助卡；坚决杜绝批量激活、集中提取中职资助卡中的资金。

各地各学校可结合实际，制定中职国家资助（国家奖学金、国家助学金、免学费）、地方政府资助、学校资助、社会资助的业务操作流程，细化工作任务、工作要求和时间节点，确保工作人员岗位调整后资助工作顺利交接。

五、资助育人工作

（一）主要目的

各地各学校要将资助与育人工作有机结合起来，构建物质帮扶、道德浸润、能力拓展、精神激励有效融合的资助育人机制，形成"解困－育人－成才－回馈"的良性循环，努力把受助学生培养成德智体美劳全面发展的高素质劳动者和技能人才。

（二）主要方式

各地各学校要紧紧围绕社会主义核心价值观这一核心，进行励志教育、诚信教育、感恩教育和社会责任感教育，开展心理帮扶、学业帮扶、技能帮扶和就业帮扶，培养学生的实践能力、创新精神、工匠精神和劳模精神。

（三）主要形式

各地各学校要结合当地实际和中职学生特点，开展丰富多彩的资助育人系列主题活动，开展爱党爱国主题教育活动、传统文化教育活动；开展爱心传递志愿服务等社会公益活动；开展诚信之星、励志之星、技能之星等典型评选及征文演讲；组织开展心理健康讲座及心理咨询与疏导；搭建勤工助学平台，帮助家庭经济困难学生制定职业规划，提供实习就业机会和就业指导。

六、系统信息管理

（一）学籍信息录入与维护

各校要在新生入学20个工作日内通过全国中等职业学校学生信息管理系统为其建立电子档案；及时维护学籍异动（含留级、转学、转专业、休学、退学、注销、死亡等）信息；在毕业学生离校前20个工作日内，通过学籍系统为其办理毕业。

（二）困难学生信息录入与维护

各校要及时录入学生家庭经济信息和困难认定等级结果（特别困难、困难、一般困难、不困难）。对困难等级认定结果发生变更的，要及时维护。

（三）资助信息录入与维护

各校应按学年录入国家奖学金信息，按月维护国家助学金和免学费资助信息。各级学生资助管理部门应及时审核国家奖学金、国家助学金和免学费名单以及地方政府资助名单。各校按学期录入地方政府、学校和社会资助信息。

（四）资金信息录入与维护

在学生资助资金预算下达后，各级学生资助管理部门要及时将资金拨付信息录入资助系统。

七、信息安全管理

（一）系统账户安全

各级中职学籍系统、资助系统操作管理人员应妥善保管账户信息，学籍、资助业务操作人员和审核人员（业务主管）账号不得由同一人保管和使用，要定期更新登录密码。

（二）系统数据安全

资助系统应用单位和个人要严格执行国家信息安全等级保护和数据安全保密制度要求，严禁泄露、非法向他人提供资助信息。严格公示范围和内容防止信息泄露，保护学生隐私。

（三）重大舆情应对

各地各学校应建立学生资助舆情监测与应急处置机制，及时稳妥应对突发事件。对突发重大舆情，要第一时间核查、第一时间报告、第一时间回应。

八、资助档案管理

各地各学校学生资助管理部门要对学生资助管理档案(政策文件、管理制度、通知函件、岗位职责、工作流程、计划总结、督查考评等)、资助业务类档案(如学生学籍名册、资助申请表及相关材料、评审记录、公示名单及公示影像、受助学生名单汇总表、受助学生异动情况表、签领名单等)进行整理归档。各地各学校的财务管理部门要对(资金拨付文件、资金收支发放凭证、银行发放清单、签领名单、资金往来银行对账单、资金清算明细、物价部门批准的收费标准文件等)进行整理归档。

各地各学校要组织做好资助档案的收集、整理、装订、归档工作。各地各学校建立和完善资助工作档案制度,及时按照学校档案管理要求整理归档学生资助档案。

归档材料要真实、准确、完整,归档材料要有封面、整理有排序、归集有装订、分装有专盒、保存有专柜。

九、督查督办工作

(一)主要内容

各地要组织对学生资助管理制度制定、资助资金拨付、家庭经济困难学生认定、奖助学金评审、资助资金发放和信息系统应用等情况进行督查督办。

(二)主要方式

各地建立中职资助督查督办工作机制,通过网上审核与现场核查相结合、全面检查和随机抽查相结合等方式,督促学校规范执行各项资助政策;通过开通举报信箱、微信公众号、投诉电话等方式畅通监督渠道,广泛接受社会监督。各地可结合实际,聘请专业机构开展专项审计。

附件1

中等职业教育国家资助工作职责任务分解表

资助项目	阶段任务	工作内容与要求	落实主体	时间节点
国家奖学金	宣传	各地各学校应开展经常性宣传,在"两会期间"、招生、开学、毕业、寒暑假等重要时间节点开展集中宣传	各级学生资助管理部门、中等职业学校	全年
	名额下达	在收到预算资金后,学生资助管理部门联合技工院校资助管理部门下达奖学金名额	各级学生资助部门	9月30日前
	组织申请	组织符合申请条件的学生进行国家奖学金申请	中等职业学校	开学一周内
	评审	成立中等职业学校国家奖学金评审小组,按照公开、公平、公正的原则,组织开展奖学金评审工作		10月20日前
	公示	对评审无异议的奖学金获奖学生名单,在校内进行不少于5个工作日的公示。公示无异议后,按要求将相关材料报送至同级学生资助管理机构	中等职业学校	10月31日前
	审核	各级学生资助管理机构按照评审管理办法,审核学校提交的奖学金受助学生信息。最终,由省级平审领导小组审核后将相关材料报送至全国学生资助管理中心	各级学生资助管理部门	11月10日
	发放	根据教育部、人力资源社会保障部公告的奖学金获奖学生名单,发放奖学金和获奖证书。将获奖学生信息及发放信息录入全国学生资助管理信息系统中职子系统	中等职业学校	12月31日
	宣传	各地各学校应开展经常性宣传,在"两会期间"、招生、开学、毕业、寒暑假等重要时间节点开展集中宣传	学生资助管理部门、中等职业学校	全年

续表

资助项目	阶段任务	工作内容与要求	落实主体	时间节点
国家助学金	组织申请	组织符合申请条件的学生进行国家助学金申请	中等职业学校	开学一周内
	评审	成立中等职业学校国家助学金评审小组，按照公开、公平、公正的原则，结合本校家庭经济困难认定情况，进行评审。 将评审结果通过全国学生资助信息管理系统中职子系统报至同级学生资助管理部门审核		每学期动态调整
	审核	审核全国学生资助信息管理系统中职子系统各校审核通过的国家助学金受助学生名单	学生资助管理部门	按月完成
	公示	将资助名单加盖公章，在校内进行不少于 5 个工作日的公示。公示内容包括学生姓名、年级、班级、发放金额，不得公示受助学生身份证号、银行账号、联系电话、家庭地址等个人敏感信息	学生资助管理部门、中等职业学校	同级学生资助管理部门审核通过后
	办卡	为受助学生办理银行卡	中等职业学校	公示结束后一周内
	发放	按时足额发放。春季学期不得晚于 5 月，秋季学期不得晚于 12 月	学生资助管理部门、中等职业学校	公示无异议后
	系统操作	在系统中维护受助学生名单，完成校级审核，待同级学生资助管理中心审核并完成系统公示确认后，完成发放操作		每月
	监督检查	各地各学校应采取全面检查、重点抽查、交叉检查、自查等方式，定期开展监督检查工作。重点检查对象识别、资格审查、资助程序、资金配套、资金发放、资金使用、档案管理、机构建设等内容	学生资助管理部门、中等职业学校	全年
免学费	宣传	各地各学校应开展经常性宣传，在"两会"期间、招生、开学、毕业、寒暑假等重要时间节点开展集中宣传	学生资助管理部门、中等职业学校	全年
	录入	在全国学生资助信息管理系统中职子系统中提交分专业免学费标准	中等职业学校	开学一周内
		在系统完成在籍在校学生的免学费学生名单录入提交		每月 15 日前
	审核	在系统中完成分专业免学费标准及受助学生名单审核	学生资助管理部门、中等职业学校	按月完成
		学生资助管理部门联合学籍管理等部门对学校上报系统免学费学生名单的真实性和准确性进行核查		每学期
	公示	在全国学生资助信息管理系统中职子系统，对审核通过的免学费名单进行不少于 5 个工作日的公示	学生资助管理部门	同级学生资助管理部门审核通过后
	监督检查	各地各学校应采取全面检查、重点抽查、交叉检查、自查等方式，定期开展监督检查工作。重点检查对象识别、资格审查、资助程序、资金配套、资金发放、资金使用、档案管理、机构建设等内容	学生资助管理部门、中等职业学校	全年

附件 2

中等职业教育家庭经济困难学生认定与助学金申请表(样表)

学校名称:

学生姓名		性别		户籍		监护人 联系方式		照
民族		入学时间		专业		年级班级		片
身份证号				现住址				

家庭成员 情况	姓　名	年龄	与本人 关系	工作或学习单位				

家庭经济 状况	建档立卡贫困家庭学生:□是 □否;孤残学生:□是 □否 最低生活保障家庭学生:□是 □否;烈士子女:□是 □否; 特困供养学生:□是 □否; 家庭经济困难残疾学生及残疾人子女:□是 □否					主要 收入来源	
	家庭人口总数			家庭 年收入		人均 年收入	

申请助学 金的主要 理由	申请学生承诺对以上信息的真实性负责。 确认签名: 　　年　　月　　日
班级审核 意见	班主任:　　　签字 　　　　　　年　　月　　日
学校审核 意见	负责人:　　　公章 　　　　　　年　　月　　日

注:1. 本表用于家庭经济困难学生认定与助学金申请,可复印。

　　2. 承诺内容需本人手工填写"本人承诺以上所填写资料真实,如有虚假,愿承担相应责任。"

　　3. 各省份可以结合当地实际,制定并采用本地区助学金申请表。

教育部等四部门关于调整完善助学贷款有关政策的通知

· 2023 年 9 月 11 日
· 教财〔2023〕4 号

各省、自治区、直辖市教育厅（教委）、财政厅（局），各计划单列市教育局、财政局，新疆生产建设兵团教育局、财政局，中国人民银行上海总部，各省、自治区、直辖市、计划单列市分行，国家金融监督管理总局各监管局，中央部门所属各高等学校，各银行业金融机构：

为进一步健全学生资助政策体系，更好满足学生贷款需求，减轻学生经济负担，经国务院同意，决定调整完善助学贷款有关政策。现将有关事项通知如下。

一、提高国家助学贷款额度

自 2023 年秋季学期起，全日制普通本专科学生（含第二学士学位、高职学生、预科生，下同）每人每年申请贷款额度由不超过 12000 元提高至不超过 16000 元；全日制研究生每人每年申请贷款额度由不超过 16000 元提高至不超过 20000 元。学生申请的国家助学贷款优先用于支付在校期间学费和住宿费，超出部分用于弥补日常生活费。

国家助学贷款额度调整后，服兵役高等学校学生学费补偿、用于学费的国家助学贷款代偿和学费减免标准以及基层就业学费补偿、用于学费的国家助学贷款代偿标准，相应调整为本专科学生每人每年最高不超过 16000 元、研究生每人每年最高不超过 20000 元。

二、调整国家助学贷款利率

国家助学贷款利率由同期同档次贷款市场报价利率（LPR）减 30 个基点，调整为同期同档次 LPR 减 60 个基点。对此前已签订的参考 LPR 的浮动利率国家助学贷款合同，承办银行可与贷款学生协商，将原合同利率调整为同期同档次 LPR 减 60 个基点。

三、开展研究生商业性助学贷款工作

为更好满足研究生在校期间合理的学习生活需求，切实减轻研究生家庭经济负担，银行业金融机构可向在校研究生发放商业性助学贷款。鼓励银行业金融机构有针对性地开发完善手续便捷、风险可控的研究生信用助学贷款产品，并在贷款额度、利率、期限、还款方式等方面给予一定优惠。

本通知自印发之日起施行。此前规定与本通知不一致的，以本通知为准。本通知未规定事项，按照原政策执行。

（三）奖学金

普通高等学校研究生国家奖学金评审办法

· 2014 年 2 月 21 日
· 教财〔2014〕1 号

第一条 为规范普通高等学校（以下简称高校）研究生国家奖学金评审行为，保证评审工作公开、公平、公正、依法依章开展，确保评审质量和评审结果的权威性，根据《研究生国家奖学金管理暂行办法》（财教〔2012〕342 号），制定本办法。

第二条 高校应根据本校组织机构设置状况，建立健全与本校研究生规模和现有管理机构设置相适应的研究生国家奖学金评审组织机制，加强研究生国家奖学金管理工作。

第三条 高校应成立研究生国家奖学金评审领导小组，由校主管领导、相关职能部门负责人、研究生导师代表等组成。评审领导小组负责制订本校研究生国家奖学金评审实施细则；制订名额分配方案；统筹领导、协调、监督本校评审工作；裁决学生对评审结果的申诉；指定有关部门统一保存本校的国家奖学金评审资料。

第四条 高校下设的基层单位（院、系、所、中心，下同）应成立研究生国家奖学金评审委员会（以下简称评审委员会），由基层单位主要领导任主任委员，研究生导师代表、行政管理人员代表、学生代表任委员，负责本单位研究生国家奖学金的申请组织、初步评审等工作。

第五条 评审委员会成员在履行评审工作职责时应遵循以下原则：

（一）平等原则，即在评审过程中，积极听取其他委员的意见，在平等、协商的气氛中提出评审意见；

（二）回避原则，即发生与评审对象存在亲属关系、直接经济利益关系或有其他可能影响评审工作公平公正的情形时，应主动向评审委员会申请回避；

（三）公正原则，即不得利用评审委员的特殊身份和影响力，单独或与有关人员共同为评审对象提供获奖便利；

（四）保密原则，即不得擅自披露评审结果及其他评审委员的意见等相关保密信息。

第六条 高校在分配研究生国家奖学金名额时，应在各基层单位研究生规模的基础上，对培养质量较高的基层单位、学校特色优势学科、基础学科和国家亟需学科予以适当的倾斜。

第七条　高校在研究生国家奖学金评审过程中,可根据实际需要自行设计《研究生国家奖学金申请审批表》,统一组织学生申请研究生国家奖学金。

第八条　研究生国家奖学金每年评审一次,所有具有中华人民共和国国籍且纳入全国研究生招生计划的全日制(全脱产学习)研究生均有资格申请。当年毕业的研究生不再具备申请研究生国家奖学金资格。

第九条　高校与科研院所等其他研究生培养机构之间联合培养的研究生,原则上由高校对联合培养的研究生进行国家奖学金评审。

第十条　直博生和招生简章中注明不授予中间学位的本硕博、硕博连读学生,根据当年所修课程的层次阶段确定身份参与研究生国家奖学金的评定。在选修硕士课程阶段按照硕士研究生身份参与评定;进入选修博士研究生课程阶段按照博士研究生身份参与评定。

第十一条　研究生出现以下任一情况,不具备当年研究生国家奖学金参评资格:

(一)参评学年违反国家法律、交纪校规受到纪律处分者;

(二)参评学年有抄袭剽窃、弄虚作假等学术不端行为经查证属实的;

(三)参评学年学籍状态处于休学、保留学籍者。

第十二条　高校应根据学校自身情况,以研究生的道德品质和学习成绩为基本条件,科学合理地制定研究生国家奖学金评审指标体系。对学术型研究生,评审标准应偏重考察其科研创新能力和体现创新能力的科研成果;对专业学位研究生,评审标准应偏重考察其专业实践能力和适应专业岗位的综合素质。

第十三条　对于新入学的研究生,高校应根据学校实际情况设计科学合理的机制,重点考察研究生招生考试相关成绩及考核评价情况,兼顾其在本科阶段取得的突出成绩,可采取复试时组织专家和研究生导师对其进行评审答辩等形式的考察,确保符合条件的新入学研究生获得国家奖学金。

第十四条　为保证研究生国家奖学金获奖学生的质量,扩大研究生国家奖学金的影响力和激励引导作用,评审工作可增加有助于人才培养模式创新的竞赛、公开答辩等环节,实行差额评选。

第十五条　评审委员会确定本单位获奖学生名单后,应在本基层单位内进行不少于5个工作日的公示。公示无异议后,提交学校研究生国家奖学金评审领导小组进行审定,审定结果在全校范围内进行不少于5个工作日的公示。

第十六条　对研究生国家奖学金评审结果有异议的学生及相关人员,可在基层单位公示阶段向评审委员会提出申诉,评审委员会应及时研究并予以答复。如申诉人对基层单位作出的答复仍存在异议,可在高校公示阶段向研究生国家奖学金评审领导小组提请裁决。

第十七条　研究生在基本修业年限内可多次获得研究生国家奖学金,但获奖成果不可重复申报使用。超出学制期限基本修业年限的研究生,原则上不再具备研究生国家奖学金参评资格。

第十八条　在学制期限基本修业年限内,因国家和单位公派出国留学或校际交流在境外学习的研究生,仍具备研究生国家奖学金参评资格;由于因私出国留学、疾病、创业等原因未在校学习的研究生,期间内原则上不具备研究生国家奖学金参评资格。

第十九条　高校应及时报送研究生国家奖学金评审材料。中央部门所属高校将评审材料报其中央主管部门,地方高校将评审材料报省级教育、财政部门。评审材料包括反映本校评审依据、评审程序、名额分配及评审结果等情况的评审报告及获奖研究生汇总表。中央主管部门和省级教育、财政部门对所属高校评审情况和结果汇总后,每年10月31日前,报教育部、财政部备案。

第二十条　教育部、财政部委托全国学生资助管理中心收取研究生国家奖学金备案材料,并颁发国家统一印制的荣誉证书。

第二十一条　科研院所等其他研究生培养机构研究生国家奖学金评审参照本办法执行。

本专科生国家奖学金评审办法

· 2019 年 9 月 18 日
· 教财函〔2019〕105 号

第一条　为规范本专科生国家奖学金评审工作,保证评审工作的公正、公平、公开,根据学生资助管理有关规定,制定本办法。

第二条　教育部、财政部成立评审领导小组,设立评审委员会。评审领导小组由教育部、财政部有关负责人组成,全面领导评审工作,研究决定有关评审工作的重大事项,负责聘请评审委员会组成人员,批准评审委员会提交的本专科生国家奖学金评审意见。

评审委员会由具有代表性的管理人员、专家学者和学生代表组成,负责组织评审工作,向评审领导小组提出本专科生国家奖学金评审意见。根据评审工作需要，评审委员会下可设立若干评审工作小组，负责具体评审工作。

第三条　评审工作按下列程序进行：

（一）召开预备会。评审领导小组主持预备会，向评审委员会介绍有关情况，提出评审工作要求。

（二）开展评审工作。评审委员会组织评审工作小组对各单位上报的评审材料进行书面审查，提出评审意见。

（三）形成评审报告。评审工作小组完成评审工作后，由评审委员会汇总各评审工作小组的评审意见，讨论形成评审报告。

（四）审定评审报告。评审报告经评审委员会主任委员签字同意，报评审领导小组审定。

（五）公布评审结果。评审领导小组审定同意后，由教育部公告获奖学生名单。

第四条　评审的内容主要包括：

（一）材料的完整性。主要是指上报的材料是否及时、齐全、完备。

（二）程序的规范性。主要是指本专科生国家奖学金初评和审核工作是否符合规定程序。

（三）条件的相符性。主要是指入选学生的综合表现是否符合申请条件。

第五条　国家奖学金评审坚持公平、公正、公开、择优的原则，实行等额评审，每学年评审一次。

第六条　申请国家奖学金的基本条件：

（一）具有中华人民共和国国籍；

（二）热爱社会主义祖国，拥护中国共产党的领导；

（三）遵守宪法和法律，遵守学校规章制度；

（四）诚实守信，道德品质优良；

（五）在校期间学习成绩优异，创新能力、社会实践、综合素质等方面特别突出。

第七条　在符合基本条件的前提下，申请人还应满足以下具体条件：

（一）年级要求：二年级及以上年级本专科学生方可申请本专科生国家奖学金。特殊学制的学生，根据当年所修课程层次确定参与相应学段的国家奖学金评定，原则上从入学第六年开始不再具备本专科生国家奖学金申请资格。

（二）成绩要求：学习成绩排名与综合考评成绩排名均位于前10%（含10%）的学生，可以申请本专科生国家奖学金。学习成绩排名和综合考评成绩排名没有进入前10%，但达到前30%（含30%）的学生，如在其他方面表现

非常突出，也可申请本专科生国家奖学金，但需提交详细的证明材料，证明材料须经学校审核盖章确认。

其他方面表现非常突出是指在道德风尚、学术研究、学科竞赛、创新发明、社会实践、社会工作、体育竞赛、艺术展演等某一方面表现特别优秀。具体是指：

1. 在社会主义精神文明建设中表现突出，具有见义勇为、助人为乐、奉献爱心、服务社会、自立自强的实际行动，在本校、本地区产生重大影响，在全国产生较大影响，有助于树立良好的社会风尚。

2. 在学术研究上取得显著成绩，以第一作者发表的通过专家鉴定的高水平论文，以第一、二作者出版的通过专家鉴定的学术专著。

3. 在学科竞赛方面取得显著成绩，在国际和全国性专业学科竞赛、课外学术科技竞赛、中国"互联网+"大学生创新创业大赛、全国职业院校技能大赛等竞赛中获一等奖（或金奖）及以上奖励。

4. 在创新发明方面取得显著成绩，科研成果获省、部级以上奖励或获得通过专家鉴定的国家专利（不包括实用新型专利、外观设计专利）。

5. 在体育竞赛中取得显著成绩，为国家争得荣誉。非体育专业学生参加省级以上体育比赛获得个人项目前三名，集体项目前二名；高水平运动员参加国际和全国性体育比赛获得个人项目前三名、集体项目前二名。集体项目应为上场主力队员。

6. 在艺术展演方面取得显著成绩，参加全国大学生艺术展演获得一、二等奖，参加省级艺术展演获得一等奖；艺术类专业学生参加国际和全国性比赛获得前三名。集体项目应为主要演员。

7. 获全国十大杰出青年、中国青年五四奖章、中国大学生年度人物等全国性荣誉称号。

8. 其它应当认定为表现非常突出的情形。

第八条　各地各校要根据本办法，制定评审实施方案，成立本专科生国家奖学金评审领导小组，设立评审委员会。本专科生国家奖学金评审领导小组由各单位分管领导任组长，相关部门负责人为成员，全面领导评审工作。评审委员会由具有代表性的管理人员、专家学者和学生代表组成，具体负责评审工作，向评审领导小组提出本专科生国家奖学金评审意见。评审领导小组和评审委员会可根据本单位具体情况合并设立。

第九条　高校学生资助管理机构具体负责组织评审工作，提出本校当年本专科生国家奖学金获奖学生建议名单，报学校评审领导小组审定后，在校内进行不少于5

个工作日的公示。

公示无异议后,每年 10 月 31 日前,中央高校将评审结果报中央主管部门,同时抄送全国学生资助管理中心。地方高校将评审结果逐级报至省级教育行政部门。中央主管部门和省级教育行政部门审核、汇总后,于当年 11 月 10 日前统一报教育部审批。

第十条　本办法由教育部、财政部负责解释。

第十一条　本办法自印发之日起施行。《教育部、财政部关于印发〈国家奖学金评审办法〉的通知》(教财〔2007〕24 号)、《教育部办公厅关于进一步规范普通高校国家奖学金评审与材料填报工作的通知》(教财厅函〔2010〕16 号)同时废止。

港澳及华侨学生奖学金管理办法

· 2017 年 10 月 13 日
· 财科教〔2017〕139 号

第一章　总　则

第一条　为鼓励港澳及华侨学生来内地普通高校和科研院所就读,增强他们的祖国观念,激励他们勤奋学习、积极进取,特设立港澳及华侨学生奖学金。

第二条　港澳及华侨学生奖学金资金来源于中央财政,面向在内地普通高校和科研院所就读的全日制港澳本专科学生、硕士和博士研究生及华侨本专科学生。

第二章　申请条件

第三条　港澳及华侨学生奖学金申请的基本条件:

1. 热爱祖国,拥护"一国两制"方针;

2. 自觉遵守国家法律、法规,遵守学校各项规章制度;

3. 诚实守信,有良好的道德修养;

4. 入学考试成绩优秀或在校期间勤奋刻苦、成绩优良。

第三章　奖学金类别、等级、名额及奖励标准

第四条　奖学金的类别、等级、名额及奖励标准:

1. 本专科学生奖学金,分四个等级,其中,特等奖 190 人,每生每学年 8000 元;一等奖 1000 名,每生每学年 6000 元;二等奖 1600 名,每生每学年 5000 元;三等奖 2700 名,每生每学年 4000 元。

2. 硕士研究生奖学金,分四个等级,其中,特等奖 40 人,每生每学年 20000 元;一等奖 50 名,每生每学年 10000 元;二等奖 120 名,每生每学年 7000 元;三等奖 260 名,每生每学年 5000 元。

3. 博士研究生奖学金,分四个等级,其中,特等奖 20 人,每生每学年 30000 元;一等奖 30 名,每生每学年 15000 元;二等奖 60 名,每生每学年 10000 元;三等奖 100 名,每生每学年 7000 元。

中央将根据情况变化,适时调整奖学金等级、名额和奖励标准。

第四章　奖学金的申请、评审

第五条　港澳及华侨在校生奖学金按学年申请和评审,每年 10 月开始受理申请,当年 12 月 10 日前评审完毕。

港澳及华侨学生根据奖学金申请条件,按学年向所在学校或科研院所提出申请,提交《港澳及华侨学生奖学金申请表》(见附表)。奖学金每学年评选一次,符合条件的学生可连续申请。

第六条　港澳及华侨在校生奖学金评审程序:

1. 每年 9 月开学后,各招生单位应及时更新港澳及华侨学生学籍信息。

2. 教育部根据各招生单位全日制港澳及华侨学生在读人数等有关数据,经商财政部同意后于每年 9 月 30 日前按隶属关系向有关中央主管部门和省(自治区、直辖市)教育厅(教委)下达奖学金名额。

3. 各有关中央主管部门和省(自治区、直辖市)教育厅(教委)按照教育部下达的奖学金名额,确定并下达所属各有关单位的奖学金名额。

4. 各有关招生单位根据上级主管部门下达的奖学金名额,受理港澳及华侨学生的申请材料,按照公开、公平、公正的原则组织等额评审,确定初审合格学生名单并公示。

5. 公示结束后,各有关招生单位于每年 11 月 10 日前将建议获奖学生名单按照隶属关系经主管部门初审后报教育部。

第七条　奖学金的组织申请评审及审批等管理工作由教育部归口管理。教育部对有关主管部门报来的获奖学生名单进行审批,并将审批通过名单下发各有关单位。

第五章　奖学金的发放

第八条　财政部按照部门预算管理规定,下达教育部年度奖学金经费预算。

第九条　教育部按程序将资金拨付给有关招生单位。

第十条　各有关招生单位应当按照审批通过的获奖学生名单,于每年 12 月 31 日前将奖学金一次性发放给获奖学生。

第六章　监督检查

第十一条　各有关招生单位必须以高度的政治责任感做好奖学金管理工作,严格执行国家有关财经法规和本办法规定,加强资金管理,确保奖学金全部用于符合条件的港澳及华侨学生。

第十二条　各有关中央主管部门和省(自治区、直辖市)教育厅(教委)应当对奖学金使用情况进行监督检查,确保奖学金按时发放到位。

第十三条　奖学金资金管理接受审计、教育、财政等部门的监督检查,一旦发现截留、挤占和挪用等违法违纪行为,依照有关法律法规的规定追究相应责任。

第十四条　各级财政、教育部门及其工作人员在资金审核、分配等审批工作中,存在违反规定分配资金、向不符合条件的单位(或个人)分配资金、擅自超出规定的范围或标准分配资金,以及其他滥用职权、玩忽职守、徇私舞弊等违法违纪行为的,按照《中华人民共和国预算法》、《中华人民共和国公务员法》、《中华人民共和国行政监察法》、《财政违法行为处罚处分条例》等国家有关规定追究相应责任;涉嫌犯罪的,移送司法机关处理。

第十五条　对于获奖学生,招生单位应继续加强管理,如出现以下情况之一的,应取消其获奖资格并及时向上级主管部门报告:

1. 有反对"一国两制"的言论或行为;
2. 触犯国家法律、法规,参加非法社团组织;
3. 违反校规、校纪。

第七章　附　则

第十六条　本办法由财政部、教育部负责解释。

第十七条　本办法自印发之日起施行。原《港澳及华侨学生奖学金管理暂行办法》(财教〔2006〕129号)同时废止。

附表:港澳及华侨学生奖学金申请表(略)

台湾学生奖学金管理办法

· 2017 年 10 月 13 日
· 财科教〔2017〕139 号

第一章　总　则

第一条　为切实贯彻执行中央对台工作方针,推进祖国和平统一大业,进一步鼓励和支持更多的台湾地区学生来祖国大陆普通高校和科研院所学习,增强他们对祖国的认同感,激励他们勤奋学习、努力进取,特设立台湾学生奖学金。

第二条　台湾学生奖学金资金来源于中央财政,面向在祖国大陆普通高等学校和科研院所就读的台湾地区全日制本专科学生、硕士研究生和博士研究生。

第二章　申请条件

第三条　台湾学生奖学金申请的基本条件:

1. 认同一个中国,拥护祖国统一;
2. 自觉遵守国家法律、法规,遵守学校各项规章制度;
3. 诚实守信,有良好的道德修养;
4. 入学考试成绩优秀或在大陆学习期间勤奋刻苦,成绩优良。

第三章　奖学金类别、等级、名额及奖励标准

第四条　台湾学生奖学金的类别、等级、名额及奖励标准:

1. 本专科学生奖学金,分四个等级,其中,特等奖60名,奖学金每生每学年8000元;一等奖350名,奖学金每生每学年6000元;二等奖500名,奖学金每生每学年5000元;三等奖800名,奖学金每生每学年4000元。

2. 硕士研究生奖学金,分四个等级,其中,特等奖40名,奖学金每生每学年20000元;一等奖60名,奖学金每生每学年10000元;二等奖160名,奖学金每生每学年7000元;三等奖350名,奖学金每生每学年5000元。

3. 博士研究生奖学金,分四个等级,其中,特等奖50名,奖学金每生每学年30000元;一等奖60名,奖学金每生每学年15000元;二等奖160名,奖学金每生每学年10000元;三等奖310名,奖学金每生每学年7000元。

国家根据情况的变化,适时调整台湾学生奖学金等级、名额和奖励标准。

第四章　奖学金的申请、评审

第五条　台湾学生奖学金按学年申请和评审,每年10月开始受理申请,当年12月10日前评审完毕。

台湾学生根据上述奖学金申请条件,按学年向所在学校或科研院所提出申请,提交《台湾学生奖学金申请表》(见附表)。奖学金每学年评选一次,符合条件的学生可连续申请。

第六条　台湾学生奖学金评审程序:

1. 每年9月开学后,各招生单位应及时更新台湾学生学籍信息。

2. 教育部根据各招生单位台湾学生在校人数等有关数据,经商财政部同意后于每年9月30日前按隶属关系向各有关中央主管部门和省(自治区、直辖市)教育厅

（局、委）下达台湾学生奖学金名额。

3. 各有关中央主管部门和省（自治区、直辖市）教育厅（局、委）按照教育部下达的奖学金名额，确定所属各有关单位的奖学金名额。

4. 各有关招生单位根据上级主管部门下达的奖学金名额，受理台湾学生的申请材料，组织等额评审，按照公开、公平、公正的原则，确定初审合格学生名单并公示。

5. 公示结束后，各有关招生单位于每年 11 月 10 日前将建议获奖学生名单按照隶属关系经主管部门初审后报教育部。

第七条 台湾学生奖学金的组织申请评审及审批等管理工作由教育部归口管理。教育部对有关主管部门报来的获奖学生名单进行审批，并将审批通过名单下发各有关单位。

第五章 奖学金的发放

第八条 财政部按照部门预算管理规定，下达教育部年度奖学金经费预算。

第九条 教育部按程序将资金发付给有关招生单位。

第十条 各有关招生单位应当按照审批通过的获奖学生名单，于每年 12 月 31 日前将奖学金一次性发放给获奖学生。

第六章 监督检查

第十一条 各有关招生单位必须以高度的政治责任感做好台湾学生奖学金有关组织工作，严格执行国家有关财经法规和本办法规定，加强资金管理，确保奖学金全部用于符合条件的台湾学生。

第十二条 各有关中央主管部门和省（自治区、直辖市）教育厅（教委）对奖学金使用情况进行监督检查，确保奖学金按时发放到位。

第十三条 台湾学生奖学金资金管理接受审计、教育、财政等部门的监督检查，一旦发现截留、挤占和挪用等违法违纪行为，依照有关法律法规的规定追究相应责任。

第十四条 各级财政、教育部门及其工作人员在资金审核、分配等审批工作中，存在违反规定分配资金、向不符合条件的单位（或个人）分配资金、擅自超出规定的范围或标准分配资金以及其他滥用职权、玩忽职守、徇私舞弊等违法违纪行为的，按照《中华人民共和国预算法》《中华人民共和国公务员法》《中华人民共和国行政监察法》《财政违法行为处罚处分条例》等国家有关规定追究相应责任；涉嫌犯罪的，移送司法机关处理。

第十五条 对于获奖的台湾学生，学校应继续加强管理和教育，如出现以下情况之一的，应取消其获奖资格并及时向上级主管部门报告：

1. 有反对"一个中国"的言论或行为；
2. 触犯国家法律、法规，参加非法社团组织；
3. 违反校规、校纪。

第七章 附 则

第十六条 本办法由财政部、教育部负责解释。

第十七条 本办法自印发之日起实施。原《台湾学生奖学金管理暂行办法》（财教〔2005〕325号）同时废止。

附表：台湾学生奖学金申请表（略）

中等职业教育国家奖学金评审办法

· 2023 年 12 月 29 日
· 教财〔2023〕11 号

第一章 总 则

第一条 为规范中等职业教育国家奖学金（以下简称中职国家奖学金）评审工作，保证评审工作公正、公平、公开，根据学生资助管理有关规定，制定本办法。

第二条 中职国家奖学金由中央财政出资设立，用于奖励中等职业学校（含技工学校，下同）全日制在校生中特别优秀的学生。每年奖励 2 万名学生，奖励标准为每生每年 6000 元。

第三条 中职国家奖学金每学年评审一次，国家级评审实行等额评审。

第四条 全国学生资助管理中心会同全国技工院校学生资助管理工作办公室，根据中等职业学校全日制在校生数等因素，提出中职国家奖学金名额分配建议方案，报教育部、人力资源社会保障部、财政部同意后，联合下达中职国家奖学金名额，并组织实施中职国家奖学金评审工作。

第五条 各省（区、市）、各计划单列市、新疆生产建设兵团在根据中等职业学校全日制在校生数等因素分配国家奖学金名额时，应当对办学水平较高的学校和以农林、地质、矿产、水利、康养、托育、护理、家政等艰苦、特殊行业的专业和现代农业、先进制造业、现代服务业、战略性新兴产业等人才紧缺专业为主的学校，予以适当倾斜。

第二章 评审机构与职责

第六条 教育部、人力资源社会保障部、财政部成立中职国家奖学金评审领导小组，设立评审委员会。

第七条 评审领导小组由教育部、人力资源社会保障部、财政部有关负责人组成，全面领导评审工作，研究决定有关评审工作的重大事项,负责聘请评审委员会组成人员,批准评审委员会提交的中职国家奖学金评审意见。

第八条 评审委员会由具有代表性的领导、专家学者和教师代表组成,负责组织评审工作,向评审领导小组提出中职国家奖学金评审意见。根据评审工作需要,评审委员会可下设若干评审小组,具体负责评审工作。

第三章 评审程序与要求

第九条 中职国家奖学金评审使用国家奖学金评审系统(以下简称评审系统)。

第十条 中等职业学校具体负责组织中职国家奖学金申请受理、评审等工作,提出本校当年中职国家奖学金获奖学生建议名单,在校内进行不少于5个工作日的公示。

公示无异议后,每年10月31日前,中等职业学校将评审结果按照程序通过评审系统逐级报送至省级教育行政、人力资源社会保障部门。

第十一条 各省(区、市)、各计划单列市、新疆生产建设兵团教育行政部门联合人力资源社会保障部门通过评审系统组织开展评审工作,并于每年11月10日前将评审材料通过评审系统统一报送教育部。

第十二条 中职国家奖学金评审委员会评审程序:

(一)召开预备会。评审委员会召开预备会,培训评审专家,提出评审工作要求。

(二)开展评审工作。评审委员会组织评审小组对上报的评审材料进行审查,提出评审意见。

(三)形成评审报告。评审小组完成评审工作后,由评审委员会汇总各评审小组的评审意见,形成评审报告。

(四)审定评审报告。评审报告经评审委员会主任签字同意,报评审领导小组审定。

第十三条 评审领导小组审定同意后,由教育部和人力资源社会保障部公告获奖学生名单。

第十四条 中职国家奖学金评审要求:

(一)材料的完整性。主要是指上报材料是否及时、齐全、完备。

(二)程序的规范性。主要是指中职国家奖学金评审工作是否符合规定程序。

(三)条件的相符性。主要是指入选学生的综合表现是否符合申请条件。

第四章 申请条件

第十五条 申请中职国家奖学金的基本条件:

(一)具有中华人民共和国国籍。

(二)热爱社会主义祖国,拥护中国共产党的领导。

(三)遵守法律法规,遵守《中等职业学校学生公约》,遵守学校规章制度。

(四)诚实守信,道德品质优良。

(五)在校期间学习成绩、道德风尚、专业技能、社会实践、创新能力、综合素质等方面表现特别优秀。

第十六条 在符合基本条件前提下,申请人还应满足以下具体条件:

(一)年级要求:全日制二年级及以上学生可以申请中职国家奖学金。

(二)成绩表现等要求:成绩表现主要依据综合排名,没有综合排名的按照学习成绩排名并突出技能导向。

1. 位于年级同一专业前5%(含5%)的学生可以申请中职国家奖学金,学校应当优先推荐在地市级及以上技能大赛等专业技能竞赛中获奖的学生。

2. 位于年级同一专业排名未进入5%,但达到前30%(含30%)且在道德风尚、专业技能、社会实践、创新能力、综合素质等方面表现特别突出的,可以申请中职国家奖学金,同时需要提交详细的证明材料。证明材料须由学校审核后加盖学校公章。排名未进入30%的,不具备申请资格。

"表现特别突出"主要是指:

1. 在社会主义精神文明建设中表现突出。具有见义勇为、助人为乐、奉献爱心、服务社会、自立自强等突出表现,在区(县)级及以上地区产生重大影响,被区(县)级及以上官方媒体宣传报道。

2. 在职业技能竞赛或专业技能竞赛方面取得显著成绩。在世界技能大赛取得优胜奖及以上和入围世界技能大赛中国集训队及国际性职业技能竞赛获前8名,在中国技能大赛等全国性或省级职业技能竞赛获得优秀名次(一类职业技能大赛前20名、二类职业技能竞赛前15名)。在世界职业院校技能大赛取得优胜奖及以上和入围世界职业院校技能大赛中国集训队。在全国职业院校技能大赛等专业技能竞赛获得三等奖及以上奖励,省级选拔赛获得二等奖及以上奖励。

3. 在创新发明方面取得显著成绩,科研成果获得省、部级以上奖励或获得通过专家鉴定的国家专利(不包括实用新型专利、外观设计专利)。

4. 在体育竞赛中取得显著成绩,为国家争得荣誉。非体育专业学生参加省级及以上体育竞赛获得个人项目前三名、集体项目前二名;体育专业学生参加国际和全国性体育竞赛获得个人项目前三名、集体项目前二名。集体项目应为上场的主力队员。

5. 在重要艺术展演文艺比赛中取得显著成绩。非艺术类专业学生参加全国中小学生艺术展演或同等水平比赛省级遴选及以上水平比赛，获得三等奖及以上或前三名奖励；艺术类专业学生参加全国中小学生艺术展演或同等水平全国性及国际性比赛，获得三等奖及以上或前三名奖励，参加上述展演（比赛）的省级遴选获得二等奖及以上或前二名奖励。集体项目应为主要演员。

6. 获省级及以上三好学生、优秀学生干部、社会实践先进个人、杰出青年、五四奖章等个人表彰或荣誉称号。

7. 参加全国中等职业学校文明风采优秀作品展示展演的个人或集体项目主要创作人员。

8. 在创业等其他方面有优异表现的。

第五章　附　则

第十七条　中等职业学校应将获得国家奖学金情况记入学生学籍档案，颁发国家统一印制的荣誉证书，并于每年12月31日前将中职国家奖学金一次性发放给获奖学生。

第十八条　本办法由教育部、人力资源社会保障部、财政部负责解释。

第十九条　本办法自印发之日起施行。《教育部 人力资源社会保障部 财政部关于印发〈中等职业教育国家奖学金评审暂行办法〉的通知》（教财函〔2019〕104号）同时废止。

关于调整高等教育阶段和高中阶段国家奖助学金政策的通知

· 2024年10月25日
· 财教〔2024〕181号

有关中央部门，各省、自治区、直辖市、计划单列市财政厅（局）、教育厅（教育局、教委）、人力资源社会保障厅（局），新疆生产建设兵团财政局、教育局、人力资源社会保障局：

为全面贯彻党的二十大和二十届二中、三中全会精神，落实立德树人根本任务，完善覆盖全学段学生资助体系，调整高等教育阶段和高中阶段国家奖助学金政策。现将有关事项通知如下：

一、增加高等教育阶段国家奖学金名额，提高奖助学金标准

（一）增加本专科生国家奖学金奖励名额、提高奖励标准。从2024年起，将本专科生国家奖学金奖励名额由每年6万名增加到12万名，奖励标准由每生每年8000元提高到10000元。

（二）提高本专科生国家励志奖学金奖励标准。从2024年起，将本专科生国家励志奖学金奖励标准由每生每年5000元提高到6000元。

（三）提高本专科生国家助学金资助标准。从2024年秋季学期起，将本专科生（含预科生，不含退役士兵学生）国家助学金平均资助标准由每生每年3300元提高到3700元，具体标准由高校在每生每年2500—5000元范围内自主确定，可以分为2—3档。全日制在校退役士兵学生全部享受本专科生国家助学金，资助标准由每生每年3300元提高到3700元。

（四）增加研究生国家奖学金名额。从2024年起，将研究生国家奖学金奖励名额由每年4.5万名增加到9万名，其中：硕士生由3.5万名增加到7万名，博士生由1万名增加到2万名。

（五）提高研究生学业奖学金支持标准。从2025年起，提高中央高校研究生学业奖学金中央财政支持标准，其中：硕士生由每生每年8000元提高到10000元，博士生由每生每年10000元提高到12000元。中央高校根据研究生学业成绩、科研成果、社会服务等因素，确定研究生学业奖学金的覆盖面、等级、奖励标准（可分档设定奖励标准），并根据实际情况动态调整，最高不超过硕士生每生每年20000元、博士生每生每年30000元。研究生学业奖学金名额分配应向基础学科和国家急需的学科（专业、方向）倾斜，向拔尖创新人才、急需紧缺人才倾斜，向学术型研究生倾斜。各地可根据本次调整精神并结合实际，完善地方财政对所属高校研究生学业奖学金的支持政策。

二、提高高中阶段国家助学金资助标准，扩大中等职业学校国家助学金覆盖面

（一）提高普通高中国家助学金资助标准。从2025年春季学期起，将普通高中国家助学金平均资助标准由每生每年2000元提高到2300元，具体标准由各地结合实际在1200—3500元范围内确定，可以分为2—3档。

（二）扩大中等职业学校国家助学金覆盖面、提高资助标准。从2025年春季学期起，将中等职业学校（含技工院校，下同）全日制学历教育正式学籍三年级在校涉农专业学生和非涉农专业家庭经济困难学生纳入国家助学金资助范围。六盘山区等11个原连片特困地区和西藏、四省涉藏州县、新疆南疆四地州中等职业学校三年级农村学生（不含县城）全部纳入国家助学金资助范围。平均资助标准由每生每年 2000 元提高到 2300 元,具体标准由各地结合实际在 1200—3500 元范围内确定,可以分为 2—3 档。

三、切实抓好政策落实,及时分配下达新增名额和奖励资助资金

(一)加强组织领导,做好基础工作。各级财政、教育、人力资源社会保障等有关部门和学校要切实加强组织领导,修订本地本校奖助学金政策,强化政策落实落地力度。各级教育、人力资源社会保障部门要做好学生人数、资助范围、资助标准等基础数据的审核工作,对上报的可能影响资金分配结果的有关数据和信息的真实性、准确性负责。各级教育、人力资源社会保障等部门要组织学校做好国家奖学金评审、家庭经济困难学生认定等工作,做好 2024 年本专科生、研究生国家奖学金名额增补工作。

(二)落实经费责任,强化资金管理。本次政策调整所需资金,继续由中央财政和地方财政按照现行渠道和分担方式共同承担。各地要按照《学生资助资金管理办法》(财教〔2021〕310 号)有关要求,统筹安排中央对地方转移支付资金和地方应承担的资金,及时下达预算,加强资金管理,及时足额将国家奖助学金发放到符合条件的学生手中。教育部、人力资源社会保障部会同财政部等部门对资金使用和政策执行情况进行监督管理。

(三)加大宣传力度,提升资助成效。各有关部门和学校要认真学习、准确把握国家奖助学金政策调整内容,通过多种形式加强政策宣传解读,确保学校和学生应知尽知,切实打通政策落地"最后一公里",不断提升资助育人水平。

本通知自印发之日起施行。此前规定与本通知不一致的,以本通知为准。本通知未规定事项,按照原政策执行。

(四)助学金

教育部、财政部、人力资源社会保障部、审计署关于严禁虚报学生人数骗取中等职业学校国家助学金、免学费补助资金的通知

· 2010 年 12 月 5 日
· 教职成〔2010〕15 号

各省、自治区、直辖市教育厅(教委)、财政厅(局)、人力资源社会保障厅(局)、审计厅(局),新疆生产建设兵团教育局、财政局、劳动保障局、审计局:

自中等职业学校国家助学金和免学费政策实施以来,各地采取有力措施组织推动落实,总体进展顺利,成绩显著。但同时也存在着不少问题,个别地区和学校,尤其是一些民办学校,违纪违法,虚报学生人数套取国家助学金,在学生中和社会上造成了不良影响。为维护国家资助政策的严肃性,坚决禁止虚报学生人数骗取国家资金的行为,进一步健全中等职业学校国家助学金、免学费补助资金管理机制,加强监管力度,现就有关事项通知如下:

一、加强学校管理,严格执行中等职业学校的审批标准和程序

各省(区、市)教育和人力资源社会保障部门,要对现有中等职业学校,包括民办学校和教学点的办学进行一次全面清查,对在办学条件、学校管理等方面与国家规定的标准、要求差距较大的,要给予警告,并责令限期整改;对整改后仍达不到标准的,要限制招生和在校生规模。各省(区、市)要将最后审定的具有举办学历教育资质的中等职业学校名单于 2011 年 3 月底前报送教育部和财政部备案,同时抄送教育部全国学生资助管理中心。技工学校抄报人力资源社会保障部。

各省(区、市)教育和人力资源社会保障部门,要分别按照《中等职业学校管理规程》(教职成〔2010〕6 号)、《中等职业学校设置标准》(教职成〔2010〕12 号)、《技工学校工作条例》及有关文件中对中等职业学校在校生规模、学校硬件建设、专兼职教师配备、办学经费保证等方面的规定,严格执行中等职业学校审批标准和程序,保证基本办学条件、管理水平和办学质量,不得降低标准。

二、严格学籍管理,确保国家助学金、免学费补助资金补助学生人数真实、准确

国家、省(区、市)、市(州)、县(市、区)教育、人力资源社会保障行政部门对学校学籍管理工作实行分级管理,省级教育行政部门具有统筹管理的责任。中等职业学校要严格执行学籍电子注册制度。要把学生学籍管理、国家助学金和免学费补助资金管理纳入班主任工作内容。学校应当将新生基本信息,各年级学生变动名册及时输入全国中等职业学校学生信息管理系统或技工院校学生信息管理系统,并报其上级教育或人力资源社会保障主管部门。教育或人力资源社会保障主管部门逐级审核后上报至教育部或人力资源社会保障部。学校不得以虚假学生信息注册学生学籍,不得为同一学生以不同类型的高中阶段教育学校身份分别注册学籍,不得以不同类型职业学校身份分别向教育部门和人力资源社会保障部门申报学生学籍。联合招生合作办学的学校不得为

同一学生重复注册学籍,坚决杜绝"双重学籍"现象。

地方各级教育和人力资源社会保障行政部门要严格审核所辖学校申报的学籍注册名单,积极改进和完善学籍管理办法,及时、准确掌握在校学生人数,确保国家助学金发放工作及免学费补助资金使用严格按照政策规定进行。

三、全面推行中职学生资助卡,积极推行国家助学金集中发放模式

各级学生资助管理机构要按照《中国人民银行、财政部、教育部、人力资源社会保障部关于全面推行中职学生资助卡加强中职国家助学金发放监管工作的通知》(银发〔2010〕273号)要求,认真核查所辖学校通过全国中等职业学校学生管理信息系统上报的国家助学金受助学生信息(包括身份证号、年级、班级、专业、联系电话等),由学生资助管理机构或学校为每位受助学生办理"中职学生资助卡",并组织力量到学校现场发银行卡。学校每月要如实申报变动(增加和减少)的受助学生名单,各级学生资助管理机构要及时组织核查并通过信息系统予以审核。"中职学生资助卡"须由学生本人持有效身份证件原件到发卡银行网点柜台激活后方可使用。

各地要因地制宜积极推行国家助学金集中发放模式。一是可由财政国库集中发放。省、地市、县级财政部门每月根据同级学生资助管理机构提供的当月国家助学金发放清单,通过银行将助学金直接打入每位受助学生的银行卡中。二是可由学生资助管理机构集中发放。每学期开学前,省、地市和县级财政将上级财政拨付的及本级财政应承担的所辖学校国家助学金,拨付同级学生资助管理机构,学生资助管理机构每月根据审定的当月国家助学金发放清单,通过银行将助学金直接打入每位受助学生的银行卡中。

四、明确责任、健全机制,切实加强对国家助学金、免学费补助资金的监督检查

地方各级教育和人力资源社会保障部门要会同财政、审计等部门,层层明确对中等职业学校国家助学金、免学费补助资金的管理责任,建立健全监督检查机制,加大监督力度。每学期开学、期中、期末要组织对国家助学金、免学费补助资金管理情况的专项监督检查,检查工作一定要讲求实效,确保组织到位、责任到位、检查到位,整改措施到位;要建立国家助学金、免学费补助资金管理工作检查情况档案,每次检查情况要经检查人员签字确认后存档备案。各地要将检查情况及时上报教育部、人力资源社会保障部和财政部。中等职业学校要建立包括学

生代表参加的国家助学金、免学费补助资金评审机制,强化评审程序和评审结果的公示制度,实行阳光操作。同时,建立国家助学金、免学费补助资金管理投诉举报受理工作机制,设立举报投诉电话号码,并向社会公布,广泛接受群众监督。

五、加大处罚力度,及时查处套取国家助学金、免学费补助资金的行为

对虚报受助学生人数,套取中等职业学校国家助学金、免学费补助资金的行为,要坚决做到发现一起查处一起。除收回套取的财政专项资金外,还要加大对相关责任人和责任单位的处罚力度。对相关责任人要依法依纪进行严肃查处,涉嫌犯罪的,移交司法机关处理。对存在套取国家助学金、免学费补助资金行为的学校,要采取通报批评、"黄牌"或"红牌"警告、限制招生等措施;其中,对存在套取国家助学金、免学费补助资金行为的民办学校,情节严重的,要按照《民办教育促进法》及其实施条例的规定,停止招生、吊销办学许可证。对玩忽职守、监管审核不力的学校主管部门、学生资助管理部门,要予以通报批评。对明知故犯、参与套取国家助学金、免学费补助资金的个人,要依法依纪从严从重处罚。对于发生套取中等职业学校国家助学金、免学费补助资金现象的省份,教育部、人力资源社会保障部和财政部将在全国范围内进行通报批评,中央财政将按套取资金数的双倍扣减该省份有关以奖代补资金,并按隶属关系取消学校所在县(市、区)的中等职业教育改革发展示范校项目的申报资格;从查处之日起,3年内中央财政对违规学校不给予职业教育专项资金支持。

高等学校学生勤工助学管理办法

·2018年8月20日
·教财〔2018〕12号

第一章　总　则

第一条　为规范管理高等学校学生勤工助学工作,促进勤工助学活动健康、有序开展,保障学生合法权益,帮助学生顺利完成学业,发挥勤工助学育人功能,培养学生自立自强、创新创业精神,增强学生社会实践能力,特制定本办法。

第二条　本办法所称高等学校是指根据国家有关规定批准设立、实施高等学历教育的全日制普通本科高等学校、高等职业学校和高等专科学校(以下简称学校)。

第三条　本办法所称学生是指学校招收的本专科生

和研究生。

第四条　本办法所称勤工助学活动是指学生在学校的组织下利用课余时间，通过劳动取得合法报酬，用于改善学习和生活条件的实践活动。

第五条　勤工助学是学校学生资助工作的重要组成部分，是提高学生综合素质和资助家庭经济困难学生的有效途径，是实现全程育人、全方位育人的有效平台。勤工助学活动应坚持"立足校园、服务社会"的宗旨，按照学有余力、自愿申请、信息公开、扶困优先、竞争上岗、遵纪守法的原则，由学校在不影响正常教学秩序和学生正常学习的前提下有组织地开展。

第六条　勤工助学活动由学校统一组织和管理。学生私自在校外兼职的行为，不在本办法规定之列。

第二章　组织机构

第七条　学校学生资助工作领导小组全面领导勤工助学工作，负责协调学校的宣传、学工、研工、财务、人事、教务、科研、后勤、团委等部门配合学生资助管理机构开展相关工作。

第八条　学校学生资助管理机构下设专门的勤工助学管理服务组织，具体负责勤工助学的日常管理工作。

第三章　学校职责

第九条　组织开展勤工助学活动是学校学生工作的重要内容。学校要加强领导，认真组织，积极宣传，校内有关职能部门要充分发挥作用，在工作安排、人员配备、资金落实、办公场地、活动场所及助学岗位设置等方面给予大力支持，为学生勤工助学活动提供指导、服务和保障。

第十条　加强对勤工助学学生的思想教育，培养学生热爱劳动、自强不息、创新创业的奋斗精神，增强学生综合素质，充分发挥勤工助学育人功能。

第十一条　对在勤工助学活动中表现突出的学生予以表彰和奖励；对违反勤工助学相关规定的学生，可按照规定停止其勤工助学活动。对在勤工助学活动中违反校纪校规的，按照校纪校规进行教育和处理。

第十二条　根据本办法规定，结合学校实际情况，制定完善本校学生勤工助学活动的实施办法。

第十三条　根据国家有关规定，筹措经费，设立勤工助学专项资金，并制定资金使用与管理办法。

第四章　勤工助学管理服务组织职责

第十四条　确定校内勤工助学岗位。引导和组织学生积极参加勤工助学活动，指导和监督学生的勤工助学活动。

第十五条　开发校外勤工助学资源。积极收集校外勤工助学信息，开拓校外勤工助学渠道，并纳入学校管理。

第十六条　接受学生参加勤工助学活动的申请，安排学生勤工助学岗位，为学生和用人单位提供及时有效的服务。

第十七条　在学校学生资助管理机构的领导下，配合学校财务部门共同管理和使用学校勤工助学专项资金，制定校内勤工助学岗位的报酬标准，并负责酬金的发放和管理工作。

第十八条　组织学生开展必要的勤工助学岗前培训和安全教育，维护勤工助学学生的合法权益。

第十九条　安排勤工助学岗位，应优先考虑家庭经济困难的学生。对少数民族学生从事勤工助学活动，应尊重其风俗习惯。

第二十条　不得组织学生参加有毒、有害和危险的生产作业以及超过学生身体承受能力、有碍学生身心健康的劳动。

第五章　校内勤工助学岗位设置

第二十一条　设岗原则：

（一）学校应积极开发校内资源，保证学生参与勤工助学的需要。校内勤工助学岗位设置应以校内教学助理、科研助理、行政管理助理和学校公共服务等为主。按照每个家庭经济困难学生月平均上岗工时原则上不低于20小时为标准，测算出学期内全校每月需要的勤工助学总工时数（20工时×家庭经济困难学生总数），统筹安排、设置校内勤工助学岗位。

（二）勤工助学岗位既要满足学生需求，又要保证学生不因参加勤工助学而影响学习。学生参加勤工助学的时间原则上每周不超过8小时，每月不超过40小时。寒暑假勤工助学时间可根据学校的具体情况适当延长。

第二十二条　岗位类型：

勤工助学岗位分固定岗位和临时岗位。

（一）固定岗位是指持续一个学期以上的长期性岗位和寒暑假期间的连续性岗位；

（二）临时岗位是指不具有长期性，通过一次或几次勤工助学活动即完成任务的工作岗位。

第六章　校外勤工助学活动管理

第二十三条　学校勤工助学管理服务组织统筹管理校外勤工助学活动，并注重与学生学业的有机结合。

第二十四条　校外用人单位聘用学生勤工助学，须向学校勤工助学管理服务组织提出申请，提供法人资格证书副本和相关的证明文件。经审核同意,学校勤工助学管理服务组织推荐适合工作要求的学生参加勤工助学活动。

第七章　勤工助学酬金标准及支付

第二十五条　校内固定岗位按月计酬。以每月40个工时的酬金原则上不低于当地政府或有关部门制定的最低工资标准或居民最低生活保障标准为计酬基准,可适当上下浮动。

第二十六条　校内临时岗位按小时计酬。每小时酬金可参照学校当地政府或有关部门规定的最低小时工资标准合理确定,原则上不低于每小时12元人民币。

第二十七条　校外勤工助学酬金标准不应低于学校当地政府或有关部门规定的最低工资标准,由用人单位、学校与学生协商确定,并写入聘用协议。

第二十八条　学生参与校内非营利性单位的勤工助学活动,其劳动报酬由勤工助学管理服务组织从勤工助学专项资金中支付;学生参与校内营利性单位或有专门经费项目的勤工助学活动,其劳动报酬原则上由用人单位支付或从项目经费中开支;学生参加校外勤工助学,其劳动报酬由校外用人单位按协议支付。

第八章　法律责任

第二十九条　在校内开展勤工助学活动的,学生及用人单位须遵守国家及学校勤工助学相关管理规定。学生在校外开展勤工助学活动的,勤工助学管理服务组织必须经学校授权,代表学校与用人单位和学生三方签订具有法律效力的协议书。签订协议书并办理相关聘用手续后,学生方可开展勤工助学活动。协议书必须明确学校、用人单位和学生等各方的权利和义务,开展勤工助学活动的学生如发生意外伤害事故的处理办法以及争议解决方法。

第三十条　在勤工助学活动中,若出现协议纠纷或学生意外伤害事故,协议各方应按照签订的协议协商解决。如不能达成一致意见,按照有关法律法规规定的程序办理。

第九章　附　则

第三十一条　科研院所、党校、行政学院、会计学院等研究生培养单位根据本办法规定,制定完善本单位学生勤工助学活动的实施办法。

第三十二条　本办法由教育部、财政部负责解释。

第三十三条　本办法自公布之日起施行。教育部财政部印发的《高等学校勤工助学管理办法》(教财〔2007〕7号)同时废止。

(五)教育经费

国务院关于筹措农村学校办学经费的通知

· 1984年12月13日
· 国发〔1984〕174号

发展教育事业,是关系到我国经济振兴的大事,各级人民政府应当予以高度重视。在80年代,我国农村要在绝大部分地区基本普及小学教育,在经济条件较好的地区有计划地普及初中教育,同时要大力举办学前教育,积极发展农业技术教育,改革中等教育结构,培养有一定职业技术的人才,以适应经济发展的需要。但是,目前农村学校办学条件差,办学经费不足,中小学教师待遇偏低,严重影响了农村教育事业的发展。因此,必须采取有效措施,逐步予以解决,在逐年增加国家对教育基本建设投资和教育事业费的同时,充分调动农村集体经济组织和其他各种社会力量办学的积极性。现对筹措农村学校办学经费问题通知如下:

一、开辟多种渠道筹措农村学校办学经费。除国家拨给的教育事业费外,乡人民政府可以征收教育事业费附加,并鼓励社会各方面和个人自愿投资在农村办学。这些经费,要实行专款专用,任何部门和单位不得挪用和平调。

二、国家拨给的教育事业费,在原有基础上实行包干,由县下达到乡,不能减少,不得截留。包干办法,由各省、自治区、直辖市人民政府自定。今后国家和地方政府逐年增加的教育事业费,重点用于发展师范教育和补助贫困地区。富裕地区乡教育事业费的增加依靠自己解决。

三、乡人民政府征收教育事业费附加,对农业、乡镇企业都要征收。可以按销售收入或其他适当办法计征,但不要按人头、地亩计征。附加率可高可低,贫困地区可以免征。由于各地经济发展不平衡,教育事业的发展也不平衡,因此各地教育事业费附加率和计征办法,不强求统一,可由乡人民政府每年按本乡经济状况、群众承受能力和发展教育事业的需要提出意见,报请乡人民代表大会讨论通过后,报上一级人民政府批准执行。这项附加收入要取之于乡,用之于乡。

四、乡人民政府在不增加行政编制的前提下,可设立教育事业费管理委员会,负责管好用好全乡农村学校办学经费。乡教育事业费管理委员会每年要向乡人民代表大会报告教育事业费收支情况,并接受县教育、财政部门的指导与监督。

五、要采取有效措施,逐步改变中小学教师生活待遇偏低的状况,使教师这个职业成为最受人羡慕的职业之一。农村中小学民办教师全部实行工资制,逐步做到不再分公办、民办。由于各地经济发展水平相差悬殊,国家对农村教师工资标准不作统一规定。在国家拨给的教育事业费包干的基础上和逐步提高中小学教师生活待遇的前提下,可把农村教师的工资放开,允许富裕地区解决得更好一些,其工资多少,由乡教育事业费管理委员会讨论决定。贫困地区农村教师增加工资,可从国家拨给的教育事业费的增加部分中予以补助。在学校工作的职工,他们的工资、福利也要相应提高。

六、各省、自治区、直辖市人民政府可根据上述原则,结合当地情况,制定具体方案和实施办法,先进行试点,再逐步推开。

农村实行征收教育事业费附加是一项改革,各地要加强领导,注意总结经验,发现问题要及时解决。实施情况,各地要在一九八五年底向教育部、财政部提出报告。

国务院关于深化农村义务教育经费保障机制改革的通知

·2005 年 12 月 24 日
·国发〔2005〕43 号

各省、自治区、直辖市人民政府、国务院各部委、各直属机构:

为贯彻党的十六大和十六届三中、五中全会精神,落实科学发展观,强化政府对农村义务教育的保障责任,普及和巩固九年义务教育,促进社会主义新农村建设,国务院决定,深化农村义务教育经费保障机制改革。现就有关事项通知如下:

一、充分认识深化农村义务教育经费保障机制改革的重大意义

农村义务教育在全面建设小康社会、构建社会主义和谐社会中具有基础性、先导性和全局性的重要作用。党中央、国务院历来高度重视农村义务教育事业发展,特别是农村税费改革以来,先后发布了《国务院关于基础教育改革与发展的决定》、《国务院关于进一步加强农村教育工作的决定》等一系列重要文件,确立了"在国务院领导下,由地方政府负责,分级管理,以县为主"的农村义务教育管理体制,逐步将农村义务教育纳入公共财政保障范围。各级人民政府按照新增教育经费主要用于农村的要求,进一步加大了对农村义务教育的投入力度,实施了

国家贫困地区义务教育工程、农村中小学危房改造工程、国家西部地区"两基"攻坚计划、农村中小学现代远程教育工程、农村贫困家庭中小学生"两免一补"政策等,农村义务教育事业发展取得了显著成绩。

但是,我国农村义务教育经费保障机制方面,仍然存在各级政府投入责任不明确、经费供需矛盾比较突出、教育资源配置不尽合理、农民教育负担较重等突出问题,在一定程度上影响了"普九"成果的巩固,不利于农村义务教育事业健康发展,必须深化改革。特别是在建设社会主义新农村的新形势下,深化农村义务教育经费保障机制改革,从理顺机制入手解决制约农村义务教育发展的经费投入等问题,具有重大的现实意义和深远的历史意义。这是践行"三个代表"重要思想和执政为民的重要举措;是促进教育公平和社会公平,提高全民族素质和农村发展能力,全面建设小康社会和构建和谐社会的有力保证;是贯彻落实"多予少取放活"方针,进一步减轻农民负担,巩固和发展农村税费改革成果,推进农村综合改革的重要内容;是完善以人为本的公共财政支出体系,扩大公共财政覆盖农村范围,强化政府对农村的公共服务,推进基本公共服务均等化的必然要求;是科学、合理配置义务教育资源,完善"以县为主"管理体制,加快农村义务教育事业发展的有效手段。各地区、各有关部门必须进一步统一思想,提高认识,切实按照国务院的部署,扎扎实实把各项改革政策贯彻落实到位。

二、深化农村义务教育经费保障机制改革的主要内容

按照"明确各级责任、中央地方共担、加大财政投入、提高保障水平、分步组织实施"的基本原则,逐步将农村义务教育全面纳入公共财政保障范围,建立中央和地方分项目、按比例分担的农村义务教育经费保障机制。中央重点支持中西部地区,适当兼顾东部部分困难地区。

(一)全部免除农村义务教育阶段学生学杂费,对贫困家庭学生免费提供教科书并补助寄宿生生活费。免学杂费资金由中央和地方按比例分担,西部地区为 8∶2,中部地区为 6∶4;东部地区除直辖市外,按财力状况分省确定。免费提供教科书资金,中西部地区由中央全额承担,东部地区由地方自行承担。补助寄宿生生活费资金由地方承担,补助对象、标准及方式由地方人民政府确定。

(二)提高农村义务教育阶段中小学公用经费保障水平。在免除学杂费的同时,先落实各省(区、市)制订的本省(区、市)农村中小学预算内生均公用经费拨款标

准,所需资金由中央和地方按照免学杂费资金的分担比例共同承担。在此基础上,为促进农村义务教育均衡发展,由中央适时制定全国农村义务教育阶段中小学公用经费基准定额,所需资金仍由中央和地方按上述比例共同承担。中央适时对基准定额进行调整。

(三)建立农村义务教育阶段中小学校舍维修改造长效机制。对中西部地区,中央根据农村义务教育阶段中小学在校生人数和校舍生均面积、使用年限、单位造价等因素,分省(区、市)测定每年校舍维修改造所需资金,由中央和地方按照5∶5比例共同承担。对东部地区,农村义务教育阶段中小学校舍维修改造所需资金主要由地方自行承担,中央根据其财力状况以及校舍维修改造成效等情况,给予适当奖励。

(四)巩固和完善农村中小学教师工资保障机制。中央继续按照现行体制,对中西部及东部部分地区农村中小学教师工资经费给予支持。省级人民政府要加大对本行政区域内财力薄弱地区的转移支付力度,确保农村中小学教师工资按照国家标准按时足额发放。

三、农村义务教育经费保障机制改革的实施步骤

农村义务教育经费保障机制改革,从2006年农村中小学春季学期开学起,分年度、分地区逐步实施。

(一)2006年,西部地区农村义务教育阶段中小学生全部免除学杂费;中央财政同时对西部地区农村义务教育阶段中小学安排公用经费补助资金,提高公用经费保障水平;启动全国农村义务教育阶段中小学校校舍维修改造资金保障新机制。

(二)2007年,中部地区和东部地区农村义务教育阶段中小学生全部免除学杂费;中央财政同时对中部地区和东部部分地区农村义务教育阶段中小学安排公用经费补助资金,提高公用经费保障水平。

(三)2008年,各地农村义务教育阶段中小学生均公用经费全部达到该省(区、市)2005年秋季学期开学前颁布的生均公用经费基本标准;中央财政安排资金扩大免费教科书覆盖范围。

(四)2009年,中央出台农村义务教育阶段中小学公用经费基准定额。各省(区、市)制定的生均公用经费基本标准低于基准定额的差额部分,当年安排50%,所需资金由中央财政和地方财政按照免学杂费的分担比例共同承担。

(五)2010年,农村义务教育阶段中小学公用经费基准定额全部落实到位。

农垦、林场等所属义务教育阶段中小学经费保障机制改革,与所在地区农村同步实施,所需经费按照现行体制予以保障。城市义务教育也应逐步完善经费保障机制,具体实施方式由地方确定,所需经费由地方承担。其中,享受城市居民最低生活保障政策家庭的义务教育阶段学生,与当地农村义务教育阶段中小学生同步享受“两免一补”政策;进城务工农民子女在城市义务教育阶段学校就读的,与所在城市义务教育阶段学生享受同等政策。

四、加强领导,确保落实

农村义务教育经费保障机制改革工作,涉及面广,政策性强,任务十分艰巨和紧迫。各地区、各有关部门必须从讲政治的高度,从全局出发充分认识深化农村义务教育经费保障机制改革的重大意义,周密部署,统筹安排,扎扎实实把各项改革政策贯彻落实到位。

(一)加强组织领导,搞好协调配合。地方各级人民政府要切实加强对农村义务教育经费保障机制改革工作的组织领导,“一把手”要亲自抓、负总责。各有关部门要加强协调,密切配合。要成立农村义务教育经费保障机制改革领导小组及办公室,负责各项组织实施工作。特别是要在深入调查研究、广泛听取各方面意见的基础上,按照本通知的要求,抓紧制定切实可行的实施方案。国务院有关部门要发挥职能作用,加强对农村义务教育经费保障机制改革工作的指导和协调。

(二)落实分担责任,强化资金管理。省级人民政府要负责统筹落实以下各级人民政府应承担的经费,制订本省(区、市)各级政府的具体分担办法,完善财政转移支付制度,确保中央和地方各级农村义务教育经费保障机制改革资金落实到位。推进农村义务教育阶段学校预算编制制度改革,将各项收支全部纳入预算管理。健全预算资金支付管理制度,加强农村中小学财务管理,严格按照预算办理各项支出,推行农村中小学财务公开制度,确保资金分配使用的及时、规范、安全和有效,严禁挤占、截留、挪用教育经费。全面清理现行农村义务教育阶段学校收费政策,全部取消农村义务教育阶段学校各项行政事业性收费,坚决杜绝乱收费。

(三)加快推进教育综合改革。深化教师人事制度改革,依法全面实施教师资格准入制度,加强农村中小学编制管理,坚决清退不合格和超编教职工,提高农村中小学师资水平;推行城市教师、大学毕业生到农村支教制度。全面实施素质教育,加快农村中小学课程改革;严格控制农村中小学教科书的种类和价格,推行教科书政府采购,逐步建立教科书循环使用制度。建立以素质教育为宗旨的义务教育评价体系。促进教育公平,防止教育资源过度向少数学校集中。

（四）齐抓共管，强化监督检查。各级人民政府在安排农村义务教育经费时要切实做到公开透明，要把落实农村义务教育经费保障责任与投入情况向同级人民代表大会报告，并向社会公布，接受社会监督。各级财政、教育、物价、审计、监察等有关部门要加强对农村义务教育经费安排使用、贫困学生界定、中小学收费等情况的监督检查。各级人民政府要改进和加强教育督导工作，把农村义务教育经费保障机制改革和教育综合改革，作为教育督导的重要内容。通过齐抓共管，真正使农村义务教育经费保障机制改革工作成为德政工程、民心工程和阳光工程。

（五）加大宣传工作力度。地方各级人民政府和国务院有关部门要高度重视农村义务教育经费保障机制改革的宣传工作，制订切实可行的宣传方案，广泛利用各种宣传媒介，采取多种形式，向全社会进行深入宣传，使党和政府的这项惠民政策家喻户晓、深入人心，营造良好的改革环境，确保农村义务教育经费保障机制改革工作顺利进行。

国务院关于进一步完善城乡义务教育经费保障机制的通知

·2015 年 11 月 25 日
·国发〔2015〕67 号

为深入贯彻党的十八大和十八届二中、三中、四中、五中全会精神，认真落实党中央、国务院决策部署，统筹城乡义务教育资源均衡配置，推动义务教育事业持续健康发展，国务院决定，自 2016 年起进一步完善城乡义务教育经费保障机制。现就有关事项通知如下：

一、重要意义

义务教育是教育工作的重中之重，在全面建成小康社会进程中具有基础性、先导性和全局性的重要作用。自 2006 年实施农村义务教育经费保障机制改革以来，义务教育逐步纳入公共财政保障范围，城乡免费义务教育全面实现，稳定增长的经费保障机制基本建立，九年义务教育全面普及，县域内义务教育均衡发展水平不断提高。但随着我国新型城镇化建设和户籍制度改革不断推进，学生流动性加大，现行义务教育经费保障机制已不能很好适应新形势要求。城乡义务教育经费保障机制有关政策不统一、经费可携带性不强、资源配置不够均衡、综合改革有待深化等问题，都需要进一步采取措施，切实加以解决。

在整合农村义务教育经费保障机制和城市义务教育奖补政策的基础上，建立城乡统一、重在农村的义务教育经费保障机制，是教育领域健全城乡发展一体化体制机制的重大举措。这有利于推动省级政府统筹教育改革，优化教育布局，实现城乡义务教育在更高层次的均衡发展，促进教育公平、提高教育质量；有利于深化财税体制改革，推动实现财政转移支付同农业转移人口市民化挂钩，促进劳动力合理流动，推动经济结构调整和产业转型升级；有利于促进基本公共服务均等化，构建社会主义和谐社会，建设人力资源强国。

二、总体要求

（一）坚持完善机制，城乡一体。适应新型城镇化和户籍制度改革新形势，按照深化财税体制改革、教育领域综合改革的新要求，统筹设计城乡一体化的义务教育经费保障机制，增强政策的统一性、协调性和前瞻性。

（二）坚持加大投入，突出重点。继续加大义务教育投入，优化整合资金，盘活存量，用好增量，重点向农村义务教育倾斜，向革命老区、民族地区、边疆地区、贫困地区倾斜，统筹解决城市义务教育相关问题，促进城乡义务教育均衡发展。

（三）坚持创新管理，推进改革。大力推进教育管理信息化，创新义务教育转移支付与学生流动相适应的管理机制，实现相关教育经费可携带，增强学生就读学校的可选择性。

（四）坚持分步实施，有序推进。区分东中西部、农村和城镇学校的实际情况，合理确定实施步骤，通过两年时间逐步完善城乡义务教育经费保障机制，并在此基础上根据相关情况变化适时进行调整完善。

三、主要内容

整合农村义务教育经费保障机制和城市义务教育奖补政策，建立统一的中央和地方分项目、按比例分担的城乡义务教育经费保障机制。

（一）统一城乡义务教育"两免一补"政策。对城乡义务教育学生免除学杂费、免费提供教科书，对家庭经济困难寄宿生补助生活费（统称"两免一补"）。民办学校学生免除学杂费标准按照中央确定的生均公用经费基准定额执行。免费教科书资金，国家规定课程由中央全额承担（含出版发行少数民族文字教材亏损补贴），地方课程由地方承担。家庭经济困难寄宿生生活费补助资金由中央和地方按照 5∶5 比例分担，贫困面由各省（区、市）重新确认并报财政部、教育部核定。

（二）统一城乡义务教育学校生均公用经费基准定

额。中央统一确定全国义务教育学校生均公用经费基准定额。对城乡义务教育学校（含民办学校）按照不低于基准定额的标准补助公用经费，并适当提高寄宿制学校、规模较小学校和北方取暖地区学校补助水平。落实生均公用经费基准定额所需资金由中央和地方按比例分担，西部地区及中部地区比照实施西部大开发政策的县（市、区）为8：2，中部其他地区为6：4，东部地区为5：5。提高寄宿制学校、规模较小学校和北方取暖地区学校公用经费补助水平所需资金，按照生均公用经费基准定额分担比例执行。现有公用经费补助标准高于基准定额的，要确保水平不降低，同时鼓励各地结合实际提高公用经费补助标准。中央适时对基准定额进行调整。

（三）巩固完善农村地区义务教育学校校舍安全保障长效机制。支持农村地区公办义务教育学校维修改造、抗震加固、改扩建校舍及其附属设施。中西部农村地区公办义务教育学校校舍安全保障机制所需资金由中央和地方按照5：5比例分担；对东部农村地区，中央继续采取"以奖代补"方式，给予适当奖励。城市地区公办义务教育学校校舍安全保障长效机制由地方建立，所需经费由地方承担。

（四）巩固落实城乡义务教育教师工资政策。中央继续对中西部地区及东部部分地区义务教育教师工资经费给予支持，省级人民政府加大对本行政区域内财力薄弱地区的转移支付力度。县级人民政府确保县域内义务教育教师工资按时足额发放，教育部门在分配绩效工资时，要加大对艰苦边远贫困地区和薄弱学校的倾斜力度。

统一城乡义务教育经费保障机制，实现"两免一补"和生均公用经费基准定额资金随学生流动可携带。同时，国家继续实施农村义务教育薄弱学校改造计划等相关项目，着力解决农村义务教育发展中存在的突出问题和薄弱环节。

四、实施步骤

（一）从2016年春季学期开始，统一城乡义务教育学校生均公用经费基准定额。中央确定2016年生均公用经费基准定额为：中西部地区普通小学每生每年600元、普通初中每生每年800元；东部地区普通小学每生每年650元、普通初中每生每年850元。在此基础上，对寄宿制学校按照寄宿生年生均200元标准增加公用经费补助，继续落实好农村地区不足100人的规模较小学校按100人核定公用经费和北方地区取暖费等政策；特殊教育学校和随班就读残疾学生按每生每年6000元标准补

助公用经费。同时，取消对城市义务教育免除学杂费和进城务工人员随迁子女接受义务教育的中央奖补政策。

（二）从2017年春季学期开始，统一城乡义务教育学生"两免一补"政策。在继续落实好农村学生"两免一补"和城市学生免除学杂费政策的同时，向城市学生免费提供教科书并推行部分教科书循环使用制度，对城市家庭经济困难寄宿生给予生活费补助。中央财政适时提高国家规定课程免费教科书补助标准。

（三）以后年度，根据义务教育发展过程中出现的新情况和新问题，适时完善城乡义务教育经费保障机制相关政策措施。

高校、军队、农垦、林场林区等所属义务教育学校经费保障机制，与所在地区同步完善，所需经费按照现行体制予以保障。

五、组织保障

（一）加强组织领导，强化统筹协调。各地区、各有关部门要高度重视，加强组织领导。省级人民政府要切实发挥省级统筹作用，制定切实可行的实施方案和省以下各级政府间的经费分担办法，完善省以下转移支付制度，加大对本行政区域内困难地区的支持。各省（区、市）要将实施方案、省以下资金分担比例和家庭经济困难寄宿生贫困面，于2016年3月底前报财政部、教育部。县级人民政府要按照义务教育"以县为主"的管理体制，落实管理主体责任。国务院有关部门要发挥职能作用，加强工作指导和协调。

（二）优化教育布局，深化教育改革。各地要结合人口流动的规律、趋势和城市发展规划，及时调整完善教育布局，将民办学校纳入本地区教育布局规划，科学合理布局义务教育学校。加快探索建立乡村小规模学校办学机制和管理办法，建设并办好寄宿制学校，慎重稳妥撤并乡村学校，努力消除城镇学校"大班额"，保障当地适龄儿童就近入学。加强义务教育民办学校管理。深化教师人事制度改革，健全城乡教师和校长交流机制，健全义务教育治理体系，加强留守儿童教育关爱。

（三）确保资金落实，强化绩效管理。各级人民政府要按照经费分担责任足额落实应承担的资金，并确保及时足额拨付到位。县级人民政府要加强县域内教育经费的统筹安排，保障规模较小学校正常运转；加强义务教育学校预算管理，细化预算编制，硬化预算执行，强化预算监督。规范义务教育学校财务管理，创新管理理念，将绩效预算贯穿经费使用管理全过程，切实提高经费使用效益。

（四）推进信息公开，强化监督检查。各级人民政府

要加大信息公开力度,将义务教育经费投入情况向同级人民代表大会报告,并向社会公布,接受社会监督。各级财政、教育、价格、审计、监察等有关部门要齐抓共管,加强对义务教育经费保障机制资金使用管理、学校收费等情况的监督检查。各级教育部门要加强义务教育基础信息管理工作,确保学生学籍信息、学校基本情况、教师信息等数据真实准确。

(五)加大宣传力度,营造良好氛围。各地区、各有关部门要高度重视统一城乡义务教育经费保障机制的宣传工作,广泛利用各种宣传媒介,采取多种方式,向社会进行深入宣传,使党和政府的惠民政策家喻户晓、深入人心,确保统一城乡义务教育经费保障机制各项工作落到实处。

本通知自 2016 年 1 月 1 日起执行。凡以往规定与本通知规定不一致的,按本通知规定执行。

征收教育费附加的暂行规定

· 1986 年 4 月 28 日国务院发布
· 根据 1990 年 6 月 7 日《国务院关于修改〈征收教育费附加的暂行规定〉的决定》第一次修订
· 根据 2005 年 8 月 20 日《国务院关于修改〈征收教育费附加的暂行规定〉的决定》第二次修订
· 根据 2011 年 1 月 8 日《国务院关于废止和修改部分行政法规的决定》第三次修订

第一条　为贯彻落实《中共中央关于教育体制改革的决定》,加快发展地方教育事业,扩大地方教育经费的资金来源,特制定本规定。

第二条　凡缴纳消费税、增值税、营业税的单位和个人,除按照《国务院关于筹措农村学校办学经费的通知》(国发〔1984〕174 号文)的规定,缴纳农村教育事业费附加的单位外,都应当依照本规定缴纳教育费附加。

第三条　教育费附加,以各单位和个人实际缴纳的增值税、营业税、消费税的税额为计征依据,教育费附加率为 3%,分别与增值税、营业税、消费税同时缴纳。

除国务院另有规定者外,任何地区、部门不得擅自提高或者降低教育费附加率。

第四条　依照现行有关规定,除铁道系统、中国人民银行总行、各专业银行总行、保险总公司的教育附加随同营业税上缴中央财政外,其余单位和个人的教育费附加,均就地上缴地方财政。

第五条　教育费附加由税务机关负责征收。

教育费附加纳入预算管理,作为教育专项资金,根据"先收后支、列收列支、收支平衡"的原则使用和管理。地方各级人民政府应当依照国家有关规定,使预算内教育事业费逐步增长,不得因教育费附加纳入预算专项资金管理而抵顶教育事业费拨款。

第六条　教育费附加的征收管理,按照消费税、增值税、营业税的有关规定办理。

第七条　企业缴纳的教育费附加,一律在销售收入(或营业收入)中支付。

第八条　地方征收的教育费附加,按专项资金管理,由教育部门统筹安排,提出分配方案,商同级财政部门同意后,用于改善中小学教学设施和办学条件,不得用于职工福利和发放奖金。

铁道系统、中国人民银行总行、各专业银行总行、保险总公司随同营业税上缴的教育费附加,由国家教育委员会按年度提出分配方案,商财政部同意后,用于基础教育的薄弱环节。

地方征收的教育费附加,主要留归当地安排使用。省、自治区、直辖市可根据各地征收教育费附加的实际情况,适当提取一部分数额,用于地区之间的调剂、平衡。

第九条　地方各级教育部门每年应定期向当地人民政府、上级主管部门和财政部门,报告教育费附加的收支情况。

第十条　凡办有职工子弟学校的单位,应当先按本规定缴纳教育费附加;教育部门可根据它们办学的情况酌情返还给办学单位,作为对所办学校经费的补贴。办学单位不得借口缴纳教育费附加而撤并学校,或者缩小办学规模。

第十一条　征收教育费附加以后,地方各级教育部门和学校,不准以任何名目向学生家长和单位集资,或者变相集资,不准以任何借口不让学生入学。

对违反前款规定者,其上级教育部门要予以制止,直接责任人员要给予行政处分。单位和个人有权拒缴。

第十二条　本规定由财政部负责解释。各省、自治区、直辖市人民政府可结合当地实际情况制定实施办法。

第十三条　本规定从 1986 年 7 月 1 日起施行。

城乡义务教育补助经费管理办法

· 2021 年 4 月 1 日
· 财教〔2021〕56 号

第一条　为加强城乡义务教育补助经费管理,提高资金使用效益,推进义务教育均衡发展,根据国家预算管理有关规定,制定本办法。

第二条　本办法所称城乡义务教育补助经费(以下称补助经费),是指中央财政用于支持城乡义务教育发展的转移支付资金。本办法所称城市、农村地区划分标准:国家统计局最新版本的《统计用区划代码》中的第5-6位(区县代码)为01-20且《统计用城乡划分代码》中的第13-15位(城乡分类代码)为111的主城区为城市,其他地区为农村。

第三条　补助经费管理遵循"城乡统一、重在农村,统筹安排、突出重点,客观公正、规范透明,注重绩效、强化监督"的原则。

第四条　现阶段,补助经费支持方向包括:

(一)落实城乡义务教育经费保障机制。

1. 对城乡义务教育学生(含民办学校学生)免除学杂费、免费提供教科书、对家庭经济困难学生补助生活费。民办学校学生由学校按照获得的生均公用经费补助免除学杂费。免费提供国家规定课程教科书和免费为小学一年级新生提供正版学生字典的补助标准由国家统一制定,所需资金由中央财政全额承担(含以2016年为基数核定的出版发行少数民族文字教材亏损补贴)。家庭经济困难学生生活补助资金由中央与地方按规定比例分担,其中家庭经济困难寄宿生生活补助国家基础标准由国家统一制定,并按国家基础标准的一定比例核定家庭经济困难非寄宿生生活补助标准。

2. 对城乡义务教育学校(含民办学校)按照不低于生均公用经费基准定额的标准补助公用经费,并适当提高寄宿制学校、规模较小学校、北方取暖地区学校、特殊教育学校和随班就读残疾学生的公用经费补助水平。城乡义务教育生均公用经费基准定额由国家统一制定。公用经费补助资金由中央与地方按规定比例分担,用于保障学校正常运转、完成教育教学活动和其他日常工作任务等方面支出,具体支出范围包括:教学业务与管理、教师培训、实验实习、文体活动、水电、取暖、交通差旅、邮电,仪器设备及图书资料等购置,房屋、建筑物及仪器设备的日常维修维护等。公用经费补助资金不得用于教职工福利、临时聘用人员工资等人员经费,基本建设投资,偿还债务等方面的支出。其中,教师培训费按照学校年度公用经费预算总额的5%安排,用于教师按照学校年度培训计划参加培训所需的差旅费、伙食补助费、资料费和住宿费等开支。

3. 巩固完善农村义务教育学校校舍安全保障长效机制,支持公办学校维修改造、抗震加固、改扩建校舍及

其附属设施。公办学校校舍单位面积补助测算标准由国家统一制定,所需资金由中央与地方按规定比例分担。

4. 对地方落实乡村教师生活补助等政策给予综合奖补,奖补资金根据奖补标准、调整系数等绩效因素核定,地方可统筹用于城乡义务教育经费保障机制相关支出。

(二)实施农村义务教育阶段学校教师特设岗位计划,中央财政对特岗教师给予工资性补助,补助资金按规定据实结算。

(三)实施农村义务教育学生营养改善计划。国家统一制定学生营养膳食补助国家基础标准。国家试点地区营养膳食补助所需资金,由中央财政全额承担,用于向学生提供等值优质的食品,不得以现金形式直接发放,不得用于补贴教职工伙食、学校公用经费,不得用于劳务费、宣传费、运输费等工作经费;对于地方试点地区,中央财政给予生均定额奖补。

第五条　财政部、教育部根据党中央、国务院有关决策部署、义务教育改革发展实际以及财力状况适时调整相关补助标准、分配因素及计算公式,并按规定报经国务院批准后执行。现行补助标准、分配因素和计算方法详见附表。

城乡义务教育补助经费分配公式为:某省份城乡义务教育补助经费=城乡义务教育经费保障机制资金+特岗教师工资性补助资金+学生营养改善计划补助资金。

第六条　省级财政、教育部门应当于每年1月底前将当年补助经费申报材料送财政部当地监管局审核。监管局采取材料审核、实地检查等方式,对申报材料中反映的政策落实和资金使用管理情况进行审核,向财政部出具审核意见。经监管局审核后,省级财政、教育部门于2月底前将申报材料报送财政部、教育部。

申报材料主要包括:

(一)上年度工作总结,主要包括上年度补助经费使用情况、年度绩效目标完成情况、地方财政投入情况、主要管理措施、问题分析及对策。

(二)当年工作计划,主要包括当年全省义务教育工作目标、补助经费区域绩效目标表、重点任务和资金安排计划,绩效指标要指向明确、细化量化、合理可行、相应匹配。

第七条　补助经费由财政部、教育部共同管理。教育部负责审核地方提出的区域绩效目标等相关材料和数据,提供资金测算需要的基础数据,并对提供的基础数据的准确性、及时性负责。财政部根据预算管理相关规定,

会同教育部研究确定各省份补助经费预算金额、补助经费整体绩效目标。省级财政、教育部门负责明确省级及省以下各级财政、教育部门在基础数据审核、经费分担、资金使用管理等方面的责任，切实加强资金管理。

第八条　财政部于每年全国人民代表大会批准中央预算后三十日内，会同教育部正式下达补助经费预算，并抄送财政部当地监管局。每年 10 月 31 日前，提前下达下一年度补助经费预计数。省级财政部门在收到中央财政补助经费预算后，应当会同教育部门在三十日内按照预算级次合理分配、及时下达本行政区域县级以上各级政府部门，并抄送财政部当地监管局。

第九条　补助经费支付执行国库集中支付制度。涉及政府采购的，按照政府采购有关法律制度执行，其中国家课程免费教科书由省级教育、财政部门结合当地实际，按政府采购有关规定统一组织采购。

第十条　省级财政、教育部门在分配补助经费时，应当结合本地区年度义务教育重点工作和本省省级财政安排的城乡义务教育补助经费，加大省级统筹力度，重点向农村地区倾斜，向边远地区、脱贫地区、民族地区、革命老区倾斜。省级财政、教育部门要按责任、按规定切实落实应承担的资金；合理界定学生贫困面，提高资助的精准度；合理确定校舍安全保障长效机制项目管理的具体级次和实施办法，做好与发展改革部门安排基本建设项目等各渠道资金的统筹和对接，防止资金、项目安排重复交叉或缺位；统筹落实好特岗教师在聘任期间的工资津补贴等政策；指导省以下各级有关部门科学确定营养改善计划供餐模式和经费补助方式。

第十一条　县（区）级财政、教育部门应当落实经费管理的主体责任，加强区域内相关教育经费的统筹安排和使用，兼顾不同规模学校运转的实际情况，向乡镇寄宿制学校、乡村小规模学校、教学点、薄弱学校倾斜，保障学校基本需求；加强学校预算管理，细化预算编制，硬化预算执行，强化预算监督；规范学校财务管理，确保补助经费使用安全、规范和有效。县（区）级教育部门应会同有关部门定期对辖区内学校校舍进行排查、核实，结合本地学校布局调整等规划，编制校舍安全保障总规划和年度计划，按照本省校舍安全保障长效机制项目管理有关规定，负责组织实施项目，项目实施和资金安排情况，要逐级上报省级教育、财政部门备案。

第十二条　学校应当健全预算管理制度，按照轻重缓急、统筹兼顾的原则安排使用公用经费，既要保证开展日常教育教学活动所需的基本支出，又要适当安排促进学生全面发展所需的活动经费支出；完善内部经费管理办法，细化公用经费等支出范围与标准，加强实物消耗核算，建立规范的经费、实物等管理程序，建立物品采购登记台账，健全物品验收、进出库、保管、领用制度，明确责任，严格管理；健全内部控制制度、经济责任制度等监督制度，依法公开财务信息；做好给予个人有关补助的信息公示工作，接受社会公众监督。

第十三条　地方各级财政、教育部门要按照全面实施预算绩效管理的要求，建立健全全过程预算绩效管理机制，按规定科学合理设定绩效目标，对照绩效目标做好绩效监控、绩效评价，强化绩效结果运用，做好绩效信息公开，提高城乡义务教育补助经费配置效率和使用效益。财政部、教育部根据工作需要适时组织开展重点绩效评价。

第十四条　财政部各地监管局应当按照工作职责和财政部要求，对补助经费实施监管。地方各级财政部门应当会同同级教育部门，按照各自职责加强项目审核申报、经费使用管理等工作，建立"谁使用、谁负责"的责任机制。严禁将补助经费用于平衡预算、偿还债务、支付利息、对外投资等支出，不得从补助经费中提取工作经费或管理经费。

第十五条　各级财政、教育部门及其工作人员、申报使用补助资金的部门、单位及个人存在违法违规行为的，有关部门依法责令改正并给予处罚；对负有责任的领导人员和直接责任人员依法给予处分；涉嫌犯罪的，依法移送有关机关处理。

第十六条　本办法由财政部、教育部负责解释。各省级财政、教育部门应当根据本办法，结合各地实际，制定具体管理办法，报财政部、教育部备案，并抄送财政部当地监管局。

第十七条　本办法自印发之日起施行。《财政部 教育部关于印发〈城乡义务教育补助经费管理办法〉的通知》（财教〔2019〕121 号）同时废止。

附：

补助标准、分配因素和计算方法

项目		补助标准、分配因素和计算方法
城乡义务教育经费保障机制	公用经费补助	按照在校生数、补助标准和分配系数计算。生均公用经费基准定额为小学 650 元/年·人、初中 850 元/年·人;在此基础上,对寄宿制学校按照寄宿生年生均 200 元标准增加公用经费补助,继续落实农村地区不足 100 人的规模较小学校按 100 人核定公用经费和北方地区取暖费(逐省核定取暖费补助标准)等政策;特殊教育学校和随班就读残疾学生按每生每年 6000 元标准补助。分配系数:第一档中央分担 80%;第二档中央分担 60%;第三档、第四档、第五档中央分担 50%。计算方法:补助经费=[在校生数×(生均公用经费基准定额+取暖费补助标准)+(寄宿生数×200 元/年·人)+(残疾学生数×6000 元/年·人)+(农村不足 100 人的规模较小学校数×100-规模较小学校在校生数)×生均公用经费基准定额]×分配系数。
	国家规定课程免费教科书(含字典)补助	按照在校生数、国家基础标准和循环比例计算。国家基础标准为:小学 105 元/年·人,循环比例为(75%+25%×35%);初中 180 元/年·人,循环比例为(80%+20%×35%);小学一年级字典 14 元/年·人。计算方法:补助经费=小学在校生数×105 元/年·人×(75%+25%×35%)+初中在校生数×180 元/年·人×(80%+20%×35%)+(小学一年级在校生数×14 元/年·人)。从 2022 年□月 1 日起,循环比例调整为小学(75%+25%×50%)、初中(80%+20%×50%)。
	家庭经济困难学生生活补助	按照家庭经济困难学生数、补助标准和分配系数计算。家庭经济困难寄宿生生活补助国家基础标准为小学 1000 元/年·人,初中 1250 元/年·人,按国家基础标准 50%核定家庭经济困难非寄宿生生活补助标准。分配系数为 0.5。计算方法:补助经费=家庭经济困难寄宿生数×国家基础标准×分配系数+家庭经济困难非寄宿生数×补助标准×分配系数。
	农村校舍安全保障长效机制补助	按照农村在校生数、生均建筑面积标准、单位面积补助测算标准、分配系数等计算。单位面积补助测算标准为东中部地区 800 元/平方米、西部地区 900 元/平方米,并适当提高高寒高海拔地区测算标准。根据农村学校维修改造成本和财力情况,适时调整单位面积补助测算标准。分配系数:第一档中央分担 80%;第二档中央分担 60%;第三档中央分担 50%;第四档中央分担 30%;第五档中央分担 10%。计算方法:补助经费=[(农村在校生数×生均建筑面积标准-安全校舍面积)×折旧率 1+安全校舍面积×折旧率 2]×单位面积补助测算标准×分配系数。其中:折旧率 1 为 1/30 年,折旧率 2 为 1/50 年。
	综合奖补	对落实乡村教师生活补助政策的地区,按照奖补标准、调整系数等绩效因素计算。奖补标准为 2400 元/年·人;以各地乡村教师年生活补助标准与奖补标准的比值为参考值,分档确定调整系数(参考值≥2,调整系数为 2;1.5≤参考值<2,调整系数为 1.5;1≤参考值<1.5,调整系数为 1;参考值<1,调整系数为 0.5)。计算方法:奖补经费=享受政策教师数×奖补标准×调整系数。在前述基础上,对落实城乡义务教育相关政策成效明显的省份给予适当奖励。
特岗教师工资性补助		按照在岗特岗教师数和补助标准计算。补助标准:西部地区 3.82 万元/年·人,中部地区 3.52 万元/年·人。计算方法:补助经费=在岗特岗教师数×补助标准。
学生营养膳食补助		按照享受政策学生数、补助标准和实际补助天数计算。国家基础标准为 4 元/天·人;对于符合条件的地方试点地区,中央财政按 3 元/天·人给予生均定额奖补。计算方法:补助经费=国家试点学生数×国家基础标准×实际补助天数+地方试点学生数×生均定额奖补标准×实际补助天数。

注:分配系数中提及的第一档至第五档的范围,按照《国务院办公厅关于印发教育领域中央与地方财政事权和支出责任划分改革方案的通知》(国办发〔2019〕27 号)确定。

教育部、国务院纠风办、监察部、国家发展改革委、财政部关于在农村义务教育经费保障机制改革中坚决制止学校乱收费的通知

· 2006 年 7 月 6 日
· 教财〔2006〕6 号

各省、自治区、直辖市教育厅（教委）、纠风办、监察厅（局）、发改委、财政厅（局）、物价局，新疆生产建设兵团教育局、纠风办、监察局、计划局、财务局：

从今年春季开始，农村义务教育经费保障机制改革已在西部地区和中部试点地区全面实施。这项改革对切实减轻农民负担，促进农村义务教育健康发展发挥了重要作用，深受广大农村学生家长的欢迎。但是，在国家实行"两免一补"的同时，一些学校乱收费现象仍然存在，有的还较为严重，如不坚决制止，将使中央的惠民政策大打折扣。为此，现将进一步规范农村义务教育阶段学校收费行为，坚决制止学校乱收费的有关要求通知如下：

一、农村义务教育经费保障机制改革实施的地区

（一）进一步明确收费项目，严格执行收费标准

1. 农村义务教育阶段学校除按"一费制"标准收取课本费（不含按规定享受免费教科书的学生）、作业本费和寄宿生住宿费外，严禁再向学生收取其他任何费用。

2. 作业本费按原"一费制"规定的标准收取。如需要购买练习册等，应一律纳入作业本总费用中，不得另行增加项目和提高标准。

3. 由政府财政资金建设的学生宿舍，原则上不收住宿费，所需相关费用从学校公用经费中开支。使用其他资金建设的学生宿舍，在公用经费基本标准全部落实到位前，如学校经费确有困难的可适当收取一些住宿费，但从 2009 年春季开始全部取消。住宿费标准要在省级人民政府批准的限额之内，要在当地老百姓能够承受的范围之内。

4. 学校可以向自愿在学校就餐的学生收取伙食费，但不准强迫。学校可拒绝任何单位和个人向学校摊派集中就餐。

（二）取消规定以外的所有收费项目，合理开支纳入公用经费支出范围

1. 除以上规定的费用外，学校其他各项代收费，包括教辅材料费、学具费、校服费、保险费、体检防疫费等一律取消。严格禁止任何部门、学校、教师以提高教学质量为由，向学生推销或变相推销教辅材料和其他学习用品。一律不准教辅材料销售部门和其他商业服务机构进入校园推销教辅材料和其他商品。

2. 在教科书之外必须让学生接受教育且免费提供有困难的专项读本、教学参考必需的教辅材料，学校可以根据教师的教学需要少量购买，存放在图书馆（室），供学生借阅，轮流使用，所需经费从公用经费中开支，不得另行向学生收取费用，学校不得要求学生人手一册。

3. 取消各种服务性收费项目，如存车费、热饭费、饮水费等，相应的合理支出应纳入公用经费开支范围，不得向学生收取。

（三）规范学校办学秩序，严禁收费办班、补课

1. 学校不得举办或参与举办向学生收费的各种提高班、补习班、特长班、竞赛班等，所有规定的教学内容必须纳入正常课堂教学之中。

2. 教师为学生补课不得收费，但可计入教师的工作量中，作为工作考核的一项内容。

二、暂时未进行农村义务教育经费保障机制改革的地区

要严格执行现行"一费制"收费办法，不准擅自设立收费项目和提高收费标准。同时，要严格执行收费公示制度。

各地、各部门要从讲政治、讲大局的高度，充分认识在农村义务教育经费保障机制改革中，坚决制止向学生乱收费的重要性，要切实负起责任，加大工作力度，规范学校的办学行为和校长、教师的职业行为，确保改革顺利推进。要强化监督检查，结合当地实际建立一套行之有效的监督检查机制。要严格执行收费公示制度。要给学生家长发收费明白卡，列出所有的收费项目及标准。

上述要求，自本通知印发之日起执行。各地要对本地区的收费项目进行全面清理，凡不符合本通知规定的收费项目一律废止。要组织力量对每一所农村学校和教学点的收费情况进行一次检查，对仍然违规收费的，要坚决查处，绝不姑息迁就，绝不允许一边免费，一边乱收费的情况存在。

教育部关于进一步做好农村义务教育经费保障机制改革有关工作的通知

· 2007 年 7 月 12 日
· 教财〔2007〕10 号

各省、自治区、直辖市教育厅（教委），新疆生产建设兵团教育局：

农村义务教育经费保障机制改革（以下简称新机制）实施以来，各地按照国务院要求，采取了一系列措施，

保证了新机制的顺利实施。但随着改革工作的进一步推进，各地也陆续暴露出一些问题，如一些农村中小学校还存在不同程度的乱收费、农村中小学预算工作不够规范、补助寄宿生生活费政策（以下简称"一补"）落实情况不理想等，需要引起高度重视，认真研究解决。为确保改革各项政策不折不扣地落实，把好事办好，现将有关要求通知如下：

一、进一步严格规范农村义务教育阶段学校收费行为

（一）严格按照教育部、国务院纠风办、监察部、国家发展改革委、财政部五部门《关于在农村义务教育经费保障机制改革中坚决制止学校乱收费的通知》（教财〔2006〕6号）要求，进一步规范农村义务教育阶段学校收费行为。农村中小学校除按"一费制"标准收取教科书费（不含按规定享受免费教科书的学生）、作业本费和寄宿生住宿费外，严禁再向学生收取其他任何费用。代收的教科书费、作业本费必须据实结算，结余的费用要及时退还学生。严禁向不寄宿的学生收取住宿费。伙食费只能向自愿在学校就餐的学生按照成本收取，学校举办食堂严禁以营利为目的。

（二）严禁通过举办各类提高班、补习班、特长班、竞赛班等方式变相收费。加强学校收费管理，学校按规定向学生收取费用时，必须向每个学生开具合法收据，在收据上注明收费依据、项目及标准；严禁收费不开收据或对多个学生只开一张收据；收费项目、标准及收支情况要及时进行公示。

（三）加大对各类乱收费行为的查处力度。对乱收费行为，要严肃查处和纠正；对于情节严重、影响恶劣的，要追究直接当事人和有关负责人责任，并予以通报。

二、进一步细化农村中小学预算工作

（四）建立健全规章制度。积极协调和配合财政部门，结合本省（区、市）实际，尽快出台农村中小学预算工作的具体实施意见，就预算的编制、审核、批复和执行进一步明确有关要求；同时，要求和指导县市制定相应的实施细则，明确农村中小学预算工作的具体操作流程。

（五）完善和细化预算内容。预算收支要全、数据要实、安排要细。要将教师工资和当地政府规定教师应享受的津补贴、公用经费、校舍建设和维修改造、资助家庭经济困难学生等各项资金全部纳入学校预算，不得在预算外保留收支项目。

进一步细化公用经费支出预算，制订各项支出标准或定额，严格公用经费开支范围和方式。教师培训费要按照学校年度公用经费预算总额的5%进行安排；办公费、印刷费、水费、电费、取暖费等日常公用支出要严格实行定额或定量管理；仪器设备、房屋建筑物等大宗设备物资购建要按国家有关规定进行统一管理，实行政府采购。公用经费预算要更多地向提高教育教学质量方面倾斜。

指导学校根据校舍现状实做好校舍建设和维修改造经费预算。要按照审核确定的项目及时制订当年实施计划，协调有关部门足额落实改造资金。学校校舍建设和维修改造要实行项目管理，按照建设进度及时拨付经费，按时完成当年预算，并确保工程质量。

（六）对于省（区、市）内预算工作开展不力的县市，要进行专门指导和督办。选择农村中小学预算编制工作做得好的县市，在省内总结推广其经验。2007年所有农村中小学都必须编制预算；各省至少要有1/3以上县市按照规范的"两上两下"程序完成农村中小学预算工作，预算批复文件要发到每一所学校。

（七）做好2008年预算编制准备工作。指导农村中小学校按照预算编制的基本要求，重点做好两方面工作：一是摸清家底，对学校现有资产、编制、实有人数和在校学生等基本情况进行全面清查，确定基本数据；二是测算收支，根据学校基本数据、新机制拨款标准和上一年度学校收入情况测算本年度学校各项收入，根据各项经费开支标准和学校事业发展计划测算学校人员开支、日常公用开支和重大专项开支等各项支出。

（八）进一步强化预算培训工作。充分利用暑期组织开展对县市教育行政人员和广大农村中小学校长的预算培训；2007年10月底以前，完成对所有农村中小学校长及相关财会人员的培训，使其熟悉、掌握预算编制的程序和方法。要将预算编制内容纳入对农村中小学校长的常规培训，将学校预算编制和执行情况作为对农村中小学校长年度考核的重要内容之一。

三、确保"一补"政策落实到位

（九）进一步摸清本省（区、市）各地区"一补"落实情况，包括发放人数、覆盖比例、发放标准等。根据摸底情况，结合当地实际，合理确定"一补"政策覆盖范围及标准，做到"应补尽补"，确保家庭经济困难寄宿生不因生活费问题辍学。

（十）积极协调财政部门，增加"一补"投入，足额落实经费预算并及时将补助发给学生。对于"一补"责任主要由县市承担的，省级要加强对县市工作的指导和检查，对于财力确实困难的，省级要加大支持力度。

（十一）进一步完善"一补"资金的发放和管理，确保公开、公平和公正。在确定补助对象时,要与当地扶贫开发工作相衔接,要召开有当地政府工作人员和学生、家长、教师、村民代表等相关人员参加的会议,确保享受"一补"的学生为困难学生。资金发放须经学生本人或其家长签字。享受"一补"的学生名单,要及时进行公示。

四、依法保障义务教育阶段教职工合理收入

(十二)高度重视教职工地方津补贴问题。在国家关于事业单位和中小学绩效工资分配政策出台及实施到位前,各地要按照"谁出台政策,谁负责"的原则,把当地出台的教职工应享受的地方津补贴项目纳入政府财政预算,纳入财政统一发放范围,保证教师合理收入。坚决禁止通过向学生收费、举债和挪用公用经费、"两免一补"专项经费等发放代课人员工资和教师地方津补贴。

(十三)在国家关于事业单位和中小学绩效工资分配政策出台后,各地教育行政部门要主动向当地党委和政府汇报,积极配合财政和人事等部门做好中小学教职工绩效工资总量核定工作,确保教职工应享受的津补贴项目纳入绩效工资核定范围,落实义务教育法规定的"教师平均工资水平应不低于当地公务员的平均水平"。

(十四)积极配合有关部门规范义务教育阶段学校教职工津补贴项目。教育行政部门和义务教育阶段学校不得自立名目发放教职工津补贴;对于实施新机制前已经发放的不合理津补贴项目,要坚决取消;对违反规定继续发放津补贴的行为,要严肃查处。

五、积极做好"普九"债务清理化解工作

(十五)按照国家有关规定,积极配合财政等部门,对"普九"债务进行认真清理和锁定,明确由政府承担,尽快研究提出优先化解"普九"债务的具体工作方案。把学校从债务中解脱出来,避免出现因债务纠纷造成"封校门"等影响学校正常教学秩序的现象发生。

(十六)按照义务教育法的要求,将农村义务教育全面纳入财政预算予以保障。禁止建设豪华型学校,大力提倡勤俭办学,反对铺张浪费,坚决制止产生新的债务。同时,要制订具体措施,严禁挪用新机制资金偿还债务。

六、加大监督检查工作力度

(十七)建立分片包干责任制。在教育系统内建立"省包市州、市州包县、县包乡镇和学校"的工作机制,将监督检查的责任分解到人,层层督办和落实。要定期或不定期地深入到县市和学校进行指导和检查,对举报多、问题多和困难大的县市,要给予更多的指导和关注。对于重大问题,要及时将有关情况向上级部门汇报。

(十八)按照《教育部财政部关于在 2007 年秋开学前后开展农村义务教育经费保障机制改革专项检查工作的通知》(教财函〔2007〕40 号)要求,对本省(区、市)新机制工作落实情况进行全面检查。检查须覆盖所有实施新机制的地区,做到不留死角。通过专项检查,全面、深入了解本省(区、市)新机制的实施情况,及时发现和解决改革过程中存在的问题,确保各项改革政策不折不扣地落实。对于因工作落实不到位,导致新机制不能顺利实施,产生不良社会反响和影响稳定的,要追究有关部门及相关责任人的责任。

(十九)探索建立长效的监督检查机制。按照《教育部财政部关于加强农村义务教育经费保障机制改革督导工作的意见》(教督〔2006〕7 号)要求,进一步加强对新机制的督导检查。积极协调监察和审计部门,强化对新机制的行政监察和专项审计工作,将新机制资金的落实、管理和使用情况作为行政监察和审计工作的重点。2007 年下半年,审计署将组织开展新机制专项审计,各地要积极做好配合工作。各级教育内部审计机构也要把新机制作为"十一五"期间教育内部审计工作的重点。

七、把新机制的宣传工作做实、做到位

(二十)在 2007 年秋季开学前后,充分利用广播、电视、报刊、网络等媒介,通过刊播公益广告、接受媒体专访、召开新闻发布会等形式,进一步广泛深入宣传新机制的各项政策措施。凡是没有以省或县为单位发放政策宣传卡和公开信的,要在秋季开学前补发,确保每一名学生都收到宣传卡,每一个家庭都收到公开信。要学习国家计划生育政策的宣传方式,在乡村和街道公共场所设置固定的新机制宣传栏、悬挂宣传标语、组织开展政策宣讲,以通俗易懂的方式,使广大农民群众了解新机制的各项政策。

(二十一)要求所有农村义务教育学校在放假前和开学后,利用主题班会、国旗下的讲话、家长会、黑板报等形式,把新机制的主要政策准确地告知学生,并通过学生告知家长;将新机制的各项政策、"两免一补"情况等作为校务公开的重要内容,张榜公示。要求县级教育行政部门将学校应得经费、拨款标准、拨款时间、经费如何使用等内容印制成"应知应会卡",免费发放到每个农村中小学校长手中。

(二十二)继续做好新机制实施后的跟踪宣传。积极组织和引导有关媒体,深入农村、学校,挖掘典型,进行形式多样、富有深度和特色的报道,积极宣传农村义务教育经费保障机制改革成效。要定期向当地党委、政府、人大、政协的各有关部门,汇报和沟通新机制实施情况,争

取各有关方面的理解和支持。

各地一定要进一步提高认识，从讲政治和维护稳定的高度，认真把改革的各项工作做实、做细、做到位，以优异的成绩迎接党的十七大召开。

中央高校基本科研业务费管理办法

· 2021 年 11 月 30 日
· 财教〔2021〕283 号

第一章　总　则

第一条　为贯彻落实《中共中央办公厅 国务院办公厅印发〈关于进一步完善中央财政科研项目资金管理等政策的若干意见〉的通知》《国务院关于优化科研管理提升科研绩效若干措施的通知》（国发〔2018〕25 号）、《国务院办公厅关于改革完善中央财政科研经费管理的若干意见》（国办发〔2021〕32 号）和《财政部 教育部关于改革完善中央高校预算拨款制度的通知》（财教〔2015〕467 号）等文件精神，加强对中央高校自主开展科学研究的稳定支持，提升中央高校服务国家发展战略能力、自主创新能力和高层次人才培养能力，提高资金使用效益，根据国家有关规定以及预算管理改革的有关要求，制定本办法。

第二条　中央高校基本科研业务费（以下简称基本科研业务费）用于支持中央高校自主开展科学研究工作，重点使用方向包括：支持 40 周岁以下青年教师提升科研创新能力，支持在校优秀学生提升基本科研能力；支持一流科技领军人才和创新团队建设，支持科研创新平台能力建设；开展多学科交叉的基础性、支撑性和战略性研究，加强科技基础性工作等。

第三条　基本科研业务费的使用和管理遵循以下原则：

（一）稳定支持。对中央高校培养优秀科研人才和团队、开展前瞻性自主科研、提升创新能力给予稳定支持，根据绩效评价结果和中央财力状况适时加大支持力度。

（二）自主管理。中央高校根据基本科研需求统筹规划，自主选题、自主立项，按规定编制预算和使用资金。

（三）聚焦重点。中央高校坚持问题导向和需求导向，围绕国家战略需求，开展基础研究、前沿探索和技术攻关，支持一流科技领军人才和创新团队。

（四）注重绩效。强化绩效导向，从重过程向重结果转变，加强分类绩效评价和结果应用，提高资金使用效益。

第二章　管理权限与职责

第四条　财政部会同教育部核定基本科研业务费支出规划和年度预算，对资金使用和管理情况进行监督指导，根据工作需要开展重点绩效评价，并将评价结果作为预算编制、改进管理的重要依据。

第五条　主管部门应当按照部门预算管理的有关要求，及时将基本科研业务费预算下达到所属高校，对资金使用情况进行监督，组织开展全过程绩效管理。

第六条　中央高校是基本科研业务费使用管理的责任主体，应当切实履行法人责任，健全内部管理机制，加强项目库的建设和管理，对立项项目进行全过程预算绩效管理，具体组织预算执行。

第七条　项目负责人是基本科研业务费使用管理的直接责任人，对资金使用和项目实施的规范性、合理性和有效性负责。

第三章　预算管理

第八条　基本科研业务费采用因素法分配，主要考虑中央高校青年教师和在校学生科研需求及能力、科研活动开展情况、科技创新平台和创新团队建设情况、财务管理情况、绩效评价结果等因素。

第九条　基本科研业务费分别用于支持自主选题项目、科技领军人才和优秀青年团队项目。

第十条　自主选题项目由中央高校结合中期财政规划和科研需求，自行组织项目的遴选和立项，建立校内基本科研业务费项目库，并实行动态调整。

科技领军人才和优秀青年团队项目以前沿科学中心、集成攻关大平台、协同创新中心为依托，支持其一流科技领军人才牵头组织的创新团队；支持具有较强原始创新能力和潜力的青年人才组建的跨学科、跨领域的优秀团队。

第十一条　中央高校根据预算管理要求，完成项目申报、评审、遴选排序等工作，科学合理安排年度预算。对实施期限为一年以上的研究项目，应当根据研究进展分年度安排预算。

第十二条　基本科研业务费支持的项目，原则上同一负责人同一时期只能牵头负责一个项目，作为团队成员参加者合计不得超过三个项目。

第四章　支出和决算管理

第十三条　基本科研业务费纳入中央高校财务统一管理，专款专用。基本科研业务费具体使用范围和开支标准，由中央高校按照国家有关规定和本办法有关要求，结合实际情况确定。

基本科研业务费用于支持青年科研人员的比例，一般不低于年度预算的50%。

第十四条　基本科研业务费不得开支有工资性收入的人员工资、奖金、津补贴和福利支出，不得分摊学校公共管理和运行费用，不得开支罚款、捐赠、赞助、投资等，也不得用于按照国家规定不得列支的其他支出。

第十五条　基本科研业务费的资金支付执行国库集中支付制度。中央高校应当严格执行国家有关支出管理制度。对应当实行"公务卡"结算的支出，按照中央财政科研项目使用公务卡结算的有关规定执行。对于设备、大宗材料、测试化验加工、劳务、专家咨询等费用，原则上应当通过银行转账方式结算。

第十六条　基本科研业务费的支出中属于政府采购范围的，应当按照《中华人民共和国政府采购法》及政府采购的有关规定执行。

第十七条　中央高校应将基本科研业务费的收支情况纳入单位年度决算，统一编报。项目在研期间，年度剩余资金可以结转下一年度继续使用。项目任务目标完成并通过审核验收后，结余资金由高校统筹安排用于科研活动直接支出，优先考虑原团队科研需求。

第十八条　使用基本科研业务费形成的资产属于国有资产，应当按照国家国有资产管理的有关规定加强管理；其中科技成果和科学数据等由学校按规定统筹管理。

第五章　绩效管理与监督检查

第十九条　教育部会同其他主管部门建立绩效管理制度，对项目资金组织开展全过程绩效管理。加强分类绩效评价，强化评价结果运用，将绩效评价结果作为项目调整、后续支持的重要依据。

中央高校应当切实加强绩效管理，强化绩效目标管理，做好绩效运行监控，开展绩效自评，引导科研资源向优秀人才和团队倾斜，提高科研经费使用效益。

第二十条　主管部门、财政部对基本科研业务费的预算执行、资金使用效益和财务管理等情况进行监督检查。如发现有截留、挤占、挪用资金的行为，以及因管理不善导致资金浪费、资产毁损、效益低下的，财政部将暂停或核减其以后年度预算。

第二十一条　中央高校应当按照国家科研信用制度的有关要求，建立基本科研业务费的科研信用制度，并按照国家统一要求纳入国家科研信用体系。

第二十二条　中央高校应当建立信息公开机制，在学校内部主动公开非涉密项目立项、主要研究人员、预算、决算、设备购置、结余资金使用等情况，自觉接受监督。

第二十三条　中央高校要严格遵守国家财政财务制度和财经纪律，切实加强对基本科研业务费使用和管理的事中事后监管，自觉接受审计、监察、财政及主管部门的监督检查，确保经费合理规范使用。

第二十四条　财政部、主管部门及其相关工作人员在基本科研业务费分配使用、审核管理等相关工作中，存在违反规定安排资金或其他滥用职权、玩忽职守、徇私舞弊等违法违规行为的，依法责令改正，对负有责任的领导人员和直接责任人员依法给予处分；涉嫌犯罪的，依法移送有关机关处理。

中央高校及其工作人员在基本科研业务费申报、使用过程中存在截留、挤占、挪用资金等违法违规行为的，按照《中华人民共和国预算法》及其实施条例、《财政违法行为处罚处分条例》等国家有关规定追究相应责任；涉嫌犯罪的，依法移送有关机关处理。

第六章　附　则

第二十五条　本办法由财政部、教育部负责解释。各中央高校应当根据本办法，制定适合本校特点的实施细则，报主管部门备案，同时抄送财政部、教育部。

第二十六条　本办法自印发之日起施行。《财政部教育部关于印发〈中央高校基本科研业务费管理办法〉的通知》（财教〔2016〕277号）同时废止。

高等学校哲学社会科学繁荣计划专项资金管理办法

· 2021年11月15日
· 财教〔2021〕285号

第一章　总　则

第一条　为规范高等学校哲学社会科学繁荣计划专项资金（以下简称繁荣计划专项资金）管理和使用，提高资金使用效益，推动面向2035高校哲学社会科学高质量发展，根据《中华人民共和国预算法》及其实施条例等法律法规和《中共中央办公厅 国务院办公厅印发〈关于进一步完善中央财政科研项目资金管理等政策的若干意见〉的通知》、《国务院关于优化科研管理提升科研绩效若干措施的通知》（国发〔2018〕25号）、《国务院办公厅关于改革完善中央财政科研经费管理的若干意见》（国办发〔2021〕32号）等要求，结合繁荣计划管理特点，制定本办法。

第二条　繁荣计划专项资金由中央财政安排，是用于支持高校思政课建设和哲学社会科学研究、学科发展、人才培养、队伍建设的专项资金。

第三条　繁荣计划专项资金管理,以促进高校哲学社会科学高质量发展为目标,以推动高校加快构建中国特色哲学社会科学学科体系、学术体系、话语体系为重点,坚持以人为本、遵循规律、突出绩效、规范安全的原则。

第四条　财政部根据国家教育事业发展规划,结合高校哲学社会科学资金需求、国家财力可能和绩效结果,将繁荣计划专项资金列入中央财政预算,核定支出规划和年度预算,对资金使用和管理情况进行监督指导。

第五条　教育部负责编制繁荣计划专项资金年度预算、具体组织实施和管理监督工作,健全绩效考评机制。

第六条　项目承担高校是繁荣计划专项资金管理的责任主体,建立健全专项资金管理制度,完善内部控制、绩效管理和监督约束机制,合理确定科研、财务、人事、资产、审计、监察等部门的责任和权限。

第七条　项目负责人是繁荣计划专项资金使用的直接责任人,对资金使用的合法合规性、合理性、真实性和相关性负责。

第八条　繁荣计划专项资金分为研究项目资金、非研究项目资金和管理资金。

第二章　研究项目资金

第九条　研究项目资金支出是指繁荣计划中设立的各类研究项目在组织实施过程中与研究活动相关的、由项目资金支付的各项费用。研究项目资金支出由直接费用和间接费用组成。根据预算管理方式不同,研究项目资金分为预算制项目资金和包干制项目资金。

本办法所称的研究项目,包括教育部哲学社会科学研究项目,以及专项资金支持的研究基地、实验室、平台、智库等设立的研究项目。

第十条　直接费用是指在项目研究过程中发生的与之直接相关的费用,包括:

(一)业务费:指在项目研究过程中购置图书、收集资料、复印翻拍、检索文献、采集数据、翻译资料、印刷出版、会议、差旅、国际合作与交流等费用,以及其他相关支出。

(二)劳务费:指在项目实施过程中支付给参与研究的研究生、博士后、访问学者、聘用的研究人员、科研辅助人员等的劳务性费用,以及支付给临时聘请的咨询专家的费用等。

聘用人员的劳务费开支标准,参照当地社科研究从业人员平均工资水平,根据其在研究中承担的工作任务确定,其由单位缴纳的社会保险补助、住房公积金等纳入劳务费科目列支。

支付给临时聘请的咨询专家的费用,不得支付给参与本项目及所属课题研究和管理的相关人员,其管理按照国家有关规定执行。

(三)设备费:指在项目研究过程中购置设备和设备耗材、升级维护现有设备及租用外单位设备而发生的费用。应当合理购置设备,鼓励共享、租赁及对现有设备进行升级改造。

第十一条　间接费用是指项目承担高校在组织实施项目过程中发生的无法在直接费用中列支的相关费用,主要包括:项目承担高校为项目研究提供的房屋占用,日常水、电、气、暖等消耗,有关管理费用的补助支出,以及激励科研人员的绩效支出等。

第十二条　预算制项目负责人在申请繁荣计划项目资金时,按照研究实际需要和资金开支范围,科学合理、实事求是地按年度编制项目预算、设定项目绩效目标。直接费用中除 50 万元以上的设备费外,其他费用只提供基本测算说明,不需要提供明细。

跨单位合作的科研活动,确需外拨资金的,应当在预算中单独列示,并对合作研究单位资质、承担的研究任务、外拨资金额度等进行说明。间接费用外拨金额,由项目承担高校和合作研究单位协商确定。

第十三条　间接费用由项目承担高校统筹安排使用。项目承担高校应当公开透明、合理合规使用间接费用,处理好分摊间接成本和对科研人员激励的关系。绩效支出安排应当与科研人员在研究工作中的实际贡献挂钩,可以将间接费用全部用于绩效支出,并向创新绩效突出的团队和个人倾斜。项目承担高校不得在间接费用以外再以任何名义在项目资金中重复提取、列支管理费用和绩效支出。

第十四条　间接费用按照不超过项目资助总额的一定比例核定,具体如下:50 万元及以下部分为 40%;超过 50 万元至 500 万元的部分为 30%;超过 500 万元的部分为 20%。

对纯理论基础研究项目,间接费用比例 50 万元及以下部分可提高到不超过 60%;超过 50 万元至 500 万元的部分可提高到不超过 50%;超过 500 万元的部分可提高到不超过 40%,具体范围由教育部商财政部确定。

第十五条　教育部根据繁荣计划建设目标和建设内容,组织专家重点对预算申请的目标相关性、政策相符性、经济合理性进行评审。

第十六条　项目负责人应当严格执行批准后的预算。预算有以下情况确需调剂的，由项目承担高校审批或备案。

（一）原预算未列示外拨资金，需要增列的；外拨资金如需调剂的，由项目负责人根据科研活动的实际需要提出申请，报项目承担高校审批。

（二）设备费预算如需调剂的，由项目负责人根据科研活动的实际需要提出申请，报项目承担高校审批。

（三）业务费、劳务费预算如需调剂的，由项目负责人根据科研活动实际需要自主安排，并报项目承担高校备案。

（四）间接费用预算总额不得调增，项目负责人与项目承担高校协商一致后可调减用于直接费用。

项目承担高校应当根据科研活动的实际需求及时办理调剂手续。

第十七条　包干制项目实施范围由教育部商财政部确定。

第十八条　项目承担高校应当制定项目资金包干制管理规定。管理规定应当包括资金使用范围和标准、各方责任、违规惩戒措施等内容，报教育部备案。

第十九条　包干制项目负责人应在承诺遵守科研伦理道德和学风诚信要求、经费全部用于与项目研究工作相关支出的基础上，本着科学、合理、规范、有效的原则使用资金，无需编制预算。

第二十条　包干制项目资金由项目负责人自主决定使用，对于本办法第十条、第十一条规定的开支范围内的资金由项目负责人自主决定使用，无需履行调剂程序。

对于项目承担高校为研究提供的房屋占用，日常水、电、气、暖等消耗及开展有关管理工作的补助支出，由项目承担高校根据实际管理需要，在充分征求项目负责人意见基础上确定合理标准。

对于激励科研人员的绩效支出，由项目负责人根据实际科研需要和相关薪酬标准自主确定，项目承担高校按照工资制度进行管理。

第三章　非研究项目资金

第二十一条　非研究项目资金支出是指支持研究基地、实验室、平台、智库、团队等建设费用。

非研究项目资金按照"稳定支持、长效机制，遵循规律、引导带动，绩效导向、动态调整"的原则进行资助和管理，具体开支范围如下：

（一）人员聘用经费：是指支付给聘用的编制以外、不开支财政补助人员经费的专职研究人员、管理人员和国外访问学者的费用。

（二）能力建设经费：是指用于改善科研条件，推进全方位能力建设的经费，主要包括开展的国内学术交流、国情调研、信息采集、成果转化、联合研究等费用。

（三）国际合作与交流经费：是指为开展对外合作交流活动，如出访、在境内外举办国际会议（含双边）、外国专家来华及港澳台专家来内地（大陆）学术合作交流等发生的费用。开支国际合作与交流经费应当执行国家外事经费管理的有关规定。

（四）奖励经费：是指根据研究人员实际贡献安排的奖励性费用，安排奖励性费用应加大对优秀人才和成果的奖励力度。

开支奖励经费的情况包括：

1. 坚持服务国家目标与鼓励自由探索相结合，在思想理论上有重大创新、传承文明上有突出贡献、学科建设上有显著推动；

2. 围绕国家重大战略，在解决经济社会发展重大问题上有重要贡献，为党和政府提供决策服务上有重要建树；

3. 阐释中国立场、发出中国声音，产生较大国际影响；

4. 在方法创新上有重大突破；

5. 教育部认定在其他方面作出突出贡献的。

奖励经费的使用范围和标准由项目承担高校根据财政部、教育部规定制定，要合理合规、公开公平、拉开档次。安排奖励经费要符合国家收入分配制度和项目承担高校薪酬制度要求，由项目承担高校核定，在高校内部公示。不得在奖励经费以外再以任何名义在专项资金中重复提取、列支相关费用。

第二十二条　对于非研究项目资金中国家已规定开支标准的科目，应当严格按照国家有关规定执行；对于国家未规定开支标准的科目，各类非研究项目应当建立健全经费开支标准和管理制度。

第二十三条　非研究项目资金不得用于本办法第二十一条开支范围外的行政事业单位人员经费和公用经费。

第四章　管理资金

第二十四条　管理资金支出是指教育部在实施繁荣计划过程中发生的工作所需费用，包括组织、协调、评审、鉴定和奖励费用等。

第二十五条　按规定对"教育部科学研究优秀成果

奖(人文社会科学)"、有价值高水平的咨政成果进行奖励。

第二十六条　管理资金在实施过程中,按照"管、办、评"分离原则,推进政府购买服务,规范向社会力量购买服务的程序和方式。

第五章　预算执行与决算

第二十七条　教育部根据部门预算编制要求,将繁荣计划专项资金三年支出规划和年度预算建议数报送财政部,财政部按部门预算程序审核后批复年度预算。

第二十八条　教育部根据繁荣计划不同类型科研活动特点、研究进度、资金需求等,合理制定经费拨付计划。教育部在项目任务书签订后 30 日内向项目承担高校下达经费,首笔资金拨付比例充分尊重项目负责人意见,切实保障科研活动需要。

第二十九条　项目承担高校应当将资金纳入单位财务部门统一管理,单独核算,专款专用。

项目承担高校要根据项目负责人意见,及时将外拨资金拨付至项目合作单位,并加强对外拨资金的监督管理。

项目负责人应当结合科研活动需要,科学合理安排资金支出进度。项目承担高校应当关注资金执行进度,有效提高资金使用效益。

第三十条　繁荣计划专项资金按照国库集中支付制度规定拨付。

第三十一条　繁荣计划专项资金不得用于租赁办公场所和基础设施建设,不得用于开支各种罚款、捐赠、赞助、投资、偿还债务等,不得用于与项目工作无关的支出,严禁以任何方式牟取私利。

第三十二条　项目承担高校应当严格执行国家有关科研资金支出管理制度。对应当实行公务卡结算的支出,按照中央财政科研项目使用公务卡结算的有关规定执行。劳务费支出原则上应当通过银行转账方式结算,从严控制现金支出事项。

专项资金支出属于政府采购范围的,应当按照政府采购有关规定执行。对科研急需的设备和耗材采取特事特办、随到随办的采购机制。

第三十三条　研究过程中,项目承担高校因科研活动实际需要,邀请境内外专家、学者和有关人员参加由其主办的会议等,对确需负担的城市间交通费、国际旅费,可在会议费等费用中报销。对国内差旅费中的伙食补助费、市内交通费和难以取得发票的住宿费可实行包干制。对调查研究、野外考察、问卷调查、数据采集等科研活动

中无法取得发票或财政性票据的支出,在确保真实性的前提下,项目承担高校可按实际发生额予以报销。

第三十四条　凡使用繁荣计划专项资金形成的固定资产、无形资产等属于国有资产,应当按照国有资产管理的有关规定执行。

第三十五条　项目承担高校要切实强化法人责任,严格按照国家有关规定和本办法规定,指导项目负责人科学合理编制预算,规范预算调剂程序,加强对外拨资金、间接费用、结转结余资金等的审核和管理。

第三十六条　项目承担高校应当创新服务方式,让科研人员潜心从事科学研究。应当全面落实科研财务助理制度,确保配有相对固定的科研财务助理,为科研人员在预算编制、经费报销等方面提供专业化服务。科研财务助理所需人力成本费用(含社会保险补助、住房公积金),由项目承担高校统筹解决。

第三十七条　项目承担高校应当改进财务报销管理方式,充分利用信息化手段,推动项目经费数字化、无纸化报销,建立符合科研实际需要的内部报销机制。

第三十八条　项目承担高校应将繁荣计划专项资金收支情况纳入单位年度决算统一编报。

第三十九条　完成研究后,项目负责人应当按照学校财务规定清理账目与资产,据实编报决算,并附财务部门审核确认的资金收支明细账,与结项验收材料一并报送教育部。

有外拨资金的项目,外拨资金决算经合作研究单位财务、审计部门审核并签署意见后,由项目负责人汇总编制项目资金决算。

第四十条　对于研究项目资金,在研周期内,年度剩余资金可以结转下一年度继续使用。通过结项验收后,结余资金由项目承担高校统筹安排用于科研活动直接支出,优先考虑原团队科研需求。项目承担高校应当健全结余资金盘活机制。

对于非研究项目资金和管理资金,按照财政部关于结转结余资金管理有关规定执行。

第四十一条　对于因故被终止执行和被撤销的科研活动,应当视情节轻重分别作出退回结余资金、退回结余资金和绩效支出、退回已拨资金处理。项目承担高校应当及时清理账目与资产,在接到有关通知后 90 日内按原渠道退回教育部。所退资金,由教育部统筹用于资助繁荣计划科研活动。

项目承担高校发生变更的,原承担高校应当及时向新承担高校转拨项目资金。

第六章　绩效管理与监督检查

第四十二条　教育部应进一步突出绩效导向，落实绩效管理责任，做好绩效目标管理，加强分类评价，强化绩效评价结果运用，将绩效评价结果作为科研活动调整、后续支持的重要依据。财政部根据工作需要对繁荣计划专项资金开展绩效评价。

项目承担高校要切实加强绩效管理，引导科研资源向优秀人才和团队倾斜，提高科研经费使用效益。

第四十三条　繁荣计划专项资金管理建立承诺机制。项目承担高校应当承诺依法履行专项资金管理的职责。项目负责人应当承诺提供真实的信息，并认真遵守专项资金管理的有关规定。项目承担高校和项目负责人对违反承诺导致的后果承担相应责任。

第四十四条　项目承担高校应当建立信息公开机制，在学校内部主动公开预算、预算调剂、决算、设备购置、外拨资金、劳务费发放、间接费用、结余资金使用等情况，自觉接受监督。

第四十五条　项目承担高校要动态监管经费使用并实时预警提醒。对项目承担高校和科研人员在科研经费管理使用过程中出现的失信情况，纳入信用记录管理，对严重失信行为实行追责和惩戒。

第四十六条　项目承担高校和项目负责人应当依法依规管理使用专项资金，不得存在以下行为：

（一）虚假编报项目预算；

（二）未对繁荣计划专项资金进行单独核算；

（三）列支与项目任务无关的支出；

（四）违反规定转拨项目资金；

（五）通过虚假合同、虚假票据、虚构事项、虚报人员等弄虚作假方式，转移、套取、报销项目资金；

（六）截留、挤占、挪用项目资金；

（七）设置账外账、随意调账变动支出、随意修改记账凭证、提供虚假财务会计资料等；

（八）在使用项目资金中以任何方式列支应由个人负担的有关费用和利用项目资金支付各种罚款、捐款、赞助、投资、偿还债务等；

（九）其他违反国家财经纪律的行为。

第四十七条　财政部、教育部及其相关工作人员在项目资金分配使用、审核管理等相关工作中，存在违反规定安排资金或其他滥用职权、玩忽职守、徇私舞弊等违法违规行为的，依法责令改正，对负有责任的领导人员和直接责任人员依法给予处分；涉嫌犯罪的，依法移送有关机关处理。

项目承担高校和项目负责人应当自觉接受审计监督、财会监督，自觉接受主管部门日常监督。项目承担高校及其相关工作人员、项目负责人及其团队成员在资金管理使用过程中，不按规定管理使用项目资金、不按时编报项目决算、不按规定进行会计核算，存在截留、挪用、侵占项目资金等违法违规行为的，按照《中华人民共和国预算法》及其实施条例、《中华人民共和国会计法》、《财政违法行为处罚处分条例》等国家有关规定追究相应责任。涉嫌犯罪的，依法移送有关机关处理。

第七章　附　则

第四十八条　本办法由财政部、教育部负责解释。

第四十九条　本办法自颁布之日起施行。2016年11月24日财政部、教育部印发的《高等学校哲学社会科学繁荣计划专项资金管理办法》（财教〔2016〕317号）同时废止。

第五十条　各项目承担高校要依据本办法修订完善内部相关管理办法。

中等职业学校教师素质提高计划专项资金管理暂行办法

· 2007年9月21日
· 财教〔2007〕221号

第一条　根据《国务院关于大力发展职业教育的决定》（国发〔2005〕35号）和《教育部 财政部关于实施中等职业学校教师素质提高计划的意见》（教职成〔2006〕13号）有关要求，"十一五"期间，中央财政设立中等职业学校教师素质提高计划专项资金，支持各地提高中等职业学校教师素质。为加强中央专项资金管理，提高资金使用效益，制定本办法。

第二条　中央财政专项资金的主要投向：

（一）支持中等职业学校专业骨干教师参加国家级培训，并从中选拔优秀教师进行出国短期集中培训；对专业骨干教师省级培训成绩显著的地区予以适当奖励，奖励资金继续用于中等职业学校教师培训。

（二）支持全国重点建设的职教师资培养培训基地等有关机构，开发重点专业师资培养培训方案、课程和教材（以下简称重点专业师资培训方案教材开发）。

（三）引导支持中等职业学校紧缺专业面向社会聘请专业技术人员、高技能人才担任兼职教师。

第三条　中央专项资金的具体使用范围：

（一）专业骨干教师国家级培训经费，主要用于支付培训、食宿及其他相关费用。

出国培训经费主要用于支付学员在国外期间的学习和食宿费用。

（二）重点专业师资培训方案教材开发经费，主要用于重点专业师资培养培训方案、课程和教材开发所需的研究研讨、试验论证、评审验收、成果出版等相关项目的费用。

（三）对中等职业学校紧缺专业特聘兼职教师的资助，主要用于特聘教师的课酬补助。财政部、教育部综合考虑各省（区、市）中等职业学校在校生规模和生师比等因素，确定资助经费额度。各地根据特聘兼职教师承担的教学任务，确定具体补助标准。

第四条　中央财政资金的拨付方式和程序：

（一）专业骨干教师国家级培训经费（含出国培训经费），财政部、教育部按人均标准，分年度拨付到中等职业学校，由教师参加培训时缴至培训机构。

（二）重点专业师资培训方案教材开发，牵头单位为教育部直属高校或其他部委所属高校的，资金划拨到教育部，由教育部划拨到学校；项目牵头单位为地方高校的，资金由中央财政通过地方财政划拨到学校。项目资金一次确定、分两批拨付，2007 年通过项目开题答辩后拨付 50%，2009 年上半年通过项目中期检查后划拨其余资金。

（三）中等职业学校紧缺专业特聘兼职教师资助计划，中央财政每年先下达预算控制数。各地根据预算控制数以及地方资金数额，研究确定具体资助的学校、专业、人数和补助标准等，报教育部、财政部审核。教育部、财政部审核批准后，正式下达经费预算。

第五条　项目资金的年度分配方案，经财政部、教育部研究确定后下达。各地财政、教育部门要按照财政部、教育部有关要求，保证专款专用，确保资金及时、足额到位。

第六条　各地要按照中央专项资金使用的有关规定，将专项资金纳入单位财务统一管理，不得以管理费等任何名义截留、挪用和挤占，也不得将该专项资金与其他事业经费混合下达，要充分发挥专项资金的使用效益。

第七条　各地财政、教育部门要加强对资金使用的监督管理。财政部、教育部将对资金使用情况进行专项检查，并作为安排后续项目的依据。对于违反本管理办法的行为，将按照国家有关规定严肃处理。

第八条　本办法由财政部、教育部负责解释。

第九条　本办法自印发之日起执行。

国务院办公厅关于进一步调整优化结构提高教育经费使用效益的意见

· 2018 年 8 月 17 日
· 国办发〔2018〕82 号

党中央、国务院高度重视教育工作，始终把教育放在优先发展的战略位置。近年来，国家财政性教育经费支出占国内生产总值比例达到并持续保持在 4% 以上，投入机制逐步健全，支出结构不断优化，有力推动了教育事业全面发展，中西部和农村教育明显加强。但还存在教育经费多渠道筹集的体制不健全，一些地方经费使用"重硬件轻软件、重支出轻绩效"，监督管理有待进一步强化等问题。为全面加强教育经费投入使用管理，加快推进教育现代化，办好人民满意的教育，经国务院同意，现就进一步调整优化结构、提高教育经费使用效益提出如下意见。

一、总体要求

（一）指导思想。全面贯彻党的十九大和十九届二中、三中全会精神，以习近平新时代中国特色社会主义思想为指导，坚持以人民为中心，落实新发展理念，牢牢把握社会主义初级阶段的基本国情，坚定不移把教育放在优先位置，妥善处理转变预算安排方式与优先发展教育的关系，改革完善教育经费投入使用管理体制机制，以调整优化结构为主线，突出抓重点、补短板、强弱项，着力解决教育发展不平衡不充分问题，切实提高教育资源配置效率和使用效益，促进公平而有质量的教育发展。

（二）基本原则。

优先保障，加大投入。调整优化财政支出结构，优先落实教育投入，保证国家财政性教育经费支出占国内生产总值比例一般不低于 4%，确保一般公共预算教育支出逐年只增不减，确保按在校学生人数平均的一般公共预算教育支出逐年只增不减。在继续保持财政教育投入强度的同时，积极扩大社会投入。

尽力而为，量力而行。紧紧抓住人民群众最关心最直接最现实的问题，在幼有所育、学有所教、弱有所扶上不断取得新进展，努力让每个孩子都能享有公平而有质量的教育。不提脱离实际难以实现的目标，不作脱离财力难以兑现的承诺，不搞"寅吃卯粮"的工程，合理引导社会预期。

统筹兼顾，突出重点。围绕立德树人根本任务和提高教育质量战略主题，统筹近期发展任务和中长期发展目标，统筹城乡、区域以及各级各类教育发展，统筹条件改善和质量提升,优化教育资源配置。坚持"保基本、补短板、促公平、提质量",经费使用进一步向困难地区和薄弱环节倾斜,把有限资金用在刀刃上。

深化改革,提高绩效。推进教育领域中央与地方财政事权和支出责任划分改革,巩固完善以政府投入为主、多渠道筹集教育经费的体制。充分发挥财政教育经费的政策引导作用,推动深化教育体制机制改革。全面实施预算绩效管理,健全激励和约束机制,鼓励地方结合实际先行先试,创新管理方式,加强经费监管。

二、完善教育经费投入机制

(三)持续保障财政投入。合理划分教育领域政府间财政事权和支出责任,进一步完善教育转移支付制度。各级人民政府要按照"两个只增不减"要求,更多通过政策设计、制度设计、标准设计带动投入,落实财政教育支出责任。建立健全国家教育标准体系,科学核定基本办学成本,全面建立生均拨款制度。到2020年,各地要制定区域内各级学校生均经费基本标准和生均财政拨款基本标准,并建立健全动态调整机制。

(四)鼓励扩大社会投入。支持社会力量兴办教育,逐步提高教育经费总投入中社会投入所占比重。各级人民政府要完善政府补贴、政府购买服务、基金奖励、捐资激励、土地划拨等政策制度,依法落实税费减免政策,引导社会力量加大教育投入。完善社会捐赠收入财政配比政策,按规定落实公益性捐赠税收优惠政策,发挥各级教育基金会作用,吸引社会捐赠。完善非义务教育培养成本分担机制,地方人民政府应按照规定的管理权限和属地化管理原则,综合考虑经济发展状况、培养成本和群众承受能力等因素,合理确定学费(保育教育费)、住宿费标准,建立与拨款、资助水平等相适应的收费标准动态调整机制。自费来华留学生学费标准由学校自主确定。

三、优化教育经费使用结构

(五)科学规划教育经费支出。各地要加强教育事业发展规划与中期财政规划的统筹衔接。中期财政规划要充分考虑教育经费需求。教育事业发展规划要合理确定阶段性目标和任务,及时调整超越发展阶段、违背教育规律、不可持续的政策。学校建设要合理布局,防止出现"空壳学校"。严格执行义务教育法,坚持实行九年义务教育制度,严禁随意扩大免费教育政策实施范围。

(六)重点保障义务教育均衡发展。始终坚持把义务教育作为教育投入的重中之重,切实落实政府责任。进一步提高全国特别是西部地区义务教育巩固率,加大教育扶贫力度,为彻底摆脱贫困奠定基础。巩固完善城

乡统一、重在农村的义务教育经费保障机制,逐步实行全国统一的义务教育公用经费基准定额。落实对农村不足100人的小规模学校按100人拨付公用经费和对寄宿制学校按寄宿生年生均200元标准增加公用经费补助政策,单独核定并落实义务教育阶段特殊教育学校和随班就读残疾学生公用经费,确保经费落实到学校(教学点),确保学校正常运转。全面加强乡村小规模学校和乡镇寄宿制学校建设,提升乡村学校办学水平,振兴乡村教育。推动建立以城带乡、整体推进、城乡一体、均衡发展的义务教育发展机制,着力解决人民群众关心的控辍保学、"大班额"、随迁子女就学、家庭无法正常履行教育和监护责任的农村留守儿童入校寄宿等突出问题。

(七)不断提高教师队伍建设保障水平。各级人民政府要将教师队伍建设作为教育投入重点予以优先保障,鼓励吸引优秀人才从事教育事业,努力让教师成为全社会尊重的职业。财政教育经费优先保障中小学教职工工资发放,推动落实城乡统一的中小学教职工编制标准。各地要严格规范教师编制管理,对符合条件的非在编教师要加快入编,并实行同工同酬。各地要完善中小学教师培训经费保障机制,不断提升教师专业素质能力。健全中小学教师工资长效联动机制,核定绩效工资总量时统筹考虑当地公务员工资收入水平,实现与当地公务员工资收入同步调整,确保中小学教师平均工资收入水平不低于或高于当地公务员平均工资收入水平,使教师能够安心在岗从教。各地要加强省级统筹,强化政府责任,调整优化支出结构,优先落实义务教育阶段教师工资收入政策,力争用三年时间解决义务教育阶段教师工资待遇问题,凡未达到要求的地区要限期整改达标,财力较强的省份要加快进度。严格按照现行政策规定落实乡村教师生活补助政策,及时足额发放艰苦边远地区津贴,加强教师周转房建设,提高乡村教师工作生活保障水平,引导优秀教师到农村任教。各地要根据幼儿园规模,创新方式方法,合理配备保教保育人员,按照岗位确定工资标准,逐步解决同工不同酬问题。支持职业院校"双师型"教师和特殊教育学校教师队伍建设。

(八)着力补齐教育发展短板。在重点保障义务教育的前提下,优化支出结构,积极支持扩大普惠性学前教育资源、普及高中阶段教育、发展现代职业教育。各地要加快制定公办幼儿园生均财政拨款标准、普惠性民办幼儿园财政补助政策,逐步提高学前教育财政支持水平,多渠道增加普惠性学前教育资源供给。建立健全普通高中生均财政拨款制度,加大对普通高中急需的教育教学条

件的改善力度。各地要按照地方政府债务化解范围,对普通高中债务中属于存量地方政府债务的,可通过发行地方政府债券置换。逐步提高中职学校和高职院校生均财政拨款水平,完善政府、行业、企业及其他社会力量依法筹集经费的机制,鼓励企业举办职业教育,深化产教融合、校企合作。支持发展面向农村的职业教育,服务乡村振兴战略。

财政教育经费着力向深度贫困地区和建档立卡等家庭经济困难学生倾斜。聚焦"三区三州"等深度贫困地区,以义务教育为重点,实施教育脱贫攻坚行动。加大中央财政相关转移支付力度,加强省级统筹,存量资金优先保障、增量资金更多用于支持深度贫困地区发展教育和贫困家庭子女接受教育,推动实现建档立卡贫困人口教育基本公共服务全覆盖。健全学生资助制度,完善资助办法,提高精准水平,实现应助尽助。强化资助育人理念,构建资助育人质量提升体系。

(九)聚焦服务国家重大战略。完善高校预算拨款制度,统筹推进一流大学和一流学科建设,加强一流本科教育,推动实现高等教育内涵式发展,培养造就一大批适应国家经济社会发展需要的高层次、卓越拔尖人才。持续支持部分地方高校转型发展,落实中西部高等教育振兴计划,以部省合建高校为引领,支持中西部高等教育发展,加快培养服务区域和产业发展的高水平、应用型人才,更好服务区域协调发展战略。深化高校科研体制改革,完善科研稳定支持机制,健全人才引进政策和激励机制,建立科研服务"绿色通道",为科研活动顺利开展提供便利。改革高校所属企业体制,推动产学研深度融合,促进科技成果转化,更好服务创新驱动发展战略。统筹出国留学和来华留学经费资助政策,支持推进共建"一带一路"教育行动,优化教育对外开放布局。

(十)持续加大教育教学改革投入。各地要在改善必要办学条件的同时,加大课程改革、教学改革、教材建设等方面的投入力度,促进育人方式转型,着力提升教育教学质量。确保义务教育公用经费、教研活动、教学改革试验等方面投入,推动实现义务教育优质资源均衡。支持普通高中课程改革与高考综合改革协同推进,促进学生全面而有个性的发展。支持开展职业教育实训实习,推动德技并修、工学结合的育人机制建设。支持高校优化学科专业结构,加快急需紧缺专业建设,创新人才培养机制,推进创新创业教育。支持教育信息化平台和资源建设,推进信息技术与教育教学深度融合,实现优质资源共享。

四、科学管理使用教育经费

(十一)全面落实管理责任。按照深化"放管服"改革的要求,进一步简政放权,落实省级政府教育经费统筹权和各级各类学校经费使用自主权。地方各级人民政府要建立健全"谁使用、谁负责"的教育经费使用管理责任体系。教育部门和学校是教育经费的直接使用者、管理者,在教育经费使用管理中负有主体责任,要会同相关部门科学规划事业发展和经费使用,依法依规、合理有效使用教育经费。财政部门要按规定落实国家财政教育投入等政策,优先保障教育支出,加强预算管理和财政监督。发展改革部门要优先规划教育发展,依法加强成本监审。人力资源社会保障部门要优先保障学校教职工配备,落实完善教师待遇政策。

(十二)全面改进管理方式。以监审、监控、监督为着力点,建立全覆盖、全过程、全方位的教育经费监管体系。健全预算审核机制,加强预算安排事前绩效评估。逐步扩大项目支出预算评审范围。加强预算执行事中监控,硬化预算执行约束,从严控制预算调剂事项,健全经济活动内部控制体系,实施大额资金流动全过程监控,有效防控经济风险。加强预决算事后监督,各级人民政府、教育部门和学校要按照预算法要求,全面推进教育部门预决算公开。加强各级教育经费执行情况统计公告。教育经费使用管理情况纳入教育督导范围。加强教育内部审计监督,提高审计质量,强化审计结果运用,推动完善内部治理。推进经济责任审计党政同责同审,实现领导干部经济责任审计全覆盖。鼓励各地探索建立中小学校长任期经济责任审计制度。

(十三)全面提高使用绩效。各级教育部门和学校要牢固树立"花钱必问效、无效必问责"的理念,逐步将绩效管理范围覆盖所有财政教育资金,并深度融入预算编制、执行、监督全过程,完善细化可操作可检查的绩效管理措施办法,建立健全体现教育行业特点的绩效管理体系。强化预算绩效目标管理,紧密结合教育事业发展,优化绩效目标设置,完善绩效目标随同预算批复下达机制。开展绩效目标执行监控,及时纠正偏差。坚持财政教育资金用到哪里、绩效评价就跟踪到哪里,加强动态绩效评价,及时减低效无效资金。强化绩效评价结果应用,加大绩效信息公开力度,将绩效目标执行情况和绩效评价结果作为完善政策、编制预算、优化结构、改进管理的重要依据,作为领导干部考核的重要内容。坚持厉行勤俭节约办教育,严禁形象工程、政绩工程,严禁超标准建设豪华学校,每一笔教育经费都要用到关键处。

（十四）全面增强管理能力。各级教育财务管理部门要进一步强化服务意识，提升服务能力和水平，全面增强依法理财、科学理财本领。落实完善资金分配、使用和预算管理、国有资产管理、科研经费管理等制度体系，提高精细化管理水平。充分利用现代信息技术，建立全国教育经费信息化管理平台，实现即时动态监管。完善教育财务管理干部队伍定期培训制度，实现全员轮训，增强专业化管理本领。加强学校财会、审计和资产管理人员配备，推动落实并探索创新高等学校总会计师委派制度，加强学生资助、经费监管、基金会等队伍建设。

五、加强组织实施

（十五）加强组织领导。各地要进一步巩固财政教育投入成果，健全工作机制，加强统筹协调，形成工作合力，认真落实完善教育经费投入机制、优化教育经费使用结构、科学管理使用教育经费等各项任务，切实提高教育经费使用效益。各地要制定具体实施方案，细化分解任务，明确时间节点，层层压实责任，确保工作成效。

（十六）加强督查问责。各地要加大对财政教育经费投入使用管理情况的督查力度。中央相关部门要对各地义务教育阶段教师工资待遇政策等落实情况开展专项督查，各地要定期向教育部、财政部、人力资源社会保障部等相关部门报送落实情况，国务院将适时开展督查。对督查中发现的问题，抓好整改问责。对违反财经纪律的行为，依纪依规严肃处理。有违法行为的，按照相关法律法规进行处罚，构成犯罪的，依法追究刑事责任。

（六）学校收费管理

教育收费公示制度

· 2002 年 5 月 27 日
· 计价格〔2002〕792 号

一、为规范教育收费行为，完善监督管理措施，增加透明度，治理乱收费，国家计委、财政部、教育部决定在全国各级各类学校实行教育收费公示制度。

二、教育收费公示制度是学校通过设立公示栏、公示牌、公示墙等形式，向社会公布收费项目、收费标准等相关内容，便于社会监督学校严格执行国家教育收费政策，保护学生及其家长自身合法权益的制度。

三、教育收费公示制度适用于中华人民共和国境内国家举办的小学、初级普通中学、初级职业中学、普通高中、中等职业学校、高等学校，以及幼儿园（托儿所）和其他特殊教育学校的收费。社会力量举办的学校收费也应参照本规定执行。

四、凡按国家规定的审批权限和程序制定的教育收费，包括义务教育学校的杂费、借读费、有寄宿制学校的住宿费和非义务教育学校的学费、住宿费等学校所有的收费，均应实行公示制度。公示的主要内容包括收费项目、收费标准、收费依据（批准机关及文号）、收费范围、计费单位、投诉电话等。对家庭经济困难学生实行收费减免的政策也应进行公示。

五、学校要在校内通过公示栏、公示牌、公示墙等方式，向学生公示收费项目、收费标准等内容。学校在招生简章中要注明有关收费项目和标准。在开学时或学期结束后，通过收费报告单等方式向学生家长报告本学期学校收费情况，让学生家长了解学校的实际收费与规定的收费是否一致。

六、在学校校内设立的公示栏、公示牌、公示墙的制作材料、规格、样式，应根据实际情况及动态管理、长期置放和清楚方便的要求进行规范。要尽可能独立置放，位置明显，字体端正，实用规范。遇有损坏或字迹不清的，学校要及时更换、维修或刷新。

七、教育收费公示的内容，事前必须经过学校所在地的省级或市、县价格、财政主管部门和教育行政部门的审核。公示收费的内容，要严格执行规定的收费项目、标准及范围等。禁止将越权收费、超标准收费、自立项目收费等乱收费行为通过公示"合法化"。

八、遇有政策调整或其他情况变化时，学校要及时更新公示的有关内容。省、市、县价格、财政主管部门和教育行政部门要及时做好教育收费政策信息的沟通、传递工作，并督导学校做好公示栏、公示牌、公示墙的更新维护工作。

九、各级价格、财政主管部门和教育行政部门要通过电视、广播、报刊等新闻媒体向社会公示教育收费政策的制定和调整情况，并督促学校做好教育收费公示工作。

十、各地要加强对教育收费公示制度的监督检查。对违反规定的乱收费，按规定应公示而未公示的收费，或公示内容与规定政策不符的，学生有权拒绝缴纳，并有权向价格、财政主管部门和教育行政部门举报；价格、财政主管部门和教育行政部门要按照有关规定进行查处。

十一、各省、自治区、直辖市价格、财政主管部门和教育行政部门可结合当地实际情况，制定教育收费公示制度的具体实施办法。

教育部关于治理义务教育阶段
择校乱收费问题的指导意见

· 2010 年 10 月 13 日
· 教基一〔2010〕6 号

各省、自治区、直辖市教育厅（教委），新疆生产建设兵团教育局：

根据教育部、国务院纠风办等 7 部委《关于 2010 年治理教育乱收费规范教育收费工作的实施意见》（教财〔2010〕2 号），为着力解决义务教育阶段择校乱收费问题，现提出以下指导意见。

《义务教育法》明确规定，"适龄儿童、少年免试入学。地方各级人民政府应当保障适龄儿童、少年在户籍所在地学校就近入学。"但由于学校之间办学条件、教育质量存在差距，优质教育资源不能完全满足社会需求，产生了择校问题，择校乱收费问题也伴随而生，在一些大中城市尤为突出。治理择校乱收费必须坚持标本兼治、综合治理的原则，既要抓紧完善招生政策，规范招生秩序，及时制止违规高收费乱收费现象，又要大力推进义务教育均衡发展，改造薄弱学校，缩小校际办学条件及教育质量差距。

1. 规范招生入学秩序。各地教育行政部门要禁止义务教育阶段公办学校（以下简称学校）以各种学科类实验班名义招生的行为。禁止学校为选拔学生举办或参与举办各种培训班的行为。禁止学校以任何名义和方式收取择校费，坚决切断收取择校生与获得利益的联系。

2. 完善招生入学政策。各地教育行政部门要按照适龄儿童、少年数量和学校分布情况，科学划定学校服务范围，公平分配优质教育资源。制定并执行把优质高中招生名额合理分配到初中的政策。学校招生期间必须公布招生范围、招生时间、招生计划、招生程序等重要信息。

3. 加快薄弱学校建设。各地教育行政部门要在当地政府的领导下，完善义务教育薄弱学校的政策措施，加大改造力度，缩小薄弱学校与优质学校的差距，并努力办出特色。推进学校标准化建设，使区域内义务教育学校均达到当地办学标准。

4. 合理配置师资力量。各地教育行政部门要会同人力资源和社会保障部门，完善教师聘任（聘用）制度，配足配齐合格教师。加大培训力度，提高整体师资水平。立足提升薄弱学校教学管理水平，建立区域内教师和校长交流制度，逐步使学校师资配备基本均衡。

5. 共享优质教育资源。各地教育行政部门要确定现有优质学校辐射范围，探索通过实行学区化管理、集团化办学、结对帮扶等多种模式，发挥优质学校的示范引领作用。不断提高教育信息化的普及水平和应用水平，促进优质教育资源共享。

6. 支持发展民办教育。各地要在保障适龄儿童、少年就近进入公办学校的前提下，进一步制定和完善推进民办教育发展的政策措施，依法办好一批有特色、高质量、能够满足人民群众选择需求的义务教育民办学校。

7. 加大舆论引导力度。各地要大力宣传《义务教育法》，倡导"适合的教育是最好的教育"的理念。引导家长树立正确的教育观念，不盲目择校，努力营造解决义务教育阶段择校问题的良好社会环境和舆论氛围。

8. 持续做好专项治理。各地要按照国家 7 部委关于专项治理教育乱收费工作的有关要求和本地治理择校乱收费需要，不定期开展专项治理工作。对各种违规收取择校费的行为要坚决查处，并追究有关单位和个人责任，要发挥专项治理工作的警示作用。

9. 健全完善督导制度。各地要将解决择校乱收费问题作为新时期教育综合督导的重要内容，作为衡量推进区域内义务教育均衡发展成效的重要指标，作为表彰奖励、行风评议、政绩考核的重要依据，强化监管，建立治理教育乱收费情况通报制度，健全经常化、全方位的督导检查机制。

10. 务求每年有新成效。各地要加强对择校乱收费问题的治理，有针对性地确定总体目标和阶段性的工作任务，制订时间表、路线图和任务书，务求每年有新的进展、取得新的实效，力争经过 3 到 5 年的努力，使义务教育阶段择校乱收费不再成为群众反映强烈的问题。

财政部、教育部关于改革完善
中央高校预算拨款制度的通知

· 2015 年 11 月 17 日
· 财教〔2015〕467 号

党中央有关部门，国务院有关部委、有关直属机构，各省、自治区、直辖市、计划单列市人民政府，新疆生产建设兵团：

高校预算拨款制度是高等教育财政政策的核心内容之一，是支持高等教育事业发展的重要制度安排。近年来，中央高校预算拨款制度不断完善，促进提升了中央高校办学质量和服务经济社会发展能力。但是，现行中央高校预算拨款制度也出现了项目设置交叉重复、内涵式发展的激励引导作用尚需加强等问题。为深入贯彻党的十八大和十八届二中、三中、四中、五中全会精神，认真落实党中央、国务院有关决策部署，促进中央高校内涵式发展，进一步提高办学质量和水平，加快建设高等教育强国，按照全面深化改革特别是深化财税体制改革和教育领域综合改革的要求，结合中央高校实际，经国务院同意，现就改革完善中央高校预算拨款制度有关事项通知如下：

一、总体目标和基本原则

（一）总体目标。

服务国家发展战略，面向经济社会发展需要，立足高等教育发展实际，适应建立现代财政制度和提高教育质量的要求，牢固树立现代国家治理理念、公平正义观念和绩效观念，坚持问题导向，着力改革创新，强化顶层设计，积极构建科学规范、公平公正、导向清晰、讲求绩效的中央高校预算拨款制度，支持世界一流大学和一流学科建设，引导中央高校提高质量、优化结构、办出特色，加快内涵式发展，更好地为全面建成小康社会服务。

（二）基本原则。

有利于充分发挥中央高校职能作用，服务国家发展战略。引导和支持中央高校全面提升人才培养、科学研究、社会服务、文化传承创新等整体水平，为创新驱动发展战略、人才强国战略、可持续发展战略、城镇化发展战略等国家战略的实施，提供智力支持和人才保障。

有利于简政放权，进一步落实和扩大中央高校办学自主权。遵循高校办学规律，坚持依法办学，坚持放管结合，依法明晰政府与高校职能，进一步精简和规范项目设置，改进管理方式，推动政府职能转变，提高中央高校按照规定统筹安排使用资金的能力，完善中国特色现代大学制度。

有利于更加科学公正地配置资源，增强中央高校发展活力。项目设置面向所有中央高校，主要采取按照因素、标准、政策等办法科学合理分配资金，促进公平公正竞争，增强中央高校发展活力，提高发展的包容性。

有利于引导中央高校办出特色和水平，加快内涵式发展。完善资金分配的激励约束机制，传递更加清晰的政策和绩效导向，引导中央高校转变办学模式，创新人才培养机制，优化人才培养结构，重点发展特色优势学科，办出特色争创一流。

有利于完善多元投入机制，增强中央高校发展的内生动力和可持续性。坚持多元治理和可持续发展，根据人力资本投资和高等教育公共性层次的特点，进一步健全政府和受教育者合理分担本、其他多渠道筹措经费的投入机制，鼓励多方面增加投入。进一步完善国家资助政策体系，确保家庭经济困难学生顺利完成学业。

有利于妥善处理改革与发展的关系，确保改革平稳推进。坚持机制创新与持续支持相结合，在延续现行行之有效做法的基础上，进一步改革完善财政支持方式，加强政策衔接，逐步加大投入力度，努力形成可持续的支持机制，促进中央高校平稳健康发展。

二、主要内容

加强顶层设计，兼顾当前长远，统筹考虑中央高校各项功能，完善基本支出体系，更好支持中央高校日常运转，促进结构优化；重构项目支出体系，区分不同情况，采取调整、归并、保留等方式，加大整合力度，进一步优化项目设置；改进资金分配和管理方式，突出公平公正，强化政策和绩效导向，增强中央高校按照规定统筹安排使用资金的能力，促进中央高校内涵式发展，着力提高办学质量和水平。今后根据党中央、国务院有关决策部署，结合中央高校改革发展面临的新形势，适时对项目设置、分配管理方式等进行调整完善。

（一）完善基本支出体系。

在现行生均定额体系的基础上，逐步建立中央高校本科生均定额拨款总额相对稳定机制：以2~3年为一周期，保持周期内每所中央高校本科生均定额拨款总额的基本稳定；上一周期结束后，根据招生规模、办学成本等因素，重新核定下一周期各中央高校本科生均定额拨款总额，并根据中央财力状况等情况适时调整本科生均定额拨款标准，引导中央高校合理调整招生规模和学科专业结构。逐步完善研究生生均定额拨款制度。继续对西部地区中央高校和小规模特色中央高校等给予适当倾斜。同时，将中央高校学生奖助经费由项目支出转列基本支出。

（二）重构项目支出体系。

新的项目支出体系包括以下六项内容：

中央高校改善基本办学条件专项资金。由现行中央高校改善基本办学条件专项资金、附属中小学改善基本办学条件专项资金、中央高校发展长效机制补助资金整合而成，支持中央高校及附属中小学改善基本办学条件。用于校舍维修改造、仪器设备购置、建设项目的辅助设施和配套工程等方面。主要根据办学条件等因素分配，实行项目管理方式。

中央高校教育教学改革专项资金。由现行本科教学工程、基础学科拔尖学生培养专项资金整合而成，支持中央高校深化教育教学改革，提高教学水平和人才培养质量。进一步扩充支持内容，统筹支持本专科生和研究生、教师和学生、课内和课外教育教学活动，用于教育教学模式改革、创新创业教育等方面。主要根据教育教学改革等相关因素分配，由中央高校按照规定统筹使用。

中央高校基本科研业务费。延续项目，对中央高校基本科研活动进行稳定支持。用于中央高校开展自主选题科学研究，按照现行方式分配和管理。

中央高校建设世界一流大学（学科）和特色发展引导专项资金。在"985工程"、"211工程"、优势学科创新平台、特色重点学科项目、"高等学校创新能力提升计划"以及促进内涵式发展资金等基础上整合而成，引导中央高校加快推进世界一流大学和一流学科建设以及特色发展，提高办学质量和创新能力。用于学科建设、人才队伍建设、协同创新中心建设、国际交流合作等方面。主要根据学科水平、办学特色、协同创新成效等因素分配，实行项目管理方式。

中央高校捐赠配比专项资金。延续项目，引导和激励中央高校拓宽资金来源渠道，健全多元化筹资机制。按照政策对中央高校接受的社会捐赠收入进行配比，由中央高校按照规定统筹使用。

中央高校管理改革等绩效拨款。延续项目，引导中央高校深化改革、加强管理。主要根据管理改革等相关因素分配，由中央高校按照规定统筹使用。

三、工作要求

（一）加强组织领导，抓好贯彻落实。

改革完善中央高校预算拨款制度，是财政支持方式的重大变革，是通过改革盘活存量资金用好增量资金的有力措施，是引导中央高校转变发展模式的重要制度设计，涉及政府职能转变和中央高校切身利益。有关中央部门要统一思想，强化大局意识、责任意识，切实发挥职能作用，加强业务指导和宏观管理，完善配套政策措施。各中央高校要准确把握改革精神，切实抓好贯彻落实工作，加强统筹规划，优化资源配置，确保改革措施落地生根、取得实效。

（二）统筹推进体制机制改革，增强改革的系统性协同性。

加快建立高校分类体系，推进分类管理、分类评价，引导高校合理定位，克服同质化倾向，在不同层次、不同领域办出特色争创一流。落实立德树人根本任务，创新高校人才培养机制，积极开展教育教学改革探索，把创新创业教育融入人才培养，全面提高人才培养质量，为建设创新型国家提供源源不断的人才智力支撑。深入推进政

校分开、管办评分离，进一步落实和扩大高校办学自主权。完善中国特色现代大学制度，健全高校内部治理结构，加强科学民主决策，切实提高内部管理水平。

（三）坚持多元筹资和放管结合，提高资金使用效益。

根据"平稳有序、逐步推进"的原则，按照规定程序动态调整高校学费标准，进一步健全成本分担机制。积极争取社会捐赠以及相关部门、行业企业、地方政府支持中央高校改革发展，健全多元投入机制。认真落实预算法以及国务院关于深化预算管理制度改革的有关要求，全面加强和改进预算管理。强化高校财务会计制度建设，完善资金使用内部稽核和内部控制制度。坚持勤俭节约办学，促进资源共享。严格资金使用监管，确保资金使用规范、安全、有效。

本通知自印发之日起执行。凡以前规定与本通知规定不一致的，按照本通知规定执行。

各地要按照本通知精神，结合实际，改革完善地方高校预算拨款制度，促进从整体上提升高等教育质量。

国家发展改革委、教育部关于规范中小学服务性收费和代收费管理有关问题的通知

·2010年7月23日
·发改价格〔2010〕1619号

各省、自治区、直辖市发展改革委、物价局，教育厅（教委），新疆生产建设兵团教育局：

近年来，在各级党委、政府的领导下，经过各方面的共同努力，规范教育收费、治理教育乱收费工作取得了明显成效。为巩固教育收费治理工作成果，进一步规范公办中小学校服务性收费和代收费行为，现就有关事项通知如下：

一、严格界定服务性收费和代收费范围

中小学服务性收费是指学校（包括义务教育学校、高中阶段学校、中等职业学校）在完成正常的教学任务外，为在校学生提供由学生或学生家长自愿选择的服务而收取的费用。中小学代收费是指学校为方便学生在校学习和生活，在学生或学生家长自愿的前提下，为提供服务的单位代收代付的费用。

中小学按照国家和本地区课程改革要求安排的教育教学活动、教学管理范围内的事项，不得列入服务性收费和代收费事项。严禁将讲义资料、试卷、电子阅览、计算机上机、取暖、降温、饮水、校园安全保卫等作为服务性收费和代收费事项。

农村地区义务教育阶段学校除按规定向学生收取作业本费、向自愿入伙的学生收取伙食费外，严禁收取其他任何费用。

二、严格执行服务性收费和代收费审批权限

中小学服务性收费和代收费项目、收费标准由省级教育主管部门按照学校组织学生活动和学生在校学习、生活的实际需要，综合考虑实际成本、当地经济发展水平和居民经济承受能力等因素提出意见，经省级价格主管部门审核，两部门共同报省级人民政府审定后执行。各地不得将国家已明令禁止或明确规定纳入公用经费开支的项目列为服务性收费和代收费项目。

三、服务性收费和代收费必须坚持自愿和非营利原则

中小学按照规定收取服务性收费和代收费，必须坚持学生或学生家长自愿原则。严禁强制或变相强制提供服务并收费。严禁将服务性收费和代收费与行政事业性收费一并收取。

中小学向在校学生收取服务性收费和代收费，必须坚持非营利原则，按学期或按月据实结算，多退少不补。学校和教师在为学生服务、代办有关事项的过程中不得获取任何经济利益，不得收取任何形式的回扣。确有折扣的，须全额返还学生。

四、严格执行服务性收费和代收费公示制度

各地要通过网络、报纸、广播、电视等多种形式，将按规定权限批准的中小学服务性收费和代收费项目、标准等列入政府信息公开范围，主动向社会公开。学校要在招生简章和入学通知书中注明有关服务性收费和代收费项目、标准及批准收费的文号，并通过学校公示栏、公示牌、公示墙等方式将服务性收费和代收费项目、标准、收费资金的使用情况和投诉电话等进行公示，主动接受学生、家长和社会的监督，增强学校收费的透明度。按规定应公示而未公示或公示内容与政策规定不符的，不得收费。

五、加强服务性收费和代收费资金管理

服务性收费和代收费不属于行政事业性收费，不实行收支两条线管理。服务性收费收入由学校根据实际支出列支；代收费收入由学校全部转交提供服务的单位，不得计入学校收入。严禁任何部门、单位或个人以任何理由截留、挪用、挤占服务性收费和代收费资金。

六、强化服务性收费和代收费监督检查

各地要将规范学校服务性收费和代收费作为治理教育乱收费工作的重点，坚决禁止侵害学生利益的行为。

对学校擅自设立收费项目、制定收费标准和超范围收费等乱收费行为，以及有关部门、单位通过学校违规收取代收费等行为，价格、教育等部门要加强监督检查，对违规行为要严肃查处。严禁学校以服务性收费和代收费名义向学生乱收费。

各地要按照本通知的要求，结合当地实际情况，在2010年8月底前研究制定本省（自治区、直辖市）规范中小学服务性收费和代收费管理的具体意见，并认真组织落实。各地贯彻落实的具体情况，请于9月底前报国家发展改革委（价格司）、教育部（财务司）。

教育部、国家发展改革委、财政部关于进一步规范高校教育收费管理若干问题的通知

· 2006 年 5 月 12 日
· 教财〔2006〕2 号

近年来，在党中央、国务院的高度重视下，经有关方面共同努力，高校收费管理工作不断加强，收费行为日趋规范，乱收费势头得到一定遏制。但是，高校收费工作仍存在一些亟待解决的问题，随着高等教育改革和发展的不断深化，一些新的教育、教学形式的收费政策尚不明确；高校为学生提供服务的收费和代收费等收费行为缺乏必要的规范；部分地方和高校仍存在擅立收费项目和提高标准等违规收费行为。为进一步加强公办高等学校（以下简称高校）收费管理，规范高校收费行为，坚决治理乱收费，维护高校和学生的正当权益，保障学校、学生正常的教学及学习生活，促进高等教育事业持续健康发展，现就有关问题通知如下：

一、加强对高校行政事业性收费的管理

高校行政事业性收费包括学费、住宿费和考试费三类。

（一）学费 高校按照国家有关法规和政策规定，向经教育行政部门批准招收的各类普通、成人和高等函授教育本专科（高职）生，预科生，专升本学生；第二学位、双专业、双学位、辅修专业学位学生；各类国家没有安排财政拨款的研究生（包括专业学位研究生，在职攻读硕士、博士学位研究生，申请硕士、博士学位的同等学力人员，示范性软件学院工程硕士研究生，委托培养、自筹经费硕士、博士研究生，研究生课程进修班学生等）；以本硕连读、本硕博连读形式学习的本科阶段的学生；自费来华留学生；参加高等学历教育文凭考试、自考助学班、应用型自考大专班学习的学生等收取学费。

学费应按学年或学期收取,不得跨学年预收。学生缴纳学费后,如因故退学或提前结束学业,高校应根据学生实际学习时间,按月计退剩余的学费。

高校学费标准按属地化原则管理。国家现行高校收费政策有规定的,执行现行规定;没有规定的,由省级教育行政部门综合考虑实际成本、当地经济发展水平和居民经济承受能力等因素提出意见,报同级价格、财政部门审核,并经省级人民政府批准后执行。

(二)住宿费　高校为在本校接受各类教育的学生提供住宿的,向学生收取住宿费。住宿费应按学年或学期收取,不得跨学年预收。如学生因故退学或提前结束学业,高校应根据其实际住宿时间,按月计退剩余的住宿费。

住宿费标准按属地化原则管理。国家有现行规定的,执行现行规定;没有规定的,由省级教育行政部门综合考虑实际成本、住宿条件和当地经济发展水平等因素提出意见,报同级价格、财政部门按照成本补偿和非营利原则进行审核,并经省级人民政府批准后执行。

(三)考试费　高校根据国家有关规定,代教育行政部门或自行组织硕士、博士研究生入学考试,专业硕士、博士研究生入学考试,在职人员攻读硕士、博士学位入学考试,同等学力人员申请硕士、博士学位水平考试,网络教育学生入学考试,专升本考试,保送生测试,艺术类、体育类学生入学专业测试,高水平运动员以及其他特殊类型学生入学测试,来华留学生申请、注册和考试等招生入学报名考试(含笔试、复试或面试),向参加考试的考生收取考试费。高校其他教育考试收费按照相关文件规定执行。

高校考试费收费标准,国家有明确规定的,按现行规定执行;没有规定的,由省级教育行政部门提出意见,报同级价格部门会同财政部门审批。

高校行政事业性收费的项目管理,应按现行行政事业性收费的有关制度规定,抓好落实工作。

二、规范高校服务性收费和代收费管理

(一)服务性收费　高校为在校学生提供由学生自愿选择的服务并收取相应的服务性收费。服务性收费必须坚持学生自愿和非营利原则,即时发生即时收取,不得与学费合并统一收取,严禁高校强制服务,或只收费不服务。高校向校外人员和单位提供服务的,也可收取相应的服务性费用。各地规范高校服务性收费管理的具体意见,由省级教育行政部门提出,报同级价格、财政部门审核,并经省级人民政府批准后执行。

高校以学校或院(系、所、中心等)名义,按照自愿原则面向在校学生和社会人员提供各类培训服务,向其收取培训费。培训费具体标准由高校按照成本补偿和非营利的原则制定,报所在地省级教育、价格、财政部门备案后执行。高校根据国家有关部门的要求或接受委托承办的培训班,向接受培训的人员收取的培训费,按照现行规定执行。

(二)代收费　为方便学生学习和生活,在自愿前提下,高校可以替提供服务的单位代收代付相关费用。高校不得强行统一收取代收费,也不得在学生缴纳学费时合并收取,并应及时据实结算、多退少补,不得在代办收费中加收任何费用。高校学生公寓内床上用品和日用品由学生自主采购,不得强行统一配备。

各地规范高校代收费管理的具体意见,由省级教育行政部门提出,报同级价格、财政部门审核,并经省级人民政府批准后执行。

三、严格执行教育收费公示制度

各地教育、价格、财政部门和各高校要按照本通知和《教育部等七部门关于2006年治理教育乱收费工作的实施意见》(教监〔2006〕6号)的有关规定,对高校收费项目和标准进行一次全面清理,并严格按照原国家计委、财政部、教育部《关于印发〈教育收费公示制度〉的通知》(计价格〔2002〕792号)的有关规定,将经有关部门审核批准的收费项目和标准向学生和社会进行公示,主动接受学生、家长和社会的监督。未经公示,不得收费。高校在招生简章中必须注明学费、住宿费的收费标准。

四、加强许可证、收费票据和资金的管理

高校收取行政事业性收费和服务性收费,必须到指定的价格主管部门办理收费许可证。高校收取行政事业性收费时要按照财务隶属关系使用财政部门印(监)制的财政票据,在收取服务性收费时应使用相应的税务发票。

高校行政事业性收费应当由学校财务部门统一收取、管理和核算,并严格实行"收支两条线"管理,收入按照国家有关规定和学校财务隶属关系及时全额上缴财政专户或国库,支出由财政部门按预算核拨。服务性收费原则上也应由学校财务部门统一收取,不具备条件的,可由学校相关职能部门收取,但应由学校财务部门统一进行管理和核算,严禁由高校财务部门之外的其他部门自立账户进行管理和核算。

高校的行政事业性收费和服务性收费收入应全部用于学校的办学支出。地方各级人民政府及有关部门不得将学校的收费收入用于平衡预算,也不得以任何形式挤

占、截留、挪用学校收费资金。学校要严格按照批准的预算,使用收费资金,不得随意乱发钱物。

五、加强监督检查,坚决治理高校乱收费

高校要切实落实收费管理"一把手负责制"和责任追究制,自觉规范收费行为。各地教育、价格、财政、审计部门要加强对学校收费的监督,对高校不按国家规定的收费项目和标准收费,或违反规定巧立名目乱收费的,要按各自的职责依法进行严肃查处,并依照相关法规的规定追究有关负责人的责任。

香港特别行政区、澳门特别行政区、台湾地区学生来内地(祖国大陆)高校接受学历与非学历教育的,与大陆学生执行相同的收费政策。

关于进一步加强和规范教育收费管理的意见

· 2020 年 8 月 17 日
· 教财〔2020〕5 号

党中央、国务院历来高度重视教育收费管理工作,自全国治理教育乱收费部际联席会议制度建立以来,在各有关部门、地方各级政府的共同努力下,教育收费水平保持了基本稳定,教育乱收费现象得到了有效遏制。但随着经济社会的发展,教育收费管理工作在体制机制、政策执行、监督管理等方面仍然存在一些问题,与教育改革发展的需要和人民群众的期待仍然存在一定差距。为贯彻落实《中国教育现代化 2035》《国务院办公厅关于进一步调整优化结构 提高教育经费使用效益的意见》等文件精神,进一步加强和规范教育收费管理,现提出以下意见。

一、总体要求

(一)指导思想

以习近平新时代中国特色社会主义思想为指导,全面贯彻落实党的十九大和十九届二中、三中、四中全会精神,深入贯彻落实全国教育大会精神,始终坚持把教育事业摆在优先位置,主动适应教育、财税、价格等领域改革新要求,巩固完善以政府投入为主、多渠道筹集教育经费体制,逐步完善各级各类教育投入机制和非义务教育培养成本分担机制,建立健全教育收费政策体系、制度体系、监管体系,提升教育收费治理能力,持续巩固教育乱收费治理成果,促进教育公平而有质量的发展。

(二)基本原则

——坚持公益属性、分类管理。坚持教育的公益性,充分发挥政府对教育事业的主导作用。区分义务教育和非义务教育的不同阶段,区分非营利性和营利性民办教育的不同属性,正确处理政府与社会、受教育者之间的关系,合理分担教育培养成本。

——坚持分级审批、属地管理。教育领域行政事业性收费项目、标准实行中央和省两级审批,中央部门所属学校收费标准实行属地管理。各省、自治区、直辖市(以下简称各省)按照规定的管理权限,科学制定收费政策,加强收费项目管理,合理确定收费标准,全面落实教育收费管理主体责任。

——坚持问题导向、改革创新。不断健全教育收费管理体制,完善教育收费政策,加强重点领域、重点单位的收费治理,着力解决与教育改革发展不相适应的收费体制机制问题,着力解决群众反映强烈的收费问题。全面依法治教,坚持依法行政、依法理财,强化事中事后监管,将日常监督与专项监督相结合,创新收费监管方式。

二、完善教育收费政策

(三)坚持实施九年义务教育制度。义务教育全面纳入财政保障范围,公办义务教育学校不收取学费、杂费。各地要严格执行义务教育法,巩固完善城乡义务教育经费保障机制,坚持实行九年义务教育制度,严禁随意扩大免费教育政策实施范围。对民办义务教育学校学生免除学杂费标准按照生均公用经费基准定额执行;对生均教育培养成本不足部分,应严格落实非营利性法定要求,合理确定收费标准。严禁收取与招生入学挂钩的捐资助学款。按照国家有关规定招收义务教育阶段学生进行文艺、体育等专业训练的学校或其他社会组织,收取的学杂费不应包括学生完成九年义务教育课程按规定免除的学杂费。

(四)坚持实施非义务教育培养成本分担机制。非义务教育实行以政府投入为主、受教育者合理分担、其他多种渠道筹措经费的投入机制。各省应根据办学成本、经济发展水平和财力状况,落实并动态调整公办幼儿园、普通高中、中等职业学校、高职院校、普通本科院校生均财政拨款标准或生均公用经费标准。学校(包括幼儿园,下同)按照年生均教育培养成本的一定比例向受教育者收取学费(保育教育费),综合考虑实际成本(扣除财政拨款)等向住宿生收取住宿费,家庭经济困难学生按照国家有关规定享受减免政策。各省应结合本地实际,合理确定公办幼儿园、普通高中、中等职业学校学费(保育教育费)占年生均教育培养成本的比例。现阶段,公办高等学校学费占年生均教育培养成本的比例最高不得超过25%,各地应根据经济社会发展水平、培养成本和群众承受能力等合理确定。

军队举办的幼儿园招收地方人员子女,享受当地人民政府补助的,应按照公办幼儿园有关规定收费;未享受补助的,由军队依据国家有关政策具体制定,合理确定收费标准。中外合作办学和非全日制研究生教育收费政策,由各省制定。

(五)坚持实施民办教育收费分类管理。按照民办教育促进法有关规定,非营利性民办学校收费的具体办法,由省级人民政府制定;营利性民办学校的收费标准,实行市场调节,由学校自主决定。普惠性民办幼儿园收费标准根据各级人民政府出台的普惠性民办幼儿园认定管理办法,统筹考虑公办幼儿园和普惠性民办幼儿园收费水平,结合经济发展水平、群众承受能力、办园成本和财政补助水平等因素合理确定。各地要加快制定并落实普惠性民办幼儿园财政补助标准,落实义务教育阶段民办学校生均公用经费补助,加强收费标准调控,坚决防止过高收费。2016年11月7日以前设立的民办学校,在未完成分类登记相关程序前收费政策按非营利性民办学校管理。

(六)完善学校服务性收费和代收费等政策。学校在完成正常的保育、教育教学任务外,为在校学生提供学习、生活所需的相关便利服务,以及组织开展研学旅行、课后服务、社会实践等活动,对应由学生或学生家长承担的部分,可根据自愿和非营利原则收取服务性费用。相关服务由学校之外的机构或个人提供的,学校可代收代付相关费用。学校服务性收费和代收费具体政策,由各省制定。国家已明令禁止的或明确规定由财政保障的项目不得纳入服务性收费和代收费,学校不得擅自设立服务性收费和代收费项目,不得在代收费中获取差价,不得强制或者暗示学生及家长购买指定的教辅软件或资料,不得通过提前开学等形式或变相违规补课加收相关费用。校内学生宿舍和社会力量举办的校外学生公寓,均不得强制提供相关生活服务或将服务性收费与住宿费捆绑收取。学校自主经营的食堂向自愿就餐的学生收取伙食费,应坚持公益性原则,不得以营利为目的。

(七)完善在内地(祖国大陆)学习的港澳台侨学生收费政策。对于在内地(祖国大陆)学习的港澳台地区学生以及海外华侨学生,在中小学校和幼儿园学习的,按照有关规定执行与内地(祖国大陆)学生相同的收费政策;录取到内地(祖国大陆)普通高等学校和科研院所学习的,按照有关规定执行与内地(祖国大陆)同类学生相同的收费标准。

(八)完善国际学生收费政策。在公办中小学、幼儿园就读的国际学生,收费政策由各省制定。外籍人员子女学校收费政策,由学校自主制定。高等学校接收的自费来华留学生收费标准由学校根据当地经济社会发展水平和培养成本等因素合理确定,避免引发恶性竞争。根据我国政府与派遣国协议来华接受教育的学生,收费政策按照有关规定执行。

三、健全教育收费管理制度

(九)建立健全教育收费标准动态调整机制。各地应按照规定的管理权限和属地化管理原则,综合考虑经济社会发展水平、教育培养成本和群众承受能力等因素,合理确定公办学校学费(保育教育费)、住宿费等收费标准,建立与拨款、资助水平等相适应的收费标准动态调整机制。学校收费政策有变化的,应在招生简章发布前向社会公示。鼓励各地适应弹性学制下的教学组织模式,探索实行高等学校学分制收费管理。经批准实行学分制收费的学校,学生按学分制培养方案正常完成学业所缴纳的学费总额原则上不得高于实行学年制的学费总额,加修其他专业课程或重修课程,学校可按所修课程规定的学分收费标准收取费用。学费、住宿费的收取实行"老生老办法、新生新办法",按照学年或学期收取,不得跨学年(学期)预收。学生如因故休学、退学、提前结束学业或经批准转学,学校应根据实际学习时间合理确定退费额度。各地要全面落实国家各项资助政策,帮助家庭经济困难学生解决实际问题,不得因学费标准调整影响学生的正常学习和生活。

(十)加强教育培养成本调查。适时修订完善《高等学校教育培养成本监审办法(试行)》,组织做好高等学校年生均教育培养成本监审工作。各省按照定价权限根据价格法、《政府制定价格成本监审办法》等,结合本地实际,主动开展幼儿园、普通高中、中等职业学校教育培养成本调查工作,规范教育培养成本调查行为。各级各类学校应当加强成本核算,完整准确记录并核算教育培养成本。

(十一)规范教育收费决策听证制度。各地要严格按照国家规定的权限和程序制定或调整政府举办的各级各类学校学费等收费标准,纳入定价听证目录并实行听证,充分征求社会有关方面意见,确保教育收费决策的民主性、科学性和透明度。降低教育收费标准,或教育收费标准调整涉及面较小的,听证会可采取简易程序。制定其他的教育收费标准,认为有必要的,也可以实行听证。

(十二)严格执行教育收费公示制度。各地要严格执行教育收费公示制度,未经公示不得收费。各级各类学校应建立健全规范化的收费公示动态管理制度,主动接受社会监督。应将收费项目和标准在校内醒目位置向学生公示,在招生简章和入学通知书中注明。义务教育阶段民办学校收费标准应和学校获得的生均公用经费补助一并公示。对按规定应当公示而未公示的收费,或公示内容与规定政策不符的收费,学生有权拒绝缴纳。收费政策变动时,学校要及时更新公示内容,确保公示内容合法、有效。各地要严格执行教育收费等行政事业性收费目录清单,不得擅自增加收费项目、扩大收费范围。

(十三)加强教育收费收支管理。公办普通高中和中等职业学校学费、住宿费,公办高等学校学费、住宿费、委托培养费、函大电大夜大及短期培训费等收入,作为事业收入,按照"收支两条线"要求,纳入财政专户管理。公办幼儿园收费收入管理按现行规定执行。服务性收费收入由学校按规定列支;代收费收入由学校全部转交提供服务的单位,不得计入学校收入。学校要将教育收费收支全部纳入部门预算管理,加大资金统筹力度;教育收费安排的相关支出按规定纳入项目库规范管理。结合教育收费等其他收入情况,统筹安排财政拨款预算,更好发挥财政资金使用效益。各地不得将学校收费收入用于平衡预算,不得以任何形式挤占、截留、平调、挪用学校收费资金。民办学校收费收入应全部缴入经教育行政部门备案的学校银行账户,统一管理,主要用于教育教学活动、改善办学条件和保障教职工待遇并依据有关法律法规提取发展基金。学校收取行政事业性收费时要按照财务隶属关系使用财政部门印(监)制的财政票据,在收取服务性收费时应使用相应的税务发票,代收费时应使用资金往来结算票据。

四、加强教育收费治理

(十四)落实教育收费监管责任。教育收费坚持"谁审批、谁负责"的原则。治理教育乱收费联席会议成员单位按照各自职责,将教育收费纳入目录管理,适时动态调整并及时向社会公布,依法对相关收费项目和收费标准的执行情况实施监督;加强教育收费成本调查,建立健全收费标准动态调整机制;加强教育领域的收费监督检查,依法查处违法违规收费行为;加强教材、教辅材料价格管理;指导各级各类学校落实教育收费政策,规范收费行为。各级各类学校要严格执行规定的收费范围、收费项目、收费标准和收费方式,建立健全学校收费管理制度。

(十五)完善教育收费治理工作机制。各地要高度重视教育收费管理工作,建立健全领导体制和工作机制,坚持系统推进教育收费管理工作。各地治理教育乱收费联席会议成员单位要统筹协调,完善定期会商、信息发布机制,形成责任明确、协作联动、互相促进的收费管理工作格局,加强重点领域教育收费治理。要把教育收费管理纳入教育督导范围。探索建立学校收费专项审计制度,重点加强对非营利性民办学校的审计,严禁非营利性民办学校举办者和非营利性中外合作办学者通过各种方式从学费收入等办学收益中取得收益、分配办学结余(剩余财产)或通过关联交易、关联方转移办学收益等行为。

(十六)加大违规收费行为的查处力度。各地要加强对教育收费的日常监督和定期检查,建立完善教育收费风险预警、信访受理、督查督办、公开通报及约谈机制,对发现的违规收费问题要严肃处理。建立健全问责机制,对收费管理主体责任不落实、措施不到位,损坏群众切身利益,造成恶劣社会影响的单位和相关责任人要严肃问责。对民办学校违规乱收费造成恶劣影响的,依法依规扣减招生计划、财政扶持资金等,直至撤销、吊销办学许可证。

(十七)加强教育收费治理基础能力建设。贯彻落实《全国教育系统财务管理干部培训实施方案》,组织开展教育收费管理培训,提高教育收费治理能力和水平。各地要充分利用现代信息技术,探索建立教育收费年度统计报告制度,加强教育收费管理,进一步强化服务意识,提高服务能力和水平。

各级科研院所、党校等教育收费管理参照本意见执行,各级教育部门所属事业单位收费管理政策另行制定。

普通高级中学收费管理暂行办法

· 1996 年 12 月 16 日
· 教财〔1996〕101 号

第一条　为了加强普通高级中学收费管理工作,理顺管理体制,规范学校收费行为,保障学校和受教育者的合法权益,根据《中华人民共和国教育法》第二十九条的规定和国家有关行政事业性收费管理的规定,制定本暂行办法。

第二条　本暂行办法适用于中华人民共和国境内由国家和企事业单位举办的全日制普通高中学校、完全中学的高中部、初中学校附设的高中班。

第三条　高中教育属于非义务教育阶段,学校依据国家有关规定,向学生收取学费。

第四条　学费标准根据年生均教育培养成本的一定

比例确定。不同地区学校的学费收费标准可以有所区别。

教育培养成本包括以下项目:公务费、业务费、设备购置费、修缮费、教职工人员经费等正常办学费用支出。不包括灾害损失、事故、校办产业支出等非正常办学费用支出。

第五条　学费占年生均教育培养成本的比例和标准的审批权限在省级人民政府。由省级教育部门提出意见,物价部门会同财政部门根据当地经济发展水平、办学条件和居民经济承受能力进行审核,三部门共同报省级人民政府批准后,由教育部门执行。

第六条　学费标准的调整,由省级教育、物价、财政部门按照第五条规定的程序,根据本行政区域内的物价上涨水平和居民收入平均增长水平,提出方案,报省级人民政府批准后执行。

第七条　对家庭经济困难的学生应酌情减免收取学费,具体减免办法,由各省、自治区、直辖市人民政府制定。

第八条　学费收费按学期进行,不得跨学期预收。

第九条　学费由学校财务部门统一收取,到指定的物价部门申领收费许可证,并使用省级财政部门统一印制的行政事业性收费专用票据。

第十条　学费是学校经费的必要来源之一,纳入单位财务统一核算,统筹用于办学支出。任何部门、单位和个人不得截留、挤占和挪用。学费的收支情况应按级次向教育主管部门和财政、物价部门报告,并接受社会和群众监督。

第十一条　学校为学生提供的住宿收费,应严格加以控制,住宿费收费标准必须严格按照实际成本确定,不得以营利为目的。具体收费标准,由学校主管部门提出意见,报当地物价部门会同财政部门审批。

第十二条　普通高中除收取学费和住宿费以外,未经财政部、国家计委、国家教委联合批准或省级人民政府批准,不得再向学生收取任何费用。

第十三条　各省、自治区、直辖市人民政府必须高度重视并加强对学校收费工作的统一领导和集中管理,根据国家有关规定研究制定必要的收费管理办法,规范审批程序,制定学生年生均教育培养成本等确定学费标准的依据文件,定期向社会公布,接受群众监督。

第十四条　教育收费管理由各级教育、物价、财政部门共同负责。各级教育、物价、财政部门要加强对学校收费的管理和监督,督促学校严格执行国家有关教育收费

管理的政策和规定,建立健全收费管理的规章和制度,对巧立名目擅自增设收费项目,扩大收费范围和提高收费标准的,对挤占挪用学费收入的,要按国家有关规定予以严肃查处;对乱收费屡禁不止、屡查屡犯,情节严重的,要按国家有关规定对学校负责人给予行政处分。

第十五条　各省、自治区、直辖市教育、物价、财政部门,应根据本办法,制定具体实施办法,并报国家教委、国家计委、财政部备案。

第十六条　本办法由国家教委、国家计委、财政部负责解释。

第十七条　本办法自颁布之日起执行。

高等学校收费管理暂行办法

· 1996 年 12 月 16 日
· 教财〔1996〕101 号

第一条　为加强高等学校收费管理,保障学校和受教育者的合法权益,根据《中华人民共和国教育法》第二十九条的规定和国家有关行政事业性收费管理的规定,制定本暂行办法。

第二条　本暂行办法适用于中华人民共和国境内由国家及企业、事业组织举办的全日制普通高等学校。

第三条　高等教育属于非义务教育阶段,学校依据国家有关规定,向学生收取学费。

第四条　学费标准根据年生均教育培养成本的一定比例确定。不同地区、不同专业、不同层次学校的学费收费标准可以有所区别。

教育培养成本包括以下项目:公务费、业务费、设备购置费、修缮费、教职工人员经费等正常办学费用支出。不包括灾害损失、事故、校办产业支出等非正常办学费用支出。

第五条　学费占年生均教育培养成本的比例和标准由国家教委、国家计委、财政部共同作出原则规定。在现阶段,高等学校学费占年生均教育培养成本的比例最高不得超过 25%。具体比例必须根据经济发展状况和群众承受能力分步调整到位。

国家规定范围之内的学费标准审批权限在省级人民政府。由省级教育部门提出意见,物价部门会同财政部门根据当地经济发展水平、办学条件和居民经济承受能力进行审核,三部门共同报省级人民政府批准后,由教育部门执行。

第六条　学费标准的调整,由省级教育、物价、财政

部门按照第五条规定的程序，根据本行政区域内的物价上涨水平和居民收入平均增长水平提出方案，报省级人民政府批准后执行。

第七条　农林、师范、体育、航海、民族专业等享受国家专业奖学金的高校学生免缴学费。

第八条　中央部委直属高等学校和地方业务部门直属高等学校学费标准，由高等学校根据年生均教育培养成本的一定比例提出，经学校主管部门同意后，报学校所在省、自治区、直辖市教育部门，按第五条规定的程序，由学校所在地的省级人民政府批准后执行。

各高等学校申报学费标准时，应对下列问题进行说明：

（1）培养成本项目及标准；

（2）本学年确定收费标准的原则和调整收费标准的说明；

（3）其他需说明的问题。

第九条　对家庭经济困难的学生应酌情减免收取学费，具体减免办法，由省级人民政府根据国家有关规定制定。同时，各高等学校及其主管部门要采取包括奖学金、贷学金、勤工助学、困难补助等多种方式，切实帮助家庭经济困难学生解决学生和生活上的困难，保证他们不因经济原因而中断学业。

第十条　学费按学年或学期收取，不得跨学年预收。学费收取实行"老生老办法，新生新办法"。

第十一条　学费由学校财务部门统一收取，到指定的物价部门申领收费许可证，并使用省级财政部门统一印制的行政事业性收费专用票据。

第十二条　学费是学校经费的必要来源之一，纳入单位财务统一核算，统筹用于办学支出。任何部门、单位和个人不得截留、挤占和挪用。学费的收支情况应按级次向教育主管部门和财政、物价部门报告，并接受社会和群众监督。

第十三条　学校为学生提供的住宿收费，应严格加以控制。住宿收费标准必须严格按照实际成本确定，不得以营利为目的。具体收费标准，由学校主管部门提出意见，报当地物价部门会同财政部门审批。

第十四条　高等学校除收取学费和住宿费以外，未经财政部、国家计委、国家教委联合批准或省级人民政府批准，不得再向学生收取任何费用。

第十五条　各省、自治区、直辖市人民政府必须高度重视并加强对学校收费工作的统一领导和集中管理，根据国家有关规定研究制定必要的收费管理办法，规范审

批程序，制定学生年生均教育培养成本等确定学费标准的依据文件，定期向社会公布，接受群众监督。

第十六条　教育收费管理由各级教育、物价、财政部门共同负责。各级教育、物价、财政部门要加强对高等学校收费的管理和监督，督促学校严格执行国家有关教育收费管理的政策和规定，建立健全收费管理的规章和制定，对巧立名目擅自增设收费项目、扩大收费范围和提高收费标准的、对挤占挪用学费收入的，要按国家有关规定严肃查处；对乱收费屡禁不止、屡查屡犯，情节严重的，要按国家有关规定对学校负责人给予行政处分。

第十七条　成人高等学校、高等函授教育等非全日制普通高等教育学费收费项目及标准，参照本办法执行。

第十八条　各省、自治区、直辖市教育、物价、财政部门，应根据本办法，制定具体实施办法，并报国家教委、国家计委、财政部备案。

第十九条　本办法由国家教委、国家计委、财政部负责解释。

第二十条　本办法自颁布之日起执行。

中等职业学校收费管理暂行办法

· 1996 年 12 月 16 日
· 教财〔1996〕101 号

第一条　为了加强中等职业学校收费管理工作，理顺管理体制，规范中等职业学校收费行为，保障学校和受教育者的合法权益，根据《中华人民共和国教育法》第二十九条的规定和国家有关行政事业性收费管理的规定，制定本暂行办法。

第二条　本暂行办法适用于中华人民共和国境内的所有职业高中学校、普通中等专业学校（含中等师范学校）、技工学校、普通中学附设的各种职业高中班。

第三条　中等职业教育属于非义务教育阶段，学校依据国家有关规定，向学生收取学费。

第四条　学费标准根据年生均教育培养成本的一定比例确定。不同地区、不同专业的学校应有所区别。

教育培养成本包括以下项目：公务费、业务费、设备购置费、修缮费、教职工人员经费等正常办学费用支出。不包括灾害损失、事故、校办产业支出等非正常办学费用支出。

第五条　学费占年生均教育培养成本的比例和标准的审批权限在省级人民政府。由省级教育部门提出意见，物价部门会同财政部门根据当地经济发展水平、办学

条件和居民经济承受能力进行审核,三部门共同报省级人民政府批准后,由教育部门执行。

第六条　学费标准的调整,由省级教育、物价、财政部门按照第五条规定的程序,根据本行政区域内的物价上涨水平和居民收入平均增长水平提出方案,报省级人民政府批准后执行。

第七条　对少数特殊专业,对家庭经济困难的学生,应酌情减免学费,具体减免办法,由各省、自治区、直辖市人民政府制定。

第八条　学费收费按学期进行,不得跨学期预收。

第九条　学费由学校财务部门统一收取,到指定的物价部门申领收费许可证,并使用省级财政部门统一印制的行政事业性收费专用票据。

第十条　学费是学校经费的必要来源之一,纳入单位财务统一核算,统筹用于办学支出。任何部门、单位和个人不得截留、挤占和挪用。学费的收支情况应按级次向教育主管部门和财政、物价部门报告,并接受社会和群众监督。

第十一条　学校为学生提供的住宿收费,应严格加以控制,住宿费收费标准必须严格按照实际成本确定,不得以营利为目的。具体收费标准,由学校主管部门提出意见,报当地物价部门会同财政部门审批。

第十二条　中等职业学校除收取学费和住宿费以外,未经财政部、国家计委、国家教委联合批准或省级人民政府批准,不得再向学生收取任何费用。

第十三条　各省、自治区、直辖市人民政府必须高度重视并加强对学校收费工作的统一领导和集中管理,根据国家有关规定研究制定必要的收费管理办法,规范审批程序,制定学生年生均教育培养成本等确定学费标准的依据文件,定期向社会公布,接受群众监督。

第十四条　教育收费管理由各级教育、物价、财政部门共同负责。各级教育、物价、财政部门要加强对学校收费的管理和监督,督促学校严格执行国家有关教育收费管理的政策和规定,建立健全收费管理的规章和制度,对巧立名目擅自增设收费项目、扩大收费范围和提高收费标准的,对挤占挪用学费收入的,要按国家有关规定予以严肃查处;对乱收费屡禁不止、屡查屡犯,情节严重的,要按国家有关规定对学校负责人给予行政处分。

第十五条　各省、自治区、直辖市教育、物价、财政部门,应根据本办法,制定具体实施办法,并报国家教委、国家计委、财政部备案。

第十六条　本办法由国家教委、国家计委、财政部负责解释。

第十七条　本办法自颁布之日起执行。

六、学校思想政治教育、文体、卫生、安全、国防教育工作

(一) 思想政治教育

中共中央、国务院关于进一步加强和改进未成年人思想道德建设的若干意见

·2004 年 2 月 26 日
·中发〔2004〕8 号

为深入贯彻落实党的十六大精神,适应新形势、新任务的要求,全面提高未成年人的思想道德素质,现就进一步加强和改进未成年人思想道德建设,提出如下意见。

一、加强和改进未成年人思想道德建设是一项重大而紧迫的战略任务

(一)未成年人是祖国未来的建设者,是中国特色社会主义事业的接班人。目前,我国 18 岁以下的未成年人约有 3.67 亿。他们的思想道德状况如何,直接关系到中华民族的整体素质,关系到国家前途和民族命运。高度重视对下一代的教育培养,努力提高未成年人思想道德素质,是我们党的优良传统,是党和国家事业后继有人的重要保证。十三届四中全会以来,以江泽民同志为核心的第三代中央领导集体,坚持"两手抓、两手都要硬"的战略方针,采取一系列重大举措,在全面推进社会主义精神文明建设中,切实加强未成年人思想道德建设。十六大以来,以胡锦涛同志为总书记的党中央,从全面建设小康社会的战略高度,对新世纪新阶段进一步加强和改进未成年人思想道德建设提出了明确要求,作出了新的重要部署。各地区各部门认真贯彻中央要求,坚持以邓小平理论和"三个代表"重要思想指导未成年人思想道德建设,深入进行爱国主义、集体主义、社会主义和中华民族精神教育,大力加强公民道德教育,切实改进学校德育工作,广泛开展精神文明创建活动和形式多样的社会实践、道德实践活动,积极营造有利于未成年人健康成长的良好舆论氛围和社会环境,广大未成年人的综合素质不断提高。热爱祖国、积极向上、团结友爱、文明礼貌是当代中国未成年人精神世界的主流。

(二)面对国际国内形势的深刻变化,未成年人思想道德建设既面临新的机遇,也面临严峻挑战。我国对外开放的进一步扩大,为广大未成年人了解世界、增长知识、开阔视野提供了更加有利的条件。与此同时,国际敌对势力与我争夺接班人的斗争也日趋尖锐和复杂,他们利用各种途径加紧对我未成年人进行思想文化渗透,某些腐朽没落的生活方式对未成年人的影响不能低估。我国社会主义市场经济的深入发展,社会经济成分、组织形式、就业方式、利益关系和分配方式的日益多样化,为未成年人的全面发展创造了更加广阔的空间,与社会进步相适应的新思想新观念正在丰富着未成年人的精神世界。与此同时,一些领域道德失范,诚信缺失、假冒伪劣、欺骗欺诈活动有所蔓延;一些地方封建迷信、邪教和黄赌毒等社会丑恶现象沉渣泛起,成为社会公害;一些成年人价值观发生扭曲,拜金主义、享乐主义、极端个人主义滋长,以权谋私等消极腐败现象屡禁不止等等,也给未成年人的成长带来不可忽视的负面影响。互联网等新兴媒体的快速发展,给未成年人学习和娱乐开辟了新的渠道。与此同时,腐朽落后文化和有害信息也通过网络传播,腐蚀未成年人的心灵。在各种消极因素影响下,少数未成年人精神空虚、行为失范,有的甚至走上违法犯罪的歧途。这些新情况新问题的出现,使未成年人思想道德建设面临一系列新课题。

(三)面对新的形势和任务,未成年人思想道德建设工作还存在许多不适应的地方和亟待加强的薄弱环节。一些地方和部门的领导对这项工作认识不足,重视不够,没有真正担负起领导责任;全社会关心和支持未成年人思想道德建设的风气尚未全面形成,还存在种种不利于未成年人健康成长的社会环境和消极因素;学校教育中重智育轻德育、重课堂教学轻社会实践的现象依然存在,推进素质教育的任务艰巨,教师职业道德建设有待进一步加强;随着人员流动性加大,一些家庭放松了对子女的教育,一些家长在教育子女尤其是独生子女的观念和方法上存在误区,给未成年人教育带来新的问题;未成年人思想道德建设在体制机制、思想观念、内容形式、方法手段、队伍建设、经费投入、政策措施等方面还有许多与时代要求不相适应的地方。这些问题应当引起足够重视,并采取有效措施加以解决。

（四）实现中华民族的伟大复兴，需要一代又一代人的不懈努力。从未成年人抓起，培养和造就千千万万具有高尚思想品质和良好道德修养的合格建设者和接班人，既是一项长远的战略任务，又是一项紧迫的现实任务。我们要从确保党的事业后继有人和社会主义事业兴旺发达的战略高度，从全面建设小康社会和实现中华民族伟大复兴的全局高度，从树立和落实科学发展观，坚持以人为本，执政为民的高度，充分认识加强和改进未成年人思想道德建设的重要性和紧迫性，适应新形势新任务的要求，积极应对挑战，加强薄弱环节，在巩固已有成果的基础上，采取扎实措施，努力开创未成年人思想道德建设工作的新局面。

二、加强和改进未成年人思想道德建设的指导思想、基本原则和主要任务

（五）当前和今后一个时期，加强和改进未成年人思想道德建设的指导思想是：坚持以马克思列宁主义、毛泽东思想、邓小平理论和"三个代表"重要思想为指导，深入贯彻十六大精神，全面落实《爱国主义教育实施纲要》《公民道德建设实施纲要》，紧密结合全面建设小康社会的实际，针对未成年人身心成长的特点，积极探索新世纪新阶段未成年人思想道德建设的规律，坚持以人为本，教育和引导未成年人树立中国特色社会主义的理想信念和正确的世界观、人生观、价值观，养成高尚的思想品质和良好的道德情操，努力培养有理想、有道德、有文化、有纪律的，德、智、体、美全面发展的中国特色社会主义事业建设者和接班人。

（六）加强和改进未成年人思想道德建设要遵循以下原则：（1）坚持与培育"四有"新人的目标相一致、与社会主义市场经济相适应、与社会主义法律规范相协调、与中华民族传统美德相承接的原则。既要体现优良传统，又要反映时代特点，始终保持生机与活力。（2）坚持贴近实际、贴近生活、贴近未成年人的原则。既要遵循思想道德建设的普遍规律，又要适应未成年人身心成长的特点和接受能力，从他们的思想实际和生活实际出发，深入浅出，寓教于乐，循序渐进。多用鲜活通俗的语言，多用生动典型的事例，多用喜闻乐见的形式，多用疏导的方法、参与的方法、讨论的方法，进一步增强工作的针对性和实效性，增强吸引力和感染力。（3）坚持知与行相统一的原则。既要重视课堂教育，更要注重实践教育、体验教育、养成教育，注重自觉实践、自主参与，引导未成年人在学习道德知识的同时，自觉遵循道德规范。（4）坚持教育与管理相结合的原则。不断完善思想道德教育与社

会管理、自律与他律相互补充和促进的运行机制，综合运用教育、法律、行政、舆论等手段，更有效地引导未成年人的思想，规范他们的行为。

（七）未成年人思想道德建设的主要任务是：（1）从增强爱国情感做起，弘扬和培育以爱国主义为核心的伟大民族精神。深入进行中华民族优良传统教育和中国革命传统教育、中国历史特别是近现代史教育，引导广大未成年人认识中华民族的历史和传统，了解近代以来中华民族的深重灾难和中国人民进行的英勇斗争，从小树立民族自尊心、自信心和自豪感。（2）从确立远大志向做起，树立和培育正确的理想信念。进行中国革命、建设和改革开放的历史教育与国情教育，引导广大未成年人正确认识社会发展规律，正确认识国家的前途和命运，把个人的成长进步同中国特色社会主义伟大事业、同祖国的繁荣富强紧密联系在一起，为担负起建设祖国、振兴中华的光荣使命做好准备。（3）从规范行为习惯做起，培养良好道德品质和文明行为。大力普及"爱国守法、明礼诚信、团结友善、勤俭自强、敬业奉献"的基本道德规范，积极倡导集体主义精神和社会主义人道主义精神，引导广大未成年人牢固树立心中有祖国、心中有集体、心中有他人的意识，懂得为人做事的基本道理，具备文明生活的基本素养，学会处理人与人、人与社会、人与自然等基本关系。（4）从提高基本素质做起，促进未成年人的全面发展。努力培育未成年人的劳动意识、创造意识、效率意识、环境意识和进取精神、科学精神以及民主法制观念，增强他们的动手能力、自主能力和自我保护能力，引导未成年人保持蓬勃朝气、旺盛活力和昂扬向上的精神状态，激励他们勤奋学习、大胆实践、勇于创造，使他们的思想道德素质、科学文化素质和健康素质得到全面提高。

三、扎实推进中小学思想道德教育

（八）学校是对未成年人进行思想道德教育的主渠道，必须按照党的教育方针，把德育工作摆在素质教育的首要位置，贯穿于教育教学的各个环节。要把弘扬和培育民族精神作为思想道德建设极为重要的任务，纳入中小学教育的全过程。

加快中小学思想品德、思想政治课的改进和建设，充分利用和整合各种德育资源，深入研究中小学生思想品德形成的规律和特点，把爱国主义教育、革命传统教育、中华传统美德教育和民主法制教育有机统一于教材之中，并保证占有适当分量，努力构建适应21世纪发展需要的中小学德育课程体系。积极改进中小学思想品德、思想政治课教学方法和形式，采用未成年人喜闻乐见、生

动活泼的方式进行教学,把传授知识同陶冶情操、养成良好的行为习惯结合起来。要积极探索实践教学和学生参加社会实践、社区服务的有效机制,建立科学的学生思想道德行为综合考评制度。要因地制宜,积极开展各种富有趣味性的课外文化体育活动、怡情益智的课外兴趣小组活动和力所能及的公益性劳动,培养劳动观念和创新意识,丰富课外生活。要加强心理健康教育,培养学生良好的心理品质。要把思想品德教育与法制教育紧密结合起来,使二者有机统一,相辅相成。要在中小学生中广泛开展"珍惜生命、远离毒品"教育和崇尚科学文明、反对迷信邪教教育,坚决防止毒品、邪教进校园。要加强工读学校建设,对有不良行为的未成年人进行矫治和帮助。

要采取坚决措施,改革课程设置、教材和教学方法,切实减轻中小学生的课业负担,为加强学生思想道德建设,增强创新精神和实践能力,培育德、智、体、美全面发展的社会主义事业接班人创造良好条件。

(九)要依据不同年龄段学生的特点,抓紧修订和完善中小学生《守则》和日常行为规范。对小学生重点是规范其基本言行,培养良好习惯。对中学生重点是加强爱祖国、爱人民、爱劳动、爱科学、爱社会主义教育,引导他们树立正确的理想信念和世界观、人生观、价值观。制定和推行行为规范,要以促进学生全面发展为出发点和落脚点,反映时代和社会进步的要求,体现对学生的尊重与信任,引导学生自觉遵纪守法。

(十)切实加强教师职业道德建设。学校全体教职员工要树立育人为本的思想,认真贯彻《中华人民共和国教育法》、《中华人民共和国教师法》和《中小学教师职业道德规范》,热爱学生,言传身教,为人师表,教书育人,以高尚的情操引导学生德、智、体、美全面发展。教育行政部门和学校要制定和完善有关规章制度,调动全体教师的工作积极性与责任感,充分发挥广大教师在全面推进素质教育进程中的主力军作用。要完善学校的班主任制度,高度重视班主任工作,选派思想素质好、业务水平高、奉献精神强的优秀教师担任班主任。学校各项管理工作、服务工作也要明确育人职责,做到管理育人、服务育人。

四、充分发挥共青团和少先队在未成年人思想道德建设中的重要作用

(十一)加强中学团组织建设,把中学共青团工作纳入学校素质教育的总体布局,推荐优秀青年教师做团的工作。要办好中学生业余团校,配合学校党组织办好高中生业余党校,在确保质量、坚持标准的前提下,做好在高中生中择优培养发展党员的工作。加强对中学学生会

工作的指导,更好地发挥他们的作用。

(十二)把少先队工作纳入教育发展规划,把对少先队工作的指导、检查、考核纳入教育行政部门的督导、评估范畴。各级共青团组织和教育行政部门的有关负责同志要参与同级少先队工作委员会工作。中小学校党组织和行政部门要积极支持少先队开展活动,并选派优秀青年教师担任少先队辅导员,把少先队辅导员培训纳入师资培训体系。要建立和完善校外辅导员制度,选聘热心少先队工作、有责任心、有能力、有经验的人士担任校外志愿辅导员。少先队小干部要实行民主选举,定期轮流任职。共青团组织和教育、民政等部门要密切协作,积极推进社区少工委建设,扩大少先队工作的覆盖面。

五、重视和发展家庭教育

(十三)家庭教育在未成年人思想道德建设中具有特殊重要的作用。要把家庭教育与社会教育、学校教育紧密结合起来。各级妇联组织、教育行政部门和中小学校要切实担负起指导和推进家庭教育的责任。要与社区密切合作,办好家长学校、家庭教育指导中心,并积极运用新闻媒体和互联网,面向社会广泛开展家庭教育宣传,普及家庭教育知识,推广家庭教育的成功经验,帮助和引导家长树立正确的家庭教育观念,掌握科学的家庭教育方法,提高科学教育子女的能力。充分发挥各类家庭教育学术团体的作用,针对家庭教育中存在的突出问题,积极开展科学研究,为指导家庭教育工作提供理论支持和决策依据。

(十四)党政机关、企事业单位和社区、村镇等城乡基层单位,要关心职工、居民的家庭教育问题,教育引导职工、居民重视对子女特别是学龄前儿童的思想启蒙和道德品质培养,支持子女参与道德实践活动。注意加强对成年人的思想道德教育,引导家长以良好的思想道德修养为子女作表率。要把家庭教育的情况作为评选文明职工、文明家庭的重要内容。特别要关心单亲家庭、困难家庭、流动人口家庭的未成年子女教育,为他们提供指导和帮助。

要高度重视流动人口家庭子女的义务教育问题。进城务工就业农民流入地政府要建立和完善保障进城务工就业农民子女接受义务教育的工作制度和机制。流出地政府要积极配合做好各项服务工作。民政部门及其所属的儿童福利机构和流浪儿童救助保护机构,要按照《中华人民共和国未成年人保护法》等有关法律法规的要求,做好孤残儿童合法权益的保护工作和流浪儿童的救助保护工作。

六、广泛深入开展未成年人道德实践活动

（十五）思想道德建设是教育与实践相结合的过程。要按照实践育人的要求，以体验教育为基本途径，区分不同层次未成年人的特点，精心设计和组织开展内容鲜活、形式新颖、吸引力强的道德实践活动。各种道德实践活动都要突出思想内涵，强化道德要求，并与丰富多彩的兴趣活动和文体活动结合起来，注意寓教于乐，满足兴趣爱好，使未成年人在自觉参与中思想感情得到熏陶，精神生活得到充实，道德境界得到升华。

面向中小学生开展的活动，要经教育行政部门或学校党团队组织统一协调和部署，把学生安全和社会效益放在首位。要采取多种手段，支持中西部地区和农村开展未成年人道德实践活动。

（十六）各种法定节日，传统节日，革命领袖、民族英雄、杰出名人等历史人物的诞辰和逝世纪念日，建党纪念日、红军长征、辛亥革命等重大历史事件纪念日，"九一八"、"南京大屠杀"等国耻纪念日，以及未成年人的入学、入队、入团、成人宣誓等有特殊意义的重要日子，都蕴藏着宝贵的思想道德教育资源。要抓住时机，整合资源，集中开展思想道德主题宣传教育活动。要组织丰富多彩的主题班会、队会、团会，举行各种庆祝、纪念活动和必要的仪式，引导未成年人弘扬民族精神，增进爱国情感，提高道德素养。每年的"公民道德宣传日"，在面向社会公众开展道德教育的同时，要注意组织好面向未成年人的宣传教育活动。要丰富未成年人节假日参观、旅游活动的思想道德内涵，精心组织夏令营、冬令营、革命圣地游、红色旅游、绿色旅游以及各种参观、瞻仰和考察等活动，把深刻的教育内容融入到生动有趣的课外活动之中，用祖国大好风光、民族悠久历史、优良革命传统和现代化建设成就教育未成年人。

要运用各种方式向广大未成年人宣传介绍古今中外的杰出人物、道德楷模和先进典型，激励他们崇尚先进、学习先进。通过评选三好学生、优秀团员和少先队员、先进集体等活动，为未成年人树立可亲、可信、可敬、可学的榜样，让他们从榜样的感人事迹和优秀品质中受到鼓舞、汲取力量。

七、加强以爱国主义教育基地为重点的未成年人活动场所建设、使用和管理

（十七）充分发挥爱国主义教育基地对未成年人的教育作用。各类博物馆、纪念馆、展览馆、烈士陵园等爱国主义教育基地，要创造条件对全社会开放，对中小学生集体参观一律实行免票，对学生个人参观可实行半票。要采取聘请专业人才、招募志愿者等方式建立专兼职结合的辅导员队伍，为未成年人开展参观活动服务。

（十八）要加强青少年宫、儿童活动中心等未成年人专门活动场所建设和管理。已有的未成年人专门活动场所，要坚持把社会效益放在首位，坚持面向未成年人、服务未成年人的宗旨，积极开展教育、科技、文化、艺术、体育等未成年人喜闻乐见的活动，把思想道德建设内容融于其中，充分发挥对未成年人的教育引导功能。要深化内部改革，增强自身发展活力，不断提高社会服务水平。同时，各级政府要把未成年人活动场所建设纳入当地国民经济和社会事业发展总体规划。大城市要逐步建立布局合理、规模适当、功能配套的市、区、社区未成年人活动场所。中小城市要因地制宜重点建好市级未成年人活动场所。有条件的城市要辟建少年儿童主题公园。经过3至5年的努力，要做到每个县都有一所综合性、多功能的未成年人活动场所。各地在城市建设、旧城改造、住宅新区建设中，要配套建设可向未成年人开放的基层活动场所，特别是社区活动场所。有关部门要对已建的未成年人活动场所进行认真清理整顿，名不副实的要限期改正，被挤占、挪用、租借的要限期退还。图书馆、文化馆（站）、体育场（馆）、科技馆、影剧院等场所，也要发挥教育阵地的作用，积极主动地为未成年人开展活动创造条件。

（十九）属于公益性文化事业的未成年人校外活动场所建设和运行所需资金，地方各级人民政府要予以保证，中央可酌情对全国重点爱国主义教育基地以及中西部地区和贫困地区的未成年人活动设施建设，予以一定补助。要在国家彩票公益金中安排一定数额资金，用于未成年人活动场所建设。国家有关部门和地方各级人民政府要制定优惠政策，吸纳社会资金，鼓励、支持社会力量兴办未成年人活动场所。

八、积极营造有利于未成年人思想道德建设的社会氛围

（二十）各类大众传媒都要增强社会责任感，把推动未成年人思想道德教育作为义不容辞的职责，为加强和改进未成年人思想道德建设创造良好舆论氛围。要发挥各自优势，积极制作、刊播有利于未成年人身心健康的公益广告，增加数量，提高质量，扩大影响。各级电台、电视台都要开设和办好少儿专栏或专题节目。中央电视台要进一步办好少儿频道，各地要切实抓好中央电视台少儿频道的落地、覆盖工作。省（区、市）和副省级城市电视台要创造条件逐步开设少儿频道。少儿节目要符合少年

儿童的欣赏情趣,适应不同年龄层次少年儿童的欣赏需求,做到知识性、娱乐性、趣味性、教育性相统一。各类报刊要热心关注未成年人思想道德建设,加强宣传报道。面向未成年人的报纸、刊物和其他少儿读物,要把向未成年人提供更好的精神食粮作为自己的神圣职责,努力成为未成年人开阔眼界、提高素质的良师益友和陶冶情操、愉悦身心的精神园地。

加强少年儿童影视片的创作生产,积极扶持国产动画片的创作、拍摄、制作和播出,逐步形成具有民族特色、适合未成年人特点、展示中华民族优良传统的动画片系列。积极探索与社会主义市场经济发展相适应的少年儿童电影发行、放映工作新路子,形成少年儿童电影的发行放映院线。

(二十一)各类互联网站都要充分认识所肩负的社会责任,积极传播先进文化,倡导文明健康的网络风气。重点新闻网站和主要教育网站要发挥主力军作用,开设未成年人思想道德教育的网页、专栏,组织开展各种形式的网上思想道德教育活动。在有条件的校园和社区内,要有组织地建设一批非营业性的互联网上网服务场所,为未成年人提供健康有益的绿色网上空间。信息产业等有关部门要制定相关政策,积极推进这项工作。学校要加强对校园网站的管理,规范上网内容,充分发挥其思想道德教育的功能。要遵循网络特点和网上信息传播规律,充分考虑未成年人的兴趣爱好,加强网上正面宣传,唱响主旋律,打好主动仗,为广大未成年人创造良好的网络文化氛围。

(二十二)要充分考虑未成年人成长进步的需求,精心策划选题,创作、编辑、出版并积极推荐一批知识性、趣味性、科学性强的图书、报刊、音像制品和电子出版物等未成年人读物和视听产品。有关部门要继续做好面向未成年人的优秀影片、歌曲和图书的展演、展播、推介工作,使他们在学习娱乐中受到先进思想文化的熏陶。要积极鼓励、引导、扶持软件开发企业,开发和推广弘扬民族精神、反映时代特点、有益于未成年人健康成长的游戏软件产品。要积极推进全国文化信息资源共享工程建设,让健康的文化信息资源通过网络进入校园、社区、乡村、家庭,丰富广大未成年人的精神文化生活。

(二十三)要积极推动少儿文化艺术繁荣健康发展。加强少儿文艺创作、表演队伍建设,注重培养少儿文艺骨干力量。鼓励作家、艺术家肩负起培养和教育下一代的历史责任,多创作思想内容健康、富有艺术感染力的少儿作品。加大政府对少儿艺术演出的政策扶持力度,增强

少儿艺术表演团体发展活力。文化、教育、共青团、妇联、文联、作协等有关职能部门和人民团体要认真履行各自的职责,党委宣传部门要加强指导协调,大力繁荣和发展少儿文化艺术。

九、净化未成年人的成长环境

(二十四)坚持不懈地开展“扫黄”“打非”斗争,加强文化市场监管,坚决查处传播淫秽、色情、凶杀、暴力、封建迷信和伪科学的出版物。严格审查面向未成年人的游戏软件内容,查处含有诱发未成年人违法犯罪行为和恐怖、残忍等有害内容的游戏软件产品。制定相关法规,加强对玩具、饰品制作销售的监管,坚决查处宣扬色情和暴力的玩具、饰品。严格未成年人精神文化产品的进口标准,严把进口关,既要有选择地把世界各国的优秀文化产品介绍进来,又要防止境外有害文化的侵入。

(二十五)加强对互联网上网服务营业场所和电子游戏经营场所的管理。严格执行《互联网上网服务营业场所管理条例》,要按照取缔非法、控制总量、加强监管、完善自律、创新体制的要求,切实加强对网吧的整治和管理。认真落实未成年人不得进入营业性网吧的规定,落实在网吧终端设备上安装封堵色情等不健康内容的过滤软件,有效打击违法行为。推广绿色上网软件,为家长监管未成年人在家庭中的上网行为提供有效技术手段。各有关部门要依法治理利用电子邮件、手机短信等远程通信工具和群发通信传播有害信息、危害未成年人身心健康的违法行为。

加强对营业性歌舞娱乐场所、电子游艺厅、录像厅等社会文化场所的管理。认真落实《互联网上网服务营业场所管理条例》和国务院办公厅转发文化部等部门《关于开展电子游戏经营场所专项治理意见的通知》《关于开展网吧等互联网上网服务营业场所专项整治意见的通知》规定,进一步优化校园周边环境,中小学校园周边200米内不得有互联网上网服务营业场所和电子游戏经营场所,不得在可能干扰学校教学秩序的地方设立经营性娱乐场所。

十、切实加强对未成年人思想道德建设工作的领导

(二十六)各级党委和政府要把加强和改进未成年人思想道德建设作为一项事关全局的战略任务,纳入经济社会发展总体规划,列入重要议事日程,切实加强和改善领导。要形成党委统一领导、党政群齐抓共管、文明委组织协调、有关部门各负其责、全社会积极参与的领导体制和工作机制。地方各级党委主要负责同志要负起政治责任,经常分析未成年人思想道德状况,及时了解未成年

人思想道德建设工作情况,认真研究解决重大问题。各级政府要把未成年人思想道德建设摆在重要位置,狠抓措施的落实;要给予必要的财力支持,并随着财政收入的增长逐步加大支持力度。

(二十七)中央精神文明建设指导委员会负责指导全国未成年人思想道德建设工作,督促检查各地区各部门贯彻落实中央关于加强和改进未成年人思想道德建设工作部署的情况,组织协调各有关部门和社会各方面共同做好未成年人思想道德建设工作。各地文明委要在同级党委领导下,担负起相应责任。要采取切实措施,充实和加强各级文明委的办事机构,搞好思想建设、组织建设和作风建设,使其更好地履行职能,发挥作用。各级宣传、教育、文化、体育、科技、广播影视、新闻出版、信息产业、民政、公安、海关、财政、税务等部门,共青团和工会、妇联等群团组织,在加强和改进未成年人思想道德建设中担负着重要责任,要结合业务工作,发挥各自优势,明确职责,密切配合,形成合力。要加强对未成年人成长规律的科学研究,为做好未成年人思想道德建设工作提供科学依据。要充分发挥民主党派、工商联和无党派人士在未成年人思想道德建设中的作用。

(二十八)要建立健全学校、家庭、社会相结合的未成年人思想道德教育体系,使学校教育、家庭教育和社会教育相互配合,相互促进。城市社区、农村乡镇和村民委员会,以及其他一切基层组织要切实担负起加强未成年人思想道德建设的社会责任,整合利用各种教育资源和活动场所,开展富有吸引力的思想教育和文体活动,真正把教育引导未成年人的工作落实到基层。要把为未成年人健康成长创造良好社会环境作为创建文明城市、文明社区、文明村镇、文明单位的重要内容。各级党委、政府和社会各界都要认真贯彻《中华人民共和国未成年人保护法》,切实维护未成年人的合法权益。要着力建设好中小学及幼儿园教师队伍,各类文化市场管理队伍,青少年宫、博物馆、爱国主义教育基地等各类文化教育设施辅导员队伍,老干部、老战士、老专家、老教师、老模范等"五老"队伍,形成一支专兼结合、素质较高、人数众多、覆盖面广的未成年人思想道德建设工作队伍。要重视关心下一代工作委员会的工作,支持他们为加强和改进未成年人思想道德建设贡献力量。

加强和改进未成年人思想道德建设,是全党全社会的共同任务。各有关部门和社会各有关方面,都要大力弘扬求真务实精神,大兴求真务实之风,根据各自担负的职责和任务,采取有效措施,狠抓贯彻落实,勇于开拓创新,注重工作实效,切实把加强和改进未成年人思想道德建设的各项工作落到实处。

中小学德育工作指南

· 2017 年 8 月 17 日
· 教基〔2017〕8 号

为深入贯彻落实立德树人根本任务,加强对中小学德育工作的指导,切实将党和国家关于中小学德育工作的要求落细落小落实,着力构建方向正确、内容完善、学段衔接、载体丰富、常态开展的德育工作体系,大力促进德育工作专业化、规范化、实效化,努力形成全员育人、全程育人、全方位育人的德育工作格局,特制定本指南。

一、指导思想

全面贯彻党的十八大和十八届三中、四中、五中、六中全会精神,深入贯彻习近平总书记系列重要讲话精神和治国理政新理念新思想新战略,始终坚持育人为本、德育为先,大力培育和践行社会主义核心价值观,以培养学生良好思想品德和健全人格为根本,以促进学生形成良好行为习惯为重点,以落实《中小学生守则(2015 年修订)》为抓手,坚持教育与生产劳动、社会实践相结合,坚持学校教育与家庭教育、社会教育相结合,不断完善中小学德育工作长效机制,全面提高中小学德育工作水平,为中国特色社会主义事业培养合格建设者和可靠接班人。

二、基本原则

(一)坚持正确方向。加强党对中小学校的领导,全面贯彻党的教育方针,坚持社会主义办学方向,牢牢把握中小学思想政治和德育工作主导权,保证中小学校成为坚持党的领导的坚强阵地。

(二)坚持遵循规律。符合中小学生年龄特点、认知规律和教育规律,注重学段衔接和知行统一,强化道德实践、情感培育和行为习惯养成,努力增强德育工作的吸引力、感染力和针对性、实效性。

(三)坚持协同配合。发挥学校主导作用,引导家庭、社会增强育人责任意识,提高对学生道德发展、成长成人的重视程度和参与度,形成学校、家庭、社会协调一致的育人合力。

(四)坚持常态开展。推进德育工作制度化常态化,创新途径和载体,将中小学德育工作要求贯穿融入到学校各项日常工作中,努力形成一以贯之、久久为功的德育工作长效机制。

三、德育目标

（一）总体目标

培养学生爱党爱国爱人民，增强国家意识和社会责任意识，教育学生理解、认同和拥护国家政治制度，了解中华优秀传统文化和革命文化、社会主义先进文化，增强中国特色社会主义道路自信、理论自信、制度自信、文化自信，引导学生准确理解和把握社会主义核心价值观的深刻内涵和实践要求，养成良好政治素质、道德品质、法治意识和行为习惯，形成积极健康的人格和良好心理品质，促进学生核心素养提升和全面发展，为学生一生成长奠定坚实的思想基础。

（二）学段目标

小学低年级

教育和引导学生热爱中国共产党、热爱祖国、热爱人民，爱亲敬长、爱集体、爱家乡，初步了解生活中的自然、社会常识和有关祖国的知识，保护环境，爱惜资源，养成基本的文明行为习惯，形成自信向上、诚实勇敢、有责任心等良好品质。

小学中高年级

教育和引导学生热爱中国共产党、热爱祖国、热爱人民，了解家乡发展变化和国家历史常识，了解中华优秀传统文化和党的光荣革命传统，理解日常生活的道德规范和文明礼貌，初步形成规则意识和民主法治观念，养成良好生活和行为习惯，具备保护生态环境的意识，形成诚实守信、友爱宽容、自尊自律、乐观向上等良好品质。

初中学段

教育和引导学生热爱中国共产党、热爱祖国、热爱人民，认同中华文化，继承革命传统，弘扬民族精神，理解基本的社会规范和道德规范，树立规则意识、法治观念，培养公民意识，掌握促进身心健康发展的途径和方法，养成热爱劳动、自主自立、意志坚强的生活态度，形成尊重他人、乐于助人、善于合作、勇于创新等良好品质。

高中学段

教育和引导学生热爱中国共产党、热爱祖国、热爱人民，拥护中国特色社会主义道路，弘扬民族精神，增强民族自尊心、自信心和自豪感，增强公民意识、社会责任感和民主法治观念，学习运用马克思主义基本观点和方法观察问题、分析问题和解决问题，学会正确选择人生发展道路的相关知识，具备自主、自立、自强的态度和能力，初步形成正确的世界观、人生观和价值观。

四、德育内容

（一）理想信念教育。开展马列主义、毛泽东思想学习教育，加强中国特色社会主义理论体系学习教育，引导学生深入学习习近平总书记系列重要讲话精神，领会党中央治国理政新理念新思想新战略。加强中国历史特别是近现代史教育、革命文化教育、中国特色社会主义宣传教育、中国梦主题宣传教育、时事政策教育，引导学生深入了解中国革命史、中国共产党史、改革开放史和社会主义发展史，继承革命传统，传承红色基因，深刻领会实现中华民族伟大复兴是中华民族近代以来最伟大的梦想，培养学生对党的政治认同、情感认同、价值认同，不断树立为共产主义远大理想和中国特色社会主义共同理想而奋斗的信念和信心。

（二）社会主义核心价值观教育。把社会主义核心价值观融入国民教育全过程，落实到中小学教育教学和管理服务各环节，深入开展爱国主义教育、国情教育、国家安全教育、民族团结教育、法治教育、诚信教育、文明礼仪教育等，引导学生牢牢把握富强、民主、文明、和谐作为国家层面的价值目标，深刻理解自由、平等、公正、法治作为社会层面的价值取向，自觉遵守爱国、敬业、诚信、友善作为公民层面的价值准则，将社会主义核心价值观内化于心、外化于行。

（三）中华优秀传统文化教育。开展家国情怀教育、社会关爱教育和人格修养教育，传承发展中华优秀传统文化，大力弘扬核心思想理念、中华传统美德、中华人文精神，引导学生了解中华优秀传统文化的历史渊源、发展脉络、精神内涵，增强文化自觉和文化自信。

（四）生态文明教育。加强节约教育和环境保护教育，开展大气、土地、水、粮食等资源的基本国情教育，帮助学生了解祖国的大好河山和地理地貌，开展节粮节水节电教育活动，推动实行垃圾分类，倡导绿色消费，引导学生树立尊重自然、顺应自然、保护自然的发展理念，养成勤俭节约、低碳环保、自觉劳动的生活习惯，形成健康文明的生活方式。

（五）心理健康教育。开展认识自我、尊重生命、学会学习、人际交往、情绪调适、升学择业、人生规划以及适应社会生活等方面教育，引导学生增强调控心理、自主自助、应对挫折、适应环境的能力，培养学生健全的人格、积极的心态和良好的个性心理品质。

五、实施途径和要求

（一）课程育人

充分发挥课堂教学的主渠道作用，将中小学德育内容细化落实到各学科课程的教学目标之中，融入渗透到教育教学全过程。

严格落实德育课程。按照义务教育、普通高中课程方案和标准，上好道德与法治、思想政治课，落实课时，不得减少课时或挪作它用。

要围绕课程目标联系学生生活实际，挖掘课程思想内涵，充分利用时政媒体资源，精心设计教学内容，优化教学方法，发展学生道德认知，注重学生的情感体验和道德实践。

发挥其它课程德育功能。要根据不同年级和不同课程特点，充分挖掘各门课程蕴含的德育资源，将德育内容有机融入到各门课程教学中。

语文、历史、地理等课要利用课程中语言文字、传统文化、历史地理常识等丰富的思想道德教育因素，潜移默化地对学生进行世界观、人生观和价值观的引导。

数学、科学、物理、化学、生物等课要加强对学生科学精神、科学方法、科学态度、科学探究能力和逻辑思维能力的培养，促进学生树立勇于创新、求真求实的思想品质。

音乐、体育、美术、艺术等课要加强对学生审美情趣、健康体魄、意志品质、人文素养和生活方式的培养。

外语课要加强对学生国际视野、国际理解和综合人文素养的培养。

综合实践活动课要加强对学生生活技能、劳动习惯、动手实践和合作交流能力的培养。

用好地方和学校课程。要结合地方自然地理特点、民族特色、传统文化以及重大历史事件、历史名人等，因地制宜开发地方和学校德育课程，引导学生了解家乡的历史文化、自然环境、人口状况和发展成就，培养学生爱家乡、爱祖国的感情，树立维护祖国统一、加强民族团结的意识。

统筹安排地方和学校课程，开展法治教育、廉洁教育、反邪教教育、文明礼仪教育、环境教育、心理健康教育、劳动教育、毒品预防教育、影视教育等专题教育。

（二）文化育人

要依据学校办学理念，结合文明校园创建活动，因地制宜开展校园文化建设，使校园秩序良好、环境优美，校园文化积极向上、格调高雅，提高校园文明水平，让校园处处成为育人场所。

优化校园环境。学校校园建筑、设施、布置、景色要安全健康、温馨舒适，使校园内一草一木、一砖一石都体现教育的引导和熏陶。

学校要有升国旗的旗台和旗杆。建好共青团、少先队活动室。积极建设校史陈列室、图书馆（室）、广播室、学校标志性景观。

学校、教室要在明显位置张贴社会主义核心价值观24字、《中小学生守则（2015年修订）》。教室正前上方有国旗标识。

要充分利用板报、橱窗、走廊、墙壁、地面等进行文化建设，可悬挂革命领袖、科学家、英雄模范等杰出人物的画像和格言，展示学生自己创作的作品或进行主题创作。

营造文化氛围。凝练学校办学理念，加强校风教风学风建设，形成引导全校师生共同进步的精神力量。

鼓励设计符合教育规律、体现学校特点和办学理念的校徽、校训、校规、校歌、校旗等并进行教育展示。

创建校报、校刊进行宣传教育。可设计体现学校文化特色的校服。

建设班级文化，鼓励学生自主设计班名、班训、班歌、班徽、班级口号等，增强班级凝聚力。

推进书香班级、书香校园建设，向学生推荐阅读书目，调动学生阅读积极性。提倡小学生每天课外阅读至少半小时、中学生每天课外阅读至少1小时。

建设网络文化。积极建设校园绿色网络，开发网络德育资源，搭建校园网站、论坛、信箱、博客、微信群、QQ群等网上宣传交流平台，通过网络开展主题班（队）会、冬（夏）令营、家校互动等活动，引导学生合理使用网络，避免沉溺网络游戏，远离有害信息，防止网络沉迷和伤害，提升网络素养，打造清朗的校园网络文化。

（三）活动育人

要精心设计、组织开展主题明确、内容丰富、形式多样、吸引力强的教育活动，以鲜明正确的价值导向引导学生，以积极向上的力量激励学生，促进学生形成良好的思想品德和行为习惯。

开展节日纪念日活动。利用春节、元宵、清明、端午、中秋、重阳等中华传统节日以及二十四节气，开展介绍节日历史渊源、精神内涵、文化习俗等校园文化活动，增强传统节日的体验感和文化感。

利用植树节、劳动节、青年节、儿童节、教师节、国庆节等重大节庆日集中开展爱党爱国、民族团结、热爱劳动、尊师重教、爱护环境等主题教育活动。

利用学雷锋纪念日、中国共产党建党纪念日、中国人民解放军建军纪念日、七七抗战纪念日、九三抗战胜利纪念日、九一八纪念日、烈士纪念日、国家公祭日等重要纪念日，以及地球日、环境日、健康日、国家安全教育日、禁毒日、航天日、航海日等主题日，设计开展相关主题教育活动。

开展仪式教育活动。仪式教育活动要体现庄严神圣,发挥思想政治引领和道德价值引领作用,创新方式方法,与学校特色和学生个性展示相结合。

严格中小学升挂国旗制度。除寒暑假和双休日外,应当每日升挂国旗。除假期外,每周一及重大节会活动要举行升旗仪式,奏唱国歌,开展向国旗敬礼、国旗下宣誓、国旗下讲话等活动。

入团、入队要举行仪式活动。

举办入学仪式、毕业仪式、成人仪式等有特殊意义的仪式活动。

开展校园节(会)活动。举办丰富多彩、寓教于乐的校园节(会)活动,培养学生兴趣爱好,充实学生校园生活,磨练学生意志品质,促进学生身心健康发展。

学校每学年至少举办一次科技节、艺术节、运动会、读书会。可结合学校办学特色和学生实际,自主开发校园节(会)活动,做好活动方案和应急预案。

开展团、队活动。加强学校团委对学生会组织、学生社团的指导管理。明确中学团委对初中少先队工作的领导职责,健全初中团队衔接机制。确保少先队活动时间,小学1年级至初中2年级每周安排1课时。

发挥学生会作用,完善学生社团工作管理制度,建立体育、艺术、科普、环保、志愿服务等各类学生社团。学校要创造条件为学生社团提供经费、场地、活动时间等方面保障。

要结合各学科课程教学内容及办学特色,充分利用课后时间组织学生开展丰富多彩的科技、文娱、体育等社团活动,创新学生课后服务途径。

(四)实践育人

要与综合实践活动课紧密结合,广泛开展社会实践,每学年至少安排一周时间,开展有益于学生身心发展的实践活动,不断增强学生的社会责任感、创新精神和实践能力。

开展各类主题实践。利用爱国主义教育基地、公益性文化设施、公共机构、企事业单位、各类校外活动场所、专题教育社会实践基地等资源,开展不同主题的实践活动。

利用历史博物馆、文物展览馆、物质和非物质文化遗产地等开展中华优秀传统文化教育。

利用革命纪念地、烈士陵园(墓)等开展革命传统教育。

利用法院、检察院、公安机关等开展法治教育。

利用展览馆、美术馆、音乐厅等开展文化艺术教育。

利用科技类馆室、科研机构、高新技术企业设施等开展科普教育。

利用军事博物馆、国防设施等开展国防教育。

利用环境保护和节约能源展览馆、污水处理企业等开展环境保护教育。

利用交通队、消防队、地震台等开展安全教育。

利用养老院、儿童福利机构、残疾人康复机构等社区机构等开展关爱老人、孤儿、残疾人教育。

利用体育科研院所、心理服务机构、儿童保健机构等开展健康教育。

加强劳动实践。在学校日常运行中渗透劳动教育,积极组织学生参与校园卫生保洁、绿化美化,普及校园种植。

将校外劳动纳入学校的教育教学计划,小学、初中、高中每个学段都要安排一定时间的农业生产、工业体验、商业和服务业实习等劳动实践。

教育引导学生参与洗衣服、倒垃圾、做饭、洗碗、拖地、整理房间等力所能及的家务劳动。

组织研学旅行。把研学旅行纳入学校教育教学计划,促进研学旅行与学校课程、德育体验、实践锻炼有机融合,利用好研学实践基地,有针对性地开展自然类、历史类、地理类、科技类、人文类、体验类等多种类型的研学旅行活动。

要考虑小学、初中、高中不同学段学生的身心发展特点和能力,安排适合学生年龄特征的研学旅行。

要规范研学旅行组织管理,制定研学旅行工作规程,做到"活动有方案,行前有备案,应急有预案",明确学校、家长、学生的责任和权利。

开展学雷锋志愿服务。要广泛开展与学生年龄、智力相适应的志愿服务活动。

发挥本校团组织、少先队组织的作用,抓好学生志愿服务的具体组织、实施、考核评估等工作。

做好学生志愿服务认定记录,建立学生志愿服务记录档案,加强学生志愿服务先进典型宣传。

(五)管理育人

要积极推进学校治理现代化,提高学校管理水平,将中小学德育工作的要求贯穿于学校管理制度的每一个细节之中。

完善管理制度。制定校规校纪,健全学校管理制度,规范学校治理行为,形成全体师生广泛认同和自觉遵守的制度规范。

制定班级民主管理制度,形成学生自我教育、民主管理的班级管理模式。

制定防治学生欺凌和暴力工作制度,健全应急处置预案,建立早期预警、事中处理及事后干预等机制。

会同相关部门建立学校周边综合治理机制,对社会上损害学生身心健康的不法行为依法严肃惩处。

明确岗位责任。建立实现全员育人的具体制度,明确学校各个岗位教职员工的育人责任,规范教职工言行,提高全员育人的自觉性。

班主任要全面了解学生,加强班集体管理,强化集体教育,建设良好班风,通过多种形式加强与学生家长的沟通联系。各学科教师要主动配合班主任,共同做好班级德育工作。

加强师德师风建设。培育、宣传师德标兵、教学骨干和优秀班主任、德育工作者等先进典型,引导教师争做"四有"好教师。

实行师德"一票否决制",把师德表现作为教师资格注册、年度考核、职务(职称)评审、岗位聘用、评优奖励的首要标准。

细化学生行为规范。落实《中小学生守则(2015年修订)》,鼓励结合实际制订小学生日常行为规范、中学生日常行为规范,教育引导学生熟知学习生活中的基本行为规范,践行每一项要求。

关爱特殊群体。要加强对经济困难家庭子女、单亲家庭子女、学习困难学生、进城务工人员随迁子女、农村留守儿童等群体的教育关爱,完善学校联系关爱机制,及时关注其心理健康状况,积极开展心理辅导,提供情感关怀,引导学生心理、人格积极健康发展。

(六)协同育人

要积极争取家庭、社会共同参与和支持学校德育工作,引导家长注重家庭、注重家教、注重家风,营造积极向上的良好社会氛围。

加强家庭教育指导。要建立健全家庭教育工作机制,统筹家长委员会、家长学校、家长会、家访、家长开放日、家长接待日等各种家校沟通渠道,丰富学校指导服务内容,及时了解、沟通和反馈学生思想状况和行为表现,认真听取家长对学校的意见和建议,促进家长了解学校办学理念、教育教学改进措施,帮助家长提高家教水平。

构建社会共育机制。要主动联系本地宣传、综治、公安、司法、民政、文化、共青团、妇联、关工委、卫计委等部门、组织,注重发挥党政机关和企事业单位领导干部、专家学者以及老干部、老战士、老专家、老教师、老模范的作用,建立多方联动机制,搭建社会育人平台,实现社会资源共享共建,净化学生成长环境,助力广大中小学生健康成长。

六、组织实施

加强组织领导。各级教育行政部门要把中小学德育工作作为教育系统党的建设的重要内容,摆上重要议事日程,加强指导和管理。学校要建立党组织主导、校长负责、群团组织参与、家庭社会联动的德育工作机制。学校党组织要充分发挥政治核心作用,切实加强对学校德育工作的领导,把握正确方向,推动解决重要问题。校长要亲自抓德育工作,规划、部署、推动学校德育工作落到实处。学校要完善党建带团建机制,加强共青团、少先队建设,在学校德育工作中发挥共青团、少先队的思想性、先进性、自主性、实践性优势。

加强条件保障。各级教育行政部门和学校要进一步改善学校办学条件,将德育工作经费纳入经费年度预算,完善优化教育手段,提供德育工作必需的场所、设施,订阅必备的参考书、报刊杂志,配齐相应的教学仪器设备等。

加强队伍建设。各级教育行政部门和学校要重视德育队伍人员培养选拔,优化德育队伍结构,建立激励和保障机制,调动工作积极性和创造性。要有计划地培训学校党组织书记、校长、德育干部、班主任、各科教师和少先队辅导员、中学团干部,组织他们学习党的教育方针、德育理论,提高德育工作专业化水平。

加强督导评价。各级教育行政部门要将学校德育工作开展情况纳入对学校督导的重要内容,建立区域、学校德育工作评价体系,适时开展专项督导评估工作。学校要认真开展学生的品德评价,纳入综合素质评价体系,建立学生综合素质档案,做好学生成长记录,反映学生成长实际状况。

加强科学研究。各级教育行政部门、教育科研机构和学校要组织力量开展中小学德育工作研究,探索新时期德育工作特点和规律,创新德育工作的途径和方法,定期总结交流研究成果,学习借鉴先进经验和做法,增强德育工作的科学性、系统性和实效性。

高等学校思想政治理论课教学指导委员会章程

· 2016 年 7 月 29 日

· 教社科函〔2016〕17 号

第一章　总　则

第一条　为加强对高等学校思想政治理论课的宏观

指导与管理,提高教育教学质量和水平,切实办好思想政治理论课,特成立教育部高等学校思想政治理论课教学指导委员会。

教育部高等学校思想政治理论课教学指导委员会是在教育部领寻下,对思想政治理论课建设发挥咨询、研判、督查、评估、培训、示范、指导、引领等作用的专家组织。

第二章　组　织

第二条　教育部高等学校思想政治理论课教学指导委员会由主任委员、副主任委员、委员若干人组成。根据工作需要下设若干分教学指导委员会,各分教学指导委员会设主任委员 1~2 人、副主任委员若干人。

第三条　教育部高等学校思想政治理论课教学指导委员会委员,由教育部按照思想政治素质好、学术水平高、教学工作或教学管理经验丰富、身体健康等条件,在高等学校、教育主管部门及相关单位的专家中择优选聘。委员实行任期制,每届任期 5 年,任期内可根据工作需要适当调整。

第四条　教育部高等学校思想政治理论课教学指导委员会下设的各分教学指导委员会,可根据工作需要设秘书处,协助处理日常工作。

第三章　任　务

第五条　发挥咨询作用。针对思想政治理论课教学改革的重大理论与实践问题,经常性地开展深入、科学的调查研究,定期向教育部提交咨询建议和报告,为科学决策提供优质咨询。

第六条　发挥研判作用。深入研究新形势下思想政治理论课建设规律,准确判断思想政治理论课面临的新情况新问题,原则上每学年对思想政治理论课建设状况开展一次系统调研,在教材建设、师资队伍建设、教学方法改革等方面提出建议。

第七条　发挥督查作用。针对加强和改进思想政治理论课重大部署和重要举措的贯彻落实情况,有组织地开展督导、巡视、检查,及时向教育部提交督查报告、反映真实情况,协助做好责任追究等工作。

第八条　发挥评估作用。对思想政治理论课的教学改革、教学经验、教学质量等作出专业评估,总结推广思想政治理论课优秀教学方法。

第九条　发挥培训作用。参与思想政治理论课教师队伍培养规划的制定和实施,组织专家积极参与骨干教师培训活动,切实提高培训效果。

第十条　发挥示范作用。充分发挥专家组织的率先垂范作用,主动探索思想政治理论课改革创新路径,加强思想政治理论课精品课堂建设。

第十一条　发挥指导作用。加强对思想政治理论课教学的政治指导和业务指导,做到及时指导、精准指导,不断提升思想政治理论课的质量和水平。

第十二条　发挥引领作用。组织委员发挥专业、学识、科研等方面优势,在意识形态领域有效发声、引领舆论,为加强和改进思想政治理论课营造良好的社会环境和氛围。

第十三条　与相关专家组织合作,推动马克思主义理论学科和马克思主义学院建设。

第十四条　接受教育部委托,开展思想政治理论课建设其他相关工作。

第四章　工作方式

第十五条　高等学校思想政治理论课教学指导委员会原则上每年召开一次全体委员工作会议,必要时可召开临时会议或扩大会议。

第十六条　各分教学指导委员会每年年初根据教育部工作部署制订年度工作计划,经高等学校思想政治理论课教学指导委员会主任委员、副主任委员核准后报教育部。年度工作计划应明确各项工作目标,落实具体责任分工。教育部根据工作需要提供必要的条件保障和经费支持。

第十七条　各分教学指导委员会主任委员每年年底牵头起草分教学指导委员会年度工作总结,经高等学校思想政治理论课教学指导委员会主任委员、副主任委员核准后报教育部。教育部根据情况适时召开工作交流会,总结经验成绩,协调推动工作。

第十八条　高等学校思想政治理论课教学指导委员会形成的有关政策性文件,如需发至地方教育部门和高等学校,须经教育部审核。

第十九条　高等学校思想政治理论课教学指导委员会委员所在单位要对委员工作给予积极支持。

第五章　附　则

第二十条　本章程自发布之日起实施。

(二) 文体工作

学校体育工作条例

- 1990 年 2 月 20 日国务院批准
- 1990 年 3 月 12 日国家教育委员会、国家体育运动委员会令第 11 号发布
- 根据 2017 年 3 月 1 日《国务院关于修改和废止部分行政法规的决定》修订

第一章　总　则

第一条　为保证学校体育工作的正常开展,促进学生身心的健康成长,制定本条例。

第二条　学校体育工作是指普通中小学校、农业中学、职业中学、中等专业学校、普通高等学校的体育课教学、课外体育活动、课余体育训练和体育竞赛。

第三条　学校体育工作的基本任务是:增进学生身心健康、增强学生体质;使学生掌握体育基本知识,培养学生体育运动能力和习惯;提高学生运动技术水平,为国家培养体育后备人才;对学生进行品德教育,增强组织纪律性,培养学生的勇敢、顽强、进取精神。

第四条　学校体育工作应当坚持普及与提高相结合、体育锻炼与安全卫生相结合的原则,积极开展多种形式的强身健体活动,重视继承和发扬民族传统体育,注意吸取国外学校体育的有益经验,积极开展体育科学研究工作。

第五条　学校体育工作应当面向全体学生,积极推行国家体育锻炼标准。

第六条　学校体育工作在教育行政部门领导下,由学校组织实施,并接受体育行政部门的指导。

第二章　体育课教学

第七条　学校应当根据教育行政部门的规定,组织实施体育课教学活动。

普通中小学校、农业中学、职业中学、中等专业学校各年级和普通高等学校的一、二年级必须开设体育课。普通高等学校对三年级以上学生开设体育选修课。

第八条　体育课教学应当遵循学生身心发展的规律,教学内容应当符合教学大纲的要求,符合学生年龄、性别特点和所在地区地理、气候条件。

体育课的教学形式应当灵活多样,不断改进教学方法,改善教学条件,提高教学质量。

第九条　体育课是学生毕业、升学考试科目。学生因病、残免修体育课或者免除体育课考试的,必须持医院证明,经学校体育教研室 (组) 审核同意,并报学校教务

部门备案,记入学生健康档案。

第三章　课外体育活动

第十条　开展课外体育活动应当从实际情况出发,因地制宜,生动活泼。

普通中小学校、农业中学、职业中学每天应当安排课间操,每周安排三次以上课外体育活动,保证学生每天有 1 小时体育活动的时间 (含体育课)。

中等专业学校、普通高等学校除安排有体育课、劳动课的当天外,每天应当组织学生开展各种课外体育活动。

第十一条　学校应当在学生中认真推行国家体育锻炼标准的达标活动和等级运动员制度。

学校可根据条件有计划地组织学生远足、野营和举办夏 (冬) 令营等多种形式的体育活动。

第四章　课余体育训练与竞赛

第十二条　学校应当在体育课教学和课外体育活动的基础上,开展多种形式的课余体育训练,提高学生的运动技术水平。有条件的普通中小学校、农业中学、职业中学、中等专业学校经省级教育行政部门批准,普通高等学校经国家教育委员会批准,可以开展培养优秀体育后备人才的训练。

第十三条　学校对参加课余体育训练的学生,应当安排好文化课学习,加强思想品德教育,并注意改善他们的营养。普通高等学校对运动水平较高、具有培养前途的学生,报国家教育委员会批准,可适当延长学习年限。

第十四条　学校体育竞赛贯彻小型多样、单项分散、基层为主、勤俭节约的原则。学校每学年至少举行一次以田径项目为主的全校性运动会。

第十五条　全国中学生运动会每 3 年举行一次,全国大学生运动会每 4 年举行一次。特殊情况下,经国家教育委员会批准可提前或者延期举行。

国家教育委员会根据需要,可以安排学生参加国际学生体育竞赛。

第十六条　学校体育竞赛应当执行国家有关的体育竞赛制度和规定,树立良好的赛风。

第五章　体育教师

第十七条　体育教师应当热爱学校体育工作,具有良好的思想品德、文化素养,掌握体育教育的理论和教学方法。

第十八条　学校应当在各级教育行政部门核定的教

师总编制数内,按照教学计划中体育课授课时数所占的比例和开展课余体育活动的需要配备体育教师。除普通小学外,学校应当根据学校女生数量配备一定比例的女体育教师。承担培养优秀体育后备人才训练任务的学校,体育教师的配备应当相应增加。

第十九条　各级教育行政部门和学校应当有计划地安排体育教师进修培训。对体育教师的职务聘任、工资待遇应当与其他任课教师同等对待。按照国家有关规定,有关部门应当妥善解决体育教师的工作服装和粮食定量。

体育教师组织课间操(早操)、课外体育活动和课余训练、体育竞赛应当计算工作量。

学校对妊娠、产后的女体育教师,应当依照《女职工劳动保护规定》给予相应的照顾。

第六章　场地、器材、设备和经费

第二十条　学校的上级主管部门和学校应当按照国家或者地方制订的各类学校体育场地、器材、设备标准,有计划地逐步配齐。学校体育器材应当纳入教学仪器供应计划。新建、改建学校必须按照有关场地、器材的规定进行规划、设计和建设。

在学校比较密集的城镇地区,逐步建立中小学体育活动中心,并纳入城市建设规划。社会的体育场(馆)和体育设施应当安排一定时间免费向学生开放。

第二十一条　学校应当制定体育场地、器材、设备的管理维修制度,并由专人负责管理。

任何单位或者个人不得侵占、破坏学校体育场地或者破坏体育器材、设备。

第二十二条　各级教育行政部门和学校应当根据学校体育工作的实际需要,把学校体育经费纳入核定的年度教育经费预算内,予以妥善安排。

地方各级人民政府在安排年度学校教育经费时,应当安排一定数额的体育经费,以保证学校体育工作的开展。

国家和地方各级体育行政部门在经费上应当尽可能对学校体育工作给予支持。

国家鼓励各种社会力量以及个人自愿捐资支援学校体育工作。

第七章　组织机构和管理

第二十三条　各级教育行政部门应当健全学校体育管理机构,加强对学校体育工作的指导和检查。

学校体育工作应当作为考核学校工作的一项基本内容。普通中小学校的体育工作应当列入督导计划。

第二十四条　学校应当由一位副校(院)长主管体育工作,在制定计划、总结工作、评选先进时,应当把体育工作列为重要内容。

第二十五条　普通高等学校、中等专业学校和规模较大的普通中学,可以建立相应的体育管理部门,配备专职干部和管理人员。

班主任、辅导员应当把学校体育工作作为一项工作内容,教育和督促学生积极参加体育活动。学校的卫生部门应当与体育管理部门互相配合,搞好体育卫生工作。总务部门应当搞好学校体育工作的后勤保障。

学校应当充分发挥共青团、少先队、学生会以及大、中学生体育协会等组织在学校体育工作中的作用。

第八章　奖励与处罚

第二十六条　对在学校体育工作中成绩显著的单位和个人,各级教育、体育行政部门或者学校应当给予表彰、奖励。

第二十七条　对违反本条例,有下列行为之一的单位或者个人,由当地教育行政部门令其限期改正,并视情节轻重对直接责任人员给予批评教育或者行政处分:

(一)不按规定开设或者随意停止体育课的;

(二)未保证学生每天一小时体育活动时间(含体育课)的;

(三)在体育竞赛中违反纪律、弄虚作假的;

(四)不按国家规定解决体育教师工作服装、粮食定量的。

第二十八条　对违反本条例,侵占、破坏学校体育场地、器材、设备的单位或者个人,由当地人民政府或者教育行政部门令其限期清退和修复场地、赔偿或者修复器材、设备。

第九章　附　则

第二十九条　高等体育院校和普通高等学校的体育专业的体育工作不适用本条例。

技工学校、工读学校、特殊教育学校、成人学校的学校体育工作参照本条例执行。

第三十条　国家教育委员会、国家体育运动委员会可根据本条例制定实施办法。

第三十一条　本条例自发布之日起施行。原教育部、国家体育运动委员会1979年10月5日发布的《高等学校体育工作暂行规定(试行草案)》和《中、小学体育工作暂行规定(试行草案)》同时废止。

国家学校体育卫生条件试行基本标准

· 2008 年 6 月 9 日
· 教体艺〔2008〕5 号

根据《中共中央 国务院关于加强青少年体育 增强青少年体质的意见》（中发〔2007〕7 号）要求，为保障中小学校体育、卫生工作的正常开展，保证广大中小学生健康成长，依据《学校体育工作条例》、《学校卫生工作条例》以及现有涉及中小学建筑、教学卫生、生活卫生等方面的相关标准和政策规定，制订本《国家学校体育卫生条件试行基本标准》（以下简称《标准》）。

本《标准》适用于全日制小学、初级中学、高级中学（含中等职业学校、民办中小学校）。本《标准》从体育教师、体育场地器材、教学卫生、生活设施、卫生保健室配备以及学生健康体检等方面明确了开展学校体育卫生工作所必不可少的条件，是国家对开展学校体育卫生工作的最基本要求，是中小学校办学应达到的最基本标准，是教育检查、督导和评估的重要内容。各地应当按照本《标准》对中小学校进行核查，尚未达到本《标准》的，应积极创造条件，使其尽快达到标准要求。各地在新建和改扩建中小学校时，应当按照本《标准》进行建设和配备。少数因特殊地理环境和特殊困难达不到本《标准》规定的部分要求的地区，应制定与之相应的办法，确保学校体育场地的需要。

各地应当在本级人民政府领导下，积极创造条件，增加投入，不断改善学校办学条件。鼓励有条件的地区根据本地实际情况，制订高于本《标准》的学校体育卫生条件标准。

一、中小学校体育教师配备基本标准

（一）任职资格

中小学体育教师必须经过体育专业学习或培训，获得教师资格证书，并且每学年接受继续教育应不少于 48 个学时。

（二）配备比例

学校应当在核定的教职工总编制数内，根据体育课教育教学工作的特点，按照教学计划中体育课授课时数和开展课外体育活动的需要，配备体育教师。小学 1~2 年级每 5~6 个班配备 1 名体育教师，3~6 年级每 6~7 个班配备 1 名体育教师；初中每 6~7 个班配备 1 名体育教师；高中（含中等职业学校）每 8~9 个班配备 1 名体育教师。

农村 200 名学生以上的中小学校至少配备 1 名专职体育教师。

二、中小学校体育场地、器材配备基本标准

（一）体育场地

1. 小学

运动场地类别	小学		
	≤18 班	24 班	30 班以上
田径场（块）	200 米（环形）1 块	300 米（环形）1 块	300 米~400 米（环形）1 块
篮球场（块）	2	2	3
排球场（块）	1	2	2
器械体操+游戏区	200 平方米	300 平方米	300 平方米

2. 九年制学校

运动场地类别	九年制学校		
	≤18 班	27 班	36 班以上
田径场（块）	200 米（环形）1 块	300 米（环形）1 块	300 米~400 米（环形）1 块
篮球场（块）	2	3	3
排球场（块）	1	2	3
器械体操+游戏区	200 平方米	300 平方米	350 平方米

3. 初级中学

运动场地类别	初级中学		
	≤18班	24班	30班以上
田径场（块）	300米（环形）1块	300米（环形）1块	300米~400米（环形）1块
篮球场（块）	2	2	3
排球场（块）	1	2	2
器械体操区	100平方米	150平方米	200平方米

4. 完全中学

运动场地类别	完全中学			
	≤18班	24班	30班	36班以上
田径场（块）	300米（环形）1块	300米（环形）1块	300米（环形）1块	400米（环形）1块
篮球场（块）	2	2	3	3
排球场（块）	1	2	2	3
器械体操区	100平方米	150平方米	200平方米	200平方米

5. 高级中学（含中等职业学校）

运动场地类别	高级中学（含中等职业学校）			
	≤18班	24班	30班	36班以上
田径场（块）	300米（环形）1块	300米（环形）1块	300米（环形）1块	400米（环形）1块
篮球场（块）	2	2	3	3
排球场（块）	1	2	2	3
器械体操区	100平方米	150平方米	200平方米	200平方米

注：1. 300米以上的环形田径场应包括100米的直跑道,200米的环形田径场应至少包括60米直跑道。

2. 田径场内应设置1~2个沙坑（长5~6米、宽2.75~4米,助跑道长25~45米）。

3. 器械体操区学校可根据实际条件进行集中或分散配备。

4. 因受地理环境限制达不到标准的山区学校,可因地制宜建设相应的体育活动场地。

（二）体育器材

1. 小学体育器材

（1）12个班（含12个班）以下

序号	器材名称	单位	配备数量	备　注
1	接力棒	支	6-8	
2	小栏架或钻圈架	付	8-10	
3	发令枪	支	1	
4	标志杆（筒）	根	4	

续表

序号	器材名称	单位	配备数量	备 注
5	秒 表	块	2	
6	跳高架	付	1	
7	跳高横竿	根	2	★
8	山羊或跳箱	台	1	
9	助跳板	块	1	
10	小沙包	只	20	★
11	垒 球	只	20	★
12	实心球	只	20	★
13	投掷靶	只	1	
14	皮 尺	卷	1	
15	小体操垫	块	20	★
16	低单杠	付	1	
17	爬竿或爬绳	付	1	
18	毽子	只	40	★
19	短跳绳	根	40	★
20	长跳绳	根	8	★
21	小篮球	只	20	★
22	小篮球架	付	1	
23	小足球或软式排球	只	20	★
24	小足球门或排球架	付	1	
25	乒乓球台	张	1	
26	乒乓球拍或板羽球或羽毛球拍	付	20	★
27	乒乓球或羽毛球网架	付	2	
28	乒乓球或板羽球或羽毛球	只	20	★
29	录音机	台	1	
30	肺活量测试仪	台	1	

（2）13 个班（含 13 个班）以上

序号	器材名称	单位	配备数量	备 注
1	接力棒	支	8	
2	小栏架（或钻圈架）	付	10	
3	发令枪	支	1	

续表

序号	器材名称	单位	配备数量	备　注
4	标志杆(筒)	根	8	
5	秒　表	块	3	
6	跳高架	付	1	
7	跳高横竿	根	2	★
8	山　羊	台	1	
9	跳　箱	付	1	
10	助跳板	块	2	
11	小沙包	只	20	★
12	垒　球	只	20	★
13	实心球	只	20	★
14	投掷靶	只	2	
15	皮　尺	卷	1	
16	大体操垫	块	6	
17	小体操垫	块	20	★
18	低单杠	付	2	
19	高单杠	付	1	
20	肋　木	间	1	
21	平　梯	架	1	
22	爬竿或爬绳	付	1	
23	毽子	只	40	★
24	短跳绳	根	40	★
25	长跳绳	根	8	★
26	小篮球	只	20	★
27	小篮球架	付	2	
28	小足球	只	20	★
29	小足球门	付	1	
30	软式排球	只	20	★
31	排球架	付	2	
32	乒乓球台	张	2	
33	乒乓球拍或板羽球或羽毛球拍	付	20	★
34	乒乓球或羽毛球网架	付	2	

序号	器材名称	单位	配备数量	备　注
35	乒乓球或板羽球或羽毛球	只	20	★
36	录音机	台	1	
37	肺活量测试仪	台	2	

注：标注"★"的器材为低值易耗器材设备，应及时补充。

2. 中学体育器材（含九年制学校、初级中学、完全中学、中等职业学校、高级中学）

（1）12个班（含12个班）以下

序号	器材名称	单位	配备数量	备　注
1	接力棒	支	8	
2	跨栏架	付	10	
3	发令枪	支	1	
4	标志杆（筒）	根	8	
5	秒　表	块	2	
6	跳高架	付	1	
7	跳高横竿	根	2	★
8	山羊或跳箱	台	1	
9	助跳板	块	1	
10	垒　球	个	24	★
11	实心球	个	24	★
12	铅　球	个	8	
13	皮　尺	卷	1	
14	小体操垫	块	24	★
15	低单杠	付	1	
16	高单杠	付	2	
17	高双杠	付	1	
18	剑（刀）	柄	24	★
20	棍	根	24	★
21	短跳绳	根	48	★
22	长跳绳	根	12	★
23	拔河绳	根	1	
24	篮球	只	24	★
25	篮球架	付	2	

序号	器材名称	单位	配备数量	备　注
26	足球或软式排球	只	24	★
27	足球门或排球架	付	1	
28	排球架	付	2	
29	乒乓球台	张	1	
30	乒乓球拍或羽毛球拍	付	24	★
31	乒乓球或羽毛球	只	24	★
32	乒乓球或羽毛球网架	付	1	
33	录音机	台	1	
34	肺活量测试仪	台	2	

（2）13个班（含13个班）以上

序号	器材名称	单位	配备数量	备　注
1	接力棒	支	12	
2	跨栏架	付	10	
3	发令枪	支	1	
4	标志杆（筒）	根	8	
5	秒　表	块	3	
6	跳高架	付	1	
7	跳高横竿	根	2	★
8	山　羊	台	1	
9	跳　箱	付	1	
10	助跳板	块	2	
11	垒　球	个	24	★
12	实心球	个	24	★
13	铅　球	个	12	
14	皮　尺	卷	1	
15	大体操垫	块	8	
16	小体操垫	块	24	★
17	低单杠	付	2	
18	高单杠	付	2	
19	低双杠	付	2	
20	高双杠	付	2	

续表

序号	器材名称	单位	配备数量	备　注
21	肋　木	间	2	
22	平　梯	架	1	
23	剑（刀）	柄	24	★
24	棍	根	24	★
25	短跳绳	根	48	★
26	长跳绳	根	12	★
27	拔河绳	根	1	
28	篮球	只	24	★
29	篮球架	付	3	
30	足　球	只	24	★
31	足球门	付	1	
32	软式排球	只	24	★
33	排球架	付	3	
34	乒乓球台	张	2	
35	乒乓球拍或羽毛球拍	付	24	★
36	乒乓球或羽毛球	只	24	★
37	乒乓球或羽毛球网架	付	1	
38	录音机	台	1	
39	肺活量测试仪	台	2	

注：标注"★"的器材为低值易耗器材设备，应及时补充。

各中小学校都应根据学校班级的规模设置体育器材室一间。

三、中小学校教学卫生基本标准

（一）教室

1. 普通教室人均使用面积：小学不低于1.15平方米，中学不低于1.12平方米。

2. 教室前排课桌前缘与黑板应有2米以上距离。

3. 教室内各列课桌间应有不小于0.6米宽的纵向走道，教室后应设置不小于0.6米的横行走道。后排课桌后缘距黑板不超过9米。

（二）课桌椅

1. 教室内在座学生应每人一席。

2. 每间教室内至少应设有2种不同高低型号的课桌椅。

（三）黑板

1. 黑板应完整无破损、无眩光，挂笔性能好，便于擦拭。

2. 黑板下缘与讲台地面的垂直距离：小学为0.8~0.9米，中学为1~1.1米；讲台桌面距教室地面的高度一般为1.2米。

（四）教室采光

1. 单侧采光的教室光线应从学生座位左侧射入，双侧采光的教室主采光窗应设在左侧。

2. 教室墙壁和顶棚为白色或浅色，窗户应采用无色透明玻璃。

3. 教室采光玻地比（窗的透光面积与室内地面面积之比）不得低于1∶6。

（五）教室照明

1. 课桌面和黑板照度应分别不低于150LX和200LX，照度分布均匀。自然采光不足时应辅以人工照明。

2. 教室照明应配备 40 瓦荧光灯 9 盏以上,并符合节能环保要求。灯管宜垂直于黑板布置。教室照明应采用配有灯罩的灯具,不宜用裸灯,灯具距桌面的悬挂高度为 1.7~1.9 米。

3. 黑板照明应设 2 盏 40 瓦荧光灯,并配有灯罩。

(六)教室微小气候

1. 教室应设通气窗,寒冷地区应有采暖设备。

2. 新装修完的教室应进行室内空气检测,符合《室内空气质量标准》的可投入使用,并保持通风换气。

四、中小学校生活设施基本标准

(一)学生宿舍

1. 学生宿舍不应与教学用房合建。男、女生宿舍应分区或分单元布置。一层出入口及门窗,应设置安全防护设施。

2. 学生宿舍的居室,人均使用面积不应低于 3.0 平方米。

3. 应保证学生一人一床,上铺应设有符合安全要求的防护栏。

4. 宿舍应保证通风良好,寒冷地区宿舍应设有换气窗。

5. 学生宿舍应设有厕所、盥洗设施。宿舍设室外厕所的,厕所距离宿舍不超过 30 米,并应设有路灯。

(二)学校集体食堂

1. 学校食堂应取得卫生许可证。食堂从业人员应取得健康证明后方可上岗。

2. 食堂应距污染源 25 米以上。

3. 食堂应有相对独立的食品原料存放间、食品加工操作间、食品出售场所。

4. 食堂加工操作间最小使用面积不得小于 8 平方米;墙壁应有 1.5 米以上的瓷砖或其他防水、防潮、可清洗的材料装修的墙裙;地面应由防水、防滑、无毒、易清洗的材料装修;配备有足够的通风、排烟装置和有效的防蝇、防尘、防鼠、污水排放以及存放废弃物的设施和设备。

5. 食堂应当有洗刷、消毒池等清洗设施设备。采用化学消毒时,需具备 2 个以上的水池(容器),不得与清洗蔬菜、肉类等设备混用。

(三)学校生活饮用水

1. 学校必须为学生提供充足、安全卫生的饮水以及相关设施。

2. 供学校生活用水的自备井、二次供水的储水池(罐),应有安全防护和消毒设施,自备水源必须远离污染源。

3. 采用二次供水的学校应取得有效的二次供水卫生许可证后方可向学生供水。

(四)学校厕所

1. 新建教学楼应每层设厕所。独立设置的厕所与生活饮用水水源和食堂相距 30 米以上。

2. 女生应按每 15 人设一个蹲位;男生应按每 30 人设一个蹲位,每 40 人设 1 米长的小便槽。

3. 厕所内宜设置单排蹲位,蹲位不得建于蓄粪池之上,并与之有隔断;蓄粪池应加盖。小学厕所蹲位宽度(两脚踏位之间距离)不超过 18 厘米。

4. 厕所结构应安全、完整,应有顶、墙、门、窗和人工照明。

五、中小学校卫生(保健)室建设基本标准

(一)卫生(保健)室设置

1. 卫生室是指取得《医疗机构执业许可证》的学校卫生机构,承担学校预防保健、健康教育、常见病和传染病预防与控制、学校卫生日常检查并为师生提供必要的医疗服务。

2. 保健室是指未取得《医疗机构执业许可证》的学校卫生机构,在卫生专业人员指导下开展学校预防保健、健康教育、常见病和传染病预防与控制、学校卫生日常检查。

3. 寄宿制学校必须设立卫生室,非寄宿制学校可视学校规模设立卫生室或保健室。

(二)卫生(保健)室人员配备要求

1. 寄宿制学校或 600 名学生以上的非寄宿制学校应配备卫生专业技术人员。卫生专业技术人员应持有卫生专业执业资格证书。

2. 600 名学生以下的非寄宿制学校,应配备保健教师或卫生专业技术人员。保健教师由现任具有教师资格的教师担任。

3. 卫生专业技术人员和保健教师应接受学校卫生专业知识和急救技能培训,并取得相应的合格证书。

(三)卫生保健室设施与设备

1. 卫生室。

(1)卫生室建筑面积应大于 40 平方米,并有适应学校卫生工作需要的功能分区。

(2)卫生室应具备以下基本设备:视力表灯箱、杠杆式体重秤、身高坐高计、课桌椅测量尺、血压计、听诊器、体温计、急救箱、压舌板、诊察床、诊察桌、诊察凳、注射器、敷料缸、方盘、镊子、止血带、药品柜、污物桶、紫外线灯、高压灭菌锅等。

2. 保健室。

（1）保健室建筑面积应大于 15 平方米，并有适应学校卫生工作需要的功能分区。

（2）保健室应具备以下基本设备：视力表灯箱、杠杆式体重秤、身高坐高计、课桌椅测量尺、血压计、听诊器、体温计、急救箱、压舌板、观察床、诊察桌、诊察凳、止血带、污物桶等。

六、中小学生健康检查基本标准

（一）基本要求

每年对在校学生进行一次健康体检，并建立学生健康档案。地方教育行政部门和学校应选择符合相关要求的保健和医疗机构承担学生体检工作。

（二）健康体检项目

1. 问诊：既往病史，近期发热、咳嗽史或其他明显不适症状。

2. 内科检查项目：心、肺、肝、脾、血压。

3. 眼科检查项目：裸眼远视力、沙眼、急性传染性结膜炎。

4. 口腔检查：牙齿、牙周。

5. 外科检查项目：头、颈、脊柱、四肢、皮肤、淋巴结。

6. 形态指标：身高、体重。

7. 肝功能：谷丙转氨酶、胆红素。

8. 结核菌素试验。

（三）学生健康体检结果评价与反馈

学生健康体检单位在体检结束后，应进行个体与群体健康评价，并向学生、学校、教育行政部门反馈健康评价结果，分析学生主要健康问题，提出改善学生健康状况和进一步检查的建议。

（四）学生健康体检机构资质

1. 具有法人资格，并持有《医疗机构执业许可证》的保健和医疗机构，经向教育行政部门备案后，方可承担中小学生定期健康体检工作。

2. 设有专门的预防性健康体检科室及辅助功能设施，具有独立于诊疗区之外的健康人群体检场所。

（五）体检经费

健康检查费用标准由省级相关部门确定。义务教育阶段学生健康体检的费用由学校公用经费开支，其他学生健康检查费用由省级政府制定统一的费用标准和解决办法。

全国学生体育竞赛管理规定

· 1997 年 11 月 28 日
· 教体〔1997〕9 号

第一章　总　则

第一条　为加强对全国学生体育竞赛的领导和管理，提高学生体育竞赛的水平和效益，使竞赛工作逐步制度化、规范化，特制定本规定。

第二条　全国学生体育竞赛是指全国范围的综合性或单项体育竞赛。全国学生体育竞赛由国家教委和有关部门、中国大学生体育协会或中国中学生体育协会及由中国大学生体育协会授权的单项分会主办。

第三条　举办全国学生体育竞赛要以育人为宗旨，突出教育特色，讲求综合效益，体现"团结、奋进、文明、育人"的精神。通过竞赛活跃文化生活，提高青少年学生的健康水平，发现和培养优秀体育人才，检验和提高学校课余训练水平，推动学校体育工作的发展。

第四条　全国大学生、中学生运动会由国家教委、国家体委、共青团中央联合主办，中国大学生体育协会或中国中学生体育协会协办。

全国大学生运动会每四年举办一次；全国中学生运动会每三年举办一次，如遇特殊情况可提前或顺延举行。

第五条　中国大学生体育协会以及由中国大学生体育协会授权的各单项分会，每年可主办一至二次全国性大学生单项体育竞赛。

第六条　中国中学生体育协会可根据情况每年举办二至三个项目的单项比赛。

第七条　在举办全国大学生运动会、全国中学生运动会的当年，凡已列入运动会比赛的项目，不再安排该项目的单项比赛。

第二章　竞赛项目和竞赛的申办

第八条　全国大、中学生运动会所设项目应按基础性强、普及面广并具有一定传统的原则选择确定，每届运动会所设项目不宜过多。

根据现阶段实际情况，全国大学生综合运动会可设置 6-8 个项目，其中必设项目有：田径、游泳、篮球、足球、乒乓球。另外，可选设 1-2 项易于普及的群众体育项目，如武术、健美操、羽毛球、网球等。

全国中学生综合运动会一般可设 5-7 个项目，其中必设项目有：田径、游泳、篮球、排球、足球。另外，可选设 1-2 项易于普及的群众体育项目，如乒乓球、武术等。

第九条　凡承办全国大、中学生综合性运动会的单位和地区,应当提出运动会设项方案,报主办单位审定后正式列入该项比赛的竞赛规程。

第十条　具备以下条件的省、自治区、直辖市均可申请承办全国大学生运动会或全国中学生运动会:

1. 承办地是经济、文化、教育水平较为发达的大、中型城市;

2. 运动会承办城市及学校,必须有较好的体育场馆及设施,符合比赛项目的技术要求和其他条件;

3. 除国家财政拨款外,必须有足够的经济实力,以保证运动会顺利运行;

4. 承办单位必须遵循主办单位制定的各项规定,保证完成运动会筹备、召开、总结等各阶段的工作。

第十一条　申请承办全国大学生运动会、全国中学生运动会,应当在上一届运动会举办前,向主办单位递交申请承办报告,并需附下列文件:

1. 当地人民政府批复意见书;

2. 承办工作实施意向书;

3. 经费预算及经费保证。

第十二条　中国大学生体育协会授权的各单项分会主办年度单项比赛,应当上报年度竞赛计划,并向中国大学生体育协会提供以下材料:

1. 承办单位名称;

2. 比赛名称;

3. 比赛日期、地点;

4. 参赛队数;

5. 竞赛规程;

6. 经费条件。

第十三条　凡有条件承办全国大学生单项体育竞赛的大专院校,在征得当地教育行政部门同意后,均可向大学生体育协会的单项分会提出书面申请。经大学生体育协会单项分会审核后,在比赛前一年的11月底以前,以书面形式上报中国大学生体育协会审批,经批准后方可举行。

申请承办全国中学生单项比赛,应经中国中学生体育协会批准。

第三章　竞赛组织

第十四条　承办单位应在主办单位的指导下,成立筹备委员会或筹备工作领导小组,全面负责各项筹备工作,并制定竞赛规程,报主办单位审定。

第十五条　竞赛规程应包括下列内容:竞赛名称、承办单位、协办单位、参赛单位、竞赛日期和地点、运动队及运动员的参赛条件、竞赛办法、录取名次、奖励办法、资格

审查、体育道德风尚奖评比、裁判员、经费条件等。

第十六条　承办单位应在比赛开始前向主办单位报送组织委员会成立方案,经主办单位批准,正式成立组织委员会。

组委会全面负责比赛期间的领导及善后工作,处理重大或紧急事项,保证比赛公正、有序地顺利进行。在全部比赛结束后一个月内,向主办单位递交书面总结。

第十七条　竞赛筹备委员会、组织委员会下设各机构工作职责如下:

1. 办公室:根据比赛安排,排定活动日程表,拟定、印刷有关文件和材料,协调各部门的工作,协助有关机构组织各种会议,组织实施体育道德风尚奖运动队、运动员、裁判员的评选工作。

2. 竞赛机构:执行竞赛规程,确保比赛符合各该项目的竞赛规则并按竞赛规程的规定进行。负责比赛轮次和日程的编排;接受参赛队报名,按照竞赛规则的要求,保证比赛场地、器材、设施的正常使用;安排赛前的训练,组织安排裁判员学习和实习,以及赛前的技术会议;编辑竞赛秩序册,定时发送竞赛公报。

3. 接待机构:负责参赛队、裁判员以及参加赛会工作人员的迎送、食宿、市内交通等生活安排;负责返程交通票的订购。

4. 纪律与资格审查机构:依照竞赛规程有关规定,负责审查参赛运动队、运动员的资格;听取受理意见和材料,并作出处理决定;负责处理赛会和比赛期间的一切违纪事件。

5. 财务机构:根据竞赛规模制订经费预算及开支原则;提出经费筹集方案,负责经费筹集和资金管理;合理支付各种费用;在比赛结束后一个月内,向主办单位提交结算报告。

6. 宣传机构:以多种形式进行宣传和报道,扩大影响;负责与新闻单位的联系,组织必要的新闻发布会;编印宣传手册;配合集资部门做好广告设置。

7. 安全机构:负责赛会期间的食宿、交通、赛场安全保卫工作,负责维持赛场观众秩序。

组织委员会机构除下设以上机构外,要加设体育道德风尚评选等与竞赛活动有关的其他机构。

第十八条　全国大学生运动会、全国中学生运动会可设主席团。

第四章　竞赛管理

第十九条　参加全国学生体育竞赛的运动员必须是取得学籍的在校大学生、中学生,并符合参赛项目竞赛规

程中有关"运动员条件"的各项规定。

如有违反上述规定者，除取消运动员参赛资格或比赛成绩外，主办单位有权进一步追究派出单位或直接有关人员的责任，视其情节给予相应处理。

第二十条　对学生运动员应建立统一的档案登记，并实行统一的计算机储存管理。凡培养体育后备人才的试点校每年对招收的运动员要进行统计，并向中国大学生体育协会、中国中学生体育协会申报。凡比赛前一年度未申报的运动员一律不得参加本年度比赛。凡当年招收的学生不得参加当年举办的各种竞赛活动。

第二十一条　比赛报名办法必须按所参加比赛的竞赛规程中有关报名规定进行。

第二十二条　全国学生体育竞赛原则上不收取报名费，如确需收取报名费的，必须报请比赛主办单位批准。

第二十三条　参赛队应按竞赛规程所规定的人数和日期报到，同时交验学生身份证或其他具有法律效力的证明文件。

第二十四条　比赛场地、器材、设施要符合竞赛规则的要求和标准，保证比赛顺利进行。大型比赛应有必要的摄录像设备。

比赛一般应安排在学校的场地或体育馆进行。

第二十五条　运动队应安排在条件较好的学校食宿。宿舍、餐厅及周围环境应清洁、卫生，能提供保证运动员赛后的热淋浴条件。必须有食品卫生检验制度，保证运动员营养的需要，杜绝食物中毒现象的发生。

裁判员、运动员应分离住宿和就餐。

第二十六条　赛会期间任何人员不允许将家属、亲友及无关人员带往赛会。情节严重者，将取消其参赛或工作资格。

第二十七条　运动队成员、裁判员、大会工作人员都必须遵守大会制定的制度和纪律规定，遵守国家法律、法规的规定。

第二十八条　承办单位应确保比赛驻地、赛场的安全。参加比赛的各队必须按要求办理全队人员比赛期间阶段性人身保险，否则不得参加比赛。

第二十九条　比赛场、馆内一律禁止吸烟。

第五章　裁判员的选派和管理

第三十条　在比赛中担任副裁判长以上的裁判员由主办单位选聘。其他裁判员按竞赛规程中有关规定选聘。

第三十一条　全国大学生运动会、全国中学生运动会所有裁判员均由主办单位选聘。

第三十二条　凡由主办单位选派的裁判员差旅费由赛区负担。裁判员在比赛期间所有的食宿费、裁判员酬金均由赛区负担。

第三十三条　由中国大学生体育协会各单项分会主办的大学生单项体育比赛，裁判员的选聘方案及主要裁判人员名单，要在比赛前一个月报中国大学生体育协会审批备案。

第三十四条　裁判员在执行裁判工作时要认真执行裁判员守则，不得以任何形式介入裁判工作以外的事情。对违反此规定者将视其情节给予警告、停止工作等相应处理。

第三十五条　如无特殊安排，裁判员到赛区参加工作，应自备裁判服装和裁判工作用品，裁判员临场工作时必须佩带级别标志。

第三十六条　每次竞赛活动结束后 24 小时内，裁判长负责组织全体裁判员进行总结，并写出书面材料连同填好的裁判员工作报告表送交主办单位。

第六章　资格审查、竞赛纪律及申诉

第三十七条　为端正赛风，对比赛中出现的运动队、裁判员、工作人员弄虚作假、徇私舞弊及其他违纪行为，比赛组委会的纪律与资格审查机构，应及时调查核实，并依据竞赛规程、竞赛规则、资格审查办法的规定，分别情况作出警告、停赛、通报或取消运动队、运动员、裁判员及工作人员资格的处理决定。比赛组委会的纪律与资格审查机构的处理决定为最终决定。

第三十八条　参赛各队均有举报和申诉权。举报和申诉时要注重证据，要出据经团（队）领导核准签字后的书面材料及一定数额的举报、申诉费，否则不予受理。

第三十九条　对参赛运动员服用违禁药物的检测和处理，应当严格按照国家体委的有关规定执行。

第七章　竞赛财务管理及经费支配

第四十条　举办学生体育竞赛应贯彻勤俭办赛的方针。比赛预算要符合比赛基本需要，并有可靠的资金或财源保证。

第四十一条　凡与比赛有关的一切经费来源要独立设账，由专人管理，并健全财务收支制度和监督、审计制度。要做到专款专用，严格执行财务管理的有关规定。

第四十二条　比赛主办单位有权决定对其所主办的比赛进行财务监督、检查和审计。

第四十三条　以赞助单位产品名称、标志命名的比赛，必须征得主办单位的同意，否则不得冠名。

第四十四条　凡承办大、中学生运动会的单位、地区以及承办规模较大的全国大、中学生体育单项比赛的单位，以运动会或比赛的名义所征集的赞助款、广告、售销体育彩票的费用等行政拨款以外的收入，应按总收入5%的比例上缴大、中学生体育协会。

第八章　附　则

第四十五条　本《规定》自发布之日起施行。

中小学健康教育指导纲要

· 2008年12月1日
· 教体艺〔2008〕12号

贯彻落实《中共中央　国务院关于加强青少年体育增强青少年体质的意见》（中发〔2007〕7号）对健康教育提出的工作要求，进一步加强学校健康教育工作，培养学生的健康意识与公共卫生意识，掌握健康知识和技能，促进学生养成健康的行为和生活方式，依据《中国公民健康素养–基本知识与技能（试行）》及新时期学校健康教育的需求，特制定本纲要。

一、指导思想、目标和基本原则

1. 以邓小平理论和"三个代表"重要思想为指导，按照科学发展观的要求，全面贯彻党的教育方针，认真落实健康第一的指导思想，把增强学生健康素质作为学校教育的基本目标之一，促进学生健康成长。

2. 健康教育是以促进健康为核心的教育。通过有计划地开展学校健康教育，培养学生的健康意识与公共卫生意识，掌握必要的健康知识和技能，促进学生自觉地采纳和保持有益于健康的行为和生活方式，减少或消除影响健康的危险因素，为一生的健康奠定坚实的基础。

3. 学校健康教育要把培养青少年的健康意识，提高学生的健康素质作为根本的出发点，注重实用性和实效性。坚持健康知识传授与健康技能传授并重原则；健康知识和技能传授呈螺旋式递进原则；健康知识传授、健康意识与健康行为形成相统一原则；总体要求与地方实际相结合原则；健康教育理论知识和学生生活实际相结合原则。做到突出重点、循序渐进，不断强化和促进健康知识的掌握、健康技能的提高、健康意识的形成、健康行为和生活方式的建立。

二、健康教育具体目标和基本内容

中小学健康教育内容包括五个领域：健康行为与生活方式、疾病预防、心理健康、生长发育与青春期保健、安全应急与避险。

根据儿童青少年生长发育的不同阶段，依照小学低年级、小学中年级、小学高年级、初中年级、高中年级五级水平，把五个领域的内容合理分配到五级水平中，分别为水平一（小学1–2年级）、水平二（小学3–4年级）、水平三（小学5–6年级）、水平四（初中7–9年级）、水平五（高中10–12年级）。五个不同水平互相衔接，完成中小学校健康教育的总体目标。

（一）水平一（小学1–2年级）

1. 目标

知道个人卫生习惯对健康的影响，初步掌握正确的个人卫生知识；了解保护眼睛和牙齿的知识；知道偏食、挑食对健康的影响，养成良好的饮水、饮食习惯；了解自己的身体，学会自我保护；学会加入同伴群体的技能，能够与人友好相处；了解道路交通和玩耍中的安全常识，掌握一些简单的紧急求助方法；了解环境卫生对个人健康的影响，初步树立维护环境卫生意识。

2. 基本内容

（1）健康行为与生活方式：不随地吐痰，不乱丢果皮纸屑等垃圾；咳嗽、打喷嚏时遮掩口鼻；勤洗澡、勤换衣、勤洗头、勤剪指甲（包含头虱的预防）；不共用毛巾和牙刷等洗漱用品（包含沙眼的预防）；不随地大小便，饭前便后要洗手；正确的洗手方法；正确的身体坐、立、行姿势，预防脊柱弯曲异常；正确的读写姿势；正确做眼保健操；每天早晚刷牙，饭后漱口；正确的刷牙方法以及选择适宜的牙刷和牙膏；预防龋齿（认识龋齿的成因、注意口腔卫生、定期检查）；适量饮水有益健康，每日适宜饮水量，提倡喝白开水；吃好早餐，一日三餐有规律；偏食、挑食对健康的影响；经常喝牛奶、食用豆类及豆制品有益生长发育和健康；经常开窗通气有利健康；文明如厕、自觉维护厕所卫生；知道蚊子、苍蝇、老鼠、蟑螂等会传播疾病。

（2）疾病预防：接种疫苗可以预防一些传染病。

（3）心理健康：日常生活中的礼貌用语，与同学友好相处技能。

（4）生长发育与青春期保健：生命孕育、成长基本知识，知道"我从哪里来"。

（5）安全应急与避险：常见的交通安全标志；行人应遵守的基本交通规则；乘车安全知识；不玩危险游戏，注意游戏安全；燃放鞭炮要注意安全；不玩火，使用电源要注意安全；使用文具、玩具要注意卫生安全；远离野生动物，不与宠物打闹；家养犬要注射疫苗；发生紧急情况，会拨打求助电话(医疗求助电话:120,火警电话:119,匪警电话:110)。

(二)水平二(小学3-4年级)

1.目标

进一步了解保护眼睛、预防近视眼知识,学会合理用眼;了解食品卫生基本知识,初步树立食品卫生意识;了解体育锻炼对健康的作用,初步学会合理安排课外作息时间;初步了解烟草对健康的危害;了解肠道寄生虫病、常见呼吸道传染病和营养不良等疾病的基本知识及预防方法;了解容易导致意外伤害的危险因素,熟悉常见的意外伤害的预防与简单处理方法;了解日常生活中的安全常识,掌握简单的避险与逃生技能;初步了解生命的意义和价值,树立保护生命的意识。

2.基本内容

(1)健康行为与生活方式:读书写字、看电视、用电脑的卫生要求;预防近视(认识近视的成因、学会合理用眼、注意用眼卫生、定期检查);预防眼外伤;不吃不洁、腐败变质、超过保质期的食品;生吃蔬菜水果要洗净;人体所需的主要营养素;体育锻炼有利于促进生长发育和预防疾病;睡眠卫生要求;生活垃圾应该分类放置;烟草中含有多种有害于健康的物质,避免被动吸烟。

(2)疾病预防:蛔虫、蛲虫等肠道寄生虫病对健康的危害与预防;营养不良、肥胖对健康的危害与预防;认识传染病(重点为传播链);常见呼吸道传染病(流感、水痘、腮腺炎、麻疹、流脑等)的预防;冻疮的预防(可根据地方实际选择);学生应接种的疫苗。

(3)生长发育与青春期保健:人的生命周期包括诞生、发育、成熟、衰老、死亡;初步了解儿童青少年身体主要器官的功能,学会保护自己。

(4)安全应急与避险:游泳和滑冰的安全知识;不乱服药物,不乱用化妆品;火灾发生时的逃生与求助;地震发生时的逃生与求助;动物咬伤或抓伤后应立即冲洗伤口,及时就医,及时注射狂犬疫苗;鼻出血的简单处理;简便止血方法(指压法、加压包扎法)。

(三)水平三(小学5-6年级)

1.目标

了解健康的含义与健康的生活方式,初步形成健康意识;了解营养对促进儿童少年生长发育的意义,树立正确的营养观;了解食品卫生知识,养成良好的饮食卫生习惯;了解烟草对健康的危害,树立吸烟有害健康的意识;了解毒品危害的简单知识,远离毒品危害;掌握常见肠道传染病、虫媒传染病基本知识和预防方法,树立卫生防病

意识;了解常见地方病如碘缺乏病、血吸虫病对健康的危害,掌握预防方法;了解青春期生理发育基本知识,初步掌握相关的卫生保健知识;了解日常生活中的安全常识,学会体育锻炼中的自我监护,提高自我保护的能力。

2.基本内容

(1)健康行为与生活方式:健康不仅仅是没有疾病或不虚弱,而是身体、心理、社会适应的完好状态;健康的生活方式(主要包括合理膳食、适量运动、戒烟限酒、心理平衡)有利于健康;膳食应以谷类为主,多吃蔬菜水果和薯类,注意荤素搭配;日常生活饮食应适度,不暴饮暴食,不盲目节食,适当零食;购买包装食品应注意查看生产日期、保质期、包装有无涨包或破损,不购买无证摊贩食品;容易引起食物中毒的常见食品(发芽土豆、不熟扁豆和豆浆、毒蘑菇、新鲜黄花菜、河豚鱼等);不采摘、不食用野果、野菜;体育锻炼时自我监护的主要内容(主观感觉和客观检查的指标);发现视力异常,应到正规医院眼科进行视力检查、验光,注意配戴眼镜的卫生要求;吸烟和被动吸烟会导致癌症、心血管疾病、呼吸系统疾病等多种疾病;不吸烟、不饮酒。常见毒品的名称;毒品对个人和家庭的危害,自我保护的常识和简单方法,能够远离毒品。

(2)疾病预防:贫血对健康的危害与预防;常见肠道传染病(细菌性痢疾、伤寒与副伤寒、甲型肝炎等)的预防;疟疾的预防;流行性出血性结膜炎(红眼病)的预防;碘缺乏病对人体健康的危害;食用碘盐可以预防碘缺乏病;血吸虫病的预防(可根据地方实际选择)。

(3)心理健康:保持自信,自己的事情自己做。

(4)生长发育与青春期保健:青春期的生长发育特点;男女少年在青春发育期的差异(男性、女性第二性征的具体表现);女生月经初潮及意义(月经形成以及周期计算);男生首次遗精及意义;变声期的保健知识;青春期的个人卫生知识。体温、脉搏测量方法及其测量的意义。

(5)安全应急与避险:骑自行车安全常识;常见的危险标识(如高压、易燃、易爆、剧毒、放射性、生物安全),远离危险物;煤气中毒的发生原因和预防;触电、雷击的预防;中暑的预防和处理;轻微烫烧伤和割、刺、擦、挫伤等的自我处理;提高网络安全防范意识。

(四)水平四(初中阶段)

1.目标

了解生活方式与健康的关系,建立文明、健康的生活方式;进一步了解平衡膳食、合理营养意义,养成科学、营养的饮食习惯;了解充足睡眠对儿童少年生长发育的重要意义;了解预防食物中毒的基本知识;进一步了解常见

传染病预防知识,增强卫生防病能力;了解艾滋病基本知识和预防方法,熟悉毒品预防基本知识,增强抵御毒品和艾滋病的能力;了解青春期心理变化特点,学会保持愉快情绪和增进心理健康;进一步了解青春期发育的基本知识,掌握青春期卫生保健知识和青春期常见生理问题的预防和处理方法;了解什么是性侵害,掌握预防方法和技能;掌握简单的用药安全常识;学会自救互救的基本技能,提高应对突发事件的能力;了解网络使用的利弊,合理利用网络。

2. 基本内容

（1）健康行为与生活方式:不良生活方式有害健康,慢性非传染性疾病（恶性肿瘤、冠心病、糖尿病、脑卒中）的发生与不健康的生活方式有关;膳食平衡有利于促进健康;青春期充足的营养素,保证生长发育的需要。保证充足的睡眠有利于生长发育和健康（小学生每天睡眠时间 10 个小时,初中生每天睡眠时间 9 个小时,高中生每天睡眠时间 8 小时）;食物中毒的常见原因（细菌性、化学性、有毒动植物等）;发现病死禽畜要报告,不吃病死禽畜肉;适宜保存食品,腐败变质食品会引起食物中毒;拒绝吸烟、饮酒的技巧;毒品对个人、家庭和社会的危害;拒绝毒品的方法;吸毒违法,拒绝毒品。

（2）疾病预防:乙型脑炎的预防;疥疮的预防;肺结核病的预防;肝炎的预防（包括甲型肝炎、乙（丙）型肝炎等）;不歧视乙肝病人及感染者;艾滋病的基本知识;艾滋病的危害;艾滋病的预防方法;判断安全行为与不安全行为,拒绝不安全行为的技巧;学会如何寻求帮助的途径和方法;与预防艾滋病相关的青春期生理和心理知识;吸毒与艾滋病;不歧视艾滋病病毒感染者与患者。

（3）心理健康:不良情绪对健康的影响;调控情绪的基本方法;建立自我认同,客观认识和对待自己;根据自己的学习能力和状况确定合理的学习目标;异性交往的原则。

（4）生长发育与青春期保健:热爱生活,珍爱生命;青春期心理发育的特点和变化规律,正确对待青春期心理变化;痤疮发生的原因、预防方法;月经期间的卫生保健常识,痛经的症状及处理;选择和佩戴适宜的胸罩的知识。

（5）安全应急与避险:有病应及时就医;服药要遵从医嘱,不乱服药物;不擅自服用、不滥用镇静催眠等成瘾性药物;不擅自服用止痛药物;保健品不能代替药品;毒物中毒的应急处理;溺水的应急处理;骨折简易应急处理知识（固定、搬运）;识别容易发生性侵害的危险因素,保护自己不受性侵害;预防网络成瘾。

（五）水平五（高中阶段）

1. 目标

了解中国居民膳食指南,了解常见食物的选购知识,进一步了解预防艾滋病基本知识,正确对待艾滋病病毒感染者和患者;学会正确处理人际关系,培养有效的交流能力,掌握缓解压力等基本的心理调适技能;进一步了解青春期保健知识,认识婚前性行为对身心健康的危害,树立健康文明的性观念和性道德。

2. 基本内容

（1）健康行为与生活方式:食品选购基本知识;中国居民膳食指南的内容。

（2）疾病预防:艾滋病的预防知识和方法;艾滋病的流行趋势及对社会经济带来的危害;HIV 感染者与艾滋病病人的区别;艾滋病的窗口期和潜伏期;无偿献血知识;不歧视艾滋病病毒感染者与患者。

（3）心理健康:合理宣泄与倾诉的适宜途径,客观看待事物;人际交往中的原则和方法,做到主动、诚恳、公平、谦虚、宽厚地与人交往;缓解压力的基本方法;认识竞争的积极意义;正确应对失败和挫折;考试等特殊时期常见的心理问题与应对。

（4）生长发育与青春期保健:热爱生活,珍爱生命;青春期常见的发育异常,发现不正常要及时就医;婚前性行为严重影响青少年身心健康;避免婚前性行为。

（5）安全应急与避险:网络交友的危险性。

三、实施途径及保障机制

（一）学校要通过学科教学和班会、团会、校会、升旗仪式、专题讲座、墙报、板报等多种宣传教育形式开展健康教育。学科教学每学期应安排 6-7 课时,主要载体课程为《体育与健康》,健康教育教学课时安排可有一定灵活性,如遇在下雨（雪）或高温（严寒）等不适宜户外体育教学的天气时可安排健康教育课。另外,小学阶段还应与《品德与生活》《品德与社会》等学科的教学内容结合,中学阶段应与《生物》等学科教学有机结合。对无法在《体育与健康》等相关课程中渗透的健康教育内容,可以利用综合实践活动和地方课程的时间,采用多种形式,向学生传授健康知识和技能。

（二）各地教育行政部门和学校要重视健康教育师资建设,把健康教育师资培训列入在职教师继续教育的培训系列和教师校本培训计划,分层次开展培训工作,不断提高教师开展健康教育的水平。中小学健康教育师资以现有健康教育专兼职教师和体育教师为基础。要重视健康教育教学研究工作,各级教研部门要把健康教育教学研究纳入教研工作计划,针对不同学段学生特点,开展以知识传播与技能培养相结合的教学研究工作。

(三)各地应加强教学资源建设 积极开发健康教育的教学课件、教学图文资料、音像制品等教学资源,增强健康教育实施效果。凡进入中小学校的自助读本或相关教育材料必须按有关规定,经审定后方可使用;健康教育自助读本或者相关教育材料的购买由各地根据本地实际情况采取多种方式解决,不得向学生收费增加学生负担。大力提倡学校使用公用图书经费统一购买,供学生循环使用。

(四)要重视对健康教育的评价和督导。各地教育行政部门和学校应将健康教育实施过程与健康教育实施效果作为评价重点。评价的重点包括学生健康意识的建立、基本知识和技能的掌握和卫生习惯、健康行为的形成,以及学校对健康教育课程(活动)的安排、必要的资源配置、实施情况以及实际效果。各地教育行政部门应将学校实施健康教育情况列入学校督导考核的重要指标之一。

(五)充分利用现有资源。健康是一个广泛的概念,涉及到生活的方方面面,学校健康教育体现在教育过程的各个环节,各地在组织实施过程中,要注意健康教育与其他相关教育,如安全教育、心理健康教育有机结合,把课堂内教学与课堂外教学活动结合起来,发挥整体教育效应。

(六)学校健康教育是学校教育的一部分,学校管理者应以大健康观为指导,全面、统筹思考学校的健康教育工作,应将健康教育教学、健康环境创设、健康服务提供有机结合,为学生践行健康行为提供支持,以实现促进学生健康发展的目标。

中小学生艺术素质测评办法

· 2015 年 5 月 25 日
· 教体艺〔2015〕5 号

第一条　为建立健全学生艺术素质评价制度,了解掌握学生艺术素养发展状况,改进美育教学,提高学生的审美和人文素养,特制定本办法。

第二条　本办法适用于全日制小学、初中、普通高中、中等职业学校。学生艺术素质测评应覆盖到全体学生。

第三条　学生艺术素质测评应遵循艺术教育规律,

坚持科学的教育质量观,既关注学生艺术课程学习水平,也关注学生参与艺术实践活动的经历;既关注学生的学习成果,也关注学生的学习态度;既关注对学生的基本要求,也关注对学生的特长激励。

第四条　学生艺术素质测评指标体系(见附表)由基础指标、学业指标和发展指标三部分构成。基础指标是中小学生在校内应参加的课程学习和课外活动;学业指标是中小学生通过校内学习,应具备的基本素质和达到的目标;发展指标旨在引导学生自主学习和个性发展。

第五条　学生艺术素质测评以分数形式呈现,基础指标 40 分;学业指标 50 分;发展指标 20 分,其中加分项目 10 分。90 分以上为优秀,75－89 分为良好,60－74 分为合格,60 分以下为不合格。

第六条　学生艺术素质测评的依据是学生的写实记录、成绩评定,同时参考教师评语、学生互评、自我评价等。学校可分年级段组织实施测评工作,测评结果应及时汇总、整理、存档、上报。

第七条　学校要如实记录每一名学生的艺术素质测评结果,纳入学生综合素质档案。初中和高中阶段学校学生测评结果作为学生综合素质评价的重要内容。

第八条　地方教育行政部门要将学生艺术素质测评情况作为评价学校教育教学质量的重要指标。教育督导部门要将学生艺术素质纳入中小学校督导评估指标体系。

第九条　本办法自发布之日起试行。

附表:中小学生艺术素质测评指标体系(试行)(略)

中小学校艺术教育发展年度报告办法

· 2015 年 5 月 25 日
· 教体艺〔2015〕5 号

第一条　为建立健全学校艺术教育管理机制,推进学校艺术教育规范发展,特制定本办法。

第二条　地方各级教育行政部门每年要全面总结本地中小学校(含全日制小学、初中、普通高中、中等职业学校)艺术教育工作,编制学校艺术教育发展年度报告。

第三条　学校艺术教育发展年度报告重点反映艺术课程建设、艺术教师配备、艺术教育管理、艺术教育经费投入和设施设备、课外艺术活动、校园文化艺术环境、重点项目推进,以及中小学实施学校艺术教育工作自评制度等方面的情况。

第四条　学校艺术教育发展年度报告应采用定量和定性相结合的方法,注重全面客观收集信息,根据数据和事实进行分析判断,总结成绩,提炼经验,分析问题,提出改进的举措。

第五条　各县(区、市)教育行政部门于每年10月底前将本县(区、市)学校艺术教育发展年度报告报送地(州、市)教育行政部门。地(州、市)教育行政部门于每年11月底前将本地(州、市)学校艺术教育发展年度报告报送省级教育行政部门。各省级教育行政部门于每年12月底前将本年度学校艺术教育发展年度报告报送教育部。

第六条　教育部委托第三方机构研究、分析各省(区、市)报送的相关信息,编制并发布《全国中小学校艺术教育发展年度报告》。

第七条　本办法自发布之日起实施。

学校艺术教育工作规程

· 2002年7月25日教育部令第13号公布
· 自2002年9月1日起施行

第一章　总　则

第一条　为全面贯彻国家的教育方针,加强学校艺术教育工作,促进学生全面发展,根据《中华人民共和国教育法》,制定本规程。

第二条　本规程适用于小学、初级中学、普通高级中学、中等和高等职业学校、普通高等学校。

第三条　艺术教育是学校实施美育的重要途径和内容,是素质教育的有机组成部分。

学校艺术教育工作包括:艺术类课程教学,课外、校外艺术教育活动,校园文化艺术环境建设。

第四条　学校艺术教育工作应以马克思列宁主义、毛泽东思想、邓小平理论为指导,坚持面向现代化、面向世界、面向未来,贯彻面向全体学生、分类指导、因地制宜、讲求实效的方针,遵循普及与提高相结合、课内与课外相结合、学习与实践相结合的原则。通过艺术教育,使学生了解我国优秀的民族艺术文化传统和外国的优秀艺术成果,提高文化艺术素养,增强爱国主义精神;培养感受美、表现美、鉴赏美、创造美的能力,树立正确的审美观念,抵制不良文化的影响;陶冶情操,发展个性,启迪智慧,激发创新意识和创造能力,促进学生全面发展。

第五条　国务院教育行政部门主管和指导全国的学校艺术教育工作。

地方各级人民政府教育行政部门主管和协调本行政区域内的学校艺术教育工作。

各级教育部门应当建立对学校艺术教育工作进行督导、评估的制度。

第二章　学校艺术课程

第六条　各级各类学校应当加强艺术类课程教学,按照国家的规定和要求开齐开足艺术课程。职业学校应当开设满足不同学生需要的艺术课程。普通高等学校应当开设艺术类必修课或者选修课。

第七条　小学、初级中学、普通高级中学开设的艺术课程,应当按照国家或者授权的省级教育行政部门颁布的艺术课程标准进行教学。教学中使用经国家或者授权的省级教育行政部门审定通过的教材。

职业学校、普通高等学校应当结合实际情况制定艺术类必修课或选修课的教学计划(课程方案)进行教学。

第八条　小学、初级中学、普通高级中学的艺术课程列入期末考查和毕业考核科目。

职业学校和普通高等学校的艺术课程应当进行考试或者考查,考试或者考查方式由学校自行决定。实行学分制的学校应将成绩计入学分。

第三章　课外、校外艺术教育活动

第九条　课外、校外艺术教育活动是学校艺术教育的重要组成部分。学校应当面向全体学生组织艺术社团或者艺术活动小组,每个学生至少要参加一项艺术活动。

第十条　学校每年应当根据自身条件,举办经常性、综合性、多样性的艺术活动,与艺术课程教学相结合,扩展和丰富学校艺术教育的内容和形式。

省、地、县各级教育行政部门应当定期举办学生艺术展演活动。各级各类学校在艺术教育中应当结合重大节日庆典活动对学生进行爱国主义和集体主义教育。

全国每三年举办一次中学生(包括中等职业学校的学生)艺术展演活动,每三年举办一次全国大学生(包括高等职业学校的学生)艺术展演活动。

国务院教育行政部门根据需要组织学生参加国际学生艺术活动。

第十一条　学校应当充分利用社会艺术教育资源,补充和完善艺术教育活动内容,促进艺术教育活动质量和水平的提高,推动校园文化艺术环境建设。

任何部门和学校不得组织学生参与各种商业性艺术活动或者商业性的庆典活动。

学校组织学生参加社会团体、社会文化部门和其他社会组织举办的艺术比赛或活动,应向上级主管部门报告或者备案。

第十二条 学校应当为学生创造良好的校园文化艺术环境。校园的广播、演出、展览、展示以及校园的整体设计应当有利于营造健康、高雅的学校文化艺术氛围，有利于对学生进行审美教育。

校园内不得进行文化艺术产品的推销活动。

第四章 学校艺术教育的保障

第十三条 各级教育行政部门应当明确学校艺术教育管理机构，配备艺术教育管理人员和教研人员，规划、管理、指导学校艺术教育工作。

学校应当有一位校级领导主管学校艺术教育工作，并明确校内艺术教育管理部门。

学校应当注意发挥共青团、少先队、学生会在艺术教育活动中的作用。

第十四条 各级教育部门和学校应当根据国家有关规定配备专职或者兼职艺术教师，做好艺术教师的培训、管理工作，为艺术教师提供必要的工作条件。

学校的艺术教师必须具备教师资格，兼职教师应当相对稳定，非艺术类专业毕业的兼职教师要接受艺术专业的培训。

艺术教师组织、指导学校课外艺术活动，应当计入教师工作量。

第十五条 学校应当设置艺术教室和艺术活动室，并按照国务院教育行政部门制定的器材配备目录配备艺术课程教学和艺术活动器材。

第十六条 各级教育行政部门和学校应当在年度工作经费预算内保证艺术教育经费。

鼓励社会各界及个人捐资支持学校艺术教育事业。

第五章 奖励与处罚

第十七条 教育行政部门和学校对于在学校艺术教育工作中取得突出成绩的单位和个人，应当给予表彰和奖励。

第十八条 对违反本规程，拒不履行艺术教育责任的，按照隶属关系，分别由上级教育行政部门或者所属教育行政部门、学校给予批评教育并责令限期改正；经教育不改的，视情节轻重，对直接负责人给予行政处分。

第十九条 对侵占、破坏艺术教育场所、设施和其他财产的，依法追究法律责任。

第六章 附 则

第二十条 工读学校、特殊教育学校、成人学校的艺术教育工作参照本规程执行；中等、高等专业艺术学校(学院)的艺术教育工作另行规定。

第二十一条 省级教育行政部门可根据本规程制定实施细则。

第二十二条 本规程自公布之日起 30 日后施行。

中小学文明礼仪教育指导纲要

· 2010 年 12 月 30 日
· 教基一〔2010〕7 号

加强中小学文明礼仪教育，对于提高中小学生的思想道德修养，努力构建社会主义和谐社会，提升全民族的文明素质，增强国家的文化软实力具有重要意义。为贯彻落实全国教育工作会议精神和《国家中长期教育改革和发展规划纲要(2010-2020 年)》，深入贯彻落实《中共中央国务院关于进一步加强和改进未成年人思想道德建设的若干意见》(中发〔2004〕8 号)，大力推进中小学文明礼仪教育工作，制定本纲要。

一、指导思想

中小学开展文明礼仪教育，要深入贯彻落实科学发展观，切实把社会主义核心价值体系融入学校教育全过程，弘扬中华民族优秀传统美德和社会主义道德，吸收借鉴世界有益文明成果，遵循中小学教育教学规律和学生身心发展规律，全面提高青少年学生的思想道德素质和文明礼仪素养，为他们文明生活、幸福成长奠定基础。

二、基本原则

(一)坚持贴近实际、贴近生活、贴近学生。根据学生的年龄特征，结合学生的生活实际，科学规划教育内容，使各阶段教育内容互相衔接、循序渐进，改进教育教学方法，寓教于乐，增强文明礼仪教育的针对性和实效性。

(二)坚持知行统一。在教育学生学习文明礼仪知识的同时，引导学生在生活中不断体验和感悟，并主动践行，把文明礼仪要求内化为个人修养和行为习惯。

(三)坚持学校教育与家庭教育、社会教育相结合。文明礼仪教育，不仅需要学校全体师生员工共同努力，同时还需要社会和家庭等各方面力量的协同配合，形成合力和良好氛围，实现教育的最佳效果。

三、目标任务

(一)总目标

让学生知道中国是具有悠久历史的文明古国，礼仪之邦，礼仪文化源远流长。让学生懂得文明礼仪是当代公民必备的基本素质，是做人的基本要求。让学生了解文明礼仪的基本内容，懂得文明礼仪是个人文化、艺术、道德、思想等修养的表现形式，是人们完善自我、与人交往的行为规范与准则。让学生掌握基本的谈吐、举止、服饰等个人礼仪，以及在家庭、校园、公共场所等社会生活领域的交往礼仪，养成文明礼貌的行为习惯，做优雅大方、豁达乐观、明礼诚信的合格公民。

（二）分目标

小学：重在培养学生良好文明习惯。让学生掌握基本的礼貌、礼节规范，在学习、生活实践中初步养成讲文明、讲卫生、讲秩序、讲公德的良好习惯。

初中：在培养学生养成文明习惯的基础上，让学生理解学习文明礼仪的意义。培养说文明话、办文明事、做文明人的意识。培养热心参与、友好交往的能力。能够自觉规范自己的行为举止，完善个人素养。

高中：让学生了解礼仪的渊源和内涵，掌握做人做事的原则和方法，提高合作、参与、交往的能力，培养乐观、豁达、积极向上的性格，形成对家庭、社会和国家的责任感，树立社会主义公民意识。

四、主要内容

根据学生年龄特点和认知水平确定文明礼仪教育的内容体系，体现科学性、系统性、层次性和实践性。主要内容包括基本的谈吐、举止、服饰等个人礼仪，以及在家庭、校园、公共场所等社会生活领域的交往礼仪。

小学1-3年级文明礼仪教育的主要内容

（一）个人礼仪

知道常用的礼貌用语。

掌握正确的形体姿态，养成良好的坐、立、行的习惯，保持正确的读书、写字姿势。

知道保持服装整洁、爱清洁、讲卫生。

（二）交往礼仪

能恰当、得体地称呼他人。

懂得尊敬父母，对长辈有礼貌。

尊敬老师，尊重老师的劳动。

知道同学之间应互相关心、互相帮助，友好相处。

知道待客、做客的基本礼节。

遵守秩序，轻声交谈，不打扰他人。

遵守公共交通规则，不闯红灯。

掌握肃立、注目礼、少先队队礼等礼仪。

小学4-6年级文明礼仪教育的主要内容

（一）个人礼仪

掌握问候、致谢或致歉等礼貌用语。

掌握微笑、点头、鞠躬等常用体态语。

了解我国的传统节日礼俗。

了解并尊重少数民族的风俗习惯。

（二）交往礼仪

孝敬父母长辈。

学会倾听他人。

知道餐桌上的基本礼仪，文明就餐。

掌握接打电话的礼貌用语。

做到集会时按时入场，遵守会场要求。

遵守公共场所的礼仪规范，做文明游客、文明顾客、文明乘客、文明观众。

初中文明礼仪教育的主要内容

（一）个人礼仪

了解礼仪的基本含义，理解学习礼仪的意义。

掌握与人交谈时的礼仪要求。

做到着装大方、得体。

了解涉外基本礼仪。

掌握在公开场合发言的礼仪。

（二）交往礼仪

理解父母，懂得感恩。

掌握使用电话、电子邮件、手机短信、书信的礼仪。

做到集体活动时能遵守相关的规则和要求。

掌握拜访接待的基本礼仪，能热情、大方地与他人交往。

掌握与异性同学交往的礼仪。

能宽容、礼让他人。

在公共场所文明交流，不干扰他人。

高中文明礼仪教育的主要内容

（一）个人礼仪

了解礼仪的功能与作用，理解礼仪的内涵与实质。

理解礼仪与自身素养的关系。

掌握不同场合谈吐和仪容仪表的原则与艺术。

（二）交往礼仪

掌握各种场合介绍和自我介绍的礼仪要求。

掌握各种场合握手的礼仪要求。

掌握演讲、辩论的礼仪要求。

做到在排队、乘用电梯等公共场合与人保持恰当的距离。

掌握基本涉外礼仪。

五、实施途径

学校要始终坚持育人为本，德育为先，将文明礼仪教育贯穿于学校教育全过程，注重提高文明礼仪教育的针对性和实效性。

（一）通过课堂教学使学生全面了解文明礼仪。充分发挥课堂教学主渠道、主阵地作用，小学《品德与生活》、《品德与社会》，初中《思想品德》和高中《思想政治》等课程中涉及文明礼仪的内容要重点讲述。语文、历史、艺术、体育等其他课程要根据本学科的特点，适时进行文明礼仪教育。有条件的地方和学校可利用地方课程和校本课程进行文明礼仪教育。

（二）通过学校日常管理强化学生文明礼仪意识。文明礼仪体现在学校日常生活的各个方面，各地各校要根据《中小学生守则》、《小学生日常行为规范（修订）》和《中学生日常行为规范（修订）》的要求，结合学校日常管理，引导学生从身边小事做起，注重文明礼仪，养成良好行为习惯。

（三）通过丰富多彩的校园文化活动营造文明礼仪氛围。不断开辟和拓展文明礼仪教育活动的空间，开展形式多样的以文明礼仪为主题的教育活动。采取讲故事、做游戏、知识竞赛、文艺演出、辩论会等形式，抓住重要节日、重大活动、校园典礼等契机，利用挂图、黑板报、宣传橱窗、校园网站、图书阅览室等阵地开展丰富多彩的文明礼仪教育活动，充分调动学生参与的积极性、主动性、创造性。充分发挥学校团委、少先队、学生会、社团组织、业余党校等团体组织的作用。

（四）通过社会实践活动使学生践行文明礼仪。有效整合社会资源，创新载体，结合公益劳动、社区服务、志愿服务等社会实践活动，充分利用文化馆、纪念馆、博物馆、福利院、旅游景点、部队营地等场所开展文明礼仪教育，使学生在实践中感受文明礼仪，践行文明礼仪。

（五）通过教师模范行为引领文明礼仪。加强师德师风建设，规范教师文明礼仪，通过教师的身体力行、率先垂范，充分发挥榜样示范作用，促进学生文明礼仪习惯的养成。

六、组织实施

（一）统一思想，加强领导。文明礼仪教育是中小学德育工作的重要组成部分，是推进素质教育的重要抓手。各地教育行政部门和学校要认真组织实施，整体规划文明礼仪教育，将其纳入年度工作计划，保障文明礼仪教育所需人力、物力和财力，形成中小学文明礼仪教育的长效机制。各地可根据实际情况开展文明礼仪教育示范学校创建活动。

（二）全员参与，注重实效。全体教师要将文明礼仪教育作为教书育人的重要内容融入到教育教学活动之中，班主任、各学科教师和学校管理人员都应成为文明礼仪教育的实施者。要加强对教师进行文明礼仪教育的培训，鼓励教师积极探索，创新教育形式和方法，提高文明

礼仪教育的吸引力和实效性。

（三）开发资源，丰富内容。充分整合和运用各地已有的教育资源，同时通过建设专题网站，制作多媒体课件、音像制品，编写读物等多种形式开发资源，丰富文明礼仪教育的内容。

（四）加强督导，完善评价。各地教育行政部门要把文明礼仪教育作为重要内容纳入教育督导指标体系，定期对学校进行督导检查。要把学校开展文明礼仪教育的情况作为工作考核的内容，并对开展文明礼仪教育作出突出贡献的个人和集体进行表彰。把文明礼仪纳入学生综合素质评价的指标体系。

（五）各方协作，形成合力。各地教育行政部门、教育系统关工委和学校要主动联系相关部门、社区、家长，协同配合，确保文明礼仪教育的一致性，形成文明礼仪教育的合力。鼓励社会各界以多种形式开展中小学礼仪教育公益活动，重视舆论宣传，在全社会营造良好氛围。充分发挥老专家、老模范、老教师、老战士、老领导等"五老"人员的作用。重视和加强研究，为文明礼仪教育提供科学指导。

体育总局、中央编办、教育部、人力资源社会保障部关于在学校设置教练员岗位的实施意见

·2023 年 1 月 16 日
·体人规字〔2023〕3 号

各省、自治区、直辖市、计划单列市、新疆生产建设兵团体育行政部门、编办、教育厅（教委）、人力资源社会保障厅（局）：

为深入贯彻落实中共中央办公厅、国务院办公厅《关于全面加强和改进新时代学校体育工作的意见》（中办发〔2020〕36 号）和《体育总局 教育部关于印发深化体教融合 促进青少年健康发展意见的通知》（体发〔2020〕1 号）精神，进一步加强学校体育工作，促进青少年健康成长，厚植国家竞技体育后备人才基础，现就在学校设置教练员岗位有关工作提出如下实施意见。

一、指导思想

以习近平新时代中国特色社会主义思想为指导，全面贯彻党的教育方针，以服务学生全面发展、增强综合素质为目标，坚持健康第一的教育理念，通过在学校工作的教练员（以下简称"学校教练员"）加强学校体育工作力量，提升青少年体育锻炼质量和水平，帮助青少年享受乐趣、增强体质、健全人格、锤炼意志，助力教育强国、体育

强国、健康中国建设,培养德智体美劳全面发展的社会主义建设者和接班人。

二、适用范围

本意见适用于义务教育阶段学校、普通高中、职业院校、普通高校。

三、岗位设置

学校可根据工作实际,设立专(兼)职教练员岗位。有条件的地区可以通过购买服务方式,与相关专业机构等社会力量合作向学校提供体育教育教学服务,缓解体育师资不足问题。确有必要设立专职教练员岗位的学校,在核定的编制和专业技术岗位总量及结构比例内设置,专岗专用,纳入专业技术岗位进行管理。

学校主管部门可对所管理学校的教练员岗位统筹设置,统一管理使用。

各地人力资源社会保障部门应在专业技术岗位总量及结构比例方面给予支持。

四、岗位职责

学校教练员按照学校体育工作计划,发挥专业特长,参与体育教学和训练工作。主要承担学生体育运动专项技能、体能训练和体育后备人才选育工作,承担学校体育赛事活动组织、学校运动队训练竞赛管理、运动损伤防护康复等知识技能传授,以及学校体育社团、体育俱乐部的建设管理等工作。

五、职称体系

学校教练员的职称层级、岗位等级和评价标准按照《人力资源社会保障部 体育总局关于深化体育专业人员职称制度改革的指导意见》(人社部发〔2020〕76号)有关规定执行。学校教练员执教期间,学生体质和运动能力提升情况、体育后备人才培养情况、学校体育赛事活动组织情况、学校体育社团管理情况等,均可作为其职称评审有效业绩。

六、任职条件

学校教练员应具备以下基本条件:

(一)具有良好的思想政治素质和道德品质,遵纪守法,遵守职业道德规范,身心健康,举止文明。

(二)热爱教育事业,为人师表,关爱学生,遵循教育规律和学生成长规律。

(三)热爱体育事业,了解相应运动项目的竞赛规程及裁判规则,熟悉相应年龄段学生的运动生理、心理特点。

各地结合实际制定具体的岗位任职条件,严把入口关。

七、岗位聘用

(一)学校按现有规定程序要求制定学校教练员岗位设置实施方案,根据按需设岗、公开招聘、择优聘用的原则,开展岗位聘用工作。

(二)各地可拿出一定数量的学校教练员岗位面向取得一级及以上运动员技术等级的退役运动员公开招聘。

(三)体育部门负责做好退役运动员转型学校教练员培训工作,教育部门在学校教练员入职后加强思想政治、职业道德和教学培训,提高教育教学能力水平。

(四)学校教练员在取得教师资格后可按规定转任体育教师,体育教师在取得教练员职称后可按规定转任学校教练员。

八、组织实施

(一)加强领导,协调推进

在学校设置教练员岗位是对学校体育工作力量的有力加强,是体教融合的重要举措,事关青少年身心健康和全面发展。各地要高度重视,加强组织领导。各级机构编制、教育、人力资源社会保障、体育等部门要提高认识,凝聚共识,分工协作,共同支持保障,形成推进合力。

(二)立足实际,积极探索

各地可根据本意见研究制定实施细则,鼓励各地先行先试,积极探索,制定符合本地实际的学校体育工作机制和学校教练员职称评价标准体系。

(三)卫生工作

学校卫生工作条例

·1990年4月25日国务院批准
·1990年6月4日国家教育委员会令第10号、卫生部令第1号发布
·自发布之日起施行

第一章　总　则

第一条　为加强学校卫生工作,提高学生的健康水平,制定本条例。

第二条　学校卫生工作的主要任务是:监测学生健康状况;对学生进行健康教育,培养学生良好的卫生习惯;改善学校卫生环境和教学卫生条件;加强对传染病、学生常见病的预防和治疗。

第三条　本条例所称的学校,是指普通中小学、农业中学、职业中学、中等专业学校、技工学校、普通高等学校。

第四条　教育行政部门负责学校卫生工作的行政管理。卫生行政部门负责对学校卫生工作的监督指导。

第二章　学校卫生工作要求

第五条　学校应当合理安排学生的学习时间。学生每日学习时间(包括自习),小学不超过6小时,中学不超过8小时,大学不超过10小时。

学校或者教师不得以任何理由和方式,增加授课时间和作业量,加重学生学习负担。

第六条　学校教学建筑、环境噪声、室内微小气候、采光、照明等环境质量以及黑板、课桌椅的设置应当符合国家有关标准。

新建、改建、扩建校舍,其选址、设计应当符合国家的卫生标准,并取得当地卫生行政部门的许可。竣工验收应当有当地卫生行政部门参加。

第七条　学校应当按照有关规定为学生设置厕所和洗手设施。寄宿制学校应当为学生提供相应的洗漱、洗澡等卫生设施。

学校应当为学生提供充足的符合卫生标准的饮用水。

第八条　学校应当建立卫生制度,加强对学生个人卫生、环境卫生以及教室、宿舍卫生的管理。

第九条　学校应当认真贯彻执行食品卫生法律、法规,加强饮食卫生管理,办好学生膳食,加强营养指导。

第十条　学校体育场地和器材应当符合卫生和安全要求。运动项目和运动强度应当适合学生的生理承受能力和体质健康状况,防止发生伤害事故。

第十一条　学校应当根据学生的年龄,组织学生参加适当的劳动,并对参加劳动的学生,进行安全教育,提供必要的安全和卫生防护措施。

普通中小学校组织学生参加劳动,不得让学生接触有毒有害物质或者从事不安全工种的作业,不得让学生参加夜班劳动。

普通高等学校、中等专业学校、技工学校、农业中学、职业中学组织学生参加生产劳动,接触有毒有害物质的,按照国家有关规定,提供保健待遇。学校应当定期对他们进行体格检查,加强卫生防护。

第十二条　学校在安排体育课以及劳动等体力活动时,应当注意女学生的生理特点,给予必要的照顾。

第十三条　学校应当把健康教育纳入教学计划。普通中小学必须开设健康教育课,普通高等学校、中等专业学校、技工学校、农业中学、职业中学应当开设健康教育选修课或者讲座。

学校应当开展学生健康咨询活动。

第十四条　学校应当建立学生健康管理制度。根据条件定期对学生进行体格检查,建立学生体质健康卡片,纳入学生档案。

学校对体格检查中发现学生有器质性疾病的,应当配合学生家长做好转诊治疗。

学校对残疾、体弱学生,应当加强医学照顾和心理卫生工作。

第十五条　学校应当配备可以处理一般伤病事故的医疗用品。

第十六条　学校应当积极做好近视眼、弱视、沙眼、龋齿、寄生虫、营养不良、贫血、脊柱弯曲、神经衰弱等学生常见疾病的群体预防和矫治工作。

第十七条　学校应当认真贯彻执行传染病防治法律、法规,做好急、慢性传染病的预防和控制管理工作,同时做好地方病的预防和控制管理工作。

第三章　学校卫生工作管理

第十八条　各级教育行政部门应当把学校卫生工作纳入学校工作计划,作为考评学校工作的一项内容。

第十九条　普通高等学校、中等专业学校、技工学校和规模较大的农业中学、职业中学、普通中小学,可以设立卫生管理机构,管理学校的卫生工作。

第二十条　普通高等学校设校医院或者卫生科。校医院应当设保健科(室),负责师生的卫生保健工作。

城市普通中小学、农村中心小学和普通中学设卫生室,按学生人数600比1的比例配备专职卫生技术人员。

中等专业学校、技工学校、农业中学、职业中学,可以根据需要,配备专职卫生技术人员。

学生人数不足600人的学校,可以配备专职或者兼职保健教师,开展学校卫生工作。

第二十一条　经本地区卫生行政部门批准,可以成立区域性的中小学生卫生保健机构。

区域性的中小学生卫生保健机构的主要任务是:

(一)调查研究本地区中小学生体质健康状况;

(二)开展中小学生常见疾病的预防与矫治;

(三)开展中小学卫生技术人员的技术培训和业务指导。

第二十二条　学校卫生技术人员的专业技术职称考核、评定,按照卫生、教育行政部门制定的考核标准和办法,由教育行政部门组织实施。

学校卫生技术人员按照国家有关规定,享受卫生保健津贴。

第二十三条　教育行政部门应当将培养学校卫生技

术人员的工作列入招生计划,并通过各种教育形式为学校卫生技术人员和保健教师提供进修机会。

第二十四条　各级教育行政部门和学校应当将学校卫生经费纳入核定的年度教育经费预算。

第二十五条　各级卫生行政部门应当组织医疗单位和专业防治机构对学生进行健康检查、传染病防治和常见病矫治,接受转诊治疗。

第二十六条　各级卫生防疫站,对学校卫生工作承担下列任务:

(一)实施学校卫生监测,掌握本地区学生生长发育和健康状况,掌握学生常见病、传染病、地方病动态;

(二)制定学生常见病、传染病、地方病的防治计划;

(三)对本地区学校卫生工作进行技术指导;

(四)开展学校卫生服务。

第二十七条　供学生使用的文具、娱乐器具、保健用品,必须符合国家有关卫生标准。

第四章　学校卫生工作监督

第二十八条　县以上卫生行政部门对学校卫生工作行使监督职权。其职责是:

(一)对新建、改建、扩建校舍的选址、设计实行卫生监督;

(二)对学校内影响学生健康的学习、生活、劳动、环境、食品等方面的卫生和传染病防治工作实行卫生监督;

(三)对学生使用的文具、娱乐器具、保健用品实行卫生监督。

国务院卫生行政部门可以委托国务院其他有关部门的卫生主管机构,在本系统内对前款所列第(一)、(二)项职责行使学校卫生监督职权。

第二十九条　行使学校卫生监督职权的机构设立学校卫生监督员,由省级以上卫生行政部门聘任并发给学校卫生监督员证书。

学校卫生监督员执行卫生行政部门或者其他有关部门卫生主管机构交付的学校卫生监督任务。

第三十条　学校卫生监督员在执行任务时应出示证件。

学校卫生监督员在进行卫生监督时,有权查阅与卫生监督有关的资料,搜集与卫生监督有关的情况,被监督的单位或者个人应当给予配合。学校卫生监督员对所掌握的资料、情况负有保密责任。

第五章　奖励与处罚

第三十一条　对在学校卫生工作中成绩显著的单位或者个人,各级教育、卫生行政部门和学校应当给予表彰、奖励。

第三十二条　违反本条例第六条第二款规定,未经卫生行政部门许可新建、改建、扩建校舍的,由卫生行政部门对直接责任单位或者个人给予警告、责令停止施工或者限期改建。

第三十三条　违反本条例第六条第一款、第七条和第十条规定的,由卫生行政部门对直接责任单位或者个人给予警告并责令限期改进。情节严重的,可以同时建议教育行政部门给予行政处分。

第三十四条　违反本条例第十一条规定,致使学生健康受到损害的,由卫生行政部门对直接责任单位或者个人给予警告,责令限期改进。

第三十五条　违反本条例第二十七条规定的,由卫生行政部门对直接责任单位或者个人给予警告。情节严重的,可以会同工商行政部门没收其不符合国家有关卫生标准的物品,并处以非法所得两倍以下的罚款。

第三十六条　拒绝或者妨碍学校卫生监督员依照本条例实施卫生监督的,由卫生行政部门对直接责任单位或者个人给予警告。情节严重的,可以建议教育行政部门给予行政处分或者处以 200 元以下的罚款。

第三十七条　当事人对没收、罚款的行政处罚不服的,可以在接到处罚决定书之日起 15 日内,向作出处罚决定机关的上一级机关申请复议,也可以直接向人民法院起诉。对复议决定不服的,可以在接到复议决定之日起 15 日内,向人民法院起诉。对罚款决定不履行又逾期不起诉的,由作出处罚决定的机关申请人民法院强制执行。

第六章　附　则

第三十八条　学校卫生监督办法、学校卫生标准由卫生部会同国家教育委员会制定。

第三十九条　贫困县不能全部适用本条例第六条第一款和第七条规定的,可以由所在省、自治区的教育、卫生行政部门制定变通的规定。变通的规定,应当报送国家教育委员会、卫生部备案。

第四十条　本条例由国家教育委员会、卫生部负责解释。

第四十一条　本条例自发布之日起施行。原教育部、卫生部 1979 年 12 月 6 日颁布的《中、小学卫生工作暂行规定(草案)》和1980 年 8 月 26 日颁布的《高等学校卫生工作暂行规定(草案)》同时废止。

托儿所幼儿园卫生保健管理办法

·2010 年 9 月 6 日卫生部、教育部令第 76 号发布
·自 2010 年 11 月 1 日起施行

第一条　为提高托儿所、幼儿园卫生保健工作水平，预防和减少疾病发生，保障儿童身心健康，制定本办法。

第二条　本办法适用于招收 0~6 岁儿童的各级各类托儿所、幼儿园（以下简称托幼机构）。

第三条　托幼机构应当贯彻保教结合、预防为主的方针，认真做好卫生保健工作。

第四条　县级以上各级人民政府卫生行政部门应当将托幼机构的卫生保健工作作为公共卫生服务的重要内容，加强监督和指导。

县级以上各级人民政府教育行政部门协助卫生行政部门检查指导托幼机构的卫生保健工作。

第五条　县级以上妇幼保健机构负责对辖区内托幼机构卫生保健工作进行业务指导。业务指导的内容包括：膳食营养、体格锻炼、健康检查、卫生消毒、疾病预防等。

疾病预防控制机构应当定期为托幼机构提供疾病预防控制咨询服务和指导。

卫生监督执法机构应当依法对托幼机构的饮用水卫生、传染病预防和控制等工作进行监督检查。

第六条　托幼机构设有食堂提供餐饮服务的，应当按照《食品安全法》、《食品安全法实施条例》以及有关规章的要求，认真落实各项食品安全要求。

食品药品监督管理部门等负责餐饮服务监督管理的部门应当依法加强对托幼机构食品安全的指导与监督检查。

第七条　托幼机构的建筑、设施、设备、环境及提供的食品、饮用水等应当符合国家有关卫生标准、规范的要求。

第八条　新设立的托幼机构，招生前应当取得县级以上地方人民政府卫生行政部门指定的医疗卫生机构出具的符合《托儿所幼儿园卫生保健工作规范》的卫生评价报告。

各级教育行政部门应当将卫生保健工作质量纳入托幼机构的分级定类管理。

第九条　托幼机构的法定代表人或者负责人是本机构卫生保健工作的第一责任人。

第十条　托幼机构应当根据规模、接收儿童数量等设立相应的卫生室或者保健室，具体负责卫生保健工作。

卫生室应当符合医疗机构基本标准，取得卫生行政部门颁发的《医疗机构执业许可证》。

保健室不得开展诊疗活动，其配置应当符合保健室设置基本要求。

第十一条　托幼机构应当聘用符合国家规定的卫生保健人员。卫生保健人员包括医师、护士和保健员。

在卫生室工作的医师应当取得卫生行政部门颁发的《医师执业证书》，护士应当取得《护士执业证书》。

在保健室工作的保健员应当具有高中以上学历，经过卫生保健专业知识培训，具有托幼机构卫生保健基础知识，掌握卫生消毒、传染病管理和营养膳食管理等技能。

第十二条　托幼机构聘用卫生保健人员应当按照收托 150 名儿童至少设 1 名专职卫生保健人员的比例配备卫生保健人员。收托 150 名以下儿童的，应当配备专职或者兼职卫生保健人员。

第十三条　托幼机构卫生保健人员应当定期接受当地妇幼保健机构组织的卫生保健专业知识培训。

托幼机构卫生保健人员应当对机构内的工作人员进行卫生知识宣传教育、疾病预防、卫生消毒、膳食营养、食品卫生、饮用水卫生等方面的具体指导。

第十四条　托幼机构工作人员上岗前必须经县级以上人民政府卫生行政部门指定的医疗卫生机构进行健康检查，取得《托幼机构工作人员健康合格证》后方可上岗。

托幼机构应当组织在岗工作人员每年进行 1 次健康检查；在岗人员患有传染性疾病的，应当立即离岗治疗，治愈后方可上岗工作。

精神病患者、有精神病史者不得在托幼机构工作。

第十五条　托幼机构应当严格按照《托儿所幼儿园卫生保健工作规范》开展卫生保健工作。

托幼机构卫生保健工作包括以下内容：

（一）根据儿童不同年龄特点，建立科学、合理的一日生活制度，培养儿童良好的卫生习惯；

（二）为儿童提供合理的营养膳食，科学制订食谱，保证膳食平衡；

（三）制订与儿童生理特点相适应的体格锻炼计划，根据儿童年龄特点开展游戏及体育活动，并保证儿童户外活动时间，增进儿童身心健康；

（四）建立健康检查制度，开展儿童定期健康检查工作，建立健康档案。坚持晨检及全日健康观察，做好常见病的预防，发现问题及时处理；

（五）严格执行卫生消毒制度，做好室内外环境及个人卫生。加强饮食卫生管理，保证食品安全；

（六）协助落实国家免疫规划，在儿童入托时应当查验其预防接种证，未按规定接种的儿童要告知其监护人，督促监护人带儿童到当地规定的接种单位补种；

（七）加强日常保育护理工作，对体弱儿进行专案管理。配合妇幼保健机构定期开展儿童眼、耳、口腔保健，开展儿童心理卫生保健；

（八）建立卫生安全管理制度，落实各项卫生安全防护工作，预防伤害事故的发生；

（九）制订健康教育计划，对儿童及其家长开展多种形式的健康教育活动；

（十）做好各项卫生保健工作信息的收集、汇总和报告工作。

第十六条　托幼机构应当在疾病预防控制机构指导下，做好传染病预防和控制管理工作。

托幼机构发现传染病患儿应当及时按照法律、法规和卫生部的规定进行报告，在疾病预防控制机构的指导下，对环境进行严格消毒处理。

在传染病流行期间，托幼机构应当加强预防控制措施。

第十七条　疾病预防控制机构应当收集、分析、调查、核实托幼机构的传染病疫情，发现问题及时通报托幼机构，并向卫生行政部门和教育行政部门报告。

第十八条　儿童入托幼机构前应当经医疗卫生机构进行健康检查，合格后方可进入托幼机构。

托幼机构发现在园（所）的儿童患疑似传染病时应当及时通知其监护人离园（所）诊治。患传染病的患儿治愈后，凭医疗卫生机构出具的健康证明方可入园（所）。

儿童离开托幼机构3个月以上应当进行健康检查后方可再次入托幼机构。

医疗卫生机构应当按照规定的体检项目开展健康检查，不得违反规定擅自改变。

第十九条　托幼机构有下列情形之一的，由卫生行政部门责令限期改正，通报批评；逾期不改的，给予警告；情节严重的，由教育行政部门依法给予行政处罚：

（一）未按要求设立保健室、卫生室或者配备卫生保健人员的；

（二）聘用未进行健康检查或者健康检查不合格的工作人员的；

（三）未定期组织工作人员健康检查的；

（四）招收未经健康检查或健康检查不合格的儿童入托幼机构的；

（五）未严格按照《托儿所幼儿园卫生保健工作规范》开展卫生保健工作的。

卫生行政部门应当及时将处理结果通报教育行政部门，教育行政部门将其作为托幼机构分级定类管理和质量评估的依据。

第二十条　托幼机构未取得《医疗机构执业许可证》擅自设立卫生室，进行诊疗活动的，按照《医疗机构管理条例》的有关规定进行处罚。

第二十一条　托幼机构未按照规定履行卫生保健工作职责，造成传染病流行、食物中毒等突发公共卫生事件的，卫生行政部门、教育行政部门依据相关法律法规给予处罚。

县级以上医疗卫生机构未按照本办法规定履行职责，导致托幼机构发生突发公共卫生事件的，卫生行政部门依据相关法律法规给予处罚。

第二十二条　小学附设学前班、单独设立的学前班参照本办法执行。

第二十三条　各省、自治区、直辖市可以结合当地实际，根据本办法制定实施细则。

第二十四条　对认真执行本办法，在托幼机构卫生保健工作中做出显著成绩的单位和个人，由各级人民政府卫生行政部门和教育行政部门给予表彰和奖励。

第二十五条　《托儿所幼儿园卫生保健工作规范》由卫生部负责制定。

第二十六条　本办法自2010年11月1日起施行。1994年12月1日由卫生部、原国家教委联合发布的《托儿所、幼儿园卫生保健管理办法》同时废止。

附件：1. 儿童入园（所）健康检查表（略）

2. 儿童转园（所）健康证明（略）

3. 托幼机构工作人员健康检查表（略）

4. 托幼机构工作人员健康合格证（略）

学校食品安全与营养健康管理规定

· 2019年2月20日教育部、国家市场监督管理总局、国家卫生健康委员会令第45号公布

· 自2019年4月1日起施行

第一章　总　则

第一条　为保障学生和教职工在校集中用餐的食品安全与营养健康，加强监督管理，根据《中华人民共和国

食品安全法》(以下简称食品安全法)、《中华人民共和国教育法》《中华人民共和国食品安全法实施条例》等法律法规,制定本规定。

第二条 实施学历教育的各级各类学校、幼儿园(以下统称学校)集中用餐的食品安全与营养健康管理,适用本规定。

本规定所称集中用餐是指学校通过食堂供餐或者外购食品(包括从供餐单位订餐)等形式,集中向学生和教职工提供食品的行为。

第三条 学校集中用餐实行预防为主、全程监控、属地管理、学校落实的原则,建立教育、食品安全监督管理、卫生健康等部门分工负责的工作机制。

第四条 学校集中用餐应当坚持公益便利的原则,围绕采购、贮存、加工、配送、供餐等关键环节,健全学校食品安全风险防控体系,保障食品安全,促进营养健康。

第五条 学校应当按照食品安全法律法规规定和健康中国战略要求,建立健全相关制度,落实校园食品安全责任,开展食品安全与营养健康的宣传教育。

第二章 管理体制

第六条 县级以上地方人民政府依法统一领导、组织、协调学校食品安全监督管理工作以及食品安全突发事故应对工作,将学校食品安全纳入本地区食品安全事故应急预案和学校安全风险防控体系建设。

第七条 教育部门应当指导和督促学校建立健全食品安全与营养健康相关管理制度,将学校食品安全与营养健康管理工作作为学校落实安全风险防控职责、推进健康教育的重要内容,加强评价考核;指导、监督学校加强食品安全教育和日常管理,降低食品安全风险,及时消除食品安全隐患,提升营养健康水平,积极协助相关部门开展工作。

第八条 食品安全监督管理部门应当加强学校集中用餐食品安全监督管理,依法查处涉及学校的食品安全违法行为;建立学校食堂食品安全信用档案,及时向教育部门通报学校食品安全相关信息;对学校食堂食品安全管理人员进行抽查考核,指导学校做好食品安全管理和宣传教育;依法会同有关部门开展学校食品安全事故调查处理。

第九条 卫生健康主管部门应当组织开展校园食品安全风险和营养健康监测,对学校提供营养指导,倡导健康饮食理念,开展适应学校需求的营养健康专业人员培训;指导学校开展食源性疾病预防和营养健康的知识教育,依法开展相关疫情防控处置工作;组织医疗机构救治

因学校食品安全事故导致人身伤害的人员。

第十条 区域性的中小学卫生保健机构、妇幼保健机构、疾病预防控制机构,根据职责或者相关主管部门要求,组织开展区域内学校食品安全与营养健康的监测、技术培训和业务指导等工作。

鼓励有条件的地区成立学生营养健康专业指导机构,根据不同年龄阶段学生的膳食营养指南和健康教育的相关规定,指导学校开展学生营养健康相关活动,引导合理搭配饮食。

第十一条 食品安全监督管理部门应当将学校校园及周边地区作为监督检查的重点,定期对学校食堂、供餐单位和校园内以及周边食品经营者开展检查;每学期应当会同教育部门对本行政区域内学校开展食品安全专项检查,督促指导学校落实食品安全责任。

第三章 学校职责

第十二条 学校食品安全实行校长(园长)负责制。

学校应当将食品安全作为学校安全工作的重要内容,建立健全并落实有关食品安全管理制度和工作要求,定期组织开展食品安全隐患排查。

第十三条 中小学、幼儿园应当建立集中用餐陪餐制度,每餐均应当有学校相关负责人与学生共同用餐,做好陪餐记录,及时发现和解决集中用餐过程中存在的问题。

有条件的中小学、幼儿园应当建立家长陪餐制度,健全相应工作机制,对陪餐家长在学校食品安全与营养健康等方面提出的意见建议及时进行研究反馈。

第十四条 学校应当配备专(兼)职食品安全管理人员和营养健康管理人员,建立并落实集中用餐岗位责任制度,明确食品安全与营养健康管理相关责任。

有条件的地方应当为中小学、幼儿园配备营养专业人员或者支持学校聘请营养专业人员,对膳食营养均衡等进行咨询指导,推广科学配餐、膳食营养等理念。

第十五条 学校食品安全与营养健康管理相关工作人员应当按照有关要求,定期接受培训与考核,学习食品安全与营养健康相关法律、法规、规章、标准和其他相关专业知识。

第十六条 学校应当建立集中用餐信息公开制度,利用公共信息平台等方式及时向师生家长公开食品进货来源、供餐单位等信息,组织师生家长代表参与食品安全与营养健康的管理和监督。

第十七条 学校应当根据卫生健康主管部门发布的学生餐营养指南等标准,针对不同年龄段在校学生营养

健康需求,因地制宜引导学生科学营养用餐。

有条件的中小学、幼儿园应当每周公布学生餐带量食谱和营养素供给量。

第十八条 学校应当加强食品安全与营养健康的宣传教育,在全国食品安全宣传周、全民营养周、中国学生营养日、全国碘缺乏病防治日等重要时间节点,开展相关科学知识普及和宣传教育活动。

学校应当将食品安全与营养健康相关知识纳入健康教育教学内容,通过主题班会、课外实践等形式开展经常性宣传教育活动。

第十九条 中小学、幼儿园应当培养学生健康的饮食习惯,加强对学生营养不良与超重、肥胖的监测、评价和干预,利用家长学校等方式对学生家长进行食品安全与营养健康相关知识的宣传教育。

第二十条 中小学、幼儿园一般不得在校内设置小卖部、超市等食品经营场所,确有需要设置的,应当依法取得许可,并避免售卖高盐、高糖及高脂食品。

第二十一条 学校在食品采购、食堂管理、供餐单位选择等涉及学校集中用餐的重大事项上,应当以适当方式听取家长委员会或者学生代表大会、教职工代表大会意见,保障师生家长的知情权、参与权、选择权、监督权。

学校应当畅通食品安全投诉渠道,听取师生家长对食堂、外购食品以及其他有关食品安全的意见、建议。

第二十二条 鼓励学校参加食品安全责任保险。

第四章 食堂管理

第二十三条 有条件的学校应当根据需要设置食堂,为学生和教职工提供服务。

学校自主经营的食堂应当坚持公益性原则,不以营利为目的。实施营养改善计划的农村义务教育学校食堂不得对外承包或者委托经营。

引入社会力量承包或者委托经营学校食堂的,应当以招投标等方式公开选择依法取得食品经营许可、能承担食品安全责任、社会信誉良好的餐饮服务单位或者符合条件的餐饮管理单位。

学校应当与承包方或者受委托经营方依法签订合同,明确双方在食品安全与营养健康方面的权利和义务,承担管理责任,督促其落实食品安全管理制度、履行食品安全与营养健康责任。承包方或者受委托经营方应当依照法律、法规、规章、食品安全标准以及合同约定进行经营,对食品安全负责,并接受委托方的监督。

第二十四条 学校食堂应当依法取得食品经营许可证,严格按照食品经营许可证载明的经营项目进行经营,并在食堂显著位置悬挂或者摆放许可证。

第二十五条 学校食堂应当建立食品安全与营养健康状况自查制度。经营条件发生变化,不再符合食品安全要求的,学校食堂应当立即整改;有发生食品安全事故潜在风险的,应当立即停止食品经营活动,并及时向所在地食品安全监督管理部门和教育部门报告。

第二十六条 学校食堂应当建立健全并落实食品安全管理制度,按照规定制定并执行场所及设施设备清洗消毒、维修保养校验、原料采购至供餐全过程控制管理、餐具饮具清洗消毒、食品添加剂使用管理等食品安全管理制度。

第二十七条 学校食堂应当建立并执行从业人员健康管理制度和培训制度。患有国家卫生健康委规定的有碍食品安全疾病的人员,不得从事接触直接入口食品的工作。从事接触直接入口食品工作的从业人员应当每年进行健康检查,取得健康证明后方可上岗工作,必要时应当进行临时健康检查。

学校食堂从业人员的健康证明应当在学校食堂显著位置进行统一公示。

学校食堂从业人员应当养成良好的个人卫生习惯,加工操作直接入口食品前应当洗手消毒,进入工作岗位前应当穿戴清洁的工作衣帽。

学校食堂从业人员不得有在食堂内吸烟等行为。

第二十八条 学校食堂应当建立食品安全追溯体系,如实、准确、完整记录并保存食品进货查验等信息,保证食品可追溯。鼓励食堂采用信息化手段采集、留存食品经营信息。

第二十九条 学校食堂应当具有与所经营的食品品种、数量、供餐人数相适应的场所并保持环境整洁,与有毒、有害场所以及其他污染源保持规定的距离。

第三十条 学校食堂应当根据所经营的食品品种、数量、供餐人数,配备相应的设施设备,并配备消毒、更衣、盥洗、采光、照明、通风、防腐、防尘、防蝇、防鼠、防虫、洗涤以及处理废水、存放垃圾和废弃物的设备或者设施。就餐区或者就餐区附近应当设置供用餐者清洗手部以及餐具、饮具的用水设施。

食品加工、贮存、陈列、转运等设施设备应当定期维护、清洗、消毒;保温设施及冷藏冷冻设施应当定期清洗、校验。

第三十一条 学校食堂应当具有合理的设备布局和工艺流程,防止待加工食品与直接入口食品、原料与成品或者半成品交叉污染,避免食品接触有毒物、不洁物。制售冷食类食品、生食类食品、裱花蛋糕、现榨果蔬汁等,应当按照有关要求设置专间或者专用操作区,专间应当在加工制作前进行消毒,并由专人加工操作。

第三十二条　学校食堂采购食品及原料应当遵循安全、健康、符合营养需要的原则。有条件的地方或者学校应当实行大宗食品公开招标、集中定点采购制度,签订采购合同时应当明确供货者食品安全责任和义务,保证食品安全。

第三十三条　学校食堂应当建立食品、食品添加剂和食品相关产品进货查验记录制度,如实准确记录名称、规格、数量、生产日期或者生产批号、保质期、进货日期以及供货者名称、地址、联系方式等内容,并保留载有上述信息的相关凭证。

进货查验记录和相关凭证保存期限不得少于产品保质期满后六个月;没有明确保质期的,保存期限不得少于二年。食用农产品的记录和凭证保存期限不得少于六个月。

第三十四条　学校食堂采购食品及原料,应当按照下列要求查验许可相关文件,并留存加盖公章(或者签字)的复印件或者其他凭证:

(一)从食品生产者采购食品的,应当查验其食品生产许可证和产品合格证明文件等;

(二)从食品经营者(商场、超市、便利店等)采购食品的,应当查验其食品经营许可证等;

(三)从食用农产品生产者直接采购的,应当查验并留存其社会信用代码或者身份证复印件;

(四)从集中交易市场采购食用农产品的,应当索取并留存由市场开办者或者经营者加盖公章(或者负责人签字)的购货凭证;

(五)采购肉类的应当查验肉类产品的检疫合格证明;采购肉类制品的应当查验肉类制品的检验合格证明。

第三十五条　学校食堂禁止采购、使用下列食品、食品添加剂、食品相关产品:

(一)超过保质期的食品、食品添加剂;

(二)腐败变质、油脂酸败、霉变生虫、污秽不洁、混有异物、掺假掺杂或者感官性状异常的食品、食品添加剂;

(三)未按规定进行检疫或者检疫不合格的肉类,或者未经检验或者检验不合格的肉类制品;

(四)不符合食品安全标准的食品原料、食品添加剂以及消毒剂、洗涤剂等食品相关产品;

(五)法律、法规、规章规定的其他禁止生产经营或者不符合食品安全标准的食品、食品添加剂、食品相关产品。

学校食堂在加工前应当检查待加工的食品及原料,发现有前款规定情形的,不得加工或者使用。

第三十六条　学校食堂提供蔬菜、水果以及按照国际惯例或者民族习惯需要提供的食品应当符合食品安全要求。

学校食堂不得采购、贮存、使用亚硝酸盐(包括亚硝酸钠、亚硝酸钾)。

中小学、幼儿园食堂不得制售冷荤类食品、生食类食品、裱花蛋糕,不得加工制作四季豆、鲜黄花菜、野生蘑菇、发芽土豆等高风险食品。省、自治区、直辖市食品安全监督管理部门可以结合实际制定本地区中小学、幼儿园集中用餐不得制售的高风险食品目录。

第三十七条　学校食堂应当按照保证食品安全的要求贮存食品,做到通风换气、分区分架分类、离墙离地存放、防蝇防鼠防虫设施完好,并定期检查库存、及时清理变质或者超过保质期的食品。

贮存散装食品,应当在贮存位置标明食品的名称、生产日期或者生产批号、保质期、生产者名称以及联系方式等内容。用于保存食品的冷藏冷冻设备,应当贴有标识,原料、半成品和成品应当分柜存放。

食品库房不得存放有毒、有害物品。

第三十八条　学校食堂应当设置专用的备餐间或者专用操作区,制定并在显著位置公示人员操作规范;备餐操作时应当避免食品受到污染。食品添加剂应当专人专柜(位)保管,按照有关规定做到标识清晰、计量使用、专册记录。

学校食堂制作的食品在烹饪后应当尽量当餐用完,需要熟制的食品应当烧熟煮透。需要再次利用的,应当按照相关规范采取热藏或者冷藏方式存放,并在确认没有腐败变质的情况下,对需要加热的食品经高温彻底加热后食用。

第三十九条　学校食堂用于加工动物性食品原料、植物性食品原料、水产品原料、半成品或者成品等的容器、工具应当从形状、材质、颜色、标识上明显区分,做到分开使用,固定存放,用后洗净并保持清洁。

学校食堂的餐具、饮具和盛放或者接触直接入口食品的容器、工具,使用前应当洗净、消毒。

第四十条　中小学、幼儿园食堂应当对每餐次加工制作的每种食品成品进行留样,每个品种留样量应当满足检验需要,不得少于125克,并记录留样食品名称、留样量、留样时间、留样人员等。留样食品应当由专柜冷藏保存48小时以上。

高等学校食堂加工制作的大型活动集体用餐，批量制售的热食、非即做即售的热食、冷食类食品、生食类食品、裱花蛋糕应当按照前款规定留样，其他加工食品根据相关规定留样。

第四十一条　学校食堂用水应当符合国家规定的生活饮用水卫生标准。

第四十二条　学校食堂产生的餐厨废弃物应当在餐后及时清除，并按照环保要求分类处理。

食堂应当设置专门的餐厨废弃物收集设施并明显标识，按照规定收集、存放餐厨废弃物，建立相关制度及台账，按照规定交由符合要求的生活垃圾运输单位或者餐厨垃圾处理单位处理。

第四十三条　学校食堂应当建立安全保卫制度，采取措施，禁止非食堂从业人员未经允许进入食品处理区。

学校在校园安全信息化建设中，应当优先在食堂食品库房、烹饪间、备餐间、专间、留样间、餐具饮具清洗消毒间等重点场所实现视频监控全覆盖。

第四十四条　有条件的学校食堂应当做到明厨亮灶，通过视频或者透明玻璃窗、玻璃墙等方式，公开食品加工过程。鼓励运用互联网等信息化手段，加强对食品来源、采购、加工制作全过程的监督。

第五章　外购食品管理

第四十五条　学校从供餐单位订餐的，应当建立健全校外供餐管理制度，选择取得食品经营许可、能承担食品安全责任、社会信誉良好的供餐单位。

学校应当与供餐单位签订供餐合同（或者协议），明确双方食品安全与营养健康的权利和义务，存档备查。

第四十六条　供餐单位应当严格遵守法律、法规和食品安全标准，当餐加工，并遵守本规定的要求，确保食品安全。

第四十七条　学校应当对供餐单位提供的食品随机进行外观查验和必要检验，并在供餐合同（或者协议）中明确约定不合格食品的处理方式。

第四十八条　学校需要现场分餐的，应当建立分餐管理制度。在教室分餐的，应当保障分餐环境卫生整洁。

第四十九条　学校外购食品的，应当索取相关凭证，查验产品包装标签，查看生产日期、保质期和保存条件。不能即时分发的，应当按照保证食品安全的要求贮存。

第六章　食品安全事故调查与应急处置

第五十条　学校应当建立集中用餐食品安全应急管理和突发事故报告制度，制定食品安全事故处置方案。发生集中用餐食品安全事故或者疑似食品安全事故时，应当立即采取下列措施：

（一）积极协助医疗机构进行救治；

（二）停止供餐，并按照规定向所在地教育、食品安全监督管理、卫生健康等部门报告；

（三）封存导致或者可能导致食品安全事故的食品及其原料、工具、用具、设备设施和现场，并按照食品安全监督管理部门要求采取控制措施；

（四）配合食品安全监管部门进行现场调查处理；

（五）配合相关部门对用餐师生进行调查，加强与师生家长联系，通报情况，做好沟通引导工作。

第五十一条　教育部门接到学校食品安全事故报告后，应当立即赶往现场协助相关部门进行调查处理，督促学校采取有效措施，防止事故扩大，并向上级人民政府教育部门报告。

学校发生食品安全事故需要启动应急预案的，教育部门应当立即向同级人民政府以及上一级教育部门报告，按照规定进行处置。

第五十二条　食品安全监督管理部门会同卫生健康、教育等部门依法对食品安全事故进行调查处理。

县级以上疾病预防控制机构接到报告后应当对事故现场进行卫生处理，并对与事故有关的因素开展流行病学调查，及时向同级食品安全监督管理、卫生健康等部门提交流行病学调查报告。

学校食品安全事故的性质、后果及其调查处理情况由食品安全监督管理部门会同卫生健康、教育等部门依法发布和解释。

第五十三条　教育部门和学校应当按照国家食品安全信息统一公布制度的规定建立健全学校食品安全信息公布机制，主动关注涉及本地本校食品安全舆情，除由相关部门统一公布的食品安全信息外，应当准确、及时、客观地向社会发布相关工作信息，回应社会关切。

第七章　责任追究

第五十四条　违反本规定第二十五条、第二十六条、第二十七条第一款、第三十三条，以及第三十四条第（一）项、第（二）项、第（五）项，学校食堂（或者供餐单位）未按规定建立食品安全管理制度，或者未按规定制定、实施餐饮服务经营过程控制要求的，由县级以上人民政府食品安全监督管理部门依照食品安全法第一百二十六条第一款的规定处罚。

违反本规定第三十四条第（三）项、第（四）项，学校食堂(或者供餐单位)未查验或者留存食用农产品生产者、集中交易市场开办者或者经营者的社会信用代码或者身份证复印件或者购货凭证、合格证明文件的,由县级以上人民政府食品安全监督管理部门责令改正;拒不改正的,给予警告,并处 5000 元以上 3 万元以下罚款。

第五十五条　违反本规定第三十六条第二款,学校食堂(或者供餐单位)采购、贮存亚硝酸盐(包括亚硝酸钠、亚硝酸钾)的,由县级以上人民政府食品安全监督管理部门责令改正,给予警告,并处 5000 元以上 3 万元以下罚款。

违反本规定第三十六条第三款,中小学、幼儿园食堂(或者供餐单位)制售冷荤类食品、生食类食品、裱花蛋糕,或者加工制作四季豆、鲜黄花菜、野生蘑菇、发芽土豆等高风险食品的,由县级以上人民政府食品安全监督管理部门责令改正;拒不改正的,给予警告,并处 5000 元以上 3 万元以下罚款。

第五十六条　违反本规定第四十条,学校食堂(或者供餐单位)未按要求留样的,由县级以上人民政府食品安全监督管理部门责令改正,给予警告;拒不改正的,处 5000 元以上 3 万元以下罚款。

第五十七条　有食品安全法以及本规定的违法情形,学校未履行食品安全管理责任,由县级以上人民政府食品安全管理部门会同教育部门对学校主要负责人进行约谈,由学校主管教育部门视情节对学校直接负责的主管人员和其他直接责任人员给予相应的处分。

实施营养改善计划的学校违反食品安全法律法规以及本规定的,应当从重处理。

第五十八条　学校食品安全的相关工作人员、相关负责人有下列行为之一的,由学校主管教育部门给予警告或者记过处分;情节较重的,应当给予降低岗位等级或者撤职处分;情节严重的,应当给予开除处分;构成犯罪的,依法移送司法机关处理:

(一)知道或者应当知道食品、食品原料劣质或者不合格而采购的,或者利用工作之便以其他方式谋取不正当利益的;

(二)在招投标和物资采购工作中违反有关规定,造成不良影响或者损失的;

(三)怠于履行职责或者工作不负责任、态度恶劣,造成不良影响的;

(四)违规操作致使师生人身遭受损害的;

(五)发生食品安全事故,擅离职守或者不按规定报告,不采取措施处置或者处置不力的;

(六)其他违反本规定要求的行为。

第五十九条　学校食品安全管理直接负责的主管人员和其他直接责任人员有下列情形之一的,由学校主管教育部门会同有关部门视情节给予相应的处分;构成犯罪的,依法移送司法机关处理:

(一)隐瞒、谎报、缓报食品安全事故的;

(二)隐匿、伪造、毁灭、转移不合格食品或者有关证据,逃避检查、使调查难以进行或者责任难以追究的;

(三)发生食品安全事故,未采取有效控制措施、组织抢救工作致使食物中毒事态扩大,或者未配合有关部门进行食物中毒调查、保留现场的;

(四)其他违反食品安全相关法律法规规定的行为。

第六十条　对于出现重大以上学校食品安全事故的地区,由国务院教育督导机构或者省级人民政府教育督导机构对县级以上地方人民政府相关负责人进行约谈,并依法提请有关部门予以追责。

第六十一条　县级以上人民政府食品安全监督管理、卫生健康、教育等部门未按照食品安全法等法律法规以及本规定要求履行监督管理职责,造成所辖区域内学校集中用餐发生食品安全事故的,应当依据食品安全法和相关规定,对直接负责的主管人员和其他直接责任人员,给予相应的处分;构成犯罪的,依法移送司法机关处理。

第八章　附　则

第六十二条　本规定下列用语的含义:

学校食堂,指学校为学生和教职工提供就餐服务,具有相对独立的原料存放、食品加工制作、食品供应及就餐空间的餐饮服务提供者。

供餐单位,指根据服务对象订购要求,集中加工、分送食品但不提供就餐场所的食品经营者。

学校食堂从业人员,指食堂中从事食品采购、加工制作、供餐、餐饮具清洗消毒等与餐饮服务有关的工作人员。

现榨果蔬汁,指以新鲜水果、蔬菜为主要原料,经压榨、粉碎等方法现场加工制作的供消费者直接饮用的果蔬汁饮品,不包括采用浓浆、浓缩汁、果蔬粉调配成的饮料。

冷食类食品、生食类食品、裱花蛋糕的定义适用《食品经营许可管理办法》的有关规定。

第六十三条　供餐人数较少,难以建立食堂的学校,以及以简单加工学生自带粮食、蔬菜或者以为学生热饭为主的小规模农村学校的食品安全,可以参照食品安全法第三十六条的规定实施管理。

对提供用餐服务的教育培训机构,可以参照本规定管理。

第六十四条　本规定自 2019 年 4 月 1 日起施行,2002 年 9 月 20 日教育部、原卫生部发布的《学校食堂与学生集体用餐卫生管理规定》同时废止。

高等学校医疗保健机构工作规程

· 1998 年 4 月 22 日教体〔1998〕4 号发布
· 2010 年 12 月 13 日教育部令第 30 号修订

第一章　总　则

第一条　为贯彻《学校卫生工作条例》、加强对高等学校医疗保健机构的管理,提高医疗保健工作质量,提高师生员工健康水平,特制定本规程。

第二条　高等学校医疗保健机构指设在高等学校内、主要为师生员工提供医疗保健服务的机构,按学校规模大小及服务对象多少分别设置校医院或卫生科。

第三条　高等学校医疗保健机构应坚持面向全体师生员工、贯彻预防为主的工作方针,树立为教学服务,为提高师生健康水平服务的工作宗旨。

第四条　高等学校医疗保健机构的主要任务是:监测学校人群的健康状况;开展学校健康教育;负责学校常见病和传染病的防治;对影响学校人群健康的有害因素实施医务监督。

第二章　基本职责

第五条　负责新生入学健康检查,定期对学校各类人员进行健康检查;对各类健康检查资料进行统计分析、并根据存在问题及时采取有效防治措施。

第六条　对患病体弱学生实施医疗照顾;对因病不能坚持学习者,根据学籍管理规定,提出休、退学处理意见。

第七条　对学校社区内危重病例实施抢救。校内医疗保健机构不能处理的危重及疑难病例,应当及时转上级医疗机构诊治。

第八条　协助教务部门开设大学生健康教育课程(选修课或必修课)或定期举办健康教育讲座,增强学生自我保健能力,促进学生建立健康的生活方式和良好的卫生习惯。

第九条　开展学校社区内医疗服务,做好各种常见病和多发病的诊治、控制工作。

第十条　贯彻执行传染病防治法规,做好学校社区内传染病预防和管理工作。

第十一条　对学校教学卫生、体育卫生、劳动卫生、环境卫生、饮食与营养卫生等实施医务监督,并提供咨询和技术指导。

第十二条　根据国家有关规定,结合学校实际情况,积极协助学校有关部门对公费医疗进行改革和管理。

第三章　管　理

第十三条　高等学校医疗保健机构的设置,由各高等学校按《医疗机构管理条例》规定,报所在地卫生行政部门审批。

第十四条　高等学校医疗保健机构受主管校长直接领导,或由主管校长委托总务部门领导,业务上接受当地卫生行政部门的监督和指导。

第十五条　高等学校医疗保健机构人员编制应根据服务对象的总人数及任务,结合学校的实际情况,参照国家有关规定具体核定。卫生技术人员应占其总编制的80%以上;其中,中、高级技术职务人员应达到卫生技术人员总数的60%左右。

第十六条　高等学校医疗保健机构的科室设置,除执行《医疗机构基本标准(试行)》中相应等级医院及综合门诊部的有关规定外,根据学校卫生工作的特点. 应设立健康教育及心理咨询科室(组),或设专人负责该项工作。有条件的校医院可设置适当数量高知病房。

第十七条　校医院(卫生科)的管理,实行院(科)长负责制,院(科)长由所在学校任命。

第十八条　校医院(卫生科)应按照《医疗机构管理条例》的规定,建立以岗位责任制为中心的规章制度。应明确各科室人员职责权限,执行各项保健医疗护理常规和技术操作规程。

第十九条　高等学校卫生技术人员的专业技术职务聘任按国家有关规定执行,卫生技术人员的业务进修纳入学校工作计划。

第二十条　高等学校卫生技术人员的卫生保健津贴,按照国家有关规定执行。

第二十一条　高等学校医疗保健机构的基本建设应纳入学校基建总体规划;其建筑面积按《医疗机构基本标准(试行)》或《普通高校建筑面积标准》的有关规定执行。

第二十二条　高等学校医疗保健机构的基建与设备费、经常性经费、预防经费、健康教育经费,应纳入学校年度预算。

第二十三条　高等学校医疗保健机构要加强自身建设和管理,提高医疗技术水平和服务质量,减少转诊,降低公费医疗支出。

第四章 奖励与处罚

第二十四条 在高等学校医疗保健工作中有突出贡献或长期从事高等学校医疗保健工作成绩显著者,学校及教育行政部门应当给予表彰和奖励。

第二十五条 医风恶劣,工作不负责任而导致医疗事故者,应根据国务院发布的《医疗事故处理条例》予以处理。

第五章 附 则

第二十六条 本规程自颁布之日起实施。

中小学卫生保健机构工作规程

· 1995 年 9 月 7 日
· 教体〔1995〕13 号

第一章 总 则

第一条 根据《学校卫生工作条例》第二十一条规定,特制定本规程。

第二条 地区性中小学卫生保健机构,是所在地区教育行政部门领导下的面向中小学校、直接为中小学生服务的事业单位,也是研究青少年体质健康、对学生实施健康教育和常见疾病、多发病防治的业务指导部门和社会性服务组织。

第三条 中小学卫生保健机构服务对象主要是所在地区内的中小学生。

第二章 任 务

第四条 协助教育行政部门规划、部署学校卫生工作。协助学校全面贯彻教育方针,实施学校卫生工作。

第五条 调查研究本地区中小学生体质健康状况。

负责学生的健康体检,做好本地区学生的体质健康监测工作。

建立健全学生健康档案,做好资料统计分析和积累工作,为教育行政部门制定有关政策提供科学依据。

根据学生健康状况和发育水平,提高干预措施,指导学校卫生保健工作。

第六条 开展和指导中小学生常见疾病及其他疾病的防治工作。

开展对近视眼、龋齿、沙眼等学校常见疾病的群体预防和矫治工作。

按照国家有关规定认真做好传染病、地方病的防治工作。

对在体检中发现有器质性疾病的学生要及时做好转诊工作;对因病不能坚持正常学习的学生要及时向学校提出处理意见。

第七条 帮助学校开展健康教育和咨询,普及卫生保健知识,提高学生的卫生素养和自我保健能力。

第八条 协助所在地区教育行政部门制定本辖区中小学卫生技术人员的培训计划,负责对本辖区内的中小学卫生技术人员和健康教育课教师进行培训和业务指导。

第九条 指导学校开展各项卫生工作,协助卫生行政部门对学校教学卫生、体育卫生、环境卫生、劳动卫生、饮食卫生等实施卫生监督。

第十条 开展辖区内学生卫生保健服务。

第三章 管 理

第十一条 中小学卫生保健机构接受所在地区教育行政部门领导和同级卫生行政部门的业务指导,依照有关法律、法规,开展学校卫生保健工作。

第十二条 中小学卫生保健机构实行行政首长负责制。

第十三条 中小学卫生保健机构人员编制由主管教育行政部门根据其任务和实际服务范围配编,中小学卫生保健机构总编制应不低于学生总人数的万分之三,其中专业卫生技术人员不得少于总编制的 80%,中级职称以上的专业卫生技术人员不得少于总编制的 40%。

第十四条 主管教育行政部门应把中小学卫生保健机构的基本建设纳入教育基本建设总体规划,保证中小学卫生保健机构开展工作必备的办公条件。办公用房面积应以服务对象、工作范围、开展群体防治工作的实际需要而定,一般应不少于每专业人员 15 平方米。卫生保健器材与设备配置应以普通、实用、配套、高效为主,以保证工作的正常开展,有条件的地区可配备一些先进的设备。

第十五条 中小学卫生保健机构在编人员的工资、办公费由主管教育行政部门从教育事业费中拨给。中小学卫生保健机构设备仪器的购置与维修费及房舍维修由主管教育行政部门和中小学卫生保健机构从教育事业费及中小学卫生保健机构预算外收入中支出。

中小学卫生保健机构按照国家有关规定开展卫生保健有偿服务的收入,应主要用于改善办所条件、科研、培训和表彰奖励学校。

第十六条 中小学卫生保健机构应建立卫生技术人员业务培训和进修制度,加强保健机构人员的经常性业务学习和科研实践,不断提高保健机构人员的思想及业务素质。

第十七条　中小学卫生保健机构卫生技术人员的专业技术考核、职称评定按照《学校卫生工作条例》第二十二条规定和〔86〕教体字018号文件精神执行，由教育行政部门组织实施。

第十八条　根据《学校卫生工作条例》第二十二条规定和〔86〕教体字018号文件规定，中小学卫生保健机构卫生技术人员和行政管理人员，享有本地区卫生部门规定的卫生津贴，同时主管教育行政部门应根据教育部门的实际情况合理解决中小学卫生保健机构的有关待遇。

第十九条　对在学校卫生工作中贡献突出者与长期从事卫生保健工作成绩显著者，应给予表扬、奖励。

第二十条　在学校卫生工作中玩忽职守，造成医疗事故或不良后果者，应按照有关规定给予处理。

第四章　附　则

第二十一条　中小学卫生保健机构是指中小学卫生保健所、学校体育卫生保健中心、学生保健站等直接为中小学生服务的卫生保健机构。

第二十二条　本规程由国家教育委员会负责解释。

学校和托幼机构传染病疫情报告工作规范（试行）

·2006年4月6日
·卫办疾控发〔2006〕65号

根据《传染病防治法》和《学校卫生工作条例》的规定，为了使全国各类中小学校（以下简称学校）和托幼机构的传染病疫情等突发公共卫生事件报告工作统一、有序，特制定本工作规范。

一、相关部门职责

（一）教育行政部门

1. 负责对学校和托幼机构传染病疫情等突发公共卫生事件报告工作的督促与检查；

2. 负责与卫生行政部门共同组织开展学校和托幼机构有关人员传染病防控及传染病疫情等突发公共卫生事件报告工作相关知识的培训；

3. 协助同级卫生行政部门制定本地区学校和托幼机构传染病疫情等突发公共卫生事件监测与报告工作相关要求或规范；

4. 加强与卫生行政部门的沟通，及时了解本地区学校和托幼机构传染病疫情等突发公共卫生事件相关信息。

（二）卫生行政部门

1. 根据本工作规范，负责制定本地区学校和托幼机构传染病疫情等突发公共卫生事件监测与报告工作相关要求或规范；

2. 配合同级教育行政部门开展对学校和托幼机构传染病疫情等突发公共卫生事件监测与报告工作的督促与检查；

3. 与同级教育行政部门共同组织开展学校和托幼机构传染病防控及传染病疫情等突发公共卫生事件监测与报告工作相关知识的培训；

4. 负责及时向同级教育行政部门通报本地区学校和托幼机构传染病疫情等突发公共卫生事件相关信息。

（三）疾病预防控制机构

1. 负责为学校和托幼机构开展传染病疫情等突发公共卫生事件防控、疫情监测与报告工作提供技术支持，并定期到学校进行经常性的技术指导；

2. 负责对学校或托幼机构发生的传染病疫情等突发公共卫生事件开展流行病学调查工作，并提出防控措施与建议；

3. 协助学校和托幼机构对其全体师生进行传染病防控、疫情监测与报告相关知识的宣传与培训；

4. 负责及时将涉及本地区学校和托幼机构传染病疫情等突发公共卫生事件信息告知学校和托幼机构，并指导学校和托幼机构具体落实传染病防控措施。

（四）学校和托幼机构

1. 负责建立、健全本单位传染病疫情等突发公共卫生事件的发现、收集、汇总与报告管理工作制度；

2. 负责指定专人或兼职教师负责本单位内传染病疫情等突发公共卫生事件、因病缺勤等健康信息的收集、汇总与报告工作；

3. 协助疾病预防控制机构对本单位发生的传染病疫情等突发公共卫生事件进行调查和处理，接受教育行政部门与卫生行政部门对学校传染病疫情等突发公共卫生事件的督促、检查；

4. 负责组织开展对本单位全体人员传染病防治知识的宣传教育；

5. 学校校长或者托幼机构主要领导是传染病疫情等突发公共卫生事件报告的第一责任人。

二、学校和托幼机构传染病疫情等突发公共卫生事件报告人（以下简称学校疫情报告人）

（一）学校疫情报告人的设置要求

1. 工作认真负责，责任心强；

2. 了解传染病防控相关知识,专(兼)职卫生保健人员优先考虑;

3. 必须为学校或者托幼机构的在编人员。

（二）学校疫情报告人职责

1. 在校长的领导下,具体负责本单位传染病疫情和疑似传染病疫情等突发公共卫生事件报告工作;

2. 协助本单位建立、健全传染病疫情等突发公共卫生事件监测、发现及报告相关工作制度及工作流程;

3. 定期对全校(托幼机构)学生的出勤、健康情况进行巡查;

4. 负责指导全校(托幼机构)学生的晨检工作。

三、学校和托幼机构传染病疫情监测与报告

各类中小学校和托幼机构应当建立由学生到教师、到学校疫情报告人、到学校(托幼机构)领导的传染病疫情发现、信息登记与报告制度。

（一）学校和托幼机构传染病疫情监测

学校和托幼机构应当建立学生晨检、因病缺勤病因追查与登记制度。学校和托幼机构的老师发现学生有传染病早期症状、疑似传染病病人以及因病缺勤等情况时,应及时报告给学校疫情报告人。学校疫情报告人应及时进行排查,并将排查情况记录在学生因病缺勤、传染病早期症状、疑似传染病病人患病及病因排查结果登记日志(见附表)上。

1. 晨检

晨检应在学校疫情报告人的指导下进行,由班主任或班级卫生员对早晨到校的每个学生进行观察、询问,了解学生出勤、健康状况。发现学生有传染病早期症状(如发热、皮疹、腹泻、呕吐、黄疸等)以及疑似传染病病人时,应当及时告知学校疫情报告人,学校疫情报告人要进行进一步排查,以确保做到对传染病病人的早发现、早报告。

2. 因病缺勤

班主任应当密切关注本班学生的出勤情况,对于因病缺勤的学生,应当了解学生的患病情况和可能的病因,如有怀疑,要及时报告给学校疫情报告人。学校疫情报告人接到报告后应及时追查学生的患病情况和可能的病因,以做到对传染病病人的早发现。

（二）学校传染病疫情报告

1. 报告内容及时限

（1）在同一宿舍或者同一班级,1天内有3例或者连续3天内有多个学生(5例以上)患病,并有相似症状(如发热、皮疹、腹泻、呕吐、黄疸等)或者共同用餐、饮

水史时,学校疫情报告人应当在24小时内报出相关信息。

（2）当学校和托幼机构发现传染病或疑似传染病病人时,学校疫情报告人应当立即报出相关信息。

（3）个别学生出现不明原因的高热、呼吸急促或剧烈呕吐、腹泻等症状时,学校疫情报告人应当在24小时内报出相关信息。

（4）学校发生群体性不明原因疾病或者其他突发公共卫生事件时,学校疫情报告人应当在24小时内报出相关信息。

2. 报告方式

当出现符合本工作规范规定的报告情况时,学校疫情报告人应当以最方便的通讯方式(电话、传真等)向属地疾病预防控制机构(农村学校向乡镇卫生院防保组)报告,同时,向属地教育行政部门报告。

国家食品药品监管总局、教育部关于进一步加强中小学校和幼儿园食品安全监督管理工作的通知

· 2016年12月7日

· 食药监食监二〔2016〕158号

各省、自治区、直辖市食品药品监督管理局、教育厅(教委),新疆生产建设兵团食品药品监督管理局、教育局:

近期,一些地方中小学校和幼儿园发生食品安全事件,严重影响儿童青少年身体健康和社会稳定。为深入贯彻《中华人民共和国食品安全法》(以下简称《食品安全法》)等法律法规规定,严格落实《国务院食品安全办等6部门关于进一步加强学校校园及周边食品安全工作的意见》(食安办〔2016〕12号)要求,进一步加强中小学校和幼儿园食品安全监管工作,防范食品安全风险,切实保障儿童青少年身体健康和生命安全,现将有关要求通知如下:

一、严格食品经营许可管理。各地食品药品监管部门要按照《食品安全法》和《食品经营许可管理办法》要求,严把中小学校和幼儿园食堂食品经营许可准入关,重点加强食品安全管理制度、设备布局、清洗消毒、冷藏冷冻和食品留样等项目的审查力度,对食堂经营场所进行现场核查合格后方可发放食品经营许可证。对于无证供餐的中小学校和幼儿园,食品药品监管部门要立即督促其申请办证;对于因主体资格证明材料缺失无法办理食品经营许可证的,食品药品监管部门和教育行政部门要建立协作机制,会商解决有关问题。许可证即将到

期的，食品药品监管部门要督促做好食品经营许可换证工作，确保所有中小学校和幼儿园食堂依法持证经营。

二、严格落实食品安全主体责任。中小学校校长和幼儿园园长是校区（园区）食品安全第一责任人，要严格落实《食品安全法》要求，将食品安全作为日常管理的重要内容，建立健全食品安全管理制度和机构，设置专（兼）职食品安全管理人员，明确食品安全岗位职责，层层签订责任书。严把原料采购关，禁止采购和使用无食品标签、无生产日期、无生产厂家及超过保质期的米、面、油等食品原料和食品，仔细查验供货者的食品经营许可证等合格证明文件，对采购的原料按照保证食品安全的条件要求贮存。要在当地食品药品监管部门的指导下，强化从业人员培训，严格管控加工制作、清洗消毒、留样管理等关键环节。不得供应腐败变质或者感官性状异常等《食品安全法》明令禁止的可能影响儿童青少年身体健康的食品。鼓励中小学校和幼儿园在厨房、配餐间等安装监控摄像装置，实现食品制作实时监控，公开食品加工制作过程，便于家长进行监督。要建立健全饮水卫生安全管理制度，做好自备水源、二次供水、食堂蓄水池、直饮水、桶装水等供水设施的清洁、消毒等卫生管理工作，防止污染，确保饮用水安全卫生。各地教育行政部门要将食品安全和饮水卫生工作纳入中小学校和幼儿园管理督导内容，督促幼儿园园长和中小学校校长落实主体责任，定期开展自查，及时消除隐患。

三、严格食品安全监督检查和抽检。各地食品药品监管部门要全面摸排本行政区域内中小学校和幼儿园基本情况，建立食品安全监管档案，实现中小学校和幼儿园食品安全监管全覆盖、无死角。要会同教育行政部门开展中小学校和幼儿园食品安全专项检查，重点加强对原料采购与贮存、进货查验记录、加工制作、清洗消毒、食品留样、从业人员健康管理等方面的监督检查。要加强中小学校和幼儿园食品安全监督抽检，将高风险食品原料及食品、餐饮具和供餐单位配送食品列为重点抽检对象，及时向社会公布监督检查和抽检结果。对供餐食品抽检不合格的，要立即通知中小学校和幼儿园不准食用，并依法查处。中小学校和幼儿园要立即更换供餐单位或供餐食品。

四、严厉查处食品安全违法行为。各地教育行政部门在日常管理中发现中小学校和幼儿园存在食品安全隐患的，应当立即督促其整改，并将有关信息通报同级食品药品监管部门。对于未办理《餐饮服务许可证》或《食品经营许可证》的，食品药品监管部门要会同教育行政部门责令中小学校和幼儿园限期办证；未及时办理变更、延续、补办或注销手续的，责令其及时办理；拒不办证的，食品药品监管部门要依据《食品安全法》第一百二十二条有关规定给予处罚。对于监督检查、监督抽检和举报投诉中发现的食品安全问题，食品药品监管部门要以"零容忍"的态度，发现一起，严查一起，对违反《食品安全法》规定的，要依法严肃处理，并向社会公开。

（四）安全工作

中华人民共和国民法典（节录）

· 2020 年 5 月 28 日第十三届全国人民代表大会第三次会议通过
· 2020 年 5 月 28 日中华人民共和国主席令第 45 号公布
· 自 2021 年 1 月 1 日起施行

······

第一千一百九十九条 【教育机构对无民事行为能力人受到人身损害的过错推定责任】无民事行为能力人在幼儿园、学校或者其他教育机构学习、生活期间受到人身损害的，幼儿园、学校或者其他教育机构应当承担侵权责任；但是，能够证明尽到教育、管理职责的，不承担侵权责任。

第一千二百条 【教育机构对限制民事行为能力人受到人身损害的过错责任】限制民事行为能力人在学校或者其他教育机构学习、生活期间受到人身损害，学校或者其他教育机构未尽到教育、管理职责的，应当承担侵权责任。

第一千二百零一条 【受到校外人员人身损害时的责任分担】无民事行为能力人或者限制民事行为能力人在幼儿园、学校或者其他教育机构学习、生活期间，受到幼儿园、学校或者其他教育机构以外的第三人人身损害的，由第三人承担侵权责任；幼儿园、学校或者其他教育机构未尽到管理职责的，承担相应的补充责任。幼儿园、学校或者其他教育机构承担补充责任后，可以向第三人追偿。

······

中华人民共和国未成年人保护法

- 1991 年 9 月 4 日第七届全国人民代表大会常务委员会第二十一次会议通过
- 2006 年 12 月 29 日第十届全国人民代表大会常务委员会第二十五次会议第一次修订
- 根据 2012 年 10 月 26 日第十一届全国人民代表大会常务委员会第二十九次会议《关于修改〈中华人民共和国未成年人保护法〉的决定》第一次修正
- 2020 年 10 月 17 日第十三届全国人民代表大会常务委员会第二十二次会议第二次修订
- 根据 2024 年 4 月 26 日第十四届全国人民代表大会常务委员会第九次会议《关于修改〈中华人民共和国农业技术推广法〉、〈中华人民共和国未成年人保护法〉、〈中华人民共和国生物安全法〉的决定》第二次修正

第一章　总　则

第一条　为了保护未成年人身心健康，保障未成年人合法权益，促进未成年人德智体美劳全面发展，培养有理想、有道德、有文化、有纪律的社会主义建设者和接班人，培养担当民族复兴大任的时代新人，根据宪法，制定本法。

第二条　本法所称未成年人是指未满十八周岁的公民。

第三条　国家保障未成年人的生存权、发展权、受保护权、参与权等权利。

未成年人依法平等地享有各项权利，不因本人及其父母或者其他监护人的民族、种族、性别、户籍、职业、宗教信仰、教育程度、家庭状况、身心健康状况等受到歧视。

第四条　保护未成年人，应当坚持最有利于未成年人的原则。处理涉及未成年人事项，应当符合下列要求：

（一）给予未成年人特殊、优先保护；

（二）尊重未成年人人格尊严；

（三）保护未成年人隐私权和个人信息；

（四）适应未成年人身心健康发展的规律和特点；

（五）听取未成年人的意见；

（六）保护与教育相结合。

第五条　国家、社会、学校和家庭应当对未成年人进行理想教育、道德教育、科学教育、文化教育、法治教育、国家安全教育、健康教育、劳动教育，加强爱国主义、集体主义和中国特色社会主义的教育，培养爱祖国、爱人民、爱劳动、爱科学、爱社会主义的公德，抵制资本主义、封建主义和其他腐朽思想的侵蚀，引导未成年人树立和践行社会主义核心价值观。

第六条　保护未成年人，是国家机关、武装力量、政党、人民团体、企业事业单位、社会组织、城乡基层群众性自治组织、未成年人的监护人以及其他成年人的共同责任。

国家、社会、学校和家庭应当教育和帮助未成年人维护自身合法权益，增强自我保护的意识和能力。

第七条　未成年人的父母或者其他监护人依法对未成年人承担监护职责。

国家采取措施指导、支持、帮助和监督未成年人的父母或者其他监护人履行监护职责。

第八条　县级以上人民政府应当将未成年人保护工作纳入国民经济和社会发展规划，相关经费纳入本级政府预算。

第九条　各级人民政府应当重视和加强未成年人保护工作。县级以上人民政府负责妇女儿童工作的机构，负责未成年人保护工作的组织、协调、指导、督促，有关部门在各自职责范围内做好相关工作。

第十条　共产主义青年团、妇女联合会、工会、残疾人联合会、关心下一代工作委员会、青年联合会、学生联合会、少年先锋队以及其他人民团体、有关社会组织，应当协助各级人民政府及其有关部门、人民检察院、人民法院做好未成年人保护工作，维护未成年人合法权益。

第十一条　任何组织或者个人发现不利于未成年人身心健康或者侵犯未成年人合法权益的情形，都有权劝阻、制止或者向公安、民政、教育等有关部门提出检举、控告。

国家机关、居民委员会、村民委员会、密切接触未成年人的单位及其工作人员，在工作中发现未成年人身心健康受到侵害、疑似受到侵害或者面临其他危险情形的，应当立即向公安、民政、教育等有关部门报告。

有关部门接到涉及未成年人的检举、控告或者报告，应当依法及时受理、处置，并以适当方式将处理结果告知相关单位和人员。

第十二条　国家鼓励和支持未成年人保护方面的科学研究，建设相关学科、设置相关专业，加强人才培养。

第十三条　国家建立健全未成年人统计调查制度，开展未成年人健康、受教育等状况的统计、调查和分析，发布未成年人保护的有关信息。

第十四条　国家对保护未成年人有显著成绩的组织和个人给予表彰和奖励。

第二章　家庭保护

第十五条　未成年人的父母或者其他监护人应当学习家庭教育知识，接受家庭教育指导，创造良好、和睦、文明的家庭环境。

共同生活的其他成年家庭成员应当协助未成年人的

父母或者其他监护人抚养、教育和保护未成年人。

第十六条　未成年人的父母或者其他监护人应当履行下列监护职责：

（一）为未成年人提供生活、健康、安全等方面的保障；

（二）关注未成年人的生理、心理状况和情感需求；

（三）教育和引导未成年人遵纪守法、勤俭节约，养成良好的思想品德和行为习惯；

（四）对未成年人进行安全教育，提高未成年人的自我保护意识和能力；

（五）尊重未成年人受教育的权利，保障适龄未成年人依法接受并完成义务教育；

（六）保障未成年人休息、娱乐和体育锻炼的时间，引导未成年人进行有益身心健康的活动；

（七）妥善管理和保护未成年人的财产；

（八）依法代理未成年人实施民事法律行为；

（九）预防和制止未成年人的不良行为和违法犯罪行为，并进行合理管教；

（十）其他应当履行的监护职责。

第十七条　未成年人的父母或者其他监护人不得实施下列行为：

（一）虐待、遗弃、非法送养未成年人或者对未成年人实施家庭暴力；

（二）放任、教唆或者利用未成年人实施违法犯罪行为；

（三）放任、唆使未成年人参与邪教、迷信活动或者接受恐怖主义、分裂主义、极端主义等侵害；

（四）放任、唆使未成年人吸烟（含电子烟，下同）、饮酒、赌博、流浪乞讨或者欺凌他人；

（五）放任或者迫使应当接受义务教育的未成年人失学、辍学；

（六）放任未成年人沉迷网络，接触危害或者可能影响其身心健康的图书、报刊、电影、广播电视节目、音像制品、电子出版物和网络信息等；

（七）放任未成年人进入营业性娱乐场所、酒吧、互联网上网服务营业场所等不适宜未成年人活动的场所；

（八）允许或者迫使未成年人从事国家规定以外的劳动；

（九）允许、迫使未成年人结婚或者为未成年人订立婚约；

（十）违法处分、侵吞未成年人的财产或者利用未成年人牟取不正当利益；

（十一）其他侵犯未成年人身心健康、财产权益或者不依法履行未成年人保护义务的行为。

第十八条　未成年人的父母或者其他监护人应当为未成年人提供安全的家庭生活环境，及时排除引发触电、烫伤、跌落等伤害的安全隐患；采取配备儿童安全座椅、教育未成年人遵守交通规则等措施，防止未成年人受到交通事故的伤害；提高户外安全保护意识，避免未成年人发生溺水、动物伤害等事故。

第十九条　未成年人的父母或者其他监护人应当根据未成年人的年龄和智力发展状况，在作出与未成年人权益有关的决定前，听取未成年人的意见，充分考虑其真实意愿。

第二十条　未成年人的父母或者其他监护人发现未成年人身心健康受到侵害、疑似受到侵害或者其他合法权益受到侵犯的，应当及时了解情况并采取保护措施；情况严重的，应当立即向公安、民政、教育等部门报告。

第二十一条　未成年人的父母或者其他监护人不得使未满八周岁或者由于身体、心理原因需要特别照顾的未成年人处于无人看护状态，或者将其交由无民事行为能力、限制民事行为能力、患有严重传染性疾病或者其他不适宜的人员临时照护。

未成年人的父母或者其他监护人不得使未满十六周岁的未成年人脱离监护单独生活。

第二十二条　未成年人的父母或者其他监护人因外出务工等原因在一定期限内不能完全履行监护职责的，应当委托具有照护能力的完全民事行为能力人代为照护；无正当理由的，不得委托他人代为照护。

未成年人的父母或者其他监护人在确定被委托人时，应当综合考虑其道德品质、家庭状况、身心健康状况、与未成年人生活情感上的联系等情况，并听取有表达意愿能力未成年人的意见。

具有下列情形之一的，不得作为被委托人：

（一）曾实施性侵害、虐待、遗弃、拐卖、暴力伤害等违法犯罪行为；

（二）有吸毒、酗酒、赌博等恶习；

（三）曾拒不履行或者长期怠于履行监护、照护职责；

（四）其他不适宜担任被委托人的情形。

第二十三条　未成年人的父母或者其他监护人应当及时将委托照护情况书面告知未成年人所在学校、幼儿园和实际居住地的居民委员会、村民委员会，加强和未成年人所在学校、幼儿园的沟通；与未成年人、被委托人至少每周联系和交流一次,了解未成年人的生活、学习、心理等情况,并给予未成年人亲情关爱。

未成年人的父母或者其他监护人接到被委托人、居民委员会、村民委员会、学校、幼儿园等关于未成年人心理、行为异常的通知后,应当及时采取干预措施。

第二十四条 未成年人的父母离婚时,应当妥善处理未成年子女的抚养、教育、探望、财产等事宜,听取有表达意愿能力未成年人的意见。不得以抢夺、藏匿未成年子女等方式争夺抚养权。

未成年人的父母离婚后,不直接抚养未成年子女的一方应当依照协议、人民法院判决或者调解确定的时间和方式,在不影响未成年人学习、生活的情况下探望未成年子女,直接抚养的一方应当配合,但被人民法院依法中止探望权的除外。

第三章　学校保护

第二十五条 学校应当全面贯彻国家教育方针,坚持立德树人,实施素质教育,提高教育质量,注重培养未成年学生认知能力、合作能力、创新能力和实践能力,促进未成年学生全面发展。

学校应当建立未成年学生保护工作制度,健全学生行为规范,培养未成年学生遵纪守法的良好行为习惯。

第二十六条 幼儿园应当做好保育、教育工作,遵循幼儿身心发展规律,实施启蒙教育,促进幼儿在体质、智力、品德等方面和谐发展。

第二十七条 学校、幼儿园的教职员工应当尊重未成年人人格尊严,不得对未成年人实施体罚、变相体罚或者其他侮辱人格尊严的行为。

第二十八条 学校应当保障未成年学生受教育的权利,不得违反国家规定开除、变相开除未成年学生。

学校应当对尚未完成义务教育的辍学未成年学生进行登记并劝返复学;劝返无效的,应当及时向教育行政部门书面报告。

第二十九条 学校应当关心、爱护未成年学生,不得因家庭、身体、心理、学习能力等情况歧视学生。对家庭困难、身心有障碍的学生,应当提供关爱;对行为异常、学习有困难的学生,应当耐心帮助。

学校应当配合政府有关部门建立留守未成年学生、困境未成年学生的信息档案,开展关爱帮扶工作。

第三十条 学校应当根据未成年学生身心发展特点,进行社会生活指导、心理健康辅导、青春期教育和生命教育。

第三十一条 学校应当组织未成年学生参加与其年龄相适应的日常生活劳动、生产劳动和服务性劳动,帮助未成年学生掌握必要的劳动知识和技能,养成良好的劳动习惯。

第三十二条 学校、幼儿园应当开展勤俭节约、反对浪费、珍惜粮食、文明饮食等宣传教育活动,帮助未成年人树立浪费可耻、节约为荣的意识,养成文明健康、绿色环保的生活习惯。

第三十三条 学校应当与未成年学生的父母或者其他监护人互相配合,合理安排未成年学生的学习时间,保障其休息、娱乐和体育锻炼的时间。

学校不得占用国家法定节假日、休息日及寒暑假期,组织义务教育阶段的未成年学生集体补课,加重其学习负担。

幼儿园、校外培训机构不得对学龄前未成年人进行小学课程教育。

第三十四条 学校、幼儿园应当提供必要的卫生保健条件,协助卫生健康部门做好在校、在园未成年人的卫生保健工作。

第三十五条 学校、幼儿园应当建立安全管理制度,对未成年人进行安全教育,完善安保设施、配备安保人员,保障未成年人在校、在园期间的人身和财产安全。

学校、幼儿园不得在危及未成年人人身安全、身心健康的校舍和其他设施、场所中进行教育教学活动。

学校、幼儿园安排未成年人参加文化娱乐、社会实践等集体活动,应当保护未成年人的身心健康,防止发生人身伤害事故。

第三十六条 使用校车的学校、幼儿园应当建立健全校车安全管理制度,配备安全管理人员,定期对校车进行安全检查,对校车驾驶人进行安全教育,并向未成年人讲解校车安全乘坐知识,培养未成年人校车安全事故应急处理技能。

第三十七条 学校、幼儿园应当根据需要,制定应对自然灾害、事故灾难、公共卫生事件等突发事件和意外伤害的预案,配备相应设施并定期进行必要的演练。

未成年人在校内、园内或者本校、本园组织的校外、园外活动中发生人身伤害事故的,学校、幼儿园应当立即救护,妥善处理,及时通知未成年人的父母或者其他监护人,并向有关部门报告。

第三十八条 学校、幼儿园不得安排未成年人参加商业性活动,不得向未成年人及其父母或者其他监护人推销或者要求其购买指定的商品和服务。

学校、幼儿园不得与校外培训机构合作为未成年人提供有偿课程辅导。

第三十九条　学校应当建立学生欺凌防控工作制度,对教职员工、学生等开展防治学生欺凌的教育和培训。

学校对学生欺凌行为应当立即制止,通知实施欺凌和被欺凌未成年学生的父母或者其他监护人参与欺凌行为的认定和处理;对相关未成年学生及时给予心理辅导、教育和引导;对相关未成年学生的父母或者其他监护人给予必要的家庭教育指导。

对实施欺凌的未成年学生,学校应当根据欺凌行为的性质和程度,依法加强管教。对严重的欺凌行为,学校不得隐瞒,应当及时向公安机关、教育行政部门报告,并配合相关部门依法处理。

第四十条　学校、幼儿园应当建立预防性侵害、性骚扰未成年人工作制度。对性侵害、性骚扰未成年人等违法犯罪行为,学校、幼儿园不得隐瞒,应当及时向公安机关、教育行政部门报告,并配合相关部门依法处理。

学校、幼儿园应当对未成年人开展适合其年龄的性教育,提高未成年人防范性侵害、性骚扰的自我保护意识和能力。对遭受性侵害、性骚扰的未成年人,学校、幼儿园应当及时采取相关的保护措施。

第四十一条　婴幼儿照护服务机构、早期教育服务机构、校外培训机构、校外托管机构等应当参照本章有关规定,根据不同年龄阶段未成年人的成长特点和规律,做好未成年人保护工作。

第四章　社会保护

第四十二条　全社会应当树立关心、爱护未成年人的良好风尚。

国家鼓励、支持和引导人民团体、企业事业单位、社会组织以及其他组织和个人,开展有利于未成年人健康成长的社会活动和服务。

第四十三条　居民委员会、村民委员会应当设置专人专岗负责未成年人保护工作,协助政府有关部门宣传未成年人保护方面的法律法规,指导、帮助和监督未成年人的父母或者其他监护人依法履行监护职责,建立留守未成年人、困境未成年人的信息档案并给予关爱帮扶。

居民委员会、村民委员会应当协助政府有关部门监督未成年人委托监护情况,发现被委托人缺乏照护能力、怠于履行照护职责等情况,应当及时向政府有关部门报告,并告知未成年人的父母或者其他监护人,帮助、督促被委托人履行照护职责。

第四十四条　爱国主义教育基地、图书馆、青少年宫、儿童活动中心、儿童之家应当对未成年人免费开放;博物馆、纪念馆、科技馆、展览馆、美术馆、文化馆、社区公益性互联网上网服务场所以及影剧院、体育场馆、动物园、植物园、公园等场所,应当按照有关规定对未成年人免费或者优惠开放。

国家鼓励爱国主义教育基地、博物馆、科技馆、美术馆等公共场馆开设未成年人专场,为未成年人提供有针对性的服务。

国家鼓励国家机关、企业事业单位、部队等开发自身教育资源,设立未成年人开放日,为未成年人主题教育、社会实践、职业体验等提供支持。

国家鼓励科研机构和科技类社会组织对未成年人开展科学普及活动。

第四十五条　城市公共交通以及公路、铁路、水路、航空客运等应当按照有关规定对未成年人实施免费或者优惠票价。

第四十六条　国家鼓励大型公共场所、公共交通工具、旅游景区景点等设置母婴室、婴儿护理台以及方便幼儿使用的坐便器、洗手台等卫生设施,为未成年人提供便利。

第四十七条　任何组织或者个人不得违反有关规定,限制未成年人应当享有的照顾或者优惠。

第四十八条　国家鼓励创作、出版、制作和传播有利于未成年人健康成长的图书、报刊、电影、广播电视节目、舞台艺术作品、音像制品、电子出版物和网络信息等。

第四十九条　新闻媒体应当加强未成年人保护方面的宣传,对侵犯未成年人合法权益的行为进行舆论监督。新闻媒体采访报道涉及未成年人事件应当客观、审慎和适度,不得侵犯未成年人的名誉、隐私和其他合法权益。

第五十条　禁止制作、复制、出版、发布、传播含有宣扬淫秽、色情、暴力、邪教、迷信、赌博、引诱自杀、恐怖主义、分裂主义、极端主义等危害未成年人身心健康内容的图书、报刊、电影、广播电视节目、舞台艺术作品、音像制品、电子出版物和网络信息等。

第五十一条　任何组织或者个人出版、发布、传播的图书、报刊、电影、广播电视节目、舞台艺术作品、音像制品、电子出版物或者网络信息,包含可能影响未成年人身心健康内容的,应当以显著方式作出提示。

第五十二条　禁止制作、复制、发布、传播或者持有有关未成年人的淫秽色情物品和网络信息。

第五十三条　任何组织或者个人不得刊登、播放、张贴或者散发含有危害未成年人身心健康内容的广告;不得在学校、幼儿园播放、张贴或者散发商业广告；不得利用校服、教材等发布或者变相发布商业广告。

第五十四条　禁止拐卖、绑架、虐待、非法收养未成年人，禁止对未成年人实施性侵害、性骚扰。

禁止胁迫、引诱、教唆未成年人参加黑社会性质组织或者从事违法犯罪活动。

禁止胁迫、诱骗、利用未成年人乞讨。

第五十五条　生产、销售用于未成年人的食品、药品、玩具、用具和游戏游艺设备、游乐设施等，应当符合国家或者行业标准，不得危害未成年人的人身安全和身心健康。上述产品的生产者应当在显著位置标明注意事项，未标明注意事项的不得销售。

第五十六条　未成年人集中活动的公共场所应当符合国家或者行业安全标准，并采取相应安全保护措施。对可能存在安全风险的设施，应当定期进行维护，在显著位置设置安全警示标志并标明适龄范围和注意事项；必要时应当安排专门人员看管。

大型的商场、超市、医院、图书馆、博物馆、科技馆、游乐场、车站、码头、机场、旅游景区景点等场所运营单位应当设置搜寻走失未成年人的安全警报系统。场所运营单位接到求助后，应当立即启动安全警报系统，组织人员进行搜寻并向公安机关报告。

公共场所发生突发事件时，应当优先救护未成年人。

第五十七条　旅馆、宾馆、酒店等住宿经营者接待未成年人入住，或者接待未成年人和成年人共同入住时，应当询问父母或者其他监护人的联系方式、入住人员的身份关系等有关情况；发现有违法犯罪嫌疑的，应当立即向公安机关报告，并及时联系未成年人的父母或者其他监护人。

第五十八条　学校、幼儿园周边不得设置营业性娱乐场所、酒吧、互联网上网服务营业场所等不适宜未成年人活动的场所。营业性歌舞娱乐场所、酒吧、互联网上网服务营业场所等不适宜未成年人活动场所的经营者，不得允许未成年人进入；游艺娱乐场所设置的电子游戏设备，除国家法定节假日外，不得向未成年人提供。经营者应当在显著位置设置未成年人禁入、限入标志；对难以判明是否是未成年人的，应当要求其出示身份证件。

第五十九条　学校、幼儿园周边不得设置烟、酒、彩票销售网点。禁止向未成年人销售烟、酒、彩票或者兑付彩票奖金。烟、酒和彩票经营者应当在显著位置设置不向未成年人销售烟、酒或者彩票的标志；对难以判明是否是未成年人的，应当要求其出示身份证件。

任何人不得在学校、幼儿园和其他未成年人集中活动的公共场所吸烟、饮酒。

第六十条　禁止向未成年人提供、销售管制刀具或者其他可能致人严重伤害的器具等物品。经营者难以判明购买者是否是未成年人的，应当要求其出示身份证件。

第六十一条　任何组织或者个人不得招用未满十六周岁未成年人，国家另有规定的除外。

营业性娱乐场所、酒吧、互联网上网服务营业场所等不适宜未成年人活动的场所不得招用已满十六周岁的未成年人。

招用已满十六周岁未成年人的单位和个人应当执行国家在工种、劳动时间、劳动强度和保护措施等方面的规定，不得安排其从事过重、有毒、有害等危害未成年人身心健康的劳动或者危险作业。

任何组织或者个人不得组织未成年人进行危害其身心健康的表演等活动。经未成年人的父母或者其他监护人同意，未成年人参与演出、节目制作等活动，活动组织方应当根据国家有关规定，保障未成年人合法权益。

第六十二条　密切接触未成年人的单位招聘工作人员时，应当向公安机关、人民检察院查询应聘者是否具有性侵害、虐待、拐卖、暴力伤害等违法犯罪记录；发现其具有前述行为记录的，不得录用。

密切接触未成年人的单位应当每年定期对工作人员是否具有上述违法犯罪记录进行查询。通过查询或者其他方式发现其工作人员具有上述行为的，应当及时解聘。

第六十三条　任何组织或者个人不得隐匿、毁弃、非法删除未成年人的信件、日记、电子邮件或者其他网络通讯内容。

除下列情形外，任何组织或者个人不得开拆、查阅未成年人的信件、日记、电子邮件或者其他网络通讯内容：

（一）无民事行为能力未成年人的父母或者其他监护人代未成年人开拆、查阅；

（二）因国家安全或者追查刑事犯罪依法进行检查；

（三）紧急情况下为了保护未成年人本人的人身安全。

第五章　网络保护

第六十四条　国家、社会、学校和家庭应当加强未成年人网络素养宣传教育，培养和提高未成年人的网络素养，增强未成年人科学、文明、安全、合理使用网络的意识和能力，保障未成年人在网络空间的合法权益。

第六十五条　国家鼓励和支持有利于未成年人健康成长的网络内容的创作与传播，鼓励和支持专门以未成年人为服务对象、适合未成年人身心健康特点的网络技术、产品、服务的研发、生产和使用。

第六十六条　网信部门及其他有关部门应当加强对未成年人网络保护工作的监督检查,依法惩处利用网络从事危害未成年人身心健康的活动,为未成年人提供安全、健康的网络环境。

第六十七条　网信部门会同公安、文化和旅游、新闻出版、电影、广播电视等部门根据保护不同年龄阶段未成年人的需要,确定可能影响未成年人身心健康网络信息的种类、范围和判断标准。

第六十八条　新闻出版、教育、卫生健康、文化和旅游、网信等部门应当定期开展预防未成年人沉迷网络的宣传教育,监督网络产品和服务提供者履行预防未成年人沉迷网络的义务,指导家庭、学校、社会组织互相配合,采取科学、合理的方式对未成年人沉迷网络进行预防和干预。

任何组织或者个人不得以侵害未成年人身心健康的方式对未成年人沉迷网络进行干预。

第六十九条　学校、社区、图书馆、文化馆、青少年宫等场所为未成年人提供的互联网上网服务设施,应当安装未成年人网络保护软件或者采取其他安全保护技术措施。

智能终端产品的制造者、销售者应当在产品上安装未成年人网络保护软件,或者以显著方式告知用户未成年人网络保护软件的安装渠道和方法。

第七十条　学校应当合理使用网络开展教学活动。未经学校允许,未成年学生不得将手机等智能终端产品带入课堂,带入学校的应当统一管理。

学校发现未成年学生沉迷网络的,应当及时告知其父母或者其他监护人,共同对未成年学生进行教育和引导,帮助其恢复正常的学习生活。

第七十一条　未成年人的父母或者其他监护人应当提高网络素养,规范自身使用网络的行为,加强对未成年人使用网络行为的引导和监督。

未成年人的父母或者其他监护人应当通过在智能终端产品上安装未成年人网络保护软件、选择适合未成年人的服务模式和管理功能等方式,避免未成年人接触危害或者可能影响其身心健康的网络信息,合理安排未成年人使用网络的时间,有效预防未成年人沉迷网络。

第七十二条　信息处理者通过网络处理未成年人个人信息的,应当遵循合法、正当和必要的原则。处理不满十四周岁未成年人个人信息的,应当征得未成年人的父母或者其他监护人同意,但法律、行政法规另有规定的除外。

未成年人、父母或者其他监护人要求信息处理者更正、删除未成年人个人信息的,信息处理者应当及时采取措施予以更正、删除,但法律、行政法规另有规定的除外。

第七十三条　网络服务提供者发现未成年人通过网络发布私密信息的,应当及时提示,并采取必要的保护措施。

第七十四条　网络产品和服务提供者不得向未成年人提供诱导其沉迷的产品和服务。

网络游戏、网络直播、网络音视频、网络社交等网络服务提供者应当针对未成年人使用其服务设置相应的时间管理、权限管理、消费管理等功能。

以未成年人为服务对象的在线教育网络产品和服务,不得插入网络游戏链接,不得推送广告等与教学无关的信息。

第七十五条　网络游戏经依法审批后方可运营。

国家建立统一的未成年人网络游戏电子身份认证系统。网络游戏服务提供者应当要求未成年人以真实身份信息注册并登录网络游戏。

网络游戏服务提供者应当按照国家有关规定和标准,对游戏产品进行分类,作出适龄提示,并采取技术措施,不得让未成年人接触不适宜的游戏或者游戏功能。

网络游戏服务提供者不得在每日二十二时至次日八时向未成年人提供网络游戏服务。

第七十六条　网络直播服务提供者不得为未满十六周岁的未成年人提供网络直播发布者账号注册服务;为年满十六周岁的未成年人提供网络直播发布者账号注册服务时,应当对其身份信息进行认证,并征得其父母或者其他监护人同意。

第七十七条　任何组织或者个人不得通过网络以文字、图片、音视频等形式,对未成年人实施侮辱、诽谤、威胁或者恶意损害形象等网络欺凌行为。

遭受网络欺凌的未成年人及其父母或者其他监护人有权通知网络服务提供者采取删除、屏蔽、断开链接等措施。网络服务提供者接到通知后,应当及时采取必要的措施制止网络欺凌行为,防止信息扩散。

第七十八条　网络产品和服务提供者应当建立便捷、合理、有效的投诉和举报渠道,公开投诉、举报方式等信息,及时受理并处理涉及未成年人的投诉、举报。

第七十九条　任何组织或者个人发现网络产品、服务含有危害未成年人身心健康的信息,有权向网络产品和服务提供者或者网信、公安等部门投诉、举报。

第八十条　网络服务提供者发现用户发布、传播可能影响未成年人身心健康的信息且未作显著提示的,应当作出提示或者通知用户予以提示;未作出提示的,不得传输相关信息。

网络服务提供者发现用户发布、传播含有危害未成年人身心健康内容的信息的,应当立即停止传输相关信息,采取删除、屏蔽、断开链接等处置措施,保存有关记录,并向网信、公安等部门报告。

网络服务提供者发现用户利用其网络服务对未成年人实施违法犯罪行为的,应当立即停止向该用户提供网络服务,保存有关记录,并向公安机关报告。

第六章　政府保护

第八十一条　县级以上人民政府承担未成年人保护协调机制具体工作的职能部门应当明确相关内设机构或者专门人员,负责承担未成年人保护工作。

乡镇人民政府和街道办事处应当设立未成年人保护工作站或者指定专门人员,及时办理未成年人相关事务;支持、指导居民委员会、村民委员会设立专人专岗,做好未成年人保护工作。

第八十二条　各级人民政府应当将家庭教育指导服务纳入城乡公共服务体系,开展家庭教育知识宣传,鼓励和支持有关人民团体、企业事业单位、社会组织开展家庭教育指导服务。

第八十三条　各级人民政府应当保障未成年人受教育的权利,并采取措施保障留守未成年人、困境未成年人、残疾未成年人接受义务教育。

对尚未完成义务教育的辍学未成年学生,教育行政部门应当责令父母或者其他监护人将其送入学校接受义务教育。

第八十四条　各级人民政府应当发展托育、学前教育事业,办好婴幼儿照护服务机构、幼儿园,支持社会力量依法兴办母婴室、婴幼儿照护服务机构、幼儿园。

县级以上地方人民政府及其有关部门应当培养和培训婴幼儿照护服务机构、幼儿园的保教人员,提高其职业道德素质和业务能力。

第八十五条　各级人民政府应当发展职业教育,保障未成年人接受职业教育或者职业技能培训,鼓励和支持人民团体、企业事业单位、社会组织为未成年人提供职业技能培训服务。

第八十六条　各级人民政府应当保障具有接受普通教育能力、能适应校园生活的残疾未成年人就近在普通学校、幼儿园接受教育;保障不具有接受普通教育能力的残疾未成年人在特殊教育学校、幼儿园接受学前教育、义务教育和职业教育。

各级人民政府应当保障特殊教育学校、幼儿园的办学、办园条件,鼓励和支持社会力量举办特殊教育学校、幼儿园。

第八十七条　地方人民政府及其有关部门应当保障校园安全,监督、指导学校、幼儿园等单位落实校园安全责任,建立突发事件的报告、处置和协调机制。

第八十八条　公安机关和其他有关部门应当依法维护校园周边的治安和交通秩序,设置监控设备和交通安全设施,预防和制止侵害未成年人的违法犯罪行为。

第八十九条　地方人民政府应当建立和改善适合未成年人的活动场所和设施,支持公益性未成年人活动场所和设施的建设和运行,鼓励社会力量兴办适合未成年人的活动场所和设施,并加强管理。

地方人民政府应当采取措施,鼓励和支持学校在国家法定节假日、休息日及寒暑假期将文化体育设施对未成年人免费或者优惠开放。

地方人民政府应当采取措施,防止任何组织或者个人侵占、破坏学校、幼儿园、婴幼儿照护服务机构等未成年人活动场所的场地、房屋和设施。

第九十条　各级人民政府及其有关部门应当对未成年人进行卫生保健和营养指导,提供卫生保健服务。

卫生健康部门应当依法对未成年人的疫苗预防接种进行规范,防治未成年人常见病、多发病,加强传染病防治和监督管理,做好伤害预防和干预,指导和监督学校、幼儿园、婴幼儿照护服务机构开展卫生保健工作。

教育行政部门应当加强未成年人的心理健康教育,建立未成年人心理问题的早期发现和及时干预机制。卫生健康部门应当做好未成年人心理治疗、心理危机干预以及精神障碍早期识别和诊断治疗等工作。

第九十一条　各级人民政府及其有关部门对困境未成年人实施分类保障,采取措施满足其生活、教育、安全、医疗康复、住房等方面的基本需要。

第九十二条　具有下列情形之一的,民政部门应当依法对未成年人进行临时监护:

(一)未成年人流浪乞讨或者身份不明,暂时查找不到父母或者其他监护人;

(二)监护人下落不明且无其他人可以担任监护人;

(三)监护人因自身客观原因或者因发生自然灾害、事故灾难、公共卫生事件等突发事件不能履行监护职责,导致未成年人监护缺失;

(四)监护人拒绝或者怠于履行监护职责,导致未成年人处于无人照料的状态；

（五）监护人教唆、利用未成年人实施违法犯罪行为，未成年人需要被带离安置；

（六）未成年人遭受监护人严重伤害或者面临人身安全威胁，需要被紧急安置；

（七）法律规定的其他情形。

第九十三条　对临时监护的未成年人，民政部门可以采取委托亲属抚养、家庭寄养等方式进行安置，也可以交由未成年人救助保护机构或者儿童福利机构进行收留、抚养。

临时监护期间，经民政部门评估，监护人重新具备履行监护职责条件的，民政部门可以将未成年人送回监护人抚养。

第九十四条　具有下列情形之一的，民政部门应当依法对未成年人进行长期监护：

（一）查找不到未成年人的父母或者其他监护人；

（二）监护人死亡或者被宣告死亡且无其他人可以担任监护人；

（三）监护人丧失监护能力且无其他人可以担任监护人；

（四）人民法院判决撤销监护人资格并指定由民政部门担任监护人；

（五）法律规定的其他情形。

第九十五条　民政部门进行收养评估后，可以依法将其长期监护的未成年人交由符合条件的申请人收养。收养关系成立后，民政部门与未成年人的监护关系终止。

第九十六条　民政部门承担临时监护或者长期监护职责的，财政、教育、卫生健康、公安等部门应当根据各自职责予以配合。

县级以上人民政府及其民政部门应当根据需要设立未成年人救助保护机构、儿童福利机构，负责收留、抚养由民政部门监护的未成年人。

第九十七条　县级以上人民政府应当开通全国统一的未成年人保护热线，及时受理、转介侵犯未成年人合法权益的投诉、举报；鼓励和支持人民团体、企业事业单位、社会组织参与建设未成年人保护服务平台、服务热线、服务站点，提供未成年人保护方面的咨询、帮助。

第九十八条　国家建立性侵害、虐待、拐卖、暴力伤害等违法犯罪人员信息查询系统，向密切接触未成年人的单位提供免费查询服务。

第九十九条　地方人民政府应当培育、引导和规范有关社会组织、社会工作者参与未成年人保护工作，开展家庭教育指导服务，为未成年人的心理辅导、康复救助、监护及收养评估等提供专业服务。

第七章　司法保护

第一百条　公安机关、人民检察院、人民法院和司法行政部门应当依法履行职责，保障未成年人合法权益。

第一百零一条　公安机关、人民检察院、人民法院和司法行政部门应当确定专门机构或者指定专门人员，负责办理涉及未成年人案件。办理涉及未成年人案件的人员应当经过专门培训，熟悉未成年人身心特点。专门机构或者专门人员中，应当有女性工作人员。

公安机关、人民检察院、人民法院和司法行政部门应当对上述机构和人员实行与未成年人保护工作相适应的评价考核标准。

第一百零二条　公安机关、人民检察院、人民法院和司法行政部门办理涉及未成年人案件，应当考虑未成年人身心特点和健康成长的需要，使用未成年人能够理解的语言和表达方式，听取未成年人的意见。

第一百零三条　公安机关、人民检察院、人民法院、司法行政部门以及其他组织和个人不得披露有关案件中未成年人的姓名、影像、住所、就读学校以及其他可能识别出其身份的信息，但查找失踪、被拐卖未成年人等情形除外。

第一百零四条　对需要法律援助或者司法救助的未成年人，法律援助机构或者公安机关、人民检察院、人民法院和司法行政部门应当给予帮助，依法为其提供法律援助或者司法救助。

法律援助机构应当指派熟悉未成年人身心特点的律师为未成年人提供法律援助服务。

法律援助机构和律师协会应当对办理未成年人法律援助案件的律师进行指导和培训。

第一百零五条　人民检察院通过行使检察权，对涉及未成年人的诉讼活动等依法进行监督。

第一百零六条　未成年人合法权益受到侵犯，相关组织和个人未代为提起诉讼的，人民检察院可以督促、支持其提起诉讼；涉及公共利益的，人民检察院有权提起公益诉讼。

第一百零七条　人民法院审理继承案件，应当依法保护未成年人的继承权和受遗赠权。

人民法院审理离婚案件，涉及未成年子女抚养问题的，应当尊重已满八周岁未成年子女的真实意愿，根据双方具体情况，按照最有利于未成年子女的原则依法处理。

第一百零八条　未成年人的父母或者其他监护人不

依法履行监护职责或者严重侵犯被监护的未成年人合法权益的，人民法院可以根据有关人员或者单位的申请，依法作出人身安全保护令或者撤销监护人资格。

被撤销监护人资格的父母或者其他监护人应当依法继续负担抚养费用。

第一百零九条　人民法院审理离婚、抚养、收养、监护、探望等案件涉及未成年人的，可以自行或者委托社会组织对未成年人的相关情况进行社会调查。

第一百一十条　公安机关、人民检察院、人民法院讯问未成年犯罪嫌疑人、被告人，询问未成年被害人、证人，应当依法通知其法定代理人或者其成年亲属、所在学校的代表等合适成年人到场，并采取适当方式，在适当场所进行，保障未成年人的名誉权、隐私权和其他合法权益。

人民法院开庭审理涉及未成年人案件，未成年被害人、证人一般不出庭作证；必须出庭的，应当采取保护其隐私的技术手段和心理干预等保护措施。

第一百一十一条　公安机关、人民检察院、人民法院应当与其他有关政府部门、人民团体、社会组织互相配合，对遭受性侵害或者暴力伤害的未成年被害人及其家庭实施必要的心理干预、经济救助、法律援助、转学安置等保护措施。

第一百一十二条　公安机关、人民检察院、人民法院办理未成年人遭受性侵害或者暴力伤害案件，在询问未成年被害人、证人时，应当采取同步录音录像等措施，尽量一次完成；未成年被害人、证人是女性的，应当由女性工作人员进行。

第一百一十三条　对违法犯罪的未成年人，实行教育、感化、挽救的方针，坚持教育为主、惩治为辅的原则。

对违法犯罪的未成年人依法处罚后，在升学、就业等方面不得歧视。

第一百一十四条　公安机关、人民检察院、人民法院和司法行政部门发现有关单位未尽到未成年人教育、管理、救助、看护等保护职责的，应当向该单位提出建议。被建议单位应当在一个月内作出书面回复。

第一百一十五条　公安机关、人民检察院、人民法院和司法行政部门应当结合实际，根据涉及未成年人案件的特点，开展未成年人法治宣传教育工作。

第一百一十六条　国家鼓励和支持社会组织、社会工作者参与涉及未成年人案件中未成年人的心理干预、法律援助、社会调查、社会观护、教育矫治、社区矫正等工作。

第八章　法律责任

第一百一十七条　违反本法第十一条第二款规定，未履行报告义务造成严重后果的，由上级主管部门或者所在单位对直接负责的主管人员和其他直接责任人员依法给予处分。

第一百一十八条　未成年人的父母或者其他监护人不依法履行监护职责或者侵犯未成年人合法权益的，由其居住地的居民委员会、村民委员会予以劝诫、制止；情节严重的，居民委员会、村民委员会应当及时向公安机关报告。

公安机关接到报告或者公安机关、人民检察院、人民法院在办理案件过程中发现未成年人的父母或者其他监护人存在上述情形的，应当予以训诫，并可以责令其接受家庭教育指导。

第一百一十九条　学校、幼儿园、婴幼儿照护服务等机构及其教职员工违反本法第二十七条、第二十八条、第三十九条规定的，由公安、教育、卫生健康、市场监督管理等部门按照职责分工责令改正；拒不改正或者情节严重的，对直接负责的主管人员和其他直接责任人员依法给予处分。

第一百二十条　违反本法第四十四条、第四十五条、第四十七条规定，未给予未成年人免费或者优惠待遇的，由市场监督管理、文化和旅游、交通运输等部门按照职责分工责令限期改正，给予警告；拒不改正的，处一万元以上十万元以下罚款。

第一百二十一条　违反本法第五十条、第五十一条规定的，由新闻出版、广播电视、电影、网信等部门按照职责分工责令限期改正，给予警告，没收违法所得，可以并处十万元以下罚款；拒不改正或者情节严重的，责令暂停相关业务、停产停业或者吊销营业执照、吊销相关许可证，违法所得一百万元以上的，并处违法所得一倍以上十倍以下的罚款，没有违法所得或者违法所得不足一百万元的，并处十万元以上一百万元以下罚款。

第一百二十二条　场所运营单位违反本法第五十六条第二款规定、住宿经营者违反本法第五十七条规定的，由市场监督管理、应急管理、公安等部门按照职责分工责令限期改正，给予警告；拒不改正或者造成严重后果的，责令停业整顿或者吊销营业执照、吊销相关许可证，并处一万元以上十万元以下罚款。

第一百二十三条　相关经营者违反本法第五十八条、第五十九条第一款、第六十条规定的，由文化和旅游、市场监督管理、烟草专卖、公安等部门按照职责分工责令限期改正，给予警告，没收违法所得，可以并处五万元以下罚款；拒不改正或者情节严重的，责令停业整顿或者吊销营业执照、吊销相关许可证,可以并处五万元以上五十万元以下罚款。

第一百二十四条 违反本法第五十九条第二款规定,在学校、幼儿园和其他未成年人集中活动的公共场所吸烟、饮酒的,由卫生健康、教育、市场监督管理等部门按照职责分工责令改正,给予警告,可以并处五百元以下罚款;场所管理者未及时制止的,由卫生健康、教育、市场监督管理等部门按照职责分工给予警告,并处一万元以下罚款。

第一百二十五条 违反本法第六十一条规定的,由文化和旅游、人力资源和社会保障、市场监督管理等部门按照职责分工责令限期改正,给予警告,没收违法所得,可以并处十万元以下罚款;拒不改正或者情节严重的,责令停产停业或者吊销营业执照、吊销相关许可证,并处十万元以上一百万元以下罚款。

第一百二十六条 密切接触未成年人的单位违反本法第六十二条规定,未履行查询义务,或者招用、继续聘用具有相关违法犯罪记录人员的,由教育、人力资源和社会保障、市场监督管理等部门按照职责分工责令限期改正,给予警告,并处五万元以下罚款;拒不改正或者造成严重后果的,责令停业整顿或者吊销营业执照、吊销相关许可证,并处五万元以上五十万元以下罚款,对直接负责的主管人员和其他直接责任人员依法给予处分。

第一百二十七条 信息处理者违反本法第七十二条规定,或者网络产品和服务提供者违反本法第七十三条、第七十四条、第七十五条、第七十六条、第七十七条、第八十条规定的,由公安、网信、电信、新闻出版、广播电视、文化和旅游等有关部门按照职责分工责令改正,给予警告,没收违法所得,违法所得一百万元以上的,并处违法所得一倍以上十倍以下罚款,没有违法所得或者违法所得不足一百万元的,并处十万元以上一百万元以下罚款,对直接负责的主管人员和其他责任人员处一万元以上十万元以下罚款;拒不改正或者情节严重的,并可以责令暂停相关业务、停业整顿、关闭网站、吊销营业执照或者吊销相关许可证。

第一百二十八条 国家机关工作人员玩忽职守、滥用职权、徇私舞弊,损害未成年人合法权益的,依法给予处分。

第一百二十九条 违反本法规定,侵犯未成年人合法权益,造成人身、财产或者其他损害的,依法承担民事责任。

违反本法规定,构成违反治安管理行为的,依法给予治安管理处罚;构成犯罪的,依法追究刑事责任。

第九章　附　则

第一百三十条 本法中下列用语的含义:

(一)密切接触未成年人的单位,是指学校、幼儿园等教育机构;校外培训机构;未成年人救助保护机构、儿童福利机构等未成年人安置、救助机构;婴幼儿照护服务机构、早期教育服务机构;校外托管、临时看护机构;家政服务机构;为未成年人提供医疗服务的医疗机构;其他对未成年人负有教育、培训、监护、救助、看护、医疗等职责的企业事业单位、社会组织等。

(二)学校,是指普通中小学、特殊教育学校、中等职业学校、专门学校。

(三)学生欺凌,是指发生在学生之间,一方蓄意或者恶意通过肢体、语言及网络等手段实施欺压、侮辱,造成另一方人身伤害、财产损失或者精神损害的行为。

第一百三十一条 对中国境内未满十八周岁的外国人、无国籍人,依照本法有关规定予以保护。

第一百三十二条 本法自 2021 年 6 月 1 日起施行。

未成年人网络保护条例

· 2023 年 9 月 20 日国务院第 15 次常务会议通过
· 2023 年 10 月 16 日中华人民共和国国务院令第 766 号公布
· 自 2024 年 1 月 1 日起施行

第一章　总　则

第一条 为了营造有利于未成年人身心健康的网络环境,保障未成年人合法权益,根据《中华人民共和国未成年人保护法》《中华人民共和国网络安全法》《中华人民共和国个人信息保护法》等法律,制定本条例。

第二条 未成年人网络保护工作应当坚持中国共产党的领导,坚持以社会主义核心价值观为引领,坚持最有利于未成年人的原则,适应未成年人身心健康发展和网络空间的规律和特点,实行社会共治。

第三条 国家网信部门负责统筹协调未成年人网络保护工作,并依据职责做好未成年人网络保护工作。

国家新闻出版、电影部门和国务院教育、电信、公安、民政、文化和旅游、卫生健康、市场监督管理、广播电视等有关部门依据各自职责做好未成年人网络保护工作。

县级以上地方人民政府及其有关部门依据各自职责做好未成年人网络保护工作。

第四条 共产主义青年团、妇女联合会、工会、残疾人联合会、关心下一代工作委员会、青年联合会、学生联合会、少年先锋队以及其他人民团体、有关社会组织、基层群众性自治组织，协助有关部门做好未成年人网络保护工作，维护未成年人合法权益。

第五条　学校、家庭应当教育引导未成年人参加有益身心健康的活动，科学、文明、安全、合理使用网络，预防和干预未成年人沉迷网络。

第六条　网络产品和服务提供者、个人信息处理者、智能终端产品制造者和销售者应当遵守法律、行政法规和国家有关规定，尊重社会公德，遵守商业道德，诚实信用，履行未成年人网络保护义务，承担社会责任。

第七条　网络产品和服务提供者、个人信息处理者、智能终端产品制造者和销售者应当接受政府和社会的监督，配合有关部门依法实施涉及未成年人网络保护工作的监督检查，建立便捷、合理、有效的投诉、举报渠道，通过显著方式公布投诉、举报途径和方法，及时受理并处理公众投诉、举报。

第八条　任何组织和个人发现违反本条例规定的，可以向网信、新闻出版、电影、教育、电信、公安、民政、文化和旅游、卫生健康、市场监督管理、广播电视等有关部门投诉、举报。收到投诉、举报的部门应当及时依法作出处理；不属于本部门职责的，应当及时移送有权处理的部门。

第九条　网络相关行业组织应当加强行业自律，制定未成年人网络保护相关行业规范，指导会员履行未成年人网络保护义务，加强对未成年人的网络保护。

第十条　新闻媒体应当通过新闻报道、专题栏目（节目）、公益广告等方式，开展未成年人网络保护法律法规、政策措施、典型案例和有关知识的宣传，对侵犯未成年人合法权益的行为进行舆论监督，引导全社会共同参与未成年人网络保护。

第十一条　国家鼓励和支持在未成年人网络保护领域加强科学研究和人才培养，开展国际交流与合作。

第十二条　对在未成年人网络保护工作中作出突出贡献的组织和个人，按照国家有关规定给予表彰和奖励。

第二章　网络素养促进

第十三条　国务院教育部门应当将网络素养教育纳入学校素质教育内容，并会同国家网信部门制定未成年人网络素养测评指标。

教育部门应当指导、支持学校开展未成年人网络素养教育，围绕网络道德意识形成、网络法治观念培养、网络使用能力建设、人身财产安全保护等，培育未成年人网络安全意识、文明素养、行为习惯和防护技能。

第十四条　县级以上人民政府应当科学规划、合理布局，促进公益性上网服务均衡协调发展，加强提供公益性上网服务的公共文化设施建设，改善未成年人上网条件。

县级以上地方人民政府应当通过为中小学校配备具有相应专业能力的指导教师、政府购买服务或者鼓励中小学校自行采购相关服务等方式，为学生提供优质的网络素养教育课程。

第十五条　学校、社区、图书馆、文化馆、青少年宫等场所为未成年人提供互联网上网服务设施的，应当通过安排专业人员、招募志愿者等方式，以及安装未成年人网络保护软件或者采取其他安全保护技术措施，为未成年人提供上网指导和安全、健康的上网环境。

第十六条　学校应当将提高学生网络素养等内容纳入教育教学活动，并合理使用网络开展教学活动，建立健全学生在校期间上网的管理制度，依法规范管理未成年学生带入学校的智能终端产品，帮助学生养成良好上网习惯，培养学生网络安全和网络法治意识，增强学生对网络信息的获取和分析判断能力。

第十七条　未成年人的监护人应当加强家庭家教家风建设，提高自身网络素养，规范自身使用网络的行为，加强对未成年人使用网络行为的教育、示范、引导和监督。

第十八条　国家鼓励和支持研发、生产和使用专门以未成年人为服务对象、适应未成年人身心健康发展规律和特点的网络保护软件、智能终端产品和未成年人模式、未成年人专区等网络技术、产品、服务，加强网络无障碍环境建设和改造，促进未成年人开阔眼界、陶冶情操、提高素质。

第十九条　未成年人网络保护软件、专门供未成年人使用的智能终端产品应当具有有效识别违法信息和可能影响未成年人身心健康的信息、保护未成年人个人信息权益、预防未成年人沉迷网络、便于监护人履行监护职责等功能。

国家网信部门会同国务院有关部门根据未成年人网络保护工作的需要，明确未成年人网络保护软件、专门供未成年人使用的智能终端产品的相关技术标准或者要求，指导监督网络相关行业组织按照有关技术标准和要求对未成年人网络保护软件、专门供未成年人使用的智能终端产品的使用效果进行评估。

智能终端产品制造者应当在产品出厂前安装未成年人网络保护软件，或者采用显著方式告知用户安装渠道和方法。智能终端产品销售者在产品销售前应当采用显著方式告知用户安装未成年人网络保护软件的情况以及安装渠道和方法。

未成年人的监护人应当合理使用并指导未成年人使用网络保护软件、智能终端产品等，创造良好的网络使用家庭环境。

第二十条　未成年人用户数量巨大或者对未成年人群体具有显著影响的网络平台服务提供者，应当履行下列义务：

（一）在网络平台服务的设计、研发、运营等阶段，充分考虑未成年人身心健康发展特点，定期开展未成年人网络保护影响评估；

（二）提供未成年人模式或者未成年人专区等，便利未成年人获取有益身心健康的平台内产品或者服务；

（三）按照国家规定建立健全未成年人网络保护合规制度体系，成立主要由外部成员组成的独立机构，对未成年人网络保护情况进行监督；

（四）遵循公开、公平、公正的原则，制定专门的平台规则，明确平台内产品或者服务提供者的未成年人网络保护义务，并以显著方式提示未成年人用户依法享有的网络保护权利和遭受网络侵害的救济途径；

（五）对违反法律、行政法规严重侵害未成年人身心健康或者侵犯未成年人其他合法权益的平台内产品或者服务提供者，停止提供服务；

（六）每年发布专门的未成年人网络保护社会责任报告，并接受社会监督。

前款所称的未成年人用户数量巨大或者对未成年人群体具有显著影响的网络平台服务提供者的具体认定办法，由国家网信部门会同有关部门另行制定。

第三章　网络信息内容规范

第二十一条　国家鼓励和支持制作、复制、发布、传播弘扬社会主义核心价值观和社会主义先进文化、革命文化、中华优秀传统文化，铸牢中华民族共同体意识，培养未成年人家国情怀和良好品德，引导未成年人养成良好生活习惯和行为习惯等的网络信息，营造有利于未成年人健康成长的清朗网络空间和良好网络生态。

第二十二条　任何组织和个人不得制作、复制、发布、传播含有宣扬淫秽、色情、暴力、邪教、迷信、赌博、引诱自残自杀、恐怖主义、分裂主义、极端主义等危害未成年人身心健康内容的网络信息。

任何组织和个人不得制作、复制、发布、传播或者持有有关未成年人的淫秽色情网络信息。

第二十三条　网络产品和服务中含有可能引发或者诱导未成年人模仿不安全行为、实施违反社会公德行为、产生极端情绪、养成不良嗜好等可能影响未成年人身心健康的信息的，制作、复制、发布、传播该信息的组织和个人应当在信息展示前予以显著提示。

国家网信部门会同国家新闻出版、电影部门和国务院教育、电信、公安、文化和旅游、广播电视等部门，在前款规定基础上确定可能影响未成年人身心健康的信息的具体种类、范围、判断标准和提示办法。

第二十四条　任何组织和个人不得在专门以未成年人为服务对象的网络产品和服务中制作、复制、发布、传播本条例第二十三条第一款规定的可能影响未成年人身心健康的信息。

网络产品和服务提供者不得在首页首屏、弹窗、热搜等处于产品或者服务醒目位置、易引起用户关注的重点环节呈现本条例第二十三条第一款规定的可能影响未成年人身心健康的信息。

网络产品和服务提供者不得通过自动化决策方式向未成年人进行商业营销。

第二十五条　任何组织和个人不得向未成年人发送、推送或者诱骗、强迫未成年人接触含有危害或者可能影响未成年人身心健康内容的网络信息。

第二十六条　任何组织和个人不得通过网络以文字、图片、音视频等形式，对未成年人实施侮辱、诽谤、威胁或者恶意损害形象等网络欺凌行为。

网络产品和服务提供者应当建立健全网络欺凌行为的预警预防、识别监测和处置机制，设置便利未成年人及其监护人保存遭受网络欺凌记录、行使通知权利的功能、渠道，提供便利未成年人设置屏蔽陌生用户、本人发布信息可见范围、禁止转载或者评论本人发布信息、禁止向本人发送信息等网络欺凌信息防护选项。

网络产品和服务提供者应当建立健全网络欺凌信息特征库，优化相关算法模型，采用人工智能、大数据等技术手段和人工审核相结合的方式加强对网络欺凌信息的识别监测。

第二十七条　任何组织和个人不得通过网络以文字、图片、音视频等形式，组织、教唆、胁迫、引诱、欺骗、帮助未成年人实施违法犯罪行为。

第二十八条　以未成年人为服务对象的在线教育网络产品和服务提供者，应当按照法律、行政法规和国家有关规定，根据不同年龄阶段未成年人身心发展特点和认知能力提供相应的产品和服务。

第二十九条　网络产品和服务提供者应当加强对用户发布信息的管理，采取有效措施防止制作、复制、发布、传播违反本条例第二十二条、第二十四条、第二十五条、第二十六条第一款、第二十七条规定的信息，发现违反上述条款规定的信息的，应当立即停止传输相关信息，采取删除、屏蔽、断开链接等处置措施，防止信息扩散，保存有关记录，向网信、公安等部门报告，并对制作、复制、发布、传播上述信息的用户采取警示、限制功能、暂停服务、关闭账号等处置措施。

网络产品和服务提供者发现用户发布、传播本条例第二十三条第一款规定的信息未予显著提示的，应当作出提示或者通知用户予以提示；未作出提示的，不得传输该信息。

第三十条　国家网信、新闻出版、电影部门和国务院教育、电信、公安、文化和旅游、广播电视等部门发现违反本条例第二十二条、第二十四条、第二十五条、第二十六条第一款、第二十七条规定的信息的，或者发现本条例第二十三条第一款规定的信息未予显著提示的，应当要求网络产品和服务提供者按照本条例第二十九条的规定予以处理；对来源于境外的上述信息，应当依法通知有关机构采取技术措施和其他必要措施阻断传播。

第四章　个人信息网络保护

第三十一条　网络服务提供者为未成年人提供信息发布、即时通讯等服务的，应当依法要求未成年人或者其监护人提供未成年人真实身份信息。未成年人或者其监护人不提供未成年人真实身份信息的，网络服务提供者不得为未成年人提供相关服务。

网络直播服务提供者应当建立网络直播发布者真实身份信息动态核验机制，不得向不符合法律规定情形的未成年人用户提供网络直播发布服务。

第三十二条　个人信息处理者应当严格遵守国家网信部门和有关部门关于网络产品和服务必要个人信息范围的规定，不得强制要求未成年人或者其监护人同意非必要的个人信息处理行为，不得因为未成年人或者其监护人不同意处理未成年人非必要个人信息或者撤回同意，拒绝未成年人使用其基本功能服务。

第三十三条　未成年人的监护人应当教育引导未成年人增强个人信息保护意识和能力，掌握个人信息范围、了解个人信息安全风险，指导未成年人行使其在个人信息处理活动中的查阅、复制、更正、补充、删除等权利，保护未成年人个人信息权益。

第三十四条　未成年人或者其监护人依法请求查阅、复制、更正、补充、删除未成年人个人信息的，个人信息处理者应当遵守以下规定：

（一）提供便捷的支持未成年人或者其监护人查阅未成年人个人信息种类、数量等的方法和途径，不得对未成年人或者其监护人的合理请求进行限制；

（二）提供便捷的支持未成年人或者其监护人复制、更正、补充、删除未成年人个人信息的功能，不得设置不合理条件；

（三）及时受理并处理未成年人或者其监护人查阅、复制、更正、补充、删除未成年人个人信息的申请，拒绝未成年人或者其监护人行使权利的请求的，应当书面告知申请人并说明理由。

对未成年人或者其监护人依法提出的转移未成年人个人信息的请求，符合国家网信部门规定条件的，个人信息处理者应当提供转移的途径。

第三十五条　发生或者可能发生未成年人个人信息泄露、篡改、丢失的，个人信息处理者应当立即启动个人信息安全事件应急预案，采取补救措施，及时向网信等部门报告，并按照国家有关规定将事件情况以邮件、信函、电话、信息推送等方式告知受影响的未成年人及其监护人。

个人信息处理者难以逐一告知的，应当采取合理、有效的方式及时发布相关警示信息，法律、行政法规另有规定的除外。

第三十六条　个人信息处理者对其工作人员应当以最小授权为原则，严格设定信息访问权限，控制未成年人个人信息知悉范围。工作人员访问未成年人个人信息的，应当经过相关负责人或者其授权的管理人员审批，记录访问情况，并采取技术措施，避免违法处理未成年人个人信息。

第三十七条　个人信息处理者应当自行或者委托专业机构每年对其处理未成年人个人信息遵守法律、行政法规的情况进行合规审计，并将审计情况及时报告网信等部门。

第三十八条　网络服务提供者发现未成年人私密信息或者未成年人通过网络发布的个人信息中涉及私密信息的，应当及时提示，并采取停止传输等必要保护措施，防止信息扩散。

网络服务提供者通过未成年人私密信息发现未成年人可能遭受侵害的，应当立即采取必要措施保存有关记录，并向公安机关报告。

第五章　网络沉迷防治

第三十九条　对未成年人沉迷网络进行预防和干

预,应当遵守法律、行政法规和国家有关规定。

教育、卫生健康、市场监督管理等部门依据各自职责对从事未成年人沉迷网络预防和干预活动的机构实施监督管理。

第四十条　学校应当加强对教师的指导和培训,提高教师对未成年学生沉迷网络的早期识别和干预能力。对于有沉迷网络倾向的未成年学生,学校应当及时告知其监护人,共同对未成年学生进行教育和引导,帮助其恢复正常的学习生活。

第四十一条　未成年人的监护人应当指导未成年人安全合理使用网络,关注未成年人上网情况以及相关生理状况、心理状况、行为习惯,防范未成年人接触危害或者可能影响其身心健康的网络信息,合理安排未成年人使用网络的时间,预防和干预未成年人沉迷网络。

第四十二条　网络产品和服务提供者应当建立健全防沉迷制度,不得向未成年人提供诱导其沉迷的产品和服务,及时修改可能造成未成年人沉迷的内容、功能和规则,并每年向社会公布防沉迷工作情况,接受社会监督。

第四十三条　网络游戏、网络直播、网络音视频、网络社交等网络服务提供者应当针对不同年龄阶段未成年人使用其服务的特点,坚持融合、友好、实用、有效的原则,设置未成年人模式,在使用时段、时长、功能和内容等方面按照国家有关规定和标准提供相应的服务,并以醒目便捷的方式为监护人履行监护职责提供时间管理、权限管理、消费管理等功能。

第四十四条　网络游戏、网络直播、网络音视频、网络社交等网络服务提供者应当采取措施,合理限制不同年龄阶段未成年人在使用其服务中的单次消费数额和单日累计消费数额,不得向未成年人提供与其民事行为能力不符的付费服务。

第四十五条　网络游戏、网络直播、网络音视频、网络社交等网络服务提供者应当采取措施,防范和抵制流量至上等不良价值倾向,不得设置以应援集资、投票打榜、刷量控评等为主题的网络社区、群组、话题,不得诱导未成年人参与应援集资、投票打榜、刷量控评等网络活动,并预防和制止其用户诱导未成年人实施上述行为。

第四十六条　网络游戏服务提供者应当通过统一的未成年人网络游戏电子身份认证系统等必要手段验证未成年人用户真实身份信息。

网络产品和服务提供者不得为未成年人提供游戏账号租售服务。

第四十七条　网络游戏服务提供者应当建立、完善预防未成年人沉迷网络的游戏规则,避免未成年人接触可能影响其身心健康的游戏内容或者游戏功能。

网络游戏服务提供者应当落实适龄提示要求,根据不同年龄阶段未成年人身心发展特点和认知能力,通过评估游戏产品的类型、内容与功能等要素,对游戏产品进行分类,明确游戏产品适合的未成年人用户年龄阶段,并在用户下载、注册、登录界面等位置予以显著提示。

第四十八条　新闻出版、教育、卫生健康、文化和旅游、广播电视、网信等部门应当定期开展预防未成年人沉迷网络的宣传教育,监督检查网络产品和服务提供者履行预防未成年人沉迷网络义务的情况,指导家庭、学校、社会组织互相配合,采取科学、合理的方式对未成年人沉迷网络进行预防和干预。

国家新闻出版部门牵头组织开展未成年人沉迷网络游戏防治工作,会同有关部门制定关于向未成年人提供网络游戏服务的时段、时长、消费上限等管理规定。

卫生健康、教育等部门依据各自职责指导有关医疗卫生机构、高等学校等,开展未成年人沉迷网络所致精神障碍和心理行为问题的基础研究和筛查评估、诊断、预防、干预等应用研究。

第四十九条　严禁任何组织和个人以虐待、胁迫等侵害未成年人身心健康的方式干预未成年人沉迷网络、侵犯未成年人合法权益。

第六章　法律责任

第五十条　地方各级人民政府和县级以上有关部门违反本条例规定,不履行未成年人网络保护职责的,由其上级机关责令改正;拒不改正或者情节严重的,对负有责任的领导人员和直接责任人员依法给予处分。

第五十一条　学校、社区、图书馆、文化馆、青少年宫等违反本条例规定,不履行未成年人网络保护职责的,由教育、文化和旅游等部门依据各自职责责令改正;拒不改正或者情节严重的,对负有责任的领导人员和直接责任人员依法给予处分。

第五十二条　未成年人的监护人不履行本条例规定的监护职责或者侵犯未成年人合法权益的,由未成年人居住地的居民委员会、村民委员会、妇女联合会,监护人所在单位,中小学校、幼儿园等有关密切接触未成年人的单位依法予以批评教育,劝诫制止、督促其接受家庭教育指导等。

第五十三条　违反本条例第七条、第十九条第三款、第三十八条第二款规定的,由网信、新闻出版、电影、教育、电信、公安、民政、文化和旅游、市场监督管理、广播电视等部门依据各自职责责令改正;拒不改正或者情节严重的,处 5 万元以上 50 万元以下罚款,对直接负责的主管人员和其他直接责任人员处 1 万元以上 10 万元以下罚款。

第五十四条　违反本条例第二十条第一款规定的,由网信、新闻出版、电信、公安、文化和旅游、广播电视等部门依据各自职责责令改正,给予警告,没收违法所得;拒不改正的,并处 100 万元以下罚款,对直接负责的主管人员和其他直接责任人员处 1 万元以上 10 万元以下罚款。

违反本条例第二十条第一款第一项和第五项规定,情节严重的,由省级以上网信、新闻出版、电信、公安、文化和旅游、广播电视等部门依据各自职责责令改正,没收违法所得,并处 5000 万元以下或者上一年度营业额百分之五以下罚款,并可以责令暂停相关业务或者停业整顿、通报有关部门依法吊销相关业务许可证或者吊销营业执照;对直接负责的主管人员和其他直接责任人员处 10 万元以上 100 万元以下罚款,并可以决定禁止其在一定期限内担任相关企业的董事、监事、高级管理人员和未成年人保护负责人。

第五十五条　违反本条例第二十四条、第二十五条规定的,由网信、新闻出版、电影、电信、公安、文化和旅游、市场监督管理、广播电视等部门依据各自职责责令限期改正,给予警告,没收违法所得,可以并处 10 万元以下罚款;拒不改正或者情节严重的,责令暂停相关业务、停产停业或者吊销相关业务许可证、吊销营业执照,违法所得 100 万元以上的,并处违法所得 1 倍以上 10 倍以下罚款,没有违法所得或者违法所得不足 100 万元的,并处 10 万元以上 100 万元以下罚款。

第五十六条　违反本条例第二十六条第二款和第三款、第二十八条、第二十九条第一款、第三十一条第二款、第三十六条、第三十八条第一款、第四十二条至第四十五条、第四十六条第二款、第四十七条规定的,由网信、新闻出版、电影、教育、电信、公安、文化和旅游、广播电视等部门依据各自职责责令改正,给予警告,没收违法所得,违法所得 100 万元以上的,并处违法所得 1 倍以上 10 倍以下罚款,没有违法所得或者违法所得不足 100 万元的,并处 10 万元以上 100 万元以下罚款,对直接负责的主管人员和其他直接责任人员处 1 万元以上 10 万元以下罚款;拒不改正或者情节严重的,并可以责令暂停相关业务、停业整顿、关闭网站、吊销相关业务许可证或者吊销营业执照。

第五十七条　网络产品和服务提供者违反本条例规定,受到关闭网站、吊销相关业务许可证或者吊销营业执照处罚的,5 年内不得重新申请相关许可,其直接负责的主管人员和其他直接责任人员 5 年内不得从事同类网络产品和服务业务。

第五十八条　违反本条例规定,侵犯未成年人合法权益,给未成年人造成损害的,依法承担民事责任;构成违反治安管理行为的,依法给予治安管理处罚;构成犯罪的,依法追究刑事责任。

第七章　附　则

第五十九条　本条例所称智能终端产品,是指可以接入网络、具有操作系统、能够由用户自行安装应用软件的手机、计算机等网络终端产品。

第六十条　本条例自 2024 年 1 月 1 日起施行。

学生伤害事故处理办法

·2002 年 6 月 25 日教育部令第 12 号发布
·2010 年 12 月 13 日教育部令第 30 号修订

第一章　总　则

第一条　为积极预防、妥善处理在校学生伤害事故,保护学生、学校的合法权益,根据《中华人民共和国教育法》《中华人民共和国未成年人保护法》和其他相关法律、行政法规及有关规定,制定本办法。

第二条　在学校实施的教育教学活动或者学校组织的校外活动中,以及在学校负有管理责任的校舍、场地、其他教育教学设施、生活设施内发生的,造成在校学生人身损害后果的事故的处理,适用本办法。

第三条　学生伤害事故应当遵循依法、客观公正、合理适当的原则,及时、妥善地处理。

第四条　学校的举办者应当提供符合安全标准的校舍、场地、其他教育教学设施和生活设施。

教育行政部门应当加强学校安全工作,指导学校落实预防学生伤害事故的措施,指导、协助学校妥善处理学生伤害事故,维护学校正常的教育教学秩序。

第五条　学校应当对在校学生进行必要的安全教育和自护自救教育;应当按照规定,建立健全安全制度,采取相应的管理措施,预防和消除教育教学环境中存在的安全隐患;当发生伤害事故时,应当及时采取措施救助受伤害学生。

学校对学生进行安全教育、管理和保护,应当针对学生年龄、认知能力和法律行为能力的不同,采用相应的内容和预防措施。

第六条　学生应当遵守学校的规章制度和纪律；在不同的受教育阶段，应当根据自身的年龄、认知能力和法律行为能力，避免和消除相应的危险。

第七条　未成年学生的父母或者其他监护人（以下称为监护人）应当依法履行监护职责，配合学校对学生进行安全教育、管理和保护工作。

学校对未成年学生不承担监护职责，但法律有规定的或者学校依法接受委托承担相应监护职责的情形除外。

第二章　事故与责任

第八条　发生学生伤害事故，造成学生人身损害的，学校应当按照《中华人民共和国侵权责任法》及相关法律、法规的规定，承担相应的事故责任。

第九条　因下列情形之一造成的学生伤害事故，学校应当依法承担相应的责任：

（一）学校的校舍、场地、其他公共设施，以及学校提供给学生使用的学具、教育教学和生活设施、设备不符合国家规定的标准，或者有明显不安全因素的；

（二）学校的安全保卫、消防、设施设备管理等安全管理制度有明显疏漏，或者管理混乱，存在重大安全隐患，而未及时采取措施的；

（三）学校向学生提供的药品、食品、饮用水等不符合国家或者行业的有关标准、要求的；

（四）学校组织学生参加教育教学活动或者校外活动，未对学生进行相应的安全教育，并未在可预见的范围内采取必要的安全措施的；

（五）学校知道教师或者其他工作人员患有不适宜担任教育教学工作的疾病，但未采取必要措施的；

（六）学校违反有关规定，组织或者安排未成年学生从事不宜未成年人参加的劳动、体育运动或者其他活动的；

（七）学生有特异体质或者特定疾病，不宜参加某种教育教学活动，学校知道或者应当知道，但未予以必要的注意的；

（八）学生在校期间突发疾病或者受到伤害，学校发现，但未根据实际情况及时采取相应措施，导致不良后果加重的；

（九）学校教师或者其他工作人员体罚或者变相体罚学生，或者在履行职责过程中违反工作要求、操作规程、职业道德或者其他有关规定的；

（十）学校教师或者其他工作人员在负有组织、管理未成年学生的职责期间，发现学生行为具有危险性，但未进行必要的管理、告诫或者制止的；

（十一）对未成年学生擅自离校等与学生人身安全直接相关的信息，学校发现或者知道，但未及时告知未成年学生的监护人，导致未成年学生因脱离监护人的保护而发生伤害的；

（十二）学校有未依法履行职责的其他情形的。

第十条　学生或者未成年学生监护人由于过错，有下列情形之一，造成学生伤害事故，应当依法承担相应的责任：

（一）学生违反法律法规的规定，违反社会公共行为准则、学校的规章制度或者纪律，实施按其年龄和认知能力应当知道具有危险或者可能危及他人的行为的；

（二）学生行为具有危险性，学校、教师已经告诫、纠正，但学生不听劝阻、拒不改正的；

（三）学生或者其监护人知道学生有特异体质，或者患有特定疾病，但未告知学校的；

（四）未成年学生的身体状况、行为、情绪等有异常情况，监护人知道或者已被学校告知，但未履行相应监护职责的；

（五）学生或者未成年学生监护人有其他过错的。

第十一条　学校安排学生参加活动，因提供场地、设备、交通工具、食品及其他消费与服务的经营者，或者学校以外的活动组织者的过错造成的学生伤害事故，有过错的当事人应当依法承担相应的责任。

第十二条　因下列情形之一造成的学生伤害事故，学校已履行了相应职责，行为并无不当的，无法律责任：

（一）地震、雷击、台风、洪水等不可抗的自然因素造成的；

（二）来自学校外部的突发性、偶发性侵害造成的；

（三）学生有特异体质、特定疾病或者异常心理状态，学校不知道或者难于知道的；

（四）学生自杀、自伤的；

（五）在对抗性或者具有风险性的体育竞赛活动中发生意外伤害的；

（六）其他意外因素造成的。

第十三条　下列情形下发生的造成学生人身损害后果的事故，学校行为并无不当的，不承担事故责任；事故责任应当按有关法律法规或者其他有关规定认定：

（一）在学生自行上学、放学、返校、离校途中发生的；

（二）在学生自行外出或者擅自离校期间发生的；

（三）在放学后、节假日或者假期等学校工作时间以

外,学生自行滞留学校或者自行到校发生的;

(四)其他在学校管理职责范围外发生的。

第十四条 因学校教师或者其他工作人员与其职务无关的个人行为,或者因学生、教师及其他个人故意实施的违法犯罪行为,造成学生人身损害的,由致害人依法承担相应的责任。

第三章　事故处理程序

第十五条 发生学生伤害事故,学校应当及时救助受伤害学生,并应当及时告知未成年学生的监护人;有条件的,应当采取紧急救援等方式救助。

第十六条 发生学生伤害事故,情形严重的,学校应当及时向主管教育行政部门及有关部门报告;属于重大伤亡事故的,教育行政部门应当按照有关规定及时向同级人民政府和上一级教育行政部门报告。

第十七条 学校的主管教育行政部门应学校要求或者认为必要,可以指导、协助学校进行事故的处理工作,尽快恢复学校正常的教育教学秩序。

第十八条 发生学生伤害事故,学校与受伤害学生或者学生家长可以通过协商方式解决;双方自愿,可以书面请求主管教育行政部门进行调解。

成年学生或者未成年学生的监护人也可以依法直接提起诉讼。

第十九条 教育行政部门收到调解申请,认为必要的,可以指定专门人员进行调解,并立当在受理申请之日起60日内完成调解。

第二十条 经教育行政部门调解,双方就事故处理达成一致意见的,应当在调解人员的见证下签订调解协议,结束调解;在调解期限内,双方不能达成一致意见,或者调解过程中一方提起诉讼,人民法院已经受理的,应当终止调解。

调解结束或者终止,教育行政部门应当书面通知当事人。

第二十一条 对经调解达成的协议,一方当事人不履行或者反悔的,双方可以依法提起诉讼。

第二十二条 事故处理结束,学校应当将事故处理结果书面报告主管的教育行政部门;重大伤亡事故的处理结果,学校主管的教育行政部门应当向同级人民政府和上一级教育行政部门报告。

第四章　事故损害的赔偿

第二十三条 对发生学生伤害事故负有责任的组织或者个人,应当按照法律法规的有关规定,承担相应的损害赔偿责任。

第二十四条 学生伤害事故赔偿的范围与标准,按照有关行政法规、地方性法规或者最高人民法院司法解释中的有关规定确定。

教育行政部门进行调解时,认为学校有责任的,可以依照有关法律法规及国家有关规定,提出相应的调解方案。

第二十五条 对受伤害学生的伤残程度存在争议的,可以委托当地具有相应鉴定资格的医院或者有关机构,依据国家规定的人体伤残标准进行鉴定。

第二十六条 学校对学生伤害事故负有责任的,根据责任大小,适当予以经济赔偿,但不承担解决户口、住房、就业等与救助受伤害学生、赔偿相应经济损失无直接关系的其他事项。

学校无责任的,如果有条件,可以根据实际情况,本着自愿和可能的原则,对受伤害学生给予适当的帮助。

第二十七条 因学校教师或者其他工作人员在履行职务中的故意或者重大过失造成的学生伤害事故,学校予以赔偿后,可以向有关责任人员追偿。

第二十八条 未成年学生对学生伤害事故负有责任的,由其监护人依法承担相应的赔偿责任。

学生的行为侵害学校教师及其他工作人员以及其他组织、个人的合法权益,造成损失的,成年学生或者未成年学生的监护人应当依法予以赔偿。

第二十九条 根据双方达成的协议、经调解形成的协议或者人民法院的生效判决,应当由学校负担的赔偿金,学校应当负责筹措;学校无力完全筹措的,由学校的主管部门或者举办者协助筹措。

第三十条 县级以上人民政府教育行政部门或者学校举办者有条件的,可以通过设立学生伤害赔偿准备金等多种形式,依法筹措伤害赔偿金。

第三十一条 学校有条件的,应当依据保险法的有关规定,参加学校责任保险。

教育行政部门可以根据实际情况,鼓励中小学参加学校责任保险。

提倡学生自愿参加意外伤害保险。在尊重学生意愿的前提下,学校可以为学生参加意外伤害保险创造便利条件,但不得从中收取任何费用。

第五章　事故责任者的处理

第三十二条 发生学生伤害事故,学校负有责任且情节严重的,教育行政部门应当根据有关规定,对学校的直接负责的主管人员和其他直接责任人员,分别给予相应的行政处分;有关责任人的行为触犯刑律的,应当移送司法机关依法追究刑事责任。

第三十三条　学校管理混乱,存在重大安全隐患的,主管的教育行政部门或者其他有关部门应当责令其限期整顿;对情节严重或者拒不改正的,应当依据法律法规的有关规定,给予相应的行政处罚。

第三十四条　教育行政部门未履行相应职责,对学生伤害事故的发生负有责任的,由有关部门对直接负责的主管人员和其他直接责任人员分别给予相应的行政处分;有关责任人的行为触犯刑律的,应当移送司法机关依法追究刑事责任。

第三十五条　违反学校纪律,对造成学生伤害事故负有责任的学生,学校可以给予相应的处分;触犯刑律的,由司法机关依法追究刑事责任。

第三十六条　受伤害学生的监护人、亲属或者其他有关人员,在事故处理过程中无理取闹,扰乱学校正常教育教学秩序,或者侵犯学校、学校教师或者其他工作人员的合法权益的,学校应当报告公安机关依法处理;造成损失的,可以依法要求赔偿。

第六章　附　则

第三十七条　本办法所称学校,是指国家或者社会力量举办的全日制的中小学(含特殊教育学校)、各类中等职业学校、高等学校。

本办法所称学生是指在上述学校中全日制就读的受教育者。

第三十八条　幼儿园发生的幼儿伤害事故,应当根据幼儿为完全无行为能力人的特点,参照本办法处理。

第三十九条　其他教育机构发生的学生伤害事故,参照本办法处理。

在学校注册的其他受教育者在学校管理范围内发生的伤害事故,参照本办法处理。

第四十条　本办法自 2002 年 9 月 1 日起实施,原国家教委、教育部颁布的与学生人身安全事故处理有关的规定,与本办法不符的,以本办法为准。

在本办法实施之前已处理完毕的学生伤害事故不再重新处理。

教育部等九部门关于防治中小学生欺凌和暴力的指导意见

· 2016 年 11 月 1 日
· 教基一〔2016〕6 号

各省、自治区、直辖市教育厅(教委)、综治办、高级人民法院、人民检察院、公安厅(局)、民政厅(局)、司法厅(局)、团委、妇联,新疆生产建设兵团教育局、综治办、人民法院、人民检察院、公安局、民政局、司法局、团委、妇联:

在党中央、国务院的正确领导下,在各级党委政府及教育、综治、公安、司法等有关部门和共青团、妇联等群团组织的共同努力下,发生在中小学生之间的欺凌和暴力事件得到遏制,预防青少年违法犯罪工作取得明显成效。但是,由于在落实主体责任、健全制度措施、实施教育惩戒、形成工作合力等方面还存在薄弱环节,少数地方学生之间欺凌和暴力问题仍时有发生,损害了学生身心健康,造成了不良社会影响。为全面贯彻党的教育方针,落实立德树人根本任务,切实防治学生欺凌和暴力事件的发生,现提出如下指导意见。

一、积极有效预防学生欺凌和暴力

1. 切实加强中小学生思想道德教育、法治教育和心理健康教育。各地要紧密联系中小学生的思想实际,积极培育和践行社会主义核心价值观。落实《中小学生守则(2015 年修订)》,引导全体中小学生从小知礼仪、明是非、守规矩,做到珍爱生命、尊重他人、团结友善、不恃强凌弱,弘扬公序良俗、传承中华美德。落实《中小学法制教育指导纲要》《青少年法治教育大纲》,开展"法治进校园"全国巡讲活动,让学生知晓基本的法律边界和行为底线,消除未成年人违法犯罪不需要承担任何责任的错误认识,养成遵规守法的良好行为习惯。落实《中小学心理健康教育指导纲要(2012 年修订)》,培养学生健全人格和积极心理品质,对有心理困扰或心理问题的学生开展科学有效的心理辅导,提高其心理健康水平。切实加强家庭教育,家长要注重家风建设,加强对孩子的管教,注重孩子思想品德教育和良好行为习惯培养,从源头上预防学生欺凌和暴力行为发生。

2. 认真开展预防欺凌和暴力专题教育。各地要在专项整治的基础上,结合典型案例,集中开展预防学生欺凌和暴力专题教育。要强化学生校规校纪教育,通过课堂教学、专题讲座、班团队会、主题活动、编发手册、参观实践等多种形式,提高学生对欺凌和暴力行为严重危害性的认识,增强自我保护意识和能力,自觉遵守校规校纪,做到不实施欺凌和暴力行为。研制学校防治学生欺凌和暴力的指导手册,全面加强教职工特别是班主任专题培训,提高教职工有效防治学生欺凌和暴力的责任意识和能力水平。要通过家访、家长会、家长学校等途径,帮助家长了解防治学生欺凌和暴力知识,增强监护责任意识,提高防治能力。要加强中小学生违法犯罪预防综合基地和人才建设,为开展防治学生欺凌和暴力专题教育提供支持和帮助。

3.严格学校日常安全管理。中小学校要制定防治学生欺凌和暴力工作制度,将其纳入学校安全工作统筹考虑,健全应急处置预案,建立早期预警、事中处理及事后干预等机制。要加强师生联系,密切家校沟通,及时掌握学生思想情绪和同学关系状况,特别要关注学生有无学习成绩突然下滑、精神恍惚、情绪反常、无故旷课等异常表现及产生的原因,对可能的欺凌和暴力行为做到早发现、早预防、早控制。严格落实值班、巡查制度,禁止学生携带管制刀具等危险物品进入学校,针对重点学生、重点区域、重点时段开展防治工作。对发现的欺凌和暴力事件线索和苗头要认真核实、准确研判,对早期发现的轻微欺凌事件,实施必要的教育、惩戒。

4.强化学校周边综合治理。各级综治组织要加大新形势下群防群治工作力度,实现人防物防技防在基层综治中心的深度融合,动员社会各方面力量做好校园周边地区安全防范工作。要依托全国社会治安综合治理信息系统,整合各有关部门信息资源,发挥青少年犯罪信息数据库作用,加强对重点青少年群体的动态研判。进一步加强校园及周边地区社会治安防控体系建设,作为公共安全视频监控建设联网应用示范工作的重要内容,推进校园及周边地区公共安全视频监控系统全覆盖,加大视频图像集成应用力度,实现对青少年违法犯罪活动的预测预警、实时监控、轨迹追踪及动态管控。把学校周边作为社会治安重点地区排查整治工作的重点,加强组织部署和检查考核。要对中小学生欺凌和暴力问题突出的地区和单位,根据《中共中央办公厅 国务院办公厅关于印发〈健全落实社会治安综合治理领导责任制规定〉的通知》要求,通过通报、约谈、挂牌督办、实施一票否决权制等方式进行综治领导责任督导和追究。公安机关要在治安情况复杂、问题较多的学校周边设置警务室或治安岗亭,密切与学校的沟通协作,积极配合学校排查发现学生欺凌和暴力隐患苗头,并及时预防处置。要加强学生上下学重要时段、学生途经重点路段的巡逻防控和治安盘

查,对发现的苗头性、倾向性欺凌和暴力问题,要采取相应防范措施并通知学校和家长,及时干预,震慑犯罪。

二、依法依规处置学生欺凌和暴力事件

5.保护遭受欺凌和暴力学生身心安全。各地要建立中小学生欺凌和暴力事件及时报告制度,一旦发现学生遭受欺凌和暴力,学校和家长要及时相互通知,对严重的欺凌和暴力事件,要向上级教育主管部门报告,并迅速联络公安机关介入处置。报告时相关人员有义务保护未成年人合法权益,学校、家长、公安机关及媒体应保护遭受欺凌和暴力学生以及知情学生的身心安全,严格保护学生隐私,防止泄露有关学生个人及其家庭的信息。特别要防止网络传播等因素导致事态蔓延,造成恶劣社会影响,使受害学生再次受到伤害。

6.强化教育惩戒威慑作用。对实施欺凌和暴力的中小学生必须依法依规采取适当的矫治措施予以教育惩戒,既做到真情关爱、真诚帮助,力促学生内心感化、行为转化,又充分发挥教育惩戒措施的威慑作用。对实施欺凌和暴力的学生,学校和家长要进行严肃的批评教育和警示谈话,情节较重的,公安机关应参与警示教育。对屡教不改、多次实施欺凌和暴力的学生,应登记在案并将其表现记入学生综合素质评价,必要时转入专门学校就读。对构成违法犯罪的学生,根据《刑法》、《治安管理处罚法》、《预防未成年人犯罪法》等法律法规予以处置,区别不同情况,责令家长或者监护人严加管教,必要时可由政府收容教养,或者给予相应的行政、刑事处罚,特别是对犯罪性质和情节恶劣、手段残忍、后果严重的,必须坚决依法惩处。对校外成年人教唆、胁迫、诱骗、利用在校中小学生违法犯罪行为,必须依法从重惩处,有效遏制学生欺凌和暴力等案事件发生。各级公安、检察、审判机关要依法办理学生欺凌和暴力犯罪案件,做好相关侦查、审查逮捕、审查起诉、诉讼监督、审判和犯罪预防工作。

7.实施科学有效的追踪辅导。欺凌和暴力事件妥善处置后,学校要持续对当事学生追踪观察和辅导教育。对实施欺凌和暴力的学生,要充分了解其行为动机和深层原因,有针对性地进行教育引导和帮扶,给予其改过机会,避免歧视性对待。对遭受欺凌和暴力的学生及其家人提供帮助,及时开展相应的心理辅导和家庭支持,帮助他们尽快走出心理阴影,树立自信,恢复正常学习生活。对确实难以回归本校本班学习的当事学生,教育部门和学校要妥善做好班级调整和转学工作。要认真做好学生欺凌和暴力典型事件通报工作,既要充分发挥警示教育作用,又要注意不过分渲染事件细节。

三、切实形成防治学生欺凌和暴力的工作合力

8.加强部门统筹协调。各地要把防治学生欺凌和暴力工作作为全面依法治国、建设社会主义和谐社会的重要任务。教育、综治、人民法院、人民检察院、公安、民政、司法、共青团、妇联等部门组织，应成立防治学生欺凌和暴力工作领导小组，明确任务分工，强化工作职责，完善防治办法，加强考核检查，健全工作机制，形成政府统一领导、相关部门齐抓共管、学校家庭社会三位一体的工作合力。

9.依法落实家长监护责任。管教孩子是家长的法定监护职责。引导广大家长要增强法治意识，掌握科学的家庭教育理念，尽量多安排时间与孩子相处交流，及时了解孩子的日常表现和思想状况，积极与学校沟通情况，自觉发挥榜样作用，切实加强对孩子的管教，特别要做好孩子离校后的监管看护教育工作，避免放任不管、缺教少护、教而不当。要落实监护人责任追究制度，根据《民法》等相关法律法规，未成年学生对他人的人身和财产造成损害的，依法追究其监护人的法律责任。

10.加强平安文明校园建设。中小学校要把防治学生欺凌和暴力作为加强平安文明校园建设的重要内容。学校党组织要充分发挥政治核心作用，加强组织协调和教育引导。校长是学校防治学生欺凌和暴力的第一责任人，分管法治教育副校长和班主任是直接责任人，要充分调动全体教职工的积极性，明确相关岗位职责，将学校防治学生欺凌和暴力的各项工作落实到每个管理环节、每位教职工。要努力创造温馨和谐、积极向上的校园环境，重视校园绿化、美化和人文环境建设。加强优良校风、教风、学风建设，开展内容健康、格调高雅、丰富多彩的校园活动，形成团结向上、互助友爱、文明和谐的校园氛围，激励学生爱学校、爱老师、爱同学，提高校园整体文明程度。要健全各项管理制度、校规校纪，落实《义务教育学校管理标准》，提高学校治理水平，推进依法依规治校，建设无欺凌和暴力的平安文明校园。

11.全社会共同保护未成年学生健康成长。要建立学校、家庭、社区(村)、公安、司法、媒体等各方面沟通协作机制，畅通信息共享渠道，进一步加强对学生保护工作的正面宣传引导，防止媒体过度渲染报道事件细节，避免学生欺凌和暴力通过网络新媒体扩散演变为网络欺凌，消除暴力文化通过不良出版物、影视节目、网络游戏侵蚀、影响学生的心理和行为，引发连锁性事件。要依托各地12355青少年服务台，开设自护教育热线，组织专业社会工作者、公益律师、志愿者开展有针对性的自护教育、

心理辅导和法律咨询。坚持标本兼治、常态长效，净化社会环境，强化学校周边综合治理，切实为保护未成年人平安健康成长提供良好社会环境。

企业事业单位内部治安保卫条例

·2004年9月13日国务院第64次常务会议通过
·2004年9月27日中华人民共和国国务院令第421号公布
·自2004年12月1日起施行

第一条　为了规范企业、事业单位(以下简称单位)内部治安保卫工作，保护公民人身、财产安全和公共财产安全，维护单位的工作、生产、经营、教学和科研秩序，制定本条例。

第二条　单位内部治安保卫工作贯彻预防为主、单位负责、突出重点、保障安全的方针。

单位内部治安保卫工作应当突出保护单位内人员的人身安全，单位不得以经济效益、财产安全或者其他任何借口忽视人身安全。

第三条　国务院公安部门指导、监督全国的单位内部治安保卫工作，对行业、系统有监管职责的国务院有关部门指导、检查本行业、本系统的单位内部治安保卫工作；县级以上地方各级人民政府公安机关指导、监督本行政区域内的单位内部治安保卫工作，对行业、系统有监管职责的县级以上地方各级人民政府有关部门指导、检查本行政区域内的本行业、本系统的单位内部治安保卫工作，及时解决单位内部治安保卫工作中的突出问题。

第四条　县级以上地方各级人民政府应当加强对本行政区域内的单位内部治安保卫工作的领导，督促公安机关和有关部门依法履行职责，并及时协调解决单位内部治安保卫工作中的重大问题。

第五条　单位的主要负责人对本单位的内部治安保卫工作负责。

第六条　单位应当根据内部治安保卫工作需要，设置治安保卫机构或者配备专职、兼职治安保卫人员。

治安保卫重点单位应当设置与治安保卫任务相适应的治安保卫机构，配备专职治安保卫人员，并将治安保卫机构的设置和人员的配备情况报主管公安机关备案。

第七条　单位内部治安保卫工作的要求是：

(一)有适应单位具体情况的内部治安保卫制度、措施和必要的治安防范设施；

(二)单位范围内的治安保卫情况有人检查，重要部位得到重点保护，治安隐患及时得到排查；

（三）单位范围内的治安隐患和问题及时得到处理，发生治安案件、涉嫌刑事犯罪的案件及时得到处置。

第八条　单位制定的内部治安保卫制度应当包括下列内容：

（一）门卫、值班、巡查制度；

（二）工作、生产、经营、教学、科研等场所的安全管理制度；

（三）现金、票据、印鉴、有价证券等重要物品使用、保管、储存、运输的安全管理制度；

（四）单位内部的消防、交通安全管理制度；

（五）治安防范教育培训制度；

（六）单位内部发生治安案件、涉嫌刑事犯罪案件的报告制度；

（七）治安保卫工作检查、考核及奖惩制度；

（八）存放有爆炸性、易燃性、放射性、毒害性、传染性、腐蚀性等危险物品和传染性菌种、毒种以及武器弹药的单位，还应当有相应的安全管理制度；

（九）其他有关的治安保卫制度。

单位制定的内部治安保卫制度不得与法律、法规、规章的规定相抵触。

第九条　单位内部治安保卫人员应当接受有关法律知识和治安保卫业务、技能以及相关专业知识的培训、考核。

第十条　单位内部治安保卫人员应当依法、文明履行职责，不得侵犯他人合法权益。治安保卫人员依法履行职责的行为受法律保护。

第十一条　单位内部治安保卫机构、治安保卫人员应当履行下列职责：

（一）开展治安防范宣传教育，并落实本单位的内部治安保卫制度和治安防范措施；

（二）根据需要，检查进入本单位人员的证件，登记出入的物品和车辆；

（三）在单位范围内进行治安防范巡逻和检查，建立巡逻、检查和治安隐患整改记录；

（四）维护单位内部的治安秩序，制止发生在本单位的违法行为，对难以制止的违法行为以及发生的治安案件、涉嫌刑事犯罪案件应当立即报警，并采取措施保护现场，配合公安机关的侦查、处置工作；

（五）督促落实单位内部治安防范设施的建设和维护。

第十二条　在单位管理范围内的人员，应当遵守单位的内部治安保卫制度。

第十三条　关系全国或者所在地区国计民生、国家安全和公共安全的单位是治安保卫重点单位。治安保卫重点单位由县级以上地方各级人民政府公安机关按照下列范围提出，报本级人民政府确定：

（一）广播电台、电视台、通讯社等重要新闻单位；

（二）机场、港口、大型车站等重要交通枢纽；

（三）国防科技工业重要产品的研制、生产单位；

（四）电信、邮政、金融单位；

（五）大型能源动力设施、水利设施和城市水、电、燃气、热力供应设施；

（六）大型物资储备单位和大型商贸中心；

（七）教育、科研、医疗单位和大型文化、体育场所；

（八）博物馆、档案馆和重点文物保护单位；

（九）研制、生产、销售、储存危险物品或者实验、保藏传染性菌种、毒种的单位；

（十）国家重点建设工程单位；

（十一）其他需要列为治安保卫重点的单位。

治安保卫重点单位应当遵守本条例对单位治安保卫工作的一般规定和对治安保卫重点单位的特别规定。

第十四条　治安保卫重点单位应当确定本单位的治安保卫重要部位，按照有关国家标准对重要部位设置必要的技术防范设施，并实施重点保护。

第十五条　治安保卫重点单位应当在公安机关指导下制定单位内部治安突发事件处置预案，并定期演练。

第十六条　公安机关对本行政区域内的单位内部治安保卫工作履行下列职责：

（一）指导单位制定、完善内部治安保卫制度，落实治安防范措施，指导治安保卫人员队伍建设和治安保卫重点单位的治安保卫机构建设；

（二）检查、指导单位的内部治安保卫工作，发现单位有违反本条例规定的行为或者治安隐患，及时下达整改通知书，责令限期整改；

（三）接到单位内部发生治安案件、涉嫌刑事犯罪案件的报警，及时出警，依法处置。

第十七条　对认真落实治安防范措施，严格执行治安保卫工作制度，在单位内部治安保卫工作中取得显著成绩的单位和个人，有关人民政府、公安机关和有关部门应当给予表彰、奖励。

第十八条　单位治安保卫人员因履行治安保卫职责伤残或者死亡的，依照国家有关工伤保险、评定伤残、批准烈士的规定给予相应的待遇。

第十九条　单位违反本条例的规定，存在治安隐患的，公安机关应当责令限期整改，并处警告；单位逾期不整改，造成公民人身伤害、公私财产损失，或者严重威胁公民人身安全、公私财产安全或者公共安全的，对单位处1万元以上10万元以下的罚款，对单位主要负责人和其他直接责任人员处500元以上5000元以下的罚款，并可以建议有关组织对单位主要负责人和其他直接责任人员依法给予处分；情节严重，构成犯罪的，依法追究刑事责任。

第二十条　单位治安保卫人员在履行职责时侵害他人合法权益的，应当赔礼道歉，给他人造成损害的，单位应当承担赔偿责任。单位赔偿后，有权责令因故意或者重大过失造成侵权的治安保卫人员承担部分或者全部赔偿的费用；对故意或者重大过失造成侵权的治安保卫人员，单位应当依法给予处分。治安保卫人员侵害他人合法权益的行为属于受单位负责人指使、胁迫的，对单位负责人依法给予处分，并由其承担赔偿责任；情节严重，构成犯罪的，依法追究刑事责任。

第二十一条　公安机关接到单位报警后不依法履行职责，致使公民人身、财产和公共财产遭受损失，或者有其他玩忽职守、滥用职权行为的，对直接负责的主管人员和其他直接责任人员依法给予行政处分；情节严重，构成犯罪的，依法追究刑事责任。

对行业、系统有监管职责的人民政府有关部门在指导、检查本行业、本系统的单位内部治安保卫工作过程中有玩忽职守、滥用职权行为的，参照前款规定处罚。

第二十二条　机关、团体的内部治安保卫工作参照本条例的有关规定执行。

高等学校治安保卫工作的具体规定由国务院另行制定。

第二十三条　本条例自2004年12月1日起施行。

保安服务管理条例

· 2009年10月13日中华人民共和国国务院令第564号公布
· 根据2020年11月29日《国务院关于修改和废止部分行政法规的决定》第一次修订
· 根据2022年3月29日《国务院关于修改和废止部分行政法规的决定》第二次修订

第一章　总　则

第一条　为了规范保安服务活动，加强对从事保安服务的单位和保安员的管理，保护人身安全和财产安全，维护社会治安，制定本条例。

第二条　本条例所称保安服务是指：

（一）保安服务公司根据保安服务合同，派出保安员为客户单位提供的门卫、巡逻、守护、押运、随身护卫、安全检查以及安全技术防范、安全风险评估等服务；

（二）机关、团体、企业、事业单位招用人员从事的本单位门卫、巡逻、守护等安全防范工作；

（三）物业服务企业招用人员在物业管理区域内开展的门卫、巡逻、秩序维护等服务。

前款第（二）项、第（三）项中的机关、团体、企业、事业单位和物业服务企业，统称自行招用保安员的单位。

第三条　国务院公安部门负责全国保安服务活动的监督管理工作。县级以上地方人民政府公安机关负责本行政区域内保安服务活动的监督管理工作。

保安服务行业协会在公安机关的指导下，依法开展保安服务行业自律活动。

第四条　保安服务公司和自行招用保安员的单位（以下统称保安从业单位）应当建立健全保安服务管理制度、岗位责任制度和保安员管理制度，加强对保安员的管理、教育和培训，提高保安员的职业道德水平、业务素质和责任意识。

第五条　保安从业单位应当依法保障保安员在社会保险、劳动用工、劳动保护、工资福利、教育培训等方面的合法权益。

第六条　保安服务活动应当文明、合法，不得损害社会公共利益或者侵犯他人合法权益。

保安员依法从事保安服务活动，受法律保护。

第七条　对在保护公共财产和人民群众生命财产安全、预防和制止违法犯罪活动中有突出贡献的保安从业单位和保安员，公安机关和其他有关部门应当给予表彰、奖励。

第二章　保安服务公司

第八条　保安服务公司应当具备下列条件：

（一）有不低于人民币100万元的注册资本；

（二）拟任的保安服务公司法定代表人和主要管理人员应当具备任职所需的专业知识和有关业务工作经验，无被刑事处罚、劳动教养、收容教育、强制隔离戒毒或者被开除公职、开除军籍等不良记录；

（三）有与所提供的保安服务相适应的专业技术人员，其中法律、行政法规有资格要求的专业技术人员，应当取得相应的资格；

（四）有住所和提供保安服务所需的设施、装备；

（五）有健全的组织机构和保安服务管理制度、岗位责任制度、保安员管理制度。

第九条 申请设立保安服务公司,应当向所在地设区的市级人民政府公安机关提交申请书以及能够证明其符合本条例第八条规定条件的材料。

受理的公安机关应当自收到申请材料之日起 15 日内进行审核,并将审核意见报所在地的省、自治区、直辖市人民政府公安机关。省、自治区、直辖市人民政府公安机关应当自收到审核意见之日起 15 日内作出决定,对符合条件的,核发保安服务许可证;对不符合条件的,书面通知申请人并说明理由。

第十条 从事武装守护押运服务的保安服务公司,应当符合国务院公安部门对武装守护押运服务的规划、布局要求,具备本条例第八条规定的条件,并符合下列条件:

(一)有不低于人民币 1000 万元的注册资本;

(二)国有独资或者国有资本占注册资本总额的 51%以上;

(三)有符合《专职守护押运人员枪支使用管理条例》规定条件的守护押运人员;

(四)有符合国家标准或者行业标准的专用运输车辆以及通信、报警设备。

第十一条 申请设立从事武装守护押运服务的保安服务公司,应当向所在地设区的市级人民政府公安机关提交申请书以及能够证明其符合本条例第八条、第十条规定条件的材料。保安服务公司申请增设武装守护押运业务的,无需再次提交证明其符合本条例第八条规定条件的材料。

受理的公安机关应当自收到申请材料之日起 15 日内进行审核,并将审核意见报所在地的省、自治区、直辖市人民政府公安机关。省、自治区、直辖市人民政府公安机关应当自收到审核意见之日起 15 日内作出决定,对符合条件的,核发从事武装守护押运业务的保安服务许可证或者在已有的保安服务许可证上增注武装守护押运服务;对不符合条件的,书面通知申请人并说明理由。

第十二条 取得保安服务许可证的申请人,凭保安服务许可证到工商行政管理机关办理工商登记。取得保安服务许可证后超过 6 个月未办理工商登记的,取得的保安服务许可证失效。

保安服务公司设立分公司的,应当向分公司所在地设区的市级人民政府公安机关备案。备案应当提供总公司的保安服务许可证和工商营业执照,总公司法定代表人、分公司负责人和保安员的基本情况。

保安服务公司的法定代表人变更的,应当经原审批公安机关审核,持审核文件到工商行政管理机关办理变更登记。

第三章 自行招用保安员的单位

第十三条 自行招用保安员的单位应当具有法人资格,有符合本条例规定条件的保安员,有健全的保安服务管理制度、岗位责任制度和保安员管理制度。

娱乐场所应当依照《娱乐场所管理条例》的规定,从保安服务公司聘用保安员,不得自行招用保安员。

第十四条 自行招用保安员的单位,应当自开始保安服务之日起 30 日内向所在地设区的市级人民政府公安机关备案,备案应当提供下列材料:

(一)法人资格证明;

(二)法定代表人(主要负责人)、分管负责人和保安员的基本情况;

(三)保安服务区域的基本情况;

(四)建立保安服务管理制度、岗位责任制度、保安员管理制度的情况。

自行招用保安员的单位不再招用保安员进行保安服务的,应当自停止保安服务之日起 30 日内到备案的公安机关撤销备案。

第十五条 自行招用保安员的单位不得在本单位以外或者物业管理区域以外提供保安服务。

第四章 保安员

第十六条 年满 18 周岁,身体健康,品行良好,具有初中以上学历的中国公民可以申领保安员证,从事保安服务工作。申请人经设区的市级人民政府公安机关考试、审查合格并留存指纹等人体生物信息的,发给保安员证。

提取、留存保安员指纹等人体生物信息的具体办法,由国务院公安部门规定。

第十七条 有下列情形之一的,不得担任保安员:

(一)曾被收容教育、强制隔离戒毒、劳动教养或者 3 次以上行政拘留的;

(二)曾因故意犯罪被刑事处罚的;

(三)被吊销保安员证未满 3 年的;

(四)曾两次被吊销保安员证的。

第十八条 保安从业单位应当招用符合保安员条件的人员担任保安员,并与被招用的保安员依法签订劳动合同。保安从业单位及其保安员应当依法参加社会保险。

保安从业单位应当根据保安服务岗位需要定期对保

安员进行法律、保安专业知识和技能培训。

第十九条　保安从业单位应当定期对保安员进行考核,发现保安员不合格或者严重违反管理制度,需要解除劳动合同的,应当依法办理。

第二十条　保安从业单位应当根据保安服务岗位的风险程度为保安员投保意外伤害保险。

保安员因工伤亡的,依照国家有关工伤保险的规定享受工伤保险待遇;保安员牺牲被批准为烈士的,依照国家有关烈士褒扬的规定享受抚恤优待。

第五章　保安服务

第二十一条　保安服务公司提供保安服务应当与客户单位签订保安服务合同,明确规定服务的项目、内容以及双方的权利义务。保安服务合同终止后,保安服务公司应当将保安服务合同至少留存 2 年备查。

保安服务公司应当对客户单位要求提供的保安服务的合法性进行核查,对违法的保安服务要求应当拒绝,并向公安机关报告。

第二十二条　设区的市级以上地方人民政府确定的关系国家安全、涉及国家秘密等治安保卫重点单位不得聘请外商投资的保安服务公司提供保安服务。

第二十三条　保安服务公司派出保安员跨省、自治区、直辖市为客户单位提供保安服务的,应当向服务所在地设区的市级人民政府公安机关备案。备案应当提供保安服务公司的保安服务许可证和工商营业执照、保安服务合同、服务项目负责人和保安员的基本情况。

第二十四条　保安服务公司应当按照保安服务业服务标准提供规范的保安服务,保安服务公司派出的保安员应当遵守客户单位的有关规章制度。客户单位应当为保安员从事保安服务提供必要的条件和保障。

第二十五条　保安服务中使用的技术防范产品,应当符合有关的产品质量要求。保安服务中安装监控设备应当遵守国家有关技术规范,使用监控设备不得侵犯他人合法权益或者个人隐私。

保安服务中形成的监控影像资料、报警记录,应当至少留存 30 日备查,保安从业单位和客户单位不得删改或者扩散。

第二十六条　保安从业单位对保安服务中获知的国家秘密、商业秘密以及客户单位明确要求保密的信息,应当予以保密。

保安从业单位不得指使、纵容保安员阻碍依法执行公务、参与追索债务、采用暴力或者以暴力相威胁的手段处置纠纷。

第二十七条　保安员上岗应当着保安员服装,佩带全国统一的保安服务标志。保安员服装和保安服务标志应当与人民解放军、人民武装警察和人民警察、工商税务等行政执法机关以及人民法院、人民检察院工作人员的制式服装、标志服饰有明显区别。

保安员服装由全国保安服务行业协会推荐式样,由保安服务从业单位在推荐式样范围内选用。保安服务标志式样由全国保安服务行业协会确定。

第二十八条　保安从业单位应当根据保安服务岗位的需要为保安员配备所需的装备。保安服务岗位装备配备标准由国务院公安部门规定。

第二十九条　在保安服务中,为履行保安服务职责,保安员可以采取下列措施:

(一)查验出入服务区域的人员的证件,登记出入的车辆和物品;

(二)在服务区域内进行巡逻、守护、安全检查、报警监控;

(三)在机场、车站、码头等公共场所对人员及其所携带的物品进行安全检查,维护公共秩序;

(四)执行武装守护押运任务,可以根据任务需要设立临时隔离区,但应当尽可能减少对公民正常活动的妨碍。

保安员应当及时制止发生在服务区域内的违法犯罪行为,对制止无效的违法犯罪行为应当立即报警,同时采取措施保护现场。

从事武装守护押运服务的保安员执行武装守护押运任务使用枪支,依照《专职守护押运人员枪支使用管理条例》的规定执行。

第三十条　保安员不得有下列行为:

(一)限制他人人身自由、搜查他人身体或者侮辱、殴打他人;

(二)扣押、没收他人证件、财物;

(三)阻碍依法执行公务;

(四)参与追索债务、采用暴力或者以暴力相威胁的手段处置纠纷;

(五)删改或者扩散保安服务中形成的监控影像资料、报警记录;

(六)侵犯个人隐私或者泄露在保安服务中获知的国家秘密、商业秘密以及客户单位明确要求保密的信息;

(七)违反法律、行政法规的其他行为。

第三十一条　保安员有权拒绝执行保安从业单位或者客户单位的违法指令。保安从业单位不得因保安员不执行违法指令而解除与保安员的劳动合同,降低其劳动报酬和其他待遇,或者停缴、少缴依法应当为其缴纳的社会保险费。

第六章　保安培训单位

第三十二条　保安培训单位应当具备下列条件:

(一)是依法设立的具有法人资格的学校、职业培训机构;

(二)有保安培训所需的专兼职师资力量;

(三)有保安培训所需的场所、设施等教学条件。

第三十三条　从事保安培训的单位,应当自开展保安培训之日起 30 日内向所在地设区的市级人民政府公安机关备案,提交能够证明其符合本条例第三十二条规定条件的材料。

保安培训单位出资人、法定代表人(主要负责人)、住所、名称发生变化的,应当到原备案公安机关办理变更。

保安培训单位终止培训的,应当自终止培训之日起 30 日内到原备案公安机关撤销备案。

第三十四条　从事武装守护押运服务的保安员的枪支使用培训,应当由人民警察院校、人民警察培训机构负责。承担培训工作的人民警察院校、人民警察培训机构应当向所在地的省、自治区、直辖市人民政府公安机关备案。

第三十五条　保安培训单位应当按照保安员培训教学大纲制订教学计划,对接受培训的人员进行法律、保安专业知识和技能培训以及职业道德教育。

保安员培训教学大纲由国务院公安部门审定。

第七章　监督管理

第三十六条　公安机关应当指导保安从业单位建立健全保安服务管理制度、岗位责任制度、保安员管理制度和紧急情况应急预案,督促保安从业单位落实相关管理制度。

保安从业单位、保安培训单位和保安员应当接受公安机关的监督检查。

第三十七条　公安机关建立保安服务监督管理信息系统,记录保安从业单位、保安培训单位和保安员的相关信息。

公安机关应当对提取、留存的保安员指纹等人体生物信息予以保密。

第三十八条　公安机关的人民警察对保安从业单位、保安培训单位实施监督检查应当出示证件,对监督检查中发现的问题,应当督促其整改。监督检查的情况和处理结果应当如实记录,并由公安机关的监督检查人员和保安从业单位、保安培训单位的有关负责人签字。

第三十九条　县级以上人民政府公安机关应当公布投诉方式,受理社会公众对保安从业单位、保安培训单位和保安员的投诉。接到投诉的公安机关应当及时调查处理,并反馈查处结果。

第四十条　国家机关及其工作人员不得设立保安服务公司,不得参与或者变相参与保安服务公司的经营活动。

第八章　法律责任

第四十一条　任何组织或者个人未经许可,擅自从事保安服务的,依法给予治安管理处罚,并没收违法所得;构成犯罪的,依法追究刑事责任。

第四十二条　保安从业单位有下列情形之一的,责令限期改正,给予警告;情节严重的,并处 1 万元以上 5 万元以下的罚款;有违法所得的,没收违法所得:

(一)保安服务公司法定代表人变更未经公安机关审核的;

(二)未按照本条例的规定进行备案或者撤销备案的;

(三)自行招用保安员的单位在本单位以外或者物业管理区域以外开展保安服务的;

(四)招用不符合本条例规定条件的人员担任保安员的;

(五)保安服务公司未对客户单位要求提供的保安服务的合法性进行核查的,或者未将违法的保安服务要求向公安机关报告的;

(六)保安服务公司未按照本条例的规定签订、留存保安服务合同的;

(七)未按照本条例的规定留存保安服务中形成的监控影像资料、报警记录的。

客户单位未按照本条例的规定留存保安服务中形成的监控影像资料、报警记录的,依照前款规定处罚。

第四十三条　保安从业单位有下列情形之一的,责令限期改正,处 2 万元以上 10 万元以下的罚款;违反治安管理的,依法给予治安管理处罚;构成犯罪的,依法追究直接负责的主管人员和其他直接责任人员的刑事责任:

(一)泄露在保安服务中获知的国家秘密、商业秘密以及客户单位明确要求保密的信息的;

(二)使用监控设备侵犯他人合法权益或者个人隐

私的；

（三）删改或者扩散保安服务中形成的监控影像资料、报警记录的；

（四）指使、纵容保安员阻碍依法执行公务、参与追索债务、采用暴力或者以暴力相威胁的手段处置纠纷的；

（五）对保安员疏于管理、教育和培训，发生保安员违法犯罪案件，造成严重后果的。

客户单位删改或者扩散保安服务中形成的监控影像资料、报警记录的，依照前款规定处罚。

第四十四条　保安从业单位因保安员不执行违法指令而解除与保安员的劳动合同，降低其劳动报酬和其他待遇，或者停缴、少缴依法应当为其缴纳的社会保险费的，对保安从业单位的处罚和对保安员的赔偿依照有关劳动合同和社会保险的法律、行政法规的规定执行。

第四十五条　保安员有下列行为之一的，由公安机关予以训诫；情节严重的，吊销其保安员证；违反治安管理的，依法给予治安管理处罚；构成犯罪的，依法追究刑事责任：

（一）限制他人人身自由、搜查他人身体或者侮辱、殴打他人的；

（二）扣押、没收他人证件、财物的；

（三）阻碍依法执行公务的；

（四）参与追索债务、采用暴力或者以暴力相威胁的手段处置纠纷的；

（五）删改或者扩散保安服务中形成的监控影像资料、报警记录的；

（六）侵犯个人隐私或者泄露在保安服务中获知的国家秘密、商业秘密以及客户单位明确要求保密的信息的；

（七）有违反法律、行政法规的其他行为的。

从事武装守护押运的保安员违反规定使用枪支的，依照《专职守护押运人员枪支使用管理条例》的规定处罚。

第四一六条　保安员在保安服务中造成他人人身伤亡、财产损失的，由保安从业单位赔付；保安员有故意或者重大过失的，保安从业单位可以依法向保安员追偿。

第四十七条　从事保安培训的单位有下列情形之一的，责令限期改正，给予警告；情节严重的，并处1万元以上5万元以下的罚款：

（一）未按照本条例的规定进行备案或者办理变更的；

（二）不符合本条例规定条件的；

（三）隐瞒有关情况、提供虚假材料或者拒绝提供反映其活动情况的真实材料的；

（四）未按照本条例规定开展保安培训的。

以保安培训为名进行诈骗活动的，依法给予治安管理处罚；构成犯罪的，依法追究刑事责任。

第四十八条　国家机关及其工作人员设立保安服务公司，参与或者变相参与保安服务公司经营活动的，对直接负责的主管人员和其他直接责任人员依法给予处分。

第四十九条　公安机关的人民警察在保安服务活动监督管理工作中滥用职权、玩忽职守、徇私舞弊的，依法给予处分；构成犯罪的，依法追究刑事责任。

第九章　附　则

第五十条　保安服务许可证、保安员证的式样由国务院公安部门规定。

第五十一条　本条例施行前已经设立的保安服务公司，应当自本条例施行之日起6个月内重新申请保安服务许可证。本条例施行前自行招用保安员的单位，应当自本条例施行之日起3个月内向公安机关备案。

本条例施行前已经从事保安服务的保安员，自本条例施行之日起1年内由保安员所在单位组织培训，经设区的市级人民政府公安机关考试、审查合格并留存指纹等人体生物信息的，发给保安员证。

第五十二条　本条例自2010年1月1日起施行。

中小学幼儿园安全管理办法

·2006年6月30日教育部、公安部、司法部、建设部、交通部、文化部、卫生部、国家工商行政管理总局、国家质量监督检验检疫总局、新闻出版总署令第23号公布
·自2006年9月1日起施行

第一章　总　则

第一条　为加强中小学、幼儿园安全管理，保障学校及其学生和教职工的人身、财产安全，维护中小学、幼儿园正常的教育教学秩序，根据《中华人民共和国教育法》等法律法规，制定本办法。

第二条　普通中小学、中等职业学校、幼儿园（班）、特殊教育学校、工读学校（以下统称学校）的安全管理适用本办法。

第三条　学校安全管理遵循积极预防、依法管理、社会参与、各负其责的方针。

第四条　学校安全管理工作主要包括：

（一）构建学校安全工作保障体系，全面落实安全工

作责任制和事故责任追究制,保障学校安全工作规范、有序进行;

(二)健全学校安全预警机制,制定突发事件应急预案,完善事故预防措施,及时排除安全隐患,不断提高学校安全工作管理水平;

(三)建立校园周边整治协调工作机制,维护校园及周边环境安全;

(四)加强安全宣传教育培训,提高师生安全意识和防护能力;

(五)事故发生后启动应急预案、对伤亡人员实施救治和责任追究等。

第五条 各级教育、公安、司法行政、建设、交通、文化、卫生、工商、质检、新闻出版等部门在本级人民政府的领导下,依法履行学校周边治理和学校安全的监督与管理职责。

学校应当按照本办法履行安全管理和安全教育职责。

社会团体、企业事业单位、其他社会组织和个人应当积极参与和支持学校安全工作,依法维护学校安全。

第二章　安全管理职责

第六条 地方各级人民政府及其教育、公安、司法行政、建设、交通、文化、卫生、工商、质检、新闻出版等部门应当按照职责分工,依法负责学校安全工作,履行学校安全管理职责。

第七条 教育行政部门对学校安全工作履行下列职责:

(一)全面掌握学校安全工作状况,制定学校安全工作考核目标,加强对学校安全工作的检查指导,督促学校建立健全并落实安全管理制度;

(二)建立安全工作责任制和事故责任追究制,及时消除安全隐患,指导学校妥善处理学生伤害事故;

(三)及时了解学校安全教育情况,组织学校有针对性地开展学生安全教育,不断提高教育实效;

(四)制定校园安全的应急预案,指导、监督下级教育行政部门和学校开展安全工作;

(五)协调政府其他相关职能部门共同做好学校安全管理工作,协助当地人民政府组织对学校安全事故的救援和调查处理。

教育督导机构应当组织学校安全工作的专项督导。

第八条 公安机关对学校安全工作履行下列职责:

(一)了解掌握学校及周边治安状况,指导学校做好校园保卫工作,及时依法查处扰乱校园秩序、侵害师生人身、财产安全的案件;

(二)指导和监督学校做好消防安全工作;

(三)协助学校处理校园突发事件。

第九条 卫生部门对学校安全工作履行下列职责:

(一)检查、指导学校卫生防疫和卫生保健工作,落实疾病预防控制措施;

(二)监督、检查学校食堂、学校饮用水和游泳池的卫生状况。

第十条 建设部门对学校安全工作履行下列职责:

(一)加强对学校建筑、燃气设施设备安全状况的监管,发现安全事故隐患的,应当依法责令立即排除;

(二)指导校舍安全检查鉴定工作;

(三)加强对学校工程建设各环节的监督管理,发现校舍、楼梯护栏及其他教学、生活设施违反工程建设强制性标准的,应责令纠正;

(四)依法督促学校定期检验、维修和更新学校相关设施设备。

第十一条 质量技术监督部门应当定期检查学校特种设备及相关设施的安全状况。

第十二条 公安、卫生、交通、建设等部门应当定期向教育行政部门和学校通报与学校安全管理相关的社会治安、疾病防治、交通等情况,提出具体预防要求。

第十三条 文化、新闻出版、工商等部门应当对校园周边的有关经营服务场所加强管理和监督,依法查处违法经营者,维护有利于青少年成长的良好环境。

司法行政、公安等部门应当按照有关规定履行学校安全教育职责。

第十四条 举办学校的地方人民政府、企业事业组织、社会团体和公民个人,应当对学校安全工作履行下列职责:

(一)保证学校符合基本办学标准,保证学校围墙、校舍、场地、教学设施、教学用具、生活设施和饮用水源等办学条件符合国家安全质量标准;

(二)配置紧急照明装置和消防设施与器材,保证学校教学楼、图书馆、实验室、师生宿舍等场所的照明、消防条件符合国家安全规定;

(三)定期对校舍安全进行检查,对需要维修的,及时予以维修;对确认的危房,及时予以改造。

举办学校的地方人民政府应当依法维护学校周边秩序,保障师生和学校的合法权益,为学校提供安全保障。

有条件的,学校举办者应当为学校购买责任保险。

第三章　校内安全管理制度

第十五条　学校应当遵守有关安全工作的法律、法规和规章，建立健全校内各项安全管理制度和安全应急机制，及时消除隐患，预防发生事故。

第十六条　学校应当建立校内安全工作领导机构，实行校长负责制；应当设立保卫机构，配备专职或者兼职安全保卫人员，明确其安全保卫职责。

第十七条　学校应当健全门卫制度，建立校外人员入校的登记或者验证制度，禁止无关人员和校外机动车入内，禁止将非教学用易燃易爆物品、有毒物品、动物和管制器具等危险物品带入校园。

学校门卫应当由专职保安或者其他能够切实履行职责的人员担任。

第十八条　学校应当建立校内安全定期检查制度和危房报告制度，按照国家有关规定安排对学校建筑物、构筑物、设备、设施进行安全检查、检验；发现存在安全隐患的，应当停止使用，及时维修或者更换；维修、更换前应当采取必要的防护措施或者设置警示标志。学校无力解决或者无法排除的重大安全隐患，应当及时书面报告主管部门和其他相关部门。

学校应当在校内高地、水池、楼梯等易发生危险的地方设置警示标志或者采取防护设施。

第十九条　学校应当落实消防安全制度和消防工作责任制，对于政府保障配备的消防设施和器材加强日常维护，保证其能够有效使用，并设置消防安全标志，保证疏散通道、安全出口和消防车通道畅通。

第二十条　学校应当建立用水、用电、用气等相关设施设备的安全管理制度，定期进行检查或者按照规定接受有关主管部门的定期检查，发现老化或者损毁的，及时进行维修或者更换。

第二十一条　学校应当严格执行《学校食堂与学生集体用餐卫生管理规定》、《餐饮业和学生集体用餐配送单位卫生规范》，严格遵守卫生操作规范。建立食堂物资定点采购和索证、登记制度与饭菜留验和记录制度，检查饮用水的卫生安全状况，保障师生饮食卫生安全。

第二十二条　学校应当建立实验室安全管理制度，并将安全管理制度和操作规程置于实验室显著位置。

学校应当严格建立危险化学品、放射物质的购买、保管、使用、登记、注销等制度，保证将危险化学品、放射物质存放在安全地点。

第二十三条　学校应当按照国家有关规定配备具有从业资格的专职医务（保健）人员或者兼职卫生保健教

师，购置必需的急救器材和药品，保障对学生常见病的治疗，并负责学校传染病疫情及其他突发公共卫生事件的报告。有条件的学校，应当设立卫生（保健）室。

新生入学应当提交体检证明。托幼机构与小学在入托、入学时应当查验预防接种证。学校应当建立学生健康档案，组织学生定期体检。

第二十四条　学校应当建立学生安全信息通报制度，将学校规定的学生到校和放学时间、学生非正常缺席或者擅自离校情况、以及学生身体和心理的异常状况等关系学生安全的信息，及时告知其监护人。

对有特异体质、特定疾病或者其他生理、心理状况异常以及有吸毒行为的学生，学校应当做好安全信息记录，妥善保管学生的健康与安全信息资料，依法保护学生的个人隐私。

第二十五条　有寄宿生的学校应当建立住宿学生安全管理制度，配备专人负责住宿学生的生活管理和安全保卫工作。

学校应当对学生宿舍实行夜间巡查、值班制度，并针对女生宿舍安全工作的特点，加强对女生宿舍的安全管理。

学校应当采取有效措施，保证学生宿舍的消防安全。

第二十六条　学校购买或者租用机动车专门用于接送学生的，应当建立车辆管理制度，并及时到公安机关交通管理部门备案。接送学生的车辆必须检验合格，并定期维护和检测。

接送学生专用校车应当粘贴统一标识。标识样式由省级公安机关交通管理部门和教育行政部门制定。

学校不得租用拼装车、报废车和个人机动车接送学生。

接送学生的机动车驾驶员应当身体健康，具备相应准驾车型3年以上安全驾驶经历，最近3年内任一记分周期没有记满12分记录，无致人伤亡的交通责任事故。

第二十七条　学校应当建立安全工作档案，记录日常安全工作、安全责任落实、安全检查、安全隐患消除等情况。

安全档案作为实施安全工作目标考核、责任追究和事故处理的重要依据。

第四章　日常安全管理

第二十八条　学校在日常的教育教学活动中应当遵循教学规范，落实安全管理要求，合理预见、积极防范可能发生的风险。

学校组织学生参加的集体劳动、教学实习或者社会实践活动,应当符合学生的心理、生理特点和身体健康状况。

学校以及接受学生参加教育教学活动的单位必须采取有效措施,为学生活动提供安全保障。

第二十九条　学校组织学生参加大型集体活动,应当采取下列安全措施:

(一)成立临时的安全管理组织机构;

(二)有针对性地对学生进行安全教育;

(三)安排必要的管理人员,明确所负担的安全职责;

(四)制定安全应急预案,配备相应设施。

第三十条　学校应当按照《学校体育工作条例》和教学计划组织体育教学和体育活动,并根据教学要求采取必要的保护和帮助措施。

学校组织学生开展体育活动,应当避开主要街道和交通要道;开展大型体育活动以及其他大型学生活动,必须经过主要街道和交通要道的,应当事先与公安机关交通管理部门共同研究并落实安全措施。

第三十一条　小学、幼儿园应当建立低年级学生、幼儿上下学时接送的交接制度,不得将提前离校的低年级学生、幼儿交与无关人员。

第三十二条　学生在教学楼进行教学活动和晚自习时,学校应当合理安排学生疏散时间和楼道上下顺序,同时安排人员巡查,防止发生拥挤踩踏伤害事故。

晚自习学生没有离校之前,学校应当有负责人和教师值班、巡查。

第三十三条　学校不得组织学生参加抢险等应当由专业人员或者成人从事的活动,不得组织学生参与制作烟花爆竹、有毒化学品等具有危险性的活动,不得组织学生参加商业性活动。

第三十四条　学校不得将场地出租给他人从事易燃、易爆、有毒、有害等危险品的生产、经营活动。

学校不得出租校园内场地停放校外机动车辆;不得利用学校用地建设对社会开放的停车场。

第三十五条　学校教职工应当符合相应任职资格和条件要求。学校不得聘用因故意犯罪而受到刑事处罚的人,或者有精神病史的人担任教职工。

学校教师应当遵守职业道德规范和工作纪律,不得侮辱、殴打、体罚或者变相体罚学生;发现学生行为具有危险性的,应当及时告诫、制止,并与学生监护人沟通。

第三十六条　学生在校学习和生活期间,应当遵守学校纪律和规章制度,服从学校的安全教育和管理,不得从事危及自身或者他人安全的活动。

第三十七条　监护人发现被监护人有特异体质、特定疾病或者异常心理状况的,应当及时告知学校。

学校对已知的有特异体质、特定疾病或者异常心理状况的学生,应当给予适当关注和照顾。生理、心理状况异常不宜在校学习的学生,应当休学,由监护人安排治疗、休养。

第五章　安全教育

第三十八条　学校应当按照国家课程标准和地方课程设置要求,将安全教育纳入教学内容,对学生开展安全教育,培养学生的安全意识,提高学生的自我防护能力。

第三十九条　学校应当在开学初、放假前,有针对性地对学生集中开展安全教育。新生入校后,学校应当帮助学生及时了解相关的学校安全制度和安全规定。

第四十条　学校应当针对不同课程实验课的特点与要求,对学生进行实验用品的防毒、防爆、防辐射、防污染等的安全防护教育。

学校应当对学生进行用水、用电的安全教育,对寄宿学生进行防火、防盗和人身防护等方面的安全教育。

第四十一条　学校应当对学生开展安全防范教育,使学生掌握基本的自我保护技能,应对不法侵害。

学校应当对学生开展交通安全教育,使学生掌握基本的交通规则和行为规范。

学校应当对学生开展消防安全教育,有条件的可以组织学生到当地消防站参观和体验,使学生掌握基本的消防安全知识,提高防火意识和逃生自救的能力。

学校应当根据当地实际情况,有针对性地对学生开展到江河湖海、水库等地方戏水、游泳的安全卫生教育。

第四十二条　学校可根据当地实际情况,组织师生开展多种形式的事故预防演练。

学校应当每学期至少开展一次针对洪水、地震、火灾等灾害事故的紧急疏散演练,使师生掌握避险、逃生、自救的方法。

第四十三条　教育行政部门按照有关规定,与人民法院、人民检察院和公安、司法行政等部门以及高等学校协商,选聘优秀的法律工作者担任学校的兼职法制副校长或者法制辅导员。

兼职法制副校长或者法制辅导员应当协助学校检查落实安全制度和安全事故处理、定期对师生进行法制教育等,其工作成果纳入派出单位的工作考核内容。

第四十四条　教育行政部门应当组织负责安全管理的主管人员、学校校长、幼儿园园长和学校负责安全保卫工作的人员,定期接受有关安全管理培训。

第四十五条　学校应当制定教职工安全教育培训计划,通过多种途径和方法,使教职工熟悉安全规章制度、掌握安全救护常识,学会指导学生预防事故、自救、逃生、紧急避险的方法和手段。

第四十六条　学生监护人应当与学校互相配合,在日常生活中加强对被监护人的各项安全教育。

学校鼓励和提倡监护人自愿为学生购买意外伤害保险。

第六章　校园周边安全管理

第四十七条　教育、公安、司法行政、建设、交通、文化、卫生、工商、质检、新闻出版等部门应当建立联席会议制度,定期研究部署学校安全管理工作,依法维护学校周边秩序;通过多种途径和方式,听取学校和社会各界关于学校安全管理工作的意见和建议。

第四十八条　建设、公安等部门应当加强对学校周边建设工程的执法检查,禁止任何单位或者个人违反有关法律、法规、规章、标准,在学校围墙或者建筑物边建设工程,在校园周边设立易燃易爆、剧毒、放射性、腐蚀性等危险物品的生产、经营、储存、使用场所或者设施以及其他可能影响学校安全的场所或者设施。

第四十九条　公安机关应当把学校周边地区作为重点治安巡逻区域,在治安情况复杂的学校周边地区增设治安岗亭和报警点,及时发现和消除各类安全隐患,处置扰乱学校秩序和侵害学生人身、财产安全的违法犯罪行为。

第五十条　公安、建设和交通部门应当依法在学校门前道路设置规范的交通警示标志,施划人行横线,根据需要设置交通信号灯、减速带、过街天桥等设施。

在地处交通复杂路段的学校上下学时间,公安机关应当根据需要部署警力或者交通协管人员维护道路交通秩序。

第五十一条　公安机关和交通部门应当依法加强对农村地区交通工具的监督管理,禁止没有资质的车船搭载学生。

第五十二条　文化部门依法禁止在中学、小学校园周围 200 米范围内设立互联网上网服务营业场所,并依法查处接纳未成年人进入的互联网上网服务营业场所。工商行政管理部门依法查处取缔擅自设立的互联网上网服务营业场所。

第五十三条　新闻出版、公安、工商行政管理等部门应当依法取缔学校周边兜售非法出版物的游商和无证照摊点,查处学校周边制售含有淫秽色情、凶杀暴力等内容的出版物的单位和个人。

第五十四条　卫生、工商行政管理部门应当对校园周边饮食单位的卫生状况进行监督,取缔非法经营的小卖部、饮食摊点。

第七章　安全事故处理

第五十五条　在发生地震、洪水、泥石流、台风等自然灾害和重大治安、公共卫生突发事件时,教育等部门应当立即启动应急预案,及时转移、疏散学生,或者采取其他必要防护措施,保障学校安全和师生人身财产安全。

第五十六条　校园内发生火灾、食物中毒、重大治安等突发安全事故以及自然灾害时,学校应当启动应急预案,及时组织教职工参与抢险、救助和防护,保障学生身体健康和人身、财产安全。

第五十七条　发生学生伤亡事故时,学校应当按照《学生伤害事故处理办法》规定的原则和程序等,及时实施救助,并进行妥善处理。

第五十八条　发生教职工和学生伤亡等安全事故的,学校应当及时报告主管教育行政部门和政府有关部门;属于重大事故的,教育行政部门应当按照有关规定及时逐级上报。

第五十九条　省级教育行政部门应当在每年 1 月 31 日前向国务院教育行政部门书面报告上一年度学校安全工作和学生伤亡事故情况。

第八章　奖励与责任

第六十条　教育、公安、司法行政、建设、交通、文化、卫生、工商、质检、新闻出版等部门,对在学校安全工作中成绩显著或者做出突出贡献的单位和个人,应当视情况联合或者分别给予表彰、奖励。

第六十一条　教育、公安、司法行政、建设、交通、文化、卫生、工商、质检、新闻出版等部门,不依法履行学校安全监督与管理职责的,由上级部门给予批评;对直接责任人员由上级部门和所在单位视情节轻重,给予批评教育或者行政处分;构成犯罪的,依法追究刑事责任。

第六十二条　学校不履行安全管理和安全教育职责,对重大安全隐患未及时采取措施的,有关主管部门应当责令其限期改正;拒不改正或者有下列情形之一的,教育行政部门应当对学校负责人和其他直接责任人员给予行政处分;构成犯罪的,依法追究刑事责任:

(一)发生重大安全事故,造成学生和教职工伤亡的;

(二)发生事故后未及时采取适当措施、造成严重后

果的;

（三）瞒报、谎报或者缓报重大事故的;

（四）妨碍事故调查或者提供虚假情况的;

（五）拒绝或者不配合有关部门依法实施安全监督管理职责的。

《中华人民共和国民办教育促进法》及其实施条例另有规定的,依其规定执行。

第六十三条 校外单位或者人员违反治安管理规定、引发学校安全事故的,或者在学校安全事故处理过程中,扰乱学校正常教育教学秩序、违反治安管理规定的,由公安机关依法处理;构成犯罪的,依法追究其刑事责任;造成学校财产损失的,依法承担赔偿责任。

第六十四条 学生人身伤害事故的赔偿,依据有关法律法规、国家有关规定以及《学生伤害事故处理办法》处理。

第九章 附 则

第六十五条 中等职业学校学生实习劳动的安全管理办法另行制定。

第六十六条 本办法自2006年9月1日起施行。

高等学校消防安全管理规定

· 2009年10月19日教育部、公安部令第28号公布
· 自2010年1月1日起施行

第一章 总 则

第一条 为了加强和规范高等学校的消防安全管理,预防和减少火灾危害,保障师生员工生命财产和学校财产安全,根据消防法、高等教育法等法律、法规,制定本规定。

第二条 普通高等学校和成人高等学校（以下简称学校）的消防安全管理,适用本规定。

驻校内其他单位的消防安全管理,按照本规定的有关规定执行。

第三条 学校在消防安全工作中,应当遵守消防法律、法规、规章,贯彻预防为主、防消结合的方针,履行消防安全职责,保障消防安全。

第四条 学校应当落实逐级消防安全责任制和岗位消防安全责任制,明确逐级和岗位消防安全职责,确定各级、各岗位消防安全责任人。

第五条 学校应当开展消防安全教育和培训,加强消防演练,提高师生员工的消防安全意识和自救逃生技能。

第六条 学校各单位和师生员工应当依法履行保护消防设施、预防火灾、报告火警和扑救初起火灾等维护消防安全的义务。

第七条 教育行政部门依法履行对高等学校消防安全工作的管理职责,检查、指导和监督高等学校开展消防安全工作,督促高等学校建立健全并落实消防安全责任制和消防安全管理制度。

公安机关依法履行对高等学校消防安全工作的监督管理职责,加强消防监督检查,指导和监督高等学校做好消防安全工作。

第二章 消防安全责任

第八条 学校法定代表人是学校消防安全责任人,全面负责学校消防安全工作,履行下列消防安全职责:

（一）贯彻落实消防法律、法规和规章,批准实施学校消防安全责任制、学校消防安全管理制度;

（二）批准消防安全年度工作计划、年度经费预算,定期召开学校消防安全工作会议;

（三）提供消防安全经费保障和组织保障;

（四）督促开展消防安全检查和重大火灾隐患整改,及时处理涉及消防安全的重大问题;

（五）依法建立志愿消防队等多种形式的消防组织,开展群众性自防自救工作;

（六）与学校二级单位负责人签订消防安全责任书;

（七）组织制定灭火和应急疏散预案;

（八）促进消防科学研究和技术创新;

（九）法律、法规规定的其他消防安全职责。

第九条 分管学校消防安全的校领导是学校消防安全管理人,协助学校法定代表人负责消防安全工作,履行下列消防安全职责:

（一）组织制定学校消防安全管理制度,组织、实施和协调校内各单位的消防安全工作;

（二）组织制定消防安全年度工作计划;

（三）审核消防安全工作年度经费预算;

（四）组织实施消防安全检查和火灾隐患整改;

（五）督促落实消防设施、器材的维护、维修及检测,确保其完好有效,确保疏散通道、安全出口、消防车通道畅通;

（六）组织管理志愿消防队等消防组织;

（七）组织开展师生员工消防知识、技能的宣传教育和培训,组织灭火和应急疏散预案的实施和演练;

（八）协助学校消防安全责任人做好其他消防安全工作。

其他校领导在分管工作范围内对消防工作负有领导、监督、检查、教育和管理职责。

第十条 学校必须设立或者明确负责日常消防安全工作的机构(以下简称学校消防机构),配备专职消防管理人员,履行下列消防安全职责:

(一)拟订学校消防安全年度工作计划、年度经费预算,拟订学校消防安全责任制、灭火和应急疏散预案等消防安全管理制度,并报学校消防安全责任人批准后实施;

(二)监督检查校内各单位消防安全责任制的落实情况;

(三)监督检查消防设施、设备、器材的使用与管理、以及消防基础设施的运转,定期组织检验、检测和维修;

(四)确定学校消防安全重点单位(部位)并监督指导其做好消防安全工作;

(五)监督检查有关单位做好易燃易爆等危险品的储存、使用和管理工作,审批校内各单位动用明火作业;

(六)开展消防安全教育培训,组织消防演练,普及消防知识,提高师生员工的消防安全意识、扑救初起火灾和自救逃生技能;

(七)定期对志愿消防队等消防组织进行消防知识和灭火技能培训;

(八)推进消防安全技术防范工作,做好技术防范人员上岗培训工作;

(九)受理驻校内其他单位在校内和学校、校内各单位新建、扩建、改建及装饰装修工程和公众聚集场所投入使用、营业前消防行政许可或者备案手续的校内备案审查工作,督促其向公安机关消防机构进行申报,协助公安机关消防机构进行建设工程消防设计审核、消防验收或者备案以及公众聚集场所投入使用、营业前消防安全检查工作;

(十)建立健全学校消防工作档案及消防安全隐患台账;

(十一)按照工作要求上报有关信息数据;

(十二)协助公安机关消防机构调查处理火灾事故,协助有关部门做好火灾事故处理及善后工作。

第十一条 学校二级单位和其他驻校单位应当履行下列消防安全职责:

(一)落实学校的消防安全管理规定,结合本单位实际制定并落实本单位的消防安全制度和消防安全操作规程;

(二)建立本单位的消防安全责任考核、奖惩制度;

(三)开展经常性的消防安全教育、培训及演练;

(四)定期进行防火检查,做好检查记录,及时消除火灾隐患;

(五)按规定配置消防设施、器材并确保其完好有效;

(六)按规定设置安全疏散指示标志和应急照明设施,并保证疏散通道、安全出口畅通;

(七)消防控制室配备消防值班人员,制定值班岗位职责,做好监督检查工作;

(八)新建、扩建、改建及装饰装修工程报学校消防机构备案;

(九)按照规定的程序与措施处置火灾事故;

(十)学校规定的其他消防安全职责。

第十二条 校内各单位主要负责人是本单位消防安全责任人,驻校内其他单位主要负责人是该单位消防安全责任人,负责本单位的消防安全工作。

第十三条 除本规定第十一条外,学生宿舍管理部门还应当履行下列安全管理职责:

(一)建立由学生参加的志愿消防组织,定期进行消防演练;

(二)加强学生宿舍用火、用电安全教育与检查;

(三)加强夜间防火巡查,发现火灾立即组织扑救和疏散学生。

第三章 消防安全管理

第十四条 学校应当将下列单位(部位)列为学校消防安全重点单位(部位):

(一)学生宿舍、食堂(餐厅)、教学楼、校医院、体育场(馆)、会堂(会议中心)、超市(市场)、宾馆(招待所)、托儿所、幼儿园以及其他文体活动、公共娱乐等人员密集场所;

(二)学校网络、广播电台、电视台等传媒部门和驻校内邮政、通信、金融等单位;

(三)车库、油库、加油站等部位;

(四)图书馆、展览馆、档案馆、博物馆、文物古建筑;

(五)供水、供电、供气、供热等系统;

(六)易燃易爆等危险化学物品的生产、充装、储存、供应、使用部门;

(七)实验室、计算机房、电化教学中心和承担国家重点科研项目或配备有先进精密仪器设备的部位,监控中心、消防控制中心;

(八)学校保密要害部门及部位;

(九)高层建筑及地下室、半地下室;

(十)建设工程的施工现场以及有人员居住的临时

性建筑;

(十一)其他发生火灾可能性较大以及一旦发生火灾可能造成重大人身伤亡或者财产损失的单位(部位)。

重点单位和重点部位的主管部门,应当按照有关法律法规和本规定履行消防安全管理职责,设置防火标志,实行严格消防安全管理。

第十五条 在学校内举办文艺、体育、集会、招生和就业咨询等大型活动和展览,主办单位应当确定专人负责消防安全工作,明确并落实消防安全职责和措施,保证消防设施和消防器材配置齐全、完好有效,保证疏散通道、安全出口、疏散指示标志、应急照明和消防车通道符合消防技术标准和管理规定,制定灭火和应急疏散预案并组织演练,并经学校消防机构对活动现场检查合格后方可举办。

依法应当报请当地人民政府有关部门审批的,经有关部门审核同意后方可举办。

第十六条 学校应当按照国家有关规定,配置消防设施和器材,设置消防安全疏散指示标志和应急照明设施,每年组织检测维修,确保消防设施和器材完好有效。

学校应当保障疏散通道、安全出口、消防车通道畅通。

第十七条 学校进行新建、改建、扩建、装修、装饰等活动,必须严格执行消防法规和国家工程建设消防技术标准,并依法办理建设工程消防设计审核、消防验收或者备案手续。学校各项工程及驻校内各单位在校内的各项工程消防设施的招标和验收,应当有学校消防机构参加。

施工单位负责施工现场的消防安全,并接受学校消防机构的监督、检查。竣工后,建筑工程的有关图纸、资料、文件等应当报学校档案机构和消防机构备案。

第十八条 地下室、半地下室和用于生产、经营、储存易燃易爆、有毒有害等危险物品场所的建筑不得用作学生宿舍。

生产、经营、储存其他物品的场所与学生宿舍等居住场所设置在同一建筑物内的,应当符合国家工程建设消防技术标准。

学生宿舍、教室和礼堂等人员密集场所,禁止违规使用大功率电器,在门窗、阳台等部位不得设置影响逃生和灭火救援的障碍物。

第十九条 利用地下空间开设公共活动场所,应当符合国家有关规定,并报学校消防机构备案。

第二十条 学校消防控制室应当配备专职值班人员,持证上岗。

消防控制室不得挪作他用。

第二十一条 学校购买、储存、使用和销毁易燃易爆等危险品,应当按照国家有关规定严格管理、规范操作,并制定应急处置预案和防范措施。

学校对管理和操作易燃易爆等危险品的人员,上岗前必须进行培训,持证上岗。

第二十二条 学校应当对动用明火实行严格的消防安全管理。禁止在具有火灾、爆炸危险的场所吸烟、使用明火;因特殊原因确需进行电、气焊等明火作业的,动火单位和人员应当向学校消防机构申办审批手续,落实现场监管人,采取相应的消防安全措施。作业人员应当遵守消防安全规定。

第二十三条 学校内出租房屋的,当事人应当签订房屋租赁合同,明确消防安全责任。出租方负责对出租房屋的消防安全管理。学校授权的管理单位应当加强监督检查。

外来务工人员的消防安全管理由校内用人单位负责。

第二十四条 发生火灾时,学校应当及时报警并立即启动应急预案,迅速扑救初起火灾,及时疏散人员。

学校应当在火灾事故发生后两个小时内向所在地教育行政主管部门报告。较大以上火灾同时报教育部。

火灾扑灭后,事故单位应当保护现场并接受事故调查,协助公安机关消防机构调查火灾原因、统计火灾损失。未经公安机关消防机构同意,任何人不得擅自清理火灾现场。

第二十五条 学校及其重点单位应当建立健全消防档案。

消防档案应当全面反映消防安全和消防安全管理情况,并根据情况变化及时更新。

第四章 消防安全检查和整改

第二十六条 学校每季度至少进行一次消防安全检查。检查的主要内容包括:

(一)消防安全宣传教育及培训情况;

(二)消防安全制度及责任制落实情况;

(三)消防安全工作档案建立健全情况;

(四)单位防火检查及每日防火巡查落实及记录情况;

(五)火灾隐患和隐患整改及防范措施落实情况;

(六)消防设施、器材配置及完好有效情况;

(七)灭火和应急疏散预案的制定和组织消防演练情况;

(八)其他需要检查的内容。

第二十七条 学校消防安全检查应当填写检查记

录,检查人员、被检查单位负责人或者相关人员应当在检查记录上签名,发现火灾隐患应当及时填发《火灾隐患整改通知书》。

第二十八条 校内各单位每月至少进行一次防火检查。检查的主要内容包括:

(一)火灾隐患和隐患整改情况以及防范措施的落实情况;

(二)疏散通道、疏散指示标志、应急照明和安全出口情况;

(三)消防车通道、消防水源情况;

(四)消防设施、器材配置及有效情况;

(五)消防安全标志设置及其完好、有效情况;

(六)用火、用电有无违章情况;

(七)重点工种人员以及其他员工消防知识掌握情况;

(八)消防安全重点单位(部位)管理情况;

(九)易燃易爆危险物品和场所防火防爆措施落实情况以及其他重要物资防火安全情况;

(十)消防(控制室)值班情况和设施、设备运行、记录情况;

(十一)防火巡查落实及记录情况;

(十二)其他需要检查的内容。

防火检查应当填写检查记录。检查人员和被检查部门负责人应当在检查记录上签名。

第二十九条 校内消防安全重点单位(部位)应当进行每日防火巡查,并确定巡查的人员、内容、部位和频次。其他单位可以根据需要组织防火巡查。巡查的内容主要包括:

(一)用火、用电有无违章情况;

(二)安全出口、疏散通道是否畅通,安全疏散指示标志、应急照明是否完好;

(三)消防设施、器材和消防安全标志是否在位、完整;

(四)常闭式防火门是否处于关闭状态,防火卷帘下是否堆放物品影响使用;

(五)消防安全重点部位的人员在岗情况;

(六)其他消防安全情况。

校医院、学生宿舍、公共教室、实验室、文物古建筑等应当加强夜间防火巡查。

防火巡查人员应当及时纠正消防违章行为,妥善处置火灾隐患,无法当场处置的,应当立即报告。发现初起火灾应当立即报警、通知人员疏散、及时扑救。

防火巡查应当填写巡查记录,巡查人员及其主管人员应当在巡查记录上签名。

第三十条 对下列违反消防安全规定的行为,检查、巡查人员应当责成有关人员改正并督促落实:

(一)消防设施、器材或者消防安全标志的配置、设置不符合国家标准、行业标准,或者未保持完好有效的;

(二)损坏、挪用或者擅自拆除、停用消防设施、器材的;

(三)占用、堵塞、封闭疏散通道、安全出口的;

(四)埋压、圈占、遮挡消火栓或者占用防火间距的;

(五)占用、堵塞、封闭消防车通道,妨碍消防车通行的;

(六)人员密集场所在门窗上设置影响逃生和灭火救援的障碍物的;

(七)常闭式防火门处于开启状态,防火卷帘下堆放物品影响使用的;

(八)违章进入易燃易爆危险物品生产、储存等场所的;

(九)违章使用明火作业或者在具有火灾、爆炸危险的场所吸烟、使用明火等违反禁令的;

(十)消防设施管理、值班人员和防火巡查人员脱岗的;

(十一)对火灾隐患经公安机关消防机构通知后不及时采取措施消除的;

(十二)其他违反消防安全管理规定的行为。

第三十一条 学校对教育行政主管部门和公安机关消防机构、公安派出所指出的各类火灾隐患,应当及时予以核查、消除。

对公安机关消防机构、公安派出所责令限期改正的火灾隐患,学校应当在规定的期限内改正。

第三十二条 对不能及时消除的火灾隐患,隐患单位应当及时向学校及相关单位的消防安全责任人或者消防安全工作主管领导报告,提出整改方案,确定整改措施、期限以及负责整改的部门、人员,并落实整改资金。

火灾隐患尚未消除的,隐患单位应当落实防范措施,保障消防安全。对于随时可能引发火灾或者一旦发生火灾将严重危及人身安全的,应当将危险部位停止使用或停业整改。

第三十三条 对于涉及城市规划布局等学校无力解决的重大火灾隐患,学校应当及时向其上级主管部门或者当地人民政府报告。

第三十四条 火灾隐患整改完毕,整改单位应当将整改情况记录报送相应的消防安全工作责任人或者消防安全工作主管领导签字确认后存档备查。

第五章 消防安全教育和培训

第三十五条 学校应当将师生员工的消防安全教育和培训纳入学校消防安全年度工作计划。

消防安全教育和培训的主要内容包括：

（一）国家消防工作方针、政策，消防法律、法规；

（二）本单位、本岗位的火灾危险性，火灾预防知识和措施；

（三）有关消防设施的性能、灭火器材的使用方法；

（四）报火警、扑救初起火灾和自救互救技能；

（五）组织、引导在场人员疏散的方法。

第三十六条 学校应当采取下列措施对学生进行消防安全教育，使其了解防火、灭火知识，掌握报警、扑救初起火灾和自救、逃生方法。

（一）开展学生自救、逃生等防火安全常识的模拟演练，每学年至少组织一次学生消防演练；

（二）根据消防安全教育的需要，将消防安全知识纳入教学和培训内容；

（三）对每届新生进行不低于4学时的消防安全教育和培训；

（四）对进入实验室的学生进行必要的安全技能和操作规程培训；

（五）每学年至少举办一次消防安全专题讲座，并在校园网络、广播、校内报刊开设消防安全教育栏目。

第三十七条 学校二级单位应当组织新上岗和进入新岗位的员工进行上岗前的消防安全培训。

消防安全重点单位（部位）对员工每年至少进行一次消防安全培训。

第三十八条 下列人员应当依法接受消防安全培训：

（一）学校及各二级单位的消防安全责任人、消防安全管理人；

（二）专职消防管理人员、学生宿舍管理人员；

（三）消防控制室的值班、操作人员；

（四）其他依照规定应当接受消防安全培训的人员。

前款规定中的第（三）项人员必须持证上岗。

第六章 灭火、应急疏散预案和演练

第三十九条 学校、二级单位、消防安全重点单位（部位）应当制定相应的灭火和应急疏散预案，建立应急反应和处置机制，为火灾扑救和应急救援工作提供人员、装备等保障。

灭火和应急疏散预案应当包括以下内容：

（一）组织机构：指挥协调组、灭火行动组、通讯联络组、疏散引导组、安全防护救护组；

（二）报警和接警处置程序；

（三）应急疏散的组织程序和措施；

（四）扑救初起火灾的程序和措施；

（五）通讯联络、安全防护救护的程序和措施。

（六）其他需要明确的内容。

第四十条 学校实验室应当有针对性地制定突发事件应急处置预案，并将应急处置预案涉及到的生物、化学及易燃易爆物品的种类、性质、数量、危险性和应对措施及处置药品的名称、产地和储存等内容报学校消防机构备案。

第四十一条 校内消防安全重点单位应当按照灭火和应急疏散预案每半年至少组织一次消防演练，并结合实际，不断完善预案。

消防演练应当设置明显标识并事先告知演练范围内的人员，避免意外事故发生。

第七章 消防经费

第四十二条 学校应当将消防经费纳入学校年度经费预算，保证消防经费投入，保障消防工作的需要。

第四十三条 学校日常消防经费用于校内灭火器材的配置、维修、更新，灭火和应急疏散预案的备用设施、材料，以及消防宣传教育、培训等，保证学校消防工作正常开展。

第四十四条 学校安排专项经费，用于解决火灾隐患，维修、检测、改造消防专用给水管网、消防专用供水系统、灭火系统、自动报警系统、防排烟系统、消防通讯系统、消防监控系统等消防设施。

第四十五条 消防经费使用坚持专款专用、统筹兼顾、保证重点、勤俭节约的原则。

任何单位和个人不得挤占、挪用消防经费。

第八章 奖 惩

第四十六条 学校应当将消防安全工作纳入校内评估考核内容，对在消防安全工作中成绩突出的单位和个人给予表彰奖励。

第四十七条 对未依法履行消防安全职责、违反消防安全管理制度、或者擅自挪用、损坏、破坏消防器材、设施等违反消防安全管理规定的，学校应当责令其限期整改，给予通报批评；对直接负责的主管人员和其他直接责

任人员根据情节轻重给予警告等相应的处分。

前款涉及民事损失、损害的,有关责任单位和责任人应当依法承担民事责任。

第四十八条　学校违反消防安全管理规定或者发生重特大火灾的,除依据消防法的规定进行处罚外,教育行政部门应当取消其当年评优资格,并按照国家有关规定对有关主管人员和责任人员依法予以处分。

第九章　附　则

第四十九条　学校应当依据本规定,结合本校实际,制定本校消防安全管理办法。

高等学校以外的其他高等教育机构的消防安全管理,参照本规定执行。

第五十条　本规定所称学校二级单位,包括学院、系、处、所、中心等。

第五十一条　本规定自 2010 年 1 月 1 日起施行。

大中小学国家安全教育指导纲要

· 2020 年 9 月 28 日
· 教材〔2020〕5 号

为贯彻落实总体国家安全观,指导大中小学系统、规范、科学地开展国家安全教育,特制定本纲要。

一、总体要求

(一)指导思想

以习近平新时代中国特色社会主义思想为指导,贯彻党的教育方针,落实立德树人根本任务,牢固树立和全面践行总体国家安全观,构建具有中国特色的国家安全教育体系,系统推进国家安全教育进课程、进教材、进校园,全面增强大中小学生的国家安全意识,提升维护国家安全能力,为培养社会主义合格建设者和可靠接班人打下坚实基础。

(二)基本原则

坚持正确方向。以总体国家安全观为统领,坚持和加强党对国家安全教育的领导,增强国家意识,强化政治认同,坚定道路自信、理论自信、制度自信、文化自信,践行社会主义核心价值观。

坚持依法开展。在《中华人民共和国国家安全法》《中华人民共和国反恐怖主义法》《中华人民共和国反间谍法》《中华人民共和国网络安全法》《中华人民共和国教育法》等一系列法律框架内依法开展教育。

坚持统一规划。强化顶层设计,明确大中小学各学段国家安全教育目标,落实相关法律法规要求,统筹各领域国家安全教育内容,形成纵向衔接、横向配合、有机融入的教育格局。

坚持遵循规律。符合学生年龄特征,密切联系学生实际,紧贴世情国情社情,适应不同学科专业领域和不同类型教育特点,提升科学性和适宜性。

坚持方式多样。充分利用多种资源,专门课程与学科融入相结合,知识学习与实践活动相结合,学校教育与社会教育相结合,生动鲜活、易于接受,增强育人实效。

(三)主要目标

通过国家安全教育,使学生能够深入理解和准确把握总体国家安全观,牢固树立国家利益至上的观念,增强自觉维护国家安全意识,具备维护国家安全的能力。

小学阶段,重点围绕建立国家概念,启蒙国家安全意识。学生初步了解国家安全基本常识,感受个人生活与国家安全息息相关,增强爱国主义情感。

初中阶段,重点围绕认识个人与国家关系,增强国家安全意识。学生初步了解总体国家安全观,掌握国家安全基础知识,理解国家安全对个人成长的重要作用,初步树立国家利益至上的观念。

高中阶段,重点围绕理解人民福祉与国家关系,树立总体国家安全观。学生理解总体国家安全观,初步掌握国家安全各领域内涵及其关系,认识国家安全对国家发展的重要作用,树立忧患意识,增强自觉维护国家安全的使命感。

大学阶段,重点围绕理解中华民族命运与国家关系,践行总体国家安全观。学生系统掌握总体国家安全观的内涵和精神实质,理解中国特色国家安全体系,树立国家安全底线思维,将国家安全意识转化为自觉行动,强化责任担当。

二、主要内容

(一)总论

主要包括:国家安全的重要性,我国新时代国家安全的形势与特点,总体国家安全观的基本内涵、重点领域和重大意义,以及相关法律法规。

主要学习:习近平关于总体国家安全观重要论述,牢固树立总体国家安全观,坚持统筹发展和安全,坚持人民安全、政治安全、国家利益至上有机统一,坚持维护和塑造国家安全,坚持科学统筹。以人民安全为宗旨,以政治安全为根本,以经济安全为基础,以军事、科技、文化、社会安全为保障,健全国家安全体系,增强国家安全能力。

完善集中统一、高效权威的国家安全领导体制,健全国家安全法律制度体系。

(二)重点领域

主要包括:政治安全、国土安全、军事安全、经济安全、文化安全、社会安全、科技安全、网络安全、生态安全、资源安全、核安全、海外利益安全以及太空、深海、极地、生物等不断拓展的新型领域安全。

主要学习:国家安全各重点领域的基本内涵、重要性、面临的威胁与挑战、维护的途径与方法。

具体内容:

政治安全包括政权安全、制度安全、意识形态安全等方面,是国家安全的根本,对于保障人民安全、维护国家利益,不断提高全体国民的获得感、幸福感、安全感,实现国家长治久安,具有根本性、全局性的重大意义。面临渗透、分裂、颠覆等敌对活动的威胁。维护政治安全必须加强党的领导、坚定理想信念。

国土安全包括领土以及自然资源、基础设施安全等方面,核心是指领土完整、国家统一,边疆边境、领空、海洋权益等不受侵犯或免于威胁的状态,是国家生存和发展的基本条件。面临境内外分裂势力的挑衅。维护国土安全必须加强国防和外交能力建设。

军事安全包括军事力量、军事战略和领导体制等方面,是国家安全的重要保障和保底手段。面临世界军事变革深入发展带来的挑战和潜在战争风险。维护军事安全必须贯彻落实习近平强军思想,全面推进国防和军队现代化建设。

经济安全包括经济制度安全、经济秩序安全、经济主权安全、经济发展安全等方面,是国家安全与发展的基础。面临国际经济金融动荡和国内经济可持续发展挑战。维护经济安全必须坚持和完善中国特色社会主义经济发展道路。

文化安全包括文化主权、文化价值观、文化资源安全等方面,是确保一个民族、一个国家独立和尊严的重要精神支撑。面临外部意识形态渗透、消极文化侵蚀、文化自信和向心力缺失等威胁。维护文化安全必须强化中华优秀传统文化、革命文化、社会主义先进文化教育。

社会安全包括社会治安、社会舆情、公共卫生等方面,是社会和谐稳定的基础。面临重大疫情、群体性事件、暴力恐怖活动、新型违法犯罪等威胁。维护社会安全必须健全法制,完善体制机制,提升应对重大新发突发传染病等社会公共安全事件的能力。

科技安全包括科技自身安全和科技支撑保障相关领域安全,涵盖科技人才、设施设备、科技活动、科技成果、成果应用等多个方面,是支撑国家安全的重要力量和技术基础。面临重点领域核心技术受制于人、原始创新能力不足等问题。维护科技安全必须重视人才培养、突破关键技术。

网络安全包括网络基础设施、网络运行、网络服务、信息安全等方面,是保障和促进信息社会健康发展的基础。面临网络基础设施安全隐患和网络犯罪等威胁。维护网络安全必须践行"没有网络安全就没有国家安全,没有信息化就没有现代化"的理念,强化依法治网、技术创新、国际合作等,树立网络空间主权意识。

生态安全包括水、土地、大气、生物物种安全等方面,是人类生存发展的基本条件。面临生态破坏、环境污染、疫情等威胁。维护生态安全必须践行"绿水青山就是金山银山"理念,加强综合治理,筑牢国家生态安全屏障。

资源安全包括可再生资源安全、不可再生资源安全等方面,是国家战略命脉和国家发展依托。面临供需矛盾大、对外依存度高、开发利用水平低等问题。维护资源安全必须坚持推进绿色发展、利用好两个市场和两种资源。

核安全包括核材料、核设施、核技术、核扩散安全等方面,事关人类前途命运。面临核事故风险、涉核恐怖活动、核扩散威胁和核对抗挑战等。维护核安全必须强化政治投入、国家责任、国际合作、核安全文化建设,全面提升核技术能力。

海外利益安全包括海外中国公民、机构、企业安全和正当权益,海外战略性利益安全等方面。面临冲突与政局动荡、国际恐怖主义、重大自然灾害、重大新发突发传染病疫情等威胁。维护海外利益安全是高水平对外开放的必然要求,必须提升海外安全保障能力,加强国际合作。

新型领域安全包括太空、深海、极地、生物等发展探索、保护利用等,是未来国际竞争的新焦点。面临技术挑战、参与国际规则制定等问题。维护新型领域安全必须推进顶层设计、加快人才培养、深化国际合作等。

三、实施途径

(一)开设专门课程

高等学校依托校内相关教学科研机构,开设国家安全教育公共基础课。鼓励支持地方和中小学(含中职)挖掘和利用校内外国家安全教育资源,开设地方课程和校本课程。

（二）开展专题教育

围绕总体国家安全观和国家安全各领域，确定综合性或特定领域的主题。通过组织讲座、参观、调研、体验式实践活动等方式，进行案例分析、实地考察、访谈探究、行动反思，积极引导学生自主参与、体验感悟。

（三）融入各学科专业教育教学

中小学各学科课程标准、普通高等学校和职业院校公共基础课及相关专业课，要结合本学科本专业特点，明确国家安全教育相关内容和要求，纳入课程思政教学体系。

各学科专业教师要强化国家安全意识，通过延伸、拓展学科知识，引导学生主动运用所学知识分析国家安全问题，着力强化学生国家安全意识，丰富国家安全知识；要理解总体国家安全观，掌握国家安全基础知识，结合学科专业领域特点，在课程中有机融入国家安全教育内容，避免简单添加、生硬联系，注重教学实效。

（四）发挥校园文化作用

充分利用学校各类社团、报刊媒体、广播站、宣传栏等平台，实现国家安全知识传播常态化。鼓励和支持学校网站开设国家安全宣传专栏或在线学习平台，开发适合互联网、移动终端等新兴媒体传播手段的国家安全教育精品资源。结合入学教育、升旗仪式、军训、节日庆典、全民国家安全教育日等重要时间节点，组织开展形式多样的国家安全教育活动。

（五）充分利用社会资源

充分发挥国家安全各领域专业人才、专业机构和行业企业的作用，开设专题讲座、指导学生实践活动、培训师资、提供专业咨询和体验服务等。有效利用各类场馆、基地、设施等，开发实践课程，组织现场教学，强化体验感受。

四、考试评价

（一）评价原则

坚持发展性，强化教育引导，激发学生学习热情，提升学生国家安全意识，增强爱国主义情感，杜绝随意打分、简单排名。

坚持过程性，激发学生积极实践，提升学生维护国家安全能力，引导知行合一，避免单一考察知识概念。

坚持多元性，注重自评与他评相结合、过程评价与结果评价相结合、定性评价与定量评价相结合，保证评价全面客观。

（二）评价实施

依据国家安全教育主要目标和主要内容，明确评价要求和评价要点，突出素养导向。将相关国家安全教育内容纳入不同阶段学生学业评价范畴。小学阶段侧重考察参与相关活动情况；中学阶段相关学科要把国家安全教育有关内容纳入考核评价范围，兼顾活动参与情况的考察；大学阶段采用多种方式进行课程考试，兼顾过程性考核。客观记录学生参与国家安全专题教育、课程学习和社会实践等活动中的态度、行为表现和学习成果，确保记录真实可靠，纳入学生综合素质档案。

五、管理与保障

（一）组织领导

在党委统一领导下，省级教育部门会同省级党委有关办事机构，做好本地中小学（含中职）国家安全教育顶层设计，明确工作任务、人员配备、责任机构、条件保障、经费投入、推进计划等。实行分级负责制，省级党委有关办事机构协调推动，省级教育部门牵头协调其他部门，统筹指导本地国家安全教育工作，地市、县相关部门负责组织落实，督促中小学（含中职）履行国家安全教育教学实施主体责任。

高等学校党委负责本校国家安全教育的组织实施，在教师配备、经费投入等给予必要保障。

（二）课时保障

大中小学国家安全专题教育每学年不少于1次，每次不少于2课时。高等学校国家安全教育公共基础课不少于1学分。小学、初中、高中（含中职）各学段国家安全教育内容安排原则上不少于32课时，要统筹落实到课程标准和教材中。

（三）督导检查

把国家安全教育纳入教育督导体系，明确督导办法。各级教育督导部门要组织开展国家安全教育督导，着重检查教育实效，检验学生思想认识、态度情感、行为表现等方面的状况。将督导检查结果纳入年度考核范围。

（四）专业指导

全国国家安全教育指导委员会负责开展国家安全教育教学的研究、咨询、指导、评估、服务等工作，会同国家教材委员会相关专家委员会组织开展国家安全教育高等学校教材和中小学（含中职）读本审查。各地教育行政部门和学校通过开展典型培养、评优评先、学术研讨、经验交流等活动，进一步发挥示范引领作用。

相关专业学术机构、学术团体加强国家安全教育的理论与实践研究、学术平台建设，组织开展学术交流、教学应用研究等。

各级教研部门组织国家安全教育实施途径与方法的

专项研究,探索学科有机融入、专题教育设计,有效指导教师教学。

（五）资源开发

国务院教育行政部门指导开发适合中小学（含中职）学生认知特点的国家安全教育读本,组织编写高等学校国家安全教育公共基础课教材。地方教育行政部门、学校和相关专业机构要综合运用信息技术手段,有针对性地开发配套的多媒体素材、案例库、课件、微课、专题网站、应用软件、微信公众号、在线开放课程等集成的数字化课程资源,确保资源形式与种类多样化。

地方和学校应注重因地制宜,统筹利用现有资源,推动相关教育实践基地改造升级,拓展其国家安全教育功能,打造一批综合性教育实践基地和专题性教育实践基地。

（六）师资队伍建设

分级开展大中小学教师全员培训,将国家安全教育纳入"国培计划"、高等学校新入职教师培训、思政课教师培训等各级各类培训,强化每位教师的国家安全意识,提高实施国家安全教育的自觉性。

分层次举办校级领导总体国家安全观专题研讨班,对国家安全教育关联度较高的学科教师进行专项培训,建设培训者队伍和专家库,提升实施国家安全教育的能力。

选拔、培育一批专门从事国家安全教育的专业骨干教师;鼓励相关领域专家、思政课教师、相关学科教师,发挥专业特长,参与国家安全教育,形成专兼结合的国家安全教育师资队伍。

鼓励支持高等学校设置国家安全教育专业或开设国家安全教育专业双学位,强化师范专业国家安全教育要求,培养从事国家安全教育专业人才。

中小学法治副校长聘任与管理办法

· 2021 年 12 月 27 日教育部令第 52 号公布
· 自 2022 年 5 月 1 日起施行

第一条 为了完善中小学治理体系,健全学生权益保护机制,进一步规范中小学法治副校长聘任与管理,促进未成年人健康成长,根据教育法、未成年人保护法、预防未成年人犯罪法等法律法规,制定本办法。

第二条 普通中小学、中等职业学校、特殊教育学校、专门学校（以下统称学校）法治副校长的聘任与管理,适用本办法。

第三条 本办法所称法治副校长,是指由人民法院、人民检察院、公安机关、司法行政部门推荐或者委派,经教育行政部门或者学校聘任,在学校兼任副校长职务,协助开展法治教育、学生保护、安全管理、预防犯罪、依法治理等工作的人员。

第四条 国务院教育行政部门会同最高人民法院、最高人民检察院、公安部、司法部制定学校法治副校长聘任与管理的宏观政策,统筹指导地方开展法治副校长的推荐、聘任、培训、考核、评价、奖励等工作。

县级以上地方人民政府教育行政部门会同人民法院、人民检察院、公安机关、司法行政部门负责本地区学校法治副校长聘任与管理工作。

有条件的地方,可以建立由教育行政部门、人民法院、人民检察院、公安机关、司法行政部门参加的学校法治副校长工作联席会议制度,统筹推进本地区学校法治副校长聘任与管理工作。

第五条 法治副校长履职期间协助开展以下工作:

（一）开展法治教育。推动习近平法治思想的学习宣传,参与制订学校法治教育工作计划,协助学校创新法治教育内容和形式,每年在任职学校承担或者组织落实不少于 4 课时的、以法治实践教育为主的法治教育任务,提高法治教育的针对性和实效性。面向教职工开展法治宣传,指导、帮助道德与法治等课程教师开展法治教育。

（二）保护学生权益。参与学校学生权益保护制度的制定、执行,参加学生保护委员会、学生欺凌治理等组织,指导、监督学校落实未成年人保护职责,依法保护学生权益。

（三）预防未成年人犯罪。指导学校对未成年学生进行有针对性的预防犯罪教育,对有不良行为的学生加强管理和教育。

（四）参与安全管理。指导学校完善安全管理制度,协调推动建立学校安全区域制度,协助学校健全安全事故预防与处置机制,主持或者参与学校安全事故的调解协商,指导学校依法处理安全事故纠纷,制止侵害学校和师生合法权益的行为。

（五）实施或者指导实施教育惩戒。协助学校、公安机关、司法行政部门按照法律和相关规定对有不良行为、严重不良行为的学生予以训诫或者矫治教育。根据学校实际和需要,参与建立学生教育保护辅导工作机制,对有需要的学生进行专门的辅导、矫治。

（六）指导依法治理。协助学校建立健全校规校纪、完善各类规章制度,参与校规校纪的审核,协助处理学校涉法涉诉案件,进入申诉委员会,参与处理师生申诉,协助加强与社区、家庭及社会有关方面的沟通联系。

(七)指导、协助学校履行法律法规规章规定的其他职责。

第六条　人民法院、人民检察院、公安机关和司法行政部门(以下称派出机关)应当遴选、推荐符合以下条件的在职工作人员担任法治副校长:

(一)政治素质好,品德优秀,作风正派,责任心强;

(二)有较丰富的法律专业知识与法治实践经历,从事法治工作三年以上;

(三)身心健康,热心教育工作,了解教育教学规律和学生的身心特点,关心学生健康成长;

(四)具有较强的语言表达能力、沟通交流能力和组织协调能力。

符合上述条件,年龄不超过65周岁的退休人员也可以经推荐担任一个任期的法治副校长。

第七条　教育行政部门应当商有关部门制定法治副校长聘任计划,会同派出机关综合考虑学校需求和工作便利,协商确定、统筹安排法治副校长人选,优先为偏远地区、农村地区学校和城市薄弱学校配备法治副校长。

第八条　每所学校应当配备至少1名法治副校长,师生人数多、有需求的学校,可以聘任2名以上5名以下法治副校长。

根据工作需要,1人可以同时担任2所学校的法治副校长。

第九条　县级或者设区的市级人民政府教育行政部门可以商有关部门组建由不同派出机关人员组成的法治副校长工作团队,服务区域内学校。

第十条　教育行政部门会同派出机关建立法治副校长人员库,推荐符合条件的人员入库并动态调整。

教育行政部门组织学校根据工作需要,参照就近就便的原则,从人员库中自主或者根据统一安排选聘法治副校长,经各方协商一致,确定聘任人选。

第十一条　法治副校长由所聘学校颁发聘书。聘期一般为三年,期满后可以续聘。

学校已聘任的法治副校长因派出机关工作变动或其他原因不宜或者不能继续履职的,应当及时报告,由教育主管部门会同派出机关在30日内重新推荐或者委派。

第十二条　教育行政部门应当会同派出机关制定法治副校长培训方案和规划,并纳入教师、校长培训规划,安排经费对法治副校长开展培训。培训应当包括政治理论、未成年人保护、教育法律政策、心理健康教育、学校安全管理等方面的内容。

法治副校长任职前,应当接受不少于8学时的培训。任职期间,根据实际安排参加相应的培训。

第十三条　派出机关应当采取必要措施,保障所派出的法治副校长在任职学校有必要的工作时间和条件,鼓励、支持其履职尽责。

法治副校长应当按照本办法主动参与学校工作,积极参加培训,定期到校开展工作。鼓励法治副校长利用信息化手段,参与学校工作。

第十四条　学校应当将支持法治副校长履职纳入整体工作规划,主动向法治副校长介绍学校有关情况,定期收集教职工、学生及学生家长的法律服务需求并及时向法治副校长反馈,配合法治副校长做好相关工作。涉及到法治副校长履职的会议、活动,应当事先与法治副校长沟通,并通知其参加。

学校应当结合实际为法治副校长履职提供必要的便利条件。

法治副校长的基本情况和工作职责等应当以适当方式在学校公示。

第十五条　派出机关、教育行政部门可以根据有关规定,为在偏远农村地区、交通不便地区学校任职的法治副校长给予食宿、交通等补助。

第十六条　学校应当建立法治副校长工作评价制度,按年度对法治副校长工作情况作出评价。

学校对法治副校长进行评价时,应当听取教职工、学生及学生家长意见,形成客观、公正的评价结果,并将结果报送教育主管部门,由教育主管部门反馈派出机关。

第十七条　派出机关应当将担任法治副校长工作纳入相关工作人员的工作量,明确为考核内容,学校作出的工作评价以及法治副校长的述职报告等应当一并作为考核其工作、晋职、晋级和立功受奖的重要依据。

第十八条　地方教育行政部门应当定期对本区域内法治副校长的履职情况进行考评,对工作成绩突出的法治副校长,应当予以表彰、奖励或者会同派出机关联合予以表彰、奖励。

司法行政部门应当将派出机关法治副校长履职情况作为落实"谁执法谁普法"普法责任制的重要方面,纳入普法工作考核内容。对推荐、聘任法治副校长工作成绩突出的派出机关、学校,应当作为普法工作评先评优的重要参考。

各级教育行政部门应当会同派出机关对组织开展中

小学法治副校长工作有显著成绩的组织和个人，按照有关规定给予表彰、奖励。

第十九条　学校从其他执法机关、法学教育和法律服务机构等单位聘任校外法治辅导员的，参照本办法执行。

幼儿园聘任法治副园长的，聘任与管理参照本办法执行。

第二十条　本办法自 2022 年 5 月 1 日起施行。

（五）国防教育

中华人民共和国国防法（节录）

- · 1997 年 3 月 14 日第八届全国人民代表大会第五次会议通过
- · 根据 2009 年 8 月 27 日第十一届全国人民代表大会常务委员会第十次会议《关于修改部分法律的决定》修正
- · 2020 年 12 月 26 日第十三届全国人民代表大会常务委员会第二十四次会议修订
- · 2020 年 12 月 26 日中华人民共和国主席令第 67 号公布
- · 自 2021 年 1 月 1 日起施行

……

第七章　国防教育

第四十三条　国家通过开展国防教育，使全体公民增强国防观念、强化忧患意识、掌握国防知识、提高国防技能、发扬爱国主义精神，依法履行国防义务。

普及和加强国防教育是全社会的共同责任。

第四十四条　国防教育贯彻全民参与、长期坚持、讲求实效的方针，实行经常教育与集中教育相结合、普及教育与重点教育相结合、理论教育与行为教育相结合的原则。

第四十五条　国防教育主管部门应当加强国防教育的组织管理，其他有关部门应当按照规定的职责做好国防教育工作。

军事机关应当支持有关机关和组织开展国防教育工作，依法提供有关便利条件。

一切国家机关和武装力量、各政党和各人民团体、企业事业组织、社会组织和其他组织，都应当组织本地区、本部门、本单位开展国防教育。

学校的国防教育是全民国防教育的基础。各级各类学校应当设置适当的国防教育课程，或者在有关课程中增加国防教育的内容。普通高等学校和高中阶段学校应当按照规定组织学生军事训练。

公职人员应当积极参加国防教育，提升国防素养，发挥在全民国防教育中的模范带头作用。

第四十六条　各级人民政府应当将国防教育纳入国民经济和社会发展计划，保障国防教育所需的经费。

……

第九章　公民、组织的国防义务和权利

第五十三条　依照法律服兵役和参加民兵组织是中华人民共和国公民的光荣义务。

各级兵役机关和基层人民武装机构应当依法办理兵役工作，按照国务院和中央军事委员会的命令完成征兵任务，保证兵员质量。有关国家机关、人民团体、企业事业组织、社会组织和其他组织，应当依法完成民兵和预备役工作，协助完成征兵任务。

第五十四条　企业事业组织和个人承担国防科研生产任务或者接受军事采购，应当按照要求提供符合质量标准的武器装备或者物资、工程、服务。

企业事业组织和个人应当按照国家规定在与国防密切相关的建设项目中贯彻国防要求，依法保障国防建设和军事行动的需要。车站、港口、机场、道路等交通设施的管理、运营单位应当为军人和军用车辆、船舶的通行提供优先服务，按照规定给予优待。

第五十五条　公民应当接受国防教育。

公民和组织应当保护国防设施，不得破坏、危害国防设施。

公民和组织应当遵守保密规定，不得泄露国防方面的国家秘密，不得非法持有国防方面的秘密文件、资料和其他秘密物品。

第五十六条　公民和组织应当支持国防建设，为武装力量的军事训练、战备勤务、防卫作战、非战争军事行动等活动提供便利条件或者其他协助。

国家鼓励和支持符合条件的公民和企业投资国防事业，保障投资者的合法权益并依法给予政策优惠。

第五十七条　公民和组织有对国防建设提出建议的权利，有对危害国防利益的行为进行制止或者检举的权利。

第五十八条　民兵、预备役人员和其他公民依法参加军事训练，担负战备勤务、防卫作战、非战争军事行动等任务时，应当履行自己的职责和义务；国家和社会保障其享有相应的待遇，按照有关规定对其实行抚恤优待。

公民和组织因国防建设和军事活动在经济上受到直接损失的，可以依照国家有关规定获得补偿。

……

中华人民共和国国防教育法

· 2001 年 4 月 28 日第九届全国人民代表大会常务委员会第二十一次会议通过

· 根据 2018 年 4 月 27 日第十三届全国人民代表大会常务委员会第二次会议《关于修改〈中华人民共和国国境卫生检疫法〉等六部法律的决定》修正

· 2024 年 9 月 13 日第十四届全国人民代表大会常务委员会第十一次会议修订

· 2024 年 9 月 13 日中华人民共和国主席令第 30 公布

· 自 2024 年 9 月 21 日起施行

第一章　总　则

第一条　为了普及和加强国防教育,发扬爱国主义精神,促进国防建设和社会主义精神文明建设,根据宪法和《中华人民共和国国防法》、《中华人民共和国教育法》,制定本法。

第二条　国家在全体公民中开展以爱国主义为核心,以履行国防义务为目的,与国防和军队建设有关的理论、知识、技能以及科技、法律、心理等方面的国防教育。

国防教育是建设和巩固国防的基础,是增强民族凝聚力、提高全民素质的重要途径。

第三条　国防教育坚持以马克思列宁主义、毛泽东思想、邓小平理论、"三个代表"重要思想、科学发展观、习近平新时代中国特色社会主义思想为指导,坚持总体国家安全观,培育和践行社会主义核心价值观,铸牢中华民族共同体意识,使全体公民增强国防观念、强化忧患意识、掌握国防知识、提高国防技能,依法履行国防义务。

第四条　坚持中国共产党对国防教育工作的领导,建立集中统一、分工负责、军地协同的国防教育领导体制。

第五条　中央全民国防教育主管部门负责全国国防教育工作的指导、监督和统筹协调。中央国家机关各部门在各自的职责范围内负责国防教育工作。中央军事委员会机关有关部门按照职责分工,协同中央全民国防教育主管部门开展国防教育。

县级以上地方全民国防教育主管部门负责本行政区域内国防教育工作的指导、监督和统筹协调;其他有关部门在规定的职责范围内开展国防教育工作。驻地军事机关协同地方全民国防教育主管部门开展国防教育。

第六条　国防教育贯彻全民参与、长期坚持、讲求实效的方针,实行经常教育与集中教育相结合、普及教育与重点教育相结合、理论教育与行为教育相结合的原则,针对不同对象确定相应的教育内容分类组织实施。

第七条　中华人民共和国公民都有接受国防教育的权利和义务。

普及和加强国防教育是全社会的共同责任。

一切国家机关和武装力量、各政党和各人民团体、企业事业组织、社会组织和其他组织,都应当组织本地区、本部门、本单位开展国防教育。

第八条　国防动员、兵役、退役军人事务、国防科研生产、边防海防、人民防空、国防交通等工作的主管部门,依照本法和有关法律、法规的规定,开展国防教育。

工会、共产主义青年团、妇女联合会和其他群团组织,应当在各自的工作范围内开展国防教育。

第九条　中国人民解放军、中国人民武装警察部队按照中央军事委员会的有关规定开展国防教育。

第十条　国家支持、鼓励社会组织和个人开展有益于国防教育的活动。

第十一条　对在国防教育工作中做出突出贡献的组织和个人,按照国家有关规定给予表彰、奖励。

第十二条　每年九月的第三个星期六为全民国防教育日。

第二章　学校国防教育

第十三条　学校国防教育是全民国防教育的基础,是实施素质教育的重要内容。

教育行政部门应当将国防教育列入工作计划,加强对学校国防教育的组织、指导和监督,并对学校国防教育工作定期进行考核。

学校应当将国防教育列入学校的工作和教学计划,采取有效措施,保证国防教育的质量和效果。

第十四条　小学和初级中学应当将国防教育的内容纳入有关课程,将课堂教学与课外活动相结合,使小学生具备一定的国防意识、初中学生掌握初步的国防知识和国防技能。

小学和初级中学可以组织学生开展以国防教育为主题的少年军校活动。教育行政部门、共产主义青年团和其他有关部门应当加强对少年军校活动的指导与管理。

小学和初级中学可以根据需要聘请校外辅导员,协助学校开展多种形式的国防教育活动。

第十五条　高中阶段学校应当在有关课程中安排专门的国防教育内容,将课堂教学与军事训练相结合,使学生掌握基本的国防理论、知识和技能,具备基本的国防观念。

普通高等学校应当设置国防教育课程,加强国防教育相关学科建设,开展形式多样的国防教育活动,使学生掌握必要的国防理论、知识和技能,具备较强的国防观念。

第十六条　学校国防教育应当与兵役宣传教育相结合,增强学生依法服兵役的意识,营造服兵役光荣的良好氛围。

第十七条　普通高等学校、高中阶段学校应当按照规定组织学生军事训练。

普通高等学校、高中阶段学校学生的军事训练,由学校负责军事训练的机构或者军事教员组织实施。

学校组织军事训练活动,应当采取措施,加强安全保障。

驻地军事机关应当协助学校组织学生军事训练。

第十八条　中央全民国防教育主管部门、国务院教育行政部门、中央军事委员会机关有关部门负责全国学生军事训练工作。

县级以上地方人民政府教育行政部门和驻地军事机关应当加强对学生军事训练工作的组织、指导和监督。

第十九条　普通高等学校、高中阶段学校应当按照学生军事训练大纲,加强军事技能训练,磨练学生意志品质,增强组织纪律性,提高军事训练水平。

学生军事训练大纲由国务院教育行政部门、中央军事委员会机关有关部门共同制定。

第三章　社会国防教育

第二十条　国家机关应当根据各自的工作性质和特点,采取多种形式对工作人员进行国防教育。

国家机关工作人员应当具备较高的国防素养,发挥在全民国防教育中的模范带头作用。从事国防建设事业的国家机关工作人员,应当学习和掌握履行职责所必需的国防理论、知识和技能等。

各地区、各部门的领导人员应当依法履行组织、领导本地区、本部门开展国防教育的职责。

第二十一条　负责培训国家工作人员的各类教育机构,应当将国防教育纳入培训计划,设置适当的国防教育课程。

国家根据需要选送地方和部门的负责人到有关军事院校接受培训,学习和掌握履行领导职责所必需的国防理论、知识和技能等。

第二十二条　企业事业组织应当将国防教育列入职工教育计划,结合政治教育、业务培训、文化体育等活动,对职工进行国防教育。

承担国防科研生产、国防设施建设、国防交通保障等任务的企业事业组织,应当根据所担负的任务,制定相应的国防教育计划,有针对性地对职工进行国防教育。

社会组织应当根据各自的活动特点开展国防教育。

第二十三条　省军区(卫戍区、警备区)、军分区(警备区)和县、自治县、不设区的市、市辖区的人民武装部按照国家和军队的有关规定,结合政治教育和组织整顿、军事训练、执行勤务、征兵工作以及重大节日、纪念日活动,对民兵进行国防教育。

民兵国防教育,应当以基干民兵和担任领导职务的民兵为重点,建立和完善制度,保证受教育的人员、教育时间和教育内容的落实。

预备役人员所在单位应当按照有关规定开展预备役人员教育训练。

第二十四条　居民委员会、村民委员会应当将国防教育纳入社会主义精神文明建设的内容,结合征兵工作、拥军优属以及重大节日、纪念日活动,对居民、村民进行国防教育。

居民委员会、村民委员会可以聘请退役军人协助开展国防教育。

第二十五条　文化和旅游、新闻出版、广播电视、电影、网信等部门和单位应当根据形势和任务的要求,创新宣传报道方式,通过发挥红色资源教育功能、推出优秀文艺作品、宣传发布先进典型、运用新平台新技术新产品等形式和途径开展国防教育。

中央和省、自治区、直辖市以及设区的市的广播电台、电视台、报刊、新闻网站等媒体应当开设国防教育节目或者栏目,普及国防知识。

第二十六条　各地区、各部门应当利用重大节日、纪念日和重大主题活动等,广泛开展群众性国防教育活动;在全民国防教育日集中开展主题鲜明、形式多样的国防教育活动。

第二十七条　英雄烈士纪念设施、革命旧址和其他具有国防教育功能的博物馆、纪念馆、科技馆、文化馆、青少年宫等场所,应当为公民接受国防教育提供便利,对有组织的国防教育活动实行免费或者优惠。

国防教育基地应当对军队人员、退役军人和学生免费开放,在全民国防教育日向社会免费开放。

第四章　国防教育保障

第二十八条　县级以上人民政府应当将国防教育纳入国民经济和社会发展规划以及年度计划,将国防教育经费纳入预算。

国家机关、事业组织、群团组织开展国防教育所需经费,在本单位预算经费内列支。

企业开展国防教育所需经费,在本单位职工教育经费中列支。

学校组织学生军事训练所需经费，按照国家有关规定执行。

第二十九条　国家鼓励企业事业组织、社会组织和个人捐赠财产，资助国防教育的开展。

企业事业组织、社会组织和个人资助国防教育的财产，由国防教育领域相关组织依法管理。

国家鼓励企业事业组织、社会组织和个人提供或者捐赠所收藏的具有国防教育意义的实物用于国防教育。使用单位对提供使用的实物应当妥善保管，使用完毕，及时归还。

第三十条　国防教育经费和企业事业组织、社会组织、个人资助国防教育的财产，必须用于国防教育事业，任何单位或者个人不得侵占、挪用、克扣。

第三十一条　具备下列条件的场所，可以由设区的市级以上全民国防教育主管部门会同同级军事机关命名为国防教育基地：

（一）有明确的国防教育主题内容；

（二）有健全的管理机构和规章制度；

（三）有相应的国防教育设施；

（四）有必要的经费保障；

（五）有显著的社会教育效果。

国防教育基地应当加强建设，不断完善，充分发挥国防教育功能。

各级全民国防教育主管部门会同有关部门加强对国防教育基地的规划、建设和管理，并为其发挥作用提供必要的保障。

被命名的国防教育基地不再具备本条第一款规定条件的，由命名机关撤销命名。

第三十二条　各级人民政府应当加强对具有国防教育意义的文物的调查、登记和保护工作。

第三十三条　全民国防教育使用统一的国防教育大纲。国防教育大纲由中央全民国防教育主管部门组织制定。

适用于不同类别、不同地区教育对象的国防教育教材，应当依据国防教育大纲由有关部门或者地方结合本部门、本地区的特点组织编写、审核。

第三十四条　各级全民国防教育主管部门应当组织、协调有关部门做好国防教育教员的选拔、培训和管理工作，加强国防教育师资队伍建设。

国防教育教员应当从热爱国防教育事业、具有扎实的国防理论、知识和必要的军事技能的人员中选拔，同等条件下优先招录、招聘退役军人。

第三十五条　中国人民解放军、中国人民武装警察部队应当根据需要，按照有关规定为有组织的国防教育活动选派军事教员，提供必要的军事训练场地、设施、器材和其他便利条件。

经批准的军营应当按照军队有关规定向社会开放。

第五章　法律责任

第三十六条　国家机关、人民团体、企业事业组织以及社会组织和其他组织违反本法规定，拒不开展国防教育活动的，由有关部门或者上级机关给予批评教育，并责令限期改正；拒不改正，造成恶劣影响的，对负有责任的领导人员和直接责任人员依法给予处分。

第三十七条　违反本法规定，侵占、挪用、克扣国防教育经费或者企业事业组织、社会组织、个人资助的国防教育财产的，由有关主管部门责令限期归还；对负有责任的领导人员和直接责任人员依法给予处分。不适用处分的人员，由有关主管部门依法予以处理。

第三十八条　侵占、破坏国防教育基地设施，损毁展品、器材的，由有关主管部门给予批评教育，并责令限期改正；有关责任人应当依法承担相应的民事责任；构成违反治安管理行为的，依法给予治安管理处罚。

第三十九条　寻衅滋事，扰乱国防教育工作和活动秩序的，或者盗用国防教育名义骗取钱财的，由有关主管部门给予批评教育，并予以制止；造成人身、财产或者其他损害的，应当依法承担相应的民事责任；构成违反治安管理行为的，依法给予治安管理处罚。

第四十条　负责国防教育的公职人员滥用职权、玩忽职守、徇私舞弊的，依法给予处分。

第四十一条　违反本法规定，构成犯罪的，依法追究刑事责任。

第六章　附　则

第四十二条　本法自 2024 年 9 月 21 日起施行。

七、教育国际合作与交流

中华人民共和国中外合作办学条例

· 2003 年 3 月 1 日中华人民共和国国务院令第 372 号公布
· 根据 2013 年 7 月 18 日《国务院关于废止和修改部分行政法规的决定》第一次修订
· 根据 2019 年 3 月 2 日《国务院关于修改部分行政法规的决定》第二次修订

第一章 总 则

第一条 为了规范中外合作办学活动,加强教育对外交流与合作,促进教育事业的发展,根据《中华人民共和国教育法》、《中华人民共和国职业教育法》和《中华人民共和国民办教育促进法》,制定本条例。

第二条 外国教育机构同中国教育机构(以下简称中外合作办学者)在中国境内合作举办以中国公民为主要招生对象的教育机构(以下简称中外合作办学机构)的活动,适用本条例。

第三条 中外合作办学属于公益性事业,是中国教育事业的组成部分。

国家对中外合作办学实行扩大开放、规范办学、依法管理、促进发展的方针。

国家鼓励引进外国优质教育资源的中外合作办学。

国家鼓励在高等教育、职业教育领域开展中外合作办学,鼓励中国高等教育机构与外国知名的高等教育机构合作办学。

第四条 中外合作办学者、中外合作办学机构的合法权益,受中国法律保护。

中外合作办学机构依法享受国家规定的优惠政策,依法自主开展教育教学活动。

第五条 中外合作办学必须遵守中国法律,贯彻中国的教育方针,符合中国的公共道德,不得损害中国的国家主权、安全和社会公共利益。

中外合作办学应当符合中国教育事业发展的需要,保证教育教学质量,致力于培养中国社会主义建设事业的各类人才。

第六条 中外合作办学者可以合作举办各级各类教育机构。但是,不得举办实施义务教育和实施军事、警察、政治等特殊性质教育的机构。

第七条 外国宗教组织、宗教机构、宗教院校和宗教教职人员不得在中国境内从事合作办学活动。

中外合作办学机构不得进行宗教教育和开展宗教活动。

第八条 国务院教育行政部门负责全国中外合作办学工作的统筹规划、综合协调和宏观管理。国务院教育行政部门、劳动行政部门和其他有关行政部门在国务院规定的职责范围内负责有关的中外合作办学工作。

省、自治区、直辖市人民政府教育行政部门负责本行政区域内中外合作办学工作的统筹规划、综合协调和宏观管理。省、自治区、直辖市人民政府教育行政部门、劳动行政部门和其他有关行政部门在其职责范围内负责本行政区域内有关的中外合作办学工作。

第二章 设 立

第九条 申请设立中外合作办学机构的教育机构应当具有法人资格。

第十条 中外合作办学者可以用资金、实物、土地使用权、知识产权以及其他财产作为办学投入。

中外合作办学者的知识产权投入不得超过各自投入的 1/3。但是,接受国务院教育行政部门、劳动行政部门或者省、自治区、直辖市人民政府邀请前来中国合作办学的外国教育机构的知识产权投入可以超过其投入的 1/3。

第十一条 中外合作办学机构应当具备《中华人民共和国教育法》、《中华人民共和国职业教育法》、《中华人民共和国高等教育法》等法律和有关行政法规规定的基本条件,并具有法人资格。但是,外国教育机构同中国实施学历教育的高等学校设立的实施高等教育的中外合作办学机构,可以不具有法人资格。

设立中外合作办学机构,参照国家举办的同级同类教育机构的设置标准执行。

第十二条 申请设立实施本科以上高等学历教育的中外合作办学机构,由国务院教育行政部门审批;申请设立实施高等专科教育和非学历高等教育的中外合作办学机构,由拟设立机构所在地的省、自治区、直辖市人民政府审批。

申请设立实施中等学历教育和自学考试助学、文化补习、学前教育等的中外合作办学机构,由拟设立机构所在地的省、自治区、直辖市人民政府教育行政部门审批。

申请设立实施职业技能培训的中外合作办学机构,由拟设立机构所在地的省、自治区、直辖市人民政府劳动行政部门审批。

第十三条　设立中外合作办学机构,分为筹备设立和正式设立两个步骤。但是,具备办学条件、达到设置标准的,可以直接申请正式设立。

第十四条　申请筹备设立中外合作办学机构,应当提交下列文件:

(一)申办报告,内容应当主要包括:中外合作办学者、拟设立中外合作办学机构的名称、培养目标、办学规模、办学层次、办学形式、办学条件、内部管理体制、经费筹措与管理使用等;

(二)合作协议,内容应当包括:合作期限、争议解决办法等;

(三)资产来源、资金数额及有效证明文件,并载明产权;

(四)属捐赠性质的校产须提交捐赠协议,载明捐赠人的姓名、所捐资产的数额、用途和管理办法及相关有效证明文件;

(五)不低于中外合作办学者资金投入15%的启动资金到位证明。

第十五条　申请筹备设立中外合作办学机构的,审批机关应当自受理申请之日起45个工作日内作出是否批准的决定。批准的,发给筹备设立批准书;不批准的,应当书面说明理由。

第十六条　经批准筹备设立中外合作办学机构的,应当自批准之日起3年内提出正式设立申请;超过3年的,中外合作办学者应当重新申报。

筹备设立期内,不得招生。

第十七条　完成筹备设立申请正式设立的,应当提交下列文件:

(一)正式设立申请书;

(二)筹备设立批准书;

(三)筹备设立情况报告;

(四)中外合作办学机构的章程,首届理事会、董事会或者联合管理委员会组成人员名单;

(五)中外合作办学机构资产的有效证明文件;

(六)校长或者主要行政负责人、教师、财会人员的资格证明文件。

直接申请正式设立中外合作办学机构的,应当提交前款第(一)项、第(四)项、第(五)项、第(六)项和第十四条第(二)项、第(三)项、第(四)项所列文件。

第十八条　申请正式设立实施非学历教育的中外合作办学机构的,审批机关应当自受理申请之日起3个月内作出是否批准的决定;申请正式设立实施学历教育的中外合作办学机构的,审批机关应当自受理申请之日起6个月内作出是否批准的决定。批准的,颁发统一格式、统一编号的中外合作办学许可证;不批准的,应当书面说明理由。

中外合作办学许可证由国务院教育行政部门制定式样,由国务院教育行政部门和劳动行政部门按照职责分工分别组织印制;中外合作办学许可证由国务院教育行政部门统一编号,具体办法由国务院教育行政部门会同劳动行政部门确定。

第十九条　申请正式设立实施学历教育的中外合作办学机构的,审批机关受理申请后,应当组织专家委员会评议,由专家委员会提出咨询意见。

第二十条　中外合作办学机构取得中外合作办学许可证后,应当依照有关的法律、行政法规进行登记,登记机关应当依照有关规定即时予以办理。

第三章　组织与管理

第二十一条　具有法人资格的中外合作办学机构应当设立理事会或者董事会,不具有法人资格的中外合作办学机构应当设立联合管理委员会。理事会、董事会或者联合管理委员会的中方组成人员不得少于1/2。

理事会、董事会或者联合管理委员会由5人以上组成,设理事长、副理事长,董事长、副董事长或者主任、副主任各1人。中外合作办学者一方担任理事长、董事长或者主任的,由另一方担任副理事长、副董事长或者副主任。

具有法人资格的中外合作办学机构的法定代表人,由中外合作办学者协商,在理事长、董事长或者校长中确定。

第二十二条　中外合作办学机构的理事会、董事会或者联合管理委员会由中外合作办学者的代表、校长或者主要行政负责人、教职工代表等组成,其中1/3以上组成人员应当具有5年以上教育、教学经验。

中外合作办学机构的理事会、董事会或者联合管理委员会组成人员名单应当报审批机关备案。

第二十三条 中外合作办学机构的理事会、董事会或者联合管理委员会行使下列职权：

（一）改选或者补选理事会、董事会或者联合管理委员会组成人员；

（二）聘任、解聘校长或者主要行政负责人；

（三）修改章程，制定规章制度；

（四）制定发展规划，批准年度工作计划；

（五）筹集办学经费，审核预算、决算；

（六）决定教职工的编制定额和工资标准；

（七）决定中外合作办学机构的分立、合并、终止；

（八）章程规定的其他职权。

第二十四条 中外合作办学机构的理事会、董事会或者联合管理委员会每年至少召开一次会议。经1/3以上组成人员提议，可以召开理事会、董事会或者联合管理委员会临时会议。

中外合作办学机构的理事会、董事会或者联合管理委员会讨论下列重大事项，应当经2/3以上组成人员同意方可通过：

（一）聘任、解聘校长或者主要行政负责人；

（二）修改章程；

（三）制定发展规划；

（四）决定中外合作办学机构的分立、合并、终止；

（五）章程规定的其他重大事项。

第二十五条 中外合作办学机构的校长或者主要行政负责人，应当具有中华人民共和国国籍，在中国境内定居，热爱祖国，品行良好，具有教育、教学经验，并具备相应的专业水平。

第二十六条 中外合作办学机构的校长或者主要行政负责人行使下列职权：

（一）执行理事会、董事会或者联合管理委员会的决定；

（二）实施发展规划，拟订年度工作计划、财务预算和规章制度；

（三）聘任和解聘工作人员，实施奖惩；

（四）组织教育教学、科学研究活动，保证教育教学质量；

（五）负责日常管理工作；

（六）章程规定的其他职权。

第二十七条 中外合作办学机构依法对教师、学生进行管理。

中外合作办学机构聘任的外籍教师和外籍管理人员，应当具备学士以上学位和相应的职业证书，并具有2年以上教育、教学经验。

外方合作办学者应当从本教育机构中选派一定数量的教师到中外合作办学机构任教。

第二十八条 中外合作办学机构应当依法维护教师、学生的合法权益，保障教职工的工资、福利待遇，并为教职工缴纳社会保险费。

中外合作办学机构的教职工依法建立工会等组织，并通过教职工代表大会等形式，参与中外合作办学机构的民主管理。

第二十九条 中外合作办学机构的外籍人员应当遵守外国人在中国就业的有关规定。

第四章　教育教学

第三十条 中外合作办学机构应当按照中国对同级同类教育机构的要求开设关于宪法、法律、公民道德、国情等内容的课程。

国家鼓励中外合作办学机构引进国内急需、在国际上具有先进性的课程和教材。

中外合作办学机构应当将所开设的课程和引进的教材报审批机关备案。

第三十一条 中外合作办学机构根据需要，可以使用外国语言文字教学，但应当以普通话和规范汉字为基本教学语言文字。

第三十二条 实施高等学历教育的中外合作办学机构招收学生，纳入国家高等学校招生计划。实施其他学历教育的中外合作办学机构招收学生，按照省、自治区、直辖市人民政府教育行政部门的规定执行。

中外合作办学机构招收境外学生，按照国家有关规定执行。

第三十三条 中外合作办学机构的招生简章和广告应当报审批机关备案。

中外合作办学机构应当将办学类型和层次、专业设置、课程内容和招生规模等有关情况，定期向社会公布。

第三十四条 中外合作办学机构实施学历教育的，按照国家有关规定颁发学历证书或者其他学业证书；实施非学历教育的，按照国家有关规定颁发培训证书或者结业证书。对于接受职业技能培训的学生，经政府批准的职业技能鉴定机构鉴定合格的，可以按照国家有关规定颁发相应的国家职业资格证书。

中外合作办学机构实施高等学历教育的，可以按照国家有关规定颁发中国相应的学位证书。

中外合作办学机构颁发的外国教育机构的学历、学位证书，应当与该教育机构在其所属国颁发的学历、学位证书相同,并在该国获得承认。

中国对中外合作办学机构颁发的外国教育机构的学历、学位证书的承认,依照中华人民共和国缔结或者加入的国际条约办理,或者按照国家有关规定办理。

第三十五条　国务院教育行政部门或者省、自治区、直辖市人民政府教育行政部门及劳动行政部门等其他有关行政部门应当加强对中外合作办学机构的日常监督,组织或者委托社会中介组织对中外合作办学机构的办学水平和教育质量进行评估,并将评估结果向社会公布。

第五章　资产与财务

第三十六条　中外合作办学机构应当依法建立健全财务、会计制度和资产管理制度,并按照国家有关规定设置会计账簿。

第三十七条　中外合作办学机构存续期间,所有资产由中外合作办学机构依法享有法人财产权,任何组织和个人不得侵占。

第三十八条　中外合作办学机构的收费项目和标准,依照国家有关政府定价的规定确定并公布;未经批准,不得增加项目或者提高标准。

中外合作办学机构应当以人民币计收学费和其他费用,不得以外汇计收学费和其他费用。

第三十九条　中外合作办学机构收取的费用应当主要用于教育教学活动和改善办学条件。

第四十条　中外合作办学机构的外汇收支活动以及开设和使用外汇账户,应当遵守国家外汇管理规定。

第四十一条　中外合作办学机构应当在每个会计年度结束时制作财务会计报告,委托社会审计机构依法进行审计,向社会公布审计结果,并报审批机关备案。

第六章　变更与终止

第四十二条　中外合作办学机构的分立、合并,在进行财务清算后,由该机构理事会、董事会或者联合管理委员会报审批机关批准。

申请分立、合并实施非学历教育的中外合作办学机构的,审批机关应当自受理申请之日起 3 个月内以书面形式答复;申请分立、合并实施学历教育的中外合作办学机构的,审批机关应当自受理申请之日起 6 个月内以书面形式答复。

第四十三条　中外合作办学机构合作办学者的变更,应当由合作办学者提出,在进行财务清算后,经该机构理事会、董事会或者联合管理委员会同意,报审批机关核准,并办理相应的变更手续。

中外合作办学机构住所、法定代表人的变更,应当经审批机关核准,并办理相应的变更手续。中外合作办学机构校长或者主要行政负责人的变更,应当及时办理变更手续。

第四十四条　中外合作办学机构名称、层次、类别的变更,由该机构理事会、董事会或者联合管理委员会报审批机关批准。

申请变更为实施非学历教育的中外合作办学机构的,审批机关应当自受理申请之日起 3 个月内以书面形式答复;申请变更为实施学历教育的中外合作办学机构的,审批机关应当自受理申请之日起 6 个月内以书面形式答复。

第四十五条　中外合作办学机构有下列情形之一的,应当终止:

(一)根据章程规定要求终止,并经审批机关批准的;

(二)被吊销中外合作办学许可证的;

(三)因资不抵债无法继续办学,并经审批机关批准的。

中外合作办学机构终止,应当妥善安置在校学生;中外合作办学机构提出终止申请时,应当同时提交妥善安置在校学生的方案。

第四十六条　中外合作办学机构终止时,应当依法进行财务清算。

中外合作办学机构自己要求终止的,由中外合作办学机构组织清算;被审批机关依法撤销的,由审批机关组织清算;因资不抵债无法继续办学而被终止的,依法请求人民法院组织清算。

第四十七条　中外合作办学机构清算时,应当按照下列顺序清偿:

(一)应当退还学生的学费和其他费用;

(二)应当支付给教职工的工资和应当缴纳的社会保险费用;

(三)应当偿还的其他债务。

中外合作办学机构清偿上述债务后的剩余财产,依照有关法律、行政法规的规定处理。

第四十八条　中外合作办学机构经批准终止或者被吊销中外合作办学许可证的,应当将中外合作办学许可证和印章交回审批机关,依法办理注销登记。

第七章　法律责任

第四十九条　中外合作办学审批机关及其工作人员,利用职务上的便利收取他人财物或者获取其他利益,滥用职权、玩忽职守,对不符合本条例规定条件者颁发中外合作办学许可证,或者发现违法行为不予以查处,造成严重后果,触犯刑律的,对负有责任的主管人员和其他直接责任人员,依照刑法关于受贿罪、滥用职权罪、玩忽职守罪或者其他罪的规定,依法追究刑事责任;尚不够刑事处罚的,依法给予行政处分。

第五十条　违反本条例的规定,超越职权审批中外合作办学机构的,其批准文件无效,由上级机关责令改正;对负有责任的主管人员和其他直接责任人员,依法给予行政处分;致使公共财产、国家和人民利益遭受重大损失的,依照刑法关于滥用职权罪或者其他罪的规定,依法追究刑事责任。

第五十一条　违反本条例的规定,未经批准擅自设立中外合作办学机构,或者以不正当手段骗取中外合作办学许可证的,由教育行政部门、劳动行政部门按照职责分工予以缔或者会同公安机关予以取缔,责令退还向学生收取的费用,并处以 10 万元以下的罚款;触犯刑律的,依照刑法关于诈骗罪或者其他罪的规定,依法追究刑事责任。

第五十二条　违反本条例的规定,在中外合作办学机构筹备设立期间招收学生的,由教育行政部门、劳动行政部门按照职责分工责令停止招生,责令退还向学生收取的费用,并处以 10 万元以下的罚款;情节严重,拒不停止招生的,由审批机关撤销筹备设立批准书。

第五十三条　中外合作办学者虚假出资或者在中外合作办学机构成立后抽逃出资的,由教育行政部门、劳动行政部门按照职责分工责令限期改正;逾期不改正的,由教育行政部门、劳动行政部门按照职责分工处以虚假出资金额或者抽逃出资金额2 倍以下的罚款。

第五十四条　伪造、变造和买卖中外合作办学许可证的,依照刑法关于伪造、变造、买卖国家机关证件罪或者其他罪的规定,依法追究刑事责任。

第五十五条　中外合作办学机构未经批准增加收费项目或者提高收费标准的,由教育行政部门、劳动行政部门按照职责分工责令退还多收的费用,并由市场监督管理部门依照有关法律、行政法规的规定予以处罚。

第五十六条　中外合作办学机构管理混乱、教育教学质量低下,造成恶劣影响的,由教育行政部门、劳动行政部门按照职责分工责令限期整顿并予以公告;情节严重、逾期不整顿或者经整顿仍达不到要求的,由教育行政部门、劳动行政部门按照职责分工责令停止招生、吊销中外合作办学许可证。

第五十七条　违反本条例的规定,发布虚假招生简章,骗取钱财的,由教育行政部门、劳动行政部门按照职责分工,责令限期改正并予以警告;有违法所得的,退还所收费用后没收违法所得,并可处以 10 万元以下的罚款;情节严重的,责令停止招生、吊销中外合作办学许可证;构成犯罪的,依照刑法关于诈骗罪或者其他罪的规定,依法追究刑事责任。

中外合作办学机构发布虚假招生广告的,依照《中华人民共和国广告法》的有关规定追究其法律责任。

第五十八条　中外合作办学机构被处以吊销中外合作办学许可证行政处罚的,其理事长或者董事长、校长或者主要行政负责人自中外合作办学许可证被吊销之日起 10 年内不得担任任何中外合作办学机构的理事长或者董事长、校长或者主要行政负责人。

违反本条例的规定,触犯刑律被依法追究刑事责任的,自刑罚执行期满之日起 10 年内不得从事中外合作办学活动。

第八章　附　则

第五十九条　香港特别行政区、澳门特别行政区和台湾地区的教育机构与内地教育机构合作办学的,参照本条例的规定执行。

第六十条　在市场监督管理部门登记注册的经营性的中外合作举办的培训机构的管理办法,由国务院另行规定。

第六十一条　外国教育机构同中国教育机构在中国境内合作举办以中国公民为主要招生对象的实施学历教育和自学考试助学、文化补习、学前教育等的合作办学项目的具体审批和管理办法,由国务院教育行政部门制定。

外国教育机构同中国教育机构在中国境内合作举办以中国公民为主要招生对象的实施职业技能培训的合作办学项目的具体审批和管理办法,由国务院劳动行政部门制定。

第六十二条　外国教育机构、其他组织或者个人不得在中国境内单独设立以中国公民为主要招生对象的学校及其他教育机构。

第六十三条　本条例施行前依法设立的中外合作办学机构,应当补办本条例规定的中外合作办学许可证。其中,不完全具备本条例所规定条件的,应当在本条例施行之日起 2 年内达到本条例规定的条件;逾期未达到本条例规定条件的,由审批机关予以撤销。

第六十四条　本条例自 2003 年 9 月 1 日起施行。

中华人民共和国中外合作办学条例实施办法

- 2004 年 6 月 2 日教育部令第 20 号公布
- 自 2004 年 7 月 1 日起施行

第一章　总　则

第一条　为实施《中华人民共和国中外合作办学条例》(以下简称《中外合作办学条例》),制定本办法。

第二条　中外合作办学机构设立、活动及管理中的具体规范,以及依据《中外合作办学条例》举办实施学历教育和自学考试助学、文化补习、学前教育等的中外合作办学项目的审批与管理,适用本办法。

本办法所称中外合作办学项目是指中国教育机构与外国教育机构以不设立教育机构的方式,在学科、专业、课程等方面,合作开展的以中国公民为主要招生对象的教育教学活动。

根据《中外合作办学条例》的规定,举办实施职业技能培训的中外合作办学项目的具体审批和管理办法,由国务院劳动行政部门另行制定。

第三条　国家鼓励中国教育机构与学术水平和教育教学质量得到普遍认可的外国教育机构合作办学;鼓励在国内新兴和急需的学科专业领域开展合作办学。

国家鼓励在中国西部地区、边远贫困地区开展中外合作办学。

第四条　中外合作办学机构根据《中华人民共和国民办教育促进法实施条例》的规定,享受国家给予民办学校的扶持与奖励措施。

教育行政部门对发展中外合作办学做出突出贡献的社会组织或者个人给予奖励和表彰。

第二章　中外合作办学机构的设立

第五条　中外合作办学者应当在平等协商的基础上签订合作协议。

合作协议应当包括拟设立的中外合作办学机构的名称、住所,中外合作办学者的名称、住所、法定代表人,办学宗旨和培养目标,合作内容和期限,各方投入数额、方式及资金缴纳期限,权利、义务,争议解决办法等内容。

合作协议应当有中文文本;有外文文本的,应当与中文文本的内容一致。

第六条　申请设立中外合作办学机构的中外合作办学者应当具有相应的办学资格和较高的办学质量。

已举办中外合作办学机构的中外合作办学者申请设立新的中外合作办学机构的,其已设立的中外合作办学机构应当通过原审批机关组织或者其委托的社会中介组织进行的评估。

第七条　中外合作办学机构不得设立分支机构,不得举办其他中外合作办学机构。

第八条　经评估,确系引进外国优质教育资源的,中外合作办学者一方可以与其他社会组织或者个人签订协议,引入办学资金。该社会组织或者个人可以作为与其签订协议的中外合作办学者一方的代表,参加拟设立的中外合作办学机构的理事会、董事会或者联合管理委员会,但不得担任理事长、董事长或者主任,不得参与中外合作办学机构的教育教学活动。

第九条　中外合作办学者投入的办学资金,应当与拟设立的中外合作办学机构的层次和规模相适应,并经依法验资。

中外合作办学者应当按照合作协议如期、足额投入办学资金。中外合作办学机构存续期间,中外合作办学者不得抽逃办学资金,不得挪用办学经费。

第十条　中外合作办学者作为办学投入的知识产权,其作价由中外合作办学者双方按照公平合理的原则协商确定或者聘请双方同意的社会中介组织依法进行评估,并依法办理有关手续。

中国教育机构以国有资产作为办学投入举办中外合作办学机构的,应当根据国家有关规定,聘请具有评估资格的社会中介组织依法进行评估,根据评估结果合理确定国有资产的数额,并依法履行国有资产的管理义务。

第十一条　中外合作办学者以知识产权作为办学投入的,应当提交该知识产权的有关资料,包括知识产权证书复印件、有效状况、实用价值、作价的计算根据、双方签订的作价协议等有关文件。

第十二条　根据与外国政府部门签订的协议或者应中国教育机构的请求,国务院教育行政部门和省、自治区、直辖市人民政府可以邀请外国教育机构与中国教育机构合作办学。

被邀请的外国教育机构应当是国际上或者所在国著名的高等教育机构或者职业教育机构。

第十三条　申请设立实施本科以上高等学历教育的中外合作办学机构,由拟设立机构所在地的省、自治区、直辖市人民政府提出意见后,报国务院教育行政部门审批。

申请举办颁发外国教育机构的学历、学位证书的中外合作办学机构的审批权限,参照《中外合作办学条例》第十二条和前款的规定执行。

第十四条　申请筹备设立或者直接申请正式设立中

外合作办学机构,应当由中国教育机构提交《中外合作办学条例》规定的文件。其中,申办报告或者正式设立申请书应当按照国务院教育行政部门根据《中外合作办学条例》第十四条第(一)项和第十七条第(一)项,制定的《中外合作办学机构申请表》所规定的内容和格式填写。

第十五条 有下列情形之一的,审批机关不予批准筹备设立中外合作办学机构,并应当书面说明理由:

(一)违背社会公共利益、历史文化传统和教育的公益性质,不符合国家或者地方教育事业发展需要的;

(二)中外合作办学者有一方不符合条件的;

(三)合作协议不符合法定要求,经指出仍不改正的;

(四)申请文件有虚假内容的;

(五)法律、行政法规规定的其他不予批准情形的。

第十六条 中外合作办学机构的章程应当规定以下事项:

(一)中外合作办学机构的名称、住所;

(二)办学宗旨、规模、层次、类别等;

(三)资产数额、来源、性质以及财务制度;

(四)中外合作办学者是否要求取得合理回报;

(五)理事会、董事会或者联合管理委员会的产生方法、人员构成、权限、任期、议事规则等;

(六)法定代表人的产生和罢免程序;

(七)民主管理和监督的形式;

(八)机构终止事由、程序和清算办法;

(九)章程修改程序;

(十)其他需要由章程规定的事项。

第十七条 中外合作办学机构只能使用一个名称,其外文译名应当与中文名称相符。

中外合作办学机构的名称应当反映中外合作办学机构的性质、层次和类型,不得冠以“中国”、“中华”、“全国”等字样,不得违反中国法律、行政法规,不得损害社会公共利益。

不具有法人资格的中外合作办学机构的名称前应当冠以中国高等学校的名称。

第十八条 完成筹备,申请正式设立或者直接申请正式设立中外合作办学机构,除提交《中外合作办学条例》第十七条规定的相关材料外,还应当依据《中外合作办学条例》有关条款的规定,提交以下材料:

(一)首届理事会、董事会或者联合管理委员会组成人员名单及相关证明文件;

(二)聘任的外籍教师和外籍管理人员的相关资格

证明文件。

第十九条 申请设立实施学历教育的中外合作办学机构,应当于每年3月或者9月提出申请,审批机关应当组织专家评议。

专家评议的时间不计算在审批期限内,但审批机关应当将专家评议所需时间书面告知申请人。

第二十条 完成筹备,申请正式设立中外合作办学机构,有下列情形之一的,审批机关应当不予批准,并书面说明理由:

(一)不具备相应办学条件、未达到相应设置标准的;

(二)理事会、董事会或者联合管理委员会的人员及其构成不符合法定要求,校长或者主要行政负责人、教师、财会人员不具备法定资格,经告知仍不改正的;

(三)章程不符合《中外合作办学条例》和本办法规定要求,经告知仍不修改的;

(四)在筹备设立期内有违反法律、法规行为的。

申请直接设立中外合作办学机构的,除前款规定的第(一)、(二)、(三)项外,有本办法第十五条规定情形之一的,审批机关不予批准。

第三章 中外合作办学机构的组织与活动

第二十一条 中外合作办学机构的理事会、董事会或者联合管理委员会的成员应当遵守中国法律、法规,热爱教育事业,品行良好,具有完全民事行为能力。

国家机关工作人员不得担任中外合作办学机构的理事会、董事会或者联合管理委员会的成员。

第二十二条 中外合作办学机构应当聘任专职的校长或者主要行政负责人。

中外合作办学机构的校长或者主要行政负责人依法独立行使教育教学和行政管理职权。

第二十三条 中外合作办学机构内部的组织机构设置方案由校长或者主要行政负责人提出,报理事会、董事会或者联合管理委员会批准。

第二十四条 中外合作办学机构应当建立教师培训制度,为受聘教师接受相应的业务培训提供条件。

第二十五条 中外合作办学机构应当按照招生简章或者招生广告的承诺,开设相应课程,开展教育教学活动,保证教育教学质量。

中外合作办学机构应当提供符合标准的校舍和教育教学设施、设备。

第二十六条 中外合作办学机构可以依法自主确定招生范围、标准和方式;但实施中国学历教育的,应当遵守国家有关规定。

第二十七条　实施高等学历教育的中外合作办学机构符合中国学位授予条件的,可以依照国家有关规定申请相应的学位授予资格。

第二十八条　中外合作办学机构依法自主管理和使用中外合作办学机构的资产,但不得改变按照公益事业获得的土地及校舍的用途。

中外合作办学机构不得从事营利性经营活动。

第二十九条　在每个会计年度结束时,中外合作办学者不要求取得合理回报的中外合作办学机构应当从年度净资产增加额中,中外合作办学者要求取得合理回报的中外合作办学机构应当从年度净收益中,按不低于年度净资产增加额或者净收益的 25% 的比例提取发展基金,用于中外合作办学机构的建设、维护和教学设备的添置、更新等。

第三十条　中外合作办学机构资产中的国有资产的监督、管理,按照国家有关规定执行。

中外合作办学机构接受的捐赠财产的使用和管理,依照《中华人民共和国公益事业捐赠法》的有关规定执行。

第三十一条　中外合作办学者要求取得合理回报的,应当按照《中华人民共和国民办教育促进法实施条例》的规定执行。

第三十二条　中外合作办学机构有下列情形之一的,中外合作办学者不得取得回报:

(一)发布虚假招生简章或者招生广告,骗取钱财的;

(二)擅自增加收费项目或者提高收费标准,情节严重的;

(三)非法颁发或者伪造学历、学位证书及其他学业证书的;

(四)骗取办学许可证或者伪造、变造、买卖、出租、出借办学许可证的;

(五)未依照《中华人民共和国会计法》和国家统一的会计制度进行会计核算、编制财务会计报告,财务、资产管理混乱的;

(六)违反国家税收征管法律、行政法规的规定,受到税务机关处罚的;

(七)校舍或者其他教育教学设施、设备存在重大安全隐患,未及时采取措施,致使发生重大伤亡事故的;

(八)教育教学质量低下,产生恶劣社会影响的。

中外合作办学者抽逃办学资金或者挪用办学经费的,不得取得回报。

第四章　中外合作办学项目的审批与活动

第三十三条　中外合作办学项目的办学层次和类别,应当与中国教育机构和外国教育机构的办学层次和类别相符合,并一般应当在中国教育机构中已有或者相近专业、课程举办。合作举办新的专业或者课程的,中国教育机构应当基本具备举办该专业或者课程的师资、设备、设施等条件。

第三十四条　中国教育机构可以采取与相应层次和类别的外国教育机构共同制定教育教学计划,颁发中国学历、学位证书或者外国学历、学位证书,在中国境外实施部分教育教学活动的方式,举办中外合作办学项目。

第三十五条　举办中外合作办学项目,中国教育机构和外国教育机构应当参照本办法第五条的规定签订合作协议。

第三十六条　申请举办实施本科以上高等学历教育的中外合作办学项目,由拟举办项目所在地的省、自治区、直辖市人民政府教育行政部门提出意见后,报国务院教育行政部门批准;申请举办实施高等专科教育、非学历高等教育和高级中等教育、自学考试助学、文化补习、学前教育的中外合作办学项目,报拟举办项目所在地的省、自治区、直辖市人民政府教育行政部门批准,并报国务院教育行政部门备案。

申请举办颁发外国教育机构的学历、学位证书以及引进外国教育机构的名称、标志或者教育服务商标的中外合作办学项目的审批,参照前款的规定执行。

第三十七条　申请举办中外合作办学项目,应当由中国教育机构提交下列文件:

(一)《中外合作办学项目申请表》;

(二)合作协议;

(三)中外合作办学者法人资格证明;

(四)验资证明(有资产、资金投入的);

(五)捐赠资产协议及相关证明(有捐赠的);

外国教育机构已在中国境内合作举办中外合作办学机构或者中外合作办学项目的,还应当提交原审批机关或者其委托的社会中介组织的评估报告。

第三十八条　申请设立实施学历教育的中外合作办学项目,应当于每年 3 月或者 9 月提出申请,审批机关应当组织专家评议。

专家评议的时间不计算在审批期限内,但审批机关应当将专家评议所需时间书面告知申请人。

第三十九条　申请设立中外合作办学项目的,审批机关应当按照《中华人民共和国行政许可法》规定的时限作出是否批准的决定。批准的,颁发统一格式、统一编号的中外合作办学项目批准书;不批准的,应当书面说明理由。

中外合作办学项目批准书由国务院教育行政部门制定式样并统一编号;编号办法由国务院教育行政部门参照中外合作办学许可证的编号办法确定。

第四十条 中外合作办学项目是中国教育机构教育教学活动的组成部分,应当接受中国教育机构的管理。实施中国学历教育的中外合作办学项目,中国教育机构应当对外国教育机构提供的课程和教育质量进行评估。

第四十一条 中外合作办学项目可以依法自主确定招生范围、标准和方式;但实施中国学历教育的,应当遵守国家有关规定。

第四十二条 举办中外合作办学项目的中国教育机构应当依法对中外合作办学项目的财务进行管理,并在学校财务账户内设立中外合作办学项目专项,统一办理收支业务。

第四十三条 中外合作办学项目收费项目和标准的确定,按照国家有关规定执行,并在招生简章或者招生广告中载明。

中外合作办学项目的办学结余,应当继续用于项目的教育教学活动和改善办学条件。

第五章 管理与监督

第四十四条 中外合作办学机构和举办中外合作办学项目的中国教育机构作办学机构和举办中外合作办学项目的中国教育机构应当对开设课程和引进教材的内容进行审核,并将课程和教材清单及说明及时报审批机关备案。

第四十五条 中外合作办学机构和举办中外合作办学项目的中国教育机构应当依法建立学籍管理制度,并报审批机关备案。

第四十六条 中外合作办学机构和项目教师和管理人员的聘任,应当遵循双方地位平等的原则,由中外合作办学机构和举办中外合作办学项目的中国教育机构与教师和管理人员签订聘任合同,明确规定双方的权利、义务和责任。

第四十七条 中外合作办学机构和项目的招生简章和招生广告的样本应当及时报审批机关备案。

第四十八条 举办颁发外国教育机构的学历、学位证书的中外合作办学机构和项目,中方合作办学者应当是实施相应层次和类别学历教育的中国教育机构。

中外合作办学机构和项目颁发外国教育机构的学历、学位证书的,其课程设置、教学内容应当不低于该外国教育机构在其所属国的标准和要求。

第四十九条 中外合作办学项目颁发的外国教育机构的学历、学位证书,应当与该外国教育机构在其所属国颁发的学历、学位证书相同,并在该国获得承认。

第五十条 实施学历教育的中外合作办学机构和项目应当通过网络、报刊等渠道,将该机构或者项目的办学层次和类别、专业设置、课程内容、招生规模、收费项目和标准等情况,每年向社会公布。

中外合作办学机构应当于每年4月1日前公布经社会审计机构对其年度财务会计报告的审计结果。

第五十一条 实施学历教育的中外合作办学机构和项目,应当按学年或者学期收费,不得跨学年或者学期预收。

第五十二条 中外合作办学机构和举办中外合作办学项目的中国教育机构应当于每年3月底前向审批机关提交办学报告,内容应当包括中外合作办学机构和项目的招收学生、课程设置、师资配备、教学质量、财务状况等基本情况。

第五十三条 审批机关应当组织或者委托社会中介组织本着公开、公正、公平的原则,对实施学历教育的中外合作办学项目进行办学质量评估,并将评估结果向社会公布。

第五十四条 中外合作办学项目审批机关及其工作人员,利用职务上的便利收取他人财物或者获取其他利益,滥用职权、玩忽职守,对不符合本办法规定条件者颁发中外合作办学项目批准书,或者发现违法行为不予以查处,造成严重后果,构成犯罪的,依法追究刑事责任;尚不构成犯罪的,依法给予行政处分。

第五十五条 违反本办法的规定,超越职权审批中外合作办学项目的,其批准文件无效,由上级机关责令改正;对负有责任的主管人员和其他直接责任人员,依法给予行政处分。

第五十六条 违反本办法的规定,未经批准擅自举办中外合作办学项目的,由教育行政部门责令限期改正,并责令退还向学生收取的费用;对负有责任的主管人员和其他直接责任人员,依法给予行政处分。

第五十七条 中外合作办学项目有下列情形之一的,由审批机关责令限期改正,并视情节轻重,处以警告或者3万元以下的罚款;对负有责任的主管人员和其他直接责任人员,依法给予行政处分。

(一)发布虚假招生简章或者招生广告,骗取钱财的;

（二）擅自增加收费项目或者提高收费标准的；

（三）管理混乱，教育教学质量低下的；

（四）未按照国家有关规定进行财务管理的；

（五）对办学结余进行分配的。

第五十八条　中外合作办学机构和项目违反《中华人民共和国教育法》的规定，颁发学历、学位证书或者其他学业证书的，依照《中华人民共和国教育法》的有关规定进行处罚。

第六章　附　则

第五十九条　在工商行政管理部门登记注册的经营性的中国培训机构与外国经营性的教育培训公司合作举办教育培训的活动，不适用本办法。

第六十条　中国教育机构没有实质性引进外国教育资源，仅以互认学分的方式与外国教育机构开展学生交流的活动，不适用本办法。

第六十一条　香港特别行政区、澳门特别行政区和台湾地区的教育机构与内地教育机构举办合作办学项目的，参照本办法的规定执行，国家另有规定的除外。

第六十二条　《中外合作办学条例》实施前已经批准的中外合作办学项目，应当参照《中外合作办学条例》第六十三条规定的时限和程序，补办中外合作办学项目批准书。逾期未达到《中外合作办学条例》和本办法规定条件的，审批机关不予换发项目批准书。

第六十三条　本办法自 2004 年 7 月 1 日起施行。原中华人民共和国国家教育委员会 1995 年 1 月 26 日发布的《中外合作办学暂行规定》同时废止。

学校招收和培养国际学生管理办法

· 2017 年 3 月 20 日教育部、外交部、公安部令第 42 号公布
· 自 2017 年 7 月 1 日起施行

第一章　总　则

第一条　为规范学校招收、培养、管理国际学生的行为，为国际学生在中国境内学校学习提供便利，增进教育对外交流与合作，提高中国教育国际化水平，根据《中华人民共和国教育法》《中华人民共和国出境入境管理法》等法律法规，制定本办法。

第二条　本办法所称学校，是指中华人民共和国境内实施学前教育、初等教育、中等教育和高等教育的学校。

本办法所称国际学生，是指根据《中华人民共和国国籍法》不具有中国国籍且在学校接受教育的外国学生。

本办法第二至五章适用于高等学校。实施学前、初等、中等教育的学校，其对国际学生的招生、教学和校内管理，按照省、自治区、直辖市的规定执行。

第三条　学校招收和培养国际学生，应当遵守中国法律法规和国家政策；应当维护国家主权、安全和社会公共利益；应当规范管理、保证质量。

国际学生应当遵守中国法律法规，尊重中国风俗习惯，遵守学校规章制度，完成学校学习任务。

第四条　国务院教育行政部门统筹管理全国国际学生工作，负责制定招收、培养国际学生的宏观政策，指导、协调省、自治区、直辖市人民政府教育行政部门和学校开展国际学生工作，并可委托有关单位和行业组织承担国际学生的管理和服务工作。

国务院外交、公安等行政部门按照职责分工，做好国际学生的相关管理工作。

第五条　省、自治区、直辖市人民政府教育行政部门对本行政区域内国际学生工作进行指导、协调和监管，负责研究制定本行政区域内学前、初等、中等教育阶段国际学生工作的相关政策。

省、自治区、直辖市人民政府外事、公安等行政部门按照职责分工，做好国际学生的相关管理工作。

第六条　招收国际学生的学校，应当建立健全国际学生招收、培养、管理和服务制度，具体负责国际学生的招收与培养。

第二章　招生管理

第七条　招收国际学生的高等学校，应当具备相应的教育教学条件和培养能力，并依照国家有关规定自主招收国际学生。

第八条　招收国际学生的高等学校，应当按照国务院教育行政部门规定的事项和程序进行备案。

第九条　高等学校招收国际学生，接受学历教育的类别为：专科生、本科生、硕士研究生和博士研究生；接受非学历教育的类别为：预科生、进修生和研究学者。

第十条　高等学校按照其办学条件和培养能力自主确定国际学生招生计划和专业，国家另有规定的除外。

第十一条　高等学校按照国家招生规定，制定和公布本校国际学生招生简章，并按照招生简章规定的条件和程序招收国际学生。

第十二条　高等学校应当对报名申请的外国公民的入学资格和经济保证证明进行审查，对其进行考试或者考核。国际学生的录取由学校决定；对不符合招生条件的，学校不得招收。

第十三条　高等学校经征得原招生学校同意，可以

接收由其他学校录取或者转学的国际学生。

第十四条　高等学校对国际学生的收费项目和标准,按照国家有关规定执行。

高等学校应当公布对国际学生的收费项目、收费标准和退学、转学的退费规定。收费、退费以人民币计价。

第三章　教学管理

第十五条　高等学校应当将国际学生教学计划纳入学校总体教学计划,选派适合国际学生教学的师资,建立健全教育教学质量保障制度。

第十六条　国际学生应当按照高等学校的课程安排和教学计划参加课程学习,并应当按照规定参加相应的毕业考试或者考核。学校应当如实记录其学习成绩和日常表现。

汉语和中国概况应当作为高等学历教育的必修课;政治理论应当作为学习哲学、政治学专业的国际学生的必修课。

第十七条　国际学生入学后,经学生申请、高等学校同意,国际学生可以转专业。转专业条件和程序由学校规定。

第十八条　中华人民共和国通用语言文字是高等学校培养国际学生的基本教学语言。对国家通用语言文字水平达不到学习要求的国际学生,学校可以提供必要的补习条件。

第十九条　具备条件的高等学校,可以为国际学生开设使用外国语言进行教学的专业课程。使用外国语言接受高等学历教育的国际学生,学位论文可以使用相应的外国文字撰写,论文摘要应为中文;学位论文答辩是否使用外国语言,由学校确定。

第二十条　高等学校按照教学计划组织国际学生参加教学实习和社会实践,选择实习、实践地点应当遵守国家有关规定。

第二十一条　高等学校根据国家有关规定为国际学生颁发学历证书或者其他学业证书。对接受高等学历教育的国际学生,高等学校应当及时为其办理学籍和毕业证书电子注册。

高等学校为符合学位授予条件的国际学生颁发学位证书。

第四章　校内管理

第二十二条　高等学校应当明确承担国际学生管理职能的工作机构,负责统筹协调国际学生的招收、教学、日常管理和服务以及毕业后的校友联系等工作。

第二十三条　高等学校应当向国际学生公开学校基本情况、教育教学情况、招生简章以及国际学生管理与服务制度,方便国际学生获取信息。

第二十四条　高等学校应当为国际学生提供食宿等必要的生活服务设施,建立健全并公布服务设施使用管理制度。国际学生在学校宿舍外居住的,应当及时到居住地公安部门办理登记手续。

第二十五条　高等学校应当对国际学生开展中国法律法规、校纪校规、国情校情、中华优秀传统文化和风俗习惯等方面内容的教育,帮助其尽快熟悉和适应学习、生活环境。

高等学校应当设置国际学生辅导员岗位,了解国际学生的学习、生活需求,及时做好信息、咨询、文体活动等方面服务工作。国际学生辅导员配备比例不低于中国学生辅导员比例,与中国学生辅导员享有同等待遇。

第二十六条　高等学校鼓励国际学生参加有益于身心健康的文体活动,为其参加文体活动提供便利条件。国际学生可以自愿参加公益活动、中国重大节日的庆祝活动。

高等学校一般不组织国际学生参加军训、政治性活动。

第二十七条　国际学生经高等学校同意,可以在校内指定的地点和范围举行庆祝本国重要传统节日的活动,但不得有反对、攻击其他国家、民族的内容或者违反公共道德的言行。

第二十八条　国际学生经高等学校批准,可以在学校内成立联谊团体,在中国法律、法规规定的范围内活动,并接受学校的指导和管理。

第二十九条　高等学校应当尊重国际学生的民族习俗和宗教信仰,但不提供宗教活动场所。学校内不得进行传教、宗教聚会等任何宗教活动。

第三十条　国际学生在高等学校学习期间可以参加勤工助学活动,但不得就业、经商或从事其他经营性活动。

国际学生勤工助学的具体管理规定,由国务院教育行政部门会同有关部门另行制订。

第三十一条　高等学校参照中国学生学籍管理规定开展国际学生学籍管理工作。学校对国际学生做出退学处理或者开除学籍处分的,应当按照国务院教育行政部门的规定进行备案。

第五章　奖学金

第三十二条　中国政府为接受高等教育的国际学生

设立中国政府奖学金,并鼓励地方人民政府设立国际学生奖学金。

中国政府奖学金的管理办法,由国务院有关行政部门制定。

第三十三条　国务院教育行政部门择优委托高等学校培养中国政府奖学金生。承担中国政府奖学金生培养任务的高等学校,应当优先招收中国政府奖学金生。

第三十四条　高等学校可以为国际学生设立奖学金。鼓励企事业单位、社会团体及其他社会组织和个人设立国际学生奖学金,但不得附加不合理条件。

第六章　社会管理

第三十五条　外国人申请到本办法第二条所指的学校学习的,应当在入境前根据其学习期限向中国驻其国籍国或居住地使领馆或外交部委托的其他驻外机构申请办理 X1 字或 X2 字签证,按照规定提交经教育主管部门备案的证明和学校出具的录取通知书等相关材料。

第三十六条　国际学生所持学习类签证注明入境后需要办理居留证件的,应当自入境之日起三十日内,向拟居留地公安机关出入境管理部门申请办理学习类外国人居留证件。

第三十七条　外交部对外国驻华外交代表机构、领事机构及国际组织驻华代表机构人员及其随任家属申请到学校学习另有规定的,依照外交部规定执行。未按规定办理相关手续的,学校不得招收。

第三十八条　学校招收未满十八周岁且父母不在中国境内常住的国际学生,须要求其父母正式委托在中国境内常住的外国人或者中国人作为该国际学生的监护人,并提供相关证明材料。

学校可以接受以团组形式短期学习的国际学生,但应当预先与外方派遣单位签订协议。实施初等、中等教育的学校接受团组形式短期学习国际学生的,外方派遣单位应当按照其所在国法律规定,预先办理有关组织未成年人出入境所需的法律手续,并应当派人随团并担任国际学生在学校学习期间的监护人。

第三十九条　国际学生入学时应当按照中国卫生行政部门的规定到中国卫生检疫部门办理《外国人体格检查记录》确认手续或者进行体检。经体检确认患有《中华人民共和国出境入境管理法》规定的严重精神障碍、传染性肺结核病或者有可能对公共卫生造成重大危害的其他传染病的,由公安部门依法处理。

第四十条　学校实行国际学生全员保险制度。国际学生必须按照国家有关规定和学校要求投保。对未按照

规定购买保险的,应限期投保,逾期不投保的,学校不予录取;对于已在学校学习的,应予退学或不予注册。

第七章　监督管理

第四十一条　国务院教育行政部门建立健全国际学生培养质量监督制度。省、自治区、直辖市教育行政部门应当对本行政区域的国际学生培养进行监督。

第四十二条　负有国际学生管理职责的国务院教育、公安、外交等行政部门,应当利用现代信息技术建立国际学生信息管理系统,推进信息共享工作机制,不断完善国际学生的管理与服务工作。

第四十三条　对违反《中华人民共和国出境入境管理法》《中华人民共和国治安管理处罚法》以及《中华人民共和国外国人入境出境管理条例》《中华人民共和国境内外国人宗教活动管理规定》等法律法规定的国际学生,公安等主管部门应当依法处理。

第四十四条　高等学校在国际学生招收和培养过程中出现以下行为的,主管教育行政部门应当责令其整改,按照《中华人民共和国教育法》的有关规定追究法律责任,并可以限制其招收国际学生:

(一)违反国家规定和学校招生规定招生的;

(二)在招生过程中存在牟利行为的;

(三)未公开收费项目、标准和未按项目、标准收费的;

(四)违规颁发学位证书、学历证书或其他学业证书的;

(五)教学质量低劣或管理与服务不到位,造成不良社会影响的;

(六)其他违法违规行为。

第八章　附　则

第四十五条　本办法中的短期学习是指在中国学校学习时间不超过 180 日(含),长期学习是指在中国学校学习时间超过 180 日。

第四十六条　中国境内经批准承担研究生教育任务的科学研究机构招收国际学生的,按照本办法执行。

教育行政部门批准的实施非学历教育的教育机构招收国际学生的,参照本办法执行。

香港特别行政区、澳门特别行政区、台湾地区学生的招收、培养和管理,以及中国境内外籍人员子女学校的招生、培养和管理,按照国家其他有关规定执行。

第四十七条　省、自治区、直辖市人民政府教育、外事、公安等部门,应当根据本办法,制定本省、自治区、直

辖市的管理规定。

第四十八条 本办法自 2017 年 7 月 1 日起施行。教育部、外交部、公安部 2000 年 1 月 31 日发布的《高等学校接受外国留学生管理规定》、教育部 1999 年 7 月 21 日发布的《中小学接受外国学生管理暂行办法》同时废止。

中外合作办学项目备案和项目批准书编号办法（试行）

·2004 年 10 月 12 日
·教外综〔2004〕73 号

第一条 根据《中华人民共和国中外合作办学条例》（以下简称《中外合作办学条例》）和《中华人民共和国中外合作办学条例实施办法》（以下简称《中外合作办学条例实施办法》），制定本办法。

第二条 各省、自治区、直辖市人民政府教育行政部门依法批准举办的中外合作办学项目备案和中外合作办学项目批准书编号的程序和规范，适用本办法。

国务院教育行政部门依法批准举办的中外合作办学项目的批准书编号规范，适用本办法。

第三条 中外合作办学项目批准书编号由字母和数字组合的八部分构成，涵盖了中外合作办学机构的审批机关、所在行政区划、办学层次和性质、顺序号等内容。第一部分（三个字母）为审批机关代码，分别代表国务院教育行政部门、省级教育行政部门；第二部分（两位数字）为行政区划代码；第三部分（两个字母）为外国教育机构所在国别或地区的代码；第四部分（一位数字）代表办学层次；第五部分（一个字母）区分学历学位教育和非学历学位教育；第六部分（四位数字）代表审批年份；第七部分（四位数字）为全国中外合作办学项目顺序号；第八部分（一个字母）区分《中外合作办学条例》和《中外合作办学条例实施办法》施行前后设立的中外合作办学项目。

第四条 依法举办的中外合作办学项目的项目批准书由国务院教育行政部门统一编号，且编号具有唯一性。

第五条 各省、自治区、直辖市人民政府教育行政部门依法批准举办的中外合作办学项目，由该教育行政部门向国务院教育行政部门备案并提出中外合作办学项目批准书的编号申请。

第六条 各省、自治区、直辖市人民政府教育行政部门应当根据本办法所附格式样出申请，同时提交批准举办的中外合作办学项目的《中外合作办学项目申请表》复印件和该表的 mdb 电子文档。

国务院教育行政部门应当在收到申请后 7 个工作日内进行备案登记并完成编号工作。

第七条 各省、自治区、直辖市人民政府教育行政部门依据国务院教育行政部门核定的编号，向依法批准举办的中外合作办学项目颁发中外合作办学项目批准书。

第八条 违反《中外合作办学条例》和《中外合作办学条例实施办法》的有关规定，超越职权审批的中外合作办学项目，国务院教育行政部门不予备案。

各省、自治区、直辖市人民政府教育行政部门批准的中外合作办学项目明显违反《中外合作办学条例》和《中外合作办学条例实施办法》有关规定的，暂不予备案，由国务院教育行政部门主管司局建议审批机关自行纠正。

第九条 内地教育机构与港澳台地区教育机构举办的合作办学项目的备案和批准书编号，参照本办法执行。

第十条 本办法由国务院教育行政部门负责解释，自发布之日起施行。

国家教育委员会关于开办外籍人员子女学校的暂行管理办法

·1995 年 4 月 5 日教外综〔1995〕130 号发布
·2010 年 12 月 13 日教育部令第 30 号修订

第一条 为给外籍人员子女在中国境内接受教育提供方便，完善对外籍人员子女学校的管理，促进我国的对外开放，制定本办法。

第二条 在中国境内合法设立的外国机构、外资企业、国际组织的驻华机构和合法居留的外国人，可以依照本办法申请开办外籍人员子女学校（以下简称"学校"）。

第三条 学校以实施中等（含普通中学）及其以下学校教育为限。

第四条 申请开办学校，需具备以下基本条件：

（一）有相应规模的生源和办学需求；

（二）有适应教育教学需要的师资；

（三）有必要的场地、设施及其他办学条件；

（四）有必备的办学资金和稳定的经费来源。

第五条 申请开办学校，需提交下列材料：

（一）开办学校的申请书（包括办学宗旨、招生计划、招生区域、办学规模等）；

（二）学校章程；

（三）申请人证明文件；

（四）学校校长、董事会成员名单及其资格证明文件；

（五）拟建学校的设施、资金、校舍、场地、经费来源及有关证明文件；

（六）师资来源。

第六条　开办学校，由申请人向拟办学校所在地的省、自治区、直辖市教育行政部门提出申请，经审核同意后，报国务院教育行政部门审批。

第七条　经批准设立的学校，从批准之日起，具有法人资格，独立承担民事责任。

学校不得设立分校。

第八条　学校招生对象为在中国境内持有居留证件的外籍人员子女。学校不得招收境内中国公民的子女入学。

第九条　学校的课程设置、教材和教学计划，由学校自行确定。

第十条　办学经费由申请人自筹解决。

学校不得在中国境内从事工商活动及其他营利活动。

第十一条　中华人民共和国政府鼓励并支持学校开设汉语和中国文化课程，以增进和加深学生对中国文化的了解。

第十二条　学校聘用外籍人员，依照《中华人民共和国外国人入境出境管理法》及外国人在华工作有关规定办理。

学校聘用驻华使领馆人员及其配偶，需经外交部批准。

第十三条　学校进口教学设备和办公用品，按国家有关部门规定办理。

第十四条　学校及其工作人员和学生应遵守中国的法律和法规，尊重中国人民的风俗习惯，不得从事危害中华人民共和国国家安全和社会公众利益的活动。

第十五条　学校建设用地依照国家土地管理法规办理。学校校舍、场地不得用于进行与其职能不相符合的活动。

第十六条　学校每年应将教职人员及学生名册、教材等送当地教育行政部门备案，并接受当地教育行政部门依法进行的监督和检查。

学校校长、董事会成员如有变更，应向省级教育行政部门备案。

第十七条　违反本办法，有下列情形之一的，由省级教育行政部门视情节轻重，可责令学校和开办人限期整顿或者停办：

（一）未经批准，擅自设立学校的；

（二）招收境内中国公民子女的；

（三）办学资源（包括资金、生源和师资）严重不足，无法正常运行的；

（四）从事工商业活动及其他营利活动的；

（五）从事违反中国法律、法规活动的。

第十八条　驻中国外交机构开办的外交人员子女学校的管理，不适用本办法。

第十九条　省、自治区、直辖市人民政府可根据本办法，结合本地区实际制定具体规定。

第二十条　本办法自发布之日起施行。在此以前已经设立的学校，按本办法规定，补办有关手续。

中外合作举办教育考试暂行管理办法

· 1996 年 5 月 10 日
· 教考试〔1996〕4 号

第一条　为规范和加强中外合作举办教育考试的管理，根据《中华人民共和国教育法》第二十一条的规定，制定本办法。

第二条　本办法所称"中外合作举办教育考试"是指境外机构与中国的教育考试机构在中国境内合作举办面向社会的非学历的教育考试。

第三条　境外机构不得单独在中国境内举办教育考试。

第四条　合作举办的教育考试项目必须符合中国的需要，考试内容与活动必须遵守中国的法律、法规，不得以营利为目的。

第五条　国家教育部主管中外合作举办教育考试工作，并授权教育部考试中心负责日常工作。

第六条　合作举办教育考试，应当具备以下条件：

（一）合作举办考试的中方单位必须是省级教育考试机构；

（二）合作举办考试的外方单位必须是具有从事教育考试职能并具有法人资格的机构；

（三）有明确的考试项目和考试章程；

（四）合作双方具备自己的场所、名称和组织机构；

（五）具备承办考试的必要条件。

第七条　经批准举办中外合作教育考试的机构，独立承担民事责任。

第八条　中方省级教育考试机构一般只限在本省、自治区、直辖市范围内举办中外合作教育考试。省级教育考试机构须经本省、自治区、直辖市教育行政部门审核同意后，报教育部审批。

第九条　合作举办教育考试,由举办考试的中方合作单位办理申报手续。申报时须提交以下文件:

(一)举办考试的申请书和章程;

(二)境外机构合法性证明材料;

(三)考试的可行性论证报告;

(四)考试效力的认可证明;

(五)考务人员和考试设施的情况说明;

(六)考试经费来源和双方承担的责任和义务;

(七)合作举办考试协议书及审批机关要求报送的其他有关部门文件。

第十条　合作考试机构可根据考试的实际需要,决定在举办考试的地区开设考点,并报省、自治区、直辖市教育行政部门批准,报教育部备案。

第十一条　合作举办教育考试的机构可向考试合格的学生发放非学历的教育考试合格证书。该证书的境外效力,根据有关国际公约及政府间协议执行,或由外方合作者提供相应的法律文件予以确认。

未经国务院教育行政部门批准,不得发放境外机构的证书。

第十二条　合作举办教育考试的中方机构可聘任考点主任、主考和主持日常考务工作的工作人员,并根据每次考试的考场设置和考生人数,另聘请其他副主考和监考人员。

第十三条　经批准合作举办的考试项目,必须制定实施考试的考务程序,按规定的程序实施考试。

第十四条　合作举办考试的试卷、答卷属秘密材料,有关资料的发送、接受、保密、销毁等应严格依照国家有关部门规定进行。

第十五条　各考点要确保考试的公平竞争,防止违反考试纪律和舞弊时间的发生。考点工作人员要认真负责、严守纪律、保守秘密;若发生试题泄密事件要立即采取有效措施,严防扩散,并按管理权限及时报告省、自治区、直辖市教育行政部门或教育部。

第十六条　各考点不得举办与考试有关的培训班。

第十七条　各考点可按规定收取考试费(不含有资助、免费提供考试的项目),不得以任何名义增收其他费用。

第十八条　合作考试机构对其考点负有指导、监督和管理的责任,涉及考务监督与管理的具体事项,须参照国内同类考试的考务管理规则的有关条款办理。对考点有下列情况之一的,应酌情给予通报批评、警告、限期整顿、暂停考试或取消考点的处理:

(一)泄露试题或试题泄密后任其扩散;

(二)严重违反考务程序;

(三)纵容、包庇考生舞弊;

(四)以考试为名非法收费;

(五)其他违纪行为。

取消考点须报省、自治区、直辖市教育行政部门批准,报教育部备案。考点非法所得按国家有关规定处理。

第十九条　合作考试机构必须向教育部和省、自治区、直辖市教育行政部门提交年度工作报告,接受教育部和省、自治区、直辖市教育行政部门的指导和监督。

第二十条　如遇下列情况之一者,合作考试机构可经本省、自治区、直辖市教育行政部门审核同意后报教育部申请停办考试:

(一)不能实现预期的目标;

(二)考生人数不足,经费难以维持正常工作;

(三)一方无法承担承诺的责任和义务。

第二十一条　教育部和省、自治区、直辖市教育行政部门,对合作考试机构有下列情况之一者,可酌情给予通报批评、警告、限期整顿、暂停考试或撤消合作举办教育考试资格的处罚:

(一)未经批准,擅自在华合作举办教育考试或设立考点,未履行备案手续的;

(二)申请举办考试时弄虚作假的;

(三)以合作举办教育考试为名非法营利的;

(四)在考试过程中严重违反考务程序的;

(五)其他违反中国法律、法规规定的情形。

第二十二条　对本办法中的有关部门行政处罚,当事人不服的,可依法提起行政复议或行政诉讼。

第二十三条　本办法自发布之日起施行。

教育部关于对中国政府奖学金本科来华留学生开展预科教育的通知

·2009 年 3 月 13 日

·教外来〔2009〕20 号

各省、自治区、直辖市教育厅(教委),新疆生产建设兵团教育局,有关部门(单位)教育司(局),有关高等学校:

为保证中国政府奖学金本科来华留学生教育质量、提高奖学金使用效益,在试点基础上,依据《高等学校接受外国留学生管理规定》有关精神,决定自 2010 年 9 月 1 日起,对中国政府奖学金本科来华留学生新生在进入专业学习前开展预科教育,现就有关要求通知如下:

一、招生管理。我部委托具有丰富来华留学生教学、管理经验的高等学校承担预科教育任务；委托国家留学基金管理委员会秘书处负责协调有关预科教育的招生和管理等具体事务，组织制定预科教育必修课程和部分选修课程的教学大纲，组织编写教材和教学参考书，逐步建立考核学生学业成绩全过程的评定体系。

二、培养对象。由中国政府奖学金资助来华以汉语进行本科教育的留学生均须接受预科教育，但具备下列两类条件之一者可以申请免修：

1. 以汉语作为学习语言完成中等教育的外国学生，申请时应附其毕业学校为其出具的中等教育阶段必修课程授课语言为汉语的证明。

2. 已获得达到进入专业学校学习标准的HSK成绩的学生，申请时应附HSK证书复印件，HSK成绩的有效期原则上为两年。

三、培养总体目标。使学生在汉语言知识和能力、相关专业知识以及跨文化交际能力等方面达到进入我国高等学校专业阶段学习的基本标准。在完成预科教育之后，学生应具备如下知识和能力：

1. 具备一定的汉语交际能力和跨文化交际的能力：初步了解中国文化和社会概况，运用学到的汉语言知识和技能解决日常生活中的基本问题的能力；掌握汉语基础词汇和基本语法点，掌握一定量的专业词汇和科技汉语的常用表达句式，在专业课课堂教学中使用汉语进行听、记、问的基本能力；借助工具书阅读中文专业资料的初步能力及进入专业学习时所需的相应的书面表达能力。

2. 汉语言水平达到如下标准：理学、工学、农学、医学（中医药专业除外）、经济学、法学、管理学、教育学等学科专业不得低于HSK三级；文学、历史学、哲学及中医

药等学科专业不得低于HSK六级。

3. 具备一定的专业基础知识：理学、工学、农学、医学类预科学生应掌握专业学习所需的数学、物理、化学、生物、计算机等知识；经济学、法学、管理学、教育学应掌握专业学习所需的数学、计算机等知识；历史学、文学、哲学及中医药专业的预科学生应掌握专业学习所需的古汉语知识和计算机等知识。

四、学习年限。原则上为1-2学年。其中，对于无汉语基础的预科新生，理学、工学、农学、医学（中医药专业除外）、经济学、法学、管理学、教育学等学科专业预科教育原则上为1学年（40周）；文学、历史学、哲学及中医药学科专业预科教育一般为2年（80周）。对于有一定汉语基础的预科新生，学习时间可适当调整。

五、课程设置及教学方式。采用强化教育方式，要坚持语言教学与专业知识教学相结合，以语言教学为主，以专业知识教学为辅。预科教育课程设置包括必修课和选修课两部分，两者的课时比例可根据各预科教育学校实际教学情况确定。

预科教育课程必须包括语言类、文化类、专业知识类和语言实践类。其中，语言类主要包括普通汉语和科技汉语（或商务汉语）两类，包括汉语综合课、听力课、阅读课、口语课、写作课和科技汉语阅读课、科技汉语听记课；文化类包括中国文化、中国社会概况、跨文化交际等课程；专业知识类包括数学、化学、物理、生物、古汉语、科技汉语（或商务汉语）和计算机基础知识等课程；语言实践类是指在学校课堂教学以外的语言实践、社会考察等教学活动。

预科教育第一学年不得少于1120学时，第二学年不得少于960学时。各类课程的学时分配比例大致如下：

	理学、工学、农学、医学（中医药专业除外）	经济学、法学、管理学、教育学	历史学、文学、哲学、中医药专业
语言类	60%	65%	70%
文化类	10%	20%	20%
专业知识类	25%	10%	5%
语言实践类	5%	5%	5%

承担预科教育的各高等学校应制订符合本地区、本校学生实际情况的教学计划，采取灵活多样的培养模式。

六、学生管理。举办预科教育的高等学校要按照《高等学校接受外国留学生管理规定》的要求，加强对预科学生的管理。学生在预科学习期间的表现作为奖学金评审

和颁发结业证书的重要依据。

七、考核方式。预科教育将逐步实行主干课程全国统一考核标准。预科教育课程考核内容分为两部分，即汉语言能力测试和专业基础知识综合考试。

预科教育阶段学习结束，考核合格并通过中国政府

奖学金年度评审的学生将获得所在学校颁发的预科教育结业证书,凭证书转入有关高等学校进行本科学习,无需再参加入学考试。

八、本科专业和学校选择。国家留学基金管理委员会秘书处负责定期组织预科教育学校和相关高等学校对接受预科教育的学生选择就学本科专业和学校进行指导。

九、接受了预科教育但未达考核标准的学生,将被取消享受中国政府奖学金资格,但可获得所在学校颁发的写实性学习证明。

出国留学经费管理办法

· 2022 年 10 月 19 日
· 财教〔2022〕190 号

第一章　总　则

第一条　为规范出国留学经费管理和使用,提高资金使用效益,推动出国留学事业发展,根据国家预算管理有关法律法规,制定本办法。

第二条　本办法所称"出国留学经费",是指中央财政安排用于资助国家公派出国留学人员赴国外学习、进修、访问、交流,奖励优秀自费出国留学人员的经费。

第三条　本办法所称"国家公派出国留学人员",是指根据留学项目要求,通过专家评审,公平公正择优选拔的赴国外学习、进修、访问、交流的人员。

第二章　职责分工

第四条　财政部负责审核教育部报送的出国留学经费预算编制建议,会同教育部确定出国留学经费支出范围、资助标准和留学项目类别,核定年度预算,对经费使用进行监督,组织开展绩效管理工作等。

第五条　教育部负责编制出国留学经费年度预算、组织项目实施,并具体进行监督、绩效管理工作,会同财政部制定年度选派计划。

第六条　国家留学基金管理委员会(以下简称留学基金委)负责提出下一年度选派计划建议,包括年度留学项目、留学人员规模、留学人员结构等。在年度选派计划范围内,公平公正择优选拔国家公派出国留学人员,并负责国家公派出国留学人员管理。

第七条　教育部留学服务中心(以下简称留服中心)及教育部委托机构负责国家公派留学人员的派出服务工作,包括组织国家公派出国留学人员行前培训,订购国际机票,办理护照签证、出境证明、报到证明、奖学金退款等。

第三章　预算和决算管理

第八条　出国留学经费预算编制依据包括:

(一)国家公派出国留学事业发展需要和国家财力情况;

(二)政府互换项目、国际组织人才培养项目等情况;

(三)预计的年度资助人数和各项资助标准;

(四)以前年度出国留学经费结转和结余情况;

(五)汇率情况;

(六)绩效评价结果。

第九条　出国留学经费资助对象主要包括高级研究学者、访问学者、博士后、博士生、硕士生、本科生、赴国际组织实习人员。

第十条　出国留学经费的支出范围包括:

(一)学费或研修费,是指用于资助符合条件的国家公派出国留学人员,向国外留学机构或单位支付的学费、研修费等。

(二)奖学金,是指用于资助符合条件的国家公派出国留学人员,在国外学习期间的基本学习生活费用,包括生活费、注册费、医疗保险费、书籍资料费、板凳费、签证延长费等。

(三)艰苦地区补贴,是指用于发放给赴条件艰苦国家(地区)的国家公派出国留学人员的特殊生活补贴。纳入艰苦地区补贴范围的国家(地区)由财政部、教育部共同确定。

(四)一次往返国际旅费,是指用于资助国家公派出国留学人员出国、结束学业回国的交通费用(各一次)。

(五)签证费,是指用于资助国家公派出国留学人员办理出国留学所需签证的费用。

(六)优秀自费留学生奖学金,是指用于奖励符合条件的优秀自费留学人员费用。

出国留学人员根据留学项目类别、留学国别、留学身份等因素全额或部分享受以上资助项目。

第十一条　出国留学经费应当按照以下方式发放:

奖学金、艰苦地区补贴和优秀自费留学生奖学金,经审核后,教育部本级直接转账至留学人员个人国内专用银行卡;

学费或研修费,由留学基金委在经教育部批复的额度范围内审核支付或报销;

一次往返国际旅费和签证费,由留服中心及教育部委托机构订购支付或按有关规定报销。

第十二条　出国留学经费资助的留学项目类别包括:

（一）国家公派高级研究学者、访问学者、博士后项目，主要是指面向社会各行各业公开选拔，资助高级研究学者、访问学者、博士后赴国外从事访问交流或博士后研究工作的项目。

（二）国家建设高水平大学公派研究生项目，主要是指面向社会公开选拔，资助攻读博士学位研究生、联合培养博士生、短期出国交流博士生导师赴国外一流院校或科研机构学习的项目。

（三）高校合作项目，主要是指面向高校合作选拔，资助优秀青年骨干教师和科研人员赴国外从事访问交流或博士后研究工作的项目。

（四）地方和行业部门合作项目，其中地方合作项目主要是指与有关地方合作选拔，资助符合高等教育和经济社会发展需要的地方单位人员赴国外学习的项目；行业部门合作项目，主要是指与有关部委、行业部门等合作选拔，资助行业发展急需人才赴国外学习的项目。

（五）国际组织人才培养项目，主要是指资助优秀人才赴国际组织实习、资助国际组织后备人才赴国外学习的项目。

（六）政府互换项目，主要是指根据中国和相关国家政府教育交流协议，资助人员赴对方国家学习的互换项目。

（七）中外合作项目，主要是指根据中方与外方为落实国家领导人出访成果及中外人文交流机制有关举措而签署的合作项目或根据教育部委托留学基金委与外方高校、机构签署的合作协议，资助相关人员赴国外学习的项目。

（八）优秀自费留学生奖学金项目，主要是指奖励品学兼优的自费留学人员的项目；

（九）经教育部、财政部批准的其他留学项目。

第十三条　财政部、教育部确定公派出国留学经费支出范围、资助标准，并建立出国留学经费资助标准动态调整机制。其中，奖学金和艰苦地区补贴标准，由财政部、教育部根据出国留学人员基本学习生活需要、国外物价水平、汇率情况和国家财力状况等确定。

对于地方和行业部门合作项目，留学人员获得的奖学金或艰苦地区补贴不得超过财政部、教育部确定的资助标准。

对于政府互换项目，对方提供的奖学金资助标准高于留学人员奖学金资助标准的，奖学金全部归留学人员；低于留学人员奖学金资助标准的，由国家提供部分补贴。

对于中外合作项目，若合作双方对资助内容和标准

另有协议的，按协议规定办理。

除上述规定外，教育部、留学基金委、留服中心及教育部委托机构不得擅自扩大支出范围或提高资助标准。

第十四条　优秀自费留学生奖学金标准由教育部商财政部确定。

第十五条　出国留学经费应当按照国库集中支付制度规定拨付。涉及政府采购范围的，应当按照政府采购有关规定执行。

第十六条　出国留学经费预算一经批复，应当严格执行，一般不予调整。确需调整的，按规定程序报批。

第十七条　留学基金委、留服中心及教育部委托机构应加强预算执行的控制和管理，定期分析预算执行情况，按照财政部、教育部有关要求，报送出国留学经费使用报告，报告应当真实、准确、及时、完整。

第十八条　年度终了，留学基金委、留服中心及教育部委托机构应编制出国留学经费决算，纳入单位决算，报送教育部汇总审核，并对决算的规范性、真实性、准确性、完整性负责。教育部负责审核汇总出国留学经费情况，纳入教育部年度部门决算，按要求报送财政部审核批复。

第十九条　出国留学经费年度结转、结余资金按照国家有关结转和结余资金规定管理。

第四章　绩效管理与监督

第二十条　教育部按照全面实施预算绩效管理有关要求，加强出国留学经费绩效管理，做好全过程绩效管理，科学设置绩效目标和指标，组织开展绩效运行监控和绩效评价，加强绩效评价结果应用。财政部根据工作需要开展重点绩效评价，绩效评价结果作为安排预算、完善政策和改进管理的重要依据。

第二十一条　留学基金委、留服中心及教育部委托机构应当建立科学、合理的经费监督管理机制，严格遵守财务相关制度，接受财政、教育、审计等部门的监督检查。单位负责人对出国留学经费收支的真实性、合法性、完整性负责，财务人员应当对出国留学经费依法进行会计核算和监督。

第二十二条　财政部、教育部及其工作人员在项目资金分配使用、审核管理等相关工作中，存在违反规定安排资金或其他滥用职权、玩忽职守、徇私舞弊等违法违规行为的，依法追究相关责任。

留学基金委、留服中心及教育部委托机构、个人在资金申报、使用或管理过程中存在违法违规行为的，依照《中华人民共和国预算法》及其实施条例、《财政违法行为处罚处分条例》等国家有关规定追究相应责任。

第五章 附 则

第二十三条 因国家公派出国留学人员违约,退回或追缴的中央财政拨款及产生的利息,纳入出国留学经费管理,交回零余额账户,作冲减当年预算支出处理。

对教育部、留学基金委取得的与出国留学相关的捐赠收入、合作收入、其他收入等资金,由教育部纳入部门预算统一管理。

第二十四条 本办法由财政部、教育部负责解释。

第二十五条 本办法自印发之日起施行。《财政部 教育部关于印发〈出国留学经费管理办法〉的通知》(财教〔2013〕411 号)同时废止。

国家公派出国留学研究生管理规定(试行)

· 2007 年 7 月 16 日
· 教外留〔2007〕46 号

第一章 总 则

第一条 为实施国家科教兴国和人才强国战略,加快高层次人才培养,规范国家公派出国留学研究生(以下简称公派研究生)派出管理工作,提高国家公派出国留学效益,制定本规定。

第二条 本规定所称公派研究生是指按照国家留学基金资助方式派遣到国外攻读硕士、博士学位的研究生,以及在国内攻读博士学位期间赴国外从事课题研究的联合培养博士研究生。

第三条 公派研究生选拔、派出和管理部门的职责是:

1. 国家留学基金管理委员会(以下简称留学基金委)在教育部领导下,按照国家公派出国留学方针政策,负责公派研究生的选拔和管理等工作。

2. 我驻外使(领)馆教育(文化)处(组)(以下简称使领馆)负责公派研究生在国外留学期间的管理工作。

3. 教育部留学服务中心、教育部出国留学人员上海集训部、广州留学人员服务管理中心等部门(以下简称留学服务机构)负责为公派研究生出国留学办理签证、购买出国机票等提供服务。

4. 公派研究生推选单位根据国家留学基金重点资助领域,结合本单位学科建设规划和人才培养计划,负责向留学基金委推荐品学兼优的人选,指导联系国外高水平学校,对公派研究生在国外留学期间的业务学习进行必要指导。

推选单位应对推选的公派研究生切实负起管理责任,与留学基金委和使领馆共同做好公派研究生管理工作。

第二章 选拔与派出

第四条 公派研究生选拔按照"个人申请,单位推荐,专家评审,择优录取"方式进行。具体办法另行制定。

第五条 留学基金委完成公派研究生选拔录取工作后应及时将录取文件与名单通知推选单位、留学服务机构和有关使领馆。

第六条 国家对公派研究生实行"签约派出,违约赔偿"的管理办法。公派研究生出国前应与留学基金委签订《资助出国留学协议书》(见附 1,以下简称《协议书》)、交纳出国留学保证金。《协议书》须经公证生效。

经公证的《协议书》应交存推选单位一份备案。

第七条 公派研究生(在职人员除外)原则上应与推选单位签订意(定)向就业协议后派出。

第八条 出国前系在校学生的公派研究生出国留学,应及时办理学籍和离校等有关手续。推选单位应在国家规定的留学期限内保存档案和户籍。

在校生超过规定留学期限未归,其档案和户籍由推选单位按照有关规定办理。

第九条 出国前系应届毕业生的公派研究生出国留学,推选单位应在国家规定的留学期限内保存档案和户籍。

应届毕业生超过规定留学期限未归,推选单位可将其档案和户籍迁转回生源所在地。

第十条 推选单位应设置专门机构和人员,归口负责公派研究生管理工作,建立专门的公派研究生管理档案;对本单位公派研究生统一进行出国前的思想教育和培训,组织学习国家公派留学有关政策和管理规定,对办理出国手续进行指导和帮助;为公派研究生指定专门的指导教师或联系人。

指定教师或联系人应与公派研究生保持经常联系,对其专业学习进行指导,发现问题,及时解决。

第十一条 留学服务机构依据留学基金委提供的录取文件和公派研究生本人所持《国家留学基金资助出国留学资格证书》(见附 2),代为验收公派研究生的《协议书》和查验"出国留学保证金交存证明"后,按有关规定办理出国手续,开具《国家公派留学人员报到证明》(见附 3)等。

第十二条 留学服务机构为公派研究生办理出国手续后,应及时准确地将出国信息和有关材料报送我有关使领馆和留学基金委,保证国内外管理工作有效衔接。

第三章　国外管理与联系

第十三条　公派研究生应在抵达留学目的地 10 日内凭《国家留学基金资助出国留学资格证书》和《国家公派留学人员报到证明》向所属使领馆报到（本人到场或邮寄等适当方式），并按使领馆要求办理报到或网上注册等手续。

第十四条　公派研究生应与使领馆和推选单位保持经常联系，每学期末向使领馆和国内推选单位报送《国家公派出国留学人员学习/研修情况报告表》（见附 4）。

第十五条　公派研究生在留学期间应自觉维护祖国荣誉，遵守我国和留学所在国法律，尊重当地人民的风俗习惯，与当地人民友好交往。

第十六条　使领馆应高度重视，积极关心公派研究生在外学习期间思想和学习情况，建立定期联系、随访制度，认真及时做好对公派研究生的经费发放工作。每学年向教育部、留学基金委报告公派研究生在外管理情况。

第十七条　推选单位应积极配合留学基金委和使领馆处理管理过程中出现的有关问题。对公派研究生留学期间申请延长留学期限、提前回国、从事博士后研究等问题，应及时向留学基金委提出明确意见，并采取有效措施确保本单位推选的公派研究生学有所成、回国服务。

第十八条　国家留学基金为公派研究生提供的奖学金中包含伙食费、住宿费、交通费、电话费、书籍资料费、医疗保险费、交际费、一次性安置费和零用费等。公派研究生抵达留学所在国后，应从留学所在国实际情况出发，并按照留学所在国政府或留学院校（研究机构）要求及时购买医疗保险。

第十九条　公派研究生应勤奋学习，提高效率，在规定留学期限内完成学业并按期回国服务。未经留学基金委批准同意，留学期间不得擅自改变留学身份、留学期限、留学国家和留学院校（研究机构）。

提前取得学位回国视为提前完成留学计划、按期回国。

公派研究生不得申请办理有关移民国家的豁免。

第二十条　公派研究生一般应在被录取留学院校（研究机构）完成学业。在规定的留学期限内确因学业或研究需要变更留学单位，应履行下列手续：

在所留学院校（研究机构）内部变更院系或专业，应出示推选单位和国外导师（合作者）的同意函，报使领馆备案；

变更留学院校（研究机构），应提前两个月向使领馆提出申请，出具推选单位意见函、原留学院校或导师（合作者）意见函和新接受留学院校或导师（合作者）的同意

接受函，由使领馆报留学基金委审批。

留学单位的变更只限于在原留学所在国内。

经批准变更留学院校的公派研究生抵达新的留学院校后，应于 10 日内向现所属使领馆报到。原所属使领馆应将有关情况和材料及时转交（告）现所属使领馆，共同做好管理上的衔接工作。

第二十一条　公派研究生因故不能继续学习、确需提前回国者，应向使领馆提出申请，出具推选单位和国外留学院校或导师（合作者）意见以及相关证明，由使领馆报留学基金委审批。

公派研究生一经批准提前回国，当次国家公派留学资格即终止。

经留学基金委批准提前回国的公派研究生中，推选单位按照学校（籍）管理规定可以为其恢复国内学业（籍）者，由推选单位按规定办理复学手续；在职人员回原人事关系所在单位；应届毕业生按已有毕业学历自谋职业。

对未经批准擅自提前回国者，留学基金委根据有关规定处理。

第二十二条　公派研究生留学期间可利用留学所在国留学院校（研究机构）假期回国休假或收集资料。回国休假或收集资料应征得留学院校或导师（合作者）同意，报使领馆审批。

公派研究生在规定的留学期限内可以回国休假：留学期限在 12 个月至 24 个月（含）之间的，回国时间不超过 1 个月，奖学金照发；留学期限在 24 个月（不含）以上的，回国时间不超过 2 个月或每年一次不超过 1 个月，奖学金照发，回国旅费自理；回国时间超过以上次数和时间，自超出之日起停发奖学金。

在规定的留学期限内赴留学所在国以外国家休假或考察，费用自理，在同一年度内，公派研究生回国休假或赴留学所在国以外国家休假或考察只能选择一项，不能同时享受。赴留学所在国以外国家休假或考察，一次不超过 15 天的，奖学金照发；超过以上次数和时间的，自超出之日起停发奖学金。

第二十三条　公派研究生因病不能坚持学习中途休学回国，应征得留学院校导师（合作者）同意，办理或补办国外留学院校学籍保留手续，使领馆应及时将有关情况报留学基金委审批。

公派研究生因病中途休学回国一般以一学期为限；期满未康复可申请继续休学，累计不应超过一年（含）。在此期间经治疗康复，应向留学基金委提交国内医疗机构体检合格证明、推选单位意见和国外留学院校学籍保

留及同意接收函等相关材料,留学基金委征求使领馆意见后决定其是否返回留学国继续完成学业;经治疗仍无法返回留学国进行正常学习者,按第二十一条作为提前回国办理。

公派研究生因病中途休学回国时间累计超过一年,国家公派留学资格自动取消。推选单位按照学校(籍)管理规定可以为其恢复国内学业(籍)者,由推选单位按学校(籍)管理规定办理复学手续;在职人员回原人事关系所在单位;应届毕业生按已有毕业学历自谋职业。

公派研究生因病中途休学回国期间,国外奖学金生活费停发;出国前系在职(校)人员者,因病中途休学回国期间的国内医疗费由推选单位按本单位规定负担;出国前系非在职(校)人员者,国内医疗费由个人负担。

第二十四条 公派研究生在留学期间参加国际学术会议或进行短期学术考察,应征得留学院校导师(合作者)同意并向使领馆报告。

参加国际学术会议或短期学术考察的费用自理。

第二十五条 公派研究生在规定留学期限内未能获得学位者,如因学业问题确需延长学习时间且留学院校导师证明可在延长时间内获得学位,由本人提前2个月向使领馆提交书面申请,出具留学院校导师和推选单位意见函,由使领馆根据其日常学习表现提出明确意见,报留学基金委审批。

经批准延长期限者应与留学基金委办理续签《协议书》等有关手续。

经批准延长期限内费用自理。

第二十六条 公派研究生在规定留学期限内虽经努力但仍无法获得学位者,使领馆应将其学习态度、日常表现和所在国留学院校实际情况报告留学基金委,经批准后开具有关证明,办理结(肄)业手续回国。

第二十七条 对于国家急需专业领域的、在国外获得博士学位的公派研究生,在留学所在国签证政策允许前提下,经推选单位同意、留学基金委批准并办理续签《协议书》手续,可继续从事不超过两年的博士后研究。

1. 公派研究生本人应提前2个月向使领馆提出申请,出具推选单位和国外留学院校或导师(合作者)意见函,由使领馆提出明确意见报留学基金委审批。

2. 留学基金委根据博士后研究课题与国家科学技术、经济发展结合情况进行审批,必要时组织专家进行评议和评审。博士后研究结束回国,应向留学基金委提交研究成果报告。

3. 从事博士后研究期间一切费用自理。

第二十八条 对纪律涣散、从事与学业无关的活动严重影响学习、留学院校和导师(合作者)反映其表现恶劣者,使领馆一经发现应给予批评教育;对仍不改正者,要及时报告留学基金委,留学基金委按照有关规定处理。

第二十九条 公派研究生学习期满回国,由使领馆按国家规定选定回国路线、提供国际旅费,乘坐中国民航班机回国;无中国民航班机,购买外国航班机票应以安全、经济为原则。

第三十条 公派研究生一经签约派出,其在外期间的国家公派留学身份不因经费资助来源或待遇变化而改变。如获其他奖学金,应经留学基金委同意并签订补充协议,且始终应遵守国家公派留学有关规定,履行按期回国服务等相关义务。

如自行放弃国家留学基金资助和国家公派留学身份、单方面终止协议,留学基金委按照有关规定处理。

第三十一条 公派研究生留学期间改变国籍,视为放弃国家公派留学身份,留学基金委按照有关规定处理。

第四章 回国与服务

第三十二条 公派研究生应按期回国,填写《国家公派出国留学人员回国报到提取保证金证明表》(见附5),由推选单位在相应栏目中签署意见,尽快向留学基金委报到(京外人员可通过信函、传真或电子邮件方式报到),按要求递交书面材料。留学基金委审核上述材料后,通知有关金融机构将出国前交存的保证金返还公派研究生本人。

第三十三条 公派研究生(不含在职人员)学成回国,按照国家有关就业政策和规定以及与国内有关单位的定(意)向协议就业。

第三十四条 推选单位要把公派研究生的回国工作纳入本单位人才培养总体规划,对学成回国研究生的就业、创业等问题积极加以引导,为其回国工作和创业创造有利条件。

第三十五条 教育部留学服务中心应按照国家规定,为在国外取得学位回国、落实工作单位的公派研究生办理回国工作的相关手续,为其回国工作和创业提供必要的服务。

公派研究生出国前与推选单位签有回国定向就业协议的,推选单位应及时将该名单报教育部留学服务中心备案。

联合培养博士研究生回国后应回推选单位办理以上有关手续。

第三十六条 公派研究生按期回国后应在国内连续服务至少两年。

第五章　违约追偿

第三十七条　在留学期间擅自变更留学国别和留学身份、自行放弃国家留学基金资助和国家公派留学身份、单方面终止协议、未完成留学计划擅自提前回国、从事与学业无关活动严重影响学习、表现极为恶劣以及未按规定留学期限回国逾期 3 个月(不含)以上、未完成回国服务期等违反《协议书》约定的行为,构成全部违约。违约人员应赔偿全部留学基金资助费用并支付全部留学基金资助费用 30% 的违约金。

未按规定留学期限回国逾期 3 个月(含)以内的行为,构成部分违约。违约人员应赔偿全部留学基金资助费用 20% 的违约金。经使领馆批准,仍可提供回国机票。

因航班等特殊原因超出规定留学期限 1 个月(含)以内抵达国内的,不作违约处理。

第三十八条　出国前尚未还清国家助学贷款的留学人员,出国期间应按国家助学贷款有关规定偿还贷款,确有偿还困难的应办理相应延期手续;对逾期不归违约人员,应按《协议书》和国家助学贷款有关规定履行相关义务。

第三十九条　使领馆应及时将公派研究生违约情况和为其资助留学经费情况报告留学基金委,协助留学基金委做好违约追偿工作。

第四十条　推选单位应及时向留学基金委提供所掌握的本单位违约人员的有关情况和信息,协助留学基金委开展违约追偿工作。

第四十一条　对违反《协议书》约定的违约行为,留学基金委根据国家法律规定和《协议书》有关条款对违约人进行违约追偿。违约人本人或其保证人(即协议书丙方)应承担相应违约责任。

1. 如违约人员按《协议书》规定承担相应违约责任,如数予以经济赔偿,不再追究其法律责任。如违约人员未按《协议书》规定承担违约责任做出赔偿,则将要求其国内保证人承担经济责任。如违约人员及其保证人均不承担约定的经济赔偿责任,则将在国内通过法律途径解决。

2. 对违约事件,特别是对不按《协议书》约定履行经济赔偿责任者,除通过法律途径解决外,必要时还将采取其他辅助手段,如以留学基金委名义向国外有关方面通报违约事实;将违约名单予以公布等。

3. 违约人员完成经济赔偿后,即了结了与留学基金委所签《协议书》的义务,但国家公派留学人员的身份不变。协议了结情况由留学基金委通报使领馆、违约人员本人和推选单位。

第六章　评　估

第四十二条　教育部建立评估体系和激励机制,对公派研究生出国留学的总体效益和有关项目的实施情况进行评估,特别对各推选单位派出人员的质量、留学效果和按期回国等情况进行综合评估,并根据评估结果调整各推选单位的选派计划和选派规模,以保证国家留学基金的使用效益和国家人才培养目标的实现。

该评估也将作为对有关使领馆和留学服务机构留学管理与服务工作绩效评估的一部分,以促进留学管理工作的加强与提高。

第七章　附　则

第四十三条　本规定由教育部、财政部负责解释。

第四十四条　本规定自印发之日起施行。此前已印发的有关规定与本规定相抵触的,以本规定为准。

附件(略)

国家建设高水平大学公派研究生项目学费资助办法(试行)

· 2009 年 10 月 22 日
· 教财厅〔2009〕4 号

第一章　总　则

第一条　为进一步做好"国家建设高水平大学公派研究生项目",选派优秀学生到国外一流高校、专业,师从一流的导师学习深造,提高选派质量和国家公派出国留学效益,特制定本办法。

第二条　本办法资助学费的对象是"国家建设高水平大学公派研究生项目"赴国外攻读博士学位或硕博连读的留学人员。

联合培养博士或联合培养博士在外转为攻读博士学位的留学人员,不属于本办法规定的资助范围。

第三条　资助学费的留学人员总额不超过"国家建设高水平大学公派研究生项目"选派计划的 5%。

第四条　学费的资助标准为:每名留学人员每学年最高不超过 3 万美元;如特殊选派需要资助标准高于 3 万美元的须报教育部审批。

第五条　学费资助期限:不超过留学人员的奖学金资助期限;如确须延长资助期限的须报教育部审批。

第二章　资助对象

第六条　向赴国外一流高校,一流专业从事国家中长期科学和技术发展规划纲要中的重点领域及其优先主题、重大专项、前沿技术、基础研究学习的留学人员提供学费资助。

第七条 向赴国外一流高校,一流专业从事人文及应用社会科学且难以获得学费资助的留学人员资助学费。

第三章 申请及审批办法

第八条 留学人员学费资助采取学生申请、学校推荐、专家评审的方式。申请资助学费的人员须获得国外正式入学通知,外语须达到国外接受高校的入学要求。

第九条 "国家建设高水平大学公派研究生项目"实施高校应在校内专家评审的基础上推荐申请学费资助的留学候选人。学校推荐申请资助学费的人数不得超过留学候选总人数的 5%。

第十条 国家留学基金管理委员会组织专家对上述学校推荐的申请资助学费的留学候选人进行评审后,确定拟资助学费人员名单及资助期限,报教育部国际司、财务司审批。

第四章 资助方式

第十一条 驻外使(领)馆教育处(组)根据教育部财务司有关通知及留学人员提交的有关申请材料审核并向留学人员所在国外留学院校支付学费。学费可根据留学人员所在国外留学院校的学费管理规定,按学期或学年分期支付。

第十二条 留学人员须执国家留学基金资助出国留学资格证书原件、国外留学院校开具的正式入学通知书原件和国外留学院校开具的收取学费凭证原件,向驻外使(领)馆教育处(组)申领首次学费,由驻外使(领)馆教育处(组)审核后予以支付。

第十三条 后续学期或学年度的学费,由留学人员执国外留学院校开具的上一学期或学年度成绩单原件、留学人员导师或所在院系主管教学负责人出具并签字的学习情况说明原件和国外留学院校开具的收取学费凭证原件申请,由驻外使(领)馆教育处(组)审核确定是否继续为其支付后续学期或学年度的学费并报教育部财务司、国家留学基金管理委员会备案。审核的主要内容包括:

1. 留学人员学费资助的期限和标准。留学人员的学费资助期限以教育部财务司通知中明确的资助期限为准,学费标准原则上不得超过本办法第四条规定的标准。如有特殊情况需延长资助期限或提高资助标准,应由留学人员本人提出申请,经驻外使(领)馆教育处(组)审核

同意后按规定报国内审批。

2. 留学人员的学习成绩和表现。

3. 留学人员在学期间是否从国外留学院校获得了学费或其他奖学金资助及额度。如已获资助可以支付其后续学习期间的学费,则驻外使(领)馆教育处(组)不再为其支付学费。如已获资助未达到国外留学院校确定的学费标准,不足部分由驻外使(领)馆教育处(组)审核后予以支付。

4. 驻外使(领)馆教育处(组)根据所辖馆区实际情况规定的其他条件。

第十四条 如驻外使(领)馆教育处(组)确认接受学费资助的留学人员确实无法完成既定学业,应及时报请国内有关部门同意后停止提供学费资助。如构成违约,已资助的学费亦应退还。

第十五条 各驻外使(领)馆教育处(组)可根据所在国实际情况制订具体实施细则。

第五章 附 则

第十六条 学费资助金额纳入国家留学基金资助费用,获得学费资助的留学人员构成违约的,应按国家公派出国留学研究生管理规定承担违约责任。

第十七条 本办法自印发之日起施行。

高等学校聘请外国文教专家和外籍教师的规定

· 1991 年 8 月 10 日
· 教外办〔1991〕462 号

为保证高等学校聘请外籍教师(以下简称专家、外教)的工作更好地为社会主义高等教育服务,根据国务院《外国文教专家工作试行条例》(国发〔1980〕270 号)特制定本规定:

第一章 总 则

第一条 高等学校聘请专家、外教是我国对外开放政策的组成部分,是学习外国先进科学技术和进步文化的重要途径。这是一项长期的工作,必须切实做好。

第二条 聘请专家、外教的工作,应为加强师资队伍和学科建设服务,有利于提高学校的科研水平,培养为社会主义现代化建设服务的人才。

第三条 聘请专家、外教要贯彻以我为主,按需聘请,择优选聘,保证质量,用其所长,讲求实效的原则。在工作中要加强计划性,防止盲目聘用,凡可由我国内教师承担的教学和科研任务,一般不聘请专家、外教担任。

第四条 高等学校应根据专家、外教的业务专长并考虑到他们的政治背景和态度大多与我不同的情况,正确发挥他们的作用。还应主动多做工作,帮助他们正确认识中国,增进了解和友谊。

第二章 各专业专家、外教的聘用

第五条 对不同专业专家、外教的聘用,应根据需要,掌握不同原则。

第六条 理、工、农、医专业类的专家、外教以来华短期讲学、合作科研为主。应逐步扩大此类专家的聘用比例。

第七条 语言专业类(含外语短训班)的专家、外教,除语言实践课(包括听说读写等)可以面对学生授课外,应主要用于培养师资和编写教材。除国家设立的出国人员培训部外,原则上不聘请专家、外教承担我有关人员以出国为目的的语言培训任务。

第八条 外国文学、国际新闻、国际文化、国际贸易、国际法、国际政治经济和国际关系等学科的专家、外教,应主要为我中、青年教师和研究生讲授课程的部分内容或举行讲座和研讨。院校应安排教师就专家外教讲授内容在马克思主义指导下,作出科学的分析,加强对听课人员的引导。此类专业专家一般不面对本科生授课。

第九条 哲学、社会学、法学、政治学、新闻学、史学、教育学等学科的专家,应安排我方教师,在马克思主义指导下,与其就有关学术问题进行共同研讨,一般不对研究生和本科生系统讲学。

第十条 各部门、各单位与外国政府、有关组织、民间团体、院校签订的协议,其教学任务,均按上述原则执行。

第三章 来华专家、外教的条件

第十一条 聘请对象应对华友好,愿与我合作,业务水平较高并符合我需要,身体健康。

第十二条 聘请对象为专家者,应具有三至五年以上的教学和科研经历;其中长期文教专家应具有硕士以上学位或讲师以上职称以及相当的资历,短期邀请专家应具有博士学位或副教授以上职称并在该学术领域有一定造诣。

第十三条 聘请对象为一般语言外籍教师者,应有本科以上学历,受过语言教学的专门训练并具有一定的语言教学经验。

第四章 聘请专家、外教院校的条件

第十四条 院校领导中有专人分管专家、外教工作。

第十五条 设有负责专家、外教工作的职能机构并配有经过政治和外事业务培训的专职工作人员。

第十六条 制定了较完整的专家、外教管理制度和办法。

第十七条 具有专家、外教必要的生活和工作设施(包括居住地食宿、卫生、工作、安全等条件)。院校所在地应是对外国人开放地区,非开放地区须报有关部门批准后方可聘请。

第五章 聘请专家、外教的审批原则

第十八条 聘请专家、外教,按院校隶属关系,由国务院有关部(委),或省、自治区、直辖市教育行政部门审批。

第十九条 对首次拟聘请专家、外教的学校,应按院校隶属关系,由院校向上级主管部门提出申请。部(委)属院校,由部门(委)会同省、自治区、直辖市教育行政部门、外办按第四章规定进行实地考核;地方属院校,由省、自治区、直辖市教育行政部门会同省、自治区、直辖市外办按第四章规定进行实地考核,经考核确认其聘请资格,并由院校上级主管部门报国家外国专家局批准后,院校方可编报聘请专家计划和办理聘请手续。

第二十条 聘请专家、外教的院校,应于每年九月初向上级主管部门申报下一学年的聘请专家、外教计划,并说明各专业聘请专家、外教的目的、来华工作性质、来华人数、在华工作期限等。主管部门对院校的学年聘请计划应认真审核,提出审核意见并报国家外国专家局。

第二十一条 院校应对拟聘专家、外教的条件进行认真审核,对拟聘的专家、外教,按院校隶属关系,将聘请报告及有关材料报上级主管部门审批。

第六章 专家、外教的管理工作

第二十二条 国务院有关部(委)和省、自治区、直辖市教育行政部门应加强对其所属院校的外籍教师工作的领导,认真研究专家、外教工作的特点,加强计划性,进行业务指导和效益评估。

在京高等院校专家、外教日常管理工作,按隶属关系,由国务院部委和北京市高教局分别负责。在其他地区的高等院校专家、外教日常管理工作,由院校所在的省、自治区、直辖市教育行政部门负责,并与当地外办密切配合;重大问题应及时报上级主管部门处理,同时抄报国家教委和国家外国专家局。

第二十三条 教育行政部门和院校在专家、外教的管理工作中,应加强与地方外办、公安等有关部门的密切配合。

第二十四条 院校专家、外教的管理,实行分管校(院)长领导下的学校外事部门归口管理制度。

第二十五条 来我院校任教一学期以上(含一学期)的专家、外教,必须与院校签订合同,合同的基本内容应包括:受聘方被聘任的起止日期,每周授课时数,应享受的各种待遇;在合同中要明确规定专家、外教应遵守我国法律、法规、校纪、校规,并不得干预我国内部事务和进行传教,对受聘方在华期间的要求及受聘方违反合同规定应负的责任等。学校应严格按合同管理。

第二十六条 院校负责专家、外教工作的领导和职能部门,应向专家、外教介绍我国情况和我国的教育方针、政策、法律、法令及有关规定,帮助其了解中国并要求其遵守我国的法律、法规和校纪校规,尊重中国人民的风俗习惯。

对专家、外教的宣传工作,目的在于加强相互了解和友好,工作方法上要灵活。

第二十七条 如发生专家、外教在政治上对我有意进行攻击或提出挑衅性的政治问题时,应正面阐述我观点,予以批驳,并及时报告上级主管部门,根据情况作出处理。

第二十八条 院校教务部门归口负责专家、外教的教学业务工作。

第二十九条 专家、外教所在的系、部、所,负责专家、外教教学业务的日常管理:

(1)配备一位政治、业务较强的中方教师作为专家、外教的合作教师,协助专家、外教开展教学,并协助学校做好专家、外教的工作;

(2)审定专家、外教讲学计划和教学使用的教材(包括参考、影视及其他资料);使用原文教材,思想政治内容上应严格审定,要避免选用美化资本主义制度,宣扬民主社会主义以及丑化社会主义的教材;

(3)建立对专家、外教的听课制度,对其教学态度和效果,要定期检查,并按国家外国专家局的有关规定进行教学评估,提高聘用效益。

第三十条 院校各级领导要主动做好专家、外教工作,鼓励有关师生与他们多接触,交朋友,主动关心和解决专家、外教在教学与生活中遇到的问题,要求中国师生

与专家、外教友好相处,互相尊重,取长补短,加强合作,共同搞好教学和研究工作。对专家、外教教学中的意见,应由系、教研室或合作教师商讨解决。

第三十一条 专家、外教可以在指定范围利用我院校图书馆,查阅图书资料。院校可以接受专家、外教不附加条件的赠书,对有攻击我国政府或恶意诬蔑我社会主义制度等内容的图书,应拒绝接受,并及时报告上级主管部门。院校应认真加强对专家、外教赠书的管理。

第三十二条 专家、外教与我进行合作科研,应以我重点科研项目为主。在合作科研中,应加强保密工作,加强对有关科研资料及计算机的使用管理,严防泄密。

第三十三条 对在华工作成绩显著的专家、外教应给予奖励;对不履行合同,教学效果差,态度恶劣的外籍教师,学校应及时提出批评、教育;对坚持不改者,可根据合同规定予以解聘。解聘专家、外教,由学校报请上级主管部门批准,同时抄报国家外国专家局,由国家外国专家局定期通报各有关单位,不得再录用。

第三十四条 院校应尊重专家、外教的风俗习惯和宗教信仰。专家、外教不得在任何场所,以任何方式,散布攻击我国政府和政策法令的言论,干涉我国内政;不得以任何形式进行传教活动或宗教宣传,不得以教学名义在我学生中散发宗教书籍或材料;对违犯上述规定者,应根据合同和我国有关法律规定处理。

第三十五条 专家、外教不得从事与教学无关的社会工作。如采访,经商,咨询服务等,以及与其身份不符的其他活动。

第三十六条 专家、外教在应聘期间,不得以任何形式向社会和学生作涉及我政治思想、社会状况、经济或科技秘密、特殊的生物资源,以及违反规定的调查。特殊需要者,经批准后方可进行。在省、自治区、直辖市范围内,报请所在省、自治区、直辖市教育行政部门,会同省、自治区、直辖市外办及有关部门审批,超出所在省、自治区、直辖市的,报国家教委、国家外国专家局审批,同时抄报有关部门。

第三十七条 除高等学校外,其他各级各类学校,一般不聘请外籍教师来校任教,特殊需要的,亦按上述规定办理。

八、教师队伍建设

中华人民共和国教师法

· 1993 年 10 月 31 日第八届全国人民代表大会常务委员会第四次会议通过
· 根据 2009 年 8 月 27 日第十一届全国人民代表大会常务委员会第十次会议《关于修改部分法律的决定》修正

第一章　总　则

第一条　为了保障教师的合法权益,建设具有良好思想品德修养和业务素质的教师队伍,促进社会主义教育事业的发展,制定本法。

第二条　本法适用于在各级各类学校和其他教育机构中专门从事教育教学工作的教师。

第三条　教师是履行教育教学职责的专业人员,承担教书育人,培养社会主义事业建设者和接班人、提高民族素质的使命。教师应当忠诚于人民的教育事业。

第四条　各级人民政府应当采取措施,加强教师的思想政治教育和业务培训,改善教师的工作条件和生活条件,保障教师的合法权益,提高教师的社会地位。

全社会都应当尊重教师。

第五条　国务院教育行政部门主管全国的教师工作。

国务院有关部门在各自职权范围内负责有关的教师工作。

学校和其他教育机构根据国家规定,自主进行教师管理工作。

第六条　每年 9 月 10 日为教师节。

第二章　权利和义务

第七条　教师享有下列权利:

(一)进行教育教学活动,开展教育教学改革和实验;

(二)从事科学研究、学术交流,参加专业的学术团体,在学术活动中充分发表意见;

(三)指导学生的学习和发展,评定学生的品行和学业成绩;

(四)按时获取工资报酬,享受国家规定的福利待遇以及寒暑假期的带薪休假;

(五)对学校教育教学、管理工作和教育行政部门的工作提出意见和建议,通过教职工代表大会或者其他形式,参与学校的民主管理;

(六)参加进修或者其他方式的培训。

第八条　教师应当履行下列义务:

(一)遵守宪法、法律和职业道德,为人师表;

(二)贯彻国家的教育方针,遵守规章制度,执行学校的教学计划,履行教师聘约,完成教育教学工作任务;

(三)对学生进行宪法所确定的基本原则的教育和爱国主义、民族团结的教育,法制教育以及思想品德、文化、科学技术教育,组织、带领学生开展有益的社会活动;

(四)关心、爱护全体学生,尊重学生人格,促进学生在品德、智力、体质等方面全面发展;

(五)制止有害于学生的行为或者其他侵犯学生合法权益的行为,批评和抵制有害于学生健康成长的现象;

(六)不断提高思想政治觉悟和教育教学业务水平。

第九条　为保障教师完成教育教学任务,各级人民政府、教育行政部门、有关部门、学校和其他教育机构应当履行下列职责:

(一)提供符合国家安全标准的教育教学设施和设备;

(二)提供必需的图书、资料及其他教育教学用品;

(三)对教师在教育教学、科学研究中的创造性工作给以鼓励和帮助;

(四)支持教师制止有害于学生的行为或者其他侵犯学生合法权益的行为。

第三章　资格和任用

第十条　国家实行教师资格制度。

中国公民凡遵守宪法和法律,热爱教育事业,具有良好的思想品德,具备本法规定的学历或者经国家教师资格考试合格,有教育教学能力,经认定合格的,可以取得教师资格。

第十一条　取得教师资格应当具备的相应学历是:

(一)取得幼儿园教师资格,应当具备幼儿师范学校毕业及其以上学历;

（二）取得小学教师资格，应当具备中等师范学校毕业及其以上学历；

（三）取得初级中学教师、初级职业学校文化、专业课教师资格，应当具备高等师范专科学校或者其他大学专科毕业及其以上学历；

（四）取得高级中学教师资格和中等专业学校、技工学校、职业高中文化课、专业课教师资格，应当具备高等师范院校本科或者其他大学本科毕业及其以上学历；取得中等专业学校、技工学校和职业高中学生实习指导教师资格应当具备的学历，由国务院教育行政部门规定；

（五）取得高等学校教师资格，应当具备研究生或者大学本科毕业学历；

（六）取得成人教育教师资格，应当按照成人教育的层次、类别，分别具备高等、中等学校毕业及其以上学历。

不具备本法规定的教师资格学历的公民，申请获取教师资格，必须通过国家教师资格考试。国家教师资格考试制度由国务院规定。

第十二条　本法实施前已经在学校或者其他教育机构中任教的教师，未具备本法规定学历的，由国务院教育行政部门规定教师资格过渡办法。

第十三条　中小学教师资格由县级以上地方人民政府教育行政部门认定。中等专业学校、技工学校的教师资格由县级以上地方人民政府教育行政部门组织有关主管部门认定。普通高等学校的教师资格由国务院或者省、自治区、直辖市教育行政部门或者由其委托的学校认定。

具备本法规定的学历或者经国家教师资格考试合格的公民，要求有关部门认定其教师资格的，有关部门应当依照本法规定的条件予以认定。

取得教师资格的人员首次任教时，应当有试用期。

第十四条　受到剥夺政治权利或者故意犯罪受到有期徒刑以上刑事处罚的，不能取得教师资格；已经取得教师资格的，丧失教师资格。

第十五条　各级师范学校毕业生，应当按照国家有关规定从事教育教学工作。

国家鼓励非师范高等学校毕业生到中小学或者职业学校任教。

第十六条　国家实行教师职务制度，具体办法由国务院规定。

第十七条　学校和其他教育机构应当逐步实行教师聘任制。教师的聘任应当遵循双方地位平等的原则，由学校和教师签订聘任合同，明确规定双方的权利、义务和责任。

实施教师聘任制的步骤、办法由国务院教育行政部门规定。

第四章　培养和培训

第十八条　各级人民政府和有关部门应当办好师范教育，并采取措施，鼓励优秀青年进入各级师范学校学习。各级教师进修学校承担培训中小学教师的任务。

非师范学校应当承担培养和培训中小学教师的任务。

各级师范学校学生享受专业奖学金。

第十九条　各级人民政府教育行政部门、学校主管部门和学校应当制定教师培训规划，对教师进行多种形式的思想政治、业务培训。

第二十条　国家机关、企业事业单位和其他社会组织应当为教师的社会调查和社会实践提供方便，给予协助。

第二十一条　各级人民政府应当采取措施，为少数民族地区和边远贫困地区培养、培训教师。

第五章　考　核

第二十二条　学校或者其他教育机构应当对教师的政治思想、业务水平、工作态度和工作成绩进行考核。

教育行政部门对教师的考核工作进行指导、监督。

第二十三条　考核应当客观、公正、准确，充分听取教师本人、其他教师以及学生的意见。

第二十四条　教师考核结果是受聘任教、晋升工资、实施奖惩的依据。

第六章　待　遇

第二十五条　教师的平均工资水平应当不低于或者高于国家公务员的平均工资水平，并逐步提高。建立正常晋级增薪制度。具体办法由国务院规定。

第二十六条　中小学教师和职业学校教师享受教龄津贴和其他津贴，具体办法由国务院教育行政部门会同有关部门制定。

第二十七条　地方各级人民政府对教师以及具有中专以上学历的毕业生到少数民族地区和边远贫困地区从事教育教学工作的，应当予以补贴。

第二十八条　地方各级人民政府和国务院有关部门，对城市教师住房的建设、租赁、出售实行优先、优惠。

县、乡两级人民政府应当为农村中小学教师解决住房提供方便。

第二十九条　教师的医疗同当地国家公务员享受同

等的待遇;定期对教师进行身体健康检查,并因地制宜安排教师进行休养。

医疗机构应当对当地教师的医疗提供方便。

第三十条　教师退休或者退职后,享受国家规定的退休或者退职待遇。

县级以上地方人民政府可以适当提高长期从事教育教学工作的中小学退休教师的退休金比例。

第三十一条　各级人民政府应当采取措施,改善国家补助、集体支付工资的中小学教师的待遇,逐步做到在工资收入上与国家支付工资的教师同工同酬,具体办法由地方各级人民政府根据本地区的实际情况规定。

第三十二条　社会力量所办学校的教师的待遇,由举办者自行确定并予以保障。

第七章　奖　励

第三十三条　教师在教育教学、培养人才、科学研究、教学改革、学校建设、社会服务、勤工俭学等方面成绩优异的,由所在学校予以表彰、奖励。

国务院和地方各级人民政府及其有关部门对有突出贡献的教师,应当予以表彰、奖励。

对有重大贡献的教师,依照国家有关规定授予荣誉称号。

第三十四条　国家支持和鼓励社会组织或者个人向依法成立的奖励教师的基金组织捐助资金,对教师进行奖励。

第八章　法律责任

第三十五条　侮辱、殴打教师的,根据不同情况,分别给予行政处分或者行政处罚;造成损害的,责令赔偿损失;情节严重,构成犯罪的,依法追究刑事责任。

第三十六条　对依法提出申诉、控告、检举的教师进行打击报复的,由其所在单位或者上级机关责令改正;情节严重的,可以根据具体情况给予行政处分。

国家工作人员对教师打击报复构成犯罪的,依照刑法有关规定追究刑事责任。

第三十七条　教师有下列情形之一的,由所在学校、其他教育机构或者教育行政部门给予行政处分或者解聘:

(一)故意不完成教育教学任务给教育教学工作造成损失的;

(二)体罚学生,经教育不改的;

(三)品行不良、侮辱学生,影响恶劣的。

教师有前款第(二)项、第(三)项所列情形之一,情节严重,构成犯罪的,依法追究刑事责任。

第三十八条　地方人民政府对违反本法规定,拖欠教师工资或者侵犯教师其他合法权益的,应当责令其限期改正。

违反国家财政制度、财务制度,挪用国家财政用于教育的经费,严重妨碍教育教学工作,拖欠教师工资,损害教师合法权益的,由上级机关责令限期归还被挪用的经费,并对直接责任人员给予行政处分;情节严重,构成犯罪的,依法追究刑事责任。

第三十九条　教师对学校或者其他教育机构侵犯其合法权益的,或者对学校或者其他教育机构作出的处理不服的,可以向教育行政部门提出申诉,教育行政部门应当在接到申诉的三十日内,作出处理。

教师认为当地人民政府有关行政部门侵犯其根据本法规定享有的权利的,可以向同级人民政府或者上一级人民政府有关部门提出申诉,同级人民政府或者上一级人民政府有关部门应当作出处理。

第九章　附　则

第四十条　本法下列用语的含义是:

(一)各级各类学校,是指实施学前教育、普通初等教育、普通中等教育、职业教育、普通高等教育以及特殊教育、成人教育的学校。

(二)其他教育机构,是指少年宫以及地方教研室、电化教育机构等。

(三)中小学教师,是指幼儿园、特殊教育机构、普通中小学、成人初等中等教育机构、职业中学以及其他教育机构的教师。

第四十一条　学校和其他教育机构中的教育教学辅助人员,其他类型的学校的教师和教育教学辅助人员,可以根据实际情况参照本法的有关规定执行。

军队所属院校的教师和教育教学辅助人员,由中央军事委员会依照本法制定有关规定。

第四十二条　外籍教师的聘任办法由国务院教育行政部门规定。

第四十三条　本法自 1994 年 1 月 1 日起施行。

教师资格条例

· 1995 年 12 月 12 日中华人民共和国国务院令第 188 号发布
· 自发布之日起施行

第一章　总　则

第一条　为了提高教师素质,加强教师队伍建设,依据《中华人民共和国教师法》(以下简称教师法),制定本条例。

第二条　中国公民在各级各类学校和其他教育机构中专门从事教育教学工作,应当依法取得教师资格。

第三条　国务院教育行政部门主管全国教师资格工作。

第二章　教师资格分类与适用

第四条　教师资格分为:

(一)幼儿园教师资格;

(二)小学教师资格;

(三)初级中学教师和初级职业学校文化课、专业课教师资格(以下统称初级中学教师资格);

(四)高级中学教师资格;

(五)中等专业学校、技工学校、职业高级中学文化课、专业课教师资格(以下统称中等职业学校教师资格);

(六)中等专业学校、技工学校、职业高级中学实习指导教师资格(以下统称中等职业学校实习指导教师资格);

(七)高等学校教师资格。

成人教育的教师资格,按照成人教育的层次,依照上款规定确定类别。.

第五条　取得教师资格的公民,可以在本级及其以下等级的各类学校和其他教育机构担任教师;但是,取得中等职业学校实习指导教师资格的公民只能在中等专业学校、技工学校、职业高级中学或者初级职业学校担任实习指导教师。

高级中学教师资格与中等职业学校教师资格相互通用。

第三章　教师资格条件

第六条　教师资格条件依照教师法第十条第二款的规定执行,其中"有教育教学能力"应当包括符合国家规定的从事教育教学工作的身体条件。

第七条　取得教师资格应当具备的相应学历,依照教师法第十一条的规定执行。

取得中等职业学校实习指导教师资格,应当具备国务院教育行政部门规定的学历,并应当具有相当助理工程师以上专业技术职务或者中级以上工人技术等级。

第四章　教师资格考试

第八条　不具备教师法规定的教师资格学历的公民,申请获得教师资格,应当通过国家举办的或者认可的教师资格考试。

第九条　教师资格考试科目、标准和考试大纲由国务院教育行政部门审定。

教师资格考试试卷的编制、考务工作和考试成绩证明的发放,属于幼儿园、小学、初级中学、高级中学、中等职业学校教师资格考试和中等职业学校实习指导教师资格考试的,由县级以上人民政府教育行政部门组织实施;属于高等学校教师资格考试的,由国务院教育行政部门或者省、自治区、直辖市人民政府教育行政部门委托的高等学校组织实施。

第十条　幼儿园、小学、初级中学、高级中学、中等职业学校的教师资格考试和中等职业学校实习指导教师资格考试,每年进行1次。

参加前款所列教师资格考试,考试科目全部及格的,发给教师资格考试合格证明;当年考试不及格的科目,可以在下一年度补考;经补考仍有1门或者1门以上科目不及格的,应当重新参加全部考试科目的考试。

第十一条　高等学校教师资格考试根据需要举行。

申请参加高等学校教师资格考试的,应当学有专长,并有两名相关专业的教授或者副教授推荐。

第五章　教师资格认定

第十二条　具备教师法规定的学历或者经教师资格考试合格的公民,可以依照本条例的规定申请认定其教师资格。

第十三条　幼儿园、小学和初级中学教师资格,由申请人户籍所在地或者申请人任教学校所在地的县级人民政府教育行政部门认定。高级中学教师资格,由申请人户籍所在地或者申请人任教学校所在地的县级人民政府教育行政部门审查后,报上一级教育行政部门认定。中等职业学校教师资格和中等职业学校实习指导教师资格,由申请人户籍所在地或者申请人任教学校所在地的县级人民政府教育行政部门审查后,报上一级教育行政部门认定或者组织有关部门认定。

受国务院教育行政部门或者省、自治区、直辖市人民政府教育行政部门委托的高等学校,负责认定在本校任职的人员和拟聘人员的高等学校教师资格。

在未受国务院教育行政部门或者省、自治区、直辖市人民政府教育行政部门委托的高等学校任职的人员和拟聘人员的高等学校教师资格,按照学校行政隶属关系,由国务院教育行政部门认定或者由学校所在地的省、自治区、直辖市人民政府教育行政部门认定。

第十四条　认定教师资格,应当由本人提出申请。

教育行政部门和受委托的高等学校每年春季、秋季各受理一次教师资格认定申请。具体受理期限由教育行政部门或者受委托的高等学校规定,并以适当形式公布。申请人应当在规定的受理期限内提出申请。

第十五条 申请认定教师资格,应当提交教师资格认定申请表和下列证明或者材料:

(一)身份证明;

(二)学历证书或者教师资格考试合格证明;

(三)教育行政部门或者受委托的高等学校指定的医院出具的体格检查证明;

(四)户籍所在地的街道办事处、乡人民政府或者工作单位、所毕业的学校对其思想品德、有无犯罪记录等方面情况的鉴定及证明材料。

申请人提交的证明或者材料不全的,教育行政部门或者受委托的高等学校应当及时通知申请人于受理期限终止前补齐。

教师资格认定申请表由国务院教育行政部门统一格式。

第十六条 教育行政部门或者受委托的高等学校在接到公民的教师资格认定申请后,应当对申请人的条件进行审查;对符合认定条件的,应当在受理期限终止之日起30日内颁发相应的教师资格证书;对不符合认定条件的,应当在受理期限终止之日起30日内将认定结论通知本人。

非师范院校毕业或者教师资格考试合格的公民申请认定幼儿园、小学或者其他教师资格的,应当进行面试和试讲,考察其教育教学能力;根据实际情况和需要,教育行政部门或者受委托的高等学校可以要求申请人补修教育学、心理学等课程。

教师资格证书在全国范围内适用。教师资格证书由国务院教育行政部门统一印制。

第十七条 已取得教师资格的公民拟取得更高等级学校或者其他教育机构教师资格的,应当通过相应的教师资格考试或者取得教师法规定的相应学历,并依照本章规定,经认定合格后,由教育行政部门或者受委托的高等学校颁发相应的教师资格证书。

第六章 罚 则

第十八条 依照教师法第十四条的规定丧失教师资格的,不能重新取得教师资格,其教师资格证书由县级以上人民政府教育行政部门收缴。

第十九条 有下列情形之一的,由县级以上人民政府教育行政部门撤销其教师资格:

(一)弄虚作假、骗取教师资格的;

(二)品行不良、侮辱学生,影响恶劣的。

被撤销教师资格的,自撤销之日起5年内不得重新申请认定教师资格,其教师资格证书由县级以上人民政府教育行政部门收缴。

第二十条 参加教师资格考试有作弊行为的,其考试成绩作废,3年内不得再次参加教师资格考试。

第二十一条 教师资格考试命题人员和其他有关人员违反保密规定,造成试题、参考答案及评分标准泄露的,依法追究法律责任。

第二十二条 在教师资格认定工作中玩忽职守、徇私舞弊,对教师资格认定工作造成损失的,由教育行政部门依法给予行政处分;构成犯罪的,依法追究刑事责任。

第七章 附 则

第二十三条 本条例自发布之日起施行。

《教师资格条例》实施办法

·2000年9月23日教育部令第10号发布
·自发布之日起施行

第一章 总 则

第一条 为实施教师资格制度,依据《中华人民共和国教师法》(以下简称《教师法》)和《教师资格条例》,制定本办法。

第二条 符合《教师法》规定学历的中国公民申请认定教师资格,适用本办法。

第三条 中国公民在各级各类学校和其他教育机构中专门从事教育教学工作,应当具备教师资格。

第四条 国务院教育行政部门负责全国教师资格制度的组织实施和协调监督工作;县级以上(包括县级,下同)地方人民政府教育行政部门根据《教师资格条例》规定权限负责本地教师资格认定和管理的组织、指导、监督和实施工作。

第五条 依法受理教师资格认定申请的县级以上地方人民政府教育行政部门,为教师资格认定机构。

第二章 资格认定条件

第六条 申请认定教师资格者应当遵守宪法和法律,热爱教育事业,履行《教师法》规定的义务,遵守教师职业道德。

第七条 中国公民依照本办法申请认定教师资格应当具备《教师法》规定的相应学历。

申请认定中等职业学校实习指导教师资格者应当具

备中等职业学校毕业及其以上学历,对于确有特殊技艺者,经省级以上人民政府教育行政部门批准,其学历要求可适当放宽。

第八条　申请认定教师资格者的教育教学能力应当符合下列要求:

(一)具备承担教育教学工作所必须的基本素质和能力。具体测试办法和标准由省级教育行政部门制定。

(二)普通话水平应当达到国家语言文字工作委员会颁布的《普通话水平测试等级标准》二级乙等以上标准。

少数方言复杂地区的普通话水平应当达到三级甲等以上标准;使用汉语和当地民族语言教学的少数民族自治地区的普通话水平,由省级人民政府教育行政部门规定标准。

(三)具有良好的身体素质和心理素质,无传染性疾病,无精神病史,适应教育教学工作的需要,在教师资格认定机构指定的县级以上医院体检合格。

第九条　高等学校拟聘任副教授以上教师职务或具有博士学位者申请认定高等学校教师资格,只需具备本办法第六条、第七条、第八条(三)项规定的条件。

第三章　资格认定申请

第十条　教师资格认定机构和依法接受委托的高等学校每年春季、秋季各受理一次教师资格认定申请。具体受理时间由省级人民政府教育行政部门统一规定,并通过新闻媒体等形式予以公布。

第十一条　申请认定教师资格者,应当在受理申请期限内向相应的教师资格认定机构或者依法接受委托的高等学校提出申请,领取有关资料和表格。

第十二条　申请认定教师资格者应当在规定时间向教师资格认定机构或者依法接受委托的高等学校提交下列基本材料:

(一)由本人填写的《教师资格认定申请表》(见附件一)一式两份;

(二)身份证原件和复印件;

(三)学历证书原件和复印件;

(四)由教师资格认定机构指定的县级以上医院出具的体格检查合格证明;

(五)普通话水平测试等级证书原件和复印件;

(六)思想品德情况的鉴定或者证明材料。

第十三条　体检项目由省级人民政府教育行政部门规定,其中必须包含"传染病"、"精神病史"项目。

申请认定幼儿园和小学教师资格的,参照《中等师范

学校招生体检标准》的有关规定执行;申请认定初级中学及其以上教师资格的,参照《高等师范学校招生体检标准》的有关规定执行。

第十四条　普通话水平测试由教育行政部门和语言文字工作机构共同组织实施,对合格者颁发由国务院教育行政部门统一印制的《普通话水平测试等级证书》。

第十五条　申请人思想品德情况的鉴定或者证明材料按照《申请人思想品德鉴定表》(见附件二)要求填写。在职申请人,该表由其工作单位填写;非在职申请人,该表由其户籍所在地街道办事处或者乡级人民政府填写。应届毕业生由毕业学校负责提供鉴定。必要时,有关单位可应教师资格认定机构要求提供更为详细的证明材料。

第十六条　各级各类学校师范教育类专业毕业生可以持毕业证书,向任教学校所在地或户籍所在地教师资格认定机构申请直接认定相应的教师资格。

第十七条　申请认定教师资格者应当按照国家规定缴纳费用。但各级各类学校师范教育类专业毕业生不缴纳认定费用。

第四章　资格认定

第十八条　教师资格认定机构或者依法接受委托的高等学校应当及时根据申请人提供的材料进行初步审查。

第十九条　教师资格认定机构或者依法接受委托的高等学校应当组织成立教师资格专家审查委员会。教师资格专家审查委员会根据需要成立若干小组,按照省级教育行政部门制定的测试办法和标准组织面试、试讲,对申请人的教育教学能力进行考察,提出审查意见,报教师资格认定机构或者依法接受委托的高等学校。

第二十条　教师资格认定机构根据教师资格专家审查委员会的审查意见,在受理申请期限终止之日起30个法定工作日内作出是否认定教师资格的结论,并将认定结果通知申请人。符合法定的认定条件者,颁发相应的《教师资格证书》。

第二十一条　县级以上地方人民政府教育行政部门按照《教师资格条例》第十三条规定的权限,认定相应的教师资格。

高等学校教师资格,由申请人户籍所在地或者申请人拟受聘高等学校所在地的省级人民政府教育行政部门认定;省级人民政府教育行政部门可以委托本行政区域内经过国家批准实施本科学历教育的普通高等学校认定本校拟聘任人员的高等学校教师资格。

第五章　资格证书管理

第二十二条　各级人民政府教育行政部门应当加强对教师资格证书的管理。教师资格证书作为持证人具备国家认定的教师资格的法定凭证，由国务院教育行政部门统一印制。《教师资格认定申请表》由国务院教育行政部门统一格式。

《教师资格证书》和《教师资格认定申请表》由教师资格认定机构按国家规定统一编号，加盖相应的政府教育行政部门公章、钢印后生效。

第二十三条　取得教师资格的人员，其《教师资格认定申请表》一份存入本人的人事档案，其余材料由教师资格认定机构归档保存。教师资格认定机构建立教师资格管理数据库。

第二十四条　教师资格证书遗失或者损毁影响使用的，由本人向原发证机关报告，申请补发。原发证机关应当在补发的同时收回损毁的教师资格证书。

第二十五条　丧失教师资格者，由其工作单位或者户籍所在地相应的县级以上人民政府教育行政部门按教师资格认定权限会同原发证机关办理注销手续，收缴证书，归档备案。丧失教师资格者不得重新申请认定教师资格。

第二十六条　按照《教师资格条例》应当被撤销教师资格者，由县级以上人民政府教育行政部门按教师资格认定权限会同原发证机关撤销资格，收缴证书，归档备案。被撤销教师资格者自撤销之日起5年内不得重新取得教师资格。

第二十七条　对使用假资格证书的，一经查实，按弄虚作假、骗取教师资格处理，5年内不得申请认定教师资格，由教育行政部门没收假证书。对变造、买卖教师资格证书的，依法追究法律责任。

第六章　附　则

第二十八条　省级人民政府教育行政部门依据本办法制定实施细则，并报国务院教育行政部门备案。

第二十九条　本办法自发布之日起施行。

附件：一、教师资格认定申请表（略）
二、申请人思想品德鉴定表（略）

教学成果奖励条例

· 1994年3月14日中华人民共和国国务院令第151号发布
· 根据2024年3月10日《国务院关于修改和废止部分行政法规的决定》修订

第一条　为奖励取得教学成果的集体和个人，鼓励教育工作者从事教育教学研究，提高教学水平和教育质量，制定本条例。

第二条　本条例所称教学成果，是指反映教育教学规律，具有独创性、新颖性、实用性，对提高教学水平和教育质量、实现培养目标产生明显效果的教育教学方案。

第三条　各级各类学校、学术团体和其他社会组织、教师及其他个人，均可以依照本条例的规定申请教学成果奖。

第四条　教学成果奖，按其对提高教学水平和教育质量、实现培养目标产生的效果，分为国家级和省（部）级。

第五条　具备下列条件的，可以申请国家级教学成果奖：

（一）国内首创的；

（二）经过2年以上教育教学实践检验的；

（三）在全国产生一定影响的。

第六条　国家级教学成果奖分为特等奖、一等奖、二等奖三个等级，授予相应的证书、奖章和奖金。

第七条　国家级教学成果奖的评审、批准和授予工作，由国务院教育行政部门负责；其中授予特等奖的，应当报经国务院批准。

第八条　申请国家级教学成果奖，由成果的持有单位或者个人，按照其行政隶属关系，向省、自治区、直辖市人民政府教育行政部门或者国务院有关部门教育管理机构提出申请，由受理申请的教育行政部门或者教育管理机构向国务院教育行政部门推荐。

国务院有关部门所属单位或者个人也可以向所在地省、自治区、直辖市人民政府教育行政部门提出申请，由受理申请的教育行政部门向国务院教育行政部门推荐。

第九条　不属于同一省、自治区、直辖市或者国务院部门的两个以上单位或者个人共同完成的教学成果项目申请国家级教学成果奖的，由参加单位或者个人联合向主持单位或者主持人所在地省、自治区、直辖市人民政府教育行政部门或者国务院有关部门教育管理机构提出申请，由受理申请的教育行政部门或者教育管理机构向国务院教育行政部门推荐。

第十条　国务院教育行政部门对申请国家级教学成果奖的项目,应当自收到推荐之日起 90 日内予以公布;任何单位或者个人对该教学成果权属有异议的,可以自公布之日起 90 日内提出,报国务院教育行政部门裁定。

第十一条　国家级教学成果奖每 4 年评审一次。

第十二条　省(部)级教学成果奖的评奖条件、奖励等级、奖金数额、评审组织和办法,由省、自治区、直辖市人民政府、国务院有关部门参照本条例规定。其奖金来源,属于省、自治区、直辖市人民政府批准授予的,从地方预算安排的事业费中支付;属于国务院有关部门批准授予的,从其事业费中支付。

第十三条　教学成果奖的奖金,归项目获奖者所有,任何单位或者个人不得截留。

第十四条　获得教学成果奖,应当记入本人考绩档案,作为评定职称、晋级增薪的一项重要依据。

第十五条　弄虚作假或者剽窃他人教学成果获奖的,由授奖单位予以撤销,收回证书、奖章和奖金,并责成有关单位给予行政处分。

第十六条　本条例自发布之日起施行。

关于制定中小学教职工编制标准的意见

· 2001 年 10 月 8 日

根据《国务院关于基础教育改革与发展的决定》(国发〔2001〕21 号,以下简称国发〔2001〕21 号文件)的精神,为加强中小学编制管理和教职工队伍建设,提高教育教学质量和办学效益,现就制定中小学教职工编制标准等有关问题提出如下意见:

一、核定中小学教职工编制的原则

中小学教职工编制是我国事业编制的重要组成部分。制定科学的中小学教职工编制标准和实施办法,合理核定中小学教职工编制,直接关系到我国基础教育的健康发展。做好这项工作,应遵循以下原则:(1)保证基础教育发展的基本需要;(2)与经济发展水平和财政承受能力相适应;(3)力求精简和高效;(4)因地制宜,区别对待。

二、中小学教职工编制标准

中小学教职工包括教师、职员、教学辅助人员和工勤人员。教师是指学校中直接从事教育、教学工作的专业人员,职员是指从事学校管理工作的人员,教学辅助人员

是指学校中主要从事教学实验、图书、电化教育以及卫生保健等教学辅助工作的人员,工勤人员是指学校后勤服务人员。

中小学教职工编制根据高中、初中、小学等不同教育层次和城市、县镇、农村等不同地域,按照学生数的一定比例核定(见附表)。

中小学校的管理工作尽可能由教师兼职,后勤服务工作应逐步实行社会化。确实需要配备职员、教学辅助人员和工勤人员的,其占教职工的比例,高中一般不超过16%、初中一般不超过 15%、小学一般不超过 9%。完全中学教职工编制分别按高中、初中编制标准核定。九年制学校分别按初中、小学编制标准核定。农村教学点的编制计算在乡镇中心小学内。特殊教育学校、职业中学、小学附设幼儿班和工读学校教职工编制标准可参照中小学教职工编制标准,由各地根据实际情况具体确定。成人初、中等学校的编制由各地根据实际情况具体确定。

由于我国地区差异较大,各地经济发展水平不平衡,各省、自治区、直辖市在制定中小学教职工编制标准的实施办法时,可根据本地生源状况、经济和财政状况、交通状况、人口密度等,对附表中提出的标准进行上下调节。

各地在具体核定中小学教职工编制时,具有下列情况的,按照从严从紧的原则适当增加编制:内地民族班中小学,城镇普通中学举办民族班的学校和开设双语教学课程的班级,寄宿制中小学,乡镇中心小学,安排教师脱产进修,现代化教学设备达到一定规模的学校,承担示范和实验任务的学校,山区、湖区、海岛、牧区和教学点较多的地区。承担学生勤工俭学和实习任务的校办工厂(农场)按照企业管理,特殊情况的可核定少量后勤服务事业编制。

三、工作要求

根据《中共中央办公厅、国务院办公厅关于印发〈中央机构编制委员会关于事业单位机构改革若干问题的意见〉的通知》(中办发〔1996〕17 号)和国发〔2001〕21 号文件的规定,中央编办会同教育部、财政部统一制定全国中小学教职工编制标准。省级机构编制部门会同同级教育、财政部门按照此标准,结合当地实际情况制定具体实施办法,报当地党委和政府批准。市(地)级人民政府要加强统筹规划,搞好组织协调。县级教育行政部门根据教育事业发展规划,提出本地区中小学人员编制方案;机构编制部门按照附表中提出的编制标准和本省(自治区、

直辖市)的实施办法,会同财政部门核定本地区中小学人员编制,报省级人民政府核准;教育部门在核定的编制总额内,按照班额、生源等情况具体分配各校人员编制,并报同级机构编制部门备案。各级财政部门依据编制主管部门核定的人员编制,核拨中小学人员经费。中小学机构编制实行集中统一管理,其他部门和社会组织不得进行任何形式的干预,下发文件和部署工作不得有涉及学校机构和人员编制方面的内容。

中小学在核定的人员编制范围内,按照职位分类、专兼结合、一人多岗的原则,合理配备教职工,严格按照教师资格确定专任教师。要清理各种形式占用的中小学人员编制,今后任何部门和单位一律不得以任何理由占用或变相占用中小学人员编制。省、市(地)、县应在核编过程中做好中小学教职工的总量控制和结构调整工作,引导教职工从城镇学校和超编学校向农村学校和缺编学校合理流动。要根据条件逐步进行中小学布局结构调整,精简压缩教师队伍,辞退代课教师和不合格教师,压缩非教学人员,清退临时工勤人员。

要稳妥地做好中小学人员分流工作,中小学教职工分流可参照机关工作人员的分流政策执行。

综合运用行政手段和经济手段,加强中小学人员编制管理,形成学校自律机制。各级机构编制主管部门和教育、财政部门要加强中小学编制工作的监督、检查。对违反编制管理规定的单位,应当责令其纠正,并视情节轻重对有关责任者给予处分。

附表:

中小学教职工编制标准

学校类别		兼职工与学生比
高　中	城　市	1∶12.5
	县　镇	1∶13
	农　村	1∶13.5
初　中	城　市	1∶13.5
	县　镇	1∶16
	农　村	1∶18
小　学	城　市	1∶19
	县　镇	1∶21
	农　村	1∶23

注:1."城市"指省辖市以上大中城市市区;
　2."县镇"指县(市)政府所在地城区。

学校教职工代表大会规定

· 2011 年 12 月 8 日教育部令第 32 号公布
· 自 2012 年 1 月 1 日起施行

第一章　总　则

第一条　为依法保障教职工参与学校民主管理和监督,完善现代学校制度,促进学校依法治校,依据教育法、教师法、工会法等法律,制定本规定。

第二条　本规定适用于中国境内公办的幼儿园和各级各类学校(以下统称学校)。

民办学校、中外合作办学机构参照本规定执行。

第三条　学校教职工代表大会(以下简称教职工代表大会)是教职工依法参与学校民主管理和监督的基本形式。

学校应当建立和完善教职工代表大会制度。

第四条　教职工代表大会应当高举中国特色社会主义伟大旗帜,以马克思列宁主义、毛泽东思想、邓小平理论和"三个代表"重要思想为指导,深入贯彻落实科学发展观,全面贯彻执行党的基本路线和教育方针,认真参与学校民主管理和监督。

第五条　教职工代表大会和教职工代表大会代表应当遵守国家法律法规,遵守学校规章制度,正确处理国家、学校、集体和教职工的利益关系。

第六条　教职工代表大会在中国共产党学校基层组织的领导下开展工作。教职工代表大会的组织原则是民主集中制。

第二章　职　权

第七条　教职工代表大会的职权是:

(一)听取学校章程草案的制定和修订情况报告,提出修改意见和建议;

(二)听取学校发展规划、教职工队伍建设、教育教学改革、校园建设以及其他重大改革和重大问题解决方案的报告,提出意见和建议;

(三)听取学校年度工作、财务工作、工会工作报告以及其他专项工作报告,提出意见和建议;

(四)讨论通过学校提出的与教职工利益直接相关的福利、校内分配实施方案以及相应的教职工聘任、考核、奖惩办法;

(五)审议学校上一届(次)教职工代表大会提案的办理情况报告;

(六)按照有关工作规定和安排评议学校领导干部;

(七)通过多种方式对学校工作提出意见和建议,监

督学校章程、规章制度和决策的落实,提出整改意见和建议;

(八)讨论法律法规规章规定的以及学校与学校工会商定的其他事项。

教职工代表大会的意见和建议,以会议决议的方式做出。

第八条　学校应当建立健全沟通机制,全面听取教职工代表大会提出的意见和建议,并合理吸收采纳;不能吸收采纳的,应当做出说明。

第三章　教职工代表大会代表

第九条　凡与学校签订聘任聘用合同、具有聘任聘用关系的教职工,均可当选为教职工代表大会代表。

教职工代表大会代表占全体教职工的比例,由地方省级教育等部门确定;地方省级教育等部门没有确定的,由学校自主确定。

第十条　教职工代表大会代表以学院、系(所、年级)、室(组)等为单位,由教职工直接选举产生。

教职工代表大会代表可以按照选举单位组成代表团(组),并推选出团(组)长。

第十一条　教职工代表大会代表以教师为主体,教师代表不得低于代表总数的60%,并应当根据学校实际,保证一定比例的青年教师和女教师代表。民族地区的学校和民族学校,少数民族代表应当占有一定比例。

教职工代表大会代表接受选举单位教职工的监督。

第十二条　教职工代表大会代表实行任期制,任期3年或5年,可以连选连任。

选举、更换和撤换教职工代表大会代表的程序,由学校根据相关规定,并结合本校实际予以明确规定。

第十三条　教职工代表大会代表享有以下权利:

(一)在教职工代表大会上享有选举权、被选举权和表决权;

(二)在教职工代表大会上充分发表意见和建议;

(三)提出提案并对提案办理情况进行询问和监督;

(四)就学校工作向学校领导和学校有关机构反映教职工的意见和要求;

(五)因履行职责受到压制、阻挠或者打击报复时,向有关部门提出申诉和控告。

第十四条　教职工代表大会代表应当履行以下义务:

(一)努力学习并认真执行党的路线方针政策、国家的法律法规、党和国家关于教育改革发展的方针政策,不断提高思想政治素质和参与民主管理的能力;

(二)积极参加教职工代表大会的活动,认真宣传、贯彻教职工代表大会决议,完成教职工代表大会交给的任务;

(三)办事公正,为人正派,密切联系教职工群众,如实反映群众的意见和要求;

(四)及时向本部门教职工通报参加教职工代表大会活动和履行职责的情况,接受评议监督;

(五)自觉遵守学校的规章制度和职业道德,提高业务水平,做好本职工作。

第四章　组织规则

第十五条　有教职工80人以上的学校,应当建立教职工代表大会制度;不足80人的学校,建立由全体教职工直接参加的教职工大会制度。

学校根据实际情况,可在其内部单位建立教职工代表大会制度或者教职工大会制度,在该范围内行使相应的职权。

教职工大会制度的性质、领导关系、组织制度、运行规则等,与教职工代表大会制度相同。

第十六条　学校应当遵守教职工代表大会的组织规则,定期召开教职工代表大会,支持教职工代表大会的活动。

第十七条　教职工代表大会每学年至少召开一次。

遇有重大事项,经学校、学校工会或1/3以上教职工代表大会代表提议,可以临时召开教职工代表大会。

第十八条　教职工代表大会每3年或5年为一届。期满应当进行换届选举。

第十九条　教职工代表大会须有2/3以上教职工代表大会代表出席。

教职工代表大会根据需要可以邀请离退休教职工等非教职工代表大会代表,作为特邀或列席代表参加会议。特邀或列席代表在教职工代表大会上不具有选举权、被选举权和表决权。

第二十条　教职工代表大会的议题,应当根据学校的中心工作、教职工的普遍要求,由学校工会提交学校研究确定,并提请教职工代表大会表决通过。

第二十一条　教职工代表大会的选举和表决,须经教职工代表大会代表总数半数以上通过方为有效。

第二十二条　教职工代表大会在教职工代表大会代表中推选人员,组成主席团主持会议。

主席团应当由学校各方面人员组成,其中包括学校、学校工会主要领导,教师代表应占多数。

第二十三条　教职工代表大会可根据实际情况和需

要设立若干专门委员会(工作小组),完成教职工代表大会交办的有关任务。专门委员会(工作小组)对教职工代表大会负责。

第二十四条　教职工代表大会根据实际情况和需要,可以在教职工代表大会代表中选举产生执行委员会。执行委员会中,教师代表应占多数。

教职工代表大会闭会期间,遇有急需解决的重要问题,可由执行委员会联系有关专门委员会(工作小组)与学校有关机构协商处理。其结果向下一次教职工代表大会报告。

第五章　工作机构

第二十五条　学校工会为教职工代表大会的工作机构。

第二十六条　学校工会承担以下与教职工代表大会相关的工作职责:

(一)做好教职工代表大会的筹备工作和会务工作,组织选举教职工代表大会代表,征集和整理提案,提出会议议题、方案和主席团建议人选;

(二)教职工代表大会闭会期间,组织传达贯彻教职工代表大会精神,督促检查教职工代表大会决议的落实,组织各代表团(组)及专门委员会(工作小组)的活动,主持召开教职工代表团(组)长、专门委员会(工作小组)负责人联席会议;

(三)组织教职工代表大会代表的培训,接受和处理教职工代表大会代表的建议和申诉;

(四)就学校民主管理工作向学校党组织汇报,与学校沟通;

(五)完成教职工代表大会委托的其他任务。

选举产生执行委员会的学校,其执行委员会根据教职工代表大会的授权,可承担前款有关职责。

第二十七条　学校应当为学校工会承担教职工代表大会工作机构的职责提供必要的工作条件和经费保障。

第六章　附　则

第二十八条　学校可以在其下属单位建立教职工代表大会制度,在该单位范围内实行民主管理和监督。

第二十九条　省、自治区、直辖市人民政府教育行政部门,可以与本地区有关组织联合制定本行政区域内学校教职工代表大会的相关规定。

有关学校根据本规定和所在地区的相关规定,可以制定相应的教职工代表大会或者教职工大会的实施办法。

第三十条　本规定自 2012 年 1 月 1 日起施行。1985 年 1 月 28 日教育部、原中国教育工会印发的《高等学校教职工代表大会暂行条例》同时废止。

关于首次认定教师资格工作若干问题的意见

· 2001 年 5 月 14 日
· 教人〔2001〕4 号

根据全国教师资格制度实施工作会议精神,为了保证教师资格制度的顺利实施,现就当前实施工作中的若干具体问题提出以下意见:

一、教师资格制度的法律依据。教师资格制度是国家实行的一种法定的职业许可制度。教师资格制度的法律法规、政策依据是《中华人民共和国教师法》、《教师资格条例》、《〈教师资格条例〉实施办法》。原国家教委颁发的《教师资格认定的过渡办法》不再适用于教师资格制度的实施工作。

二、教师资格的性质。教师资格是国家对专门从事教育教学工作人员的基本要求。教师资格制度全面实施后,只有依法取得教师资格者,方能被教育行政部门依法批准举办的各级各类学校和其他教育机构聘任为教师。教师资格一经取得,非依法律规定不得丧失和撤销。具有教师资格的人员依照法定聘任程序被学校或者其他教育机构正式聘任后,方为教师,具有教师的义务和权利。

三、首次认定教师资格的范围。首次认定教师资格的对象范围是未达到国家法定退休年龄的、具备《教师法》规定条件的人员,包括:

(1)1994 年 1 月 1 日后补充到教师队伍中的在编正式人员;

(2)其他符合《教师法》规定学历条件的人员。

为保证教师资格认定工作的有序进行,在首次认定教师资格工作中,原则上同一申请人不在同一年内申请两种以上教师资格;除高等学校拟聘任教师职务的人员外,暂不受理社会上其他人员认定高等学校教师资格的申请。

四、教师资格的申请。凡在认定范围内符合《教师法》规定学历条件的中国公民可以申请认定教师资格,教师资格认定机构应该依法予以受理。非依法律规定,教师资格认定机构不得拒绝受理中国公民的申请。

教师资格申请人可以向户籍或工作单位所在地的教师资格认定机构或者依法接受委托的高等学校申请,提交申请材料,并提供户籍证明或单位所在地证明,高等学校教师资格的申请人必要时还需提供其他相关材料。

五、教师资格认定程序。教师资格认定工作要严格按照下述程序进行：

1. 申请人向教师资格认定机构提出申请,提交申请材料；

2. 教师资格认定机构对申请人提交的材料进行初步审查；

3. 教师资格专家审查委员会考察申请人的教育教学基本素质和能力,提出专家审查意见；

4. 教师资格认定机构于受理申请期限终止之日起30个法定工作日内做出是否认定的结论,并通知申请人；

5. 教师资格认定机构对经认定符合教师资格条件的,颁发教师资格证书。《教师资格认定申请表》存入当事人档案,有关材料由教师资格认定机构归档保存,并在教师资格管理信息系统中作认定记录。

六、教师资格认定的学历条件。教师资格认定的学历条件要严格按照《教师法》《教师资格条例》和《〈教师资格条例〉实施办法》的有关规定执行。

按照《教师法》规定,申请认定幼儿园、小学教师资格者必须具备中等专业、职业学校师范教育类毕业及其以上学历,其他中专毕业学历应当视为不合格学历。但首次认定教师资格时,对已聘任教师职务的非师范教育类毕业的在职人员,在补修教育学、心理学之后,其中专毕业学历可视同合格学历。这一规定只限于首次认定,今后不再适用。

七、对教育学、心理学等课程的要求。对非师范教育类毕业生申请认定教师资格者补修教育学、心理学等课程的要求,由省级教育行政部门作出规定。

八、教育教学能力的考察。申请人员的教育教学能力条件包括身体条件、普通话水平和承担教育教学工作必需的基本素质和能力。

考察教育教学基本素质和能力的测评指标体系、评分标准和测试程序、办法由省级教育行政部门组织有关专家研究制定,报教育部人事司备案后组织实施。为确保考察的科学性和权威性,制定具体测试标准和办法的工作由省级教育行政部门负责,不再下放。

教师资格专家审查委员会负责教育教学基本素质和能力的考察。地(市)、县级教师资格专家审查委员会由相应的教育行政部门负责同志、教育教学专家、特级教师、高级教师等人员组成。高等学校教师资格专家审查委员会由高等学校(或省级教育行政部门)有关负责人、

相关专业的教授组成。教师资格专家审查委员会根据工作需要成立若干专业小组,按照省级教育行政部门制定的测试办法和规定的程序对申请人的教育教学基本素质和能力进行认真考察,提出审查意见,填写在《教师资格认定申请表》有关栏目内,并由专家组组长签名盖章。

教育教学基本素质和能力主要通过面试、笔试、试讲等方式进行考察。面试重点考察申请人的仪表仪态、行为举止、思维能力以及口头表达能力；笔试重点考察申请人的知识水平和运用教育学、心理学等理论解决教育教学和学生管理中实际问题的能力；试讲重点考察申请人实现教学目的、组织课程实施、掌握课程内容、运用教学语言和教学资源等能力,使用普通话提问、板书和讲解的技巧。

教师资格认定机构要根据教师资格专家审查委员会考察意见做出是否认定的结论。凡经教师资格专家审查委员会审查认为不合格者,教师资格认定机构不得认定其教师资格。

九、关于教师资格条件的特殊规定。根据《〈教师资格条例〉实施办法》第九条规定,高等学校拟聘任教授、副教授职务或有博士学位的人员申请认定高等学校教师资格,其教育教学基本素质和能力考察以及普通话水平测试可不作规定。

各级各类学校师范教育类毕业生可以持毕业证书,向其工作单位或户籍所在地教师资格认定机构申请直接认定相应的教师资格。教师资格认定机构在审查其提供的毕业证书、普通话水平等级证书、教师资格认定机构指定的县级以上医院出具的体格检查合格证明和由申请人工作单位或者其户籍所在地乡(镇)政府或街道办事处提供的《教师资格申请人思想品德鉴定表》后,认定其相应的教师资格。对在学期间教学计划中缺少教育教学实践等环节的师范教育类毕业生的教育教学基本素质和能力考察的要求,由省级教育行政部门规定。

应届毕业生可以在毕业前的最后一个学期持学校出具的思想品德鉴定、学业成绩单和其他申请材料向就读或拟任教学校所在地教师资格认定机构申请认定教师资格。对通过教师资格专家审查委员会审查、符合认定条件的,在其取得毕业证书后,由教师资格认定机构认定其相应的教师资格。

十、因学校调整、合并等原因,需要具备其他种类教师资格的人员,应依照法定程序及时申请认定与其新的教学岗位相应的教师资格。

十一、关于委托部分高等学校认定高等学校教师资

格问题。根据《实施办法》第二十一条规定，按照属地化的原则，省级教育行政部门应行文委托本行政区域内经过教育行政部门批准实施本科学历教育的普通高等学校负责认定本校拟聘人员的高等学校教师资格。接受委托的高等学校拟认定教师资格的人员应经省级教育行政部门核准。

十二、关于早期退（离）休教师认定教师资格问题。考虑到部分早期离（退）休教师要求认定教师资格的愿望，各地对于1993年12月31日以前办理手续的退（离）休教师，可以视同具备教师资格认定条件，可在自愿申请的原则下和确认教师身份的基础上，由其原任教学校所在地相应的教师资格认定机构颁发教师资格证书。具体办法由省级教育行政部门作出规定。

十三、教师资格的丧失和撤销。对按照《教师法》第十四条、《教师资格条例》第十九条规定丧失或撤销教师资格者，其工作单位或户籍所在地的县级以上教育行政部门应按照教师资格认定权限会同原发证机关办理注销或撤销教师资格手续，通知当事人，收缴其证书，并将教师资格注销或撤销决定存入当事人档案，在教师资格管理信息系统中做相应的记录。被撤销教师资格的当事人5年后再次申请教师资格时，需提供相关证明。

十四、加强对教师资格证书的管理。教师资格证书是教师资格的主要体现形式，是持证人具有教师资格的法定凭证，由教育部统一印制。《教师资格认定申请表》由教育部监制、省级教育行政部门印制。教师资格确认后，《教师资格认定申请表》在当事人人事档案中保存，教师资格认定机构同时存留。

各级教育行政部门要根据《教师资格证书管理规定》，加强对教师资格证书的管理。

十五、关于收费问题。面向社会认定教师资格工作需要向申请者个人收取根据严格的成本核算确定的教师资格认定费用，现已经财政部、国家发展计划委员会批准立项。各地收费标准由省级教育行政部门报请省财政、物价部门批准。

对师范教育类专业毕业生、学校在编正式任教人员和退（离）休教师除收取证书工本费外，一律不得收取认定费用。

县级以上教育行政部门要保证安排教师资格认定工作专项经费，确保教师资格认定工作的顺利进行。同时，要严格遵守纪律，严禁乱收费。

中小学教师资格考试暂行办法

· 2013年8月15日
· 教师〔2013〕9号

第一章　总　则

第一条　为建立国家教师资格考试制度，严格教师职业准入，保障教师队伍质量，依据《教师法》《教师资格条例》和《国家中长期教育改革和发展规划纲要（2010－2020年）》，制定本办法。

第二条　中小学教师资格考试（以下简称教师资格考试）是评价申请教师资格人员（以下简称申请人）是否具备从事教师职业所必需的教育教学基本素质和能力的考试。

第三条　承担教师资格考试改革试点的省（区、市）组织实施教师资格考试，适用本办法。

第四条　参加教师资格考试合格是教师职业准入的前提条件。申请幼儿园、小学、初级中学、普通高级中学、中等职业学校教师和中等职业学校实习指导教师资格的人员须分别参加相应类别的教师资格考试。

第五条　教师资格考试实行全国统一考试。考试坚持育人导向、能力导向、实践导向和专业化导向，坚持科学、公平、安全、规范的原则。

第二章　报考条件

第六条　符合以下基本条件的人员，可以报名参加教师资格考试：

（一）具有中华人民共和国国籍；

（二）遵守宪法和法律，热爱教育事业，具有良好的思想品德；

（三）符合申请认定教师资格的体检标准；

（四）符合《教师法》规定的学历要求。

普通高等学校在校三年级以上学生，可凭学校出具的在籍学习证明报考。

第七条　申请人应在户籍或人事关系所在地报名参加教师资格考试。普通高等学校在校生可在就读学校所在地报名参加教师资格考试。

第八条　试点省份试点工作启动前已入学的全日制普通高校师范类专业学生，可以持毕业证书申请直接认定相应的教师资格。试点工作启动后入学的师范类专业学生，申请中小学教师资格应参加教师资格考试。

第九条　被撤销教师资格的，5年内不得报名参加考试；受到剥夺政治权利，或故意犯罪受到有期徒刑以上刑事处罚的，不得报名参加考试。曾参加教师资格考试有作弊行为的,按照《国家教育考试违规处理办法》的相关规定执行。

第三章 考试内容与形式

第十条 教师资格考试包括笔试和面试两部分。

第十一条 笔试主要考查申请人从事教师职业所应具备的教育理念、职业道德、法律法规知识、科学文化素养、阅读理解、语言表达、逻辑推理和信息处理等基本能力;教育教学、学生指导和班级管理的基本知识;拟任教学科领域的基本知识,教学设计实施评价的知识和方法,运用所学知识分析和解决教育教学实际问题的能力。

第十二条 笔试主要采用计算机考试和纸笔考试两种方式进行。采用计算机考试和纸笔考试的范围和规模,根据各省(区、市)实际情况和条件确定。

第十三条 幼儿园教师资格考试笔试科目为《综合素质》、《保教知识与能力》2科;小学教师资格考试笔试科目为《综合素质》、《教育教学知识与能力》2科;初级中学、普通高级中学教师和中等职业学校文化课教师资格考试笔试科目为《综合素质》、《教育知识与能力》、《学科知识与教学能力》3科;中等职业学校专业课教师和实习指导教师资格考试笔试科目为《综合素质》、《教育知识与能力》、《专业知识与教学能力》3科。

中等职业学校教师的《专业知识与教学能力》科目测试,暂由各省(区、市)自行命题和组织实施。

第十四条 面试主要考查申请人的职业认知、心理素质、仪表仪态、言语表达、思维品质等教师基本素养和教学设计、教学实施、教学评价等教学基本技能。

第十五条 面试采取结构化面试、情境模拟等方式,通过抽题、备课(活动设计)、回答规定问题、试讲(演示)、答辩(陈述)、评分等环节进行。

第十六条 国家确定笔试成绩合格线,省级教育行政部门确定面试成绩合格线。

第十七条 考生在笔试和面试成绩公布后,可通过教师资格考试网站查询本人的考试成绩。考生如对本人的考试成绩有异议,可在考试成绩公布后10个工作日内向本省(区、市)教师资格考试机构提出复核申请。

第十八条 笔试单科成绩有效期为2年。笔试和面试均合格者由教育部考试中心(教育部教师资格考试中心)颁发教师资格考试合格证明。教师资格考试合格证明有效期为3年。教师资格考试合格证明是考生申请认定教师资格的必备条件。

第四章 考试实施

第十九条 笔试一般在每年3月和11月各举行一次。面试一般在每年5月和12月各举行一次。

第二十条 省级教师资格考试机构按照《中小学教师资格考试考务工作规定》、《中小学教师资格考试机考考务细则》组织实施笔试考务工作;按照《中小学教师资格考试面试工作规程》,制定面试实施细则,组织实施面试工作。

第二十一条 省级教师资格考试机构使用教师资格考试考务管理信息系统进行笔试和面试的报名受理、考点设置、考场编排等考务管理工作。

第二十二条 笔试和面试考生通过教师资格考试网站进行报名后,需携带省级教师资格考试机构规定的相关材料,到指定考点进行报名审核,并现场确认报考信息。

考生笔试各科成绩合格并在有效期内的,方可报名参加面试。

第二十三条 省级教师资格考试机构组织开展本省(区、市)考务相关人员的安全保密教育和考务流程培训工作。

第二十四条 笔试和面试机考软件系统的使用实行首席技术负责人制度,采取分级培训方式进行。

第二十五条 面试一般按学科分组进行。每个考评组由不少于3名考官组成,设主考官1名。

第二十六条 面试考官由高校专家、中小学和幼儿园优秀教师、教研机构专家等组成。面试考官须具备以下条件:

(一)熟悉教师资格考试相关政策;

(二)具有良好的职业道德,公道正派,身体健康;

(三)具有扎实的专业知识、较强的分析概括能力、判断能力和语言表达能力;

(四)从事相关专业教学或研究工作5年以上,一般应具有副高级以上专业技术职务(职称);

(五)参加省级或国家级教师资格考试机构组织的培训并获得证书。

第二十七条 各级教育行政部门及教师资格考试机构不得组织教师资格考试培训。

第五章 考试安全与违规处罚

第二十八条 省级教师资格考试机构根据《中小学教师资格考试应急处置预案实施办法(试行)》处置和应对考试期间的突发事件。

第二十九条　对试题命制、考务管理、监考等考试相关人员发生的违规行为按照《保守国家秘密法》《国家教育考试违规处理办法》进行处罚。情节严重，构成犯罪的，由司法机关依法追究刑事责任。

第三十条　对考生违规行为按照《国家教育考试违规处理办法》认定和处理。

第六章　组织管理

第三十一条　教育部依据教师专业标准和教师教育课程标准，制订教师资格考试标准，组织审定教师资格考试大纲。教育部考试中心（教育部教师资格考试中心），负责教师资格考试的组织实施。主要职责是：

（一）依据考试标准拟定考试大纲；

（二）组织命制笔试和面试试题，建设试题库；

（三）制定考务管理规定，研发和维护考试管理系统；

（四）组织考务工作，培训技术人员；

（五）组织阅卷，负责考试成绩管理与评价；

（六）指导、监督、检查各省、自治区、直辖市考试实施工作。

第三十二条　省级教育行政部门全面负责本行政区域内教师资格考试工作。可成立教师资格考试领导小组，由省级教育行政部门的主要领导兼任领导小组组长。指定专业化教育（教师资格）考试机构，在省级教育行政部门领导下具体负责考务组织工作，主要职责是：

（一）制定本地区考务管理具体措施；

（二）组织本地区考务工作；

（三）组织面试考官及考务工作人员培训；

（四）管理、指导、监督本行政区域各考区工作；

（五）负责本行政区域教师资格考试安全保密工作。

第三十三条　教师资格考试以市（地、州、盟）为单位设立考区。各考区的教师资格考试的组织实施由市（地、州、盟）教育行政部门和教师资格考试机构负责。

第三十四条　教师资格考试费用按照财政部、国家发展改革委《关于同意收取教师资格考试考务费等有关问题的通知》（财综〔2012〕41号）规定收取。

第七章　附　则

第三十五条　省级教育行政部门可以依据本办法制定实施细则，并抄送教育部。

第三十六条　本办法自发布之日起实施。

中小学教师资格定期注册暂行办法

·2013年8月15日
·教师〔2013〕9号

第一章　总　则

第一条　为完善教师资格制度，健全教师管理机制，建设高素质专业化教师队伍，根据《教师法》《教师资格条例》和《国家中长期教育改革和发展规划纲要（2010—2020年）》，制定本办法。

第二条　教师资格定期注册是对教师入职后从教资格的定期核查。中小学教师资格实行5年一周期的定期注册。定期注册不合格或逾期不注册的人员，不得从事教育教学工作。

第三条　承担中小学教师资格定期注册改革试点的省（区、市）组织实施教师资格定期注册工作，适用本办法。

第四条　中小学教师资格定期注册的对象为公办普通中小学、中等职业学校和幼儿园在编在岗教师（以下简称教师）。

省级教育行政部门可根据本地教师队伍建设的实际需要，将依法举办的民办普通中小学、中等职业学校和幼儿园教师纳入定期注册范围。

第五条　教师资格定期注册应与教师人事管理工作紧密结合，将严格教师考核和促进教师专业发展作为重要的工作目标。定期注册应坚持以人为本、科学规范和公开公平公正原则，客观体现教师职业道德、业务水平和工作业绩情况。

第六条　国务院教育行政部门主管教师资格定期注册工作。县级以上地方教育行政部门负责本地教师资格定期注册的组织、管理、监督和实施。

第二章　注册条件

第七条　申请首次注册的，应当具备下列条件：

（一）具有与任教岗位相应的教师资格；

（二）聘用为中小学在编在岗教师；

（三）省级教育行政部门规定的其他条件。

对于首次任教人员须试用期满且考核合格。

第八条　满足下列条件的，定期注册合格：

（一）遵守国家法律法规和《中小学教师职业道德规范》，达到省级教育行政部门规定的师德考核评价标准，有良好的师德表现；

（二）每年年度考核合格以上等次；

（三）每个注册有效期内完成不少于国家规定的360

个培训学时或省级教育行政部门规定的等量学分;

(四)身心健康,胜任教育教学工作;

(五)省级教育行政部门规定的其他条件。

第九条 有下列情形之一的,应暂缓注册:

(一)注册有效期内未完成国家规定的教师培训学时或省级教育行政部门规定的等量学分;

(二)中止教育教学和教育管理工作一学期以上,但经所在学校或教育行政部门批准的进修、培训、学术交流、病休、产假等情形除外;

(三)一个注册周期内任何一年年度考核不合格。

暂缓注册者达到定期注册条件后,可重新申请定期注册。具体办法由省级教育行政部门根据实际情况制定。

第十条 有下列情形之一的,注册不合格:

(一)违反《中小学教师职业道德规范》和师德考核评价标准,影响恶劣;

(二)一个定期注册周期内连续两年以上(含两年)年度考核不合格;

(三)依法被撤销或丧失教师资格。

第三章 注册程序

第十一条 取得教师资格,初次聘用为教师的,试用期满考核合格之日起 60 日内,申请首次注册。经首次注册后,每 5 年应申请一次定期注册。

第十二条 教师资格定期注册须由本人申请,所在学校集体办理,按照人事隶属关系报县级以上教育行政部门审核注册。

第十三条 教师应当在定期注册有效期满前 60 日内,申请办理下一次教师资格定期注册。定期注册实行网上申请。

第十四条 申请教师资格定期注册,应当提交下列材料:

(一)《教师资格定期注册申请表》一式 2 份;

(二)《教师资格证书》;

(三)中小学或主管部门聘用合同;

(四)所在学校出具的师德表现证明;

(五)5 年的各年度考核证明;

(六)省级教育行政部门认可的教师培训证明;

(七)省级以上教育行政部门根据当地实际要求提供的其他材料。

申请首次注册的,应当提交上述(一)、(二)、(四)、(七)项材料,同时提交试用期考核合格证明。

第十五条 对于本办法实施之日前已获得教师资格证书的中小学在编在岗教师,首次注册的办法由省级教育行政部门规定。

第十六条 定期注册工作不收取教师和学校任何费用。

第十七条 县级以上教育行政部门在受理注册申请终止之日起 90 个工作日内,对申请人提交的材料进行审核并给出注册结论。注册结论应提前进行公示。

第十八条 县级教育行政部门负责申报材料的初审,提出注册结论的建议;地市级教育行政部门负责申报工作的复核;省级教育行政部门对注册申请进行终审,并在全国中小学教师资格定期注册管理信息系统中填报注册结论及有关信息。

第十九条 县级以上教育行政部门将申请人的《教师资格注册申请表》一份存入个人人事档案,一份归档保存。同时在申请人《教师资格证书》附页上标明注册结论。

第四章 罚 则

第二十条 申请人隐瞒有关情况或提供虚假材料申请教师资格注册的,视情况暂缓注册或注册不合格,并给予相应处罚;已经注册的,应当撤销注册。

第二十一条 所在学校未按期如实提供申请人定期注册证明材料的,上级教育行政部门应当责令改正,对直接负责的主管人员和其他直接责任人依法给予行政处分。

第二十二条 地方教育行政部门实施定期注册,有下列情形之一的,由其上级教育行政部门或者监察机关责令改正,对直接负责的主管人员或者其他直接责任人员依法给予行政处分:

(一)对不符合教师定期注册条件者准予定期注册的;

(二)对符合教师定期注册条件者不予定期注册的。

第二十三条 注册范围内的教师无故逾期不申请定期注册,按照注册不合格处理。

第五章 附 则

第二十四条 教师资格定期注册申请人对定期注册结果有异议的,可依法提出申诉或者行政复议。

第二十五条 省级教育行政部门可以依据本办法制定实施细则,并抄送教育部。

第二十六条 本办法自发布之日起施行。

中小学班主任工作规定

· 2009 年 8 月 12 日
· 教基一〔2009〕12 号

第一章　总　则

第一条　为进一步推进未成年人思想道德建设,加强中小学班主任工作,充分发挥班主任在教育学生中的重要作用,制定本规定。

第二条　班主任是中小学日常思想道德教育和学生管理工作的主要实施者,是中小学生健康成长的引领者,班主任要努力成为中小学生的人生导师。

班主任是中小学的重要岗位,从事班主任工作是中小学教师的重要职责。教师担任班主任期间应将班主任工作作为主业。

第三条　加强班主任队伍建设是坚持育人为本、德育为先的重要体现。政府有关部门和学校应为班主任开展工作创造有利条件,保障其享有的待遇与权利。

第二章　配备与选聘

第四条　中小学每个班级应当配备一名班主任。

第五条　班主任由学校从班级任课教师中选聘。聘期由学校确定,担任一个班级的班主任时间一般应连续1 学年以上。

第六条　教师初次担任班主任应接受岗前培训,符合选聘条件后学校方可聘用。

第七条　选聘班主任应当在教师任职条件的基础上突出考查以下条件:

(一)作风正派,心理健康,为人师表;

(二)热爱学生,善于与学生、学生家长及其他任课教师沟通;

(三)爱岗敬业,具有较强的教育引导和组织管理能力。

第三章　职责与任务

第八条　全面了解班级内每一个学生,深入分析学生思想、心理、学习、生活状况。关心爱护全体学生,平等对待每一个学生,尊重学生人格。采取多种方式与学生沟通,有针对性地进行思想道德教育,促进学生德智体美全面发展。

第九条　认真做好班级的日常管理工作,维护班级良好秩序,培养学生的规则意识、责任意识和集体荣誉感,营造民主和谐、团结互助、健康向上的集体氛围。指导班委会和团队工作。

第十条　组织、指导开展班会、团队会(日)、文体娱乐、社会实践、春(秋)游等形式多样的班级活动,注重调动学生的积极性和主动性,并做好安全防护工作。

第十一条　组织做好学生的综合素质评价工作,指导学生认真记载成长记录,实事求是地评定学生操行,向学校提出奖惩建议。

第十二条　经常与任课教师和其他教职员工沟通,主动与学生家长、学生所在社区联系,努力形成教育合力。

第四章　待遇与权利

第十三条　学校在教育管理工作中应充分发挥班主任的骨干作用,注重听取班主任意见。

第十四条　班主任工作量按当地教师标准课时工作量的一半计入教师基本工作量。各地要合理安排班主任的课时工作量,确保班主任做好班级管理工作。

第十五条　班主任津贴纳入绩效工资管理。在绩效工资分配中要向班主任倾斜。对于班主任承担超课时工作量的,以超课时补贴发放班主任津贴。

第十六条　班主任在日常教育教学管理中,有采取适当方式对学生进行批评教育的权利。

第五章　培养与培训

第十七条　教育行政部门和学校应制订班主任培养培训规划,有组织地开展班主任岗位培训。

第十八条　教师教育机构应承担班主任培训任务,教育硕士专业学位教育中应设立中小学班主任工作培养方向。

第六章　考核与奖惩

第十九条　教育行政部门建立科学的班主任工作评价体系和奖惩制度。对长期从事班主任工作或在班主任岗位上做出突出贡献的教师定期予以表彰奖励。选拔学校管理干部应优先考虑长期从事班主任工作的优秀班主任。

第二十条　学校建立班主任工作档案,定期组织对班主任的考核工作。考核结果作为教师聘任、奖励和职务晋升的重要依据。对不能履行班主任职责的,应调离班主任岗位。

第七章　附　则

第二十一条　各地可根据本规定,结合当地实际情况,制定中小学班主任工作的具体实施办法。

第二十二条　本规定自发布之日起施行。

中小学幼儿园教师国家级培训计划资金管理办法

· 2021 年 4 月 1 日
· 财教〔2021〕55 号

第一条 为规范和加强中小学幼儿园教师国家级培训计划资金管理，提高资金使用效益，根据国家预算管理有关规定，制定本办法。

第二条 本办法所称中小学幼儿园教师国家级培训计划资金（以下称补助资金），是指中央财政用于支持中西部地区开展普通中小学幼儿园教师培训的转移支付资金。实施期限根据教育领域中央与地方财政事权和支出责任划分、支持教师队伍建设政策等确定。

第三条 补助资金管理遵循"中央引导、省级统筹，突出重点、讲求绩效，规范透明、强化监督"的原则。

第四条 补助资金由财政部、教育部根据党中央、国务院有关决策部署和新时代教师培训工作重点确定支持内容。

第五条 补助资金主要用于补助音训期间直接发生的各项费用支出，具体包括：

（一）住宿费是指参训人员培训期间发生的租住房间的费用。

（二）伙食费是指参训人员培训期间发生的用餐费用。

（三）培训场地及设备费是指用于培训的会议室、教室或实验室租金、网络研修平台和相关设备租金。

（四）讲课费是指聘请师资授课所支付的必要报酬。

（五）培训资料费是指培训期间必要的学习资料费、网络课程资源费及办公用品费。

（六）交通费是指用于接送以及统一组织的与培训有关的考察、调研等发生的交通支出。参训人员外出培训发生的交通费，按照相关规定回所在单位报销。

（七）其他费用是指现场教学费、文体活动费、医药费以及授课教师交通、食宿等支出。

各省级财政、教育部门要根据当地物价水平、国家和各省（区、市）有关培训费管理规定，本着厉行勤俭节约的原则，结合实际合理确定具体指导标准。

第六条 补助资金由财政部会同教育部共同管理。教育部负责审核地方提出的区域绩效目标等相关材料和数据，提供资金测算需要的基础数据，并对提供的基础数据的准确性、及时性负责。财政部根据预算管理相关规定，会同教育部研究确定有关省份补助资金预算金额、资金的整体绩效目标。

省级财政、教育部门负责明确省级及省以下各级财政、教育部门在基础数据审核、资金安排、使用管理等方面的责任，切实加强资金管理。

第七条 补助资金采取因素法分配。分配因素及其权重和计算公式如下：

基础因素（权重 80%）下设各省份农村中小学幼儿园专任教师数、巩固脱贫攻坚成果与乡村振兴有效衔接、落实中央指示要求等子因素；投入因素（权重 20%）下设省级教师培训投入情况等子因素。各因素数据主要通过相关统计资料、各省份资金申报材料获得。

财政部会同教育部综合考虑各地工作进展等情况，研究确定绩效调节系数，对资金分配情况进行适当调节。

计算公式为：某省份补助资金 =（该省份基础因素/∑有关省份基础因素×权重 + 该省份投入因素/∑有关省份投入因素×权重）×补助资金年度预算总额×绩效调节系数

财政部、教育部根据党中央、国务院有关决策部署和教师队伍建设新形势等情况，适时调整完善相关分配因素、权重、计算公式等。

第八条 省级财政、教育部门应当于每年 2 月底前向财政部、教育部报送当年补助资金申报材料，并抄送财政部当地监管局。申报材料主要包括：

（一）上年度工作总结，包括上年度补助资金使用情况、年度绩效目标完成情况、绩效评价结果、地方财政投入情况、主要管理措施、问题分析及对策等。

（二）当年工作计划，主要包括当年全省（区、市）工作目标和补助资金区域绩效目标、重点任务和资金安排计划，绩效目标要指向明确、细化量化、合理可行、相应匹配。

（三）上年度省级财政安排用于中小学幼儿园教师方面的补助资金统计表及相应预算文件。

第九条 财政部于每年全国人民代表大会批准中央预算后三十日内，会同教育部正式下达补助资金预算，并抄送财政部当地监管局。每年 10 月 31 日前，提前下达下一年度补助资金预计数。省级财政在收到资金预算后，应当会同省级教育部门在三十日内按照预算级次合理分配、及时下达本行政区域县级以上各级政府部门，并抄送财政部当地监管局。

第十条 补助资金支付执行国库集中支付制度。涉及政府采购的，应当按照政府采购法律法规和有关制度执行。

第十一条 省级财政、教育部门在分配补助资金时，应当结合本地区年度重点工作和省级财政安排相关资金,加大省级统筹力度,重点向革命老区、边疆地区、民族地区和脱贫地区倾斜。

地方各级财政、教育部门应当落实资金管理主体责任,加强区域内相关教育经费的统筹安排和使用,指导和督促本地区中小学幼儿园健全财务、会计、资产管理制度。加强预算管理,细化预算编制,硬化预算执行,强化预算监督;规范财务管理,确保资金使用安全、规范和高效。

各级财政、教育部门要加强财政风险控制,强化流程控制,依法合规分配和使用资金,实行不相容岗位(职责)分离控制。

第十二条 培训任务承担单位要按照预算和国库管理等有关规定,建立健全内部管理机制,制定绩效考核和内部人员激励措施,加快预算执行进度。

第十三条 补助资金原则上应在当年执行完毕,年度未支出的资金按财政部结转结余资金管理有关规定处理。

第十四条 各级财政、教育部门要按照全面实施预算绩效管理的要求,建立健全全过程预算绩效管理机制,按规定科学合理设定绩效目标,对照绩效目标做好绩效监控,认真组织开展绩效评价,强化评价结果应用,做好绩效信息公开,提高补助资金配置效率和使用效益。财政部、教育部根据工作需要适时组织开展重点绩效评价。

第十五条 财政部各地监管局应当按照工作职责和财政部要求,对补助资金实施监管。地方各级财政部门应当会同同级教育部门,按照各自职责加强材料审核申报、资金使用管理等工作,要建立"谁使用、谁负责"的责任机制。严禁将资金用于平衡预算、偿还债务、支付利息、对外投资等支出,不得从资金中提取工作经费或管理经费。

第十六条 各级财政、教育部门及其工作人员、申报使用补助资金的部门、单位及个人存在违法违规行为的,依法责令改正;对负有责任的领导人员和直接责任人员依法给予处分;涉嫌犯罪的,依法移送有关机关处理。

第十七条 本办法由财政部、教育部负责解释。各省级财政、教育部门可以根据本办法规定,结合本地实际,制定具体管理办法,报财政部、教育部备案,并抄送财政部当地监管局。

第十八条 本办法自印发之日起施行。《财政部 教育部关于印发〈中小学幼儿园教师国家级培训计划资金管理办法〉的通知》(财教〔2019〕257号)同时废止。

幼儿园教师违反职业道德行为处理办法

· 2018年11月8日
· 教师〔2018〕19号

第一条 为规范幼儿园教师职业行为,保障教师、幼儿的合法权益,根据《中华人民共和国教育法》《中华人民共和国未成年人保护法》《中华人民共和国教师法》《教师资格条例》和《新时代幼儿园教师职业行为十项准则》等法律法规和制度规范,制定本办法。

第二条 本办法所称幼儿园教师包括公办幼儿园、民办幼儿园的教师。

第三条 本办法所称处理包括处分和其他处理。处分包括警告、记过、降低岗位等级或撤职、开除。警告期限为6个月,记过期限为12个月,降低岗位等级或撤职期限为24个月。是中共党员的,同时给予党纪处分。

其他处理包括给予批评教育、诫勉谈话、责令检查、通报批评,以及取消在评奖评优、职务晋升、职称评定、岗位聘用、工资晋级、申报人才计划等方面的资格。取消相关资格的处理执行期限不得少于24个月。

教师涉嫌违法犯罪的,及时移送司法机关依法处理。

第四条 应予处理的教师违反职业道德行为如下:

(一)在保教活动中及其他场合有损害党中央权威和违背党的路线方针政策的言行。

(二)损害国家利益、社会公共利益,或违背社会公序良俗。

(三)通过保教活动、论坛、讲座、信息网络及其他渠道发表、转发错误观点,或编造散布虚假信息、不良信息。

(四)在工作期间玩忽职守、消极怠工,或空岗、未经批准找人替班,利用职务之便兼职兼薪。

(五)在保教活动中遇突发事件、面临危险时,不顾幼儿安危,擅离职守,自行逃离。

(六)体罚和变相体罚幼儿,歧视、侮辱幼儿,猥亵、虐待、伤害幼儿。

(七)采用学校教育方式提前教授小学内容,组织有碍幼儿身心健康的活动。

(八)在入园招生、绩效考核、岗位聘用、职称评聘、评优评奖等工作中徇私舞弊、弄虚作假。

(九)索要、收受幼儿家长财物或参加由家长付费的宴请、旅游、娱乐休闲等活动,推销幼儿读物、社会保险或利用家长资源谋取私利。

(十)组织幼儿参加以营利为目的的表演、竞赛活动,或泄露幼儿与家长的信息。

（十一）其他违反职业道德的行为。

第五条 幼儿园及幼儿园主管部门发现教师存在第四条列举行为的，应当及时组织调查核实，视情节轻重给予相应处理。作出处理决定前，应当听取教师的陈述和申辩，调查了解幼儿情况，听取其他教师、家长委员会或者家长代表意见，并告知教师有要求举行听证的权利。对于拟给予降低岗位等级以上的处分，教师要求听证的，拟作出处理决定的部门应当组织听证。

第六条 给予教师处理，应当坚持公平公正、教育与惩处相结合的原则；应当与其违反职业道德行为的性质、情节、危害程度相适应；应当事实清楚、证据确凿、定性准确、处理恰当、程序合法、手续完备。

第七条 给予教师处理按照以下权限决定：

（一）警告和记过处分，公办幼儿园教师由所在幼儿园提出建议，幼儿园主管部门决定。民办幼儿园教师由所在幼儿园提出建议，幼儿园举办者做出决定，并报主管部门备案。

（二）降低岗位等级或撤职处分，公办幼儿园由教师所在幼儿园提出建议，幼儿园主管部门决定并报同级人事部门备案。民办幼儿园教师由所在幼儿园提出建议，幼儿园举办者做出决定，并报主管部门备案。

（三）开除处分，公办幼儿园在编教师由所在幼儿园提出建议，幼儿园主管部门决定并报同级人事部门备案。未纳入编制管理的教师由所在幼儿园决定并解除其聘任合同，报主管部门备案。民办幼儿园教师由所在幼儿园提出建议，幼儿园举办者做出决定并解除其聘任合同，报主管部门备案。

（四）给予批评教育、诫勉谈话、责令检查、通报批评，以及取消在评奖评优、职务晋升、职称评定、岗位聘用、工资晋级、申报人才计划等方面资格的其他处理，按照管理权限，由教师所在幼儿园或主管部门视其情节轻重作出决定。

第八条 处理决定应当书面通知教师本人并载明认定的事实、理由、依据、期限及申诉途径等内容。

第九条 教师不服处理决定的，可以向幼儿园主管部门申请复核。对复核结果不服的，可以向幼儿园主管部门的上一级行政部门提出申诉。

对教师的处理，在期满后根据悔改表现予以延期或解除，处理决定和处理解除决定都应完整存入人事档案及教师管理信息系统。

第十条 教师受到处分的，符合《教师资格条例》第十九条规定的，由县级以上教育行政部门依法撤销其教师资格。

教师受处分期间暂缓教师资格定期注册。依据《中华人民共和国教师法》第十四条规定丧失教师资格的，不能重新取得教师资格。

教师受记过以上处分期间不能参加专业技术职务任职资格评审。

第十一条 教师被依法判处刑罚的，依据《事业单位工作人员处分暂行规定》给予降低岗位等级或者撤职以上处分。其中，被依法判处有期徒刑以上刑罚的，给予开除处分。教师受到剥夺政治权利或者故意犯罪受到有期徒刑以上刑事处罚的，丧失教师资格。

第十二条 公办幼儿园、民办幼儿园举办者及主管部门不履行或不正确履行师德师风建设管理职责，有下列情形的，上一级行政部门应当视情节轻重采取约谈、诫勉谈话、通报批评、纪律处分和组织处理等方式严肃追究主要负责人、分管负责人和直接责任人的责任：

（一）师德师风长效机制建设、日常教育督导不到位；

（二）师德失范问题排查发现不及时；

（三）对已发现的师德失范行为处置不力、方式不当或拒不处分、拖延处分、推诿隐瞒的；

（四）已作出的师德失范行为处理决定落实不到位、师德失范行为整改不彻底；

（五）多次出现师德失范问题或因师德失范行为引起不良社会影响；

（六）其他应当问责的失职失责情形。

第十三条 省级教育行政部门应当结合当地实际情况制定实施细则，并报国务院教育行政部门备案。

第十四条 本办法自发布之日起施行。

中小学教师继续教育规定

· 1999 年 9 月 13 日教育部令第 7 号发布
· 自发布之日起施行

第一章 总 则

第一条 为了提高中小学教师队伍整体素质，适应基础教育改革发展和全面推进素质教育的需要，根据《中华人民共和国教育法》和《中华人民共和国教师法》，制定本规定。

第二条 本规定适用于国家和社会力量举办的中小学在职教师的继续教育工作。

第三条 中小学教师继续教育，是指对取得教师资格的中小学在职教师为提高思想政治和业务素质进行的培训。

第四条　参加继续教育是中小学教师的权利和义务。

第五条　各级人民政府教育行政部门管理中小学教师继续教育工作,应当采取措施,依法保障中小学教师继续教育工作的实施。

第六条　中小学教师继续教育应坚持因地制宜、分类指导、按需施教、学用结合的原则,采取多种形式,注重质量和实效。

第七条　中小学教师继续教育原则上每五年为一个培训周期。

第二章　内容与类别

第八条　中小学教师继续教育要以提高教师实施素质教育的能力和水平为重点。中小学教师继续教育的内容主要包括:思想政治教育和师德修养;专业知识及更新与扩展;现代教育理论与实践;教育科学研究;教育教学技能训练和现代教育技术;现代科技与人文社会科学知识等。

第九条　中小学教师继续教育分为非学历教育和学历教育。

(一)非学历教育包括:

新任教师培训:为新任教师在试用期内适应教育教学工作需要而设置的培训。培训时间应不少于 120 学时。

教师岗位培训:为教师适应岗位要求而设置的培训。培训时间每五年累计不少于 240 学时。

骨干教师培训:对有培养前途的中青年教师按教育教学骨干的要求和对现有骨干教师按更高标准进行的培训。

(二)学历教育:对具备合格学历的教师进行的提高学历层次的培训。

第三章　组织管理

第十条　国务院教育行政部门宏观管理全国中小学教师继续教育工作;制定有关方针、政策;制定中小学教师继续教育教学基本文件,组织审定统编教材;建立中小学教师继续教育评估体系;指导各省、自治区、直辖市中小学教师继续教育工作。

第十一条　省、自治区、直辖市人民政府教育行政部门主管本地区中小学教师继续教育工作;制定本地区中小学教师继续教育配套政策和规划;全面负责本地区中小学教师继续教育的实施、检查和评估工作。市(地、州、盟)、县(区、市、旗)人民政府教育行政部门在省级人民政府教育行政部门指导下,负责管理本地区中小学教师继续教育工作。

第十二条　各级教师进修院校和普通师范院校在主管教育行政部门领导下,具体实施中小学教师继续教育的教育教学工作。

中小学校应有计划地安排教师参加继续教育,并组织开展校内多种形式的培训。

综合性高等学校、非师范类高等学校和其它教育机构,经教育行政部门批准,可参与中小学教师继续教育工作。

经主管教育行政部门批准,社会力量可以举办中小学教师继续教育机构,但要符合国家规定的办学标准,保证中小学教师继续教育质量。

第四章　条件保障

第十三条　中小学教师继续教育经费以政府财政拨款为主,多渠道筹措,在地方教育事业费中专项列支。地方教育费附加应有一定比例用于义务教育阶段的教师培训。省、自治区、直辖市人民政府教育行政部门要制定中小学教师继续教育人均基本费用标准。

中小学教师继续教育经费由县级及以上教育行政部门统一管理,不得截留或挪用。

社会力量举办的中小学和其他教育机构教师的继续教育经费,由举办者自筹。

第十四条　地方各级人民政府教育行政部门要按照国家规定的办学标准,保证对中小学教师培训机构的投入。

第十五条　地方各级人民政府教育行政部门要加强中小学教师培训机构的教师队伍建设。

第十六条　经教育行政部门和学校批准参加继续教育的中小学教师,学习期间享受国家规定的工资福利待遇。学费、差旅费按各地有关规定支付。

第十七条　各级人民政府教育行政部门应当采取措施,大力扶持少数民族地区和边远贫困地区的中小学教师继续教育工作。

第五章　考核与奖惩

第十八条　地方各级人民政府教育行政部门要建立中小学教师继续教育考核和成绩登记制度。考核成绩作为教师职务聘任、晋级的依据之一。

第十九条　各级人民政府教育行政部门要对中小学教师继续教育工作成绩优异的单位和个人,予以表彰和奖励。

第二十条　违反本规定,无正当理由拒不参加继续教育的中小学教师,所在学校应督促其改正,并视情节给予批评教育。

第二十一条　对中小学教师继续教育质量达不到规定要求的,教育行政主管部门应责令其限期改正。对未按规定办理审批手续而举办中小学教师继续教育活动的,教育行政主管部门应责令其补办手续或停止其举办中小学教师继续教育活动。

第六章　附　则

第二十二条　本规定所称中小学教师,是指幼儿园,特殊教育机构,普通中小学,成人初等、中等教育机构,职业中学以及其他教育机构的教师。

第二十三条　各省、自治区、直辖市可根据本地区的实际情况,制定具体实施办法。

第二十四条　本规定自发布之日起施行。

学校体育美育兼职教师管理办法

· 2017 年 10 月 8 日
· 教体艺〔2017〕7 号

第一章　总　则

第一条　为贯彻落实《国务院关于加强教师队伍建设的意见》《国务院办公厅关于强化学校体育促进学生身心健康全面发展的意见》《国务院办公厅关于全面加强和改进学校美育工作的意见》精神,提高体育美育师资队伍整体素质,推进学校体育美育改革发展,根据相关法律法规,制定本办法。

第二条　选聘体育美育兼职教师是当前和今后一个时期加强学校体育美育师资队伍建设的一个必要举措,是破解现阶段学校体育美育教师紧缺问题的重要途径,是整合各方资源充实体育美育教学力量的有效手段,是促进学生身心健康发展、提高学生审美与人文素养的迫切要求。

第三条　本办法所称体育兼职教师是指被选聘兼职担任学校体育课、课外体育活动、课余体育训练与竞赛、特定运动技能与项目的教学训练等工作的人员;美育兼职教师是指被选聘兼职担任学校美育课程教学、课外美育活动指导、学生艺术社团训练、学生艺术教育实践工作坊教学与建设等工作的人员。

第四条　本办法适用于普通中小学校和中等职业学校。

第二章　选聘条件

第五条　体育兼职教师的选聘对象应是其他学校专业体育教师、校外教育机构、体育运动团体与体育系统的有关体育工作者;美育兼职教师的选聘对象应是其他学校专业艺术教师、校外教育机构、宣传文化系统与社会文化团体的艺术工作者,民间艺人或能工巧匠等,以及符合资质的政府购买服务的承接主体。

第六条　鼓励体育美育专职教师在教育行政部门的统筹下,以"走教"方式到农村及其他师资紧缺的学校担任兼职教师;鼓励普通高校体育艺术专业教师担任中小学兼职教师;鼓励学校选聘承担中华优秀传统文化体育艺术传承项目教学与指导的兼职教师。

第七条　体育美育兼职教师应具备以下基本条件:

(一)具有良好的思想政治素质和道德品质,遵纪守法,遵守职业道德规范,身心健康,举止文明。

(二)热爱教育事业,为人师表,关爱学生,遵循教育规律和学生成长规律,促进学生健康发展。

(三)具有较高的体育艺术专业技能水平,一般应具有中级以上专业技术职称,或在相关体育、艺术领域中具有一定影响力的人士,或在中华优秀传统文化传承发展方面有一定造诣的民间艺人、能工巧匠。

(四)兼职教师原则上不超过 65 岁,身体健康且条件优秀者可适当放宽年龄限制。

第三章　聘任程序

第八条　聘任体育美育兼职教师要因地制宜,可采用面向社会公开招聘、政府购买服务等多种渠道进行。

第九条　聘任体育美育兼职教师应按照公开、公平、择优的原则,严格考察、遴选和聘用程序。

第十条　聘用的基本程序:

(一)学校根据需要上报兼职教师岗位和任职条件。

(二)县(区)级教育行政部门面向社会公开发布招聘信息。

(三)县(区)级教育行政部门会同有关部门对应聘人员或者政府购买服务的承接主体进行资格审查。

(四)县(区)级教育行政部门确定岗位人选或者政府购买服务的承接主体,并予以公示。

(五)县(区)级教育行政部门指导学校与拟聘用人员签订聘用合同。

第十一条　在职人员在应聘兼职教师前,须事先征得所在单位同意。

第十二条　体育美育兼职教师上岗任教前,学校应对其进行教育理论、学科课程与教学法、教育法律法规及学校规章制度等内容的岗前培训。

第四章　组织管理

第十三条　学校要加强对体育美育兼职教师的管理,将兼职教师纳入学校教师队伍管理之中,制订体育美育兼职教师管理办法和评价标准,明确权利义务,规范从教行为,细化业绩考核。

第十四条　学校应当为体育美育兼职教师创造良好的工作环境,建立专任教师与兼职体育美育教师结对帮扶机制,支持兼职教师与专任教师联合开展教育教学活动。专职教师在其他学校兼职的工作量不应超过本校的工作量。

第十五条　体育美育兼职教师要遵守职业道德规范,认真履行教书育人职责,杜绝借教学与活动之名推销体育、艺术器材设备、有偿补课等行为。各地要结合实际建立健全体育美育兼职教师行为规范。

第十六条　体育美育兼职教师有下列情形之一的,按照精神奖励与物质奖励相结合的原则,给予奖励表彰:

(一)坚持在农村及偏远学校任教的。

(二)在体育美育课堂教学和课外活动中深受学生喜爱,并取得成绩的。

(三)在传承中华优秀传统文化体育与艺术方面作出贡献的。

(四)有其他突出业绩的。

第五章　保障措施

第十七条　地方各级教育行政部门要坚持以专任教师为主,兼职教师为补充的原则,统筹加强体育美育教师队伍建设,将体育美育兼职教师纳入教师队伍建设总体规划,将学校聘请兼职教师工作纳入人事管理监督检查范围,建立学校体育美育兼职教师资源库,统筹区域内体育美育兼职教师的调配与管理。

第十八条　各地应通过多种渠道筹措资金支持选聘体育美育兼职教师工作,并合理支付相应报酬。

第十九条　各级教育行政部门和教研部门要加强对体育美育兼职教师的培训,设立体育美育兼职教师培训项目,提升其教育教学能力和专业技能水平。

第六章　附　则

第二十条　各地教育行政部门应会同相关部门,研究制订本地区学校体育美育兼职教师管理办法的实施细则。

第二十一条　本办法自公布之日起施行。

严禁中小学校和在职中小学教师有偿补课的规定

· 2015 年 6 月 29 日
· 教师〔2015〕5 号

一、严禁中小学校组织、要求学生参加有偿补课;

二、严禁中小学校与校外培训机构联合进行有偿补课;

三、严禁中小学校为校外培训机构有偿补课提供教育教学设施或学生信息;

四、严禁在职中小学教师组织、推荐和诱导学生参加校内外有偿补课;

五、严禁在职中小学教师参加校外培训机构或由其他教师、家长、家长委员会等组织的有偿补课;

六、严禁在职中小学教师为校外培训机构和他人介绍生源、提供相关信息。

对于违反上述规定的中小学校,视情节轻重,相应给予通报批评、取消评奖资格、撤消荣誉称号等处罚,并追究学校领导责任及相关部门的监管责任。对于违反上述规定的在职中小学教师,视情节轻重,分别给予批评教育、诫勉谈话、责令检查、通报批评直至相应的行政处分。

职业学校教师企业实践规定

· 2016 年 5 月 11 日
· 教师〔2016〕3 号

第一章　总　则

第一条　为建设高水平职业教育教师队伍,根据《中华人民共和国职业教育法》《中华人民共和国教师法》《国家中长期教育改革和发展规划纲要(2010－2020年)》《国务院关于加快发展现代职业教育的决定》,制定本规定。

第二条　组织教师企业实践,是加强职业学校"双师型"教师队伍建设,实行工学结合、校企合作人才培养模式,提高职业教育质量的重要举措。企业依法应当接纳职业学校教师进行实践。地方各级人民政府及有关部门、行业组织、职业学校和企业要高度重视,采取切实有效措施,完善相关支持政策,有效推进教师企业实践工作。

第三条　定期到企业实践,是促进职业学校教师专业发展、提升教师实践教学能力的重要形式和有效举措。职业学校应当保障教师定期参加企业实践的权利。各级教育行政部门和职业学校要制定具体办法,不断完善教师定期到企业实践制度。

第二章　内容和形式

第四条　职业学校专业课教师(含实习指导教师)要根据专业特点每5年必须累计不少于6个月到企业或生产服务一线实践,没有企业工作经历的新任教师应先实践再上岗。公共基础课教师也应定期到企业进行考察、调研和学习。

第五条　教师企业实践的主要内容,包括了解企业的生产组织方式、工艺流程、产业发展趋势等基本情况,熟悉企业相关岗位职责、操作规范、技能要求、用人标准、管理制度、企业文化等,学习所教专业在生产实践中应用的新知识、新技术、新工艺、新材料、新设备、新标准等。

第六条　教师企业实践的形式,包括到企业考察观摩、接受企业组织的技能培训、在企业的生产和管理岗位兼职或任职、参与企业产品研发和技术创新等。鼓励探索教师企业实践的多种实现形式。

第七条　教师企业实践要有针对性和实效性。职业学校要会同企业结合教师专业水平制订企业实践方案,根据教师教学实践和教研科研需要,确定教师企业实践的重点内容,解决教学和科研中的实际问题。要将组织教师企业实践与学生实习有机结合、有效对接,安排教师有计划、有针对性地进行企业实践,同时协助企业管理、指导学生实习。企业实践结束后,要及时总结,把企业实践收获转化为教学资源,推动教育教学改革与产业转型升级衔接配套。

第三章　组织与管理

第八条　各地要将教师企业实践工作列为职业教育工作部门联席会议的重要内容,组织教育、发展改革、工业和信息化、财政、人力资源社会保障等相关部门定期研究,将教师企业实践纳入教师培训规划,加强与行业主管部门和行业组织的沟通与协调,建立健全教师企业实践的激励机制和保障体系,统筹管理和组织实施教师企业实践工作。

第九条　省级教育行政部门负责制订本省(区、市)教师企业实践工作总体规划和管理办法,依托现有资源建立信息化管理平台,制定教师企业实践基地遴选条件及淘汰机制,确定教师企业实践时间折算为教师培训学时(学分)的具体标准,对各地(市)教师企业实践工作进行指导、监督和评估,会同人力资源社会保障、财政、发展改革等相关部门研究制定支持教师企业实践的政策措施。

第十条　地(市)级教育行政部门负责制订本地区教师企业实践实施细则和鼓励支持政策,建立区域内行业组织、企业与职业学校的沟通、磋商、联动机制,管理和组织实施教师企业实践工作。

第十一条　各行业主管部门和行业组织应积极引导支持行业内企业开展教师企业实践活动,配合教育行政部门、人力资源社会保障行政部门落实教师企业实践基地,对行业内企业承担教师企业实践任务进行协调、指导与监督。

第十二条　企业应根据自身实际情况发挥接收教师企业实践的主体作用,积极承担教师企业实践任务。承担教师企业实践任务的企业,将其列入企业人力资源部门工作职责,完善教师企业实践工作管理制度和保障机制,并与教育、人力资源社会保障部门联合制定教师企业实践计划,按照"对口"原则提供技术性岗位(工种),解决教师企业实践必需的办公、生活条件,明确管理责任人和指导人员(师傅),实施过程管理和绩效评估。

第十三条　职业学校要做好本校教师企业实践规划、实施计划、组织管理、考核评价等工作。除组织教师参加教育行政部门统一安排的教师企业实践外,职业学校还应自主组织教师定期到企业实践。

第十四条　教师参加企业实践,要充分发挥自身优势,积极承担企业职工教育与培训、产品研发、技术改造与推广等工作,严格遵守相关法律法规及企业生产、管理、安全、保密、知识产权及专利保护等各方面规定,必要时双方应签订相关协议。

第四章　保障措施

第十五条　建立政府、学校、企业和社会力量各方多渠道筹措经费机制,推动职业学校教师企业实践工作。鼓励引导社会各方通过设立专项基金、捐资赞助等方式支持教师企业实践。

第十六条　教师企业实践所需的设施、设备、工具和劳保用品等,由接收企业按在岗职工岗位标准配置。企业因接收教师实践所实际发生的有关合理支出,按现行税收法律规定在计算应纳税所得额时扣除。

第十七条　鼓励支持具有行业代表性的规模以上企业在接收教师企业实践方面发挥示范作用。

第十八条　国家和省级教育行政部门应会同行业主管部门依托现有资源,遴选一批共享开放的示范性教师企业实践基地,引导职业学校整合校内外企业资源建设具备生产能力的校级教师企业实践基地,逐步建立和完善教师企业实践体系。

第十九条　经学校批准到企业实践的教师，实践期间享受学校在岗人员同等的工资福利待遇，培训费、差旅费及相关费用按各地有关规定支付。教师参加企业实践应根据实际需要办理意外伤害保险。

第五章　考核与奖惩

第二十条　各地要将教师企业实践工作情况纳入对办学主管部门和职业学校的督导考核内容，对于工作成绩突出的基层部门、学校按照国家有关规定给予表彰，并予以鼓励宣传。

第二十一条　省级教育行政部门应会同有关行政部门和行业组织定期对所辖企业的教师企业实践工作进行监督、指导、考核，对工作成绩突出的企业、个人按照国家有关规定予以表彰奖励。采取有效措施，鼓励支持有条件的企业常设一批教师企业实践岗位。

第二十二条　地方各级教育行政部门要会同人力资源社会保障行政部门建立教师企业实践考核和成绩登记制度，把教师企业实践学时（学分）纳入教师考核内容。引导支持有条件的企业对参加实践的教师进行职业技能鉴定，取得相应职业资格证书。

第二十三条　职业学校要会同企业对教师企业实践情况进行考核，对取得突出成绩、重大成果的教师给予表彰奖励。

第二十四条　教师无正当理由拒不参加企业实践或参加企业实践期间违反有关纪律规定的，所在学校应督促其改正，并视情节给予批评教育；有违法行为的，按照有关规定处理。

第六章　附　　则

第二十五条　本规定所称职业学校教师指中等职业学校和高等职业学校教师。技工院校教师企业实践有关工作由各级人力资源社会保障行政部门负责。

第二十六条　本规定所称企业指在各级工商行政管理部门登记注册的各类企业。教师到机关、事业单位、社会团体和组织、境外企业等其他单位或机构实践，参照本规定执行。

第二十七条　本规定由教育部等部门根据职责分工，对本部门职责范围内事项负责解释。

第二十八条　本规定自公布之日起施行。

高等学校教师培训工作规程

· 1996 年 4 月 8 日
· 教人〔1996〕29 号

第一章　总　　则

第一条　为了建设具有良好思想品德和业务素质的教师队伍，使高等学校教师培训工作进一步规范化、制度化，根据《中华人民共和国教师法》（以下简称《教师法》），制定本规程。

第二条　高等学校教师培训，是为教师更好地履行岗位职责而进行的继续教育。

第三条　高等学校及其主管部门应采取切实可行的措施，按照《教师法》的规定，保障教师培训的权利。

高等学校教师培训工作要贯彻思想政治素质和业务水平并重，理论与实践统一，按需培训、学用一致、注重实效的方针。坚持立足国内、在职为主、加强实践、多种形式并举的培训原则。

第四条　高等学校教师思想政治素质的培训要坚持党的基本路线、教育方针和教师职业道德教育。使教师自觉履行《教师法》规定的义务，做到敬业奉公，教书育人，为人师表。

高等学校教师业务素质的培训要以提高教师的基础知识和专业知识为主，全面提高教师的教育教学水平和科学研究能力，提高应用计算机、外语和现代化教育技术等技能的能力。

第五条　培训对象要以青年教师为主，使大部分青年教师更好地履行现岗位职务职责，并创造条件，及时选拔、重点培养在实际教学、科研中涌现出来的优秀青年教师，使之成为学术骨干和新的学术带头人。

第二章　培训的组织与职责

第六条　国务院教育行政部门负责全国高等学校教师培训工作的宏观管理和政策指导，统筹安排重点高校接受培训教师工作。

第七条　各省、自治区、直辖市教育行政部门和国务院有关部委教育主管部门负责本地区、本部门高等学校教师培训的规划、管理和经费投入等工作。

省级教育行政部门要统筹协调所在地区国务院有关部委所属院校的教师培训工作。

第八条　教育行政部门和教育主管部门在高等学校教师培训工作中的职责是：

（一）根据不同层次、不同类型学校教师队伍的实际情况，制定教师培训规划，保障经费投入；

（二）加强各部门的协调、配合，理顺关系；

（三）定期检查、督促教师培训规划和学年度计划的落实；

（四）不断完善各种培训途径和形式，总结推广经验；

（五）加强师资培训机构建设，完善师资培训机构的管理体制；

（六）定期对教师培训工作作出成绩的单位及个人进行表彰奖励。

第九条 高等学校直接负责本校教师培训规划的制定，并有相应的机构或人员负责具体组织管理工作。其职责是：

（一）根据教师的不同情况以及教师队伍建设的需要，切实做好教师培训规划，保证培训经费的落实；

（二）运用正确的政策导向，合理引入竞争机制，调动和提高教师培训的积极性；

（三）关心外出培训教师的思想、学习和生活，积极配合接受单位做好工作；

（四）明确校、系、教研室的责任，并纳入对其工作实绩的考核。

第十条 受主管部门委托接受培训教师的重点高校，应为其他院校培训教师，对少数民族地区和边远地区高等学校教师的培训要给予优先和优惠。其职责是：

（一）制定和完善有关培训教师的管理办法，严格管理，保证培训质量；

（二）关心培训教师在培训期间的思想、学习和生活，配合原学校做好工作；

（三）加强学校各部门，尤其是教学和后勤等部门的协调配合，为参加培训教师的学习提供必要的条件。

第十一条 各级教育行政部门所属的高校师资培训机构，主要开展有关的师资培训、研究咨询、信息服务以及上级主管部门委托的其他任务。

第三章 培训的主要形式

第十二条 高等学校教师培训应根据教师职务的不同，确定培训形式和规范要求。

第十三条 助教培训以进行教学科研基本知识、基本技能的教育和实践为主，主要有以下形式：

（一）岗前培训。主要包括教育法律法规和政策、有关教育学、心理学的基本理论、教师职业要求等内容；

（二）教学实践。在导师指导下，按照助教岗位职责要求，认真加强教学实践环节的培养提高，熟悉教学过程及其各个教学环节；

（三）助教进修班。本科毕业的青年教师，必须通过助教进修班，学习本专业硕士研究生主要课程；

（四）凡新补充的具有学士学位的青年教师，符合条件者可按在职人员以毕业研究生同等学力申请硕士学位或以在职攻读研究生等形式取得硕士学位；

（五）社会实践。未经过社会实际工作锻炼，年龄在35岁以下的青年教师必须参加为期半年以上的社会实践；

（六）根据不同学校的类型和特点，对教师计算机、外语等基本技能的培训，由主管部门或学校提出要求并做出安排。

第十四条 讲师培训以增加、扩充专业基础理论知识为主，注重提高教学水平和科研能力。主要有以下形式：

（一）根据需要和计划安排，参加以提高教学水平为内容的骨干教师进修班、短期研讨班和单科培训，或选派出国培训；

（二）任讲师三年以上，根据需要，可安排参加以科研课题为内容的国内访问学者培训；

（三）在职攻读硕士、博士学位或按在职人员以毕业研究生同等学力申请硕士、博士学位。

第十五条 对连续担任讲师工作五年以上，且能履行岗位职责的教师，必须安排至少三个月的脱产培训。

第十六条 副教授培训主要是通过教学科研工作实践及学术交流，熟悉和掌握本学科发展前沿信息，进一步提高学术水平。主要有以下形式：

（一）根据需要，可参加以课程和教学改革、教材建设为内容的短期研讨班、讲习班；

（二）根据需要结合所承担的科研任务，可作为国内访问学者参加培训，或参加以学科前沿领域为内容的高级研讨班；

（三）根据需要参加国内外有关学术会议、校际间学术交流，或选派出国培训。

第十七条 对连续担任副教授工作五年，且能履行岗位职责的教师，根据不同情况，必须安排至少半年的脱产培训或学术假。

第十八条 教授主要通过高水平的科研和教学工作来提高学术水平。

其培训形式是以参加国内外学术会议、交流讲学、著书立说等活动为主的学术假。

第十九条 连续担任教授工作五年，且能履行岗位职责的教师，必须给予至少半年的学术休假时间，并提供必要的保证条件。

第二十条　各高等学校要结合导师制等培养方式，充分发挥老教师对青年教师的指导和示范作用。

第四章　培训的考核与管理

第二十一条　教师培训超过三个月以上，应按有关规定及培训层次、形式的要求进行考核及鉴定，并记入业务档案，作为职务任职资格、奖惩等方面的依据。外出培训教师的考核主要由接受学校负责。

举办助教进修班必须由主管部门根据有关规定批准。参加助教进修班，学完硕士学位主要课程内容并考试合格，颁发相应的结业证书。未完成此项培训的教师，不得申请讲师职务任职资格。

社会实践主要结合专业进行，面向社会、基层和生产第一线，一般应集中安排，特殊情况者可分阶段累积完成。本科毕业的青年教师，必须在晋升讲师职务之前完成；研究生毕业的教师，应在晋升副教授之前完成。

第二十二条　为保证培训计划的落实，保障教师参加培训的权利，对按计划已安排培训任务的教师，教研室、系和学校一般不得取消。教师应当服从教研室、系和学校安排的培训计划及培训形式，无正当理由和特殊情况，不得变更。

教师在培训期间，一般不得调整或增加培训内容、时间及形式。确有需要的，须经所在学校系以上领导批准。接受培训教师的学校根据参加培训教师提出的申请和可能的条件，在教师原学校批准的前提下，予以安排和调整。

第二十三条　教师参加半年以上培训后，未完成学校规定的教育教学任务或未履行完学校合同即调离、辞聘或辞职的，学校可根据不同情况收回培训费。出国留学人员按国家有关规定执行。

第二十四条　参加培训的教师获得优异成绩、取得重要成果、发明或对接受培训教师学校的教学科研工作作出积极贡献的，所在学校或接受培训学校要予以表彰奖励。

第二十五条　有下列情况之一的，由教师所在学校和接受培训教师院校分别不同情况，给予必要的处理：

（一）无正当理由，未认真履行职责或尚未完成培训任务的，应中止培训、不发给结业证书，情节严重的可以解聘；

（二）无正当理由拒绝接受培训的，应当解聘；

（三）培训成绩不合格的，不发给结业证书，并按照第二十一条的规定予以处理；

（四）培训期间违反学校纪律和有关规定，影响恶劣的，应当给予必要的处分或予以解聘。

第五章　培训的保障与有关待遇

第二十六条　接受培训教师应纳入接受学校的培养规模，按接受培训半年以上教师的不同职务进行折算，初、中、高级职务分别按 1.5、2.5、3 折合本科生，计入学校招生规模，作为计算人员编制、核定教学工作量和办学评估的依据。

第二十七条　高等学校及其主管部门在制定学校编制方案时，要考虑到教师培训提高的需要。根据不同学校的情况，应留出一定比例的"轮空"编制数，以保证教师培训工作的正常进行。

第二十八条　教育行政部门和主管部门，要设立教师培训专项经费。各高等学校的教育事业费中，按不同层次和规模学校的情况，要有一定比例用于教师培训。根据需要和计划安排教师培训的费用必须予以保证。

第二十九条　根据需要或计划安排参加培训的教师，学习及差旅费用应由学校支付。

第三十条　根据需要或计划安排的教师在本校或外出参加培训期间，要根据不同情况，对其教学工作量的要求实行减免，并纳入考核指标体系。

指导教师培训的导师，其工作应折算计入教学工作量并纳入考核指标体系。

第三十一条　根据需要或计划安排参加培训的教师，在培训期间已符合条件的，其职务任职资格评审不应受到影响。

第三十二条　根据需要或计划安排，在校内或校外培训的教师，其工资、津贴、福利、住房分配等待遇，各高等学校应有明确规定，原则上应不受到影响。

第三十三条　外出参加培训的教师，要根据各地不同物价水平和教师的实际困难，由学校给予一定生活补贴。接受培训教师院校对培训期间参加导师科研课题研究等实际工作的教师，要根据实际情况，给予一定补贴。

第三十四条　外出参加培训半年以上的教师，接受学校按计划同意录取的，必须为住宿、图书借阅、资料查询、文献检索提供保证，并在计算机及有关仪器设备使用等方面提供便利条件，一般不低于研究生的待遇。

第三十五条　接受培训教师费用收取办法及标准，按现行财务收费规定办理。所需费用应一次性收齐，不得中途追加或变相收费。

第三十六条　符合第二十九至三十四条规定，而未予以落实的，教师本人可向学校或上级主管部门申诉。学校和主管部门应当作出答复，情况属实的，必须予以解决。

不能履行前四章涉及的有关义务和违反前四章有关规定的，不应享受上述相应待遇。

出国培训的待遇按有关规定执行。

第六章　附　则

第三十七条　本规程适用于国家举办的全日制普通高等学校。成人高等学校可参照本规程执行。

第三十八条　各省、自治区、直辖市教育行政部门和国务院有关部委教育主管部门以及高等学校，可根据本规程制定实施办法。

第三十九条　本规程解释权属国家教育委员会。

第四十条　本规程自发布之日起执行。

高校教师职称评审监管暂行办法

· 2017 年 10 月 20 日
· 教师〔2017〕12 号

第一章　总　则

第一条　为贯彻落实《中共中央办公厅 国务院办公厅关于深化职称制度改革的意见》和《教育部 中央编办发展改革委 财政部 人力资源社会保障部关于深化高等教育领域简政放权放管结合优化服务改革的若干意见》，进一步落实高等学校办学自主权，做好高校教师职称评审权下放后的监管工作，激发教师教书育人积极性、创造性，促进优秀人才脱颖而出，制定本办法。

第二条　全国高校教师系列职称评审监管适用本办法，民办高校可参照执行。各地可根据实际情况制定实施细则。

第三条　高校教师职称评审权直接下放至高校，尚不具备独立评审能力的可以采取联合评审、委托评审的方式，主体责任由高校承担。高校副教授、教授评审权不应下放至院（系）一级。高校主管部门对所属高校教师职称评审工作实施具体监管和业务指导。教育行政部门、人力资源社会保障部门对高校教师职称评审工作实施监管。

第二章　评审工作

第四条　高校按照中央深化职称制度改革的部署，结合学校发展目标与定位、教师队伍建设规划，制定本校教师职称评审办法和操作方案等，明确职称评审责任、评审标准、评审程序。校级评审委员会要认真履行评审的主体责任。院（系）应按规定将符合职称评审条件的教师推荐至校级评审委员会。

第五条　高校制定的教师职称评审办法、操作方案等文件须符合国家相关法律法规和职称制度改革要求。文件制定须按照学校章程规定，广泛征求教师意见，经"三重一大"决策程序讨论通过并经公示后执行。

第六条　中央部门所属高校教师职称评审办法、操作方案和校级评审委员会组建情况等报主管部门、教育部、人力资源社会保障部备案。其他高校报主管部门及省级教育、人力资源社会保障部门备案。

第七条　高校根据国家有关规定制订岗位设置方案和管理办法，在岗位结构比例内自主组织职称评审、按岗聘用。

第八条　高校每年 3 月 31 日前须将上一年教师职称评审工作情况报主管部门。高校职称评审过程有关材料档案应妥善留存至少 10 年，保证评审全程可追溯。

第三章　监管内容

第九条　高校教师职称评审工作必须认真贯彻落实党和国家的教育方针以及职称制度改革有关政策，体现为人民服务、为中国共产党治国理政服务、为巩固和发展中国特色社会主义制度服务、为改革开放和社会主义现代化建设服务的原则，切实把师德评价放在首位。

第十条　高校教师职称评审工作落实以下要求的情况：

（一）本办法第四、五、六、七、八条的内容是否落实；

（二）各级评审组织组建是否规范、健全；

（三）是否按照备案的评审办法和操作方案开展工作，排除利益相关方、工作连带方的干扰；

（四）在评审中是否有违纪违法行为，对教师反映比较强烈的问题是否妥善处理。

第四章　监管方式

第十一条　高校主管部门每年对高校报送的职称评审工作情况等材料进行核查。

第十二条　教育、人力资源社会保障部门及高校主管部门采取"双随机"方式定期按一定比例开展抽查。根据抽查情况、群众反映或舆情反映较强烈的问题，有针对性地进行专项巡查。要突出监管重点，防止责任悬空、防止程序虚设。

第十三条　高校教师职称评审要严格执行公开、公示制度，主动接受监督。教育、人力资源社会保障部门及高校主管部门将抽查、巡查情况通报公开。

第十四条　有关部门及高校要完善投诉举报制度，畅通意见反映渠道，强化高校自律和社会监督，及时处理群众反映的有关问题。

第五章　惩处措施

第十五条　高校教师职称评审中申报教师一旦被发现弄虚作假、学术不端等，按国家和学校相关规定处理。因弄虚作假、学术不端等通过评审聘任的教师，撤销其评审聘任结果。

第十六条　完善评审专家遴选机制，对违反评审纪律的评审专家，应及时取消评审专家资格，列入"黑名单"；对高校和院系党政领导及其他责任人员违纪违法，利用职务之便为本人或他人评定职称谋取利益，按照有关规定予以处理。

第十七条　高校因评审工作把关不严、程序不规范，造成投诉较多、争议较大的，教育、人力资源社会保障部门及高校主管部门要给予警告，并责令限期整改。对整改无明显改善或逾期不予整改的高校，暂停其自主评审资格直至收回评审权，并进行责任追究。

普通高等学校辅导员队伍建设规定

·2017 年 9 月 21 日教育部令第 43 号公布
·自 2017 年 10 月 1 日起施行

第一章　总　则

第一条　为深入贯彻落实全国高校思想政治工作会议精神和《中共中央 国务院关于加强和改进新形势下高校思想政治工作的意见》，切实加强高等学校辅导员专业化职业化建设，依据《高等教育法》等有关法律法规，制定本规定。

第二条　辅导员是开展大学生思想政治教育的骨干力量，是高等学校学生日常思想政治教育和管理工作的组织者、实施者、指导者。辅导员应当努力成为学生成长成才的人生导师和健康生活的知心朋友。

第三条　高等学校要坚持把立德树人作为中心环节，把辅导员队伍建设作为教师队伍和管理队伍建设的重要内容，整体规划、统筹安排，不断提高队伍的专业水平和职业能力，保证辅导员工作有条件、干事有平台、待遇有保障、发展有空间。

第二章　要求与职责

第四条　辅导员工作的要求是：恪守爱国守法、敬业爱生、育人为本、终身学习、为人师表的职业守则；围绕学生、关照学生、服务学生，把握学生成长规律，不断提高学生思想水平、政治觉悟、道德品质、文化素养；引导学生正确认识世界和中国发展大势、正确认识中国特色和国际比较、正确认识时代责任和历史使命、正确认识远大抱负

和脚踏实地，成为又红又专、德才兼备、全面发展的中国特色社会主义合格建设者和可靠接班人。

第五条　辅导员的主要工作职责是：

（一）思想理论教育和价值引领。引导学生深入学习近平总书记系列重要讲话精神和治国理政新理念新思想新战略，深入开展中国特色社会主义、中国梦宣传教育和社会主义核心价值观教育，帮助学生不断坚定中国特色社会主义道路自信、理论自信、制度自信、文化自信，牢固树立正确的世界观、人生观、价值观。掌握学生思想行为特点及思想政治状况，有针对性地帮助学生处理好思想认识、价值取向、学习生活、择业交友等方面的具体问题。

（二）党团和班级建设。开展学生骨干的遴选、培养、激励工作，开展学生入党积极分子培养教育工作，开展学生党员发展和教育管理服务工作，指导学生党支部和班团组织建设。

（三）学风建设。熟悉了解学生所学专业的基本情况，激发学生学习兴趣，引导学生养成良好的学习习惯，掌握正确的学习方法。指导学生开展课外科技学术实践活动，营造浓厚学习氛围。

（四）学生日常事务管理。开展入学教育、毕业生教育及相关管理和服务工作。组织开展学生军事训练。组织评选各类奖学金、助学金。指导学生办理助学贷款。组织学生开展勤工俭学活动，做好学生困难帮扶。为学生提供生活指导，促进学生和谐相处、互帮互助。

（五）心理健康教育与咨询工作。协助学校心理健康教育机构开展心理健康教育，对学生心理问题进行初步排查和疏导，组织开展心理健康知识普及宣传活动，培育学生理性平和、乐观向上的健康心态。

（六）网络思想政治教育。运用新媒体新技术，推动思想政治工作传统优势与信息技术高度融合。构建网络思想政治教育重要阵地，积极传播先进文化。加强学生网络素养教育，积极培养校园好网民，引导学生创作网络文化作品，弘扬主旋律，传播正能量。创新工作路径，加强与学生的网上互动交流，运用网络新媒体对学生开展思想引领、学习指导、生活辅导、心理咨询等。

（七）校园危机事件应对。组织开展基本安全教育。参与学校、院（系）危机事件工作预案制定和执行。对校园危机事件进行初步处理，稳定局面控制事态发展，及时掌握危机事件信息并按程序上报。参与危机事件后期应对及总结研究分析。

（八）职业规划与就业创业指导。为学生提供科学

的职业生涯规划和就业指导以及相关服务,帮助学生树立正确的就业观念,引导学生到基层、到西部、到祖国最需要的地方建功立业。

(九)理论和实践研究。努力学习思想政治教育的基本理论和相关学科知识,参加相关学科领域学术交流活动,参与校内外思想政治教育课题或项目研究。

第三章　配备与选聘

第六条　高等学校应当按总体上师生比不低于1:200的比例设置专职辅导员岗位,按照专兼结合、以专为主的原则,足额配备到位。

专职辅导员是指在院(系)专职从事大学生日常思想政治教育工作的人员,包括院(系)党委(党总支)副书记、学工组长、团委(团总支)书记等专职工作人员,具有教师和管理人员双重身份。高等学校应参照专任教师聘任的待遇和保障,与专职辅导员建立人事聘用关系。

高等学校可以从优秀专任教师、管理人员、研究生中选聘一定数量兼职辅导员。兼职辅导员工作量按专职辅导员工作量的三分之一核定。

第七条　辅导员应当符合以下基本条件:

(一)具有较高的政治素质和坚定的理想信念,坚决贯彻执行党的基本路线和各项方针政策,有较强的政治敏感性和政治辨别力;

(二)具备本科以上学历,热爱大学生思想政治教育事业,甘于奉献,潜心育人,具有强烈的事业心和责任感;

(三)具有从事思想政治教育工作相关学科的宽口径知识储备,掌握思想政治教育工作相关学科的基本原理和基础知识,掌握思想政治教育专业基本理论、知识和方法,掌握马克思主义中国化相关理论和知识,掌握大学生思想政治教育工作实务相关知识,掌握有关法律法规知识;

(四)具备较强的组织管理能力和语言、文字表达能力,及教育引导能力、调查研究能力.具备开展思想理论教育和价值引领工作的能力;

(五)具有较强的纪律观念和规矩意识,遵纪守法,为人正直,作风正派,廉洁自律。

第八条　辅导员选聘工作要在高等学校党委统一领导下进行,由学生工作部门、组织、人事、纪检等相关部门共同组织开展。根据辅导员基本条件要求和实际岗位需要,确定具体选拔条件,通过组织推荐和公开招聘相结合的方式,经过笔试、面试、公示等相关程序进行选拔。

第九条　青年教师晋升高一级专业技术职务(职称),须有至少一年担任辅导员或班主任工作经历并考核合格。高等学校要鼓励新入职教师以多种形式参与辅导员或班主任工作。

第四章　发展与培训

第十条　高等学校应当制定专门办法和激励保障机制,落实专职辅导员职务职级"双线"晋升要求,推动辅导员队伍专业化职业化建设。

第十一条　高等学校应当结合实际,按专任教师职务岗位结构比例合理设置专职辅导员的相应教师职务岗位,专职辅导员可按教师职务(职称)要求评聘思想政治教育学科或其他相关学科的专业技术职务(职称)。

专职辅导员专业技术职务(职称)评聘应更加注重考察工作业绩和育人实效,单列计划、单设标准、单独评审。将优秀网络文化成果纳入专职辅导员的科研成果统计、职务(职称)评聘范围。

第十二条　高等学校可以成立专职辅导员专业技术职务(职称)聘任委员会,具体负责本校专职辅导员专业技术职务(职称)聘任工作。聘任委员会一般应由学校党委有关负责人、学生工作、组织人事、教学科研部门负责人、相关学科专家等人员组成。

第十三条　高等学校应当制定辅导员管理岗位聘任办法,根据辅导员的任职年限及实际工作表现,确定相应级别的管理岗位等级。

第十四条　辅导员培训应当纳入高等学校师资队伍和干部队伍培训整体规划。

建立国家、省级和高等学校三级辅导员培训体系。教育部设立高等学校辅导员培训和研修基地,开展国家级示范培训。省级教育部门应当根据区域内现有高等学校辅导员规模数量设立辅导员培训专项经费,建立辅导员培训和研修基地,承担所在区域内高等学校辅导员的岗前培训、日常培训和骨干培训。高等学校负责对本校辅导员的系统培训,确保每名专职辅导员每年参加不少于16个学时的校级培训,每5年参加1次国家级或省级培训。

第十五条　省级教育部门、高等学校要积极选拔优秀辅导员参加国内国际交流学习和研修深造,创造条件支持辅导员到地方党政机关、企业、基层等挂职锻炼,支持辅导员结合大学生思想政治教育的工作实践和思想政治教育学科的发展开展研究。高等学校要鼓励辅导员在做好工作的基础上攻读相关专业学位,承担思想政治理论课等相关课程的教学工作,为辅导员提升专业水平和科研能力提供条件保障。

第十六条　高等学校要积极为辅导员的工作和生活创造便利条件,应根据辅导员的工作特点,在岗位津贴、办公条件、通讯经费等方面制定相关政策,为辅导员的工作和生活提供必要保障。

第五章　管理与考核

第十七条　高等学校辅导员实行学校和院(系)双重管理。

学生工作部门牵头负责辅导员的培养、培训和考核等工作,同时要与院(系)党委(党总支)共同做好辅导员日常管理工作。院(系)党委(党总支)负责对辅导员进行直接领导和管理。

第十八条　高等学校要根据辅导员职业能力标准,制定辅导员工作考核的具体办法,健全辅导员队伍的考核评价体系。对辅导员的考核评价应由学生工作部门牵头,组织人事部门、院(系)党委(党总支)和学生共同参与。考核结果与辅导员的职务聘任、奖惩、晋级等挂钩。

第十九条　教育部在全国教育系统先进集体和先进个人表彰中对高校优秀辅导员进行表彰。各地教育部门和高等学校要结合实际情况建立辅导员单独表彰体系并将优秀辅导员表彰奖励纳入各级教师、教育工作者表彰奖励体系中。

第六章　附　则

第二十条　本规定适用于普通高等学校辅导员队伍建设。其他类型高等学校的辅导员队伍建设或思想政治工作其他队伍建设可以参照本规定执行。

第二十一条　高等学校要根据本规定,结合实际制定相关实施细则,并报主管教育部门备案。

第二十二条　本规定自 2017 年 10 月 1 日起施行。原《普通高等学校辅导员队伍建设规定》同时废止。

高等学校青年骨干教师国内访问学者项目实施办法

· 2004 年 10 月 8 日
· 教人厅〔2004〕8 号

第一章　总　则

第一条　为贯彻落实《2003－2007 年教育振兴行动计划》,促进高等学校青年骨干教师在学科发展前沿进行研修和开展学术交流,培养一批学术带头人和学术骨干,根据《高等学校"高层次创造性人才计划"实施方案》,特设立"高等学校青年骨干教师国内访问学者项目"。

第二条　本项目通过个人申请、选派学校推荐、接受学校审核、教育部宏观调控的方式,每年选派 1000 名高等学校青年骨干教师作为国内访问学者赴国内重点高等学校重点学科领域进行研修,使他们能够及时跟踪了解学术前沿动态和发展趋势,提高教学科研能力和学术水平,增强创新意识,为回校后发挥学术带头人或学术骨干作用奠定基础。

第三条　教育部人事司负责本项目的组织与协调工作。教育部高等学校师资培训交流武汉中心负责本项目日常工作。

第二章　选派对象和条件

第四条　本项目选派对象应是国内普通高等学校在职教师,并具备以下条件:

1. 在国内普通高等学校从事教学科研工作五年以上,政治思想素质好,有强烈的事业心和良好的职业道德;

2. 基础理论和专业知识扎实、教学科研能力较强,能胜任主干课程讲授任务,曾独立主持或参与负责过一次全过程的课题研究并取得成绩;有较高的学术水平,是选派学校学术带头人的后备力量或青年骨干教师;

3. 原则上应具有副高及其以上专业技术职务,一般应具有硕士学位或接受过硕士研究生主要课程的培训,年龄一般不超过 40 周岁。

第五条　本项目面向全国普通高等学校,重点支持地方高等学校,并向西部地区、东北老工业基地的高等学校倾斜。

第三章　接受学校和培养方式

第六条　接受国内访问学者的学校应是教学科研水平高、师资力量雄厚的国内重点高等学校,一般应为实施"211"工程重点建设的学校。

接受国内访问学者的学科应是国家重点学科,国家、教育部重点实验室,国家、教育部工程(技术)研究中心,教育部人文社会科学重点研究基地等重点科研基地和优势学科,能够为国内访问学者提供不低于博士研究生标准的研修和工作条件。

第七条　国内访问学者的培养工作实行指导教师负责制。

国内访问学者指导教师应具有指导博士研究生的能力,师德高尚、学术造诣高深、工作认真负责,主持承担了能让国内访问学者参与的科研项目。

第八条　国内访问学者和指导教师应共同协商制订研修计划,在指导教师指导下,以参加科研为主,并协助指导研究生、参与课程讲授、辅导或其他教学工作。研修期限一般为一年。

第四章　申报程序

第九条　有条件接受国内访问学者的高等学校填写并向教育部高等学校师资培训交流武汉中心报送《接受高等学校青年骨干教师国内访问学者申报表》，说明招收国内访问学者的学科专业和指导教师及其研修课题的有关情况。

教育部高等学校师资培训交流武汉中心汇总审核并确定申报学校招收国内访问学者的计划，向全国普通高等学校公布。

第十条　高等学校按照公布的招收计划，在组织校内青年骨干教师报名的基础上，审核确定国内访问学者推荐人选，并向接受学校提交《高等学校青年骨干教师国内访问学者推荐表》。申请材料应明确提出研修的要求和预期目的。

第十一条　接受学校和指导教师审核《高等学校青年骨干教师国内访问学者推荐表》，确定录取名单，下发录取通知，同时将录取情况报送教育部高等学校师资培训交流武汉中心备案。

第十二条　教育部高等学校师资培训交流武汉中心根据高等学校报送的材料汇总本项目年度实施方案，报送教育部人事司审核备案。

第五章　支持方式

第十三条　本项目所需经费按照"四个一点"的原则筹措，即教育部资助一点，接受学校减免一点，选派学校支持一点，访问学者承担一点。

第十四条　教育部对入选本项目的国内访问学者资助部分培养费。资助的培养费每年年终拨付一次，由接受学校掌握，专款专用。

第十五条　接受学校要结合实际情况，对培养费的差额部分适当减免，特别是尽可能减免西部地区、东北老工业基地高等学校选派国内访问学者的培养费。接受学校应将收取培养费的标准报教育部人事司备案。

第十六条　选派学校和国内访问学者本人分担研修期间的住宿、交通等费用。

第六章　考核办法

第十七条　选派学校应与入选本项目的国内访问学者签订培养合同。合同中要约定研修目标、预期成果及其考核方式，也可约定研修期间住宿、交通等费用的分担办法、研修结束后回校工作的承诺及违约责任等。

第十八条　国内访问学者研修结束后，填写《高等学校青年骨干教师国内访问学者结业考核表》，总结研修成果；接受学校和指导教师对国内访问学者研修期间的学习表现、从事的主要工作、取得的主要成果和收获等情况，要认真做出客观公正的考核评价；结业前，选派学校应对国内访问学者研修情况进行考核。经考核合格者由接受学校颁发《高等学校国内访问学者结业证书》。

第十九条　国内访问学者回校工作后一年内，学校要对其教学科研发展情况以及接受学校培养效果做出评估，并将书面材料报送教育部高等学校师资培训交流武汉中心。

第七章　管理与评估

第二十条　接受学校要明确一名副校长分管此项工作，并明确本项目管理部门。

教师指导国内访问学者的工作计入其工作量并作为考核内容之一。

第二十一条　国内访问学者研修期间人事关系在原单位，期满后回原单位工作，研修期间的工资、津贴、福利、职务评聘等原则上不受影响，研修情况和成果作为其业务考核、职务聘任的依据之一。

第二十二条　教育部适时组织有关专家开展对本项目实施情况的评估和检查，对接受国内访问学者工作成绩突出的学校予以表彰鼓励。

对达不到本项目预期目标者，除了不授予《高等学校国内访问学者结业证书》，不拨付资助经费外，区别以下三种情况予以处理：

1. 国内访问学者本人不认真履行研修计划的，由本人向接受学校全额支付培养费；

2. 接受学校疏于管理，指导教师不认真负责，未能提供必要研修条件的，暂停接受学校招收国内访问学者的资格；

3. 选派学校不落实有关配套政策，致使国内访问学者无法完成研修任务的，暂停该校选派国内访问学者的资格。

第二十三条　指导教师及其科研项目情况，以及本项目评估、检查结果等材料通过适当方式向社会公开，接受社会监督。

第八章　附　则

第二十四条　本办法自发布之日起实施。

第二十五条　本办法由教育部人事司负责解释。教育部高等学校师资培训交流武汉中心可以根据本办法制订实施细则。

特级教师评选规定

· 1993 年 6 月 10 日

· 教人〔1993〕38 号

第一条　为了鼓励广大中小学教师长期从事教育事业,进一步提高中小学教师的社会地位,表彰在中小学教育教学中有特殊贡献的教师,制定本规定。

第二条　"特级教师"是国家为了表彰特别优秀的中小学教师而特设的一种既具先进性、又有专业性的称号。特级教师应是师德的表率、育人的模范、教学的专家。

第三条　本规定适用于普通中学、小学、幼儿园、师范学校、盲聋哑学校、教师进修学校、职业中学、教学研究机构、校外教育机构的教师。

第四条　特级教师的条件:

(一)坚持党的基本路线,热爱社会主义祖国,忠诚人民的教育事业;认真贯彻执行教育方针;一贯模范履行教师职责,教书育人,为人师表。

(二)具有中小学校高级教师职务。对所教学科具有系统的、坚实的理论知识和丰富的教学经验;精通业务,严谨治学,教育教学效果特别显著。或者在学生思想政治教育和班主任工作方面有突出的专长和丰富的经验,并取得显著成绩;在教育教学改革中勇于创新或在教学法研究、教材建设中成绩卓著。在当地教育界有声望。

(三)在培训提高教师的思想政治、文化业务水平和教育教学能力方面做出显著贡献。

第五条　评选特级教师工作应有计划、经常性地进行。各省、自治区、直辖市在职特级教师总数一般控制在中小学教师总数的千万之一点五以内。评选的重点是在普通中小学教育教学第一线工作的教师。

第六条　评选特级教师的程序:

(一)在学校组织教师酝酿提名的基础上,地(市)、县教育行政部门可在适当范围内,广泛征求意见,通过全面考核,确定推荐人选,报省、自治区、直辖市教育行政部门。

(二)省、自治区、直辖市教育行政部门对地(市)、县的推荐人选审核后,送交由教育行政部门领导、特级教师、对中小学教育有研究的专家、校长组成的评审组织评审。

(三)省、自治区、直辖市教育行政部门根据特级教师评审组织的意见确定正式人选报省、自治区、直辖市人民政府批准,并报国务院教育行政部门备案。

第七条　授予特级教师称号,颁发特级教师证书,在各省、自治区、直辖市庆祝教师节大会上进行。要采用多种形式宣传特级教师的优秀事迹,推广特级教师的先进经验。

第八条　特级教师享受特级教师津贴,每人每月 80 元,退休后继续享受,数额不减。中小学民办教师评选为特级教师的,享受同样津贴。所需经费由教育事业费列支。

第九条　特级教师要模范地做好本职工作。要不断钻研教育教学理论,坚持教育教学改革实验;研究教育教学中普遍存在的问题,积极主动提出改进办法;通过各种方式培养提高年轻教师。

特级教师应不断地总结教育教学、教育科学研究等方面的经验,并向学校和教育行政部门汇报。

第十条　学校和教育行政部门要为特级教师发挥作用创造条件。要支持特级教师的教育教学改革实验和教育科学研究。要积极为特级教师的学习提高和开展研究工作提供方便。

可为年龄较大、教育教学经验特别丰富的特级教师,选派有事业心、肯钻研的年轻教师做助手,协助他们进行教学改革实验,帮助他们总结、整理教育教学改革经验。

特级教师一般不宜兼任过多的社会职务,以保证他们有充足的时间和精力做好本职工作。

第十一条　特级教师退休后,根据工作需要和本人条件,可返聘继续从事教材编写、培养教师和其他有关工作。

第十二条　特级教师有下列情形之一的,由所在省、自治区、直辖市人民政府批准撤销特级教师称号:

(一)在评选特级教师工作中弄虚作假,不符合特级教师条件的;

(二)受到剥夺政治权利或者有期徒刑以上刑事处罚的;

(三)其他应予撤销称号的。

第十三条　特级教师调离中小学教育系统,其称号自行取消;取消、撤销称号,与称号有关的待遇即行中止。

第十四条　各省、自治区、直辖市教育行政部门可依据本规定,结合本地区的实际情况,制定特级教师评选和管理的具体办法。

第十五条　本规定由国务院教育行政部门负责解释。

第十六条　本规定自发布之日起施行。在此之前的文件,凡与本规定不一致的,按本规定执行。

教师和教育工作者奖励规定

· 1998 年 1 月 8 日
· 教人〔1998〕1 号

第一条　为了鼓励我国广大教师和教育工作者长期从事教育事业,奖励在教育事业中作出突出贡献的教师和教育工作者,依据《中华人民共和国教师法》,制定本规定。

第二条　国务院教育行政部门对长期从事教育教学、科学研究和管理、服务工作并取得显著成绩的教师和教育工作者,分别授予"全国优秀教师"和"全国优秀教育工作者"荣誉称号,颁发相应的奖章和证书;对其中作出贡献者,由国务院教育行政部门会同国务院人事部门授予"全国模范教师"和"全国教育系统先进工作者"荣誉称号,颁发相应的奖章和证书。

第三条　"全国优秀教师"、"全国优秀教育工作者"的基本条件是:热爱社会主义祖国,坚持党的基本路线,忠诚人民的教育事业,模范履行职责,具有良好的职业道德,并具备下列条件之一:

（一）全面贯彻教育方针,坚持素质教育思想,热爱学生,关心学生的全面成长,教书育人,为人师表,在培养人才方面成绩显著;

（二）认真完成教育教学工作任务,在教学改革、教材建设、实验室建设、提高教育教学质量方面成绩突出;

（三）在教育教学研究、科学研究、技术推广等方面有创造性的成果,具有较大的科学价值或者显著的经济效益、社会效益;

（四）在学校管理、服务和学校建设方面有突出成绩。

第四条　奖励"全国模范教师"、"全国教育系统先进工作者"和"全国优秀教师"、"全国优秀教育工作者",每三年进行一次,并于当年教师节期间进行表彰。

第五条　各省、自治区、直辖市教育行政部门向国务院教育行政部门推荐"全国模范教师"、"全国教育系统先进工作者"和"全国优秀教师"、"全国优秀教育工作者"的比例控制在本地区教职工总数的万分之二以内,其中"全国模范教师"、"全国教育系统先进工作者"的比例不超过本地区教职工总数的十万分之六。解放军、武装警察部队奖励人选的推荐比例另行确定。

第六条　奖励"全国优秀教师"、"全国优秀教育工作者"的工作由国务院教育行政部门会同全国教育工会、中国中小学幼儿教师奖励基金会统一组织领导;奖励"全国模范教师"、"全国教育系统先进工作者"的工作由国务院教育行政部门会同国务院人事部门统一组织领导,负责组织评审和批准各省、自治区、直辖市和解放军、武装警察部队推荐的相应奖励人选。

各省、自治区、直辖市教育行政部门分别会同当地教育工会、教师奖励组织和政府人事部门负责组织本地区的"全国优秀教师"、"全国优秀教育工作者"和"全国模范教师"、"全国教育系统先进工作者"人选的评审和推荐工作。

解放军总政治部负责解放军和武装警察部队奖励人选的评审和推荐工作。

第七条　"全国模范教师"、"全国教育系统先进工作者"的奖章和证书,由国务院教育行政部门会同国务院人事部门颁发;"全国优秀教师"、"全国优秀教育工作者"的奖章和证书由国务院教育行政部门颁发,或者由其委托省、自治区、直辖市人民政府、解放军总政治部颁发,并在评选当年的教师节举行颁奖仪式。"全国模范教师"、"全国教育系统先进工作者"的奖章和证书由国务院教育行政部门会同国务院人事部门统一制作。"全国优秀教师"、"全国优秀教育工作者"的奖章和证书由国务院教育行政部门统一制作。

第八条　教师奖励工作应坚持精神奖励与物质奖励相结合的原则。"全国模范教师"、"全国教育系统先进工作者"和"全国优秀教师"、"全国优秀教育工作者"享受由国务院教育行政部门会同中国中小学幼儿教师奖励基金会颁发的一次性奖金。其中,"全国模范教师"、"全国教育系统先进工作者"按照人事部人核培发〔1994〕4号文件规定,享受省(部)级劳动模范和先进工作者待遇。尚未实行职务工资制度的民办教师,获得"全国模范教师"、"全国教育系统先进工作者"荣誉称号时,奖励晋升工资的具体办法由各省、自治区、直辖市制定。

第九条　"全国模范教师"、"全国教育系统先进工作者"和"全国优秀教师"、"全国优秀教育工作者"称号获得者的事迹和获奖情况,应记入本人档案,并作为考核、聘任、职务和工资晋升的重要依据。

第十条　"全国模范教师"、"全国教育系统先进工作者"或者"全国优秀教师"、"全国优秀教育工作者"荣誉称号获得者有下列情形之一的,由所在省、自治区、直辖市教育行政部门,解放军总政治部报请相应的授予机关批准,撤销其称号,并取消相应待遇:

（一）在表彰奖励活动中弄虚作假、骗取荣誉称号的;

（二）已丧失"全国模范教师"、"全国教育系统先进工作者"或者"全国优秀教师"、"全国优秀教育工作者"

荣誉称号条件的。

第十一条 本规定适用于《教师法》适用范围的各级各类学校及其他教育机构中的教师和教育工作者。

第十二条 各省、自治区、直辖市和国务院有关部门、解放军总政治部可参照本规定，结合实际情况，奖励所属学校和其他教育机构的优秀教师和教育工作者。其具体办法由各省、自治区、直辖市和国务院有关部门、解放军总政治部自行制定。

第十三条 本规定由国务院教育行政部门负责解释。

第十四条 本规定自发布之日起施行。《教师和教育工作者暂行规定》同时废止。

新时代高校教师职业行为十项准则

· 2018 年 11 月 8 日
· 教师〔2018〕16 号

教师是人类灵魂的工程师，是人类文明的传承者。长期以来，广大教师贯彻党的教育方针，教书育人，呕心沥血，默默奉献，为国家发展和民族振兴作出了重大贡献。新时代对广大教师落实立德树人根本任务提出新的更高要求，为进一步增强教师的责任感、使命感、荣誉感，规范职业行为，明确师德底线，引导广大教师努力成为有理想信念、有道德情操、有扎实学识、有仁爱之心的好老师，着力培养德智体美劳全面发展的社会主义建设者和接班人，特制定以下准则。

一、坚定政治方向。坚持以习近平新时代中国特色社会主义思想为指导，拥护中国共产党的领导，贯彻党的教育方针；不得在教育教学活动中及其他场合有损害党中央权威、违背党的路线方针政策的言行。

二、自觉爱国守法。忠于祖国，忠于人民，恪守宪法原则，遵守法律法规，依法履行教师职责；不得损害国家利益、社会公共利益，或违背社会公序良俗。

三、传播优秀文化。带头践行社会主义核心价值观，弘扬真善美，传递正能量；不得通过课堂、论坛、讲座、信息网络及其他渠道发表、转发错误观点，或编造散布虚假信息、不良信息。

四、潜心教书育人。落实立德树人根本任务，遵循教育规律和学生成长规律，因材施教，教学相长；不得违反教学纪律，敷衍教学，或擅自从事影响教育教学本职工作的兼职兼薪行为。

五、关心爱护学生。严慈相济，诲人不倦，真心关爱学生，严格要求学生，做学生良师益友；不得要求学生从事与教学、科研、社会服务无关的事宜。

六、坚持言行雅正。为人师表，以身作则，举止文明，作风正派，自重自爱；不得与学生发生任何不正当关系，严禁任何形式的猥亵、性骚扰行为。

七、遵守学术规范。严谨治学，力戒浮躁，潜心问道，勇于探索，坚守学术良知，反对学术不端；不得抄袭剽窃、篡改侵吞他人学术成果，或滥用学术资源和学术影响。

八、秉持公平诚信。坚持原则，处事公道，光明磊落，为人正直；不得在招生、考试、推优、保研、就业及绩效考核、岗位聘用、职称评聘、评优评奖等工作中徇私舞弊、弄虚作假。

九、坚守廉洁自律。严于律己，清廉从教；不得索要、收受学生及家长财物，不得参加由学生及家长付费的宴请、旅游、娱乐休闲等活动，或利用家长资源谋取私利。

十、积极奉献社会。履行社会责任，贡献聪明才智，树立正确义利观；不得假公济私，擅自利用学校名义或校名、校徽、专利、场所等资源谋取个人利益。

新时代中小学教师职业行为十项准则

· 2018 年 11 月 8 日
· 教师〔2018〕16 号

教师是人类灵魂的工程师，是人类文明的传承者。长期以来，广大教师贯彻党的教育方针，教书育人，呕心沥血，默默奉献，为国家发展和民族振兴作出了重大贡献。新时代对广大教师落实立德树人根本任务提出新的更高要求，为进一步增强教师的责任感、使命感、荣誉感，规范职业行为，明确师德底线，引导广大教师努力成为有理想信念、有道德情操、有扎实学识、有仁爱之心的好老师，着力培养德智体美劳全面发展的社会主义建设者和接班人，特制定以下准则。

一、坚定政治方向。坚持以习近平新时代中国特色社会主义思想为指导，拥护中国共产党的领导，贯彻党的教育方针；不得在教育教学活动中及其他场合有损害党中央权威、违背党的路线方针政策的言行。

二、自觉爱国守法。忠于祖国，忠于人民，恪守宪法原则，遵守法律法规，依法履行教师职责；不得损害国家利益、社会公共利益，或违背社会公序良俗。

三、传播优秀文化。带头践行社会主义核心价值观，弘扬真善美，传递正能量；不得通过课堂、论坛、讲座、信息网络及其他渠道发表、转发错误观点，或编造散布虚假信息、不良信息。

四、潜心教书育人。落实立德树人根本任务,遵循教育规律和学生成长规律,因材施教,教学相长;不得违反教学纪律,敷衍教学,或擅自从事影响教育教学本职工作的兼职兼薪行为。

五、关心爱护学生。严慈相济,诲人不倦,真心关爱学生,严格要求学生,做学生良师益友;不得歧视、侮辱学生,严禁虐待、伤害学生。

六、加强安全防范。增强安全意识,加强安全教育,保护学生安全,防范事故风险;不得在教育教学活动中遇突发事件、面临危险时,不顾学生安危,擅离职守,自行逃离。

七、坚持言行雅正。为人师表,以身作则,举止文明,作风正派,自重自爱;不得与学生发生任何不正当关系,严禁任何形式的猥亵、性骚扰行为。

八、秉持公平诚信。坚持原则,处事公道,光明磊落,为人正直;不得在招生、考试、推优、保送及绩效考核、岗位聘用、职称评聘、评优评奖等工作中徇私舞弊、弄虚作假。

九、坚守廉洁自律。严于律己,清廉从教;不得索要、收受学生及家长财物或参加由学生及家长付费的宴请、旅游、娱乐休闲等活动,不得向学生推销图书报刊、教辅材料、社会保险或利用家长资源谋取私利。

十、规范从教行为。勤勉敬业,乐于奉献,自觉抵制不良风气;不得组织、参与有偿补课,或为校外培训机构和他人介绍生源、提供相关信息。

新时代幼儿园教师职业行为十项准则

· 2018 年 11 月 8 日
· 教师〔2018〕16 号

教师是人类灵魂的工程师,是人类文明的传承者。长期以来,广大教师贯彻党的教育方针,教书育人,呕心沥血,默默奉献,为国家发展和民族振兴作出了重大贡献。新时代对广大教师落实立德树人根本任务提出新的更高要求,为进一步增强教师的责任感、使命感、荣誉感,规范职业行为,明确师德底线,引导广大教师努力成为有理想信念、有道德情操、有扎实学识、有仁爱之心的好老师,着力培养德智体美劳全面发展的社会主义建设者和接班人,特制定以下准则。

一、坚定政治方向。坚持以习近平新时代中国特色社会主义思想为指导,拥护中国共产党的领导,贯彻党的教育方针;不得在保教活动中及其他场合有损害党中央权威和违背党的路线方针政策的言行。

二、自觉爱国守法。忠于祖国,忠于人民,恪守宪法原则,遵守法律法规,依法履行教师职责;不得损害国家利益、社会公共利益,或违背社会公序良俗。

三、传播优秀文化。带头践行社会主义核心价值观,弘扬真善美,传递正能量;不得通过保教活动、论坛、讲座、信息网络及其他渠道发表、转发错误观点,或编造散布虚假信息、不良信息。

四、潜心培幼育人。落实立德树人根本任务,爱岗敬业,细致耐心;不得在工作期间玩忽职守、消极怠工,或空岗、未经批准找人替班,不得利用职务之便兼职兼薪。

五、加强安全防范。增强安全意识,加强安全教育,保护幼儿安全,防范事故风险;不得在保教活动中遇突发事件、面临危险时,不顾幼儿安危,擅离职守,自行逃离。

六、关心爱护幼儿。呵护幼儿健康,保障快乐成长;不得体罚和变相体罚幼儿,不得歧视、侮辱幼儿,严禁猥亵、虐待、伤害幼儿。

七、遵循幼教规律。循序渐进,寓教于乐;不得采用学校教育方式提前教授小学内容,不得组织有碍幼儿身心健康的活动。

八、秉持公平诚信。坚持原则,处事公道,光明磊落,为人正直;不得在入园招生、绩效考核、岗位聘用、职称评聘、评优评奖等工作中徇私舞弊、弄虚作假。

九、坚守廉洁自律。严于律己,清廉从教;不得索要、收受幼儿家长财物或参加由家长付费的宴请、旅游、娱乐休闲等活动,不得推销幼儿读物、社会保险或利用家长资源谋取私利。

十、规范保教行为。尊重幼儿权益,抵制不良风气;不得组织幼儿参加以营利为目的的表演、竞赛等活动,或泄露幼儿与家长的信息。

中小学教师违反职业道德行为处理办法
（2018 年修订）

· 2018 年 11 月 8 日
· 教师〔2018〕18 号

第一条　为规范教师职业行为,保障教师、学生的合法权益,根据《中华人民共和国教育法》《中华人民共和国未成年人保护法》《中华人民共和国教师法》《教师资格条例》和《新时代中小学教师职业行为十项准则》等法律法规和制度规范,制定本办法。

第二条　本办法所称中小学教师是指普通中小学、中等职业学校(含技工学校)、特殊教育机构、少年宫以及地方教研室、电化教育等机构的教师。

前款所称中小学教师包括民办学校教师。

第三条　本办法所称处理包括处分和其他处理。处分包括警告、记过、降低岗位等级或撤职、开除。警告期限为 6 个月,记过期限为 12 个月,降低岗位等级或撤职期限为 24 个月。是中共党员的,同时给予党纪处分。

其他处理包括给予批评教育、诫勉谈话、责令检查、通报批评,以及取消在评奖评优、职务晋升、职称评定、岗位聘用、工资晋级、申报人才计划等方面的资格。取消相关资格的处理执行期限不得少于 24 个月。

教师涉嫌违法犯罪的,及时移送司法机关依法处理。

第四条　应予处理的教师违反职业道德行为如下:

(一)在教育教学活动中及其他场合有损害党中央权威、违背党的路线方针政策的言行。

(二)损害国家利益、社会公共利益,或违背社会公序良俗。

(三)通过课堂、论坛、讲座、信息网络及其他渠道发表、转发错误观点,或编造散布虚假信息、不良信息。

(四)违反教学纪律,敷衍教学,或擅自从事影响教育教学本职工作的兼职兼薪行为。

(五)歧视、侮辱学生,虐待、伤害学生。

(六)在教育教学活动中遇突发事件、面临危险时,不顾学生安危,擅离职守,自行逃离。

(七)与学生发生不正当关系,有任何形式的猥亵、性骚扰行为。

(八)在招生、考试、推优、保送及绩效考核、岗位聘用、职称评聘、评优评奖等工作中徇私舞弊、弄虚作假。

(九)索要、收受学生及家长财物或参加由学生及家长付费的宴请、旅游、娱乐休闲等活动,向学生推销图书报刊、教辅材料、社会保险或利用家长资源谋取私利。

(十)组织、参与有偿补课,或为校外培训机构和他人介绍生源、提供相关信息。

(十一)其他违反职业道德的行为。

第五条　学校及学校主管教育部门发现教师存在违反第四条列举行为的,应当及时组织调查核实,视情节轻重给予相应处理。作出处理决定前,应当听取教师的陈述和申辩,听取学生、其他教师、家长委员会或者家长代表意见,并告知教师有要求举行听证的权利。对于拟给予降低岗位等级以上的处分,教师要求听证的,拟作出处理决定的部门应当组织听证。

第六条　给予教师处理,应当坚持公平公正、教育与惩处相结合的原则;应当与其违反职业道德行为的性质、情节、危害程度相适应;应当事实清楚、证据确凿、定性准确、处理恰当、程序合法、手续完备。

第七条　给予教师处理按照以下权限决定:

(一)警告和记过处分,公办学校教师由所在学校提出建议,学校主管教育部门决定。民办学校教师由所在学校决定,报主管教育部门备案。

(二)降低岗位等级或撤职处分,由教师所在学校提出建议,学校主管教育部门决定并报同级人事部门备案。

(三)开除处分,公办学校教师由所在学校提出建议,学校主管教育部门决定并报同级人事部门备案。民办学校教师或者未纳入人事编制管理的教师由所在学校决定并解除其聘任合同,报主管教育部门备案。

(四)给予批评教育、诫勉谈话、责令检查、通报批评,以及取消在评奖评优、职务晋升、职称评定、岗位聘用、工资晋级、申报人才计划等方面资格的其他处理,按照管理权限,由教师所在学校或主管部门视其情节轻重作出决定。

第八条　处理决定应当书面通知教师本人并载明认定的事实、理由、依据、期限及申诉途径等内容。

第九条　教师不服处理决定的,可以向学校主管教育部门申请复核。对复核结果不服的,可以向学校主管教育部门的上一级行政部门提出申诉。

对教师的处理,在期满后根据悔改表现予以延期或解除,处理决定和处理解除决定都应完整存入人事档案及教师管理信息系统。

第十条　教师受到处分的,符合《教师资格条例》第十九条规定的,由县级以上教育行政部门依法撤销其教师资格。

教师受处分期间暂缓教师资格定期注册。依据《中华人民共和国教师法》第十四条规定丧失教师资格的,不能重新取得教师资格。

教师受记过以上处分期间不能参加专业技术职务任职资格评审。

第十一条　教师被依法判处刑罚的,依据《事业单位工作人员处分暂行规定》给予降低岗位等级或者撤职以上处分。其中,被依法判处有期徒刑以上刑罚的,给予开除处分。教师受到剥夺政治权利或者故意犯罪受到有期徒刑以上刑事处罚的,丧失教师资格。

第十二条　学校及主管教育部门不履行或不正确履行师德师风建设管理职责,有下列情形的,上一级行政部门应当视情节轻重采取约谈、诫勉谈话、通报批评、纪律处分和组织处理等方式严肃追究主要负责人、分管负责人和直接责任人的责任：

（一）师德师风长效机制建设、日常教育督导不到位；

（二）师德失范问题排查发现不及时；

（三）对已发现的师德失范行为处置不力、方式不当或拒不处分、拖延处分、推诿隐瞒的；

（四）已作出的师德失范行为处理决定落实不到位，师德失范行为整改不彻底；

（五）多次出现师德失范问题或因师德失范行为引起不良社会影响；

（六）其他应当问责的失职失责情形。

第十三条　省级教育行政部门应当结合当地实际情况制定实施细则，并报国务院教育行政部门备案。

第十四条　本办法自发布之日起施行。

研究生导师指导行为准则

· 2020 年 10 月 30 日
· 教研〔2020〕12 号

导师是研究生培养的第一责任人，肩负着培养高层次创新人才的崇高使命。长期以来，广大导师贯彻党的教育方针，立德修身、严谨治学、潜心育人，为研究生教育事业发展和创新型国家建设作出了突出贡献。为进一步加强研究生导师队伍建设，规范指导行为，努力造就有理想信念、有道德情操、有扎实学识、有仁爱之心的新时代优秀导师，在《教育部关于全面落实研究生导师立德树人职责的意见》（教研〔2018〕1 号）、《新时代高校教师职业行为十项准则》基础上，制定以下准则。

一、坚持正确思想引领。 坚持以习近平新时代中国特色社会主义思想为指导，模范践行社会主义核心价值观，强化对研究生的思想政治教育，引导研究生树立正确的世界观、人生观、价值观，增强使命感、责任感，既做学业导师又做人生导师。不得有违背党的理论和路线方针政策、违反国家法律法规、损害党和国家形象、背离社会主义核心价值观的言行。

二、科学公正参与招生。 在参与招生宣传、命题阅卷、复试录取等工作中，严格遵守有关规定，公平公正、科学选才。认真完成研究生考试命题、复试、录取等各环节工作，确保录取研究生的政治素养和业务水平。不得组织或参与任何有可能损害考试招生公平公正的活动。

三、精心尽力投入指导。 根据社会需求、培养条件和指导能力，合理调整自身指导研究生数量，确保足够的时间和精力提供指导，及时督促指导研究生完成课程学习、科学研究、专业实习实践和学位论文写作等任务；采用多种培养方式，激发研究生创新活力。不得对研究生的学业进程及面临的学业问题疏于监督和指导。

四、正确履行指导职责。 遵循研究生教育规律和人才成长规律，因材施教；合理指导研究生学习、科研与实习实践活动；综合开题、中期考核等关键节点考核情况，提出研究生分流退出建议。不得要求研究生从事与学业、科研、社会服务无关的事务，不得违规随意拖延研究生毕业时间。

五、严格遵守学术规范。 秉持科学精神，坚持严谨治学，带头维护学术尊严和科研诚信；以身作则，强化研究生学术规范训练，尊重他人劳动成果，杜绝学术不端行为，对与研究生联合署名的科研成果承担相应责任。不得有违反学术规范、损害研究生学术科研权益等行为。

六、把关学位论文质量。 加强培养过程管理，按照培养方案和时间节点要求，指导研究生做好论文选题、开题、研究及撰写等工作；严格执行学位授予要求，对研究生学位论文质量严格把关。不得将不符合学术规范和质量要求的学位论文提交评审和答辩。

七、严格经费使用管理。 鼓励研究生积极参与科学研究、社会实践和学术交流，按规定为研究生提供相应经费支持，确保研究生正当权益。不得以研究生名义虚报、冒领、挪用、侵占科研经费或其他费用。

八、构建和谐师生关系。 落实立德树人根本任务，加强人文关怀，关注研究生学业、就业压力和心理健康，建立良好的师生互动机制。不得侮辱研究生人格，不得与研究生发生不正当关系。

新时代高等学校思想政治理论课教师队伍建设规定

· 2020 年 1 月 16 日教育部令第 46 号公布
· 自 2020 年 3 月 1 日起施行

第一章　总　则

第一条　为深入贯彻落实习近平新时代中国特色社会主义思想和党的十九大精神，贯彻落实习近平总书记关于教育的重要论述，全面贯彻党的教育方针，加强新时代高等学校思想政治理论课（以下简称思政课）教师队伍建设，根据《中华人民共和国教师法》，中共中央办公厅、国务院办公厅印发的《关于深化新时代学校思想政治理论课改革创新的若干意见》，制定本规定。

第二条　思政课是高等学校落实立德树人根本任务

的关键课程,是必须按照国家要求设置的课程。

思政课教师是指承担高等学校思政课教育教学和研究职责的专兼职教师,是高等学校教师队伍中承担开展马克思主义理论教育、用习近平新时代中国特色社会主义思想铸魂育人的中坚力量。

第三条　主管教育部门、高等学校应当加强思政课教师队伍建设,把思政课教师队伍建设纳入教育事业发展和干部人才队伍建设总体规划,在师资建设上优先考虑,在资金投入上优先保障,在资源配置上优先满足。

第四条　高等学校应当落实全员育人、全程育人、全方位育人要求,构建完善立德树人工作体系,调动广大教职工参与思想政治理论教育的积极性、主动性,动员各方面力量支持、配合思政课教师开展教学科研、组织学生社会实践等工作,提升思政课教学效果。

第二章　职责与要求

第五条　思政课教师的首要岗位职责是讲好思政课。思政课教师要引导学生立德成人、立志成才,树立正确世界观、人生观、价值观,坚定对马克思主义的信仰,坚定对社会主义和共产主义的信念,增强中国特色社会主义道路自信、理论自信、制度自信、文化自信,厚植爱国主义情怀,把爱国情、强国志、报国行自觉融入坚持和发展中国特色社会主义事业、建设社会主义现代化强国、实现中华民族伟大复兴的奋斗之中,为培养德智体美劳全面发展的社会主义建设者和接班人作出积极贡献。

第六条　对思政课教师的岗位要求是:

(一)思政课教师应当增强"四个意识",坚定"四个自信",做到"两个维护",始终在政治立场、政治方向、政治原则、政治道路上同以习近平同志为核心的党中央保持高度一致,模范践行高等学校教师师德规范。做到信仰坚定、学识渊博、理论功底深厚,努力做到政治强、情怀深、思维新、视野广、自律严、人格正,自觉用习近平新时代中国特色社会主义思想武装头脑,做学习和实践马克思主义的典范,做为学为人的表率。

(二)思政课教师应当用好国家统编教材。以讲好用好教材为基础,认真参加教材使用培训和集体备课,深入研究教材内容,吃准吃透教材基本精神,全面把握教材重点、难点,认真做好教材转化工作,编写好教案,切实推动教材体系向教学体系转化。

(三)思政课教师应当加强教学研究。坚持以思政课教学为核心的科研导向,紧紧围绕马克思主义理论学科内涵开展科研,深入研究思政课教学方法和教学重点难点问题,深入研究坚持和发展中国特色社会主义的重大理论和实践问题。

(四)思政课教师应当深化教学改革创新。按照政治性和学理性相统一、价值性和知识性相统一、建设性和批判性相统一、理论性和实践性相统一、统一性和多样性相统一、主导性和主体性相统一、灌输性和启发性相统一、显性教育和隐性教育相统一的要求,增强思政课的思想性、理论性和亲和力、针对性,全面提高思政课质量和水平。

第三章　配备与选聘

第七条　高等学校应当配齐建强思政课专职教师队伍,建设专职为主、专兼结合、数量充足、素质优良的思政课教师队伍。

高等学校应当根据全日制在校生总数,严格按照师生比不低于1∶350的比例核定专职思政课教师岗位。公办高等学校要在编制内配足,且不得挪作他用。

第八条　高等学校应当根据思政课教师工作职责、岗位要求,制定任职资格标准和选聘办法。

高等学校可以在与思政课教学内容相关的学科遴选优秀教师进行培训后加入思政课教师队伍,专职从事思政课教学;并可以探索胜任思政课教学的党政管理干部转岗为专职思政课教师,积极推动符合条件的辅导员参与思政课教学,鼓励政治素质过硬的相关学科专家转任思政课教师。

第九条　高等学校可以实行思政课特聘教师、兼职教师制度。鼓励高等学校统筹地方党政领导干部、企事业单位管理专家、社科理论界专家、各行业先进模范以及高等学校党委书记校长、院(系)党政负责人、名家大师和专业课骨干、日常思想政治教育骨干等讲授思政课。支持高等学校建立两院院士、国有企业领导等人士经常性进高校、上思政课讲台的长效机制。

第十条　主管教育部门应当加大高等学校思政课校际协作力度,加强区域内高等学校思政课教师柔性流动和协同机制建设,支持高水平思政课教师采取多种方式开展思政课教学工作。采取派驻支援或组建讲师团等形式支持民办高等学校配备思政课教师。

第十一条　高等学校应当严把思政课教师政治关、师德关、业务关,明确思政课教师任职条件,根据国家有关规定和本规定要求,制定思政课教师规范或者在聘任合同中明确思政课教师权利义务与职责。

第十二条　高等学校应当设置独立的马克思主义学院等思政课教学科研二级机构,统筹思政课教学科研和教师队伍的管理、培养、培训。

思政课教学科研机构负责人应当是中国共产党党员，并有长期从事思政课教学或者马克思主义理论学科研究的经历。缺少合适人选的高等学校可以采取兼职等办法，从相关单位聘任思政课教学科研机构负责人。

第四章　培养与培训

第十三条　主管教育部门和高等学校应当加强思政课教师队伍后备人才培养。

国务院教育行政部门应当制定马克思主义理论专业类教学质量国家标准，加强本硕博课程教材体系建设，可统筹推进马克思主义理论本硕博一体化人才培养工作。实施"高校思政课教师队伍后备人才培养专项支持计划"，专门招收马克思主义理论学科研究生，不断为思政课教师队伍输送高水平人才。高等学校应当注重选拔高素质人才从事马克思主义理论学习研究和教育教学，加强思政课教师队伍后备人才思想政治工作。

第十四条　建立国家、省（区、市）、高等学校三级思政课教师培训体系。国务院教育行政部门建立高等学校思政课教师研修基地，开展国家级示范培训，建立思政课教师教学研究交流平台。主管教育部门和高等学校应当建立健全思政课教师专业发展体系，定期组织开展教学研讨，保证思政课专职教师每3年至少接受一次专业培训，新入职教师应参加岗前专项培训。

第十五条　主管教育部门和高等学校应当拓展思政课教师培训渠道，设立思政课教师研学基地，定期安排思政课教师实地了解中国改革发展成果、组织思政课教师实地考察和比较分析国内外经济社会发展状况，创造条件支持思政课教师到地方党政机关、企事业单位、基层等开展实践锻炼。

高等学校应当根据全日制在校生总数，按照本科院校每生每年不低于40元、专科院校每生每年不低于30元的标准安排专项经费，用于保障思政课教师的学术交流、实践研修等，并根据实际情况逐步加大支持力度。

第十六条　主管教育部门和高等学校应当加大对思政课教师科学研究的支持力度。教育部人文社科研究项目要设立专项课题，主管教育部门要设立相关项目，持续有力支持思政课教师开展教学研究。主管教育部门和高等学校应当加强马克思主义理论教学科研成果学术阵地建设，支持新创办思政课研究学术期刊，相关哲学社会科学类学术期刊要设立思政课研究栏目。

第五章　考核与评价

第十七条　高等学校应当科学设置思政课教师专业技术职务（职称）岗位，按教师比例核定思政课教师专业技术职务（职称）各类岗位占比，高级岗位比例不低于学校平均水平，不得挪作他用。

第十八条　高等学校应当制定符合思政课教师职业特点和岗位要求的专业技术职务（职称）评聘标准，提高教学和教学研究在评聘条件中的占比。

高等学校可以结合实际分类设置教学研究型、教学型思政课教师专业技术职务（职称），两种类型都要在教学方面设置基本任务要求，要将教学效果作为思政课教师专业技术职务（职称）评聘的根本标准，同时要重视考查科研成果。

高等学校可以设置具体条件，将承担思政课教学的基本情况以及教学实效作为思政课教师参加高一级专业技术职务（职称）评聘的首要考查条件和必要条件。将为本专科生上思政课作为思政课教师参加高级专业技术职务（职称）评聘的必要条件。将至少一年兼任辅导员、班主任等日常思想政治教育工作经历并考核合格作为青年教师晋升高一级专业技术职务（职称）的必要条件。

思政课教师指导1个马克思主义理论类学生社团1年以上，且较好履行政治把关、理论学习、业务指导等职责的，在专业技术职务（职称）评聘中同等条件下可以优先考虑。

思政课教师在思想素质、政治素质、师德师风等方面存在突出问题的，在专业技术职务（职称）评聘中实行"一票否决"。

第十九条　高等学校应当完善思政课教师教学和科研成果认定制度，推行科研成果代表作制度，制定思政课教师发表文章的重点报刊目录，将思政课教师在中央和地方主要媒体发表的理论文章纳入学术成果范围，细化相关认定办法。教学和科研成果可以是专著、论文、教学参考资料、调查报告、教书育人经验总结等。在制定思政课教师专业技术职务（职称）评聘指标和排次定序依据时，要结合实际设置规则，不得将国外期刊论文发表情况和出国访学留学情况作为必要条件。

第二十条　高等学校应当健全思政课教师专业技术职务（职称）评价机制，建立以同行专家评价为主的评价机制，突出思政课的政治性、思想性、学术性、专业性、实效性，评价专家应以马克思主义理论学科为主，同时可适当吸收相关学科专家参加。

思政课教师专业技术职务（职称）评审委员会应当包含学校党委有关负责同志、思政课教学科研部门负责人，校内专业技术职务（职称）评聘委员会应有同比例的马克思主义理论学科专家。

高等学校应当制定思政课教师专业技术职务(职称)管理办法。完善专业技术职务(职称)退出机制,加强聘期考核,加大激励力度,准聘与长聘相结合。

第六章　保障与管理

第二十一条　高等学校应当切实提高专职思政课教师待遇,要因地制宜设立思政课教师岗位津贴。高等学校要为思政课教师的教学科研工作创造便利条件,配备满足教学科研需要的办公空间、硬件设备和图书资料。

第二十二条　高等学校思政课教师由马克思主义学院等思政课教学科研机构统一管理。每门课程都应当建立相应的教学科研组织,并可以根据需要配备管理人员。

第二十三条　主管教育部门和高等学校要大力培养、推荐、表彰思政课教师中的先进典型。全国教育系统先进个人表彰中对思政课教师比例或名额作出规定;国家级教学成果奖、高等学校科学研究优秀成果奖(人文社科)中加大力度支持思政课;"长江学者奖励计划"等高层次人才项目中加大倾斜支持优秀思政课教师的力度。

第二十四条　主管教育部门和高等学校应当加强宣传、引导,并采取设立奖励基金等方式支持高等学校思政课教师队伍建设,以各种方式定期对优秀思政课教师和马克思主义理论学科学生给予奖励。

第二十五条　高等学校应当加强对思政课教师的考核,健全退出机制,对政治立场、政治方向、政治原则、政治道路上不能同党中央保持一致的,或理论素养、教学水平达不到标准的教师,不得继续担任思政课教师或马克思主义理论学科研究生导师。

第七章　附　则

第二十六条　本规定适用于普通高等学校(包括民办高等学校)思政课教师队伍建设。其他类型高等学校的思政课教师队伍建设可以参照本规定执行。

第二十七条　省级教育部门可以根据本规定,结合本地实际制定相关实施细则。

第二十八条　本规定自2020年3月1日起施行。

九、语言文字、科技工作

（一）语言文字

中华人民共和国国家通用语言文字法

· 2000 年 10 月 31 日第九届全国人民代表大会常务委员会第十八次会议通过
· 2000 年 10 月 31 日中华人民共和国主席令第 37 号公布
· 自 2001 年 1 月 1 日起施行

第一章　总　则

第一条　为推动国家通用语言文字的规范化、标准化及其健康发展，使国家通用语言文字在社会生活中更好地发挥作用，促进各民族、各地区经济文化交流，根据宪法，制定本法。

第二条　本法所称的国家通用语言文字是普通话和规范汉字。

第三条　国家推广普通话，推行规范汉字。

第四条　公民有学习和使用国家通用语言文字的权利。

国家为公民学习和使用国家通用语言文字提供条件。

地方各级人民政府及其有关部门应当采取措施，推广普通话和推行规范汉字。

第五条　国家通用语言文字的使用应当有利于维护国家主权和民族尊严，有利于国家统一和民族团结，有利于社会主义物质文明建设和精神文明建设。

第六条　国家颁布国家通用语言文字的规范和标准，管理国家通用语言文字的社会应用，支持国家通用语言文字的教学和科学研究，促进国家通用语言文字的规范、丰富和发展。

第七条　国家奖励为国家通用语言文字事业做出突出贡献的组织和个人。

第八条　各民族都有使用和发展自己的语言文字的自由。

少数民族语言文字的使用依据宪法、民族区域自治法及其他法律的有关规定。

第二章　国家通用语言文字的使用

第九条　国家机关以普通话和规范汉字为公务用语用字。法律另有规定的除外。

第十条　学校及其他教育机构以普通话和规范汉字为基本的教育教学用语用字。法律另有规定的除外。

学校及其他教育机构通过汉语文课程教授普通话和规范汉字。使用的汉语文教材，应当符合国家通用语言文字的规范和标准。

第十一条　汉语文出版物应当符合国家通用语言文字的规范和标准。

汉语文出版物中需要使用外国语言文字的，应当用国家通用语言文字作必要的注释。

第十二条　广播电台、电视台以普通话为基本的播音用语。

需要使用外国语言为播音用语的，须经国务院广播电视部门批准。

第十三条　公共服务行业以规范汉字为基本的服务用字。因公共服务需要，招牌、广告、告示、标志牌等使用外国文字并同时使用中文的，应当使用规范汉字。

提倡公共服务行业以普通话为服务用语。

第十四条　下列情形，应当以国家通用语言文字为基本的用语用字：

（一）广播、电影、电视用语用字；

（二）公共场所的设施用字；

（三）招牌、广告用字；

（四）企业事业组织名称；

（五）在境内销售的商品的包装、说明。

第十五条　信息处理和信息技术产品中使用的国家通用语言文字应当符合国家的规范和标准。

第十六条　本章有关规定中，有下列情形的，可以使用方言：

（一）国家机关的工作人员执行公务时确需使用的；

（二）经国务院广播电视部门或省级广播电视部门批准的播音用语；

（三）戏曲、影视等艺术形式中需要使用的；

（四）出版、教学、研究中确需使用的。

第十七条　本章有关规定中，有下列情形的，可以保留或使用繁体字、异体字：

（一）文物古迹；

（二）姓氏中的异体字；

（三）书法、篆刻等艺术作品；

（四）题词和招牌的手书字；

（五）出版、教学、研究中需要使用的；

（六）经国务院有关部门批准的特殊情况。

第十八条　国家通用语言文字以《汉语拼音方案》作为拼写和注音工具。

《汉语拼音方案》是中国人名、地名和中文文献罗马字母拼写法的统一规范，并用于汉字不便或不能使用的领域。

初等教育应当进行汉语拼音教学。

第十九条　凡以普通话作为工作语言的岗位，其工作人员应当具备说普通话的能力。

以普通话作为工作语言的播音员、节目主持人和影视话剧演员、教师、国家机关工作人员的普通话水平，应当分别达到国家规定的等级标准；对尚未达到国家规定的普通话等级标准的，分别情况进行培训。

第二十条　对外汉语教学应当教授普通话和规范汉字。

第三章　管理和监督

第二十一条　国家通用语言文字工作由国务院语言文字工作部门负责规划指导、管理监督。

国务院有关部门管理本系统的国家通用语言文字的使用。

第二十二条　地方语言文字工作部门和其他有关部门，管理和监督本行政区域内的国家通用语言文字的使用。

第二十三条　县级以上各级人民政府工商行政管理部门依法对企业名称、商品名称以及广告的用语用字进行管理和监督。

第二十四条　国务院语言文字工作部门颁布普通话水平测试等级标准。

第二十五条　外国人名、地名等专有名词和科学技术术语译成国家通用语言文字，由国务院语言文字工作部门或者其他有关部门组织审定。

第二十六条　违反本法第二章有关规定，不按照国家通用语言文字的规范和标准使用语言文字的，公民可以提出批评和建议。

本法第十九条第二款规定的人员用语违反本法第二章有关规定的，有关单位应当对直接责任人员进行批评教育；拒不改正的，由有关单位作出处理。

城市公共场所的设施和招牌、广告用字违反本法第二章有关规定的，由有关行政管理部门责令改正；拒不改正的，予以警告，并督促其限期改正。

第二十七条　违反本法规定，干涉他人学习和使用国家通用语言文字的，由有关行政管理部门责令限期改正，并予以警告。

第四章　附　则

第二十八条　本法自2001年1月1日起施行。

中国语言资源保护工程专项资金管理办法（试行）

·2016年2月19日

·教语信厅〔2016〕2号

第一章　总　则

第一条　为规范中国语言资源保护工程专项资金管理，提高资金使用效益，根据国家有关财经法规，结合工程管理特点，制定本办法。

第二条　本办法中的工程专项资金是指由中央财政设立的，用于支持开展中国语言资源保护工作的经费。本办法主要规范中央财政安排专项资金的使用和管理。其他来源的资金应当按照相关资金提供方对资金使用和管理的具体要求，统筹安排和使用。

第三条　工程专项资金管理的主要任务：

（一）根据国家有关规定，编制经费预算和决算，规范经费使用管理；

（二）分析预算执行情况，评价经费使用效益；

（三）进行财务监督，保证经费合理使用，严肃财经纪律；

（四）加强国有资产管理，防止国有资产流失。

第二章　管理与职责

第四条　工程专项资金实行分级管理，分级负责。

（一）教育部、国家语委是中国语言资源保护工程的主管部门，由教育部语言文字信息管理司（以下简称教育部语信司）具体负责，其主要职责是：负责组织编报工程专项资金总预算和年度预算；审核由中国语言资源保护研究中心汇总后报送的各项目经费预算和拨款申请；拨付项目及课题经费；监督工程专项资金使用的规范性、安全性和有效性。

（二）中国语言资源保护研究中心负责工程的具体实施和管理工作，具体职责包括：组织与省级语言文字管理部门、项目负责人签订任务协议书，通过任务协议书规范经费使用；负责审核并汇总报送各项目经费预算，审议各项目实施中的重大预算调整申请；监督项目经费使用情况；组织开展项目财务验收工作；严格执行各项财务规章制度并接受财务监督检查。

（三）省级语言文字管理部门、项目负责人负责项目的具体实施和管理工作，具体职责包括：组织与调查团队（课题负责人）签订任务协议书，通过任务协议书规范经费使用；负责审核并汇总报送各课题经费预决算（省级语言文字管理部门同时负责本地区课题的拨款工作），审议各课题实施中的重大预算调整申请；监督课题经费使用情况；组织开展课题财务验收工作；严格执行各项财务规章制度并接受财务监督检查。

（四）课题负责人负责课题的具体实施和管理工作，具体职责包括：负责编制所承担课题经费预决算；严格按照批复的预算使用课题经费；严格执行各项财务规章制度并接受财务监督检查。

第五条　中国语言资源保护研究中心、省级语言文字管理部门和项目及课题负责人所在单位应当按照国家财政财务管理的相关规定，结合本单位实际，建立健全工程经费内部控制、会计核算及财务管理制度，做好预算管理、经费管理、政府采购、审批报销、会计核算和资产管理等，确保经费使用的政策相符性、目标相关性和经济合理性。

第六条　工程专项资金实行重大事项报告制度。在工程实施期间出现计划任务调整、项目及课题负责人变更等影响经费预算执行的重大事项，应及时向中国语言资源保护研究中心和教育部语信司报告；需要报财政部审批的事项，由教育部、国家语委按规定程序报财政部审批。

第三章　经费核定方式及开支范围

第七条　省级语言文字管理部门和项目及课题负责人参考中国语言资源保护研究中心提供的经费资助额度，根据相关规定和项目、课题任务需要，编制所承担的项目、课题预算。各课题预算报省级语言文字管理部门或项目负责人汇总审议，各项目预算报中国语言资源保护研究中心汇总审议，中国语言资源保护研究中心据此提出建议资助金额并报教育部语信司；教育部语信司对建议资助金额进行复核后确定。

第八条　工程专项资金的拨付，按照财政资金支付管理的有关规定执行。经费使用中涉及政府采购的，按照政府采购有关规定执行。项目、课题经费实行"一次核定，滚动拨付"的办法，预算审核批准后，拨付部分经费；相关工作完成并检查合格后，滚动拨付下一批经费。

第九条　工程专项资金是指在工程实施过程中发生的与之直接相关的费用，属于纵向科研项目经费。开支范围一般包括设备费、资料费、数据采集费、场地设备租用费、会议费、差旅费、出版费、劳务费、专家咨询费等。不得从工程经费中列支提取管理费。

（一）设备费：指在工程实施过程中购置设备而发生的费用。确需购置的设备应在预算中单独列示设备品牌、型号和单价，并按照国家国有资产管理的规定进行管理。如果实际购置时设备缺货，可在不超过预算总额的前提下选择同类型其他品牌型号的设备。

（二）资料费：指在工程实施过程中发生的图书资料购置费用，软件购置和测试费用，设计、开发、策划等知识产权费用和服务费用，有关耗材费用，以及资料赎买、录入、复印、扫描、翻拍、数字化处理、翻译、转写、标注、校对、加工制作等费用以及文献检索费用。

（三）数据采集费：指在工程实施过程中发生的数据跟踪采集、问卷调查、案例分析、为获取数据而进行的通信和邮寄等费用以及支付给数据采集对象的费用。

（四）场地设备租用费：指在工程实施过程中租用符合技术规范的录音、摄像场地和计算机机房及其设备所产生的费用，以及开展宣传、推介等其他相关活动租用场地设备而发生的费用。为节约经费，一般不允许自建录音棚、摄像棚。

（五）会议费：指在工程实施过程中开展咨询、座谈、培训、验收、学术研讨、宣传推介以及工作管理而举行的小型会议费用。开支范围包括会议住宿费、伙食费、会议室租金、交通费、文件印刷费等。工程承担单位应当按照国家有关规定，严格控制会议规模、会议数量、会议开支标准和会期。

（六）差旅费：指在工程实施过程中，工作人员临时到常驻地以外地区公务出差所发生的城市间交通费、住宿费、伙食补助费和市内交通费。差旅费的开支标准应当按照国家有关规定执行。

（七）出版费：指在工程实施过程中发生的资助出版成果费用，印制各类规范标准、培训教材、宣传材料等的费用。

（八）劳务费：指在工程实施过程中发生的支付给直接参与项目或课题调查、研究、开发的没有工资性收入的相关人员（如在校研究生）和其他临时聘用人员等的劳务性费用。

（九）专家咨询费：指在工程实施过程中发生的支付给临时聘请的咨询专家的费用。专家咨询费不得支付给参与工程实施及其项目、课题管理相关的工作人员。

第十条　省级语言文字管理部门、项目及课题负责人应当强化预算约束,严格按照本办法规定的经费开支范围和国家相关标准办理支出,严禁使用工程经费支付各种罚款、捐款、赞助等,严禁以任何方式牟取私利。

第四章　监督管理

第十一条　省级语言文字管理部门、项目负责人和课题负责人应按工程有关要求编制项目和课题的中期以及年度计划执行情况报告,并上报预算执行情况,接受上级有关部门的检查与监督。计划执行情况和预算执行情况作为是否核拨下一期经费以及是否通过中检和结项的重要依据。

第十二条　教育部语信司组织中国语言资源保护研究中心和省级语言文字管理部门、项目负责人对各项目和课题的管理工作情况以及实施进展情况进行监督检查,指导做好经费管理工作,同时对项目及课题负责人在经费管理方面的信誉度进行评价和记录,作为绩效考评以及是否连续资助的依据。

第十三条　中国语言资源保护研究中心和省级语言文字管理部门、项目负责人分别针对项目和课题组织汇总审查并组织开展中期检查,对项目和课题经费的使用与管理情况进行监督检查,并将检查的结果报教育部语信司。

第十四条　项目及课题负责人所在单位应当严格按照国家财政财务管理的相关规定和本经费管理办法,制定内部管理办法,建立健全内部控制制度,加强对工程经费的管理和审计。

第十五条　各项目和课题工作完成后,分别由中国语言资源保护研究中心和省级语言文字管理部门、项目负责人依据相关规章制度组织进行财务验收。通过财务验收是进行项目、课题结项验收的前提之一。有下列行为之一的,不得通过财务验收:

　(一)编报虚假预算,套取国家财政资金;

　(二)未对工程经费进行单独核算;

　(三)截留、挤占、挪用工程经费;

　(四)违反规定转拨、转移工程经费;

　(五)提供虚假财务会计资料;

　(六)其他违反国家财经纪律的行为。

第十六条　各项目、课题通过验收后,应当及时办理财务结账手续。经费如有结余,应当按照国家有关结余资金管理的规定执行。

第十七条　对于违反本办法规定使用和管理经费的,依照规定追究工程及其下设项目、课题的实施单位或个人的相关责任,教育部语信司可视情况予以缓拨、停拨经费、通报批评、终止项目、课题任务并追回已拨经费等追究措施,构成违纪的,报由纪检监察部门依照有关规定对其给予行政(纪律)处分。

第五章　附　则

第十八条　本办法由国家语委负责解释,自发布之日起施行。

汉语作为外语教学能力认定办法

·2004 年 8 月 23 日教育部第 19 号公布
·自 2004 年 10 月 1 日起施行

第一条　为了提高汉语作为外语教学的水平,做好汉语作为外语教学能力认定工作,加强汉语作为外语教学师资队伍的建设,促进对外汉语教学事业的发展,依据《教育法》和《教师法》制定本办法。

第二条　本办法适用于对从事汉语作为外语教学工作的中国公民和外国公民所具备的相应专业知识水平和技能的认定。对经认定达到相应标准的,颁发《汉语作为外语教学能力证书》(以下简称《能力证书》)。

第三条　汉语作为外语教学能力认定工作由汉语作为外语教学能力认定工作委员会(以下简称"认定委员会")根据本办法进行组织。认定委员会成员由教育部任命。认定委员会的职责是制订能力认定的考试标准,规范能力证书课程,组织考试和认定工作,颁发《能力证书》。

第四条　《能力证书》申请者应热爱汉语教学工作、热心介绍中国文化、遵守法律法规、具有良好的职业素养,须具有大专(含)以上学历和必要的普通话水平。其中的中国公民应具有相当于大学英语四级以上或全国外语水平考试(WSK)合格水平。

第五条　《能力证书》分为初级、中级、高级三类。

取得初级证书者应当具备汉语作为外语教学的基本知识,能够对母语为非汉语学习者进行基础性的汉语教学工作。

取得中级证书者应当具备汉语作为外语教学的较完备的知识,能够对母语为非汉语学习者进行较为系统的汉语教学工作。

取得高级证书者应当具备汉语作为外语教学的完备的知识,能够对母语为非汉语学习者进行系统性、专业性的汉语教学和相关的科学研究。

第六条　申请《能力证书》须通过下列考试：

初级证书的考试科目为：现代汉语基本知识、中国文化基础常识、普通话水平。

中级证书的考试科目为：现代汉语、汉语作为外语教学理论、中国文化基本知识。

高级证书的考试科目为：现代汉语及古代汉语、语言学及汉语作为外语教学理论、中国文化。

第七条　申请中级、高级证书者普通话水平需达到中国国家语言文字工作委员会规定的二级甲等以上。

第八条　对外汉语专业毕业的本科生可免试申请《能力证书（中级）》；

对外汉语专业方向毕业的研究生可免试申请《能力证书（高级）》。

中国语言文学专业毕业的本科生和研究生，可免试汉语类科目。

第九条　汉语作为外语教学能力认定工作每年定期进行。申请证书者须先通过能力考试，凭考试合格成绩申请证书。申报考试和申请证书的具体时间及承办机构由认定委员会决定。

第十条　《能力证书》申请者须向申请受理机构提交以下材料：

（一）《汉语作为外语教学能力证书申请表》（一式两份）；

（二）身份证明原件及复印件；

（三）学历证书原件及复印件；

（四）考试成绩证明原件及复印件，符合免考试科目者须提交所要求的证书原件及复印件；

（五）普通话水平测试等级证书原件及复印件；

（六）外语水平证明原件及复印件。

第十一条　《能力证书》由认定委员会监制。

第十二条　申请证书过程中弄虚作假的，经认定委员会核实，不予认定；已经获得《汉语作为外语教学能力证书》者，由认定委员会予以注销。

第十三条　为了提高汉语作为外语教师的专业能力，认定委员会规定《能力证书》的标准化课程和大纲。

第十四条　本办法自 2004 年 10 月 1 日起施行，1990 年 6 月 23 日发布的《对外汉语教师资格审定办法》（中华人民共和国国家教育委员会令第 12 号）同时废止，《对外汉语教师资格证书》同时失效，须更换《能力证书（高级）》。

普通话水平测试管理规定

·2021 年 11 月 27 日教育部令第 51 号公布
·自 2022 年 1 月 1 日起施行

第一条　为规范普通话水平测试管理，促进国家通用语言文字的推广普及和应用，根据《中华人民共和国国家通用语言文字法》，制定本规定。

第二条　普通话水平测试（以下简称测试）是考查应试人运用国家通用语言的规范、熟练程度的专业测评。

第三条　国务院语言文字工作部门主管全国的测试工作，制定测试政策和规划，发布测试等级标准和测试大纲，制定测试规程，实施证书管理。

省、自治区、直辖市人民政府语言文字工作部门主管本行政区域内的测试工作。

第四条　国务院语言文字工作部门设立或者指定国家测试机构，负责全国测试工作的组织实施、质量监管和测试工作队伍建设，开展科学研究、信息化建设等，对地方测试机构进行业务指导、监督、检查。

第五条　省级语言文字工作部门可根据需要设立或者指定省级及以下测试机构。省级测试机构在省级语言文字工作部门领导下，负责本行政区域内测试工作的组织实施、质量监管，设置测试站点，开展科学研究和测试工作队伍建设，对省级以下测试机构和测试站点进行管理、监督、检查。

第六条　各级测试机构和测试站点依据测试规程组织开展测试工作，根据需要合理配备测试员和考务人员。

测试员和考务人员应当遵守测试工作纪律，按照测试机构和测试站点的组织和安排完成测试任务，保证测试质量。

第七条　测试机构和测试站点要为测试员和考务人员开展测试提供必要的条件，合理支付其因测试工作产生的通信、交通、食宿、劳务等费用。

第八条　测试机构和测试站点应当健全财务管理制度，按照标准收取测试费用。

第九条　测试员分为省级测试员和国家级测试员，具体条件和产生办法由国家测试机构另行规定。

第十条　以普通话为工作语言的下列人员，在取得相应职业资格或者从事相应岗位工作前，应当根据法律规定或者职业准入条件的要求接受测试：

（一）教师；

（二）广播电台、电视台的播音员、节目主持人；

（三）影视话剧演员；

（四）国家机关工作人员；

（五）行业主管部门规定的其他应该接受测试的人员。

第十一条　师范类专业、播音与主持艺术专业、影视话剧表演专业以及其他与口语表达密切相关专业的学生应当接受测试。

高等学校、职业学校应当为本校师生接受测试提供支持和便利。

第十二条　社会其他人员可自愿申请参加测试。

在境内学习、工作或生活 3 个月及以上的港澳台人员和外籍人员可自愿申请参加测试。

第十三条　应试人可根据实际需要，就近就便选择测试机构报名参加测试。

视障、听障人员申请参加测试的，省级测试机构应积极组织测试，并为其提供必要的便利。视障、听障人员测试办法由国务院语言文字工作部门另行制定。

第十四条　普通话水平等级分为三级，每级分为甲、乙两等。一级甲等须经国家测试机构认定，一级乙等及以下由省级测试机构认定。

应试人测试成绩达到等级标准，由国家测试机构颁发相应的普通话水平测试等级证书。

普通话水平测试等级证书全国通用。

第十五条　普通话水平测试等级证书分为纸质证书和电子证书，二者具有同等效力。纸质证书由国务院语言文字工作部门统一印制，电子证书执行《国家政务服务平台标准》中关于普通话水平测试等级证书电子证照的行业标准。

纸质证书遗失的，不予补发，可以通过国家政务服务平台查询测试成绩，查询结果与证书具有同等效力。

第十六条　应试人对测试成绩有异议的，可以在测试成绩发布后 15 个工作日内向原测试机构提出复核申请。

测试机构接到申请后，应当在 15 个工作日内作出是否受理的决定。如受理，须在受理后 15 个工作日内作出复核决定。

具体受理条件和复核办法由国家测试机构制定。

第十七条　测试机构徇私舞弊或者疏于管理，造成测试秩序混乱、作弊情况严重的，由主管的语言文字工作部门给予警告、暂停测试资格直至撤销测试机构的处理，并由主管部门依法依规对直接负责的主管人员或者其他直接责任人员给予处分；构成犯罪的，依法追究刑事责任。

第十八条　测试工作人员徇私舞弊、违反测试规定的，可以暂停其参与测试工作或者取消测试工作资格，并通报其所在单位予以处理；构成犯罪的，依法追究刑事责任。

第十九条　应试人在测试期间作弊或者实施其他严重违反考场纪律行为的，组织测试的测试机构或者测试站点应当取消其考试资格或者考试成绩，并报送国家测试机构记入全国普通话水平测试违纪人员档案。测试机构认为有必要的，还可以通报应试人就读学校或者所在单位。

第二十条　本规定自 2022 年 1 月 1 日起施行。2003 年 5 月 21 日发布的《普通话水平测试管理规定》（教育部令第 16 号）同时废止。

普通话水平测试规程

· 2023 年 1 月 13 日
· 国语函〔2023〕1 号

为有效保障普通话水平测试实施，保证普通话水平测试的公正性、科学性、权威性和严肃性，依据《普通话水平测试管理规定》（教育部令第 51 号），制定本规程。

第一章　统筹管理

第一条　国务院语言文字工作部门设立或指定的国家测试机构负责全国测试工作的组织实施和质量监管。

省级语言文字工作部门设立或指定的省级测试机构负责本行政区域内测试工作的组织实施和质量监管。

第二条　省级测试机构应于每年 10 月底前明确本行政区域内下一年度测试计划总量及实施安排。

省级测试机构应按季度或月份制订测试计划安排，并于测试开始报名前 10 个工作日向社会公布。

第三条　省级测试机构应于每年 1 月底前向国家测试机构和省级语言文字工作部门报送上一年度测试工作总结。国家测试机构应于每年 2 月底前向国务院语言文字工作部门报送全国测试工作情况。

第二章　测试站点

第四条　省级测试机构在省级语言文字工作部门领导下负责设置测试站点。测试站点的设立要充分考虑社会需求，合理布局，满足实施测试所需人员、场地及设施设备等条件。测试站点建设要求由国家测试机构另行制定。

测试站点不得设立在社会培训机构、中介机构或其他营利性机构或组织。

第五条　省级测试机构应将测试站点设置情况报省级语言文字工作部门,并报国家测试机构备案。本规程发布后新设立或撤销的测试站点,须在设立或撤销的1个月内报国家测试机构备案。

第六条　在国务院语言文字工作部门的指导下,国家测试机构可根据工作需要设立测试站点。

第七条　测试站点设立和撤销信息,应及时向社会公开。

第三章　考场设置

第八条　测试站点负责安排考场,考场应配备管理人员、测试员、技术人员以及其他考务人员。

第九条　考场应设有候测室和测试室,总体要求布局合理、整洁肃静、标识清晰,严格落实防疫、防传染病要求,做好通风消毒等预防性工作,加强考点卫生安全保障。

候测室供应试人报到、采集信息、等候测试。候测室需张贴或播放应试须知、测试流程等。

测试室每个机位应为封闭的独立空间,每次只允许1人应试;暂时不具备条件需利用教室或其他共用空间开展测试的,各测试机位间隔应不少于1.8米。

第十条　普通话水平测试采用计算机辅助测试(简称机辅测试)。用于测试的计算机应安装全国统一的测试系统,并配备话筒、耳机、摄像头等必要的设施设备。

经国家测试机构同意,特殊情况下可采用人工测试并配备相应设施设备。

第四章　报名办法

第十一条　参加测试的人员通过官方平台在线报名。测试站点暂时无法提供网上报名服务的,报名人员可持有效身份证件原件在测试站点现场报名。

第十二条　非首次报名参加测试人员,须在最近一次测试成绩发布之后方可再次报名。

第五章　测试试卷

第十三条　测试试卷由国家测试机构统一编制和提供,各级测试机构和测试站点不得擅自更改、调换试卷内容。

第十四条　测试试卷由测试系统随机分配,应避免短期内集中重复使用。

第十五条　测试试卷仅限测试时使用,属于工作秘密,测试站点须按照国家有关工作秘密相关要求做好试卷保管工作,任何人不得泄露或外传。

第六章　测试流程

第十六条　应试人应持准考证和有效身份证件原件按时到指定考场报到。迟到30分钟以上者,原则上应取消当次测试资格。

第十七条　测试站点应认真核对确认应试人报名信息。因应试人个人原因导致信息不一致的,取消当次测试资格。

第十八条　应试人报到后应服从现场考务人员安排。进入测试室时,不得携带手机等各类具有无线通讯、拍摄、录音、查询等功能的设备,不得携带任何参考资料。

第十九条　测试过程应全程录像。暂不具备条件的,应采集应试人在测试开始、测试进行、测试结束等不同时段的照片或视频,并保存不少于3个月。

第二十条　测试结束后,经考务人员确认无异常情况,应试人方可离开。

第七章　成绩评定

第二十一条　测试成绩评定的基本依据是《普通话水平测试大纲》和《计算机辅助普通话水平测试评分试行办法》。

第二十二条　"读单音节字词""读多音节词语""朗读短文"测试项由测试系统评分。

"选择判断"和"命题说话",由2位测试员评分;或报国家测试机构同意后试行测试系统加1位测试员评分。

测试最终成绩保留小数点后1位小数。

第二十三条　测试成绩由省级测试机构或国家测试机构认定发布。

测试成绩在一级乙等及以下的,由省级测试机构认定,具体实施办法由国家测试机构另行规定。

测试成绩达到一级甲等的,由省级测试机构复审后提交国家测试机构认定。

未经认定的成绩不得对外发布。

第二十四条　一级乙等及以下的成绩认定原则上在当次测试结束后30个工作日内完成。一级甲等的成绩认定顺延15个工作日。

第二十五条　应试人对测试成绩有异议的,可以在测试成绩发布后15个工作日内向其参加测试的站点提出复核申请。具体按照《普通话水平测试成绩申请复核暂行办法》执行。

第八章　等级证书

第二十六条　等级证书的管理按照《普通话水平测

试等级证书管理办法》执行。

第二十七条　符合更补证书条件的,按以下程序办理证书更补:

(一)应试人向其参加测试的站点提交书面申请以及本人有效身份证复印件、等级证书原件或国家政务服务平台的查询结果等相关材料。

(二)省级语言文字工作部门或省级测试机构每月底审核汇总更补申请,加盖公章后提交国家测试机构。国家测试机构自受理之日起15个工作日内予以更补。

(三)纸质证书更补时效为自成绩发布之日起1年内,逾期不予受理。

第二十八条　应试人应及时领取纸质证书。自成绩发布之日起1年后未领取的纸质证书,由测试机构按照内部资料予以清理销毁。

第九章　数据档案

第二十九条　测试数据档案包括测试数据和工作档案。

第三十条　测试数据包括报名信息、成绩信息、测试录音、测试试卷、现场采集的应试人照片等电子档案。测试数据通过测试系统归档,长期保存。调取和使用已归档保存的测试数据,需经省级测试机构或国家测试机构同意。

第三十一条　数据档案管理者及使用人员应采取数据分类、重要数据备份和加密等措施,维护数据档案的完整性、保密性和可用性,防止数据档案泄露或者被盗窃、篡改。

第三十二条　测试工作档案包括测试计划和工作总结、考场现场情况记录、证书签收单据、成绩复核资料等,由各级测试机构和测试站点自行妥善保管,不得擅自公开或外传。

第十章　监督检查

第三十三条　国家测试机构对各级测试机构和测试站点进行业务指导、监督、检查。省级测试机构对省级以下测试机构和测试站点进行管理、监督、检查。

第三十四条　监督检查的范围主要包括计划完成情况、测试实施流程、试卷管理、成绩评定、证书管理、数据档案管理等。监督检查可采用现场视导、查阅资料、测试录音复审、测试数据分析等方式。

第十一章　违规处理

第三十五条　未按要求开展工作的测试机构和测试工作人员,按照《普通话水平测试管理规定》(教育部令

第51号)有关规定处理。省级测试机构须在处理完成后10个工作日内将相关情况报省级语言文字工作部门,并报国家测试机构备案。

第三十六条　受到警告处理的测试站点,应在1个月内完成整改,经主管的语言文字工作部门验收合格后可撤销警告。再次受到警告处理的,暂停测试资格。

第三十七条　受到暂停测试资格处理的测试站点,应在3个月内完成整改,经主管的语言文字工作部门验收合格后方可重新开展测试。再次受到暂停测试资格处理的,永久取消其测试资格。

第三十八条　非不可抗拒的因素连续2年不开展测试业务的测试站点由省级测试机构予以撤销。

第三十九条　测试现场发现替考、违规携带设备、扰乱考场秩序等行为的,取消应试人当次测试资格。公布成绩后被认定为替考的,取消其当次测试成绩,已发放的证书予以作废,并记入全国普通话水平测试违纪人员档案,视情况通报应试人就读学校或所在单位。

第十二章　附　则

第四十条　省级测试机构可根据实际情况在省级语言文字工作部门指导下制定实施细则,并报国家测试机构备案。

第四十一条　视障、听障人员参加测试的,按照专门办法组织实施。

第四十二条　如遇特殊情况,确有必要对常规测试流程做出适当调整的,由省级语言文字工作部门报国务院语言文字工作部门批准后实施。

第四十三条　本规程自2023年4月1日起施行。2003年印发的《普通话水平测试规程》和2008年印发的《计算机辅助普通话水平测试操作规程(试行)》同时废止。

中国汉语水平考试(HSK)办法

· 1992年9月2日教育委员会令第21号公布
· 自1992年9月2日起施行

第一条　为了实施中华人民共和国汉语水平考试(han yu shui ping kao shi,缩写为HSK),特制定本办法。

第二条　汉语水平考试(HSK)是测试母语非汉语者的汉语水平而设立的标准考试。

第三条　汉语水平考试(HSK)是统一的标准化考试,实行统一命题、考试、阅卷、评分,并统一颁发证书。

第四条　汉语水平考试（HSK）分为初等、中等汉语水平考试〔简称 HSK（初、中等）〕和高等汉语水平考试〔简称 HSK（高等）〕。凡考试成绩达到规定标准者，可获得相应等级的《汉语水平证书》。

第五条　《汉语水平证书》分为：初等水平证书（A、B、C 三级，A 级最高——下同），中等水平证书（A、B、C 三级），高等水平证书（A、B、C 三级）。

第六条　《汉语水平证书》的效力是：

（1）作为到中国高等院校入系学习专业或报考研究生所要求的实际汉语水平的证明。

（2）作为汉语水平达到某种等级或免修相应级别汉语课程的证明。

（3）作为聘用机构录用人员汉语水平的依据。

第七条　汉语水平考试（HSK）每年定期分别在国内和海外举行。国内考试在指定高等院校设立考试点，每年六月和十月举行一次；国外考试委托当地高等学校或学术固体承办，每年六月或十月举行一次。

第八条　具有一定汉语基础，母语非汉语者均可向主考单位报名参加汉语水平考试。申请考试者需向主考单位缴纳考试费。考生持主考单位核发的"准考证"进入考场参加考试。考生应遵守考试规则，违反者将由主考单位给以直至取消考试资格的惩处。

第九条　国家教育委员会设立汉语水平考试委员会，称国家汉语水平考试委员会，国家汉语水平考试委员会全权领导汉语水平考试，并颁发《汉语水平证书》。由国家对外汉语教学领导小组办公室和北京语言学院负责实施汉语水平考试（HSK）的考务工作。

第十条　国家汉语水平考试委员会聘请若干专家、教授组成汉语水平考试顾问委员会，负责汉语水平考试（HSK）的咨询工作。

第十一条　本办法自发布之日起施行。

国家语委科研项目管理办法

· 2015 年 9 月 21 日
· 教语信〔2015〕3 号

第一章　总　则

第一条　为规范和加强国家语言文字工作委员会（以下简称国家语委）科研项目管理，提高项目研究质量，充分发挥其服务国家语言文字事业改革和发展的重要功能，制定本办法。

第二条　国家语委科研项目主要用于支持语言文字应用研究，重点支持语言生活中具有全局性、战略性、前瞻性的重大理论和现实问题研究，支持对语言文字事业具有重要影响的基础理论类问题研究，支持相关的新兴学科、交叉学科和跨学科综合研究。

第三条　国家语委科研项目经费来源于中央财政拨款，接受相关财政部门的管理和监督。

第四条　国家语委科研立项工作，遵循公开、公平、公正的原则，采取自主申请、平等竞争、同行评审、择优支持的工作机制。

第五条　国家语委科研经费设立专项资金，用于培养语言文字应用研究中青年学者和扶持地方语委科研工作。

第二章　组织与职责

第六条　国家语委科研规划领导小组由教育部、国家语委组建，其职责是领导国家语委科研工作，对科研工作的重大问题做出决定，制定中长期科研规划和科研项目管理制度，确定国家语委科研资助方向和资助重点，审批年度项目指南，批准国家语委科研项目，指导重大学术交流活动和重要科研成果的宣传推广工作等。

第七条　国家语委科研规划领导小组办公室（以下简称国家语委科研办）作为国家语委科研规划领导小组的职能部门和办事机构，负责国家语委科研工作的日常管理，设在教育部语言文字信息管理司。其主要职责是：

（一）落实国家语委科研规划领导小组的决定；

（二）执行国家语委科研规划，制定科研工作年度经费预算，发布科研项目指南；

（三）受理科研项目申请，组织评审立项；

（四）负责科研项目中期或年度检查，监督科研项目的实施和经费使用；

（五）组织科研项目研究成果的鉴定、审核、验收、发布和宣传推介；

（六）遴选和聘任相关专家，建设科研工作专家库，并根据国家语委科研管理工作实际需要和专家履行职责情况进行动态调整；

（七）承办国家语委科研规划领导小组交办的其他事项。

第八条　中华人民共和国境内的高等学校、党校、社会科学院等科研院（所），党政机关研究部门，军队系统研究部门，以及其他具有独立法人资格的公益性科学研究机构，设有科研管理职能部门的，方可成为国家语委科研项目的依托单位。依托单位须履行下列职责：

（一）组织本单位科研人员申请国家语委科研项目；

（二）审核本单位申请人或项目负责人所提交材料的真实性和有效性；

（三）提供国家语委科研项目实施的条件并承诺信誉保证；

（四）跟踪管理国家语委科研项目的实施和资助经费的使用；

（五）配合国家语委科研办对国家语委科研项目的实施和资助经费的使用进行监督、检查。

第九条 国家语委科研工作专家的主要职责是参与制定科研规划和项目指南，评审年度项目，提出项目资助建议，鉴定、审核、评价项目成果，提供学术指导和专业咨询。

第三章 项目申报

第十条 国家语委科研规划每五年发布一次，原则上在每个五年计划实施的第一年公布。

第十一条 国家语委科研办根据语言文字事业发展需要和国家语委科研规划，制定年度项目指南，并至少在接收项目申请前30天公布。国家语委科研项目的选题，应以语言文字事业改革和发展中的重大理论与现实问题为重点，突出应用研究，注重基础理论研究，鼓励新兴、交叉、边缘学科研究和跨学科的综合研究。

第十二条 国家语委科研项目主要包括重大项目、重点项目、一般项目、自筹项目、委托项目等。重大项目的研究期限一般为3~4年；重点项目的研究期限一般为2~3年；一般项目和自筹项目的研究期限一般为2年；委托项目研究期限由国家语委科研办视任务情况确定。以上项目中应用性较强、国家急需项目的具体研究期限在年度项目指南或申报公告中予以说明。

第十三条 申请国家语委科研项目的负责人，应符合以下条件：

（一）遵守中华人民共和国宪法和法律；

（二）具有独立开展研究和组织开展研究的能力，身体健康，能够承担实质性的研究工作。以兼职人员身份从所兼职单位申报国家语委科研项目的，兼职单位须审核兼职人员正式聘任关系的真实性（在申报材料中附证明材料复印件），承担项目管理职责并做出信誉保证。

（三）具有副高级以上（含）专业技术职称（职务）或者具有博士学位。不具备以上职称和学位条件的，须有2名具有正高级专业技术职称（职务）的同行专家的书面推荐。

重大项目的申请人必须是法人担保的相关研究机构的正高级研究人员，必须有主持并完成过省部级以上

（含）科研项目的经历。对于基础薄弱的研究领域，经国家语委科研办批准后，重大项目申请人的职称（职务）条件可调整为副高级专业技术职务（职称），须提前在年度项目指南或申报公告中予以说明。

第十四条 其他申报要求：

（一）已主持国家语委重大项目未结项者，不得申请国家语委新的各类项目；已主持国家级或省部级重大项目尚未结项者，原则上不得申报国家语委重大项目。同一申请人同年度只能申请1个项目；同一人员作为课题组成员同年度最多可参与两个国家语委科研项目的申请。

（二）项目的申请人即项目的负责人，限为1人。

（三）具有高级专业技术职称（职务）的人员，最多同时主持2项国家语委在研科研项目；不具有高级专业技术职称（职务）的人员，最多主持1项国家语委在研科研项目。

（四）国家语委机关在编工作人员不得申请或者参与申请。

（五）申请人申请资助项目的相关研究，已获得其他资助的，应当在申请材料中说明所申请项目与已承担项目的联系和区别，不得以内容基本相同的同一成果申请多家基金项目结项。

（六）凡以博士学位论文或博士后出站报告为基础申报国家语委科研项目，须在申请材料中注明所申请项目与学位论文（出站报告）的联系和区别，申请鉴定结项时提交学位论文（出站报告）原件。

（七）已获得立项的国家和省部级项目及其子项目，不得重复申请国家语委资助；不得以已出版的内容基本相同的研究成果申请国家语委科研项目。

（八）原则上应组成课题组申报。鼓励跨学科、跨学校、跨地区、跨系统组织优势科研力量，开展实质性合作研究；应用对策性研究课题，提倡吸收实际工作部门人员参与课题研究；课题组成员须征得本人同意，否则视为违规申报。

（九）申请自筹项目的，需有项目依托单位财务部门盖章的项目所需研究经费（非个人经费）的银行到账证明，项目申请才可以进入评审环节，通过评审的方可被批准立项。

第十五条 申请人申请国家语委科研项目，应以项目指南为基础确定研究项目，认真、如实填写申请书，并在规定的期限内经依托单位审核后向国家语委科研办报送申请材料。

第十六条 国家语委科研办在申请截止后 30 日内完成对申请材料的初步审查。对于符合本办法规定条件的,予以受理;对于不符合本办法规定条件的、不符合年度项目指南或申报公告要求的,不予受理,并通知申请人。

第四章 评审立项

第十七条 项目评审的基本标准:

(一)课题具有重要的理论价值或现实意义,与国家语言文字事业的改革发展结合紧密;

(二)课题具有前沿性,预期能产生具有创新性和社会影响力的研究成果;

(三)课题研究方向正确,研究思路清晰,目标得当,内容全面,论证充分,重点突出,拟突破的难点明确,研究方法、技术路线和调研计划科学、可行;

(四)课题组负责人及成员对申报课题有一定的研究基础,有相关研究成果和资料支撑,有完成研究工作必备的能力、时间和条件;

(五)经费预算安排合理。

第十八条 国家语委科研办负责组织专家,对已受理的项目申请进行通讯评审和会议评审。

通讯评审实行双向匿名评审制度,按照定性评价和定量评价相结合的方式,重点就项目申请的研究内容、思路方法、预期成果等论证部分进行评审。

会议评审综合考察课题论证情况、申请人和参与人的研究经历、前期相关研究成果、研究内容是否获得其他资助等。其中,重大项目原则上采用会议答辩形式。

第十九条 对因语言文字事业改革和发展需要或其他特殊情况提出的项目申请,可只进行通讯评审或者会议评审,择优确定。

第二十条 国家语委科研办根据本办法规定和专家评审意见,对最终评审结果进行复核,提出拟资助项目及资助经费数额并进行公示,公示期不少于 5 个工作日。对公示项目有异议的,在公示期内,向国家语委科研办提出实名书面复审请求。国家语委科研办对复审要求,自收到之日起 60 日内完成核审并回复核审结果。对评审专家的学术判断有不同意见,不得作为提出复审请求的理由。申请人只能提出 1 次复审请求。

第二十一条 经公示或复审通过的项目,国家语委科研办报国家语委科研规划领导小组审批通过后,在 1 个月内向项目依托单位发出立项通知书等材料。重大项目正式立项前,课题组负责人须与国家语委科研管理部门签订研究合同。

第二十二条 国家语委相关科研管理工作人员及评审专家不得披露未公开的评审专家的基本情况、评审意见、评审结果等与评审有关的信息,不得干预评审专家的评审工作。

第五章 过程管理

第二十三条 课题负责人接到立项批准通知后,应尽快确定具体的课题实施方案,在 3 个月内组织开题,并及时将实施方案和开题情况报送国家语委科研办和相关科研管理部门。

第二十四条 依托单位在项目过程管理中要充分发挥组织、协调、服务和监督作用,保障项目的顺利实施。项目负责人应按项目申请书中的承诺组织开展研究工作,做好项目实施情况的原始记录,并向依托单位提交项目进展报告。

第二十五条 为保证研究质量,国家语委科研项目实行中期检查和抽查制度。

中期检查采取国家语委科研办统一布置和课题组自行申请相结合的方式。原则上至少须有项目负责人作为第一署名人的正式发表的与研究主题相关的论文 1 篇,或者专著书稿 1 部,或者 1 篇高质量的已被采纳的咨询报告,或者按照研究进度应提交的阶段性成果,否则中期检查不予通过。

国家语委科研办将不定期组织开展项目进展状况抽查。

中期检查和抽查的结果将作为后续拨款的依据。对于没有进行实质性研究的项目、无故不接受检查或检查不合格的项目,停拨后续经费,限期整改,并视情况给予警告、通报批评、终止项目的处理。

第二十六条 除根据评审意见和国家语委科研办确定的资助额度对原申请书进行必要的调整外,课题组不得擅自对已批准立项后的内容进行变更。有下列情形之一确需改变的,项目负责人应及时提出申请,经依托单位审查同意后报国家语委科研办审核批准:

(一)改变项目名称;

(二)改变最终研究成果形式;

(三)研究内容或者研究计划有重大调整;

(四)项目负责人或项目管理单位变更;

(五)课题组主要成员变更(成员前 5 名,须在中期前提出并备案);

(六)终止研究协议;

(七)未能按计划完成研究任务,要求延期;

(八)其他重要事项的变更。

其中,申请项目延期,项目负责人必须有正当理由,且在资助期满 2 个月前提交书面申请。除确有特殊需要的重大项目外，申请延期 1 次最多不得超过 1 年，1 个项目申请延期最多不得超过 2 次。已在年度项目指南或申报公告中说明研究期限的项目不得延期。

第二十七条　项目负责人调入另一单位的，原依托单位需承诺继续负责项目管理至结项。或经原依托单位与现依托单位协调一致，由原依托单位提出变更依托单位的申请，报国家语委科研办批准。协调不一致的，国家语委科研办终止该项目负责人所负责项目的实施。

第二十八条　课题组不得组织开展与课题相关的任何形式的评奖活动，不得以课题合作的名义收取任何费用，不得以课题组名义自行刻制印章。如有违反，国家语委科研办将作出撤销项目处理。

第六章　经费管理与监督

第二十九条　项目申请人在申报国家语委科研项目时，应参考国家语委科研办公布的经费资助额度，根据研究需要编制项目概算；评审专家审核概算，提出资助金额建议；国家语委科研办对建议的资助金额进行复核，并报国家语委科研规划领导小组审批。确定金额在立项通知书上明确。

第三十条　项目负责人接到立项通知书后，如核定的经费与申请经费不一致，应当按批准的资助金额编制经费预算，并根据要求填写回执，在 1 个月内将新预算回执报国家语委科研办。无特殊原因逾期不报回执者，视为自动放弃资助，不予办理拨款手续。

第三十一条　国家语委科研办对项目预算回执进行审核，批准后将首笔经费拨付项目依托单位，并公布所有拨付经费的项目信息（包括项目名称、项目负责人、依托单位名称、资助的经费数额等）。鼓励依托单位提供项目配套经费。

第三十二条　项目经费实行"一次核定，分期拨付"的办法，一般分 3 次拨款。立项当年以批准的回执为凭，首次拨付资助经费的 60%；中期检查合格后，拨付资助经费的 30%；其余 10% 在项目通过验收结项后拨付。未通过验收结项的项目，不予拨付剩余经费。

第三十三条　项目经费的开支范围包括：

（一）设备费：指在项目研究过程中发生的购置或租赁使用外单位设备而发生的费用。项目经费应当严格控制设备费支出。因项目研究确需购置的，应当在项目预算中单独列示，并由依托单位按照国家国有资产管理的规定进行管理。

（二）数据采集费：指在项目研究过程中发生的问卷调查、数据跟踪采集、案例分析等费用。

（三）资料费：指在项目研究过程中发生的必要的图书和专用软件购置费，以及文献检索和资料收集、录入、复印、翻拍、翻译、语音转写等费用。

（四）印刷费：指在项目研究过程中发生的项目研究成果的打印费、印刷费和誊写费等。

（五）会议费：指在项目研究过程中为组织开展学术研讨、咨询以及协调项目等活动而召开小型会议的费用。会议费的开支应当按照国家有关规定，严格控制会议规模、会议数量、会议开支标准和会期。

（六）差旅费：指在项目研究过程中开展国内调研活动和参加与项目有关的学术交流所发生的外埠差旅费、市内交通费、食宿费及其他费用。差旅费的开支标准应当按照国家有关规定执行。

（七）专家咨询费：指在项目研究过程中发生的支付给临时聘请的咨询专家的费用。咨询费不得支付给课题组成员。咨询费的支出总额，不得超过项目资助额的 10%。

（八）劳务费：指在项目研究过程中发生的支付给课题组成员中没有工资性收入的相关人员和课题组临时聘用人员等的劳务性费用，不得支付给有工资收入的课题组成员。

（九）国际合作与交流费：指在项目研究过程中发生的赴国外及港澳台地区调研或参加相关会议的交通费、住宿费及其他费用。项目经费应当严格控制国际合作与交流费支出，并执行国家外事经费管理的有关规定。因项目研究确需开支国际合作与交流费的，应当在项目预算中单独列示，并由国家语委科研办批准后执行。

（十）办公耗材费：指在项目研究过程中发生的办公用品及计算机耗材等费用。

（十一）其他支出：项目研究需要但未列入以上各项的支出，应在项目预算中单独列支，单独核定。

第三十四条　项目负责人应严格执行批准后的项目预算，原则上不能调整。确因项目研究需要进行调整，应当按照以下程序进行核批：

（一）项目预算总额调整，应当按照程序报国家语委科研办批准；

（二）项目支出预算科目中劳务费、专家咨询费和管理费预算不予调整。其他支出科目预算执行超过核定预算 10% 且金额在 2 万元以上的，应按程序报国家语委科研办批准；小于 10% 或 2 万元的，应报项目依托单位财务部门批准。

第三十五条　项目经费的使用必须符合国家有关财

务制度的规定,应当严格按照本办法规定的项目经费开支范围和标准以及批准的经费支出预算办理支出。严禁使用项目经费支付各种罚款、捐款、赞助、投资等,严禁以任何方式变相谋取私利。项目负责人、依托单位不得以任何方式侵占、挪用资助经费。自筹项目经费的筹集和使用由出资单位或项目依托单位参照本办法的规定进行管理。

第三十六条　项目经费由项目依托单位统一管理,相关部门应按财务制度要求,加强对项目预决算的审核,对预算的执行和各项开支情况进行检查,如不符合国家有关规定或本办法规定,应及时予以纠正。依托单位财务部门应妥善保存项目经费账目和单据。

第三十七条　项目经费如确需转拨协作单位,应在项目预算编制中说明,并报依托单位相关部门审批,转拨经费总额不能超过项目经费总额的50%。协作单位不能在转拨经费中提取管理费。

第三十八条　项目一经批准,不得无故终止。所有被撤销的项目,国家语委科研办停止拨款并追回已拨经费;终止研究的项目(指项目负责人因出国、生病、死亡或其他原因不能继续研究的),国家语委科研办停止拨款并追回已拨经费的剩余部分。做出信誉保证的法人单位要协助做好经费的追回工作。

第三十九条　项目完成后,项目负责人应会同依托单位财务部门清理该项目收支账目,如实填写《国家语委科研项目结项鉴定申请书》中的项目决算表,并附上财务部门打印和盖章的项目经费开支明细账(只反映国家语委的资助经费),未支出经费(包括未到账的预留经费)要另外详细写明用途。

第四十条　成果鉴定费由国家语委科研办支付,因成果质量问题需组织第2次鉴定发生的费用,从尚未拨付的项目经费中扣除。

第四十一条　项目负责人应加强对项目经费的管理和使用,对连续两年未使用或者连续三年仍未使用完的剩余资金,视同结余资金管理,上交国库,统筹使用。

第七章　鉴定结项与推广应用

第四十二条　项目完成后,均需履行鉴定结项手续。研究成果通过专家鉴定和国家语委科研办审核、验收后,方可正式结项。

第四十三条　提出鉴定和结项申请的条件:

(一)已经完成立项时批准的《国家语委科研项目申请书》及研究合同约定的研究任务,最终成果形式与原计划或批准变更形式相符;

(二)最终成果由项目负责人主持完成并作为第一署名人,不存在知识产权等方面的争议;

(三)重大项目最终成果书稿(打印稿)已经完成且未正式出版;

(四)非重大项目著作类成果已经完成(不限是否出版),论文类成果已正式发表或录用,研究咨询报告类成果有实际应用部门的采纳证明(注明采纳内容及价值);

(五)所有正式出版或发表的项目成果均在显著位置标注"国家语委科研项目"字样(含项目名称、编号),未标注者不予承认。

第四十四条　项目负责人应在项目计划完成时间期满30日以内,向国家语委科研办提交《国家语委科研项目结项鉴定申请书》(原件2份)、最终研究成果(原件1份)、成果摘要报告(3000-5000字,含电子版)、《国家语委科研项目申请书》(复印件),以上材料各4份,经依托单位审核同意后向国家语委科研办报送。

第四十五条　最终研究成果的鉴定工作由国家语委科研办或委托第三方机构组织专家实施,视情况采取通讯鉴定或会议鉴定的方式。其中,重大项目、部分委托项目(立项时标注)的成果鉴定采用专题会议的方式;其他项目的鉴定于每年3月和9月左右分两次集中进行,并根据实际情况采用通讯鉴定或会议集中鉴定的方式。对于通过鉴定、未出版的优秀著作类成果,须按国家语委科研办提供的带统一标识的封面和规格出版。

第四十六条　鉴定的主要内容:

(一)《国家语委科研项目申请书》及研究合同约定的研究任务完成情况;

(二)研究内容的前沿性和创新性;

(三)研究成果的学术价值、应用价值或社会影响;

(四)研究方法是否正确有效,学风是否严谨。

第四十七条　鉴定专家对成果提出客观、公正、全面的鉴定意见。采取通讯鉴定方式的,鉴定专家应分别提出成果等级建议;采取会议鉴定方式的,由鉴定专家组确定成果等级。国家语委科研办核定成果等级。

第四十八条　最终成果形式可以是专著、论文(集)、译著、咨询报告、语言文字规范标准文本、软件、数据库、发明专利等;除学术成果本身外,项目负责人及课题组成员结合项目研究进行的课程建设、教材编写、辞书、科普文章、学术报告、咨询服务及其实际效果和社会影响等,一并纳入验收范围综合考虑。对重大项目成果的评估要特别注重考察其为国家和社会提供咨询服务的情况。

第四十九条　国家语委资助项目的研究成果,必须严格按照规定进行标注。公开出版和发表的研究成果,必须与项目内容密切相关,成果标注位置应在学术著作、鉴定证书及其他有效证明材料的封面或书前扉页,或论文的首页、致谢部分等醒目处,否则验收时不予承认。向有关领导和部门报送项目研究成果时,应当注明受到国家语委科研项目资助。成果形式为语言文字规范标准的科研项目,须同时遵照《国家语言文字工作委员会语言文字规范标准管理办法》执行。

第五十条　项目完成《国家语委科研项目申请书》约定的研究任务,达到第四十三条规定的基本要求,且符合下列情形之一者,可申请免予鉴定:

(一)专著类成果已正式出版;

(二)在 SSCI、A&HCI、SCI(中科院分区的 1 区和 2 区)、EI 等国际索引期刊发表论文 2 篇以上;

(三)成果获得国家级、省部级奖励或国家一级行业学会三等奖及以上奖励;

(四)项目研究提出的理论观点、政策建议等被相关的地(市)级以上党政领导批示并被有关部门采纳吸收、取得实际效果;

(五)成果涉密不宜公开,而质量和水平已得到有关部门认可。

免予鉴定或申请免予鉴定者,需填写《国家语委科研项目结项鉴定申请书》,注明免予鉴定的理由,并附项目成果和有关证明材料,经依托单位审核同意后,报国家语委科研办批准后办理结项手续,视情况确定成果等级。申请免予鉴定经审核不符合条件者,退回申请人重新申请鉴定和结项。

重大项目及部分委托项目(立项时标注)不得申请免于鉴定。

第五十一条　鉴定实行评级制度,根据专家的鉴定意见分别给予优秀、合格和不合格的鉴定结论。国家语委科研办对鉴定合格、可以结项者,颁发结项证书,拨付项目经费的剩余部分,并将验收结项情况予以公布。对成果验收为优秀的项目,予以通报表扬并作为项目负责人下次申请项目的重要参考;对不合格的项目,退回申请人限期修改后,重新提交鉴定。对成果再次验收为不合格的项目,一律做撤项处理,项目负责人 3 年内不得申报国家语委科研项目。

第五十二条　强化成果转化意识,拓展成果转化渠道,充分发挥项目成果的社会效益。

(一)鼓励项目成果向教育教学、决策咨询、社会服务转化,为提高全社会语言文字规范化水平、构建和谐语言生活服务。

(二)依托单位应支持和资助项目优秀成果的出版,积极做好项目成果的宣传、推广和应用工作。有重要实践指导意义和决策参考的报告、调研报告,在提交有关领导和部门时须同时报送国家语委科研办。

(三)国家语委科研办对科研项目优秀成果及项目研究中涌现出的优秀人才予以宣传,建立稳定的宣传推介载体和渠道。

第五十三条　项目成果归国家语委和课题组共同所有,依托单位拥有将该成果用于科研、教学的权利和经国家语委同意赋予的其他权利。

第八章　监督与处罚

第五十四条　项目负责人及参与者违反本办法规定,有下列行为之一的,由国家语委科研办给予警告,暂缓拨付资助经费,并责令限期改正;逾期不改正的,国家语委科研办做出撤销项目决定。

(一)未履行国家语委科研项目申请书的承诺;

(二)擅自变更研究内容或者研究计划;

(三)未依照本办法规定提交项目进展报告;

(四)提交虚假材料;

(五)违规使用、侵占、挪用资助经费。

第五十五条　项目实施中,有下列情形之一的,依托单位应当及时提出变更项目负责人或者终止项目实施的申请,报国家语委科研办审批;国家语委科研办也可以直接做出终止项目的决定:

(一)项目负责人无力继续开展研究工作;

(二)临近资助期满未取得实质性研究进展;

(三)最终研究成果质量低劣;

(四)严重违反资助经费使用和管理制度;

(五)存在其他严重情况。

第五十六条　项目实施中,有下列情形之一的,国家语委科研办撤销该项目,项目负责人 3 年内不得申请或者参与申请国家语委科研项目:

(一)研究成果(包括最终研究成果和阶段性研究成果)有严重政治问题;

(二)项目研究中有剽窃他人科研成果或者弄虚作假等学术不端行为;

(三)逾期不提交延期申请或最终研究成果;

(四)存在其他严重问题。

第五十七条　国家语委科研办建立项目申请人、负责人的信誉档案,并将其作为获批国家语委科研项目申请的重要参考。

第五十八条　国家语委科研办对评审鉴定专家履行职责情况进行评估;根据评估结果,建立评审鉴定专家信誉档案。评审专家有下列行为之一的,国家语委科研办给予警告;情节严重的,不再聘请。

(一)未履行本办法规定职责;

(二)披露未公开的与评审有关信息;

(三)未公正评审项目申请;

(四)利用评审工作便利谋取不正当利益;

(五)有剽窃他人科研成果或者弄虚作假等学术不端行为;

(六)存在其他严重问题的。

第五十九条　国家语委科研办依照本办法规定对外公开有关信息,应当遵守国家有关保密规定。

第九章　附　则

第六十条　本办法由国家语委科研规划领导小组办公室负责解释,自发布之日起实施。

中华人民共和国教育部
"中国语言文化友谊奖"设置规定

·1999 年 3 月 15 日教育部令第 2 号公布
·自 1999 年 3 月 15 日起施行

第一条　为了推动世界汉语教学的发展和中国语言文化的传播,增进中国人民和世界各国人民的相互了解和友谊,中华人民共和国教育部设立"中国语言文化友谊奖"。

第二条　"中国语言文化友谊奖"授予在汉语教学、汉学研究及中国语言文化传播方面做出突出贡献的外国友人。

第三条　"中国语言文化友谊奖"每三年评选颁发一次,由教育部颁发或委托中国驻外外交机构等颁发。

第四条　获奖者应符合下列条件之一:

(一)在汉语教学方面有突出成绩;

(二)在汉语和汉学研究方面有突出成就;

(三)在传播中国语言文化方面有突出贡献;

(四)在推广汉语和传播中国语言文化的组织、管理工作方面有突出作用。

第五条　国内省部级教育行政部门、从事对外汉语教学的大专院校和著名专家、从事中国语言文化研究的单位和著名专家、从事对外教育和文化交流的机构、中国驻外外交机构均可以推荐候选人。

第六条　本奖设评审委员会,负责评审并提出入选者名单,报教育部审定。

第七条　对获奖者予以以下奖励:

(一)授予中华人民共和国教育部颁发的荣誉证书和奖章;

(二)邀请获奖者来华出席颁奖仪式和进行短期学术访问,或进行为期三个月的学术研究,费用由教育部专项基金提供。

第八条　评奖和颁奖工作的具体事务由国家对外汉语教学领导小组办公室负责。

第九条　本规定自发布之日起生效。

国务院办公厅关于全面加强新时代
语言文字工作的意见

·2020 年 9 月 14 日
·国办发〔2020〕30 号

各省、自治区、直辖市人民政府,国务院各部委、各直属机构:

语言文字是人类社会最重要的交际工具和信息载体,是文化的基础要素和鲜明标志。语言文字事业具有基础性、全局性、社会性和全民性特点,事关国民素质提高和人的全面发展,事关历史文化传承和经济社会发展,事关国家统一和民族团结,是国家综合实力的重要支撑,在党和国家工作大局中具有重要地位和作用。新中国成立以来,特别是党的十八大以来,在党和国家的高度重视下,我国的语言文字事业取得了历史性成就。同时,国家通用语言文字推广普及仍不平衡不充分,语言文字信息技术创新还不适应信息化尤其是人工智能的发展需求,语言文字工作治理体系和治理能力现代化水平亟待提升。为全面加强新时代语言文字工作,经国务院同意,现提出如下意见。

一、总体要求

(一)指导思想。以习近平新时代中国特色社会主义思想为指导,全面贯彻党的十九大和十九届二中、三中、四中全会精神,按照党中央、国务院决策部署,坚持以人民为中心的发展思想,以推广普及和规范使用国家通用语言文字为重点,加强语言文字法治建设,推进语言文字规范化、标准化、信息化建设,科学保护各民族语言文字,构建和谐健康语言生活,传承弘扬中华优秀语言文化,提升国家文化软实力,为铸牢中华民族共同体意识、建设社会主义现代化强国贡献力量。

（二）基本原则。

——坚持服务大局、服务人民。立足我国发展新的历史方位，聚焦国家发展战略，加强顶层设计，充分发挥语言文字的政治、社会、文化、育人和对外交流功能，提高语言文字工作服务国家发展大局的能力，推进语言文字工作治理体系和治理能力现代化，服务人民群众学习使用语言文字和提升科学文化素质的需求。

——坚持推广普及、提高质量。坚定不移推广国家通用语言文字，加大民族地区、农村地区国家通用语言文字推广普及力度，提高普及程度，提升普及质量，增强国民语言能力和语言文化素养。

——坚持遵循规律、分类指导。准确把握我国语言国情，遵循语言文字发展规律，牢固确立国家通用语言文字的主体地位，树立科学语言文字观，改革创新、稳中求进、因地制宜、分类施策，妥善处理好各类语言文字关系，构建和谐健康语言生活。

——坚持传承发展、统筹推进。充分发挥语言文字的载体作用，深入挖掘中国语言文字的文化内涵。处理好传承优秀传统文化与适应现代化建设需求的关系。完善体制机制，优化资源配置，形成多方合力。

（三）主要目标。到2025年，普通话在全国普及率达到85%，语言文字规范化、标准化、信息化水平进一步提高，语言文字科技水平和创新能力明显提升，中华优秀语言文化得到更好传承弘扬，与人民群众需求相适应的语言服务体系更加完善。

到2035年，国家通用语言文字在全国范围内的普及更全面、更充分，普通话在民族地区、农村地区的普及率显著提高，国家语言文字事业取得长足发展，基本实现新时代语言文字工作治理体系和治理能力现代化。

二、坚定不移推广普及国家通用语言文字

（四）大力提高国家通用语言文字普及程度。按照"聚焦重点、全面普及、巩固提高"的新时代推广普通话工作方针，分类指导，精准施策。聚焦民族地区、农村地区，聚焦重点人群，加大国家通用语言文字推广力度，继续推进国家通用语言文字普及攻坚，大幅提高民族地区国家通用语言文字普及程度和农村普通话水平，助力乡村振兴。创新开展全国推广普通话宣传周和常态化宣传活动，增强全社会规范使用国家通用语言文字的意识。开展全国普通话普及情况调查和质量监测。建设一批有示范引领作用的国家语言文字推广基地。

（五）坚持学校作为国家通用语言文字教育基础阵地。加强学校语言文字工作，全面落实国家通用语言文字作为教育教学基本用语用字的法定要求。坚持把语言文字规范化要求纳入学校、教师、学生管理和教育教学、评估评价等各个环节，开展学校语言文字工作达标建设。建立完善学生语言文字应用能力监测和评价标准。大力提高教师国家通用语言文字核心素养和教学能力。加强教材建设，确保国家通用语言文字规范标准的贯彻落实。建设书香校园，提高学生国家通用语言文字听说读写能力和语文素养。除国家另有规定外，学位论文应当使用国家通用语言文字撰写。

（六）全面加强民族地区国家通用语言文字教育。在民族地区中小学推行三科统编教材并达到全覆盖，深入推进国家通用语言文字授课，确保少数民族初中毕业生基本掌握和使用国家通用语言文字、少数民族高中毕业生熟练掌握和使用国家通用语言文字。严把教师准入关，民族地区少数民族教师资格申请人普通话水平应至少达到三级甲等标准，并逐步达到二级乙等以上标准。加强民族地区教师国家通用语言文字教育教学能力培训。加强学前儿童普通话教育，学前学会普通话。开展"职业技能+普通话"能力提升培训，提高民族地区青壮年劳动力的普通话应用水平。充分利用现代化信息技术，提高民族地区国家通用语言文字教育教学质量。

（七）提升国民语言文字应用能力。学校、机关、新闻出版、广播影视、网络信息、公共服务等系统相关从业人员，国家通用语言文字水平应达到国家规定的等级标准。开展国家通用语言文字示范培训，提高教师、基层干部等人群国家通用语言文字应用能力。开发普通话学习资源。推进普通话水平测试，完善国家通用语言文字应用能力测评体系。开展国民语言教育，提升国民语言文化素养，提高国民语言能力。

三、加快推进语言文字基础能力建设

（八）加强语言文字规范化标准化建设。加大行业系统语言文字规范化建设力度，强化学校、机关、新闻出版、广播影视、网络信息、公共服务等领域语言文字监督检查。将语言文字规范化要求纳入行业管理、城乡管理和文明城市、文明村镇、文明单位、文明校园创建内容。加强对新词新语、字母词、外语词等的监测研究和规范引导。加强语言文明教育，强化对互联网等各类新媒体语言文字使用的规范和管理，坚决遏阻庸俗暴戾网络语言传播，建设健康文明的网络语言环境。加强地名用字、拼写管理。鼓励有条件的地方开展城市、区域语言文字规范化建设工作。不断完善语言文字规范体系和标准体系。建立国际中文教育相关标准体系。做好规范标准的

发布实施、推广宣传、咨询服务和评测认证工作。

（九）推动语言文字信息技术创新发展。发挥语言文字信息技术在国家信息化、智能化建设中的基础支撑作用，提升语言文字信息处理能力，推进语言文字的融媒体应用。大力推动语言文字与人工智能、大数据、云计算等信息技术的深度融合，加强人工智能环境下自然语言处理等关键问题研究和原创技术研发，加强语言技术成果转化及推广应用，支持数字经济发展。加强语言文字信息化平台建设，建设好全球中文学习平台，提供优质学习资源和信息服务资源。

（十）加强语言文字科学研究。支持语言文字基础研究和应用研究，鼓励学科交叉，完善相关学科体系建设。加强语言文字科研基地、平台建设，完善科技创新体系布局，提高研究水平和决策咨询能力。加强国家语言文字智库建设。提升科研工作管理水平，加强语言文字科研成果转化。

四、切实增强国家语言文字服务能力

（十一）研究制定国家语言发展规划。加强国家语言发展规划，将国家通用语言文字推广普及、语言文字规范化标准化信息化建设、民族语文教育、语言资源保护利用、外语教育、国际中文教育、语言人才培养等统一规划、统一部署。完善高校多语种外语教育规划和语种结构，培养和储备复合型语言人才。加强语言产业规划研究。坚持政府引导与市场运营相结合，发展语言智能、语言教育、语言翻译、语言创意等语言产业。

（十二）提高服务国家战略的能力。围绕国家需求，探索创新服务国家战略的语言文字政策和举措。加强粤港澳大湾区、自由贸易试验区、"一带一路"建设等方面的语言服务。定期开展语言专项调查，为制定国家战略规划提供支撑。开展语言生活状况监测。加强国家应急语言服务。

（十三）满足人民群众多样化语言需求。建立语言服务机制，建设国家语言志愿服务队伍。提升城乡社区语言服务能力，提高少数民族进城务工经商人员语言文化服务质量。编制发布国内外语言政策和语言生活状况报告。加快手语和盲文规范化、标准化、信息化建设，加快推广国家通用手语和国家通用盲文，加强手语、盲文学科建设和人才培养，为听力、视力残疾人提供无障碍语言文字服务。为来华旅游、留学、工作、居住人员提供语言服务。

五、积极推进中华优秀语言文化传承发展

（十四）传承弘扬以语言文字为载体的中华优秀文化。实施中华经典诵读工程，加强中华优秀语言文化的研究阐释、教育传承、资源建设及创新传播。推动社会各界和各级各类学校开展中华经典诵写讲活动，加强中小学经典诗文教育、规范汉字书写教育。实施经典润乡土计划，助力乡村振兴战略。推动以甲骨文为代表的中华优秀传统文化传承发展，发挥古文字在中华文明传承发展中的作用。推进中华思想文化术语传播。加强地名文化遗产保护。培养更多学贯中西、融通中外的语言文化学者。加强中国当代学术和文化的外译工作，提高用外语传播中华文化的能力。

（十五）深化与港澳台地区语言文化交流合作。支持和服务港澳地区开展普通话教育，合作开展普通话水平测试，提高港澳地区普通话应用水平。加大与港澳台地区青少年语言文化交流力度，组织开展中华经典诵读展演、语言文化研修等活动。加强与港澳台地区在科技术语、中文信息技术、语言文字科学研究和人才培养等方面的交流合作。加强台湾地区语言文字政策研究。

（十六）保护开发语言资源。大力推进语言资源的保护、开发和利用。科学保护方言和少数民族语言文字。加强民族文字教材管理，提升民族语文教学质量。建设完善国家语言资源数据库，促进语言资源的开放共享。建设网络中国语言文字博物馆。推进中国语言资源保护工程建设，打造语言文化资源展示平台等标志性成果。

六、大力提升中文国际地位和影响力

（十七）加强国际中文教育和服务。加强国际中文教师队伍建设。吸引更多海外中文教师来华攻读中国国际教育相关硕士博士学位。构建全球普通话水平测试体系。完善国际中文教育考试标准。加强中文在海外华文学校的推广应用，加强海外华文教师培训。大力提升中文在学术领域的影响力，提倡科研成果中文首发。推动提高中文在国际组织、国际会议的使用地位和使用比例。促进汉语拼音的国际应用。

（十八）拓展语言文字国际交流合作。拓展双边和多边语言政策和语言文化交流合作。推动中华经典诵读海外传播，打造交流品牌。建立与重点国家语言文字工作机构的政策、规划交流机制。推动将语言文字交流合作纳入政府间人文交流机制、"一带一路"文化交流与合作建设工程。

七、加强组织保障

（十九）加强党对语言文字工作的领导。把坚持和加强党的领导贯穿语言文字工作全过程。各级政府要高度重视语言文字工作，切实把语言文字工作纳入政府议事日程和相关工作绩效管理目标，建立健全工作机制、配足配齐工作人员。综合运用法律、行政、教育、科技等手段，履行政府依法监管语言文字应用和提供语言文字公共服务的职责，加快推进语言文字工作治理体系和治理能力现代化。把语言文字工作纳入各级政府履行教育职责评价体系，省级人民政府语言文字工作重要事项要及时向国家语委报告。强化县乡两级国家通用语言文字工作职能。

（二十）完善语言文字工作体制机制。国家语委统筹全国语言文字工作。健全完善"党委领导、政府主导、语委统筹、部门支持、社会参与"的管理体制，建立分工协作、齐抓共管、协调有效的工作机制。各级教育（语言文字）部门要积极发挥牵头协调、统筹推进作用。相关职能部门要依法履行语言文字工作职责，将语言文字规范要求纳入队伍建设、行业规范、监督检查等范围。健全国家语委委员会议、咨询委员会等议事机制。创新社会参与语言文字事业机制。探索多元化、多渠道、多层次经费投入机制。鼓励通过社会捐赠等方式支持语言文字事业。

（二十一）夯实语言文字工作法治基础。贯彻落实国家通用语言文字法。推动完善语言文字法律制度，制定相关配套规章。依法加强管理，确保国家通用语言文字作为机关的公务用语用字，作为学校、新闻出版、广播影视、公共服务等领域的基本用语用字。指导地方根据国家通用语言文字法的规定，完善相关地方性法规。将语言文字规范化要求纳入相关行业法规规章和规范标准。推动开展国家通用语言文字法执法检查。健全语言文字依法管理和执法监督协调机制。将语言文字法律法规的学习宣传纳入普法规划和普法教育内容。

（二十二）加强语言文字工作队伍建设。加强语言文字系统干部队伍培养培训，提高语言文字工作治理能力和水平。开展普通话水平测试员、相关行业从业人员语言文字培训。完善人才培养和使用机制，建设高质量语言文字科研人才队伍。健全激励机制，依法依规表彰奖励为语言文字事业发展作出突出贡献的组织和个人。

国家语言文字推广基地管理办法

· 2022 年 11 月 21 日
· 国语〔2022〕3 号

第一章　总　则

第一条　为贯彻落实《国务院办公厅关于全面加强新时代语言文字工作的意见》，加大国家通用语言文字推广力度，加强和规范国家语言文字推广基地（以下简称推广基地）的建设管理，依据相关制度规定，制定本办法。

第二条　推广基地是新时代教育和语言文字事业高质量发展的重要支撑，是在国家通用语言文字推广普及、中华优秀语言文化传承发展、语言文字咨政研究等方面具有专业优势、人才优势和工作特色，能够发挥示范、引领、辐射作用的重要平台。

第三条　推广基地应围绕服务铸牢中华民族共同体意识，落实立德树人根本任务，聚焦推广普及国家通用语言文字，立足自身优势创新实践，为国家和区域语言文字事业发展提供人才保障、智力支持和专业服务。

第二章　管理体制

第四条　推广基地由教育部、国家语委和省级教育（语言文字工作）部门共建共管，实行"自主申报、择优建设、定期评估、动态管理"的管理模式。

第五条　教育部、国家语委负责推广基地的统筹规划、管理监督及认定、调整和撤销，指导推广基地的建设与运行。具体工作由教育部语言文字应用管理司（国家语委办公室）承担。设立推广基地秘书处，协调处理事务性工作。

第六条　省级教育（语言文字工作）部门负责本行政区域内推广基地的培育建设、申报推荐、日常管理等工作。

第七条　推广基地落实主体责任，执行国家和省级教育（语言文字工作）部门规划部署和各项管理规定，统合本单位及有关方面力量，制定内部建设规划和管理制度，开展建设运行工作，提升推广基地影响力，打造特色品牌。

第三章　申报认定

第八条　推广基地申报单位应具备以下基本条件：

（一）坚持正确的政治方向、价值导向、服务取向；

（二）具有独立法人资格，主要为学校、科研院所、新闻媒体、文化场馆及其他教育文化相关社会团体和企事业单位；

（三）具备突出的语言文字专业水平、独特优势、专家人才资源、扎实的工作基础和鲜明特色；

（四）具备推广基地持续建设运行的专有场地、专门人员和专项经费等条件保障。

第九条　推广基地申报与认定工作由教育部、国家语委统一部署。省级教育（语言文字工作）部门组织申报和推荐，推广基地秘书处在教育部语言文字应用管理司指导下组织评审考察，教育部、国家语委择优认定并授牌。申报认定细则另行制定。

第四章　运行与保障

第十条　推广基地应认真履行职责 在服务教育强国、科技强国、人才强国、文化强国、乡村振兴等重大战略以及服务铸牢中华民族共同体意识、"一带一路"倡议、提升国家文化软实力等方面开展工作,增强服务语言文字工作的基础和能力。

(一)高度重视,由单位负责同志担任推广基地主任,加强条件保障和日常管理,统合相关部门共同参与推广基地建设运行。

(二)积极作为,承担国家和省级教育(语言文字工作)部门委托的咨政研究、会议培训、活动推广、合作交流、社会服务等工作项目。鼓励各省级教育(语言文字工作)部门加强交流,推广基地间优势互补、资源互配、协同创新。

(三)主动谋划,着力开展前瞻性、战略性语言文字政策研究及重大实践探索,打造社会大众广泛参与的语言文化平台与品牌,开展重点领域和人群的国家通用语言文字培训,培育语言文字工作人才队伍。

(四)强化作风,规范运行管理,统筹发展和安全,建立健全规章制度,及时报告建设运行中的重大事项。

第十一条　省级教育(语言文字工作)部门提供必要的政策和资源保障,协调推进本行政区域内推广基地建设运行中的重要事项,指导推广基地参与本地区语言文字重点工作。

第十二条　教育部、国家语委提供建设指导,搭建交流合作平台,开展骨干人员研训培训,宣传推广优秀成果和创新案例,对重大、特色工作项目给予支持。

第五章　考核与监督

第十三条　推广基地实行动态管理,以五年为一个建设周期,采取年度报告、中期检查、周期评定与日常管理相结合的考核方式。

周期内,推广基地每年提交年度报告;建设第三年,教育部、国家语委组织省级教育(语言文字工作)部门开展中期检查;建设第五年,教育部、国家语委进行周期评定。

第十四条　检查评定的重点是推广基地基础保障支撑情况,承担国家和省级教育(语言文字工作)部门相关工作项目的落实情况,在本地区、本领域创新性开展工作情况等。检查评定突出实绩实效,特别注重考查推广基地示范引领国家通用语言文字推广普及工作、传承发展中华优秀语言文化的贡献度以及服务决策效能的情况。

第十五条　年度报告、中期检查结果是教育部、国家语委和省级教育(语言文字工作)部门提供支持的重要参考,周期评定结果是是否继续认定为推广基地的主要依据。周期评定结果由教育部、国家语委公布。

第十六条　推广基地在建设过程中发生违法违规、意识形态重大问题等情况,造成严重后果和恶劣影响的,撤销推广基地资格。

第六章　附　　则

第十七条　推广基地须规范使用统一名称"国家语言文字推广基地(单位全称或规范简称)"。

第十八条　省级教育(语言文字工作)部门可结合实际,参照本办法,制定相应实施细则和配套政策。鼓励开展省级语言文字推广基地的遴选认定和建设工作。

第十九条　本办法由教育部语言文字应用管理司(国家语委办公室)负责解释,自 2023 年 1 月 1 日起施行。原《国家语言文字推广基地管理办法(试行)》(国语〔2018〕3 号)同时废止。

信息技术产品国家通用语言文字使用管理规定

· 2023 年 1 月 3 日教育部令第 54 号公布
· 自 2023 年 3 月 1 日起施行

第一条　为规范信息技术产品国家通用语言文字使用,保障信息化条件下语言生活和谐健康发展,根据《中华人民共和国国家通用语言文字法》《中华人民共和国标准化法》《中华人民共和国产品质量法》《出版管理条例》《互联网信息服务管理办法》等法律、行政法规,制定本规定。

第二条　在中华人民共和国境内生产、销售、出版、发布、推广对国家通用语言文字进行信息化处理和使用国家通用语言文字进行内容编辑的信息技术产品,适用本规定。

本规定所称的信息技术产品主要有:

(一)基础软件,包括字库、输入系统、操作系统、数据库系统、办公套件等;

(二)语言文字智能处理软件,包括语音合成、语音转写、机器翻译、智能写作、智能校对、自动问答等功能软件;

(三)数字和网络出版物。

第三条　信息技术产品使用国家通用语言文字,应当有利于维护国家主权和民族尊严、有利于铸牢中华民族共同体意识,应当弘扬社会主义核心价值观、遵守公序良俗。

信息技术产品使用国家通用语言文字,应当符合国家颁布的语言文字规范标准。

第四条　国务院语言文字工作部门负责统筹协调并会同有关主管部门对全国信息技术产品的国家通用语言文字使用进行监督管理和指导服务。

地方语言文字工作部门负责统筹协调并会同地方有关主管部门对本行政区域内信息技术产品的国家通用语言文字使用进行监督管理和指导服务。

第五条　基础软件应当符合信息技术编码字符集等标准。汉字字库应当符合汉字字形规范。汉字输入系统应当依据汉语拼音方案、普通话语音、汉字笔画和部件等语言文字规范标准设计,并具备一定的规范用法提示功能。

第六条　数字和网络出版物使用国家通用语言文字,应当符合汉语拼音、普通话语音、规范汉字、现代汉语词形、标点符号和数字用法等语言文字规范标准。需要使用汉语方言、繁体字、异体字的,应当符合《中华人民共和国国家通用语言文字法》相关规定。

教材、现代汉语语文工具书类数字和网络出版物使用国家通用语言文字,还应当在语言文字的排序、检索、注音、释义、用例及相关知识阐释等方面执行本条第一款规定的语言文字规范标准。需要变通的,应当以适当方式体现相关规范标准的规定。

第七条　语言文字智能处理软件及其系统集成产品应当遵照汉语拼音、普通话语音、规范汉字、现代汉语词形、标点符号和数字用法等语言文字规范标准和现代汉语语法规律,持续优化语言文字处理功能,不断提升输出结果的规范化水平。

第八条　办公套件、智能校对软件等应当视需要为用户提供以下提示功能:

(一)规范汉字文本中夹用的繁体字、异体字;

(二)错别字、错符;

(三)现代汉语异形词非推荐词形;

(四)其他可能影响语言文字规范使用的情况。

第九条　嵌有语音合成、语音转写、机器翻译、智能写作、自动问答等语言文字智能处理功能的互联网信息服务平台应当设置信息反馈功能,及时受理用户关于语言文字不规范情况的反馈,并根据反馈信息进一步优化功能,不断提升语言文字智能处理结果的规范化水平。

第十条　面向残疾人、老年人的信息技术产品,应当具备语言文字信息无障碍功能。面向少年儿童的信息技术产品,应当符合其身心特点和语言文字学习规律。

第十一条　国务院语言文字工作部门和有关主管部门在信息技术产品国家通用语言文字使用监督管理和质量检查工作中,可以授权第三方机构对相关产品进行语言文字规范标准符合性检测。

鼓励有关检测认证机构为社会提供面向信息技术产品的语言文字规范标准符合性检测服务。

第十二条　国务院语言文字工作部门会同有关主管部门,负责对现代汉语语文工具书类数字和网络出版物进行监督检查。

第十三条　地方各级语言文字工作部门负责对本行政区域内除教材和现代汉语语文工具书之外的其他数字和网络出版物进行监督检查。检查结果通报同级主管部门,同时向上级语言文字工作部门报告。

第十四条　国务院语言文字工作部门通过适当方式,为促进语言文字智能处理软件的研发和功能完善、提升现代汉语语文工具书类数字和网络出版物编纂质量提供指导与服务。

第十五条　国务院语言文字工作部门依法制定、修订并主动公开语言文字规范标准,会同有关主管部门做好行业领域有关规范标准的研究、制定、修订及信息公开工作。

第十六条　国务院语言文字工作部门对在信息技术产品国家通用语言文字使用的管理、服务及相关技术研发中作出突出贡献的组织和个人,依据《中华人民共和国国家通用语言文字法》的有关规定,予以表彰和奖励。

第十七条　基础软件处理国家通用语言文字违反本规定第五条的,由国务院语言文字工作部门会同有关主管部门督促软件生产方限期改正。拒不改正的,由主管部门依据《中华人民共和国标准化法》《中华人民共和国产品质量法》等法律法规予以处理。

第十八条　现代汉语语文工具书类数字和网络出版物使用国家通用语言文字违反本规定第六条的,由国务院语言文字工作部门会同有关主管部门督促出版方限期改正。拒不改正的,由主管部门依据《出版管理条例》等法律法规予以处理。

第十九条　其他数字和网络出版物使用国家通用语言文字违反本规定第六条的,由县级以上地方语言文字工作部门会同同级主管部门督促出版方限期改正。拒不改正的,由主管部门依据《出版管理条例》等法律法规予以处理。

第二十条　国务院语言文字工作部门应当加强信息技术产品国家通用语言文字使用情况的监测和研究,并会同有关部门组织开展宣传教育和业务指导。

第二十一条　国务院和地方各级语言文字工作部门应当建立工作协同机制,为同级有关主管部门依法管理信息技术产品中使用国家通用语言文字提供咨询服务、执法协助等支持。

第二十二条　本规定自 2023 年 3 月 1 日起施行。

(二)科技工作

中华人民共和国科学技术进步法

- 1993 年 7 月 2 日第八届全国人民代表大会常务委员会第二次会议通过
- 2007 年 12 月 29 日第十届全国人民代表大会常务委员会第三十一次会议第一次修订
- 2021 年 12 月 24 日第十三届全国人民代表大会常务委员会第三十二次会议第二次修订
- 2021 年 12 月 24 日中华人民共和国主席令第 103 号公布
- 自 2022 年 1 月 1 日起施行

第一章　总　则

第一条　为了全面促进科学技术进步,发挥科学技术第一生产力、创新第一动力、人才第一资源的作用,促进科技成果向现实生产力转化,推动科技创新支撑和引领经济社会发展,全面建设社会主义现代化国家,根据宪法,制定本法。

第二条　坚持中国共产党对科学技术事业的全面领导。

国家坚持新发展理念,坚持科技创新在国家现代化建设全局中的核心地位,把科技自立自强作为国家发展的战略支撑,实施科教兴国战略、人才强国战略和创新驱动发展战略,走中国特色自主创新道路,建设科技强国。

第三条　科学技术进步工作应当面向世界科技前沿、面向经济主战场、面向国家重大需求、面向人民生命健康,为促进经济社会发展、维护国家安全和推动人类可持续发展服务。

国家鼓励科学技术研究开发,推动应用科学技术改造提升传统产业、发展高新技术产业和社会事业,支撑实现碳达峰碳中和目标,催生新发展动能,实现高质量发展。

第四条　国家完善高效、协同、开放的国家创新体系,统筹科技创新与制度创新,健全社会主义市场经济条件下新型举国体制,充分发挥市场配置创新资源的决定性作用,更好发挥政府作用,优化科技资源配置,提高资源利用效率,促进各类创新主体紧密合作、创新要素有序流动、创新生态持续优化,提升体系化能力和重点突破能力,增强创新体系整体效能。

国家构建和强化以国家实验室、国家科学技术研究开发机构、高水平研究型大学、科技领军企业为重要组成部分的国家战略科技力量,在关键领域和重点方向上发挥战略支撑引领作用和重大原始创新效能,服务国家重大战略需要。

第五条　国家统筹发展和安全,提高科技安全治理能力,健全预防和化解科技安全风险的制度机制,加强科学技术研究、开发与应用活动的安全管理,支持国家安全领域科技创新,增强科技创新支撑国家安全的能力和水平。

第六条　国家鼓励科学技术研究开发与高等教育、产业发展相结合,鼓励学科交叉融合和相互促进。

国家加强跨地区、跨行业和跨领域的科学技术合作,扶持革命老区、民族地区、边远地区、欠发达地区的科学技术进步。

国家加强军用与民用科学技术协调发展,促进军用与民用科学技术资源、技术开发需求的互通交流和技术双向转移,发展军民两用技术。

第七条　国家遵循科学技术活动服务国家目标与鼓励自由探索相结合的原则,超前部署重大基础研究、有重大产业应用前景的前沿技术研究和社会公益性技术研究,支持基础研究、前沿技术研究和社会公益性技术研究持续、稳定发展,加强原始创新和关键核心技术攻关,加快实现高水平科技自立自强。

第八条　国家保障开展科学技术研究开发的自由,鼓励科学探索和技术创新,保护科学技术人员自由探索等合法权益。

科学技术研究开发机构、高等学校、企业事业单位和公民有权自主选择课题,探索未知科学领域,从事基础研究、前沿技术研究和社会公益性技术研究。

第九条　学校及其他教育机构应当坚持理论联系实际,注重培养受教育者的独立思考能力、实践能力、创新能力和批判性思维,以及追求真理、崇尚创新、实事求是的科学精神。

国家发挥高等学校在科学技术研究中的重要作用,鼓励高等学校开展科学研究、技术开发和社会服务,培养具有社会责任感、创新精神和实践能力的高级专门人才。

第十条　科学技术人员是社会主义现代化建设事业的重要人才力量,应当受到全社会的尊重。

国家坚持人才引领发展的战略地位,深化人才发展体制机制改革,全方位培养、引进、用好人才,营造符合科技创新规律和人才成长规律的环境,充分发挥人才第一资源作用。

第十一条　国家营造有利于科技创新的社会环境,鼓励机关、群团组织、企业事业单位、社会组织和公民参与和支持科学技术进步活动。

全社会都应当尊重劳动、尊重知识、尊重人才、尊重创造,形成崇尚科学的风尚。

第十二条　国家发展科学技术普及事业,普及科学技术知识,加强科学技术普及基础设施和能力建设,提高全体公民特别是青少年的科学文化素质。

科学技术普及是全社会的共同责任。国家建立健全科学技术普及激励机制,鼓励科学技术研究开发机构、高等学校、企业事业单位、社会组织、科学技术人员等积极参与和支持科学技术普及活动。

第十三条　国家制定和实施知识产权战略,建立和完善知识产权制度,营造尊重知识产权的社会环境,保护知识产权,激励自主创新。

企业事业单位、社会组织和科学技术人员应当增强知识产权意识,增强自主创新能力,提高创造、运用、保护、管理和服务知识产权的能力,提高知识产权质量。

第十四条　国家建立和完善有利于创新的科学技术评价制度。

科学技术评价应当坚持公开、公平、公正的原则,以科技创新质量、贡献、绩效为导向,根据不同科学技术活动的特点,实行分类评价。

第十五条　国务院领导全国科学技术进步工作,制定中长期科学和技术发展规划、科技创新规划,确定国家科学技术重大项目、与科学技术密切相关的重大项目。中长期科学和技术发展规划、科技创新规划应当明确指导方针,发挥战略导向作用,引导和统筹科技发展布局、资源配置和政策制定。

县级以上人民政府应当将科学技术进步工作纳入国民经济和社会发展规划,保障科学技术进步与经济建设和社会发展相协调。

地方各级人民政府应当采取有效措施,加强对科学技术进步工作的组织和管理,优化科学技术发展环境,推进科学技术进步。

第十六条　国务院科学技术行政部门负责全国科学技术进步工作的宏观管理、统筹协调、服务保障和监督实施;国务院其他有关部门在各自的职责范围内,负责有关的科学技术进步工作。

县级以上地方人民政府科学技术行政部门负责本行政区域的科学技术进步工作;县级以上地方人民政府其他有关部门在各自的职责范围内,负责有关的科学技术进步工作。

第十七条　国家建立科学技术进步工作协调机制,研究科学技术进步工作中的重大问题,协调国家科学技术计划项目的设立及相互衔接,协调科学技术资源配置、科学技术研究开发机构的整合以及科学技术研究开发与高等教育、产业发展相结合等重大事项。

第十八条　每年5月30日为全国科技工作者日。

国家建立和完善科学技术奖励制度,设立国家最高科学技术奖等奖项,对在科学技术进步活动中做出重要贡献的组织和个人给予奖励。具体办法由国务院规定。

国家鼓励国内外的组织或者个人设立科学技术奖项,对科学技术进步活动中做出贡献的组织和个人给予奖励。

第二章　基础研究

第十九条　国家加强基础研究能力建设,尊重科学发展规律和人才成长规律,强化项目、人才、基地系统布局,为基础研究发展提供良好的物质条件和有力的制度保障。

国家加强规划和部署,推动基础研究自由探索和目标导向有机结合,围绕科学技术前沿、经济社会发展、国家安全重大需求和人民生命健康,聚焦重大关键技术问题,加强新兴和战略产业等领域基础研究,提升科学技术的源头供给能力。

国家鼓励科学技术研究开发机构、高等学校、企业等发挥自身优势,加强基础研究,推动原始创新。

第二十条　国家财政建立稳定支持基础研究的投入机制。

国家鼓励有条件的地方人民政府结合本地区经济社会发展需要,合理确定基础研究财政投入,加强对基础研究的支持。

国家引导企业加大基础研究投入,鼓励社会力量通过捐赠、设立基金等方式多渠道投入基础研究,给予财政、金融、税收等政策支持。

逐步提高基础研究经费在全社会科学技术研究开发经费总额中的比例,与创新型国家和科技强国建设要求相适应。

第二十一条　国家设立自然科学基金,资助基础研究,支持人才培养和团队建设。确定国家自然科学基金资助项目,应当坚持宏观引导、自主申请、平等竞争、同行评审、择优支持的原则。

有条件的地方人民政府结合本地区经济社会实际情况和发展需要,可以设立自然科学基金,支持基础研究。

第二十二条　国家完善学科布局和知识体系建设,推进学科交叉融合,促进基础研究与应用研究协调发展。

第二十三条　国家加大基础研究人才培养力度,强化对基础研究人才的稳定支持,提高基础研究人才队伍质量和水平。

国家建立满足基础研究需要的资源配置机制,建立与基础研究相适应的评价体系和激励机制,营造潜心基础研究的良好环境,鼓励和吸引优秀科学技术人员投身基础研究。

第二十四条　国家强化基础研究基地建设。

国家完善基础研究的基础条件建设,推进开放共享。

第二十五条　国家支持高等学校加强基础学科建设和基础研究人才培养,增强基础研究自主布局能力,推动高等学校基础研究高质量发展。

第三章　应用研究与成果转化

第二十六条　国家鼓励以应用研究带动基础研究,促进基础研究与应用研究、成果转化融通发展。

国家完善共性基础技术供给体系,促进创新链产业链深度融合,保障产业链供应链安全。

第二十七条　国家建立和完善科研攻关协调机制,围绕经济社会发展、国家安全重大需求和人民生命健康,加强重点领域项目、人才、基地、资金一体化配置,推动产学研紧密合作,推动关键核心技术自主可控。

第二十八条　国家完善关键核心技术攻关举国体制,组织实施体现国家战略需求的科学技术重大任务,系统布局具有前瞻性、战略性的科学技术重大项目,超前部署关键核心技术研发。

第二十九条　国家加强面向产业发展需求的共性技术平台和科学技术研究开发机构建设,鼓励地方围绕发展需求建设应用研究科学技术研究开发机构。

国家鼓励科学技术研究开发机构、高等学校加强共性基础技术研究,鼓励以企业为主导,开展面向市场和产业化应用的研究开发活动。

第三十条　国家加强科技成果中试、工程化和产业化开发及应用,加快科技成果转化为现实生产力。

利用财政性资金设立的科学技术研究开发机构和高等学校,应当积极促进科技成果转化,加强技术转移机构和人才队伍建设,建立和完善促进科技成果转化制度。

第三十一条　国家鼓励企业、科学技术研究开发机构、高等学校和其他组织建立优势互补、分工明确、成果共享、风险共担的合作机制,按照市场机制联合组建研究开发平台、技术创新联盟、创新联合体等,协同推进研究开发与科技成果转化,提高科技成果转移转化成效。

第三十二条　利用财政性资金设立的科学技术计划项目所形成的科技成果,在不损害国家安全、国家利益和重大社会公共利益的前提下,授权项目承担者依法取得相关知识产权,项目承担者可以依法自行投资实施转化、向他人转让、联合他人共同实施转化、许可他人使用或者作价投资等。

项目承担者应当依法实施前款规定的知识产权,同时采取保护措施,并就实施和保护情况向项目管理机构提交年度报告;在合理期限内没有实施且无正当理由的,国家可以无偿实施,也可以许可他人有偿实施或者无偿实施。

项目承担者依法取得的本条第一款规定的知识产权,为了国家安全、国家利益和重大社会公共利益的需要,国家可以无偿实施,也可以许可他人有偿实施或者无偿实施。

项目承担者因实施本条第一款规定的知识产权所产生的利益分配,依照有关法律法规规定执行;法律法规没有规定的,按照约定执行。

第三十三条　国家实行以增加知识价值为导向的分配政策,按照国家有关规定推进知识产权归属和权益分配机制改革,探索赋予科学技术人员职务科技成果所有权或者长期使用权制度。

第三十四条　国家鼓励利用财政性资金设立的科学技术计划项目所形成的知识产权首先在境内使用。

前款规定的知识产权向境外的组织或者个人转让,或者许可境外的组织或者个人独占实施的,应当经项目管理机构批准;法律、行政法规对批准机构另有规定的,依照其规定。

第三十五条　国家鼓励新技术应用,按照包容审慎原则,推动开展新技术、新产品、新服务、新模式应用试验,为新技术、新产品应用创造条件。

第三十六条　国家鼓励和支持农业科学技术的应用研究,传播和普及农业科学技术知识,加快农业科技成果转化和产业化,促进农业科学技术进步,利用农业科学技术引领乡村振兴和农业农村现代化。

县级以上人民政府应当采取措施,支持公益性农业科学技术研究开发机构和农业技术推广机构进行农业新品种、新技术的研究开发、应用和推广。

地方各级人民政府应当鼓励和引导农业科学技术服务机构、科技特派员和农村群众性科学技术组织为种植业、林业、畜牧业、渔业等的发展提供科学技术服务，为农民提供科学技术培训和指导。

第三十七条　国家推动科学技术研究开发与产品、服务标准制定相结合，科学技术研究开发与产品设计、制造相结合；引导科学技术研究开发机构、高等学校、企业和社会组织共同推进国家重大技术创新产品、服务标准的研究、制定和依法采用，参与国际标准制定。

第三十八条　国家培育和发展统一开放、互联互通、竞争有序的技术市场，鼓励创办从事技术评估、技术经纪和创新创业服务等活动的中介服务机构，引导建立社会化、专业化、网络化、信息化和智能化的技术交易服务体系和创新创业服务体系，推动科技成果的应用和推广。

技术交易活动应当遵循自愿平等、互利有偿和诚实信用的原则。

第四章　企业科技创新

第三十九条　国家建立以企业为主体，以市场为导向，企业同科学技术研究开发机构、高等学校紧密合作的技术创新体系，引导和扶持企业技术创新活动，支持企业牵头国家科技攻关任务，发挥企业在技术创新中的主体作用，推动企业成为技术创新决策、科研投入、组织科研和成果转化的主体，促进各类创新要素向企业集聚，提高企业技术创新能力。

国家培育具有影响力和竞争力的科技领军企业，充分发挥科技领军企业的创新带动作用。

第四十条　国家鼓励企业开展下列活动：

（一）设立内部科学技术研究开发机构；

（二）同其他企业或者科学技术研究开发机构、高等学校开展合作研究，联合建立科学技术研究开发机构和平台，设立科技企业孵化机构和创新创业平台，或者以委托等方式开展科学技术研究开发；

（三）培养、吸引和使用科学技术人员；

（四）同科学技术研究开发机构、高等学校、职业院校或者培训机构联合培养专业技术人才和高技能人才，吸引高等学校毕业生到企业工作；

（五）设立博士后工作站或者流动站；

（六）结合技术创新和职工技能培训，开展科学技术普及活动，设立向公众开放的普及科学技术的场馆或者设施。

第四十一条　国家鼓励企业加强原始创新，开展技术合作与交流，增加研究开发和技术创新的投入，自主确立研究开发课题，开展技术创新活动。

国家鼓励企业对引进技术进行消化、吸收和再创新。

企业开发新技术、新产品、新工艺发生的研究开发费用可以按照国家有关规定，税前列支并加计扣除，企业科学技术研究开发仪器、设备可以加速折旧。

第四十二条　国家完善多层次资本市场，建立健全促进科技创新的机制，支持符合条件的科技型企业利用资本市场推动自身发展。

国家加强引导和政策扶持，多渠道拓宽创业投资资金来源，对企业的创业发展给予支持。

国家完善科技型企业上市融资制度，畅通科技型企业国内上市融资渠道，发挥资本市场服务科技创新的融资功能。

第四十三条　下列企业按照国家有关规定享受税收优惠：

（一）从事高新技术产品研究开发、生产的企业；

（二）科技型中小企业；

（三）投资初创科技型企业的创业投资企业；

（四）法律、行政法规规定的与科学技术进步有关的其他企业。

第四十四条　国家对公共研究开发平台和科学技术中介、创新创业服务机构的建设和运营给予支持。

公共研究开发平台和科学技术中介、创新创业服务机构应当为中小企业的技术创新提供服务。

第四十五条　国家保护企业研究开发所取得的知识产权。企业应当不断提高知识产权质量和效益，增强自主创新能力和市场竞争能力。

第四十六条　国有企业应当建立健全有利于技术创新的研究开发投入制度、分配制度和考核评价制度，完善激励约束机制。

国有企业负责人对企业的技术进步负责。对国有企业负责人的业绩考核，应当将企业的创新投入、创新能力建设、创新成效等情况纳入考核范围。

第四十七条　县级以上地方人民政府及其有关部门应当创造公平竞争的市场环境，推动企业技术进步。

国务院有关部门和省级人民政府应当通过制定产业、财政、金融、能源、环境保护和应对气候变化等政策，引导、促使企业研究开发新技术、新产品、新工艺，进行技术改造和设备更新，淘汰技术落后的设备、工艺，停止生产技术落后的产品。

第五章　科学技术研究开发机构

第四十八条　国家统筹规划科学技术研究开发机构布局,建立和完善科学技术研究开发体系。

国家在事关国家安全和经济社会发展全局的重大科技创新领域建设国家实验室,建立健全以国家实验室为引领、全国重点实验室为支撑的实验室体系,完善稳定支持机制。

利用财政性资金设立的科学技术研究开发机构,应当坚持以国家战略需求为导向,提供公共科技供给和应急科技支撑。

第四十九条　自然人、法人和非法人组织有权依法设立科学技术研究开发机构。境外的组织或者个人可以在中国境内依法独立设立科学技术研究开发机构,也可以与中国境内的组织或者个人联合设立科学技术研究开发机构。

从事基础研究、前沿技术研究、社会公益性技术研究的科学技术研究开发机构,可以利用财政性资金设立。利用财政性资金设立科学技术研究开发机构,应当优化配置,防止重复设置。

科学技术研究开发机构、高等学校可以设立博士后流动站或者工作站。科学技术研究开发机构可以依法在国外设立分支机构。

第五十条　科学技术研究开发机构享有下列权利:

(一)依法组织或者参加学术活动;

(二)按照国家有关规定,自主确定科学技术研究开发方向和项目,自主决定经费使用、机构设置、绩效考核及薪酬分配、职称评审、科技成果转化及收益分配、岗位设置、人员聘用及合理流动等内部管理事务;

(三)与其他科学技术研究开发机构、高等学校和企业联合开展科学技术研究开发、技术咨询、技术服务等活动;

(四)获得社会捐赠和资助;

(五)法律、行政法规规定的其他权利。

第五十一条　科学技术研究开发机构应当依法制定章程,按照章程规定的职能定位和业务范围开展科学技术研究开发活动;加强科研作风学风建设,建立和完善科研诚信、科技伦理管理制度,遵守科学研究活动管理规范;不得组织、参加、支持迷信活动。

利用财政性资金设立的科学技术研究开发机构开展科学技术研究开发活动,应当为国家目标和社会公共利益服务;有条件的,应当向公众开放普及科学技术的场馆或者设施,组织开展科学技术普及活动。

第五十二条　利用财政性资金设立的科学技术研究开发机构,应当建立职责明确、评价科学、开放有序、管理规范的现代院所制度,实行院长或者所长负责制,建立科学技术委员会咨询制和职工代表大会监督制等制度,并吸收外部专家参与管理、接受社会监督;院长或者所长的聘用引入竞争机制。

第五十三条　国家完善利用财政性资金设立的科学技术研究开发机构的评估制度,评估结果作为机构设立、支持、调整、终止的依据。

第五十四条　利用财政性资金设立的科学技术研究开发机构,应当建立健全科学技术资源开放共享机制,促进科学技术资源的有效利用。

国家鼓励社会力量设立的科学技术研究开发机构,在合理范围内实行科学技术资源开放共享。

第五十五条　国家鼓励企业和其他社会力量自行创办科学技术研究开发机构,保障其合法权益。

社会力量设立的科学技术研究开发机构有权按照国家有关规定,平等竞争和参与实施利用财政性资金设立的科学技术计划项目。

国家完善对社会力量设立的非营利性科学技术研究开发机构税收优惠制度。

第五十六条　国家支持发展新型研究开发机构等新型创新主体,完善投入主体多元化、管理制度现代化、运行机制市场化、用人机制灵活化的发展模式,引导新型创新主体聚焦科学研究、技术创新和研发服务。

第六章　科学技术人员

第五十七条　国家营造尊重人才、爱护人才的社会环境,公正平等、竞争择优的制度环境,待遇适当、保障有力的生活环境,为科学技术人员潜心科研创造良好条件。

国家采取多种措施,提高科学技术人员的社会地位,培养和造就专门的科学技术人才,保障科学技术人员投入科技创新和研究开发活动,充分发挥科学技术人员的作用。禁止以任何方式和手段不公正对待科学技术人员及其科技成果。

第五十八条　国家加快战略人才力量建设,优化科学技术人才队伍结构,完善战略科学家、科技领军人才等创新人才和团队的培养、发现、引进、使用、评价机制,实施人才梯队、科研条件、管理机制等配套政策。

第五十九条　国家完善创新人才教育培养机制,在基础教育中加强科学兴趣培养,在职业教育中加强技术技能人才培养,强化高等教育资源配置与科学技术领域创新人才培养的结合,加强完善战略性科学技术人才储备。

　　第六十条　各级人民政府、企业事业单位和社会组织应当采取措施,完善体现知识、技术等创新要素价值的收益分配机制,优化收入结构,建立工资稳定增长机制,提高科学技术人员的工资水平;对有突出贡献的科学技术人员给予优厚待遇和荣誉激励。

　　利用财政性资金设立的科学技术研究开发机构和高等学校的科学技术人员,在履行岗位职责、完成本职工作、不发生利益冲突的前提下,经所在单位同意,可以从事兼职工作获得合法收入。技术开发、技术咨询、技术服务等活动的奖酬金提取,按照科技成果转化有关规定执行。

　　国家鼓励科学技术研究开发机构、高等学校、企业等采取股权、期权、分红等方式激励科学技术人员。

　　第六十一条　各级人民政府和企业事业单位应当保障科学技术人员接受继续教育的权利,并为科学技术人员的合理、畅通、有序流动创造环境和条件,发挥其专长。

　　第六十二条　科学技术人员可以根据其学术水平和业务能力选择工作单位、竞聘相应的岗位,取得相应的职务或者职称。

　　科学技术人员应当信守工作承诺,履行岗位责任,完成职务或者职称相应工作。

　　第六十三条　国家实行科学技术人员分类评价制度,对从事不同科学技术活动的人员实行不同的评价标准和方式,突出创新价值、能力、贡献导向,合理确定薪酬待遇、配置学术资源、设置评价周期,形成有利于科学技术人员潜心研究和创新的人才评价体系,激发科学技术人员创新活力。

　　第六十四条　科学技术行政等有关部门和企业事业单位应当完善科学技术人员管理制度,增强服务意识和保障能力,简化管理流程,避免重复性检查和评估,减轻科学技术人员项目申报、材料报送、经费报销等方面的负担,保障科学技术人员科研时间。

　　第六十五条　科学技术人员在艰苦、边远地区或者恶劣、危险环境中工作,所在单位应当按照国家有关规定给予补贴,提供其岗位或者工作场所应有的职业健康卫生保护和安全保障,为其接受继续教育、业务培训等提供便利条件。

　　第六十六条　青年科学技术人员、少数民族科学技术人员、女性科学技术人员等在竞聘专业技术职务、参与科学技术评价、承担科学技术研究开发项目、接受继续教育等方面享有平等权利。鼓励老年科学技术人员在科学技术进步中发挥积极作用。

　　各级人民政府和企业事业单位应当为青年科学技术人员成长创造环境和条件,鼓励青年科学技术人员在科技领域勇于探索、敢于尝试,充分发挥青年科学技术人员的作用。发现、培养和使用青年科学技术人员的情况,应当作为评价科学技术进步工作的重要内容。

　　各级人民政府和企业事业单位应当完善女性科学技术人员培养、评价和激励机制,关心孕哺期女性科学技术人员,鼓励和支持女性科学技术人员在科学技术进步中发挥更大作用。

　　第六十七条　科学技术人员应当大力弘扬爱国、创新、求实、奉献、协同、育人的科学家精神,坚守工匠精神,在各类科学技术活动中遵守学术和伦理规范,恪守职业道德,诚实守信;不得在科学技术活动中弄虚作假,不得参加、支持迷信活动。

　　第六十八条　国家鼓励科学技术人员自由探索、勇于承担风险,营造鼓励创新、宽容失败的良好氛围。原始记录等能够证明承担探索性强、风险高的科学技术研究开发项目的科学技术人员已经履行了勤勉尽责义务仍不能完成该项目的,予以免责。

　　第六十九条　科研诚信记录作为对科学技术人员聘任专业技术职务或者职称、审批科学技术人员申请科学技术研究开发项目、授予科学技术奖励等的重要依据。

　　第七十条　科学技术人员有依法创办或者参加科学技术社会团体的权利。

　　科学技术协会和科学技术社会团体按照章程在促进学术交流、推进学科建设、推动科技创新、开展科学技术普及活动、培养专门人才、开展咨询服务、加强科学技术人员自律和维护科学技术人员合法权益等方面发挥作用。

　　科学技术协会和科学技术社会团体的合法权益受法律保护。

第七章　区域科技创新

　　第七十一条　国家统筹科学技术资源区域空间布局,推动中央科学技术资源与地方发展需求紧密衔接,采取多种方式支持区域科技创新。

　　第七十二条　县级以上地方人民政府应当支持科学技术研究和应用,为促进科技成果转化创造条件,为推动区域创新发展提供良好的创新环境。

　　第七十三条　县级以上人民政府及其有关部门制定的与产业发展相关的科学技术计划,应当体现产业发展的需求。

　　县级以上人民政府及其有关部门确定科学技术计划项目,应当鼓励企业平等竞争和参与实施;对符合产业发展需求、具有明确市场应用前景的项目,应当鼓励企业联合科学技术研究开发机构、高等学校共同实施。

地方重大科学技术计划实施应当与国家科学技术重大任务部署相衔接。

第七十四条　国务院可以根据需要批准建立国家高新技术产业开发区、国家自主创新示范区等科技园区,并对科技园区的建设、发展给予引导和扶持,使其形成特色和优势,发挥集聚和示范带动效应。

第七十五条　国家鼓励有条件的县级以上地方人民政府根据国家发展战略和地方发展需要,建设重大科技创新基地与平台,培育创新创业载体,打造区域科技创新高地。

国家支持有条件的地方建设科技创新中心和综合性科学中心,发挥辐射带动、深化创新改革和参与全球科技合作作用。

第七十六条　国家建立区域科技创新合作机制和协同互助机制,鼓励地方各级人民政府及其有关部门开展跨区域创新合作,促进各类创新要素合理流动和高效集聚。

第七十七条　国家重大战略区域可以依托区域创新平台,构建利益分享机制,促进人才、技术、资金等要素自由流动,推动科学仪器设备、科技基础设施、科学工程和科技信息资源等开放共享,提高科技成果区域转化效率。

第七十八条　国家鼓励地方积极探索区域科技创新模式,尊重区域科技创新集聚规律,因地制宜选择具有区域特色的科技创新发展路径。

第八章　国际科学技术合作

第七十九条　国家促进开放包容、互惠共享的国际科学技术合作与交流,支撑构建人类命运共同体。

第八十条　中华人民共和国政府发展同外国政府、国际组织之间的科学技术合作与交流。

国家鼓励科学技术研究开发机构、高等学校、科学技术社会团体、企业和科学技术人员等各类创新主体开展国际科学技术合作与交流,积极参与科学研究活动,促进国际科学技术资源开放流动,形成高水平的科技开放合作格局,推动世界科学技术进步。

第八十一条　国家鼓励企业事业单位、社会组织通过多种途径建设国际科技创新合作平台,提供国际科技创新合作服务。

鼓励企业事业单位、社会组织和科学技术人员参与和发起国际科学技术组织,增进国际科学技术合作与交流。

第八十二条　国家采取多种方式支持国内外优秀科学技术人才合作研发,应对人类面临的共同挑战,探索科学前沿。

国家支持科学技术研究开发机构、高等学校、企业和科学技术人员积极参与和发起组织实施国际大科学计划和大科学工程。

国家完善国际科学技术研究合作中的知识产权保护与科技伦理、安全审查机制。

第八十三条　国家扩大科学技术计划对外开放合作,鼓励在华外资企业、外籍科学技术人员等承担和参与科学技术计划项目,完善境外科学技术人员参与国家科学技术计划项目的机制。

第八十四条　国家完善相关社会服务和保障措施,鼓励在国外工作的科学技术人员回国,吸引外籍科学技术人员到中国从事科学技术研究开发工作。

科学技术研究开发机构及其他科学技术组织可以根据发展需要,聘用境外科学技术人员。利用财政性资金设立的科学技术研究开发机构、高等学校聘用境外科学技术人员从事科学技术研究开发工作的,应当为其工作和生活提供方便。

外籍杰出科学技术人员到中国从事科学技术研究开发工作的,按照国家有关规定,可以优先获得在华永久居留权或者取得中国国籍。

第九章　保障措施

第八十五条　国家加大财政性资金投入,并制定产业、金融、税收、政府采购等政策,鼓励、引导社会资金投入,推动全社会科学技术研究开发经费持续稳定增长。

第八十六条　国家逐步提高科学技术经费投入的总体水平;国家财政用于科学技术经费的增长幅度,应当高于国家财政经常性收入的增长幅度。全社会科学技术研究开发经费应当占国内生产总值适当的比例,并逐步提高。

第八十七条　财政性科学技术资金应当主要用于下列事项的投入:

(一)科学技术基础条件与设施建设;

(二)基础研究和前沿交叉学科研究;

(三)对经济建设和社会发展具有战略性、基础性、前瞻性作用的前沿技术研究、社会公益性技术研究和重大共性关键技术研究;

(四)重大共性关键技术应用和高新技术产业化示范;

(五)关系生态环境和人民生命健康的科学技术研

究开发和成果的应用、推广;

(六)农业新品种、新技术的研究开发和农业科技成果的应用、推广;

(七)科学技术人员的培养、吸引和使用;

(八)科学技术普及。

对利用财政性资金设立的科学技术研究开发机构,国家在经费、实验手段等方面给予支持。

第八十八条 设立国家科学技术计划,应当按照国家需求,聚焦国家重大战略任务,遵循科学研究、技术创新和成果转化规律。

国家建立科学技术计划协调机制和绩效评估制度,加强专业化管理。

第八十九条 国家设立基金,资助中小企业开展技术创新,推动科技成果转化与应用。

国家在必要时可以设立支持基础研究、社会公益性技术研究、国际联合研究等方面的其他非营利性基金,资助科学技术进步活动。

第九十条 从事下列活动的,按照国家有关规定享受税收优惠:

(一)技术开发、技术转让、技术许可、技术咨询、技术服务;

(二)进口国内不能生产或者性能不能满足需要的科学研究、技术开发或者科学技术普及的用品;

(三)为实施国家重大科学技术专项、国家科学技术计划重大项目,进口国内不能生产的关键设备、原材料或者零部件;

(四)科学技术普及场馆、基地等开展面向公众开放的科学技术普及活动;

(五)捐赠资助开展科学技术活动;

(六)法律、国家有关规定规定的其他科学研究、技术开发与科学技术应用活动。

第九十一条 对境内自然人、法人和非法人组织的科技创新产品、服务,在功能、质量等指标能够满足政府采购需求的条件下,政府采购应当购买;首次投放市场的,政府采购应当率先购买,不得以商业业绩为由予以限制。

政府采购的产品尚待研究开发的,通过订购方式实施。采购人应当优先采用竞争性方式确定科学技术研究开发机构、高等学校或者企业进行研究开发,产品研发合格后按约定采购。

第九十二条 国家鼓励金融机构开展知识产权质押融资业务,鼓励和引导金融机构在信贷、投资等方面支持

科学技术应用和高新技术产业发展,鼓励保险机构根据高新技术产业发展的需要开发保险品种,促进新技术应用。

第九十三条 国家遵循统筹规划、优化配置的原则,整合和设置国家科学技术研究实验基地。

国家鼓励设置综合性科学技术实验服务单位,为科学技术研究开发机构、高等学校、企业和科学技术人员提供或者委托他人提供科学技术实验服务。

第九十四条 国家根据科学技术进步的需要,按照统筹规划、突出共享、优化配置、综合集成、政府主导、多方共建的原则,统筹购置大型科学仪器、设备,并开展对以财政性资金为主购置的大型科学仪器、设备的联合评议工作。

第九十五条 国家加强学术期刊建设,完善科研论文和科学技术信息交流机制,推动开放科学的发展,促进科学技术交流和传播。

第九十六条 国家鼓励国内外的组织或者个人捐赠财产、设立科学技术基金,资助科学技术研究开发和科学技术普及。

第九十七条 利用财政性资金设立的科学技术研究开发机构、高等学校和企业,在推进科技管理改革、开展科学技术研究开发、实施科技成果转化活动过程中,相关负责人锐意创新探索,出现决策失误、偏差,但尽到合理注意义务和监督管理职责,未牟取非法利益的,免除其决策责任。

第十章 监督管理

第九十八条 国家加强科技法治化建设和科研作风学风建设,建立和完善科研诚信制度和科技监督体系,健全科技伦理治理体制,营造良好科技创新环境。

第九十九条 国家完善科学技术决策的规则和程序,建立规范的咨询和决策机制,推进决策的科学化、民主化和法治化。

国家改革完善重大科学技术决策咨询制度。制定科学技术发展规划和重大政策,确定科学技术重大项目、与科学技术密切相关的重大项目,应当充分听取科学技术人员的意见,发挥智库作用,扩大公众参与,开展科学评估,实行科学决策。

第一百条 国家加强财政性科学技术资金绩效管理,提高资金配置效率和使用效益。财政性科学技术资金的管理和使用情况,应当接受审计机关、财政部门的监督检查。

科学技术行政等有关部门应当加强对利用财政性资

金设立的科学技术计划实施情况的监督,强化科研项目资金协调、评估、监管。

任何组织和个人不得虚报、冒领、贪污、挪用、截留财政性科学技术资金。

第一百零一条 国家建立科学技术计划项目分类管理机制,强化对项目实效的考核评价。利用财政性资金设立的科学技术计划项目,应当坚持问题导向、目标导向、需求导向进行立项,按照国家有关规定择优确定项目承担者。

国家建立科技管理信息系统,建立评审专家库,健全科学技术计划项目的专家评审制度和评审专家的遴选、回避、保密、问责制度。

第一百零二条 国务院科学技术行政部门应当会同国务院有关主管部门,建立科学技术研究基地、科学仪器设备等资产和科学技术文献、科学技术数据、科学技术自然资源、科学技术普及资源等科学技术资源的信息系统和资源库,及时向社会公布科学技术资源的分布、使用情况。

科学技术资源的管理单位应当向社会公布所管理的科学技术资源的共享使用制度和使用情况,并根据使用制度安排使用;法律、行政法规规定应当保密的,依照其规定。

科学技术资源的管理单位不得侵犯科学技术资源使用者的知识产权,并应当按照国家有关规定确定收费标准。管理单位和使用者之间的其他权利义务关系由双方约定。

第一百零三条 国家建立科技伦理委员会,完善科技伦理制度规范,加强科技伦理教育和研究,健全审查、评估、监管体系。

科学技术研究开发机构、高等学校、企业事业单位等应当履行科技伦理管理主体责任,按照国家有关规定建立健全科技伦理审查机制,对科学技术活动开展科技伦理审查。

第一百零四条 国家加强科研诚信建设,建立科学技术项目诚信档案及科研诚信管理信息系统,坚持预防与惩治并举、自律与监督并重,完善对失信行为的预防、调查、处理机制。

县级以上地方人民政府和相关行业主管部门采取各种措施加强科研诚信建设,企业事业单位和社会组织应当履行科研诚信管理的主体责任。

任何组织和个人不得虚构、伪造科研成果,不得发布、传播虚假科研成果,不得从事学术论文及其实验研究

数据、科学技术计划项目申报验收材料等的买卖、代写、代投服务。

第一百零五条 国家建立健全科学技术统计调查制度和国家创新调查制度,掌握国家科学技术活动基本情况,监测和评价国家创新能力。

国家建立健全科技报告制度,财政性资金资助的科学技术计划项目的承担者应当按照规定及时提交报告。

第一百零六条 国家实行科学技术保密制度,加强科学技术保密能力建设,保护涉及国家安全和利益的科学技术秘密。

国家依法实行重要的生物种质资源、遗传资源、数据资源等科学技术资源和关键核心技术出境管理制度。

第一百零七条 禁止危害国家安全、损害社会公共利益、危害人体健康、违背科研诚信和科技伦理的科学技术研究开发和应用活动。

从事科学技术活动,应当遵守科学技术活动管理规范。对严重违反科学技术活动管理规范的组织和个人,由科学技术行政等有关部门记入科研诚信严重失信行为数据库。

第十一章 法律责任

第一百零八条 违反本法规定,科学技术行政等有关部门及其工作人员,以及其他依法履行公职的人员滥用职权、玩忽职守、徇私舞弊的,对直接负责的主管人员和其他直接责任人员依法给予处分。

第一百零九条 违反本法规定,滥用职权阻挠、限制、压制科学技术研究开发活动,或者利用职权打压、排挤、刁难科学技术人员的,对直接负责的主管人员和其他直接责任人员依法给予处分。

第一百一十条 违反本法规定,虚报、冒领、贪污、挪用、截留用于科学技术进步的财政性资金或者社会捐赠资金的,由有关主管部门责令改正,追回有关财政性资金,责令退还捐赠资金,给予警告或者通报批评,并可以暂停拨款,终止或者撤销相关科学技术活动;情节严重的,依法处以罚款,禁止一定期限内承担或者参与财政性资金支持的科学技术活动;对直接负责的主管人员和其他直接责任人员依法给予行政处罚和处分。

第一百一十一条 违反本法规定,利用财政性资金和国有资本购置大型科学仪器、设备后,不履行大型科学仪器、设备等科学技术资源共享使用义务的,由有关主管部门责令改正,给予警告或者通报批评,对直接负责的主管人员和其他直接责任人员依法给予处分。

第一百一十二条 违反本法规定,进行危害国家安

全、损害社会公共利益、危害人体健康、违背科研诚信和科技伦理的科学技术研究开发和应用活动的，由科学技术人员所在单位或者有关主管部门责令改正；获得用于科学技术进步的财政性资金或者有违法所得的，由有关主管部门终止或者撤销相关科学技术活动，追回财政性资金，没收违法所得；情节严重的，由有关主管部门向社会公布其违法行为，依法给予行政处罚和处分，禁止一定期限内承担或者参与财政性资金支持的科学技术活动、申请相关科学技术活动行政许可；对直接负责的主管人员和其他直接责任人员依法给予行政处罚和处分。

违反本法规定，虚构、伪造科研成果，发布、传播虚假科研成果，或者从事学术论文及其实验研究数据、科学技术计划项目申报验收材料等的买卖、代写、代投服务的，由有关主管部门给予警告或者通报批评，处以罚款；有违法所得的，没收违法所得；情节严重的，吊销许可证件。

第一百一十三条　违反本法规定，从事科学技术活动违反科学技术活动管理规范的，由有关主管部门责令限期改正，并可以追回有关财政性资金，给予警告或者通报批评，暂停拨款、终止或者撤销相关财政性资金支持的科学技术活动；情节严重的，禁止一定期限内承担或者参与财政性资金支持的科学技术活动，取消一定期限内财政性资金支持的科学技术活动管理资格；对直接负责的主管人员和其他直接责任人员依法给予处分。

第一百一十四条　违反本法规定，骗取国家科学技术奖励的，由主管部门依法撤销奖励，追回奖章、证书和奖金等，并依法给予处分。

违反本法规定，提名单位或者个人提供虚假数据、材料，协助他人骗取国家科学技术奖励的，由主管部门给予通报批评；情节严重的，暂停或者取消其提名资格，并依法给予处分。

第一百一十五条　违反本法规定的行为，本法未作行政处罚规定，其他有关法律、行政法规有规定的，依照其规定；造成财产损失或者其他损害的，依法承担民事责任；构成违反治安管理行为的，依法给予治安管理处罚；构成犯罪的，依法追究刑事责任。

第十二章　附　则

第一百一十六条　涉及国防科学技术进步的其他有关事项，由国务院、中央军事委员会规定。

第一百一十七条　本法自2022年1月1日起施行。

中华人民共和国促进科技成果转化法

· 1996年5月15日第八届全国人民代表大会常务委员会第十九次会议通过
· 根据2015年8月29日第十二届全国人民代表大会常务委员会第十六次会议《关于修改〈中华人民共和国促进科技成果转化法〉的决定》修正

第一章　总　则

第一条　为了促进科技成果转化为现实生产力，规范科技成果转化活动，加速科学技术进步，推动经济建设和社会发展，制定本法。

第二条　本法所称科技成果，是指通过科学研究与技术开发所产生的具有实用价值的成果。职务科技成果，是指执行研究开发机构、高等院校和企业等单位的工作任务，或者主要是利用上述单位的物质技术条件所完成的科技成果。

本法所称科技成果转化，是指为提高生产力水平而对科技成果所进行的后续试验、开发、应用、推广直至形成新技术、新工艺、新材料、新产品，发展新产业等活动。

第三条　科技成果转化活动应当有利于加快实施创新驱动发展战略，促进科技与经济的结合，有利于提高经济效益、社会效益和保护环境、合理利用资源，有利于促进经济建设、社会发展和维护国家安全。

科技成果转化活动应当尊重市场规律，发挥企业的主体作用，遵循自愿、互利、公平、诚实信用的原则，依照法律法规规定和合同约定，享有权益，承担风险。科技成果转化活动中的知识产权受法律保护。

科技成果转化活动应当遵守法律法规，维护国家利益，不得损害社会公共利益和他人合法权益。

第四条　国家对科技成果转化合理安排财政资金投入，引导社会资金投入，推动科技成果转化资金投入的多元化。

第五条　国务院和地方各级人民政府应当加强科技、财政、投资、税收、人才、产业、金融、政府采购、军民融合等政策协同，为科技成果转化创造良好环境。

地方各级人民政府根据本法规定的原则，结合本地实际，可以采取更加有利于促进科技成果转化的措施。

第六条　国家鼓励科技成果首先在中国境内实施。中国单位或者个人向境外的组织、个人转让或者许可其实施科技成果的，应当遵守相关法律、行政法规以及国家有关规定。

第七条　国家为了国家安全、国家利益和重大社会公共利益的需要，可以依法组织实施或者许可他人实施相关科技成果。

第八条 国务院科学技术行政部门、经济综合管理部门和其他有关行政部门依照国务院规定的职责,管理、指导和协调科技成果转化工作。

地方各级人民政府负责管理、指导和协调本行政区域内的科技成果转化工作。

第二章 组织实施

第九条 国务院和地方各级人民政府应当将科技成果的转化纳入国民经济和社会发展计划,并组织协调实施有关科技成果的转化。

第十条 利用财政资金设立应用类科技项目和其他相关科技项目,有关行政部门、管理机构应当改进和完善科研组织管理方式,在制定相关科技规划、计划和编制项目指南时应当听取相关行业、企业的意见;在组织实施应用类科技项目时,应当明确项目承担者的科技成果转化义务,加强知识产权管理,并将科技成果转化和知识产权创造、运用作为立项和验收的重要内容和依据。

第十一条 国家建立、完善科技报告制度和科技成果信息系统,向社会公布科技项目实施情况以及科技成果和相关知识产权信息,提供科技成果信息查询、筛选等公益服务。公布有关信息不得泄露国家秘密和商业秘密。对不予公布的信息,有关部门应当及时告知相关科技项目承担者。

利用财政资金设立的科技项目的承担者应当按照规定及时提交相关科技报告,并将科技成果和相关知识产权信息汇交到科技成果信息系统。

国家鼓励利用非财政资金设立的科技项目的承担者提交相关科技报告,将科技成果和相关知识产权信息汇交到科技成果信息系统,县级以上人民政府负责相关工作的部门应当为其提供方便。

第十二条 对下列科技成果转化项目,国家通过政府采购、研究开发资助、发布产业技术指导目录、示范推广等方式予以支持:

(一)能够显著提高产业技术水平、经济效益或者能够形成促进社会经济健康发展的新产业的;

(二)能够显著提高国家安全能力和公共安全水平的;

(三)能够合理开发和利用资源、节约能源、降低消耗以及防治环境污染、保护生态、提高应对气候变化和防灾减灾能力的;

(四)能够改善民生和提高公共健康水平的;

(五)能够促进现代农业或者农村经济发展的;

(六)能够加快民族地区、边远地区、贫困地区社会经济发展的。

第十三条 国家通过制定政策措施,提倡和鼓励采用先进技术、工艺和装备,不断改进、限制使用或者淘汰落后技术、工艺和装备。

第十四条 国家加强标准制定工作,对新技术、新工艺、新材料、新产品依法及时制定国家标准、行业标准,积极参与国际标准的制定,推动先进适用技术推广和应用。

国家建立有效的军民科技成果相互转化体系,完善国防科技协同创新体制机制。军品科研生产应当依法优先采用先进适用的民用标准,推动军用、民用技术相互转移、转化。

第十五条 各级人民政府组织实施的重点科技成果转化项目,可以由有关部门组织采用公开招标的方式实施转化。有关部门应当对中标单位提供招标时确定的资助或者其他条件。

第十六条 科技成果持有者可以采用下列方式进行科技成果转化:

(一)自行投资实施转化;

(二)向他人转让该科技成果;

(三)许可他人使用该科技成果;

(四)以该科技成果作为合作条件,与他人共同实施转化;

(五)以该科技成果作价投资,折算股份或者出资比例;

(六)其他协商确定的方式。

第十七条 国家鼓励研究开发机构、高等院校采取转让、许可或者作价投资等方式,向企业或者其他组织转移科技成果。

国家设立的研究开发机构、高等院校应当加强对科技成果转化的管理、组织和协调,促进科技成果转化队伍建设,优化科技成果转化流程,通过本单位负责技术转移工作的机构或者委托独立的科技成果转化服务机构开展技术转移。

第十八条 国家设立的研究开发机构、高等院校对其持有的科技成果,可以自主决定转让、许可或者作价投资,但应当通过协议定价、在技术交易市场挂牌交易、拍卖等方式确定价格。通过协议定价的,应当在本单位公示科技成果名称和拟交易价格。

第十九条 国家设立的研究开发机构、高等院校所取得的职务科技成果,完成人和参加人在不变更职务科技成果权属的前提下,可以根据与本单位的协议进行该项科技成果的转化,并享有协议规定的权益。该单位对上述科技成果转化活动应当予以支持。

科技成果完成人或者课题负责人,不得阻碍职务科技成果的转化,不得将职务科技成果及其技术资料和数据占为己有,侵犯单位的合法权益。

第二十条　研究开发机构、高等院校的主管部门以及财政、科学技术等相关行政部门应当建立有利于促进科技成果转化的绩效考核评价体系,将科技成果转化情况作为对相关单位及人员评价、科研资金支持的重要内容和依据之一,并对科技成果转化绩效突出的相关单位及人员加大科研资金支持。

国家设立的研究开发机构、高等院校应当建立符合科技成果转化工作特点的职称评定、岗位管理和考核评价制度,完善收入分配激励约束机制。

第二十一条　国家设立的研究开发机构、高等院校应当向其主管部门提交科技成果转化情况年度报告,说明本单位依法取得的科技成果数量、实施转化情况以及相关收入分配情况,该主管部门应当按照规定将科技成果转化情况年度报告报送财政、科学技术等相关行政部门。

第二十二条　企业为采用新技术、新工艺、新材料和生产新产品,可以自行发布信息或者委托科技中介服务机构征集其所需的科技成果,或者征寻科技成果转化的合作者。

县级以上地方各级人民政府科学技术行政部门和其他有关部门应当根据职责分工,为企业获取所需的科技成果提供帮助和支持。

第二十三条　企业依法有权独立或者与境内外企业、事业单位和其他合作者联合实施科技成果转化。

企业可以通过公平竞争,独立或者与其他单位联合承担政府组织实施的科技研究开发和科技成果转化项目。

第二十四条　对利用财政资金设立的具有市场应用前景、产业目标明确的科技项目,政府有关部门、管理机构应当发挥企业在研究开发方向选择、项目实施和成果应用中的主导作用,鼓励企业、研究开发机构、高等院校及其他组织共同实施。

第二十五条　国家鼓励研究开发机构、高等院校与企业相结合,联合实施科技成果转化。

研究开发机构、高等院校可以参与政府有关部门或者企业实施科技成果转化的招标投标活动。

第二十六条　国家鼓励企业与研究开发机构、高等院校及其他组织采取联合建立研究开发平台、技术转移机构或者技术创新联盟等产学研合作方式,共同开展研究开发、成果应用与推广、标准研究与制定等活动。

合作各方应当签订协议,依法约定合作的组织形式、任务分工、资金投入、知识产权归属、权益分配、风险分担和违约责任等事项。

第二十七条　国家鼓励研究开发机构、高等院校与企业及其他组织开展科技人员交流,根据专业特点、行业领域技术发展需要,聘请企业及其他组织的科技人员兼职从事教学和科研工作,支持本单位的科技人员到企业及其他组织从事科技成果转化活动。

第二十八条　国家支持企业与研究开发机构、高等院校、职业院校及培训机构联合建立学生实习实践培训基地和研究生科研实践工作机构,共同培养专业技术人才和高技能人才。

第二十九条　国家鼓励农业科研机构、农业试验示范单位独立或者与其他单位合作实施农业科技成果转化。

第三十条　国家培育和发展技术市场,鼓励创办科技中介服务机构,为技术交易提供交易场所、信息平台以及信息检索、加工与分析、评估、经纪等服务。

科技中介服务机构提供服务,应当遵循公正、客观的原则,不得提供虚假的信息和证明,对其在服务过程中知悉的国家秘密和当事人的商业秘密负有保密义务。

第三十一条　国家支持根据产业和区域发展需要建设公共研究开发平台,为科技成果转化提供技术集成、共性技术研究开发、中间试验和工业性试验、科技成果系统化和工程化开发、技术推广与示范等服务。

第三十二条　国家支持科技企业孵化器、大学科技园等科技企业孵化机构发展,为初创期科技型中小企业提供孵化场地、创业辅导、研究开发与管理咨询等服务。

第三章　保障措施

第三十三条　科技成果转化财政经费,主要用于科技成果转化的引导资金、贷款贴息、补助资金和风险投资以及其他促进科技成果转化的资金用途。

第三十四条　国家依照有关税收法律、行政法规规定对科技成果转化活动实行税收优惠。

第三十五条　国家鼓励银行业金融机构在组织形式、管理机制、金融产品和服务等方面进行创新,鼓励开展知识产权质押贷款、股权质押贷款等贷款业务,为科技成果转化提供金融支持。

国家鼓励政策性金融机构采取措施,加大对科技成果转化的金融支持。

第三十六条　国家鼓励保险机构开发符合科技成果转化特点的保险品种，为科技成果转化提供保险服务。

第三十七条　国家完善多层次资本市场，支持企业通过股权交易、依法发行股票和债券等直接融资方式为科技成果转化项目进行融资。

第三十八条　国家鼓励创业投资机构投资科技成果转化项目。

国家设立的创业投资引导基金，应当引导和支持创业投资机构投资初创期科技型中小企业。

第三十九条　国家鼓励设立科技成果转化基金或者风险基金，其资金来源由国家、地方、企业、事业单位以及其他组织或者个人提供，用于支持高投入、高风险、高产出的科技成果的转化，加速重大科技成果的产业化。

科技成果转化基金和风险基金的设立及其资金使用，依照国家有关规定执行。

第四章　技术权益

第四十条　科技成果完成单位与其他单位合作进行科技成果转化的，应当依法由合同约定该科技成果有关权益的归属。合同未作约定的，按照下列原则办理：

（一）在合作转化中无新的发明创造的，该科技成果的权益，归该科技成果完成单位；

（二）在合作转化中产生新的发明创造的，该新发明创造的权益归合作各方共有；

（三）对合作转化中产生的科技成果，各方都有实施该项科技成果的权利，转让该科技成果应经合作各方同意。

第四十一条　科技成果完成单位与其他单位合作进行科技成果转化的，合作各方应当就保守技术秘密达成协议；当事人不得违反协议或者违反权利人有关保守技术秘密的要求，披露、允许他人使用该技术。

第四十二条　企业、事业单位应当建立健全技术秘密保护制度，保护本单位的技术秘密。职工应当遵守本单位的技术秘密保护制度。

企业、事业单位可以与参加科技成果转化的有关人员签订在职期间或者离职、离休、退休后一定期限内保守本单位技术秘密的协议；有关人员不得违反协议约定，泄露本单位的技术秘密和从事与原单位相同的科技成果转化活动。

职工不得将职务科技成果擅自转让或者变相转让。

第四十三条　国家设立的研究开发机构、高等院校转化科技成果所获得的收入全部留归本单位，在对完成、

转化职务科技成果做出重要贡献的人员给予奖励和报酬后，主要用于科学技术研究开发与成果转化等相关工作。

第四十四条　职务科技成果转化后，由科技成果完成单位对完成、转化该项科技成果做出重要贡献的人员给予奖励和报酬。

科技成果完成单位可以规定或者与科技人员约定奖励和报酬的方式、数额和时限。单位制定相关规定，应当充分听取本单位科技人员的意见，并在本单位公开相关规定。

第四十五条　科技成果完成单位未规定、也未与科技人员约定奖励和报酬的方式和数额的，按照下列标准对完成、转化职务科技成果做出重要贡献的人员给予奖励和报酬：

（一）将该项职务科技成果转让、许可给他人实施的，从该项科技成果转让净收入或者许可净收入中提取不低于百分之五十的比例；

（二）利用该项职务科技成果作价投资的，从该项科技成果形成的股份或者出资比例中提取不低于百分之五十的比例；

（三）将该项职务科技成果自行实施或者与他人合作实施的，应当在实施转化成功投产后连续三至五年，每年从实施该项科技成果的营业利润中提取不低于百分之五的比例。

国家设立的研究开发机构、高等院校规定或者与科技人员约定奖励和报酬的方式和数额应当符合前款第一项至第三项规定的标准。

国有企业、事业单位依照本法规定对完成、转化职务科技成果做出重要贡献的人员给予奖励和报酬的支出计入当年本单位工资总额，但不受当年本单位工资总额限制、不纳入本单位工资总额基数。

第五章　法律责任

第四十六条　利用财政资金设立的科技项目的承担者未依照本法规定提交科技报告、汇交科技成果和相关知识产权信息的，由组织实施项目的政府有关部门、管理机构责令改正；情节严重的，予以通报批评，禁止其在一定期限内承担利用财政资金设立的科技项目。

国家设立的研究开发机构、高等院校未依照本法规定提交科技成果转化情况年度报告的，由其主管部门责令改正；情节严重的，予以通报批评。

第四十七条　违反本法规定，在科技成果转化活动中弄虚作假，采取欺骗手段，骗取奖励和荣誉称号、诈骗钱财、非法牟利的，由政府有关部门依照管理职责责令改

正,取消该奖励和荣誉称号,没收违法所得,并处以罚款。给他人造成经济损失的,依法承担民事赔偿责任。构成犯罪的,依法追究刑事责任。

第四十八条　科技服务机构及其从业人员违反本法规定,故意提供虚假的信息、实验结果或者评估意见等欺骗当事人,或者与当事人一方串通欺骗另一方当事人的,由政府有关部门依照管理职责责令改正,没收违法所得,并处以罚款;情节严重的,由工商行政管理部门依法吊销营业执照。给他人造成经济损失的,依法承担民事赔偿责任;构成犯罪的,依法追究刑事责任。

科技中介服务机构及其从业人员违反本法规定泄露国家秘密或者当事人的商业秘密的,依照有关法律、行政法规的规定承担相应的法律责任。

第四十九条　科学技术行政部门和其他有关部门及其工作人员在科技成果转化中滥用职权、玩忽职守、徇私舞弊的,由任免机关或者监察机关对直接负责的主管人员和其他直接责任人员依法给予处分;构成犯罪的,依法追究刑事责任。

第五十条　违反本法规定,以唆使窃取、利诱胁迫等手段侵占他人的科技成果,侵犯他人合法权益的,依法承担民事赔偿责任,可以处以罚款;构成犯罪的,依法追究刑事责任。

第五十一条　违反本法规定,职工未经单位允许,泄露本单位的技术秘密,或者擅自转让、变相转让职务科技成果的,参加科技成果转化的有关人员违反与本单位的协议,在离职、离休、退休后约定的期限内从事与原单位相同的科技成果转化活动,给本单位造成经济损失的,依法承担民事赔偿责任;构成犯罪的,依法追究刑事责任。

第六章　附　则

第五十二条　本法自1996年10月1日起施行。

高等学校知识产权保护管理规定

· 1999年4月8日教育部令第3号公布
· 自1999年4月8日起施行

第一章　总　则

第一条　为有效保护高等学校知识产权,鼓励广大教职员工和学生发明创造和智力创作的积极性,发挥高等学校的智力优势,促进科技成果产业化,依据国家知识产权法律、法规,制定本规定。

第二条　本规定适用于国家举办的高等学校、高等学校所属教学科研机构和企业事业单位(以下简称"所属单位")。社会力量举办的高等学校及其他教育机构参照适用本规定。

第三条　本规定所称的知识产权包括:

(一)专利权、商标权;

(二)技术秘密和商业秘密;

(三)著作权及其邻接权;

(四)高等学校的校标和各种服务标记;

(五)依照国家法律、法规规定或者依法由合同约定由高等学校享有或持有的其它知识产权。

第二章　任务和职责

第四条　高等学校知识产权保护工作的任务是:

(一)贯彻执行国家知识产权法律、法规,制定高等学校知识产权保护工作的方针、政策和规划;

(二)宣传、普及知识产权法律知识,增强高等学校知识产权保护意识和能力;

(三)进一步完善高等学校知识产权管理制度,切实加强高等学校知识产权保护工作;

(四)积极促进和规范管理高等学校科学技术成果及其他智力成果的开发、使用、转让和科技产业的发展。

第五条　国务院教育行政部门和各省、自治区、直辖市人民政府教育行政部门,在其职责范围内,负责对全国或本行政区域的高等学校知识产权工作进行领导和宏观管理,全面规划、推动、指导和监督高等学校知识产权保护工作的开展。

第六条　各高等学校在知识产权保护工作中应当履行的职责是:

(一)结合本校的实际情况,制定知识产权工作的具体规划和保护规定;

(二)加强对知识产权保护工作的组织和领导,完善本校知识产权保护制度,加强本校知识产权工作机构和队伍建设;

(三)组织知识产权法律、法规的教育和培训,开展知识产权课程教学和研究工作;

(四)组织开展本校知识产权的鉴定、申请、登记、注册、评估和管理工作;

(五)组织签订、审核本校知识产权的开发、使用和转让合同;

(六)协调解决本校内部有关知识产权的争议和纠纷;

(七)对在科技开发、技术转移以及知识产权保护工作中有突出贡献人员予以奖励;

(八)组织开展本校有关知识产权保护工作的国际

交流与合作;

（九）其他在知识产权保护工作中应当履行的职责。

第三章　知识产权归属

第七条　高等学校对以下标识依法享有专用权:

（一）以高等学校名义申请注册的商标;

（二）校标;

（三）高等学校的其他服务性标记。

第八条　执行本校及其所属单位任务,或主要利用本校及其所属单位的物质技术条件所完成的发明创造或者其他技术成果,是高等学校职务发明创造或职务技术成果。职务发明创造申请专利的权利属于高等学校。专利权被依法授予后由高等学校持有。职务技术成果的使用权、转让权由高等学校享有。

第九条　由高等学校主持、代表高等学校意志创作、并由高等学校承担责任的作品为高等学校法人作品,其著作权由高等学校享有。为完成高等学校的工作任务所创作的作品是职务作品,除第十条规定情况外,著作权由完成者享有。高等学校在其业务范围内对职务作品享有优先使用权。作品完成二年内,未经高等学校同意,作者不得许可第三人以与高等学校相同的方式使用该作品。

第十条　主要利用高等学校的物质技术条件创作,并由高等学校承担责任的工程设计、产品设计图纸、计算机软件、地图等职务作品以及法律、行政法规规定的或者合同约定著作权由高等学校享有的职务作品,作者享有署名权,著作权的其他权利由高等学校享有。

第十一条　在执行高等学校科研等工作任务过程中所形成的信息、资料、程序等技术秘密属于高等学校所有。

第十二条　高等学校派遣出国访问、进修、留学及开展合作项目研究的人员,对其在校已进行的研究,而在国外可能完成的发明创造、获得的知识产权,应当与派遣的高等学校签订协议,确定其发明创造及其他知识产权的归属。

第十三条　在高等学校学习、进修或者开展合作项目研究的学生、研究人员,在校期间参与导师承担的本校研究课题或者承担学校安排的任务所完成的发明创造及其他技术成果,除另有协议外,应当归高等学校享有或持有。进入博士后流动站的人员,在进站前应就知识产权问题与流动站签定专门协议。

第十四条　高等学校的离休、退休、停薪留职、调离以及被辞退的人员,在离开高等学校一年内完成的与其原承担的本职工作或任务有关的发明创造或技术成果,由高等学校享有或持有。

第十五条　职务发明创造或职务技术成果,以及职务作品的完成人依法享有在有关技术文件和作品上署名及获得奖励和报酬的权利。

第四章　知识产权管理机构

第十六条　高等学校应建立知识产权办公会议制度,逐步建立健全知识产权工作机构。有条件的高等学校,可实行知识产权登记管理制度;设立知识产权保护与管理工作机构,归口管理本单位知识产权保护工作。暂未设立知识产权保护与管理机构的高等学校,应指定科研管理机构或其他机构担负相关职责。

第十七条　高等学校科研管理机构负责本校科研项目的立项、成果和档案管理。应用技术项目的课题组或课题研究人员,在申请立项之前应当进行专利文献及其相关文献的检索。课题组或课题研究人员在科研工作过程中,应当做好技术资料的记录和保管工作。科研项囷完成后,课题负责人应当将全部实验报告、实验记录、图纸、声像、手稿等原始技术资料收集整理后交本校科研管理机构归档。

第十八条　在科研活动中作出的职务发明创造或者形成的职务技术成果,课题负责人应当及时向本校科研管理机构叶口识产权管理机构)提出申请专利的建议,并提交相关资料。高等学校的科研管理机构应当对课题负责人的建议和相关资料进行审查,对需要申请专利的应当及时办理专利申请,对不宜申请专利的技术秘密要采取措施予以保护。

第十九条　高等学校应当规范和加强有关知识产权合同的签订、审核和管理工作。高等学校及其所属单位与国内外单位或者个人合作进行科学研究和技术开发,对外进行知识产权转让或者许可使用,应当依法签订书面合同,明确知识产权的归属以及相应的权利、义务等内容。高等学校的知识产权管理机构负责对高等学校及其所属单位签订的知识产权合同进行审核和管理。

第二十条　高等学校所属单位对外进行知识产权转让或者许可使用前,应当经学校知识产权管理机构审查,并报学校批准。

第二十一条　高等学校的教职员工和学生凡申请非职务专利,登记非职务计算机软件的,以及进行非职务专利、非职务技术成果以及非职务作品转让和许可的,应当向本校知识产权管理机构申报,接受审核。对于符合非职务条件的,学校应出具相应证明。

第二十二条　高等学校要加强科技保密管理。高等学校的教职员工和学生，在开展国内外学术交流与合作过程中，对属于本校保密的信息和技术，要按照国家和本校的有关规定严格保密。高等学校对在国内外科技展览会参展的项目应当加强审核和管理，做好科技保密管理工作。

第二十三条　高等学校应当重视开展知识产权的资产评估工作，加强对知识产权资产评估的组织和管理。高等学校对外进行知识产权转让、许可使用、作价投资入股或者作为对校办科技产业的投入，应当对知识产权进行资产评估。

第二十四条　高等学校可根据情况逐步实行知识产权保证书制度，与有关教职员工和学生签订保护本校知识产权的保证书，明确保护本校知识产权的义务。

第五章　奖酬与扶持

第二十五条　高等学校应当依法保护职务发明创造、职务技术成果、高等学校法人作品及职务作品的研究、创作人员的合法权益，对在知识产权的产生、发展、科技成果产业化方面作出突出贡献的人员，按照国家的有关规定给予奖励。

第二十六条　高等学校将其知识产权或职务发明创造、职务技术成果转让给他人或许可他人使用的，应当从转让或许可使用所取得的净收入中，提取不低于20%的比例，对完成该项职务发明创造、职务技术成果及其转化作出重要贡献的人员给予奖励。为促进科技成果产业化，对经学校许可，由职务发明创造、职务技术成果完成人进行产业化的，可以从转化收入中提取不低于30%的比例给予奖酬。

第二十七条　高等学校及其所属单位独立研究开发或者与其他单位合作研究开发的科技成果实施转化成功投产后，高等学校应当连续三至五年从实施该项科技成果所取得的收入中提取不低于5%的比例，对完成该项科技成果及其产业化作出重要贡献的人员给予奖酬。采用股份制形式的高等学校科技企业，或者主要以技术向其他股份制企业投资入股的高等学校，可以将在科技成果的研究开发、产业化中做出重要贡献的有关人员的报酬或者奖励，按照国家有关规定折算为相应的股份份额或者出资比例。该持股人依据其所持股份份额或出资比例分享收益。

第二十八条　高等学校应当根据实际情况，采取有效措施，对知识产权的保护、管理工作提供必要的条件保障。高等学校应拨出专款或从技术实施收益中提取一定比例，设立知识产权专项基金，用于支持补贴专利申请、

维持和知识产权保护方面的有关费用。对知识产权保护与管理做出突出贡献的单位和个人，高等学校应给予奖励，并作为工作业绩和职称评聘的重要参考。

第六章　法律责任

第二十九条　剽窃、窃取、篡改、非法占有、假冒或者以其他方式侵害由高等学校及其教职员工和学生依法享有或持有的知识产权的，高等学校有处理权的，应责令其改正，并对直接责任人给予相应的处分；对无处理权的，应提请并协助有关行政部门依法作出处理。构成犯罪的，应当依法追究刑事责任。

第三十条　在高等学校教学、科研、创作以及成果的申报、评审、鉴定、产业化活动中，采取欺骗手段，获得优惠待遇或者奖励的，高等学校应当责令改正，退还非法所得，取消其获得的优惠待遇和奖励。

第三十一条　违反本规定，泄漏本校的技术秘密，或者擅自转让、变相转让以及许可使用高等学校的职务发明创造、职务技术成果、高等学校法人作品或者职务作品的，或造成高等学校资产流失和损失的，由高等学校或其主管教育行政部门对直接责任人员给予行政处分。

第三十二条　侵犯高等学校及其教职员工和学生依法享有或持有的知识产权，造成损失、损害的，应当依法承担民事责任。

第七章　附　则

第三十三条　本规定自发布之日起施行。

促进高等学校科技成果转移转化行动计划

· 2016 年 10 月 13 日
· 教技厅函〔2016〕115 号

促进科技成果转移转化工作是高校实施创新驱动发展战略，增强高校服务社会能力的重要手段。为贯彻落实国务院《实施〈中华人民共和国促进科技成果转化法〉若干规定》和国务院办公厅《促进科技成果转移转化行动方案》要求，根据《教育部 科技部关于加强高等学校科技成果转移转化工作的若干意见》，制定本行动计划。

一、总体要求

（一）指导思想

贯彻落实党的十八大和十八届三中、四中、五中全会精神，深入实施创新驱动发展战略，充分发挥高校在科技成果转移转化中的突出作用，推进高校科技成果转化体制机制改革，理顺科技成果转移转化各环节，优化资源配

置,充分调动高校科技人员积极性,促进科技成果向现实生产力转化,提升高校科技成果转移转化水平,切实增强高校服务经济社会发展能力。

(二)基本原则

——创新体制机制,畅通转移转化渠道。根据高校自身特点,建立有利于高校科技成果转移转化的管理机制和政策体系,探索科技成果转移转化的新机制和新模式。

——落实改革要求,推动成果转移转化。各省级教育行政部门支持并指导高校科技成果转移转化工作,结合落实高校办学自主权,由高校自主决定科技成果的使用、处置和收益分配。

——发挥市场作用,强化产学研用结合。加强产学研合作力度,建立科技成果协同创新机制,完善科技成果转移转化市场需求导向,畅通创新链、产业链和资金链。

——典型示范引领,稳步推进转化工作。充分调动技术转移机构、大学科技园、区域(行业)研究院等机构积极性,结合专项计划实施,优化资源配置,全面开展科技成果转移转化工作。

(三)主要目标

围绕科技成果转移转化难点问题和薄弱环节,加强高校顶层设计与校内协同,建立适合高校特点的科技成果转移转化体制机制,培养一批复合型科技成果转移转化专业人才,建设一批专业化服务机构,拓宽科技成果转移转化渠道,促进产业技术创新联盟及科技成果转移转化平台建设;采用兼顾市场化运营手段的多种转移转化模式,支持创新创业,激发科技人员从事产学研及科技成果转移转化积极性,提高科研质量和科技成果转移转化效益。"十三五"期间,以企业技术需求为导向,依托高校人才、科技优势,推动一批能支撑经济转型升级、带动产业结构调整的重大科技成果转化应用,显著提升高校科技成果转移转化能力。

二、重点任务

尊重科技发展客观规律,全面认识科技成果转移转化工作对深化高校改革的重大意义,教育部、省级教育行政部门和各高等学校要采取切实有效措施,充分调动各方积极性,促进高校科技成果转化。

(一)加强制度建设,营造成果转化良好环境

1.建立完善工作机制。成立以学校主要领导为组长、相关职能部门负责人组成的科技成果转移转化领导小组,优化科技成果转移转化工作流程,开列权力清单,明确议事规则;建立和完善科技成果使用、处置的政策措施。

2.实行成果转化公示制度。建立科技成果转移转化工作公示制度及异议处理办法,公示内容包括科技成果转移转化的各项制度、工作流程、重要人事岗位设置以及领导干部取得科技成果转移转化奖励和收益等情况。

3.健全人事管理制度。制定科技人员在岗兼职、离岗创业和返岗任职的制度,完善鼓励科技人员与企业工程人员双向交流的政策措施。组织开展将企业任职经历作为新聘工程类教师必要条件的试点工作。

4.完善成果转化收益分配制度。完善科技成果转化收益分配政策,保障参与科技成果转移转化各方的权益。对完成"四技"合同项目科研人员的奖励和报酬,参照科技成果转化收益分配政策。

(二)创新服务模式,形成技术转移服务体系

5.创新科技成果转移转化新型孵化模式。建立各种形式的"创新创业俱乐部",在大学科技园等创新资源集聚区域建设专业服务水平高、创新资源配置优、产业辐射带动作用强的众创空间,为教师、学生创新创业提供技术研发、孵化空间、信息网络、法律服务和资本对接等服务。

6.加强技术转移机构建设。整合校内各类技术转移、转化机构,促进高校技术转移机构与市场化第三方技术转移机构在信息、人才、孵化空间、技术转移平台载体等方面的共享、共建力度,形成集对接市场需求、促进成果交易、投融资服务等为一体的科技成果转移转化服务体系。与地方政府、大型企业共建技术转移机构,积极创建国家技术转移示范机构。

7.加大专业人才队伍培养力度。推动组织高校技术经纪人联盟,采取特邀讲座、案例研讨、实例调研、参与创新创业竞赛等方式,着力培养既懂技术又懂市场的复合型技术转移转化人才;引入国外先进的技术经理人培训课程体系,培养一批具有国际视野、通晓国际规则的高校技术经纪人队伍;加强技术转移机构管理人员的专题培训。制订并推行《高等学校知识产权管理规范》标准贯彻工作。

(三)加强平台建设,服务国家发展战略实施

8.推动区域行业联盟载体建设。推动高校与行业、领域上下游科研院所、企业联合建立产业技术创新联盟,推动区域科技成果转移转化联盟建设,支持联盟承担重大科技研发与转化项目。

9.推动科技成果转化基地建设。结合学校学科特色优势,优化大学科技园、高校区域(行业)研究院等创新载体的空间布局,围绕一带一路、京津冀、长江经济带、粤港澳等重点区域的产业规划需求建设一批创新研究基

地。以创新性企业、高新技术企业、科技型中小企业为重点，共同建立科技成果转化基地，承担流程改造、工艺革新、产品升级等研究任务，开展成果应用与推广、标准研究与制定等工作。

（四）立足以人为本，助力学生创新创业

10. 加强学生创新创业教育。深化高校创新创业教育改革，探索建立创新创业导向的人才培养机制。开展知识产权专业课程教育及培训工作，与企业、研究院所联合建立学生实习实践培训基地和研究生联合培养基地。组织高校青年教师和高年级研究生深入地方、企业一线，开展创新创业活动，探索并打造具有高校特色的"师徒创新创业"新模式。

11. 组织参与创新创业竞赛。结合深化创新创业教育改革示范高校建设，推动双创示范基地建设步伐，组织中国"互联网+"大学生创新创业大赛等多种类型的创新创业竞赛活动。

12. 增强学生创新创业能力。组织实施大学生创新创业训练计划，支持学生开展创新训练、创业训练和创业实践。加强高校创新创业典型案例宣传工作，完善升级全国大学生创业服务网，提供创业培训实训、项目对接等服务。加强创业指导，对准备创业的学生，提供创业指导、政策咨询；对正在创业的学生，给予项目孵化、金融服务支持。采取专利许可等方式，向学生授权使用科技成果；推进万名优秀创新创业导师人才库建设。

（五）实施专项计划，促进科技成果转移扩散

13. 推进实施"蓝火计划"。建立校地产学研合作长效机制。结合国家、地方的产业规划，在重点区域分片建设高校科技成果转化中心；针对行业、产业共性技术问题和社会公益等需求，以博士生工作团、科技特派员、科技镇长团、科技专家企业行、企业专家（院士）工作站等多种形式，与地方、企业、园区等开展产学研对接。

14. 组织实施"海桥计划"。争取建立中美、中英等中外大学技术转移与创新合作对话机制，构建高校国际技术转移协作网络和国际先进产业技术创新合作网络，促进高校开展海外专利布局工作。与地方政府合作，建设国际创新园区，汇聚国际创新资源要素，促进一批跨国技术转移项目落地实现产业化。

（六）开展项目筛选，挖掘科技成果转化潜力

15. 加强科技成果源头管理。对科技奖励、专利、结题项目等进行深入挖掘，编辑整理形成技术成果汇编。加强应用类科技成果及基础研究中具有应用前景的科技成果信息的汇交力度，加大对财政资金设立的应用类科技项目成果的转化义务；通过建立专利池、可转移转化科技成果储备库等手段，培育一批具有一定成熟度、市场认可度高的科技成果，推动一批市场前景好的科技成果进行小试、中试。

16. 加强科技成果展示与推广。加强与各级政府的信息共享力度，推动高校积极参与科技成果交易、展示活动；面向产业和地方开展技术攻关、技术转移与示范、知识产权运营等增值服务。结合"中国技术供需在线"建设运营工作，推进建立产学双方交流的公共服务平台；围绕传统产业转型升级、国家战略性新兴产业发展需求，通过举办中国高校科技成果交易会，建设高校科技成果项目库等大数据中心，发布具有自有知识产权的先进实用技术，构建线上信息服务与线下实体服务相结合的高校科技成果转移转化服务网络和服务体系。

（七）产学研用结合，促进创新资源开放共享

17. 加大科教融合力度。完善高校教材管理相关规定，加快推动科技成果以出版专著、编辑教材、讲义等形式尽快转化为教育教学内容，丰富教学手段，革新教学技术，增强教学深度、广度。

18. 加强产学研协同创新。联合有实力的企业承担重点研发计划等国家重点科研任务，加强成果产业化示范工作；围绕"互联网+"战略开展企业技术难题竞标等"研发众包"模式探索。推动建设高校新兴产业技术创新网络，组织高校创新资源与地方政府、行业骨干企业开展合作，建成若干领域产业技术创新协作组织，为相关领域产业向国际风价值链高端攀升提供服务。

19. 加强高校创新资源开放共享。构建高校仪器设备开放共享平台，完善向社会开放科研设施和大型仪器设备的管理运行机制，为创新创业群体开放科技数据、论文等创新资源，提供科技成果相关信息。

（八）拓展资金渠道，加强科技与金融的结合

20. 拓宽社会资金参与渠道。以知识产权作价入股等形式引入产业类资金参与科技成果转化；通过组织成立创业投资基金等方式，吸引天使投资、私募基金、风险投资等社会资本参与高校科技成果转化；向各类基金会等社会团体推介高校科技成果，吸引其以自有资金支持科研成果转移转化工作。

21. 发挥财政资金引导作用。加强高校内部资源整合，鼓励强强联合，与相关单位共同争取国家科技成果转化引导基金以及各级政府财政设立的技术创新引导专项（基金）、成果转化基地、知识产权运营和人才专项等的专项资金（基金）的支持。

（九）建立报告制度，完善成果转化评价体系

22.建设科技成果信息系统。积极参与各级政府科技成果网络信息系统建设，完善科技成果信息发布机制，向社会公布科技成果和知识产权信息，提供科技成果信息查询、筛选等服务。

23.完善评价机制。省级教育行政部门定期汇总高校科技成果转移转化报告内容，完善科技成果转移转化绩效评价机制，将科技成果转移转化成效纳入高校考核评价体系，分类指导高校科技成果转移转化工作。

三、组织实施

（一）加强组织领导

省级教育行政部门要加强政策、资源统筹，建立协同推进机制，督促指导高校开展科技成果转移转化工作；各高校要结合自身实际情况，制定切实可行的科技成果转化制度和实施方案，落实任务分工和责任主体，健全工作机制，为科技成果转移转化工作提供政策支持和条件保障。

（二）开展示范推广

教育部和省级教育行政部门将持续跟踪高校科技成果转移转化工作，及时研究、解决高校在科技成果转移转化过程中遇到的实际问题；汇聚可复制、可推广的高校科技成果转移转化成功模式和经验，通过典型示范、经验交流等方式进行宣传、推广，推动高校科技成果转移转化工作迈上新台阶、形成新亮点、做出大贡献。

国家科技计划（专项、基金等）
严重失信行为记录暂行规定

·2016年3月25日
·国科发政〔2016〕97号

第一条　为加强科研信用体系建设，净化科研风气，构筑诚实守信的科技创新环境氛围，规范中央财政科技计划（专项、基金等）（以下简称科技计划）相关管理工作，保证科技计划和项目目标实现及财政资金安全，推进依法行政，根据《中华人民共和国科学技术进步法》、《国务院关于改进加强中央财政科研项目和资金管理的若干意见》（国发〔2014〕11号）、《国务院印发关于深化中央财政科技计划（专项、基金等）管理改革方案的通知》（国发〔2014〕64号）、《国务院关于印发社会信用体系建设规划纲要（2014-2020年）的通知》（国发〔2014〕21号）和有关法律法规，制定本规定。

第二条　本规定所指严重失信行为是指科研不端、违规、违纪和违法且造成严重后果和恶劣影响的行为。

本规定所指严重失信行为记录，是对经有关部门/机构查处认定的，科技计划和项目相关责任主体在项目申报、立项、实施、管理、验收和咨询评审评估等全过程的严重失信行为，按程序进行的客观记录，是科研信用体系建设的重要组成部分。

第三条　严重失信行为记录应当覆盖科技计划、项目管理和实施的相关责任主体，遵循客观公正、标准统一、分级分类的原则。

第四条　本规定的记录对象为在参与科技计划、项目组织管理或实施中存在严重失信行为的相关责任主体，主要包括有关项目承担人员、咨询评审专家等自然人，以及项目管理专业机构、项目承担单位、中介服务机构等法人机构。

政府工作人员在科技计划和项目管理工作中存在严重失信行为的，依据公务员法及其相关规定进行处理。

第五条　科技部牵头制定严重失信行为记录相关制度规范，会同有关行业部门、项目管理专业机构，根据科技计划和项目管理职责，负责受其管理或委托的科技计划和项目相关责任主体的严重失信行为记录管理和结果应用工作。

充分发挥科研诚信建设部际联席会议作用，加强与相关部门合作与信息共享，实施跨部门联合惩戒，形成工作合力。

重大事项应当向国家科技计划管理部际联席会议报告。

第六条　实行科技计划和项目相关责任主体的诚信承诺制度，在申请科技计划项目及参与科技计划项目管理和实施前，本规定第四条中所涉及的相关责任主体都应当签署诚信承诺书。

第七条　结合科技计划管理改革工作，逐步推行科研信用记录制度，加强科技计划和项目相关责任主体科研信用管理。

第八条　参与科技计划、项目管理和实施的相关项目承担人员、咨询评审专家等自然人，应当加强自律，按照相关管理规定履职尽责。以下行为属于严重失信行为：

（一）采取贿赂或变相贿赂、造假、故意重复申报等不正当手段获取科技计划和项目承担资格。

（二）项目申报或实施中抄袭他人科研成果，故意侵犯他人知识产权，捏造或篡改科研数据和图表等，违反科研伦理规范。

（三）违反科技计划和项目管理规定，无正当理由不按项目任务书（合同、协议书等）约定执行；擅自超权限

调整项目任务或预算安排；科技报告、项目成果等造假。

（四）违反科研资金管理规定，套取、转移、挪用、贪污科研经费，谋取私利。

（五）利用管理、咨询、评审或评估专家身份索贿、受贿；故意违反回避原则；与相关单位或人员恶意串通。

（六）泄露相关秘密或咨询评审信息。

（七）不配合监督检查和评估工作，提供虚假材料，对相关处理意见拒不整改或虚假整改。

（八）其他违法、违反财经纪律、违反项目任务书（合同、协议书等）约定和科研不端行为等情况。

第九条　参与科技计划、项目管理和实施相关项目管理专业机构、项目承担单位以及中介服务机构等法人和机构，应当履行法人管理职责，规范管理。以下行为属于严重失信行为：

（一）采取贿赂或变相贿赂、造假、故意重复申报等不正当手段获取管理、承担科技计划和项目或中介服务资格。

（二）利用管理职能，设租寻租，为本单位、项目申报单位/项目承担单位或项目承担人员谋取不正当利益。

（三）项目管理专业机构违反委托合同约定，不按制度执行或违反制度规定；管理严重失职，所管理的科技计划和项目或相关工作人员存在重大问题。

（四）项目承担单位未履行法人管理和服务职责；包庇、纵容项目承担人员严重失信行为；截留、挤占、挪用、转移科研经费。

（五）中介服务机构违反合同或协议约定，采取造假、串通等不正当竞争手段谋取利益。

（六）不配合监督检查和评估工作，提供虚假材料，对相关处理意见拒不整改或虚假整改。

（七）其他违法、违反财经纪律、违反项目任务书（合同、协议书等）约定等情况。

第十条　对具有本规定第八条、第九条行为的责任主体，且受到以下处理的，纳入严重失信行为记录。

（一）受到刑事处罚或行政处罚并正式公告。

（二）受审计、纪检监察等部门查处并正式通报。

（三）受相关部门和单位在科技计划、项目管理或监督检查中查处并以正式文件发布。

（四）因伪造、篡改、抄袭等严重科研不端行为被国内外公开发行的学术出版刊物撤稿，或被国内外政府奖励评审主办方取消评审和获奖资格并正式通报。

（五）经核实并履行告知程序的其他严重违规违纪行为。

对纪检监察、监督检查等部门已掌握确凿违规违纪问题线索和证据，因客观原因尚未形成正式处理决定的相关责任主体，参照本条款执行。

第十一条　依托国家科技管理信息系统建立严重失信行为数据库。记录信息应当包括：责任主体名称、统一社会信用代码、所涉及的项目名称和编号、违规违纪情形、处理处罚结果及主要责任人、处理单位、处理依据和做出处理决定的时间。

对于责任主体为法人和机构，根据处理决定，记录信息还应包括直接责任人员。

第十二条　对于列入严重失信行为记录的责任主体，按照科技计划和项目管理办法的相关规定，阶段性或永久取消其申请国家科技计划、项目或参与项目实施与管理的资格。同时，在后续科技计划和项目管理工作中，应当充分利用严重失信行为记录信息，对相关责任主体采取如下限制措施：

（一）在科研立项、评审专家遴选、项目管理专业机构确定、科研项目评估、科技奖励评审、间接费用核定、结余资金留用以及基地人才遴选中，将严重失信行为记录作为重要依据。

（二）对纳入严重失信行为记录的相关法人单位，以及违规违纪违法多发、频发，一年内有2个及以上相关责任主体被纳入严重失信行为记录管理的法人单位作为项目实施监督的重要对象，加强监督和管理。

第十三条　实行记录名单动态调整机制，对处理处罚期限届满的相关责任主体，及时移出严重失信记录名单。

第十四条　严重失信行为记录名单为科技部、相关部门，项目管理专业机构、监督和评估专业化支撑机构掌握使用，严格执行信息发布、查询、获取和修改的权限。

严重失信行为记录名单及时向责任主体通报，对于责任主体为自然人的还应向其所在法人单位通报。

对行为恶劣、影响较大的严重失信行为按程序向社会公布失信行为记录信息。

第十五条　在本规定暂行实施的基础上，总结经验，完善跨部门联动工作体系，加强与其他社会信用记录衔接，逐步形成国家统一的科研信用制度和管理体系。

第十六条　国家有关法律法规对国家科技计划和项目相关责任主体所涉及的严重失信行为另有规定的，依照其规定执行。

地方科技计划和项目管理可参照执行。

第十七条　本规定自发布之日起实施，由科技部负责解释。

教育部科学事业费重大项目立项和实施管理办法

· 2016 年 7 月 19 日
· 教技厅函〔2016〕91 号

第一章　总　则

第一条　为进一步提高教育部科学事业费（以下简称科学事业费）使用效益，规范使用流程，加强精准管理，特制定本办法。

第二条　科学事业费坚持"目标导向、创新引领、分类支持、突出成效"的原则，重点支持能够引领科技发展方向、加强创新能力建设、优化政策环境的顶层设计和战略研究，按重大项目方式组织实施。

第三条　科学事业费重大项目实行全流程管理，包括指南与申报、评审与立项、实施与验收等环节。

第四条　重大项目实行预算制。每年 9 月前完成下一年度指南编制和发布，12 月底前完成申报和立项。项目执行周期一般不超过两年，可择优滚动支持。

第五条　重大项目由教育部科学技术司（以下简称科技司）负责组织实施，综合处负责日常管理。

第二章　项目设置

第六条　根据目标和定位，重大项目分别设重大创新平台顶层设计与培育、重大科技项目生成、重大科技战略和政策研究三类。

A 类：重大创新平台顶层设计与培育，以国家目标和战略需求为导向，以提升高校创新能力为核心，开展高校牵头建设国家实验室、国家重大科技基础设施、国家科学中心、国家技术创新中心、国际大科学工程、全球顶级科学家工作室等重大创新平台的顶层设计、重点培育和开放共享。

B 类：重大科技项目生成，以国家重大战略需求和问题为导向，以引领科技前沿抢占制高点，实现重点领域跨越发展为目标，开展系统性、战略性研究，提出国家（国际）重大科技项目和重点研发计划项目等建议。

C 类：重大科技战略和政策研究，围绕实施创新驱动发展战略、全面提升高等教育质量、深化高校科技体制改革等重大政策问题开展系统化研究，形成重大战略研究报告和政策建议。

第三章　指南与申报

第七条　重大项目实行指南牵引，包括征集指南建议、综合评审、指南审定。

第八条　科技司综合处组织相关业务处和科技委学部提出指南建议，并填报《教育部科学事业费重大项目指南建议书》。其中 A 类项目由各业务处提出，B、C 类项目由教育部科技委学部提出，科技委学部应在相关业务处指导下积极组织学部委员申请，鼓励跨学部联合提出指南建议。

第九条　委托教育部科技委战略咨询委员会组织专家对三类指南建议进行综合评审，提出年度拟立项指南建议。

第十条　科技司务会研究审定立项指南。

第十一条　科技司综合处组织相关高校和科技委学部按照指南方向进行申报。项目主持人需填报《教育部科学事业费重大项目申请书》（以下简称《申请书》）。

第十二条　项目主持人应具有较强组织协调能力和学术影响力，保证有足够的时间和精力从事项目的组织和研究工作。原则上同一申请人当年只能申请一项项目，同期承担科学事业费项目不得超过两项。B、C 类项目主持人一般应为科技委委员和学部委员。

第四章　评审与立项

第十三条　重大项目评审包括形式审查和专家答辩评审。

第十四条　科技司综合处和相关业务处根据项目指南和申报要求，对项目申请书进行形式审查。

第十五条　委托科技委战略咨询委员会组织科技委专家进行答辩评审，答辩专家组成员不少于 13 名，择优提出立项建议名单。

第十六条　科技司综合处根据科技委评审结果提出科学事业费年度立项方案，经司务会研究后，作为教育部"三重一大"事项报党组会审定。

第十七条　重大项目立项名单在科技司网站公示（涉密项目除外），公示期不少于 10 天。公示期满，正式发布立项通知。如公示期中有异议，委托第三方复议。

第十八条　立项通知发布后 1 个月内，项目申请人需根据项目申请书和专家评审意见编制《教育部科学事业费重大项目任务书》（以下简称《任务书》），并报送科技司综合处。

第十九条　《任务书》经科技司核准后将作为项目实施、经费拨付和结题验收的主要依据。

第五章　实施与验收

第二十条　项目主持人作为第一责任人应按照《任务书》的研究内容和工作计划，负责项目实施和经费使用。

第二十一条　项目主持人所在高校是项目依托单位，为项目实施提供条件保障和必要支持，并负责项目经费监管等工作。

第二十二条 A类项目依托单位负责项目过程监管和结题验收预评估，并形成评估意见。B、C类项目主持人所在学部负责项目过程监管，积极支持项目的顺利进行，负责项目中期检查和结题验收的预评估，并形成评估意见。

第二十三条 项目执行过程中，一般不得更换项目主持人或调整《任务书》内容。如因特殊原因，需进行调整的，报科技司审批。

第二十四条 如因组织管理不力，导致项目难以进行的，予以中止或撤销。项目依托单位须对已开展的工作、经费使用等情况作出书面报告，提出处理意见，报科技司审核后执行。

第二十五条 项目主持人须在项目研究期满1个月内向科技司提出结题申请。同时，填报《教育部科学事业费重大项目验收报告》（以下简称《验收报告》）。

第二十六条 科技司综合处对项目结题材料进行审核，委托科技委战略咨询委员会进行结题验收，并形成验收意见。验收采取答辩评审方式进行，验收专家组由不少于13名相关专家组成，其中财务专家至少1名。

第二十七条 对通过验收的项目，准予结题。对未通过验收的项目，3个月内修改完善，再提交材料进行结题验收。

第二十八条 有下列情况之一的，将视情况给予通报或终止项目等处理：

1. 无正当理由，未按时提交结题申请的；
2. 二次结题验收未通过的；
3. 有严重学术不端行为的；
4. 有违反国家财经纪律和触犯法律行为的。

第六章 经费管理

第二十九条 项目承担单位按"目标相关性、政策相符性、经济合理性"的原则，根据项目实际需求编制预算，报科技司。

第三十条 科技司委托科技委战略咨询委员会组织专家对承担单位申报预算进行评审，并根据评审结果提出预算额度建议。预算额度经科技司司务会研究后，报部党组会审定。

第三十一条 科技司按年度拨付项目经费资金，项目承担单位根据批复预算使用经费，专款专用。

第三十二条 项目经费是指在项目研究过程中发生的与研究活动直接相关的费用，开支范围主要包括：

（一）文献/图书资料费：指在研究过程中发生的资料收集、录入、复印、翻拍、翻译等费用，以及必要的图书和专用软件购置费等。

（二）数据采集费：指在研究过程中发生的数据跟踪采集、数据挖掘分析等费用。

（三）差旅费：指在研究过程中开展国内调研活动所发生的外埠差旅费、市内交通费、食宿费及其他费用。

（四）会议费：指在研究过程中为组织开展学术研讨、协调项目等活动而发生的会议费用。

（五）专家咨询费：指在研究过程中支付给聘请的咨询专家的费用，费用标准按照国家有关规定执行。

（六）劳务费：指在研究过程中支付给项目组没有工资性收入的相关人员（如在校研究生、博士后等）和临时聘用人员等的劳务性费用。

（七）出版/传播/印刷费：指在研究过程中发生的研究成果的打印费、印刷费和誊写费、出版费等。

（八）合作与交流：指参加国内外学术会议与调研发生的费用，支出标准按国家有关规定执行。

（九）办公设备：为开展项目研究确需购置、租赁使用的小型设备，由所在单位按照国家有关规定进行管理。

第三十三条 项目预算总额一般不予调整；在项目执行过程中会议费、差旅费、合作与交流费三项支出之间可以调剂使用，但不得突破三项支出预算总额；专家咨询费和劳务费预算一般不予调增；其他需要调整的，由项目主持人提出申请，依托单位审准，报科技司备案。

第三十四条 项目完成后应按照实际支出进行决算，决算须经项目依托单位的财务和审计部门审核，并随《验收报告》报送科技司。

第三十五条 通过验收项目的结余经费按国家有关规定办理，终止项目的结余经费按原渠道退回。

第三十六条 项目依托高校应严格遵守国家财经法规，发现问题及时纠正。对违反国家财经纪律的学校相关责任人，按国家有关规定追究其行政或法律责任。

第七章 附 则

第三十七条 本办法由科技司负责解释。

第三十八条 本办法自发布之日起执行。《教育部科学技术研究项目管理办法（修订）》（教技〔2007〕6号）同时废止。

附件：

1. 教育部科学事业费重大项目申请书（格式）（略）
2. 教育部科学事业费重大项目任务书（格式）（略）

十、人大代表建议答复

对十三届全国人大五次会议第 1206 号建议的答复

——关于民办高校专业设置自主权的建议

· 2022 年 7 月 15 日
· 教高建议〔2022〕120 号

您提出的"关于民办高校专业设置自主权的建议"收悉,现答复如下:

近年来,教育部认真落实《高等教育法》有关高校办学自主权的规定及《关于深化高等教育领域简政放权放管结合优化服务改革的若干意见》(教政法〔2017〕7 号)等文件的相关要求,加快推进高等教育领域"放管服"改革,切实落实和扩大高校办学自主权。

一、落实民办高校本科专业设置自主权

《普通高等学校本科专业设置管理规定》规定,对于国家控制布点专业和尚未列入本科专业目录的新专业,高校可自主申请设置,由教育部审批;对于本科专业目录内的非国控专业,高校自主设置,实行备案制。民办高校开展专业设置工作的要求和程序与其他高校一致,由高校统一在规定期限内集中进行备案或审批。教育部支持高校按照需求导向,主动服务国家战略、区域经济社会和产业发展需要,根据《普通高等学校本科专业类教学质量国家标准》和自身办学定位、办学特色,合理增设和调整专业。

二、落实民办高校高职(专科)专业设置自主权

《普通高等学校高等职业教育(专科)专业设置管理办法》(教职成〔2015〕10 号)规定,除医学、教育、公安、司法等国家控制高职专业外,高职专业设置实行备案制。学校可根据专业培养实际,在目录内非国控专业设置方向(专业方向名称不能与专业目录中已有专业名称相同,不能涉及国家控制专业对应的相关行业),无须备案或审批。省级教育行政部门负责本区域内高职专业设置的统筹管理,加强对专业设置的指导、监督和评估。教育部在做好国家控制布点高职专业的设置管理工作基础上,将持续指导高职院校结合区域经济社会高质量发展需求合理设置专业。

感谢您对教育事业的关心和支持!

对十三届全国人大五次会议第 6703 号建议的答复

——关于推广电子版教师资格证书及优化教师资格管理信息系统的建议

· 2022 年 7 月 18 日
· 教师建议〔2022〕50 号

您提出的"关于推广电子版教师资格证书及优化教师资格管理信息系统的建议"收悉,现答复如下:

近年来,教育部贯彻落实"放管服"改革,不断升级教师资格管理信息系统,进一步减证便民、优化服务。

一、关于在教师资格管理信息系统开发电子版教师资格证书功能的问题

正如您所说,教师资格制度是国家实行的法定职业许可制度,是对专门从事教育教学工作人员的基本要求。2001 年,教育部印发《教师资格证书管理规定》(教人〔2001〕6 号,以下简称《管理规定》),加强教师资格证书管理。教师资格证书是证明人具有国家认定的教师资格的法定凭证。教师资格证书由国务院教育行政部门统一印制,各级认定机构加盖公章、钢印后生效。

随着国务院"放管服"改革的推进和深入,教师资格管理也加快推行"互联网+政务服务"建设,接入教育部统一身份认证系统,实现政务服务事项"一次登录,全网通行"。2021 年,教师资格管理信息系统完成与国家政务服务平台、31 个省(自治区、直辖市)及新疆生产建设兵团省级政务服务平台对接,推进了同地方政府部门间的数据共享和业务协同。

关于您提出的推广电子版教师资格证书的建议,2021 年,教育部制定了教师资格证书电子证照标准,并由国务院办公厅电子政务办公室作为一体化政务服务平台电子证照工程标准予以印发。2022 年,教育部依托教师资格管理信息系统,启动了教师资格证书电子证照系统建设工作。目前,相关建设工作的调研、方案设计正有序开展和推进。

下一步,待教师资格证书电子证照系统建设完成后,教育部将推广教师资格证书电子证照,提供教师资格证

书便利化验证、亮证服务,提升服务能力。

二、关于在教师资格管理信息系统中开发教师资格证书补发换发功能的问题

教师资格管理信息系统于2005年启动建设,2008年3月在全国开始使用,该系统已具有教师资格证书打印、补发换发等管理功能。根据《〈教师资格条例〉实施办法》第二十二条规定,教师资格证书须由教师资格认定机构统一编号后,加盖相应的政府教育行政部门公章、钢印后生效。根据《管理规定》第七条、第九条规定,补发换发的教师资格证书,证书上的信息需要与原证书内容保持一致。工作中,凡涉教师资格证书补发、换发申请,经由持证人申请并报原发证机关审核后,均在教师资格管理信息系统进行证书的补发或换发管理,并由原认定机构为申请人颁发与原证书信息内容一致的新纸质版教师资格证书。

下一步,教育部将根据您的建议,结合工作需要,探索开展教师资格证书补发换发的网上办理、异地办理,创新服务手段,结合教师资格证书电子证照建设的实际推进情况,优化教师资格证书补发换发管理流程和方式方法,积极为持证人提供便利。

三、关于在教师资格管理信息系统中开发教师资格丧失、撤销功能的问题

《教师法》《教师资格条例》和《〈教师资格条例〉实施办法》对教师资格丧失和撤销的情形及管理作出了明确规定。按照《〈教师资格条例〉实施办法》第二十五条规定,丧失教师资格者,由其工作单位或者户籍所在地相应的县级以上人民政府教育行政部门按教师资格认定权限会同原发证机关办理注销手续,收缴证书,归档备案。丧失教师资格者不得重新申请认定教师资格。第二十六条规定,按照《教师资格条例》应当被撤销教师资格者,由县级以上人民政府教育行政部门按教师资格认定权限会同原发证机关撤销资格,收缴证书,归档备案。被撤销教师资格者自撤销之日起5年内不得重新取得教师资格。

丧失教师资格信息和撤销教师资格信息主要由持证人工作单位或者户籍所在地相应的县级以上人民政府教育行政部门处理上报。根据政策和管理要求,教师资格管理信息系统在上线之初已经开发了教师资格证书丧失和撤销管理功能。

下一步,教育部将依托教师资格管理信息系统进一步规范教师资格丧失和撤销工作,优化服务,让数据多跑腿,让群众少跑路。

感谢您对教育工作的关心和支持!

对十三届全国人大三次会议第5246号建议的答复
——关于全国所有景区票价对教师半价优惠的建议

· 2020年11月26日
· 教师建议〔2020〕80号

您提出的"关于全国所有景区票价对教师半价优惠的建议"收悉,经商国家发展改革委,现答复如下:

2018年,中共中央、国务院印发《关于全面深化新时代教师队伍建设改革的意见》,鼓励各地结合实际情况,出台激励政策,提升教师职业成就感,提升教师职业吸引力,营造全社会尊师重教的良好氛围。根据国家发展改革委《关于完善国有景区门票价格形成机制降低重点国有景区门票价格的指导意见》《关于持续深入推进降低重点国有景区门票价格工作的通知》,各地积极探索,山东、安徽等多地及很多景区已制定针对教师等特定人群的门票减免政策,有些景区还设置了教师"绿色通道"和"专用窗口"等。

现阶段,景区门票减免人群范围施行属地化管理,各地社会经济水平存在差异,景区在当地经济社会发展中所承担的功能不尽相同,加之景区经营权归属情况十分复杂,实现全国所有景区对教师半价优惠尚缺乏相关法律法规支持。下一步,国家发展改革委和地方政府将继续积极推动落实好景区降价措施,促进旅游综合消费能级提升,更好满足人民美好生活的需要。教育部也将积极协调有关部门,争取推动相关降价优惠措施更多惠及广大教师,进一步激励广大教师在立德树人的岗位上作出更大的贡献。

感谢您对教育事业的关心和支持。

对十三届全国人大三次会议第9488号建议的答复
——关于取消非师范生报考教师资格的规定的建议

· 2020年11月26日
· 教师建议〔2020〕436号

您提出的"关于修订教师法有关条款,取消非师范生报考教师资格的规定的建议"收悉,现答复如下:

长期以来,我国教师队伍的补充主要来源于师范院校毕业生,各级各类师范学校成为培养各级教师的主要基地。整个师范体系为我国的基础教育培养了大量人才,是我国基础教育的主要支撑力量。随着教育事业的发展特别是九年义务教育的普及,以及开放式人才管理带来的人员流动增加和教师队伍新老交替高峰的到来，教师队伍需要更多高质量、具有广博知识和现代教育思想、专业技能的教师，多渠道培养和聘任教师势在必行。

1993 年，《中华人民共和国教师法》正式颁布，其中第十五条规定，国家鼓励非师范高等学校毕业生到中小学或者职业学校任教。鼓励有志于从事教师职业的非师范院校毕业生和其他行业优秀人才通过教师资格考试获取教师资格、加入到教师预备队伍中来，有利于根据教师队伍建设的需要择优选聘教师，有助于促进教育系统人员的合理流动。1998 年，高校扩招后，师范院校办学综合化，教师来源更加多元，师范生培养层次增多，师范院校生源质量有所下降。教育部采取了振兴师范教育、建立师范生公费教育制度、加大师范生财政投入等措施，提高师范生培养质量。同时，试行全国统一的中小学教师资格考试，吸引了大量包括非师范生在内的优秀人才考取教师资格，扩大了优质教师资源的增量，有力地促进了教师队伍质量和水平的提升。

关于您提出的非师范生从教存在的问题，教育部高度重视，为提高有志进入教师队伍的非师范生的教育教学能力，2018 年，《中共中央 国务院关于全面深化新时代教师队伍建设改革的意见》提出"完善教师资格考试政策，逐步将修习教师教育课程、参加教育教学实践作为认定教育教学能力、取得教师资格的必备条件"。

下一步，教育部将逐步完善教师资格制度政策，鼓励有条件的非师范生修习教师教育课程、参加教育教学实践，不断提升非师范生的教育教学能力和专业知识素养，让更多高素质、专业化的优秀人才进入教师队伍，为我国教育事业发展做出新的更大的贡献。

感谢您对教育事业的关心和支持！

对十三届全国人大三次会议第 7820 号建议的答复
——关于对教师开展家庭教育指导培训的建议

·2020 年 12 月 8 日
·教师建议〔2020〕502 号

您提出的"关于对教师开展家庭教育指导培训的建议"收悉，现答复如下：

一、关于将家庭教育指导纳入到教师培训

教育部长期以来高度重视教师的家庭教育指导培训工作。一是在"国培计划"年度实施文件中明确要求，2020 年，教育部办公厅、财政部办公厅印发《关于做好 2020 年中小学幼儿园教师国家级培训计划组织实施工作的通知》（教师厅〔2020〕1 号），明确提出将家校合作纳入教师培训内容，推进生命教育、感恩教育、责任教育融入家庭教育。二是研制出台《中小学教师培训课程指导标准（班级管理）》，指导班级管理有关的培训项目中，设置家庭教育观念与方法、家校沟通的有效方式等研修主题，促进教师在家校沟通与合作方面专业发展，进一步提高对家庭教育作用的认识和指导家庭教育的能力，有效指导家长进行家庭教育。三是在"国培计划"示范项目中，设置骨干班主任教师培训项目，2018—2020 年累计培训约 2600 人次，示范带动各地开展班主任教师培训，重点提高班主任教师在家庭教育指导方面的素质能力。

二、关于加强家庭教育专业学科建设和科学研究

近年来，教育部积极推动高校加强家庭教育相关专业和课程建设，提高相关人才培养质量。一是支持高校依法自主设置家庭教育相关专业，支持高校依据《普通高等学校本科专业设置管理规定》，根据国家重大战略需求和区域经济社会发展需要，立足学校办学定位和办学特色，依法自主设置相关本科专业。对于国家控制布点专业和尚未列入本科专业目录的新专业，高校可自主申请设置，由教育部审批；对于其余本科专业目录内的专业，高校依法自主设置，实行备案制。其中高校设置申请尚未列入目录的新专业，要明确该专业与所属专业类中其他专业的区分情况和专业基本要求，需对新专业的科学性、可行性以及专业名称规范性进行论证，经高校申报，教育部组织专家评审，符合相关条件后予以设置。二是支持高校加强家庭教育相关课程建设。2018 年发布《普通高等学校本科专业类教学质量国家标准》，支持高校在相关专业开设家庭教育相关课程，南京师范大学的"家庭与社区教育"、上海师范大学的"家庭教育"、温州大学的"家庭教育学"等课程在中国大学 MOOC 平台上线，面向社会开放。

下一步，教育部将继续依托"国培计划"开展教师家庭教育指导培训，在有关项目中设置家庭教育指导培训内容，推动示范带动各地开展家庭教育指导培训；继续支持有条件的高校依法设置家庭教育相关专业，支持高校加强家庭教育相关课程建设，促进优质课程资源共享，为构建覆盖城乡家庭教育指导体系建设提供专业人才储备。

感谢您对教育工作的关心和支持！

对十三届全国人大三次会议第 1149 号建议的答复

——关于在各中小学校设立心理课程和
心理咨询室的建议

· 2020 年 11 月 25 日
· 教体艺建议〔2020〕606 号

您提出的"关于在各中小学校设立心理课程和心理咨询室的建议"收悉，现答复如下：

中小学心理健康教育，是提高中小学生心理素质、促进其身心健康和谐发展的教育，是进一步加强和改进中小学德育工作、全面推进素质教育的重要组成部分。中小学生正处在身心发展的重要时期，随着生理、心理的发育和发展、社会阅历的扩展及思维方式的变化，特别是面对社会竞争的压力，他们在学习、生活、自我意识、情绪调适、人际交往和升学就业等方面，会遇到各种各样的心理困扰或问题。因此，在中小学开展心理健康教育，是学生身心健康成长的需要，是全面推进素质教育的必然要求。

2002 年，教育部印发了《中小学心理健康教育指导纲要》（简称《纲要》），对各地中小学开展心理健康教育起到了指导和推动作用。为进一步科学指导和规范中小学心理健康教育工作，促进心理健康教育工作深入发展和全面普及，2012 年教育部组织专家对《纲要》进行了修订完善。修订后的《纲要》明确"全面推进、突出重点、分类指导、协调发展"的工作方针。

"全面推进"是指要普及、巩固和深化中小学心理健康教育，加快制度建设、课程建设、心理辅导室建设和师资队伍建设，积极拓展心理健康教育渠道，建立学校、家庭和社区心理健康教育网络和协作机制，全面推进中小学心理健康教育科学发展，在学校普遍建立起规范的心理健康教育服务体系，全面提高全体学生的心理素质。

"突出重点"是指地方教育行政部门和学校要利用地方课程或学校课程科学系统地开展心理健康教育；要加强心理辅导室建设，切实发挥心理辅导室在预防和解决学生心理行为问题中的重要作用；加强心理健康教育师资队伍建设，建立一支科学化、专业化的稳定的中小学心理健康教育教师队伍。

"分类指导"是指大中城市和经济发达地区，要在普遍开展心理健康教育工作的基础上，继续推进和深化心理健康教育工作，努力提高质量和成效，率先建立成熟的心理健康教育服务体系；其他地区，要尽快完善心理健康

教育工作机制，建立心理健康教育辅导室和稳定的心理健康专业教师队伍，普遍开展心理健康教育工作。

"协调发展"是指坚持公共教育资源和优质教育资源向农村、中西部地区倾斜，逐步缩小东西部、城乡和区域之间中小学心理健康教育的发展差距，以中西部地区和农村地区发展为重点，推动中小学心理健康教育全面、协调发展。按照"城乡结合，以城带乡"的原则，加强城乡中小学心理健康教育的交流与合作，实现心理健康教育全覆盖和城乡均衡化发展。同时，着力提高中小学心理健康教育质量和成效，促进学生的心理素质和德智体美全面协调发展。

教育部将督促各地按照新修订的《纲要》加快推进在各中小学学校设置心理辅导课程和心理咨询室建设，加强心理健康教育师资队伍建设，及时指导和帮助青少年解决心理困惑，引导青少年健康成长。

感谢您对教育事业的关心和支持。

对十三届全国人大四次会议第 2629 号建议的答复

——关于降低中专生进入高等院校进行
全日制教育门槛的建议

· 2021 年 10 月 11 日
· 教职成建议〔2021〕134 号

您提出的"关于降低中专生进入高等院校进行全日制教育门槛的建议"收悉，现答复如下：

中等职业教育作为国民教育体系的重要环节，肩负着为国家经济和社会发展培养高素质技术技能型人才的使命，在现代职业教育体系中发挥着重要基础性作用。近年来，教育部坚持职业教育类型属性，加快推动建立独立、完善的现代职业教育体系，带动中等职业教育健康发展。

一、强化中等职业教育基础性作用

发展中等职业教育是普及高中阶段教育和建设现代职业教育体系的重要基础。目前，全国共有中职学校 9865 所，招生 627.56 万人，在校生 1628.14 万人。已建成近千所国家中等职业教育改革发展示范学校，2000 所中等职业学校达到省级骨干学校建设标准，国家级、省级示范（骨干）学校等优质资源覆盖一半以上的在校生。2020 年，教育部等九部门印发《职业教育提质培优行动计划（2020—2023 年）》，明确"到 2023 年，中职学校教学条件基本达标，遴选 1000 所左右优质中职学校和 3000

个左右优质专业、300 所左右优质技工学校和 300 个左右优质专业"的目标任务,全国 31 个省份和新疆生产建设兵团中职布点数达 5737 个。

近几年,教育部围绕贯彻落实《国家职业教育改革实施方案》,会同有关部门出台《关于建立完善中等职业学校生均拨款制度的指导意见》(财教〔2015〕448 号),要求各地建立完善中等职业学校生均拨款制度,不断提高投入水平。同时,完善中等职业教育学生资助政策,中等职业学校面向所有农村(含县镇)学生、城市涉农专业学生和家庭经济困难学生、民族地区学校就读学生和戏曲表演专业学生免除学费(其他艺术类相关表演专业学生除外);一、二年级在校涉农专业学生和非涉农专业家庭经济困难学生享受国家助学金。2019 年国家设立中等职业教育国家奖学金,用于奖励中等职业学校全日制在校生中特别优秀的学生。2020 年国家财政安排学生资助补助经费 553 亿元,比上年增长 9.6%。

二、畅通中职毕业生学历提升通道

2014 年 9 月,国务院印发《关于深化考试招生制度改革的实施意见》,明确"加快推进高职院校分类考试"改革任务,提出"高职院校考试招生与普通高校相对分开,实行'文化素质+职业技能'评价方式"。《教育部关于积极推进高等职业教育考试招生制度改革的指导意见》明确提出面向中职毕业生的技能考试招生、中高职贯通培养招生、技能拔尖人才免试招生等六类招生形式。2019 年 1 月国务院印发的《国家职业教育改革实施方案》明确提出:建立"职教高考"制度 完善"文化素质+职业技能"的考试招生办法,提高生源质量,为学生接受高等职业教育提供多种入学方式和学习方式。与山东、江西等省份共建职业教育创新发展高地,率先探索建立"职教高考"制度。如,山东省指导和支持山东应用型本科院校、职业教育本科院校和专业更多招中、高职院校毕业生,并按照有别于普通高考、能满足培养需求的原则调整文化素质考试内容,进一步提高职业技能考试成绩在录取中所占权重,探索可在全国复制推广的改革经验做法。

下一步,教育部将继续贯彻落实党中央对于职业教育改革的政策部署,进一步强化中等职业教育基础作用,规范长学制技术技能人才贯通培养,严格执行技能拔尖人才免试入学条件,逐步建立"职教高考"制度,使中职毕业生享有更多样的教育选择和更畅通的学业提升通道。

感谢您对教育事业的关心和支持!

对十三届全国人大代表第 10240 号建议的答复
——关于严厉惩治性侵未成年人犯罪的建议

·2020 年 12 月 22 日
·教督建议〔2020〕662 号

您提出的"关于严厉惩治性侵未成年人犯罪的建议"收悉,现就涉及教育部业务部分答复如下:

保护儿童免遭性侵害,关爱未成年人健康成长,中央关心、百姓关切、社会关注。教育部一直高度重视预防儿童性侵工作,近年来为有效防范儿童性侵案件的发生,采取了一系列政策举措。

一、加强部门协作,建立工作机制。2019 年,教育部办公厅会同公安部办公厅、中央政法委办公厅制定《2019 年全国中小学幼儿园"护校安园"专项工作方案》,要求教育部门、公安机关和学校、幼儿园健全完善会商研判、定期通报、联合整治、联动应急处置等工作机制,严厉打击涉校违法犯罪,特别是对恶性伤害、欺凌、性侵等各类侵害学生人身财产安全的违法犯罪活动"零容忍"。2020 年 3 月,教育部办公厅会同公安部办公厅、中央政法委办公室印发《2020 年全国中小学幼儿园"护校安园"专项工作方案》;同年 9 月,会同公安部办公厅印发《关于进一步强化各校安全防范措施 切实保障 2020 年秋季开学校园安全的通知》,要求各地教育部门和公安机关密切配合,加强日常监管,防范性侵学生等恶性事件的发生。对发生的伤害学生合法权益的行为,从严从快组织查处。

二、强化指导部署,推进工作落实。2018 年 12 月,印发《教育部办公厅关于进一步加强中小学(幼儿园)预防性侵害学生工作的通知》(教督厅函〔2018〕9 号,以下简称《通知》),要求各地和学校从开展预防性侵安全教育、加强教职员工队伍管理、执行校园安全管理规定、完善预防性侵协同机制、排查消除安全隐患等方面,切实做好预防性侵害学生工作。在每年召开学校安全工作会议、开展安全工作专项检查等重点工作时,指导各地和学校将防范性骚扰、性侵害学生行为作为重点工作内容,不断完善校园及周边安全风险防范体系,强化师德师风建设和教职员工队伍管理,严防性侵学生事件发生。每逢寒暑假等学生安全事件高发时期,指导各地各校提前开展学校及周边安全隐患排查工作,其中将是否集中对学生开展以预防性侵害为主题的专题教育工作情况作为重点检查内容。

三、严管教师队伍,强化师德师风。《通知》明确要求各地各校严格落实有关教师管理法规和制度要求，进一步完善教师准入制度，强化对拟招录人员品德、心理的前置考察；落实对校长、教师和职工从业资格的有关规定，加强对临时聘用人员的准入审查，坚决清理和杜绝不合格人员进入学校工作岗位；加强对教职员工的品行考核，与当地公安、检察机关建立协调配合机制，对于实施性骚扰、性侵害学生行为的教职员工，及时依法予以处理。2020年9月，最高人民检察院、教育部、公安部联合印发《关于建立教职员工准入查询性侵违法犯罪信息制度的意见》，明确规定建立教职员工准入查询制度。对经查询发现有性侵违法犯罪信息的，教育行政部门或学校不得录用，教师资格认定机构不得认定教师资格。在职教职员工经查询发现有性侵违法犯罪信息的，应当立即停止其工作，按照规定及时解除聘用合同。

四、开展主题教育，提高保护意识。利用"六一""12.4"等重要节点，指导各地各校开展包括学生安全防护、防性侵教育等在内的主题教育活动，通过校园电视台、广播、橱窗展板等形式，宣传保护儿童的法律法规，宣传"家长保护儿童须知"及"儿童保护须知"，教育学生特别是女学生提高自我保护意识和能力。会同公安部组织26万名公安干警担任学校法制辅导员，指导学校、教师防范处置包含儿童性侵害在内的校园暴力事件。各地各校加强对未成年人监护人教育工作，通过各种方式，提醒家长多和孩子相处交流，使家长了解必要的性知识和预防性侵犯知识，并通过适当方式向儿童进行讲解，切实履行对儿童的监护责任。

五、组织个案督导，严查恶性事件。近年来，对多起涉及性侵害学生的事件进行督办，要求当地教育部门和学校协调公安部门核查事实真相，严肃追究相关责任人责任，做好学生家长安抚及善后处理工作；同时对加强师德师风建设、有针对性地做好学校安全防范工作、加强学生安全教育管理等方面提出明确整改要求。

您的建议具有较强的针对性和可行性，教育部会同其他部门已在相关政策文件和具体工作中作出明确要求。下一步，教育部将会同有关部门继续督促指导各地加强儿童安全保护教育工作，积极开展预防儿童遭性侵害的宣传教育，"落实'零容忍'规定，建设安全校园"，严惩各类侵害学生人身财产安全的违法犯罪活动，切实保护儿童的身心健康和人身安全。

感谢您对教育事业的关心和支持。

对十三届全国人大三次会议第9089号建议的答复

——关于在招录教育机构工作人员中加强背景审查，限制违法犯罪人员从业的建议

· 2020年11月26日
· 教师建议〔2020〕438号

您提出的"关于在招录教育机构工作人员中加强背景审查，限制违法犯罪人员从业的建议"收悉，经商公安部、最高人民检察院，现答复如下：

您提出的针对教育机构中的教职员工出现严重伤害学生人身权利的违法犯罪行为，贯彻未成年人特殊、优先保护原则，加强密切接触行业人员管理，预防利用职业便利实施违法犯罪，净化校园环境的建议，教育部高度重视，为有效推进未成年人保护社会治理体系现代化建设，加强对性侵未成年人犯罪的源头预防，2020年9月，教育部与最高人民检察院、公安部联合印发了《关于建立教职员工准入查询性侵违法犯罪信息制度的意见》（以下简称《入职查询意见》），建立教职员工准入查询制度。中小学校、幼儿园新招录教职员工前，教师资格认定机构在授予申请人教师资格前，应当进行性侵违法犯罪信息查询。对具有性侵违法犯罪记录的人员，不予录用或者不予认定教师资格，从而把"大灰狼"挡在校园之外，有效预防性侵未成年人犯罪发生。

一是关于查询的范围。基于行为性质和防范重点，《入职查询意见》暂把查询的违法犯罪信息限定为狭义的性侵行为：一类是因强奸、强制猥亵、猥亵儿童犯罪被作出有罪判决的人员，以及因上述犯罪被人民检察院作出相对不起诉决定的人员。另一类是因猥亵行为被行政处罚的人员。

二是关于适用入职查询的人员范围。为了将查询的范围覆盖到所有与在校未成年人密切接触的人员，《入职查询意见》规定对三类人员进行查询：1. 中小学校（含中等职业教育和特殊教育学校）、幼儿园新招录教师、行政人员、勤杂人员、安保人员等在校园内工作的教职员工，在入职前应当进行性侵违法犯罪信息查询。2. 教师资格认定机构在认定教师资格前应当对申请人员进行性侵违法犯罪信息查询。3. 教育行政部门应当做好在职教职员工相关违法犯罪信息的筛查。此外，对高校教职员工和面向未成年人的校外培训机构工作人员的性侵违法犯罪信息查询，参照本意见执行。

三是查询的方法。为了减轻基层工作负担，《入职查

询意见》采取了高效的查询方法，教育部与最高人民检察院、公安部联合建立信息共享工作机制，教育部建立统一的信息查询平台，与公安部部门间信息共享与服务平台对接，实现性侵违法犯罪人员信息核查，面向地方教育行政部门提供教职员工准入查询服务。要求地方教育行政部门主管本行政区内的教职员工准入查询。根据属地化管理原则，县级及以上教育行政部门依法根据拟聘人员和在职教职员工的授权，对其性侵违法犯罪信息进行查询。对教师资格申请人员的查询，由受理申请的教师资格认定机构组织开展。

四是查询结果的应用及追责。对经查询发现有性侵违法犯罪记录的人员，学校不得录用，教师资格认定机构不得认定教师资格。在职教职员工经查询发现有性侵违法犯罪记录的，应当立即停止其工作，按照规定及时解除聘用合同。如果学校、教师资格认定机构未按照规定进行查询，或者经查询有相关违法犯罪记录仍予以录用或者认定教师资格的，由上级教育行政部门责令改正，并追究相关人员责任。

下一步，教育部将加强与最高人民检察院、公安部的密切配合，共同抓好入职查询制度的落实，从源头上加强对未成年人保护，用心守护每一个孩子的健康成长！

感谢您对教育工作的关心和支持！

对十三届全国人大四次会议第 9128 号建议的答复

——关于进一步解决外来务工人员随迁子女入学教育问题的建议

· 2021 年 10 月 13 日

· 教基建议〔2021〕588 号

您提出的"关于进一步解决外来务工人员随迁子女入学教育问题的建议"收悉。经商财政部，现答复如下：

保障外来务工人员随迁子女在流入地平等接受义务教育，事关教育公平和人民群众切身利益，也是适应我国城镇化发展战略、促进社会公平的迫切要求。近年来，教育部出台了一系列政策措施，努力确保随迁子女享受公平而有质量的教育。

一是完善入学政策，保障入学机会。2016 年，国务院印发《关于统筹推进县域内城乡义务教育一体化改革发展的若干意见》（国发〔2016〕40 号），明确提出改革随迁子女就学机制，强化流入地政府责任，坚持"两为主、两纳入"（即以流入地政府管理为主、以公办学校为主，将

随迁子女义务教育纳入城镇发展规划和财政保障范围），建立以居住证为主要依据的随迁子女入学政策，依法保障随迁子女平等接受义务教育。教育部要求，从 2021 年起，各地均不得要求家长提供计划生育、超龄入学、户籍地无人监护等证明材料，精简不必要的证明材料，鼓励有条件的地方仅凭居住证入学。

二是扩大资源供给，推进就读公办。2021 年印发了《中共中央办公厅 国务院办公厅关于规范民办义务教育发展的意见》，强调各级党委和政府要坚持国家举办义务教育，确保义务教育公益属性，各地要完善政府购买学位管理办法，优先将随迁子女占比较高的民办义务教育学校纳入政府购买学位范围。印发《关于督促进一步做好进城务工人员随迁子女就学工作的通知》（教基司函〔2021〕9 号），要求学位资源相对紧张的人口集中流入地区，按照常住人口增长趋势，进一步加强城镇学校建设，扩大学位供给，满足当地户籍适龄儿童和随迁子女入学需求，确保"应入尽入"、就近入学。同时通报了 300 个随迁子女在公办学校就读比例较低的县区，要求各地"一县一案"制订工作方案，切实解决随迁子女入学问题。在近年来随迁子女人数不断增加的情况下，2020 年全国进城务工人员随迁子女达 1429.7 万，在迁入地公办学校就读（含政府购买学位）的比例达 85.8%，与整个义务教育阶段学生在公办学校就读比例（89.2%）大体相当。

三是规范民办义务教育发展，强化教育公平。2019 年印发《中共中央 国务院关于深化教育教学改革全面提高义务教育质量的意见》，强调民办义务教育学校招生纳入审批地统一管理，与公办学校同步招生；对报名人数超过招生计划的，实行电脑随机录取。2020 年起，按照"全部、齐步、稳步"要求全面推进"公民同招"政策平稳有序落地，符合条件的随迁子女与当地户籍都学生都可以报名民办学校，录取机会均等。2021 年印发了《中共中央办公厅 国务院办公厅关于规范民办义务教育发展的意见》，强调各级党委和政府要坚持国家举办义务教育，确保义务教育公益属性，强化民办义务教育规范管理，提高民办义务教育质量，并要求各地完善政府购买学位管理办法，优先将随迁子女占比较高的民办义务教育学校纳入政府购买学位范围，更充分地解决随迁子女入学问题。

四是加强关心关爱，促进健康成长。2020 年以来，印发《关于进一步做好随迁子女接受义务教育有关工作的通知》（教基厅函〔2020〕18 号）、《关于督促进一步做好进城务工人员随迁子女就学工作的通知》（教基司函

〔2021〕9 号）等文件，要求各地各校加强教育关爱和人文关怀，对随迁子女和当地户籍学生实行混合编班、统一管理，在教育教学、日常管理和评优评先中一视同仁、平等对待，并强调各地各校要加强学籍管理，切实做好随迁子女控辍保学工作，建立健全随迁子女关爱帮扶机制，加强情感上、学习上、生活上的关心帮助，使他们更好融入学校学习生活，促进全面健康成长。

下一步，教育部将督促各地继续严格落实好"两为主、两纳入"要求，以及以居住证为主要依据的随迁子女招生入学政策，特别是在督促指导各地简化入学流程，杜绝不必要的证明材料方面再加大力度。督促随迁子女集中流入地区和省份适应未来几年学龄人口增长趋势，积极扩大教育资源供给，提供足够的学位保障。推进民办义务教育比例较高的地区加快义务教育学校结构调整，提高随迁子女在公办学校就读比例。

感谢您对教育工作的关心和支持！

对十三届全国人大三次会议第 6085 号建议的答复
——关于促进职业教育由政府统筹管理向地方依法治理转变的建议

· 2020 年 10 月 22 日
· 教政法建议〔2020〕279 号

您提出的"关于促进职业教育由政府统筹管理向地方依法治理转变的建议"收悉，现答复如下。

全国人大常委会明确将研究制定《职业教育法》作为 2020 年一项重要立法工作，教育部正加快推动《职业教育法》修订。在修订草案中，对职业教育管理体制做了明确规定，"职业教育实行在国务院领导下，分级管理、地方为主、政府统筹、行业指导、社会参与的管理体制""省、自治区、直辖市人民政府领导区域内职业教育工作，明确省级以下地方各级人民政府管理职责，统筹协调职业教育发展，组织开展督导评估""各级人民政府应当将发展职业教育纳入国民经济和社会发展规划，与产业结构调整、发展方式转变和技术优化升级整体规划、统筹实施。政府行业主管部门、行业组织和企业、事业单位应当参与、支持和开展职业教育，依法履行实施职业教育的义务"。同时，修订草案还对职业院校设置布局、专业设置等提出了明确要求。

《职业教育法修订草案》已由国务院职业教育工作部际联席会议审议并原则通过，下一步将推动尽早出台。

您的建议具有前瞻性、针对性，对推进修订《职业教育法》、深化职业教育改革等具有启发意义。下一步，将深入研究您所提建议，促进职业教育更好更快发展。

感谢您对教育工作的关心和支持！

对十三届全国人大三次会议第 8253 号建议的答复
——关于明确教师教育惩戒权的建议

· 2020 年 7 月 30 日
· 教政法建议〔2020〕2 号

您提出的"关于明确教师教育惩戒权的建议"收悉，经商公安部，现答复如下：

教育惩戒问题，中央关心、社会关注、群众关切，长期以来一直是教育舆情的热点问题。教育惩戒的问题是一个小切口，但关系到学校全面贯彻党的教育方针、落实立德树人根本任务的大战略，关系到维护师道尊严和营造良好教育生态的大问题。您提出制定教育惩戒的实施细则，我们非常赞同。2019 年 6 月，中共中央、国务院印发《关于深化教育教学改革全面提高义务教育质量的意见》，提出制定实施细则，明确教师教育惩戒权。我部对此高度重视，目前已确定将以部门规章形式明确教育惩戒的实施条件、程序、范围、限度等内容，并作为一项重点任务积极推进。您提出由教育部门联合公安、司法等部门出台相关细则，经商有关部门，其必要性不是特别充分，因此仍由我部单独以规章形式出台相关细则。

2019 年 9 月，我部启动了教育惩戒有关规章的起草工作。经深入研究和广泛调研，形成了《中小学教师实施教育惩戒规则》草案。此后，深入各地和学校，广泛听取了基层教育部门、校长、教师、家长等各方面的意见。2019 年 11 月，我部将草案向社会公开征求意见，引起社会高度关注。2020 年 5 月，我部将草案提请中央教育工作领导小组会议进行了审议。目前，正在根据会议精神对草案做进一步修改完善。

对于您提出的要明确教育惩戒和体罚的界限、明确教育惩戒和侵权的界限和责任范围、明确教育惩戒的教育目的等问题，目前的草案对此均已有考虑。下一步，我们将加快工作进度，推动规范教育惩戒的规章早日出台实施。

感谢您对教育工作的大力支持！

对十三届全国人大三次会议第 1966 号建议的答复

——关于增设大中小学春秋假期建立错峰休假制度促进旅游业均衡健康发展的建议

·2020 年 9 月 28 日
·教材建议〔2020〕78 号

您提出的"关于增设大中小学春秋假期 建立错峰休假制度促进旅游业均衡健康发展的建议"收悉,现答复如下:

2013 年国务院办公厅印发的《国民旅游休闲纲要(2013-2020 年)》规定"在放假时间总量不变的情况下,高等学校可结合实际调整寒、暑假时间,地方政府可以探索安排中小学放春假或秋假"。2014 年国务院印发的《关于促进旅游业改革发展的若干意见》规定"在教学时间总量不变的情况下,高等学校可结合实际调整寒、暑假时间,中小学可按有关规定安排放春假"。

我国基础教育实行分级办学、分级管理的体制,中小学课程实行国家、地方和学校三级管理,考虑到各地和学校的地域特点、办学条件等存在一定差异,地方和学校依法享有合理而充分的教学管理自主权。教育部印发的《义务教育课程设置实验方案》《普通高中课程方案》已分别对义务教育和普通高中阶段学校每学年的教学时间、社会实践、机动时间、节假日时间作出相应规定。如义务教育阶段每学年上课时间 35 周,学校机动时间 2 周,由学校视具体情况自行安排传统活动、文化节、运动会、远足、游学等,节假日时间共 13 周;普通高中每学年教学时间 40 周,社会实践 1 周,假期 11 周。教育部印发的《关于职业院校专业人才培养方案制订与实施工作的指导意见》规定,三年制中职、高职每学年安排 40 周教学活动,对假期的具体安排未做限制。

在保证开足开齐国家规定课程,完成好正常教育教学任务和教学时长的前提下,学校放假时间包括春秋假时间由各地、高等学校结合实际做出具体安排。

感谢您对教育工作的关心和支持!

对十三届全国人大二次会议第 4861 号建议的答复

——关于提高义务教育生均公用经费标准的建议

·2019 年 9 月 19 日
·教建议字〔2019〕144 号

您提出的"关于提高义务教育生均公用经费标准的建议"收悉,经商财政部,现答复如下:

2015 年,为统筹城乡义务教育资源均衡配置,主动适应新型城镇化建设和户籍制度改革新形势,国务院印发了《关于进一步完善城乡义务教育经费保障机制的通知》(国发〔2015〕67 号),决定用两年时间建立城乡统一、重在农村的义务教育经费保障机制,从 2016 年春季学期起,统一城乡义务教育学校生均公用经费基准定额,达到中西部年生均小学 600 元、初中 800 元;东部小学 650 元、初中 850 元。考虑到不同规模、不同类型学校的运转实际,教育部会同财政部明确要求各省要指导市县级财政、教育部门切实履行经费管理主体责任,在安排公用经费时,要统筹兼顾不同规模学校运转的实际情况,向规模较小学校、薄弱学校和寄宿制学校倾斜,保障其正常运转需求。

2018 年,国务院办公厅印发《关于全面加强乡村小规模学校和乡镇寄宿制学校建设的指导意见》(国办发〔2018〕27 号),要求教育经费投入要向两类学校倾斜,同时鼓励各地结合实际进一步提高公用经费水平。

2019 年,国务院办公厅印发《教育领域中央与地方财政事权和支出责任划分改革方案》(国办发〔2019〕27 号),确定"义务教育总体为中央与地方共同财政事权,将国家制定分地区生均公用经费基准定额,调整为制定全国统一的生均公用经费基准定额,所需经费由中央与地方财政分档按比例分担。"2020 年起,中西部省份义务教育生均公用经费标准将提高到与东部省份一致水平。目前,我国各省之间经济、社会发展还不均衡,地方教育投入水平差距也很大,国家规定的生均公用经费标准只是最低执行标准。各地应根据国家办学条件基本标准和教育教学基本需要,制定并逐步提高区域内各级学校生均经费基本标准和生均财政拨款基本标准。

下一步,教育部将积极协调财政部,根据义务教育学校发展的实际需求及国家财力增长情况,研究建立城乡义务教育学校生均公用经费基准定额增长机制,适时提高公用经费补助标准。同时,督促安徽省加大义务教育投入力度,在国家基准定额的基础上,不断提高本省义务教育学校生均公用经费标准,满足教育教学需要。

感谢您对教育事业的关心和支持!

对十三届全国人大三次会议第 9060 号建议的答复

——关于制定中小学违纪学生适度实施
教育惩戒条例的建议

· 2020 年 7 月 30 日

· 教政法建议〔2020〕3 号

您提出的"关于制定中小学违纪学生适度实施教育惩戒条例的建议"收悉,现答复如下:

教育惩戒问题,中央关心、社会关注、群众关切,长期以来一直是教育舆情的热点问题。教育惩戒的问题是一个小切口,但关系到学校全面贯彻党的教育方针、落实立德树人根本任务的大战略,关系到维护师道尊严和营造良好教育生态的大问题。您提出制定教育惩戒的实施细则,我们非常赞同。2019 年 6 月,中共中央、国务院印发《关于深化教育教学改革全面提高义务教育质量的意见》,提出制定实施细则,明确教师教育惩戒权。我部对此高度重视,目前已确定将以部门规章形式明确教育惩戒的实施条件、程序、范围、限度等内容,并作为一项重点任务积极推进。

2019 年 9 月,我部启动了教育惩戒有关规章的起草工作。经深入研究和广泛调研,形成了《中小学教师实施教育惩戒规则》草案。此后,深入各地和学校,广泛听取了基层教育部门、校长、教师、家长等各方面的意见。2019 年 11 月,我部将草案向社会公开征求意见,引起社会高度关注。2020 年 5 月,我部将草案提请中央教育工作领导小组会议进行了审议。目前,正在根据会议精神对草案做进一步修改完善。

您提出要明确教育惩戒的概念,区分惩戒和体罚,目前的草案对此已有考虑。草案已初步形成对教育惩戒概念的解释,并对体罚和变相体罚作了列举式规定,以方便实践中对照。您提出的明晰惩戒的形式、程序和监督工作机制的建议,我们也进行了深入研究,在吸收多方面意见的基础上,对实施教育惩戒可能涉及的各个环节进行了详细规定。根据《规章制定程序条例》,规章的名称一般称"规定"、"办法",但不得称"条例"。因此,关于教育惩戒实施细则的名称不宜使用《中小学违纪学生适度实施教育惩戒条例》,我们目前使用"规则",主要考虑是为了将法律规定的学校教师的教育权进一步细化,将法律禁止的体罚等教师不当管理行为予以明确,强调平衡权益、约束各方。

下一步,我们将加快工作进度,推动规范教育惩戒的

规章早日出台实施。

感谢您对教育工作的大力支持!

对十三届全国人大三次会议第 4862 号建议的答复

——关于对违规培训的校外培训机构
实行联合惩戒的建议

· 2020 年 10 月 14 日

· 教基建议〔2020〕298 号

您提出的"关于对违规培训的校外培训机构实行联合惩戒"的建议收悉,经商国家发展改革委、市场监督管理总局,现答复如下:

诚如您在建议中所说,近年来,教育部等相关部门采取了一系列措施规范校外培训机构发展,取得了重要阶段性成效。但仍有一些机构违规开展培训,且藏匿于居民区,违规行为非常隐蔽,给治理带来了困难。您提出的将黑名单信息纳入全国信用信息共享平台,按有关规定实施联合惩戒非常有借鉴意义,教育部也做了积极探索,引导培训机构提高自律意识,自主规范经营。

一是公布"黑白名单"。各地普遍推行黑白名单制度,对通过审批登记的,纳入白名单,在政府网站或教育部门官网上,公布培训机构的名单及主要信息,并根据日常监管和年检、年度公示情况及时更新,出现违规行为且拒不整改的,将列入黑名单。未经审批登记、违法违规举办的机构,予以严查处并列入黑名单。同时,将营利性校外培训机构的行政许可信息、行政处罚信息、黑名单信息、抽查检查结果等归集至国家企业信用信息公示系统,依法向社会公示。

二是推动全民监管。教育部按照"互联网+监管"的思路,建设了全国中小学生校外(线下、线上)培训机构管理服务平台,一方面优化管理,培训机构可以依托平台提交年检、年报等材料,线上培训机构可在平台上直接申请备案,为企业办事提供便利;另一方面提升监管水平,在平台上上传培训机构办学许可、营业执照等重要信息,面向群众提供查询和投诉服务,方便群众选择合规机构的同时,将培训机构置于全民监管之下,引导培训机构规范经营。

三是严查违规培训。严肃查处了河北省石家庄市"耀华文化艺术培训学校"、湖北省武汉市"慧泉培训学校"等培训机构违规开展培训,并发出紧急通报,要求各地对一些培训机构顶风违规培训的行为绝不姑息,要第

一时间予以严肃查处,直至吊销办学许可证和营业执照,并及时通报全省,以儆效尤,警示校外培训机构规范经营。

下一步,教育部将与市场监管部门共同加强对校外培训机构有关违法行为的监管,落实《国务院办公厅关于政府部门涉企信息统一归集公示工作实施方案的复函》的要求,进一步完善信息归集工作机制,深入开展政府部门间营利性校外培训机构信息归集和共享,持续推动失信联合惩戒工作。

感谢您对教育工作的关心和支持!

对十三届全国人大二次会议第 7270 号建议的答复

—— 关于小学全面实行放学后校内托管服务的建议

· 2019 年 10 月 10 日
· 教建议字〔2019〕514 号

您提出的"关于小学全面实行放学后校内托管服务的建议"收悉,经商国家发展改革委、财政部,现答复如下:

"三点半难题"是很多家庭、特别是小学生家庭的普遍烦恼。近几年以来,教育部协同相关部门共同指导各地开展课后服务,取得了积极成效。2017 年印发的《中共中央办公厅 国务院办公厅印发关于深化教育体制机制改革的意见》对于建立健全课后服务制度作出了总体部署,鼓励各地各校根据学生身心发展特点和家长需求,探索实行弹性离校时间,提供丰富多样的课后服务。同年又印发了《教育部办公厅关于做好中小学生课后服务工作的指导意见》(教基一厅〔2017〕2 号)提出要充分发挥中小学校课后服务主渠道作用。一方面要学校结合实际积极作为,充分利用学校在管理、人员、场地、资源等方面的优势,主动承担起学生课后服务责任。强化学校管理,建立健全课后服务制度。完善工作措施,认真做好具体组织实施工作。并坚持学生家长自愿原则,切实保障课后服务学生安全。据初步统计,全国已有 25 个省份制订了专门实施办法,并根据实际提出了保障措施和工作要求,有 11 个大城市基本实现了城区小学课后服务全覆盖;24 个大城市(4 个直辖市、5 个计划单列市、10 个副省级省会城市和福州、南昌、郑州、长沙、贵阳)总体上有近七成的小学开展了课后服务。另一方面指出科学合理确定课后服务内容形式。安排学生做作业、自主阅读、体育、艺术、科普活动,以及娱乐游戏、拓展训练、开展社团及兴趣小组活动、观看适宜儿童的影片等,坚决防止将课后服务变相成为集体教学或"补课"。如北京市注重根据学生的年龄及特点提供有针对性的课后服务;黑龙江省将课后服务与校外实践活动、研学活动有机结合;福建泉州市开设近 300 个课后服务班等,给予学生充足选择。

为进一步推动学校落实好课后服务工作,国务院办公厅印发的《关于规范校外培训机构发展的意见》(国办发〔2018〕80 号)文件中,明确了经费保障政策。各地可根据课后服务性质,采取财政补贴、收取服务性收费或代收费等方式筹措经费。有关部门在核定绩效工资总量时,应适当考虑学校和单位开展课后服务因素;学校和单位在核定的绩效工资总量内,对参与课后服务的教师给予适当倾斜。对设定服务性收费或则代收费的,应当坚持成本补偿和非营利性原则,按有关规定由省级教育部门和价格主管部门联合报省级人民政府审定后执行。

学生校内托管服务工作,事情虽小但意义重大,承载着亿万家庭的期待。教育部将不断完善政策、经费、机制和监管等方面制度,不断健全学校公益性托管服务工作体系,努力把这项工作做好,切实增强教育服务能力,解决家长这一切实难题。

感谢您对教育事业的关心支持!

图书在版编目（CIP）数据

中华人民共和国教育法律法规全书 ： 含规章及法律

解释 ： 2025 年版 ／ 中国法治出版社编. -- 北京 ： 中国

法治出版社，2025. 1. --（法律法规全书）. -- ISBN

978-7-5216-4884-3

Ⅰ. D922. 169

中国国家版本馆 CIP 数据核字第 2024HZ4159 号

策划编辑：袁笋冰　　　　　　责任编辑：张僚　　　　　　封面设计：李宁

中华人民共和国教育法律法规全书：含规章及法律解释：2025 年版
ZHONGHUA RENMIN GONGHEGUO JIAOYU FALÜ FAGUI QUANSHU：HAN GUIZHANG JI FALÜ
JIESHI：2025 NIAN BAN

经销／新华书店

印刷／三河市国英印务有限公司

开本／787 毫米×960 毫米　16 开　　　　　　印张／ 45.75　字数／ 1318 千

版次／2025 年 1 月第 1 版　　　　　　　　　　2025 年 1 月第 1 次印刷

中国法治出版社出版

书号 ISBN 978-7-5216-4884-3　　　　　　　　　　定价：98.00 元

北京市西城区西便门西里甲 16 号西便门办公区

邮政编码：100053　　　　　　　　　　　　　传真：010-63141600

网址：**http：//www. zgfzs. com**　　　　　　编辑部电话：**010-63141663**

市场营销部电话：010-63141612　　　　　　印务部电话：**010-63141606**

（如有印装质量问题，请与本社印务部联系。）